Heine/Holzmüller
Verwertungsgesellschaftengesetz
De Gruyter Kommentar

Heine/Holzmüller

Verwertungsgesellschaftengesetz

Kommentar

herausgegeben von
Dr. Robert Heine, Rechtsanwalt
Dr. Tobias Holzmüller, Justiziar der GEMA

DE GRUYTER

Zitiervorschlag: zB Heine/Holzmüller/*Staats* § 124 Rn 5

ISBN 978-3-11-055616-2
e-ISBN (PDF) 978-3-11-055733-6
e-ISBN (EPUB) 978-3-11-055639-1

Library of Congress Control Number: 2019948521

Bibliografische Information der Deutschen Nationalbibliothek
Die Deutsche Nationalbibliothek verzeichnet diese Publikation in der Deutschen Nationalbibliografie; detaillierte bibliografische Daten sind im Internet über http://dnb.dnb.de abrufbar.

© 2019 Walter de Gruyter GmbH, Berlin/Boston
Satz/Datenkonvertierung: jürgen ullrich typosatz, Nördlingen
Druck und Bindung: CPI books GmbH, Leck

www.degruyter.com

Vorwort

Das VGG bildet seit dem 1. Juni 2016 den deutschen Rechtsrahmen für die kollektive Wahrnehmung von Urheber- und Leistungsschutzrechten. Zuvor war das Wahrnehmungsrecht mehr als fünfzig Jahre im UrhWG geregelt, seit 1985 mit ergänzenden Verfahrensvorschriften in der UrhSchiedsV. Die bestehenden Regelungen hatten sich grundsätzlich bewährt. Dass sie dennoch einem neuen Gesetz weichen mussten, ist auf die Europäische Union zurückzuführen. Sie hat das Wahrnehmungsrecht mit der Richtlinie 2014/26/EU harmonisiert und damit für die Mitgliedstaaten einen Umsetzungsbedarf geschaffen, dem der deutsche Gesetzgeber mit dem VGG nachgekommen ist.

Das VGG ist deutlich umfangreicher als seine Vorgängerregelungen. Die Anzahl der Paragraphen hat sich gegenüber dem UrhWG mehr als verdreifacht (141 zu 41). Das Gesetz ist detaillierter. Das VGG enthält zudem Regelungsgegenstände, die im UrhWG nicht explizit adressiert waren, bspw. die in Teil 3 des Gesetzes geregelte Vergabe von Mehrgebietslizenzen für Online-Rechte an Musikwerken. Erhebliche Neuerungen für die Gesetzesanwendung ergeben sich außerdem daraus, dass die Vorschriften des VGG zu einem wesentlichen Teil auf Unionsrecht beruhen und dementsprechend auszulegen sind. Für den Verlag und die Herausgeber bot sich somit Grund genug, dem VGG einen neuen Kommentar zu widmen. Es handelt sich um die erste eigenständige Kommentierung des Gesetzes, d.h. das VGG wird nicht, wie in der urheberrechtlichen Literatur sonst üblich, als Annex zusammen mit dem UrhG kommentiert.

An dem Kommentar haben verschiedene Autoren mitgewirkt. Auch das ist für eine Kommentierung des Wahrnehmungsrechts ungewöhnlich, bietet sich aber deshalb an, weil das VGG eine Querschnittsmaterie darstellt. Die Autoren haben mit dem Wahrnehmungsrecht in unterschiedlicher Funktion beruflich zu tun, u.a. als Justiziare, Rechtsanwälte, Mitglieder der Schiedsstelle, Vertreter der Aufsicht und Wissenschaftler, und bringen ihre jeweiligen Erfahrungen und Spezialkenntnisse in die Kommentierung ein. Der Preis einer derart breiten Autorenschaft ist freilich, dass sich nicht immer alle Auffassungen miteinander in Einklang bringen lassen. Wir weisen an dieser Stelle deshalb darauf hin, dass die einzelnen Kommentierungen nicht notwendigerweise die Ansichten der Autoren anderer Vorschriften oder die der Herausgeber wiedergeben.

Die Kommentierungen der einzelnen Vorschriften sind in den einleitenden Gliederungspunkten einheitlich aufgebaut und weisen u.a. auf den unionsrechtlichen Hintergrund und Änderungen gegenüber der Vorgängerregelung im UrhWG hin. Vielen Rechtsanwendern wird das UrhWG noch vertrauter sein als das VGG. Deshalb findet sich am Ende der Einleitung auch eine Konkordanzliste, in der die Vorschriften des VGG denen des UrhWG, soweit es Entsprechungen gibt, gegenübergestellt sind. Eine weitere Konkordanzliste gibt mit Verweisen auf die VG-RL den jeweiligen unionsrechtlichen Hintergrund wieder.

Unser Dank gilt in erster Linie den Autoren sowie Herrn Ulrich Wittek, der das Werk als Lektor tatkräftig betreut hat. Wir danken außerdem ganz besonders Herrn Rechtsreferendar Felix Gatzmaga und Frau Rechtsreferendarin Julia Schafdecker. Sie haben das Projekt mit großem Einsatz redaktionell und inhaltlich unterstützt.

Redaktionsschluss des Kommentars war der 30. März 2019. Die kurz danach verabschiedete DSM-RL wurde in den Druckfahnen eingearbeitet.

Für Anmerkungen und Verbesserungsvorschläge sind wir dankbar.

Robert Heine, c/o Raue, Potsdamer Platz 1, 10785 Berlin
Tobias Holzmüller, c/o GEMA, Rosenheimer Str. 11, 81667 München

Inhaltsübersicht

Vorwort —— **V**
Inhaltsverzeichnis —— **IX**
Autorenverzeichnis —— **XV**
Abkürzungsverzeichnis —— **XVII**
Literaturverzeichnis —— **XXV**

Gesetz über die Wahrnehmung von Urheberrechten und verwandten Schutzrechten durch Verwertungsgesellschaften (Verwertungsgesellschaftengesetz – VGG)

Einleitung —— **1**
Anhang zur Einleitung —— **16**

Erster Teil
Gegenstand des Gesetzes; Begriffsbestimmungen —— **33**

Zweiter Teil
Rechte und Pflichten der Verwertungsgesellschaft —— **73**

Dritter Teil
Besondere Vorschriften für die gebietsübergreifende Vergabe von Online-Rechten an Musikwerken —— **441**

Vierter Teil
Aufsicht —— **489**

Fünfter Teil
Schiedsstelle und gerichtliche Geltendmachung —— **551**

Sechster Teil
Übergangs- und Schlussvorschriften —— **637**

Stichwortverzeichnis —— **655**

Inhaltsverzeichnis

Vorwort —— **V**
Inhaltsübersicht —— **VII**
Autorenverzeichnis —— **XV**
Abkürzungsverzeichnis —— **XVII**
Literaturverzeichnis —— **XXV**

Gesetz über die Wahrnehmung von Urheberrechten und verwandten Schutzrechten durch Verwertungsgesellschaften (Verwertungsgesellschaftengesetz – VGG)

Einleitung —— **1**
Anhang zur Einleitung —— **16**

ERSTER TEIL
Gegenstand des Gesetzes; Begriffsbestimmungen
- § 1 Anwendungsbereich —— **33**
- § 2 Verwertungsgesellschaft —— **37**
- § 3 Abhängige Verwertungseinrichtung —— **46**
- § 4 Unabhängige Verwertungseinrichtung —— **53**
- § 5 Rechtsinhaber —— **57**
- § 6 Berechtigter —— **63**
- § 7 Mitglieder —— **65**
- § 8 Nutzer —— **67**

ZWEITER TEIL
Rechte und Pflichten der Verwertungsgesellschaft

ERSTER ABSCHNITT
Innenverhältnis

ERSTER UNTERABSCHNITT
Rechtsinhaber, Berechtigte und Mitglieder
- § 9 Wahrnehmungszwang —— **73**
- § 10 Zustimmung zur Rechtswahrnehmung —— **89**
- § 11 Nutzungen für nicht kommerzielle Zwecke —— **97**
- § 12 Beendigung der Rechtswahrnehmung; Entzug von Rechten —— **105**
- § 13 Bedingungen für die Mitgliedschaft —— **112**
- § 14 Elektronische Kommunikation —— **120**
- § 15 Mitglieder- und Berechtigtenverzeichnis —— **121**
- § 16 Grundsatz der Mitwirkung —— **126**
- § 17 Allgemeine Befugnisse der Mitgliederhauptversammlung —— **130**
- § 18 Befugnisse der Mitgliederhauptversammlung in Bezug auf die Organe —— **136**
- § 19 Durchführung der Mitgliederhauptversammlung; Vertretung —— **140**
- § 20 Mitwirkung der Berechtigten, die nicht Mitglied sind —— **149**

ZWEITER UNTERABSCHNITT
Geschäftsführung und Aufsicht
- § 21 Geschäftsführung —— **158**
- § 22 Aufsichtsgremium —— **164**

DRITTER UNTERABSCHNITT
Einnahmen aus den Rechten
- § 23 Einziehung, Verwaltung und Verteilung der Einnahmen aus den Rechten —— **171**
- § 24 Getrennte Konten —— **176**
- § 25 Anlage der Einnahmen aus den Rechten —— **179**
- § 26 Verwendung der Einnahmen aus den Rechten —— **183**
- § 27 Verteilungsplan —— **187**
- § 27a Einnahmen aus gesetzlichen Vergütungsansprüchen des Urhebers —— **209**
- § 28 Verteilungsfrist —— **216**
- § 29 Feststellung der Berechtigten —— **224**
- § 30 Nicht verteilbare Einnahmen aus den Rechten —— **230**
- § 31 Abzüge von den Einnahmen aus den Rechten —— **233**
- § 32 Kulturelle Förderung; Vorsorge- und Unterstützungseinrichtungen —— **240**

VIERTER UNTERABSCHNITT
Beschwerdeverfahren
- § 33 Beschwerdeverfahren —— **258**

ZWEITER ABSCHNITT
Außenverhältnis

ERSTER UNTERABSCHNITT
Verträge und Tarife
- § 34 Abschlusszwang —— **262**
- § 35 Gesamtverträge —— **284**
- § 36 Verhandlungen —— **302**
- § 37 Hinterlegung; Zahlung unter Vorbehalt —— **310**
- § 38 Tarifaufstellung —— **318**
- § 39 Tarifgestaltung —— **324**
- § 40 Gestaltung der Tarife für Geräte und Speichermedien —— **338**

ZWEITER UNTERABSCHNITT
Mitteilungspflichten
- § 41 Auskunftspflicht der Nutzer —— **349**
- § 42 Meldepflicht der Nutzer —— **353**
- § 43 Elektronische Kommunikation —— **358**

DRITTER ABSCHNITT
Besondere Vorschriften für die Wahrnehmung von Rechten auf Grundlage von Repräsentationsvereinbarungen
- § 44 Repräsentationsvereinbarung; Diskriminierungsverbot —— **360**
- § 45 Abzüge —— **368**

§ 46 Verteilung —— 370
§ 47 Informationspflichten —— 374

VIERTER ABSCHNITT
Vermutungen; Außenseiter bei Kabelweitersendung
§ 48 Vermutung bei Auskunftsansprüchen —— 376
§ 49 Vermutung bei gesetzlichen Vergütungsansprüchen —— 384
§ 50 Außenseiter bei Kabelweitersendung —— 390

FÜNFTER ABSCHNITT
Vergriffene Werke
§ 51 Vergriffene Werke —— 395
§ 52 Register vergriffener Werke; Verordnungsermächtigung —— 407
§ 52a Datenschutz —— 415

SECHSTER ABSCHNITT
Informationspflichten; Rechnungslegung und Transparenzbericht

ERSTER UNTERABSCHNITT
Informationspflichten
§ 53 Information der Rechtsinhaber vor Zustimmung zur Wahrnehmung —— 418
§ 54 Informationen für Berechtigte —— 420
§ 55 Informationen zu Werken und sonstigen Schutzgegenständen —— 423
§ 56 Informationen für die Allgemeinheit —— 427

ZWEITER UNTERABSCHNITT
Rechnungslegung und Transparenzbericht
§ 57 Jahresabschluss und Lagebericht —— 433
§ 58 Jährlicher Transparenzbericht —— 436
Anlage (zu § 58 Absatz 2) Inhalt des jährlichen Transparenzberichts —— 438

DRITTER TEIL
Besondere Vorschriften für die gebietsübergreifende Vergabe
von Online-Rechten an Musikwerken
§ 59 Anwendungsbereich —— 441
§ 60 Nicht anwendbare Vorschriften —— 451
§ 61 Besondere Anforderungen an Verwertungsgesellschaften —— 455
§ 62 Informationen zu Musikwerken und Online-Rechten —— 460
§ 63 Berichtigung der Informationen —— 462
§ 64 Elektronische Übermittlung von Informationen —— 463
§ 65 Überwachung von Nutzungen —— 465
§ 66 Elektronische Nutzungsmeldung —— 466
§ 67 Abrechnung gegenüber Anbietern von Online-Diensten —— 468
§ 68 Verteilung der Einnahmen aus den Rechten; Informationen —— 470
§ 69 Repräsentationszwang —— 473
§ 70 Informationen der beauftragenden Verwertungsgesellschaft —— 477

§ 71 Informationen der Mitglieder und Berechtigten
bei Repräsentation —— 479
§ 72 Zugang zur gebietsübergreifenden Vergabe von Online-Rechten
an Musikwerken —— 480
§ 73 Wahrnehmung bei Repräsentation —— 483
§ 74 Ausnahme für Hörfunk- und Fernsehprogramme —— 485

VIERTER TEIL
Aufsicht
§ 75 Aufsichtsbehörde —— 489
§ 76 Inhalt der Aufsicht —— 491
§ 77 Erlaubnis —— 495
§ 78 Antrag auf Erlaubnis —— 499
§ 79 Versagung der Erlaubnis —— 503
§ 80 Widerruf der Erlaubnis —— 508
§ 81 Zusammenarbeit bei Erlaubnis und Widerruf der Erlaubnis —— 513
§ 82 Anzeige —— 515
§ 83 Bekanntmachung —— 518
§ 84 Wahrnehmungstätigkeit ohne Erlaubnis oder Anzeige —— 520
§ 85 Befugnisse der Aufsichtsbehörde —— 522
§ 86 Befugnisse der Aufsichtsbehörde bei Verwertungsgesellschaften
mit Sitz in einem anderen Mitgliedstaat der Europäischen Union
oder anderen Vertragsstaat des Abkommens
über den Europäischen Wirtschaftsraum —— 531
§ 87 Informationsaustausch mit Aufsichtsbehörden anderer Mitgliedstaaten
der Europäischen Union oder anderer Vertragsstaaten des Abkommens
über den Europäischen Wirtschaftsraum —— 534
§ 88 Unterrichtungspflicht der Verwertungsgesellschaft —— 536
§ 89 Anzuwendendes Verfahrensrecht —— 540
§ 90 Aufsicht über abhängige Verwertungseinrichtungen —— 543
§ 91 Aufsicht über unabhängige Verwertungseinrichtungen —— 547

FÜNFTER TEIL
Schiedsstelle und gerichtliche Geltendmachung

ERSTER ABSCHNITT
Schiedsstelle

ERSTER UNTERABSCHNITT
Allgemeine Verfahrensvorschriften
§ 92 Zuständigkeit für Streitfälle nach dem Urheberrechtsgesetz
und für Gesamtverträge —— 551
§ 93 Zuständigkeit für empirische Untersuchungen —— 557
§ 94 Zuständigkeit für Streitfälle über die gebietsübergreifende Vergabe
von Online-Rechten an Musikwerken —— 558
§ 95 Allgemeine Verfahrensregeln —— 560
§ 96 Berechnung von Fristen —— 564
§ 97 Verfahrenseinleitender Antrag —— 565

§ 98 Zurücknahme des Antrags —— 567
§ 99 Schriftliches Verfahren und mündliche Verhandlung —— 567
§ 100 Verfahren bei mündlicher Verhandlung —— 569
§ 101 Nichterscheinen in der mündlichen Verhandlung —— 569
§ 102 Gütliche Streitbeilegung; Vergleich —— 572
§ 103 Aussetzung des Verfahrens —— 575
§ 104 Aufklärung des Sachverhalts —— 579
§ 105 Einigungsvorschlag der Schiedsstelle; Widerspruch —— 581

ZWEITER UNTERABSCHNITT
Besondere Verfahrensvorschriften
§ 106 Einstweilige Regelungen —— 588
§ 107 Sicherheitsleistung —— 590
§ 108 Schadensersatz —— 598
§ 109 Beschränkung des Einigungsvorschlags; Absehen vom Einigungsvorschlag —— 600
§ 110 Streitfälle über Gesamtverträge —— 602
§ 111 Streitfälle über Rechte der Kabelweitersendung —— 604
§ 112 Empirische Untersuchung zu Geräten und Speichermedien —— 604
§ 113 Durchführung der empirischen Untersuchung —— 606
§ 114 Ergebnis der empirischen Untersuchung —— 607
§ 115 Verwertung von Untersuchungsergebnissen —— 609
§ 116 Beteiligung von Verbraucherverbänden —— 609

DRITTER UNTERABSCHNITT
Kosten sowie Entschädigung und Vergütung Dritter
§ 117 Kosten des Verfahrens —— 610
§ 118 Fälligkeit und Vorschuss —— 612
§ 119 Entsprechende Anwendung des Gerichtskostengesetzes —— 613
§ 120 Entscheidung über Einwendungen —— 613
§ 121 Entscheidung über die Kostenpflicht —— 614
§ 122 Festsetzung der Kosten —— 616
§ 123 Entschädigung von Zeugen und Vergütung der Sachverständigen —— 617

VIERTER UNTERABSCHNITT
Organisation und Beschlussfassung der Schiedsstelle —— 618
§ 124 Aufbau und Besetzung der Schiedsstelle —— 618
§ 125 Aufsicht —— 620
§ 126 Beschlussfassung der Schiedsstelle —— 620
§ 127 Ausschließung und Ablehnung von Mitgliedern der Schiedsstelle —— 620

ZWEITER ABSCHNITT
Gerichtliche Geltendmachung
§ 128 Gerichtliche Geltendmachung —— 621
§ 129 Zuständigkeit des Oberlandesgerichts —— 627
§ 130 Entscheidung über Gesamtverträge —— 631
§ 131 Ausschließlicher Gerichtsstand —— 633

SECHSTER TEIL
Übergangs- und Schlussvorschriften
- § 132 Übergangsvorschrift für Erlaubnisse —— **637**
- § 133 Anzeigefrist —— **639**
- § 134 Übergangsvorschrift zur Anpassung des Statuts an die Vorgaben dieses Gesetzes —— **641**
- § 135 Informationspflichten der Verwertungsgesellschaft bei Inkrafttreten dieses Gesetzes —— **643**
- § 136 Übergangsvorschrift für Erklärungen der Geschäftsführung und des Aufsichtsgremiums —— **645**
- § 137 Übergangsvorschrift für Rechnungslegung und Transparenzbericht —— **646**
- § 138 Übergangsvorschrift für Verfahren der Aufsichtsbehörde —— **648**
- § 139 Übergangsvorschrift für Verfahren vor der Schiedsstelle und für die gerichtliche Geltendmachung —— **649**

Stichwortverzeichnis —— **655**

Autorenverzeichnis

Martin von Albrecht, Dr. iur.; Studium in Heidelberg, Referendariat in Berlin. Promotion im Urheberrecht bei Prof. Dr. Dr. h.c. mult. Gerhard Schricker am Max-Planck-Institut für Innovation und Wettbewerb in München. Seit 1992 als Rechtsanwalt in Medienunternehmen, seit 2002 in internationalen Rechtsanwaltskanzleien tätig. Fachanwalt für IT-Recht und Partner der Sozietät K&L Gates LLP in Berlin.

Katharina de la Durantaye, Prof. Dr. iur., LL.M. (Yale); Studium in Bologna, Düsseldorf, Berlin und New Haven, CT. Nach (Gast-)Professuren an der Boston University School of Law, der Columbia Law School und der St. Johns University School of Law sowie einer Juniorprofessur an der Humboldt-Universität zu Berlin seit 2018 Inhaberin eines Lehrstuhls für Bürgerliches Recht und Privates Medienrecht an der Europa-Universität Viadrina in Frankfurt (Oder). Forschungsschwerpunkt im Urheberrecht, einschließlich rechtsvergleichender und internationaler Aspekte.

Olaf Fiss, Dr. iur., D.E.S.S. (Paris), Fachanwalt für Urheber- und Medienrecht; Studium der Rechtswissenschaften in Berlin und Paris; 2005–2006 Tätigkeit für ein U.S.-amerikanisches Softwareunternehmen in London; 2014 Promotion an der Humboldt-Universität zu Berlin. Seit dem Jahr 2010 als Rechtsanwalt bei der Sozietät K&L Gates LLP in Berlin tätig.

Robert Heine, Dr. iur., LL.M.; Studium an der Humboldt-Universität zu Berlin und an der University of Chicago; Referendariat in Berlin; Promotion an der Universität Potsdam. Seit 2007 als Rechtsanwalt tätig; seit 2014 Partner der Sozietät Raue. Lehrbeauftragter an der Technischen Universität Berlin.

Wolfram Hertel, Dr. iur.; Studium in Erlangen, Aix-en-Provence, Tübingen und New York, Referendariat in Berlin. Seit 2001 Rechtsanwalt und seit 2006 Fachanwalt für Verwaltungsrecht in der Sozietät Raue bzw. Vorgängersozietäten.

Tobias Holzmüller, Dr. iur., LL.M.; Studium u.a. in Montpellier, Heidelberg und New York. Promotionsstipendium am Max-Plank-Institut für Geistiges Eigentum, danach Tätigkeit als Rechtsanwalt. Seit 2013 Juristischer Direktor der GEMA und seit 2016 Geschäftsführer der ZPÜ. Lehrbeauftragter an der Universität Regensburg.

Thilo Klawonn, Ass. iur.; Studium in Bayreuth, Referendariat in Wuppertal, Düsseldorf und Sydney. Seit 2017 Wissenschaftlicher Mitarbeiter am Lehrstuhl für Bürgerliches Recht, deutsches und europäisches Wettbewerbsrecht an der Heinrich-Heine-Universität Düsseldorf.

Linda Kuschel, Prof. Dr. iur., LL.M.; Studium an der Albert-Ludwigs-Universität Freiburg, Referendariat am Kammergericht Berlin, LL.M. an der Harvard Law School, Promotion bei Prof. Dr. Katharina de la Durantaye LL.M. (Yale) an der Humboldt-Universität zu Berlin; von 2012–2013 und 2014–2019 wissenschaftliche Mitarbeiterin ebendort; seit Juni 2019 Juniorprofessorin für Bürgerliches Recht, Immaterialgüterrecht sowie Recht und Digitalisierung an der Bucerius Law School Hamburg.

Rupprecht Podszun, Prof. Dr., Studium in Heidelberg, London und München, Referendariat in München und Genf. 2013–2016 Inhaber des Lehrstuhls für Bürgerliches Recht,

Immaterialgüter- und Wirtschaftsrecht an der Universität Bayreuth. 2016 Wechsel auf den Lehrstuhl für Bürgerliches Recht, deutsches und europäisches Wettbewerbsrecht an der Heinrich-Heine-Universität Düsseldorf. Seit 2013 Affiliated Research Fellow am Max-Planck-Institut für Innovation und Wettbewerb, München.

Lars Hendrik Riemer, Dr. iur., M.A.; Studium der Rechtswissenschaften und der Geschichtswissenschaften in Bielefeld und Frankfurt am Main, Referendariat in Frankfurt am Main und London. Promotion bei Prof. Dr. Dr. h.c. mult. Michael Stolleis an der Johann Wolfgang Goethe-Universität Frankfurt am Main im Rahmen eines transdisziplinären Forschungskollegs der DFG. 2006/07 wissenschaftlicher Mitarbeiter in einer international tätigen Rechtsanwaltskanzlei. Seit 2007 bei der Rechtsabteilung der GEMA tätig, seit 2013 als Leiter der Abteilung Mitglieder und Regelwerk.

Justus Schmidt-Ott, Dr. iur., Rechtsanwalt und Notar, Jg. 1961; Studium in Freiburg im Breisgau und Köln, 1988 bis 1990 wissenschaftlicher Mitarbeiter am Lehrstuhl von Prof. Dr. J. G. Wolf an der Albert-Ludwigs-Universität Freiburg, Promotion zum römischen Recht, 1993 bis 2001 Rechtsanwalt der Sozietät Clifford Chance, 2001 bis 2010 Rechtsanwalt der Sozietät Hogan & Hartson Raue, seit 2003 Notar, seit 2010 Rechtsanwalt und Notar der Sozietät Raue PartmbB, Berlin.

Michael Staats, Ass. iur., Deutsches Patent- und Markenamt.

Claudia Summerer, Dr. iur., Jg. 1986; Studium der Rechtswissenschaften in Köln, 2011–2014 Wissenschaftliche Mitarbeiterin und Promotion im Urheberrecht bei Prof. Dr. Karl-Nikolaus Peifer am Institut für Medienrecht und Kommunikationsrecht der Universität Köln, 2014–2016 Referendariat in Köln, 2016–2017 Justiziarin bei der Verwertungsgesellschaft Bild-Kunst, seit 2017 Referentin in der Abteilung Aufsicht nach dem Verwertungsgesellschaftengesetz am Deutschen Patent- und Markenamt.

Kai Welp, Dr. iur.; Studium der Rechtswissenschaften in Bonn und Gießen, Referendariat in Münster. 2005–2008 Wissenschaftlicher Assistent am Institut für Informations- Telekommunikations- und Medienrecht in Münster sowie Mitarbeiter der Forschungsstelle Recht im Deutschen Forschungsnetz. Promotion im Urheberrecht. Seit 2010 Mitarbeiter der GEMA, derzeit als Abteilungsleiter im Justitiariat.

Monika Westermeier, Ass. iur., Deutsches Patent- und Markenamt.

Verena Wintergerst, LL.M.; Studium der Rechtswissenschaften in München, Referendariat in München und Limoges (Frankreich). Von 2007 bis 2010 Tätigkeit als Rechtsanwältin. Seit 2010 Legal Counsel bei der ZPÜ, seit 2015 Leiterin Recht der ZPÜ.

Patrick Zurth, Dr. iur.; Studium in Berlin. Von 2013 bis 2016 wissenschaftlicher Mitarbeiter bei Prof. Dr. Obergfell an der Humboldt-Universität zu Berlin, Promotion im Urheberrecht dort 2016. Referendariat in Berlin und Miami. 2017 und 2018 Rechtsanwalt bei Raue LLP, Berlin. Seit 2018 Akademischer Rat a.Z. bei Prof. Dr. Leistner an der Ludwig-Maximilians-Universität München.

Abkürzungsverzeichnis

§	Paragraph
a.A.	anderer Ansicht
a.E.	am Ende
a.F.	alte Fassung
abl.	ablehnend
ABl.	Amtsblatt
ABl. EG/EU	Amtsblatt der Europäischen Gemeinschaften
Abs.	Absatz
AcP	Archiv für die civilistische Praxis (Zeitschrift)
AEUV	Vertrag über die Arbeitsweise der Europäischen Union
AfP	Archiv für Presserecht (Zeitschrift)
AG	Aktiengesellschaft; Amtsgericht
AGB	Allgemeine Geschäftsbedingungen
AGBG	Gesetz zur Regelung des Rechts der Allgemeinen Geschäftsbedingungen
AGG	Allgemeines Gleichbehandlungsgesetz
AGICOA	AGICOA Urheberrechtschutz Gesellschaft mbH
AGICOA-Berechtigungsvertrag	Berechtigungsvertrag der AGICOA i.d.F. v. 1.12.2016
AktG	Aktiengesetz
allg. M.	allgemeine Meinung
allg.	allgemein
Alt.	Alternative
amtl. Slg.	Amtliche Sammlung
ÄnderungsG	Änderungsgesetz
Anm.	Anmerkung
AnwBl.	Anwaltsblatt (Zeitschrift)
AöR	Anstalt des öffentlichen Rechts
ArbnErfG	Arbeitnehmererfindungsgesetz
ArchivPT	Archiv für Post und Telekommunikation (Zeitschrift)
arg. ex	argumentum ex (Argument aus)
Art.	Artikel
Aufl.	Auflage
Ausschussdrucks.	Ausschussdrucksache
Az.	Aktenzeichen
BayObLG	Bayerisches Oberstes Landesgericht
BayRS	Bayerische Rechtssammlung
BayVbl	Bayerische Verwaltungsblätter
BayVerfGH	Bayerischer Verfassungsgerichtshof
BB	Betriebs-Berater (Zeitschrift)
Bd.	Band
BDSG	Bundesdatenschutzgesetz
BeckEuRs	Beck-online-EU-Rechtsprechung
BeckRS	Beck-online-Rechtsprechung
Begr.	Begründung
Beschl.	Beschluss
BGB	Bürgerliches Gesetzbuch
BGB-InfoV	Verordnung über Informations- und Nachweispflichten nach bürgerlichem Recht
BGBl.	Bundesgesetzblatt
BGH	Bundesgerichtshof
BGHSt	Sammlung der Entscheidungen des Bundesgerichtshofs in Strafsachen

Abkürzungsverzeichnis

BGHZ	Sammlung der Entscheidungen des Bundesgerichtshofs in Zivilsachen
BIEM	Bureau International de l'Edition méchanique
BlPMZ	Blatt für Patent-, Muster- und Zeichenwesen (Zeitschrift)
BMJV	Bundesministerium der Justiz und für Verbraucherschutz
BMWi	Bundesministerium für Wirtschaft und Energie
BNetzA	Bundesnetzagentur
BR-Drucks.	Bundesrat-Drucksache
bspw.	beispielsweise
BT-Drucks.	Bundestag-Drucksache
BVerfG	Bundesverfassungsgericht
BVerfGE	Entscheidungen des Bundesverfassungsgerichts
BVerwG	Bundesverwaltungsgericht
BVerfGE	Entscheidungen des Bundesverwaltungsgerichts
bzw.	beziehungsweise
ca.	circa
CD-ROM	Compact Disc Read-Only Memory
CDU	Christlich Demokratische Union
CET	Central European Time
CISAC	Confédération Internationale des Sociétés d'Auteurs et Compositeurs
CISAC-Standardvertrag	Mustervertrag im EU-Bereich für das Aufführungs- und Senderecht gemäß CISAC-Standardvertrag
CMS	Content-Management-System
CR	Computer und Recht (Zeitschrift)
CSU	Christlich-soziale Union
CuR	Contracting und Recht (Zeitschrift)
d.h.	das heißt
DB	Der Betrieb (Zeitschrift)
DE	Deutschland
DIS	Deutsche Institution für Schiedsgerichtsbarkeit
DJT	Deutscher Juristentag
DL-RL	Dienstleistungs-Richtline
DNotZ	Deutsche Notarzeitung
dpa	Deutsche Presse-Agentur
DPMA	Deutsches Patent- und Markenamt
DSM-RL	Richtlinie (EU) 2019/790 des Europäischen Parlaments und des Rates vom 17. April 2019 über das Urheberrecht und die verwandten Schutzrechte im digitalen Binnenmarkt und zur Änderung der Richtlinien 96/6/EG und 2011/29/EG, ABl. Nr. L 130, S. 92
DuD	Datenschutz und Datensicherheit (Zeitschrift)
DuM	Datenaustausch und Mengenbilanzierung
DVBl.	Deutsche Verwaltungsblätter (Zeitschrift)
DVD	Digital Versatile Disc
DVO	Durchführungsverordnung
e.V.	eingetragener Verein
EaR	Earnings-at-Risk
EBIT	Earnings Before Interest And Taxes
EFR	Europäische Funk-Rundsteuerung
EG	Europäische Gemeinschaft
EGBGB	Einführungsgesetz zum Bürgerlichen Gesetzbuch
EGGVG	Einführungsgesetz zum Gerichtsverfassungsgesetz
EL	Ergänzungslieferung
EGV	Vertrag zur Gründung der Europäischen Gemeinschaft

Einf.	Einführung
Einl.	Einleitung
endg.	Endgültig
Entsch.	Entscheidung
Ent.L.R.	Entertainment Law Review (Zeitschrift)
etc.	et cetera
EU	Europäische Union
EuG	Gericht der Europäischen Union
EuGH	Europäischer Gerichtshof
EUV	Vertrag über die Europäische Union
EU-DSGVO	EU-Datenschutz-Grundverordnung
EuZW	Europäische Zeitschrift für Wirtschaftsrecht
EWG	Europäische Wirtschaftsgemeinschaft
EWiR	Entscheidungen zum Wirtschaftsrecht (Zeitschrift)
EWR	Europäischer Wirtschaftsraum
f./ff.	folgende
FAZ	Frankfurter Allgemeine Zeitung
FDP	Freie Demokratische Partei
Fn	Fußnote
FuR	Familie und Recht (Zeitschrift)
FS	Festschrift
GbR	Gesellschaft bürgerlichen Rechts
GEK	Gemeinsames Europäisches Kaufrecht
gem.	gemäß
GEMA	Gesellschaft für musikalische Aufführungs- und mechanische Vervielfältigungsrechte
GEMA-Berechtigungsvertrag	Berechtigungsvertrag der GEMA i.d.F. v. 16./17. Mai 2018
GEMA-Satzung	Satzung der GEMA i.d.F. v. 16./17. Mai 2018
GEMA-Verteilungsplan	Verteilungsplan der GEMA i.d.F. v. 16./17. Mai 2018
GemMinBl.	Gemeinsames Ministerialblatt
GewO	Gewerbeordnung
GG	Grundgesetz für die Bundesrepublik Deutschland
ggf.	gegebenenfalls
GmbH	Gesellschaft mit beschränkter Haftung
GO	Geschäftsordnung
GoA	Geschäftsführung ohne Auftrag
GPR	Zeitschrift für das Privatrecht der Europäischen Union
grds.	grundsätzlich
GRUR	Gewerblicher Rechtsschutz und Urheberrecht (Zeitschrift)
GRUR Int.	Gewerblicher Rechtsschutz und Urheberrecht, Internationaler Teil (Zeitschrift)
GRUR-Prax	Gewerblicher Rechtsschutz und Urheberrecht, Praxis im Immaterialgüter- und Wettbewerbsrecht (Zeitschrift)
GRUR-RR	Gewerblicher Rechtsschutz und Urheberrecht, Rechtsprechungs-Report (Zeitschrift)
GÜFA	Gesellschaft zur Übernahme und Wahrnehmung von Filmaufführungsrechten mbH
GÜFA-Berechtigungsvertrag	Berechtigungsvertrag der GÜFA für Urheber/Künstler i.d.F. April 2017
GÜFA-Berechtigungsvertrag	Berechtigungsvertrag der GÜFA für Produzenten i.d.F. September 2017

Abkürzungsverzeichnis

GuV	Gewinn- und Verlustrechnung
GVBl.	Gesetz- und Verordnungsblatt
GVG	Gerichtsverfassungsgesetz
GVL	Gesellschaft zur Verwertung von Leistungsschutzrechten mbH
GVL-Wahrnehmungsvertrag	Wahrnehmungsverträge der GVL für Künstler; Tonträgerhersteller oder Veranstalter i.d.F. v. 20.6.2018
GWB	Gesetz gegen Wettbewerbsbeschränkungen
GWFF	Gesellschaft zur Wahrnehmung von Film- und Fernsehrechten mbH
GWFF-Berechtigungsvertrag	Berechtigungsvertrag der GWFF i.d.F. v. 1.12.2016
GWR	Gesellschafts- und Wirtschaftsrecht (Zeitschrift)
GWVR	Gesellschaft zur Wahrnehmung von Veranstalterrechten mbH
h.L.	herrschende Lehre
h.M.	herrschende Meinung
Hamb. OVG	Hamburgisches Oberverwaltungsgericht
HGB	Handelsgesetzbuch
HGZ	Hanseatische Gerichtszeitung
Hs.	Halbsatz
i.d.F.	in der Fassung
i.d.R.	in der Regel
i.E.	im Einzelnen; im Ergebnis; im Erscheinen
i.e.S.	im engeren Sinne
i.S.d.	im Sinne des/der
i.S.v.	im Sinne von
i.V.m.	in Verbindung mit
ICC	International Chamber of Commerce
IDW	Institut der Wirtschaftsprüfer
IFRRO	International Federation of Reproductions Rights Organizations
IFG	Gesetz zur Regelung des Zugangs zu Informationen des Bundes - Informationsfreiheitsgesetz
IHK	Industrie- und Handelskammer
IIC	International Review of Intellectual Property and Competition Law (Zeitschrift)
IL	Israel
Inc.	Incorporated
InfoSoc-RL	Richtlinie 2001/29/EG des Europäischen Parlaments und des Rates vom 22. Mai 2001 zur Harmonisierung bestimmter Aspekte des Urheberrechts und der verwandten Schutzrechte in der Informationsgesellschaft, ABl. Nr. L 167, S. 10
InsO	Insolvenzordnung
IT	Informationstechnologie
ITRB	IT-Rechtsberater (Zeitschrift)
JR	Juristische Rundschau (Zeitschrift)
Jura	Juristische Ausbildung (Zeitschrift)
jurisPR-BGHZivilR	juris PraxisReport BGH-Zivilrecht
jurisPR-BVerwG	juris PraxisReport Bundesverwaltungsgericht (Zeitschrift)
JuS	Juristische Schulung (Zeitschrift)
JVEG	Justizvergütungs- und -entschädigungsgesetz
JW	Juristische Wochenschrift (Zeitschrift)
JZ	Juristenzeitung (Zeitschrift)
K&R	Kommunikation und Recht (Zeitschrift)
Kap.	Kapitel
KG	Kammergericht; Kommanditgesellschaft

krit.	kritisch
LG	Landgericht
li. Sp.	linke Spalte
lit.	litera
Lit.	Literatur
m²	Quadratmeter
m.	mit
m. Anm.	mit Anmerkungen
m.w.N.	mit weiteren Nachweisen
m.z.w.N.	mit zahlreichen weiteren Nachweisen
MDR	Monatsschrift für Deutsches Recht (Zeitschrift)
MDStV	Mediendienste-Staatsvertrag
MEZ	Mitteleuropäische Zeit
Mio.	Million(en)
MMR	MultiMedia und Recht (Zeitschrift)
Mrd.	Milliarde(n)
MuR	Medien und Recht (Zeitschrift)
n.F.	neue Fassung
n.v.	nicht veröffentlicht
NDA	non disclosure agreement
NdsRpfl	Niedersächsische Rechtspflege (Zeitschrift)
NJ	Neue Justiz (Zeitschrift)
NJOZ	Neue Juristische Online Zeitschrift
NJW	Neue Juristische Wochenschrift (Zeitschrift)
NJW-RR	Rechtsprechungsreport der Neuen Juristischen Wochenschrift (Zeitschrift)
Nr.	Nummer
NRW	Nordrhein-Westfalen
NVwZ	Neue Zeitschrift für Verwaltungsrecht
NZG	Neue Zeitschrift für Gesellschaftsrecht
o.ä.	oder ähnlich
o.g.	oben genannt
OGH	Oberster Gerichtshof (Österreich)
OHG	Offene Handelsgesellschaft
OLG	Oberlandesgericht
OLG-NL	OLG-Rechtsprechung Neue Länder (Zeitschrift)
OLGR	Oberlandesgericht-Report (Zeitschrift)
OLGZ	Entscheidungen der Oberlandesgerichte in Zivilsachen (Zeitschrift)
OVG	Oberverwaltungsgericht
p.a.	pro Jahr
PAO	Patentanwaltsordnung
rd.	rund
RdErl.	Runderlass
RDG	Rechtsdienstleistungsgesetz
re. Sp.	rechte Spalte
RefE	Referentenentwurf
RegE	Regierungsentscheidung
RFID	Radio-Frequency-Identification
RG	Reichsgericht
RGBl.	Reichsgesetzblatt

Abkürzungsverzeichnis

RGZ	Sammlung der Entscheidungen des Reichsgerichts in Zivilsachen
RL	Richtlinie
Rn	Randnummer
Rs.	Rechtssache
Rspr.	Rechtsprechung
S.	Seite; Satz
s.o.	siehe oben
s.u.	siehe unten
SchiedsVZ	Zeitschrift für Schiedsverfahren
SCAPR	Societies' Council for the Collective Management of Performers' Rights
SEPA	Single Euro Payments Area
Slg.	Sammlung der Rechtsprechung des Europäischen Gerichtshofes und des Gerichts Erster Instanz
SMS	Short Message Service
sog.	sogenannt
SPD	Sozialdemokratische Partei Deutschlands
st. Rspr.	ständige Rechtsprechung
StGB	Strafgesetzbuch
sublit.	sublitera
Teilurt.	Teilurteil
ThürVBl.	Thüringer Verwaltungsblätter
TR	Türkei
TWF	Treuhandgesellschaft Werbefilm mbH
u.a.	unter anderem
u.g.	unten genannt
u.U.	unter Umständen
UA	Unterabsatz; Unterabschnitt
Überbl.	Überblick
UFITA	Archiv für Urheber-, Film-, Funk- und Theaterrecht (Zeitschrift)
UKlaG	Gesetz über Unterlassungsklagen bei Verbraucherrechts- und anderen Verstößen
UrhG	Urheberrechtsgesetz
UrhSchiedsV	Verordnung über die Schiedsstelle für Urheberrechtsstreitfälle
UrhWG	Urheberrechtswahrnehmungsgesetz
Urt.	Urteil
USt	Umsatzsteuer
UStB	Umsatz-Steuer-Berater (Zeitschrift)
UStG	Umsatzsteuergesetz
usw.	und so weiter
UWG	Gesetz gegen unlauteren Wettbewerb
v.	vom; von
VAG	Versicherungsaufsichtsgesetz
VaR	Value at Risk
Verf.	Verfasser
VerlG	Verlagsgesetz
VersR	Versicherungsrecht (Zeitschrift)
VFF	Verwertungsgesellschaft der Film- und Fernsehproduzenten mbH
VFF-Berechtigungsvertrag	Berechtigungsvertrag der VFF für Filmhersteller i.d.F. v. 8.11.2018
VFF-Berechtigungsvertrag	Berechtigungsvertrag der VFF für Sender i.d.F. v. 8.11.2018

VG	Verwaltungsgericht
VG Bild-Kunst	Verwertungsgesellschaft Bild - Kunst
VG Bild-Kunst-Wahrnehmungsvertrag	Wahrnehmungsvertrag der VG Bild-Kunst für Berufsgruppen I und II i.d.F. August 2018
VG Bild-Kunst-Wahrnehmungsvertrag	Wahrnehmungsvertrag der VG Bild-Kunst für Berufsgruppe III i.d.F. August 2018
VGG	Verwertungsgesellschaftengesetz
VG-RL	Verwertungsgesellschaften-Richtlinie
VGF	Verwertungsgesellschaft für Nutzungsrechte an Filmwerken mbH
VGF-Wahrnehmungsvertrag	Wahrnehmungsvertrag der VGF i.d.F. April 2019
VGH	Verwaltungsgerichtshof
vgl.	vergleiche
VG Media	Gesellschaft zur Verwertung der Urheber- und Leistungsschutzrechte von Sendeunternehmen und Presseverlegern mbH
VG Media-Wahrnehmungsvertrag	Wahrnehmungsvertrag der VG Media i.d.F. September 2016
VG Musikedition	VG Musikedition – Verwertungsgesellschaft Rechtsfähiger Verein kraft Verleihung (gem. § 22 BGB)
VG Musikedition-Berechtigungsvertrag	Berechtigungsvertrag der VG Musikedition i.d.F. v. 19.6.2018
VG Wort	Verwertungsgesellschaft WORT, Rechtsfähiger Verein kraft Verleihung
VG Wort-Wahrnehmungsvertrag	Wahrnehmungsvertrag der VG Wort i.d.F. v. 25.5.2019
VO	Verordnung
vor	Vorbemerkung
vs.	versus
VuR	Verbraucher und Recht (Zeitschrift)
VV	Verwaltungsvorschrift
VwGO	Verwaltungsgerichtsordnung
VwKostG	Verwaltungskostengesetz
VwVfG	Verwaltungsverfahrensgesetz
VwVG	Verwaltungsvollstreckungsgesetz
vzbv	Verbraucherzentrale Bundesverband e.V.
WpÜG	Wertpapiererwerbes- und Übernahmegesetz
WuW	Wirtschaft und Wettbewerb (Zeitschrift)
WuW/E	Wirtschaft und Wettbewerb/Entscheidungssammlung (Zeitschrift)
z.B.	zum Beispiel
z.T.	zum Teil
zahlr.	zahlreich
ZAP	Zeitschrift für die Anwaltspraxis
ZEuP	Zeitschrift für Europäisches Privatrecht
ZG	Zeitschrift für Gesetzgebung
ZGE	Zeitschrift für Geistiges Eigentum
ZIP	Zeitschrift für Wirtschaftsrecht
zit.	zitiert
ZPO	Zivilprozessordnung
ZPÜ	Zentralstelle für private Überspielungsrechte
ZRP	Zeitschrift für Rechtspolitik
ZUM	Zeitschrift für Urheber- und Medienrecht
ZUM-RD	Zeitschrift für Urheber- und Medienrecht – Rechtsprechungsdienst
zust.	Zustimmend
zutr.	zutreffend

Abkürzungsverzeichnis

zw.	zweifelhaft
ZWeR	Zeitschrift für Wettbewerbsrecht

Literaturverzeichnis

Ahrens, Hans-Jürgen/Bornkamm, Joachim/Fezer, Karl-Heinz/Koch, Thomas/McGuire, Mary-Rose/Würtenberger, Gert, Festschrift für Wolfgang Büscher, Köln 2018 (*Bearbeiter* in: FS Büscher)

Altemark, Christine, Wahrnehmung von Online-Musikrechten im Europäischen Wirtschaftsraum unter besonderer Berücksichtigung des Systems der Rechtewahrnehmung seit der Empfehlung der Kommission vom 18. Oktober 2005, Frankfurt am Main 2011 (zit.: *Altemark*)

Arndt, Hans-Wolfgang/Fetzer, Thomas/Scherer, Joachim/Graulich, Kurt, TKG: Telekommunikationsgesetz, Kommentar, 2. Auflage, Berlin 2015 (zit.: Arndt/Fetzer/Scherer/Graulich/*Bearbeiter*)

Augenstein, Christof, Rechtliche Grundlagen des Verteilungsplans urheberrechtlicher Verwertungsgesellschaften, Baden-Baden 2004 (zit.: *Augenstein*)

Bauer, Rainer/Heckmann, Dirk/Ruge, Kay/Schallbruch, Martin/Schulz, Sönke, Verwaltungsverfahrensgesetz (VwVfG) und E-Government, 2. Auflage, Wiesbaden 2014 (zit.: Bauer/Heckmann/Ruge/Schallbruch/*Bearbeiter*)

Baumbach, Adolf/Hueck, Alfred, Gesetz betreffend die Gesellschaft mit beschränkter Haftung, 21. Auflage, München 2017 (zit.: Baumbach/Hueck/*Bearbeiter*)

Becker, Jürgen, Wanderer zwischen Musik, Politik und Recht: Festschrift für Reinhold Kreile zum 65. Geburtstag, Baden-Baden 1994 (zit.: *Bearbeiter* in: FS Kreile)

beck-online.GROSSKOMMENTAR zum Zivilrecht (Hrsg.: Gsell, Beate/Krüger, Wolfgang/Lorenz, Stephan/Reymann, Christoph), München 2018 (zit.: BeckOGK/*Bearbeiter*)

Beck'scher Online-Kommentar BGB (Hrsg.: Bamberger, Georg/Roth, Herbert/Hau, Wolfgang/Poseck, Roman), 49. Edition, Stand 1.2.2019, München 2019 (zit.: BeckOK-BGB/*Bearbeiter*)

Beck'scher Online-Kommentar Datenschutzrecht (Hrsg. Brink, Stefan/Wolff, Heinrich Amadeus), 27. Edition, Stand 1.2.2019, München 2019 (zit.: BeckOK-DatenS/*Bearbeiter*)

Beck'scher Online-Kommentar GmbHG (Hrsg.: Ziemons, Hildegard/Jaeger, Carsten), 38. Edition, 1.2.2019, München 2019 (zit.: BeckOK-GmbHG/*Bearbeiter*)

Beck'scher Online-Kommentar Umsatzsteuergesetz (Hrsg.: Weymüller, Rainer), 20. Edition, 15.1.2019, München 2019 (zit.: BeckOK-UStG/*Bearbeiter*)

Beck'scher Online-Kommentar Urheberrecht (Hrsg.: Ahlberg, Hartwig/Götting, Horst-Peter), 24. Edition, Stand 15.4.2019, München 2019 (zit.: BeckOK-UrhR/*Bearbeiter*)

Beck'scher Online-Kommentar VwVfG (Hrsg.: Bader, Johann/Ronellenfitsch, Michael), 42. Edition, Stand 1.1.2019, München 2019 (zit.: BeckOK-VwVfG/*Bearbeiter*)

Berger, Christian/Wündisch, Sebastian, Urhebervertragsrecht, 2. Auflage, Baden-Baden 2015 (zit.: Berger/Wündisch/*Bearbeiter*)

Bing, Friederike, Die Verwertung von Urheberrechten – eine ökonomische Analyse unter Berücksichtigung der Lizenzvergabe durch Verwertungsgesellschaften, Berlin 2002 (zit.: *Bing*)

Block, Ulrich, Die Lizenzierung von Urheberrechten für die Herstellung und den Vertrieb von Tonträgern im Europäischen Binnenmarkt, Baden-Baden 1997 (zit.: *Block*)

Bruchhausen, Karl/Hefermehl, Wolfgang/Hommelhoff, Peter/Messer, Herbert, Festschrift für Rudolf Nirk zum 70. Geburtstag, München 1992 (zit.: *Bearbeiter* in: FS Nirk)

Büscher, Wolfang/Dittmer, Stefan/Schiwy, Peter, Gewerblicher Rechtsschutz, Urheberrecht, Medienrecht, 3. Auflage, Köln 2015 (zit.: Büscher/Dittmer/Schiwy/*Bearbeiter*)

Busse, Rudolf/Keukenschrijver, Alfred (Hrsg.), Patentgesetz, 8. Auflage, Berlin 2016 (zit.: Busse/Keukenschrijver/*Bearbeiter*)

Calliess, Christian/Ruffert, Matthias, EUV/AEUV, Das Verfassungsrecht der Europäischen Union mit Europäischer Grundrechtecharta, 5. Auflage, München 2016 (zit.: Calliess/Ruffert/*Bearbeiter*)

Denga, Michael, Legitimität und Krise urheberrechtlicher Verwertungsgesellschaften – Kollektive Rechtewahrnehmung zwischen Utilitarismus und Demokratie, Baden-Baden 2015 (zit.: *Denga*)

Dietl, Clara Erika/Lorenz, Egon, Wörterbuch Recht, Wirtschaft & Politik, Band 1: Englisch-Deutsch, 7. Aufl., München 2016 (zit.: *Dietl/Lorenz*)

Dietz, Adolf, Das Urheberrecht in der Europäischen Gemeinschaft, Studie im Auftrag der Generaldirektion „Forschung, Wissenschaft und Bildung" der Kommission der Europäischen Gemeinschaften, Baden-Baden 1978 (zit.: *Dietz*)

Dreier, Thomas/Hilty, Reto, Vom Magnettonband zu Social Media, Festschrift 50 Jahre Urheberrechtsgesetz (UrhG), München 2015 (zit.: *Bearbeiter* in: FS 50 Jahre UrhG)

Literaturverzeichnis

Dreier, Thomas/Pfeifer, Karl-Nikolaus/Specht, Louisa, Anwalt des Urheberrechts: Festschrift für Gernot Schulze zum 70. Geburtstag, München 2017 (zit.: *Bearbeiter* in: FS Schulze)

Dreier, Thomas/Schulze, Gernot, Urheberrechtsgesetz, Urheberrechtswahrnehmungsgesetz, Kunsturhebergesetz, Kommentar, 5. Auflage, München 2015 (zit.: Dreier/Schulze/*Bearbeiter*, 5. Aufl. 2015)

Dreier, Thomas/Schulze, Gernot, Urheberrechtsgesetz, Urheberrechtswahrnehmungsgesetz, Kunsturhebergesetz, Kommentar, 6. Auflage, München 2018 (zit.: Dreier/Schulze/*Bearbeiter*)

Drexl, Josef, Copyright, Competition and Development, Report by the Max Planck Institute for Intellectual Property and Competition on behalf of WIPO, München 2013 (zit.: *Drexl*)

Ebenroth, Carsten Thomas/Boujong, Karlheinz/Joost, Detlev/Strohn, Lutz, Handelsgesetzbuch, Band 1, §§ 1–342e, 3. Auflage, München 2014 (zit.: Ebenroth/Boujong/Joost/Strohn/*Bearbeiter*)

Ebenroth, Carsten Thomas/Boujong, Karlheinz/Joost, Detlev/Strohn, Lutz, Handelsgesetzbuch, Band 2, §§ 343–475h, Transportrecht, Bank- und Börsenrecht, 3. Auflage, München 2015 (zit.: Ebenroth/Boujong/Joost/Strohn/*Bearbeiter*)

Emler, Matthias, Wettbewerb zwischen Verwertungsgesellschaften – eine ökonomische Analyse am Beispiel der Musikindustrie, Baden-Baden 2014 (zit.: *Emler*)

Ensthaler, Jürgen/Weidert, Stefan, Handbuch Urheberrecht und Internet, 3. Auflage, Frankfurt am Main 2017 (zit.: Ensthaler/Weidert/*Bearbeiter*)

Euhus, Fabian, Die Gegenseitigkeitsverträge der Verwertungsgesellschaften im Musikbereich, Baden-Baden 2008 (zit.: *Euhus*)

Fehling, Michael/Kastner, Berthold/Störmer, Rainer, Verwaltungsrecht: VwVfG, VwGO, Nebengesetze, 4. Auflage, Baden-Baden 2016 (zit.: Fehling/Kastner/Störmer/*Bearbeiter*)

Feuerich, Wilhelm/Weyland, Dag, Bundesrechtsanwaltsordnung: Berufsordnung, Fachanwaltsordnung, Partnerschaftsgesellschaftsgesetz, Recht für Anwälte aus dem Gebiet der Europäischen Union, Patentanwaltsordnung, 9. Auflage, München 2016 (zit.: Feuerich/Weyland/*Bearbeiter*)

Fromm/Nordemann, Urheberrecht, Kommentar (Hrsg.: Fromm, Friedrich/Nordemann, Axel/Nordemann, Jan Bernd), 11. Auflage, Stuttgart 2014 (zit.: Fromm/Nordemann/*Bearbeiter*, 11. Aufl. 2014)

Fromm/Nordemann, Urheberrecht, Kommentar (Hrsg.: Nordemann, Axel/Nordemann, Jan Bernd/Czychowski, Christian), 12. Auflage, Stuttgart 2018 (zit.: Fromm/Nordemann/*Bearbeiter*)

Ganea, Peter/Heath, Christopher/Schricker, Gerhard, Urheberrecht: gestern – heute – morgen, Festschrift für Adolf Dietz zum 65. Geburtstag, München 2001 (zit.: *Bearbeiter* in: FS Dietz)

Gervais, Daniel, Collective management of copyright and related rights, 2. Auflage, Alphen aan de Rijn u.a. 2010 (zit.: Gervais/*Bearbeiter*)

Goldmann, Bettina, Die kollektive Wahrnehmung musikalischer Rechte in den USA und Deutschland: eine vergleichende Studie zu Recht und Praxis der Verwertungsgesellschaften, München 2000 (zit.: *Goldmann*)

Grote, Sophia, Europäische Perspektiven der Rechtewahrnehmung durch Verwertungsgesellschaften, Baden-Baden 2012 (zit.: *Grote*)

Grünberger, Michael/Leible, Stefan, Die Kollision von Urheberrecht und Nutzerverhalten, Tübingen 2014 (zit.: Grünberger/Leible/*Bearbeiter*)

Grundmann, Stefan/Kirchner, Christian/Raiser, Thomas, Unternehmensrecht zu Beginn des 21. Jahrhunderts – Festschrift für Eberhard Schwark zum 70. Geburtstag, München 2009 (zit.: *Bearbeiter* in: FS Schwark)

Hauptmann, Christian, Die Vergesellschaftung des Urheberrechts – das ausschließliche Recht, Entindividualisierung und Vergesellschaftung bei Wahrnehmung durch Verwertungsgesellschaften am Beispiel der GEMA und der VG WORT, Baden-Baden 1994 (zit.: *Hauptmann*)

Heidelberger Kommentar zum Urheberrecht (Hrsg.: Dreyer, Gunda/Kotthoff, Jost/Meckel, Astrid/Hentsch, Christian-Henner), 4. Auflage, Heidelberg 2018 (zit.: HK-UrhR/*Bearbeiter*)

Heine, Robert, Wahrnehmung von Online-Musikrechten durch Verwertungsgesellschaften im Binnenmarkt, Berlin 2008 (zit.: *Heine*)

Heinemann, Tobias, Die Verteilungspraxis der Verwertungsgesellschaften – Verteilungsmechanismen und wahrnehmungsrechtliche Problemfelder aus einer rechtlichen, kulturellen und sozialen Sichtweise, Tübingen 2017 (zit.: *Heinemann*)

Heker, Harald/Riesenhuber, Karl, Recht und Praxis der GEMA, Handbuch und Kommentar, 3. Auflage, Berlin 2018 (zit.: Heker/Riesenhuber/*Bearbeiter*)

Henke, Hannes, E-Books im Urheberrecht, Kollision von Buchkultur und digitaler Wissensgesellschaft, Göttingen 2018 (zit.: *Henke*)
Henssler, Martin/Strohn, Lutz, Gesellschaftsrecht, 3. Auflage, München 2016 (zit.: Henssler/Strohn/*Bearbeiter*)
Herberger, Maximilian/Martinek, Michael/Rüßmann, Helmut/Weth, Stephan/Würdinger, Markus, juris Praxiskommentar BGB, 8. Auflage, Saarbrücken 2017 (zit.: jurisPK-BGB/*Bearbeiter*)
Herschel, Wilhelm/Hubmann, Heinrich/Rehbinder, Manfred, Festschrift für Georg Roeber zum 10. Dezember 1981, Freiburg 1982 (zit.: *Bearbeiter* in: FS Roeber)
Heyde, Johann, Die grenzüberschreitende Lizenzierung von Online-Musikrechten in Europa – eine urheber- und wahrnehmungsrechtliche Studie, Baden-Baden 2011 (zit.: *Heyde*)
Hoeren, Thomas/Sieber, Ulrich/Holznagel, Bernd, Handbuch Multimedia-Recht: Rechtsfragen des elektronischen Geschäftsverkehrs, Loseblatt-Ausgabe, 46. Ergänzungslieferung, München 2018 (zit.: Hoeren/Sieber/Holznagel/*Bearbeiter*)
Hucko, Elmar Matthias, „Zweiter Korb": Das neue Urheberrecht in der Informationsgesellschaft, Einführung in das zweite Gesetz zur Regelung des Urheberrechts in der Informationsgesellschaft vom 26. Oktober 2007 (BGBl. I S. 2513), Wien 2007 (zit.: *Hucko*)
Hüffer, Uwe/Koch, Jens, Aktiengesetz, Beck'sche Kurz-Kommentare Band 53, 13. Auflage, München 2018 (zit.: Hüffer/Koch/*Bearbeiter*)
Immenga, Ulrich/Mestmäcker, Ernst-Joachim, Wettbewerbsrecht, Band 2, GWB – Kommentar zum Deutschen Kartellrecht, Teil 1: §§ 1–96, 130–131, 5. Auflage, München 2014 (zit.: Immenga/Mestmäcker/*Bearbeiter*)
Jauernig, Bürgerliches Gesetzbuch, Kommentar (Hrsg.: Stürmer, Rolf), 17. Auflage, München 2018 (zit.: Jauernig/*Bearbeiter*)
Klimpel, Paul, Mit gutem Recht erinnern, Hamburg 2018 (zit.: Klimpel/*Bearbeiter*)
Kling, Camilla, Gebietsübergreifende Lizenzierung von Online-Rechten an Musikwerken – Probleme einer effizienten Lizenzierungspraxis unter Geltung des VGG, Berlin 2018 (zit.: *Kling*)
Kopp, Ferdinand/Ramsauer, Ulrich, Verwaltungsverfahrensgesetz, Kommentar, 18. Auflage, München 2017 (zit.: Kopp/Ramsauer/*Bearbeiter*)
Kreile, Reinhold/Becker, Jürgen/Riesenhuber, Karl, Recht und Praxis der GEMA: Handbuch und Kommentar, 2. Auflage, Berlin 2008 (zit.: Kreile/Becker/Riesenhuber/*Bearbeiter*)
Lang, Johann/Weidmüller, Ludwig, Genossenschaftsgesetz, 38. Auflage, Berlin 2016 (zit.: Lang/Weidmüller/*Bearbeiter*)
Langhanke, Carmen, Daten als Leistung – eine rechtsvergleichende Untersuchung zu Deutschland, Österreich und der Schweiz, Tübingen 2018 (zit.: *Langhanke*)
Lauck, Simon, Verwaiste Werke, Zielerreichungsgrad der Richtlinie 2012/28/EU und der §§ 61 ff. UrhG, Wiesbaden 2017 (zit.: *Lauck*)
Lichtenegger, Moritz, Verwertungsgesellschaften, Kartellverbot und Neue Medien, Der wahrnehmungsrechtliche Grundsatz und seine Konsequenzen für die kartellrechtliche Bewertung der Verwertungsgesellschaften in Europa, Tübingen 2014 (zit.: *Lichtenegger*)
Loewenheim, Ulrich, Handbuch des Urheberrechts, 2. Auflage, München 2010 (zit.: Loewenheim/*Bearbeiter*)
Loewenheim, Ulrich/Meessen, Karl M./Riesenkampff, Alexander/Kersting, Christian/Meyer-Lindemann, Hans Jürgen, Kartellrecht, 3. Auflage, München 2016 (zit.: Loewenheim/Meessen/Riesenkampff/Kersting/Meyer-Lindemann/*Bearbeiter*)
Löhr, Joachim, Die Aufsicht über Verwertungsgesellschaften, München 1992 (zit.: *Löhr*)
Löwisch, Manfred, Beiträge zum Handels- und Wirtschaftsrecht, Festschrift für Fritz Rittner zum 70. Geburtstag, München 1991 (zit.: *Bearbeiter* in: FS Rittner)
Mann, Thomas/Sennekamp, Christoph/Uechtritz, Michael, Verwaltungsverfahrensgesetz: Großkommentar (zit.: Mann/Sennekamp/Uechtritz/*Bearbeiter*)
Mauhs, Angela, Der Wahrnehmungsvertrag, Baden-Baden 1991 (zit.: *Mauhs*)
Melichar, Ferdinand, Die Wahrnehmung von Urheberrechten durch Verwertungsgesellschaften – am Beispiel der VG WORT, München 1983 (zit.: *Melichar*)
Menzel, Hans-Jürgen, Die Aufsicht über die GEMA durch das Deutsche Patentamt: ein Beispiel für die Aufsicht über die Verwertungsgesellschaften, Heidelberg 1986 (zit.: *Menzel*)
Mestmäcker, Ernst-Joachim/Schulze, Erich, Kommentar zum Deutschen Urheberrecht, Loseblattsammlung, Frankfurt am Main 1962–2012 (zit.: *Mestmäcker/Schulze*)

Literaturverzeichnis

Mestmäcker, Ernst-Joachim/Schweitzer, Heike, Europäisches Wettbewerbsrecht, 3. Auflage, München 2014 (zit.: *Mestmäcker/Schweitzer*)

Moser, Rolf/Scheuermann, Andreas/Drücke, Florian, Handbuch der Musikwirtschaft, 7. Auflage, München 2018 (zit.: Moser/Scheuermann/Drücke/*Bearbeiter*)

Müller, Stefan, Der Verteilungsplan der GEMA, Rechtliche Grundlagen und Prinzipien der Verteilung, 1. Auflage, Baden-Baden 2006 (zit.: *Müller*)

Münchener Handbuch des Gesellschaftsrechts (Hrsg.: Hofmann-Becking, Michael), Band 4, Aktiengesellschaft, 2. Auflage, München 1999 (zit.: MünchHdBGesRIV/*Bearbeiter*)

Münchener Handbuch des Gesellschaftsrechts (Hrsg.: Beuthien, Volker/Gummert, Hans/Schöpflin, Martin), Band 5, Verein, Stiftung bürgerlichen Rechts, 4. Auflage, München 2016 (zit.: MünchHdBGesRV/*Bearbeiter*)

Münchener Kommentar zum Aktiengesetz (Hrsg.: Goette, Wulf/Habersack, Mathias/Kalss, Susanne), Band 1, §§ 1–75, 4. Auflage, München 2016 (zit.: MüKoAktG/*Bearbeiter*)

Münchener Kommentar zum Aktiengesetz (Hrsg.: Goette, Wulf/Habersack, Mathias/Kalss, Susanne), Band 2, §§ 76–117, MitbestG, DrittelbG, 4. Auflage, München 2016 (zit.: MüKoAktG/*Bearbeiter*)

Münchener Kommentar zum Bürgerlichen Gesetzbuch (Hrsg.: Säcker, Jürgen/Rixecker, Roland/Oetker, Hartmut/Limperg, Bettina), Band 1, Allgemeiner Teil, §§ 1–240, PRostG, AGG, 7. Auflage, München 2015 (zit.: MüKoBGB/*Bearbeiter*; Bd. 1)

Münchener Kommentar zum Bürgerlichen Gesetzbuch (Hrsg.: Säcker, Jürgen/Rixecker, Roland/Oetker, Hartmut/Limperg, Bettina), Band 2, Schuldrecht – Allgemeiner Teil, 7. Auflage, München 2016 (zit.: MüKoBGB/*Bearbeiter*, Bd. 2)

Münchener Kommentar zum Bürgerlichen Gesetzbuch (Hrsg.: Säcker, Jürgen/Rixecker, Roland/Oetker, Hartmut/Limperg, Bettina), Band 8, Familienrecht I, §§ 1297–1588, Versorgungsausgleichsgesetz, Gewaltschutzgesetz, Lebenspartnerschaftsgesetz, 7. Auflage, München 2017 (zit.: MüKoBGB/*Bearbeiter*, Bd. 8)

Münchener Kommentar zum Bürgerlichen Gesetzbuch (Hrsg.: Säcker, Jürgen/Rixecker, Roland/Oetker, Hartmut), Band 11, Internationales Privatrecht II, Internationales Wirtschaftsrecht, Einführungsgesetz zum Bürgerlichen Gesetzbuche (Art. 25–248), 6. Auflage, München 2015 (zit.: MüKoBGB/*Bearbeiter*, Bd. 11)

Münchener Kommentar zum Bürgerlichen Gesetzbuch (Hrsg.: Säcker, Jürgen/Rixecker, Roland/Oetker, Hartmut/Limperg, Bettina), Band 12, Internationales Privatrecht II, Internationales Wirtschaftsrecht, Einführungsgesetz zum Bürgerlichen Gesetzbuche (Art. 50–253), 7. Auflage, München 2018 (zit.: MüKoBGB/*Bearbeiter*, Bd. 12)

Münchener Kommentar zum Gesetz betreffend die Gesellschaften mit beschränkter Haftung (GmbHG) (Hrsg.: Fleischer, Holger/Goette, Wulf), Band 2, §§ 35–52, 2. Auflage, München 2016 (zit.: MüKoGmbHG/*Bearbeiter*)

Münchener Kommentar zur Zivilprozessordnung mit Gerichtsverfassungsgesetz und Nebengesetzen (Hrsg.: Krüger, Wolfgang/Rauscher, Thomas), Band 1, §§ 1–354, 5. Auflage, München 2016 (zit.: MüKoZPO/*Bearbeiter*)

Musielak, Hans-Joachim/Voit, Wolfgang, Zivilprozessordnung, 15. Auflage, München 2018 (zit.: Musielak/Voit/*Bearbeiter*)

Obergfell, Eva Inés/Hauck, Ronny, Lizenzvertragsrecht, Berlin 2016 (zit.: Obergfell/Hauck/*Bearbeiter*)

Oetker, Hartmut, Handelsgesetzbuch, Kommentar, 5. Auflage, München 2017 (zit.: Oetker/*Bearbeiter*)

Ohly, Ansgar, Perspektiven des geistigen Eigentums und Wettbewerbsrechts: Festschrift für Gerhard Schricker zum 70. Geburtstag, München 2005 (zit.: *Bearbeiter* in: FS Schricker)

v. Ohlenhusen, Albrecht Götz/Gergen, Thomas, Kreativität und Charakter – Recht Geschichte und Kultur in schöpferischen Prozessen, Festschrift für Martin Vogel zum siebzigsten Geburtstag, Hamburg 2017 (zit.: *Bearbeiter* in: FS Vogel)

Oostrom, Samuel van/Weth, Stephan, Festschrift für Maximilian Herberger, Saarbrücken 2016 (zit.: *Bearbeiter* in: FS Herberger)

Paal, Boris P./Pauly, Daniel A., Datenschutzgrundverordnung, Bundesdatenschutzgesetz, 2. Auflage, München 2018 (zit.: Paal/Pauly/*Bearbeiter*)

Palandt, Bürgerliches Gesetzbuch, Kommentar, 77. Auflage, München 2018 (zit.: Palandt/*Bearbeiter*)

Peifer, Karl-Nikolaus/Stern, Klaus/Hain, Karl-Eberhard, Werkvermittlung und Rechtemanagement im Zeitalter von Google und YouTube, Urheberrechtliche Lösungen für die audiovisuelle Medienwelt, Vortragsveranstaltung des Instituts für Rundfunkrecht an der Universität zu Köln vom 18. Juni 2010, München 2011 (zit.: Peifer/*Bearbeiter*)

Pflüger, Claudius, Gerechter Ausgleich und angemessene Vergütung – Dispositionsmöglichkeiten bei Vergütungsansprüchen aus gesetzlichen Lizenzen, Baden-Baden 2017 (zit.: *Pflüger*)

Picht, Peter, Strategisches Verhalten bei der Nutzung von Patenten in Standardisierungsverfahren aus der Sicht des europäischen Kartellrechts, Bern 2013 (zit.: *Picht*)

Pöhlmann, Peter/Fandrich, Andreas/Bloehs, Joachim, Genossenschaftsgesetz, 4. Auflage, München 2012 (zit.: Pöhlmann/Fandrich/Bloehs/*Bearbeiter*)

Raue, Peter/Hegemann, Jan, Münchener Anwalts-Handbuch Urheber- und Medienrecht, 2. Auflage, München 2017 (zit.: Raue/Hegemann/*Bearbeiter*)

Rehbinder, Manfredt/Peukert, Alexander, Urheberrecht und verwandte Schutzrechte, 18. Auflage, München 2018 (zit.: *Rehbinder/Peukert*)

Riesenhuber, Karl, Die „Angemessenheit" im Urheberrecht, Prozedurale und materielle Wege zu ihrer Bestimmung, INTERGU-Tagung 2012, Tübingen 2013 (zit.: Riesenhuber/*Bearbeiter*)

Riesenhuber, Karl, Die Auslegung und Kontrolle des Wahrnehmungsvertrages, Berlin 2004 (zit.: *Riesenhuber*, Wahrnehmungsvertrag)

Riesenhuber, Karl, Wahrnehmungsrecht in Polen, Deutschland und Europa, INTERGU-Tagung 2005, Berlin 2006 (zit.: *Bearbeiter* in: Riesenhuber, Wahrnehmungsrecht)

Riesenhuber, Karl, Ernst-Joachim Mestmäcker – Beiträge zum Urheberrecht, Berlin 2006 (zit.: *Bearbeiter* in: Riesenhuber, Mestmäcker)

Rosenberg, Leo/Schwab, Karl Heinz/Gottwald, Peter, Zivilprozessrecht, 18. Auflage, München 2018 (zit.: *Rosenberg/Schwab/Gottwald*)

Roßnagel, Alexander, Europäische Datenschutz-Grundverordnung, Vorrang des Unionsrechts – Anwendbarkeit des nationalen Rechts, Baden-Baden 2017 (zit.: Roßnagel/*Bearbeiter*)

Ruete, Matthias, Copyright, „geistiges Eigentum" und britische Verwertungsgesellschaften – zugleich ein Beitrag zur Anwendung des europäischen Wettbewerbsrechts, München 1986 (zit.: *Ruete*)

Schack, Haimo, Urheber- und Urhebervertragsrecht, 8. Auflage, Tübingen 2017 (zit.: *Schack*)

Semler, Johannes/v. Schenck, Kersten, Der Aufsichtsrat, München 2015 (zit.: Semler/v. Schenck/*Bearbeiter*)

v. Schenck, Kersten, Arbeitshandbuch für Aufsichtsratsmitglieder, 4. Auflage, München 2013 (zit.: Semler/v. Schenck/*Bearbeiter*)

Schertz, Christian/Omsels, Hermann-Josef, Festschrift für Paul W. Hertin zum 60. Geburtstag am 15. November 2000, München 2000 (zit.: *Bearbeiter* in: FS Hertin)

Schierholz, Anke, Kunst, Recht und Geld – Festschrift für Gerhard Pfennig zum 65. Geburtstag, München 2012 (zit.: *Bearbeiter* in: FS Pfennig)

Schmidt, Karsten/Lutter, Marcus, Aktiengesetz – Kommentar, Band 1, §§ 1–149, 3. Auflage, Köln 2015 (zit.: Schmidt/Lutter/*Bearbeiter*)

Scholz, Franz, Kommentar zum GmbH-Gesetz – mit Anhang Konzernrecht, Band 2, §§ 35–52, Anh. § 45 Gesellschafterversammlung und Gesellschafterkompetenzen, 11. Auflage, Köln 2014 (zit.: Scholz/*Bearbeiter*)

Schricker/Loewenheim, Urheberrecht (Hrsg.: Loewenheim, Ulrich/Leistner, Matthias/Ohly, Ansgar), 5. Auflage, München 2017 (zit.: Schricker/Loewenheim/*Bearbeiter*)

Schubel, Christian, Verbandssouveränität und Binnenorganisation der Handelsgesellschaften, Tübingen 2003 (zit.: *Schubel*)

Schwartmann, Rolf, Praxishandbuch Medien-, IT- und Urheberrecht, 4. Auflage, Heidelberg 2017 (zit.: Schwartmann/*Bearbeiter*)

Staudinger Kommentar zum Bürgerlichen Gesetzbuch (Hrsg.: Rieble, Volker), Staudinger BGB – Buch 2: Recht der Schuldverhältnisse, §§ 662–675b (Auftrag und Geschäftsbesorgung), Neubearbeitung, Berlin 2017 (zit.: Staudinger/*Bearbeiter*)

Stelkens, Paul/Bonk, Heinz/Leonhardt, Klaus/Sachs, Michael/Schmitz, Heribert, Verwaltungsverfahrensgesetz, 9. Auflage, München 2018 (zit.: Stelkens/Bonk/Leonhardt/Sachs/Schmitz/*Bearbeiter*)

Stein, Friedrich/Jonas, Martin, Kommentar zur Zivilprozessordnung, Band 10: Europäisches Zivilprozessrecht, 22. Auflage, Tübingen 2011 (zit.: Stein/Jonas/*Bearbeiter*)

Steinbeck, Anja, Vereinsautonomie und Dritteinfluß: dargestellt an den Verbänden des Sports, Berlin 1999 (zit.: *Steinbeck*)

Stöber, Kurt/Otto, Dirk-Ulrich, Handbuch zum Vereinsrecht, 11. Auflage, Köln 2016 (zit.: *Stöber/Otto*)
Strittmatter, Angelika, Tarife vor der urheberrechtlichen Schiedsstelle: Angemessenheit, Berechnungsgrundlagen, Verfahrenspraxis, Berlin 1994 (zit.: *Strittmatter*)
Tades, Helmut/Danzl, Karl-Heinz/Graninger, Gernot, Ein Leben für Rechtskultur, Festschrift für Robert Dittrich zum 75. Geburtstag, Wien 2000 (zit.: *Bearbeiter* in: FS Dittrich)
Thomas/Putzo, Zivilprozessordnung (Hrsg. Reichold, Klaus/Hüßtege, Rainer/Seiler, Christian), 39. Auflage, München 2018 (zit.: Thomas/Putzo/*Bearbeiter*)
Ulmer, Eugen, Urheber- und Vertragsrecht, 2. Auflage, Berlin u.a. 1960 (zit.: *Ulmer*)
Ulmer, Peter/Habersack, Mathias/Lobbe, Marc, GmbHG – Gesetz betreffend die Gesellschaften mit beschränkter Haftung, 2. Auflage, Tübingen 2013 (zit.: GK-GmbHG/*Bearbeiter*)
Wandtke, Artur-Axel/Bullinger, Winfried, Praxiskommentar zum Urheberrecht, 4. Auflage, München 2014 (zit.: Wandtke/Bullinger/*Bearbeiter*, 4. Aufl. 2014)
Wandtke, Artur-Axel/Bullinger, Winfried, Praxiskommentar zum Urheberrecht, 5. Auflage, München 2018 (zit.: Wandtke/Bullinger/*Bearbeiter*)
Walter, Michel M., Europäisches Urheberrecht, Wien 2001 (zit.: Walter/*Bearbeiter*)
Watt, Richard, Handbook on the Economics of Copyright, Cheltenham/Northampton 2014 (zit.: Watt/Beabeiter)
Weber, Christoph, Privatautonomie und Außeneinfluß im Gesellschaftsrecht, Tübingen 2000 (zit.: Chr. Weber)
Weller, Matthias/Kemle, Nicolai/Dreier, Thomas/Lynen, Peter Michael, Kunst im Markt – Kunst im Recht, Tagungsband des Dritten Heidelberger Kunstrechtstags am 9. und 10. Oktober 2009, Baden-Baden 2010 (zit.: Weller/Kemle/Dreier/Lynen/*Bearbeiter*)
Wübbelt, Benjamin, Die Zukunft der kollektiven Rechtewahrnehmung im Online-Musikbereich, Frankfurt am Main et al. 2015 (zit.: *Wübbelt*)
Wünschmann, Christoph, Die kollektive Wahrnehmung von Urheber- und Leistungsschutzrechten nach europäischem Wettbewerbsrecht, Baden-Baden 2000 (zit.: *Wünschmann*)
Zöller, Richard, Zivilprozessordnung, Kommentar, 32. Auflage, Köln 2018 (zit.: Zöller/*Bearbeiter*)
Zurth, Patrick, Rechtsgeschäftliche und gesetzliche Nutzungsrechte im Urheberrecht, Tübingen 2016 (zit.: *Zurth*)

EINLEITUNG

Übersicht

A. Bedeutung der Verwertungsgesellschaften —— 1
B. Regulierung der Verwertungsgesellschaften
   I. Deutsches Recht
      1. UrhWG 1965 —— 6
      2. VGG 2016 —— 7
         a) Behördliche Aufsicht —— 8
         b) Transparenz —— 9
         c) Verhältnis zu den Rechtsinhabern —— 10
         d) Verhältnis zu den Nutzern —— 15
         e) Besondere Vorschriften für die gebietsübergreifende Vergabe von Online-Rechten an Musikwerken —— 20
   II. Unionsrechtlicher Rahmen —— 21
      1. Förderung europaweiter Lizenzen —— 23
      2. Harmonisierung des Wahrnehmungsrechts —— 26
   III. Weitere Rechtsquellen —— 30
      1. Kartellrecht —— 32
      2. AGB-Rechtskontrolle —— 35
      3. Keine Anwendbarkeit der Dienstleistungsrichtlinie —— 40
C. Ausblick —— 41

A. Bedeutung der Verwertungsgesellschaften

Verwertungsgesellschaften nehmen in der urheberrechtlichen Praxis eine Schlüsselstellung ein. Sie bilden in weiten Teilen der Verwertung von Urheber- und verwandten Schutzrechten das **Bindeglied zwischen Rechtsinhabern und Rechtenutzern**. Obwohl sie im Lager der Rechtsinhaber stehen, von denen sie mit der Rechtewahrnehmung beauftragt werden, profitieren auch die Nutzer von ihnen, weil sie die benötigten Rechte bei den Verwertungsgesellschaften in einer Hand vereint vorfinden und gebündelt erwerben können.[1]

Verwertungsgesellschaften gibt es in den **meisten Staaten der Welt** und in jedem Mitgliedstaat der EU. Begonnen hat ihre Geschichte in Frankreich. 1777 gründeten Schriftsteller in Paris das *Bureau de Législation Dramatique*, das die Belange der Autoren gegenüber dem Theater schützen sollte. 1829 ging die Gesellschaft in die noch heute bestehende *Société des Auteurs et Compositeurs Dramatiques* (SACD) auf. 1851 wurde die französische SACEM gegründet, um die Rechte von Komponisten, Musikverlegern und Textdichtern wahrzunehmen. Anlass ihrer Gründung war die vergleichsweise frühe gesetzliche Anerkennung eines ausschließlichen Aufführungsrechts der Urheber in Frankreich. Dieses Recht ließ sich am zweckmäßigsten durch eine Verwertungsgesellschaft wahrnehmen. Schon wenige Zeit danach erfolgte in Italien mit der SIAE die wohl erste Gründung einer Verwertungsgesellschaft außerhalb Frankreichs. Auch sie nimmt die Rechte von Komponisten und Musikverlegern wahr. Bis heute ist die wirtschaftliche Bedeutung der Verwertungsgesellschaften im Musikbereich am größten. Von den 4,6 Mrd. Euro, die von den europäischen Urheberrechtswahrnehmungsgesellschaften im Jahr 2010 insgesamt erlöst wurden, stammen 82,8 Prozent aus dem Musikbereich.[2] Daneben haben sich im Laufe der Zeit Verwertungsgesellschaften zur Wahrnehmung **verwandter Schutzrechte** etabliert, unter anderem der ausübenden Künstler, Tonträgerhersteller, Sendeunternehmen und Filmproduzenten. In Deutschland sind gegenwärtig 13 Verwertungsgesellschaften zugelassen, die im Jahre 2017 gemeinsam Einnahmen von rund zwei Mrd. Euro erwirtschaftet haben.

---

[1] *Europäische Kommission*, Zusammenfassung der Folgenabschätzung, COM(2012) 372, S. 2; *Peifer*, GRUR 2015, 27, 28.
[2] *Europäische Kommission*, Impact Assessment, S. 77.

Einleitung — A. Bedeutung der Verwertungsgesellschaften

3 Verwertungsgesellschaften sind privatrechtliche Organisationen unter Selbstverwaltung der Rechtsinhaber, die jedoch auch per Gesetz an sie übertragene staatliche Aufgaben erfüllen. Bei den von Verwertungsgesellschaften wahrgenommenen Rechten und Ansprüchen ist zu differenzieren zwischen solchen, die gesetzlich der Wahrnehmung durch Verwertungsgesellschaften zugewiesen sind (**verwertungsgesellschaftspflichtige Ansprüche**), und solchen, die wahlweise individuell oder kollektiv wahrgenommen werden können. Werden solche Rechte von Verwertungsgesellschaften wahrgenommen, spricht man auch von **freiwilliger kollektiver Rechtewahrnehmung**. Auch dabei sind branchenspezifische Unterschiede zu beachten. In den Bereichen Wort, Bild und Film erfolgt die Verwertung exklusiver Nutzungsrechte weitgehend individuell über kommerzielle Verwerter wie Verlage, Produzenten oder Agenturen. Hier konzentriert sich die kollektive Rechtewahrnehmung daher auf die Geltendmachung verwertungsgesellschaftspflichtiger Vergütungsansprüche. Nutzungsrechte werden nur ausnahmsweise im Bereich der sog. Zweitverwertung wahrgenommen. Im Musikbereich hingegen werden auch die wirtschaftlich wichtigsten urheberrechtlichen Nutzungsrechte im Bereich der Erstverwertung üblicherweise von Verwertungsgesellschaften wahrgenommen, wodurch sich auch die ungleich größeren Umsätze der Musikverwertungsgesellschaften erklären.

4 Aus **ökonomischer Sicht** erfüllen Verwertungsgesellschaften auf den Märkten für die Einräumung urheberrechtlicher Nutzungsbefugnisse dabei unterschiedliche Funktionen.[3] Dabei ist zunächst die **Vermittlungsfunktion** zu nennen. Verwertungsgesellschaften reduzieren als One-Stop-Shop für Rechte einer bestimmten Kategorie die Transaktionskosten und machen damit auf Massenmärkten, auf denen insbesondere Such- und Verhandlungskosten potentiell prohibitiv wirken, erst einen effizienten Rechteerwerb möglich. Zweitens erfüllen Verwertungsgesellschaften eine **Verhandlungsfunktion**, indem sie die angemessene Vergütung für Werknutzungen i.S.v. § 32 UrhG kollektiv aushandeln und damit die strukturelle Unterlegenheit von Urhebern und anderen Rechtsinhabern gegenüber oftmals marktmächtigen Rechtenutzern ausgleichen. Damit einher geht, drittens, die oftmals übersehene **Ausgleichsfunktion**. Die Festlegung einheitlicher Vergütungssätze und Tarife für eine bestimmte Werknutzung erfolgt ungeachtet der unterschiedlichen wirtschaftlichen Bedeutung einzelner Werke und bildet damit eine Art Durchschnittsvergütung. Gerade die Urheber weniger bekannter Werke profitieren insofern von der besonderen Zugkraft erfolgreicher Werke im Repertoire der Verwertungsgesellschaft.

5 Der Bedarf nach umfassender Rechteklärung macht dabei nicht an den Landesgrenzen Halt. Eine Verwertungsgesellschaft, die nur Aufführungsrechte an deutschen Musikwerken im Repertoire hat, verfehlt ihren Zweck. Verwertungsgesellschaften können ihrer Aufgabe der umfassenden Verfügbarmachung von Rechten einer bestimmten Kategorie daher nicht ohne **internationale Vernetzung** nachkommen. Die meisten Verwertungsgesellschaften sind in internationalen Dachverbände wie z.B. CISAC (Confédération Internationale des Sociétés d'Auteurs et Compositeurs), BIEM (Bureau International de l'Edition méchanique), SCAPR (Societies' Council for the Collective Management of Performers' Rights) oder IFRRO (International Federation of Reproductions Rights Organizations) miteinander verbunden. Für den internationalen Rechtefluss sorgt traditionell ein weltumspannendes Netzwerk von bilateralen Repräsentationsvereinbarungen (sog. Gegenseitigkeitsverträgen) zwischen allen nationalen Verwertungsgesellschaften eines bestimmten Wahrnehmungsbereiches für die Verfügbarkeit eines internationalen Rechteangebotes, im Idealfall das sog. Weltrepertoire.

---

[3] Siehe dazu *Hansen/Schmidt-Bischoffshausen*, GRUR Int. 2007, 461 ff.; *Lichtenegger*, 2014, S. 213 ff.

B. Regulierung der Verwertungsgesellschaften

I. Deutsches Recht

1. UrhWG 1965. Das Recht der Verwertungsgesellschaften war in Deutschland seit 1965 im UrhWG geregelt. Es galt im internationalen Vergleich als das umfassendste Regelwerk seiner Art[4] und diente in vielerlei Hinsicht auch als **Vorbild für das VGG**. Mit dem UrhWG führte der Gesetzgeber eine Genehmigungspflicht für Verwertungsgesellschaften ein. Geprägt war das Gesetz von der Vorstellung des Gesetzgebers, dass eine Bündelung vieler Rechte in den Händen der Verwertungsgesellschaften im Interesse einer effektiven Rechtewahrnehmung zwar wünschenswert, gleichzeitig aber auch regulierungsbedürftig sei, um etwaige Missbräuche zu verhindern.[5]

2. VGG 2016. Nach über 50 Jahren Geltung wurde das UrhWG – wie auch die UrhSchiedsV aus dem Jahr 1969 – durch das am 1. Juni 2016 in Kraft getretenen Verwertungsgesellschaftengesetz (VGG) abgelöst. Anlass für die Neuregulierung des Wahrnehmungsrechts war die **EU-Richtlinie 2014/26/EU** vom 26. Februar 2014 (**VG-RL**), die bis zum 10. April 2016 in nationales Recht umzusetzen war. Das VGG unterstellt die Verwertungsgesellschaften einer behördlichen Kontrolle und enthält Vorgaben für das Verhältnis der Verwertungsgesellschaften zu den Rechtsinhabern und den Nutzern. Anders als das UrhWG bezieht es auch sog. **abhängige** (§ 3) **und unabhängige Verwertungseinrichtungen** (§ 4) in die Regulierung ein. Außerdem enthält das VGG in Teil 3 Vorschriften für die gebietsübergreifende Vergabe von Online-Rechten an Musikwerken.

a) Behördliche Aufsicht. Wie schon das UrhWG unterstellt auch das VGG Verwertungsgesellschaften einer **Erlaubnispflicht** (§ 77). Die Erlaubnis wird von der zuständigen Aufsichtsbehörde, dem DPMA, im Einvernehmen mit dem Bundeskartellamt erteilt, wenn kein Versagungsgrund vorliegt (§ 79 Abs. 1). Die Präventivkontrolle wird durch eine laufende **behördliche Aufsicht** der Verwertungsgesellschaften ergänzt. Gem. § 76 achtet die Aufsichtsbehörde darauf, dass die Verwertungsgesellschaften den ihnen nach dem VGG obliegenden Verpflichtungen ordnungsgemäß nachkommen. Im Prinzip umfasst die Kontrolle alle Verpflichtungen der Verwertungsgesellschaften gegenüber den Rechtsinhabern, den Nutzern und der Allgemeinheit. Vom Charakter her wird die Aufsicht nach h.M. als **Aufsicht sui generis** angesehen, d.h. es handelt sich um eine Mischform von Rechts- und Fachaufsicht.[6] Insbesondere verfügt die Aufsicht über **kein Selbsteintrittsrecht**, d.h. sie kann die Verwertungsgesellschaften nur anhalten, bestimmte Maßnahmen zu treffen oder zu unterlassen, diese aber nicht mit Wirkung für die Verwertungsgesellschaft selbst vornehmen. Überall dort, wo der Verwertungsgesellschaft ein unternehmerischer oder rechtlicher Ermessensspielraum zusteht, kann die Aufsicht dieses Ermessen nicht ohne weiteres durch eigene Ermessensausübung ersetzen. Begrenzt ist die Aufsicht zudem dadurch, dass das Gesetz bestimmte grundlegende Entscheidungen, wie etwa die über Verteilungspläne und Tarife, der Mitgliederhauptversammlung zuweist (§ 17 Abs. 1 S. 2 Nr. 6 und 14). Der darin zum Ausdruck kommende Charakter der Verwertungsgesellschaften als **Selbstverwaltungsorganisationen** darf durch die Aufsicht nicht unterlaufen werden. Zum Tragen kommen diese Erwägungen u.a. bei der Fra-

---

[4] Riesenhuber, Wahrnehmungsvertrag, S. 13; Dietz, passim; Gervais/Guibault/van Gompel, S. 127.
[5] RegE-UrhWG, BT-Drucks. IV/271, S. 9.
[6] Vgl. § 76 Rn 10.

ge, welche Kontrolldichte der Aufsicht bei der Überprüfung der Verteilungspläne (§ 17 Abs. 1 S. 2 Nr. 6) und der Tarife der Verwertungsgesellschaften zukommt.[7]

9 **b) Transparenz.** Gem. §§ 57 f. sind Verwertungsgesellschaften verpflichtet, spätestens acht Monate nach dem Schluss des Geschäftsjahres einen Jahresabschluss- und einen Transparenzbericht aufzustellen. Diese Verpflichtungen bezwecken den Schutz der Allgemeinheit und der Rechtsinhaber und sind Ausfluss der Treuhandstellung der Verwertungsgesellschaften. Entsprechende Pflichten sah auch schon das UrhWG vor. Das **VGG hat die Transparenzpflichten** der Verwertungsgesellschaften aber noch einmal **verschärft**. Gem. § 56 sind auf der Internetseite der Verwertungsgesellschaft ihr Statut, die Wahrnehmungsbedingungen, die Tarife, der Verteilungsplan und weitere Informationen zu veröffentlichen. § 54 regelt besondere Informationspflichten gegenüber den Berechtigten. § 47 stellt einen Katalog von Informationspflichten auf, die im Rahmen von Repräsentationsvereinbarungen zu beachten sind.

10 **c) Verhältnis zu den Rechtsinhabern.** Den für das deutsche Wahrnehmungsrecht charakteristischen **Wahrnehmungszwang** (§ 9) hat das VGG von § 6 UrhWG übernommen. Danach sind die Verwertungsgesellschaften grds. verpflichtet, die zu ihrem Tätigkeitsbereich gehörenden Rechte auf Verlangen der Rechtsinhaber zu angemessenen Bedingungen wahrzunehmen. Der Wahrnehmungszwang ist Ausfluss der rechtlichen und faktischen Abhängigkeit der Rechtsinhaber von den Verwertungsgesellschaften.

11 Zu den Rechtsinhabern zählen nach dem VGG nicht nur die originären Inhaber von Urheber- und verwandten Schutzrechten, sondern auch Inhaber abgeleiteter Rechte und Personen, die aufgrund eines Rechteverwertungsvertrags Anspruch auf einen Anteil an den Einnahmen aus den Rechten haben (§ 5 Abs. 1). Damit ist nunmehr gesetzlich klargestellt, dass auch Verleger an Verwertungsgesellschaften als Rechtsinhaber teilhaben können. Die **gemeinsame Rechteauswertung für Urheber und Verleger** ist seit langem Praxis, war unter Geltung des UrhWG aber immer wieder in Zweifel gezogen worden. Das BGH-Urteil „Verlegeranteil" aus dem Jahr 2016[8] hatte die Beteiligung der Verleger an den Einnahmen der VG Wort in Frage gestellt. In der Politik bildete sich daraufhin allerdings recht schnell eine Mehrheit, die für eine Fortsetzung der gemeinsamen Rechtewahrnehmung durch Autoren und Verleger eintrat, wie sie auch in vielen anderen Ländern seit jeher etabliert ist.[9] Ergebnis dessen sind die neuen Regelungen in §§ 27 Abs. 2 und 27a, mit denen der Gesetzgeber das Urteil des BGH korrigieren und eine Beteiligung der Verleger an den Einnahmen der Verwertungsgesellschaften ermöglichen wollte. Art. 16 Abs. 1 DSM-RL ermächtigt die Mitgliedstaaten außerdem, für Verleger einen eigenen Anspruch auf einen Anteil an gesetzlichen Vergütungsansprüchen vorzusehen.

12 Gem. § 27 Abs. 1 sind Verwertungsgesellschaften verpflichtet, für die Verteilung ihrer Einnahmen unter den Rechtsinhabern feste Regeln, d.h. **Verteilungspläne,** zu schaffen, die ein willkürliches Vorgehen ausschließen. Das Leitbild einer willkürfreien Verteilung liegt in einer möglichst vollständig nutzungsbezogenen Ausschüttung der Einnahmen an

---

[7] Beide Fragen – Kontrolldichte der Aufsicht in Bezug auf die Verteilung und die in Bezug auf Tarife – sind umstritten, zum Streitstand siehe § 27 Rn 36, 60 (Verteilungspläne) und § 85 Rn 22 ff. (Tarife).
[8] BGH, Urt. v. 21.4.2016 – I ZR 198/13 – GRUR 2016, 596 – Verlegeranteil; krit. dazu *Riesenhuber*, ZUM 2016, 613; *Conrad/Berberich*, GRUR 2016, 648; die Verfassungsbeschwerde der Verleger gegen das Urteil wurde vom BVerfG nicht zur Entscheidung angenommen, BVerfG. Beschl. v. 18.4.2018 – 1 BvR 1213/16 – GRUR 2018, 829.
[9] Siehe die Übersicht verschiedener Verwertungsgesellschaften in der EU in *Europäische Kommission*, Impact Assessment, S. 79.

die Rechtsinhaber (**Leistungsprinzip**). Dies setzt freilich voraus, dass der Verwertungsgesellschaft akkurate Informationen über die genutzten Werke vorliegen. Eine nutzungsbezogene Verteilung lässt sich nicht realisieren, wenn eine genaue Ermittlung der tatsächlichen Nutzungen zu unverhältnismäßig hohen Verwaltungskosten führen würde. Insoweit ist anerkannt, dass die Verwertungsgesellschaften objektivierte Verteilungsregeln, Pauschalierungen und Vereinfachungen anwenden dürfen.[10]

Gem. § 32 sollen Verwertungsgesellschaften kulturell bedeutende Werke und Leistungen fördern sowie Vorsorge- und Unterstützungseinrichtungen für ihre Berechtigten einrichten. Diese Vorschriften sind Ausdruck des **Solidarprinzips**, das zu den allgemeinen Grundlagen der kollektiven Rechtewahrnehmung zählt.[11] Der Gesetzgeber versteht Verwertungsgesellschaften nicht als bloße Inkassounternehmen, sondern weist ihnen **kulturelle und soziale Funktionen** zu. Der Erfüllung sozialer und kultureller Aufgaben haben sich schon die ersten Verwertungsgesellschaften in Europa gewidmet.[12] Mit verschiedenen Regelungen (u.a. §§ 32 Abs. 3, 45) will das VGG sicherstellen, dass soziale und kulturelle Leistungen der Verwertungsgesellschaften in transparenter und fairer Weise finanziert werden. 13

Verwertungsgesellschaften sind **Treuhänder** ihrer Berechtigten.[13] Die sich aus dem Treuhandverhältnis ergebenden Verpflichtungen der Verwertungsgesellschaft (z.B. zur Wahrnehmung der Rechte, Verwaltung der Einnahmen und Information der Berechtigten) stehen neben den entsprechenden Pflichten aus dem VGG und überschneiden sich teilweise mit ihnen. Zudem sind Verwertungsgesellschaften Selbstverwaltungsorganisationen ihrer Berechtigten.[14] Das VGG will daher mit verschiedenen Vorschriften sicherstellen, dass die Berechtigten die Geschicke ihrer Verwertungsgesellschaft kontrollieren können. Wichtigstes Organ der Verwertungsgesellschaften ist ihre **Mitgliederhauptversammlung**. Sie beschließt gem. § 17 Abs. 1 S. 2 u.a. über das Statut der Verwertungsgesellschaft, den Verteilungsplan und die Tarife. Geprägt ist das VGG durch den zentralen Grundsatz der wirksamen und angemessenen Mitwirkung von Mitgliedern und Berechtigten an den Entscheidungen der Verwertungsgesellschaften (§ 17). 14

d) Verhältnis zu den Nutzern. Die Verwertungsgesellschaften sind gem. § 34 Abs. 1 verpflichtet, jedermann auf Verlangen Nutzungsrechte zu angemessenen Bedingungen einzuräumen. Dieser sog. **Abschlusszwang** ist, wie auch der Wahrnehmungszwang (§ 9), aus dem UrhWG (§ 11 Abs. 1 UrhWG) übernommen und bildet ein weiteres Korrektiv der Monopolstellung der Verwertungsgesellschaften. 15

Abgesichert wird der Abschlusszwang dadurch, dass die Lizenzerteilung gem. § 37 nicht hinausgezögert werden kann, wenn die Höhe der Lizenzgebühr zwischen der Verwertungsgesellschaft und dem Nutzer streitig ist. Das Nutzungsrecht gilt als eingeräumt, wenn der Nutzer den unstreitigen Teil unbedingt und den **streitigen Teil unter Vorbehalt zahlt oder hinterlegt**. Für gesetzliche Vergütungsansprüche gilt die Hinterlegungsmöglichkeit nicht. Die Nutzer sind in diesem Bereich nicht schutzbedürftig, da die Nutzung der Rechte nicht erlaubnispflichtig ist. Zum Schutz der Gläubiger, also der Verwertungsgesellschaften und ihrer Berechtigten, hat der Gesetzgeber mit § 107 eine Vorschrift eingeführt, die der Schiedsstelle in Verfahren über die Vergütungspflicht für Ge- 16

---

10 Näher zum Leistungsprinzip und seinen Ausnahmen § 27 Rn 37 ff.
11 Vgl. *Heine*, S. 60 f., sowie § 27 Rn 40.
12 *Becker* in: FS Kreile, S. 27, 33.
13 § 2 Rn 19.
14 S.o. Rn 8.

räte und Speichermedien die Möglichkeit gibt, gegenüber den Nutzern die Zahlung einer **Sicherheit** anzuordnen. Der Gesetzgeber trägt damit der Tatsache Rechnung, dass zwischen dem Inverkehrbringen von Geräten und Speichermedien und der Zahlung der Vergütung regelmäßig erhebliche Zeit vergeht und hieraus ein besonderes Schutzbedürfnis der Gläubiger des Vergütungsanspruchs entsteht.[15]

17   Gem. § 38 sind die Verwertungsgesellschaften verpflichtet, **Tarife** über die Vergütung aufzustellen. Dadurch wird sichergestellt, dass die Verwertungsgesellschaften einzelne Nutzer nicht preislich diskriminieren und die Nutzungsbedingungen nicht in jedem Einzelfall neu verhandelt werden müssen. Die Tarife müssen gem. § 34 Abs. 1 S. 1 angemessen sein. Berechnungsgrundlage für die Tarife sollen gem. § 39 Abs. 1 i.d.R. die **geldwerten Vorteile der Verwertung** sein. Die Rechtsinhaber sind am wirtschaftlichen Erfolg der Nutzer zu beteiligen. Maßgeblich ist vor allem der mit dem Schutzgegenstand erzielte Umsatz. Wenn die geldwerten Vorteile aus einer Nutzung nicht mit vertretbarem wirtschaftlichem Aufwand erfasst werden können oder solche Vorteile gar nicht bestehen, erlaubt § 39 Abs. 1 S. 2 eine Tarifberechnung nach anderen Kriterien, wie z.B. der Zuschauerzahl oder der Raumgröße bei einer öffentlichen Aufführung. Schließlich sollen die Verwertungsgesellschaften gem. § 39 Abs. 3 bei der Tarifbemessung auf religiöse, kulturelle und soziale Belange der Nutzer angemessen Rücksicht nehmen.

18   Die Angemessenheit der Tarife unterliegt der behördlichen Aufsicht. Die **Prüfungsdichte ist umstritten**.[16] In der Praxis wichtiger als die behördliche Kontrolle ist die Überprüfung der Tarife durch die Schiedsstelle und die Gerichte. Die Angemessenheit i.S.v. § 34 ist voll justiziabel. Ein Nutzer, der einen Tarif für unangemessen oder nicht anwendbar hält, kann den streitigen Teil unter Vorbehalt zahlen oder hinterlegen (§ 37) und die Vergütungshöhe gerichtlich klären lassen. Dafür ist der ordentliche Rechtsweg gegeben. Gem. § 128 Abs. 1 und 2 können Streitfälle über die Höhe der Tarife allerdings erst dann klageweise geltend gemacht werden, wenn vorher ein Schlichtungsverfahren durchgeführt wurde. Die für dieses Verfahren zuständige Schiedsstelle (§ 124) ist ein unabhängiges Verwaltungsorgan, das beim DPMA gebildet ist. Sie ist kein Gericht und erlässt keine verbindlichen Entscheidungen, sondern soll gem. § 102 Abs. 1 auf eine gütliche Beilegung des Streitfalls hinwirken. Gem. § 105 Abs. 1 unterbreitet die Schiedsstelle den Parteien am Ende des Verfahrens einen Einigungsvorschlag. Das Verfahren bezweckt eine Entlastung der Gerichte und soll die **besondere Sachkunde** der Mitglieder **der Schiedsstelle** in die Konfliktlösung einbeziehen.

19   Gem. § 35 sind die Verwertungsgesellschaften zum Abschluss von **Gesamtverträgen** verpflichtet. Diese Vorschrift bildet neben dem Wahrnehmungs- und dem Abschlusszwang eine weitere Kontrahierungspflicht der Verwertungsgesellschaften. Der Anspruch kann ebenfalls klageweise durchgesetzt werden. Ausschließlich zuständig ist dafür gem. § 129 Abs. 1 das für den Sitz der Schiedsstelle zuständige OLG, d.h. das OLG München. Prozessuale Voraussetzung für eine Klage ist wiederum die Durchführung eines Verfahrens vor der Schiedsstelle (§ 128 Abs. 1 i.V.m. § 92 Abs. 1 Nr. 3).

20   **e) Besondere Vorschriften für die gebietsübergreifende Vergabe von Online-Rechten an Musikwerken.** Ohne Vorbild aus dem UrhWG sind die Vorschriften des Teil 3 für die gebietsübergreifende Vergabe von Online-Rechten an Musikwerken. Sie gehen auf die Vorgaben in Titel III der VG-RL und das Bestreben der EU zurück, die **Vergabe von Mehrgebietslizenzen** für grenzüberschreitende Angebote von Online-Musik-

---

15   RegE-VGG, BT-Drucks. 18/7223, S. 101.
16   § 85 Rn 22 ff.

diensten in der EU zu fördern. Die VG-RL will in diesem Bereich ein „level playing field" schaffen. Die verschiedenen Verwertungsgesellschaften in der EU sollen unter möglichst einheitlichen Wettbewerbsbedingungen miteinander konkurrieren. Gem. § 60 müssen die in diesem Bereich tätigen Verwertungsgesellschaften daher bestimmte Vorgaben aus dem VGG, die über das in der VG-RL angelegte Harmonisierungsniveau hinausgehen, nicht beachten. Dazu zählen vor allem der Wahrnehmungs- und der Abschlusszwang. Besondere Bestimmungen stellt Teil 3 des VGG ferner für die im Bereich der gebietsübergreifenden Wahrnehmung der Rechte geschlossenen Repräsentationsvereinbarungen auf.

II. Unionsrechtlicher Rahmen

Das Urheberrecht wird in der EU seit Anfang der neunziger Jahre des letzten Jahrhunderts schrittweise harmonisiert. Seit 1991 und 2001 hat die EG neun Richtlinien verabschiedet, die auf eine teilweise Harmonisierung des materiellen Urheberrechts abzielen.[17] Mit der VG-RL vom 26. Februar 2014 hat die EU zuletzt auch das Wahrnehmungsrecht europäisch vereinheitlicht. 21

Der VG-RL war eine lange Phase der vorsichtigen Annäherung an das Thema durch die Europäische Kommission vorausgegangen. Seit den 1970er Jahren hatte sich die Kommission mit dem Thema Verwertungsgesellschaften ausschließlich durch die einzelfallbezogene Anwendung der Wettbewerbsregeln befasst – meist mit dem Ziel, den Berechtigten die freie Wahl der Verwertungsgesellschaft im Binnenraum zu erleichtern. Mit ihrem Grünbuch „Urheberrecht und verwandte Schutzrechte in der Informationsgesellschaft" vom 19. Juli 1995 und der Mitteilung „Initiativen zum Grünbuch" vom 20. November 1996 nahm die Kommission die Wahrnehmung von Urheber- und verwandten Schutzrechten erstmals politisch in den Blick. Damit reagierte sie nicht zuletzt auf Stimmen, die eine **rein wettbewerbsrechtliche Aufsicht** über die Verwertungsgesellschaften auf europäischer Ebene für **unzureichend** erachteten.[18] Dementsprechend nahm die Kommission politische Sondierungen zum Wahrnehmungsrecht vor und veranstaltete im November 2000 eine Anhörung über die kollektive Wahrnehmung von Schutzrechten.[19] Dieser Prozess mündete in der **Mitteilung der Kommission** vom 16. April 2004 mit dem Titel „Die Wahrnehmung von Urheberrechten und verwandten Schutzrechten im Binnenmarkt".[20] In der Mitteilung legte die Kommission dar, dass sie eine gesetzgeberische Initiative auf dem Gebiet der kollektiven Rechtewahrnehmung für erforderlich hielt, und entwarf erste Konzepte für eine zukünftige Harmonisierung des europäischen Wahrnehmungsrechts. 22

1. Förderung europaweiter Lizenzen. Eines der zentralen Politikziele war die Schaffung eines europäischen Lizenzmarktes. Einen wichtigen Schritt in diese Richtung unternahm die Kommission mit ihrer Empfehlung „für die länderübergreifende kollektive Wahrnehmung von Urheberrechten und verwandten Schutzrechten, die für legale Online-Musikdienste benötigt werden" vom 18. Oktober 2005 („**Online-Empfeh-** 23

---

17 Vgl. den Überblick in BeckOK-UrhR/*Stollwerck*, UrhG Europäisches Urheberrecht Rn 3.
18 Siehe etwa *Goldmann*, S. 260; *Dördelmann*, GRUR 1999, 890, 893; *Dietz*, S. 304, 310 f.; *Gerlach* in: FS Dittrich, S. 119, 131; Walter/*Dillenz*, S. 66, 89 ff.
19 Anhörung über die kollektive Verwaltung von Schutzrechten, Brüssel, 13./14.11. 2000; vgl. *Reinbothe* in: FS Dietz, S. 517, 526 ff.
20 KOM(2004) 261 endg.; dazu *Riesenhuber*, EuZW 2004, 519 ff.; *ders.*, Wahrnehmungsvertrag, S. 150 ff.; Gervais/*Guibault/van Gompel*, S. 117, 132 f.

lung").[21] Anders als nach der Mitteilung aus dem Jahr 2004 zu erwarten war, verfolgte die Kommission in der Empfehlung allerdings keinen horizontalen Ansatz, sondern beschränkte sich auf den Bereich der Online-Musikrechte. Auch wählte die Kommission mit dem Instrument der Empfehlung eine Maßnahme, die gegenüber den Mitgliedstaaten rechtlich unverbindlich ist.

24 Mit der Empfehlung zielte die Kommission darauf ab, die Rahmenbedingungen für die grenzüberschreitende Wahrnehmung von Urheber- und Leistungsschutzrechten im Online-Musikbereich zu verbessern, um dadurch das **Wachstum von Online-Musikdiensten** im gemeinsamen Markt zu beschleunigen.[22] Erreicht werden sollte dieses Ziel nach der Vorstellung der Kommission durch ein System der europaweiten Direktlizenzierung. Rechtsinhaber sollten die Möglichkeit haben, eine Verwertungsgesellschaft ihrer Wahl mit der Wahrnehmung ihrer Rechte im gesamten Gemeinschaftsgebiet zu beauftragen. Die Verwertungsgesellschaften sollten dann den Nutzern europaweite Lizenzen an den von den Rechtsinhabern eingeräumten Repertoires zur Verfügung stellen. Die Konsequenz dieses Systems war der Wegfall der deckungsgleichen Gegenseitigkeitsverträge im Bereich der Online-Musikverwertung mit dem Ergebnis, dass keine Verwertungsgesellschaft mehr das Weltrepertoire der Musik für Onlinenutzungen lizenzieren konnte.

25 Als Folge der Online-Empfehlung entstanden eine ganze Reihe neuer Initiativen für die gemeinschaftsweite Wahrnehmung von Online-Musikrechten.[23] Besonders die angloamerikanischen Major-Verlage machten von der Wahlmöglichkeit Gebrauch und vergaben ihre Rechte nur noch an einzelne Gesellschaften zur europaweiten Lizenzierung. Die **Rechtewahrnehmung im Online-Musikbereich wurde** durch diese Entwicklungen allerdings sehr **unübersichtlich**. Das Repertoire an urheberrechtlich geschützter Musik verteilte sich auf eine Vielzahl von Institutionen. An die Stelle territorialer Fragmentierung trat die Repertoirefragmentierung. Insbesondere für kleinere Online-Anbieter erwies sich dieses Wahrnehmungsmodell als Markteintrittsbarriere.[24] Das mit der Online-Empfehlung verfolgte Konzept wurde daher allgemein als unzureichend beurteilt. Die VG-RL verfolgt deshalb eine andere Konzeption. Die Regelungen im **Titel III der VG-RL** zielen darauf ab, die Repertoires bei wenigen großen und effizient arbeitenden Verwertungsgesellschaften zu bündeln (sog. **Passport-Modell**).[25] Der mit der Online-Empfehlung bewirkten Zersplitterung des Marktes soll dadurch entgegengewirkt werden.

26 **2. Harmonisierung des Wahrnehmungsrechts.** Die **VG-RL** enthält nicht nur spezielle Vorschriften für den Bereich der Online-Musikrechte, sondern **zielt auf eine umfassende Harmonisierung des Wahrnehmungsrechts** in der EU ab. Die VG-RL trat am 29. April 2014 in Kraft und war von den Mitgliedstaaten bis zum 10. April 2016 umzusetzen. Für die Mitgliedstaaten ergab sich aus der VG-RL ein erheblicher Umsetzungsbedarf. Gegen mehrere Mitgliedstaaten strengte die Kommission nach Ablauf der Frist Vertragsverletzungsverfahren wegen unzureichender Umsetzung der VG-RL an.[26]

---

21 2005/737/EG, ABl. Nr. L 276 v. 21.10.2005, S. 54 ff., mit Berichtigung im Abl. Nr. L 284 v. 27.10.2005, S. 10, abgedr. in GRUR Int. 2006, 220 ff.; dazu näher § 59 Rn 6 f.
22 Empfehlung 2005/737/EG, Abl. Nr. L 276 v. 21.10.2005, S. 54, 56 Rn 2.
23 Vgl. den Überblick in Raue/Hegemann/*Heine/Staats*, § 6 Rn 140.
24 RegE-VGG, BT-Drucks. 18/7223, S. 61.
25 Näher § 59 Rn 16.
26 Pressemitteilung der Europäischen Kommission v. 7.12.2017 „Kollektive Rechtewahrnehmung: Kommission verklagt Bulgarien, Luxemburg, Rumänien und Spanien vor dem Gerichtshof der EU", abrufbar im Internet. Eine Klage gegen Rumänien (Rs. C-116/18) wurde von der Kommission wieder zurückgenommen.

Die VG-RL ist in fünf Titel gegliedert. Nach den **allgemeinen Bestimmungen** in Titel I (Art. 1 bis 3) folgen in Titel II (Art. 4 bis 22) Vorschriften über die **Beziehungen der Verwertungsgesellschaften zu** den **Rechtsinhabern**, untereinander (**Repräsentationsvereinbarungen**) und zu den **Nutzern**. Titel II enthält außerdem **Transparenz- und Berichtsvorschriften**. In Titel III (Art. 23 bis 32) ist der Bereich der **Mehrgebietslizenzen für Online-Musikdienste** geregelt. Titel IV (Art. 33 bis 38) beschäftigt sich mit der **Durchsetzung und Überwachung**. Titel V (Art. 39 bis 45) enthält **Schlussvorschriften**. 27

Richtlinien sind zielverbindliche Rechtsakte der Union, die den Mitgliedstaaten die Wahl der Form und der Mittel bei der Umsetzung überlassen (Art. 288 AEUV). Die Umsetzung ist grds. Aufgabe des Gesetzgebers. Ein Mitgliedstaat kann sich daher nicht darauf berufen, das Richtlinienziel entspreche seiner ständigen Verwaltungspraxis, so dass es keiner legislativen Umsetzung bedürfe.[27] Das VGG, mit dem der deutsche Gesetzgeber die VG-RL in nationales Recht umgesetzt hat, enthält zum Teil wörtliche Übernahmen von Bestimmungen der VG-RL, etwa bei einigen Begriffsdefinitionen in §§ 2 ff. Andere Vorschriften des VGG gehen über die Vorgaben der VG-RL hinaus. Dies ist grds. zulässig, da die VG-RL nach Erwägungsgrund 9 mit den Vorschriften in Titel II nur eine **Mindestharmonisierung** bezweckt.[28] Allerdings erlaubt Erwägungsgrund 9 den Mitgliedstaaten nur den Erlass von Vorschriften, die für die adressierten Verwertungsgesellschaften strenger als die Richtlinienvorgaben sind. Eine Aufweichung von in der VG-RL vorgegebenen Schutzstandards durch die Mitgliedstaaten wäre daher nicht richtlinienkonform. 28

Etwaige Konflikte mit der VG-RL sind durch **richtlinienkonforme Auslegung** des nationalen Rechts aufzulösen. Die Gerichte müssen von mehreren Auslegungsmöglichkeiten diejenige wählen, die der Richtlinie entspricht.[29] Sie müssen dabei den Beurteilungsspielraum, den ihnen das nationale Recht einräumt, voll ausschöpfen.[30] Entscheidungserhebliche Zweifelsfragen bezüglich der Auslegung der Richtlinie sind unter den Voraussetzungen von Art. 267 AEUV dem **EuGH** vorzulegen. Die VG-RL hat damit nicht nur erhebliche Auswirkungen auf das materielle Wahrnehmungsrecht in Deutschland, sondern auch auf die **gerichtliche Zuständigkeit**. Für Letztentscheidungen über die Auslegung des Wahrnehmungsrechts ist regelmäßig nicht mehr der BGH, sondern der EuGH zuständig. 29

III. Weitere Rechtsquellen

Das Wahrnehmungsrecht ist eine Querschnittsmaterie. Das VGG selbst enthält **öffentlich-rechtliche Vorschriften** (Erlaubnispflicht, Aufsicht), organisationsrechtliche Vorgaben, die in das **Gesellschaftsrecht** hineingreifen (Befugnisse der Mitgliederversammlung, elektronische Stimmrechtsausübung, Berichtspflichten etc.), **zivilrechtliche** (z.B. Vermutungsregelungen und Formerfordernisse) **und zivilprozessuale Vorschriften** (Schiedsstelle, Gerichtsstand) sowie mit den **Kontrahierungspflichten** (Wahrnehmungs- und Abschlusszwang) Normen der sektorspezifischen Marktmachtregulierung. 30

---

27 EuGH, Urt. v. 6.5.1980 – Rs. 102/79 – BeckRS 2004, 70631, Rn 10 f. – Kommission/Belgien; Calliess/Ruffert/*Ruffert*, Art. 288 AEUV Rn. 37 m.w.N.
28 RegE-VGG, BT-Drucks. 18/7223, S. 95; die Vorschriften über die Vergabe von Mehrgebietslizenzen für Online-Rechte in Titel III bezwecken dagegen eine Vollharmonisierung, vgl. § 59 Rn 18.
29 EuGH, Urt. v. 5.10.2004 – C-397/01 – NJW 2004, 3547 Rn 110 ff. – Pfeiffer/Deutsches Rotes Kreuz.
30 EuGH, Urt. v. 10.4.1984 – Rs. 14/83, Slg. 1984, 1891 Rn 28 = NJW 1984, 2021 – v. Colson und Kamann/Land Nordrhein-Westfalen.

31 Aus dem Wettbewerbs- und **Kartellrecht**, insbesondere dem europäischen, sind in der Vergangenheit ebenfalls Impulse für das Recht der Verwertungsgesellschaften ausgegangen. Außerdem spielen die §§ 305 ff. BGB eine wichtige Rolle im Recht der Verwertungsgesellschaften, weil die Satzungen, Wahrnehmungsverträge und Verteilungspläne der Verwertungsgesellschaften als **AGB** einer gerichtlichen Angemessenheitskontrolle unterliegen.

32 **1. Kartellrecht.** Verwertungsgesellschaften sind grds. wie alle Unternehmen dem Kartellrecht unterworfen. Zudem sind Verwertungsgesellschaften i.d.R. **marktbeherrschende Unternehmen** und damit Gegenstand der kartellrechtlichen Missbrauchskontrolle. Im VGG selbst kommt das verfahrensrechtlich in § 81 zum Ausdruck, wonach das DPMA über Anträge auf Erteilung der Erlaubnis und über den Widerruf der Erlaubnis im **Einvernehmen mit dem Bundeskartellamt** entscheidet. Vom **Kartellverbot** des § 1 GWB waren Verwertungsgesellschaften ursprünglich gem. § 30 GWB a.F. **freigestellt**. Mit dem Inkrafttreten der 7. GWB-Novelle im Jahr 2005 ist diese Bereichsausnahme ersatzlos weggefallen. Grund für den Wegfall war, dass die im Januar 2003 in Kraft getretene EG-Kartellverfahrensordnung (VO Nr. 1/2003) nationale Freistellungen wie in § 30 GWB a.F. nicht mehr ohne Weiteres zuließ. Eine Änderung des Status quo sollte damit ausweislich der Begründung zum RegE zur 7. GWB-Novelle aber nicht verbunden sein. Der Gesetzgeber ging vielmehr davon aus, dass die **Bildung und die Tätigkeiten der Verwertungsgesellschaften** auch nach europäischem Wettbewerbsrecht **nicht** als **wettbewerbsbeschränkend** zu beurteilen seien, soweit sie zur Wahrnehmung der Urheberrechte **unerlässlich** sind.[31]

33 Die **europäischen Wettbewerbsregeln** enthalten ebenfalls **keine Bereichsausnahme** für Verwertungsgesellschaften. Auch die VG-RL lässt das Wettbewerbsrecht nach den Erwägungsgründen 11 und 56 unberührt. Verwertungsgesellschaften sind **Unternehmen** i.S.d. Art. 101, 102 AEUV.[32] Die Voraussetzungen des Art. 106 Abs. 2 AEUV für eine wettbewerbsrechtliche Privilegierung von Unternehmen, die mit Dienstleistungen von allgemeinem wirtschaftlichen Interesse betraut sind, sieht der EuGH in Bezug auf Verwertungsgesellschaften als nicht erfüllt an.[33] Verwertungsgesellschaften als regelmäßig marktbeherrschende Unternehmen unterliegen daher dem wettbewerbsrechtlichen **Missbrauchsverbot** gem. Art. 102 AEUV. Wettbewerbsbeschränkende Verträge der Verwertungsgesellschaften untereinander oder mit Berechtigten und Nutzern sind am **Kartellverbot** gem. Art. 101 AEUV zu messen. Auf dieser Basis haben die europäischen Gerichte und die Kommission den europäischen Wettbewerbsregeln im Bereich der kollektiven Rechtewahrnehmung in einer ganzen Reihe von Grundsatzentscheidungen Konturen verliehen und dadurch in der Vergangenheit einen maßgeblichen Einfluss auf die europäischen Verwertungsgesellschaften ausgeübt. Entschieden wurde dabei zunächst über Aspekte, die das **Verhältnis der Verwertungsgesellschaften zu ihren Mitgliedern** betreffen. In Umsetzung der Binnenmarktziele des europäischen Wettbewerbsrechts verfolgten Kommission und Gerichte dabei stets die Linie, dass die Wahrnehmungsbedingungen der Verwertungsgesellschaften Auswahl und Wechsel der Verwertungsgesellschaft im Binnenmarkt nicht über das erforderliche Maß hinaus einschränken dürfen, z.B. im Hinblick auf den Umfang der Rechteeinräumung in den Wahrnehmungsverträgen, die Laufzeit der Wahrnehmungsverträge und Diskriminierun-

---

[31] RegE zur 7. GWB-Novelle, BT-Drucks. 15/3640, S. 49; *Lichtenegger*, S. 285 ff.
[32] Kommission, Entsch. v. 29.10.1981, GRUR Int. 1982, 242, 245 – GVL; *Wünschmann*, S. 60 f.; *Lichtenegger*, S. 285 ff.
[33] EuGH, Urt. v. 2.3.1983 – Rs. 7/82 – GRUR Int. 1983, 734, 738 – GVL.

gen von EU-Bürgern durch Verwertungsgesellschaften.[34] Ein weiterer Teil der Judikatur befasste sich mit dem **Verhältnis der Verwertungsgesellschaften zu den Nutzern**. Dabei ging es insbesondere um die Missbrauchskontrolle der Lizenzgebühren.[35] Schließlich haben sich Kommission und EuGH wiederholt mit den Beziehungen der europäischen Verwertungsgesellschaften untereinander und dem zwischen den Gesellschaften bestehenden Geflecht von **Gegenseitigkeitsverträgen** beschäftigt.[36]

Die Bedeutung des europäischen Wettbewerbsrechts für die Entwicklung des Wahrnehmungsrechts wird voraussichtlich abnehmen, nachdem die wesentlichen Aspekte, die bislang Gegenstand der Entscheidungspraxis und Rechtsprechung der europäischen Gerichte und der Kommission waren, nunmehr in der VG-RL geregelt sind.[37] Auch wenn die VG-RL gegenüber den Wettbewerbsregeln keinen Vorrang beanspruchen kann, so ist doch zu erwarten, dass die Gerichte **zukünftige Streitfälle** vor allem am **Maßstab der VG-RL** entscheiden werden, etwa wenn es um mutmaßliche Diskriminierungen von Rechtsinhabern oder um die Kontrolle von Lizenzbedingungen gegenüber den Nutzern geht. 34

2. AGB-Rechtskontrolle. Bei den Wahrnehmungsverträgen handelt es sich i.d.R. um Standardverträge, die den Rechtsinhabern im Interesse der Einheitlichkeit und aus Gründen der Gleichbehandlung von den Verwertungsgesellschaften vorgegeben werden. Daher unterliegen die Wahrnehmungsverträge einschließlich ihrer Bestandteile (wie 35

---

34 Entsch. der Kommission v. 2.6.1971, ABl. 1971 L 134, S. 15 (GEMA I) und 6.7.1972, ABl. 1972 L 166, S. 22 (GEMA II) (Pflicht zur Spartenlizensierung bzw. Lizenzierung von Nutzungsarten; Kündigungsfristen); EuGH, Urt. v. 27.3.1974 – Rs. 127/73 – Slg. 1974, 313 = GRUR Int. 1974, 342 – SABAM III (Anwendbarkeit der Wettbewerbsregeln auf Verwertungsgesellschaften; Missbrauch einer marktbeherrschenden Stellung); EuGH, Urt. v. 25.10.1979 – Rs. 22/79 – Slg. 1979, 3275 = GRUR Int. 1980, 159 – Greenwich Film Production (Anwendbarkeit der Wettbewerbsregeln auf Verträge, die in einem Drittland abgewickelt werden); EuGH, Urt. v. 2.3.1983 – Rs. 7/82 – Slg. 1983, 483 = GRUR Int. 1983, 734 – GVL (Diskriminierung von EU-Bürgern).
35 Siehe dazu § 34 Rn. 28ff.; EuGH, Urt. v. 8.6.1971 – Rs. 78/70 – Slg. 1971, 487 = GRUR Int. 1971, 450 – Polydor (Preisvergleich zwischen gebundenem Preis und dem Preis des aus einem anderen Mitgliedstaat reimportierten Erzeugnisses); EuGH, Urt. v. 9.4.1987 – Rs. 402/85 – Slg. 1987, 1747 = GRUR Int. 1988, 243 – Vorführungsregeln (Erhebung einer zusätzlichen Gebühr für die mechanische Vervielfältigung); EuGH, Urt. v. 13.7.1989 – Rs. 395/87 – Slg. 1989, 2521 = GRUR Int. 1990, 622 – Tournier und EuGH, Urt. v. 13.7.1989 – Rs. 110/88 – Slg. 1989, 2811 = BeckRS 2004, 71249 – Lucazeau (Vergleichsmarktkonzept; Verweigerung der Genehmigung für ausländische Bestände); Entsch. der Kommission v. 8.10.2002 – COMP/C2/38.014 (IFPI-Simulcasting) – ABl. 2003 L 107, S. 58 (Unzulässigkeit der Bindung an nationale Tarife bei Mehrgebietslizenzen; Pflicht zur Aufschlüsselung von Lizenz- und Verwaltungsgebühren); EuGH, Urt. v. 11.12.2008 – Rs. C-52/07 – ABl. 2009 C 32, S. 2 = GRUR 2009, 421 – Kanal 5 und TV 4 (Kriterien für die Preisbewertung); EuGH, Urt. v. 27.2.2014 – Rs. C-351/12 – ABl. 2012 C 295, S. 21 = GRUR 2014, 473 – OSA (überhöhte Preise ohne vernünftigen Zusammenhang mit dem wirtschaftlichen Wert der erbrachten Leistung); EuGH, Urt. v. 14.9.2017 – Rs. C-177/16 – ABl. 2017 C 382, S. 18 = ZUM 2018, 44 – AKKA/LAA (Vergleich mit Tarifen in anderen Mitgliedstaaten; Kriterien für die Preisbewertung); EuGH, Urt. v. 19.4.2018 – Rs. C-525/16 – ABl. 2018 C 200, S. 7 = EuZW 2018, 541 – MEO (Kriterien für Wettbewerbsbenachteiligung durch preisliche Diskriminierung).
36 EuGH, Urt. v. 13.7.1989 – Rs. 395/87 – Slg. 1989, 2521 = GRUR Int. 1990, 622 – Tournier und EuGH, Urt. v. 13.7.1989 – Rs. 110/88 – Slg. 1989, 2811 = BeckRS 2004, 71249 – Lucazeau (wettbewerbsrechtliche Zulässigkeit von Gegenseitigkeitsverträgen; Unzulässigkeit von Ausschließlichkeitsvereinbarungen; abgestimmte Verhaltensweisen); Entsch. der Kommission v. 8.10.2002 – COMP/C2/38.014 (IFPI-Simulcasting) – ABl. 2003 L 107, S. 58 (Zulässigkeit von Mehrgebietslizenzen und Transparenzpflichten in Gegenseitigkeitsverträgen über die Online-Nutzung); Entsch. der Kommission v. 4.10.2006, COMP C2 38.681 (die erweiterte Vereinbarung von Cannes), ABl. 2007 L 296, S. 27 (Unzulässigkeit der Beschränkung von Preisnachlässen und eines Marktzutrittsverbots); Entsch. der Kommission v. 16.7.2008 – COMP/C2/38.698 (CISAC), ABl. 2008 C 323, S. 12 (abgestimmte Verhaltensweisen), teilweise für nichtig erklärt durch EuG, Urt. v. 12.4.2013 – Rs. T-442/08 – ABl. 2013 C 156, S. 37 = ZUM-RD 2013, 293 – CISAC.
37 Heker/Riesenhuber/*Holzmüller*, Kap. 4 Rn 51.

Satzung und Verteilungsplan) grds. der AGB-Kontrolle nach §§ 305ff. BGB.[38] Das Gleiche gilt für die Satzungen und Verteilungspläne der Verwertungsgesellschaften.[39]

36 Der jeweilige Rechtsinhaber ist bei Abschluss des Wahrnehmungsvertrags regelmäßig Unternehmer i.S.d. § 14 BGB, da er in Ausübung seiner selbständigen beruflichen Tätigkeit handelt.[40] Daher sind die AGB-Vorschriften gem. § 310 Abs. 1 BGB nur eingeschränkt anwendbar. Die Wahrnehmungsverträge sind aber insbesondere am Verbot der unangemessenen Benachteiligung nach § 307 BGB zu messen, das auch auf Unternehmer uneingeschränkt Anwendung findet.[41] Im Rahmen der Prüfung, ob eine Klausel den Rechtsinhaber unangemessen benachteiligt, werden von der Rechtsprechung die Wertungen des Wahrnehmungsrechts, wie das Willkürverbot aus § 27 Abs. 1, herangezogen. Dabei sind jedoch wegen § 307 Abs. 3 S. 1 BGB Abreden, die Art und Umfang der Hauptleistung oder der hierfür zu erbringenden Vergütung unmittelbar bestimmen, von der Inhaltskontrolle ausgenommen.[42]

37 Nach dem Transparenzgebot (§ 307 Abs. 1 S. 2 BGB) müssen Rechte und Pflichten des Rechtsinhabers klar, einfach und präzise dargestellt werden.[43] Dies beinhaltet auch das Bestimmtheitsgebot, nach dem die tatbestandlichen Voraussetzungen und Rechtsfolgen so genau beschrieben werden müssen, dass für den Verwender der AGB – hier die Verwertungsgesellschaft – keine ungerechtfertigten Beurteilungsspielräume entstehen.[44] Zweifel bei der Auslegung der Klauseln gehen i.d.R. zu Lasten der Verwertungsgesellschaften.[45]

38 Gegenstand gerichtlicher Auseinandersetzung war in jüngerer Zeit insbesondere die Beteiligung von Verlegern an den Einnahmen der Verwertungsgesellschaften.[46]

39 Weitere Entscheidungen betrafen unter anderem das von der GEMA praktizierte Klausurerfordernis für die Teilnahme eines Komponisten am Wertungsverfahren,[47] die einseitige Abänderung des Berechtigungsvertrags durch Beschluss der Mitgliederversammlung[48] sowie die Frage, ob eine Ausschlussfrist in einem Verteilungsplan überraschend i.S.d. § 305c Abs. 1 BGB ist[49].

40 **3. Keine Anwendbarkeit der Dienstleistungsrichtlinie.** Art. 16 der europäischen **Dienstleistungsrichtlinie** (RL 2006/123/EG) erlaubt mitgliedsstaatliche Restriktionen

---

38 Vgl. § 10 Rn 13.
39 BGH, Urt. v. 13.12.2001 – I ZR 41/99 – ZUM 2002, 379 – Klausurerfordernis; BGH, Urt. v. 5.12.2012 – I ZR 23/11 – GRUR 2013, 375 – Missbrauch des Verteilungsplans; BGH, Urt. v. 21.4.2016 – I ZR 198/13 – GRUR 2016, 596 Rn 27 – Verlegeranteil.
40 Siehe dazu *Riesenhuber*, ZUM 2002, 777.
41 BGH, Urt. v. 8.10.2015 – I ZR 136/14 – ZUM 2016, 756 Rn 18 (Zur Rechtmäßigkeit von Kollektiv- und Nettoeinzelverrechnung einer Verwertungsgesellschaft).
42 BGH, Urt. v. 24.3.2010 – VIII ZR 178/08 – NJW 2010, 2789, 2790.
43 BGH, Urt. v. 5.12.2012 – I ZR 23/11 – GRUR 2013, 375 Rn 35 – Missbrauch des Verteilungsplans; BGH, Urt. v. 8.10.2015 – I ZR 136/14 – ZUM 2016, 756 Rn 19 (zur Rechtmäßigkeit von Kollektiv- und Nettoeinzelverrechnung einer Verwertungsgesellschaft).
44 BGH, Urt. v. 5.12.2012 – I ZR 23/11 – GRUR 2013, 375 Rn 35 – Missbrauch des Verteilungsplans; BGH, Urt. v. 8.10.2015 – I ZR 136/14 – ZUM 2016, 756 Rn 19 (zur Rechtmäßigkeit von Kollektiv- und Nettoeinzelverrechnung einer Verwertungsgesellschaft); siehe zur Bestimmtheit auch BGH, Urt. v. 13.12.2001 – I ZR 41/99 – ZUM 2002, 379, 381 – Klausurerfordernis.
45 Nach § 305c Abs. 2 BGB bzw. § 31 Abs. 5 UrhG – zum Verhältnis siehe *Riesenhuber*, GRUR 2005, 712, 719; vgl. auch BGH, Urt. v. 5.6.1985 – I ZR 53/83 – GRUR 1986, 62, 66 – GEMA-Vermutung I.
46 Zur Verlegerbeteiligung siehe bereits Rn 11.
47 BGH, Urt. v. 13.12.2001 – I ZR 41/99 – ZUM 2002, 379, 380.
48 BGH, Urt. v. 18.12.2008 – I ZR 23/06 – GRUR 2009, 395, 400.
49 OLG München, Urteil v. 15.10.1998 – 6 U 4862/97 – ZUM 1998, 1031; siehe dazu auch *Riesenhuber*, ZUM 2005, 136.

des grenzüberschreitenden Dienstleistungsverkehrs nur unter sehr engen Voraussetzungen. Nach Ansicht des EuGH ist die Regelung auf Verwertungsgesellschaften jedoch **nicht anwendbar**.[50] Vielmehr falle ihre Tätigkeit unter die Ausnahmevorschrift des Art. 17 Nr. 11 DL-RL (keine Anwendung auf „Urheberrechte"). Diese Auffassung ist im Ergebnis zu begrüßen.[51] Mit dem Inkrafttreten der **VG-RL** hat sich die **Fragestellung entschärft**, weil die VG-RL ein einheitliches Mindestniveau an Regulierung geschaffen hat, so dass Schutzlücken nicht mehr in vergleichbarem Maße wie vor Erlass der VG-RL zu besorgen sind.

4. DSM-Richtlinie. Änderungsbedarf am VGG dürfte die am 6. Juni 2019 in Kraft getretene DSM-RL mit sich bringen, die – geleitet von dem Ziel der Erleichterung von Lizenzlösungen – vor allem in Titel III eine ganze Reihe von Regelungen zur Stärkung der kollektiven Rechtewahrnehmung enthält und diesbezüglich ausdrücklich als **Ergänzung auch der VG-RL** zu verstehen ist.[52] Inhalt und Ausmaß der Änderungen werden dabei stark davon abhängen, wie der deutsche Gesetzgeber von seinem – bei den einzelnen Vorschriften jeweils unterschiedlich ausgeprägten – Umsetzungsermessen Gebrauch macht. **Art. 8–11 DSM-RL** enthalten verpflichtend umzusetzende Vorgaben für Lizenzen an **vergriffenen Werken** zugunsten von Einrichtungen des Kulturerbes. Die Umsetzung dieser Vorschriften wird Anpassungen in den §§ 51 ff. VGG erforderlich machen.[53] Die Richtlinie (vgl. Erwägungsgrund 33) stellt den Mitgliedstaaten frei, in diesem Bereich ein System **erweiterter Kollektivlizenzen** (extended collective licensing – ECL) einzuführen. Die erweiterten Kollektivlizenzen selbst sind darüber hinaus Gegenstand des fakultativen **Art. 12 DSM-RL**. Dieser Artikel wurde zur Klärung infolge der *Soulier*-Entscheidung des EuGH[54] entstandenen Unsicherheiten in die DSM-RL aufgenommen und soll bestehende ECL-Systeme, die zB im skandinavischen Raum große Verbreitung finden, unionsrechtlich absichern und den Mitgliedstaaten die Einführung neuer nationaler ECL-Systeme erleichtern.[55] Insbesondere für kleinteilige Lizenzmärkte, die aufgrund einer Vielzahl von Rechteinhabern und Nutzern hohe Transaktionskosten aufweisen, sieht die DSM-RL die Förderung kollektiver Lizenzen über Verwertungsgesellschaften als wichtiges Instrument an.[56] Gerade im Zusammenhang mit der Umsetzung des rechtspolitisch heiß diskutierten Art. 17 DSM-RL dürften daher ECL-Systeme auch stärker in den Fokus des deutschen Gesetzgebers rücken.[57] Schließlich könnten sich aus dem ebenfalls freiwillig umzusetzenden **Art. 16 DSM-RL** neue Spielräume zur Regelung der gemeinsamen Partizipation von Urhebern und Verlagen an Einnahmen aus gesetzlichen Vergütungsansprüchen ergeben, die dann ggf zu Änderungen an den entsprechenden VGG-Vorschriften, insbesondere § 27a VGG, führen könnten.[58]

---

50 EuGH, Urt. v. 27.2.2014 – C-351/12 – GRUR 2014, 473 Rn 64 – OSA; m. Anm. *Heine*, GRUR-Prax 2014, 133.
51 *Heine/Eisenberg*, GRUR Int. 2009, 277, 281; *Lichtenegger*, S. 126 ff.
52 Vgl. Erwägungsgrund 4 DSM-RL.
53 Vgl. dazu § 51 Rn. 5.
54 EuGH, Urt. v. 16.11.2016 – C-301/15 – GRUR Int. 2017, 80 – Marc Soulier u. Sara Doke/Premier Ministre u. Ministre de la Culture et de la Communication.
55 EG 46 DSM-RL. Grundlegend zu ECL: *Trumpke*, Exklusivität und Kollektivierung.
56 EG 45 DSM-RL.
57 Dazu auch *Staats*, ZUM 2019, 703.
58 Vgl. dazu § 27a Rn. 7.

C. Ausblick

42 Die kollektive Wahrnehmung von Urheberrechten durch Verwertungsgesellschaften hat sich bewährt. Ihre Idee ist nach wie vor aktuell, auch wenn sich vor rund 250 Jahren, als sie entstanden ist, niemand ausmalen konnte, vor welchen Herausforderungen Verwertungsgesellschaften heute stehen würden. Ob die Verwertungsgesellschaften ihre Bedeutung auf ebenso lange Sicht beibehalten werden, hängt in erster Linie von der weiteren Entwicklung des materiellen Urheberrechts ab. Einige sehen das **Urheberrecht unter Reformdruck**. Die rechtspolitische Diskussion der letzten Jahre ist u.a. geprägt von der Forderung, den Zugang zu den Inhalten zu erleichtern. Eine Umsetzung dieses Petitums muss indessen nicht mit einer Absenkung des urheberrechtlichen Schutzniveaus einhergehen. Vielmehr sind gerade Verwertungsgesellschaften ein probates Mittel, mit dem das **Interesse an** einem einfachen **Zugang** zu den Inhalten **mit** dem ebenso berechtigten **Interesse** der Rechteinhaber **an einer angemessenen Vergütung** für die Nutzung ihrer Inhalte **in Einklang gebracht werden kann**.[59]

43 Prägend für die Verwertungsgesellschaften waren in jüngerer Vergangenheit die Europäisierung und Digitalisierung. Beide Entwicklungen werden die kollektive Rechtewahrnehmung auch in den kommenden Jahren bestimmen. Die **Europäisierung des Rechts der Verwertungsgesellschaften** hat mit dem Inkrafttreten der VG-RL und ihrer Umsetzung in den Mitgliedstaaten erst begonnen. Der EuGH hat schon vor Verabschiedung der VG-RL, meist auf Basis der europäischen Wettbewerbsregeln, der Grundfreiheiten und der Richtlinien zum Urheberrecht, in zahlreichen Grundsatzentscheidungen maßgeblich auf das Recht der Verwertungsgesellschaften Einfluss genommen und dabei in Umsetzung der Binnenmarktziele versucht, das System traditionell national ausgerichteter Verwertungsgesellschaften zu öffnen und zu einem europaweiten Markt der Rechtewahrnehmung zu entwickeln. Durch die VG-RL wird seine Bedeutung für das europäische Wahrnehmungsrecht weiter zunehmen.[60] Die Schicksalsfrage auf diesem Weg ist, wie das Ideal der traditionell national orientierten One-Stop-Shops mit dem Ziel europaweiter Lizenzmärkte vereint werden kann.[61] Dafür bedarf es einer rechtspolitischen Entscheidung, ob in einem gemeinsamen Binnenmarkt auch europäische Verwertungsgesellschaften agieren sollen oder ob fragmentierten, national geprägten Strukturen der Vorzug gegeben wird. Der Pilotbereich der Online-Musikrechte zeigt die Risiken einer ungesteuerten Entwicklung. Hier wurde das System der territorialen Fragmentierung durch eines der Repertoirefragmentierung abgelöst. In einem Modell von 28 separat wahrgenommenen Teilrepertoires können die Verwertungsgesellschaften jedoch ihre Kernaufgabe der Repertoireaggregation kaum mehr erfüllen und verlieren damit perspektivisch ihre Daseinsberechtigung. Der Ausweg aus dieser unbefriedigenden Lage ist nun über einen langwierigen Konsolidierungsprozess oder über eine verstärkte Kooperation von Verwertungsgesellschaften zu suchen.[62]

44 Die **Digitalisierung** hat Verwertungsgesellschaften entgegen manchen Prognosen nicht überflüssig gemacht. Im Gegenteil haben sich mit dem Internet neue Tätigkeitsfelder der Verwertungsgesellschaften aufgetan.[63] Ohne Verwertungsgesellschaften könnten die dort stattfindenden **Massennutzungen** nicht effektiv kontrolliert und lizenziert wer-

---

59 *Peifer*, GRUR 2015, 27, 28.
60 Siehe Rn 34.
61 Zur Rolle der Wettbewerbspolitik vgl. Heker/Riesenhuber/*Holzmüller*, Kap. 4 Rn 52 ff.
62 Vgl. insoweit auch das Konsolidierungskonzept von Titel III der VG-RL.
63 Zur Digitalisierung der kollektiven Rechtewahrnehmung vgl. *Holzmüller/Staats* in: FS 50 Jahre UrhG, S. 207 ff.

den. So hat z.B. der Trend zu transformativen Werknutzungen und User-Generated-Content in sozialen Medien einen großen Bedarf nach kollektiver Lizenzierung von bis dahin weitestgehend individuell wahrgenommenen Nutzungsrechten im Bereich Filmherstellung und -bearbeitung ausgelöst. Zudem sind die individuellen Rechtsinhaber kaum imstande, ihre Interessen in Verhandlungen wirksam zur Geltung zu bringen, da auf der Nutzerseite Unternehmen mit sehr **großer Marktmacht** agieren.[64] Im Übrigen entstehen durch den Einsatz digitaler Technologien neue Möglichkeiten für die Verwertungsgesellschaften, um Prozesse zu vereinfachen und zu verbessern, etwa im Bereich der Dokumentation, der Lizenzierung und der nutzungsbezogenen Verteilung der Einnahmen. Große Erwartungen weckt in diesem Zusammenhang z.B. die **Blockchain**, weil sie es prinzipiell erlaubt, digitale Daten und Transaktionen manipulationssicher zu speichern. Dabei sind die mit diesen Technologien verbundenen Möglichkeiten für die Verwertungsgesellschaften Chance und Herausforderung zugleich und es ist kaum vorherzusagen, welche Seite am Ende überwiegt. Teilweise wird prognostiziert, dass diese Technologie die herkömmlichen Treuhänder und Mittelsmänner in allen Bereichen der gesicherten Transaktionen (Immobilien, Finanzen, Lizenzierung von Rechten etc.) auf Dauer zumindest partiell ersetzen werde.[65] Auch in solchen Szenarien bedarf es allerdings im Bereich der Wahrnehmung von Urheberrechten weiterhin Institutionen, die eine faire Verteilung und angemessene Tarifierung der Rechte sicherstellen und sich für die Belange der Rechteinhaber einsetzen. Dafür sind Verwertungsgesellschaften auch in absehbarer Zukunft unerlässlich. Klar ist jedenfalls, dass mit diesen Technologien und den durch sie vermittelten Möglichkeiten auch neue Akteure die Arena der Wahrnehmung von Urheberrechten und verwandten Schutzrechten betreten und für die Verwertungsgesellschaften die große Zukunftsfrage ist, wie gut sie die Möglichkeiten der neuen Technologien zu nutzen wissen und die damit verbundenen gestiegenen Erwartungen der Rechtsinhaber und Nutzer an Schnelligkeit, Effizienz und Präzision der Prozesse zu befriedigen vermögen.

---

[64] *Riesenhuber*, ZUM 2016, 216, 217 f.
[65] Vgl. *Prior*, ZAP 2017, 575, 577.

Anhang zur Einleitung

A. Nationale Konkordanz (UrhWG und UrhSchiedsV/VGG)

1 Das VGG enthält eine Neuordnung der Regelungen des UrhWG „*in einer autonomen Struktur*".[1] Die Neustrukturierung hat zur Folge, dass sich keine der bislang geltenden Vorschriften an ihrem alten Platz befindet. Das folgende Verzeichnis soll vor diesem Hintergrund die Verortung der Vorschriften des UrhWG und der UrhSchiedsV im VGG erleichtern.

2

UrhWG	VGG
§ 1 Abs. 1 Erlaubnispflicht	§ 77
§ 1 Abs. 1, 2 und 4 Tätigkeit und Definition einer Verwertungsgesellschaft	§ 2
§ 1 Abs. 3 Tätigkeit ohne Erlaubnis	§ 84
§ 2 Erteilung der Erlaubnis	§ 78
§ 3 Versagung der Erlaubnis	§ 79
§ 4 Widerruf der Erlaubnis	§ 80
§ 5 Bekanntmachung	§ 83
§ 6 Abs. 1 Wahrnehmungszwang	§ 9
§ 6 Abs. 2 Vertretung der Berechtigten, die nicht Mitglieder sind	§§ 6, 16, 20, 21 Abs. 2, 3
§ 7 S. 1 Verteilungsplan	§ 27
§ 7 S. 2 Förderung kultureller Werke	§ 32 Abs. 1
§ 7 S. 3 Aufnahme in die Satzung	§ 17 Abs. 1 S. 2 Nr. 6
§ 8 Vorsorge- und Unterstützungseinrichtungen	§ 32 Abs. 2

---

[1] RegE-VGG, BT-Drucks. 18/7223, S. 62.

A. Nationale Konkordanz — Anhang zur Einleitung

UrhWG	VGG
§ 9 Rechnungslegung und Prüfung	§ 57
§ 10 Auskunftspflicht	§ 55
§ 11 Abs. 1 Abschlusszwang	§ 34 Abs. 1
§ 11 Abs. 2 Zahlung unter Vorbehalt oder Hinterlegung	§ 37
§ 12 Gesamtverträge	§ 35
§ 13 Abs. 1 Tarifaufstellung	§ 38
§ 13 Abs. 2 Veröffentlichung der Tarife	§ 56 Abs. 1 Nr. 4
§ 13 Abs. 3 Tarifgestaltung	§ 39 Abs. 1 bis 3
§ 13a Abs. 1 Tarife für Geräte und Speichermedien	§ 40
§ 13a Abs. 2 Transparenz	weggefallen, dafür jährlicher Transparenzbericht gem. § 58 VGG
§ 13b Pflichten des Veranstalters	§ 42
§ 13c Abs. 1 Vermutung bei Auskunftsansprüchen	§ 48
§ 13c Abs. 2 Vermutung bei gesetzlichen Vergütungsansprüchen	§ 49
§ 13c Abs. 3 und 4 Außenseiter bei Kabelweitersendung	§ 50
§ 13d Vergriffene Werke	§ 51
§ 13e Register vergriffener Werke	§ 52
§ 14 Abs. 1 Zuständigkeit der Schiedsstelle	§ 92
§ 14 Abs. 2 und 3 Aufbau und Besetzung der Schiedsstelle	§ 124

Anhang zur Einleitung — A. Nationale Konkordanz

UrhWG	VGG
§ 14 Abs. 4 Weisungsfreiheit	§ 125 Abs. 1
§ 14 Abs. 5 Anrufung der Schiedsstelle	§ 97 Abs. 1
§ 14 Abs. 5a Empirische Untersuchungen zu Geräten und Speichermedien	§§ 93, 112 ff.
§ 14 Abs. 5b Beteiligung von Verbraucherverbänden	§ 116
§ 14 Abs. 6 Gütliche Streitbeilegung	§ 102 Abs. 1 und 2
§ 14 Abs. 7 Schiedsvertrag	weggefallen
§ 14 Abs. 8 Hemmung der Verjährung	weggefallen, da in § 204 Abs. 1 Nr. 4 lit. a) BGB geregelt
§ 14a Einigungsvorschlag der Schiedsstelle	§ 105
§ 14a Abs. 1 Beschlussfassung der Schiedsstelle	§ 126
§ 14a Abs. 2 Jahresfrist und Begründungspflicht	§ 105 Abs. 1 und 2
§ 14a Abs. 3 Widerspruch	§ 105 Abs. 3
§ 14a Abs. 4 Zwangsvollstreckung	§ 105 Abs. 5
§ 14b Beschränkung des Einigungsvorschlags und Absehen vom Einigungsvorschlag	§ 109
§ 14c Abs. 1 und 3 Streitfälle über Gesamtverträge, Unterrichtung des BKartA	§ 110 Abs. 1 und 2
§ 14c Abs. 2 Einstweilige Regelung	§ 106
§ 14d Streitfälle über Rechte der Kabelweitersendung	§ 111
§ 14e Aussetzung	§ 103

A. Nationale Konkordanz — Anhang zur Einleitung

UrhWG	VGG
§ 15 und UrhSchiedsV Verfahren vor der Schiedsstelle	§ 95 ff.
§ 16 Gerichtliche Geltendmachung	§ 128
§ 16 Abs. 4 Verfahren vor dem OLG	§§ 129, 130
§ 17 Ausschließlicher Gerichtsstand	§ 131
§ 17a Freiwillige Schlichtung	weggefallen
§ 18 Abs. 1 Aufsichtsbehörde	§ 75 Abs. 1
§ 18 Abs. 2 Aufsicht aufgrund anderer gesetzlicher Vorschriften	§ 76 Abs. 3 S. 1
§ 18 Abs. 3 Einvernehmen mit dem Bundeskartellamt	§ 81
§ 19 Abs. 1 Inhalt der Aufsicht	§ 76 Abs. 1
§ 19 Abs. 2 Befugnisse der Aufsichtsbehörde	§ 85 Abs. 1 und 2
§ 19 Abs. 3 Auskunftsanspruch der Aufsichtsbehörde	§ 85 Abs. 3
§ 19 Abs. 4 Teilnahmerecht der Aufsichtsbehörde	§ 85 Abs. 4
§ 19 Abs. 5 Abberufungsrecht der Aufsichtsbehörde	§ 85 Abs. 5
§ 20 Unterrichtungspflicht	§ 88
§ 21 Zwangsgeld	§ 89 Abs. 3
§ 23 Bestehende Verwertungsgesellschaften	§ 132
§ 26a Anhängige Schiedsstellenverfahren	§ 139 Abs. 1
§ 27 Abs. 1 Vergütungssätze	weggefallen

Anhang zur Einleitung — A. Nationale Konkordanz

UrhWG	VGG
§ 27 Abs. 2 Anhängige Schiedsstellenverfahren	§ 139 Abs. 1
§ 27 Abs. 3 Anhängige Gerichtsverfahren	§ 139 Abs. 3

3

UrhSchiedsV	VGG
§ 1 Einleitung des Verfahrens	§ 97
§ 2 Zurücknahme des Antrags	§ 98
§ 3 Mündliche Verhandlung	§ 99 Abs. 2
§ 4 S. 1 Schriftliches Verfahren	§ 99 Abs. 1
§ 4 S. 2 Mündliche Verhandlung auf Antrag	§ 99 Abs. 2
§ 5 Vorbereitung der Verhandlung	§ 102 Abs. 3, der keine Beschränkung auf Gesamtverträge mehr vorsieht
§ 6 Verfahren bei mündlicher Verhandlung	§ 100
§ 7 Ausbleiben in der mündlichen Verhandlung	§ 101
§ 8 Ermittlung von Amts wegen	§ 104
§ 9 Ablehnung von Mitgliedern der Schiedsstelle	§ 127
§ 10 Verfahrensermessen	§ 95 Abs. 1 S. 1
§ 11 Ehrenamtliche Mitglieder	weggefallen
§ 12 Entschädigung von Zeugen und Sachverständigen	§ 123, jedoch ist § 12 Abs. 3 weggefallen
§ 13 Kosten des Verfahrens	§ 117

UrhSchiedsV	VGG
§ 13 Abs. 6 und 7 Fälligkeit und Vorschuss	§ 118
§ 13 Abs. 8 Anwendung des GKG	§ 119
§ 13 Abs. 9 Entscheidung über Einwendungen	§ 120
§ 14 Verteilung der Kosten	§ 121
§ 15 Festsetzung der Kosten	§ 122

B. Unionsrechtliche Konkordanz (VGG/VG-RL)

Die folgende Tabelle stellt die Vorschriften des VGG ihren Entsprechungen in der VG-RL gegenüber. Soweit vorhanden sind auch die einschlägigen Erwägungsgründe der VG-RL angegeben. Sie sind allgemein bei der Auslegung heranzuziehen, wenn sie Inhalt und Ziele der Richtlinienbestimmungen präzisieren.[2]

VGG	VG-RL (und ggf. andere RL)	Erwägungsgrund
§ 1 Anwendungsbereich	Art. 1, Art. 2 Abs. 3 und 4, Art. 3 lit. b	–
§ 2 Verwertungsgesellschaft	Art. 3 lit. a („Organisation für die kollektive Rechtewahrnehmung")	14 Zur Möglichkeit der unterschiedlichen Rechtsformen der Organisationen für die kollektive Rechtewahrnehmung.
§ 3 Abhängige Verwertungseinrichtung	Art. 2 Abs. 3	17
§ 4 Unabhängige Verwertungseinrichtung	Art. 3 lit. b, Art. 2 Abs. 4	15
§ 5 Rechtsinhaber	Art. 3 lit. c	–
§ 6 Berechtigter	Art. 7 Abs. 1 und 2	–

---

[2] Vgl. BGH BeckRS 2012, 19694 Rn. 11.

Anhang zur Einleitung ━━ B. Unionsrechtliche Konkordanz

VGG	VG-RL (und ggf. andere RL)	Erwägungsgrund
§ 7 Mitglieder	Art. 3 lit. d	–
§ 8 Nutzer	Art. 3 lit. k (beschränkt auf Nutzer, die nicht als Verbraucher auftreten)	–
§ 9 Wahrnehmungszwang	Art. 5 Abs. 2 S. 2	–
§ 10 Zustimmung zur Rechtswahrnehmung	Art. 5 Abs. 7 S. 1 und 2	19 Abs. 4
§ 11 Nutzungen für nicht kommerzielle Zwecke	Art. 5 Abs. 3 und 8	19 Abs. 3, 4
§ 12 Beendigung der Rechtswahrnehmung; Entzug von Rechten	Art. 5 Abs. 4 bis 6	19 Abs. 4 zum Verhältnis VG-RL/vertragliche Abreden.
§ 13 Bedingungen für die Mitgliedschaft	Art. 3 lit. e, Art. 6 Abs. 2	20
§ 14 Elektronische Kommunikation	Art. 6 Abs. 4, Art. 7 Abs. 1	23, nach welchem es den Mitgliedern frei stehen sollte, ihre Rechte nicht nur elektronisch wahrzunehmen.
§ 15 Mitglieder- und Berechtigtenverzeichnis	Art. 6 Abs. 5, Art. 7 Abs. 2	20
§ 16 Grundsatz der Mitwirkung	Art. 6 Abs. 3, Art. 7 Abs. 2	21, 22
§ 17 Allgemeine Befugnisse der Mitgliederhauptversammlung	Art. 3 lit. f, Art. 8 Abs. 3, 5, 6, 7 und 8	22, 23
§ 18 Befugnisse der Mitgliederhauptversammlung in Bezug auf die Organe	Art. 8 Abs. 4 UA 1 und 2, Art. 3 lit. g	22, 23
§ 19 Durchführung der Mitglieder-	Art. 6 Abs. 4, Art. 8 Abs. 2, Art. 8 Abs. 9 UA 1 S. 1,	22, 23

B. Unionsrechtliche Konkordanz — Anhang zur Einleitung

VGG	VG-RL (und ggf. andere RL)	Erwägungsgrund
hauptversammlung; Vertretung	Art. 8 Abs. 10 UA 1 und 2, Art. 8 Abs. 10 UA 3 S. 1 und 3	
§ 20 Mitwirkung der Berechtigten, die nicht Mitglied sind	Art. 7 Abs. 2, Art. 8 Abs. 11	21
§ 21 Geschäftsführung	Art. 10	25
§ 22 Aufsichtsgremium	Art. 9	24 (S. 3), 25 S. 3
§ 23 Einziehung, Verwaltung und Verteilung der Einnahmen aus den Rechten	Art. 11 Abs. 2, Art. 13 Abs. 1	26
§ 24 Getrennte Konten	Art. 11 Abs. 3	27
§ 25 Anlage der Einnahmen aus den Rechten	Art. 11 Abs. 5	27 S. 2, 23 S. 7
§ 26 Verwendung der Einnahmen aus den Rechten	Art. 11 Abs. 4	28
§ 27 Verteilungsplan	Art. 13 Abs. 1 UA 1	29
§ 27a Einnahmen aus gesetzlichen Vergütungsansprüchen des Urhebers	–	–
§ 28 Verteilungsfrist	Art. 13 Abs. 1 UA 2 und Abs. 2	29
§ 29 Feststellung der Berechtigten	Art. 13 Abs. 3 UA 1 S. 1 und 2, UA 2, UA 3 S. 2	29
§ 30 Nicht verteilbare Einnahmen aus den Rechten	Art. 13 Abs. 4 und 5	–
§ 31 Abzüge von den Einnahmen aus den Rechten	Art. 12 Abs. 2 und 3 UA 1	28

Anhang zur Einleitung — B. Unionsrechtliche Konkordanz

VGG	VG-RL (und ggf. andere RL)	Erwägungsgrund
§ 32 Kulturelle Förderung; Vorsorge- und Unterstützungseinrichtungen	Art. 12 Abs. 4	3, 28
§ 33 Beschwerdeverfahren	Art. 33 Abs. 1 und 2	49
§ 34 Abschlusszwang	Art. 16 Abs. 2 UA 1 S. 1 und 2, UA 2 S. 1 (jedoch beschränkt auf die Verpflichtung zur Vereinbarung von objektiven und diskriminierungsfreien Lizenzbedingungen)	31, 32
§ 35 Gesamtverträge	–	–
§ 36 Verhandlungen	Art. 16 Abs. 1 und 3	31
§ 37 Hinterlegung, Zahlung unter Vorbehalt	–	–
§ 38 Tarifaufstellung	Art. 16 Abs. 2 UA 1	–
§ 39 Tarifgestaltung	Art. 16 Abs. 2 UA 2 S. 2 und 3	31 S. 3
§ 40 Gestaltung der Tarife für Geräte und Speichermedien	–	–
§ 41 Auskunftspflicht der Nutzer	Art. 17 (beschränkt auf Nutzer, die nicht als Verbraucher auftreten)	33
§ 42 Meldepflicht der Nutzer	Art. 17 (beschränkt auf Nutzer, die nicht als Verbraucher auftreten)	33
§ 43 Elektronische Kommunikation	Art. 16 Abs. 4	–
§ 44 Repräsentationsvereinbarung; Diskriminierungsverbot	Art. 3 lit. j, Art. 14	11, 30

VGG	VG-RL (und ggf. andere RL)	Erwägungsgrund
§ 45 Abzüge	Art. 15 Abs. 1	–
§ 46 Verteilung	Art. 15 Abs. 2, Abs. 3 UA 1 und 2	30
§ 47 Informationspflichten	Art. 19	34
§ 48 Vermutung bei Auskunftsansprüchen	–	12
§ 49 Vermutung bei gesetzlichen Vergütungsansprüchen	–	12
§ 50 Außenseiter bei Kabelweitersendung	Art. 9 und 10 Satelliten- und Kabelrichtlinie (93/83/EWG)	–
§ 51 Vergriffene Werke	–	12
§ 52 Register vergriffener Werke; Verordnungsermächtigung	–	–
§ 52a Datenschutz	Art. 23 Abs. 1 lit. e EU-DSGVO	–
§ 53 Information der Rechtsinhaber vor Zustimmung zur Wahrnehmung	Art. 5 Abs. 1 und 8, Art. 12 Abs. 1	19 Abs. 3
§ 54 Informationen für Berechtigte	Art. 18 Abs. 1	35
§ 55 Informationen zu Werken und sonstigen Schutzgegenständen	Art. 20, Art. 25 Abs. 2	35
§ 56 Informationen für die Allgemeinheit	Art. 21 Abs. 1, Art. 6 Abs. 2 S. 2	35
§ 57 Jahresabschluss und Lagebericht	Art. 22	34

Anhang zur Einleitung — B. Unionsrechtliche Konkordanz

VGG	VG-RL (und ggf. andere RL)	Erwägungsgrund
§ 58 Jährlicher Transparenzbericht	Art. 22 Abs. 1 UA 1 und 2, Abs. 2, Abs. 4	34, 36
§ 59 Anwendungsbereich	Art. 23, Art. 3 lit. n und m	37 ff.
§ 60 Nicht anwendbare Vorschriften	–	–
§ 61 Besondere Anforderungen an Verwertungsgesellschaften	Art. 24	40
§ 62 Informationen zu Musikwerken und Online-Rechten	Art. 25 Abs. 1 und 2	41
§ 63 Berichtigung der Informationen	Art. 26 Abs. 1	41, 42
§ 64 Elektronische Übermittlung von Informationen	Art. 26 Abs. 2 und 3	41, 42
§ 65 Überwachung von Nutzungen	Art. 27 Abs. 1	43
§ 66 Elektronische Nutzungsanmeldung	Art. 27 Abs. 2	43
§ 67 Abrechnung gegenüber Anbietern von Online-Diensten	Art. 27 Abs. 3 bis 5	43
§ 68 Verteilung der Einnahmen aus den Rechten; Informationen	Art. 28	43
§ 69 Repräsentationszwang	Art. 30 Abs. 1 und 2, Art. 29 Abs. 1 S. 1 und 2, Abs. 3	44 (zu § 69 Abs. 3), 46
§ 70 Informationen der beauftragenden Verwertungsgesellschaft	Art. 30 Abs. 6	–

VGG	VG-RL (und ggf. andere RL)	Erwägungsgrund
§ 71 Informationen der Mitglieder und Berechtigten bei Repräsentationen	Art. 29 Abs. 2	45
§ 72 Zugang zur gebietsübergreifenden Vergabe von Online-Rechten an Musikwerken	Art. 31	47
§ 73 Wahrnehmung bei Repräsentation	Art. 30 Abs. 3 bis 5	30, 46
§ 74 Ausnahme für Hörfunk- und Fernsehprogramme	Art. 32	48
§ 75 Aufsichtsbehörde	Art. 36 Abs. 1	50
§ 76 Inhalt der Aufsicht	Art. 36 Abs. 1, Art. 37 Abs. 2, Art. 42	50
§ 77 Erlaubnis	–	50 (VG-RL stellt den Mitgliedstaaten frei, ob diese ex-ante- oder ex-post-Kontrollverfahren vorsehen)
§ 78 Antrag auf Erlaubnis	Art. 36 ff.	50
§ 79 Versagung der Erlaubnis	Art. 36 ff.	50
§ 80 Widerruf der Erlaubnis	Art. 36 Abs. 3 UA 1	50
§ 81 Zusammenarbeit bei Erlaubnis und Widerruf der Erlaubnis	Art. 36 Abs. 1	50
§ 82 Anzeige	–	50
§ 83 Bekanntmachung	–	50
§ 84 Wahrnehmungstätigkeit ohne Erlaubnis oder Anzeige	Art. 36 Abs. 1	50

VGG	VG-RL (und ggf. andere RL)	Erwägungsgrund
§ 85 Befugnisse der Aufsichtsbehörde	Art. 36 Abs. 3	50
§ 86 Befugnisse der Aufsichtsbehörde bei Verwertungsgesellschaften mit Sitz in einem anderen EU-Mitgliedstaat oder EWR-Vertragsstaat	Art. 37 Abs. 2 S. 1 und Abs. 3	50
§ 87 Informationsaustausch mit Aufsichtsbehörden anderer EU-Mitgliedstaaten oder EWR-Vertragsstaaten	Art. 37 Abs. 1 und Abs. 2 S. 2	51
§ 88 Unterrichtungspflicht der Verwertungsgesellschaft	Art. 37	–
§ 89 Anzuwendendes Verfahrensrecht	Art. 36 Abs. 2	–
§ 90 Aufsicht über abhängige Verwertungseinrichtungen	Art. 2 Abs. 3	17
§ 91 Aufsicht über unabhängige Verwertungseinrichtungen	–	–
§ 92 Zuständigkeit für Streitfälle nach dem UrhG und für Gesamtverträge	Art. 35 Abs. 1 und 2	49
§ 93 Zuständigkeit für empirische Untersuchungen	–	49
§ 94 Zuständigkeit für Streitfälle über die gebietsübergreifende Vergabe von Online-Rechten an Musikwerken	Art. 34 Abs. 2	49
§ 95 Allgemeine Verfahrensregeln	–	49

VGG	VG-RL (und ggf. andere RL)	Erwägungsgrund
§ 96 Berechnung von Fristen	–	49
§ 97 Verfahrenseinleitender Antrag	–	49
§ 98 Zurücknahme des Antrags	–	49
§ 99 Schriftliches Verfahren und mündliche Verhandlung	–	49
§ 100 Verfahren bei mündlicher Verhandlung	–	49
§ 101 Nichterscheinen in der mündlichen Verhandlung	–	49
§ 102 Gütliche Streitbeilegung; Vergleich	–	49
§ 103 Aussetzung des Verfahrens	–	49
§ 104 Aufklärung des Sachverhalts	–	49
§ 105 Einigungsvorschlag der Schiedsstelle; Widerspruch	–	49
§ 106 Einstweilige Regelungen	–	49
§ 107 Sicherheitsleistung	–	49
§ 108 Schadensersatz	–	49
§ 109 Beschränkung des Einigungsvorschlags; Absehen vom Einigungsvorschlag	–	49

VGG	VG-RL (und ggf. andere RL)	Erwägungsgrund
§ 110 Streitfälle über Gesamtverträge	–	49
§ 111 Streitfälle über Rechte der Kabelweitersendung	–	49
§ 112 Empirische Untersuchung zu Geräten und Speichermedien	–	49
§ 113 Durchführung der empirischen Untersuchung	–	49
§ 114 Ergebnis der empirischen Untersuchung	–	49
§ 115 Verwertung von Untersuchungsergebnissen	–	49
§ 116 Beteiligung von Verbraucherverbänden	–	49
§ 117 Kosten des Verfahrens	–	49
§ 118 Fälligkeit und Vorschuss	–	49
§ 119 Entsprechende Anwendung des Gerichtskostengesetzes	–	49
§ 120 Entscheidung über Einwendungen	–	49
§ 121 Entscheidung über die Kostenpflicht	–	49
§ 122 Festsetzung der Kosten	–	49
§ 123 Entschädigung von Zeugen	–	49

B. Unionsrechtliche Konkordanz — Anhang zur Einleitung

VGG	VG-RL (und ggf. andere RL)	Erwägungsgrund
und Vergütung von Sachverständigen		
§ 124 Aufbau und Besetzung der Schiedsstelle	–	49
§ 125 Aufsicht	–	49
§ 126 Beschlussfassung der Schiedsstelle	–	49
§ 127 Ausschließung und Ablehnung von Mitgliedern der Schiedsstelle	–	49
§ 128 Gerichtliche Geltendmachung	Art. 34, 35	–
§ 129 Zuständigkeit des Oberlandesgerichts	Art. 35 Abs. 1	–
§ 130 Entscheidung über Gesamtverträge	–	–
§ 131 Ausschließlicher Gerichtsstand	–	–
§ 132 Übergangsvorschrift für Erlaubnisse	–	–
§ 133 Anzeigefrist	–	–
§ 134 Übergangsvorschrift für Anpassung des Status an die Vorgaben dieses Gesetzes	–	–
§ 135 Informationspflichten der Verwertungsgesellschaft bei Inkrafttreten dieses Gesetzes	Art. 5 Abs. 8 UA 2	19 Abs. 4

Anhang zur Einleitung —— B. Unionsrechtliche Konkordanz

VGG	VG-RL (und ggf. andere RL)	Erwägungsgrund
§ 136 Übergangsvorschrift für Erklärungen der Geschäftsführung und des Aufsichtsgremiums	–	–
§ 137 Übergangsvorschrift für Rechnungslegung und Transparenzbericht	–	–
§ 138 Übergangsvorschrift für Verfahren der Aufsichtsbehörde	–	–
§ 139 Übergangsvorschrift für Verfahren vor der Schiedsstelle und für die gerichtliche Geltendmachung	–	–

ERSTER TEIL
Gegenstand des Gesetzes; Begriffsbestimmungen

§ 1
Anwendungsbereich

Dieses Gesetz regelt die Wahrnehmung von Urheberrechten und verwandten Schutzrechten durch Verwertungsgesellschaften, abhängige und unabhängige Verwertungseinrichtungen.

Übersicht

I. Allgemeines	4. Entstehungsgeschichte —— 4
1. Bedeutung der Regelung —— 1	II. Sachlicher Anwendungsbereich —— 5
2. Vorgängerregelung —— 2	III. Internationaler Anwendungsbereich —— 7
3. Unionsrechtlicher Hintergrund —— 3	IV. Zeitlicher Anwendungsbereich —— 14

I. Allgemeines

1. Bedeutung der Regelung. Die Norm bestimmt den sachlichen Anwendungsbereich des VGG. **1**

2. Vorgängerregelung. Das UrhWG enthielt keine vergleichbare Vorschrift. Der **2** sachliche Anwendungsbereich des UrhWG ergab sich implizit aus § 1 UrhWG, der die Voraussetzungen regelte, unter denen Verwertungsgesellschaften einer Erlaubnis bedurften. Der Anwendungsbereich des VGG geht weiter als der des UrhWG, weil das VGG nicht nur für Verwertungsgesellschaften gilt, sondern auch für sog. abhängige und unabhängige Verwertungseinrichtungen (§§ 3 und 4). Ein weiterer Unterschied ergibt sich daraus, dass das UrhWG nur für die Wahrnehmung von Rechten aus dem deutschen UrhG galt. Diese Beschränkung ist in § 1 nicht mehr enthalten.[1]

3. Unionsrechtlicher Hintergrund. Die unionsrechtliche Entsprechung von § 1 ist **3** Art. 1 VG-RL, der den Gegenstand der VG-RL festlegt. Die Aufnahme von sog. abhängigen und unabhängigen Verwertungseinrichtungen in den Regelungsgegenstand des VGG (§§ 3, 4) ist durch Art. 2 Abs. 3, Art. 2 Abs. 4 und Art. 3 lit. b VG-RL bedingt.

4. Entstehungsgeschichte. Die Norm geht auf den wortlautidentischen Vorschlag **4** im RefE des BMJV[2] zurück und wurde im weiteren Gesetzgebungsverfahren nicht weiter thematisiert.

II. Sachlicher Anwendungsbereich

§ 1 stellt klar, dass das VGG die Wahrnehmung von Urheberrechten und verwandten **5** Schutzrechten (§§ 70 bis 87h UrhG) betrifft. Dazu zählen nach der Begründung des RegE **urheberrechtliche Nutzungsrechte** (§ 31 UrhG) sowie **Vergütungs- und Ausgleichsansprüche** (wie bspw. §§ 27 Abs. 2 S. 1, 54ff. UrhG).[3] Möglich ist auch die Wahrnehmung

---
1 Dazu siehe Rn 7f.
2 RefE des BMJV v. 9.6.2015, S. 10.
3 Vgl. RegE-VGG, BT-Drucks. 18/7223, S. 71.

von Urheberpersönlichkeits- und Bearbeitungsrechten.[4] Bei Verstößen gegen die wahrgenommenen Rechte können die Verwertungsgesellschaften gegen die Verletzer Schadensersatzansprüche aus § 97 Abs. 2 UrhG und Bereicherungsansprüche geltend machen.[5] Die Wahrnehmung anderer immaterieller Schutzrechte, wie z.B. **Marken oder Patente**, wird vom VGG nicht erfasst. Deshalb ist z.B. die Tätigkeit sog. Patentverwertungsgesellschaften, also Unternehmen, die für Patentinhaber Ansprüche aus dem PatG durchsetzen und Lizenzen vergeben, nicht dem VGG unterworfen.

6   Anders als das alte Recht (§ 1 Abs. 2 UrhWG)[6] nimmt § 1 seinem Wortlaut nach die nur **gelegentliche oder kurzfristige Wahrnehmungstätigkeit** nicht vom Anwendungsbereich des Gesetzes aus. Allerdings folgt aus den Begriffsdefinitionen in §§ 2 und 4, dass die Rechtewahrnehmung „ausschließlicher oder hauptsächlicher Zweck" der Organisation sein muss, damit überhaupt von einer Verwertungsgesellschaft bzw. einer unabhängigen Verwertungseinrichtung i.S.d. Gesetzes die Rede sein kann.

III. Internationaler Anwendungsbereich

7   Die Anwendbarkeit des VGG auf Sachverhalte mit Auslandsberührung hängt zunächst davon ab, ob die Rechtewahrnehmung durch eine Verwertungsgesellschaft mit Sitz in Deutschland, mit Sitz in einem anderen Mitgliedstaat der EU oder des EWR oder in einem Drittstaat in Frage steht. Die ersten beiden Konstellationen sind durch das in Art. 36 Abs. 1 VG-RL vorgegebene **Sitzstaatprinzip** bestimmt. Danach ist für die Aufsicht über die Einhaltung der nach der VG-RL erlassenen nationalen Bestimmungen jeweils die Behörde desjenigen Mitgliedstaats zuständig, in dem die Organisation für die kollektive Rechtewahrnehmung ansässig ist. Grundsätzlich beaufsichtigt also jeder Mitgliedstaat die in seinem Gebiet ansässigen Verwertungsgesellschaften, und zwar auch dann, wenn sie in anderen Mitgliedstaaten tätig sind.[7] Das erklärt, warum der Gesetzgeber in § 1 die in § 1 UrhWG noch vorgesehene Beschränkung auf die Wahrnehmung von Rechten nach dem deutschen UrhG aufgegeben hat. Die deutsche Aufsichtsbehörde ist z.B. auch grundsätzlich zuständig, wenn eine Verwertungsgesellschaft mit Sitz in Deutschland Rechte in Frankreich, Slowenien oder Dänemark wahrnimmt, die sich aus den Urheberrechtsvorschriften dieser Länder ergeben.

8   Art. 36 Abs. 1 VG-RL regelt die **Zuständigkeit für die Aufsicht**. Welches Wahrnehmungsrecht die Aufsicht anzuwenden hat und umgekehrt von den Verwertungsgesellschaften zu beachten ist, ergibt sich aus Art. 37 Abs. 2 VG-RL (umgesetzt durch § 86 Abs. 1). Danach kann die Behörde des Landes, in dem die Verwertungsgesellschaft tätig ist, dann, wenn die Verwertungsgesellschaft gegen eine wahrnehmungsrechtliche Vorschrift ihres Sitzlands verstößt, die Behörde im Sitzland ersuchen, eine geeignete Maßnahme zu ergreifen. Verstößt also z.B. eine französische Verwertungsgesellschaft, die in Deutschland tätig ist, gegen das französische Wahrnehmungsrecht, kann das DPMA als deutsche Aufsichtsbehörde die französische Behörde ersuchen, eine aufsichtsrechtliche Maßnahme zu ergreifen. Art. 37 Abs. 2 VG-RL impliziert, dass die Organisation allein den wahrnehmungsrechtlichen Vorschriften ihres Sitzlands unterworfen ist. Die VG-RL ent-

---

4 Vgl. § 10 Rn 20; Dreier/Schulze/*Schulze*, § 1 VGG Rn 4.
5 Wandtke/Bullinger/*Gerlach*, 4. Aufl. 2014, § 1 UrhWG Rn 2; Fromm/Nordemann/*W. Nordemann/Wirtz*, 11. Aufl. 2014, § 1 UrhWG Rn 3a.
6 Eines der wenigen Beispiele aus der veröffentlichten Rechtsprechung betrifft die Wahrnehmung urheberrechtlicher Ansprüche für den Abdruck in einem katholischen Gesangbuch: OLG München, Urt. v. 25.11.1993 – 29 U 1854/93 – NJW-RR 1994, 1138 – Gotteslob.
7 MüKoBGB/*Drexl*, Bd. 12, Teil 8 Rn 240.

hält demnach nicht nur internationale Zuständigkeitsregeln für die Aufsicht von Verwertungsgesellschaften mit Sitz in der EU/EWR, sondern auch ein **öffentlich-rechtliches Kollisionsrecht** für die Anwendbarkeit der verschiedenen mitgliedstaatlichen materiellen Wahrnehmungsvorschriften, soweit diese in Umsetzung der VG-RL erlassen wurden und Gegenstand der Aufsicht sind. Die materiellen Bestimmungen des VGG sind danach grundsätzlich anwendbar auf Organisationen der kollektiven Rechtewahrnehmung mit Sitz in Deutschland, soweit sie in Deutschland oder in anderen Mitgliedstaaten der EU tätig sind. Sie sind dagegen grds. nicht anwendbar auf Organisationen, die ihren Sitz in anderen Mitgliedstaaten der EU bzw. Vertragsstaaten des EWR haben, auch soweit sie in Deutschland tätig sind.[8]

Nach Erwägungsgrund 56 der VG-RL sollen die Kollisionsnormen des **Internationalen Privatrechts** von der VG-RL unberührt bleiben. Der RegE-VGG[9] verweist dementsprechend für vertragliche Schuldverhältnisse auf die Rom I-Verordnung[10] und für außervertragliche Schuldverhältnisse auf die Rom II-Verordnung.[11] Nimmt also etwa eine Verwertungsgesellschaft mit Sitz in Frankreich grenzüberschreitend Rechte in Deutschland wahr, bestimmt sich das anwendbare Recht für Lizenzverträge, die sie mit deutschen Nutzern abschließt, nach der Rom I-Verordnung. Für außervertragliche Schuldverhältnisse ist das in Art. 8 der Rom II-Verordnung niedergelegte **Schutzlandprinzip** maßgeblich.[12] 9

Bei der Anwendung des privatrechtlichen Kollisionsrechts können allerdings Widersprüche mit dem **Sitzstaatprinzip** entstehen. Das wäre im oben genannten Beispiel der Fall, wenn die französische Verwertungsgesellschaft bei der Lizenzierung deutscher Nutzer wegen des Sitzstaatprinzips aufsichtsrechtlich den Vorschriften des französischen Wahrnehmungsrechts unterworfen wäre (vgl. § 76 Abs. 2), im privatrechtlichen Verhältnis zu den Nutzern aufgrund des Schutzlandprinzips aber den §§ 34 ff. Die Auswirkungen der unterschiedlichen Anknüpfungen relativieren sich hier allerdings dadurch, dass das Sitzstaatprinzip gem. Art. 36 Abs. 1 **nur für den durch die VG-RL harmonisierten Bereich** gilt (vgl. Art. 36 Abs. 1 VG-RL: „... Einhaltung der nach dieser Richtlinie erlassenen nationalen Bestimmungen ...").[13] Strengere Vorschriften sind den Mitgliedstaaten, da es sich in der VG-RL größtenteils um eine Mindestharmonisierung[14] handelt, möglich, sie unterliegen aber nicht dem Sitzstaatprinzip. Solche Vorschriften können von den Aufsichtsbehörden auf Verwertungsgesellschaften mit Sitz im EU- oder EWR-Ausland angewendet und durchgesetzt werden. Das gilt namentlich für den **Abschlusszwang** aus § 34, der von der VG-RL nicht vorausgesetzt wird.[15] Das Sitzstaatprinzip steht einer Anwendung des Abschlusszwangs auf Verwertungsgesellschaften mit Sitz im EU-/EWR-Ausland nicht entgegen, soweit solche Verwertungsgesellschaften ihre 10

---

[8] Eine Ausnahme von diesem Grundsatz gilt für die Erlaubnispflicht gem. § 77 Abs. 2 sowie die Anzeigepflicht gem. § 82 Nr. 1. Die Vorschriften richten sich gezielt an Verwertungsgesellschaften mit Sitz in einem anderen Mitgliedstaat der EU oder anderen Vertragsstaat des Abkommens über den EWR und sind demnach auf diese Verwertungsgesellschaft anwendbar. Die deutsche Aufsicht ist daher befugt, ihre Einhaltung zu überwachen, vgl. § 85 Rn 11.
[9] Vgl. RegE-VGG, BT-Drucks. 18/7223, S. 71.
[10] Verordnung (EG) Nr. 593/2008 v. 17.6.2008 über das auf vertragliche Schuldverhältnisse anzuwendende Recht, ABl. EG Nr. L 177, S. 6.
[11] Verordnung (EG) Nr. 864/2007 v. 11.7.2007 über das auf außervertragliche Schuldverhältnisse anzuwendende Recht, ABl. EG Nr. L 199, S. 40.
[12] Zur Reichweite der Schutzlandanknüpfung siehe MüKoBGB/*Drexl*, Bd. 12, Teil 8 Rn 199 ff.
[13] Vgl. § 86 Rn 11.
[14] Einleitung Rn 28.
[15] § 34 Rn 5.

Rechte in Deutschland wahrnehmen. Insoweit droht somit auch kein Widerspruch zwischen öffentlich- und privatrechtlichem Kollisionsrecht.

11 Im Bereich der **gebietsübergreifenden Vergabe von Online-Rechten an Musikwerken** hat der deutsche Gesetzgeber das Regulierungsniveau bewusst abgesenkt, um deutsche Verwertungsgesellschaften im Wettbewerb mit EU/EWR ausländischen Verwertungsgesellschaften nicht zu benachteiligen.[16] In diesem speziellen, besonders wettbewerbsintensiven Bereich ist u.a. die Vorschrift über den Abschlusszwang explizit nicht anwendbar (§§ 60 Abs. 2 S. 1 i.V.m. 34 Abs. 1 S. 1).

12 Für Verwertungsgesellschaften mit Sitz **außerhalb der EU und des EWR** hat das **Sitzstaatprinzip keine Geltung**.[17] Lizenziert also zum Beispiel eine Verwertungsgesellschaft mit Sitz in Russland oder in Kanada Rechte grenzüberschreitend nach Deutschland, ist das VGG grds. anwendbar, mit der Folge, dass die betreffende Verwertungsgesellschaft ggf. eine Erlaubnis des DPMA benötigt.[18] § 77 Abs. 1 stellt in diesem Zusammenhang nämlich nicht auf einen Sitz in Deutschland ab, sondern darauf, dass die Verwertungsgesellschaft „Urheberrechte oder verwandte Schutzrechte wahrnimmt, die sich aus dem Urheberrechtsgesetz ergeben". Dies ist nach dem Schutzlandprinzip der Fall, wenn die ausländische Verwertungsgesellschaft Rechte oder Ansprüche durchsetzt, die sich auf Nutzungshandlungen in Deutschland beziehen.

13 Fraglich ist, ob das VGG auch anwendbar ist, wenn eine Verwertungsgesellschaft in Deutschland Rechte akquiriert, also Wahrnehmungsverträge mit inländischen Rechtsinhabern abschließt, um diese **in einem Drittland außerhalb der EU bzw. des EWR durchzusetzen**. Bei einer solchen Tätigkeit geht es nicht um die Wahrnehmung von Rechten, die sich aus dem deutschen UrhG ergeben. Darauf stellt § 1 allerdings auch nicht ab. Daran anknüpfend geht die Begründung des RegE davon aus, dass eine Verwertungsgesellschaft schon dann der deutschen Aufsicht unterliegen solle, wenn sie Wahrnehmungsverträge mit im Inland ansässigen Rechtsinhabern abschließt.[19] Gegen diese weite Auffassung spricht allerdings, dass die Wahrnehmung von Urheberrechten in ausländischen Drittstaaten nach dem VGG für sich genommen **weder eine Erlaubnisnoch eine Anzeigepflicht** bei der deutschen Aufsichtsbehörde auslöst. Erlaubnis- bzw. anzeigepflichtig sind im Prinzip nur Verwertungsgesellschaften, die Rechte aus dem UrhG wahrnehmen (§ 77 Abs. 1 und 2, § 82 Nr. 1) oder ihren Sitz im Inland (§ 82 Nr. 2) haben. Zweck der Erlaubnis- und Anzeigepflicht ist, das DPMA in die Lage zu versetzen, seinem Auftrag nachzukommen, die Einhaltung des VGG durch seine Regelungsadressaten zu überwachen. Damit ist dann aber auch der **Rahmen für die internationale Anwendbarkeit** der materiellen Regelungen des VGG gesteckt. Dies spricht dafür, Verwertungsgesellschaften, die in einem Drittland Rechte wahrnehmen, den Regelungen des VGG auch dann nicht zu unterwerfen, wenn sie die Rechte bei inländischen Rechtsinhabern einholen. Die Frage verliert allerdings dadurch an praktischer Relevanz, dass Verwertungsgesellschaften, die ein Repertoire inländischer Rechtsinhaber wahrnehmen, dieses Repertoire in aller Regel nicht ausschließlich im Ausland, sondern auch im Inland anbieten. Insoweit sind sie zweifellos dem VGG und der Aufsicht des DPMA unterworfen.

---

[16] Vgl. § 59 Rn 18.
[17] Vgl. Erwägungsgrund 10 der VG-RL, wonach den Mitgliedstaaten die Anwendung ihrer nationalen Wahrnehmungsvorschriften auf Organisationen für die kollektive Rechtewahrnehmung mit Sitz außerhalb der Union (uneingeschränkt) erlaubt ist, soweit sie in dem betreffenden Mitgliedstaat tätig sind.
[18] Vgl. für das UrhWG OLG Köln, Beschl. v. 28.9.2007 – 6 W 150/07 – GRUR 2008, 69, zur Erlaubnispflicht einer türkischen Verwertungsgesellschaft für die Rechtewahrnehmung in Deutschland.
[19] RegE-VGG, BT-Drucks. 18/7223, S. 95.

IV. Zeitlicher Anwendungsbereich

Das VGG trat am 1.6.2016 in Kraft. Übergangsvorschriften enthalten die §§ 132 ff. 14

§ 2
Verwertungsgesellschaft

(1) Eine Verwertungsgesellschaft ist eine Organisation, die gesetzlich oder auf Grundlage einer vertraglichen Vereinbarung berechtigt ist und deren ausschließlicher oder hauptsächlicher Zweck es ist, für Rechnung mehrerer Rechtsinhaber Urheberrechte oder verwandte Schutzrechte zu deren kollektiven Nutzen wahrzunehmen, gleichviel, ob in eigenem oder in fremdem Namen.
(2) Um eine Verwertungsgesellschaft zu sein, muss die Organisation darüber hinaus mindestens eine der folgenden Bedingungen erfüllen:
1. ihre Anteile werden von ihren Mitgliedern (§ 7) gehalten oder sie wird von ihren Mitgliedern beherrscht;
2. sie ist nicht auf Gewinnerzielung ausgerichtet.

Übersicht

I. Allgemeines
  1. Bedeutung der Regelung —— 1
  2. Vorgängerregelung —— 2
  3. Unionsrechtlicher Hintergrund —— 4
  4. Entstehungsgeschichte —— 5
II. Begriff der Verwertungsgesellschaft —— 6
  1. Organisation —— 7
  2. Wahrnehmung von Urheberrechten oder verwandten Schutzrechten —— 10
  3. Gesetzlich oder vertraglich berechtigt —— 14
  4. Für Rechnung mehrerer Rechtsinhaber und kollektiver Nutzen —— 17
  5. Ausschließlicher oder hauptsächlicher Zweck —— 20
  6. Zusätzliche Voraussetzungen (Abs. 2) —— 22
    a) Kontrolle durch die Mitglieder (Nr. 1) —— 26
    b) Oder keine Gewinnerzielung (Nr. 2) —— 30
III. Liste deutscher Verwertungsgesellschaften —— 31

I. Allgemeines

1. Bedeutung der Regelung. Die Norm definiert den Begriff der Verwertungsgesellschaft. Sie sind neben den abhängigen und unabhängigen Verwertungseinrichtungen die Adressaten des Gesetzes. Einige Bestimmungen des VGG, wie z.B. § 77 (Erlaubnis), richten sich ausschließlich an Verwertungsgesellschaften. 1

2. Vorgängerregelung. Die Definition des Begriffs der Verwertungsgesellschaften ergab sich im alten Recht aus § 1 Abs. 4 S. 1 UrhWG. § 2 definiert den Begriff leicht abweichend von der Vorgängerregelung. Die **Abweichungen zum alten Recht** betreffen folgende Punkte: 2
– Gemäß § 1 Abs. 1 UrhWG war für die Einordnung als Verwertungsgesellschaft maßgeblich, dass die Organisation Rechte nach dem deutschen UrhG wahrnahm. Diese Beschränkung ist im VGG entfallen. Dem VGG unterliegen auch Organisationen mit Sitz in Deutschland, die **ausländische Urheberrechte** wahrnehmen.[1]

---
[1] Siehe § 1 Rn 2; 7.

- Nach neuem Recht (§ 2 Abs. 2) können Verwertungsgesellschaften auf **Gewinnerzielung** ausgerichtet sein, sofern ihre Anteile von den Mitgliedern gehalten oder sie von ihren Mitgliedern beherrscht werden. Unter der Geltung des UrhWG war noch umstritten, ob Verwertungsgesellschaften mit Gewinnerzielungsabsicht handeln durften.[2]
- Nach der Definition in § 1 Abs. 1 UrhWG nahmen Verwertungsgesellschaften die ihnen überlassenen Rechte für die Rechtsinhaber „zur gemeinsamen Auswertung" wahr. § 2 VGG spricht stattdessen von einer Wahrnehmung „zu deren **kollektiven Nutzen**".[3] Materielle Unterschiede sind damit, soweit ersichtlich, nicht verbunden.
- Die in § 1 Abs. 4 S. 2 UrhWG adressierte Möglichkeit einer kollektiven Rechtewahrnehmung durch **natürliche Personen** ist im VGG nicht mehr ausdrücklich geregelt.[4] Sie hatte auch keine praktische Bedeutung.
- § 2 Abs. 1 gibt vor, dass die Rechtewahrnehmung **ausschließlicher oder hauptsächlicher Zweck** der Verwertungsgesellschaft sein muss.[5] Dies war nach dem UrhWG nicht erforderlich.
- § 2 Abs. 1 spricht nicht mehr von „Urhebern" und „Inhabern verwandter Schutzrechte" (so § 1 Abs. 1 UrhWG), sondern von „Rechtsinhabern" und stellt damit klar, dass auch **Verlage und andere Inhaber derivativer Rechte** ihre Rechte durch Verwertungsgesellschaften wahrnehmen lassen können.[6]

3 Diese Liste soll nicht darüber hinwegtäuschen, dass sich die Definition der Verwertungsgesellschaften in § 2 im Wesentlichen mit dem **bisherigen Verständnis** im deutschen Recht deckt. Deshalb sind alle bisher in Deutschland anerkannten Verwertungsgesellschaften auch weiterhin Verwertungsgesellschaften i.S.d. § 2.[7]

4 **3. Unionsrechtlicher Hintergrund.** § 2 setzt Art. 3 lit. a der VG-RL um. Die VG-RL verwendet für Verwertungsgesellschaften allerdings den sperrigen Begriff der „Organisation für die kollektive Rechtewahrnehmung". Der deutsche Gesetzgeber wollte an der in Deutschland durchgesetzten Bezeichnung festhalten.[8]

5 **4. Entstehungsgeschichte.** Die Norm geht auf den wortlautidentischen Vorschlag im RefE des BMJV[9] zurück und wurde im weiteren Gesetzgebungsverfahren nicht weiter thematisiert.

II. Begriff der Verwertungsgesellschaft

6 § 2 definiert den Begriff der Verwertungsgesellschaft unter Verwendung von Rechtsbegriffen, die mehr oder weniger ihrerseits der Auslegung bedürfen und zum Teil in den nachfolgenden Vorschriften legaldefiniert sind.

7 **1. Organisation.** Unter Verwertungsgesellschaften versteht das Gesetz gem. § 2 Abs. 1 „Organisationen". Der Begriff impliziert, dass es sich um juristische Personen oder

---

2 Siehe Rn 23 ff.
3 Siehe Rn 17.
4 Siehe Rn 7.
5 Siehe Rn 20.
6 Siehe Rn 12 und § 5.
7 RegE-VGG, BT-Drucks. 18/7223, S. 72; *Schäfer*, K&R 2015, 761, 763.
8 RegE-VGG, BT-Drucks. 18/7223, S. 72.
9 RefE des BMJV v. 9.6.2015, S. 11.

Personenmehrheiten handeln muss. Die in § 1 Abs. 4 UrhWG noch ausdrücklich vorgesehene theoretische Möglichkeit einer kollektiven Rechtewahrnehmung durch **natürliche Personen** dürfte damit passé sein.[10] Sie hat in der Praxis auch keine Rolle gespielt.

Das VGG ist grundsätzlich **rechtsformneutral**, schreibt den Verwertungsgesellschaften also keine Rechtsform vor.[11] Dies entspricht der alten Rechtslage unter dem UrhWG und geht auf die Vorgaben der VG-RL (Erwägungsgrund 14) zurück. In anderen Mitgliedstaaten der EU bestanden in der Vergangenheit Rechtsformerfordernisse.[12] Die VG-RL hat insoweit einen Beitrag zur Rechtsvereinheitlichung in der Union geleistet, auch wenn es im deutschen Recht in diesem Punkt keinen Änderungsbedarf gab.

Die aktuell in Deutschland zugelassenen Verwertungsgesellschaften sind entweder als rechtsfähiger **Verein kraft Verleihung** (GEMA, VG Wort, VG Bild-Kunst, VG Musikedition) oder als **GmbH** (GVL, VG Media u.a.) organisiert. Möglich und denkbar wäre es aber auch, eine Verwertungsgesellschaft z.B. als Genossenschaft zu gründen.

2. Wahrnehmung von Urheberrechten oder verwandten Schutzrechten. Die konstituierende Tätigkeit von Verwertungsgesellschaften besteht gem. § 2 Abs. 1 in der Wahrnehmung von Urheberrechten oder verwandten Schutzrechten. Dabei muss es sich **nicht um Rechte aus dem deutschen UrhG** handeln. Eine Verwertungsgesellschaft mit Sitz in Deutschland benötigt auch dann eine Erlaubnis, wenn sie Rechte in anderen Mitgliedstaaten der EU oder Vertragsstaaten des EWR wahrnimmt.[13]

Der von den Verwertungsgesellschaften wahrnehmbare Katalog an urheberrechtlichen Rechten und Ansprüchen ist umfassend.[14] In der Praxis steht die Wahrnehmung urheber- und leistungsschutzrechtlicher **Nutzungsrechte und gesetzlicher Vergütungsansprüche** im Vordergrund.

Die noch zu § 1 UrhWG diskutierte Frage, ob auch die Wahrnehmung **abgeleiteter Rechte und Ansprüche**, wie vor allem von Verlegern, einer Erlaubnis des DPMA bedarf,[15] wird durch § 2 Abs. 1 im Zusammenspiel mit § 5 beantwortet, da die neue Vorschrift allgemein von „Rechtsinhabern" spricht. Darunter sind nach der Legaldefinition in § 5 Abs. 1 nicht nur die Inhaber originärer Rechte (also z.B. Urheber) zu verstehen, sondern auch natürliche oder juristische Personen, die gesetzlich oder aufgrund eines Rechteverwertungsvertrags Anspruch auf einen Anteil an den Einnahmen aus diesen Rechten haben. Damit ist klargestellt, dass auch **Verleger** Rechtsinhaber i.S.d. VGG sein können und ihre Ansprüche durch Verwertungsgesellschaften, z.B. die VG Wort oder die GEMA, wahrnehmen lassen können. Das Gleiche gilt auch für andere Inhaber derivativer Rechte, bspw. Sendeunternehmen oder Filmproduzenten. Gesetzliche Vergütungsansprüche können Urheber allerdings gem. § 63a S. 2 UrhG im Voraus nur an Verleger abtreten und auch nur unter der Bedingung, dass der Verleger sie im Interesse des Urhe-

---

10 Vgl. § 13 Rn 5; Dreier/Schulze/*Schulze*, § 2 VGG Rn 2.
11 Dennoch kommen die Aktiengesellschaft und die Stiftung für Verwertungsgesellschaften aus spezifischen Gründen nicht als Rechtsformen in Betracht, siehe § 17 Rn 20 (Aktiengesellschaft: Organisationsregeln des VGG nicht mit denen des AktG vereinbar) und § 13 Rn 5 (Stiftung: keine mitgliedschaftliche Verfassung).
12 Vgl. *Heine*, S. 240 f.
13 RegE-VGG, BT-Drucks. 18/7223, S. 72.
14 Siehe § 1 Rn 5.
15 Bejaht durch die h.M. in der Lit., vgl. Schricker/Loewenheim/*Reinbothe*, § 1 UrhWG Rn 6; *Riesenhuber*, ZUM 2008, 625, 635 f.; verneint vom BayVGH, Beschl. v. 13.8.2002 – 22 CS 02.1347 – ZUM 2003, 78, 80, für den Fall einer Rechtewahrnehmung durch eine Organisation, die ausschließlich für Verlage tätig war.

bers von einer Verwertungsgesellschaft wahrnehmen lässt.[16] Eine Verteilung der Einnahmen an einen Verleger ist gem. § 27a Abs. 1 zulässig, sofern der Urheber nach der Veröffentlichung des verlegten Werks oder mit der Werkanmeldung seine Zustimmung erklärt.

13   Der Begriff der **Wahrnehmung** ist gesetzlich nicht definiert. Er umfasst alle Tätigkeiten, die Verwertungsgesellschaft zur wirtschaftlichen Verwertung der Rechte gegenüber den Nutzern vornehmen, also die Festlegung von Tarifen, Vergabe von Lizenzen und Einziehung von Vergütungen bei Nutzern (vgl. Erwägungsgrund 16 der VG-RL). Der Abschluss von Wahrnehmungsverträgen gehört noch nicht zur „Wahrnehmung", unterliegt aber dennoch als ihr vorgeschalteter Schritt der Regulierung des VGG und der Aufsicht.[17]

14   **3. Gesetzlich oder vertraglich berechtigt.** Die Berechtigung der Verwertungsgesellschaft zur Rechtewahrnehmung kann sich gem. § 2 Abs. 1 entweder aus dem Gesetz oder auf Grundlage einer vertraglichen Vereinbarung ergeben.

15   Eine **Berechtigung aus dem Gesetz** ist im deutschen Recht die Ausnahme. Die einzige Regelung im deutschen[18] Recht, die eine gesetzliche Berechtigung vorsieht, findet sich in § 50 für die Kabelweitersenderechte von sog. Außenseitern, also Rechtsinhabern, die ihre Rechte keiner Verwertungsgesellschaft eingeräumt haben. Gemäß § 50 gelten Verwertungsgesellschaften unter den dort geregelten Voraussetzungen als unwiderlegbar berechtigt, diese Außenseiter-Rechte wahrzunehmen.

16   Im Regelfall erfolgt die Rechtewahrnehmung durch Verwertungsgesellschaften aufgrund **vertraglicher Vereinbarungen**. Nach der VG-RL kommen hierfür Abtretungs- und Lizenzvereinbarungen oder sonstige vertragliche Vereinbarungen in Betracht (Art. 3 lit. a). In Deutschland ist die Bezeichnung **Wahrnehmungsvertrag** üblich. In den Verträgen erteilen die Rechtsinhaber der Verwertungsgesellschaft die gem. § 10 S. 1 erforderliche Zustimmung zur Rechtewahrnehmung. Erforderlich ist eine Zustimmung auch für **verwertungsgesellschaftspflichtige Ansprüche**, d.h. solche Ansprüche, die von Gesetzes wegen nur durch Verwertungsgesellschaften wahrgenommen werden können (z.B. § 54h Abs. 1 UrhG). Auch bei verwertungsgesellschaftspflichtigen Ansprüchen ergibt sich die Berechtigung der Verwertungsgesellschaft also nicht aus dem Gesetz, sondern aus dem Wahrnehmungsvertrag. Außerdem kann sich die Berechtigung zur Rechtewahrnehmung aus einer **Repräsentationsvereinbarung** mit einer anderen Verwertungsgesellschaft i.S.d. §§ 44 ff. ergeben.

17   **4. Für Rechnung mehrerer Rechtsinhaber und kollektiver Nutzen.** Nimmt eine Organisation nur die Rechte eines einzelnen Rechtsinhabers wahr, ist sie keine Verwertungsgesellschaft.[19] Das folgt aus § 2 Abs. 1, wonach Verwertungsgesellschaften für Rechnung „**mehrerer Rechtsinhaber**" tätig sein müssen,[20] und im Übrigen auch dar-

---

16 So ist nach Auffassung des BGH § 63a S. 2 UrhG richtlinienkonform auszulegen, vgl. BGH, Urt. v. 21.4.2016 – I ZR 198/13 – GRUR 2016, 596 Rn 78 – Verlegeranteil.
17 Vgl. RegE-VGG, BT-Drucks. 18/7223, S. 95.
18 Zu dem in den skandinavischen Ländern etablierten Modell der „Extended collective licenses" vgl. *Riis/Schovsbo*, IIC 2012, 930 ff.; *Krause*, ZUM 2011, 21, 26. Darunter sind kollektive Lizenzvereinbarungen zu verstehen, die auch für Rechtsinhaber verbindlich sind, die nicht Mitglied der lizenzierenden Verwertungsgesellschaft sind. Vgl. Einleitung Rn 41.
19 Dreier/Schulze/*Schulze*, § 2 VGG Rn. 7.
20 In der englischen Fassung von Art. 3 lit. a VG-RL, auf den dieses Erfordernis zurückgeht: „on behalf of more than one rightholder".

aus, dass Regelungsgegenstand der VG-RL die „kollektive" Wahrnehmung von Urheber- und verwandten Schutzrechten ist.

Das Erfordernis der Wahrnehmung **„für Rechnung"** der Rechtsinhaber hat der Gesetzgeber aus der Definition der Verwertungsgesellschaften im alten Recht (§ 1 Abs. 1 UrhWG) fortgeführt. Art. 3 lit. a der VG-RL verwendet in der deutschen Sprachfassung stattdessen die Formulierung „im Namen". Die Begründung des RegE[21] geht aus nachvollziehbaren Gründen davon aus, dass mit dieser Formulierung in der Sache eine Tätigkeit auf fremde Rechnung gemeint ist, und bezieht sich dafür auf die französische Fassung der VG-RL („pour le compte").[22] Eine Tätigkeit in fremdem Namen – im Sinne einer offenen Stellvertretung – verlangt § 2 Abs. 1 gerade nicht, sondern stellt ausdrücklich klar, dass es irrelevant ist, ob die Rechtewahrnehmung **in eigenem oder in fremdem Namen** erfolgt. 18

Das Handeln „für fremde Rechnung" ist in der Rechtsordnung aus dem Handelsrecht bekannt. Es ist für den Kommissionsvertrag gem. § 383 HGB charakteristisch und meint, dass die wirtschaftlichen Folgen des Kommissionsgeschäfts den Kommittenten (also den Auftraggeber des Kommissionärs) treffen.[23] Das trifft auch auf die Rechtewahrnehmung durch Verwertungsgesellschaften zu, da die Einnahmen aus der Verwertungsgesellschaften den Berechtigten zukommen (§ 26 Nr. 1). Das Kommissionsgeschäft ist allerdings typischerweise auf die kurzfristige Abwicklung eines bestimmten Rechtsgeschäfts gerichtet, z.B. den Verkauf eines Bildes.[24] Für Verwertungsgesellschaften ist dagegen das längerfristig angelegte **Treuhandverhältnis** zu den Rechtsinhabern charakteristisch. Auf diese treuhänderische Funktion der Verwertungsgesellschaften zielt die Formulierung „auf Rechnung von" in erster Linie ab.[25] Sie dient im Übrigen der Abgrenzung zu **Verlagen**, die zwar ebenfalls Rechte wahrnehmen, dabei aber gem. § 1 S. 1 VerlG auf „eigene Rechnung", also in „eigenem Interesse" tätig sind (vgl. Erwägungsgrund 16 der VG-RL). Verlage nehmen die ihnen von den Autoren eingeräumten Rechte auch nicht zu deren **kollektiven Nutzen** wahr, wie es § 2 Abs. 1 für Verwertungsgesellschaften voraussetzt. Das Gleiche trifft auf **Agenturen, Film- und Tonträgerproduzenten und Sendeunternehmen** zu, die deshalb ebenfalls nicht als Verwertungsgesellschaften zu qualifizieren sind.[26] Auch eine Einordnung der genannten Unternehmen als unabhängige Verwertungseinrichtungen scheidet aus, da für diese gem. § 4 Abs. 1 ebenfalls die Voraussetzungen des § 2 Abs. 1 gelten.[27] 19

5. Ausschließlicher oder hauptsächlicher Zweck. Die Wahrnehmung von Urheberrechten oder verwandten Schutzrechten für Rechnung mehrerer Rechtsinhaber zu deren kollektiven Nutzen muss gem. § 2 Abs. 1 den **ausschließlichen oder hauptsächlichen Zweck** der Verwertungsgesellschaft bilden. Dieses Erfordernis ist neu. Es war im UrhWG nicht vorgesehen. § 1 Abs. 4 UrhWG bestimmte zwar, dass die „gelegentliche oder kurzfristige" Rechtewahrnehmung von der Erlaubnispflicht ausgenommen war. Das schloss aber nicht aus, auch solche Organisationen als Verwertungsgesellschaften zu 20

---

21 RegE-VGG, BT-Drucks. 18/7223, S. 72.
22 In diesem Sinne auch die italienische Fassung („per conto di"); eher i.S.d. deutschen Sprachfassung allerdings die slowakische („v mene"), die polnische („w imieniu"), die spanische („en nombre de") und die holländische („namens") Fassung.
23 Ebenroth/Boujong/Joost/Strohn/*Füller*, § 383 HGB Rn 8.
24 Weil die Abwicklung eines konkreten Rechtsgeschäfts im Vordergrund steht, wird die Kommission auch als „untypische Treuhand" bezeichnet, vgl. Oetker/*Martinek*, § 383 HGB Rn 12.
25 BeckOK-UrhR/*Freudenberg*, § 2 VGG Rn 17; Dreier/Schulze/*Schulze*, § 2 VGG Rn 5.
26 Vgl. die Begründung zum RegE-VGG, BT-Drucks. 18/7223, S. 72, sowie Erwägungsgrund 16 der VG-RL.
27 RegE-VGG, BT-Drucks. 18/7223, S. 73.

qualifizieren, bei denen die Rechtewahrnehmung einen (dauerhaften) Nebenzweck bildete.[28]

21 Bei der Prüfung, ob die Rechtewahrnehmung den „ausschließlichen oder hauptsächlichen Zweck" der Organisation bildet, kann es im Sinne einer effektiven Regulierung nicht nur darauf ankommen, welchen Zweck die Organisation in ihrer Satzung definiert. Maßgeblich sind vor allem die **tatsächlichen Verhältnisse**. Denkbare Kriterien bei der Bestimmung des Organisationszwecks sind die Anzahl der für die betreffenden Organisationsteile eingesetzten Arbeitnehmer, das eingesetzte Kapital und die Anteile am Gesamtertrag. Verfolgt die Organisation hauptsächlich einen anderen Zweck, ist sie keine Verwertungsgesellschaft i.S.d. § 2 Abs. 1.

22 **6. Zusätzliche Voraussetzungen (Abs. 2).** Abs. 2 nennt in Nr. 1 und Nr. 2 zwei weitere Voraussetzungen für die Qualifikation einer Organisation als Verwertungsgesellschaft, die aber nicht kumulativ vorliegen müssen. Es genügt, dass eine der beiden Voraussetzungen erfüllt ist („... mindestens eine der folgenden Bedingungen ..."). Die erste Bedingung (Nr. 1) bezieht sich auf die **Kontrolle** über die Organisation und verlangt, dass die Anteile der Organisation von ihren Mitgliedern gehalten werden oder die Organisation von ihren Mitgliedern beherrscht wird. Die zweite Voraussetzung (Nr. 2) verlangt, dass die Organisation nicht auf **Gewinnerzielung** ausgerichtet ist. Die Regelung in Abs. 2 geht auf Art. 3a der VG-RL zurück.

23 Aus dem **Alternativverhältnis von Abs. 2 Nr. 1 und Nr. 2** folgt, dass eine Organisation in den folgenden Konstellationen als Verwertungsgesellschaft zu qualifizieren ist:[29]
- Die Organisation erwirtschaftet Gewinne, wird aber von ihren Mitgliedern kontrolliert, d.h. ihre Anteile werden von Mitgliedern gehalten oder sie wird von den Mitgliedern beherrscht.
- Die Organisation wird in diesem Sinne nicht von ihren Mitgliedern kontrolliert, erwirtschaftet aber keine Gewinne.
- Die Organisation wird von ihren Mitgliedern kontrolliert und erwirtschaftet keine Gewinne.

24 Wird die Organisation nicht von ihren Mitgliedern kontrolliert und erzielt Gewinne, ist sie keine Verwertungsgesellschaft. Sie ist dann aber ggf. als **unabhängige Verwertungseinrichtung** i.S.d. § 4 zu qualifizieren mit der Folge, dass sie nur bestimmten Vorgaben des Gesetzes unterliegt, im Wesentlichen Informationspflichten.[30]

25 Das Regelungsziel des § 2 Abs. 2 liegt offenbar darin, zu verhindern, dass Organisationen mit den gesetzlichen Privilegien einer Verwertungsgesellschaft Gewinne erwirtschaften, die nicht den Rechtsinhabern bzw. den von ihnen bestimmten Zwecken zugutekommen. **Privilegien** sieht das deutsche Recht für Verwertungsgesellschaften vor allem dadurch vor, dass gesetzliche Vergütungsansprüche wie z.B. die Gerätevergütung **verwertungsgesellschaftspflichtig** ausgestaltet sind, also ausschließlich durch Verwertungsgesellschaften wahrgenommen werden können. Gewinnorientierte Organisationen, die nicht von ihren Mitgliedern kontrolliert werden, sind gem. § 2 Abs. 2 keine Verwertungsgesellschaften und können solche Ansprüche nicht geltend machen.

26 **a) Kontrolle durch die Mitglieder (Nr. 1).** § 2 Abs. 2 Nr. 1 verlangt, dass die Anteile der Organisation von ihren Mitgliedern gehalten werden oder die Organisation von ihren

---

[28] *Riesenhuber*, ZUM 2008, 625, 629, 637.
[29] Vgl. RegE-VGG, BT-Drucks. 18/7223, S. 72.
[30] Siehe dazu im Einzelnen § 4 Rn 13.

Mitgliedern beherrscht wird. Der Begriff des „Mitglieds" ist in § 7 definiert, auf den § 2 Abs. 2 Nr. 1 verweist, und meint zum einen die als Mitglied aufgenommenen Berechtigten (§ 6) und zum anderen Einrichtungen, die Rechtsinhaber vertreten. § 7 liegt dabei ein **eigener, wahrnehmungsrechtlicher Mitgliederbegriff** zugrunde.[31] Personen, die im organisationsrechtlichen Sinne Mitglieder einer Verwertungsgesellschaft sind (z.B. Gesellschafter einer GmbH-Verwertungsgesellschaft) sind deshalb nicht auch automatisch Mitglieder i.S.d. § 7, sondern nur dann, wenn sie Berechtigte oder Einrichtungen sind, die Rechtsinhaber vertreten.

Inhaber der „Anteile" einer Verwertungsgesellschaft (§ 2 Abs. 2 Nr. 1 Var. 1) sind bei **GmbH-** oder **GbR-Verwertungsgesellschaften** deren **Gesellschafter**. Bei der **Aktiengesellschaft** sind die Aktionäre Inhaber der Anteile, bei der **Kommanditgesellschaft** die **Kommanditisten und Komplementäre** und bei der **Genossenschaft** die **Mitglieder**. Die **Stiftung** hat schon keine Mitglieder, auch wenn man den Begriff des Mitglieds untechnisch versteht, so dass die Tatbestandsalternative des „Haltens von Anteilen" bei der Stiftung generell nicht erfüllt sein kann. Das Gleiche gilt für den **Verein**. Er hat zwar Mitglieder, sie halten aber keine Anteile an der Organisation im Sinne einer Mitberechtigung am Vermögen (die VG-RL spricht in Art. 3 lit. a sublit. i von „Eigentum"). 27

Das VGG regelt nicht, unter welchen Voraussetzungen eine Organisation **von ihren Mitgliedern beherrscht** wird (§ 2 Abs. 2 Nr. 1 Var. 2). Bei der „Beherrschung" handelt es sich um einen zentralen Begriff des Konzernrechts (vgl. § 15 AktG), so dass es nahe liegt, an die in diesem Zusammenhang entwickelten Rechtsgrundsätze anzuknüpfen, wobei dabei allerdings gleichzeitig zu beachten ist, dass Art. 3 der VG-RL alleinverbindlicher Auslegungsmaßstab des Begriffs sein muss, dessen Umsetzung die Regelung dient. Eine Beherrschung wird jedenfalls dann anzunehmen sein, wenn die Mitglieder i.S.d. § 7 über die absolute **Stimmenmehrheit** in der Mitgliederhauptversammlung verfügen und hierüber in die Lage versetzt werden, die personelle Zusammensetzung der Organe der Verwertungsgesellschaft zu steuern (Personalentscheidungsgewalt).[32] 28

Beherrscht werden muss die Organisation von ihren „Mitgliedern" i.S.d. § 7, also den Berechtigten und Einrichtungen, die als Mitglieder aufgenommen wurden.[33] Spezielle Vorgaben hinsichtlich der verschiedenen **Kategorien von Mitgliedern**, wenn die Verwertungsgesellschaft mehrere Berufsgruppen vertritt, macht § 2 Abs. 2 Nr. 1 nicht. In diesem Zusammenhang bleibt es bei der allgemeinen Regelung in § 16 S. 2, dass die verschiedenen Mitgliederkategorien in der Verwertungsgesellschaft fair und ausgewogen vertreten sein müssen. 29

b) Oder keine Gewinnerzielung (Nr. 2). Organisationen, die nicht von ihren Mitgliedern kontrolliert werden, dürfen gem. § 2 Abs. 2 Nr. 2 nicht auf Gewinnerzielung ausgerichtet sein, um sie als Verwertungsgesellschaft einstufen zu können. Einnahmen aus der Wahrnehmung von Rechten dürfen Verwertungsgesellschaften gem. § 26 allerdings im Prinzip ohnehin nur an die Berechtigten verteilen (vgl. auch Art. 11 Abs. 4 VG-RL).[34] Eine **Gewinnerzielung** durch Verwertungsgesellschaften in dem Sinne, dass von dem Gewinn Nichtberechtigte profitieren, ist daher generell schwer vorstellbar. Sie kann letztlich nur aus Nebentätigkeiten[35] der Verwertungsgesellschaft resultieren, die nicht in der Wahrnehmung von Urheber- und Leistungsschutzrechten bestehen. Solche Nebentätig- 30

---

31 Siehe § 7 Rn 5 ff.
32 Zur Bedeutung dieses Kriteriums im Aktienrecht vgl. etwa MüKoAktG/*Bayer*, § 17 AktG Rn 26 f.
33 Siehe Rn 28.
34 Näher § 26 Rn 8.
35 Vgl. Rn 13 (zur Abgrenzung von Neben- und Wahrnehmungstätigkeit).

keiten sind grds. zulässig, solange der Hauptzweck der Verwertungsgesellschaften in der Rechtewahrnehmung liegt.[36]

III. Liste deutscher Verwertungsgesellschaften

31 Das DPMA veröffentlicht eine im Internet abrufbare Auflistung der Verwertungsgesellschaften, denen es eine Erlaubnis erteilt hat.[37] Dies sind zum Stand des Redaktionsschlusses folgende Verwertungsgesellschaften:[38]

– Die **GEMA** – Gesellschaft für musikalische Aufführungs- und mechanische Vervielfältigungsrechte – ist die älteste und größte Verwertungsgesellschaft in Deutschland und vertritt drei Berufsgruppen: Komponisten, Textdichter und Musikverlage.[39] Sie ist als wirtschaftlicher Verein gem. § 22 BGB organisiert. Ihre Lizenznehmer sind Nutzer urheberrechtlich geschützter Musik. Eine Besonderheit der GEMA ist, dass sie nicht nur Zweitverwertungsrechte und gesetzliche Vergütungsansprüche (wie z.B. die Geräte- und Speichermedienvergütung) wahrnimmt, sondern auch Erstverwertungsrechte. Dazu zählen vor allem die sog. mechanischen Rechte, d.h. das Recht zur Vervielfältigung und Verbreitung von Tonträgern. Weitere wichtige Geschäftsfelder sind die Bereiche Sendung, Online und öffentliche Wiedergabe. Die Gesamterlöse der GEMA beliefen sich im Jahr 2017 auf 1,07 Mrd. Euro.[40]
– Die 1958 gegründete **GVL** – Gesellschaft zur Verwertung von Leistungsschutzrechten mbH – ist wie die GEMA im Musikbereich tätig.[41] Sie nimmt die Leistungsschutzrechte der Tonträgerhersteller, ausübenden Künstler und Veranstalter wahr. Ihre Gesellschafter sind die Deutsche Orchestervereinigung e.V. und der Bundesverband Musikindustrie e.V. Zu den Hauptbereichen der GVL gehören die Geräte- und Speichermedienvergütung, Tonträgersendungen und die öffentliche Wiedergabe. Ihre Erträge im Jahr 2017 beliefen sich auf rund 310 Mio. Euro.[42]
– Die 1958 gegründete **VG Wort** vertritt die Rechte von Autoren und Verlagen im Bereich von Sprachwerken. Die wichtigsten von ihr wahrgenommenen Ansprüche sind die Ansprüche auf Geräte- und Speichermedienvergütung sowie die Betreibervergütung aus § 54c UrhG und die Bibliothekstantieme. Die VG Wort ist wie die GEMA, die VG Musikedition und die VG Bild-Kunst als wirtschaftlicher Verein kraft Verleihung gem. § 22 BGB organisiert. Ihre Erlöse aus der Wahrnehmung von Urheberrechten beliefen sich 2017 auf rund 292 Mio. Euro.[43]
– Die 1968 gegründete **VG Bild-Kunst** vertritt verschiedene Berufsgruppen bei der Wahrnehmung von Rechten im visuellen Bereich (Kunst, Foto und Film), u.a. bildende Künstler, Fotografen, Bildjournalisten, Regisseure und Filmproduzenten. Sie nimmt für ihre Berechtigten gesetzliche Vergütungsansprüche, das Folgerecht, Ka-

---

36 Siehe oben Rn 20 f.
37 https://www.dpma.de/docs/dpma/liste_verwertungsgesellschaften.pdf.
38 Eine genauere Darstellung der Tätigkeitsbereiche der Verwertungsgesellschaften findet sich in § 9 Rn 24; ansonsten instruktiv zu den einzelnen Verwertungsgesellschaften auch Loewenheim/*Melichar*, § 46.
39 Zur GEMA und ihren Tarifen vgl. Moser/Scheuermann/Drücke/*Holzmüller*, § 28 Rn 1 ff.
40 GEMA-Transparenzbericht 2017, S. 3 (abrufbar unter www.gema.de).
41 Näher zur Geschichte, Verfasstheit und Tätigkeit der GVL Moser/Scheuermann/Drücke/*Evers*, § 29 Rn 1 ff. und Moser/Scheuermann/Drücke/*Sehm*, § 30 Rn 1 ff. (Tarife der GVL).
42 GVL-Transparenzbericht 2017, S. 12 (abrufbar unter www.gvl.de).
43 VG Wort-Transparenzbericht der 2017, S. 10 (abrufbar unter www.vgwort.de).

belweitersende- und andere Rechte wahr. Ihre Einnahmen aus der Wahrnehmung der Rechte beliefen sich im Jahr 2017 auf rund 129 Mio. Euro.[44]

– Die 1966 gegründete **VG Musikedition** nimmt Rechte an Musikwerken für Herausgeber, Verleger und Komponisten sowie Textdichter wahr, u.a. Vervielfältigungsrechte für Noten, sowie die Leistungsschutzrechte an wissenschaftlichen Notenausgaben und nachgelassenen Musikwerken (§ 70 und § 71 UrhG).[45] Die VG Musikedition ist als wirtschaftlicher Verein gem. § 22 BGB organisiert. Ihre Erlöse im Jahr 2017 betrugen rund 6,2 Mio. Euro.[46]

– Die 1997 gegründete **VG Media** – Gesellschaft zur Verwertung der Urheber- und Leistungsschutzrechte von Medienunternehmen mbH – nimmt Rechte von Medienunternehmen wahr. Dazu gehören zum einen Rechte (insbesondere Kabelweitersenderechte) von privaten Sendeunternehmen (TV und Hörfunk). Zum anderen nimmt die VG Media das Leistungsschutzrecht der Presseverleger wahr. Ihre Erlöse betrugen im Jahr 2017 rund 46 Mio. Euro.[47]

– Die 1979 gegründete **VFF** – Verwertungsgesellschaft der Film- und Fernsehproduzenten mbH – nimmt Leistungsschutzrechte von Film- und Fernsehproduzenten sowie von Sendeunternehmen wahr, u.a. der öffentlich-rechtlichen Sendeanstalten. Zu ihren Schwerpunkten gehören die Wahrnehmung von Ansprüchen auf Kabelweitersendevergütung gegenüber Kabelnetzbetreibern sowie die Geräte- und Speichermedienvergütung. Die Gesamterlöse der VFF betrugen im Jahr 2017 54,4 Mio. Euro.[48]

– Die 1981 gegründete **VGF** – Verwertungsgesellschaft für Nutzungsrechte an Filmwerken mbH – nimmt vor allem Rechte von Filmproduzenten wahr, vertritt aber auch Filmverleiher. Zu den wichtigsten Rechten gehören Kabelweitersenderechte und gesetzliche Vergütungsansprüche aus § 54 UrhG. Ihre Gesamterlöse betrugen 2017 rund 17,4 Mio. Euro.[49]

– Die 1982 gegründete **GWFF** – Gesellschaft zur Wahrnehmung von Film- und Fernsehrechten mbH – nimmt Rechte von Filmproduzenten, Filmurhebern und Schauspielern wahr. Dazu zählen vor allem Kabelweitersenderechte (auch im Ausland), die Geräte- und Speichermedienvergütung und Ansprüche aus § 27 UrhG. Ihre Einnahmen aus der Rechtewahrnehmung betrugen im Jahr 2017 rund 87,2 Mio. Euro.[50]

– Die 1995 gegründete **AGICOA** – AGICOA Urheberrechtsschutz Gesellschaft mbH – vertritt in- und ausländische Filmproduzenten, Filmverwerter und -vertreiber. Ihre Gesellschafter sind die GWFF und die AGICOA, Genf. Sie nimmt insbesondere Kabelweitersenderechte wahr und erzielte damit 2016 Umsatzerlöse in Deutschland in Höhe von rund 23,3 Mio. Euro.[51] Außerdem lässt die GWFF durch die AGICOA Kabelweitersenderechte der US-amerikanischen Guilds wahrnehmen.[52]

– Die 1976 gegründete **GÜFA** – Gesellschaft zur Übernahme und Wahrnehmung von Filmaufführungsrechten mbH – vertritt Filmproduzenten, Urheber und sonstige Rechtsinhaber im Bereich von erotischen und pornografischen Filmen. Sie nimmt

---

44 VG Bild-Kunst-Transparenzbericht 2017, S. 13 ff. (abrufbar unter www.vgbildkunst.de).
45 Näher zur VG Musikedition Moser/Scheuermann/Drücke/*Tietze*, § 33 Rn 1 ff.
46 VG Musikedition-Transparenzbericht 2017, S. 10 (abrufbar unter www.vg-musikedition.de).
47 VG Media-Transparenzbericht 2017, S. 10 (abrufbar unter www.vg-media.de).
48 VFF-Transparenzbericht 2017, S. 3 (abrufbar unter www.vff.org).
49 VGF-Transparenzbericht 2017, S. 2 (abrufbar unter www.vgf.de).
50 GWFF-Transparenzbericht 2017, S. 8 (abrufbar unter www.gwff.de).
51 AGICOA-Transparenzbericht 2017, S. 27 (abrufbar unter www.agicoa.de).
52 AGICOA-Transparenzbericht 2017, S. 28 (abrufbar unter www.agicoa.de).

Vorführungsrechte und gesetzliche Vergütungsansprüche wahr. Die Gesamterträge im Jahr 2017 betrugen 9,3 Mio. Euro.[53]
- Die **TWF** – Treuhandgesellschaft Werbefilm mbH – wurde 2008 mit dem Ziel gegründet, gesetzliche Vergütungsansprüche für Hersteller von Werbefilmen durchzusetzen. Sie nimmt insbesondere (über die ZPÜ) die Rechte und Vergütungsansprüche nach § 54 UrhG wahr, außerdem – als Mitglied der Münchner Gruppe[54] – Kabelweitersenderechte aus § 20b UrhG. Die Gesamterträge im Jahr 2017 betrugen rund 6 Mio. Euro.[55]
- Die 2014 vom DPMA zugelassene **GWVR** – Gesellschaft zur Wahrnehmung von Veranstalterrechten mbH – will Veranstalterrechte aus § 81 UrhG wahrnehmen. Sie hat im Jahr 2016 keine Erlöse aus der Rechtewahrnehmung erzielt,[56] ebenso 2017.[57]

§ 3
Abhängige Verwertungseinrichtung

(1) Eine abhängige Verwertungseinrichtung ist eine Organisation, deren Anteile zumindest indirekt oder teilweise von mindestens einer Verwertungsgesellschaft gehalten werden oder die zumindest indirekt oder teilweise von mindestens einer Verwertungsgesellschaft beherrscht wird.

(2) ¹Soweit die abhängige Verwertungseinrichtung Tätigkeiten einer Verwertungsgesellschaft ausübt, sind die für diese Tätigkeiten geltenden Bestimmungen dieses Gesetzes entsprechend anzuwenden. ²Die Vorschriften über die Geschäftsführung in § 21 Absatz 1 und 2 gelten entsprechend, und zwar unabhängig davon, welche Tätigkeiten einer Verwertungsgesellschaft die abhängige Verwertungseinrichtung ausübt. ³Für die Aufsicht ist § 90 maßgeblich.

Übersicht

I. Allgemeines
  1. Bedeutung der Regelung —— 1
  2. Vorgängerregelung —— 3
  3. Unionsrechtlicher Hintergrund —— 4
  4. Entstehungsgeschichte —— 5
II. Begriff der abhängigen Verwertungseinrichtung
  1. Rechtsformneutralität —— 6
  2. Kontrolle durch Verwertungsgesellschaft —— 7
  3. Tätigkeiten einer Verwertungsgesellschaft —— 8
III. Sonstige Formen der Auslagerung und Kooperation
  1. Auslagerung an nicht-abhängige Verwertungseinrichtungen —— 10
  2. Beauftragung von Dienstleistern —— 12
  3. Kooperation ohne Außenwirkung —— 13
IV. Beispiele für abhängige Verwertungseinrichtungen —— 14
V. Anwendbare Vorschriften
  1. Grundsatz —— 16
  2. Außenverhältnis zu den Nutzern —— 17
  3. Innenverhältnis gegenüber Rechtsinhabern —— 18
  4. Wahrnehmung verwertungsgesellschaftspflichtiger Ansprüche —— 19
  5. Wahrnehmung von Online-Rechten an Musikwerken —— 20
  6. Innere Organisation und Transparenz —— 21
VI. Aufsicht —— 23

---

53 GÜFA-Lagebericht, S. 2 (abrufbar unter www.guefa.de).
54 Siehe § 3 Rn 15.
55 TWF-Transparenzbericht 2017, S. 5 (abrufbar unter www.twf-gmbh.de).
56 GWVR-Transparenzbericht 2016, S. 7 (abrufbar unter www.gwvr.de); näher zur GWVR Moser/Scheuermann/Drücke/*Ulbricht*, § 34 Rn 1ff.
57 GWVR-Transparenzbericht 2017, S. 7.

I. Allgemeines

1. Bedeutung der Regelung. § 3 definiert (Abs. 1) die sog. abhängigen Verwertungs- 1
einrichtungen und ordnet die entsprechende Anwendung bestimmter Vorschriften des
VGG für sie an (Abs. 2). Abhängige Verwertungseinrichtungen sind Organisationen, in
die Verwertungsgesellschaften Teilbereiche ihrer Wahrnehmungstätigkeit **ausgliedern**.
Oftmals handelt es sich um **Zusammenschlüsse** mehrerer Verwertungsgesellschaften
wie etwa die ZPÜ, in die GEMA, GVL und andere Verwertungsgesellschaften das Inkasso
für die Vergütung für audio- und audiovisuelle Geräte und Leermedien ausgelagert haben.
Die Bedeutung der abhängigen Verwertungseinrichtungen in der Praxis war schon
vor Inkrafttreten des VGG groß. Das UrhWG enthielt dennoch keine spezielle Regelung
für abhängige Verwertungseinrichtungen. Das VGG trägt insoweit zur Klarheit bei. § 3
stellt sicher, dass sich Verwertungsgesellschaften durch die Auslagerung von Tätigkeiten
den Vorschriften des VGG nicht entziehen können.[1]

Mit den in § 4 geregelten **unabhängigen Verwertungseinrichtungen** haben die 2
abhängigen Verwertungseinrichtungen nichts gemein. Es handelt sich trotz der begrifflichen
Nähe um vollkommen unterschiedliche Regelungskonzepte.

2. Vorgängerregelung. Das UrhWG enthielt keine vergleichbare Vorschrift. Abhän- 3
gige Verwertungseinrichtungen waren nicht geregelt, auch nicht unter anderem Namen.
Die ZPÜ wurde von der Rechtsprechung als Inkassogesellschaft und nicht als Verwertungsgesellschaft
eingestuft mit der Folge, dass sie keiner eigenen Genehmigung bedurfte.[2]
Auch die CELAS, die als Gemeinschaftsunternehmen der GEMA und der britischen
PRS Online-Musikrechte eines großen Musikverlags verwaltete, wurde vom DPMA nicht
als Verwertungsgesellschaft beurteilt.[3] Mittlerweile ist die CELAS in die SOLAR aufgegangen,
die beim DPMA als abhängige Verwertungseinrichtung geführt wird.[4]

3. Unionsrechtlicher Hintergrund. § 3 beruht auf Art. 2 Abs. 3 der VG-RL und ist an 4
dessen Wortlaut angelehnt. Die VG-RL verwendet für abhängige Verwertungseinrichtungen
keine eigene Bezeichnung. Der Begriff wurde vom deutschen Gesetzgeber eingeführt.

4. Entstehungsgeschichte. Die Norm geht auf den wortlautidentischen Vorschlag 5
im RefE des BMJV[5] zurück und wurde im weiteren Gesetzgebungsverfahren nicht weiter
thematisiert.

II. Begriff der abhängigen Verwertungseinrichtung

1. Rechtsformneutralität. Die Rechtsform ist für die Einstufung einer Organisation 6
als abhängige Verwertungseinrichtungen nicht relevant. § 3 ist **rechtsformneutral**, genauso
wie § 2 in Bezug auf Verwertusngsgesellschaften und § 4 in Bezug auf unabhängi-

---
1 RegE-VGG, BT-Drucks. 18/7223, S. 72.
2 BGH, Urt. v. 20.2.2013 – I ZR 189/11 – GRUR 2013, 1037 Rn 13 – Weitergeltung als Tarif; LG Stuttgart, Urt.
v. 19.6.2001 – 17 O 519/00 – ZUM 2001, 614, 616. Bei ihrer Gründung war die ZPÜ noch eine
Verwertungsgesellschaft und verfügte über eine entsprechende Erlaubnis, vgl. Heker/Riesenhuber/*Müller*,
Kap. 13 Rn 11.
3 Kritisch dazu *Poll*, MMR 2008, 273 f.; *Hoeren/Altemark*, GRUR 2010, 16, 20 f.; LG München I, Urt. v.
25.9.2009 – 7 O 4139/09 – ZUM 2009, 788, 794.
4 Siehe Rn 14.
5 RefE des BMJV v. 9.6.2015, S. 11.

ge Verwertungseinrichtungen. Die ZPÜ, bei der es sich um die wirtschaftlich bedeutendste abhängige Verwertungseinrichtung in Deutschland handelt, ist wie die anderen sog. Z-Gesellschaften (ZBT, ZFS, ZWF) eine GbR. Andere abhängige Verwertungseinrichtungen, die beim DPMA angezeigt wurden, sind als GmbH bzw. englische Limited organisiert.[6]

2. Kontrolle durch Verwertungsgesellschaft. Entscheidend für die Qualifikation als abhängige Verwertungseinrichtung ist nach § 3, dass mindestens eine Verwertungsgesellschaft Anteile an der Organisation hält oder die Organisation beherrscht. Ein **indirektes** oder **teilweises Halten von Anteilen** bzw. **Beherrschen** reichen für die Verwirklichung des Tatbestands ausdrücklich aus. Eine Teilbeherrschung läge z.B. vor, wenn sich die Kontrolle der Verwertungsgesellschaft auf bestimmte Unternehmensbereiche der Organisation beschränkt. Eine indirekte Kontrolle besteht z.B. dann, wenn die Anteile an der Organisation von einer Tochtergesellschaft einer Verwertungsgesellschaft gehalten werden, die selbst keine Verwertungsgesellschaft ist.

3. Tätigkeiten einer Verwertungsgesellschaft. Ist zumindest eine dieser Tatbestandsvarianten (Halten von Anteilen oder Beherrschung) erfüllt, handelt es sich bei der Organisation gem. § 3 Abs. 1 um eine abhängige Verwertungseinrichtung. Konkrete Rechtsfolgen sind hieran noch nicht geknüpft. Sie treten gem. § 3 Abs. 2 erst ein, sobald die abhängige Verwertungseinrichtung **Tätigkeiten einer Verwertungsgesellschaft** ausübt. Dies folgt auch daraus, dass abhängige Verwertungseinrichtungen der Aufsichtsbehörde erst mit der Aufnahme einer Wahrnehmungstätigkeit anzuzeigen sind.

Die Tätigkeit von Verwertungsgesellschaften besteht gem. § 2 allgemein in der kollektiven Wahrnehmung von Urheberrechten und verwandten Schutzrechten. In Betracht kommt nach der Begründung des RegE das **gesamte Spektrum der Rechtewahrnehmung**.[7] Umfasst sind alle Handlungen der Verwertungsgesellschaft zur wirtschaftlichen Verwertung der Rechte gegenüber den Nutzern, also die Festlegung von Tarifen, Vergabe von Lizenzen und Einziehung von Vergütungen bei Nutzern (vgl. Erwägungsgrund 16 der VG-RL). Zu den Tätigkeiten einer Verwertungsgesellschaft gehören gem. § 23 ff. außerdem die Verwaltung und Verteilung der Einnahmen unter den Berechtigten. All diese Tätigkeiten kommen für abhängige Verwertungsgesellschaften in Betracht.

III. Sonstige Formen der Auslagerung und Kooperation

1. Auslagerung an nicht-abhängige Verwertungseinrichtungen. § 3 regelt die Auslagerung von Tätigkeiten einer Verwertungsgesellschaft an abhängige Verwertungseinrichtungen. Die Auslagerung von Tätigkeiten an **nicht-abhängige Einrichtungen**, d.h. an selbständige, von der Verwertungsgesellschaft unabhängige Organisationen, die die in § 3 Abs. 1 geregelten Voraussetzungen nicht erfüllen, wird in § 3 nicht geregelt. Der Zweck des § 3 spricht aber dafür, dass eine solche Auslagerung nicht ohne weiteres zulässig ist. § 3 will verhindern, dass sich Verwertungsgesellschaften durch Auslagerung ihrer Pflichten dem Anwendungsbereich des VGG entziehen.[8] Eben das wäre bei einer Auslagerung an eine nicht-abhängige Verwertungseinrichtung der Fall, da eine solche Einrichtung nicht den Vorschriften des VGG unterworfen wäre.

---

6 Siehe unten Rn 14.
7 RegE-VGG, BT-Drucks. 18/7223, S. 72; BGH, Urt. v. 18.5.2017 – I ZR 21/16 – BeckRS 2017, 123153 Rn 30 – Urheberrechtliche Gerätevergütung für Mobiltelefone.
8 RegE-VGG, BT-Drucks. 18/7223, S. 72.

Zulässig bleibt eine Auslagerung freilich dann, wenn es sich bei dem betreffenden 11
Unternehmen selbst um eine **Verwertungsgesellschaft** i.S.d. § 2 handelt.

2. Beauftragung von Dienstleistern. Die Möglichkeit, dass sich Verwertungsgesell- 12
schaften im Rahmen ihrer Wahrnehmungstätigkeit durch **Dienstleister** unterstützen
lassen, bleibt von § 3 grds. unberührt. Ein Beispiel dafür wäre die Beauftragung eines
Dienstleisters mit der Erstellung und Versendung von Abrechnungen für die Berechtigten. Ein solcher Dienstleister handelt – quasi wie ein Verwaltungshelfer im Verhältnis
zur Staatsverwaltung – nur als unselbständiges Werkzeug der Verwertungsgesellschaft
und übt keine Entscheidungsbefugnisse aus, die eine Regulierung durch das VGG erforderlich erscheinen lässt. § 3 steht der Beauftragung einfacher Dienstleister durch Verwertungsgesellschaften daher nicht grds. entgegen.

3. Kooperation ohne Außenwirkung. Aus dem Regelungszweck des § 3 folgt 13
schließlich auch, dass die Ausübung von Tätigkeiten, die für sich genommen noch keine
Regulierung durch das VGG erfordern, durch die Vorschrift nicht tangiert wird. Das betrifft bspw. **informelle Zusammenkünfte** zwischen Verwertungsgesellschaften, in denen keine Außentätigkeit entfaltet wird, oder die Zusammenarbeit in Dachverbänden der
Verwertungsgesellschaften wie der CISAC.[9]

IV. Beispiele für abhängige Verwertungseinrichtungen

Das DPMA veröffentlicht auf seiner Internetseite eine Liste aller abhängigen Verwer- 14
tungseinrichtungen, die ihre Tätigkeit beim DPMA angezeigt haben:[10]
- Prominentestes Beispiel für die abhängigen Verwertungseinrichtungen ist die Zentralstelle für private Überspielungsrechte (**ZPÜ**), auf die auch in der Begründung des RegE zum VGG Bezug genommen wird.[11] Die ZPÜ wurde 1963 von GEMA, VG WORT und GVL als GbR gegründet.[12] Heute hat sie neun Gesellschafter. Neben den bereits genannten Verwertungsgesellschaften sind das die GÜFA, GWFF, TWF, VFF, VGF und VG Bild-Kunst. Der Gesellschaftszweck der ZPÜ besteht in der Geltendmachung und Durchsetzung von Vergütungsansprüchen für Vervielfältigungen gem. § 53 Abs. 1 bis 3 UrhG von Audiowerken und von audiovisuellen Werken gegen Hersteller, Importeure und Händler von Geräten und Speichermedien. Die Geschäftsführung der ZPÜ liegt bei der GEMA. Die Gesamterträge lagen im Jahr 2015 bei rund 100 Mio. Euro und im Jahr 2017 bei rund 331 Mio. Euro.
- Ebenfalls zu den sog. „Z-Gesellschaften" gehört die 1980 gegründete Zentralstelle Bibliothekstantieme (**ZBT**). Sie ist wie die ZPÜ eine Inkassogesellschaft und zieht unter der Federführung der VG WORT für VG WORT, GEMA, GVL, GWFF, VG Bild-Kunst, VFF, VGF und VG Musikedition die Bibliothekstantieme (§ 27 Abs. 2 UrhG) von Bund und Ländern ein. Ihre Einnahmen beliefen sich im Jahr 2017 auf rund 17,7 Mio. Euro.[13]

---

9   Zu den Dachverbänden der Verwertungsgesellschaften vgl. den Überblick in
Raue/Hegemann/*Heine*/Staats, § 6 Rn 26.
10 https://www.dpma.de/dpma/wir_ueber_uns/weitere_aufgaben/verwertungsges_urheberrecht/
aufsicht_verwertungsges/listederverwertungseinrichtungen/index.html.
11 RegE-VGG, BT-Drucks. 18/7223, S. 72; vgl. BGH, Urt. v. 18.5.2017 – I ZR 21/16 – BeckRS 2017, 123153
Rn 30 – Urheberrechtliche Gerätevergütung für Mobiltelefone.
12 Zur Entstehung und Tätigkeit der ZPÜ siehe Heker/Riesenhuber/*Müller*, Kap. 13 Rn 8 ff.;
Moser/Scheuermann/Drücke/*Wintergerst*, § 31 Rn 1 ff.
13 VG Wort-Transparenzbericht 2016, S. 60 (abrufbar unter www.vgwort.de).

- Die 1986 gegründete Zentralstelle Fotokopieren an Schulen (**ZFS**) ist eine GbR der VG WORT, VG Bild-Kunst und VG Musikedition. Sie vereinnahmt für ihre drei Gesellschafter sowie für Schulbuchverlage die Vergütungen für Fotokopieren an Schulen. Geschäftsführende Gesellschafterin ist die VG Wort. Die Einnahmen der ZFS beliefen sich im Jahr 2017 auf rund 15,4 Mio. Euro.[14]
- Die 1992 gegründete Zentralstelle für die Wiedergabe von Fernsehsendungen (**ZWF**) ist ein Zusammenschluss der Verwertungsgesellschaften AGICOA, GÜFA, GWFF, VFF, VGF und VG Bild-Kunst, die Filmurheber- und Filmproduzentenrechte vertreten. Geschäftsführende Gesellschafterin ist die VG Bild-Kunst. Der Zweck der ZWF besteht darin, gemeinsam Kabelweitersenderechte und Rechte der Wiedergabe von Fernsehsendungen gegenüber Einrichtungen geltend zu machen, die ihren Kunden Fernsehen zur Verfügung stellen. Sie verhandelt ihre Vergütungssätze mit Nutzerverbänden selber und veröffentlicht auch einen eigenen Tarif. Mit dem Inkasso-Geschäft ist die GEMA beauftragt. Die Erlöse betrugen im Jahr 2017 rund 8,7 Mio. Euro.[15]
- Die **ARESA** GmbH (Anglo-American Rights European Service Agency) ist eine einhundertprozentige Tochter der GEMA, die seit dem 1. Juli 2012 die Vervielfältigungsrechte am anglo-amerikanischen Repertoire von BMG Rights Management für den Online- und Mobile-Bereich im EWR und in zusätzlich definierten Ländern lizenziert.[16] Insgesamt hat ARESA im Jahr 2016 rund 13,3 Mio. Euro Umsatzerlöse erzielt.[17]
- Die **SOLAR** Music Rights Management Ltd. ist ein Joint Venture der GEMA und der PRS for Music.[18] Sie ist aus der 2007 gegründeten CELAS hervorgegangen. Ihre Einnahmen im Jahr 2016 beliefen sich auf rund 4,8 Mio. Euro.[19]
- Eine weitere abhängige Verwertungseinrichtung mit deutscher Beteiligung ist die **ICE** – International Copyright Enterprise Services Limited. Bei ihr handelt es sich um ein 2015 gestartetes Joint Venture zwischen der GEMA, der britischen PRS for Music und der schwedischen STIM.[20] Der internationale Zusammenschluss will die Verwertung der Musikrechte der drei beteiligten Verwertungsgesellschaften im Online-Bereich einfacher und effizienter gestalten, um die Lizenzierung von Musikwerken zu erleichtern und zugleich Rechtsinhabern eine schnellere und präzisere Abrechnung der Tantiemen zu sichern. Herzstück von ICE ist eine seit dem Jahr 2010 betriebene Urheberrechtsdatenbank. Online-Musikanbietern bietet ICE mit ihrem Geschäftsbereich Lizenzierung (ICE Licensing) einen One-Stop-Shop für die multiterritoriale Lizenzierung der von den drei Verwertungsgesellschaften kontrollierten Rechterepertoires. Die Einnahmen im Jahr 2016 beliefen sich auf rund 9,4 Mio. Euro.[21]

15 Unter der landläufigen Bezeichnung **Münchner Gruppe** kooperieren die GEMA, GVL, VG Wort, VG Bild-Kunst, VFF, VGF, GWFF, AGICOA, GÜFA und TWF bei der Wahrnehmung von Kabelweitersenderechten gegenüber Kabelnetzbetreibern.[22] Sie ist eine reine Innengesellschaft und stellt bspw. keine eigenen Tarife auf. Deshalb wird sie vom

---

14 VG Wort-Transparenzbericht 2016, S. 50 (abrufbar unter www.vgwort.de).
15 VG Bild-Kunst-Transparenzbericht 2017, S. 35 (abrufbar unter www.bildkunst.de).
16 Vgl. Moser/Scheuermann/Drücke/*Evert*, § 32 Rn 26.
17 ARESA-Transparenzbericht 2016 (abrufbar unter www.aresa-music.com).
18 Näher zur SOLAR § 59 Rn 9.
19 Transparency Report PRS for Music 2016, S. 3.
20 Näher zur ICE § 59 Rn 20.
21 Transparency Report PRS for Music 2016, S. 3.
22 Vgl. § 2 Rn 31.

DPMA nicht als abhängige Verwertungseinrichtung i.S.d. § 3 eingestuft. Die einzelnen Verwertungsgesellschaften der Münchner Gruppe haben aber mit der GEMA Repräsentationsvereinbarungen gem. § 44 abgeschlossen, die vorsehen, dass die GEMA für die Gruppe nach außen auftritt. Das Gleiche gilt für die **ARGE Kabel**, in der sich die VG Wort, GVL und VG Bild-Kunst für die Wahrnehmung der Vergütungsansprüche aus § 20b Abs. 2 UrhG zusammengeschlossen haben. Ebenfalls nicht als abhängige Verwertungseinrichtung wird die **ZVV** – Zentralstelle für Videovermietung – angesehen.[23]

V. Anwendbare Vorschriften

1. Grundsatz. Im Grundsatz unterliegen abhängige Verwertungseinrichtungen den für Verwertungsgesellschaften geltenden Bestimmungen des VGG, soweit sie Tätigkeiten einer Verwertungsgesellschaft ausüben, § 3 Abs. 2 S. 1. 16

2. Außenverhältnis zu den Nutzern. Im Verhältnis zu den Nutzern unterliegen abhängige Verwertungseinrichtungen den §§ 34 ff. Sofern eine abhängige Verwertungseinrichtung also Nutzungsrechte wahrnimmt, gilt für sie der **Abschlusszwang** aus § 34 Abs. 1 und sind gem. § 38 **Tarife** aufzustellen.[24] In entsprechender Anwendung von § 35 sind abhängige Verwertungsgesellschaften zum Abschluss von **Gesamtverträgen** berechtigt und verpflichtet.[25] Für Streitigkeiten mit Nutzern oder Nutzervereinigungen ist nach Maßgabe der §§ 92 ff. die **Schiedsstelle** zuständig.[26] Ferner gelten für die abhängige Verwertungseinrichtung entsprechende Mitteilungspflichten (§§ 41 ff.). 17

3. Innenverhältnis gegenüber Rechtsinhabern. Werden abhängige Verwertungseinrichtungen gegenüber den Rechtsinhabern (§ 5) tätig, gelten für die **Einziehung, Verwaltung und Verteilung** der Einnahmen die §§ 23 ff.[27] Die Vorschriften über die Verteilung sind nach Auffassung des DPMA auch für die ZPÜ anwendbar, obwohl die ZPÜ ihre Einnahmen nur unter den beteiligten Verwertungsgesellschaften verteilt und diese gem. § 5 Abs. 2 keine Rechtsinhaber sind (also nicht zu den durch die §§ 27 ff. geschützten Personen zählen). Hintergrund dieser Auffassung ist, dass das DPMA eine Umgehung der Verteilungsvorschriften durch Vorschaltung einer abhängigen Verwertungseinrichtung verhindern will. 18

4. Wahrnehmung verwertungsgesellschaftspflichtiger Ansprüche. Vom BGH ausdrücklich geklärt ist, dass abhängige Verwertungseinrichtungen zur Geltendmachung **verwertungsgesellschaftspflichtiger Ansprüche** berechtigt sind, obwohl die Geltendmachung dieser Ansprüche dem Wortlaut nach (z.B. § 54h Abs. 1 UrhG) Verwertungsgesellschaften vorbehalten ist.[28] Dies ergibt sich schon gesetzessystematisch daraus, dass abhängige Verwertungseinrichtungen gem. § 90 Abs. 1 S. 1 einer Erlaubnis bedürfen, soweit sie die in § 77 Abs. 2 Nr. 1 i.V.m. 49 Abs. 1 genannten gesetzlichen Vergütungsansprüche wahrnehmen. Die gesetzlichen Vergütungsansprüche, deren Wahr- 19

---

23 Zum Aufgabenbereich der ZVV vgl. Loewenheim/*Melichar*, § 46 Rn 25.
24 § 38 Rn 6; zur Tarifberechtigung der ZPÜ siehe BGH, Urt. v. 18.5.2017 – I ZR 266/15 – GRUR-RR 2017, 486 Rn 27 – USB-Stick.
25 BGH, Urt. v. 21.7.2016 – I ZR 212/14 – GRUR 2017, 161 Rn 29 – Gesamtvertrag Speichermedien; BGH, Urt. v. 16.3.2017 – I ZR 36/15 – GRUR 2017, 694 Rn 25 – Gesamtvertrag PCs.
26 Dreier/Schulze/*Schulze*, § 3 VGG Rn 4; RegE-VGG, BT-Drucks. 18/7223, S. 73.
27 RegE-VGG, BT-Drucks. 18/7223, S. 73.
28 BGH, Urt. v. 18.5.2017 – I ZR 21/16 – BeckRS 2017, 123153 Rn 30 – Urheberrechtliche Gerätevergütung für Mobiltelefone.

nehmung eine Erlaubnispflicht auslöst (u.a. die Ansprüche für Vermietung und Verleih gem. § 27 UrhG), sind verwertungsgesellschaftspflichtig. Das VGG geht also zumindest implizit davon aus, dass abhängige Verwertungseinrichtungen verwertungsgesellschaftspflichtige Ansprüche wahrnehmen können. Unabhängigen Verwertungseinrichtungen i.S.d. § 4 fehlt diese Befugnis.[29]

20   **5. Wahrnehmung von Online-Rechten an Musikwerken.** Die besonderen Vorschriften des Teil 3 (§§ 59 ff.) sind zu beachten, soweit eine abhängige Verwertungseinrichtung für die gebietsübergreifende Vergabe von Online-Rechten an Musikwerken eingesetzt ist.[30] Die abhängige Verwertungseinrichtung kann insoweit etwa einem Repräsentationszwang gegenüber Verwertungsgesellschaften unterliegen, die selbst keine gebietsübergreifenden Online-Rechte an ihren Musikwerken vergeben (§ 69 Abs. 1).

21   **6. Innere Organisation und Transparenz.** § 3 Abs. 2 S. 1 geht von einer **tätigkeitsbezogenen** entsprechenden Anwendbarkeit der Vorschriften des VGG aus, d.h. es sind jeweils die Bestimmungen des Gesetzes entsprechend anzuwenden, denen die abhängige Verwertungseinrichtung in Bezug auf die betroffene Tätigkeit unterliegen würde, wäre sie eine Verwertungsgesellschaft. Daraus folgt, dass diejenigen Vorschriften des VGG, die sich nicht auf eine bestimmte Tätigkeit beziehen, für abhängige Verwertungseinrichtungen nicht anzuwenden sind. Nicht tätigkeitsbezogen und folglich nicht anwendbar sind daher die Bestimmungen über die innere Organisation der Verwertungsgesellschaften, wie etwa die über die **Mitgliederhauptversammlung** (§§ 16 ff.). Abhängige Verwertungseinrichtungen müssen dementsprechend auch **kein Statut** i.S.d. § 13 haben und auch nicht zwingend über ein **Aufsichtsgremium** gem. § 22 verfügen. Die **Überwachung der gesetzlichen Vertreter** der abhängigen Verwertungseinrichtungen obliegt gem. § 22 Abs. 3 Nr. 3 den Aufsichtsgremien der Verwertungsgesellschaften, von denen die abhängige Verwertungseinrichtung kontrolliert wird. Die Verwertungsgesellschaften müssen in ihren **Transparenzberichten** bestimmte Angaben über ihre abhängigen Verwertungseinrichtungen veröffentlichen, u.a. die Finanzinformationen (Nr. 1 lit. g der Anlage zu § 58 Abs. 2). Selbstverständlich können die abhängigen Verwertungseinrichtungen selbst darüber hinaus fakultativ auch einen eigenen Transparenzbericht erstellen,[31] zwingend vorgeschrieben ist dies nicht.

22   Eine Ausnahme von dem Grundsatz der rein tätigkeitsbezogenen Anwendbarkeit der VGG-Bestimmungen macht § 3 Abs. 2 S. 2 für die **Geschäftsführung** der abhängigen Verwertungseinrichtungen durch den gesonderten Verweis auf § 21 Abs. 1, Abs. 2. Die dort geregelten Vorgaben gelten gem. § 3 Abs. 2 S. 2 unabhängig davon, welche Tätigkeiten einer Verwertungsgesellschaft die abhängige Verwertungseinrichtung ausübt. Sobald eine abhängige Verwertungseinrichtung also irgendeine Tätigkeit einer Verwertungsgesellschaft ausübt, muss sie entsprechend § 21 Abs. 1, Abs. 2 Vorkehrungen treffen, dass ihre Geschäftsführung den gesetzlichen Anforderungen genügt, insbesondere mögliche Interessenkonflikte gem. § 21 Abs. 2 nicht zum Tragen kommen.

---

29 Siehe § 4 Rn 16.
30 RegE-VGG, BT-Drucks. 18/7223, S. 73.
31 So die ZPÜ, deren Transparenzberichte im Internet unter www.zpue.de abrufbar sind.

VI. Aufsicht

Die Aufsicht über abhängige Verwertungseinrichtungen durch das DPMA richtet **23** sich gem. § 3 Abs. 2 S. 3 nach § 90.[32] Im Grundsatz gilt auch für die Aufsicht, dass die **für Verwertungsgesellschaften geltenden Vorschriften entsprechend anzuwenden** sind (§ 90 Abs. 3). Einer **Erlaubnis** bedürfen abhängige Verwertungseinrichtungen gem. § 90 Abs. 1 S. 1 nur, wenn sie die in § 77 Abs. 2 genannten Rechte wahrnehmen, wozu insbesondere die in § 49 Abs. 1 genannten gesetzlichen Vergütungsansprüche zählen. Insoweit gilt also das Gleiche wie gem. § 77 Abs. 2 für Verwertungsgesellschaften mit Sitz in anderen Mitglied- bzw. Vertragsstaaten der EU bzw. des EWR, die auch nur dann einer Erlaubnis des DPMA bedürfen, wenn sie diese bestimmten Rechte wahrnehmen. Die Erlaubnispflicht entfällt aber für abhängige Verwertungseinrichtungen, wenn schon die sie kontrollierenden Verwertungsgesellschaften über eine Erlaubnis verfügen (§ 90 Abs. 1 S. 2). Inländische abhängige Verwertungseinrichtungen und solche, die Rechte aus dem deutschen UrhG wahrnehmen, müssen ihre Tätigkeit dem DPMA aber jedenfalls **anzeigen** (§ 90 Abs. 2).

§ 4
Unabhängige Verwertungseinrichtung

(1) Eine unabhängige Verwertungseinrichtung ist eine Organisation, die über die Voraussetzungen einer Verwertungsgesellschaft gemäß § 2 Absatz 1 hinaus auch noch die folgenden Merkmale aufweist:
1. ihre Anteile werden weder direkt noch indirekt, weder vollständig noch teilweise von ihren Berechtigten (§ 6) gehalten oder die Verwertungseinrichtung wird weder direkt noch indirekt, weder vollständig noch teilweise von ihren Berechtigten beherrscht und
2. die Verwertungseinrichtung ist auf Gewinnerzielung ausgerichtet.

(2) ¹Für die unabhängige Verwertungseinrichtung gelten die §§ 36, 54, 55 und 56 Absatz 1 Nummer 1 bis 4 und 7 bis 9 entsprechend. ²Für die Aufsicht ist § 91 maßgeblich.

Übersicht
I. Allgemeines
   1. Bedeutung der Regelung —— 1
   2. Vorgängerregelung —— 3
   3. Unionsrechtlicher Hintergrund —— 4
   4. Entstehungsgeschichte —— 5
II. Begriff der unabhängigen Verwertungseinrichtung
   1. Merkmale einer Verwertungsgesellschaft nach § 2 Abs. 1 —— 6
   2. Gewinnerzielung und keine Kontrolle durch die Berechtigten —— 8
III. Beispiele für unabhängige Verwertungseinrichtungen —— 11
IV. Anwendbare Vorschriften —— 13
V. Aufsicht durch das DPMA —— 17

I. Allgemeines

1. Bedeutung der Regelung. § 4 definiert die sog. unabhängigen Verwertungsein- **1** richtungen (Abs. 1) und reguliert sie, indem er in Abs. 2 bestimmt, welchen Vorschriften des VGG unabhängige Verwertungseinrichtungen unterliegen. Unabhängige Verwer-

---

32 Siehe § 90 Rn 7.

tungseinrichtungen sind als **Alternativkonzept zu Verwertungsgesellschaften** zu verstehen. Der RefE des BMJV ging noch davon aus, dass diese Organisationen in der deutschen Rechtspraxis keine erhebliche Rolle spielen.[1] Mittlerweile wurden beim DPMA aber bereits zwei unabhängige Verwertungseinrichtungen angezeigt.[2] Unabhängige Verwertungseinrichtungen unterliegen im Vergleich zu den Verwertungsgesellschaften einer deutlich reduzierten Regulierung.[3] Für sie besteht **kein Erlaubniserfordernis**, sondern nur eine Anzeigepflicht.[4]

2   Mit den in § 3 geregelten **abhängigen Verwertungseinrichtungen** haben unabhängige Verwertungseinrichtungen nichts gemein. Es handelt sich trotz der begrifflichen Nähe um vollkommen unterschiedliche Regelungskonzepte.

3   **2. Vorgängerregelung.** Unabhängige Verwertungseinrichtungen waren dem früheren UrhWG nicht bekannt. Es handelt sich um eine **neue Kategorie** von Rechtewahrnehmungs-Organisation.

4   **3. Unionsrechtlicher Hintergrund.** § 4 beruht auf Art. 3 lit. b der VG-RL.

5   **4. Entstehungsgeschichte.** Die Norm geht auf den wortlautidentischen Vorschlag im RefE des BMJV[5] zurück und wurde im weiteren Gesetzgebungsverfahren nicht weiter thematisiert.

II. Begriff der unabhängigen Verwertungseinrichtung

6   **1. Merkmale einer Verwertungsgesellschaft nach § 2 Abs. 1.** Unabhängige Verwertungseinrichtungen müssen zunächst sämtliche Voraussetzungen einer Verwertungsgesellschaft gem. § 2 Abs. 1 erfüllen,[6] d.h.
   – Urheber- oder verwandte Schutzrechte wahrnehmen;
   – für Rechnung mehrerer Rechtsinhaber zu deren kollektiven Nutzen tätig sein;
   – die Rechtewahrnehmung muss den ausschließlichen oder hauptsächlichen Zweck der Organisation ausmachen;
   – die Berechtigung zur Rechtewahrnehmung kann sich entweder aus dem Gesetz oder auf Grundlage einer vertraglichen Vereinbarung ergeben, wobei nach deutschem Recht für unabhängige Verwertungseinrichtungen nur letzteres in Betracht kommt, da der im deutschen Recht einzige Fall einer gesetzlichen Berechtigung (§ 50 – Wahrnehmung von Außenseiterrechten bei der Kabelweitersendung) auf Verwertungsgesellschaften i.S.v. § 2 beschränkt ist.

7   Die Rechtsform der Organisation ist für die Einordnung als unabhängige Verwertungseinrichtung nicht relevant. § 4 ist **rechtsformneutral**, genauso wie § 2 in Bezug auf Verwertungsgesellschaften und § 3 in Bezug auf abhängige Verwertungseinrichtungen.

---

1   RefE des BMJV v. 9.6.2015, S. 86.
2   Siehe unten Rn 11.
3   Siehe unten Rn 14.
4   Siehe unten Rn 17.
5   RefE des BMJV v. 9.6.2015, S. 11.
6   Siehe zu diesen Voraussetzungen § 2 Rn 6 ff.

2. Gewinnerzielung und keine Kontrolle durch die Berechtigten. Unabhängige 8
Verwertungseinrichtungen müssen neben den Voraussetzungen des § 2 Abs. 1 die in § 4 Abs. 2 genannten Merkmale erfüllen. Diese Merkmale müssen **kumulativ** vorliegen.

§ 2 Abs. 1 Nr. 1 verlangt für die Qualifikation als unabhängige Verwertungseinrich- 9
tung, dass die Anteile der Organisation nicht von den Berechtigten gehalten werden und die Verwertungseinrichtung auch nicht von den Berechtigten beherrscht wird **(keine Kontrolle durch die Berechtigten)**. Ausdrücklich schädlich für die Qualifikation als unabhängige Verwertungseinrichtung ist bereits eine indirekte oder teilweise Inhaberschaft oder Beherrschung. Die Regelung verwendet dabei den Begriff des Berechtigten (§ 6) und nicht – wie § 2 Abs. 2 Nr. 1 – den des Mitglieds (§ 7). Ein dahinter stehender Sinn ist nicht erkennbar. Die Regelung führt dazu, dass eine auf Gewinnerzielung ausgerichtete Organisation, deren Anteile nur teilweise und mittelbar den Berechtigten gehalten werden, nicht als unabhängige Verwertungseinrichtung qualifiziert werden kann. Eine solche Organisation ist aber deshalb nicht notwendigerweise Verwertungsgesellschaft i.S.d. § 2, da § 2 Abs. 2 Nr. 1 auf ein vollständiges Halten der Anteile bzw. eine Beherrschung durch die „Mitglieder" der Verwertungsgesellschaft i.S.v. § 7 abstellt. Die Tatbestände des § 2 Abs. 2 Nr. 1 und § 4 Abs. 1 Nr. 1 sind demnach nicht spiegelbildlich formuliert. Ob die hierdurch zumindest theoretisch verursachte Regelungslücke gewollt ist, lässt sich den Erwägungsgründen der VG-RL, auf die beide Normen des VGG zurückzuführen sind, nicht entnehmen.

Im Übrigen ist zur Bedeutung der in § 4 Abs. 2 genannten Tatbestandsmerkmale auf 10
die Kommentierung des § 2 zu verweisen.[7]

III. Beispiele für unabhängige Verwertungseinrichtungen

Das DPMA veröffentlicht auf seiner Internetseite unter www.dpma.de eine Liste der 11
unabhängigen Verwertungseinrichtungen in Deutschland. Danach wurden bislang zwei unabhängige Verwertungseinrichtungen angezeigt: Erstens die **CCLI Lizenzagentur GmbH**, eine Lizenzagentur mit US-amerikanischen Wurzeln, die Musiknutzungen in christlichen Gemeinden lizenziert, und zweitens die **MPLC Deutschland GmbH**, ein Tochterunternehmen der Motion Picture Licensing Company, die für Film- und Fernsehproduzenten und Filmverleiher Rechte für die öffentliche Wiedergabe audiovisueller Inhalte außerhalb von Kinos lizenziert.

Verlage und Filmproduzenten sind selbst **keine unabhängigen Verwertungs-** 12
einrichtungen, da sie die ihnen eingeräumten Rechte der Urheber für eigene Rechnung wahrnehmen.[8] Das Gleiche gilt für Tonträgerhersteller sowie für Sendeunternehmen.[9] Auch Manager und Agenten von Rechtsinhabern unterfallen nicht dem § 4, da sie nicht mit der Wahrnehmung von Rechten i.S.d. Festlegung von Tarifen, der Vergabe von Lizenzen oder der Einziehung von Vergütungen bei Nutzern befasst sind (vgl. Erwägungsgrund 16 VG-RL).

IV. Anwendbare Vorschriften

Unabhängige Verwertungseinrichtungen unterliegen im Wesentlichen **Informa-** 13
tionspflichten. Im Einzelnen sind gem. § 4 Abs. 2 folgende Vorschriften des VGG auf sie anwendbar:

---

7 § 2 Rn 26 ff.
8 § 2 Rn 19.
9 Vgl. Erwägungsgrund 16 der VG-RL sowie RegE-VGG, BT-Drucks. 18/7223, S. 73.

- § 36 – Verhandlungen von Nutzungsverträgen. Unabhängige Verwertungseinrichtungen müssen mit den Nutzern über die wahrgenommenen Rechte nach Treu und Glauben verhandeln und die notwendigen Informationen zur Verfügung stellen. Einem Abschlusszwang unterliegen sie mangels Verweises auf § 34 nicht.
- § 54 – Informationen für Berechtigte. Unabhängige Verwertungseinrichtungen müssen ihren Berechtigten fristgerecht die in § 54 genannten Informationen über die Verteilung ihrer Einnahmen zukommen lassen.
- § 55 – Informationen zu Werken und sonstigen Schutzgegenständen. Unabhängige Verwertungseinrichtungen müssen auf Anfrage über die wahrgenommenen Werke und Rechte Auskunft erteilen.
- **§ 56 Abs. 1 Nr. 1 bis 4, 7 bis 9** – Informationen für die Allgemeinheit. Unabhängige Verwertungseinrichten haben auf ihren Internetseiten Informationen zu veröffentlichen über ihr Statut, die Wahrnehmungsbedingungen, die Standardnutzungsverträge und Tarife, den Verteilungsplan und die allgemeinen Grundsätze für Verwaltungskosten und andere Abzüge. Zur Erstellung von Jahresabschlüssen und Transparenzberichten sind unabhängige Verwertungseinrichtungen mangels Anwendbarkeit der §§ 57 f. nicht verpflichtet.

14   Diese Aufzählung ist **abschließend**.[10] Unabhängige Verwertungseinrichtungen unterliegen somit im Vergleich zu den Verwertungsgesellschaften einer deutlich **reduzierten Regulierung**.[11]

15   Aus der Inkorporierung von § 56 Abs. 1 Nr. 1, 2, 4, 7 durch § 4 Abs. 2 S. 1 folgt jedoch, dass unabhängige Verwertungseinrichtungen über ein Statut (§ 13 Abs. 1 S. 1), Wahrnehmungsbedingungen (§ 9 S. 2), Tarife (§ 38) und einen Verteilungsplan (§ 27) verfügen müssen. Mangels Anwendbarkeit des § 34 gilt für Tarife allerdings **kein Angemessenheitsgebot**. Folgerichtig besteht für Streitigkeiten zwischen unabhängigen Verwertungseinrichtungen und Nutzern **keine Zuständigkeit der Schiedsstelle**.

16   Zur Wahrnehmung **verwertungsgesellschaftspflichtiger Ansprüche** sind unabhängige Verwertungseinrichtungen **nicht** berechtigt. Sie ist gem. den einschlägigen Vorschriften im UrhG „Verwertungsgesellschaften" i.S.v. § 2 vorbehalten. Abhängige Verwertungseinrichtungen i.S.v. § 3 sind zur Wahrnehmung verwertungsgesellschaftspflichtiger Ansprüche hingegen befugt.[12] Letzteres ergibt sich gesetzessystematisch daraus, dass abhängige Verwertungseinrichtungen, die die in § 77 Abs. 2 Nr. 1 i.V.m. § 49 Abs. 1 genannten gesetzlichen Vergütungsansprüche wahrnehmen, gem. § 90 Abs. 1 S. 1 VGG eine Erlaubnis benötigen. Die gesetzlichen Vergütungsansprüche, deren Wahrnehmung eine Erlaubnispflicht auslösen (u.a. die Ansprüche für Vermietung und Verleih gem. § 27 UrhG), sind verwertungsgesellschaftspflichtig. Das VGG geht also zumindest implizit davon aus, dass abhängige Verwertungseinrichtungen verwertungsgesellschaftspflichtige Ansprüche wahrnehmen können. Diese Unterscheidung zwischen abhängigen und unabhängigen Verwertungseinrichtungen ist in der Sache auch gerechtfertigt, da unabhängige Verwertungseinrichtungen – anders als abhängige (§ 3 Abs. 2) – nur einem Mindestmaß an Regulierung unterliegen. Insbesondere gilt für sie kein Wahrnehmungszwang (§ 9), der im Bereich der gesetzlichen Vergütungsansprüche besonders

---

10   RegE-VGG, BT-Drucks. 18/7223, S. 73.
11   *Schäfer*, K&R 2015, 761, 763.
12   BGH, Urt. v. 18.5.2017 – I ZR 21/16 – BeckRS 2017, 123153 Rn. 30 – Urheberrechtliche Vergütung für Mobiltelefone; siehe außerdem § 3 Rn 19.

wichtig ist,[13] da die Berechtigten diese Ansprüche schon von Gesetzes wegen nicht selbst wahrnehmen können und insofern auf die Verwertungsgesellschaften angewiesen sind.

V. Aufsicht durch das DPMA

Die Aufsicht über unabhängige Verwertungseinrichtungen richtet sich nach § 4 Abs. 2 S. 2 i.V.m. § 91. Danach gelten folgende Vorschriften: **17**
- **§ 75** – Aufsichtsbehörde ist das DPMA.
- **§ 76** – Inhaltlich bezieht sich die Aufsicht auf alle Verpflichtungen, die den unabhängigen Verwertungseinrichtungen nach dem VGG obliegen.
- **§ 85 Abs. 1 bis 3** – Das DPMA kann zur Sicherstellung dieser Verpflichtungen alle erforderlichen Maßnahmen ergreifen (Abs. 1), der unabhängigen Verwertungseinrichtung den Geschäftsbetrieb untersagen (Abs. 2) und Auskunft sowie Vorlage geschäftlicher Unterlagen verlangen (Abs. 3). Zur Teilnahme an den Sitzungen der Gremien ist die Aufsichtsbehörde nicht berechtigt, wie sich aus dem fehlenden Verweis auf § 85 Abs. 4 ergibt.
- **§§ 86, 87** – Für unabhängige Verwertungseinrichtungen mit Sitz in einem anderen Mitgliedstaat der EU bzw. Vertragsstaat des EWR gilt wie für Verwertungsgesellschaften das Sitzstaatprinzip.[14]
- **§ 91 Abs. 2** – Unabhängige Verwertungseinrichtungen mit Sitz in Deutschland müssen der Aufsichtsbehörde die Aufnahme der Wahrnehmungstätigkeit unverzüglich **schriftlich anzeigen** (S. 1). Einer Anzeigepflicht unterliegen gem. S. 1 daneben auch unabhängige Verwertungseinrichtungen mit Sitz im Ausland, die Urheber- oder verwandte Schutzrechte aus dem deutschen UrhG wahrnehmen. Dies gilt unterschiedslos für Verwertungseinrichtungen mit Sitz innerhalb oder außerhalb der EU bzw. des EWR. Für Letztere gilt allerdings – abgesehen von der Anzeigepflicht nach § 91 Abs. 2 S. 1 – das Sitzstaatprinzip, das heißt in dem durch die VG-RL harmonisierten Bereich gilt das Rechts- und Aufsichtsregime ihres Sitzlands (§§ 86, 87). Ein Verstoß gegen die Anzeigepflicht gem. S. 1 hat gem. S. 2 i.V.m. § 84 zur Folge, dass die unabhängige Verwertungseinrichtung die von ihr in Deutschland wahrgenommenen Rechte nicht geltend machen kann.

§ 5
Rechtsinhaber

(1) Rechtsinhaber im Sinne dieses Gesetzes ist jede natürliche oder juristische Person, die Inhaber eines Urheberrechts oder verwandten Schutzrechts ist oder die gesetzlich oder aufgrund eines Rechteverwertungsvertrags Anspruch auf einen Anteil an den Einnahmen aus diesen Rechten hat.

(2) Verwertungsgesellschaften sind keine Rechtsinhaber im Sinne dieses Gesetzes.

Übersicht
I. Allgemeines
   1. Bedeutung der Regelung —— 1
   2. Vorgängerregelung —— 2
   3. Unionsrechtlicher Hintergrund —— 4
   4. Entstehungsgeschichte —— 5

---

13 Dreier/Schulze/*Schulze*, § 9 VGG Rn 10.
14 § 1 Rn 7.

II. Begriff des Rechtsinhabers	3. Anspruch auf Anteil an Einnahmen (§ 5 Abs. 1 Alt. 2) —— 12
1. Abgrenzung zu Berechtigten und Mitgliedern —— 6	4. Verwertungsgesellschaften keine Rechtsinhaber (§ 5 Abs. 2) —— 21
2. Inhaber eines Urheber- oder Leistungsschutzrechts (§ 5 Abs. 1 Alt. 1) —— 7	

I. Allgemeines

1. Bedeutung der Regelung. Die Norm definiert den Begriff des Rechtsinhabers. Aufbauend darauf definiert § 6 den Begriff des „Berechtigten" und daran anknüpfend § 7 den des „Mitglieds". Auch die Definition der Verwertungsgesellschaften in § 2 bezieht sich auf Rechtsinhaber. Bedeutung hat der Begriff ferner für diverse materielle Vorschriften des VGG, insbesondere den Wahrnehmungszwang, auf den sich gem. § 9 Rechtsinhaber berufen können.

2. Vorgängerregelung. Das UrhWG enthielt keine Definition des Rechtsinhabers. Die Terminologie im UrhG war in diesem Zusammenhang uneinheitlich. So verwendete § 6 UrhWG (Wahrnehmungszwang) noch den Begriff „Berechtigter" (anders als die heute geltende Vorschrift in § 9, die vom „Rechtsinhaber" spricht), während in anderen Vorschriften des UrhWG von „Rechtsinhabern" die Rede war, etwa in § 13c Abs. 3 S. 1 UrhWG. Die im VGG vorgenommene Abstufung zwischen Rechtsinhaber, Berechtigten und Mitglied gab es im UrhWG nicht.

Uneinheitlich wurde der Begriff auch in der **Rechtsprechung** verwendet, insbesondere was die Frage angeht, ob Verleger als Rechtsinhaber gelten können. In der Sache „Reprobel" entschied der EuGH im Jahr 2015, dass der Begriff Rechtsinhaber i.S.v. Art. 5 Abs. 2 lit. a und b RL 2001/29/EG allein die originären Rechtsinhaber bezeichne.[1] Zuvor hatte der Gerichtshof den gleichen Begriff in einem Urteil aus dem Jahr 2014 („TU Darmstadt/Ulmer"[2]) noch im Zusammenhang mit Verlegern verwendet.[3] Für den Bereich des Wahrnehmungsrechts hat das VGG diese Unklarheit in dem Sinne geklärt, dass Verleger Rechtsinhaber sein können.[4]

3. Unionsrechtlicher Hintergrund. § 5 beruht auf Art. 3 lit. c VG-RL. Der in § 5 verwendete Begriff „Einnahmen aus den Rechten" ist in Art. 3 lit. h VG-RL legaldefiniert. Das VGG enthält keine entsprechende Definition.[5]

4. Entstehungsgeschichte. Die Norm geht auf den wortlautidentischen Vorschlag im RefE des BMJV[6] zurück und wurde im weiteren Gesetzgebungsverfahren nicht weiter thematisiert.

II. Begriff des Rechtsinhabers

1. Abgrenzung zu Berechtigten und Mitgliedern. Rechtsinhaber sind von den Berechtigten (§ 6) und Mitgliedern (§ 7) zu unterscheiden. Zwischen den damit bezeichne-

---

[1] EuGH, Urt. v. 12.11.2015 – C-572/13 – GRUR 2016, 55 Rn 47 f. – Reprobel.
[2] EuGH, Urt. v. 11.9.2014 – C-117/13 – GRUR 2014, 1078 – TU Darmstadt/Ulmer.
[3] Vgl. BGH, Urt. v. 21.4.2016 – I ZR 198/13 – GRUR 2016, 596 Rn 31 ff., 46 f., 56 – Verlegeranteil.
[4] Siehe näher unten Rn 16.
[5] Vgl. § 23 Rn 7.
[6] RefE des BMJV v. 9.6.2015, S. 12.

ten Gruppen besteht ein **Stufenverhältnis**. Die größte Menge bildet die der Rechtsinhaber. Darunter sind – vereinfacht gesagt – alle originären Inhaber von Urheber- oder verwandten Schutzrechten sowie Inhaber davon abgeleiteter Rechte und Ansprüche zu verstehen.[7] Diejenigen Rechtsinhaber, die in einem unmittelbaren Wahrnehmungsverhältnis mit einer Verwertungsgesellschaft stehen, bezeichnet das Gesetz als Berechtigte (§ 6). Diejenigen Berechtigten, die von einer Verwertungsgesellschaft als Mitglied aufgenommen wurden, sind Mitglieder i.S.v. § 7.

2. Inhaber eines Urheber- oder Leistungsschutzrechts (§ 5 Abs. 1 Alt. 1). Rechtsinhaber ist nach § 5 Abs. 1 Alt. 1 zunächst jede natürliche oder juristische Person, die Inhaber eines Urheber- oder Leistungsschutzrechts ist. 7

Hierzu zählen zum einen die **originären Inhaber** eines Urheberrechts oder verwandten Schutzrechts. Originärer Rechtsinhaber ist derjenige, bei dem das Schutzrecht entstanden ist. Das Urheberrecht entsteht gem. § 7 UrhG beim Schöpfer des Werks. Dafür kommen nur natürliche Personen, also Menschen, in Betracht, nicht juristische Personen, Tiere oder Maschinen.[8] Eine Miturheberschaft i.S.v. § 8 UrhG genügt. Originäre Inhaber verwandter Schutzrechte sind diejenigen natürlichen oder juristischen Personen, bei denen die Schutzrechte nach den jeweils einschlägigen Vorschriften des UrhG entstehen, also u.a. die ausübenden Künstler (§§ 73 ff. UrhG), Tonträgerhersteller (§ 85 UrhG), Sendeunternehmen (§ 87 UrhG), Presseverleger (§ 87f UrhG) und Filmhersteller (§ 94 UrhG). 8

Weiter zählen zu den Inhabern eines Urheberrechts oder verwandten Schutzrechts die natürlichen oder juristischen Personen, bei denen die Schutzrechte zwar nicht entstanden sind, auf die sie aber übergegangen sind. Das sind beim Urheberrecht die Erben, Vermächtnisnehmer und sonstigen **Rechtsnachfolger** i.S.v. § 30 UrhG. Eine rechtsgeschäftliche Übertragung von Urheberrechten ist dagegen gem. § 29 Abs. 1 UrhG grds. ausgeschlossen. Das Gleiche gilt für das Leistungsschutzrecht der ausübenden Künstler. Allerdings sind die Ausschließlichkeitsrechte der ausübenden Künstler frei übertragbar.[9] Andere verwandte Schutzrechte lassen sich vollständig rechtsgeschäftlich übertragen, z.B. die Leistungsschutzrechte der Tonträgerhersteller (§ 85 Abs. 2 S. 1 UrhG), der Sendeunternehmen (§ 87 Abs. 2 S. 1 UrhG) und der Presseverleger (§ 87g Abs. 1 S. 1 UrhG). 9

Als „Inhaber eines Urheberrechts oder verwandten Schutzrechts" i.S.v. § 5 Abs. 1 Alt. 1 sind darüber hinaus auch die **Inhaber ausschließlicher Nutzungsrechte** an Urheber- oder verwandten Schutzrechten zu verstehen. Gerichtlich ist diese Einordnung noch nicht geklärt. Für sie spricht aber, dass Erwägungsgrund 2 der VG-RL beispielhaft vom Verleger als möglichem „Inhaber der Urheber- oder verwandten Schutzrechte" spricht (ebenso in der englischen Richtlinienfassung „holders of copyright and related rights"). Da Verleger zum Zeitpunkt der Ausarbeitung der VG-RL unionsrechtlich keine originären Schutzrechte besaßen,[10] lässt dies die Schlussfolgerung zu, dass § 5 Abs. 1 Alt. 1 auch für die Inhaber ausschließlicher Nutzungsrechte gilt.[11] Diese Gleichstellung erscheint im Übrigen auch sachlich gerechtfertigt, da ausschließliche Nutzungsrechte dinglichen Charakter haben und ihren Inhaber, was die Verwertungsbefugnisse angeht, weitgehend in die Position des originären Rechtsinhabers rücken. Hierfür spricht 10

---

7 Im Einzelnen dazu siehe Rn 8 ff.
8 Dreier/Schulze/*Schulze*, § 7 UrhG Rn 2.
9 BeckOK-UrhR/*Stang*, § 79 UrhG Rn 4.
10 Das deutsche Leistungsschutzrecht der Presseverleger gem. §§ 87f ff. UrhG beruht nicht auf Unionsrecht.
11 So im Ergebnis auch *Riesenhuber*, ZUM 2018, 407, 408.

schließlich auch die Legaldefinition des Nutzers in § 8, der als Nutzer u.a. denjenigen definiert, der „der Erlaubnis des Rechtsinhabers bedarf". Diese Erlaubnis kann bei einem ausschließlichen Nutzungsrecht nur der Inhaber des Nutzungsrechts erteilen, während der originäre Rechtsinhaber hierzu nicht mehr in der Lage ist.[12]

11 Zu beachten ist, dass die Erteilung eines Nutzungsrechts – und das Gleiche gilt für die Abtretung gesetzlicher Vergütungsansprüche – nach der Rechtsprechung wegen des **Prioritätsprinzips** scheitert, wenn der originäre Rechteinhaber das Recht schon prioritär einer Verwertungsgesellschaft eingeräumt bzw. übertragen hat.[13] Hat z.B. ein Komponist die Nutzungsrechte mit Abschluss eines Berechtigungsvertrags vorab der GEMA eingeräumt, geht seine anschließende Nutzungsrechtseinräumung an den Musikverlag ins Leere mit der Folge, dass der Verlag selbst die Rechte nicht in die GEMA einbringen kann.[14] In diesem Fall kommt aber noch eine Qualifikation des Verlags als Rechtsinhaber i.S.v. § 5 Abs. 1 Alt. 2 in Betracht.[15] Für die Verteilung der Einnahmen an den Verlag ist die Einbringung von Rechten gem. § 27 Abs. 2 keine Voraussetzung.

12 **3. Anspruch auf Anteil an Einnahmen (§ 5 Abs. 1 Alt. 2).** Rechtsinhaber i.S.d. VGG ist gem. § 5 Abs. 1 Alt. 2 zum anderen jede natürliche oder juristische Person, die „gesetzlich oder aufgrund eines Rechteverwertungsvertrags Anspruch auf einen Anteil an den Einnahmen aus diesen Rechten hat".

13 Den Begriff der „Einnahmen aus diesen Rechten" definiert das VGG nicht. Der Begriff ist aber in Art. 3 lit. h VG-RL, dessen Umsetzung § 5 dient, legaldefiniert. Danach handelt es sich bei den **Einnahmen aus den Rechten** um „die von einer Organisation für die kollektive Rechtewahrnehmung für die Rechtsinhaber eingezogenen Beträge aus einem ausschließlichen Recht oder einem Vergütungs- oder Ausgleichsanspruch". Gemeint sind demnach die Einnahmen der Verwertungsgesellschaft aus der Wahrnehmung des betreffenden Rechts. Nicht gemeint sind die Einnahmen des Verwerters, die er aus der eigenen Nutzung der ihm ansonsten eingeräumten Rechte erzielt, z.B. bei einem Verlagsvertrag die Einnahmen aus dem Buchverkauf. Eine mit der Richtlinienbestimmung konforme Auslegung erfordert demnach für die Qualifikation als Rechtsinhaber, dass die betreffende Person einen Anspruch besitzt, an den Einnahmen der Verwertungsgesellschaft beteiligt zu werden.[16]

14 Mit dem **Anspruch** meint § 5 Abs. 1 Alt. 2 nicht den gegen die Verwertungsgesellschaft gerichteten Anspruch auf Beteiligung an deren Einnahmen. Ein solcher Anspruch setzt ein Wahrnehmungsverhältnis zu der Verwertungsgesellschaft voraus. Das Bestehen eines Wahrnehmungsverhältnisses ist für die Berechtigten i.S.v. § 6 kennzeichnend. Berechtigte können allerdings nur Rechtsinhaber i.S.v. § 5 sein. Dies spricht dagegen, den Anspruch, von dem in § 5 die Rede ist, als Anspruch gegen die Verwertungsgesellschaft

---

12 Dreier/Schulze/Schulze, § 31 UrhG Rn 56.
13 BGH, Urt. v. 21.4.2016 – I ZR 198/13 – GRUR 2016, 596 Rn 82 – Verlegeranteil; § 27 Rn 65.
14 KG, Teilurt. v. 14.11.2016 – 24 U 96/14 – GRUR-RR 2017, 94 Rn 21 – Musikverlegeranteil. Die Urteile des KG und des BGH (Urt. v. 21.4.2016 – I ZR 198/13 – GRUR 2016, 596 Rn 82 – Verlegeranteil) befassen sich allerdings nicht mit der Frage, ob Verwertungsgesellschaften zeitlich nachrangige Rechteübertragungen an Verleger gem. § 185 Abs. 2 BGB genehmigen können und ob in einer Ausschüttung an Verleger nicht eine solche Genehmigung zu sehen ist. Das ist deshalb misslich, weil damit der den Urteilen zugrundeliegende Einwand, zeitlich nachrangigen Abtretungen an Verleger stünde der Prioritätsgrundsatz entgegen, entkräftet wäre, dies allerdings nur dann, wenn im Verlagsvertrag tatsächlich eine Rechteübertragung vereinbart wurde. Zur Kritik an den Urteilen vgl. im Übrigen § 27a Rn 3 mwN.
15 Siehe unten Rn 16.
16 Näher zu dem Begriff der „Einnahmen aus den Rechten" § 23 Rn 7 ff.

zu verstehen. Ansonsten würden § 5 und § 6 aufeinander verweisen, obwohl sie eigentlich in einem Stufenverhältnis stehen.[17]

15 Gemeint ist offenbar vielmehr, dass sich aus dem **bilateralen Verhältnis** zwischen dem Verwerter und dem Inhaber des Urheber- oder verwandten Schutzrechts ein Anspruch ergibt, an den Einnahmen beteiligt zu werden, die aus der Wahrnehmung des betreffenden Rechts erzielt werden.[18] Dieser Anspruch kann sich gem. § 5 Abs. 1 Alt. 2 entweder gesetzlich oder aufgrund eines Rechteverwertungsvertrags ergeben. Einen **gesetzlichen Beteiligungsanspruch** hat gem. § 86 UrhG der Tonträgerhersteller gegen den ausübenden Künstler in Bezug auf die Vergütung, die der ausübende Künstler für die öffentliche Wiedergabe der auf dem Tonträger fixierten Darbietung erhält. Dieser Beteiligungsanspruch wird in der Praxis von der GVL wahrgenommen, die auch die ihm zugrunde liegenden Vergütungsansprüche der ausübenden Künstler gegen die Nutzer wahrnimmt.

16 Ein gesetzlicher Beteiligungsanspruch ist aber die Ausnahme. Regelmäßig ergibt sich der Anspruch auf einen Anteil an den Einnahmen gem. § 5 Abs. 1 Alt. 2 Var. 2 „aufgrund eines Rechteverwertungsvertrags". Den Begriff **Rechteverwertungsvertrag** definiert das VGG nicht. Er ist unmittelbar aus Art. 3 lit. c der VG-RL übernommen. Dort wird er allerdings auch nicht definiert. Gemeint sind Verträge, die die Verwertung eines oder mehrerer Urheber- oder verwandter Schutzrechte zum Inhalt haben. Typische Verträge in diesem Sinne sind Verlagsverträge.[19] Bei ihnen bildet die Rechteverwertung den zentralen Inhalt, da sich der Verleger zur Vervielfältigung und Verbreitung des Werks verpflichtet (§ 1 S. 2 VerlG). **Verleger** sind demnach mögliche Rechtsinhaber i.S.v. § 5 (vgl. Erwägungsgrund 20 der VG-RL).[20]

17 Dem Gesetz lässt sich allerdings nicht entnehmen, dass eine Auswertungspflicht des Verwerters, wie sie für Verleger typisch ist, für die Annahme eines Rechteverwertungsvertrags auch zwingend erforderlich ist. Als Rechteverwertungsverträge sind vielmehr auch **Lizenzverträge** anzusehen, die die Einräumung von Nutzungsrechten gem. § 31 UrhG zum Gegenstand haben, ohne eine Auswertungspflicht des Verwerters zu begründen. Als mögliche Rechteverwertungsverträge kommen ferner **Arbeits-, Dienstleistungs-, Werk- und andere Verträge** in Betracht, in denen eine Verwertung urheberrechtlich geschützter Werke oder Leistungen geregelt ist. Ein Erfordernis, dass die Rechteverwertung den ausschließlichen oder hauptsächlichen Gegenstand des Vertrags bilden muss, lässt sich dem Gesetz nicht entnehmen.

18 Typischerweise beinhalten Rechteverwertungsverträge die **Einräumung von Nutzungsrechten**. Dass es sich dabei um ausschließliche Nutzungsrechte handelt, ist aber für § 5 Abs. 1 Alt. 2 nicht notwendig, zumal gute Gründe dafür sprechen, Inhaber ausschließlicher Nutzungsrechte schon als „Inhaber von Urheberrechten und verwandten Schutzrechten" gem. der ersten Alternative von § 5 Abs. 1 anzusehen.[21]

19 Jedenfalls ist für einen Rechteverwertungsvertrag nicht erforderlich, dass dem Vertragspartner (z.B. Verleger) in dem Vertrag gerade diejenigen Rechte eingeräumt werden, aus deren Wahrnehmung die Verwertungsgesellschaft die beanspruchten Einnahmen erzielt.[22] Eine Einräumung dieser Rechte im Rechteverwertungsvertrag ist nach der

---

17 Siehe Rn 15 ff.
18 *Riesenhuber*, ZUM 2018, 407, 408.
19 *Riesenhuber*, ZUM 2018, 407, 408; *Ventroni*, ZUM 2017, 187, 194 (Fn 73).
20 So auch die Gegenäußerung der Bundesregierung zur Stellungnahme des Bundesrats zum VGG, BT-Drucks. 18/7453, S. 4; HK-UrhR/*Hentsch*, § 5 VGG Rn 3; Dreier/Schulze/*Schulze*, § 5 VGG Rn 3.
21 Siehe Rn 10.
22 So aber *v. Ungern-Sternberg* in: FS Büscher, S. 265, 269.

Rechtsprechung des BGH und des KG wegen des **Prioritätsgrundsatzes** schon gar nicht möglich, wenn der originäre Inhaber des Rechts die Nutzungsrechte bzw. Vergütungsansprüche bereits der Verwertungsgesellschaft übertragen hat, der Wahrnehmungsvertrag dem Rechteverwertungsvertrag also zeitlich vorgeht.[23] Vor diesem Hintergrund hat der Gesetzgeber in § 27 Abs. 2 geregelt, dass Verwertungsgesellschaften, die Rechte für mehrere Rechtsinhaber gemeinsam wahrnehmen, die Einnahmen unabhängig davon verteilen können, wer die Rechte eingebracht hat.[24] Die Verteilung setzt danach keine Einbringung von Rechten durch den Rechtsinhaber voraus. Der vom BGH in seinem Urteil „Verlegeranteil" noch aufgestellte Rechtssatz,[25] wonach Berechtigter nur der – originäre oder derivative – Inhaber der wahrgenommenen Rechte ist und grds. nur an diesen ausgeschüttet werden darf, ist damit überholt. Dementsprechend kann auch die Einstufung als Rechtsinhaber nicht davon abhängig gemacht werden, dass die Rechte dem Verwerter im Rechteverwertungsvertrag wirksam eingeräumt wurden.

20 Entscheidend für die Qualifikation als Rechtsinhaber gem. § 5 Abs. 1 Alt. 2 ist vielmehr, dass die natürliche oder juristische Person gegenüber dem originären Inhaber des Rechts einen Anteil an den Einnahmen aus den wahrgenommenen Rechten beanspruchen kann. Das ist der Fall, wenn die Parteien des Rechteverwertungsvertrags eine **Erlösbeteiligung** vereinbaren. In Musikverlagsverträgen wird in diesem Zusammenhang oftmals auf die jeweils gültigen Verteilungspläne der GEMA verwiesen.[26] Ob daraus hinreichend klar ein Beteiligungsanspruch folgt, muss im Einzelfall anhand der konkreten Klausel geprüft werden. Der Deutsche Musikverlegerverband (DMV) hat die Beteiligungsklausel in dem von ihm herausgegebenen Muster-Musikverlagsvertrag in dieser Hinsicht präzisiert, nachdem das KG[27] die Anforderungen in seinem Urteil zur GEMA-Verlegerbeteiligung (Kramm) – allerdings noch auf Grundlage des UrhWG – sehr hoch angesetzt hatte.[28] Für eine Beteiligung von Verlegern an den Einnahmen aus gesetzlichen Vergütungsansprüchen ist im Übrigen § 27a zu beachten, d.h. es ist eine Zustimmung des Urhebers nach Veröffentlichung oder mit der Anmeldung des Werks erforderlich.[29]

21 **4. Verwertungsgesellschaften keine Rechtsinhaber (§ 5 Abs. 2).** § 5 Abs. 2 geht auf Art. 3 lit. c der VG-RL zurück und bestimmt, dass Verwertungsgesellschaften keine Rechtsinhaber im Sinne der Regelung sind. Verwertungsgesellschaften können sich daher gegenüber anderen Verwertungsgesellschaften grds. **nicht auf den Wahrnehmungszwang** gem. § 9 **berufen**.[30] Das Gleiche gilt für abhängige Verwertungseinrich-

---

23 Siehe Rn 11.
24 § 27 Abs. 2 wurde als Reaktion auf das Urteil des BGH in Sachen Verlegerbeteiligung (BGH, Urt. v. 21.4.2016 – I ZR 198/13 – GRUR 2016, 596) eingeführt, vgl. Beschlussempfehlung und Bericht des Ausschusses für Recht und Verbraucherschutz zu dem Entwurf eines Gesetzes zur verbesserten Durchsetzung des Anspruchs der Urheber und ausübenden Künstler auf angemessene Vergütung und zur Regelung von Fragen der Verlegerbeteiligung, BT-Drucks. 18/10637, S. 3, 20, 25; vgl. § 27 Rn 63 ff.
25 BGH, Urt. v. 21.4.2016 – I ZR 198/13 – GRUR 2016, 596 Rn 31; zust. v. *Ungern-Sternberg*, GRUR 2017, 217, 232 f.; *Flechsig*, GRUR-Prax 2016, 209 ff.; krit. *Riesenhuber*, EuZW 2016, 16 ff.; *Conrad/Berberich*, GRUR 2016, 648, 651 f.; *Loewenheim*, NJW 2016, 2383, 2385. Die Verfassungsbeschwerde des Beck-Verlags gegen das Urteil hat das BVerfG nicht zur Entscheidung angenommen, BVerfG, Beschl. v. 18.4.2018 – 1 BvR 1213/16 – BeckRS 2018, 10139.
26 Schwartmann/*Limper*, 3.1.4.8, Rn 125.
27 KG, Urt. v. 14.11.2016 – 24 U 96/14 – ZUM 2017, 160 – Musikverlegeranteil; krit. dazu *Ventroni*, ZUM 2017, 187.
28 Vgl. Moser/Scheuermann/Drücke/*Ventroni*, § 65 Rn 13.
29 Siehe § 27a Rn 17.
30 Dies war schon unter dem UrhWG allg. Auffassung in der Lit., siehe *Heine*, S. 72 f. m.w.N.

tungen, da § 5 Abs. 2 gem. § 3 Abs. 2 S. 1 entsprechend auf sie anwendbar ist. Eine Ausnahme sieht das Gesetz in § 69 nur für die gebietsübergreifende Vergabe von Online-Rechten an Musikwerken vor. In diesem Bereich gilt ein gesetzlicher Repräsentationszwang, d.h. Verwertungsgesellschaften, die solche Rechte bereits für mindestens eine andere Verwertungsgesellschaft anbieten (sog. „Hubs"), sind verpflichtet, sich dementsprechend auch für andere Verwertungsgesellschaften zu öffnen.

§ 6
Berechtigter

Berechtigter im Sinne dieses Gesetzes ist jeder Rechtsinhaber, der auf gesetzlicher oder vertraglicher Grundlage in einem unmittelbaren Wahrnehmungsverhältnis zu einer der in § 1 genannten Organisationen steht.

Übersicht

I. Allgemeines
   1. Bedeutung der Regelung —— 1
   2. Vorgängerregelung —— 3
   3. Unionsrechtlicher Hintergrund —— 4
   4. Entstehungsgeschichte —— 5

II. Begriff des Berechtigten
   1. Rechtsinhaber —— 6
   2. Unmittelbares Wahrnehmungsverhältnis —— 7

I. Allgemeines

1. Bedeutung der Regelung. Die Norm definiert den Begriff des Berechtigten für das gesamte VGG (etwa für §§ 4 Abs. 1 Nr. 1, 9 ff., 26 Nr. 1), ohne dass sich aus ihr konkrete Rechtsfolgen ergeben. Innerhalb der **Kaskade** der §§ 5 bis 7 stellt der „Berechtigte" die zweite Stufe dar. Denn ein „Berechtigter" muss die Voraussetzungen des „Rechtsinhabers" i.S.d. § 5 erfüllen und darüber hinaus in einem unmittelbaren Wahrnehmungsverhältnis zu einer Verwertungsgesellschaft, zu einer abhängigen oder zu einer unabhängigen Verwertungseinrichtung stehen. **1**

Mit der Einführung der Kategorie des Berechtigten verfolgt der Gesetzgeber den Zweck, auch denjenigen Rechtsinhabern Schutz zu vermitteln, die nicht im organisationsrechtlichen Sinne Mitglieder ihrer Verwertungsgesellschaften, also bspw. Gesellschafter oder Vereinsmitglied sind. Dahinter steht die Wertung, dass die **Interessen der Berechtigten** an der effektiven Wahrnehmung ihrer Rechte ebenso **schutzwürdig** sind wie die Interessen der Mitglieder.[1] Vielfach stellt das VGG daher nicht auf den Status als Mitglied, sondern als Berechtigter ab. Zum Teil ist die Gleichstellung von Berechtigten und Mitgliedern durch die VG-RL vorgegeben.[2] **2**

2. Vorgängerregelung. Das UrhWG enthielt weder diese Definition des Berechtigten noch die dem VGG zugrunde gelegte Abstufung von Rechtsinhabern (§ 5), Berechtigten (§ 6) und Mitgliedern (§ 7). Die Terminologie im UrhG war in diesem Zusammenhang uneinheitlich.[3] § 6 Abs. 2 UrhWG unterschied aber bereits zwischen organisationsrechtlichen Mitgliedern der Verwertungsgesellschaften und Berechtigten, die nicht Mitglieder in diesem Sinne waren, und ordnete zum Schutz der Berechtigten die Bildung einer gemeinsamen Vertretung an. **3**

---

1 RegE-VGG, BT-Drucks. 18/7223, S. 74.
2 Siehe Rn 4.
3 § 5 Rn 2.

4   **3. Unionsrechtlicher Hintergrund.** § 6 beruht nicht direkt auf einer von der VG-RL vorgegebenen Legaldefinition, anders als § 5 (Rechtsinhaber, Art. 3 lit. c) und § 7 (Mitglieder, Art. 3 lit. d). Der Sache nach geht die Vorschrift auf **Art. 7 Abs. 1 der VG-RL** zurück. Er verpflichtet die Mitgliedstaaten zur Anwendung bestimmter Schutzstandards zugunsten von Rechtsinhabern, die nicht Mitglieder der Verwertungsgesellschaften sind. Die einzuhaltenden Bestimmungen, auf die die VG-RL in diesem Zusammenhang verweist, betreffen die elektronische Kommunikation mit der Verwertungsgesellschaft (Art. 6 Abs. 4), die Übermittlung von Informationen auf Anfrage (Art. 20, der allerdings seinem Wortlaut nach gar nicht auf Mitglieder beschränkt ist), die Informierung über Verträge im Bereich der Wahrnehmung von Online-Musikrechten (Art. 29 Abs. 2) und die Zurverfügungstellung von Beschwerdeverfahren (Art. 33). Das VGG geht über diesen von Art. 7 Abs. 1 der VG-RL vorgegebenen Mindestschutz der Berechtigten allerdings hinaus und sieht eine **weitergehende Gleichstellung** der Berechtigten mit den Mitgliedern vor, insbesondere was die Mitwirkung der Berechtigten in den Verwertungsgesellschaften angeht (§ 20). Art. 7 Abs. 2 der VG-RL lässt solche überschießenden Regelungen der Mitgliedstaaten ausdrücklich zu.

5   **4. Entstehungsgeschichte.** Die Norm geht auf den wortlautidentischen Vorschlag im RefE des BMJV[4] zurück und wurde im weiteren Gesetzgebungsverfahren nicht weiter thematisiert.

II. Begriff des Berechtigten

6   **1. Rechtsinhaber.** Berechtigte können gem. § 6 nur Rechtsinhaber sein. Sie müssen also die Voraussetzungen des § 5 erfüllen. Berechtigter kann demnach nur sein, wer gem. § 5 Abs. 1 **Inhaber eines Urheberrechts oder verwandten Schutzrechts** ist oder gesetzlich oder aufgrund eines Rechteverwertungsvertrags **Anspruch auf einen Anteil an den Einnahmen** der Verwertungsgesellschaft hat.

7   **2. Unmittelbares Wahrnehmungsverhältnis.** Hinzukommen muss ein unmittelbares Wahrnehmungsverhältnis zu einer Verwertungsgesellschaft (§ 2) bzw. zu einer sonstigen Einrichtung gem. §§ 3, 4.

8   Ein **gesetzliches Wahrnehmungsverhältnis** ist im deutschen Recht die Ausnahme.[5] § 50 begründet eine unwiderlegbare gesetzliche Fiktion für die Berechtigung – und damit ein gesetzliches Wahrnehmungsverhältnis – in Bezug auf Kabelweitersenderechte von sog. Außenseitern.[6] Die **gesetzlichen Vermutungen** gem. § 48 (Vermutung bei Auskunftsansprüchen) und § 49 (Vermutung bei gesetzlichen Vergütungsansprüchen) begründen dagegen kein gesetzliches Wahrnehmungsverhältnis,[7] da sie nur dazu dienen, die Durchsetzung der Ansprüche durch Verwertungsgesellschaften zu erleichtern, und widerlegbar[8] sind. Das Gleiche gilt in Bezug auf die von der Rechtsprechung entwickelte GEMA-Vermutung.[9]

9   Im Regelfall erfolgt die Rechtewahrnehmung durch Verwertungsgesellschaften aufgrund vertraglicher Vereinbarungen. Nach der VG-RL kommen hierfür Abtretungs-, Li-

---

4   RefE des BMJV v. 9.6.2015, S. 12.
5   § 2 Rn 15.
6   § 50 Rn 6.
7   RegE-VGG, BT-Drucks. 18/7223, S. 73; § 48 Rn 6.
8   Vgl. § 48 Rn 22 bzw. § 49 Rn 12.
9   Raue/Hegemann/*Heine*/Staats, § 6 Rn 94; § 48 Rn 15.

zenz- oder sonstige vertragliche Vereinbarungen in Betracht (Art. 7 Abs. 1). Üblich ist in Deutschland die Bezeichnung **Wahrnehmungsvertrag**. In den Verträgen erteilen die Rechtsinhaber der Verwertungsgesellschaft die gem. § 10 erforderliche Zustimmung zur Rechtewahrnehmung.

Erforderlich ist ein **unmittelbares** Wahrnehmungsverhältnis. Die Rechtsinhaber müssen also einen eigenen Wahrnehmungsvertrag mit der Verwertungsgesellschaft abgeschlossen haben. Ein mittelbares Verhältnis, namentlich durch eine Repräsentationsvereinbarung, macht einen Rechtsinhaber somit nicht zum Berechtigten.[10]

10

§ 7
Mitglieder

Mitglieder im Sinne dieses Gesetzes sind von der Verwertungsgesellschaft als Mitglied aufgenommene
1. **Berechtigte und**
2. **Einrichtungen, die Rechtsinhaber vertreten.**

Übersicht

I. Allgemeines
   1. Bedeutung der Regelung —— 1
   2. Vorgängerregelung —— 2
   3. Unionsrechtlicher Hintergrund —— 3
   4. Entstehungsgeschichte —— 4
II. Begriff des Mitglieds

   1. Berechtige —— 5
   2. Einrichtungen, die Rechtsinhaber vertreten —— 7
   3. Als Mitglied aufgenommen —— 8
   4. Abhängige und unabhängige Verwertungseinrichtungen —— 10

I. Allgemeines

1. Bedeutung der Regelung. § 7 definiert den Begriff des Mitglieds, auf den das VGG in unterschiedlichen Zusammenhängen verweist. Die Mitglieder bilden mit der Mitgliederhauptversammlung (§ 20) das zentrale Organ der Verwertungsgesellschaften. In der Abstufung Rechtsinhaber – Berechtigte – Mitglieder (§§ 5 bis 7) bilden die Mitglieder die oberste Stufe.[1]

1

2. Vorgängerregelung. Das UrhWG enthielt keine Definition des Begriffs Mitglied. Der Begriff wurde nur in § 6 Abs. 2 UrhWG verwendet, allerdings im Zusammenhang mit den Berechtigten, die nicht Mitglieder der Verwertungsgesellschaft sind (heute § 5). Regelungen, die speziell dem Schutz der Mitglieder der Verwertungsgesellschaften dienten, gab es im UrhWG nicht.

2

3. Unionsrechtlicher Hintergrund. § 7 beruht auf der Begriffsdefinition in Art. 3 lit. d VG-RL. Die Richtlinienbestimmung knüpft an den Begriff des „Rechtsinhabers" an, anders als § 7 Nr. 1, der sich auf „Berechtigte" i.S.v. § 6 bezieht. Hintergrund ist die Einschätzung des RegE, in aller Regel würden nur Berechtigte als Mitglieder aufgenommen, d.h. Rechtsinhaber, die ihre Rechte bereits von der Verwertungsgesellschaft wahrnehmen ließen.[2]

3

---

10 RegE-VGG, BT-Drucks. 18/7223, S. 73.

1 Zum Stufenverhältnis s. § 5 Rn 6.
2 RegE-VGG, BT-Drucks. 18/7223, S. 74.

4   **4. Entstehungsgeschichte.** Die Norm geht auf den wortlautidentischen Vorschlag im RefE des BMJV[3] zurück und wurde im weiteren Gesetzgebungsverfahren nicht weiter thematisiert.

II. Begriff des Mitglieds

5   **1. Berechtige.** Mögliche Mitglieder einer Verwertungsgesellschaft können gem. § 7 Nr. 1 zum einen Berechtigte i.S.d. § 5 sein, d.h. Rechtsinhaber, die in einem **unmittelbaren Wahrnehmungsverhältnis** mit der Verwertungsgesellschaft stehen, also typischerweise einen Wahrnehmungsvertrag mit ihr geschlossen haben. Damit ist klargestellt, dass auch **Verleger** Mitglieder von Verwertungsgesellschaften sein können, die Nutzungsrechte in die Verwertungsgesellschaft einbringen (§ 5 Abs. 1 Alt. 1) oder aufgrund ihrer Verlagsverträge einen vom Urheber abgeleiteten Anspruch auf einen Anteil an den Einnahmen der Verwertungsgesellschaft besitzen (§ 5 Abs. 1 Alt. 2).[4]

6   Allein der Status als Berechtigter verleiht Rechtsinhabern jedoch noch keinen Anspruch auf Mitgliedschaft in ihrer Verwertungsgesellschaft. Die Verwertungsgesellschaft legt in ihrem Statut nach objektiven, transparenten und nichtdiskriminierenden Kriterien Bedingungen für eine Mitgliedschaft fest (vgl. § 13 Abs. 1).

7   **2. Einrichtungen, die Rechtsinhaber vertreten.** Als mögliche Mitglieder bestimmt § 7 Nr. 2 außerdem Einrichtungen, die Rechtsinhaber vertreten. Einrichtungen in diesem Sinne sind gem. Erwägungsgrund 14 der VG-RL Verwertungsgesellschaften, Vereinigungen von Rechtsinhabern, Gewerkschaften oder andere Organisationen. Beispiel für eine **Verwertungsgesellschaft**, die Mitglied einer anderen Verwertungsgesellschaft ist, ist die AGICOA. Ihre Mehrheitsanteile werden von der GWFF gehalten.[5] Als weitere Beispiele für Einrichtungen i.S.d. § 7 Nr. 2 führt die Begründung des RegE die beiden Gesellschafter der GVL[6] an – die Deutsche Orchestervereinigung e.V. (DOV) und den Bundesverband Musikindustrie e.V. (BVMI).[7]

8   **3. Als Mitglied aufgenommen.** Mitglieder sind Berechtigte und Einrichtungen gem. § 7 Nr. 2, die von der Verwertungsgesellschaft **als Mitglied aufgenommen** wurden. Die Aufnahme erfolgt durch die organisatorische Eingliederung in die Verwertungsgesellschaft. Die Bedingungen, unter denen eine Aufnahme erfolgt, haben die Verwertungsgesellschaften gem. § 13 Abs. 1 in ihren Statuten zu regeln. Sie müssen objektiv, transparent und nichtdiskriminierend sein.[8] Der **Aufnahmeakt** selbst hängt von der **Rechtsform** der Verwertungsgesellschaft ab. Beim Verein wird die Mitgliedschaft durch Beteiligung an dessen Gründung oder durch einen Vertrag mit dem Verein begründet.[9] Mitglieder einer GmbH sind ihre Gesellschafter; die Aufnahme erfolgt hier durch den Erwerb eines Geschäftsanteils.[10] Jedes Mitglied i.S.d. § 7 ist mithin auch Mitglied im organisationsrechtlichen Sinne (d.h. je nach Organisationsform Vereinsmitglied, Gesellschafter, Mitglied der Genossenschaft etc.). Organisationsformen, die keine mitglied-

---

3   RefE des BMJV v. 9.6.2015, S. 12.
4   § 5 Rn 7 ff., 12 ff.
5   AGOCIA-Transparenzbericht 2016, S. 21 (abrufbar über www.agicoa.de).
6   Zur GVL vgl. § 2 Rn 31.
7   RegE-VGG, BT-Drucks. 18/7223, S. 74.
8   Näher zu diesen Vorgaben § 13 Rn 18 ff.
9   Palandt/*Ellenberger*, § 38 BGB Rn 4.
10 Siehe § 13 Rn 16.

schaftliche Verfassung vorsehen, namentlich die **Stiftung**, scheiden für Verwertungsgesellschaften somit aus.[11]

Umgekehrt stellt sich die Frage, ob eine Verwertungsgesellschaft nur solche Mitglieder im organisationsrechtlichen Sinne (also Gesellschafter) haben darf, die die Voraussetzungen des § 7 Nr. 1 oder 2 erfüllen. Bejaht man diese Frage, dürften nur noch Berechtigte oder Einrichtungen, die Rechtsinhaber vertreten, Gesellschafter einer Verwertungsgesellschaft sein.[12] Gegen diese Lesart des Gesetzes spricht jedoch, dass § 7 nicht als Verbotsnorm formuliert ist (im Sinne von: „Mitglieder von Verwertungsgesellschaften dürfen nur sein ..."), sondern als Begriffsdefinition ohne unmittelbaren Regelungsgehalt. Nach der Begründung des RegE ist der Begriff des Mitglieds gem. § 7 untechnisch zu verstehen, d.h. nicht im organisationsrechtlichen Sinne.[13] Dem VGG liegt somit ein eigener, **wahrnehmungsrechtlicher Mitgliederbegriff** zugrunde, der sich mit dem organisationsrechtlichen Begriff nicht vollständig deckt. Der Regelungsgehalt des § 7 erschöpft sich darin, diesen Begriff für das VGG zu definieren, ohne aber anzuordnen, dass nur Mitglieder in diesem Sinne Gesellschafter der Verwertungsgesellschaft sein dürfen. Gibt es **Fremdgesellschafter**, dürfen diese die Organisation allerdings **nicht beherrschen**, sofern die Organisation **gewinnorientiert** ist, da ansonsten die Voraussetzungen für das Vorliegen einer Verwertungsgesellschaft gem. § 2 Abs. 2 nicht erfüllt sind.

9

4. Abhängige und unabhängige Verwertungseinrichtungen. Die Vorschrift bezieht sich auf Mitglieder von „Verwertungsgesellschaften". Für **unabhängige Verwertungseinrichtungen** i.S.v. § 4 hat die Vorschrift keine praktische Bedeutung, da die Vorschriften des VGG, die gem. § 4 Abs. 2 S. 1 auf unabhängige Verwertungseinrichtungen entsprechend anzuwenden sind, auf den Schutz der Berechtigten und nicht der Mitglieder abzielen. Auch die Begriffsdefinition der unabhängigen Verwertungseinrichtungen stellt in § 4 Abs. 1 Nr. 1 nicht auf die Mitglieder, sondern auf die Berechtigten ab.

10

Abhängige Verwertungseinrichtungen werden typischerweise von Verwertungsgesellschaften gehalten. Zwar sind Verwertungsgesellschaften als Einrichtungen i.S.v. § 7 Nr. 2 mögliche Mitglieder anderer Verwertungsgesellschaften, so dass man daran denken könnte, sie auch als mögliche Mitglieder abhängiger Verwertungsgesellschaften anzusehen. Dies hätte zur Folge, dass innerhalb der abhängigen Verwertungseinrichtungen die mitgliederschützenden Vorschriften des VGG zu ihren Gunsten anzuwenden wären. Gemäß § 3 Abs. 2 Nr. 1 sind auf abhängige Verwertungseinrichtungen allerdings grds. nur die tätigkeitsbezogenen Bestimmungen des VGG anwendbar. Die Bestimmungen des VGG über die Mitgliederhauptversammlung gelten nicht.[14] Im Ergebnis hat deshalb auch der Begriff des Mitglieds für abhängige Verwertungseinrichtungen keine unmittelbare Bedeutung.

11

§ 8
Nutzer

Nutzer im Sinne dieses Gesetzes ist jede natürliche oder juristische Person, die eine Handlung vornimmt, die der Erlaubnis des Rechtsinhabers bedarf, oder die zur Zahlung einer Vergütung an den Rechtsinhaber verpflichtet ist.

---

11 Vgl. § 13 Rn 5.
12 So Wandtke/Bullinger/*Gerlach*, § 7 VGG Rn 4.
13 RegE-VGG, BT-Drucks. 18/7223, S. 74.
14 § 3 Rn 21.

Übersicht

I. Allgemeines
   1. Bedeutung der Regelung —— 1
   2. Vorgängerregelung —— 2
   3. Unionsrechtlicher Hintergrund —— 3
   4. Entstehungsgeschichte —— 4
II. Regelungsgehalt
   1. Jede natürliche oder juristische Person —— 5
   2. Erlaubnispflichtige Handlung (§ 8 Alt. 1) —— 7
   3. Vergütungspflicht (§ 8 Alt. 2) —— 13
III. Nutzer im VGG —— 14

I. Allgemeines

1 **1. Bedeutung der Regelung.** Die Norm definiert den Begriff des Nutzers für das gesamte VGG (etwa für §§ 34 ff.), ohne dass sich aus ihr unmittelbare Rechtsfolgen ergeben.

2 **2. Vorgängerregelung.** Das UrhWG enthielt keine Definition des Begriffs „Nutzer", verwendete ihn aber in § 11 Abs. 2 UrhWG im Zusammenhang mit der Hinterlegung. Die Vorschrift des § 12 UrhWG über Gesamtverträge enthielt eine implizite Nutzerdefinition, indem sie gesamtvertragsfähige Vereinigungen als Vereinigungen definierte, deren Mitglieder „nach dem Urheberrechtsgesetz geschützte Werke oder Leistungen nutzen oder zur Zahlung von Vergütungen nach dem Urheberrechtsgesetz verpflichtet sind". Damit waren im Ergebnis die nunmehr von § 8 beschriebenen Personen umfasst.[1]

3 **3. Unionsrechtlicher Hintergrund.** Die VG-RL enthält in Art. 3 lit. k ebenfalls eine Definition des Nutzerbegriffs, die der deutsche Gesetzgeber für das VGG jedoch modifiziert hat. Nach der VG-RL ist Nutzer „jede natürliche oder juristische Person, die nicht als Verbraucher handelt und Handlungen vornimmt, die der Erlaubnis der Rechtsinhaber bedürfen und die die Zahlung einer Vergütung oder eines Ausgleichs an die Rechtsinhaber bedingen". Daraus ergeben sich zwei **Unterschiede** zur deutschen Norm: Während das Unionsrecht **Verbraucher** explizit aus dem Nutzerbegriff herausnimmt, hat sich der deutsche Gesetzgeber bewusst dafür entschieden, diese Einschränkung nicht zu übernehmen.[2] Mit der zweiten Abwandlung („und" nach dem Wort „bedürfen" in ein „oder") korrigierte der Gesetzgeber einen Übersetzungsfehler der deutschen Richtlinienfassung.[3]

4 **4. Entstehungsgeschichte.** Die Norm geht auf den wortlautidentischen Vorschlag im RefE des BMJV[4] zurück und wurde im weiteren Gesetzgebungsverfahren nicht weiter thematisiert.

II. Regelungsgehalt

5 **1. Jede natürliche oder juristische Person.** Nutzer kann jede natürliche oder juristische Person sein. Zu den juristischen Personen des privaten Rechts zählen **zivilrechtliche Körperschaften**, wie z.B. GmbHs oder Vereine. Obwohl eine ausdrückliche Klarstellung wie in § 2 S. 2 TMG oder in § 1059a Abs. 2 BGB im VGG fehlt, kommen auch **rechtsfähige Personengesellschaften** als Nutzer in Betracht, z.B. die OHG, die GbR

---

1 Vgl. RegE-VGG, BT-Drucks. 18/7223, S. 74.
2 Siehe Rn 6.
3 BeckOK-UrhR/*Freudenberg*, § 8 VGG Rn 5. Die englische Richtlinienfassung enthält an dieser Stelle richtigerweise ein „oder" („or"): „... that is carrying out acts subject to the authorisation of rightholders, remuneration of rightholders **or** payment of compensation to rightholders ...". Ebenso die französische („ou"), die slowakische („alebo") und die („lub") polnische Fassung.
4 RefE des BMJV v. 9.6.2015, S. 12.

oder die (gem. § 10 Abs. 6 WEG teilrechtsfähige) Wohnungseigentümergemeinschaft. Dies gebietet eine richtlinienkonforme Auslegung von § 8, da das Europarecht auch in anderen Richtlinien ein funktionales Verständnis des Begriffes „juristische Person" unterstellt.[5] Dementsprechend verwendet die VG-RL in den anderen Sprachfassungen Begriffe, die Personengesellschaften ohne weiteres einschließen (z.B. in der englischen Fassung „entity").[6] Ebenfalls umfasst sind **juristische Personen des öffentlichen Rechts**, d.h. Körperschaften (z.B. Gemeinden, Kirchen, Hochschulen, Kammern), Anstalten (z.B. die Rundfunkanstalten), Stiftungen des öffentlichen Rechts und sonstige öffentlich-rechtliche Einrichtungen (z.B. gemeindliche Eigenbetriebe).

Verbraucher sind in § 8 nicht ausgeschlossen und können ebenfalls Nutzer im Sinne der Vorschrift sein.[7] Die Begriffsdefinition bleibt insoweit hinter der Definition des Nutzers in Art. 3 lit. k VG-RL zurück, da dort nur solche natürlichen und juristischen Personen als Nutzer definiert werden, „die nicht als Verbraucher" handeln. Der Einschluss von Verbrauchern im deutschen Recht ist sinnvoll, da auch Verbraucher geschützte Werke und Leistungen in einer Weise nutzen können, die einer Erlaubnis bedarf, und dementsprechend ein Interesse an Lizenzangeboten von Verwertungsgesellschaften haben können. Ein Beispiel ist die von der GEMA lizenzierte öffentliche Zugänglichmachung nicht-gewerblicher Podcasts. **Unionsrechtlich** erscheint die Erweiterung des Nutzerbegriffs unbedenklich, soweit mit ihr die Rechtsposition der betroffenen Verbraucher gegenüber den Verwertungsgesellschaften verbessert wird, da es sich gem. Erwägungsgrund 9 VG-RL um eine **Mindestharmonisierung** handelt. Allerdings erlaubt Erwägungsgrund 9 den Mitgliedstaaten Abweichungen von der VG-RL nur in Bezug auf nationale Vorschriften, die im Vergleich zu den Richtlinienbestimmungen für die Verwertungsgesellschaften strenger sind.[8] Soweit die Erweiterung des Nutzerbegriffs zu rechtlichen Pflichten der Verbraucher führt (vgl. § 41: Auskunftspflicht der Nutzer),[9] liegt die Richtlinienkonformität der betreffenden Bestimmungen daher nicht auf der Hand. 6

2. Erlaubnispflichtige Handlung (§ 8 Alt. 1). Als Nutzer bestimmt § 8 Alt. 1 zunächst diejenigen Personen, die eine Handlung vornehmen, die der Erlaubnis des Rechtsinhabers bedarf. Gemeint sind die Rechtsinhaber i.S.v. § 5 Abs. 1 Alt. 1, d.h. die natürlichen und juristischen Personen, die Inhaber eines Urheberrechts oder verwandten Schutzrechts sind.[10] Eine Erlaubnis ist generell dann nötig, wenn die Handlung des Nutzers in ein **Ausschließlichkeitsrecht** eingreift, etwa das ausschließliche Recht des Urhebers, sein Werk gem. § 16 UrhG zu vervielfältigen. Den Nutzerbegriff bestimmt daher das materielle Urheberrecht. 7

Im Bereich der Aufführungsrechte sind die **Veranstalter** und Mitveranstalter i.S.v. § 42 Nutzer. Der Begriff des Veranstalters bestimmt sich nach einer Gesamtschau der Bei- 8

---

5   MüKoBGB/*Micklitz/Purnhagen*, Bd. 1, vor §§ 13, 14 Rn 106.
6   Die französische Fassung von Art. 3 lit. k VG-RL spricht von „entité", die niederländische von „entiteit", die slowakische von „subjekt" und die polnische von „podmiot" (was i.S.v. „Rechtssubjekt" zu verstehen ist).
7   BeckOK-UrhR/*Freudenberg*, § 8 VGG Rn 7; Dreier/Schulze/*Schulze*, § 8 VGG Rn 2; HK-UrhR/*Hentsch*, § 8 VGG Rn 1.
8   Der entscheidende Satz in Erwägungsgrund 9 lautet: „Dies sollte die Mitgliedstaaten gleichwohl nicht daran hindern, für die in ihrem Hoheitsgebiet ansässigen Organisationen für die kollektive Rechtewahrnehmung strengere Vorschriften als die in Titel II dieser Richtlinie beizubehalten oder festzulegen, sofern diese mit dem Unionsrecht vereinbar sind."
9   Nach dem RefE sollten Verbraucher von dem Auskunftsanspruch noch ausgenommen sein, siehe § 41 Rn 4.
10 Siehe § 5 Rn 7 ff.

träge, die die betreffende Person für die Veranstaltung (Live-Konzert, Weihnachtsmarkt, Straßenfest etc.) leistet.[11] Wer nur den Veranstaltungssaal für ein Konzert bereitstellt oder Sicherheitsvorkehrungen für ein Straßenfest trifft, wird dadurch noch nicht zum Veranstalter.[12] Umgekehrt ist der Begriff des Nutzers im Rahmen von Veranstaltungen aber nicht auf die Veranstalter beschränkt. Nutzer ist auch, wer Musikaufführungen im Rahmen eines Straßenfests organisiert und durchführt, ohne Veranstalter des gesamten Straßenfests zu sein.[13] Das Gleiche gilt für die ausübenden Künstler und DJs, die unmittelbar die Musikauswahl und Beschallung vornehmen – auch sie sind Nutzer i.S.v. § 8, weil sie die Werke zu Gehör bringen und damit direkt für die öffentliche Wiedergabe verantwortlich sind. Nutzer im Bereich der Aufführungsrechte sind daneben **Diskothekenbetreiber** und **Gastwirte**, die Musikwerke in ihren Veranstaltungsräumen darbieten.

9 Nutzer sind häufig auch Rechtsinhaber i.S.v. § 5 und werden dies gerade durch die Nutzung fremder Inhalte, z.B. durch ihre Sendung oder Interpretation. Das betrifft die bereits erwähnten Veranstalter, die unter den Voraussetzungen des § 81 UrhG selbst Inhaber eines Leistungsschutzrechts werden, und außerdem auch **Sendeunternehmen** (87 UrhG), **ausübende Künstler** (§ 73 UrhG), **Presseverleger** (§ 87f UrhG), **Datenbankhersteller** (§ 87a UrhG), **Tonträger-** (§ 85 UrhG) und **Filmhersteller** (§ 94 UrhG). Auch **Musik- und Buchverlage** sind Nutzer und Rechtsinhaber zugleich.[14]

10 Im **Online-Bereich** sind Nutzer vor allem Unternehmen, die Urheber- und verwandte Schutzrechte öffentlich zugänglich machen, im Falle von Musik z.B. **Music-on-Demand- oder Streaming-Dienste**. Online-Plattformen mit **User-Generated-Content** sind Nutzer, wenn sie für die Inhalte täterschaftlich haften. Das ist jedenfalls dann der Fall, wenn eine Plattform die eingestellten Inhalte vor ihrer Freischaltung auf Vollständigkeit und Richtigkeit überprüfen und sich damit zu eigen machen.[15] Die Haftung von YouTube ist Gegenstand eines durch den BGH eingeleiteten Vorabentscheidungsverfahrens vor dem EuGH.[16] Die Instanzgerichte haben eine täterschaftliche Haftung von YouTube verneint.[17]

11 Generell ist für die Qualifikation als Nutzer erforderlich, dass die Nutzungsrechte für **eigene Nutzungshandlungen** benötigt werden. Personen, die die Rechte nachfragen, um sie **an Dritte weiterlizenzieren** zu können, sind nicht Nutzer. Deshalb hat der BGH das Ansinnen des Bundesverbands Musikindustrie zurückgewiesen, mit der GEMA einen Gesamtvertrag über die Einräumung von Online-Nutzungsrechten abzuschließen, die von den Mitgliedern des Verbands als Tonträgerhersteller anschließend an Online-Musikabrufdienste weiterlizenziert werden sollten.[18]

12 Die Erlaubnis zur Nutzung ist grds. einzuholen, **bevor die Handlung**, mit der in das Recht eingegriffen wird, **begonnen wird** (vgl. § 42 Abs. 1 für die Veranstaltung von öffentlichen Wiedergaben). Nutzer i.S.d. § 8 ist deshalb schon derjenige, der die fragliche

---

11 § 42 Rn 9.
12 BGH, Urt. v. 12.2.2015 – I ZR 204/13 – GRUR 2015, 987 Rn 18 – Trassenfieber; OLG Schleswig-Holstein, Urt. v. 7.12.2015 – 6 U 43/14 – ZUM-RD 2016, 195, 197 – Kieler Woche.
13 BGH, Urt. v. 27.10.2011 – I ZR 125/10 – GRUR 2012, 711 Rn 13 – Barmen Live; OLG Schleswig-Holstein, Urt. v. 7.12.2015 – 6 U 43/14 – ZUM-RD 2016, 195, 197 – Kieler Woche (für Standbetreiber auf Straßenfesten, abgelehnt aber für den Veranstalter eines Straßenfests, der an den dort stattfindenden Konzerten wirtschaftlich, organisatorisch und inhaltlich nicht beteiligt war).
14 Zu Verlagen als Rechtsinhaber vgl. § 5 Rn 16.
15 BGH, Urt. v. 12.11.2009 – I ZR 166/07 – marions-kochbuch.de.
16 BGH, Beschl. v. 13.9.2018 – I ZR 140/15 – GRUR 2018, 1132 – YouTube.
17 OLG München, Urt. v. 28.1.2016 – 29 U 2798/15 – GRUR 2016, 612 – allegro barbaro; OLG Hamburg, Urt. v. 1.7.2015 5 U 87/12 – BeckRS 2015, 14370 – YouTube.
18 BGH, Urt. v. 14.10.2010 – I ZR 11/08 – ZUM 2011, 43, 45 ff. – Gesamtvertrag Musikabrufdienste.

Handlung noch nicht vorgenommen hat, sondern vorzunehmen plant. § 8 stellt auf die Erlaubnis des Rechtsinhabers ab, obwohl die Rechtsinhaber mit der Einbringung der Rechte in die Verwertungsgesellschaft die Befugnis zur Erteilung der Erlaubnis an die Verwertungsgesellschaft abgeben. Die Gesetzesformulierung ist also untechnisch zu verstehen. Sie verweist auf die Situation, die vor Einbringung der Rechte in die Verwertungsgesellschaft bestanden hat.

3. Vergütungspflicht (§ 8 Alt. 2). Zweite Gruppe der Nutzer sind gem. § 8 Alt. 2 diejenigen natürlichen oder juristischen Personen, die eine Handlung vornehmen, die zur Zahlung einer Vergütung an den Rechtsinhaber verpflichtet. Damit sind die **Schuldner gesetzlicher Vergütungs- und Ausgleichsansprüche** gemeint.[19] Sie bestehen vor allem im Rahmen gesetzlicher Schrankenregelungen, wie etwa der Vervielfältigung zum privaten Gebrauch, die gem. § 53 Abs. 1 UrhG keiner Erlaubnis des Rechtsinhabers bedarf, aber die Hersteller, Händler und Importeure der Geräte und Speichermedien zur Zahlung einer angemessenen Vergütung gem. § 54 Abs. 1 UrhG verpflichtet. Nutzer sind in diesem Fall nicht die privaten Vervielfältiger, sondern die in § 54 ff. UrhG bestimmten Vergütungsschuldner.[20]

III. Nutzer im VGG

Das VGG enthält in Bezug auf Nutzer folgende Regelungen:
- Nutzer sind die Vertragspartner der Verwertungsgesellschaften und verhandeln mit ihnen gem. § 36 nach Treu und Glauben über die wahrgenommenen Rechte. Sie können sich gegenüber den Verwertungsgesellschaften auf den **Abschlusszwang** gem. § 34 Abs. 1 berufen, also von den Verwertungsgesellschaften beanspruchen, Nutzungsrechte zu angemessenen Bedingungen eingeräumt zu bekommen.
- Kommt eine Einigung über die Vergütungshöhe nicht zustande, können die Nutzer durch **Hinterlegung** oder Zahlung unter Vorbehalt erreichen, dass die Nutzungsrechte als eingeräumt gelten (§ 37).
- Die im VGG nicht gesondert definierten Nutzervereinigungen i.S.d. § 35 können unter den dort geregelten Voraussetzungen von den Verwertungsgesellschaften den Abschluss von **Gesamtverträgen** verlangen.
- Bei der **Tarifgestaltung** haben Verwertungsgesellschaften religiöse, kulturelle und soziale Belange der Nutzer zu berücksichtigen (§ 39 Abs. 3). Über die Kriterien sind die betroffenen Nutzer gem. § 39 Abs. 4 zu informieren.
- Nutzer haben nach dem VGG nicht nur Rechte, sondern auch Pflichten. Gemäß § 41 Abs. 1 kann die Verwertungsgesellschaft von dem Nutzer unter bestimmten Bedingungen **Auskunft** über die Nutzung der ihm eingeräumten Rechte verlangen. § 42 Abs. 2 (§ 13b UrhWG a.F.) konkretisiert diese Verpflichtung für Veranstalter. Die Kommunikation, einschließlich der Meldungen, kann gem. § 43 elektronisch erfolgen.
- Dem stehen auf der anderen Seite die **Informationsansprüche** der Nutzer gegen Verwertungsgesellschaften aus § 55 Abs. 1 gegenüber.
- Nutzer können unter den Voraussetzungen der §§ 92 ff. in Streitfällen die **Schiedsstelle** anrufen bzw. als Antragsgegner an einem Schiedsstellenverfahren beteiligt sein.

---

19 RegE-VGG, BT-Drucks. 18/7223, S. 74; Dreier/Schulze/*Schulze*, § 8 VGG Rn 3.
20 BGH, Urt. v. 16.3.2017 – I ZR 36/15 – GRUR 2017, 694 Rn 23 – Gesamtvertrag PCs; BGH, 21.7.2016 – I ZR 212/14 – GRUR 2017, 161 Rn 28 – Gesamtvertrag Speichermedien.

ZWEITER TEIL
Rechte und Pflichten der Verwertungsgesellschaft

ERSTER ABSCHNITT
Innenverhältnis

ERSTER UNTERABSCHNITT
Rechtsinhaber, Berechtigte und Mitglieder

§ 9
Wahrnehmungszwang

¹Die Verwertungsgesellschaft ist verpflichtet, auf Verlangen des Rechtsinhabers Rechte seiner Wahl an Arten von Werken und sonstigen Schutzgegenständen seiner Wahl in Gebieten seiner Wahl wahrzunehmen, wenn
1. die Rechte, die Werke und sonstigen Schutzgegenstände sowie die Gebiete zum Tätigkeitsbereich der Verwertungsgesellschaft gehören und
2. der Wahrnehmung keine objektiven Gründe entgegenstehen.

²Die Bedingungen, zu denen die Verwertungsgesellschaft die Rechte des Berechtigten wahrnimmt (Wahrnehmungsbedingungen), müssen angemessen sein.

Übersicht
I. Allgemeines
   1. Bedeutung der Regelung —— 1
   2. Vorgängerregelung —— 6
   3. Unionsrechtlicher Hintergrund —— 7
   4. Entstehungsgeschichte —— 9
II. Wahrnehmungszwang
   1. Rechtsinhaberschaft —— 10
   2. Wirkung und Reichweite —— 13
   3. Geographische Reichweite —— 17
   4. Tätigkeitsbereich (S. 1 Nr. 1) —— 19
   5. Objektive Gründe (S. 1 Nr. 2) —— 27
   6. Rechtsfolgen —— 32
III. Wahlrecht
   1. Allgemeines —— 33
   2. Rechte oder Kategorien von Rechten —— 38
   3. Arten von Werken und Schutzgegenständen —— 41
   4. Gebiete —— 44
IV. Angemessenheit der Wahrnehmungsbedingungen (S. 2)
   1. Allgemeines —— 47
   2. Bedeutung der Angemessenheitskontrolle im UrhWG —— 50
   3. Angemessenheitskontrolle nach VGG —— 52

I. Allgemeines

1. Bedeutung der Regelung. Die Vorschrift regelt Voraussetzungen und Reichweite 1
des Wahrnehmungszwangs gegenüber Rechtsinhabern und Berechtigten. Systematisch steht sie im ersten Unterabschnitt des zweiten Teils des VGG, der die Rechtsbeziehungen zwischen der Verwertungsgesellschaft und den Rechtsinhabern, Berechtigten und Mitgliedern regelt.

Verwertungsgesellschaften unterliegen aufgrund ihrer Marktstellung und ihrer Be- 2
deutung für die Funktionsfähigkeit des Marktes einem sog. **doppelten Kontrahierungszwang**. Einerseits ist die Verwertungsgesellschaft gegenüber den Rechtsinhabern verpflichtet, alle Rechte, die in ihren Wahrnehmungsbereich fallen, auch wahrzunehmen, d.h. mit den jeweiligen Rechtsinhabern einen Wahrnehmungsvertrag abzuschließen.[1] An-

---
1 Zum Wahrnehmungsvertrag siehe § 10 Rn 7 ff.

dererseits muss sie jedem Nutzer die von ihr wahrgenommenen Rechte zu angemessenen Bedingungen zur Verfügung stellen. Diese zweite Seite des doppelten Kontrahierungszwanges, der sog. **Abschlusszwang** gegenüber Nutzern, ist im Abschnitt über die Außenbeziehungen der Verwertungsgesellschaften in § 34 geregelt.

3   Der klassische **Regelungszweck** des Wahrnehmungszwangs ist der Schutz des auf Wahrnehmungsleistungen angewiesenen Rechtsinhabers vor wirtschaftlichen Schäden infolge der unzureichenden Wahrnehmung seiner Rechte. Jedem Rechtsinhaber soll der **Zugang zur kollektiven Rechtwahrnehmung** offenstehen.[2] Hinter diesem Erklärungsansatz steht das Bild einer Verwertungsgesellschaft als zumindest faktischem Monopol. Zudem soll verhindert werden, dass sich Verwertungsgesellschaften z.B. auf die Wahrnehmung wirtschaftlich besonders lukrativer Werke beschränken und dadurch ihrer Aufgabe der umfassenden Rechtewahrnehmung für einen bestimmten Wahrnehmungsbereich im Sinne eines One-stop-shops nicht mehr gerecht werden. So erklärt sich auch, dass der Wahrnehmungszwang unabhängig von der Marktstellung der jeweiligen Verwertungsgesellschaft gilt.[3]

4   In der europäischen Dimension tritt noch das Ziel hinzu, den Berechtigten die freie Wahl der Verwertungsgesellschaft innerhalb der EU zu gewährleisten.[4] Rechtsinhaber sollen ihre Verwertungsgesellschaft im Binnenmarkt ungeachtet ihrer Staatsangehörigkeit und ihres Wohnsitzes frei wählen können und dabei auch die Möglichkeit haben, ihre Rechte und Ansprüche nach sinnvollen Kategorien zwischen verschiedenen Verwertungsgesellschaften aufzuteilen. S. 1 sieht diesbezüglich ein **Wahlrecht** des Rechtsinhabers vor, welche Rechte, Arten von Werken oder sonstigen Schutzgegenstände für welche Territorien er einer bestimmten Verwertungsgesellschaft zur Wahrnehmung einräumen möchte. Dieses Wahlrecht haben die Verwertungsgesellschaften bei Abfassung ihrer Wahrnehmungsbedingungen umzusetzen.

5   Schließlich enthält S. 2 ein **allgemeines Angemessenheitsgebot** für die Wahrnehmungsbedingungen der Verwertungsgesellschaft.

6   **2. Vorgängerregelung.** § 9 geht zurück auf den alten Wahrnehmungszwang des § 6 Abs. 1 UrhWG und setzt zugleich Art. 5 Abs. 2 VG-RL um.[5] § 6 Abs. 1 UrhWG war eine der zentralen Vorschriften des UrhWG, da sie nicht nur den Wahrnehmungszwang statuierte, sondern mit dem Angemessenheitsgebot auch die generelle gesetzliche Grundlage für die privat- und aufsichtsrechtliche Kontrolle der Wahrnehmungsbedingungen legte. Mit der Übernahme des Angemessenheitsgebotes in S. 2 wollte der Gesetzgeber die alte Rechtslage fortschreiben.[6]

7   **3. Unionsrechtlicher Hintergrund.** Die inhaltlichen Änderungen des § 9 im Vergleich zur Vorgängernorm des § 6 Abs. 1 UrhWG ergeben sich aus den Vorgaben der VG-RL, insb. Art. 5 Abs. 2 VG-RL. Dies betrifft insbesondere die Möglichkeit einer Wahrnehmungsversagung aus objektivem Grund. Auch das Wahlrecht des Rechtsinhabers hinsichtlich einer Aufteilung seiner Rechte folgt den Vorgaben der VG-RL – auch wenn mit der Richtlinie im Wesentlichen nur kodifiziert wurde, was in weiten Bereichen der deutschen Verwertungsgesellschaftenlandschaft bereits zuvor galt.[7]

---

2   Vgl. amtl. Begründung UrhWG, UFITA 46/1966, 2771, 279.
3   Kritisch: Wandtke/Bullinger/*Gerlach*, § 9 VGG Rn 2.
4   Art. 5, Abs. 2 und Erwägungsgrund 19 VG-RL.
5   RegE-VGG, BT-Drucks. 18/7223, S. 74.
6   RegE-VGG, BT-Drucks. 18/7223, S. 74.
7   Vgl. dazu Rn 33 ff.

Über den Wortlaut der VG-RL und der Vorgängerregelung hinaus geht § 9 mit dem Wegfall der Beschränkung auf Anspruchsberechtigte mit Sitz in der EU oder im EWR.

4. Entstehungsgeschichte. Die Vorschrift entspringt im Wesentlichen einer Kombination des alten § 6 UrhWG mit den Vorgaben von Art. 5 Abs. 2 VG-RL und war daher im Gesetzgebungsverfahren weitgehend unumstritten. Die im Referentenentwurf noch enthaltene Beschränkung des Wahrnehmungszwangs auf Rechtsinhaber mit Sitz in der EU oder dem EWR wurde im Regierungsentwurf gestrichen.[8]

II. Wahrnehmungszwang

1. Rechtsinhaberschaft. Voraussetzung des Anspruchs auf Wahrnehmung ist, dass der Anspruchsteller Rechtsinhaber i.S.v. § 5 ist, d.h. er muss im Zweifel nachweisen können, **urheberrechtliche Nutzungsrechte oder andere relevante Schutzrechte**, die für die Wahrnehmung in Betracht kommen, innezuhaben oder einen vertraglichen Anspruch auf Beteiligung an den Einnahmen zu haben, § 5 Abs. 1 Alt. 2.[9] Bei Bestimmung der Rechtsinhaberschaft kann die Vermutung des § 10 UrhG zum Tragen kommen. Für Rechte und Ansprüche, die außerhalb des Schutzbereiches des UrhG liegen (z.B. Knowhow, Marken, Design etc.), gilt der Wahrnehmungszwang nicht. Hat der ursprüngliche Rechtsinhaber die wahrnehmungsrelevanten Rechte an einen Dritten übertragen, so kann er nicht mehr deren Wahrnehmung durch die Verwertungsgesellschaft begehren, es sei denn, die Rechte wurden durch den Dritten in die Verwertungsgesellschaft eingebracht und der originäre Rechtsinhaber hat aufgrund eines Vertrages mit dem Dritten Anspruch auf Beteiligung an den Verwertungserlösen.[10]

Sind mehrere Rechtsinhaber an einem Werk gemeinschaftlich, z.B. als Miturheber i.S.v. § 8 UrhG, beteiligt, so greift der Wahrnehmungszwang nur insoweit, als die entsprechenden Rechte und Ansprüche im Namen aller Rechtsinhaber wirksam an die Verwertungsgesellschaft eingeräumt werden. Einen **Anspruch auf die separate Wahrnehmung von Werkanteilen** verschafft § 9 dem einzelnen Miturheber nicht, dies folgt auch aus § 8 UrhG. Allerdings ist in manchen Bereichen der kollektiven Rechtewahrnehmung auch die Wahrnehmung von Werkanteilen möglich, etwa im Rahmen von Vermutungsregeln oder wenn verschiedene Werkanteile durch Repräsentationsvereinbarungen oder sonstige Verträge zusammengeführt werden.

Nicht unter den Begriff des Rechtsinhabers fallen **andere Verwertungsgesellschaften** sowie Verwertungseinrichtungen nach den §§ 4 und 5. Damit ergibt sich aus § 9 auch kein Anspruch einer Verwertungsgesellschaft auf Abschluss einer Repräsentationsvereinbarung.[11] Für den Sonderfall der multiterritorialen Lizenzierung gilt der besondere Repräsentationszwang des § 69.[12]

2. Wirkung und Reichweite. Der Wahrnehmungszwang stellt eine gesetzliche Verpflichtung dar, mit der ein direkter Anspruch des Rechtsinhabers auf Abschluss eines Wahrnehmungsvertrages korreliert, der ggf. gerichtlich im Wege der Leistungsklage durchgesetzt werden kann. Keinesfalls führt der Wahrnehmungszwang zur **Fiktion ei-**

---

[8] Vgl. § 9 Nr. 1 VGG in der Fassung des Referentenwurfes, RefE des BMJV v. 9.6.2015, S. 13.
[9] BGH, Urt. v. 13.12.2001 – I ZR 41/99 – GRUR 2002, 332, 443 – Klausurerfordernis; OLG Hamburg, Urt. v. 4.11.1993 – 3 U 119/93 – ZUM 1995, 52, 53 – Tonmeister.
[10] Vgl. § 5 Rn 12 ff. und § 27 Rn 63 ff.
[11] Vgl. § 44 Rn 24.
[12] Vgl. dazu § 69 Rn 6 ff.

nes Wahrnehmungsverhältnisses zwischen Rechtsinhaber und Verwertungsgesellschaften oder gar zwischen Rechtsinhabern untereinander.

14 Der Wahrnehmungszwang verschafft den Rechtsinhabern einen gesetzlichen **Anspruch auf Wahrnehmung ihrer Rechte** und Ansprüche durch die Verwertungsgesellschaft, nicht aber auf die Aufnahme als Mitglied oder die Einräumung bestimmter Teilhaberechte bei der inneren Willensbildung der Verwertungsgesellschaft.[13] Damit begründet der Wahrnehmungszwang über den bloßen Anspruch auf Abschluss eines Wahrnehmungsvertrages hinaus auch einen Anspruch des Rechtsinhabers gegen die Verwertungsgesellschaft auf ein **Tätigwerden zur Wahrung seiner Rechte**, z.B. durch die Aufstellung von Tarifen, Einziehen der Vergütung oder die Kontrolle unbefugter Werknutzungen.[14] Dabei bleibt die Frage, wie die Wahrnehmungstätigkeit im Einzelfall konkret ausgestaltet ist, der Verwertungsgesellschaft überlassen. Es besteht weder ein **Weisungsrecht** des Rechtsinhabers noch ein Anspruch auf ein Tätigwerden in einer bestimmten Art und Weise, etwa zur Aufstellung oder Anwendung eines bestimmten Tarifes, Durchführung eines Gerichts- oder Schiedsstellenverfahrens oder Abschluss eines Lizenzvertrages.[15]

15 Entfallen ist in § 9 die **Subsidiaritätsklausel** des § 6 Abs. 1 S. 1 UrhWG a.E. wonach der Wahrnehmungszwang nur griff, wenn *„eine wirksame Wahrnehmung der Rechte oder Ansprüche anders nicht möglich ist"*. Nach der amtlichen Begründung des UrhWG sollte der Wahrnehmungszwang daher bereits entfallen, wenn der Rechtsinhaber auf andere Verwertungsgesellschaften ausweichen konnte.[16] Diese bereits nach alter Rechtslage stark umstrittene Lesart[17] findet in § 9 keine Grundlage mehr und wäre auch mit dem Ziel, dem Rechtsinhaber ein Wahlrecht zwischen mehreren in Betracht kommenden Verwertungsgesellschaften zu gewähren, nicht zu vereinbaren. Auch die Möglichkeit zur Selbstwahrnehmung schließt den Wahrnehmungszwang nicht aus. Keinesfalls kann der Wahrnehmungszwang daher auf Rechte und Ansprüche beschränkt werden, die gesetzlich der Wahrnehmung durch Verwertungsgesellschaften vorbehalten sind.[18]

16 Im Verhältnis zu Kontrahierungs- und Aufnahmeansprüchen aus anderen Rechtsquellen ist § 9 lex specialis. Allerdings wird der kartellrechtliche Kontrahierungsanspruch in § 20 GWB und Art. 102 AEUV von § 9 nicht verdrängt, sondern lediglich auf der Rechtsfolgenseite inhaltlich determiniert, so dass beide Anspruchsgrundlagen nebeneinander bestehen, i.d.R. aber zu deckungsgleichen Ergebnissen führen.[19]

17 **3. Geographische Reichweite.** Die **Staatsangehörigkeit oder der Wohnsitz** des Berechtigten spielen für den Wahrnehmungszwang nach § 9 keine Rolle mehr. Dies entspricht der Vorgabe von Art. 5 Abs. 2 S. 1 VG-RL, wonach alle Rechtsinhaber ohne Ansehung von Staatsangehörigkeit, Wohnsitz oder Niederlassung wählen können sollen, welcher Verwertungsgesellschaft in der EU bzw. innerhalb des EWR sie ihre Rechte zur Wahrnehmung anvertrauen. Der deutsche Gesetzgeber geht aber noch über die Richtlinie hinaus. Während die Richtlinie nur die freie Wahl der Verwertungsgesellschaft für

---

13 Siehe §§ 13, 18 VGG.
14 BGH, Urt. v. 14. 10. 2010 – I ZR 11/08 – GRUR 2011, 61, 64 – Gesamtvertrag Musikabrufdienste.
15 BGH, Urt. v. 1. 12. 2010 – I ZR 70/09 – GRUR 2011, 720 – Multimediashow: kein Anspruch des Berechtigten gegen die Verwertungsgesellschaft auf Durchführung eines Schiedsstellenverfahrens; OLG München, Urt. v. 2.4.2009 – 29 U 3866/08 – GRUR 2009, 357 – nicht rechtskräftig.
16 UrhWG, amtl. Begründung, UFITA 46/1966, 271, 280.
17 M.w.N. Wandtke/Bullinger/*Gerlach*, 4. Aufl. 2014, § 6 UrhWG Rn 15.
18 §§ 20b Abs. 1 S. 1 und Abs. 2 S. 3, 26 Abs. 6, 27 Abs. 3, 45a Abs. 2 S. 2, 49 Abs. 1, 52a Abs. 4 S. 2, 54h Abs. 1, 60h Abs. 4, 79 Abs. 3 S. 2, § 137l Abs. 5 S. 3 UrhG.
19 Vgl. dazu auch § 35 Rn 29 ff.

Rechtsinhaber mit Sitz in der EU/EWR oder Staatsangehörigkeit eines **EU- bzw. EWR-Mitgliedstaates** verlangt,[20] erstreckt das VGG den Wahrnehmungszwang auf alle Rechtsinhaber ungeachtet von Sitz und Herkunft.[21] Die im Referentenentwurf noch vorgesehene Beschränkung des Wahrnehmungszwanges auf Staatsangehörige von EU bzw. EWR wurde im weiteren Verlauf des Gesetzgebungsverfahrens gestrichen. Verwertungsgesellschaften im Geltungsbereich des VGG müssen daher sämtlichen Rechtsinhabern, auch solchen außerhalb der EU/des EWR, offenstehen – aber nur soweit ihr definierter Tätigkeitsbereich reicht.[22] Ein Rechtsinhaber aus dem Ausland kann daher eine deutsche Verwertungsgesellschaft mit der Wahrnehmung der Rechte in Deutschland betrauen. Auf eine aktive Wahrnehmungstätigkeit dieser Verwertungsgesellschaft in seinem Herkunftsland hat er aber keinen Anspruch.[23]

18 Der Gesetzgeber setzt damit einen Schlusspunkt unter die alte Kontroverse um die geographische Reichweite des Wahrnehmungszwanges nach § 6 UrhWG, der nach ursprünglicher Beschränkung auf Berechtigte mit deutscher Staatsangehörigkeit oder Wohnsitz unter dem Druck der Binnenmarktregeln schrittweise auf europäische Berechtigte ausgedehnt worden war.[24]

19 **4. Tätigkeitsbereich (S. 1 Nr. 1).** Der Wahrnehmungszwang erstreckt sich nur auf solche Rechte, Werkarten, sonstige Schutzgegenstände und Gebiete, die zum Tätigkeitsbereich der Verwertungsgesellschaft gehören. In der Festlegung des Tätigkeitsbereiches ist die Verwertungsgesellschaft im Rahmen ihrer Satzungsautonomie dabei grds. frei. Keine Verwertungsgesellschaft soll durch einzelne Berechtigte unter Berufung auf den Wahrnehmungszwang zur Ausweitung ihres Tätigkeitsbereiches gezwungen werden können.[25]

20 Der Tätigkeitsbereich einer Verwertungsgesellschaft ergibt sich i.d.R. aus ihrer Satzung bzw. je nach gewählter Rechtsform dem Gesellschaftsvertrag, dem Statut und dem darauf beruhenden Wahrnehmungsvertrag. Die Beschlussfassung über den sachlichen Tätigkeitsbereich obliegt der Mitgliederhauptversammlung nach § 17 Abs. 1 S. 2 Nr. 15. Beschränkt ist der Tätigkeitsbereich auch durch den Erlaubnisbescheid des DPMA nach § 77.

21 Der **räumliche Tätigkeitsbereich** der Verwertungsgesellschaft ist dabei zunächst das Tätigkeitsgebiet, in welchem die Verwertungsgesellschaft Rechte und Ansprüche selbst wahrnimmt, d.h. Rechte lizenziert oder Vergütungen einzieht. Allerdings kann sich der Wahrnehmungszwang auch auf Rechte für solche Territorien beziehen, in denen die Verwertungsgesellschaft selbst nicht tätig wird, dort aber eine andere Verwertungsgesellschaft mit der Wahrnehmung der ihr eingeräumten Rechte beauftragt hat.[26]

22 Erstes Definitionsmerkmal des **sachlichen Tätigkeitsbereiches** ist dabei regelmäßig die **Art der wahrgenommenen Werke oder sonstigen Schutzgegenstände**. § 3 der Satzung der VG Wort sieht z.B. eine Beschränkung auf Sprachwerke vor, § 2 der Satzung

---

20 Art. 5 Abs. 2 VG-RL spricht von „Mitgliedstaat" der Staatsangehörigkeit, des Wohnsitzes oder der Niederlassung. Diesem Ergebnis entspricht auch die Herleitung aus der Dienstleistungsfreiheit, vgl. auch Erwägungsgrund 19 VG-RL.
21 Einschränkend für außereuropäische Berechtigte auch nach neuer Rechtslage:
Dreier/Schulze/*Schulze*, § 9 VGG Rn 23 ff.
22 Rn 19 ff.
23 Zur Wahl des Wahrnehmungsgebietes vgl. unten Rn 44 ff.
24 Eine Übersicht über die Entwicklung bietet: Wandtke/Bullinger/*Gerlach*, 4. Aufl. 2014, § 6 UrhWG Rn 11.
25 Vgl. auch Erwägungsgrund 20 VG-RL.
26 Vgl. Rn 45.

der VG Bildkunst eine Beschränkung auf Werke nach § 2 Abs. 1 Nr. 3 bis 7, § 4 sowie § 72 UrhG. Die GVL beschränkt den sachlichen Tätigkeitsbereich gem. § 2 der Satzung auf die Schutzgegenstände des Leistungsschutzrechtes für ausübende Künstler und Tonträgerhersteller.

23 Die meisten Verwertungsgesellschaften definieren auch objektiv, welche **Nutzungsrechte** sie an den betroffenen Werken wahrnehmen. Diese Festlegung ergibt sich üblicherweise aus dem Wahrnehmungsvertrag und folgt letztlich dem Gebot des § 10 und der Zweckübertragungslehre, die es erforderlich machen, die von der Wahrnehmung erfassten Rechte und Nutzungsarten exakt zu dokumentieren.[27] So sind bspw. aus dem Wahrnehmungsumfang der VG Wort und der GEMA die sog. großen Rechte zur bühnenmäßigen Aufführung weitgehend ausgenommen. Die GVL wiederum konzentriert ihren Wahrnehmungsumfang auf die Rechte der sog. Zweitverwertung.[28]

24 Im Einzelnen stellt sich der Tätigkeitsbereich der deutschen Verwertungsgesellschaften wie folgt dar:

Übersicht: Tätigkeitsbereiche der deutschen Verwertungsgesellschaften

VG	Werkarten; Schutzgegenstände (Berechtigte)	Rechte/Nutzungsarten (vereinfacht)	Gebiete
AGICOA	Filmwerke; Filmproduktionen (Filmproduzenten)	– Weitersendung von Funksendungen durch Kabelsysteme, Internet – Öffentliche Zugänglichmachung von Funksendungen – Öffentliche Wiedergabe von Funksendungen durch Weiterleitung in Hotels, Krankenhäusern etc.	DE, Welt
GEMA	Musikwerke (Urheber, Musikverlage)	– Öffentliche Aufführung – Sendung – Weitersendung – Wiedergabe und Vorführung – Öffentliche Zugänglichmachung – Aufnahme und Vervielfältigung von Ton- oder Bildtonträgern – Freizeichen und Ruftonmelodien – Filmherstellung – Nutzung zu Werbezwecken – Private Vervielfältigung – Vergütung für Nutzungen in Unterricht, Lehre und Wissenschaft	Welt
GÜFA	Pornographische Filmwerke (Produzenten,	– Öffentliche Wiedergabe – Vermietung und Verleih – Sendung – Weitersendung	EU/EWR, TR, IL

---

27 Vgl. § 10 Rn 17.
28 Wandtke/Bullinger/*Gerlach*, § 9 VGG Rn 12.

VG	Werkarten; Schutzgegenstände (Berechtigte)	Rechte/Nutzungsarten (vereinfacht)	Gebiete
	Filmurheber und ausübende Künstler)	– Öffentliche Zugänglichmachung – Vervielfältigung für Menschen mit Behinderung – Private Vervielfältigung	
GVL	Werkdarbietungen; Ton- und Filmaufnahmen (ausübende Künstler; Tonträgerhersteller)	– Sendung – Kabelweitersendung – Öffentliche Wahrnehmbarmachung – Private Vervielfältigung – Vermietung und Verleih – Vervielfältigung für Schulfunk – Vergütung für Nutzungen in Unterricht, Lehre und Wirtschaft – Vervielfältigung, Verbreitung und öffentliche Zugänglichmachung in Sammlungen für den Kirchen-, Schul- oder Unterrichtsgebrauch – Vervielfältigung und Zugänglichmachung von Tonträgern 50 Jahre nach Erscheinen – Aufnahme, Vervielfältigung und Verbreitung zum Zweck der Sendung oder öffentlichen Wahrnehmbarmachung – Zugänglichmachung für Podcasting und Hintergrundmusik auf Webseiten	Welt
GWFF	Filmwerke (Produzenten, Urheber und Schauspieler)	– Vermietung und Verleih – Private Vervielfältigung – Vergütung für Nutzungen in Unterricht, Lehre und Wirtschaft – Nutzung in Unterricht und Weiterbildungseinrichtungen – Weitersendung	Welt
GWVR	Leistungsschutzrecht des Veranstalters, § 81 -UrhG	– Sendung – Lautsprecherwiedergabe – Filmvorführung – Aufnahme auf Ton-, Bildton- und andere Datenträger	Welt
TWF	Werbefilme (Produzenten und Filmurheber)	– Kabelweitersendung – Private Vervielfältigung – Öffentliche Zugänglichmachung von Rundfunkprogrammen auf Plattformen	DE, Welt
VFF	Filmwerke (Produzenten,	– Vermietung und Verleih – Private Vervielfältigung	Welt

VG	Werkarten; Schutzgegenstände (Berechtigte)	Rechte/Nutzungsarten (vereinfacht)	Gebiete
	Urheber und Schauspieler)	– Vergütung für Nutzungen in Unterricht, Lehre und Wirtschaft – Nutzung in Unterricht und Weiterbildungseinrichtungen – Weitersendung	
VG Bildkunst	Bildwerke, Filmwerke (bildende Künstler; Bildautoren, Filmurheber)	– Vorführung – Öffentliche Wiedergabe – Sendung – Weitersendung – Vermietung und Verleih – Private Vervielfältigung – Vergütung für Nutzungen in Unterricht, Lehre und Wirtschaft – Nutzung in Unterricht und Weiterbildungseinrichtungen	Welt
VGF	Filmwerke (Produzenten, Urheber und Schauspieler)	– Öffentliche Wiedergabe – Vermietung und Verleih – Private Vervielfältigung – Weitersendung – Vergütung für Nutzungen in Unterricht, Lehre und Wirtschaft	Welt
VG Media	Funksendungen (Sendeunternehmen) Presseerzeugnisse (Presseverleger)	– Weitersendung – Öffentliche Zugänglichmachung, u.a. durch elektronische Programmführer (EPG) – Leistungsschutzrecht der Presseverleger – Öffentliche Wiedergabe – Mitschnitte von Sendungen zur Medienbeobachtung	Welt
VG Musikedition	Musikwerke, Notenmaterial	– Vervielfältigung für Unterricht, Bildung und Gottesdienst – Wissenschaftliche Ausgaben und nachgelassene Werke – Sendung und Weitersendung – Private Vervielfältigung	Welt
VG Wort	Sprachwerke (Autoren und Verlage)	– Vermietung und Verleih – Wiedergabe mittels Träger oder Sendung – Sendung und Weitersendung – Pressespiegel – Aufnahme in Sammlungen für Kirchen-, Schul- und Unterrichtsgebrauch	Welt

VG	Werkarten; Schutzgegenstände (Berechtigte)	Rechte/Nutzungsarten (vereinfacht)	Gebiete
		– Private Vervielfältigung – Öffentliche Wiedergabe und Vortrag – Nutzung in Unterricht und Forschung	

Umstritten war im UrhWG, inwiefern es Verwertungsgesellschaften gestattet ist, den Tätigkeitsbereich subjektiv, d.h. anhand in der Person der Berechtigten liegender Kriterien zu definieren. Nach verbreiteter Auffassung musste der Tätigkeitsbereich stets objektiv definiert werden, um einem Missbrauch des Wahrnehmungszwanges vorzubeugen.[29] **Subjektive Ausschlusskriterien**, die bestimmte Arten von Rechtsinhabern von der Wahrnehmung ausschließen, sah die Rechtsprechung kritisch.[30] Andererseits gestand eine verbreitete Lesart von § 6 UrhWG den Verwertungsgesellschaften das Recht zu, die Wahrnehmung auf den originären Rechtsinhaber, insbesondere den Urheber selbst, zu beschränken und **Zessionare**, die vom Urheber abgeleitete Nutzungsrechte innehaben, von der Wahrnehmung auszuschließen.[31] Diese schon nach altem Recht sehr umstrittene Auffassung[32] findet in § 9 keine Grundlage mehr. S. 1 Nr. 1 nennt nur objektive Kriterien für die Einschränkung des Tätigkeitsbereiches und nach Wegfall der Subsidiaritätsklausel muss die kollektive Rechtewahrnehmung grundsätzlich auch dem derivativ Berechtigten offenstehen. Zudem schließt die Definition in § 5 den derivativen Rechtsinhaber ausdrücklich mit ein.[33] Entsprechende Satzungsbestimmungen, welche die Wahrnehmungstätigkeit auf bestimmte originäre oder abgeleitete Gruppen von Rechtsinhabern beschränken, sind daher jedenfalls rechtfertigungsbedürftig.[34] Vom Wahrnehmungszwang ausgenommen sind lediglich andere Verwertungsgesellschaften, § 5 Abs. 2. Subjektive Elemente in der Person des Berechtigen können im Einzelfall dazu führen, dass einzelne Berechtigte nach S. 1 Nr. 2 von der Wahrnehmung ausgeschlossen werden können,[35] ein allgemeiner Ausschluss derivativ Berechtigter wird sich darauf aber nicht gründen lassen. Dies setzt freilich voraus, dass ein Recht vom ursprünglich Berechtigten auch wirksam an den derivativ Berechtigten abgetreten wurde oder ihm ein Anspruch auf einen Anteil an den Einnahmen aus den Rechten eingeräumt wurde. Ob und unter welchen Voraussetzungen ein Recht abgetreten werden kann, ist eine Frage des materiellen Urheberrechts, für gesetzliche Vergütungsansprüche ist § 63a UrhG zu beachten. Auch bei Abtretung der Rechte kann der originäre Rechtsinhaber nach Maßgabe des Verteilungsplanes der Verwertungsgesellschaft weiterhin an den Ausschüttun-

---

[29] *Haertel*, UFITA 50 (1967) 7, 17.
[30] BGH, Urt. v. 12.11.1998 – I ZR 31/96 – GRUR 1999, 577 – Sendeunternehmen als Tonträgerhersteller; KG, Urt. v. 7.5.2010 – 5 U 116/07 – GRUR-RR 2010, 372, 374 – Musikvideoclip.
[31] Wandtke/Bullinger/*Gerlach*, § 6 UrhWG Rn 14; *Vogel*, GRUR 1993, 513, 517 f.
[32] Vgl. z.B. OLG Frankfurt a. M., Urt. v. 19.11.2002 – 11 U 10/00 – BeckRS 2002, 30294286; Schricker/Loewenheim/*Reinbothe*, § 6 UrhWG Rn 11.
[33] Siehe auch Art. 3 lit. c VG-RL.
[34] A.A. Wandtke/Bullinger/*Gerlach*, § 9 VGG Rn 13. Zu zulässigen Typisierungen bei der Ermittlung der Rechtsinhaberschaft in Anknüpfung an bestimmte Berufsgruppen siehe BGH, Urt. v. 3.6.2002 – I ZR 1/00 – ZUM 2002, 821, 823 – Mischtonmeister.
[35] Rn 28 ff.

gen zu beteiligen sein.[36] Davon unbenommen bleibt das Recht der Verwertungsgesellschaften, **Mitgliedschaftsrechte** nur originären Rechtsinhabern, z.B. Urhebern vorzubehalten oder Berechtigte in Berufsgruppen einzuteilen.[37]

26 Eine nachträglich von den zuständigen Gremien der Verwertungsgesellschaft beschlossene Beschränkung des Tätigkeitsbereiches kann eine (Teil-)Kündigung des Wahrnehmungsvertrages durch die Verwertungsgesellschaft rechtfertigen.

27 **5. Objektive Gründe (S. 1 Nr. 2).** Die Verwertungsgesellschaft kann die Wahrnehmung von eigentlich zu ihrem Tätigkeitsbereich gehörenden Rechten und Werken verweigern, wenn der Wahrnehmung **objektive Gründe** i.S.v. S. 1 Nr. 2 entgegenstehen. Diese im UrhWG nicht enthaltene Einschränkung des Wahrnehmungszwanges wurde in Umsetzung von Art. 5 Abs. 2 S. 2 VG-RL in das VGG aufgenommen. Allerdings war auch schon im UrhWG anerkannt – wenn auch nicht ausdrücklich im Gesetzestext verankert –, dass der Wahrnehmungszwang dort seine Grenze findet, wo der Verwertungsgesellschaft die Wahrnehmung – z.B. aus wirtschaftlichen Gründen – nicht mehr zuzumuten ist.[38] Ein solcher Fall wurde angenommen, wenn Zweifel an der Rechtsinhaberschaft bestehen, die nur durch unverhältnismäßige Einzelfallprüfungen geklärt werden könnten.[39] Dafür genügte es aber nicht, dass die Wahrnehmung für die Verwertungsgesellschaft lediglich unrentabel war.[40] Auch wird es für die Verweigerung der Wahrnehmung der Rechte außereuropäischer Berechtigter nicht genügen, dass diese ihre Rechte einfacher über lokale Verwertungsgesellschaften wahrnehmen lassen können,[41] vielmehr müssen praktische Umstände vorliegen, wie z.B. Sprach- oder Zahlungsflussbarrieren, die eine Wahrnehmung für die Verwertungsgesellschaft unzumutbar machen.

28 Der vom Gesetzgeber gewählte Begriff der objektiven Gründe ist bei richtlinienkonformer Auslegung i.S.d. in Art. 5 Abs. 2 S. 2 VG-RL verwendeten Begriffs der „objektiv nachvollziehbaren Gründe" zu verstehen. Objektive Gründe können daher auch in der Person des Rechtsinhabers liegen. So kann die Beendigung oder Verweigerung der Wahrnehmung grds. auch auf Pflichtverletzungen oder Verfehlungen des Rechtsinhabers gegenüber der Verwertungsgesellschaft gestützt werden. Allerdings kann dafür nicht jede Verletzung des Wahrnehmungsverhältnisses ausreichen – vielmehr wird man eine derart **starke Störung des Vertrauensverhältnisses** voraussetzen müssen, dass der Verwertungsgesellschaft eine Fortsetzung des Wahrnehmungsverhältnisses nicht zumutbar ist. Dies könnte z.B. der Fall sein, wenn der Berechtigte gegenüber der Verwertungsgesellschaft wissentlich falsche Angaben gemacht hat, um sich Vermögensvorteile bei der Ausschüttung zu erschleichen oder anderweitige Vorteile zu verschaffen.

29 Jedenfalls kann die Verwertungsgesellschaft die Wahrnehmung ablehnen, wenn und soweit sie sich durch die Wahrnehmungstätigkeit selbst in die Gefahr einer Rechtsverletzung begibt, z.B. wegen strafrechtlicher Vorschriften zur Geldwäsche und Kriminalitätsfinanzierung.

30 Ebenfalls verweigert werden darf die Wahrnehmung von Werken mit **rechtswidrigem Inhalt**, z.B. volksverhetzenden oder grob beleidigenden, indizierten oder sonst strafrechtlich relevanten Werken, wenn die Rechtswidrigkeit der Inhalte zweifellos fest-

---

36 Vgl. § 27 Rn 63 ff.
37 § 13 Rn 23 ff.
38 BGH, Urt. v. 13.12.2001 – I ZR 41/99 – GRUR 2002, 332, 334 – Klausurerfordernis.
39 BGH, Urt. v. 3.6.2002 – I ZR 1/00 – ZUM 2002, 821, 823 – Mischtonmeister.
40 *Mestmäcker/Schweitzer*, § 33 Rn 8. Vgl. aber auch KG, Urt. v. 7.5.2010 – 5 U 116/07 – ZUM-RD 2011, 157, 163.
41 So aber Dreier/Schulze/*Schulze*, § 9 VGG Rn 15.

steht oder gerichtlich festgestellt wurde. Hierbei ist jedoch äußerste Vorsicht geboten. Keinesfalls darf sich die Verwertungsgesellschaft selbst zur Entscheiderin über politisch erwünschte oder unerwünschte Inhalte aufschwingen. Auch anstößige oder umstrittene Werke müssen daher wahrgenommen werden. Bei Werken mit rechtswidrigem Inhalt kann sich die Ablehnung der Wahrnehmung immer nur auf das einzelne Werk beziehen, nicht aber auf andere Werke oder gar das Gesamtschaffen des jeweiligen Rechtsinhabers.

Im Rahmen der Prüfung, ob objektiv nachvollziehbare Gründe der Wahrnehmung 31 entgegenstehen, wird regelmäßig eine **Interessenabwägung** zwischen dem Wahrnehmungsinteresse des Rechtsinhabers und den Ablehnungsgründen der Verwertungsgesellschaft vorzunehmen sein. Dabei wird auch zu berücksichtigen sein, welche Kosten die Verwertungsgesellschaft dem Rechtsinhaber in Rechnung stellt[42] und inwieweit dem Rechtsinhaber bei Ablehnung der Wahrnehmung durch die Verwertungsgesellschaft alternative Verwertungsmöglichkeiten offenstehen. So kann bspw. der Maßstab für objektive Ablehnungsgründe im Fall der gesetzlich vorgeschriebenen Verwertungsgesellschaftspflichtigkeit strenger sein als im Bereich der freiwilligen kollektiven Rechtewahrnehmung.

6. Rechtsfolgen. Ein Verstoß gegen den Wahrnehmungszwang führt nicht zur **Fik-** 32 **tion eines Wahrnehmungsverhältnisses**, sondern verschafft nur einen klagbaren Anspruch auf Abschluss eines Wahrnehmungsvertrages und ggf. tatsächliche Aufnahme der Wahrnehmungstätigkeit. Ein Anspruch auf Beteiligung an der Ausschüttung vergangener Einnahmen ergibt sich daraus nicht. Allerdings kann bei schuldhaftem Verstoß Schadensersatz von der Verwertungsgesellschaft verlangt werden.[43]

III. Wahlrecht

1. Allgemeines. Aus S. 1 Hs. 1 ergibt sich ein Wahlrecht des Rechtsinhabers hin- 33 sichtlich **der Rechte, der Art von Werken, sonstigen Schutzgegenstände oder Gebiete**, für welche er die Dienste der Verwertungsgesellschaft in Anspruch nehmen möchte. Der Abschluss eines Wahrnehmungsvertrages darf seitens der Verwertungsgesellschaft also nicht davon abhängig gemacht werden, dass sämtliche Arten von Werken, Rechten oder Schutzgegenständen durch die Verwertungsgesellschaft wahrgenommen werden. Stattdessen müssen die Verwertungsgesellschaften ein entsprechend differenziertes und flexibel gestaltetes System zur Wahrnehmung einzelner Rechte und Rechtekombinationen bereitstellen. Die in § 9 angelegten Differenzierungsmöglichkeiten sind für den Rechtsinhaber frei miteinander kombinierbar.

Diese Bestimmung findet ihr Spiegelbild in **§ 12**, der die **Herausnahme** von bereits 34 eingeräumten Rechten regelt.[44] Insofern herrscht Gleichlauf bei den Wahlmöglichkeiten zwischen der erstmaligen Rechteeinräumung und der Herausnahme bereits eingeräumter Rechte.

Diese weitgehenden **Wahlmöglichkeiten** der Berechtigten entsprechen dem Rege- 35 lungsziel der VG-RL, die sich einerseits hohe **Flexibilität** für die Rechtsinhaber und andererseits Wettbewerb zwischen den Verwertungsgesellschaften zum Ziel gesetzt hat.[45] Der Rechtsinhaber soll nicht nur wählen können, welcher Verwertungsgesellschaft er seine Rechte einräumen will, sondern soll auch den Umfang der Rechteeinräumung

---

42 Vgl. z.B. KG, Urt. v. 7.5.2010 – 5 U 116/07 – ZUM-RD 2011, 157, 163.
43 Vgl. z.B. KG, Urt. v. 7.5.2010 – 5 U 116/07 – ZUM-RD 2011, 157, 164.
44 Vgl. § 12 Rn 18 ff.
45 Vgl. Erwägungsgrund 19 VG-RL.

weitgehend selbst bestimmen können, damit er seine Rechte teilweise selbst wahrnehmen oder zwischen mehreren Verwertungsgesellschaften **aufteilen** kann. Auch wenn dieses Wahlrecht häufig als Errungenschaft der VG-RL gewürdigt wird,[46] liegt sein wahrer Ursprung doch in den wettbewerbsrechtlich geprägten Entscheidungen der EU-Kommission der 1970er Jahre. Darin ließ die Kommission die exklusive Vorausabtretung der Nutzungsrechte an allen bestehenden und künftigen Werken grds. zu, verlangte aber im Rahmen von Art. 102 AEUV, die Rechtsinhaber müssten die Möglichkeit haben, ihre Rechte nach Nutzungsbereichen und Territorien auf mehrere Verwertungsgesellschaften aufzuteilen.[47] Eine gezielte Einräumung bzw. Herausnahme **einzelner Werke** müsse hingegen nicht ermöglicht werden.[48] Daraus entstand das **Prinzip der Spartenwahrnehmung**, das in der Folge von den meisten Verwertungsgesellschaften übernommen wurde und schließlich auch in Art. 5 Abs. 2 VG-RL zumindest dem Grunde nach kodifiziert wurde.[49] Allerdings sahen die Kommissionsentscheidungen die Spartenlizenzierung und kürzere Kündigungsfristen als alternative Wege zu mehr Flexibilität für Rechtsinhaber an, die VG-RL hat schließlich beides kombiniert.

36 Dabei ist zu beachten, dass die Flexibilität der Rechtsinhaber bei der Einräumung und Aufteilung von Rechten nicht unbegrenzt gelten kann, sondern ihre Grenzen in den Funktionsvoraussetzungen der Verwertungsgesellschaften finden muss.[50] Die zentrale Aufgabe von Verwertungsgesellschaften ist es, einer Vielzahl von Nutzern **standardisierte Lizenzen** für ein möglichst breites Repertoire zur Verfügung zu stellen, um einen möglichst einfachen Zugang zu Nutzungsrechten zu ermöglichen und die Transaktionskosten für alle Beteiligten gering zu halten. Der Idealfall dieses Ansatzes ist die sog. **Blankettlizenz**, die allen Nutzern Zugang zum gesamten Weltrepertoire eines bestimmten Genres, z.B. der Musik, verschafft. Diesem Ziel läuft die maximal flexible Rechteeinräumung und -herausnahme in gewisser Weise zuwider – zumindest, wenn die Rechte dadurch dem weltweiten Netzwerk der Gegenseitigkeitsverträge entzogen werden und damit nicht mehr von Verwertungsgesellschaften lizenziert werden können. Von besonderer Bedeutung ist in diesem Zusammenhang, dass die kollektive Rechtewahrnehmung durch das Konzept der einheitlichen Tarife stets eine gewisse **Mischkalkulation** zwischen attraktivem Spartenrepertoire und Nischenrepertoire vornimmt. Für diejenigen Rechte, die so gefragt sind, dass sie auf einem unregulierten Markt höhere Preise erlösen könnten als der Tarif der Verwertungsgesellschaften, besteht ein großer Anreiz für die Selbstwahrnehmung und dieser Anreiz steigt in dem Maße, in dem man die wirtschaftlich attraktiven Lizenzierungsmöglichkeiten von den weniger lukrativen und kostenträchtigen separieren kann. Am Ende bliebe für die kollektive Lizenzierung nur das Nischenrepertoire.

37 Vor diesem Hintergrund ist allgemein anerkannt, dass Verwertungsgesellschaften den Rechtsinhabern zwar Flexibilität entlang der Differenzierungslinien von § 9 gewähren müssen, die im Einzelfall gewährten Differenzierungsmöglichkeiten aber im Lichte der jeweils **spezifischen Umstände**, unter denen die Verwertung stattfindet, insbesondere der **konkreten Marktgegebenheiten**, interpretiert werden müssen.[51] Insbesondere soll die Flexibilität dort ihre Grenzen finden, wo einheitliche Nutzungssachverhalte künstlich aufgespalten werden oder aus anderen Gründen eine effektive Rechtewahr-

---

46 BeckOK-UrhR/*Freudenberg* § 9 Rn 21
47 KOM, Entsch. v. 2.6.1971, ABl. 1971 Nr. L 134/15 – GEMA I.
48 KOM, Entsch. v. 2.6.1971, ABl. 1971 Nr. L 134/15 – GEMA I, und KOM, Entsch. v. 6.7.1972, ABl. 1972 Nr. L 166/22 – GEMA II.
49 Vgl. Erwägungsgrund 19 VG-RL.
50 Vgl. Erwägungsgrund 19 VG-RL.
51 Vgl. Erwägungsgrund 19 VG-RL; RegE-VGG, BT-Drucks. 18/7223, S. 74, spricht von wirtschaftlich sinnvollen Rechten.

nehmung gefährdet ist. Daher gibt es z.B. keine Verpflichtung der Verwertungsgesellschaften, den Rechtsinhabern eine **Differenzierung nach einzelnen Lizenznehmern oder einzelnen Werken** zu ermöglichen, weil damit auch der Kontrahierungszwang auf Lizenznehmerseite unterlaufen würde.[52] Weiterhin ist zu beachten, dass das deutsche Urheberrecht auch aus Gründen des **Verkehrsschutzes** eine dingliche Wirkung von Beschränkungen bei der Nutzungsrechteeinräumung nur anerkennt, wenn sie sich auf eine wirtschaftlich und technisch abgrenzbare Nutzungsart bezieht.

2. Rechte oder Kategorien von Rechten. Nach § 9 muss der Rechtsinhaber die 38 Möglichkeit haben, für jedes **Recht** separat über eine Wahrnehmung durch die Verwertungsgesellschaft zu entscheiden.[53] Dabei bezieht sich der Begriff des Rechts über den Wortlaut hinaus nicht nur auf die Nutzungsrechte in §§ 15 ff. UrhG, sondern auch auf gesetzliche Vergütungsansprüche i.S.d. UrhG. Wenn Rechte und Vergütungsansprüche gesetzlich der Wahrnehmung durch Verwertungsgesellschaften vorbehalten sind, schränkt dies das Wahlrecht des Rechtsinhabers aus § 9 nur insoweit ein, als der Weg der Selbstwahrnehmung verbaut ist.[54]

Zu beachten ist allerdings, dass der Katalog der **Verwertungsrechte** in § 15 UrhG 39 nicht abschließend, sondern lediglich beispielhaft ist.[55] Abgrenzungsschwierigkeiten bereiten daher immer wieder die Rechte für **Nutzungen**, die von der Rechtsprechung als eigenständiges Nutzungsrecht unter den Katalog von § 15 UrhG subsumiert oder als unbenannte Verwertungsrechte i.S.d. § 15 UrhG (sog. Innominatfall) angesehen werden.[56] Diese Rechtsprechung hat direkte Auswirkung auf das Wahlrecht des Rechtsinhabers nach §§ 9 und 12. Eine reine Ausrichtung des Wahlrechts des Rechtsinhabers entlang der oftmals unscharfen und zur Abgrenzung realer Nutzungssachverhalte wenig praxistauglichen Nutzungs- oder Verwertungsrechte wird dem gesetzgeberischen Ziel einer wirtschaftlich sinnvollen Flexibilisierung nicht gerecht. Daher müssen Verwertungsgesellschaften den Rechtsinhabern nutzungsnahe Differenzierungskategorien jenseits des Kanons der Verwertungsrechte anbieten. Nicht vollends klar ist in diesem Zusammenhang die Bedeutung des Kriteriums „*Kategorie von Rechten*", das im Gesetzestext – anders als in der Richtlinie – nicht auftaucht, aber in der Gesetzesbegründung zur näheren Konkretisierung des Wahlrechts herangezogen wird. Während der Wortlaut eine Zusammenfassung mehrerer (Nutzungs-)Rechte zu einer Kategorie nahelegt, kommt dem Willen des Richtliniengebers wohl eher eine dem deutschen Begriff der „**Nutzungsart**" entsprechende Kategorisierung von abgrenzbaren Verwertungsformen am nächsten.[57] Auch die Gesetzesbegründung zum VGG scheint eine solche Differenzierung nach Nutzungsarten nahezulegen.[58] Dies entspricht im Ergebnis der deutschen Rechtsprechung zu §§ 31 Abs. 5 und 31a UrhG, die für jede wirtschaftlich und technisch separierbare Nutzungsart eine separate Rechteeinräumung vorsieht.[59] Allerdings ist damit nicht zwangsläufig der Automatismus verbunden, dass das in § 9 vorgesehene Wahlrecht des Rechtsinhabers für jede Nutzungsart separat ausgeübt werden kann. Vielmehr können die

---

52 OLG München, Urt. v. 22.4.1993 – 29 U 2194/93 – ZUM 1994, 303, 306 – Beatles-CD.
53 Vgl. dazu auch § 10 Rn 17 ff.
54 Erwägungsgrund 19 VG-RL.
55 Schricker/Loewenheim/*v. Ungern-Sternberg*, § 15 Rn 22.
56 Schricker/Loewenheim/*v. Ungern-Sternberg*, § 15 Rn 22.
57 Erwägungsgrund 19 VG-RL spricht von „*Kategorien von Rechten für bestimmte Nutzungsformen, beispielsweise Sendung, Filmvorführung oder Vervielfältigung zur Verbreitung im Internet*".
58 RegE-VGG, BT-Drucks. 18/7223, S. 74. In der Anlage zu § 58 Abs. 2 werden allerdings die Begriffe „Auf der Nutzung" und „Kategorie des Rechts" nebeneinander verwendet.
59 Vgl. § 10 Rn 17.

Verwertungsgesellschaften für den jeweiligen Bereich wirtschaftlich sinnvolle Kategorien bilden,[60] die zwar meist den jeweils relevanten Nutzungsarten entsprechen werden, im Einzelfall aber auch mehrere Nutzungsarten zusammenfassen können, wenn die gemeinsame Wahrnehmung wirtschaftlich sinnvoll erscheint.[61]

40 Schwierigkeiten entstehen, wenn sich eine Nutzungsart aus mehreren Verwertungsrechtsstämmen wie etwa dem Wiedergabe- und dem Vervielfältigungsrecht zusammensetzt, z.B. die Sendung oder Bereitstellung zum Abruf im Internet.[62] Hier scheint der Richtlinientext nahezulegen, dass in diesem Fall eine separate Einräumung von mechanischem Anteil und Aufführungsrecht möglich sein soll.[63] Eine solche Aufspaltung eines einheitlichen Nutzungssachverhaltes liefe aber sowohl dem Interesse einer effizienten Rechtewahrnehmung als auch dem Verkehrsinteresse der Nutzer zuwider.[64] Auch würde das deutsche Urheberrecht eine solche **Auftrennung einer einheitlichen Nutzungsart** auf Ebene der Nutzungsrechtseinräumung überhaupt nicht anerkennen.[65] Hier bildet die Nutzungsart die Untergrenze der Differenzierungsmöglichkeiten bei der Rechteeinräumung.[66] Zwar mögen weitergehende Einschränkungen im Vereinbarungswege eventuell schuldrechtliche Wirkung im Verhältnis zwischen Berechtigtem und Verwertungsgesellschaft entfalten, jedoch können diese wegen des Abschlusszwanges nach § 34 gerade nicht auf die Ebene der Nutzer durchschlagen.

41 **3. Arten von Werken und Schutzgegenständen.** Der Rechtsinhaber hat weiterhin die Möglichkeit, bei der Rechteeinräumung nach Arten von Werken zu differenzieren. Nicht in § 9 vorgesehen ist damit ein Wahlrecht zur Einräumung der Rechte an einzelnen Werken. Der Begriff der Werkart ist dabei in Anlehnung an § 2 UrhG weit auszulegen. Die VG-RL nennt als Beispiele literarische, musikalische oder fotografische Werke. Damit ist ausgeschlossen, dass die Verwertungsgesellschaft innerhalb der Werkart nach Genres differenzieren muss, z.B. zwischen belletristischen und wissenschaftlichen Texten.

42 Das Wahlrecht setzt jedoch voraus, dass die Verwertungsgesellschaft auch unterschiedliche **Werkarten** wahrnimmt und dass die verschiedenen Werkkategorien in der Wahrnehmungspraxis sowohl **technisch** als auch **wirtschaftlich differenzierbar** sind. Die VG Wort hat ihren Tätigkeitsbereich z.B. auf Sprachwerke beschränkt, nimmt aber in begrenztem Umfang auch Rechte an Darstellungen wissenschaftlicher und technischer Art, Bildwerken und Lichtbildwerken wahr, wenn sie vom Verfasser des Sprachwerkes für dieses geschaffen wurden.[67] Es wäre weder praktikabel noch sinnvoll, hier eine Beschränkung der Rechteeinräumung auf Bild- oder Sprachwerke zu gestatten und dadurch einen einheitlichen Wahrnehmungssachverhalt künstlich aufzuspalten.

43 Der **Schutzgegenstand** ist das leistungsschutzrechtliche Äquivalent zum Werk. Insoweit orientieren sich die Differenzierungsmöglichkeiten an den gesetzlich vorgesehen Leistungsschutzrechten des UrhG, wobei z.B. bei der Ausübung der Leistungsschutzrechte des ausübenden Künstlers nach § 73 UrhG weiter nach der Art des dargebotenen Werkes, z.B. Musikaufnahme oder Filmwerk, zu differenzieren wäre.

---

60 RegE-VGG, BT-Drucks. 18/7223, S. 74. Vgl. auch Wandtke/Bullinger/*Gerlach*, § 9 VGG Rn 13.
61 Zur Bedeutung von § 31 Abs. 5 UrhG vgl. § 10 Rn 17.
62 Zur Unterscheidung zwischen Nutzungsrecht und Nutzungsart: *Ullrich*, ZUM 2010, 311.
63 Vgl. Erwägungsgrund 19 VG-RL.
64 *Maier-Hauff*, ZUM 2014, 479, 481; *Csillag*, MuR 2012, 234, 237; *Ory*, AfP 2015, 309, 310.
65 Schricker/Loewenheim/*Spindler*, § 31a UrhG Rn 28; Vgl. auch LG München I, Urt. v. 25.7.2009 – 7 O 4139/08 – ZUM 2009, 788 – nicht rechtskräftig; OLG München, Urt. v. 29.4.2010 – 29 U 3698/09 – ZUM 2010, 709 – nicht rechtskräftig – Mechanische Onlinerechte.
66 *Ullrich*, ZUM 2010, 311; *Schack*, 8. Aufl. Rn 609.
67 Vgl. § 3 Abs. 1 Satzung VG Wort.

4. Gebiete. Das dritte Wahlrecht des Rechtsinhabers betrifft die Gebiete, für die er 44
der Verwertungsgesellschaft seine Rechte zur Wahrnehmung einräumt. Dabei ist der
Begriff des Gebiets – in der englischen Sprachfassung von Art. 5 VG-RL ist die Rede von
„territories" – grds. i.S.d. **Staatsgebietes** zu verstehen. Eine noch granularere territoriale
Einschränkungsmöglichkeit, z.B. auf Regionen oder Teilstaaten, muss die Verwertungsgesellschaft nicht anbieten und wäre lizenzseitig auch kaum abzubilden. Grundlage der
territorialen Wahlmöglichkeit ist die territoriale Natur des Urheberrechts als **Bündel nationaler Rechte**.[68] Mit einer möglichen künftigen Einführung eines multiterritorialen,
z.B. unionsweiten Urheberrechts entfiele perspektivisch auch die Möglichkeit der Beschränkung der Rechteeinräumung auf Teilterritorien.

S. 1 Nr. 1 beschränkt auch das territoriale Wahlrecht des Rechtsinhabers auf das **Tä-** 45
tigkeitsgebiet der Verwertungsgesellschaft, d.h. der Rechtsinhaber soll die Verwertungsgesellschaft nicht verpflichten können, ihr Wahrnehmungsgebiet nach seinen Wünschen
zu erweitern. Dabei ist allerdings zu beachten, dass der Begriff des Tätigkeitsgebietes zwei
unterschiedliche Dimensionen hat. Soweit das Tätigkeitsgebiet i.S.d. **Lizenzgebietes** zu
verstehen ist, also dasjenige Territorium, in dem die Verwertungsgesellschaft gegenüber
Nutzern auftritt, ist dieses bei den deutschen Verwertungsgesellschaften mit Ausnahme
der multiterritorialen Lizenzierung üblicherweise auf das deutsche Staatsgebiet beschränkt und insoweit besteht unzweifelhaft der territoriale Wahrnehmungszwang des § 9.
Allerdings ist zu beachten, dass nahezu alle deutschen Verwertungsgesellschaften über
die gesetzliche Verpflichtung hinaus auch die Einräumung von Nutzungsrechten und Vergütungsansprüchen für andere Territorien – üblicherweise weltweit – akzeptieren, die
dann über das Netzwerk der Gegenseitigkeitsverträge durch lokale Verwertungsgesellschaften wahrgenommen und verwertet werden. Es wird aus Gesetz und Richtlinie nicht
eindeutig klar, ob auch insofern der Wahrnehmungszwang gilt, obwohl die Verwertungsgesellschaft in diesen Territorien keine eigene Wahrnehmungstätigkeit entfaltet.
Für die Erstreckung des Wahrnehmungszwangs auf solche **passiven Territorien** spricht
das Interesse der allermeisten Rechtsinhaber an einer einheitlichen Wahrnehmung ihrer
weltweiten Rechte durch das Netzwerk der Verwertungsgesellschaften mit einer Aus-
gangsgesellschaft als einheitlichem Ansprechpartner. Eine Pflicht zur eigenen Wahrnehmung durch die Ursprungsgesellschaft entsteht aus § 9 aber nicht. Die GEMA bspw.
weist darauf auch in ihrem Muster-Berechtigungsvertrag hin.[69] Ebensowenig folgt aus
§ 9 VGG eine Plicht der Verwertungsgesellschaft zum Abschluss von Repräsentationsvereinbarungen. Der Wahrnehmungszwang besteht nur insoweit als auch Repräsentationsvereinbarungen bestehen.

Etwas anderes gilt im Bereich der multiterritorialen Lizenzierung. Bietet die Verwer- 46
tungsgesellschaft solche gebietsübergreifenden Lizenzen – z.B. nach Teil 3 VGG – an, so
erweitert sie insofern ihr Tätigkeitsgebiet und die entsprechenden territorialen Rechte
werden unzweifelhaft vom Wahrnehmungszwang erfasst. Umgekehrt muss die Verwertungsgesellschaft in diesen Fällen aber keine territoriale Einschränkung der Rechteeinräumung auf einzelne Teile des definierten Lizenzgebietes hinnehmen, sonst entfiele die
Grundlage für die multiterritoriale Lizenzierung. Allerdings muss die Verwertungsgesellschaft dem Rechtsinhaber die Wahl zwischen monoterritorialer Lizenzierung mit entsprechender Beschränkung auf eines oder mehrere Gebiete und multiterritorialer Lizenzierung samt dem dafür erforderlichen Gebietszuschnitt lassen.

---

[68] BGH v. 7.11.2002 – I ZR 175/00 – GRUR 2003, 328, 329 – Sender Felsberg; BGH v. 8.7.2004 – I ZR 25/
02 – GRUR 2004, 855, 856 – Hundefigur.
[69] Siehe § 3 Abs. 2 S. 2 GEMA-Berechtigungsvertrag.

IV. Angemessenheit der Wahrnehmungsbedingungen (S. 2)

47 **1. Allgemeines.** S. 2 sieht vor, dass die Rechtewahrnehmung zu angemessenen Bedingungen erfolgen muss, und übernimmt dabei die Terminologie aus § 6 Abs. 2 S. 1 UrhWG. Dies entspricht dem Wunsch des Gesetzgebers, die alte Rechtslage fortgelten zu lassen.

48 Dabei wirkt das Angemessenheitserfordernis in zwei Richtungen. Einerseits schränkt es den Wahrnehmungszwang insoweit ein, als die Verwertungsgesellschaft die Wahrnehmung nicht an den Wünschen des einzelnen Berechtigten auszurichten hat, sondern **objektiv angemessene Bedingungen** für die Wahrnehmung aufstellen kann. Der Kontrahierungszwang steht insofern also unter der Bedingung der Angemessenheit.

49 Andererseits ermöglicht das Angemessenheitsgebot eine **Inhaltskontrolle** der Regeln und Bedingungen, die die Verwertungsgesellschaft für die Rechtewahrnehmung vorsieht, und verhindert damit Umgehungen des Wahrnehmungszwanges durch die „Abschreckung" bestimmter Rechtsinhaber mittels unangemessener Wahrnehmungsbedingungen.

50 **2. Bedeutung der Angemessenheitskontrolle im UrhWG.** Als Indiz für die Angemessenheit der Wahrnehmungsbedingungen sah der Gesetzgeber im UrhWG den Umstand an, dass Mitglieder und sonstige Berechtigte identische Wahrnehmungsbedingungen erhalten. Daraus konnte aber nicht der Schluss gezogen werden, dass die Angemessenheitskontrolle auf die Gleichbehandlung von Mitgliedern und sonstigen Berechtigten beschränkt sein sollte. Vielmehr wurde das Angemessenheitsgebot als eine Art Generalklausel für die Inhaltskontrolle der Rechtsbeziehung der Verwertungsgesellschaft zu ihren Berechtigten angesehen. Im UrhWG wurde das Angemessenheitsgebot auch auf die Mitwirkungsrechte der Mitglieder und Berechtigten ausgedehnt.[70]

51 Aus dem Angemessenheitsgebot wurde auch ein **Gleichbehandlungsgebot** hinsichtlich gleichgelagerter Fälle abgeleitet, wonach Verwertungsgesellschaften ihre Berechtigten und Rechtekategorien nach gleichen Maßstäben zu behandeln haben. Für sachlich begründete Differenzierungen blieb aber weiter Raum.[71]

52 **3. Angemessenheitskontrolle nach VGG.** Grds. wollte der Gesetzgeber in S. 2 die Regelung aus § 6 Abs. 1 UrhWG inhaltsgleich übernehmen. Jedoch ist zweifelhaft, ob die Norm im VGG ihre frühere Bedeutung als Generalklausel angesichts der Vielzahl detailliert beschriebener Pflichten bei der Ausgestaltung des Wahrnehmungsverhältnisses in den §§ 9 bis 33 beibehält. Insbesondere die Verteilungsregeln als häufig wirtschaftlich wichtigstes Element des Wahrnehmungsverhältnisses sind am Willkürmaßstab des § 27 zu messen.[72]

53 Jedenfalls sind die Bestimmungen des Wahrnehmungsvertrages über die Rechtewahrnehmung regelmäßig AGB und unterliegen der Inhaltskontrolle der §§ 305 ff. BGB.[73]

54 Die Angemessenheit der von Verwertungsgesellschaften erhobenen Vergütungen, Tarife und Lizenzbedingungen misst sich an §§ 34, 39 VGG.

55 Keine Anwendung findet S. 2 gem. § 60 Abs. 1 im Verhältnis zum Rechtsinhaber für den Bereich der gebietsübergreifenden Online-Rechte an Musikwerken. Hintergrund

---

[70] § 6 Abs. 2 UrhWG.
[71] BGH, Urt. v. 13.6.2002 – I ZR 1/00 – GRUR 2002, 961, 962 – Mischtonmeister.
[72] Vgl. § 27 Rn 36.
[73] BGH, Urt. v. 5.6.1985 – I ZR 53/83 – GRUR 1986, 62, 65 f. – GEMA Vermutung I; BGH, Urt. v. 19.1.2006 – I ZR 5/03 – GRUR 2006, 319, 321 – Alpensinfonie.

dieser Bestimmung ist das Ziel, in diesem Bereich gleiche Wettbewerbsbedingungen für die hier miteinander im Wettbewerb stehenden Verwertungsgesellschaften zu gewährleisten, weil andernfalls deutsche Verwertungsgesellschaften im Wettbewerb um internationale Repertoires aufgrund der strengen, über die Anforderungen der VG-RL hinausgehenden Angemessenheitskontrolle gegenüber einer ausländischen Verwertungsgesellschaft benachteiligt würden.[74]

Als jedenfalls unangemessen sieht der Gesetzgeber Wahrnehmungsbedingungen an, die eine Rechtekündigung bzw. die Ausschüttung von erzielten Erträgen aus den Rechten nach erfolgter Kündigung von der Einbringung in eine andere Verwertungsgesellschaft abhängig machen.[75] **56**

§ 10
Zustimmung zur Rechtswahrnehmung

¹Nimmt eine Verwertungsgesellschaft auf Grundlage einer vertraglichen Vereinbarung mit dem Rechtsinhaber Urheberrechte oder verwandte Schutzrechte wahr, holt sie dessen Zustimmung zur Wahrnehmung für jedes einzelne Recht ein und dokumentiert diese. ²Die Vereinbarung bedarf, auch soweit Rechte an künftigen Werken eingeräumt werden, der Textform.

Übersicht

I. Allgemeines	5. Bearbeitungs- und Urheberpersönlichkeitsrechte —— 20
1. Bedeutung der Regelung —— 1	
2. Vorgängerregelung —— 4	
3. Unionsrechtlicher Hintergrund —— 5	6. Künftige Werke —— 22
4. Entstehungsgeschichte —— 6	7. Ergänzungen des Wahrnehmungsvertrags —— 24
II. Wahrnehmungsvertrag	
1. Grundlagen —— 7	
2. Inhaltskontrolle —— 11	8. Textform —— 25
3. Ausschließlichkeit —— 14	9. Dokumentation und Information —— 28
4. Zustimmungserklärung für jedes Recht —— 17	

I. Allgemeines

1. Bedeutung der Regelung. Die Vorschrift stellt zunächst klar, dass die Grundlage **1** für die Wahrnehmung von Rechten und gesetzlichen Vergütungsansprüchen durch die Verwertungsgesellschaft im Regelfall eine vertragliche ist.[1] Dies gilt auch dann, wenn Rechte oder Ansprüche gesetzlich einer Geltendmachung durch Verwertungsgesellschaften vorbehalten sind.[2] Nur ausnahmsweise kann das Wahrnehmungsverhältnis aufgrund einer gesetzlichen Fiktion entstehen.[3] Davon unbenommen bleibt, dass sich die Verwertungsgesellschaften in vielen Bereichen gegenüber Nutzern und Lizenznehmern auf eine

---

74 Vgl. § 60 Rn 6 f.
75 Vgl. Art. 5 Abs. 6 VG-RL und RegE-VGG, BT-Drucks. 18/7223, S. 75.

1 Vgl. § 6 Rn 8.
2 Vgl. z.B. §§ 20b Abs. 1 S. 1 und Abs. 2 S. 3, 26 Abs. 6, 27 Abs. 3, 45a Abs. 2 S. 2, 49 Abs. 1, 52a Abs. 4 S. 2, 54h Abs. 1, 60h Abs. 4, 79 Abs. 3 S. 2, § 137l Abs. 5 S. 3 UrhG.
3 Vgl. § 50.

durch Gesetzgeber oder Rechtsprechung begründete Vermutung der Rechtsinhaberschaft stützen können.[4]

2   Darüber hinaus stellt § 10 inhaltliche und formale Anforderungen an die vertragliche Grundlage der Rechtewahrnehmung. In inhaltlicher Hinsicht soll der Vertrag die Zustimmung des Rechtsinhabers zur Wahrnehmung jedes einzelnen Rechts enthalten und dokumentieren, was im Wesentlichen der Sicherstellung des in den §§ 9 und 12 vorgesehen **Wahlrechts der Rechtsinhaber** dient und von einer Informationspflicht der Verwertungsgesellschaft nach § 53 flankiert wird. Der Rechtsinhaber soll in Kenntnis seiner Wahlmöglichkeiten für jedes von der Verwertungsgesellschaft wahrgenommene Recht einzeln entscheiden, ob er die Rechtewahrnehmung durch diese Verwertungsgesellschaft wünscht oder nicht. Die gewählte Verwertungsgesellschaft hat die getroffene Auswahl sodann zu dokumentieren, um dem Rechtsinhaber den Umfang der Rechteeinräumung zu verdeutlichen und um Repertoireüberschneidungen zwischen verschiedenen Verwertungsgesellschaften bei der Geltendmachung der Rechte desselben Rechtsinhabers zu vermeiden.

3   Zur besseren **Dokumentation** bedarf die Rechteeinräumung gem. S. 2 der Textform nach § 126b BGB. Auf ein Schriftformerfordernis mit eigenhändiger Unterschrift hat der Gesetzgeber mit Rücksicht auf die weitgehende Verbreitung elektronischer Berechtigungsmanagementprogramme verzichtet – in Abweichung von § 40 UrhG auch bei der Einräumung der Rechte an künftigen Werken.[5]

4   **2. Vorgängerregelung.** § 10 hatte keine echte Entsprechung im UrhWG, bildet aber im Wesentlichen ab, was im deutschen Wahrnehmungsrecht bereits vor Inkrafttreten des VGG aufgrund allgemeiner urheberrechtlicher Grundsätze galt: Verwertungsgesellschaften schließen mit ihren Berechtigten Wahrnehmungsverträge, in denen die Zustimmung des Berechtigten zur Wahrnehmung seiner Rechte und Ansprüche detailliert geregelt und dokumentiert sein muss.

5   **3. Unionsrechtlicher Hintergrund.** § 10 setzt die unionsrechtlichen Vorgaben des Art. 5 Abs. 7 S. 1 und 2 VG-RL um, der eine „ausdrückliche" Zustimmung des Rechtsinhabers für die Wahrnehmung jedes Rechts, jeder Kategorie von Rechten, jeder Art von Werken und jedes sonstigen Schutzgegenstandes verlangt und die Verwertungsgesellschaft zur Dokumentation dieser Zustimmung verpflichtet. Dabei ist das Erfordernis der Ausdrücklichkeit in der deutschen Sprachfassung der VG-RL nicht im engen zivilrechtlichen Sinne zu verstehen, sondern vielmehr i.S.d. in der englischen Sprachfassung verwendeten „specifically".[6] Eine stillschweigende Zustimmung zur Änderung des Wahrnehmungsumfangs soll möglich bleiben.[7]

6   **4. Entstehungsgeschichte.** § 10 geht auf den Vorschlag im RefE des BMJV[8] zurück. Das Textformerfordernis in S. 2 wurde dem Gesetzentwurf der Bundesregierung erst nachträglich aufgrund der Beschlussempfehlung des Ausschusses für Recht und Verbraucherschutz hinzugefügt. Damit sollte klargestellt werden, dass das gesetzliche Schriftformerfordernis des § 40 Abs. 1 S. 1 UrhG nicht gilt und stattdessen die Textform i.S.d. § 126b BGB genügt.[9]

---

4   Vgl. z.B. die §§ 48, 49, 51. Siehe auch § 48 Rn 9 ff.
5   Vgl. auch RegE-VGG, BT-Drucks. 18/7223, S. 75.
6   Vgl. auch RegE-VGG, BT-Drucks. 18/7223, S. 75.
7   Vgl. Erwägungsgrund 19 Abs. 4 VG-RL.
8   RefE des BMJV v. 9.6.2015, S. 12.
9   Beschlussempfehlung des Ausschusses für Recht und Verbraucherschutz, BT-Drucks. 18/8268, S. 10.

II. Wahrnehmungsvertrag

1. Grundlagen. Der Wahrnehmungsvertrag, der bei einigen Verwertungsgesellschaften auch Berechtigungsvertrag genannt wird,[10] bildet die rechtliche Grundlage des Wahrnehmungsverhältnisses zwischen Verwertungsgesellschaft und Berechtigtem. Er bewirkt die Einbringung von Rechten und Ansprüchen in die Verwertungsgesellschaft, regelt die Kündigungs- und Beendigungsmöglichkeiten und legt üblicherweise darüber hinaus die Grundsätze und Bedingungen fest, zu denen die Verwertungsgesellschaft die eingebrachten Rechte wahrnimmt (**Wahrnehmungsbedingungen**). Alle deutschen Verwertungsgesellschaften sehen den Abschluss eines Wahrnehmungsvertrages als Voraussetzung für die Rechtewahrnehmung an. Die früher z.B. in der VG Wort übliche Praxis, auch ohne Wahrnehmungsvertrag einzelne Rechte und Ansprüche für sog. „Bezugsberechtigte" aufgrund von Werkmeldungen wahrzunehmen, wurde von der VG Wort zum 1. Februar 2018 beendet, obgleich auch dadurch den Anforderungen des § 10 genügt worden wäre.

Der zwischen Rechtsinhaber und Verwertungsgesellschaft abgeschlossene Wahrnehmungsvertrag ist nach h.M. ein **Nutzungsvertrag eigener Art**, der Elemente des Auftrags, des Gesellschafts-, Dienst- und Geschäftsbesorgungsvertrages kombiniert.[11] Bei der Auslegung des Wahrnehmungsvertrages sind daher neben den Vorgaben des VGG und des UrhG insbesondere die §§ 675 i.V.m. §§ 663, 665, 670 BGB sowie die §§ 305 ff. BGB zu beachten.[12] Mit Abschluss des Wahrnehmungsvertrages überträgt der Berechtigte der Verwertungsgesellschaft Nutzungsrechte oder gesetzliche Vergütungsansprüche zur **treuhänderischen Wahrnehmung** und wird dadurch in der Begriffslogik des VGG vom Rechtsinhaber i.S.d. § 5 zum Berechtigten i.S.d. § 6.[13] An seiner Stellung als Urheber oder Leistungsschutzberechtigter ändert die Rechteeinräumung an die Verwertungsgesellschaft nichts.

Dabei kommen auch die Besonderheiten der Beziehung zwischen Verwertungsgesellschaft und Berechtigtem zum Ausdruck, die den Wahrnehmungsvertrag grundlegend von den üblichen Rechteverwertungsverträgen unterscheiden. Während die üblichen Rechteverwertungsverträge zwischen Urhebern und Leistungsschutzberechtigten einerseits und kommerziellen Rechteverwertern wie Verlagen oder Produzenten andererseits regelmäßig die dauerhafte und unumkehrbare Übertragung von Nutzungsrechten gegen eine wie auch immer geartete Vergütung vorsehen, nimmt die Verwertungsgesellschaft die Nutzungsrechte lediglich treuhänderisch für den Berechtigten wahr und schüttet die Verwertungserlöse – abzüglich eines dokumentierten Kostenanteils[14] – an ihn aus. Der Urheber „veräußert" sein Nutzungsrecht also nicht, sondern beauftragt gleichsam einen Dienstleister mit der Verwertung auf seine Rechnung.[15] Folgerichtig kann der Rechtsinhaber anders als z.B. im Verlagsvertrag die Rechteeinräumung auch jederzeit wieder auflösen.[16]

---

10 Siehe z.B. die Berechtigungsverträge der AGICOA, GEMA, GÜFA, VFF, VG Musikedition und GWFF.
11 BGH, Urt. v. 25.2.1966 – Ib ZR 30/64 – GRUR 1966, 567 – GELU; BGH, Urt. v. 3.11.1967 – Ib ZR 123/65 – GRUR 1968, 321 – Haselnuss; BGH, Urt. v. 21.1.1982 – I ZR 182/79 – GRUR 1982, 308, 309 – Kunsthändler; Wandtke/Bullinger/*Gerlach*, § 9 VGG Rn 4; BeckOK/*Freudenberg*, § 10 VGG Rn 10; kritisch zur Anwendung des Dienst- und Geschäftsbesorgungsvertragsrechts: *Riesenhuber*, S. 20 f.
12 Eingehend zur Auslegung des Wahrnehmungsvertrages Heker/Riesenhuber/*Riesenhuber*, S. 165 ff.
13 Vgl. § 5 Rn 6 und § 6 Rn 6 ff.
14 Vgl. § 31 und § 32 Abs. 3.
15 Vgl. § 2 Abs. 1. Zum Treuhandverhältnis zwischen Verwertungsgesellschaften und Berechtigten siehe § 2 Rn 19.
16 Vgl. dazu § 12.

10   Der Wahrnehmungsvertrag hat dabei eine **Doppelnatur**. Er ist im Grundsatz ein bilateraler Vertrag zwischen Berechtigtem und Verwertungsgesellschaft, der jedoch in wesentlichen Punkten der kollektiven Beschlussfassung unterliegt, da die Festlegung von Kündigungsfristen und sonstigen Wahrnehmungsbedingungen in der Verwertungsgesellschaft einheitlich erfolgen muss und grundsätzlich der Beschlussfassung durch die Mitgliederversammlung vorbehalten ist, siehe § 17 Abs. 1 S. 2 Nr. 13. Dass der Wahrnehmungsvertrag zugleich die Wahrnehmungsbedingungen festlegt, ist vom Gesetzgeber nicht zwingend so vorgegeben. In irgendeiner Weise müssen die Wahrnehmungsbedingungen jedoch in das bilaterale Vertragsverhältnis einbezogen werden.[17] Dies kann auch durch Verweis auf separat beschlossene und einheitliche Wahrnehmungsbedingungen erfolgen.

11   **2. Inhaltskontrolle.** Neben den konkreten Vorgaben des VGG zur Ausgestaltung des Wahrnehmungsvertrages in § 10 (Zustimmung zur Rechtewahrnehmung), § 11 (Nutzungen für nicht-kommerzielle Zwecke), § 12 (Beendigung der Rechtewahrnehmung) und § 14 (elektronische Kommunikation) ist der Wahrnehmungsvertrag inhaltlich am Angemessenheitsgebot des § 9 S. 2 zu messen.[18]

12   Daneben ergeben sich inhaltliche Vorgaben aus den Vorschriften **des materiellen Urheberrechts bzw. des Urhebervertragsrechts**, z.B. über die Einräumung von Nutzungsrechten gem. §§ 31 ff. UrhG, das unverzichtbare Urheberpersönlichkeitsrecht und die Genehmigungsbedürftigkeit von Bearbeitungen oder Umgestaltungen, § 39 UrhG.[19]

13   Zudem sind die Bestimmungen des Wahrnehmungsvertrages über die Rechtewahrnehmung regelmäßig **AGB** und unterliegen der Inhaltskontrolle der §§ 305 ff. BGB.[20] Der Kontrollmaßstab folgt § 310 Abs. 1 BGB, weil die Rechtsinhaber im Verhältnis zu ihrer Verwertungsgesellschaft als Unternehmer anzusehen sind.[21] Handelt es sich bei den Rechtsinhabern um Kaufleute, so sind nach § 310 Abs. 1 S. 2 BGB zusätzlich die Gewohnheiten und Gebräuche im Handelsverkehr zu berücksichtigen.[22] Die Inhaltskontrolle nach den §§ 307 ff. BGB findet im Hinblick auf die Ausgestaltung des Wahrnehmungsverhältnisses gleichermaßen zugunsten von Mitgliedern nach § 7 und bloßen Berechtigten nach § 6 statt – dass die Mitglieder selbst an der Entscheidungsfindung über die Vertragsinhalte teilnehmen konnten, ist insofern unbeachtlich.[23] Die Bereichsausnahme des § 310 Abs. 4 BGB gilt lediglich für die Bestimmungen des Wahrnehmungsvertrages über die vereins- oder gesellschaftsrechtliche Stellung der Mitglieder, nicht aber die das individuelle Treuhandverhältnis regelnden Bestimmungen über die Einräumung von Nutzungsrechten und die Verteilung der Einnahmen.[24]

14   **3. Ausschließlichkeit.** Der Berechtigte räumt der Verwertungsgesellschaft in aller Regel **ausschließliche Nutzungsrechte** i.S.d. § 31 Abs. 3 UrhG ein. Dies beschränkt den

---

17   Vgl. dazu Rn 18 ff.
18   Heker/Riesenhuber/*Riesenhuber*, S. 184 ff.
19   Dazu unten Rn 20 ff.
20   BGH, Urt. v. 5.6.1985 – I ZR 53/83 – GRUR 1986, 62, 65 f. – GEMA Vermutung I; BGH, Urt. v. 19.1.2006 – I ZR 5/03 – GRUR 2006, 319, 321 – Alpensinfonie.
21   *Riesenhuber* S. 25 ff. m.w.N.
22   BGH, Urt. v. 8.10.2015 – I ZR 136/14 – GRUR 2016, 606 Rn 27 – Allgemeine Marktnachfrage.
23   BGH, Urt. v. 5.12.2012 – I ZR 23/11 – GRUR 2013, 375, 376 – Missbrauch des Verteilungsplanes.
24   Loewenheim/*Melichar*, § 47 Rn 23 m.w.N.; *Riesenhuber*, S. 31 ff.; BGH, Urt. v. 19.5.2005 – I ZR 299/02 – GRUR 2005, 757 – PRO-Verfahren; BGH, Urt. v. 18.12.2008 – I ZR 23/06 – GRUR 2009, 395 – Klingeltöne für Mobiltelefone.

Berechtigten in seiner eigenen Verfügungsmöglichkeit über das Recht, soll ihn aber zugleich auch davor bewahren, in dem Bereich der wahrgenommenen Rechte selbst nachteilige Individualvereinbarungen mit verhandlungsstarken Nutzern abzuschließen.[25] Nur die exklusive Rechtewahrnehmung durch die Verwertungsgesellschaft ermöglicht eine flächendeckende Tarifdurchsetzung.

Solange und soweit das entsprechende Recht der Verwertungsgesellschaft eingeräumt ist, kann der Berechtigte selbst keine ausschließlichen oder einfachen Nutzungsrechte an Dritte vergeben.[26] Zudem muss er – wenn er seine eigenen Werke selbst nutzen möchte – ggf. selbst von der Verwertungsgesellschaft einfache Nutzungsrechte einholen. 15

Auf Basis der ihr eingeräumten ausschließlichen Nutzungsrechte vergibt die Verwertungsgesellschaft einfache Nutzungsrechte an die Nutzer. Einer gesonderten Zustimmung des Berechtigten für jede Lizenzierung bedarf es hierfür nicht, weil die Verwertungsgesellschaft die Nutzungsrechte nur zur Wahrung der Belange des Berechtigten wahrnimmt, § 35 Abs. 1 S. 2 UrhG. Die Einräumung ausschließlicher Nutzungsrechte durch die Verwertungsgesellschaft kommt bereits wegen § 34 nicht in Betracht. 16

4. Zustimmungserklärung für jedes Recht. Der Wahrnehmungsvertrag muss die Zustimmung des Rechtsinhabers zur Wahrnehmung jedes einzelnen Rechts enthalten. Diese auf Art. 5 Abs. 7 S. 1 und 2 VG-RL zurückgehende Anforderung dient aus unionsrechtlicher Sicht der Gewährleistung des in den §§ 9 und 12 vorgesehen **Wahlrechts** der Rechtsinhaber bei der Einräumung von Rechten und Werkarten an Verwertungsgesellschaften.[27] Trotz der unionsrechtlichen Grundlage entspricht die Rechtslage damit aber im Wesentlichen dem, was im deutschen Recht traditionell aus dem **Zweckübertragungsgedanken** des § 31 Abs. 5 UrhG abgeleitet wurde. Weil die Übertragung von Nutzungsrechten auch im Verhältnis zu Verwertungsgesellschaften restriktiv auszulegen ist und allzu pauschale Rechteübertragungen des Urhebers ausgeschlossen sein sollen, müssen die Rechte bzw. Nutzungsarten, die einer Verwertungsgesellschaft übertragen werden, im Wahrnehmungsvertrag konkret benannt und ihre Einräumung zweifelsfrei erklärt werden.[28] Bestehende Zweifel oder Unklarheiten sollen zulasten der Verwertungsgesellschaft gehen und die Rechteeinräumung zumindest dann beschränken, wenn für die fragliche Nutzungsart eine Eigenwahrnehmung möglich und wirtschaftlich sinnvoll erscheint.[29] Die dabei entscheidenden Kriterien der **technisch und wirtschaftlich eigenständigen und damit klar abgrenzbaren Verwertungsform**[30] werden von der Rechtsprechung teilweise sehr leichtfertig bejaht – mit erheblichen Folgen für die Lizenzierungsfähigkeit der Verwertungsgesellschaften.[31] Dieser strenge Maßstab für die Wirksamkeit der Rechteeinräumung ist vor dem Hintergrund des Zweckes des Wahrnehmungsvertrages nicht nachvollziehbar. Die Rechtsübertragung an eine Verwertungsgesellschaft soll dem Berechtigten nicht nur die Geltendmachung seiner Rechte ermöglichen, wo eine individuelle Wahrnehmung unmöglich ist, sondern auch in grundsätzlich 17

---

25 BGH, Urt. v. 3.3.1971 – KZR 5/70 – BGHZ 55, 381 – Ufa-Musikverlage; Schricker/Loewenheim/ Reinbothe, § 6 UrhWG Rn 1.
26 Zum Sonderfall der nicht-kommerziellen Nutzungen vgl. § 11 VGG.
27 Vgl. § 9 Rn 4.
28 BGH, Urt. v. 5.6.1985 – I ZR 53/83 – BGHZ 95, 274, 282 – GEMA-Vermutung I; BGH, Urt. v 14.10.1999 – I ZR 117/97 – GRUR 2000, 228, 229 f. – Musical-Gala; BGH, Urt. v. 11.4 2013 – I ZR 152/11 – GRUR 2013, 618, 620 Rn 31; krit. Riesenhuber, S. 39 ff.
29 BGH, Urt. v 14.10.1999 – I ZR 117/97 – GRUR 2000, 228, 229 f. – Musical-Gala. Differenziert: Heker/Riesenhuber/*Riesenhuber*, S. 167 f.
30 BGH, Urt. v. 5.6.1985 – I ZR 53/83 – BGHZ 95, 274 – GRUR 1986, 62 – GEMA-Vermutung I.
31 BGH, Urt. v.10.6.2009 – I ZR 226/06 – GRUR 2010, 62 Rn 18 – Nutzung von Musik für Werbezwecke.

der Eigenwahrnehmung zugänglichen Bereichen die Verhandlungsposition des Berechtigten verbessern, weil er gegenüber marktstarken Verwertern nicht allein verhandeln muss.[32] Er hat also grundsätzlich ein Interesse an einer möglichst umfassenden Rechteeinräumung. Auch ist der Berechtigte nicht im selben Maße schutzbedürftig wie bei konventionellen Verwertungsverträgen, weil er die Rechte jederzeit gem. § 12 Abs. 1 wieder aus der Verwertungsgesellschaft herausnehmen kann.[33]

18 In der Praxis erfolgt die Bezugnahme auf jedes einzelne Recht bei Abschluss des Wahrnehmungsvertrages durch in den Vertragsmustern vorgesehene **katalogmäßige Aufzählungen aller Rechte** im Wahrnehmungsbereich der Verwertungsgesellschaften, aus denen der Berechtigte beim Vertragsschluss ggf. einzelne Rechte streichen kann, die er dieser Verwertungsgesellschaft nicht einräumen will.

19 Umstritten war lange Zeit die Frage, inwiefern der Wahrnehmungsvertrag die Einräumung der Rechte an bei Vertragsschluss noch **unbekannten Nutzungsarten** vorsehen kann. Nach h.M. galt der Grundsatz der Nichtübertragbarkeit von Rechten an bei Vertragsschluss unbekannten Nutzungsarten nach § 31 Abs. 4 UrhG auch für Wahrnehmungsverträge zwischen Urhebern und Verwertungsgesellschaften, so dass zumindest eine pauschale Einbeziehung der Rechte an erst künftig bekannt werdenden Nutzungsarten durch sog. Auffangklauseln unwirksam sein sollte.[34] Entscheidend sollte dabei sein, ob eine Nutzungsart bei Vertragsschluss als wirtschaftlich bedeutsam und verwertbar bekannt war.[35] Mit der Streichung des § 31 Abs. 4 UrhG und der Einführung des **§ 31a UrhG** im Jahre 2008 hat sich die Rechtslage insoweit geändert, als nunmehr unter den Voraussetzungen des § 31a UrhG, insbesondere der Schriftform und dem Widerrufsrecht, auch in Wahrnehmungsverträgen die Rechte für unbekannte Nutzungsarten übertragen werden können.[36] Die Voraussetzungen des § 31a UrhG müssen auch für neue verwertungsgesellschaftspflichtige Rechte und Vergütungsansprüche gelten, um dem Rechtsinhaber die Wahlmöglichkeit zwischen verschiedenen Verwertungsgesellschaften zu erhalten.[37] Ausgelöst wird das Widerspruchsrecht des Rechtsinhabers durch die Aufnahme und Benennung der neuen Nutzungsart im Standardwahrnehmungsvertrag der Verwertungsgesellschaft. In der Praxis spielt das Widerrufsrecht gegenüber der Verwertungsgesellschaft allerdings keine große Rolle, weil gem. § 12 Abs. 1 ohnehin jede Nutzungsart mit einer Frist von sechs Monaten – idR zum Jahresende[38] – gekündigt werden kann. Zu beachten ist auch, dass entsprechende Klauseln zur Einbeziehung unbekannter Nutzungsarten nur für Verträge wirken, die vor Bekanntwerden der Nutzungsart geschlossen wurden. Später abgeschlossene Verträge müssen die Nutzungsart wieder konkret benennen.

20 **5. Bearbeitungs- und Urheberpersönlichkeitsrechte.** Einschränkungen für die Rechteeinräumung über Wahrnehmungsverträge können sich aus den Vorschriften des materiellen Urheberrechts, insbesondere des Urheberpersönlichkeitsrechts, ergeben. Praxisrelevant wird die Frage insbesondere bei transformativen Werknutzungen wie **Bearbeitungen oder der Filmherstellung**, die über die Verwertungsrechte aus §§ 15 ff. UrhG hin-

---

32 Wandtke/Bullinger/*Gerlach*, § 9 VGG Rn 5; *Schulze*, ZUM 1999, 255, 258;
33 So auch BeckOK/*Freudenberg*, § 10 VGG Rn 14.
34 BGH, Urt. v. 5.6.1985 – I ZR 53/83 – BGHZ 95, 274, 282 – GEMA-Vermutung I; BGH, Urt. v. 15.10.1987 – I ZR 96/85 – GRUR 1988, 296, 297 f. – GEMA-Vermutung IV; OLG Hamburg, Beschl. v. 4.2.2002 – 5 U 106/01 – NJW-RR 2002, 1410, 1412 – Handy-Klingeltöne; *Mauhs*, Der Wahrnehmungsvertrag, S. 99 f; a.A. OLG München, Urt. v. 19.5.1983 – 6 U 3773/82 – GRUR 1983, 571 – Spielfilm-Videogramme (nicht rechtskräftig).
35 BGH, Urt. v. 15.10.1987 – I ZR 96/85 – GRUR 1987, 296 – GEMA Vermutung IV.
36 BeckOK/*Freudenberg*, § 10 VGG Rn 15; Wandtke/Bullinger/*Gerlach*, § 9 VGG Rn 7.
37 A.A. Schricker/Loewenheim/*Spindler*, § 31a Rn 21.
38 Vgl. § 12 Abs. 2.

aus auch die §§ 14 und 23 UrhG tangieren können. Grundsätzlich kann im Rahmen eines Wahrnehmungsvertrages auch die persönlichkeitsrechtliche Befugnis zur Gestattung von Bearbeitungen, Modifikationen oder Veränderungen des Werkes einer Verwertungsgesellschaft eingeräumt werden, wenn diese Veränderungen typischerweise mit der im Wahrnehmungsvertrag geregelten Nutzungsart einhergehen.[39] Dies kann im Einzelfall sogar Bearbeitungen mit entstellendem Charakter i.S.d. § 14 UrhG umfassen, wenn derartige Bearbeitungen nutzungsüblich und bei der Einräumung der Nutzungsrechte vorhersehbar waren.[40] Ihre Grenze findet die Einräumung solcher Rechte an dem unverzichtbaren Kern des Urheberpersönlichkeitsrechtes. Grobe und unvorhersehbare Werkentstellungen muss der Urheber ungeachtet der zuvor über das Werk getroffenen Verfügungen nicht dulden.[41] Folglich kann der Urheber die Befugnis zur Gestattung derartiger Werkbeeinträchtigungen auch nicht einer Verwertungsgesellschaft vorab einräumen.

Möglich und zulässig ist es, die Einräumung von Nutzungsrechten im Wahrnehmungsvertrag unter die auflösende oder aufschiebende **Bedingung** zu stellen, dass der Rechtsinhaber die der Nutzung vorhergehende Bearbeitung ausdrücklich genehmigt oder ihr nicht widersprochen hat (zweistufige Lizenzierung).[42]

6. Künftige Werke. Da das Wahlrecht des Berechtigten sich nicht auf einzelne Werke bezieht, kann der Berechtigte seine Auswahl nur für alle seine von der Verwertungsgesellschaft wahrgenommenen Werke einheitlich ausüben. Zudem sehen die Wahrnehmungsverträge zumeist eine **Vorausabtretung der entsprechenden Rechte an künftigen Werken vor**, wodurch auch die Rechte an künftig vom Berechtigten geschaffenen Werken im Zeitpunkt der Entstehung der Verwertungsgesellschaft eingeräumt werden.[43] Diese Vorausabtretung verhindert, dass für jedes neue Werk ein neuer Wahrnehmungsvertrag abgeschlossen werden muss. Zudem schützt die Vorausabtretung an die Verwertungsgesellschaft das Nutzungsrecht vor dem Zugriff durch kommerzielle Rechteverwerter wie Produzenten oder Verlage, die in Arbeits- oder Honorarverträgen auf der Abtretung von Nutzungsrechten bestehen („Total-Buy-Out").[44]

Kollidieren mehrere Vorausabtretungen bezüglich eines Werkes miteinander, so setzt sich die zeitlich frühere nach dem **Prioritätsprinzip** durch.[45] Hat ein Urheber also zB zuerst einen Wahrnehmungsvertrag mit exklusiver Vorausabtretung der Rechte an künftigen Werken mit einer Verwertungsgesellschaft und danach einen – ebenfalls die Einräumung exklusiver Nutzungsrechte vorsehenden – Verlagsvertrag abgeschlossen, so werden die betroffenen Nutzungsrechte mit ihrer Entstehung der Verwertungsgesellschaft eingeräumt. Die zeitlich spätere Abtretung an den Verlag läuft dinglich leer, kann aber ggf. noch schuldrechtliche Ansprüche hinsichtlich der Verwertungserlöse nach sich ziehen.[46]

---

39 BGH, Urt v. 8.12.2008 – I ZR 23/06 – ZUM 2009, 288, 291 – Klingeltöne für Mobiltelefone I.
40 BGH, Urt v. 8.12.2008 – I ZR 23/06 – ZUM 2009, 288, 291 – Klingeltöne für Mobiltelefone I.
41 BGH, Urt. v. 27.11.1970 – I ZR 32/69 – GRUR 1971, 269, 271; LG Hamburg, Urt. v. 6.9.2013 – 308 O 23/13 – GRUR-RR 2015, 140.
42 BGH, Urt. v. 11.3.2010 – I ZR 18/08 – ZUM 2010, 792 – Klingeltöne für Mobiltelefone II. Vgl. dazu auch die Regelungen in § 1 lit. h Abs. 4 und i Ziff. 1 GEMA-Berechtigungsvertrag.
43 Zur Zulässigkeit dieser Praxis vor Inkrafttreten des UrhWG RG, Urt. v. 5.4.1933 – I 175/32 . RGZ 140, 231, 251 – Tonfilm.
44 *Vogel*, GRUR 1993, 513, 525.
45 Zur Kollision mehrerer Vorausverfügungen *Riesenhuber*, NZA 2004, 1363 ff.
46 BGH, Urt. v. 13.12.1963 – Ib ZR 75/62 – GRUR 1964, 326, 332 – Subverleger; BGH, Urt. v. 21.4.2016 – I ZR 198/13 – GRUR 2016, 596, 603 Rn. 81 – Verlegeranteil; KG, Urt. v. 14.11.2016 – 24 U 96/14 – GRUR-RR 2017, 94, 97 Rn. 25 ff.

Für derartige Nutzungsrechtseinräumungen sieht § 40 Abs. 1 S. 1 UrhG eigentlich die gesetzliche Schriftform vor. § 10 S. 2 stellt als lex specialis klar, dass für Wahrnehmungsverträge auch insoweit die Textform des § 126b BGB genügt.

24   **7. Ergänzungen des Wahrnehmungsvertrags.** Nach einer Änderung des Wahrnehmungsumfangs der Verwertungsgesellschaft, dem Bekanntwerden neuer Nutzungsarten oder Änderungen der Wahrnehmungsbedingungen stellt sich regelmäßig die Frage nach der Änderung oder Ergänzung bestehender Wahrnehmungsverträge. Eine Beschlussfassung in den für die Änderung zuständigen Organen der Verwertungsgesellschaft genügt in aller Regel nicht für die Einbeziehung der Änderungen in bestehende individuelle Vertragsbeziehungen.[47] Abhilfe schaffen sog. **Einbeziehungsklauseln** in den Wahrnehmungsverträgen, die bewirken, dass nachträgliche Vertragsergänzungen durch die Verwertungsgesellschaft wirksam werden, sofern der Berechtigte diesen nicht innerhalb einer bestimmten Frist widerspricht. Ein solches Vorgehen ist nach der Rspr. dann mit § 307 Abs. 1 S. 1 BGB vereinbar, wenn die Zustimmungsfiktion im Berechtigungsvertrag individualvertraglich vereinbart wurde. Sie kann aber nicht durch eine bloße Satzungsbestimmung oder einen Beschluss der Mitgliederhauptversammlung einseitig festgelegt werden.[48] Zudem wird die Zustimmungsfiktion nur wirksam, wenn der Berechtigte deutlich auf die Vertragsergänzungen hingewiesen wurde (vgl. § 308 Nr. 5 lit. b BGB).[49] Dieser üblichen Praxis der Abänderung bestehender Wahrnehmungsverträge durch einseitige Mitteilung und ausbleibenden Widerspruch des Berechtigten steht auch nicht entgegen, dass Art. 5 Abs. 7 S. 1 VG-RL von einer „ausdrücklichen" Zustimmung des Berechtigten spricht. Wie sich aus Erwägungsgrund 19 Abs. 4 VG-RL ergibt, soll die stillschweigende Änderung des Wahrnehmungsauftrages dadurch nicht ausgeschlossen werden.[50]

25   **8. Textform.** § 10 S. 2 sieht für die Vereinbarung zur Wahrnehmung von Urheberrechten oder verwandte Schutzrechten durch die Verwertungsgesellschaft Textform i.S.d. § 126b BGB vor, also eine lesbare, auf einem dauerhaften Datenträger abgegebene Erklärung, welche die Person des Erklärenden erkennen lässt. Damit kann die erforderliche Erklärung insbesondere formgerecht über ein **Onlineportal** abgegeben oder **per Email** übermittelt werden. Dies gilt ausdrücklich auch für die Vereinbarung der Wahrnehmung von Rechten an künftigen Werken und stellt insoweit ein lex specialis zu § 40 Abs. 1 S. 1 UrhG dar, der für derartige Rechteeinräumungen die gesetzliche Schriftform i.S.d. § 126 BGB – also die Originalunterschrift beider Vertragspartner auf einem Dokument – verlangt. Dieses abweichende Formerfordernis erscheint aus Sicht des Gesetzgebers kosteneffizient und ausreichend, da der Rechtsinhaber im Vergleich zu einem Verlags- oder Produzentenvertrag das Wahrnehmungsverhältnis jederzeit wieder kündigen kann und die Rechtewahrnehmung einen treuhänderischen Charakter hat, weshalb der Rechtsinhaber weniger schutzbedürftig ist.[51]

26   Die Regelung bezieht sich nach ihrem Wortlaut auf die der Wahrnehmung zugrunde liegende Vereinbarung (Wahrnehmungs- bzw. Berechtigungsvertrag), gilt aber auch für

---

47   Eine Ausnahme gilt für solche Änderungen, die aus Gründen der kollektiven Rechtewahrnehmung nur einheitlich gelten können, z.B. über die Verteilung der Einnahmen.
48   BGH, Urt. v. 18.12.2008 – I ZR 23/06 – GRUR 2009, 395, 400 – Klingeltöne für Mobiltelefone I; Schricker/Loewenheim/*Reinbothe*, § 6 UrhWG Rn 5; BeckOK/*Freudenberg*, § 10 VGG Rn 18; Wandtke/Bullinger/*Gerlach*, § 9 VGG Rn 10.
49   LG Hamburg, Urt. v. 15.6.2001 – 308 S 7/00 – ZUM 2001, 711, 712; *Hoeren*, AfP 2001, 8, 10.
50   Vgl. RegE-VGG, BT-Drucks. 18/7223, S. 75.
51   Beschlussempfehlung des Ausschusses für Recht und Verbraucherschutz BT-Drucks. 18/8268, S. 10

nachfolgende Erklärungen des Rechtsinhabers über dessen Zustimmung zur Wahrnehmung für jedes einzelne Recht. Auch für nachträgliche Änderungen des Wahrnehmungsvertrages gilt das Textformerfordernis.

Unklar bleibt, ob § 10 S. 2 auch dem Schriftformerfordernis des § 31a UrhG als Spezialnorm vorgeht, wenn der Wahrnehmungsvertrag die **Rechteeinräumung an unbekannten Nutzungsarten** vorsieht. Während Wortlaut und Gesetzesbegründung nur auf künftige Werke und die damit korrespondierende Formvorschrift des § 40 Abs. 1 S.1 UrhG Bezug nehmen, sprechen der Sinn und Zweck der Norm – nämlich die grundsätzliche Formerleichterung für Wahrnehmungsverträge – und die Erwägungen zur geringeren Schutzbedürftigkeit des Urhebers dafür, dass § 10 S. 2 auch für die Einräumung der Rechte an unbekannten Nutzungsarten die Textform genügen lassen soll.[52] 27

9. Dokumentation und Information. § 10 S. 1 verpflichtet die Verwertungsgesellschaft zudem, die Zustimmung des Rechtsinhabers zur Wahrnehmung jedes einzelnen Rechts zu dokumentieren. Diesem Erfordernis würde bereits durch die Ablage des entsprechenden Wahrnehmungsvertrages genügt, in dem die der Verwertungsgesellschaft zur Wahrnehmung eingeräumten Rechte einzeln aufgelistet werden. In der Praxis verfügen Verwertungsgesellschaften jedoch über leistungsfähige **elektronische Dokumentationssysteme**, die Art und Umfang der wahrgenommenen Rechte für jeden Berechtigten auf aktuellem Stand dokumentieren. 28

Mit der Dokumentationspflicht korrespondiert auch die Informationspflicht in **§ 53**. Nach § 53 Abs. 2 muss die Verwertungsgesellschaft ihre Berechtigten über das Zustimmungserfordernis nach § 10 alternativ im Statut oder in den Wahrnehmungsbedingungen informieren. Zudem ist der Rechtsinhaber gem. § 53 Abs. 1 Nr. 1 vor Einholung der Zustimmung über das Zustimmungserfordernis zu informieren, damit er auf dieser Grundlage beim Abschluss des Wahrnehmungsvertrages sein Wahlrecht darüber ausüben kann, welche Arten von Rechten er der Verwertungsgesellschaft zur Wahrnehmung einräumt. 29

§ 11
Nutzungen für nicht-kommerzielle Zwecke

Die Verwertungsgesellschaft legt Bedingungen fest, zu denen der Berechtigte jedermann das Recht einräumen kann, seine Werke oder sonstigen Schutzgegenstände für nicht kommerzielle Zwecke zu nutzen, auch wenn er die entsprechenden Rechte daran der Verwertungsgesellschaft zur Wahrnehmung eingeräumt oder übertragen hat.

Übersicht

I. Allgemeines
   1. Bedeutung der Regelung —— 1
   2. Vorgängerregelung —— 4
   3. Unionsrechtlicher Hintergrund —— 5
   4. Entstehungsgeschichte —— 6
II. Eigenlizenzierung für nicht kommerzielle Zwecke
   1. Eigenlizenzen und ausschließliche Nutzungsrechte —— 7
   2. Eigene Werke oder Schutzgegenstände —— 12
   3. Lizenzierung von Nutzungsrechten —— 15
   4. Nicht kommerzielle Zwecke —— 17
   5. Jedermann —— 22

---

52 A.A. wohl Wandtke/Bullinger/*Gerlach*, § 9 VGG Rn 7.

III. Bedingungen für Lizenzerteilung
1. Allgemeines —— 27
2. Vereinbarkeit mit bestehenden Wahrnehmungskategorien —— 28
3. Definition von nicht kommerziell —— 29
4. Selbstnutzung durch Berechtigte —— 31
5. Vermeidung von Doppellizenzierung —— 32
6. Praktische Bedeutung —— 34

I. Allgemeines

1. Bedeutung der Regelung. § 11 verpflichtet die Verwertungsgesellschaften, dem Berechtigten die Möglichkeit einzuräumen, parallel zur Wahrnehmung seiner Rechte durch die Verwertungsgesellschaft seine Werke oder sonstigen Schutzgegenstände für nicht kommerzielle Zwecke an jedermann zu lizenzieren bzw. selbst für solche Zwecke zu nutzen.

Ziel der Vorschrift ist dabei, dass Berechtigte trotz Einräumung der Rechte an eine Verwertungsgesellschaft diese selbst für nicht kommerzielle Zwecke nutzen oder vergütungsfreie Lizenzen an Dritte für derartige Nutzungen erteilen können. § 11 ermöglicht dem Berechtigten damit ähnlich wie §§ 32 Abs. 3 S. 3, 32a Abs. 3 S. 3 UrhG ungeachtet der sonstigen Verwertungswege die freie Entscheidung, ob er nicht kommerzielle Nutzungen seiner Werke vergütungsfrei stellen will. Die Norm **durchbricht** damit **den** aufgrund der weitverbreiteten Einräumung ausschließlicher Nutzungsrechte geltenden **Grundsatz der exklusiven Lizenzierungsbefugnis** der Verwertungsgesellschaft,[1] indem sie für nicht kommerzielle Nutzungen eine parallele Lizenzierungsmöglichkeit durch Verwertungsgesellschaften und Berechtigten anordnet.

Rechtspolitisch ist dieser Ansatz durchaus ambivalent, weil damit einerseits die Flexibilität des Rechtsinhabers bei der Rechteeinräumung und -wahrnehmung gestärkt wird, andererseits aber auch die kollektive Verhandlungsfunktion der Verwertungsgesellschaft bei der Durchsetzung von angemessener Vergütung und Tarifen beeinträchtigt werden kann. § 11 ist vom Gesetzgeber daher bewusst als **Ausnahmevorschrift** für den Fall der nicht kommerziellen Nutzung ausgestaltet, wobei die zentrale Frage der Abgrenzung zwischen kommerziellen und nicht kommerziellen Nutzungen offen bleibt. In diesem Zusammenhang soll die Verwertungsgesellschaft nach § 11 einheitliche Bedingungen für derartige Lizenzvergaben festlegen, um einem Missbrauch vorzubeugen und praktische Schwierigkeiten wie z.B. Doppellizenzierungen zu beschränken.

2. Vorgängerregelung. Die Norm wurde in Umsetzung der VG-RL neu geschaffen und hatte keine Vorgängerregelung im deutschen Recht.

3. Unionsrechtlicher Hintergrund. § 11 beruht auf **Art. 5 Abs. 3 und 8 VG-RL**. Diese im ursprünglichen Richtlinienvorschlag der EU-Kommission[2] nicht enthaltenen Bestimmungen wurden im Zuge der Ausschussberatungen im EU-Parlament hinzugefügt und entsprangen dem politischen Wunsch, die **Verbreitung „freier Lizenzen"**, wie z.B. **Creative Commons**, zu fördern und diese Lizenzen leichter mit dem System der kollektiven Rechtewahrnehmung vereinbar zu machen.[3] Derartige Lizenzmodelle, die eine glo-

---
1 Vgl. dazu § 10 Rn 13.
2 COM/2012/0372 final – 2012/0180 (COD), abrufbar unter: http://eur-lex.europa.eu/legal-content/DE/TXT/?uri=COM:2012:0372:FIN. Lediglich im damaligen Erwägungsgrund 9 war schon ein Bezug auf nicht kommerzielle Nutzungen enthalten.
3 Vgl. EP, Bericht des Rechtsausschusses über den Vorschlag für eine Richtlinie des Europäischen Parlaments und des Rates über kollektive Wahrnehmung von Urheber- und verwandten Schutzrechten

bale und unwiderrufliche Freigabe sämtlicher vom Lizenzumfang erfasster Nutzungen ungeachtet der Person des Nutzers, des relevanten Territoriums oder der betroffenen Nutzungsart vorsehen, hatten zuvor immer wieder Konflikte mit dem nutzungsartbezogenen Modell der Rechteeinräumung an Verwertungsgesellschaften hervorgerufen.[4]

4. Entstehungsgeschichte. Die Norm geht auf den Vorschlag im RefE des BMJV zurück und wurde im weiteren Gesetzgebungsverfahren nicht mehr verändert. Zahlreiche offene Fragen zur Reichweite und Funktionsweise der Möglichkeiten zur Selbstlizenzierung mit „freien Lizenzen" und zur Vereinbarkeit mit der regulären Rechtewahrnehmung wurden im Gesetzgebungsverfahren nicht weiter thematisiert. Stattdessen wurde auf die in Art. 5 Abs. 8 VG-RL verankerte und in Art. 11 VG-RL übernommene Pflicht der Verwertungsgesellschaften vertraut, die Norm durch sachgerechte Festlegung von Bedingungen und Definitionen praktisch umsetzbar zu machen.

II. Eigenlizenzierung für nicht kommerzielle Zwecke

1. Eigenlizenzen und ausschließliche Nutzungsrechte. Die Bedeutung von § 11 hängt stark davon ab, wie das Wahrnehmungsverhältnis der Verwertungsgesellschaft zu ihren Berechtigten ausgestaltet ist.

Wenn und soweit der Rechtsinhaber der Verwertungsgesellschaft nur **einfache**, d.h. nicht-ausschließliche, Nutzungsrechte eingeräumt hat, bleibt die Selbstlizenzierung des Rechtinhabers unproblematisch möglich. § 11 stellt in diesem Zusammenhang lediglich klar, dass die Verwertungsgesellschaften Regeln und Bedingungen für die Ausgestaltung der parallelen Wahrnehmungstätigkeit aufstellen sollen.

Sieht das Wahrnehmungsverhältnis – wie in Deutschland üblich – jedoch die Einräumung **ausschließlicher Nutzungsrechte** vor,[5] so gilt der Grundsatz, dass nur die Verwertungsgesellschaft Lizenzen erteilen und Vergütungen geltend machen kann. Möchte der Rechtsinhaber selbst Lizenzen vergeben, so muss er die entsprechenden Rechte aus der Verwertungsgesellschaft zurückziehen.[6] Diesen Grundsatz durchbricht § 11 mit Anordnung einer **Parallelwahrnehmung**, lässt aber die Frage offen, wie die Selbstwahrnehmung durch den Rechtsinhaber mit dem ausschließlichen Mandat der Verwertungsgesellschaft in Einklang zu bringen ist.

Der Gesetzgeber war sich der dadurch entstehenden Schwierigkeiten und Risiken bewusst und hat § 11 daher nicht als absolutes Recht des Rechtsinhabers, sondern als Verpflichtung an die Verwertungsgesellschaften ausgestaltet, damit diese die dogmatische Konstruktion und die inhaltlichen Grenzen der Selbstwahrnehmung eigenverantwortlich festlegen und mit den eigenen Wahrnehmungsbedingungen in Einklang bringen können.

In der Praxis haben sich bei den deutschen Verwertungsgesellschaften zwei Lösungsansätze herausgebildet. Entweder die Wahrnehmungsverträge sehen für den Be-

---

und die Vergabe von Mehrgebietslizenzen für die Online-Nutzung von Rechten an Musikwerken im Binnenmarkt, (COM(2012)0372 – C7-0183/2012 – 2012/0180(COD)), Änderungsantrag 54, abrufbar unter: http://www.europarl.europa.eu/sides/getDoc.do?pubRef=-//EP//TEXT+REPORT+A7-2013-0281+0+DOC+XML+V0//DE. Einzelheiten zur Genese der Norm im Gesetzgebungsverfahren bei *Metzger/Heinemann*, JIPITEC 6 (1), 2015, abrufbar unter: https://www.jipitec.eu/issues/jipitec-6-1-2015/4172.
4 *Metzger/Heinemann*, JIPITEC 6 (1), 2015.
5 Vgl. § 10 Rn 13.
6 Vgl. § 12 Rn 11 ff.

reich der nicht kommerziellen Nutzungen nur noch die Einräumung einfacher Nutzungsrechte vor[7] oder es bleibt beim Grundsatz der Einräumung ausschließlicher Nutzungsrechte an die Verwertungsgesellschaft, die dann aber dem Berechtigten auf Antrag eine Rücklizenz für die Bewilligung nicht kommerzieller Nutzungen erteilt.[8]

12 **2. Eigene Werke oder Schutzgegenstände.** Das Recht zur Eigenlizenzierung gem. § 11 beschränkt sich auf die **eigenen Werke oder sonstigen Schutzgegenstände des Berechtigten**, für die der Berechtigte jedermann die Rechte zur Nutzung für nicht kommerzielle Zwecke einräumen kann.[9] Keinesfalls kann die Verwertungsgesellschaft ihren Berechtigten das Recht zur Eigenlizenzierung von Werken oder Werkanteilen Dritter einräumen. Wenn über den Berechtigten hinaus noch andere Rechtsinhaber i.S.d. § 5 an dem genutzten Werk oder Schutzgegenstand beteiligt sind, so bedarf es für die Erlaubnis zur nicht kommerziellen Nutzung i.S.d. § 11 der Zustimmung aller beteiligten Rechtsinhaber.

13 Dies gestaltet sich weitgehend unproblematisch, wenn alle an einem Werk beteiligten Rechtsinhaber in einem Wahrnehmungsverhältnis mit **derselben Verwertungsgesellschaft** stehen. In diesem Fall kann die entsprechende Rechtseinräumung auf Grundlage der nach § 11 von dieser Verwertungsgesellschaft für die nicht kommerzielle Nutzung festgelegten Bedingungen erfolgen. **Abstimmungsschwierigkeiten** entstehen, wenn einzelne oder mehrere Beteiligte an einem Werk oder Schutzgegenstand ihre Rechte keiner oder unterschiedlichen Verwertungsgesellschaften eingeräumt haben. In diesen Fällen bedarf es entsprechender vertraglicher Vereinbarungen mit den übrigen Rechtsinhabern, um die Lizenzierungskompetenz für nicht kommerzielle Nutzungen zu regeln.

14 Dem Wortlaut von § 11 lässt sich keine Verpflichtung der Verwertungsgesellschaft entnehmen, die Lizenzerteilung für nicht kommerzielle Nutzungen auf **einzelne Werke** zu beschränken. Vielmehr scheint die Formulierung „seine Werke" nahezulegen, dass eine einheitliche Rechtsausübung für alle aktuellen und künftigen Werke – wie bei der Rechteeinräumung und -kündigung nach den §§ 9 und 12 – vorgesehen ist. Dies entspricht jedoch nicht dem **Sinn und Zweck** der Vorschrift, bei der es gerade nicht um die (Teil-)Kündigung des Wahrnehmungsvertrages geht, sondern darum, innerhalb des Wahrnehmungsverhältnisses Flexibilität zu schaffen. Deshalb sehen die deutschen Verwertungsgesellschaften oft die Möglichkeit vor, die Lizenzerteilung für nicht kommerzielle Nutzungen auf einzelne Werke zu beschränken.[10]

15 **3. Lizenzierung von Nutzungsrechten.** Nach § 11 muss die Verwertungsgesellschaft den Berechtigten in die Lage versetzen, für die erfassten Zwecke selbst Nutzungsrechte an Dritte einzuräumen, d.h. Werknutzungen zu lizenzieren. Die vom Berechtigten erteilte Lizenz muss sich in dem von § 11 definierten und durch die Lizenzbedingungen der Verwertungsgesellschaften konkretisierten Rahmen bewegen. Umgekehrt müssen die vom Berechtigten genehmigten Nutzungen vom Wahrnehmungsumfang der Verwertungsgesellschaft ausgenommen werden, um Doppellizenzierungen zu vermeiden. Dabei gibt es unterschiedliche Konstruktionsmechanismen, wie die relevanten Nutzungsrechte im Rahmen des Wahrnehmungsvertrages ausgeklammert werden.[11]

---

7 § 3 Abs. 4 GVL-Wahrnehmungsvertrag für ausübende Künstler; § 4 VG-Wort-Wahrnehmungsvertrag.
8 Vgl. z.B. § 1a GEMA-Berechtigungsvertrag; § 2 VG-Bildkunst-Wahrnehmungsvertrag.
9 Zur Notwendigkeit einer Beschränkung auf originäre Rechtsinhaber *Metzger/Heinemann*, JIPITEC 6 (1), 2015, abrufbar unter: https://www.jipitec.eu/issues/jipitec-6-1-2015/4172.
10 § 1a GEMA-Berechtigungsvertrag; § 2 VG-Bildkunst-Wahrnehmungsvertrag.
11 Dazu unten Rn 28.

§ 11 hat die **Vergabe von Nutzungsrechten** zum Gegenstand. Die Sonderregelung greift nicht ein, sofern die entsprechende Nutzung bereits durch eine der gesetzlichen **Schrankenregelungen** des Urheberrechts gestattet ist. Dies ist gerade im Bereich der nicht kommerziellen Nutzungen aber häufig der Fall, z.B. nach §§ 53, 54 UrhG oder § 52 Abs. 1 oder 2 UrhG. Insoweit ergibt sich die Nutzungsberechtigung bereits aus dem Gesetz und die dafür zum Teil vorgesehenen **gesetzlichen Vergütungsansprüche** haben Vorrang vor der lizenzvertraglichen Rechtseinräumung für nicht kommerzielle Nutzungen auf Grundlage des § 11. Auf die im Rahmen einer Schrankenbestimmung garantierte gesetzliche Vergütung kann der Urheber aber nach § 63a S. 1 UrhG nicht im Voraus verzichten, so dass im Rahmen der gesetzlichen Vergütungsansprüche § 11 nicht zur Anwendung kommt.[12]

4. Nicht kommerzielle Zwecke. Die Sonderregelung des § 11 beschränkt sich ausdrücklich auf die Nutzung der Werke oder sonstigen Schutzgegenstände für **nicht kommerzielle Zwecke**. Dahinter steht der Gedanke, dass die Eigenlizenzierung nicht mit der üblichen Lizenzierungspraxis durch die Verwertungsgesellschaft kollidieren soll. Die vergütungspflichtige Lizenzvergabe für die kommerzielle Nutzung der ihr zu Wahrnehmung anvertrauten Rechte soll weiterhin ausschließlich im Rahmen der entsprechenden Tarife der Verwertungsgesellschaft erfolgen.

Dabei wäre es ein Trugschluss zu glauben, dass nicht kommerzielle Nutzungen in der Wahrnehmungspraxis der Verwertungsgesellschaften keine wesentliche Rolle spielten. Vielmehr gilt, dass ungeachtet der genauen Abgrenzung von kommerziell und nicht kommerziell der übliche **Wahrnehmungsumfang** von Verwertungsgesellschaften keinesfalls nur kommerzielle Werknutzungen umfasst, sondern in ganz erheblichem Maße auch nicht kommerzielle Werknutzungen. So verläuft z.B. im Aufführungs- und Wiedergaberecht die Abgrenzungslinie zwischen **öffentlich und nicht-öffentlich** und schließt nicht kommerzielle aber öffentliche Werkaufführungen selbstverständlich mit ein. Der Charakter einer Veranstaltung als kommerziell oder nicht kommerziell spielt allenfalls für die Tarifgestaltung eine Rolle.[13] Zudem hat der Gesetzgeber gerade im Bereich der gemeinnützigen und damit gewöhnlich nicht kommerziellen Nutzungen häufig **Schrankenregelungen mit gesetzlichen Vergütungsansprüchen** erlassen, die üblicherweise nur von Verwertungsgesellschaften wahrgenommen werden können.[14]

Die zentrale Schwierigkeit bei der Anwendung von § 11 betrifft die Frage der **Abgrenzung** von **kommerziellen und nicht kommerziellen** Nutzungen. Weder Gesetz noch Richtlinie versuchen eine Definition oder Konkretisierung. Eine allgemeingültige Definition der „nicht kommerziellen Nutzung" gestaltet sich schwierig. Einigkeit besteht jedenfalls insofern, als die Eigenlizenzierung für nicht kommerzielle Nutzungen in jedem Fall voraussetzt, dass die **Nutzung unentgeltlich** ist, also die Nutzung der Werke oder sonstigen Schutzgegenstände weder unmittelbar noch mittelbar vergütet werden darf. Daraus folgt richtigerweise auch, dass der Berechtigte – wie auch im Rahmen der ähnlich gerichteten §§ 32 Abs. 3 S. 3, 32a Abs. 3 S. 3 UrhG – seine Eigenlizenz unentgeltlich vergeben muss. Der Berechtigte darf also weder eine unmittelbare **Nutzungsvergütung** verlangen, noch darf die betreffende Werknutzung mit einer mittelbaren **Gegenleistung** verbunden sein, wie z.B. Sponsoring oder bezahlte Werbung im Kontext der kostenlos verfügbaren Werknutzung.[15]

---

12 Ebenso Wandtke/Bullinger/*Gerlach*, § 11 VGG Rn 4.
13 Vgl. dazu § 39 Rn 46 ff.
14 Vgl. dazu oben Rn 15.
15 BeckOK-UrhR/*Freudenberg*, § 11 VGG Rn 1.

20 Ein Rückgriff auf andere Regelungszusammenhänge hilft auch nicht weiter. Zwar taucht der Begriff der nicht kommerziellen Nutzung in einer Reihe anderer Rechtsakte mit urheberrechtlichem Bezug auf,[16] jedoch fehlt jeder Anhaltspunkt dafür, dass diese – i.d.R. auch nicht näher definierten – Begriffe einheitlich auszulegen sind. Auch die Lizenzbedingungen der standardisierten freien Lizenzen wie z.B. Creative Commons, die eine Lizenzbeschränkung auf nicht kommerzielle Nutzungen erlauben (sog. CC-NC-Lizenzen),[17] erweisen sich nicht als hilfreich, weil auch diese mit sehr allgemeinen Definitionen arbeiten, die in der praktischen Rechtsanwendung wenig Hilfestellung bieten und auch in der Anwendung durch die Rechtsprechung zu durchaus kontroversen Ergebnissen führen.[18]

21 Dennoch ist festzuhalten, dass der Gesetzgeber gut daran getan hat, sich gar nicht erst an der aussichtslosen Aufgabe einer zweifelsfreien Definition zu versuchen. Stattdessen weist der Gesetzgeber den Verwertungsgesellschaften die Aufgabe zu, im Rahmen ihrer Wahrnehmungs- und Lizenzbedingungen zu konkretisieren, welche konkreten Nutzungen noch als nicht kommerziell anzusehen sind. Das letzte Wort über die Auslegung von „nicht kommerziell" als aus der VG-RL stammendem autonomem Begriff des Unionsrechts haben ohnehin die Unionsgerichte.

22 **5. Jedermann.** § 11 verpflichtet die Verwertungsgesellschaft, ihren Berechtigten die Lizenzerteilung für nicht kommerzielle Nutzungen gegenüber **jedermann** zu ermöglichen. Damit zielt die Vorschrift auf die Ermöglichung standardisierter freier Lizenzen wie z.B. Creative Commons, die sich an einen nicht eingeschränkten Lizenznehmerkreis richten. Mit Erteilung einer solchen Lizenz sind sämtliche nicht kommerziellen Nutzungen, ungeachtet der Frage wo oder von wem sie vorgenommen werden, unwiderruflich gestattet.[19] Für eine entgeltliche Wahrnehmung durch die Verwertungsgesellschaft bleibt insofern kein Raum mehr. Faktisch übt der Berechtigte damit ein Wahlrecht aus, ob er seine Werke insgesamt für nicht kommerzielle Nutzungen freigeben möchte oder nicht.

23 Zudem erfassen diese Lizenzen üblicherweise differenzierungslos eine Vielzahl **unterschiedlicher Nutzungsarten**, die lediglich durch ihren nicht kommerziellen Charakter verbunden sind. Werden diese auf einen Schlag vom Lizenzumfang der Verwertungsgesellschaft ausgenommen, so läuft die Differenzierungslinie kommerziell vs. nicht kommerziell quer über alle Wahrnehmungsbereiche und Nutzungsarten. Die nicht kommerziellen Nutzungen werden damit gleichsam zur eigenen Nutzungsart.

24 § 11 ermöglicht dem Berechtigten trotz eines Wahrnehmungsverhältnisses zu einer Verwertungsgesellschaft die freie Entscheidung, ob er nicht kommerzielle Nutzungen seiner Werke vergütungsfrei stellen will, gibt aber **kein Wahlrecht**, bezüglich einzelner Nutzungen und Nutzer zu differenzieren. Das bedeutet, dass der Berechtigte keinen Anspruch darauf hat, einzelne nicht kommerzielle Nutzungen direkt zu lizenzieren, während andere nicht kommerzielle Nutzungen weiterhin von der Verwertungsgesellschaft lizenziert werden sollen. Gerade eine solche Differenzierungsmöglichkeit entspricht aber häufig der Interessenlage der Berechtigten, die eine bestimmte nicht kommerzielle Nutzung, z.B. die Nutzung eines Werkes im Rahmen eines bestimmten gemeinnützigen Films oder Konzerts, gestatten wollen, sich aber nicht generell der Lizenzierungs- und

---

[16] Art. 5 Abs. 2 lit. c, Abs. 3 lit. a, b RL 2001/29/EC (InfoSoc-RL); § 60a UrhG.
[17] Abrufbar unter: https://creativecommons.org/licenses/by-nc-sa/2.0/de/.
[18] Vgl. zur Frage, ob ein öffentlich-rechtlicher Rundfunksender unter eine CC-NC Lizenz fällt: LG Köln, Urt. v. 5.3.2014 – 28 O 232/13 – MMR 2014, 478 (nicht rechtskräftig); OLG Köln, Urt. v. 31.10.2014 – 6 U 60/14 – MMR 2015, 332.
[19] *Holzmüller*, Handbuch Kulturmanagement, 1 51 16 07; *Jaeger/Metzger*, MMR 2003, 431 ff.

Vergütungsmöglichkeiten für jede sonstige Art der nicht kommerziellen Nutzung begeben möchten.

Ähnlich liegen die Interessen bei der **Eigennutzung durch den Berechtigten**. Zwar schließt die Befugnis zur Erteilung von Jedermann-Lizenzen auch die Selbstnutzung im Rahmen des Lizenzumfangs mit ein.[20] Eine Differenzierungsmöglichkeit zwischen Eigen- und Fremdnutzungen gibt § 11 den Berechtigten aber gerade nicht. Damit bedient § 11 das politische Ziel, die Verbreitung von Jedermann-Lizenzen zu fördern, geht aber am eigentlichen Bedarf der Berechtigten vorbei.

Aus diesem Grund haben die meisten deutschen Verwertungsgesellschaften das Recht zur Erteilung freier Lizenzen über die sog. Jedermann-Lizenzen hinaus so ausgestaltet, dass die freie Lizenz auf einzelne Nutzungsvorgänge, z.B. Eigennutzungen beschränkt sein kann.[21]

III. Bedingungen für Lizenzerteilung

1. Allgemeines. Die Festlegung der Bedingungen für die nicht kommerzielle Nutzung obliegt nach § 17 Abs. 1 S. 2 Nr. 16 der **Mitgliederhauptversammlung**. Bei der Ausgestaltung der Bedingungen ist zu gewährleisten, dass der Berechtigte möglichst flexibel und leicht von seiner Lizenzierungsbefugnis Gebrauch machen kann und die Interessen der Verwertungsgesellschaft an einer wirksamen und effizienten Rechtewahrnehmung angemessen berücksichtigt werden.[22] Nach § 53 Abs. 2 können die entsprechend festgelegten Regelungen alternativ im Statut oder in den Wahrnehmungsbedingungen der Verwertungsgesellschaft aufgeführt werden. Die deutschen Verwertungsgesellschaften haben in sehr unterschiedlichem Maße von der Möglichkeit der Festlegung von Bedingungen Gebrauch gemacht.[23]

2. Vereinbarkeit mit bestehenden Wahrnehmungskategorien. Soweit das Wahrnehmungsverhältnis eine Einräumung ausschließlicher Nutzungsrechte vorsieht, muss ein Weg gefunden werden, dies mit § 11 zu vereinen. Insbesondere muss der Berechtigte die für die Lizenzerteilung relevanten Nutzungsrechte, die eigentlich der Verwertungsgesellschaft eingeräumt wurden, zur Weiterlizenzierung erhalten. Urheberrechtlich lässt sich dieser Konflikt dadurch lösen, dass der Rechtsinhaber der Verwertungsgesellschaft im Bereich nicht kommerzieller Nutzungen entweder lediglich einfache Nutzungsrechte einräumt oder dass die Verwertungsgesellschaft von den ihr ausschließlich eingeräumten Nutzungsrechten eine nicht-ausschließliche Rücklizenz für nicht kommerzielle Nutzungen erteilt.[24]

3. Definition von nicht kommerziell. Obwohl die Richtlinie und der deutsche Gesetzgeber die betroffenen Verwertungsgesellschaften in die Pflicht genommen haben, die in § 11 enthaltenen Vorschriften durch Nutzungsbedingungen zu konkretisieren, haben nur wenige deutsche Verwertungsgesellschaften den Versuch unternommen, den unklaren und nicht legaldefinierten Begriff der „nicht kommerziellen Nutzung" zu konkretisieren.[25] Besonders Verwertungsgesellschaften, die in nennenswertem Umfang

---

20 Siehe RegE-VGG, BT-Drucks. 18/7223, S. 75.
21 § 1a GEMA-Berechtigungsvertrag; § 3 Abs. 4 GVL-Wahrnehmungsvertrag für Ausübende Künstler.
22 Siehe RegE-VGG, BT-Drucks. 18/7223, S. 75.
23 Vgl. z.B. die AGB der GEMA-NK-Lizenz abgedruckt bei Heker/Riesenhuber/*Welp*, S. 309 ff.
24 Dazu oben Rn 4.
25 Vgl. z.B. § 3 AGB der GEMA-NK-Lizenz abgedruckt bei Heker/Riesenhuber/*Welp*, S. 309 ff.

30 Soweit Verwertungsgesellschaften eine Konkretisierung vorgenommen haben, stellt sich die interessante Frage der Interaktion der Nutzungsbedingungen der Verwertungsgesellschaft mit den Lizenzbedingungen einer ggf. vom Berechtigten an Dritte erteilten Lizenz. Von besonderer Relevanz ist dies bei der Verwendung standardisierter freier Lizenzen wie z.B. der CC-NC-Lizenz. Richtigerweise wird der Berechtigte auch nur in solchem Umfang Nutzungsrechte einräumen können, wie er diese Rechte im Wahrnehmungsverhältnis zur Verwertungsgesellschaft auch zur Lizenzierung eingeräumt bekommen hat.

31 **4. Selbstnutzung durch Berechtigte.** § 11 sieht eigentlich vor, dass die Eigennutzung der betreffenden Werke sich als Unterfall von der Befugnis zur Lizenzierung nicht kommerzieller Fälle ableitet. Jedoch zeigt sich, dass die vom Berechtigten gewünschten Nutzungen der eigenen Werke zur Eigendarstellung und Promotion nicht selten auch kommerziellen Charakter haben, weil damit häufig für entgeltliche Leistungen geworben wird. Dies wäre z.B. der Fall bei einem Grafiker, der auf seiner Webseite eine Auswahl seiner Werke zeigt und diese gegen Entgelt zum Download anbietet. Daher haben viele Verwertungsgesellschaft zugunsten der eigenen Berechtigten etwas großzügigere Regeln zur Eigendarstellung geschaffen, die auch Nutzungen mit teilweise kommerziellem Charakter umfassen.[26]

32 **5. Vermeidung von Doppellizenzierung.** Faktisch führt jede erteilte freie Lizenz zu einer Reduktion des Wahrnehmungsumfangs der Verwertungsgesellschaft, weil Nutzungen, die in den Anwendungsbereich der vom Rechtsinhaber erteilten freien Lizenzen fallen, von der Verwertungsgesellschaft nicht mehr lizenziert werden. Dies macht es insbesondere bei der selektiven Lizenzierung einzelner Nutzungen notwendig, dass der Berechtigte die Verwertungsgesellschaft über Zahl und Umfang der erteilten Lizenzen informiert.

33 Allerdings kann es zu Fällen kommen, in denen der Lizenzumfang nicht nach einzelnen Werken zu differenzieren ist. Dies ist z.B. dann der Fall, wenn vom Berechtigten für die nicht kommerzielle Nutzung freigegebene Werke zusammen mit anderen Werken in einer einheitlichen, eine Vielzahl von Werken umfassenden Lizenz enthalten (sog. **mixed uses**) und – was häufig der Fall ist – noch nicht einmal genaue Nutzungsinformationen verfügbar sind. Da in diesen Fällen die Zahl der genutzten Werke ohne Einfluss auf das Vergütungsniveau ist, kann die Nutzung eines einzigen unter einer freien Lizenz veröffentlichten Werkes die Vergütungsforderung nicht schmälern. Jedenfalls wäre es mit einem unverhältnismäßigen Aufwand verbunden, den Lizenzwert um den Umfang der genutzten freien Werke zu reduzieren. Beispielsweise kann der Betreiber einer nicht kommerziellen Einrichtung, der in seinen Räumen mit einer Pauschallizenz von GEMA und GVL Hintergrundmusik abspielt, nicht die anteilige Reduzierung der jährlichen Pauschalzahlung verlangen, weil er einen einzigen Song unter einer CC-Lizenz gespielt hat.[27] Etwas anderes gilt selbstverständlich wenn er nachweist, ausschließlich CC-NC-Werke gespielt zu haben.[28]

---

26 Vgl. z.B. die Regeln der GEMA für die Eigenpromotion ihrer Berechtigten im Online-Lizenzshop, abrufbar unter: https://online.gema.de/lipo/member.
27 Ähnlich: Wandtke/Bullinger/*Gerlach*, § 11 VGG Rn 4.
28 Siehe § 39 Rn 46 ff. zur GEMA-Vermutung.

6. Praktische Bedeutung. Die **praktische Nachfrage** der Berechtigten nach Lizen- 34
zierungsmöglichkeiten im Rahmen von § 11 ist bislang **äußerst gering** geblieben. Soweit
es tatsächlich Anfragen gibt, beziehen sich diese meist auf die vergütungsfreie Lizenzierung einzelner Nutzungen oder Projekte gemeinnütziger Art. Eine generelle Freistellung sämtlicher nicht kommerzieller Nutzungen wird äußerst selten nachgefragt. Dies hat sicher auch damit zu tun, dass diejenigen Rechtsinhaber, die sich für die Rechtewahrnehmung durch eine Verwertungsgesellschaft entscheiden, an einer möglichst breiten wirtschaftlichen Auswertung ihrer Rechte interessiert sind. Hinzu kommt, dass die standardisierten freien Lizenzen in dem Bestreben geschaffen wurden, eine durch das Verbotsrecht gehemmte Werkverbreitung zu erleichtern. Das Ziel einer möglichst einfachen Nutzung und Verbreitung des Werkes wird jedoch im Tätigkeitsbereich der Verwertungsgesellschaften bereits durch das Angebot von Pauschallizenzen und den Abschlusszwang nach § 34 bedient, so dass der Bedarf nach einfachen Lizenzmodellen in diesem Bereich geringer ist als bei der individuellen Wahrnehmung von Nutzungsrechten.

§ 12
Beendigung der Rechtswahrnehmung; Entzug von Rechten

(1) **Die Verwertungsgesellschaft regelt in den Wahrnehmungsbedingungen, dass der Berechtigte unter Einhaltung einer angemessenen Frist von höchstens sechs Monaten das Wahrnehmungsverhältnis insgesamt beenden oder der Verwertungsgesellschaft Rechte seiner Wahl an Arten von Werken und sonstigen Schutzgegenständen seiner Wahl entziehen kann, und zwar jeweils für Gebiete seiner Wahl.**
(2) **Die Wahrnehmungsbedingungen können bestimmen, dass die Beendigung des Wahrnehmungsverhältnisses oder der Rechteentzug erst zum Ende des Geschäftsjahres wirksam werden.**
(3) **Die Verwertungsgesellschaft hat die Einnahmen aus den Rechten auch dann weiterhin nach den allgemeinen Vorschriften einzuziehen, zu verwalten und zu verteilen, wenn dem Berechtigten Einnahmen aus den Rechten zustehen**
1. **für Nutzungen aus einem Zeitraum, bevor das Wahrnehmungsverhältnis wirksam beendet oder der Rechteentzug wirksam war, oder**
2. **aus einem Nutzungsrecht, das die Verwertungsgesellschaft vergeben hat, bevor das Wahrnehmungsverhältnis wirksam beendet oder der Rechteentzug wirksam war.**

Übersicht

I. Allgemeines
   1. Bedeutung der Regelung —— 1
   2. Vorgängerregelung —— 6
   3. Unionsrechtlicher Hintergrund —— 7
   4. Entstehungsgeschichte —— 10
II. Beendigung der Rechtewahrnehmung
   1. Kündigung Wahrnehmungsvertrag —— 11
   2. Fristen —— 13
   3. Teilkündigung; Wahlmöglichkeiten —— 18
   4. Rechtsfolgen der Beendigung —— 22
III. Wahrnehmungstätigkeiten nach Beendigung (Abs. 3)
   1. Allgemeines —— 25
   2. Nutzungen im Wahrnehmungszeitraum, Abs. 3 Nr. 1 —— 28
   3. Nachvertragliche Nutzungen, Abs. 3 Nr. 2 —— 31

I. Allgemeines

1   **1. Bedeutung der Regelung.** § 12 regelt die Bedingungen, unter denen der Berechtigte das eingegangene Wahrnehmungsverhältnis ganz oder teilweise wieder beenden kann.

2   Das in Abs. 1 niedergelegte Wahlrecht beim Rechteabzug ist dabei spiegelbildlich zum Wahlrecht des Rechtsinhabers bei der Rechteeinräumung nach § 9 ausgestaltet, damit der Berechtigte auch nach Abschluss des Wahrnehmungsvertrages dieselbe Flexibilität bei der Entscheidung über die Wahrnehmung seiner Rechte genießt wie davor.[1]

3   Darüber hinaus legt Abs. 1 eine maximale Kündigungsfrist von sechs Monaten für die (Teil-)Kündigung des Wahrnehmungsverhältnisses fest, die gem. Abs. 2 nach den Wahrnehmungsbedingungen der Verwertungsgesellschaft so gestaltet werden kann, dass sie erst zum Ende des Geschäftsjahres wirksam wird.

4   Sowohl das Wahlrecht als auch die Beschränkung der Kündigungsfristen verfolgen das Ziel, dem Berechtigten den Wechsel zwischen verschiedenen Verwertungsgesellschaften oder von einer Verwertungsgesellschaft zu alternativen Formen der Rechtewahrnehmung so leicht und flexibel wie möglich zu machen, aber zugleich die Funktionsfähigkeit der Verwertungsgesellschaften, die auf eine gewisse Konstanz und Standardisierung bei der Rechteeinbringung angewiesen sind, zu bewahren.[2]

5   Abs. 3 stellt klar, dass die Pflichten der Verwertungsgesellschaft zur Einziehung, Verwaltung und Verteilung der Einnahmen nach den §§ 23 ff. nicht mit Zugang der Kündigungserklärung erlöschen, sondern solange weitergelten, wie die Verwertungsgesellschaft noch Einnahmen aus den vom Berechtigten eingebrachten Rechten erzielt.

6   **2. Vorgängerregelung.** § 12 hatte keine echte Entsprechung im UrhWG, regelt aber im Kern nur, was im deutschen Wahrnehmungsrecht bereits vor Inkrafttreten des VGG aufgrund des Angemessenheitsgebotes aus § 6 Abs. 1 S. 1 UrhWG sowie allgemeiner urheberrechtlicher und wettbewerbsrechtlicher Grundsätze galt. Bereits vor Inkrafttreten des VGG war klar, dass Berechtigte das Wahrnehmungsverhältnis auch wieder lösen können müssen und dabei vergleichbare Wahlrechte zwischen vollständiger und teilweiser Beendigung haben sollen wie bei der erstmaligen Rechteeinräumung. Lediglich die verbindliche Sechs-Monats-Grenze für die Kündigungsfrist galt zu Zeiten des UrhWG nicht.[3]

7   **3. Unionsrechtlicher Hintergrund.** § 12 setzt die unionsrechtlichen Vorgaben zur Flexibilisierung der Rechteeinbringung und -kündigung aus Art. 5 Abs. 4 bis 6 VG-RL um. Die in der Richtlinie gemachten Vorgaben zum Wahlrecht des Rechtsinhabers und zur maximalen Bindungsdauer des Rechtsinhabers an die Verwertungsgesellschaft greifen dabei wiederum auf Flexibilisierungsvorgaben zurück, welche lange vor Inkrafttreten der VG-RL auf Grundlage der EU-Wettbewerbsregeln entwickelt und durchgesetzt wurden. Insbesondere das in Art. 5 Abs. 2 und 5 VG-RL verankerte Wahlrecht des Berechtigten zur Herausnahme einzelner Rechte und Territorien ist kein durch die Richtlinie neu geschaffenes Institut, sondern wurde von der EU-Kommission seit den 1970er-Jahren als notwendige Voraussetzung für die freie Wahl von Verwertungsgesellschaften im Binnenmarkt angesehen und in der Folge zumindest in den deutschen Verwertungsgesellschaften auch weitgehend umgesetzt.[4]

---

[1] RegE-VGG, BT-Drucks. 18/7223, S. 75.
[2] RegE-VGG, BT-Drucks. 18/7223, S. 75.
[3] Vgl. dazu unten Rn 8.
[4] Vgl. § 9 Rn 35.

Die in Art. 5 Abs. 4 VG-RL festgelegte maximale Kündigungsfrist von sechs Monaten **8** geht ebenfalls auf den Gedanken zurück, dass ein freier Wechsel der Verwertungsgesellschaft im Binnenmarkt eine Begrenzung der Bindungsdauern erfordert.[5] Allerdings beschränkt Art. 5 Abs. 4 VG-RL die maximale Bindungsfrist mit sechs Monaten zum Jahresende noch unter die Bindungsdauern, welche im deutschen und europäischen Recht vor Inkrafttreten der Richtlinie für zulässig erachtet wurden. Die Bereichsausnahme für Wahrnehmungsverträge in § 309 Nr. 9 BGB hat der Gesetzgeber im Zuge der VGG-Einführung gestrichen.[6]

Nicht wörtlich umgesetzt wurde die Vorgabe aus Art. 5 Abs. 6 VG-RL, wonach Verwer- **9** tungsgesellschaften die Kündigungsrechte der Berechtigten und nachvertragliche Ausschüttungen nicht von der Einbringung der Rechte in eine andere Verwertungsgesellschaft abhängig machen dürfen. Der Grund hierfür ist, dass in diesem Fall ohnehin bereits unangemessene Wahrnehmungsbedingungen vorlägen, die gegen § 9 S. 2 verstießen.[7]

4. Entstehungsgeschichte. Die Vorschrift geht auf den Referentenentwurf zurück, **10** wurde im weiteren Gesetzgebungsverfahren nicht mehr diskutiert und nur in Abs. 3 sprachlich angepasst, ohne dass damit eine inhaltliche Änderung verbunden wäre.[8]

II. Beendigung der Rechtewahrnehmung

1. Kündigung Wahrnehmungsvertrag. Der Wahrnehmungsvertrag kann als Dau- **11** erschuldverhältnis mit Auftrags-, Dienstvertrags- und Geschäftsbesorgungselementen[9] vom Berechtigten grundsätzlich nach den allgemeinen zivilrechtlichen Grundsätzen beendet bzw. gekündigt werden. Auf Laufzeit und Kündigung finden dabei primär die Vorschriften über den **Dienstvertrag** Anwendung.

Auf Seiten der Verwertungsgesellschaft sind die Kündigungsmöglichkeiten auf- **12** grund des Wahrnehmungszwanges nach § 9 stark eingeschränkt. Jede Kündigung des Wahrnehmungsverhältnisses durch die Verwertungsgesellschaft bedarf eines sachlichen Grundes. Auch eine nachträgliche Beschränkung des Tätigkeitsbereiches der Verwertungsgesellschaft kann eine (Teil-)Kündigung des Wahrnehmungsverhältnisses rechtfertigen.[10]

2. Fristen. § 12 sieht in Umsetzung von Art. 5 Abs. 4 VG-RL eine maximale Kündi- **13** gungsfrist von sechs Monaten vor, deren Wirksamwerden nach Beschluss der Verwertungsgesellschaft auf das Ende des Geschäftsjahres gelegt werden kann.

Mit dieser Regelung soll dem Berechtigten der Wechsel zwischen verschiedenen **14** Verwertungsgesellschaften oder zu alternativen Formen der Rechtewahrnehmung erleichtert werden. Bereits vor Inkrafttreten der VG-RL war allgemein anerkannt, dass Verwertungsgesellschaften ihre Berechtigten nicht unbeschränkt an sich binden können. In der Regel wurde die Notwendigkeit der **Begrenzung der Bindungsdauer** aus den EU-Wettbewerbsregeln[11] oder dem Angemessenheitsgebot[12] des § 6 UrhWG abgelei-

---

[5] KOM v. 2.6.1971, IV/26.760, ABl. 1971 Nr. L 134/15 – GEMA I, und KOM v. 6.7.1972, IV/26.760, ABl. 1972 Nr. L 166/22 – GEMA II.
[6] RegE-VGG, BT-Drucks. 18/7223, S. 107.
[7] RegE-VGG, BT-Drucks. 18/7223, S. 75.
[8] Vgl. § 12 Abs. 3 in der Fassung des Referentenwurfes, RefE des BMJV v. 9.6.2015, S. 14.
[9] Vgl. dazu § 10 Rn 8.
[10] Dazu *Riesenhuber* in: FS Pfennig, S. 499 ff.
[11] Überblick bei Heker/Riesenhuber/*Holzmüller*, Kap. 4 Rn 22.
[12] Heker/Riesenhuber/*Riesenhuber*, Kap. 6 Rn 63.

tet. Allerdings gingen die damals für zulässig erachteten Bindungsfristen deutlich über die sechs Monate hinaus, die § 12 nun vorsieht. So wurden Vertragslaufzeiten mit erstmaliger Kündigungsmöglichkeit nach drei Jahren allgemein für zulässig gehalten und mit einer Bereichsausnahme für Wahrnehmungsverträge in § 309 Nr. 9 BGB ausdrücklich ermöglicht.[13] Im Zuge der Einführung des VGG wurde diese Bestimmung gestrichen, da eine Vertragslaufzeit von mehr als zwei Jahren ohnehin nicht mehr richtlinienkonform wäre.[14]

15   Eine **kürzere Frist** als die gesetzlich vorgeschriebene Mindestfrist von sechs Monaten kann vereinbart werden,[15] ist jedoch weder aus AGB-rechtlicher noch wettbewerbsrechtlicher Sicht geboten. Dabei ist zu beachten, dass eine zu kurze Kündigungsfrist gerade bei kleineren Rechtsinhabern die Verhandlungsposition beeinträchtigen kann. Je kürzer die Vertragsbindung ist, desto größer wird die Gefahr, dass mächtige Verwerter die Berechtigten unter Druck setzen, die Nutzungsrechte kurzfristig zu kündigen und zu unangemessenen Bedingungen direkt an sie zu vergeben. Zudem würden allzu häufige Wechsel der Berechtigten und deren Repertoires zu erhöhten Verwaltungskosten führen und damit dem Interesse der Gesamtheit aller Berechtigten an einer effektiven Rechtewahrnehmung zuwiderlaufen.

16   Mit Abs. 2 macht der nationale Gesetzgeber von dem ihm in Art. 5 Abs. 4 S. 2 VG-RL eingeräumten Gestaltungsspielraum Gebrauch und gibt der Verwertungsgesellschaft auf diese Weise die Möglichkeit, in ihren Wahrnehmungsbestimmungen vorzusehen, dass die Beendigung des Wahrnehmungsverhältnisses **erst zum Ende eines Geschäftsjahres** der Verwertungsgesellschaft wirksam wird.[16] Durch diese Regelung sollen ein unterjähriger Wechsel der Wahrnehmungsberechtigung und die damit verbundenen Probleme insbesondere bei der Erlösverteilung vermieden werden. Von dieser Möglichkeit haben **alle deutschen Verwertungsgesellschaften** Gebrauch gemacht.

17   Das Recht zur außerordentlichen Kündigung des Wahrnehmungsvertrages durch den Berechtigten – oder im Einzelfall auch durch die Verwertungsgesellschaft aus wichtigem Grund – nach den allgemeinen zivilrechtlichen Grundsätzen, insbesondere § 314 BGB, bleibt von den Fristen des § 12 unberührt.

18   **3. Teilkündigung; Wahlmöglichkeiten.** In Umsetzung von Art. 5 Abs. 4 VG-RL verpflichtet Abs. 1 die Verwertungsgesellschaft, in den Wahrnehmungsbedingungen die Möglichkeit für den Berechtigten vorzusehen, das Wahrnehmungsverhältnis **wahlweise insgesamt oder teilweise** zu beenden. Gem. § 53 Abs. 2 können die entsprechenden Regelungen alternativ auch im Statut der Verwertungsgesellschaft getroffen werden.

19   Für den Fall der **Teilkündigung** regelt Abs. 1 detailliert, welche Wahlmöglichkeiten der Rechtsinhaber beim Rechtentzug haben muss. Die dabei vorgesehenen Wahl- und Differenzierungsmöglichkeiten entsprechen dabei konsequenterweise den in **§ 9** geregelten für die erstmalige Rechteeinbringung. Der Berechtigte soll nach Abschluss eines Wahrnehmungsvertrages die gleichen Möglichkeiten zur flexiblen Ausgestaltung der Rechtewahrnehmung haben wie zuvor.[17] Er soll weitgehend differenzieren können, welche Rechte er weiterhin durch die Verwertungsgesellschaft wahrnehmen lassen will und

---

13   Zur alten Rechtslage: *Melichar*, S. 64; *Mauhs*, S. 75.
14   RegE-VGG, BT-Drs. 18/7223, S. 107.
15   So sehen z.B. § 4 Wahrnehmungsvertrag GWVR und § 6 Abs. 2 Wahrnehmungsvertrag VG Media dreimonatige Kündigungsfristen vor.
16   Zu den Folgen der Wirksamkeit für laufende Lizenzverträge vgl. Rn 22 f.
17   A.A. Wandtke/Bullinger/*Gerlach*, § 12 VGG Rn 2, der nach Amortisation der Registrierungskosten einen großzügigeren Maßstab beim Rechteabzug als bei der Einräumung sieht.

welche Teilrechte er durch andere Verwertungsgesellschaften oder durch Dritte wahrnehmen lassen oder ggf. selbst wahrnehmen will. Der dabei angelegte Maßstab ist ein **objektiver,** für alle Berechtigten gleichermaßen gültiger, der den Wert eines konkreten Werkes oder Rechtes außer Betracht lässt.[18]

Dieser Gleichlauf bedeutet, dass die Kategorien **Rechte, Arten von Werken, Arten von Schutzgegenständen und Gebiete** im Rahmen des Rechteentzuges von § 12 dieselben sein müssen wie bei der Rechteeinräumung nach § 9. Zwischen den einzelnen Verwertungsgesellschaften aus verschiedenen Sektoren der Kreativwirtschaft kann es aber natürlich durchaus teils erhebliche Unterschiede bei der Definition aussagekräftiger Kategorien geben.[19] Wie bei der Rechteinräumung müssen die Verwertungsgesellschaften jedoch keine **künstliche Aufspaltung einheitlicher Nutzungsarten,** wie z.B. den isolierten Entzug des mechanischen Vervielfältigungsrechts für TV-Sendungen, akzeptieren.[20] 20

Das **Wahlrecht** für den teilweisen Rechteentzug steht dem Berechtigten dabei kumulativ zur Verfügung, so dass der Berechtigte unterschiedliche Kombinationen von Werkarten und Rechten in verschiedenen Territorien herauskündigen kann. Es gibt keine Verpflichtung für die Verwertungsgesellschaft, einen Teilabzug von Rechten über die gesetzlich vorgegebenen Differenzierungsmöglichkeiten hinaus zu ermöglichen. Insbesondere muss nicht der Entzug einzelner Werke oder die Wahrnehmungsbefugnis bezüglich einzelner Lizenznehmer ermöglicht werden.[21] 21

4. Rechtsfolgen der Beendigung. Mit der Beendigung des Wahrnehmungsvertrages erlischt automatisch auch das der Rechtsübertragung zugrundeliegende Geschäftsbesorgungsverhältnis, so dass die Wahrnehmungsbefugnis ohne Notwendigkeit einer Rückübertragung der Nutzungsrechte oder Vergütungsansprüche auf den Rechtsinhaber zurückfällt.[22] Mit Wirksamwerden der Kündigung kann der Rechtsinhaber die gekündigten Rechte und Ansprüche entweder selbst wahrnehmen oder einer anderen Verwertungsgesellschaft zur Wahrnehmung übertragen. Die abgebende Verwertungsgesellschaft kann keine **neuen Lizenzen** für die gekündigten Rechte erteilen bzw. die gekündigten Vergütungsansprüche künftig nicht mehr geltend machen. 22

Allerdings behält die Verwertungsgesellschaft auch nach Erlöschen des Wahrnehmungsverhältnisses die **Aktivlegitimation** für während des Wahrnehmungszeitraums entstandene Ansprüche.[23] Sie kann also z.B. weiterhin Schadensersatz oder Vergütungen für während des Wahrnehmungszeitraums vorgenommene Nutzungen geltend machen und bereits geltend gemachte Forderungen weiter eintreiben. Auch behalten bereits von der Verwertungsgesellschaft erteilte Lizenzen für die gekündigten Rechte trotz Beendigung des Wahrnehmungsvertrages ihre **Gültigkeit für die Dauer des Lizenzzeitraumes.**[24] Abweichende vertragliche Regelungen, wonach eine Beendigung des Wahrnehmungsverhältnisses unmittelbar auf die erteilte Lizenz durchschlägt, sind richtlinien- 23

---

18 A.A. Wandtke/Bullinger/*Gerlach*, § 12 VGG Rn 2.
19 Erwägungsgrund 19 VG-RL.
20 Vgl. dazu § 9 Rn 40.
21 Vgl. dazu § 9 Rn 48, 37.
22 BGH, Urt. v. 25.2.1966 – Ib ZR 30/64 – GRUR 1966, 567, 569 – GELU; *Ulmer*, S. 359; Moser/Scheuermann/Drücke/*Seifert*, S. 923.
23 BGH, Urt. v. 21.1.1982 – I ZR 182/79 – GRUR 1982, 308, 309 – Kunsthändler.
24 BGH, Urt. v. 26.3.2009 – I ZR 153/06 – ZUM 2009, 852 – Reifen Progressiv; BGH, Urt. v. 19.7.2012 – I ZR 70/10 – GRUR 2012, 916 – M2Trade; vgl. auch § 33 UrhG. Missverständlich Wandtke/Bullinger/*Gerlach*, § 12 VGG Rn 3f. Für eine ausdrückliche Klarstellung in § 12 *Grewenig*, ZUM 2016, 98, 101.

konform aber in der Praxis unüblich[25] und bedürfen nach der Rechtsprechung aus Gründen des **Sukzessionsschutzes** (§ 33 UrhG) der Zustimmung des Lizenznehmers. Allerdings sollte die Verwertungsgesellschaft bei Abschluss der Lizenzverträge ggf. darauf achten, dass die Kündigungsmöglichkeiten der Rechtsinhaber nicht durch überlange Vertragslaufzeiten untergraben werden.[26]

24 Keinesfalls darf die Verwertungsgesellschaft die (Teil-)Kündigung davon abhängig machen, dass die gekündigten Rechte oder Ansprüche einer **anderen Verwertungsgesellschaft** eingeräumt werden.[27] Dies gilt auch, wenn die Rechte oder Ansprüche gesetzlich der Wahrnehmung durch Verwertungsgesellschaften vorbehalten sind. In diesem Fall trägt der Rechtsinhaber selbst das Risiko der fehlenden Wahrnehmbarkeit. Das Verbot ergibt sich bereits aus dem Gebot **angemessener Wahrnehmungsbedingungen** in § 9 S. 2. Eine spezielle Regelung in Umsetzung von § 5 Abs. 6 VG-RL konnte im VGG daher unterbleiben.[28]

III. Wahrnehmungstätigkeiten nach Beendigung (Abs.3)

25 **1. Allgemeines.** Abs. 3 bestimmt in Umsetzung von Art. 5 Abs. 5 VG-RL, dass die treuhänderischen Pflichten der Verwertungsgesellschaft gegenüber dem Berechtigten auch über den Wahrnehmungszeitraum hinaus insofern fortbestehen, als in dieser Zeit noch Einnahmen aus den gekündigten Rechten generiert werden. Damit wird im Grunde eine Selbstverständlichkeit klargestellt, die sich in Abwesenheit dieser speziellen Vorschrift genauso aus dem **Treuhandprinzip oder dem Geschäftsbesorgungsverhältnis** herleiten ließe.[29] Der Rechtsinhaber darf für die Zeit, in der trotz Kündigung noch Rechtewahrnehmung stattfindet, im Hinblick auf die zu erwartenden Einnahmen **nicht schlechter gestellt** werden als die Berechtigten mit ungekündigtem Wahrnehmungsverhältnis. Eine echte **Fiktion eines Wahrnehmungsverhältnisses**, die den Berechtigten weiterhin zum **Berechtigten** im Sinne von § 6 macht, ist darin aber nicht zu sehen. Mit den in Abs. 3 erwähnten „allgemeinen Vorschriften" für die Verwaltung, Einziehung und Verteilung sind dabei insbesondere die Vorschriften über die Einnahmen aus den Rechten in den §§ 23 ff. gemeint. So muss der Rechtsinhaber denselben Ausschüttungsanspruch nach Maßgabe des Verteilungsplanes haben wie aktive Berechtigte,[30] dieselben Auskunftsrechte und es müssen dieselben Ausschüttungsfristen beachtet werden.[31]

26 Dies setzt allerdings voraus, dass dem Berechtigten auch tatsächlich Einnahmen aus den Rechten zustehen. Ob und in welchem Umfang dies der Fall ist, bestimmt sich nach dem **Verteilungsplan** der Verwertungsgesellschaft.[32] Abs. 3 schafft also keinen über den Verteilungsplan hinausgehenden Beteiligungsanspruch und kann insbesondere nicht als Grundlage für eine Besserstellung der entzogenen Rechte gegenüber den in der Verwertungsgesellschaft verbleibenden dienen.

27 Zudem sollen dem Rechtsinhaber trotz Beendigung des Wahrnehmungsverhältnisses die **Beschwerdemöglichkeiten** nach § 33 offenstehen[33] – allerdings nur im Hinblick auf die Vorschriften über die Einziehung, Verwaltung und Verteilung der Einnahmen.

---

25 Ausdrücklich für eine Fortwirkung § 11 GEMA-Berechtigungsvertrag.
26 Erwägungsgrund 19 VG-RL.
27 So bereits KOM v. 12.8.2002 – COMP/C2/37.219 – Banghalter & Homem Christo ./. SACEM.
28 RegE-VGG, BT-Drucks. 18/7223, S. 75.
29 Heker/Riesenhuber/*Riesenhuber*, Kap. 6 Rn 63.
30 Vgl. auch § 11 GEMA-Berechtigungsvertrag.
31 Vgl. auch Art. 5 Abs. 5 VG-RL.
32 Siehe § 27 VGG.
33 Vgl. auch Art. 5 Abs. 5 VG-RL.

Weitergehende Teilhaberechte – insbesondere im Hinblick auf die Teilnahme an der Mitgliederhauptversammlung – und andere **Mitgliedsrechte** hat der Rechtsinhaber in dieser Phase nicht mehr. Abs. 3 führt nicht zu einer Fortwirkung von Mitglieds- und Beteiligungsrechten.

2. Nutzungen im Wahrnehmungszeitraum, Abs. 3 Nr. 1. Da die Verteilung der Einnahmen üblicherweise mit einigem **zeitlichen Nachlauf** nach der Lizenzierung oder Vergütungseinziehung erfolgt,[34] wird es bei Kündigungen und Rechteabzug fast zwangsläufig dazu kommen, dass der Rechtsinhaber nach Beendigung des Wahrnehmungsverhältnisses noch an mindestens einem Ausschüttungslauf partizipiert, in dem die Einnahme für die letzten Perioden innerhalb des Wahrnehmungszeitraums verteilt werden. Erst wenn die Einnahmen für alle Nutzungszeiträume vor dem Beendigungszeitpunkt des Wahrnehmungsverhältnisses verteilt sind, verliert der Rechtsinhaber seinen Ausschüttungsanspruch. 28

Jenseits der regulären Verteilungsläufe ist jedoch zu beachten, dass die Verwertungsgesellschaft auch nach Beendigung des Wahrnehmungsverhältnisses die Wahrnehmungsbefugnis für solche Nutzungen behält, die während des Wahrnehmungszeitraums erfolgt sind.[35] Dies bedeutet, dass die Verwertungsgesellschaft auch nach Beendigung des Wahrnehmungsverhältnisses noch Lizenzen für **während des Wahrnehmungszeitraums vorgenommene Nutzungen** einräumen bzw. dafür Schadensersatz oder Vergütungsforderungen erheben kann. Insbesondere bei Rechtsstreitigkeiten über die Vergütungspflicht oder -höhe sind solche rückwirkenden Verträge nach Ende des Rechtsstreits üblich. Häufig können dabei zwischen Nutzung- und Vertragszeitpunkt mehrere Jahre liegen. Auch an solchen Einnahmen sind mittlerweile abgezogene Rechte zu beteiligen. Praktisch erfolgt dies meist dadurch, dass die nachträglichen Einnahmen periodengerecht aufgeteilt und den jeweiligen **Verteilungen für die Nutzungszeit** zugeschlagen werden. 29

Dabei dürfen abgezogene Rechte aber auch nicht besser gestellt werden als solche, die bei der Verwertungsgesellschaft verbleiben. Wenn also z.B. die Verteilungsregeln aus Wirtschaftlichkeitsgründen Pauschalierungen gestatten oder bestimmen, dass Nachzahlungen im Zuflussjahr zu verteilen sind,[36] so muss dies gleichermaßen für alle an der Verteilung beteiligten Rechte und Berechtigten gelten. 30

3. Nachvertragliche Nutzungen, Abs. 3 Nr. 2. Da Kündigungen und Rechteabzug im Regelfall nicht auf bereits abgeschlossene Lizenzverträge der Verwertungsgesellschaft mit Nutzern durchschlagen,[37] können unter Umständen auch Nutzungen, die erst nach wirksamer Beendigung des Wahrnehmungsverhältnisses stattfinden, noch wirksam lizenziert worden sein. Dies gilt insbesondere bei **Lizenzverträgen mit mehrjähriger Laufzeit**. Ob ein spezifisches Werk Gegenstand eines fortdauernden Lizenzzwang ist, hängt von der Ausgestaltung des Lizenzvertrages ab. Auch für solche von der Verwertungsgesellschaft wirksam lizenzierte Nutzungen steht dem Rechtsinhaber ein Anspruch zu, nach den allgemeinen Vorschriften an den Erlösen beteiligt zu werden. 31

---

34 Siehe auch zu den Verteilungsfristen § 28 VGG.
35 Vgl. oben Rn 23.
36 Vgl. z.B. § 32 GEMA Verteilungsplan.
37 Siehe dazu oben Rn 23.

§ 13
Bedingungen für die Mitgliedschaft

(1) ¹Die Verwertungsgesellschaft regelt in der Satzung, im Gesellschaftsvertrag oder in sonstigen Gründungsbestimmungen (Statut), dass Berechtigte und Einrichtungen, die Rechtsinhaber vertreten, als Mitglieder aufzunehmen sind, wenn sie die Bedingungen für die Mitgliedschaft erfüllen. ²Die Bedingungen müssen objektiv, transparent und nichtdiskriminierend sein und sind im Statut zu regeln.

(2) Lehnt eine Verwertungsgesellschaft einen Antrag auf Aufnahme als Mitglied ab, so sind dem Antragsteller die Gründe verständlich zu erläutern.

Übersicht

I. Allgemeines
  1. Bedeutung der Regelung —— 1
  2. Vorgängerregelung —— 2
  3. Unionsrechtlicher Hintergrund —— 3
  4. Entstehungsgeschichte —— 4
II. Regelungsgehalt
  1. Mitgliedschaftliche Verfassung —— 5
  2. Regelungsauftrag zur Aufnahme von Mitgliedern (Abs. 1 S. 1) —— 6
    a) Begünstigte der Aufnahmeregelung —— 7
    b) Kein gesetzlicher Anspruch Dritter zur Satzungsgestaltung —— 10
    c) Drittbegünstigung durch Satzungsregelung —— 12
    d) Regelung im „Statut" —— 13
    e) „Aufnahme" —— 15
    f) Aufnahme „als Mitglied" —— 17
  3. Aufnahmebedingungen (Abs. 1 S. 2) —— 18
    a) Objektivität —— 19
    b) Transparenz —— 20
    c) Diskriminierungsfreiheit —— 21
    d) Gestaltungsmöglichkeiten —— 23
    e) Erläuterung bei Ablehnung des Aufnahmeantrags (Abs. 2) —— 28
III. Rechtsfolgen
  1. Rechtsfolgen von Abs. 1 —— 29
    a) Kein Anspruch auf Satzungsgestaltung —— 30
    b) Kein Aufnahmeanspruch ohne Satzungsgrundlage —— 31
  2. Rechtsfolgen von Abs. 2 —— 32
IV. Verhältnis zu zwingenden rechtsformspezifischen Vorgaben —— 33
V. Aufsicht durch das DPMA
  1. Versagung der Erlaubnis —— 35
  2. Widerruf der Erlaubnis —— 36
  3. Maßnahmen nach § 85 Abs. 1 und 2 —— 38

I. Allgemeines

1. Bedeutung der Regelung. Nach § 13 soll Berechtigten und ihren Verbänden **Zugang zur Mitgliedschaft in Verwertungsgesellschaften** gewährt werden. In der Praxis wird die Wirkung der Regelung voraussichtlich hinter den mit ihr verbundenen Erwartungen zurückbleiben. Die Vorschrift gewährt den Begünstigten keine Rechte, sondern normiert nur einen **Regelungsauftrag an die Verwertungsgesellschaften**. Diese können den Zugang allerdings durch nichtdiskriminierende Bedingungen der Mitgliedschaft weitgehend einschränken.

2. Vorgängerregelung. Das UrhWG enthielt keine vergleichbare Regelung; es handelt sich um eine grundlegende Neuerung.[1]

---

[1] RegE-VGG, BT-Drucks. 18/7223, S. 75; siehe aber auch RegE-UrhWG, BT-Drucks. IV/271, S. 16 li. Sp., zu § 6 Abs. 2 S. 1 UrhWG: Um der Gefahr einer Majorisierung durch Urheber weniger bedeutsamer Werke vorzubeugen, war eine Verwertungsgesellschaft schon vor Inkrafttreten des VGG nicht verpflichtet, jeden Wahrnehmungsberechtigten aufzunehmen.

3. Unionsrechtlicher Hintergrund. § 13 regelt in Umsetzung des auf Erwägungsgrund 20 beruhenden Art. 6 Abs. 2 VG-RL bei im Wesentlichen gleicher Formulierung die Verpflichtung der Verwertungsgesellschaft, im Statut Voraussetzungen für die Mitgliedschaft festzulegen und eine Ablehnung dem Rechtsinhaber verständlich zu erläutern. Abs. 1 S. 1 enthält eine rechtsformneutrale Legaldefinition des „Statuts", die im Wesentlichen aus Art. 3 lit. e) VG-RL übernommen ist. 3

4. Entstehungsgeschichte. Die Norm geht auf den nahezu wortlautidentischen Vorschlag für § 13 im RefE des BMJV[2] zurück. Im weiteren Gesetzgebungsprozess wurde lediglich das Wort „Voraussetzungen" (für die Mitgliedschaft) durch das Wort „Bedingungen" ersetzt. 4

II. Regelungsgehalt

1. Mitgliedschaftliche Verfassung. In Abs. 1 ist die Aufnahme „als Mitglied" geregelt. Das VGG setzt danach in § 13 eine **mitgliedschaftliche Verfassung** von Verwertungsgesellschaften voraus.[3] Etwas anderes ergibt sich auch nicht aus dem Mitgliedsbegriff des § 7.[4] Verwertungsgesellschaften können daher nicht in Organisationsformen betrieben werden, die keine Mitglieder haben.[5] Als Rechtsform für eine Verwertungsgesellschaft scheiden danach die **Stiftung und die Anstalt des öffentlichen Rechts** aus.[6] Auch eine **natürliche Person** kann, da sie keine Mitglieder haben kann, nicht Verwertungsgesellschaft sein.[7] 5

2. Regelungsauftrag zur Aufnahme von Mitgliedern (Abs. 1 S. 1). Eine Verwertungsgesellschaft muss in ihrem „Statut" die Bedingungen für die Aufnahme von Be- 6

---

2 RefE des BMJV v. 9.6.2015, S. 14.
3 § 2 Abs. 2 erweckt den Eindruck, dass es auch Verwertungsgesellschaften ohne Mitglieder geben könnte, solange die Organisation jedenfalls nicht auf Gewinnerzielung ausgerichtet ist. Die zwingende mitgliedschaftliche Verfassung einer Verwertungsgesellschaft wird aber in § 13 und auch in den §§ 17 bis 22 vorausgesetzt.
4 Allerdings soll dieser Begriff „untechnisch" gebraucht werden, vgl. etwa RegE-VGG, BT-Drucks. 18/7223, S. 74 zu § 7, S. 76 zu § 17. Die „Mitglieder" i.S.d. § 7 müssen Berechtigte sein oder Einrichtungen, die Rechtsinhaber vertreten, die „als Mitglieder" von der Verwertungsgesellschaft aufgenommen wurden. Es ist nicht ersichtlich, welche „untechnische" Bedeutung der Begriff „Mitglied" in diesem Zusammenhang haben könnte. Ein Mitgliedsbegriff, der nur davon abhängen würde, ob die Verwertungsgesellschaft eine Person als „Mitglied" bezeichnet, wäre inhaltsleer. Zum „untechnischen" Mitgliedsbegriff des VGG siehe auch § 7 Rn 9. Vgl. ferner BeckOK-UrhR/*Freudenberg*, § 7 VGG Rn 5 ff.; Wandtke/Bullinger/*Gerlach*, 5. Aufl. 2019, § 7 VGG Rn 3, zum Begriff des Mitglieds in § 7 VGG; ähnlich auch Dreier/Schulze/*Schulze*, 6. Aufl. 2018, § 13 Rn 3, der darunter die rechtsformentsprechende Form der „Teilhaberschaft" versteht.
5 Das ergibt sich im Übrigen schon aus dem Begriff der Verwertungs**gesellschaft**, den der deutsche Gesetzgeber anstelle des in der VG-RL verwendeten Begriffs „Organisation für die kollektive Rechteverwertung" verwendet.
6 Anders noch RegE-UrhWG, BT-Drucks. IV/271, S. 14, zu § 1 UrhWG; BeckOK-UrhR/*Freudenberg*, § 2 VGG Rn 29; jeweils mit Blick auf die Stiftung. Ebenso ging der Richtliniengeber davon aus, dass Verwertungsgesellschaften in der Rechtsform einer Stiftung den Vorgaben hinsichtlich einer mitgliedschaftlichen Verfassung genügen können, Erwägungsgrund 23 S. 3 VG-RL. Dazu muss allerdings gem. Art. 8 Abs. 12 VG-RL von den Mitgliedsstaaten vorgesehen werden, dass das Aufsichtsgremium die Rechte der Mitgliederversammlung wahrnimmt. Von dieser Möglichkeit wurde im VGG kein Gebrauch gemacht. Das VGG setzt vielmehr an verschiedenen Stellen (vgl. etwa § 22 Abs. 4 und Abs. 5) voraus, dass das Aufsichtsgremium Pflichten gegenüber der Mitgliederversammlung hat. In einer Stiftung kann es außerdem keine Personen geben, die Rechte „wie Vereinsmitglieder oder Gesellschafter einer GmbH" haben, weil eine Stiftung sich gerade dadurch auszeichnet, dass es keine Gesellschafter gibt und nach zwingendem Stiftungsrecht Befugnisse, die in Gesellschaften notwendig den Gesellschaftern vorbehalten sind, der Stiftungsaufsicht zugewiesen sind.
7 Anders noch § 1 Abs. 4 S. 2 UrhWG, vgl. § 2 Rn 7. Zweifelnd auch BeckOK-UrhR/*Freudenberg*, § 2 Rn 30.

rechtigten (§ 6) und Einrichtungen, die Rechtsinhaber vertreten (§ 5), als Mitglieder regeln.

7   **a) Begünstigte der Aufnahmeregelung.** Aufnahmeberechtigt müssen nach dem Statut Berechtigte (§ 6) und Einrichtungen, die Rechtsinhaber (§ 5) vertreten, sein. § 13 knüpft damit an die gesetzliche Definition des Mitglieds in § 7 an. Einrichtungen, die Rechtsinhaber vertreten (§ 7 Nr. 2), sind insbesondere andere Verwertungsgesellschaften oder Vereinigungen von Rechtsinhabern, also z.B. Berufsverbände von Urhebern oder Verbände der Inhaber von Leistungsschutzrechten.[8]

8   Nach dem Wortlaut ist der Zugang zur Mitgliedschaft den Berechtigten **und** Einrichtungen, die Rechtsinhaber vertreten, **zugleich und nicht alternativ** und ohne Rücksicht darauf zu gewähren, welche Rechte die Verwertungsgesellschaft wahrnimmt. Eine solche Ausgestaltung des Zugangs zur Mitgliedschaft war vom Gesetzgeber nicht beabsichtigt; die Regelung beruht insoweit auf einem **Redaktionsversehen**. Die existierenden deutschen Verwertungsgesellschaften beschränken die Zulassung von Mitgliedern entweder auf Berechtigte oder Verbände und jeweils solche, die ein Wahrnehmungsverhältnis mit dieser Verwertungsgesellschaft haben oder die Interessen von Berechtigten dieser Verwertungsgesellschaft vertreten.[9] Diese Praxis entspricht dem Willen des Gesetzgebers;[10] sie steht auch im Einklang mit der VG-RL.[11] Auch die Beschränkung des Zugangs der Berechtigten zur Mitgliedschaft auf solche Berechtigte, deren Rechte durch die Verwertungsgesellschaft ihrer Art nach wahrgenommen werden, entspricht jedenfalls der Absicht der VG-RL,[12] die der Gesetzgeber ohne Erweiterung der Anforderungen umsetzen wollte.[13]

9   Im Übrigen sind die genannten Beschränkungen des Zugangs zur Mitgliedschaft in der Praxis der deutschen Verwertungsgesellschaften unproblematisch, weil nach Abs. 1 S. 1 **zusätzliche Bedingungen für die Aufnahme** ausdrücklich zugelassen sind und die genannten Beschränkungen den Anforderungen des Abs. 1 S. 2 für zulässige Aufnahmebedingungen (objektiv, transparent und nichtdiskriminierend) ohne weiteres entsprechen.

10 **b) Kein gesetzlicher Anspruch Dritter zur Satzungsgestaltung.** Nach der Absicht des Gesetzgebers soll die Regelung Berechtigten über die Mitgliedschaft in einer Verwertungsgesellschaft in besonders effektiver Weise **Teilhabe an Entscheidungsprozessen der Verwertungsgesellschaft** gewähren.[14] Eine Satzungsregelung bindet allerdings nur die Mitglieder einer Gesellschaft untereinander und die Organe im Verhältnis zur Gesell-

---

8   Vgl. § 7 Rn 7.
9   So sind etwa in der GEMA nur GEMA-Berechtigte (vgl. § 6 Abs. 3 S. 1 i.V.m. § 8 Abs. 2 GEMA-Satzung), in der VG Wort nur VG Wort-Berechtigte (§ 3 Abs. 6 VG Wort-Satzung) als Mitglieder aufzunehmen, während Gesellschafter der GVL nur werden kann, wer die Interessen einer Vielzahl von GVL-Berechtigten vertritt (vgl. § 4 Abs. 3.1 GVL-Gesellschaftsvertrag).
10 Vgl. RegE-VGG, BT-Drucks. 18/7223, S. 76.
11 In Art. 6 Abs. 2 S. 1 VG-RL (anders als in der Umsetzung in § 13 Abs. 1 S. 1 und S. 2) werden die zuzulassenden Berechtigten und Einrichtungen in einem Satz mit den Anforderungen an die Zulassungsvoraussetzungen genannt. Es besteht danach kein Anlass, dem ersten Satzteil einen gesonderten Regelungsgehalt zuzuweisen und deshalb anzunehmen, dass Berechtigten und Einrichtungen, die Berechtigte vertreten, gleichermaßen der Zugang zur Mitgliedschaft eröffnet werden muss.
12 Vgl. Erwägungsgrund 20 S. 2 der VG-RL: „Diese Kriterien sollten Organisationen für die kollektive Rechtewahrnehmung nicht dazu verpflichten, Mitglieder aufzunehmen, deren Rechte, Rechtekategorien, Arten von Werken oder anderen Schutzgegenstände nicht in ihren Tätigkeitsbereich fallen."
13 Vgl. RegE-VGG, BT-Drucks. 18/7223, S. 75.
14 Vgl. RegE-VGG, BT-Drucks. 18/7223, S. 75.

schaft. **Berechtigte oder deren Verbände, die noch nicht Mitglieder sind**, können auf der Grundlage von Abs. 1 nicht eine bestimmte Satzungsgestaltung bei der für sie zuständigen Verwertungsgesellschaft beanspruchen. Ein solcher Anspruch ist nach dem Wortlaut von Abs. 1 schon deshalb nicht gegeben, weil dieser zwar Anforderungen an die Satzungsgestaltung einer Verwertungsgesellschaft normiert, aber den Inhaber eines entsprechenden Anspruchs nicht nennt.

Vor allem aber wären Rechte Außenstehender im Hinblick auf die Gestaltung der Satzung mit dem **verbandsrechtlichen Prinzip der Satzungsautonomie** nicht zu vereinbaren.[15] Danach obliegt nicht nur die Bildung, sondern auch die organisatorische Gestaltung eines Verbands der freien Selbstentscheidung seiner Mitglieder; Satzungsänderungen können grds. nicht von der **Zustimmung eines Außenstehenden** abhängig gemacht werden.[16] Erst recht kann Außenstehenden dann kein Anspruch auf Satzungsgestaltung eingeräumt werden. Außenstehende werden durch Abs. 1 S. 1 also nur mittelbar begünstigt. Der Schutz ihrer gesetzlich vorgesehenen Teilhabe bleibt der Rechtsaufsicht überlassen.[17]

c) Drittbegünstigung durch Satzungsregelung. Von der Frage, ob ein Außenstehender die Umsetzung der Satzungsvorgabe des Abs. 1 beanspruchen kann,[18] ist die Frage zu unterscheiden, ob die geforderte Satzungsregelung einen **satzungsmäßigen Anspruch Dritter auf Gewährung der Mitgliedschaft** einräumen muss. Der Wortlaut von Abs. 1 („aufzunehmen sind") lässt diese Frage offen. Nach der Absicht des Gesetzgebers, den Berechtigten in besonders effektiver Weise Teilhabe an Entscheidungsprozessen der Verwertungsgesellschaft zu gewähren,[19] ist eine solche **Drittbegünstigung durch die geforderte Satzungsregelung** allerdings geboten. Eine Satzungsregelung, nach der nur die Mitglieder untereinander und die Organe der Verwertungsgesellschaft dieser gegenüber verpflichtet wären, Außenstehenden unter bestimmten Bedingungen den Zugang zur Mitgliedschaft zu eröffnen, liefe leer, weil die Verpflichteten nicht unbedingt Interesse an der Durchsetzung der Rechte dieser Außenstehenden hätten.

d) Regelung im „Statut". Die Regelung der Aufnahmebedingungen muss im „Statut" der Verwertungsgesellschaft getroffen werden. Nach der Legaldefinition von § 13 Abs. 1 S. 1 sind unter „Statut" neben der **Satzung und dem Gesellschaftsvertrag auch „sonstige Gründungsbestimmungen"** zu verstehen. Mit dieser Legaldefinition hat der Gesetzgeber die Absicht verfolgt, die Aufnahmebedingungen rechtsformneutral zu regeln.[20] Auf „sonstige Gründungsbestimmungen" wird danach nur verwiesen, um klarzustellen, dass die Pflicht zur Regelung von Aufnahmebedingungen auch für Verwertungs-

---

15 Grds. zum Einfluss Dritter auf Vereine und Gesellschaften etwa *Steinbeck*, S. 82 ff.; *Chr. Weber* S. 1 ff.; *Schubel*, S. 568 f.
16 So etwa Baumbach/Hueck/*Zöllner/Noack*, § 53 GmbHG Rn 3, für die GmbH; BeckOK-BGB/*Schöpflin*, § 21 BGB Rn 58; *Stöber/Otto* Rn 7 und Rn 911, für den Verein. In der älteren Rechtsprechung sind Ausnahmen von diesem Grundsatz im Vereinsrecht anerkannt worden, vgl. etwa BayObLGZ 75, 435, KG MDR 1975, 440-141. In der neueren Rechtsprechung und in der Literatur werden Rechte Dritter im Hinblick auf die Satzungsgestaltung für dem „Vereinsrecht wesensfremd" gehalten, OLG Zweibrücken NZG 2013, 1271-1272; *Stöber/Otto* Rn 911. Im Hinblick Art. 140 GG mit Art. 137 Abs. 3 der Weimarer Reichsverfassung (Rz. 43) werden Ausnahmen im kirchlichen Bereich anerkannt.
17 Zur Problematik der Befugnisse der Rechtsaufsicht im Hinblick auf die Satzungsgestaltung einer Verwertungsgesellschaft siehe § 80 Rn 21 ff.
18 Dazu siehe oben Rn 10 f.
19 Vgl. RegE-VGG, BT-Drucks. 18/7223, S. 75.
20 RegE-VGG, BT-Drucks. 18/7223, S. 75; zur Rechtsformneutralität des VGG siehe § 2 Rn 8.

gesellschaften in solchen Rechtsformen gilt, die weder eine Satzung noch einen Gesellschaftsvertrag voraussetzen.[21]

14 Ob Aufnahmebedingungen auch in Mitgliederabsprachen oder Geschäftsordnungen getroffen werden dürfen, die anlässlich der Gründung neben Satzung oder Gesellschaftsvertrag vereinbart werden, ist zweifelhaft. Solche **Nebenabreden anlässlich der Gründung** sind jedoch nicht als „sonstige Gründungsbestimmungen" i.S.v. Abs. 1 zu qualifizieren. Denn solche Abreden haben keinen **„Satzungscharakter"** (also keine Publizität[22] und keine erschwerte Änderbarkeit[23]); sie passen daher nicht unter den Oberbegriff „Statut".

15 e) „Aufnahme". Nach Abs. 1 muss die Verwertungsgesellschaft im Statut die **Bedingungen für die Aufnahme von Mitgliedern** regeln. Da im Bereich des Privatrechts niemand gegen seinen Willen Mitglied einer Organisation werden kann, muss das Statut mindestens bestimmen, dass die Mitgliedschaft eine Erklärung des Beitrittswilligen voraussetzt, in der der Beitrittswille zum Ausdruck kommt.[24]

16 Verwertungsgesellschaften in der Rechtsform von Kapitalgesellschaften müssen bei der Gestaltung der nach Abs. 1 vorgeschriebenen Aufnahmeregelungen zugleich die jeweils **zwingenden Bestimmungen für den Erwerb der Mitgliedschaft nach der jeweiligen Rechtsform** beachten. Verwertungsgesellschaften in der Rechtsform der Genossenschaft oder der GmbH müssen daher in ihrem Statut die Aufnahme durch den Erwerb eines Geschäftsanteils regeln.[25]

17 f) Aufnahme „als Mitglied". Die nach Abs. 1 geforderten Regelungen im Statut der Verwertungsgesellschaft müssen die Aufnahme als „Mitglied" vorsehen. Der Begriff der Mitgliedschaft umfasst nicht nur Mitglieder von Vereinen (vgl. § 38 BGB) und Genossenschaften (§ 4 GenG), sondern ohne weiteres auch die **Gesellschafter von Personen- und Kapitalgesellschaften**. Auch diese Gesellschaftsformen kennen die Mitgliedschaft als Inbegriff der durch den Gesellschaftsanteil vermittelten Rechtsstellung.[26]

18 3. Aufnahmebedingungen (Abs. 1 S. 2). Gem. Abs. 1 S. 2 müssen die Bedingungen für die Aufnahme als Mitglied objektiv, transparent und nichtdiskriminierend sein.

19 a) Objektivität. Objektiv sind alle Bedingungen, deren Vorliegen **unabhängig von subjektiven Einschätzungen** beurteilt werden kann.

---

21 Die in Betracht kommenden deutschen Rechtsformen (Verein, Genossenschaft, GmbH) setzen jeweils Satzungen und Gesellschaftsverträge voraus; auch bei ausländischen Rechtsformen werden deren Gründungsbestimmungen von den Begriffen „Satzung" oder „Gesellschaftsvertrag" erfasst.
22 Vgl. § 79 BGB für den Verein, § 9 HGB für die Handelsgesellschaften und § 156 Abs. 1 GenG für die Genossenschaft.
23 Qualifizierte Mehrheitserfordernisse und Eintragung gem. §§ 33, 71 BGB, §§ 179 ff. AktG, § 16 GenG, §§ 53 ff. GmbHG; Einstimmigkeit gem. § 705 BGB für GbR, OHG und KG.
24 Vgl. nur jurisPK-BGB/*Otto*, § 58 BGB Rn 3. Etwas anderes käme in Betracht, wenn Verwertungsgesellschaften als Kammern organisiert wären.
25 Der Gesellschaftsvertrag der GWVR sieht zwar den Erwerb einer „Mitgliedschaft" vor, regelt jedoch nicht den dafür notwendigen Erwerb eines Geschäftsanteils, so dass die beitretenden „Mitglieder" eine inhaltsleere Rechtsstellung erlangen, die den Anforderungen des Abs. 1 nicht genügen kann.
26 Vgl. bspw. Palandt/*Sprau*, § 717 BGB Rn 1, für die GbR; Baumbach/Hueck/*Fastrich*, § 14 GmbHG Rn 3, und GK-GmbHG/*Kaiser*, § 14 Rn 22, jeweils für die GmbH; Hüffer/Koch/*Koch*, § 1 AktG Rn 13, für die AG. Das verkennt der Gesetzgeber, RegE-VGG, BT-Drucks. 18/7223, S. 74 (zu § 7), wenn er einen untechnischen Gebrauch des Wortes „Mitglied" annimmt; zw. daher auch *Schack*, Rn 1307, der meint, dass es bei Verwertungsgesellschaften in der Rechtsform der GmbH „naturgemäß" keine Mitglieder gebe.

b) Transparenz. Transparent sind Bedingungen, hinsichtlich derer potentiell Aufnahmeberechtigte jedenfalls für sich feststellen können, ob sie sie erfüllen. Dem Transparenzerfordernis genügten Aufnahmebedingungen nicht, deren Vorliegen erst auf der Grundlage von Daten festgestellt werden könnte, die der Rechtsinhaber weder kennt noch in Erfahrung bringen kann. 20

c) Diskriminierungsfreiheit. Schließlich dürfen die Aufnahmebedingungen nicht diskriminierend sein. Diskriminierend wären solche Aufnahmebedingungen, die **ohne sachliche Rechtfertigung** den Zugang zur Mitgliedschaft beschränken. Die Beschränkung des Zugangs zur Mitgliedschaft in einer Verwertungsgesellschaft auf Berechtigte, die einen Wahrnehmungsvertrag mit **dieser** Verwertungsgesellschaft geschlossen haben (z.B. GEMA), ist etwa sachlich gerechtfertigt, weil diese Berechtigten gemeinsame Interessen haben. Ebenso ist die Beschränkung des Zugangs zu einer Verwertungsgesellschaft auf Einrichtungen, die Rechtsinhaber der von dieser Verwertungsgesellschaft wahrgenommenen Rechte vertreten (z.B. GVL[27]), wegen der vergleichbaren Interessenlage sachlich gerechtfertigt und daher nicht diskriminierend. 21

Abs. 1 regelt ausdrücklich nur die Bedingungen, unter denen Mitglieder aufzunehmen sind. Die diskriminierungsfreie Aufnahme genügt allerdings nicht, um die intendierten Mitwirkungsrechte zu gewährleisten, wenn die Mitglieder willkürlich wieder ausgeschlossen werden könnten. In entsprechender Anwendung von Abs. 1 sind daher auch Regelungen, die zum Verlust der Mitgliedschaft führen können, diskriminierungsfrei zu gestalten. Regelungen die den Ausschluss bei vereinsschädigendem Verhalten oder bei Missbrauch der Verteilungsregeln vorsehen, knüpfen an eine sachliche Rechtfertigung an und sind daher grds. nicht zu beanstanden. 22

d) Gestaltungsmöglichkeiten. Für die Gestaltung der Aufnahmebedingungen bestehen erhebliche Spielräume, die auch eine **restriktive Handhabung** erlauben, nach der nur wenige Berechtigte oder nur wenige Einrichtungen, die Rechtsinhaber vertreten, aufzunehmen sind. Eine solche Praxis stünde auch im Einklang mit dem Willen des Gesetzgebers. Die Regelung soll nämlich nicht dazu führen, dass wenige Berechtigte, „die mit ihren Rechten das wirtschaftliche Fundament der Verwertungsgesellschaft bilden", von einer Vielzahl kleinerer Urheber und Schutzrechtsinhaber **majorisiert** werden können.[28] Sind Mitglieder der Verwertungsgesellschaft Interessenvertreter von Rechtsinhabern (z.B. die Mitglieder der GVL), kann der Zugang zur Mitgliedschaft entsprechend auf **Interessenvertreter von besonderem Gewicht** beschränkt werden, etwa solche mit einer **Mindestanzahl von Mitgliedern** oder solche, bei denen auf die vertretenen Berechtigten ein **Mindestanteil des gesamten Ausschüttungsvolumens** der Verwertungsgesellschaft entfällt. 23

Bei Satzungsregelungen, die eine Höchstzahl der neu zuzulassenden Mitglieder bestimmen, ist die Vereinbarkeit mit Abs. 1 zweifelhaft. Denn die damit verbundene Privilegierung von früher aufgenommenen Mitgliedern könnte diskriminierend sein, wenn sie nicht zugleich durch einen sachlichen Grund, z.B. einen im Vergleich höheren wirtschaftlichen Beitrag, gerechtfertigt wird. 24

Sollten die Aufnahmebedingungen so restriktiv gestaltet werden, dass so gut wie allen Berechtigten oder allen Interessenverbänden von Berechtigten der Zugang zur Mitgliedschaft versagt werden kann, entsprächen die Regelungen den Anforderungen des 25

---

27 Vgl. § 2.3.1 der GVL-Satzung, abrufbar über www.gvl.de.
28 RegE-VGG, BT-Drucks. 18/7223, S. 76; ebenso schon zum Anspruch der Berechtigten gem. § 6 Abs. 2 S. 1 UrhWG RegE-UrhWG, BT-Drucks. IV/271, S. 16 li. Sp.

Abs. 1 nicht mehr. Bei Verwertungsgesellschaften, die Einrichtungen, die Rechtsinhaber vertreten, als Mitglieder aufnehmen, könnte die Grenze der zulässigen Gestaltung schon dann überschritten sein, wenn danach (auch faktisch) nur ein Verband die Bedingungen erfüllen kann. Das wäre etwa der Fall, wenn man für den Zugang zur Mitgliedschaft voraussetzen würde, dass dem Verband mehr als 50% aller Berechtigten der wahrgenommenen Rechte oder aller Berechtigten einer bestimmten Kategorie angehören müssen. Denn damit würde jedem weiteren Verband von Berechtigten oder der jeweiligen Kategorie von Berechtigten der Zugang zur Gesellschafterstellung versagt und es wäre zumindest zweifelhaft, ob die privilegierte Stellung des einen Verbandes mit Gesellschafterstellung durch die Vorteile einer überschaubaren Gesellschafteranzahl sachlich gerechtfertigt werden könnte.

26 Zulässig sind andererseits Regelungen, die faktisch die Aufnahme von Verbänden von Rechtsinhabern ausschließen, die nur in sehr geringem Maße zur wirtschaftlichen Grundlage der Verwertungsgesellschaft beitragen würden. Denn solchen Verbänden würde durch eine Mitgliedschaft eine im Verhältnis zu ihrem Beitrag **überproportionale Einflussmöglichkeit** gewährt werden. Das gilt selbst dann, wenn so ganzen Gruppen Berechtigten, auf die insgesamt allerdings nur sehr kleine Anteile der Ausschüttungen einer Verwertungsgesellschaft entfallen (z.B. die ausübende Künstler zahlenmäßig sehr überschaubarer Berufsgruppen), der Zugang zur Mitgliedschaft und damit eine Möglichkeit der Einflussnahme auf die Verwertungsgesellschaft ganz versagt bleibt. Andernfalls könnte der gewollte **Schutz vor einer Majorisierung** durch eine übertriebene Ausdifferenzierung bei der Verbandsorganisation unterlaufen werden.

27 Zulässig wären auch Satzungsregelungen, die den Zugang zur Mitgliedschaft auf Urheber beschränken und Inhaber abgeleiteter Rechte (zum Beispiel Verlage) ausschließen. Denn die Verwertungsgesellschaften sind frei zu bestimmen, welche Art von Rechten sie warhnehmen wollen; dann ist es sachlich gerechtfertigt, den Zugang auf solche Rechtsinhaber zu beschränken, deren Rechte auch wahrgenommen werden.

28 **e) Erläuterung bei Ablehnung des Aufnahmeantrags (Abs. 2).** Gem. Abs. 2 hat die Verwertungsgesellschaft die Gründe für die Ablehnung eines Antrags auf Aufnahme als Mitglied verständlich zu erläutern. Es reicht danach nicht, dem Antragsteller die Ablehnungsentscheidung mitzuteilen. Zur Erläuterung sind Ausführungen zum Nichtvorliegen mindestens einer Aufnahmevoraussetzung erforderlich.

III. Rechtsfolgen

29 **1. Rechtsfolgen von Abs. 1.** Abs. 1 regelt Anforderungen an die Gestaltung des Statuts einer Verwertungsgesellschaft, ohne die Rechtsfolgen eines Verstoßes zu bestimmen.

30 **a) Kein Anspruch auf Satzungsgestaltung.** Verstoßen die Aufnahmeregelungen einer Verwertungsgesellschaft gegen Abs. 1, können Außenstehende nicht die Anpassung der Satzung erzwingen, denn Abs. 1 räumt Außenstehenden insoweit keine Rechte ein.[29]

31 **b) Kein Aufnahmeanspruch ohne Satzungsgrundlage.** Berechtigte oder Einrichtungen, die Rechtsinhaber vertreten, denen das Statut der Verwertungsgesellschaft den

---

29 Siehe Rn 11 f.

Zugang zur Mitgliedschaft nicht eröffnet, können ihre Aufnahme nicht durch unmittelbare Berufung auf Abs. 1 erzwingen. Denn der Anspruch auf Aufnahme besteht nur nach Maßgabe der Satzung und gewährt den Mitgliedern einen weiten Spielraum bei der Gestaltung der Aufnahmebedingungen.[30]

2. Rechtsfolgen von Abs. 2. Ein Verstoß gegen das Erläuterungsgebot des Abs. 2 führt nicht zu Ansprüchen des von der Ablehnung Betroffenen. Dieser kann sich allein an die Aufsichtsbehörde wenden. **32**

IV. Verhältnis zu zwingenden rechtsformspezifischen Vorgaben

Die Binnenorganisation von Gesellschaften ist zugleich Gegenstand **rechtsformspezifischer gesetzlicher Regelungen** etwa des BGB, des GmbHG, des GenG oder auch anerkannter gesellschaftsrechtlicher Prinzipien. Eine Modifizierung des rechtsformspezifischen gesetzlichen Rahmens für Verwertungsgesellschaften ist im VGG nicht ausdrücklich angeordnet. Sie wurde vom Gesetzgeber auch nicht beabsichtigt; vielmehr wollte der Gesetzgeber die **Vorgaben zur Binnenorganisation rechtsformneutral** regeln.[31] Der Gesetzgeber ging davon aus, dass die **rechtsformspezifischen Vorgaben uneingeschränkt** gelten[32] und hat deshalb, etwa um die Rechtsform der Genossenschaft für Verwertungsgesellschaften zu ermöglichen, bewusst Regelungsalternativen im VGG vorgesehen.[33] Nach der Absicht des Gesetzgebers werden daher zwingende rechtsformspezifische Vorgaben bei Verwertungsgesellschaften durch widersprechende Vorgaben des VGG nicht eingeschränkt.[34] **33**

Aus der uneingeschränkten Geltung zwingender Vorschriften für die Satzungsgestaltung in spezifischen Rechtsformen ergibt sich, dass für den Betrieb einer Verwertungsgesellschaft solche **Rechtsformen ausscheiden**, für die zwingende rechtsformspezifische Vorgaben angeordnet sind, die im Widerspruch zu den Anforderungen der Satzungsgestaltung nach §§ 13 ff. stehen.[35] **34**

V. Aufsicht durch das DPMA

1. Versagung der Erlaubnis. Gem. § 79 Abs. 1 Nr. 1 ist der Verwertungsgesellschaft die Erteilung der Erlaubnis i.S.d. § 77 VGG zu versagen, wenn das Statut der Verwer- **35**

---

30 Siehe Rn 13 f.
31 Darauf deutet die Schaffung und Verwendung rechtsformneutraler Oberbegriffe wie „Mitglied" (§ 7), „Statut" (§ 13 Abs. 1), „Mitgliederhauptversammlung" (§ 17 Abs. 1) oder „Aufsichtsgremium" (§ 22 Abs. 1) hin; ausdrücklich zur Rechtsformneutralität des Begriffs „Statut" auch RegE-VGG, BT-Drucks. 18/7223, S. 60.
32 Vgl. etwa RegE-VGG, BT-Drucks. 18/7223, S. 60 (zum Vorrang rechtsformspezifischer Begrenzungen der Aufsichtsratskompetenz), S. 77 (zur zwingenden Kompetenz der Mitgliederversammlung nach § 49 GenG bei der Kreditgewährung), S. 78 (zum Vorrang rechtsformspezifischer Vorgaben der Vertreterbestellung) und S. 79 (zum Vorrang rechtsformspezifischer Vorgaben zur Organbestellung oder zur stimmberechtigten Mitwirkung in der Mitgliederversammlung).
33 Z.B. § 17 Abs. 1 Nr. 3 Alt. 2 für Genossenschaften.
34 Insbesondere kann eine Gestaltungsvorgabe des VGG nicht als *lex specialis* zwingenden rechtsformspezifischen Gestaltungsvorgaben modifizieren. Denn der Gesetzgeber des VGG wollte nicht den *numerus clausus* der juristischen Personen erweitern, sondern Voraussetzungen für die Zulassung als Verwertungsgesellschaft normieren. Die vom Gesetzgeber intendierte Rechtsformneutralität impliziert, dass diese Rechtsformen durch das VGG nicht variiert werden sollten.
35 Vgl. dazu etwa Rn 5 zur Stiftung und zur Anstalt des öffentlichen Rechts, § 17 Rn 20 zur Aktiengesellschaft.

tungsgesellschaft nicht den Vorschriften des VGG entspricht. Verstößt die Satzungsgestaltung gegen § 13, steht dies der Erteilung einer beantragten Erlaubnis folglich entgegen.

36 **2. Widerruf der Erlaubnis.** Entspricht das Statut nicht den Anforderungen des § 13, kommt nach § 80 Abs. 1 auch der Widerruf der Erlaubnis in Betracht.

37 Wurde der Verwertungsgesellschaft schon vor Inkrafttreten des VGG eine Erlaubnis nach UrhWG erteilt, kann diese Erlaubnis auch bei einem Verstoß gegen § 13 allerdings weder nach § 80 Abs. 1 Nr. 1 Alt. 1 noch nach Alt. 2 widerrufen werden. Ein Widerruf nach § 80 Abs. 1 Nr. 2 kommt nur in Betracht, wenn die Mehrheit der Mitglieder die gebotene Satzungsanpassung wiederholt abgelehnt hat.[36]

38 **3. Maßnahmen nach § 85 Abs. 1 und 2.** Unbeschadet der Möglichkeiten der Aufsichtsbehörde gem. § 80 Abs. 1 kann diese nach § 85 Abs. 1 „alle erforderlichen Maßnahmen ergreifen, um sicherzustellen, dass die Verwertungsgesellschaft die ihr nach diesem Gesetz obliegenden Verpflichtungen ordnungsgemäß erfüllt" oder nach § 85 Abs. 2 die „Fortsetzung des Geschäftsbetriebs untersagen" (insoweit eine weniger einschneidende Maßnahme als der Widerruf der Erlaubnis).[37]

§ 14
Elektronische Kommunikation

Die Verwertungsgesellschaft eröffnet allen Mitgliedern und Berechtigten einen Zugang für die elektronische Kommunikation.

Übersicht

I. Allgemeines
   1. Bedeutung der Regelung —— 1
   2. Vorgängerregelung —— 2
   3. Unionsrechtlicher Hintergrund —— 3
   4. Entstehungsgeschichte —— 4
II. Regelungsgehalt —— 5

I. Allgemeines

1 **1. Bedeutung der Regelung.** Die Regelung dient der Erleichterung der Kommunikation zwischen Mitgliedern und Berechtigten auf der einen und den von ihnen beauftragten Verwertungsgesellschaften auf der anderen Seite. Die Möglichkeit einer elektronischen Kommunikation sieht § 43 auch für Nutzer vor.

2 **2. Vorgängerregelung.** Das UrhWG enthielt keine vergleichbare Regelung.

3 **3. Unionsrechtlicher Hintergrund.** § 14 dient der Umsetzung von Art. 6 Abs. 4 VG-RL und berücksichtigt dabei auch die Vorgabe aus Art. 7 Abs. 1 VG-RL, die elektronische Kommunikation auch Berechtigten, die nicht Mitglied sind, zu ermöglichen.[1]

---

36 Siehe dazu § 80 Rn 21 ff.
37 Siehe dazu § 85 Rn 27.

1 Siehe auch RegE-VGG, BT-Drucks. 18/7223, S. 76.

4. Entstehungsgeschichte. Die Norm geht auf den wortlautidentischen Vorschlag 4
für § 14 im RefE des BMJV[2] zurück.

II. Regelungsgehalt

Verwertungsgesellschaften sind verpflichtet, für ihre Mitglieder und die Berechtig- 5
ten einen Zugang für die **elektronische Kommunikation** zu schaffen.

Der Verpflichtung ist Genüge getan, wenn die Verwertungsgesellschaft über eine E- 6
Mail-Adresse erreichbar ist.[3] Ein Zugang für eine **geschützte E-Mail-Kommunikation**
ist nicht erforderlich. Zur Erreichbarkeit gehört auch, dass unter der E-Mail-Adresse eingehende E-Mails zur Kenntnis genommen werden. Eine Pflicht zur Beantwortung jeder
einzelnen E-Mail besteht hingegen nicht, denn auch in der „Offline"-Welt sind Verwertungsgesellschaften nicht verpflichtet, jedes eingehende Schreiben individuell zu beantworten.[4] Entscheidend ist, dass den Mitgliedern und Berechtigten die elektronische
Kontaktaufnahme ermöglicht wird. Auch eine **Vielzahl von E-Mail-Kontaktmöglichkeiten** genügt den gesetzlichen Anforderungen, wenn für die Mitglieder und Berechtigten der Zuständigkeitsbereich der jeweiligen E-Mail-Adresse verständlich angegeben ist.
Ebenso genügt es den gesetzlichen Vorgaben, wenn die Kommunikation über elektronische Portale und Apps ermöglicht wird (z.B. https://www.gema.de/musikurheber/
online-services-fuer-gema-mitglieder/mein-mitgliedskonto/).

§ 15
Mitglieder- und Berechtigtenverzeichnis

Die Verwertungsgesellschaft führt ein aktuelles Mitglieder- und Berechtigtenverzeichnis.

Übersicht

I. Allgemeines
   1. Bedeutung der Regelung —— 1
   2. Vorgängerregelung —— 2
   3. Unionsrechtlicher Hintergrund —— 3
   4. Entstehungsgeschichte —— 4
II. Regelungsgehalt —— 5
   1. Zusammenfassendes Verzeichnis in einem Dokument —— 6
   2. Erfassung der Mitglieder
     a) Angaben zu Mitgliedern —— 8
     b) Zugang zum Mitgliederverzeichnis —— 11
     c) Verhältnis zu rechtsformspezifischen Regelungen —— 14
   3. Erfassung der Berechtigten
     a) Vollständigkeit —— 19
     b) Angaben zu Berechtigten —— 21
III. Aufsicht durch das DPMA —— 23

I. Allgemeines

1. Bedeutung der Regelung. Die Erfassung von Mitgliedern und Berechtigten in 1
einem Verzeichnis wäre auch ohne die Regelung in § 15 erforderlich. Die Regelung kollidiert aber mit rechtsformspezifischen Vorschriften zur Legitimation von Mitgliedern
durch entsprechende Listen.

---
2 RefE des BMJV v. 9.6.2015, S. 14.
3 Vgl. RegE-VGG, BT-Drucks. 18/7223, S. 76.
4 Vgl. OLG Koblenz, Urt. v. 1.7.2015 – 9 U 1339/14 – MMR 2015, 732 – zur Rechtslage nach § 5 Abs. 1 Nr. 2
TMG (E-Mail Adresse als Pflichtangabe im Impressum).

2   **2. Vorgängerregelung.** Das UrhWG enthielt keine vergleichbare Regelung.

3   **3. Unionsrechtlicher Hintergrund.** § 15 dient der Umsetzung von Art. 6 Abs. 5 VG-RL. Dabei hat der deutsche Gesetzgeber die in Art. 7 Abs. 2 VG-RL enthaltene Ermächtigung für nationale Gesetzgeber, die Verpflichtung auf ein Berechtigtenverzeichnis zu erstrecken, genutzt.[1]

4   **4. Entstehungsgeschichte.** Die Norm geht auf den wortlautidentischen Vorschlag für § 15 im RefE des BMJV[2] zurück.

II. Regelungsgehalt

5   Eine Verwertungsgesellschaft ist nach § 15 verpflichtet, ein Mitglieder- und Berechtigtenverzeichnis zu führen. Da dieses Verzeichnis „aktuell" sein muss, ist die Verwertungsgesellschaft im Falle einer Veränderung des Mitgliederbestandes oder des Kreises ihrer Berechtigten auch zur **zeitnahen Anpassung des Verzeichnisses** verpflichtet.[3] Im Hinblick auf die Funktion des Verzeichnisses ist eine Aktualisierung jedenfalls unmittelbar vor dem Versand der Ladungen zu Mitgliederhauptversammlungen oder Berechtigtenversammlungen, in denen gem. § 20 die Delegierten gewählt werden, geboten.

6   **1. Zusammenfassendes Verzeichnis in einem Dokument.** Nach dem Wortlaut der Norm ist ein Verzeichnis zu führen, in dem **gleichermaßen Mitglieder wie Berechtigte** erfasst werden.[4] Die Liste der Berechtigten umfasst aber nicht notwendig die Liste der Mitglieder, da Mitglieder auch Einrichtungen sein können, die Rechtsinhaber vertreten und selbst kein Wahrnehmungsverhältnis mit einer Verwertungsgesellschaft haben (§ 7 Nr. 2).[5]

7   Die Zusammenfassung von Mitgliedern und Berechtigten in einem Dokument ist auch nicht zweckmäßig. Die Erfassung der Berechtigten dient anderen Zwecken als die Erfassung der Mitglieder.[6] Auch nach der VG-RL ist eine Zusammenfassung in einem Dokument nicht vorgegeben.[7] Die Aufnahme der Berechtigten in die Mitgliederliste widerspricht vielmehr den **rechtsformspezifischen Vorgaben für die Gesellschafterliste einer GmbH**, die nur die in § 40 Abs. 1 GmbHG und der Gesellschafterlistenverordnung (GesLV) genannten Angaben enthalten darf.[8] Eine zusätzliche Erfassung der Mitglieder einer Verwertungsgesellschaft in einer Liste gem. § 15 wäre überflüssig, tendenziell irreführend und fehlerträchtig. Die Führung der Mitglieder- und Berechtigtenliste in einem Dokument ist danach als **Redaktionsversehen** des Gesetzgebers anzusehen; ausreichend ist auch, wenn für die jeweiligen Zwecke je ein Verzeichnis geführt wird.

---

1   RegE-VGG, BT-Drs. 18/7223, 76; siehe auch Erwägungsgrund 20 der VG-RL a.E.
2   RefE des BMJV v. 9.6.2015, S. 14.
3   Art. 6 Abs. 5 VG-RL sieht insoweit nur eine Verpflichtung zur „regelmäßigen" Anpassung vor.
4   Auch RegE-VGG, BT-Drucks. 18/7223, S. 76, setzt voraus, dass ein einheitliches Verzeichnis zu führen ist.
5   Vgl. dazu § 7 Rn 7.
6   Siehe sogleich unter Rn 8 f.
7   Art. 6 Abs. 5 VG-RL.
8   Vgl. BGH, Beschl. v. 20.9.2011 – II ZB 17/10 – NZG 2011, 1268; BeckOK-GmbHG/*Heilmeier*, § 40 GmbHG Rn 45; MüKoGmbHG/*Heidinger*, § 40 GmbHG Rn 26-28, jeweils noch ohne Berücksichtigung der seit dem 1.7.2018 geltenden GesLV; einschränkend Baumbach/Hueck/*Noack*, § 40 GmbHG Rn 15.

2. Erfassung der Mitglieder

a) **Angaben zu Mitgliedern.** Die zu den Mitgliedern zu erfassenden Angaben sind nicht geregelt. Das Verzeichnis muss mindestens den **Namen und Vornamen (oder Künstlernamen) oder die Firma des Mitglieds** umfassen und die Informationen, die erforderlich sind, um eine Verwechslung mit Personen gleichen Namens oder gleicher Firma auszuschließen. Bei natürlichen Personen sind dafür das **Geburtsdatum und der Wohnort**, bei juristischen Personen und Handelsgesellschaften ihr Sitz und (ggf.) ihre **Eintragungsdaten** anzugeben. Für die Verhältnismäßigkeit dieser Angaben zu Identifizierungszwecken sprechen die rechtsformspezifischen Anforderungen an Mitgliederlisten.[9]

Es ist zweifelhaft, ob in dem Mitgliederverzeichnis auch die **Adressen der Mitglieder** zu erfassen sind. Das wurde vom Gesetzgeber vorausgesetzt.[10] Eine solche Anforderung würde die Verwertungsgesellschaft aber mit erheblichem Verwaltungsaufwand belasten, da sich diese Angaben häufig ändern werden. Im Ergebnis wären die Angaben bei einer Vielzahl von Berechtigten allenfalls für kurze Zeit zutreffend. Die Erfassung der Adressen der Mitglieder ist auch **für die Wahrnehmung ihrer mitgliedschaftlichen Rechte nicht erforderlich**, soweit die Verwertungsgesellschaft nach ihren Satzungsregelungen für die Kommunikation mit ihren Mitgliedern andere Wege als die postalische Kommunikation vorgesehen hat (z.B. Bekanntmachung im Internet oder E-Mail-Versand). Jedenfalls in diesen Fällen ist die Erfassung der Adressen im Mitgliederverzeichnis nach § 15 nicht erforderlich.

Zweifelhaft ist auch, ob die Verwertungsgesellschaft in dem Mitgliederverzeichnis nach § 15 **besondere Mitgliederrechte** ausweisen muss. Derartige Angaben könnten jedenfalls dann geboten sein, wenn die Mitglieder unterschiedliche Rechtsstellungen haben (z.B. unterschiedliche Stimmkraft). Die Erfassung dieser Angaben ist nach der gesetzgeberischen Absicht nicht gefordert, weil das Mitgliederverzeichnis nach § 15 nur den **eingeschränkten Zweck der Identifizierung und Kommunikation** hat.[11] Gegen eine Erfassung der Mitgliederrechte in dem Mitgliederverzeichnis nach § 15 spricht, dass diese zu **Konflikten mit Angaben in den nach rechtsformspezifischen Regelungen** verpflichtenden Mitgliederlisten (etwa § 40 GmbHG oder § 30 GenG) führen können.[12] Angaben zu Mitgliederrechten sollten daher nur dann in das Mitgliederverzeichnis nach § 15 aufgenommen werden, wenn keine rechtsformspezifischen Sonderregelungen bestehen (etwa beim Verein).

b) **Zugang zum Mitgliederverzeichnis.** Das Mitgliederverzeichnis steht jedenfalls der Verwertungsgesellschaft zur Verfügung, damit sie die Ausübung der Mitglieder- und Berechtigtenrechte (Teilnahme an der Mitgliederhaupt- oder Berechtigtenversammlung, Stimmrecht) ermöglichen kann.

Für eine **effektive Ausübung von Mitgliedschaftsrechten** – vor allem dann, wenn Quoren für eine Abstimmung entscheidend sind – muss ein Mitglied zur Abstimmung mit anderen Mitgliedern deren Namen und Kontaktmöglichkeit in Erfahrung bringen können. Auch die Mitglieder können daher **Auskunft aus dem Mitgliederverzeichnis**

---

[9] Vgl. etwa § 106 Abs. 2 Nr. 1 HGB, § 40 Abs. 1 S. 1 GmbHG, § 30 Abs. 2 Nr. 1 GenG, § 67 Abs. 1 S. 1 AktG.
[10] Nach der Begründung des RegE soll das Verzeichnis dazu dienen, die Mitglieder der Verwertungsgesellschaft „ausfindig zu machen", RegE-VGG, BT-Drucks. 18/7223, S. 76; ebenso schon Erwägungsgrund 20 der VG-RL.
[11] Dazu siehe Rn 10.
[12] Dazu siehe Rn 14 f.

verlangen, soweit dieses nicht ohnehin öffentlich ist.[13] Bei Verwertungsgesellschaften in der Rechtsform des Vereins oder der Genossenschaft muss die Auskunft unter **Darlegung eines berechtigten Interesses** begehrt werden.[14] Anlassfrei und ohne berechtigtes Interesse kommt ein Anspruch auf Auskunft über die Mitgliedschaft bei Verwertungsgesellschaften in der Rechtsform der GbR oder der KG in Betracht.[15]

13   Dritten ist kein Einblick in die Mitgliederliste zu gewähren. Das gilt auch für **potentielle Nutzer der wahrgenommenen Rechte**. Ein solches Informationsrecht ist auch nicht erforderlich, um die Verwertung der wahrgenommenen Rechte zu erleichtern.

14   c) **Verhältnis zu rechtsformspezifischen Regelungen.** Die Verpflichtung zur Führung eines Mitgliederverzeichnisses ist je nach Rechtsform der Verwertungsgesellschaft überflüssig, irreführend oder unerfüllbar.

15   Für Verwertungsgesellschaften in der Rechtsform des **Vereins oder einer Personengesellschaft** ergibt sich die Notwendigkeit, ein Mitgliederverzeichnis zu führen, auch ohne dass diese im VGG oder rechtsformspezifisch geregelt wäre, schon aus der Notwendigkeit, die (unabdingbare) Teilnahmeberechtigung an Mitglieder- und Gesellschafterversammlungen überprüfen zu können.

16   Für die Verwertungsgesellschaften in der Rechtsform der **Genossenschaft** ist die Verpflichtung zur Führung eines Mitgliederverzeichnisses und dessen Inhalt in § 30 Abs. 1 GenG geregelt.

17   Bei Verwertungsgesellschaften in der Rechtsform der **GmbH** ist ein von der Gesellschaft geführtes Mitgliederverzeichnis irreführend, weil nach der zwingenden Regelung des § 16 Abs. 1 S. 1 GmbHG im Verhältnis zur Gesellschaft nur derjenige als Gesellschafter gilt, der in der im Handelsregister aufgenommenen Gesellschafterliste gem. § 40 GmbHG eingetragen ist. Ein von dieser Gesellschafterliste abweichendes Mitgliederverzeichnis gem. § 15 wäre irreführend, selbst wenn es die Beteiligungsverhältnisse zutreffend wiedergeben würde. Denn selbst wenn in ihr die Beteiligungsverhältnisse abweichend von der Gesellschafterliste nach § 40 GmbHG, aber materiell richtig abgebildet wären, wäre dies für die Machtverhältnisse in der Gesellschaft nicht maßgeblich.[16]

---

13   Z.B. die Gesellschafterliste der GmbH, die online unter www.handelsregister.de abgerufen werden kann.
14   Zum Auskunftsrecht eines Vereinsmitglieds über andere Vereinsmitglieder siehe BVerfG, Beschl. v. 18.2.1991 – 1 BvR 185/91 – BeckRS 2012, 47998; BGH, Hinweisbeschl. v. 21.6.2010 – II ZR 219/09 – NZG 2010, 1430; BGH, Beschl. v. 25.10.2010 – II ZR 219/09 – MMR, 2011, 206. Während in den zu den Gesellschaften zitierten BGH-Entscheidungen ein unbeschränkter, nicht anlass- oder zweckgebundener Auskunftsanspruch anerkannt wurde, setzen BVerfG und BGH in ihren Entscheidungen zum Auskunftsanspruch von Vereinsmitgliedern ein „berechtigtes Interesse" voraus, das bspw. vorliegen soll, wenn die Auskunft mit „dem Ziel der Kontaktaufnahme mit anderen Vereinsmitgliedern zur Erörterung vereinsrechtlicher Belange" (BVerfG) begehrt wird oder „das Mitglied nach dem Umständen des konkreten Falls die in der Mitgliederliste enthaltenen Informationen ausnahmsweise benötigt, um das sich aus seiner Mitgliedschaft ergebende Recht auf Mitwirkung an der Willensbildung im Verein wirkungsvoll ausüben zu können" (BGH). Zum Auskunftsrecht eines Genossenschaftsmitglieds (ebenfalls bei berechtigtem Interesse) siehe BT-Drucks. 360/93, S. 336; *Schaffland*, NJW 1994, 503, 503 ff.
15   BGH, Beschl. v. 21.9.2009 – II ZR 264/08 – NJW 2010, 439, für die GbR; BGH, Urt. v. 11.1.2011 – II ZR 187/09 – NJW 2011, 921, und BGH, Urt. v. 5.2.2013 – II ZR 134/11 – NJW 2013, 2190, für die KG und die GmbH & Co. KG.
16   Auch zur Überwachung der Vorschriften des VGG über die Mitgliedschaft in einer Verwertungsgesellschaft (z.B. §§ 2 Abs. 2, 7, 13, 16 und 17) ist in Verwertungsgesellschaften in der Rechtsform der GmbH die Gesellschafterliste nach § 40 GmbHG geeignet, weil nur diese für die Einflussrechte der Mitglieder maßgeblich ist.

Verwertungsgesellschaften können in der Rechtsform einer **AG** schon wegen des ak- 18
tienrechtlichen Prinzips der Satzungsstrenge nicht betrieben werden.[17] Die Rechtsform
der AG kommt im Übrigen auch im Hinblick auf die Verpflichtung nach § 15 nicht in Betracht, wenn die AG **Inhaberaktien** ausgegeben hat, weil Inhaberaktien (und damit die
Mitgliedschaft) unabhängig von der Gesellschaft erworben und übertragen werden, und
die Gesellschaft nicht wissen kann, wer ihre Mitglieder sind. Ein Mitgliederverzeichnis
kann in diesem Fall von der Gesellschaft nicht geführt werden.

3. Erfassung der Berechtigten

a) Vollständigkeit. Nach dem Wortlaut der Norm muss das Verzeichnis **alle Be-** 19
rechtigten (die in einem Wahrnehmungsverhältnis zu dieser Verwertungsgesellschaft
stehen) erfassen.[18] Das ist auch sachlich geboten. Denn alle Berechtigten sind Mitglieder
des nach § 20 zu bildenden Organs, das die Delegierten der Berechtigten bestimmt.

Die Erfassung aller Berechtigten ist unproblematisch, soweit ein **vertragliches** 20
Wahrnehmungsverhältnis besteht (§ 6 Alt. 2). Ein Wahrnehmungsverhältnis zu einer
Verwertungsgesellschaft kann allerdings auch auf gesetzlicher Grundlage bestehen (vgl.
§ 6 Alt. 1). Soweit die Verwertungsgesellschaft Zahlungen für Rechtsinhaber erhält, die
sie nicht mit der Wahrnehmung ihrer Rechte beauftragt haben, besteht ein **gesetzliches**
Wahrnehmungsverhältnis (§ 51 Abs. 4 VGG); in diesem Fall kennt die Verwertungsgesellschaft die Berechtigten, weil sie für diese Zahlungen erhält, und kann sie daher in
einem Verzeichnis erfassen. Berechtigte mit gesetzlichen Wahrnehmungsverhältnissen
für das Recht zur Kabelweiterleitung (§ 50 Abs. 1 S. 1 UrhG) können dagegen nicht ohne
weiteres erfasst werden, weil solche Wahrnehmungsverhältnisse auf gesetzlicher Grundlage nur entstehen, soweit die Wahrnehmung nicht einer anderen Verwertungsgesellschaft übertragen wurde. In diesen Fällen kann die Verwertungsgesellschaft ihre
Verpflichtung nach § 15 nicht erfüllen.[19] Etwas anderes gilt, soweit die Verwertungsgesellschaft die einzige ist, die das Recht zur Kabelweiterleitung wahrnimmt.

b) Angaben zu Berechtigten. Die zu den Berechtigten zu erfassenden Angaben sind 21
nicht geregelt. Das Verzeichnis muss mindestens den **Namen und Vornamen (oder**
Künstlernamen) oder die Firma des Berechtigten enthalten und die Informationen,
die erforderlich sind, um eine Verwechslung mit Personen gleichen Namens oder gleicher Firma auszuschließen. Bei natürlichen Personen sind dafür das **Geburtsdatum und**
der Wohnort, bei juristischen Personen und Handelsgesellschaften ihr Sitz und (ggf.)
ihre **Eintragungsdaten** anzugeben. Für die Verhältnismäßigkeit dieser Angaben zu
Identifizierungszwecken sprechen die rechtsformspezifischen Anforderungen an Mitgliederlisten,[20] da die Berechtigten als Mitglieder der jeweiligen Berechtigtenversammlung gem. § 20 ebenfalls Mitglieder eines Organs der Verwertungsgesellschaft sind, die
ihre Rechte wahrnimmt.

---

17 Dazu siehe § 17 Rn 20.
18 Die redaktionell verunglückte Zusammenfassung zu einem „Mitglieder- und Berechtigtenverzeichnis"
(dazu bereits unter Rn 7) führt zu dem denkbaren Missverständnis, dass nur solche Berechtigte in der Liste
zu erfassen wären, die zugleich Mitglieder sind. Dagegen bereits BeckOK-UrhR/*Freudenberg*, § 15 VGG
Rn 2, unter Hinweis auf RegE-VGG, BT-Drucks. 18/7223, S. 76. Zur Problematik der Berechtigten aufgrund
eines gesetzlichen Wahrnehmungsverhältnisses siehe sogleich Rn 20.
19 Zweifelnd zur Erfassung der Berechtigten in diesen Fällen auch BeckOK-UrhR/*Freudenberg*, § 15 VGG
Rn 3 a.E.
20 Vgl. etwa § 106 Abs. 2 Nr. 1 HGB, § 40 Abs. 1 S. 1, § 30 Abs. 2 Nr. 1 GenG, § 67 Abs. 1 S. 1 AktG. Siehe
dazu auch Rn 8 ff. zum Inhalt des Mitgliederverzeichnisses.

22 Für den Zugang zum Berechtigtenverzeichnis gelten die Ausführungen zum Mitgliederverzeichnis entsprechend.[21]

III. Aufsicht durch das DPMA

23 Bei einem Verstoß gegen die Verpflichtung zur Führung des Mitglieder- und Berechtigtenverzeichnisses sind Maßnahmen gem. § 85 Abs. 1 möglich. Bei wiederholter Zuwiderhandlung trotz Abmahnung wäre nach dem Wortlaut des § 85 Abs. 2 Nr. 2 sogar die Untersagung der Fortsetzung des Geschäftsbetriebs möglich. Im Hinblick auf die eingeschränkte Bedeutung der Verzeichnisse[22] dürfte eine solche Untersagung allerdings i.d.R. unverhältnismäßig sein und deshalb im Ergebnis nicht in Betracht kommen. Erst recht gilt dies für einen Widerruf der Erlaubnis nach § 80 Abs. 1 Nr. 2.

§ 16
Grundsatz der Mitwirkung

[1]**Die Verwertungsgesellschaft sieht in dem Statut angemessene und wirksame Verfahren der Mitwirkung von Mitgliedern und von Berechtigten an den Entscheidungen der Verwertungsgesellschaft vor.** [2]**Die verschiedenen Kategorien von Mitgliedern und Berechtigten, wie beispielsweise Urheber von Werken der Musik, Tonträgerhersteller oder ausübende Künstler, müssen dabei fair und ausgewogen vertreten sein.**

Übersicht

I. Allgemeines
   1. Bedeutung der Regelung —— 1
   2. Vorgängerregelung —— 2
   3. Unionsrechtlicher Hintergrund —— 3
   4. Entstehungsgeschichte —— 4
II. Regelungsgehalt
   1. Mitwirkung an den Entscheidungen (S. 1)
      a) Regelung im „Statut" —— 5
      b) Mitwirkung der Mitglieder —— 6
      c) Mitwirkung der Berechtigten —— 10
   2. Vertretung verschiedener Kategorien von Mitgliedern und Berechtigten (S. 2) —— 13
      a) Kriterium der Kategorienbildung —— 14
      b) Faire und ausgewogene Vertretung —— 17
III. Aufsicht durch das DPMA —— 19

I. Allgemeines

1 **1. Bedeutung der Regelung.** Die Regelung enthält zwei Programmsätze zur Mitwirkung der Mitglieder und Berechtigten an den Entscheidungen der Verwertungsgesellschaft, die **keine durchsetzbaren Rechte der Mitglieder und Berechtigten** begründen, da die Einzelheiten in den nachfolgenden Paragraphen geregelt werden. Die Verfahren zur Mitwirkung der Mitglieder sind in den §§ 17 bis 19, 21 und 22 geregelt, das Verfahren zu Mitwirkung der übrigen Berechtigten in § 20. Die Anordnung einer „fairen und ausgewogenen" Vertretung verschiedener „Kategorien von Berechtigten und Mitgliedern" wird in § 22 Abs. 2 präzisiert.

---

21 Siehe dazu Rn 11.
22 Siehe dazu oben Rn 9 f. und Rn 14 ff.

2. Vorgängerregelung. In § 16 wurde der Grundgedanke des § 6 Abs. 2 UrhWG, der 2
ebenfalls eine Möglichkeit der Einflussnahme für die Berechtigten, die nicht Mitglied
sind, zur Wahrung ihrer Interessen vorsah, aufgegriffen.[1]

3. Unionsrechtlicher Hintergrund. § 16 dient der Umsetzung von Art. 6 Abs. 3 VG- 3
RL, wobei S. 1 Art. 6 Abs. 3 S. 1 VG-RL und S. 2 Art. 6 Abs. 3 S. 2 VG-RL fast wortgleich
wiedergibt. Der deutsche Gesetzgeber machte in der Umsetzung von seinem Spielraum
gem. Art. 7 Abs. 2 VG-RL Gebrauch, auch Berechtigte, die nicht Mitglieder sind, einzubeziehen.[2]

4. Entstehungsgeschichte. Die Norm geht auf den wortlautidentischen Vorschlag 4
für § 16 im RefE des BMJV[3] zurück.

II. Regelungsgehalt

1. Mitwirkung an den Entscheidungen (S. 1)

a) Regelung im „Statut". Verwertungsgesellschaften müssen für Mitglieder und 5
Berechtigte Mitwirkungsbefugnisse in ihrem Statut regeln. Dieser Anforderung genügen
nur Regelungen im Gesellschaftsvertrag oder der Satzung. Regelungen in „sonstigen
Gründungsbestimmungen" genügen dieser Anforderung nur, wenn sie Satzungscharakter haben.[4]

b) Mitwirkung der Mitglieder. Verwertungsgesellschaften müssen mitgliedschaft- 6
lich organisiert sein.[5] Jede Verwertungsgesellschaft hat daher Mitglieder. Laut S. 1 müssen im Statut einer Verwertungsgesellschaft zur Mitwirkung der Mitglieder an den
Entscheidungen der Verwertungsgesellschaft „angemessene und wirksame Verfahren"
vorgesehen sein.

Die Regelung der Mitwirkung der Mitglieder an Entscheidungen der Verwertungsge- 7
sellschaft muss nicht in allen Einzelheiten im Statut geregelt sein. Denn neben den im
Statut getroffenen Regelungen gelten in jedem Fall die **rechtsformspezifischen zwingenden Regelungen**, auch wenn diese nicht im Statut wiederholt werden.[6] Ferner gelten für die Mitglieder **satzungsdispositive rechtsformspezifische Mitwirkungsbefugnisse**, die auch ohne ausdrückliche Anordnung im Statut gelten, soweit das Statut
nichts Abweichendes bestimmt.[7]

Nach satzungsdispositiven rechtsformspezifischen Vorgaben kann etwa ein umfas- 8
sendes Weisungsrecht der Mitglieder- und Gesellschafterversammlung im Verhältnis zu
den Geschäftsführungsorganen vorgesehen sein.[8] Die Regelung des S. 1 gebietet aber

---

1 Siehe RegE-VGG, BT-Drucks. 18/7223, S. 76.
2 Siehe RegE-VGG, BT-Drucks. 18/7223, S. 76.; siehe auch Erwägungsgründe 21 und 22 der VG-RL.
3 RefE des BMJV v. 9.6.2015, S. 15.
4 Ausführlicher zu dieser Anforderung siehe § 13 Rn 13 f.
5 Siehe § 13 Rn 5, dort auch zum rechtsformübergreifenden Begriff der Mitgliedschaft.
6 Dazu gehören etwa das Teilnahmerecht der Mitglieder an der Mitglieder- oder
Gesellschafterversammlung, die Minderheitenrechte im Hinblick auf die Einberufung einer Mitglieder- und
Gesellschafterversammlung, vgl. § 37 BGB, § 50 Abs. 1 GmbHG, § 45 GenG, oder Stimmverbote bei
Befangenheit, vgl. § 34 BGB, § 47 Abs. 4 GmbHG, § 43 Abs. 6 GenG.
7 Etwa die Bestimmung, dass die Mitglieder ihre Mitwirkung durch Beschlussfassung in der Mitglieder-
oder Gesellschafterversammlung ausüben (vgl. § 32 Abs. 1 S. 1 BGB, §§ 47 Abs. 1, 48 Abs. 1 GmbHG).
8 Vgl. § 32 BGB für den Verein; § 37 Abs. 1 GmbHG für die GmbH.

nicht, dass diese Befugnis nicht eingeschränkt werden könnte. Insbesondere kann die Weisungsbefugnis der Mitglieder von der Mitgliederversammlung auf ein anderes Organ übertragen werden.[9] Die Mitglieder können nach S. 1 also **keine Mitwirkung an allen Entscheidungen einer Verwertungsgesellschaft** beanspruchen.[10] Ein solches Mitwirkungsrecht würde die Arbeitsfähigkeit der Verwertungsgesellschaft übermäßig einschränken.

9   Der Programmsatz des S. 1 hat daher im Hinblick auf die Mitwirkung der Mitglieder an den Entscheidungen der Verwertungsgesellschaft **keinen eigenständigen Regelungsgehalt**.[11] Denn die Mitwirkung der Mitglieder ist in den §§ 17 bis 22 eingehend geregelt und konkretisiert.[12] Eine Ausgestaltung der Mitwirkungsrechte der Mitglieder nach diesen Vorgaben erfüllt ohne weiteres die Anforderung eines „angemessenen und wirksamen Verfahrens" i.S.v. S. 1. Weitergehende Mitwirkungsrechte als in den §§ 17 bis 22 vorgesehen können die Mitglieder auf Grundlage von S. 1 nicht beanspruchen.

10 c) **Mitwirkung der Berechtigten.** Jede Verwertungsgesellschaft steht in einem Wahrnehmungsverhältnis zu Rechtsinhabern (§ 2 Abs. 1), hat also Berechtigte. Nach S. 1 sind auch für die Mitwirkung der Berechtigten an den Entscheidungen der Verwertungsgesellschaft **angemessene und wirksame Verfahren** im Statut vorzusehen.

11 Konkrete Mindestmitwirkungsbefugnisse sind für die Berechtigten in § 20 vorgeschrieben. Darüber hinausgehende Mitwirkungsbefugnisse können die Berechtigten auf der Grundlage von S. 1 nicht beanspruchen. Bei der Ausgestaltung und Auslegung der nach § 20 vorzusehenden Regelungen ist nach S. 1 darauf zu achten, dass die Regelungen insgesamt „angemessen" sind; außerdem ist nach S. 1 die Wirksamkeit der Mitwirkung im Rahmen der Verfahren nach § 20 zusätzlich zu prüfen. Die nach § 16 geforderte Mitwirkung der Berechtigten, die nicht Mitglied sind, ist nach § 20 Abs. 1 immer nur eine **mittelbare Mitwirkung**: Die Berechtigten können Einfluss auf die Entscheidungen der Verwertungsgesellschaft nur mittelbar über die von ihnen zu bestimmenden Delegierten nehmen.

12 Die zu treffenden Regelungen müssen insgesamt „angemessen" sein. Bei der Ausfüllung dieses unbestimmten Rechtsbegriffs kann auf die **„angemessene Wahrung der Belange der Berechtigten"** i.S.v. § 6 Abs. 2 UrhWG zurückgegriffen werden.[13]

13 **2. Vertretung verschiedener Kategorien von Mitgliedern und Berechtigten (S. 2).** Im Rahmen der Mitwirkung von Mitgliedern und Berechtigten müssen nach S. 2 verschiedene **Kategorien von Mitgliedern und Berechtigten** „fair und ausgewogen vertreten sein". Eine Einteilung der Mitglieder und Berechtigten in unterschiedliche Kategorien ist damit nicht für jede Verwertungsgesellschaft vorgeschrieben. Sie ist jedenfalls entbehrlich, wenn alle Berechtigten einer Verwertungsgesellschaft gleichlaufende Interessen haben. Die Regelung setzt aber voraus, dass von einer Verwertungsgesellschaft Rechte unterschiedlicher Rechtsinhaber, die nicht notwendig gleichlaufende Inte-

---

9   Z.B. § 13 Abs. 3 S. 3 GEMA-Satzung, § 11 Abs. 6 lit. b VG WORT-Satzung
10 A.A. BeckOK-UrhR/*Freudenberg*, § 16 VGG Rn 2, der sich zu Unrecht auf Erwägungsgrund 22 der VG-RL beruft, in dem aber nur eine Mitwirkung über die Mitgliederhauptversammlung an den „wichtigsten Entscheidungen" gefordert wird.
11 Nach RegE-VGG, BT-Drucks. 18/7223, S. 76, soll der Programmsatz des S. 1 bei der Ausgestaltung der gemäß §§ 17 bis 20 vorzusehenden Regelungen zu berücksichtigen sein.
12 RegE-VGG, BT-Drucks. 18/7223, S. 76.
13 Dazu etwa kritisch im Hinblick auf die Satzungsgestaltung der deutschen Verwertungsgesellschaften *Rehbinder*, DVBl. 1992, 216, 220 ff.; dagegen *Nordemann*, GRUR 1992, 584, 586 f.; ferner *Hillig* in: FS Kreile, S. 295, 298 f.; *Dördelmann* in: FS Hertin, S. 31.

ressen haben, wahrgenommen werden können. Für diesen Fall schreibt die Vorschrift die Bildung von Kategorien von Mitgliedern und Berechtigten und den Ausgleich der widerstreitenden Interessen im Rahmen der Mitwirkung vor.

a) Kriterium der Kategorienbildung. Ein Kriterium für die Bildung der nach S. 2 **14** gegebenenfalls zu berücksichtigenden Kategorien von Mitgliedern und Berechtigten ist nicht ausdrücklich bestimmt. Nur beispielhaft werden Urheber von Werken der Musik, Tonträgerhersteller und ausübende Künstler genannt. Mit diesen Beispielen knüpft die Regelung an eine **Kategorienbildung nach Art der Schutzrechte** der Rechtsinhaber an.[14]

Eine Kategorienbildung nach Art der Schutzrechte ist nicht immer zweckmäßig. Bei **15** ihr blieben etwa die **Inhaber vertraglicher Ansprüche auf Beteiligung aus Verwertungserlösen** (z.B. Verlage) unberücksichtigt, obwohl diesen in § 5 Abs. 1 ausdrücklich der Status eines Rechtsinhabers zugebilligt ist und obwohl deren Interessen typischerweise von Interessen der Urheber abweichen können.[15] Zugleich würde eine Kategorienbildung nach Art der Schutzrechte zur Zusammenfassung von Angehörigen **unterschiedlicher Berufe in einer Mitgliederkategorie** führen, auch wenn diese sich selbst nicht untereinander verbunden sehen und sich nicht gemeinsam organisieren.[16] Ferner könnte eine Kategorienbildung nach Art der Schutzrechte zu einer **Vielzahl von Kategorien** führen, ohne dass diese durch divergierende Interessen gerechtfertigt wären, und dazu, dass die Rechtsinhaber, die häufig eine Vielzahl von Schutzrechten in einer Person vereinen, gleichzeitig mehreren Kategorien zuzuordnen wären.

Eine Kategorienbildung für Mitglieder und Berechtigte nach Art der Schutzrechte **16** stünde schließlich im **Widerspruch zur Praxis der deutschen Verwertungsgesellschaften**.[17] Eine solche Kategorienbildung wäre offenbar **dysfunktional**. Kategorien der Mitglieder und Berechtigten werden im VGG nämlich nur im Hinblick auf die Balance ihrer Mitwirkungsrechte unterschieden.[18] Diesem Zweck kann die Kategorienbildung nur dienen, wenn die Berechtigten (zumindest weitgehend) jeweils nur einer Kategorie zuzuordnen sind. Im Wege der teleologischen Auslegung (und entgegen den in S. 1 angegebenen Beispielen) muss daher (auch) eine **Kategorisierung der Berechtigten und Mitglieder nach Berufsbildern** den Anforderungen des § 16 genügen.[19]

b) Faire und ausgewogene Vertretung. Das Gebot der fairen und ausgewogenen **17** Vertretung verbietet jedenfalls **sachgrundlose Differenzierungen und willkürliche Ungleichbehandlungen** von Mitgliedern und Berechtigten unterschiedlicher Kategorien bei den Mitwirkungsrechten. Eine Differenzierung der Mitwirkungsrechte nach dem Vo-

---

14 Ähnlich ging der Gesetzgeber davon aus, dass die Kategorien der Mitglieder und Berechtigten nach den „Arten von Rechtsinhabern" zu bilden wären, vgl. RegE-VGG, BT-Drucks. 18/7223, S. 76.
15 Zu Verlagen als mögliche Rechtsinhaber § 5 Rn 16.
16 Nach der Art der Schutzrechte wären etwa Komponisten und Textdichter einer Kategorie zuzuordnen, weil sie gleichermaßen Inhaber von Urheberrechten sind.
17 In der GEMA üben gem. § 11 GEMA-Satzung Mitglieder und Delegierte als Vertreter der übrigen Berechtigten in den drei Berufsgruppen der Komponisten, Textdichter und Verleger ihre Mitwirkungsrechte aus. Die VG Wort unterscheidet gem. § 3 Abs. 2 VG Wort-Satzung sechs Berufsgruppen. Die GVL unterscheidet gem. § 5 Abs. 3 GVL-Satzung 15 verschiedene Gruppen jeweils nach Berufs- oder Branchenzugehörigkeit.
18 Vgl. §§ 16 S. 2, 22 Abs. 2.
19 Ähnlich BeckOK-UrhR/*Freudenberg*, § 16 VGG Rn 8, mit dem Vorschlag, an „Kategorien unterschiedlicher Kreativdienstleister" anzuknüpfen.

lumen der den Angehörigen der jeweiligen Kategorie zuzuordnenden Erlöse wäre sachlich gerechtfertigt.

18 Soweit die Kategorienbildung an Berufsbilder anknüpft,[20] wäre auch eine Differenzierung von Mitwirkungsrechten nach Maßgabe der den Angehörigen einer Berufsgruppe zuzuordnenden Erlöse zulässig. Aus dem Gebot der fairen und ausgewogenen Vertretung kann bei der Bildung von Kategorien nach Berufsbildern allerdings nicht auf eine zwingende Mitwirkung jeglicher Berufsgruppe geschlossen werden. Zur Erhaltung der Arbeitsfähigkeit der Verwertungsgesellschaft kann es sachlich geboten sein, Berufe, deren Angehörigen nur ein geringer Teil der Verwertungserlöse zuzuordnen ist, bei der Bildung der Kategorien (Berufsgruppen) unberücksichtigt zu lassen.[21]

III. Aufsicht durch das DPMA

19 Die mangelnde Umsetzung der Gestaltungsvorgaben für das Statut nach § 16 berechtigt die Aufsichtsbehörde, die Erteilung der Verwertungserlaubnis zu versagen (§ 79 Abs. 1 Nr. 1), eine bereits erteilte Erlaubnis zu widerrufen (§ 80), die Fortsetzung des Geschäftsbetriebes zu untersagen (§ 85 Abs. 2) oder sonstige „erforderliche Maßnahmen" zu ergreifen, um „sicherzustellen, dass die Verwertungsgesellschaft die ihr nach diesem Gesetz obliegenden Verpflichtungen ordnungsgemäß erfüllt" (§ 85 Abs. 1).[22]

§ 17
Allgemeine Befugnisse der Mitgliederhauptversammlung

(1) ¹Die Mitgliederhauptversammlung ist das Organ, in dem die Mitglieder mitwirken und ihr Stimmrecht ausüben. ²Die Verwertungsgesellschaft regelt in dem Statut, dass die Mitgliederhauptversammlung mindestens beschließt über:
1. das Statut der Verwertungsgesellschaft (§ 13);
2. den jährlichen Transparenzbericht (§ 58);
3. die Bestellung und Abberufung des Abschlussprüfers oder die Mitgliedschaft in einem genossenschaftlichen Prüfungsverband;
4. Zusammenschlüsse und Bündnisse unter Beteiligung der Verwertungsgesellschaft, die Gründung von Tochtergesellschaften, die Übernahme anderer Organisationen und den Erwerb von Anteilen oder Rechten an anderen Organisationen durch die Verwertungsgesellschaft;
5. die Grundsätze des Risikomanagements;
6. den Verteilungsplan (§ 27);
7. die Verwendung der nicht verteilbaren Einnahmen aus den Rechten (§ 30);
8. die allgemeine Anlagepolitik in Bezug auf die Einnahmen aus den Rechten (§ 25);
9. die allgemeinen Grundsätze für die Abzüge von den Einnahmen aus den Rechten (§ 31 Absatz 1), einschließlich der allgemeinen Grundsätze für Abzüge zur Deckung der Verwaltungskosten (§ 31 Absatz 2) und gegebenenfalls der Abzüge für die Förderung kulturell bedeutender Werke und Leistungen und für die

---

20 Siehe dazu Rn 15f.
21 Zur Berücksichtigung des Ausschüttungsvolumens bei der Ausgestaltung der Mitwirkungsrechte siehe auch BeckOK-UrhR/*Freudenberg*, § 16 VGG Rn 9.
22 Eingehender dazu § 13 Rn 35ff. und die Kommentierung zu den zitierten Vorschriften.

Einrichtung und den Betrieb von Vorsorge- und Unterstützungseinrichtungen (§ 32);
10. den Erwerb, den Verkauf und die Beleihung unbeweglicher Sachen;
11. die Aufnahme und die Vergabe von Darlehen sowie die Stellung von Darlehenssicherheiten;
12. den Abschluss, den Inhalt und die Beendigung von Repräsentationsvereinbarungen (§ 44);
13. die Wahrnehmungsbedingungen (§ 9 Satz 2);
14. die Tarife (§§ 38 bis 40);
15. die zum Tätigkeitsbereich gehörenden Rechte;
16. die Bedingungen, zu denen der Berechtigte jedermann das Recht einräumen kann, seine Werke oder sonstige Schutzgegenstände für nicht kommerzielle Zwecke zu nutzen (§ 11).

(2) Die Mitgliederhauptversammlung kann beschließen, dass die Befugnisse nach Absatz 1 Satz 2 Nummer 3 bis 5 und 10 bis 14 dem Aufsichtsgremium nach § 22 übertragen werden.

Übersicht

I. Allgemeines
   1. Bedeutung der Regelung —— 1
   2. Vorgängerregelung —— 2
   3. Unionsrechtlicher Hintergrund —— 3
   4. Entstehungsgeschichte —— 4
II. Regelungsgehalt
   1. Begriff der Mitgliederhauptversammlung —— 5
   2. Regelung im Statut —— 8
   3. Notwendige Kompetenzen der Mitgliederhauptversammlung —— 10
     a) Kompetenzen ohne Delegationsmöglichkeit —— 12
     b) Kompetenzen mit Delegationsmöglichkeit —— 14
   4. Beschluss zur Kompetenzverlagerung (Abs. 2) —— 16
   5. Unvereinbarkeit mit zwingendem Aktienrecht —— 20
III. Aufsicht durch das DPMA
   1. Umsetzung der Gestaltungsvorgaben —— 21
   2. Informationspflichten —— 22

I. Allgemeines

1. Bedeutung der Regelung. Der Mitgliederhauptversammlung gehören Berechtigte und Einrichtungen, die Rechtsinhaber vertreten, an (§ 7), außerdem die Delegierten, die von den Berechtigten, die keine Mitglieder sind, gewählt wurden (§ 20); sie ist danach das Organ einer Verwertungsgesellschaft, über das die Rechtsinhaber ihren Einfluss geltend machen können. Diesem Organ ordnet § 17 die Kompetenz zur **Beschlussfassung über die zentralen Aufgaben, die Geschäfte von besonderer wirtschaftlicher Bedeutung und die Organisationsstruktur** der Verwertungsgesellschaft zu. Abweichungen von dieser Kompetenzordnung sind nur im Rahmen des Abs. 2 möglich. Insoweit ist nur die Verlagerung auf das Aufsichtsgremium gem. § 22 zulässig.

2. Vorgängerregelung. Das UrhWG enthielt keine vergleichbare Regelung.   2

3. Unionsrechtlicher Hintergrund. § 17 setzt im Wesentlichen unionsrechtliche Vorgaben aus Art. 8 VG-RL um.[1] Für die Definition der „Mitgliederhauptversammlung" wurde die Definition aus Art. 3 lit. f VG-RL übernommen. Durch Schaffung von Nr. 6 ver-

---

1 Siehe auch Erwägungsgrund 22 der VG-RL.

wirklichte der nationale Gesetzgeber die ihm in Art. 8 Abs. 7 VG-RL eingeräumte Möglichkeit, der Mitgliederhauptversammlung die Kompetenz zur Beschließung über den Verteilungsplan zuzuweisen. Über die unionsrechtlichen „Mindestkompetenzen" hinausgehend sind in Nr. 12 bis 16 ergänzende Befugnisse der Mitgliederhauptversammlung, die „von grundlegender Bedeutung für das Wahrnehmungsverhältnis" sind, normiert.[2] Mit der Einräumung einer Delegationsbefugnis in Abs. 2 hat der nationale Gesetzgeber von dem ihm in Art. 8 Abs. 8 UA 2 VG-RL eingeräumten Gestaltungsspielraum Gebrauch gemacht.

4   **4. Entstehungsgeschichte.** Neben einigen redaktionellen Änderungen (insbesondere Änderungen an der Nummerierung) wurde durch den RegE[3] abweichend vom RefE des BMJV[4] die Möglichkeit der Mitgliederhauptversammlung geschaffen, gem. Abs. 2 auch die Befugnisse nach Abs. 1 S. 2 Nr. 3 (also die Befugnis zur Beschlussfassung über „die Bestellung und Abberufung des Abschlussprüfers oder die Mitgliedschaft in einem genossenschaftlichen Prüfungsverband") dem Aufsichtsgremium nach § 22 zu übertragen.

II. Regelungsgehalt

5   **1. Begriff der Mitgliederhauptversammlung.** Der Begriff „Mitgliederhauptversammlung" ist in der Rechtssprache neu. Er steht als rechtsformneutraler Oberbegriff für **das zentrale Organ einer mitgliedschaftlich organisierten Einrichtung**, in dem die Mitglieder an den Entscheidungen der Einrichtung mitwirken und ihr Stimmrecht ausüben.[5] Mitgliederhauptversammlung ist danach bei Verwertungsgesellschaften in der Rechtsform des Vereins die **Mitgliederversammlung**, bei Verwertungsgesellschaften in der Rechtsform der GmbH oder einer Personengesellschaft die **Gesellschafterversammlung**, bei Verwertungsgesellschaften in der Rechtsform der Genossenschaft die **Generalversammlung**.[6]

6   Der Mitgliederhauptversammlung gehören jedenfalls die Mitglieder einer Verwertungsgesellschaft an (Abs. 1 S. 1). Nach der Absicht des Gesetzgebers soll auch eine **Vertreterversammlung** Mitgliederhauptversammlung sein können.[7] Vertreterversammlungen können im Vereins- oder Genossenschaftsrecht durch Satzung die Aufgaben einer Mitgliederversammlung (ganz oder teilweise) zugewiesen werden.[8] In Vertreterversammlungen sind nicht alle Mitglieder, sondern **nur** die von den Mitgliedern gewählten („Vertreter", „Delegierte" o. ä.) teilnahmeberechtigt; nur diese üben in Vertreterversammlungen Stimmrechte aus; sie handeln bei der Stimmrechtsausübung im eigenen Namen und nicht im Namen der Mitglieder.[9] In der Mitgliederhauptversammlung sind jedoch gem. Abs. 1 S. 1 **alle Mitglieder** („die Mitglieder") zur Ausübung des Stimmrechts zugelassen; eine (vereins- oder genossenschaftsrechtliche) Vertreterversammlung wäre daher **mit den Vorgaben des VGG nicht zu vereinbaren**. Eine (zivilrechtliche) Vertretung von Mitgliedern in der Mitgliederhauptversammlung durch Bevollmächtigte gem. § 19 und

---

2 Vgl. RegE-VGG, BT-Drucks. 18/7223, S. 77.
3 RegE-VGG, BT-Drucks. 18/7223, S. 16.
4 RefE des BMJV v. 9.6.2015, S. 15.
5 Zum Stimmrecht der Mitglieder und möglichen Gestaltungen vgl. § 19 Rn 7.
6 Vgl. RegE-VGG, BT-Drucks. 18/7223, S. 76.
7 Vgl. RegE-VGG, BT-Drucks. 18/7223, S. 76.
8 Bei Genossenschaften nur, wenn diese mehr als 1.500 Mitglieder haben, vgl. § 43a Abs. 1 GenG.
9 Zur Vertreterversammlung der Genossenschaft Henssler/Strohn/*Geibel*, § 43a GenG Rn 1.

das Teilnahmerecht der Delegierten i.S.v. § 20 in der Mitgliederhauptversammlung bleiben davon unberührt.

Soweit die Mitgliederhauptversammlung zuständig ist, obliegt ihr als Ganzes Erörterung und Beschlussfassung. Das heißt nicht, dass auch jedes Mitglied bei jedem Beschlussgegenstand stimmberechtigt sein muss. Allerdings muss jedes Mitglied Gelegenheit haben, sich zu den Gegenständen der Beschlussfassung zu äußern und Einfluss auf das Abstimmungsverhalten der übrigen Mitglieder zu nehmen. Regelungen, nach denen die **Mitgliederhauptversammlung in getrennten Berufsgruppen** durchgeführt wird, sind danach auf ihre Vereinbarkeit mit der zwingenden Kompetenzregelung nach Abs. 1 zu prüfen.[10] Sie sind dann mit Abs. 1 vereinbar, wenn die zusätzliche Befassung der Mitgliedergesamtheit vor der Beschlussfeststellung gesichert ist.[11]

2. Regelung im Statut. Die Kompetenz der Mitgliederhauptversammlung für die in Abs. 1 genannten Beschlussgegenstände ist im „Statut" (§ 13 Abs. 1 S.1) zu regeln. Dieser Anforderung genügen nur Regelungen im Gesellschaftsvertrag oder der Satzung. Regelungen in „**sonstigen Gründungsbestimmungen**" genügen dieser Anforderung nur, wenn diese Satzungscharakter haben.[12]

Die erstmalige Begründung der Kompetenzen der Mitgliederhauptversammlung ist danach Änderung des „Statuts" und ist nur unter Beachtung der **rechtsformspezifischen Voraussetzungen** für die Änderung des Gesellschaftsvertrags oder der Satzung möglich.[13]

3. Notwendige Kompetenzen der Mitgliederhauptversammlung. Für die Mitgliederhauptversammlung sind in Abs. 1 S. 2 notwendige Kompetenzen angeordnet. Aus Abs. 2 ergibt sich, welche dieser Kompetenzen durch die Mitgliederhauptversammlung an das Aufsichtsgremium delegiert werden können. **Andere Abweichungen von der Kompetenzordnung** nach Abs. 1 S. 2 sind nicht zulässig.

Die Beschlussgegenstände nach Nr. 1 und Nr. 2, Nr. 6 bis Nr. 9 und Nr. 12 bis Nr. 16 werden durch Bezugnahmen auf jeweils einschlägige Regelungen des VGG bestimmt. Zu diesen Beschlussgegenständen wird auf die jeweiligen Kommentierungen verwiesen.

a) Kompetenzen ohne Delegationsmöglichkeit. Zu folgenden Gegenständen kann nur die Mitgliederhauptversammlung Beschluss fassen:
- Nr. 1: das Statut der Verwertungsgesellschaft (§ 13),
- Nr. 2: den jährlichen Transparenzbericht (§ 58),
- Nr. 6: den Verteilungsplan (§ 27),
- Nr. 7: die Verwendung der nicht verteilbaren Einnahmen aus den Rechten (§ 30),
- Nr. 8: die allgemeine Anlagepolitik in Bezug auf die Einnahmen aus den Rechten (§ 25),

---

10 Das gilt etwa für die getrennten Abstimmungen der Berufsgruppen der GEMA bei Wahlen zum Aufsichtsrat und bei Änderungen der Regelwerke gem. § 11 lit. a und b GEMA-Satzung.
11 So schließen die getrennten Abstimmungen nach § 11 lit. a und b der GEMA Satzung eine Einflussnahme der Mitglieder der jeweils anderen Berufsgruppen auf die Abstimmung nicht völlig aus. Denn alle Mitglieder haben im Anschluss an die getrennt durchgeführten Berufsgruppenversammlungen in der daran anschließenden Hauptversammlung vor der Beschlussfeststellung die Möglichkeit, ein Wiederaufgreifen des Tagesordnungspunktes zu verlangen und so eine Befassung der Gesamtheit der Mitglieder zu betreiben, vgl. Teil II Abschnitt 2 Abs. 7 der Versammlungs- und Wahlordnung der GEMA.
12 Ausführlicher zu dieser Anforderung siehe § 13 Rn 13 f.
13 Qualifizierte Mehrheitserfordernisse und Eintragung gem. §§ 33, 71 BGB, § 16 GenG, §§ 53 ff. GmbHG; Einstimmigkeit gem. § 705 BGB für GbR, OHG und KG.

- Nr. 9: die allgemeinen Grundsätze für die Abzüge von den Einnahmen aus den Rechten (§ 31 Abs. 1), einschließlich der allgemeinen Grundsätze für Abzüge zur Deckung der Verwaltungskosten (§ 31 Abs. 2) und gegebenenfalls der Abzüge für die Förderung kulturell bedeutender Werke und Leistungen und für die Einrichtung und den Betrieb von Vorsorge- und Unterstützungseinrichtungen (§ 32),
- Nr. 15: die zum Tätigkeitsbereich gehörenden Rechte
- Nr. 16: die Bedingungen, zu denen der Berechtigte jedermann das Recht einräumen kann, seine Werke oder sonstige Schutzgegenstände für nicht kommerzielle Zwecke zu nutzen (§ 11).

13 Nach Nr. 1 fällt auch die Beschlussfassung über das „Statut" (§ 13 Abs. 1 S.1) in die zwingende Kompetenz der Mitgliederhauptversammlung. Diese Kompetenz erfasst nicht nur die **erstmalige Verabschiedung** des „Statuts", sondern auch **jede Änderung**.

14 **b) Kompetenzen mit Delegationsmöglichkeit.** Durch Beschluss der Mitgliederhauptversammlung kann die Kompetenz zur Beschlussfassung über folgende Gegenstände auf das Aufsichtsgremium übertragen werden:
- Nr. 3: die Bestellung und Abberufung des Abschlussprüfers oder die Mitgliedschaft in einem genossenschaftlichen Prüfungsverband,
- Nr. 4: Zusammenschlüsse und Bündnisse unter Beteiligung der Verwertungsgesellschaft, die Gründung von Tochtergesellschaften, die Übernahme anderer Organisationen und den Erwerb von Anteilen oder Rechten an anderen Organisationen durch die Verwertungsgesellschaft,
- Nr. 5: die Grundsätze des Risikomanagements,
- Nr. 10: den Erwerb, den Verkauf und die Beleihung unbeweglicher Sachen,
- Nr. 11: die Aufnahme und die Vergabe von Darlehen sowie die Stellung von Darlehenssicherheiten,
- Nr. 12: den Abschluss, den Inhalt und die Beendigung von Repräsentationsvereinbarungen (§ 44),
- Nr. 13: die Wahrnehmungsbedingungen (§ 9 S. 2)
- Nr. 14: die Tarife (§§ 38 bis 40).

15 Soweit die Übertragung einer Kompetenz auf das Aufsichtsgremium nach Abs. 2 zulässig ist, kommt auch eine **teilweise Übertragung** in Betracht.[14]

16 **4. Beschluss zur Kompetenzverlagerung (Abs. 2).** Durch Beschluss der Mitgliederhauptversammlung können bestimmte Befugnisse aus dem Katalog nach Abs. 1 S. 2 auf das Aufsichtsgremium übertragen werden (Abs. 2). Beschlüsse zur Verlagerung der Kompetenzordnung sind allerdings auch im Rahmen des Katalogs nach Abs. 2 nur unter Wahrung der zusätzlich zu beachtenden **zwingenden Kompetenzen der Mitgliederhauptversammlung nach rechtsformspezifischen Vorgaben** möglich.[15]

17 Für die Zuweisung von Kompetenzen der Mitgliederhauptversammlung an das Aufsichtsgremium unter Ausnutzung von Abs. 2 reicht daher ein einfacher Beschluss der Mitgliederhauptversammlung regelmäßig nicht aus. Denn die Befugnisse der Mitgliederhauptversammlung sind nach Abs. 1 S. 2 im „Statut" zu regeln. Die Verlagerung ist daher notwendig **Änderung des Statuts**. Zusätzlich müssen daher die zwingenden **rechts-**

---

14 Vgl. RegE-VGG, BT-Drucks. 18/7223, S. 77 („alle oder einzelne").
15 Vgl. RegE-VGG, BT-Drucks. 18/7223, S. 77, mit dem Hinweis auf die zwingende Kompetenz nach § 49 GenG. Zum zwingenden Charakter von § 49 GenG: Henssler/Strohn/*Geibel*, § 49 GenG Rn 1.

formspezifischen Anforderungen für eine Änderung des Statuts, insbesondere hinsichtlich der Mehrheits- und Eintragungserfordernisse, erfüllt werden.[16]

Zur Verlagerung der Kompetenzen auf das Aufsichtsgremium gem. Abs. 2 soll gem. 18 § 20 Abs. 2 Nr. 4 die **stimmberechtigte Mitwirkung der Delegierten** erforderlich sein. Soweit Kompetenzen der Organe Gegenstand gesetzlicher Vorschriften sind, kann von dieser Kompetenzordnung, soweit sie nicht zwingend ist, allerdings nur durch Satzungsregelung abgewichen werden. Für Änderungen des Statuts ist eine stimmberechtigte Mitwirkung der Delegierten aber weder vorgesehen noch wäre sie nach rechtsformspezifischen Regelungen uneingeschränkt zulässig.[17] Der Widerspruch bei den Mitwirkungsbefugnissen der Delegierten ist im Einklang mit dem **verbandsrechtlichen Prinzip der Satzungsautonomie** in dem Sinne aufzulösen, dass die organisatorische Gestaltung einer Verwertungsgesellschaft und die Zuweisung von Kompetenzen an das Aufsichtsgremium grds. der freien Selbstentscheidung ihrer Mitglieder vorbehalten bleibt.[18] Ebenso wie andere zwingende rechtsformspezifische Vorgaben bleibt dieses Prinzip von den Binnenstrukturregelungen des VGG unberührt. Trotz des Wortlauts von § 20 Abs. 2 Nr. 4 ist somit wegen des Satzungscharakters der Kompetenzordnung und des Grundsatzes der Satzungsautonomie eine **stimmberechtigte Mitwirkung der Delegierten an Entscheidungen über die Kompetenzverlagerung** nicht zwingend.

Für Verwertungsgesellschaften, die durch Beschluss ihrer Mitglieder die Kompeten- 19 zen ihrer Mitgliederhauptversammlung teilweise bereits **vor Inkrafttreten des VGG** auf ein Aufsichtsgremium verlagert haben, ist eine erst nach dem VGG vorgesehene Mitwirkung von Delegierten an dieser Entscheidung von vornherein nicht erforderlich.

5. Unvereinbarkeit mit zwingendem Aktienrecht. Die zwingende Zuständigkeit 20 der Mitgliederhauptversammlung für Geschäftsführungsentscheidungen gem. § 17 Abs. 1 Nr. 6 bis Nr. 9 und Nr. 16 ist mit § 119 Abs. 2 AktG, wonach die Hauptversammlung nur auf Verlangen des Vorstands über Fragen der Geschäftsführung entscheiden darf, nicht vereinbar. Von § 119 Abs. 2 AktG kann wegen der **aktienrechtlichen Satzungsstrenge** gem. § 23 Abs. 5 AktG auch durch die Satzung nicht abgewichen werden. Die aktienrechtlichen Vorgaben des § 119 Abs. 2 AktG werden auch durch die Kompetenzvorgaben des § 17 nicht eingeschränkt.[19] Verwertungsgesellschaften können daher nach den Kompetenzvorgaben des § 17 nicht in der Rechtsform der Aktiengesellschaft betrieben werden.

III. Aufsicht durch das DPMA

1. Umsetzung der Gestaltungsvorgaben. Die mangelnde Umsetzung der Gestal- 21 tungsvorgaben für das Statut nach § 17 berechtigt die Aufsichtsbehörde grundsätzlich, die Erteilung der Verwertungserlaubnis zu versagen (§ 79 Abs. 1 Nr. 1), eine bereits erteilte Erlaubnis zu widerrufen (§ 80), die Fortsetzung des Geschäftsbetriebes zu untersagen (§ 85 Abs. 2) oder sonstige „erforderliche Maßnahmen" zu ergreifen, um „sicherzustellen,

---

[16] Qualifizierte Mehrheitserfordernisse und Eintragung gem. §§ 33, 71 BGB, § 16 GenG, §§ 53 ff. GmbHG; Genehmigung gem. § 33 Abs. 2 BGB bei wirtschaftlichen Vereinen mit Rechtsfähigkeit kraft staatlicher Verleihung; Einstimmigkeit gem. § 705 BGB für GbR, OHG und KG.
[17] Vgl. etwa §§ 40, 33 BGB für die Kompetenz zur Satzungsänderung im Verein, § 53 Abs. 1 GmbHG für die GmbH; § 16 Abs. 1 GenG für die Genossenschaft. Zu Rechten Dritter im Hinblick auf Satzungsänderungen in der GmbH Baumbach/Hueck/*Zöllner/Noack*, § 53 GmbHG Rn 3.
[18] Zum Prinzip der Verbandsautonomie bereits § 13 Rn 11; zu Rechten Dritter im Hinblick auf die Satzungsgestaltung ebd. Fußnote 16; zum Vorrang zwingender rechtsformspezifischer Regelungen auch § 13 Rn 33 f.
[19] Siehe oben § 13 Rn 33 f.

dass die Verwertungsgesellschaft die ihr nach diesem Gesetz obliegenden Verpflichtungen ordnungsgemäß erfüllt" (§ 85 Abs. 1).[20]

2. Informationspflichten. Die Verwertungsgesellschaft ist gem. § 85 Abs. 4 S. 2 und § 88 Abs. 2 Nr. 5 verpflichtet, die Aufsichtsbehörde über die Termine der Mitgliederhauptversammlung und der Sitzungen ihrer Ausschüsse sowie die von diesen gefassten Beschlüsse zu unterrichten.[21]

§ 18
Befugnisse der Mitgliederhauptversammlung in Bezug auf die Organe

(1) Die Verwertungsgesellschaft regelt in dem Statut, dass die Mitgliederhauptversammlung beschließt über die Ernennung und Entlassung sowie über die Vergütung und sonstigen Leistungen
1. der Personen, die kraft Gesetzes oder nach dem Statut zur Vertretung der Verwertungsgesellschaft berechtigt sind,
2. der Mitglieder des Aufsichtsrats,
3. der Mitglieder des Verwaltungsrats,
4. der Mitglieder des Aufsichtsgremiums (§ 22), sofern dessen Befugnisse nicht von dem Aufsichts- oder Verwaltungsrat wahrgenommen werden.

(2) Die Mitgliederhauptversammlung kann beschließen, dass die Befugnisse nach Absatz 1 hinsichtlich der Personen, die kraft Gesetzes oder nach dem Statut zur Vertretung berechtigt sind, dem Aufsichtsrat oder dem Aufsichtsgremium nach § 22 übertragen werden.

Übersicht

I. Allgemeines
   1. Bedeutung der Regelung —— 1
   2. Vorgängerregelung —— 2
   3. Unionsrechtlicher Hintergrund —— 3
   4. Entstehungsgeschichte —— 4

II. Regelungsgehalt
   1. Regelung im Statut —— 5
   2. Zuständigkeit der Mitgliederhauptversammlung —— 7
   3. Kompetenzen hinsichtlich der Mitglieder der Geschäftsführung
     a) Bestellung und Entlassung —— 8
     b) Vergütung und sonstige Leistungen —— 11
   4. Kompetenzen hinsichtlich der Mitglieder weiterer Organe —— 12
   5. Beschluss zur Kompetenzverlagerung (Abs. 2) —— 14

III. Aufsicht durch das DPMA —— 18

I. Allgemeines

1. Bedeutung der Regelung. § 18 weist die Kompetenz zur Beschlussfassung über die **Bestellung, Entlassung und Vergütung der Mitglieder der Geschäftsführung und der Aufsichtsorgane** einer Verwertungsgesellschaft der Mitgliederhauptversammlung zu. Abweichungen von dieser Kompetenzordnung sind für die Bestellung, Entlassung und Vergütung der Geschäftsführungsorgane möglich. Insoweit ist nur die Verlagerung auf das Aufsichtsgremium gem. § 22 zulässig.

---

20 Eingehender dazu § 13 Rn 33 ff. und die Kommentierungen zu den zitierten Vorschriften.
21 Zu den Rechtsfolgen eines Verstoßes gegen diese Informationspflichten siehe §§ 85 und 88.

2. Vorgängerregelung. Das UrhWG enthielt keine vergleichbare Regelung. 2

3. Unionsrechtlicher Hintergrund. Die Norm dient der Umsetzung von Art. 8 3
Abs. 4 UA 1 (in Abs. 1) und UA 2 (in Abs. 2) VG-RL. Dabei geht sie über die Bestimmung in Art. 8 Abs. 4 UA 2 VG-RL hinaus, indem sie der Mitgliederhauptversammlung ermöglicht, die Befugnisse auch auf das Aufsichtsgremium und nicht nur den Aufsichtsrat zu delegieren.[1] In Nr. 1 bis 3 sind alle Personen erfasst, die in Art. 3 lit. g VG-RL als „Direktoren" definiert werden. Die Aufnahme der Mitglieder des Aufsichtsgremiums (Nr. 4) war geboten, weil die VG-RL dazu schweigt, wer für die Beschließung über die Ernennung, Entlassung, Vergütung und sonstige Leistungen der Mitglieder des Aufsichtsgremiums zuständig ist, wenn dessen Rechte nicht vom Aufsichts- oder Verwaltungsrat wahrgenommen werden.[2]

4. Entstehungsgeschichte. Die Norm geht auf den wortlautidentischen Vorschlag 4
für § 15 im RefE des BMJV[3] zurück.

II. Regelungsgehalt

1. Regelung im Statut. Die Kompetenz der Mitgliederhauptversammlung für die in 5
Abs. 1 genannten Beschlussgegenstände ist im „Statut" (§ 13 Abs. 1 S.1) zu regeln. Dieser Anforderung genügen nur **Regelungen im Gesellschaftsvertrag oder der Satzung**. Regelungen in „sonstigen Gründungsbestimmungen" genügen dieser Anforderung nur, soweit sie Satzungscharakter haben.[4]

Die erstmalige Begründung der Kompetenzen der Mitgliederhauptversammlung 6
gem. Abs. 1 ist Änderung des „Statuts" und bedarf daher je nach der Rechtsform der besonderen Voraussetzungen für die Änderung des Gesellschaftsvertrags oder der Satzung.[5]

2. Zuständigkeit der Mitgliederhauptversammlung. Der Begriff der Mitglieder- 7
hauptversammlung umfasst nach der Legaldefinition des § 17 Abs. 1 S. 1 nicht eine **Vertreterversammlung**.[6] Soweit eine Vertreterversammlung gebildet ist, darf dieser in einer Verwertungsgesellschaft daher nicht die Personalkompetenz hinsichtlich der Organmitglieder zugewiesen werden.

3. Kompetenzen hinsichtlich der Mitglieder der Geschäftsführung

a) Bestellung und Entlassung. Gem. Nr. 1 ist der Mitgliederhauptversammlung im 8
Statut die Kompetenz zur Ernennung und Entlassung der „kraft Gesetzes oder nach dem Statut zur Vertretung der Verwertungsgesellschaft berechtigten Personen" zuzuweisen. Nach dem Gesetz oder dem Statut kann auch der Aufsichtsrat zur Vertretung einer Gesellschaft befugt sein;[7] ebenso können die Gesellschafter- oder Mitgliederhauptversammlung kraft Gesetzes oder nach dem Statut zur Vertretung einer Verwertungsgesellschaft

---

[1] Siehe RegE-VGG, BT-Drucks. 18/7223, S. 77.
[2] Siehe RegE-VGG, BT-Drucks. 18/7223, S. 77.
[3] RefE des BMJV v. 9.6.2015, S. 16.
[4] Ausführlicher zu dieser Anforderung siehe § 13 Rn 14 f.
[5] Qualifizierte Mehrheitserfordernisse und Eintragung gem. §§ 33, 71 BGB, §§ 179 ff. AktG, § 16 GenG, §§ 53 ff. GmbHG; Einstimmigkeit gem. § 705 BGB für GbR, OHG und KG.
[6] Dazu siehe § 17 Rn 6.
[7] Vgl. etwa § 112 AktG, §§ 52 Abs. 1 i. V. m. § 112 AktG.

berechtigt sein.[8] Da die Kompetenz zur Bestellung der Mitglieder des Aufsichtsrats in Nr. 2 gesondert geregelt wird, ist aber anzunehmen, dass in Nr. 1 nur die **Mitglieder des Geschäftsführungsorgans** der Verwertungsgesellschaft gemeint sind.

9 Die Kompetenz der Mitgliederhauptversammlung zur Ernennung und Entlassung der Vertretungsorgane steht im Einklang mit rechtsformspezifischen Regelungen für Verwertungsgesellschaften in der Rechtsform des Vereins, der GmbH und der Genossenschaft.[9]

10 Die Bestellung und Entlassung fällt in die zwingende und ausschließliche Zuständigkeit der Mitgliederhauptversammlung. Eine stimmberechtigte **Mitwirkung der Delegierten** an dieser Entscheidung ist nach § 20 Abs. 2 Nr. 4 nicht vorgeschrieben.

11 **b) Vergütung und sonstige Leistungen.** Die Zuständigkeit nach Abs. 1 umfasst auch die Vergütung der Mitglieder der Geschäftsführung. Darunter fallen sämtliche Geld- und geldwerte Leistungen, Versorgungsansprüche, Ansprüche auf sonstige Zuwendungen und Abfindungen, die den Vertretungsorganen gewährt werden.[10] Bei diesen Entscheidungen wirken die Delegierten gem. § 20 Abs. 2 Nr. 4 stimmberechtigt mit.

12 **4. Kompetenzen hinsichtlich der Mitglieder weiterer Organe.** Nach dem Statut der Verwertungsgesellschaft muss der Mitgliederhauptversammlung auch die Kompetenz hinsichtlich der Ernennung, Entlassung und Vergütung der Mitglieder des Aufsichtsrats, des Verwaltungsrats und des Aufsichtsgremiums nach § 22 zustehen. Mit dieser Aufzählung soll sichergestellt werden, dass auch die Mitglieder eines von Aufsichtsrat oder Verwaltungsrat zu unterscheidenden Aufsichtsgremiums von der Mitgliederhauptversammlung gewählt werden.[11]

13 Die Bestellung und Entlassung fällt in die zwingende und ausschließliche Zuständigkeit der Mitgliederhauptversammlung. Eine stimmberechtigte Mitwirkung der Delegierten an dieser Entscheidung ist nach § 20 Abs. 2 Nr. 4 nicht vorgeschrieben. Dagegen ist im Umkehrschluss aus § 20 Abs. 2 Nr. 4 die Mitwirkung der Delegierten an der Entscheidung über die Vergütung der Mitglieder der weiteren Organe vorzusehen.

14 **5. Beschluss zur Kompetenzverlagerung (Abs. 2).** Durch Beschluss der Mitgliederhauptversammlung können nach Abs. 2 bestimmte Befugnisse aus dem Katalog in Abs. 1 auf das Aufsichtsgremium übertragen werden. Beschlüsse zur Verlagerung der Kompetenzordnung sind allerdings auch im Rahmen von Abs. 2 nur unter Wahrung der zusätzlich zu beachtenden zwingenden **Kompetenzen der Mitgliederhauptversammlung nach rechtsformspezifischen Vorgaben** möglich.

---

8 Zur Vertretung einer GmbH gegenüber Geschäftsführern im Rahmen der Annexkompetenz der Gesellschafter einer GmbH im Rahmen des § 46 Nr. 5 GmbHG vgl. nur BeckOK-GmbHG/*Schindler*, § 46 GmbHG Rn 60; Baumbach/Hueck/*Zöllner*/*Noack*, § 46 GmbHG Rn 36; zur Vertretung des Vereins gegenüber Mitgliedern des Vorstands durch die Mitgliederversammlung vgl. BGH, Urt. v. 21.1.1991 – II ZR 144/90 – NJW 1991, 1727, 1727 ff.; BeckOK-BGB/*Schöpflin*, § 27 BGB Rn 8.
9 Vgl. § 27 Abs. 1 und 2 BGB für den Verein, § 46 Nr. 5 GmbHG für die GmbH, § 24 Abs. 2 GenG für die Genossenschaft.
10 Vgl. Art 8 Abs. 4 VG-RL.
11 Vgl. RegE-VGG, BT-Drucks. 18/7223, S. 77. Die Ausführlichkeit erscheint gleichwohl übertrieben. Denn der Einfluss der Mitgliederhauptversammlung auf einen Aufsichts- oder Verwaltungsrat, dem die Befugnisse des Aufsichtsgremiums gem. § 22 nicht zustehen, bedarf keiner besonderen Absicherung im Statut und ein Aufsichts- oder Verwaltungsrat, dem diese Befugnisse gem. § 22 zustehen, kann zweifelsfrei unter dem Begriff „Aufsichtsgremium" subsumiert werden.

Für die Zuweisung von Kompetenzen der Mitgliederhauptversammlung an das Auf- 15
sichtsgremium unter Ausnutzung von Abs. 2 reicht daher ein einfacher Beschluss der
Mitgliederhauptversammlung regelmäßig nicht aus. Denn die Befugnisse der Mitgliederhauptversammlung sind nach Abs. 1 im „Statut" zu regeln. Die Verlagerung ist somit
notwendig **Änderung des Statuts**. Zusätzlich müssen daher die zwingenden **rechtsformspezifischen Anforderungen für eine Änderung des Statuts**, insbesondere hinsichtlich der Mehrheits- und Eintragungserfordernisse, erfüllt werden.[12]

Zur Verlagerung der Kompetenzen auf das Aufsichtsgremium gem. Abs. 2 soll gem. 16
§ 20 Abs. 2 Nr. 4 die **stimmberechtigte Mitwirkung der Delegierten** erforderlich sein.
Soweit Kompetenzen der Organe Gegenstand gesetzlicher Vorschriften sind, kann von
dieser Kompetenzordnung, soweit sie nicht zwingend ist, allerdings nur durch Satzungsregelung abgewichen werden. Für Änderungen des Statuts ist eine stimmberechtigte
Mitwirkung der Delegierten aber weder vorgesehen noch wäre sie nach rechtsformspezifischen Regelungen uneingeschränkt zulässig.[13] Der Widerspruch bei den Mitwirkungsbefugnissen der Delegierten ist im Einklang mit dem **verbandsrechtlichen Prinzip der
Satzungsautonomie** in dem Sinne aufzulösen, dass die organisatorische Gestaltung
einer Verwertungsgesellschaft und die Zuweisung von Kompetenzen an das Aufsichtsgremium grds. der freien Selbstentscheidung ihrer Mitglieder vorbehalten bleibt.[14] Ebenso wie andere zwingende rechtsformspezifische Vorgaben bleibt dieses Prinzip von den
Binnenstrukturregelungen des VGG unberührt. Trotz des Wortlauts von § 20 Abs. 2 Nr. 4
ist somit wegen des Satzungscharakters der Kompetenzordnung und des Grundsatzes
der Satzungsautonomie **eine stimmberechtigte Mitwirkung der Delegierten an Entscheidungen über die Kompetenzverlagerung** nach Abs. 2 nicht zwingend.

Für Verwertungsgesellschaften, die durch Beschluss ihrer Mitglieder die Kompeten- 17
zen ihrer Mitgliederhauptversammlung teilweise bereits **vor Inkrafttreten des VGG** auf
ein Aufsichtsgremium verlagert haben, ist eine erst nach dem VGG vorgesehene Mitwirkung von Delegierten an dieser Entscheidung von vornherein nicht erforderlich.

III. Aufsicht durch das DPMA

Die mangelnde Umsetzung der Gestaltungsvorgaben für das Statut nach § 18 berech- 18
tigt die Aufsichtsbehörde, die Erteilung der Verwertungserlaubnis zu versagen (§ 79
Abs. 1 Nr. 1), eine bereits erteilte Erlaubnis zu widerrufen (§ 80), die Fortsetzung des Geschäftsbetriebes zu untersagen (§ 85 Abs. 2) oder sonstige „erforderliche Maßnahmen"
zu ergreifen, um „sicherzustellen, dass die Verwertungsgesellschaft die ihr nach diesem
Gesetz obliegenden Verpflichtungen ordnungsgemäß erfüllt" (§ 85 Abs. 1).[15]

---

12 Qualifizierte Mehrheitserfordernisse und Eintragung gem. §§ 33, 71 BGB, § 16 GenG, §§ 53 ff. GmbHG;
Genehmigung gem. § 33 Abs. 2 BGB bei wirtschaftlichen Vereinen mit Rechtsfähigkeit kraft staatlicher
Verleihung; Einstimmigkeit gem. § 705 BGB für GbR, OHG und KG.
13 Vgl. etwa §§ 40, 33 BGB für die Kompetenz zur Satzungsänderung im Verein, § 53 Abs. 1 GmbHG für
die GmbH; § 16 Abs. 1 GenG für die Genossenschaft. Zu Rechten Dritter im Hinblick auf
Satzungsänderungen in der GmbH Baumbach/Hueck/*Zöllner/Noack*, § 53 GmbHG Rn 3.
14 Zum Prinzip der Verbandsautonomie bereits § 13 Rn 11; zu Rechten Dritter im Hinblick auf die
Satzungsgestaltung ebd. Fußnote 16; zum Vorrang zwingender rechtsformspezifischer Regelungen auch
§ 13 Rn 33 f.
15 Eingehender dazu § 13 Rn 35 ff. und die Kommentierung zu den zitierten Vorschriften.

§ 19
Durchführung der Mitgliederhauptversammlung; Vertretung

(1) Die Mitgliederhauptversammlung ist mindestens einmal jährlich einzuberufen.

(2) Alle Mitglieder der Verwertungsgesellschaft sind sowohl zur Teilnahme an der Mitgliederhauptversammlung als auch zur Abstimmung berechtigt.

(3) ¹Die Verwertungsgesellschaft regelt in dem Statut die Voraussetzungen, unter denen die Mitglieder an der Mitgliederhauptversammlung zusätzlich auch ohne Anwesenheit vor Ort und ohne einen Vertreter teilnehmen können und ihr Stimmrecht im Wege elektronischer Kommunikation ausüben können. ²Die Verwertungsgesellschaft kann die elektronische Ausübung weiterer Mitgliedschaftsrechte zulassen.

(4) ¹Jedes Mitglied muss nach Gesetz oder nach dem Statut berechtigt sein, seine Rechte in der Mitgliederhauptversammlung auch durch einen Vertreter ausüben zu lassen, sofern die Vertretung nicht zu einem Interessenkonflikt führt. ²Ein Interessenkonflikt liegt insbesondere darin, dass derselbe Vertreter Mitglieder verschiedener im Statut festgelegter Kategorien vertritt. ³Die Verwertungsgesellschaft kann in dem Statut die Anzahl der durch denselben Vertreter vertretenen Mitglieder beschränken, wobei diese Anzahl zehn nicht unterschreiten darf. ⁴Eine Vollmacht zur Vertretung eines Mitglieds in einer Mitgliederhauptversammlung ist nur wirksam, wenn sie auf die Vertretung des Mitglieds in dieser Mitgliederhauptversammlung beschränkt ist. ⁵Der Vertreter ist verpflichtet, entsprechend den Anweisungen des Mitglieds abzustimmen, das ihn bestellt hat.

Übersicht

I. Allgemeines
   1. Bedeutung der Regelung —— 1
   2. Vorgängerregelung —— 2
   3. Unionsrechtlicher Hintergrund —— 3
   4. Entstehungsgeschichte —— 4

II. Regelungsgehalt
   1. Turnus der Mitgliederhauptversammlung (Abs. 1) —— 5
   2. Teilnahme- und Stimmrecht (Abs. 2) —— 7
   3. Ausübung von Mitgliedschaftsrechten ohne Anwesenheit (Abs. 3)
     a) Regelung im „Statut" —— 8
     b) Teilnahme ohne Anwesenheit vor Ort —— 10
     c) Elektronische Stimmrechtsausübung —— 11
     d) Rechtsfolgen bei technischem Versagen —— 15
   4. Zulassung von Vertretern (Abs. 4 S. 1) —— 18
   5. Zulässige Beschränkungen der Vertretung (Abs. 4 S. 2 bis 4) —— 21
     a) Kein Interessenkonflikt —— 22
     b) Höchstzahl von Vertretenen —— 26
     c) Spezialvollmacht für eine Mitgliederhauptversammlung —— 29
   6. Weitere Beschränkungen der Vertretung —— 30
     a) Legitimation des Vertreters —— 31
     b) Weitere statutarische Vertretungsbeschränkungen —— 32
   7. Weisungsgebundenheit (Abs. 4 S. 5) —— 35

III. Aufsicht durch das DPMA
   1. Aufsichtsmaßnahmen —— 38
   2. Informationspflichten —— 39

I. Allgemeines

1. Bedeutung der Regelung. Verwertungsgesellschaften müssen ihre Mitglieder mindestens pro Jahr zu einer Mitgliederhauptversammlung einladen; alle Mitglieder sind teilnahme- und stimmberechtigt (Abs. 1 und 2). Die weiteren Regelungen der Abs. 3

und 4 zur Durchführung der Mitgliederhauptversammlung belasten **Verwertungsgesellschaftern mit einer Vielzahl von Mitgliedern** mit einem erheblichen Regelungs- und Organisationsaufwand.[1] Das gilt gleichermaßen für die zwingende Zulassung der elektronischen Teilnahme ohne Anwesenheit vor Ort, die elektronische Ausübung des Stimmrechts und die Regelungen zur Zulässigkeit von Vertretern in der Mitgliederhauptversammlung. Ob die Regelungen bei diesen Verwertungsgesellschaften das Ziel einer erhöhten Partizipation von Berechtigten, die zugleich Mitglieder sind, erreichen werden, bleibt abzuwarten. Bei Verwertungsgesellschaften, deren (wenige) Mitglieder Einrichtungen sind, die Berechtigte vertreten (z.B. GVL), können die Regelungen dem gesetzgeberischen Ziel, einem größeren Kreis von Berechtigten die Mitwirkung an Entscheidungen der Verwertungsgesellschaften zu ermöglichen, von vornherein nicht dienen, weil diesen nur die Mitwirkung über Delegierte eröffnet ist. Für diese Verwertungsgesellschaften sind die Regelungen praktisch bedeutungslos.

2. Vorgängerregelung. Das UrhWG enthielt keine vergleichbare Regelung. 2

3. Unionsrechtlicher Hintergrund. § 19 dient der Umsetzung von Art. 6 Abs. 4 (in 3 Abs. 3), Art. 8 Abs. 2 (in Abs. 1), Art. 8 Abs. 9 UA 1 S. 1 (in Abs. 2) und Art. 8 Abs. 10 (in Abs. 4) VG-RL. Der nationale Gesetzgeber hat dabei von der ihm durch Art. 8 Abs. 10 UA 2 VG-RL eröffneten Möglichkeit, die Vertreterbestellung zu beschränken, in Abs. 4 S. 3 Gebrauch gemacht.

4. Entstehungsgeschichte. Der RefE[2] fasste Abs. 3 und 4 noch deutlich kürzer als 4 der RegE, der (überflüssigerweise) die Weisungsgebundenheit des Vertreters ausdrücklich vorsah, und der Verwertungsgesellschaft die Möglichkeit einräumte, einer etwaigen Majorisierung durch eine statutarische Begrenzung der maximalen Vertretungen durch denselben Vertreter vorzubeugen.[3]

II. Regelungsgehalt

1. Turnus der Mitgliederhauptversammlung (Abs. 1). Die Mitgliederhauptver- 5 sammlung ist mindestens einmal jährlich einzuberufen. Nach dem Vorbild der Richtlinie (Art. 8 Abs. 2 VG-RL) wird die **Einberufung** und nicht die **Durchführung der Mitgliederhauptversammlung** geregelt. Die Regelung soll allerdings eine wirkungsvolle kollektive Rechtewahrnehmung ermöglichen.[4] Damit die Regelung diesem Zweck dienen kann, muss ihr – entgegen dem Wortlaut – die Verpflichtung entnommen werden, eine Mitgliederhauptversammlung mindestens einmal im Kalenderjahr auch tatsächlich durchzuführen.

Der zeitliche Abstand zur vorangegangenen Mitgliederhauptversammlung mag da- 6 bei größer oder kleiner als ein Jahr sein. Es ist unschädlich, innerhalb eines Kalenderjahres nicht einzuberufen, wenn zu einer früh im Kalenderjahr stattfindenden Mitgliederhauptversammlung bereits im Vorjahr einberufen wurde. Die angeordnete Frequenz der Mitgliederhauptversammlung steht im Einklang mit rechtsformspezifischen Regelungen,

---

1 Der RegE-VGG, BT-Drucks. 18/7223, S. 68, nimmt an, dass bei jeder Verwertungsgesellschaft für die Umsetzung von Abs. 3 mit einem Aufwand in Höhe von 7.000 Euro (für „Auswahl und Anschaffung der Informationstechnik, externe und interne Arbeitsstunden für die Einrichtung") zu rechnen wäre. Dabei ist der im Zusammenhang mit Abs. 3 anfallende einmalige Regelungs- und der regelmäßig wiederkehrende Organisationsaufwand allerdings unberücksichtigt geblieben.
2 RefE des BMJV v. 9.6.2015, S. 16.
3 RegE-VGG, BT-Drucks. 18/7223, S. 17.
4 Vgl. Erwägungsgrund 22 der VG-RL a.E.

nach denen der Jahresabschluss den Mitgliedern unverzüglich vorzulegen ist (§ 42a Abs. 1 S. 1 GmbHG, § 33 Abs. 1 S. 2 GenG); auch daraus ergibt sich, dass Mitgliederversammlungen mindestens einmal im Jahr abzuhalten sind.

2. Teilnahme- und Stimmrecht (Abs. 2). In der Mitgliederhauptversammlung sind **alle Mitglieder** zur Teilnahme und Abstimmung berechtigt. Wenn alle Mitglieder zwingend zur Teilnahme berechtigt sein sollen, kann die Mitgliederhauptversammlung nicht als Vertreterversammlung abgehalten werden.[5] Das Recht der Mitglieder zur Teilnahme umfasst, wie auch sonst im gesellschaftsrechtlichen Sprachgebrauch, das **Rede- und Antragsrecht**.[6] Wenn alle Mitglieder auch zur Abstimmung berechtigt sein sollen, kann es **keine stimmrechtslose Mitgliedschaft** in Verwertungsgesellschaften geben. Mitgliedschaften mit unterschiedlichem Stimmgewicht werden dadurch nicht ausgeschlossen.[7] Ebenso ist es möglich, im Statut Regelungen vorzusehen, nach denen bestimmte Mitglieder bei Beschlussgegenständen, die sie nicht betreffen, nicht stimmberechtigt sind.[8] Auch ohne Regelungen im Statut gelten bei Verwertungsgesellschaften allgemeine und gegebenenfalls rechtsformspezifische Stimmverbote (vgl. etwa § 34 BGB, § 47 Abs. 4 GmbHG, § 43 Abs. 6 GenG).

3. Ausübung von Mitgliedschaftsrechten ohne Anwesenheit (Abs. 3)

a) Regelung im „Statut". Nach Abs. 3 sind im „Statut" Voraussetzungen für die Teilnahme an der Mitgliederhauptversammlung ohne Anwesenheit vor Ort und die Ausübung des Stimmrechts im Wege elektronischer Kommunikation zu regeln. Dieser Anforderung genügen nur **Regelungen im Gesellschaftsvertrag oder der Satzung**. Regelungen in „sonstigen Gründungsbestimmungen" genügen dieser Anforderung nur, soweit sie Satzungscharakter haben.[9]

Die erstmalige Begründung der besonderen Ausübungsmöglichkeiten gem. Abs. 3 ist Änderung des „Statuts" und ist nur unter Beachtung der **rechtsformspezifischen Voraussetzungen** für die Änderung des Gesellschaftsvertrags oder der Satzung möglich.[10]

b) Teilnahme ohne Anwesenheit vor Ort. Mit dem Begriff der Teilnahme ist – soweit es um die Teilnahme ohne Anwesenheit vor Ort geht – nach der Absicht des Gesetzgebers hier nur die Möglichkeit gemeint, das Geschehen in der Mitgliederhauptversammlung zu verfolgen.[11] Der Begriff der Teilnahme umfasst danach hier – anders als im gesellschaftsrechtlichen Sprachgebrauch[12] – **kein Rede- und Antragsrecht**.[13] Die Ver-

---

[5] Zum Ausschluss von Vertreter- und Delegiertenversammlungen siehe § 17 Rn 6.
[6] Dazu jurisPK-BGB/*Otto*, § 32 BGB Rn 41, zum Rederecht des Vereinsmitglieds in der Mitgliederversammlung; BeckOK-GmbHG/*Schindler*, § 48 GmbHG Rn 59, zum Rederecht in der GmbH-Gesellschafterversammlung; Henssler/Strohn/*Geibel*, § 43 GenG Rn 9, zum Rede-, Auskunfts- und Antragsrecht in der Mitgliederversammlung einer Genossenschaft; Hüffer/Koch/*Koch*, § 118 AktG Rn 9, zum Recht der Aktionäre zur Teilnahme in der Hauptversammlung.
[7] Vgl. etwa § 6.7 GVL-Satzung.
[8] Vgl. etwa § 7.4 GVL-Satzung.
[9] Ausführlicher zu dieser Anforderung siehe § 13 Rn 13 f.
[10] Qualifizierte Mehrheitserfordernisse und Eintragung gem. §§ 33, 71 BGB, § 16 GenG, §§ 53 ff. GmbHG; Einstimmigkeit gem. § 705 BGB für BGB-Gesellschaft, OHG und Kommanditgesellschaft.
[11] Nach der RegE-VGG, BT-Drucks. 18/7223, S. 78, ist der Anforderung genügt, wenn die Mitgliederhauptversammlung parallel im Internet übertragen wird.
[12] Dazu siehe Rn 6.
[13] Ebenso Dreier/Schulze/Schulze VGG § 19 Rn 4. Dieser eingeschränkte Teilnahmebegriff wird durch Abs. 3 S. 2, der im RegE ergänzt wurde, bestätigt: Danach soll neben der Stimmrechtsausübung im Wege

wertungsgesellschaften müssen daher den ortsabwesenden Mitgliedern nicht die Möglichkeit einräumen, sich von außerhalb in der Mitgliederhauptversammlung zu Wort zu melden.[14]

c) Elektronische Stimmrechtsausübung. Das Statut muss die Möglichkeit vorsehen, das Stimmrecht im Wege elektronischer Kommunikation auszuüben. Das Stimmrecht wird im Wege elektronischer Kommunikation ausgeübt, wenn die Stimme elektronisch übermittelt wird. Eine solche Übermittlung der Stimme ist auch bei Präsenzversammlungen mit einer Vielzahl von Teilnehmern üblich, um die Abstimmungsergebnisse schnell und zuverlässig ermitteln zu können. Eine Pflicht zur elektronischen Abstimmung in der Präsenzversammlung war vom Gesetzgeber allerdings nicht beabsichtigt. Nach der gesetzgeberischen Intention regelt Abs. 3 vielmehr nur die **elektronische Stimmrechtsausübung ohne Anwesenheit vor Ort**.[15] Danach muss auch eine elektronische Übermittlung der Stimme von einem Ort außerhalb des Versammlungsraums zugelassen werden.

Der Wortlaut lässt offen, ob auch eine Satzungsregelung, die ausschließlich die **elektronische Stimmrechtsausübung vor der Versammlung** zulässt, den Anforderungen des Abs. 3 genügt.[16] Da die Verwertungsgesellschaft nach Abs. 3 S. 1 ausdrücklich Voraussetzungen für die Ausübung des Stimmrechts im Wege der elektronischen Kommunikation bestimmen darf, kann die elektronische Stimmrechtsausübung auch auf einen bestimmen Zeitraum vor der Mitgliederhauptversammlung begrenzt werden. Dafür spricht auch, dass dem Gesetzgeber das **aktienrechtliche Regelungskonzept zur elektronischen Stimmrechtsausübung** vor Augen stand, er aber anders als in § 118 AktG nicht zwischen elektronischer Stimmrechtsausübung bei elektronischer Teilnahme an der Versammlung (§ 118 Abs. 1 S. 2 AktG) und elektronischer Stimmrechtsausübung im Vorfeld ohne Teilnahme an der Versammlung (§ 118 Abs. 2 AktG) unterschieden hat. Die Ermöglichung einer **elektronischen Stimmrechtsausübung während der (elektronischen) Teilnahme** ohne Anwesenheit vor Ort ist danach nicht gefordert.

Allerdings führt eine solche Begrenzung dazu, dass im Wege der elektronischen Kommunikation nur zu **Beschlussvorschlägen, die bereits vorab bekannt gemacht wurden** und die in der Mitgliederhauptversammlung unverändert zur Abstimmung gestellt werden, abgestimmt werden kann. Wird in der Mitgliederhauptversammlung ein Beschlussvorschlag geändert oder erstmals in der Mitgliederhauptversammlung eingebracht oder eine Kandidatur dann erstmals angekündigt oder entfallen bis zur Mitgliederhauptversammlung Wählbarkeitsvoraussetzungen eines vorab angekündigten Kandidaten, kann bei elektronischer Ausübung des Stimmrechts vor der Mitgliederhauptversammlung auf diese Veränderungen nicht mehr reagiert werden. Im Wege der elektronischen Kommunikation **vorab abgegebene Stimmen** bleiben in diesen Fällen bei der Feststellung des Abstimmungsergebnisses **unberücksichtigt**.

---

der elektronischen Kommunikation den Verwertungsgesellschaften die Ermöglichung der elektronischen Ausübung weiterer Mitgliedschaftsrechte überlassen bleiben. Die Kann-Bestimmung wäre überflüssig, wenn die Ausübung aller weiteren Mitgliedschaftsrechte schon durch das zwingend vorzusehende Recht zur Teilnahme ohne Anwesenheit vor Ort erfasst wäre.

14 So ausdrücklich auch § 8 Abs. 6 lit. c S. 2 VG Bildkunst-Satzung.
15 Vgl. RegE-VGG, BT-Drucks. 18/7223, S. 78.
16 Verwertungsgesellschaften mit einer Vielzahl von Mitgliedern lassen die elektronische Stimmrechtsausübung nur im Vorfeld der Mitgliederhauptversammlung zu, vgl. § 10 Abs. 8 S. 1 GEMA-Satzung; § 8 Abs. 1 S. 1 VG Wort-Satzung; § 8 Abs. 6 lit. d VG Bildkunst-Satzung, § 9 Abs. 7 lit. a VG Musikedition-Satzung; § 9 Abs. 13 VG Media-Satzung. Anders aber z.B. § 7 Abs. 3 GVL-Satzung; § 11 Abs. 11 GÜFA-Satzung.

14 Etwas anderes könnte allenfalls für lediglich **redaktionelle Änderungen eines Beschlussvorschlags** gelten, wenn anzunehmen ist, dass das Mitglied auch für den geänderten Vorschlag gestimmt hätte.[17] Eine solche Annahme kann jedenfalls berechtigt sein, wenn das Mitglied bei der elektronischen Abstimmung im Vorfeld der Mitgliederhauptversammlung erklärt hat, dass seine Stimme auch dann berücksichtigt werden soll, wenn der endgültig zur Abstimmung gestellte Vorschlag von dem angekündigten nur redaktionell abweicht. Allerdings belastet eine solche Erklärung den Versammlungsleiter bei der Feststellung des Abstimmungsergebnisses mit dem Vergleich verschiedener Fassungen eines Beschlussvorschlags und der Feststellung einer nur redaktionellen Abweichung.

15 **d) Rechtsfolgen bei technischem Versagen.** Die Zulassung von elektronischen Teilnahme- und Abstimmungsmöglichkeiten führt zu zusätzlichen **Risiken für die Wirksamkeit von Beschlüssen der Mitgliederhauptversammlung**, etwa wenn die elektronische Übermittlung gestört wird oder wenn Teilnahmevoraussetzungen (die kaum sicher überprüft werden können) nicht eingehalten werden. Die Beschlüsse sind dann (unter Umständen) nicht rechtmäßig zustande gekommen.

16 Bei **Verwertungsgesellschaften in der Rechtsform von Kapitalgesellschaften** können auch mangelhafte Beschlüsse, soweit nicht besonders schwerwiegende Mängel zur Nichtigkeit führen, vorläufig wirksam sein und mit Ablauf der Anfechtungsfrist ohne Klageerhebung endgültig wirksam werden.[18] In der Satzung einer Verwertungsgesellschaft in der Rechtsform der GmbH kann auch geregelt werden, dass bestimmte Mängel der Beschlussfassung nicht zur Anfechtung berechtigen.[19] Derartige Regelungen für den Fall technischen Versagens hat der Gesetzgeber nicht in das Gesetz aufnehmen wollen, aber für das Statut empfohlen.[20]

17 Bei **Verwertungsgesellschaften in der Rechtsform des Vereins** sind (unerkannte) Wirksamkeitsmängel bei Beschlüssen der Mitgliederversammlung oder anderen Organen mit höheren Risiken verbunden, weil dort grds. jeder Mangel zur Nichtigkeit eines Beschlusses führt.[21] Eine „Heilung" des Mangels durch Zeitablauf, wie sie das gesetzliche Anfechtungsmodell bei Kapitalgesellschaften vorsieht, kommt dort nach der geltenden gesetzlichen Regelung nicht in Betracht. Allerdings kann durch Satzungsregelung die Unbeachtlichkeit eines Beschlussmangels nach rügelosem Ablauf einer Frist für die Geltendmachung angeordnet werden.[22] Durch derartige Regelungen in der Satzung können allerdings nur satzungsmäßige Beschlussanforderungen, nicht aber **zwingende gesetzliche Beschlussvoraussetzungen** für unbeachtlich erklärt werden.[23] Eine weitere Einschränkung hinsichtlich der satzungsmäßigen Begrenzung der Folgen von Beschlussmängeln ergibt sich für Verwertungsgesellschaften in der Rechtsform des Vereins, weil eine Gestaltungswirkung gegenüber allen Mitgliedern bei Urteilen auf Beschlussanfech-

---

17 Vgl. zur entsprechenden Problematik bei Abstimmungen nach § 118 Abs. 2 AktG Schmidt/Lutter/*Spindler*, § 118 AktG Rn 58; *Kocher*, BB 2014, 2317, 2319 f.; *Wieneke* in: FS Schwark, S. 305, 326.
18 Vgl. etwa zu den Beschlussmängeln im GmbH-Recht Baumbach/Hueck/*Zöllner*/*Noack*, § 47 GmbHG Rn 81.
19 Vgl. etwa § 7 Abs. 5 S. 2 GVL-Satzung.
20 Vgl. RegE-VGG, BT-Drucks. 18/7223, S. 78.
21 *Stöber/Otto*, Rn 862.
22 Vgl. etwa § 10 Abs. 10 lit. a GEMA-Satzung.
23 Ein Verstoß gegen das Ankündigungserfordernis gem. § 32 Abs. 1 S. 2 BGB könnte daher bei einer Verwertungsgesellschaft in der Rechtsform des Vereins auch noch nach Ablauf einer satzungsmäßigen Rügefrist geltend gemacht werden.

tungsklagen (vgl. § 248 Abs. 1 AktG) nicht durch die privatautonome Gestaltung begründet werden kann.

4. Zulassung von Vertretern (Abs. 4 S. 1). Die Vertretung von Mitgliedern in der Mitgliederhauptversammlung einer Verwertungsgesellschaft muss zugelassen sein. Bei Verwertungsgesellschaften in der Rechtsform der GmbH oder der Genossenschaft ist die Vertretung von Mitgliedern schon nach dispositiven Gesetzesregelungen zulässig.[24]

Nach Abs. 4 ist die Zulassung von Vertretern (erforderlichenfalls) im „Statut" zu treffen. Dieser Anforderung genügen nur Regelungen im Gesellschaftsvertrag oder der Satzung. **Regelungen in „sonstigen Gründungsbestimmungen"** genügen dieser Anforderung nur, soweit sie Satzungscharakter haben.[25]

Für **Verwertungsgesellschaften in der Rechtsform des Vereins** ergibt sich die Erforderlichkeit einer Satzungsregelung zusätzlich aus §§ 38, 40 BGB, weil von dem gesetzlichen Vertretungsverbot nur durch Satzungsregelung abgewichen werden kann.[26] Die erstmalige Begründung der Vertretungsmöglichkeit gem. Abs. 4 ist Änderung des „Statuts" und bedarf daher je nach der Rechtsform der Einhaltung der besonderen Voraussetzungen für die Änderung des Gesellschaftsvertrags oder der Satzung.[27]

5. Zulässige Beschränkungen der Vertretung (Abs. 4 S. 2 bis 4). Die Pflicht zur Zulassung von Vertretern zur Mitgliederhauptversammlung gem. Abs. 4 S. 1 ist durch Einschränkungen gem. Abs. 4 S. 1 bis S. 4 begrenzt. Um die Vertretungsmöglichkeit in diesem Rahmen zu beschränken, sind auch bei solchen Verwertungsgesellschaften satzungsmäßige Regelungen erforderlich, für die die anwendbaren rechtsformspezifischen Regelungen die Vertretung in weiterem Umfang zulassen.[28] Von diesen **Beschränkungsmöglichkeiten** haben die deutschen Verwertungsgesellschaften ganz überwiegend Gebrauch gemacht.[29]

a) Kein Interessenkonflikt. Die Vertretung ist nur zuzulassen, „sofern die Vertretung nicht zu einem Interessenkonflikt führt". Gemeint ist, dass solche Personen als Vertreter ausgeschlossen werden können, die **gleichzeitig konfligierende Interessen vertreten**.

Ein Interessenkonflikt ist gem. S. 2 jedenfalls anzunehmen, wenn ein Vertreter **Mitglieder „verschiedener im Statut festgelegter Kategorien"** vertritt. Nach welchem Kriterium Kategorien im Statut festgelegt werden können, die zu einem Ausschluss der Vertretung durch einen gemeinsamen Vertreter führen können, ist nicht bestimmt. Eine beliebige Kategorienbildung kann aber für den Ausschluss der Vertretung nicht maßgeblich sein, weil die Möglichkeit der Vertretung dann willkürlich eingeschränkt werden könnte. Nach dem systematischen Zusammenhang mit den in § 16 in Bezug genommenen Kategorien von Mitgliedern, deren Interessen „fair und ausgewogen" in der Mitglie-

---

24 Vgl. § 47 Abs. 3 GmbHG, § 43 Abs. 5 GenG.
25 Ausführlicher zu dieser Anforderung siehe § 13 Rn 13 f.
26 Vgl. nur Palandt/*Ellenberger*, § 38 Rn 3; jurisPK-BGB/*Otto*, § 32 BGB Rn 40.
27 Qualifizierte Mehrheitserfordernisse und Eintragung gem. §§ 33 und 71 BGB, §§ 179 ff. AktG, § 16 GenG, §§ 53 ff. GmbHG; Einstimmigkeit gem. § 705 BGB für BGB-Gesellschaft, OHG und Kommanditgesellschaft.
28 Vgl. § 47 Abs. 3 GmbHG, § 43 Abs. 5 GenG.
29 Vgl. etwa § 10 Abs. 7 GEMA-Satzung; § 8 Abs. 7 lit. a VG-Bildkunst Satzung; § 8 Abs. 4 lit. c VG Musikedition-Satzung; § 7 Abs. 5 VG Wort-Satzung; § 7 Abs. 7 AGICOA-Satzung; § 11 Abs. 10 GÜFA-Satzung; § 6.8 GVL-Satzung; § 7 Abs. 7 GWFF-Satzung; § 10 Abs. 10 TWF-Satzung; § 9 Abs. 10 VG-Media-Satzung; § 11 Abs. 6 VGF-Satzung; unbeschränkt ist die Vertretung in der Gesellschafterversammlung nach § 7 Abs. 6 VFF-Satzung und § 6 Abs. 3 S. 4 GWVR-Satzung zugelassen.

derhauptversammlung repräsentiert sein müssen, kommt es auch beim Vertretungsverbot wegen Interessenkonflikts darauf an, ob die Vertretenen **verschiedenen im Statut festgelegten Berufsgruppen oder Branchen** angehören.[30]

24 Der Vertretungsausschluss im Falle konfligierender Interessen kommt nur dann in Betracht, wenn der Vertreter **in der Mitgliederhauptversammlung** Angehörige verschiedener Berufsgruppen vertritt. Vertritt etwa ein **Anwalt** ein Mitglied in einer Mitgliederhauptversammlung, steht die Tätigkeit dieses Anwalts für den Angehörigen einer anderen Berufsgruppe außerhalb dieser Mitgliederhauptversammlung der Vertretung nicht entgegen. Ein Vertretungsausschluss kann sich in diesem Fall allerdings aus dem anwaltlichen Berufsrecht ergeben, soweit das Verbot der Vertretung widerstreitender Interessen „in derselben Rechtssache" berührt ist.[31]

25 Im Übrigen ist das Verbot der Vertretung durch einen Vertreter, der gleichzeitig konfligierende Interessen vertritt, kaum durchzusetzen, weil i.d.R. nur der Vertreter selbst weiß, welche Interessen er sonst vertritt, da die sonstigen von einem Vertreter vertretenen Interessen weder notwendig erkennbar sind noch offengelegt werden müssen.

26 **b) Höchstzahl von Vertretenen.** Die Verwertungsgesellschaft kann im „Statut" die Anzahl der durch einen gemeinsamen Vertreter Vertretenen begrenzen. Eine solche Regelung dient dazu, den **Meinungsbildungsprozess in der Versammlung** nicht obsolet zu machen, indem einzelne Vertreter eine Vielzahl von Stimmen aggregieren.[32]

27 Allerdings darf die im Statut vorgegebene **Höchstzahl der Vertretenen**, die sich durch einen Vertreter vertreten lassen, zehn nicht unterschreiten. Damit wird – entgegen dem Hauptzweck der Regelung – eine weitgehende Aggregierung von Stimmen ermöglicht. Durch die zusätzliche und gegenläufige Vorgabe soll nach dem Willen des Gesetzgebers sichergestellt werden, dass auch für jedes Mitglied, das sich vertreten lassen will, ein Vertreter zur Verfügung steht, der selbst Mitglied ist.[33] Damit kann die Vertretung einer Vielzahl von Mitgliedern durch einen Vertreter auch nur dann begründet werden, wenn zur Vertretung nur Mitglieder zugelassen sind. Nach dem gesetzlichen Rahmen ist aber auch die Vertretung durch Nicht-Mitglieder erlaubt. Wenn aber auch Nicht-Mitglieder als Vertreter in Betracht kommen, besteht kein Anlass, bei der Zulassung der Vertretung auch Mehrfachvertretungen in erheblichem Umfang zwingend zuzulassen.

28 Bei Verwertungsgesellschaften in der Rechtsform der **Genossenschaft** widerspricht die Vorgabe, wonach zugelassen sein muss, dass ein Vertreter bis zu zehn Mitglieder vertritt, der zwingenden gesetzlichen Vorgabe des § 43 Abs. 5 S. 3 GenG, nach der ein Vertreter nicht mehr als zwei Mitglieder vertreten darf. Die rechtsformspezifische Vorgabe geht den Anforderungen des Abs. 4 S. 3 vor.[34] Andernfalls müsste aus dem Widerspruch geschlossen werden, dass die Rechtsform der Genossenschaft für Verwertungsgesellschaften nicht in Betracht käme, was der Gesetzgeber aber offenbar nicht beabsichtigte.[35]

---

30 Zu den Kategorien von Mitgliedern i.S.v. § 16 siehe § 16 Rn 13 ff. Im Einklang mit diesem Verständnis der „Kategorie" i.S.d. § 19 knüpfen die Verwertungsgesellschaften in ihren Satzungsregelungen bei den Vertretungsverboten wegen Interessenkonflikts an die Berufsgruppen an, vgl. etwa § 10 Abs. 7 UA 2 S. 1 GEMA-Satzung, § 6 Abs. 8 GVL-Satzung.
31 Vgl. § 43a Abs. 4 BRAO, § 3 BORA.
32 Vgl. RegE-VGG, BT-Drucks. 18/7223, S. 78.
33 Vgl. RegE-VGG, BT-Drucks. 18/7223, S. 78.
34 Vgl. RegE-VGG, BT-Drucks. 18/7223, S. 78, mit dem Hinweis auf § 43 Abs. 5 S. 3 GenG.
35 Vgl. § 17 Abs. 1 S. 2 Nr. 3; RegE-VGG, BT-Drucks. 18/7223, S. 72, 76f.

c) Spezialvollmacht für eine Mitgliederhauptversammlung. Die Vollmacht eines 29 Vertreters in der Mitgliederhauptversammlung muss **ausschließlich für diese Mitgliederhauptversammlung** erteilt sein. Dieser notwendigen Beschränkung steht es gleich, wenn die Vollmacht nur für die Zeit der Mitgliederhauptversammlung erteilt ist. Die Erforderlichkeit einer Spezialvollmacht, die schon durch die VG-RL vorgegeben ist,[36] soll die Mitglieder in paternalistischer Weise dazu anhalten, bei jeder Mitgliederhauptversammlung erneut eine persönliche Teilnahme zu erwägen.

6. Weitere Beschränkungen der Vertretung. Rechtsformspezifische Beschränkungen der Vertretung in der Mitgliederhauptversammlung bleiben unberührt.[37] Bei Beachtung der Vertretungsbeschränkungen und Einhaltung der vorgegebenen Grenzen zulässiger Vertretungsbeschränkungen ist die **Ausgestaltung von Vertretungsvoraussetzungen durch das Statut** im Übrigen nicht beschränkt. Allerdings ist in Abs. 4 (im Gegensatz zu Abs. 3) nicht ausdrücklich die Regelung von „Voraussetzungen" der Vertretung zugelassen. Auch der Gesetzgeber nahm aber nicht an, dass aus der Erwähnung von einzelnen zugelassenen Vertretungsbeschränkungen zu schließen wäre, dass weitere Voraussetzungen der Vertretung unzulässig wären.[38] 30

a) Legitimation des Vertreters. Nach dem Gesetz bedürfen Vertreter in der Mitgliederversammlung einer Genossenschaft oder der Gesellschafterversammlung einer GmbH der Legitimation durch die Vorlage einer **Vollmacht in Schrift- oder Textform** (§ 126b BGB).[39] Eine entsprechende Beschränkung der Zulässigkeit der Vertretung ist selbstverständlich auch bei Verwertungsgesellschaften nicht deshalb ausgeschlossen, weil Abs. 4 diese Beschränkung nicht ausdrücklich zulässt.[40] 31

b) Weitere statutarische Vertretungsbeschränkungen. Weitere statutarische Vertretungsbeschränkungen werden durch die Nennung zulässiger Vertretungsbeschränkungen in Abs. 4 nicht ausgeschlossen. Insbesondere bei Verwertungsgesellschaften mit einer Vielzahl von Mitgliedern sind weitere Vertretungsbeschränkungen aus organisatorischen Gründen geboten. Dies gilt etwa für das Erfordernis der Anmeldung des Vertreters durch das Mitglied, für das Erfordernis, die Vollmacht ausschließlich nach Maßgabe eines **vorgegebenen Formulars** zu erteilen, oder eine Bestimmung, nach der die Vollmacht **keine inhaltlichen Beschränkungen mit Wirkung im Außenverhältnis** vorsehen darf. Derartige weitere Voraussetzungen sind jedenfalls bei einer Vielzahl von Mitgliedern unentbehrlich, um die Feststellung der Abstimmungsergebnisse nicht mit Vollmachtprüfungen belasten zu müssen. 32

Die Vertretung kann auch auf solche **Vertreter beschränkt werden, die selbst Mitglieder** sind.[41] Eine solche Gestaltung wird durch das Bedürfnis, Außeneinflüsse auf Entscheidungen der Mitgliederhauptversammlung zu begrenzen, sachlich gerechtfertigt; die Anerkennung dieser Vertretungsbeschränkung wurde vom Gesetzgeber vorausge- 33

---

36 Art. 8 Abs. 10 UA 3 VG-RL.
37 Z.B. § 43 Abs. 5 S. 3 GenG, dazu siehe Rn 18.
38 Vgl. RegE-VGG, BT-Drucks. 18/7223, S. 78 mit dem Hinweis auf § 43 Abs. 5 S. 3 GenG. Zur Schrift- oder Textform der Vollmacht siehe sogleich Rn 31.
39 Vgl. § 47 Abs. 3 GmbHG: Vollmacht in Textform; § 43 Abs. 5 S. 2 GenG: Vollmacht in Schriftform; zur Legitimationsfunktion der Form vgl. Scholz/*Schmidt*, § 47 GmbHG Rn 89.
40 Andernfalls müsste man Verwertungsgesellschaften in der Rechtsform der GmbH oder der Genossenschaft für unzulässig halten, soweit man die Formvorschriften des § 47 Abs. 3 GmbHG und des § 43 Abs. 3 S. 2 GenG für zwingend hält, z.B. Baumbach/Hueck/*Zöllner*/*Noack*, § 47 GmbHG Rn 51.
41 Vgl. nur § 9 Abs. 10 VG Media-Satzung.

setzt.⁴² Zulässig ist auch die Beschränkung auf **Vertreter, die berufsmäßig zur Verschwiegenheit verpflichtet** sind, oder Personen, die Mitarbeiter eines Mitglieds sind.⁴³ Ebenso kann der Ausschluss von bestimmten Personengruppen als Vertreter (etwa durch Verbandsvertreter oder Rechtsanwälte) angeordnet werden.

34   Grenzen der zulässigen Ausgestaltung der Vertretungsmöglichkeit können sich im Übrigen im Rahmen einer **richtlinienkonformen Auslegung** von Abs. 4 ergeben. Denn die Regelung hat den Zweck, die „angemessene und wirksame Mitwirkung der Mitglieder am Entscheidungsprozess" zu gewährleisten.⁴⁴ Danach wären solche Vertretungsbeschränkungen unzulässig, die eine Mitwirkung ortsabwesender Mitglieder an den Entscheidungen der Mitgliederhauptversammlung **ohne sachliche Rechtfertigung** einschränken oder faktisch hindern.

35   **7. Weisungsgebundenheit (Abs. 4 S. 5).** Gem. Abs. 4 S. 5 ist der Vertreter eines Mitglieds verpflichtet, in der Mitgliederhauptversammlung weisungsgemäß abzustimmen. Eine Obliegenheit des Mitglieds zur Erteilung von Weisungen ist danach nicht anzunehmen; auch weisungsfreie Vertreter sind in der Mitgliederhauptversammlung zuzulassen.⁴⁵ Schon gar nicht kann der Regelung entnommen werden, dass nur Vollmachten zur Vertretung nach Maßgabe von in der Vollmacht vorgegebenen Weisungen zuzulassen sind. Vielmehr betrifft die Bindung nach Abs. 4 S. 5 nach ihrem Wortlaut („verpflichtet") nur das **Innenverhältnis zwischen Vertreter und Vertretenem**.⁴⁶

36   Die Bindung des Vertreters an die Anweisungen des Vertretenen ist auch dann unproblematisch, wenn er mehrere Mitglieder vertritt, da der Vertreter die von ihm wahrgenommenen Stimmrechte nicht einheitlich ausüben muss.

37   Die in Abs. 4 S. 5 ausdrücklich normierte Verpflichtung des Vertreters, den Anweisungen des Vertretenen zu folgen, ist eine Selbstverständlichkeit. Sie ergibt sich bereits aus dem der Erteilung der Vollmacht zugrundeliegenden Auftrag des Vertretenen (vgl. § 665 BGB). Bei Verstoß des Auftragnehmers gegen die Pflichten aus dem Auftrag macht er sich gegenüber dem Auftrag- und Vollmachtgeber schadensersatzpflichtig. Eine darüberhinausgehende Rechtsfolge ist auch nach Abs. 4 S. 5 nicht vorgesehen. Wird eine im Außenverhältnis inhaltlich unbeschränkte Vollmacht erteilt und verstößt der Vertreter gegen die im Innenverhältnis erteilten Vorgaben des Vertretenen, ist die **Stimmabgabe für den Vertretenen gleichwohl wirksam**. Der erst im RegE aufgenommene Abs. 4 S. 5 ist danach überflüssig; vorzugswürdig war die knappere Regelung des RefE.⁴⁷

---

42   Vgl. RegE-VGG, BT-Drucks. 18/7223, S. 78: „... muss sichergestellt sein, dass jedes Mitglied ein anderes Mitglied bevollmächtigen kann und nicht auf Außenstehende ausweichen muss".
43   Vgl. etwa § 6 Abs. 3 S. 4 GWVR-Satzung für die berufsmäßig zur Verschwiegenheit Verpflichteten; § 9 Abs. 10 VG Media-Satzung für die Mitarbeiter von Mitgliedern.
44   Vgl. Art. 8 Abs. 10 UA 2 VG-RL.
45   Ein Verbot der weisungsfreien Vertretung in der Mitgliederhauptversammlung wäre im Übrigen nicht praktikabel. Denn die Weisungsgebundenheit könnte nur überprüft werden, wenn der Vertreter vor der Abstimmung verpflichtet wird, die ihm erteilte Weisung offenzulegen. Eine solche Benachteiligung von Mitglieder-Vertretern würde die gesetzlich angeordnete Zulässigkeit der Vertretung von Mitgliedern in der Hauptversammlung einschränken. Das wäre mit dem vom Gesetzgeber verfolgten Ziel der erhöhten Partizipation der Mitglieder kaum zu vereinbaren.
46   Jedenfalls bei Verwertungsgesellschaften mit einer Vielzahl von Mitgliedern sollte die Vertretung nur auf der Grundlage von Vollmachten zugelassen werden, die (im Außenverhältnis) unbeschränkt erteilt wurden. Zur Vorgabe von Formularen für die Bevollmächtigung siehe bereits Rn 32.
47   Vgl. RefE des BMJV v. 9.6.2015, S. 16.

III. Aufsicht durch das DPMA

1. Aufsichtsmaßnahmen. Die mangelnde Umsetzung der Gestaltungsvorgaben für 38
das Statut nach § 19 berechtigt die Aufsichtsbehörde, die Erteilung der Verwertungserlaubnis zu versagen (§ 79 Abs. 1 Nr. 1), eine bereits erteilte Erlaubnis zu widerrufen (§ 80), die Fortsetzung des Geschäftsbetriebes zu untersagen (§ 85 Abs. 2) oder sonstige „erforderliche Maßnahmen" zu ergreifen, um „sicherzustellen, dass die Verwertungsgesellschaft die ihr nach diesem Gesetz obliegenden Verpflichtungen ordnungsgemäß erfüllt" (§ 85 Abs. 1).[48]

2. Informationspflichten. Die Verwertungsgesellschaft ist gem. § 85 Abs. 4 S. 2 verpflichtet, 39
die Aufsichtsbehörde über die Termine der Mitgliederhauptversammlung zu unterrichten, um ihr eine Teilnahme zu ermöglichen (§ 85 Abs. 4 S. 1).[49]

§ 20
Mitwirkung der Berechtigten, die nicht Mitglied sind

(1) Die Berechtigten, die nicht Mitglied sind, wählen mindestens alle vier Jahre aus ihrer Mitte Delegierte.
(2) In dem Statut der Verwertungsgesellschaft ist mindestens zu regeln:
1. die Anzahl und Zusammensetzung der Delegierten;
2. das Verfahren zur Wahl der Delegierten;
3. dass die Delegierten zur Teilnahme an der Mitgliederhauptversammlung berechtigt sind;
4. dass die Delegierten stimmberechtigt mindestens an Entscheidungen über die in § 17 Absatz 1 Satz 2 Nummer 6 bis 9 und 12 bis 16, Absatz 2 sowie die in § 18 genannten Angelegenheiten, mit Ausnahme der Entscheidungen über die Ernennung und Entlassung der in § 18 Absatz 1 genannten Personen, mitwirken können und
5. dass die Delegierten an Entscheidungen der Mitgliederhauptversammlung, an denen sie nicht stimmberechtigt mitwirken, jedenfalls beratend mitwirken können.
(3) Für die Mitwirkung der Delegierten an der Mitgliederhauptversammlung gilt § 19 Absatz 3 entsprechend.

Übersicht

I. Allgemeines
   1. Bedeutung der Regelung —— 1
   2. Vorgängerregelung —— 2
   3. Unionsrechtlicher Hintergrund —— 3
   4. Entstehungsgeschichte —— 4
II. Regelungsgehalt —— 5
   1. Delegierte (Abs. 1) —— 6
      a) Persönliches Amt, Weisungsfreiheit —— 8
      b) Natürliche Personen —— 10

      c) Vertretung der Delegierten —— 14
      d) Ersatzdelegierte —— 17
   2. Wahl der Delegierten (Abs. 2 Nr. 1 und Nr. 2)
      a) Anzahl und Zusammensetzung der Delegierten (Abs. 2 Nr. 1) —— 18
      b) Wahl der Delegierten (Abs. 2 Nr. 2) —— 20
      c) Beschlussmängel bei der Wahl von Delegierten —— 25

---

[48] Eingehender dazu § 13 Rn 33 ff. und die Kommentierung zu den zitierten Vorschriften.
[49] Zu den Rechtsfolgen eines Verstoßes gegen diese Informationspflicht siehe § 85 Rn 21 ff. und § 88 Rn 27.

3. Zwingende Mitwirkungsrechte der Delegierten (Abs. 2 Nr. 3 bis Nr. 5)
   a) Teilnahme an der Mitgliederhauptversammlung —— 26
   b) Stimmberechtigte Mitwirkung —— 27
   c) Mitwirkung im Hinblick auf Leitungsorgane (Abs. 2 Nr. 4) —— 33
4. Stimmkraft der Delegierten —— 34
5. Ausübung von Mitgliedschaftsrechten ohne Anwesenheit (Abs. 3) —— 35

III. Aufsicht durch das DPMA
1. Aufsichtsmaßnahmen —— 37
2. Informationspflichten —— 38

I. Allgemeines

1 **1. Bedeutung der Regelung.** Die Berechtigten (§ 6), die nicht Mitglied (§7) sind, wirken an den Entscheidungen der Verwertungsgesellschaft über die von ihnen **gewählten Delegierten** mit. Deren Wahlen und die Ausgestaltung ihrer Rechte sind im Statut der Verwertungsgesellschaft zu regeln. Dabei sieht § 20 Mindestrechte für die Delegierten vor. Dazu gehören allerdings **keine Vetorechte**. Der den Delegierten zu gewährende Einfluss auf Entscheidungen einer Verwertungsgesellschaft ist insgesamt begrenzt. Maßgeblich werden die Entscheidungen der Verwertungsgesellschaften daher auch nach dem VGG allein von den Mitgliedern geprägt.

2 **2. Vorgängerregelung.** Die Vorschrift greift Grundgedanken des § 6 Abs. 2 UrhWG a.F. auf, nach dem bislang zur Wahrung der Belange der Berechtigten, die nicht Mitglied einer Verwertungsgesellschaft sind, eine gemeinsame Vertretung zu bilden war. Diese rudimentäre Regelung sollte in §§ 16, 20 VVG weiterentwickelt werden.[1]

3 **3. Unionsrechtlicher Hintergrund.** Gem. Art. 7 Abs. 1 VG-RL hat der Gesetzgeber sicherzustellen, dass Verwertungsgesellschaften im Hinblick auf Rechtsinhaber, die nicht Mitglied sind, u.a. die Vorschrift des Art. 6 Abs. 4 VG-RL befolgen. Danach müssen Verwertungsgesellschaften auch den Rechtsinhabern, die nicht Mitglied sind, ermöglichen, unter Verwendung elektronischer Kommunikationsmittel mit ihnen zu kommunizieren. Unklar ist, ob nach der Verweisung auch die Ausübung von Rechten der Delegierten unter Verwendung elektronischer Kommunikationsmittel ermöglicht werden muss, weil Art. 6 Abs. 4 VG-RL nur die Ausübung von Mitgliedschaftsrechten regelt und eine entsprechende Anwendung auf Delegiertenrechte nicht angeordnet wird.

4 **4. Entstehungsgeschichte.** Der RegE schränkte die Rechte der Berechtigten, die nicht Mitglied sind, im Vergleich zum RefE insoweit ein, als Abs. 2 Nr. 4 nun explizit bestimmt, dass diese Berechtigten an Entscheidungen über die Ernennung und Entlassung der in § 18 Abs. 1 genannten Personen nicht stimmberechtigt mitwirken dürfen und der Anwendungsbereich von Abs. 2 Nr. 5 nicht mehr allgemein gehalten, sondern auf Entscheidungen der Mitgliederhauptversammlung beschränkt ist. Darüber hinaus wurde der ursprünglich vorgesehene Verweis in Abs. 3 auf die Vertretungsregelung in § 19 Abs. 4 gestrichen.[2]

II. Regelungsgehalt

5 Sind nicht sämtliche Berechtigte einer Verwertungsgesellschaft zugleich Mitglieder der Verwertungsgesellschaft, muss gem. § 16 auch den Berechtigten, die keine Mitglieder

---

1 RegE-VGG, BT-Drucks. 18/7223, S. 62, 76, 78.
2 Vgl. RefE des BMJV v. 9.6.2015, S. 17.

sind, eine Möglichkeit der mittelbaren **Mitwirkung an den Entscheidungen der Verwertungsgesellschaft** eingeräumt werden. Für diese Berechtigten ist gem. Abs. 1 im Statut die **Wahl von Delegierten** vorzusehen. Die Wahl der Delegierten durch die Brechtigten verursacht bei allen Verwertungsgesellschaften erheblichen Aufwand; besonders gilt dies für Verwertungsgesellschaften, die die Rechte einer Vielzahl von Berechtiten wahrnehmen. Nach Abs. 2 sind im Statut der Verwertungsgesellschaft Mindestregelungen für das Wahlverfahren (Nr. 1 und 2) und Mitwirkungsrechte der Delegierten in der Mitgliederhauptversammlung (Nr. 3 bis Nr. 5) zu regeln. Die Mitwirkung der Delegierten muss auch **ohne Anwesenheit in der Mitgliederhauptversammlung** möglich sein (Abs. 3).

1. **Delegierte (Abs. 1).** Der in Abs. 1 verwendete **Begriff des Delegierten** weicht vom Sprachgebrauch der VG-RL und dem vereinsrechtlichen Sprachgebrauch ab. Delegierte i.S.d. VG-RL oder des Vereinsrechts sind **gewählte Mitglieder**, auf deren Versammlung Kompetenzen der Mitglieder(haupt)versammlung übertragen wurden.[3] Demgegenüber sind Delegierte i.S.d. Abs. 1 **gewählte Berechtigte, die keine Mitglieder sind**; den Delegierten i.S.d. Abs. 1 werden nach Abs. 2 auch keine Kompetenzen der Mitgliederhauptversammlung übertragen. 6

Die nach § 16 geforderte Mitwirkung der Berechtigten, die nicht Mitglied sind, ist nach Abs. 1 also nur eine beschränkte **mittelbare Mitwirkung**. Die Berechtigten können Einfluss auf die Entscheidungen der Verwertungsgesellschaft nur mittelbar über die von ihnen zu bestimmenden (wenigen) Delegierten nehmen. 7

a) **Persönliches Amt, Weisungsfreiheit.** Das Amt des Delegierten ist ein **höchstpersönliches Amt**. Die Delegierten werden als Repräsentanten der Berechtigten, die nicht Mitglied sind, gewählt, um die Mitwirkungsrechte dieser Berechtigten auszuüben.[4] Sie sind daher mit Beauftragten dieser Berechtigten vergleichbar.[5] Im Zweifel haben die Delegierten ihr Amt daher persönlich auszuüben und können es nicht auf Dritte übertragen (§ 664 Abs. 1 S. 1 BGB).[6] 8

Die Delegierten haben ein **freies Mandat** der Berechtigten; sie sind an Weisungen von einzelnen Berechtigten oder Gruppen von Berechtigten nicht gebunden. Ein „imperatives Mandat" einzelner Berechtigter oder einer Gruppe von Berechtigten würde den Erörterungen in der Mitgliederhauptversammlung ihren Sinn nehmen. Denn die an Aufträge gebundenen Delegierten wären nicht mehr in der Lage, zu einer an den Interessen der Verwertungsgesellschaft orientierten Meinungsbildung in der Mitgliederhauptversammlung beizutragen.[7] 9

b) **Natürliche Personen.** Delegierter kann nur eine **natürliche, unbeschränkt geschäftsfähige Person** sein (§ 43a Abs. 2 S. 1 GenG analog). Die Delegierten repräsentieren eine Vielzahl von Berechtigten und sind insoweit mit den Vertretern in der Vertreterversammlung einer Genossenschaft, die eine Vielzahl von Mitgliedern repräsentieren, vergleichbar. 10

---

3 Nach Art 8 Abs. 11 VG-RL werden „Delegierte" von den Mitgliedern gewählt; ebenso im vereinsrechtlichen Sprachgebrauch vgl. jurisPK-BGB/*Otto*, § 32 BGB Rn 15.
4 Vgl. dazu die Überschrift zu § 20.
5 Vgl. zu dem vergleichbaren Auftragsverhältnis zwischen Mitgliedern und Vertretern einer Genossenschaft Pöhlmann/Fandrich/Bloehs/*Fandrich*, GenG § 43a Rn 20.
6 Die Vertretungsmöglichkeit für Delegierte, die im RefE noch vorgesehen war, wurde im RegE aus diesem Grund gestrichen.
7 Zur entsprechenden Frage bei der Vertreterversammlung einer Genossenschaft Lang/Weidmüller/*Holthaus*/Lehnhoff, 39. Aufl. 2018, § 43a GenG Rn 9.

11 Nimmt man an, dass der Gesetzgeber die Frage, ob auch juristische Personen Delegierte sein können, absichtlich nicht geregelt hat, so dass eine Lückenschließung durch Analogie nicht in Betracht käme, wäre eine entsprechende Bestimmung im Statut zu empfehlen. Denn wenn man die Bestellung von juristischen Personen, die Berechtigte sind, zu Delegierten zulassen würde, würden deren Mitwirkungsrechte durch die jeweils bestellten Organe der juristischen Person ausgeübt, ohne dass diese selbst durch den Willen und das Vertrauen der Berechtigten legitimiert wären.

12 Der entsprechenden Anwendung von § 43a Abs. 2 S. 1 GenG oder einer entsprechenden Regelung im Statut der Verwertungsgesellschaft steht nicht entgegen, dass die Berechtigten die Delegierten gem. Abs. 1 „aus ihrer Mitte" wählen.[8] Allerdings können **Berechtigte auch juristische Personen** sein.[9] Als natürliche Personen „aus der Mitte der Berechtigten" kommen dann **amtierende Organmitglieder** dieser juristischen Personen in Betracht.[10] Die Zulassung von Organmitgliedern juristischer Personen zum Delegiertenamt ist mit der intendierten Selbstverwaltung der Verwertungsgesellschaft zu vereinbaren, weil die Organmitglieder von Berechtigten den Aufgaben der Verwertungsgesellschaft in ähnlicher Weise nahestehen wie natürliche Personen, deren Rechte durch die Verwertungsgesellschaft wahrgenommen werden.

13 Der Zulassung von Organmitgliedern von Berechtigten zur Wahl als Delegierte steht nicht entgegen, dass diese durch Beendigung ihrer Organstellung ihren Bezug zu einem Berechtigten verlieren. Die Berechtigten können für diesen Fall Vorsorge treffen, indem sie die Mitglieder ihrer Organe bei der Bestellung dazu verpflichten, im Fall der **Beendigung ihrer Organstellung beim Berechtigten** ihr Amt als Delegierter niederzulegen. Die Verwertungsgesellschaft kann in ihrem Statut anordnen, dass Organmitglieder eines Berechtigten nur dann als Delegierte gewählt werden können, wenn sie sich gegenüber der Verwertungsgesellschaft verpflichtet haben, im Falle der Beendigung ihrer Organstellung beim Berechtigten ihr Amt als Delegierter niederzulegen.

14 **c) Vertretung der Delegierten.** Die Vertretung von Delegierten durch von diesen benannte Bevollmächtigte ist grds. nicht möglich.[11] Ein grundsätzliches **Vertretungsverbot** ergibt sich aus der Höchstpersönlichkeit des Delegiertenamtes.[12] Ein Vertretungsverbot ergibt sich darüber hinaus aus der Stellung der Delegierten als Mitglied eines Organs.[13]

15 Da sich das Vertretungsverbot aus der Zweifelsregelung des § 664 Abs. 1 S. 1 BGB ergibt, kann etwas anderes im Statut angeordnet werden. Insbesondere kann die Vertretung von Delegierten durch von den Berechtigten **gewählte Delegierten-Stellvertreter**

---

8 A.A. BeckOK-UrhR/*Freudenberg*, § 20 VGG Rn 7, der meint, dass aus der Formulierung „aus ihrer Mitte" zu schließen wäre, dass Delegierte selbst Berechtigte sein müssen.
9 Das gilt etwa für sämtliche Berechtigte der VG Media.
10 Ebenso § 43a Abs. 2 S. 2 GenG für die gewählten Vertreter juristischer Personen, die Mitglied einer Genossenschaft sind, für die eine Vertreterversammlung eingeführt ist.
11 Das kann schon e contrario aus § 20 Abs. 3 gefolgert werden, der nur die entsprechende Anwendung von § 19 Abs. 3, nicht aber die entsprechende Anwendung von § 19 Abs. 4 anordnet; a.A. freilich BeckOK-UrhR/*Freudenberg*, § 20 VGG Rn 19, der ein Redaktionsversehen des Gesetzgebers annimmt. Dagegen spricht entscheidend, dass im RefE noch eine Verweisung auf § 19 Abs. 4 vorgesehen war, RefE des BMJV v. 9.6.2015, S. 17.
12 Siehe Rn 8.
13 Zu Vertretungsverboten bei Organmitgliedern siehe auch OLG Hamm, Beschl. v. 10.10.1977 – 15 W 362/77 – OLGZ 1978, 26, 26 ff., zum Mitglied des Vorstands eines Vereins; ebenso für Vorstandsmitglieder unter Hinweis auf §§ 27 Abs. 3, 664 BGB BeckOK-BGB/*Schöpflin*, § 28 BGB Rn 3; ferner jurisPK-BGB/*Otto*, § 28 BGB Rn 7; Palandt/*Ellenberger*, § 28 BGB Rn 2; Staudinger/*Martinek/Omlor*, § 664 BGB Rn 22, zusätzlich für die geschäftsführenden Gesellschafter einer BGB-Gesellschaft gem. §§ 713, 664 BGB.

zugelassen werden.[14] Die Zulassung von beliebigen **rechtsgeschäftlich Bevollmächtigten der Delegierten** wäre dagegen rechtlich zweifelhaft, weil diesen bei der Ausübung ihrer Mitwirkungsrechte die nach Abs. 1 intendierte Legitimation durch eine Wahl der Berechtigten fehlen würde.

Die nach § 20 Abs. 1 Nr. 3 und Nr. 4 vorgesehene Mitwirkung der Delegierten in der Mitgliederhauptversammlung wird durch ein grundsätzliches Vertretungsverbot nicht übermäßig eingeschränkt. Denn Delegierte, die an der persönlichen Teilnahme gehindert sind, können nach den gem. §§ 20 Abs. 3 i. V. m. 19 Abs. 3 zu erlassenden Regelungen des Statuts an der Mitgliederhauptversammlung auch **ohne Anwesenheit vor Ort teilnehmen** und ihr Stimmrecht im Wege elektronischer Kommunikation ausüben. 16

d) Ersatzdelegierte. Zur Wahrung der Mitwirkungsrechte der Berechtigten, die keine Mitglieder sind, kann im Statut der Verwertungsgesellschaft vorgesehen werden, dass die Berechtigtenversammlung Ersatzdelegierte für den Fall des **Wegfalls eines Delegierten** wählt. Der Ersatzdelegierte ist dann nicht Vertreter eines gewählten Delegierten, sondern tritt an dessen Stelle, wenn das Delegiertenamt vor Ablauf der Amtsperiode endet. Die Bestellung von Ersatzdelegierten ist zur Wahrung der Mitwirkungsrechte der Berechtigten insbesondere bei langen Amtsperioden der Delegierten oder bei der Zulassung von Organmitgliedern von Berechtigten als Delegierte erwägenswert, um die Wahrnehmung der Mitwirkungsrechte auch für den Fall sicherzustellen, dass ein Delegiertenamt vorzeitig endet. 17

2. Wahl der Delegierten (Abs. 2 Nr. 1 und Nr. 2)

a) Anzahl und Zusammensetzung der Delegierten (Abs. 2 Nr. 1). Die Verwertungsgesellschaft muss in ihrem Statut Anzahl und Zusammensetzung der Delegierten regeln. Eine Mindestzahl von Delegierten oder ein Mindestanteil im Verhältnis zur Zahl der Mitglieder ist nicht vorgegeben. 18

Das VGG bestimmt ebenso wenig, wonach Anzahl und Zusammensetzung der Delegierten zu bestimmen sind. Gleichwohl sind die **Anzahl und Zusammensetzung der Delegierten nicht beliebig**. Denn die Berechtigten, die nicht Mitglied sind, nehmen ihr Mitwirkungsrecht nach § 16 allein über die Delegierten wahr.[15] Nach § 16 ist im Hinblick auf die Mitwirkung der Berechtigten sicherzustellen, dass verschiedene Kategorien von Berechtigten vertreten sind.[16] Danach ist jedenfalls für **jede Berufsgruppe**, deren Rechte von einer Verwertungsgesellschaft wahrgenommen werden und der eine erhebliche Anzahl von Berechtigten angehört, mindestens ein Delegierter zu wählen. Eine darüber hinausgehende Mindestzahl von Delegierten ist dem Gesetz nicht zu entnehmen. Es ist auch nicht zu beanstanden, wenn den Stimmen der Delegierten im Verhältnis zu den Stimmen der Mitglieder kein nennenswertes Gewicht zukommt. Denn eine im Verhältnis zu Mitgliedern vergleichbare Rechtsstellung ist ausweislich der eingeschränkten stimmberechtigten Mitwirkungsbefugnisse der Delegierten (vgl. § 20 Abs. 2 Nr. 4 i. V. m. § 17) ohnehin nicht intendiert. Funktionell sind die Delegierten danach eher als Instrument zur Herstellung von Transparenz und weniger als Interessenvertretung zu verstehen. 19

---

14 Die Zulässigkeit der Wahl von Delegierten-Vertretern hat der Gesetzgeber vorausgesetzt, vgl. RegE-VGG, BT-Drucks. 18/7223, S. 78; viele Verwertungsgesellschaften haben sie überwiegend in ihren Statuten vorgesehen, vgl. etwa § 12 Abs. 2 UA 2 S. 1 GEMA-Satzung; § 7 Abs. 6 VG Wort-Satzung.
15 Ähnlich BeckOK-UrhR/*Freudenberg*, § 20 VGG Rn 10; vgl. auch RegE-VGG, BT-Drucks. 18/7223, S. 78. Zur Anzahl der zu wählenden Delegierten siehe auch Dreier/Schulze/*Schulze*, § 20 VGG Rn 5.
16 Zu dem Kriterium der Kategorienbildung siehe § 16 Rn 14 ff.

20 **b) Wahl der Delegierten (Abs. 2 Nr. 2).** Die Verwertungsgesellschaften müssen in ihren Statuten die Wahl der Delegierten regeln. Vorgaben zur Ausgestaltung des Wahlverfahrens sind in § 20 nicht geregelt. Die Ausgestaltung des Wahlverfahrens muss allerdings dem Umstand Rechnung tragen, dass die Wahl der Delegierten zur Gewährleistung der Mitwirkungsrechte der Berechtigten dient.[17] Danach müssen Berechtigte, die keine Mitglieder sind, jedenfalls die **Möglichkeit haben, an den Wahlen der Delegierten teilzunehmen.**

21 Die Verwertungsgesellschaften können die Wahlen von Delegierten in **Versammlungen der Berechtigten** vorsehen. Viele Verwertungsgesellschaften haben nach ihren Statuten mehrere Berechtigtenversammlungen („Berufsgruppenversammlungen", „Gruppenversammlungen") gebildet, denen jeweils als gesondertes Organ die Wahl von Delegierten einer Berufsgruppe obliegt.[18] Die Mitwirkungsmöglichkeiten der Berechtigten bei der Wahl von Delegierten in einer Versammlung sind eingeschränkt, weil diese Form der Mitwirkung grds. die Teilnahme an der Versammlung voraussetzt. Gleichwohl genügt die Wahl der Delegierten in einer Versammlung der Berechtigten den gesetzlich vorgesehenen Mitwirkungsrechten.[19] Für die Wahl der Delegierten kann im Statut offene oder geheime Abstimmung oder die Befugnis der Berechtigtenversammlung, über die Abstimmungsart zu beschließen, vorgesehen werden.

22 Die Delegierten müssen nicht in einer Versammlung der Berechtigten gewählt werden. Zulässig wäre auch die Wahl von Delegierten teilweise oder ausschließlich in **Briefwahlverfahren**, an denen jeder Berechtigte, der nicht Mitglied ist, teilnehmen kann.

23 Bei der Wahl der Delegierten können **unterschiedliche Stimmrechte** der Berechtigten vorgesehen werden, solange die Differenzierung sachlich gerechtfertigt ist.[20]

24 Eine **elektronische Teilnahme** der Berechtigten an der Versammlung ohne Anwesenheit vor Ort, um die Mitwirkung der Berechtigten zu erleichtern, muss nicht vorgesehen sein.[21] Eine **Vertretung von Berechtigten** in den Versammlungen zur Wahl der Delegierten ist möglich.[22] Die Vertretung von Berechtigten in der Berechtigtenversammlung kann durch das Statut eingeschränkt oder auch ausgeschlossen werden.[23]

---

17 Ebenso BeckOK-UrhR/*Freudenberg*, § 20 VGG Rn 11.
18 Vgl. § 12 Abs. 2 GEMA-Satzung; § 9 VG Wort-Satzung; § 9 Abs. 1 VG Bildkunst-Satzung; § 7 VG Musikedition-Satzung; § 8 GVL-Satzung.
19 Die deutschen Verwertungsgesellschaften haben bereits vor Inkrafttreten des VGG im Rahmen des § 6 Abs. 2 UrhWG die Wahl einer Vertretung der Berechtigten in Berechtigtenversammlungen vorgesehen. Hätte der Gesetzgeber diese Form der Mitwirkung nicht für ausreichend gehalten, hätte er ein anderes Wahlverfahren angeordnet.
20 Sachlich gerechtfertigt wäre etwa ein nach der Höhe der Beteiligung an den Ausschüttungen der Verwertungsgesellschaft gestaffeltes Stimmrecht wie in § 9 Abs. 3 GVL-Satzung.
21 § 20 Abs. 3 beschränkt die Anordnung einer Möglichkeit der Mitwirkung ohne Anwesenheit vor Ort auf die Mitwirkung der Delegierten in der Mitgliederhauptversammlung. Die Mitwirkung der Berechtigten in der Berechtigtenversammlung ist nicht geregelt. Etwas anderes muss auch nicht auf der Grundlage von Art. 7 Abs. 1 i. V. m. Art. 6 Abs. 4 VG-RL zur elektronischen Kommunikation zwischen den Berechtigten und der Verwertungsgesellschaft angenommen werden. Denn die in Bezug genommene Regelung des Art. 6 Abs. 4 VG-RL nennt neben der Kommunikation nur die Ausübung von Mitgliedschaftsrechten, könnte also nur allenfalls in entsprechender Anwendung auf die Mitwirkungsrechte der Berechtigten erstreckt werden.
22 Ein Vertretungsverbot wäre nur anzunehmen, wenn die Wahl der Vertreter der Berechtigten als Ausübung eines höchstpersönlichen Rechts anzusehen wäre. Anhaltspunkte dafür bietet das Gesetz nicht.
23 Diese Befugnis ergibt sich aus der Privatautonomie der Mitglieder der Verwertungsgesellschaft. Die Streichung der Verweisung von § 20 Abs. 3 auf § 19 Abs. 4, wie sie im RefE noch vorgesehen war, vgl. RefE des BMJV v. 9.6.2015, S. 17, erlaubt dazu allerdings keinen Schluss, weil die im RefE vorgesehene Verweisung nur die Vertretung der Delegierten in der Mitgliederhauptversammlung betraf. Zu dieser Vertretungsmöglichkeit siehe Rn 14 ff.

c) **Beschlussmängel bei der Wahl von Delegierten.** Die Rechtsfolgen von Mängeln 25
des Wahlverfahrens nach § 20 sind im VGG nicht geregelt. Soweit rechtliche Vorgaben
für die Wahl der Delegierten nicht eingehalten wurden, sind die entsprechenden Wahlbeschlüsse nach allgemeinen Regeln **nichtig**. Mängel von Wahlbeschlüssen der Berechtigtenversammlung können daher nicht im Wege der aktienrechtlichen Anfechtungsklage angegriffen werden oder durch Anfechtungsurteil mit Wirkung gegenüber allen
Berechtigten gestaltet werden.[24] Prozessual können Mängel bei Wahlbeschlüssen in der
Berechtigtenversammlung allein im Wege der **allgemeinen Feststellungsklage** geltend
gemacht werden. Der Verstoß gegen Verfahrensvorschriften bei Versammlungsbeschlüssen führt jedoch nur dann zur Nichtigkeit, wenn der Betroffene den Verstoß in angemessener Zeit rügt.[25] Die Klage ist ggf. gegen die Verwertungsgesellschaft zu richten. Im Statut der Verwertungsgesellschaft können die Rechtsfolgen von Beschlussmängeln bei den
Wahlen der Delegierten in der Berechtigtenversammlung abschließend geregelt werden.
Eine solche Regelung ist im Hinblick auf rechtliche Unsicherheiten, die sich bei Mängeln
der Wahlen ergeben können, zu empfehlen.

3. Zwingende Mitwirkungsrechte der Delegierten (Abs. 2 Nr. 3 bis Nr. 5)

a) **Teilnahme an der Mitgliederhauptversammlung.** Die Delegierten müssen nach 26
dem Statut der Verwertungsgesellschaft zur Teilnahme an der Mitgliederhauptversammlung berechtigt sein (Nr. 3). Der Begriff der Teilnahme umfasst hier (wie auch sonst im
gesellschaftsrechtlichen Sprachgebrauch)[26] nicht nur die Möglichkeit, das Geschehen in
der Mitgliederhauptversammlung zu verfolgen, sondern auch – anders als in § 19 Abs. 3
für die Teilnahme ohne Anwesenheit vor Ort – auch das **Rede- und Antragsrecht**. Das
Recht zur Mitberatung – und damit das Rederecht – ist für die Delegierten gem. Abs. 2
Nr. 5 für die dort geregelten Entscheidungen, bei denen sie nicht stimmberechtigt sind,
ausdrücklich genannt. Erst recht muss den Delegierten dann das Rede- und Antragsrecht
im Hinblick auf Entscheidungen zustehen, bei denen sie stimmberechtigt sind.

b) **Stimmberechtigte Mitwirkung.** Hinsichtlich des Stimmrechts der Delegierten ist 27
gem. Abs. 2 Nr. 4 im Statut der Verwertungsgesellschaften zu bestimmen, dass die Delegierten mindestens bei den Entscheidungen über die in § 17 Abs. 1 S. 2 Nr. 6 bis 9, 12 bis

---

24   Ebenso KG, Beschl. v. 19.12.2016 – 24 U 24/16 – n.v., zu Rechtsschutzmöglichkeiten bei möglichen
Verstößen gegen § 6 UrhWG bei Wahlen in einer Berechtigtenversammlung; zur analogen Anwendung der
§§ 241ff. AktG auf Beschlüsse anderer Organe allg. siehe auch MüKoAktG/*Hüffer/Schäfer*, § 241 Rn 97;
etwas anderes ist auch nicht anzunehmen, wenn dem Gremium Kompetenzen der
Gesellschafterversammlung übertragen sind, vgl. Baumbach/Hueck/*Zöllner*, Anh. § 47 GmbHG Rn 208; GK-
GmbHG/*Heermann*, § 52 GmbHG Rn 344ff.; ebenso zu Beschlussmängeln der Mitgliederversammlung eines
Vereins BGH, Urt. v. 2.7.2007 – II ZR 111/05 – NJW 2008, 69, 72 Rn 35; MünchHdBGesRV/*Waldner*, § 31
Rn 52 m.w.N.
25   So zum Aufsichtsrat einer AG: BGH, Urt. v. 17.5.1993 – II ZR 89/92 – NJW 1993, 2307, 2309;
MüKoAktG/*Habersack*, § 108 AktG Rn 78, 82; zum Aufsichtsrat der GmbH:
Baumbach/Hueck/*Zöllner/Noack*, § 52 GmbHG Rn 96; zur Mitgliederversammlung des Vereins: BGH, Urt. v.
9.11.1972 – II ZR 63/71, NJW 1973, 235, 235f.; Palandt/*Ellenberger*, § 32 BGB Rn 10.
26   Dazu jurisPK-BGB/*Otto*, § 32 BGB Rn 41, zum Rederecht des Vereinsmitglieds in der
Mitgliederversammlung; BeckOK-GmbHG/*Schindler*, § 48 GmbHG Rn 59, zum Rederecht in der GmbH-
Gesellschafterversammlung; Henssler/Strohn/*Geibel*, § 43 GenG Rn 9, zum Rede-, Auskunfts- und
Antragsrecht in der Mitgliederversammlung einer Genossenschaft; Hüffer/Koch/*Koch*, § 118 AktG Rn 9,
zum Recht der Aktionäre zur Teilnahme in der Hauptversammlung.

16, Abs. 2 und an den in § 18 genannten Angelegenheiten mit Ausnahme der Ernennung und Entlassung der Mitglieder der Aufsichts- und Vertretungsorgane stimmberechtigt mitwirken können.

28 Die stimmberechtigte Mitwirkung ist die Ausübung des Stimmrechts in der Mitgliederhauptversammlung. Nach der Absicht des Gesetzgebers sollte offengelassen werden, ob den Delegierten die **stimmberechtigte Mitwirkung in der Mitgliederhauptversammlung** zu gewähren ist; den Anforderungen des Abs. 2 Nr. 4 sollte auch die stimmberechtigte Mitwirkung in einem anderen Gremium genügen, solange die Mitgliederhauptversammlung die Entscheidungen dieses Gremiums jedenfalls „bei ihrer abschließenden Beschlussfassung beachten" muss.[27] Die Abstimmung in einem für die Entscheidung nicht zuständigen Gremium kann aber nicht unter die nach Abs. 2 Nr. 4 angeordnete stimmberechtigte Mitwirkung an der Entscheidung des zuständigen Gremiums subsumiert werden. Die vom Gesetzgeber verfolgte Absicht hat daher im Wortlaut keinen hinreichenden Niederschlag gefunden. Die Absicht steht auch im Widerspruch zu den in Abs. 2 Nr. 2 und Nr. 4 ausdrücklich angeordneten Teilnahmerechten der Delegierten. Eine Mediatisierung des Delegierteneinflusses durch die Isolierung ihrer Abstimmungsentscheidung in einem gesonderten Gremium wäre daher mit Abs. 2 Nr. 4 nicht zu vereinbaren.[28]

29 Den Delegierten können weitergehende Mitwirkungsmöglichkeiten eingeräumt werden („mindestens").

30 Die stimmberechtigte Mitwirkung nach Abs. 2 Nr. 4 i.V.m. § 17 Abs. 1 Nr. 12 bis 14 bei Repräsentationsvereinbarungen, Wahrnehmungsbedingungen und Tarifen soll zu den **Mindestrechten der Delegierten** gehören. Diese Beschlussgegenstände können allerdings durch Beschluss der Mitgliederhauptversammlung auf das Aufsichtsgremium verlagert (§ 17 Abs. 2) und so der Mitwirkung der Delegierten gänzlich entzogen werden.

31 Den Delegierten verbleibt bei **Kompetenzverlagerungen auf das Aufsichtsgremium** gem. § 17 Abs. 2 und § 18 Abs. 2 in aller Regel auch keine mittelbare Mitwirkung auf die von der Kompetenzverlagerung betroffenen Beschlussgegenstände. Zwar ordnet Abs. 2 Nr. 4 die stimmberechtigte Mitwirkung der Delegierten an Entscheidungen zur Kompetenzverlagerung auf das Aufsichtsgremium an. Diese Mitwirkungsmöglichkeit besteht aber nur nach Maßgabe zwingender rechtsformspezifischer Vorgaben. Soweit die Kompetenzordnung – wie regelmäßig – in Satzung oder Gesellschaftsvertrag, also im Statut, bestimmt ist, bedarf es zu Verlagerung der Kompetenzen auf das Aufsichtsgremium einer Änderung des Statuts. Bei Beschlüssen zum Statut (oder zu Änderung des Statuts) ist nach § 20 Abs. 2 Nr. 4 i.V.m. § 17 Abs. 1 Nr. 1 **keine stimmberechtigte Mitwirkung der Delegierten** vorgesehen. Auch insoweit ist zu prüfen, ob von der gesetzlichen Vorgabe zugunsten der Delegierten abgewichen werden kann. Dafür spricht, dass der Gesetzgeber die in § 20 Abs. 2 vorgesehenen Kompetenzen der Delegierten als Mindestkompetenzen ausgestaltet hat und annahm, dass die Mitwirkung bei weiteren Beschlussgegenständen zugunsten der Delegierten vorgesehen werden könne. Die ausschließliche Zuständigkeit der Mitglieder für die Änderung des Statuts kann sich aber aus rechtsformspezifischen zwingenden Bestimmungen zur Satzungsautonomie ergeben.[29]

32 Hat die Verwertungsgesellschaft die Kompetenzen ihrer Organe schon vor der erstmaligen Bestellung von Delegierten nach den Maßgaben des VGG geordnet und dabei von den Möglichkeiten des § 17 Abs. 3 und des § 18 Abs. 2 zur Verlagerung auf das Auf-

---

[27] Vgl. RegE-VGG, BT-Drucks. 18/7223, S. 79.
[28] A.A. BeckOK-UrhR/*Freudenberg*, § 20 VGG Rn 16, unter Hinweis auf die Begründung des RegE.
[29] Dazu siehe § 13 Rn 11.

sichtsgremium Gebrauch gemacht, ist eine **erneute Abstimmung unter Mitwirkung der Delegierten** erst recht nicht erforderlich.

c) Mitwirkung im Hinblick auf Leitungsorgane (Abs. 2 Nr. 4). Nach Abs. 2 Nr. 4. 33
i.V.m. § 18 Abs. 1 ist für die Delegierten im Statut der Verwertungsgesellschaft eine stimmberechtigte Mitwirkung bei Fragen der **Vergütung und sonstigen Leistungen an die Mitglieder der Organe** vorzusehen. Bei der Bestellung und Entlassung der Organmitglieder muss im Statut der Verwertungsgesellschaft nur eine beratende Mitwirkung der Delegierten vorgesehen werden. Diese Mitwirkungsmöglichkeit entfallen bei der Bestellung, Entlassung und Vergütung der Mitglieder des Vertretungsorgans, soweit die Kompetenz nach § 18 Abs. 2 auf das Aufsichtsgremium übertragen wurde.

4. Stimmkraft der Delegierten. Hinsichtlich der Stimmkraft der Delegierten sind 34
keine verpflichtenden Vorgaben für die Gestaltung im Statut vorgesehen. Danach können auch **unterschiedliche Stimmrechte der Delegierten** vorgesehen werden, solange die Differenzierung sachlich gerechtfertigt ist.[30] Ein Mindestgewicht der Delegiertenstimmen in der Mitgliederhauptversammlung ist nicht angeordnet und kann auch aus dem allgemeinen Mitwirkungsgrundsatz des § 16 nicht abgeleitet werden. Allerdings sind danach ein „angemessene und wirksame Verfahren der Mitwirkung" gleichermaßen für Mitglieder und für die Berechtigten, die nicht Mitglieder sind, vorzusehen. Ein vergleichbares Gewicht der Mitwirkungsrechte kann damit aber nicht gemeint sein. Denn das Gesetz geht ohnehin von nachrangigen Mitwirkungsrechten der Delegierten aus, die an entscheidenden Beschlussgegenständen nur beratend mitwirken können (vgl. Abs. 2 Nr. 4).

5. Ausübung von Mitgliedschaftsrechten ohne Anwesenheit (Abs. 3). Die Dele- 35
gierten können im selben Umfang wie die Mitglieder ihre Mitwirkungsrechte in der Mitgliederhauptversammlung **ohne Anwesenheit vor Ort** ausüben (Abs. 3).[31]

Soweit den Delegierten danach auch die Ausübung des Stimmrechts im Wege elekt- 36
ronischer Kommunikation zu ermöglichen ist, ist dabei Sorge dafür zu tragen, dass das Vertretungsverbot für Delegierte beachtet wird.[32]

III. Aufsicht durch das DPMA

1. Aufsichtsmaßnahmen. Die mangelnde Umsetzung der Gestaltungsvorgaben für 37
das Statut nach § 20 berechtigt die Aufsichtsbehörde, die Erteilung der Verwertungserlaubnis zu versagen (§ 79 Abs. 1 Nr. 1), eine bereits erteilte Erlaubnis zu widerrufen (§ 80), die Fortsetzung des Geschäftsbetriebes zu untersagen (§ 85 Abs. 2) oder sonstige „erforderliche Maßnahmen" zu ergreifen, um „sicherzustellen, dass die Verwertungsgesellschaft die ihr nach diesem Gesetz obliegenden Verpflichtungen ordnungsgemäß erfüllt" (§ 85 Abs. 1).[33]

2. Informationspflichten. Die Verwertungsgesellschaft ist gem. § 85 Abs. 4 S. 2 ver- 38
pflichtet, die Aufsichtsbehörde über die „Sitzungen" „der Vertretung der Delegierten" zu

---

30 Sachlich gerechtfertigt wäre etwa ein nach der Höhe der Beteiligung an den Ausschüttungen der Verwertungsgesellschaft gestaffeltes Stimmrecht, vgl. § 9 Abs. 3 GVL-Satzung.
31 Dazu siehe § 19 Rn 10 ff.
32 Dazu siehe Rn 14.
33 Eingehender dazu § 13 Rn 33 ff. und die Kommentierung zu den zitierten Vorschriften.

unterrichten. Da die **Gesamtheit der Delegierten kein gesondertes Organ** der Verwertungsgesellschaft bilden, sondern nur gem. Abs. 2 Nr. 3 an der Mitgliederhauptversammlung teilnehmen und dort nach Maßgabe von Abs. 2 Nr. 4 und Nr. 5 mitwirken, gibt es nach den organisationsrechtlichen Vorgaben des VGG keine „Sitzungen der Vertretung der Delegierten". Möglicherweise sollte eine Informationspflicht hinsichtlich der Termine der Wahlen nach § 20 Abs. 1 sowie der gewählten Delegierten angeordnet werden.[34]

ZWEITER UNTERABSCHNITT
Geschäftsführung und Aufsicht

§ 21
Geschäftsführung

(1) Die Verwertungsgesellschaft trifft Vorkehrungen dafür, dass die Personen, die kraft Gesetzes oder nach dem Statut zur Vertretung der Verwertungsgesellschaft berechtigt sind, ihre Aufgaben solide, umsichtig und angemessen erfüllen.

(2) ¹Damit Interessenkonflikte von Personen, die kraft Gesetzes oder nach dem Statut zur Vertretung der Verwertungsgesellschaft berechtigt sind, erkannt und vermieden werden, legt die Verwertungsgesellschaft Verfahren fest und wendet diese an, um Nachteile für Mitglieder und Berechtigte zu verhindern. ²Dabei legt die Verwertungsgesellschaft auch fest, dass unvermeidbare Interessenkonflikte offenzulegen, zu überwachen und baldmöglichst zu beenden sind.

(3) Die Personen, die kraft Gesetzes oder nach dem Statut zur Vertretung der Verwertungsgesellschaft berechtigt sind, geben gegenüber der Mitgliederhauptversammlung mindestens einmal jährlich eine persönliche Erklärung mit folgendem Inhalt ab:
1. ihre Beteiligungen an der Verwertungsgesellschaft,
2. die Höhe ihrer Vergütung und sonstigen Leistungen, die von der Verwertungsgesellschaft im abgelaufenen Geschäftsjahr bezogen wurden,
3. die Höhe der Beträge, die sie in der Eigenschaft als Berechtigter (§ 6) von der Verwertungsgesellschaft im abgelaufenen Geschäftsjahr erhalten haben, und
4. Art und Umfang eines tatsächlichen oder möglichen Konflikts zwischen ihren persönlichen Interessen und den Interessen der Verwertungsgesellschaft oder zwischen ihren Pflichten gegenüber der Verwertungsgesellschaft und ihren Pflichten gegenüber einer anderen natürlichen oder juristischen Person.

(4) Für die Zwecke der persönlichen Erklärung über die Höhe der in Absatz 3 Nummer 3 genannten Beträge kann die Verwertungsgesellschaft angemessene Stufen festlegen.

Übersicht

I. Allgemeines	II. Regelungsgehalt
1. Bedeutung der Regelung — 1	1. Vertretungsberechtigte Personen — 5
2. Vorgängerregelung — 2	2. Programmsatz (Abs. 1) — 7
3. Unionsrechtlicher Hintergrund — 3	3. Interessenkonflikte
4. Entstehungsgeschichte — 4	(Abs. 2 S. 1) — 10

---

[34] Rechtsfolgen gem. §§ 85 und 88 wegen mangelnder Unterrichtung der Rechtsaufsicht über die Termine der Berechtigtenversammlungen kommen nicht in Betracht, weil eine entsprechende Informationspflicht nicht angeordnet ist.

4. Nahestehende Personen und verbundene Unternehmen — 14
5. Offenlegung (Abs. 2 S. 2) — 15
6. Überwachung (Abs. 2 S. 2) — 16
7. Abhängige Verwertungseinrichtungen — 17
8. Erklärungspflicht (Abs. 3, Abs. 4)

a) Erklärung gegenüber der Mitgliederhauptversammlung (Abs. 3) — 18
b) Inhalt der Erklärung (Abs. 3 Nr. 1 bis 4) — 19
9. Stufenregelung (Abs. 4) — 23
III. Aufsicht durch das DPMA — 25

I. Allgemeines

1. Bedeutung der Regelung. § 21 soll im Interesse der Gesamtheit der Berechtigten 1 eine angemessene Führung der Geschäfte der Verwertungsgesellschaft gewährleisten und insbesondere eine Beeinträchtigung der Amtsführung der Mitglieder des Geschäftsführungsorgans durch **widerstreitende Partikularinteressen** vermeiden. Dazu sind von der Verwertungsgesellschaft Verfahren festzulegen, die im Konfliktfall die Beendigung der Geschäftsführungstätigkeit erlauben. Gesetzlich vorgeschrieben ist nach § 21 eine Informationspflicht der Organmitglieder, die die Aufdeckung von Interessenkonflikten ermöglichen soll.

2. Vorgängerregelung. Eine vergleichbare Vorgängerregelung war im UrhWG nicht 2 enthalten.

3. Unionsrechtlicher Hintergrund. Die Vorschrift setzt weitgehend wörtlich Art. 10 3 der VG-RL um.[1]

4. Entstehungsgeschichte. Neben leichten redaktionellen Änderungen in Abs. 3 4 wich der letztlich verabschiedete RegE[2] vom RefE[3] insbesondere durch Einführung der Stufenregelung des Abs. 4 ab.

II. Regelungsgehalt

1. Vertretungsberechtigte Personen. § 21 regelt Vorgaben hinsichtlich der „Per- 5 sonen, die kraft Gesetzes oder nach dem Statut zur Vertretung der Verwertungsgesellschaft berechtigt sind". Das sind in erster Linie die **Mitglieder der Geschäftsführungsorgane**.

Nach dem Gesetz oder dem Statut kann auch der Aufsichtsrat zur Vertretung einer 6 Gesellschaft befugt sein; das kommt etwa bei **Vertretung einer GmbH durch den Aufsichtsrat** bei Rechtsgeschäften mit ihrem Geschäftsführer in Betracht.[4] Ebenso kann die Gesellschafter- oder Mitgliederversammlung kraft Gesetzes oder nach dem Statut ausnahmsweise zur Vertretung einer Verwertungsgesellschaft berechtigt sein. Aus der amtlichen Überschrift („Geschäftsführung") und der amtlichen Begründung ist aber zu schließen, dass die Regelungen des § 21 nur für die **regulären Mitglieder des Geschäftsführungsorgans** der Verwertungsgesellschaft gelten sollen.[5] Die Beschränkung von § 21 auf die Mitglieder der Geschäftsführungsorgane unter Ausschluss der Mitglieder

---

[1] RegE-VGG, BT-Drucks. 18/7223, S. 79.
[2] RegE-VGG, BT-Drucks. 18/7223, S. 18.
[3] RefE des BMJV v. 9.6.2015, S. 17 f.
[4] Vgl. § 52 Abs. 1 GmbHG i. V. m. § 112 AktG.
[5] Nach der Begründung des RegE-VGG, BT-Drucks. 7223/18, S. 79, bezieht sich die Regelung nur auf die Geschäftsführung.

von Aufsichtsorganen wird auch dadurch bestätigt, dass in § 22 teilweise ähnliche Pflichten im Hinblick auf die Mitglieder des Aufsichtsgremiums bestimmt sind.

2. Programmsatz (Abs. 1). Nach Abs. 1 haben Verwertungsgesellschaften Vorkehrungen dafür zu treffen, dass die Mitglieder des Geschäftsführungsorgans „ihre Aufgaben solide, umsichtig und angemessen erfüllen". Abs. 1 ist ein **Programmsatz** ohne konkreten Regelungsgehalt.[6]

Die Mitglieder des Geschäftsführungsorgans haben von Gesetzes wegen die Geschäfte der Verwertungsgesellschaft mit der **Sorgfalt eines ordentlichen Geschäftsleiters** zu führen (vgl. § 43 Abs. 1 GmbHG, § 34 Abs. 1 S. 1 GenG, § 27 Abs. 3 BGB). Eine darüber hinausgehende Sorgfalt muss auch durch die nach Abs. 1 angeordneten Vorkehrungen nicht erfüllt werden. Konkrete Verpflichtungen der Verwertungsgesellschaft können Abs. 1 schon deshalb nicht entnommen werden, weil das Ziel einer „solide[n], umsichtige[n] und angemessene[n]" Unternehmensleitung zu vage ist, um konkrete Vorkehrungen bestimmen zu können, die zur Verwirklichung dieser Ziele erforderlich sind. Ausweislich der VG-RL zielt die Regelung auf die Vorgabe von **Verwaltungsverfahren, Rechnungslegungsverfahren und internen Kontrollmechanismen.**[7] Abs. 1 greift die VG-RL insoweit nicht auf und bestimmt auch nicht, welche Verfahren und Kontrollmechanismen im Einzelnen vorzusehen sind.

Die **Qualität der Unternehmensleitung** und die Vermeidung von Interessenkonflikten ist im Übrigen Gegenstand und Ziel verschiedener, teilweise sehr ins Detail gehender Bestimmungen des VGG und anderer gesetzlicher Vorgaben: Verfahrensregelungen zur Offenlegung von Interessen und zum Umgang mit Interessenkonflikten sind Gegenstand der Regelungen der nachfolgenden Abs. 2 bis 4; die Rechnungslegung einer Verwertungsgesellschaft ist rechtsformübergreifend in den §§ 238 ff. HGB, in rechtsformspezifischen Gesetzen und in § 24 geregelt; die Überwachung der Vertretungsorgane ist zwingende Aufgabe des Aufsichtsgremiums gem. § 22.

3. Interessenkonflikte (Abs. 2 S. 1). Abs. 2 ist zu entnehmen, dass die Mitglieder der Geschäftsführungsorgane einer Verwertungsgesellschaft keine widerstreitenden Interessen verfolgen dürfen. Derartige Interessenkonflikte sollen „vermieden werden" (S. 1); sie sind bei Unvermeidbarkeit „baldmöglichst zu beenden" (S. 2). Die Mitglieder der Geschäftsführungsorgane dürfen danach nicht zugleich Interessen verfolgen, die im **Gegensatz zu den Interessen der Gesamtheit der Mitglieder und Berechtigten** der Verwertungsgesellschaft stehen. Ein solcher Konflikt könnte sich etwa ergeben, wenn ein Mitglied eines Geschäftsführungsorgans zugleich Interessen von Nutzern der von der Verwertungsgesellschaft wahrgenommenen Rechte verfolgt oder deren Interessen auf andere Weise verpflichtet ist.

Widerstreitende Interessen i.S.d. Abs. 1 sind aber auch dann anzunehmen, wenn Mitglieder des Geschäftsführungsorgans zugleich **eigene Interessen oder die Interessen einzelner Berechtigter** verfolgen. Da die Verwertungsgesellschaften die Einnahmen aus der Verwertung der Rechte grds. unter den Berechtigten zu verteilen haben (§ 26 Nr. 1) und dabei nicht willkürlich vorgehen dürfen (§ 27), wäre eine zusätzliche Verfolgung eigener Interessen oder der Interessen einzelner Berechtigter ebenfalls ein Interessenkonflikt i.S.d. Abs. 1. Mitglieder der Geschäftsführungsorgane einer Verwertungsge-

---

6 Nach BeckOK-UrhR/*Freudenberg*, § 21 VGG Rn 3, ist Abs. 1 als Generalklausel zu verstehen.
7 Vgl. Art. 10 Abs. 1 VG-RL.

sellschaft dürfen also auch nicht zugleich für einzelne Berechtigte tätig oder deren Interessen auf andere Weise verpflichtet sein.[8]

Ein Interessenkonflikt, der sich daraus ergibt, dass das Mitglied des **Geschäftsfüh-** **12** **rungsorgans selbst als Berechtigter** mit der Verwertungsgesellschaft einen Vertrag über die Wahrnehmung seiner Rechte abgeschlossen hat, ist allerdings unerheblich. Denn Abs. 3 Nr. 3 setzt ausdrücklich voraus, dass auch Mitglieder der Geschäftsführungsorgane „in ihrer Eigenschaft als Berechtigter" Zahlungen der Verwertungsgesellschaft erhalten können. Danach ist auch nicht ausgeschlossen, dass eine Person zum Geschäftsführungsorgan einer Verwertungsgesellschaft bestellt wird, die in besonderem Maße als Berechtigte Ausschüttungen der Vewertungsgesellschaft erhält.

Aus der Verpflichtung, unvermeidliche Interessenkonflikte „baldmöglichst zu been- **13** den", ergeben sich mittelbar Beschränkungen bei der **Bestellung der Geschäftsführungsorgane**. Die Bestellung von solchen Personen, die für Nutzer der von der Verwertungsgesellschaft wahrgenommenen Rechte oder bereits für einzelne Berechtigte tätig oder deren Interessen auf andere Weise verpflichtet sind, scheidet von vornherein aus.[9] Ferner ist das Gebot der Vermeidung von Interessenkonflikten gem. Abs. 2 bei der **Ausgestaltung der Vergütungsregelungen** für die Mitglieder der Geschäftsführungsorgane zu beachten. Diese dürfen nicht so ausgestaltet sein, dass Anreize entstehen, gegen die Interessen der Gesamtheit der Mitglieder und Berechtigten zu handeln.

4. Nahestehende Personen und verbundene Unternehmen. Interessenkonflikte **14** im Verhältnis zur Gesamtheit der Berechtigten und Mitglieder einer Verwertungsgesellschaft können auch dann bestehen, wenn die Mitglieder der Geschäftsführungsorgane nicht selbst im widerstreitenden Interesse tätig oder solchen Interessen verpflichtet sind, sondern dies nur für die Interessen ihnen **nahestehender Personen oder von ihnen beherrschter Unternehmen** gilt. Insoweit ergeben sich aus Abs. 2 keine konkreten Vorgaben für die zu treffenden Vorkehrungen. Allerdings kann aus Abs. 3 Nr. 4 Alt. 2 geschlossen werden, dass diese Art von Interessenkonflikt nicht von vornherein unerheblich ist, weil dort ausdrücklich Informationspflichten im Hinblick auf Verpflichtungen der Organmitglieder gegenüber Dritten bestimmt werden. Die Verwertungsgesellschaft muss daher in den **Verträgen mit den Mitgliedern ihrer Geschäftsführungsorgane** auch regeln, in welchem Umfang diesen bei der Beurteilung von Interessenkonflikten, die der Fortsetzung ihrer Tätigkeit für die Verwertungsgesellschaft entgegenstehen, Interessen von nahestehenden Personen und verbundenen Unternehmen zugerechnet werden.

5. Offenlegung (Abs. 2 S. 2). Die Verwertungsgesellschaft ist nach den gem. Abs. 2 **15** zu treffenden Vorkehrungen auch verpflichtet, die Offenlegung und Beendigung von Interessenkonflikten „festzulegen". Das Gesetz lässt insoweit offen, welche Vorkehrungen im Einzelnen zu treffen sind. Jedenfalls sind Verwertungsgesellschaften danach gehalten, mit den Mitgliedern ihrer Geschäftsführungsorgane **vertraglich eine Verpflichtung zur Offenlegung von Interessenkonflikten**, insbesondere von Tätigkeiten im Interesse von und Verpflichtungen gegenüber Nutzern oder einzelnen Berechtigten

---

[8] Der RegE-VGG, BT-Drucks. 7223/18, S. 79, geht demgegenüber davon aus, dass die Mitglieder des Geschäftsführungsorgans einer Verwertungsgesellschaft zugleich Geschäftsführer von Berechtigten sein können, wenn er für diesen Fall die Informationspflichten nach Abs. 3 auch auf solche Berechtigten erstrecken will, deren Geschäftsführer zugleich dem Geschäftsführungsorgan der Verwertungsgesellschaft angehören.
[9] Ebenso BeckOK-UrhR/*Freudenberg*, § 21 VGG Rn 5.

zu vereinbaren. Darüber hinaus ist vor Vertragsschluss mit den Mitgliedern der Geschäftsführungsorgane nach entsprechenden Interessenkonflikten zu fragen. Denn auf anderem Wege kann die Verwertungsgesellschaft nur zufällig von bestehenden Interessenkonflikten erfahren.

16 **6. Überwachung (Abs. 2 S. 2).** Die Verwertungsgesellschaft ist gem. Abs. 2 auch zur Überwachung von unvermeidbaren Interessenkonflikten bei den Mitgliedern ihrer Geschäftsführungsorgane verpflichtet. Die Überwachung der Geschäftsführungsorgane ist gem. § 22 Abs. 3 Nr. 2 Sache des Aufsichtsgremiums. Zu dessen Pflichten gehört also auch die Überwachung der Beachtung der Pflichten der Geschäftsführungsorgane im Hinblick auf Interessenkonflikte und ggf. die Beendigung der Organstellung. Für den Fall, dass ein Interessenkonflikt nicht auf andere Art beendet werden kann, muss die Verwertungsgesellschaft nach Abs. 2 S. 2 vertraglich die **Beendigung der Organstellung** und der Vertragsbeziehung zu den Mitgliedern der Geschäftsführungsorgane vorsehen.[10]

17 **7. Abhängige Verwertungseinrichtungen.** Die Pflichten nach Abs. 1 und Abs. 2 gelten für die Mitglieder der Geschäftsführungsorgane einer abhängigen Verwertungseinrichtung gem. § 3 Abs. 2 entsprechend.

8. Erklärungspflicht (Abs. 3, Abs. 4)

18 **a) Erklärung gegenüber der Mitgliederhauptversammlung (Abs. 3).** Die Mitglieder des Geschäftsführungsorgans haben mindestens einmal jährlich gegenüber der Mitgliederhauptversammlung eine „persönliche Erklärung" abzugeben (Abs. 3). Diese Erklärung soll dazu dienen, mögliche Interessenkonflikte i.S.d. Abs. 2 erkennbar und damit vermeidbar zu machen.[11] Die Erklärung gilt als „der Mitgliederhauptversammlung" abgegeben, wenn die Mitglieder in oder im Vorfeld der Versammlung Gelegenheit zur Kenntnisnahme hatten. Sie muss auch nicht notwendig in der Mitgliederhauptversammlung selbst abgegeben werden; auch eine **Mitteilung an die Mitglieder**, etwa mit der Ladung zur Mitgliederhauptversammlung, erfüllt die Anforderungen einer Erklärung gegenüber dem Organ Mitgliederhauptversammlung.

19 **b) Inhalt der Erklärung (Abs. 3 Nr. 1 bis 4).** In der persönlichen Erklärung der Mitglieder der Geschäftsführungsorgane sind deren Beteiligungen an der Verwertungsgesellschaft (Nr. 1), die Höhe der im abgelaufenen Geschäftsjahr bezogenen Vergütung und sonstigen Leistungen (Nr. 2) und die Höhe der im abgelaufenen Geschäftsjahr als Berechtigter von der Verwertungsgesellschaft erhaltenen Beträge (Nr. 3) anzugeben. Zu den Beteiligungen i.S.v. Nr. 1 gehören auch mittelbare Beteiligungen.[12] Zu den Leistungen sonstiger Art i.S.v. Nr. 2 gehören insbesondere Versorgungszahlungen und Sachleistungen an die Mitglieder der Geschäftsführungsorgane.[13] Genaue Beträge der als Berechtigter von der Verwertungsgesellschaft erhaltenen Beträge (Nr. 3) sind nur anzugeben, wenn die Verwertungsgesellschaft keinen Gebrauch von der Möglichkeit gemacht hat, eine Stufenregelung gem. Abs. 4 einzuführen.[14]

---

10 Ebenso BeckOK-UrhR/*Freudenberg*, § 21 VGG Rn 6.
11 Vgl. RegE-VGG, BT-Drucks. 18/7223, S. 79. Zu Abs. 2 siehe Rn 10 ff.
12 Ebenso BeckOK-UrhR/*Freudenberg*, § 21 VGG Rn 8.
13 Vgl. RegE-VGG, BT-Drucks. 7223/18, S. 79.
14 Dazu siehe unten Rn 23.

20 Nach dem Wortlaut muss die Erklärung nur die entsprechenden Angaben zu den persönlichen Verhältnissen der Mitglieder des Geschäftsführungsorgans der Verwertungsgesellschaft enthalten. Der Gesetzgeber nahm darüber hinaus an, dass entsprechende **Angaben auch für Berechtigte** zu machen wären, für die das Organmitglied der Verwertungsgesellschaft zugleich vertretungsbefugt ist, da andernfalls Interessenkonflikte nicht erkennbar seien.[15] Eine solche Ausdehnung der Verpflichtung ist jedoch nicht veranlasst, weil die gleichzeitige Verpflichtung zur Geschäftsführung der Verwertungsgesellschaft und einzelner Berechtigter in jedem Fall einen Interessenkonflikt darstellt, der gem. Abs. 2 „baldmöglichst" zu beenden ist. Der Umfang der von dem Mitglied des Geschäftsführungsorgans zugleich von einem Berechtigten erhaltenen Vergütungen oder der von einem solchen Berechtigten erhaltenen Beträge der Verwertungsgesellschaft ist für die Beurteilung eines die Tätigkeit als Mitglied des Vertretungsorgans der Verwertungsgesellschaft belastenden Interessenkonflikts daher irrelevant.

21 Die persönliche Erklärung der Mitglieder des Geschäftsführungsorgans muss nicht nur die Indizien eines Interessenkonflikts gem. Nr. 1 bis Nr. 3 in seiner persönlichen Erklärung offenlegen, sondern nach der Auffangklausel der Nr. 4 auch im Übrigen zu „Art und Umfang" jedes „tatsächlichen oder möglichen" Interessenkonflikts Auskunft geben. Nach dem Zusammenhang beschränkt sich diese Auskunftspflicht auf **Konflikte im Verhältnis zu den Interessen der Gesamtheit der Berechtigten der Verwertungsgesellschaft**.[16] Danach sind insbesondere Vertragsbeziehungen der Mitglieder des Geschäftsführungsorgans zu einzelnen Berechtigten der Verwertungsgesellschaft und die in diesem Rahmen bezogenen Vergütungen und sonstigen Leistungen offenzulegen.

22 Vertragsbeziehungen zwischen einzelnen Berechtigten und den Organmitgliedern **nahestehenden Personen** oder von den Organmitgliedern **beherrschten Unternehmen** sind nicht von Gesetzes wegen offenzulegen. Denn wenn es bei den nach Abs. 2 zu treffenden Vorkehrungen der Verwertungsgesellschaft überlassen bleibt, in welchem Umfang die Einbeziehung Dritter bei der Feststellung von Interessenkonflikten geboten ist,[17] muss auch eine Verpflichtung zur Offenlegung insoweit der Verwertungsgesellschaft vorbehalten bleiben. Denn soweit nach den Vorkehrungen der Verwertungsgesellschaft zur Vermeidung von Interessenkonflikten Interessenkonflikte mit Dritten unberücksichtigt bleiben können, besteht auch kein Bedürfnis, Informationen offenzulegen.

9. Stufenregelung (Abs. 4). Für die Beurteilung eines der Tätigkeit als Mitglied der 23 Geschäftsführung einer Verwertungsgesellschaft entgegenstehenden Interessenkonflikts ist die genaue Höhe der gem. Nr. 3 anzugebenen Beträge nicht erforderlich. Abs. 4 eröffnet daher die Möglichkeit, anstelle der genauen Beträge nur **Bandbreiten** anzugeben, in denen die Beträge liegen. Für Vergütungen und sonstige Leistungen gem. Nr. 2 sind demgegenüber die in konkreten Beträgen anzugeben.

24 Der Verwertungsgesellschaft bleibt es dabei überlassen, die Stufen dieser Größenordnungen zu bestimmen. Bei dieser Bestimmung ist die **Funktion der Erklärungspflicht** zu beachten. Die Stufen müssen danach so bestimmt werden, dass die Wahrscheinlichkeit einer Beeinträchtigung der Geschäftsführung der Verwertungsgesellschaft im Interesse der Gesamtheit der Berechtigten aus der Einordnung der Beträge in einer bestimmten Bandbreite gefolgert werden kann.[18] Sachgerecht erscheinen danach bei-

---

15 RegE-VGG, BT-Drucks. 7223/18, S. 79. Ebenso BeckOK-UrhR/*Freudenberg*, § 21 VGG Rn 14.
16 Vgl. dazu die Ausführungen zu Abs. 2 unter Rn 10 ff.
17 Siehe Rn 14.
18 Nach der Begründung des RegE sollen die in den Regelungen zur Offenlegung von Nebentätigkeiten der Abgeordneten des Deutschen Bundestages vorgesehenen Stufen grds. als angemessen anzusehen sein;

spielsweise die Festlegung einer Bagatellgrenze, bis zu der eine Beeinträchtigung a limine nicht zu gewärtigen ist, einer weiteren Größenordnung, innerhalb der eine solche Beeinträchtigung nicht ohne weiteres anzunehmen ist, jedenfalls aber in Betracht kommt, und eines Schwellenwertes, ab dem im Regelfall mit einer Beeinträchtigung zu rechnen ist.

III. Aufsicht durch das DPMA

25 Rechtfertigen Tatsachen die Annahme, dass eine nach Gesetz oder Statut zur Vertretung der Verwertungsgesellschaft berechtigte Person die für die Ausübung ihrer Tätigkeit erforderliche Zuverlässigkeit nicht besitzt, kann das DPMA als Aufsichtsbehörde gem. § 79 Abs. 1 Nr. 2 die Erlaubnis versagen, es sei denn, es handelt sich um eine Verwertungsgesellschaft mit Sitz außerhalb der Bundesrepublik Deutschland (§ 79 Abs. 2).[19]

26 Für den Fall, dass Tatsachen die Annahme rechtfertigen, dass ein nach Gesetz oder Statut zur Vertretung der Verwertungsgesellschaft Berechtigter die für die Ausübung seiner Tätigkeit erforderliche Zuverlässigkeit nicht besitzt, muss das DPMA als Aufsichtsbehörde gem. § 85 Abs. 5 AS. 1 eine Frist zu seiner Abberufung setzen.[20] Es kann dem Vertretungsberechtigten auch bis zum Ablauf dieser Frist gem. § 85 Abs. 5 S. 2 die weitere Ausübung seiner Tätigkeit untersagen, wenn dies zur Abwendung schwerer Nachteile erforderlich ist.

27 Sollte die Verwertungsgesellschaft ihrer Unterrichtungspflicht gem. § 88 Abs. 1 beim Wechsel der Vertretungsberechtigten nicht nachkommen, ist das DPMA als Aufsichtsbehörde auch berechtigt, die Fortsetzung des Geschäftsbetriebes zu untersagen (§ 85 Abs. 2) oder sonstige „erforderliche Maßnahmen" zu ergreifen, um „sicherzustellen, dass die Verwertungsgesellschaft die ihr nach diesem Gesetz obliegenden Verpflichtungen ordnungsgemäß erfüllt" (§ 85 Abs. 1).[21]

§ 22
Aufsichtsgremium

(1) Die Verwertungsgesellschaft verfügt über ein Gremium, das mit der kontinuierlichen Überwachung derjenigen Personen betraut ist, die kraft Gesetzes oder nach dem Statut zur Vertretung der Verwertungsgesellschaft berechtigt sind (Aufsichtsgremium).

(2) In dem Aufsichtsgremium müssen die verschiedenen Kategorien von Mitgliedern fair und ausgewogen vertreten sein.

(3) Das Aufsichtsgremium hat mindestens folgende Befugnisse und Aufgaben:
1. die Befugnisse, die ihm von der Mitgliederhauptversammlung übertragen werden;
2. die Tätigkeit und die Aufgabenerfüllung derjenigen Personen zu überwachen, die kraft Gesetzes oder nach dem Statut zur Vertretung der Verwertungsgesellschaft berechtigt sind;

---

ebenso BeckOK-UrhR/*Freudenberg*, § 21 VGG Rn 16. Nach diesen Verhaltensregeln des Deutschen Bundestages werden insgesamt zehn Stufen zwischen bis 3.500 Euro und mehr als 250.000 Euro unterschieden. Eine solche Differenzierung ist für den Zweck der Informationspflicht nicht erforderlich.
19 Siehe § 79 Rn 10.
20 Siehe § 85 Rn 27.
21 Eingehender dazu § 13 Rn 35 ff. und die Kommentierung zu den zitierten Vorschriften.

3. die Tätigkeit und die Aufgabenerfüllung derjenigen Personen zu überwachen, die kraft Gesetzes oder nach dem Statut zur Vertretung einer von der Verwertungsgesellschaft abhängigen Verwertungseinrichtung berechtigt sind, soweit die abhängige Verwertungseinrichtung Tätigkeiten einer Verwertungsgesellschaft ausübt.

(4) Das Aufsichtsgremium tritt regelmäßig zusammen und berichtet der Mitgliederhauptversammlung mindestens einmal im Jahr über seine Tätigkeit.

(5) Die Mitglieder des Aufsichtsgremiums geben mindestens einmal jährlich gegenüber der Mitgliederhauptversammlung eine Erklärung nach § 21 Absatz 3 ab. § 21 Absatz 4 gilt entsprechend.

Übersicht
I. Allgemeines
   1. Bedeutung der Regelung —— 1
   2. Vorgängerregelung —— 2
   3. Unionsrechtlicher Hintergrund —— 3
   4. Entstehungsgeschichte —— 4
II. Regelungsgehalt
   1. Aufsichtsgremium (Abs. 1) —— 6
   2. Faire und ausgewogene Vertretung der Kategorien von Mitgliedern (Abs. 2)
     a) Kategorien von Mitgliedern —— 10
     b) Vertreter von Kategorien von Mitgliedern —— 11
     c) Faire und ausgewogene Vertretung —— 14
   3. Befugnisse und Aufgaben
     a) Überwachung der Geschäftsführung (Abs. 1) —— 15
     b) Weitere Aufgaben —— 17
   4. Sitzungs- und Berichtpflicht (Abs. 4) —— 20
   5. Erklärungspflicht (Abs. 5 S. 1) —— 23
   6. Stufenregelung (Abs. 5 S. 2) —— 24
III. Aufsicht durch das DPMA
   1. Umsetzung der Gestaltungsvorgaben —— 25
   2. Informationspflichten —— 26

I. Allgemeines

1. Bedeutung der Regelung. Die Regelung schreibt für Verwertungsgesellschaften 1 die Bildung eines **gesonderten Aufsichtsgremiums** vor, selbst wenn ein solches nach rechtsformspezifischen Vorgaben nicht gefordert ist oder die Verwertungsgesellschaft nur wenige Gesellschafter hat. Das Gremium soll die Geschäftsführung überwachen und **repräsentativ im Verhältnis zu den Berechtigten** der Verwertungsgesellschaft besetzt sein. Tendenziell ergibt sich aus dieser Vorgabe eine Besetzung mit zahlreichen Mitgliedern, die nicht notwendig mit der Überwachung der Geschäftsführungstätigkeit erfahren sind. Dem Gremium können zusätzlich **zentrale Aufgaben bei der Steuerung der Verwertungsgesellschaft**, etwa die Bestellung und Abberufung der Geschäftsführungsorgane, darüber hinaus weitere zentrale Geschäftsführungsaufgaben, etwa die Gestaltung der Wahrnehmungsbedingungen und der Tarife durch die Mitgliederhauptversammlung, zugewiesen werden.

2. Vorgängerregelung. Das UrhWG enthielt keine vergleichbare Regelung.   2

3. Unionsrechtlicher Hintergrund. Die Vorschrift setzt weitgehend wörtlich Art. 9 3 der VG-Richtlinie um und fordert, dass die Verwertungsgesellschaft über ein Gremium verfügen muss, das die Geschäftsführung kontinuierlich überwacht.[1] Im Einklang mit Erwägungsgrund 24 S. 3 VG-RL ist nach Abs. 1 kein gesetzlich normiertes Überwachungsorgan vorgeschrieben. Abs. 2 beruht auf Art. 9 Abs. 2 VG-RL.

---

[1] RegE-VGG, BT-Drucks. 18/7223, S. 79.

4   **4. Entstehungsgeschichte.** Abgesehen von kleineren redaktionellen Änderungen in Abs. 3 wich der RegE[2] vom RefE[3] allein durch die Anordnung der entsprechenden Anwendung von § 21 Abs. 4 ab.

5   Der Bundesrat forderte allerdings, um die Akzeptanz und Transparenz weiter zu erhöhen, eine Besetzung der satzungsmäßigen Aufsichtsgremien der Verwertungsgesellschaften mit Vertretern von **Verbraucherverbänden**.[4] Diesen Vorschlag lehnte die Bundesregierung ab, weil es sich bei der kollektiven Rechtewahrnehmung durch Verwertungsgesellschaften um eine spezielle Form der Ausübung privater Rechte durch Urheber und Inhaber verwandter Schutzrechte handele, denen allein obliege, über die Art und Weise der Wahrnehmung ihrer Rechte zu entscheiden. Außerdem seien Interessen Dritter und öffentliche Interessen durch die neuen Leitlinien des RegE (bspw. hinsichtlich der Tarifgestaltung), neue Informations- und Berichtspflichten und die Aufsicht durch das DPMA hinreichend geschützt und gewahrt.

II. Regelungsgehalt

6   **1. Aufsichtsgremium (Abs. 1).** Jede Verwertungsgesellschaft muss ein Gremium bilden, das „mit der kontinuierlichen Überwachung derjenigen Personen betraut ist, die kraft Gesetzes oder nach dem Statut zur Vertretung der Verwertungsgesellschaft berechtigt sind", also die Mitglieder des Geschäftsführungsorgans.[5] Die Überwachung der Mitglieder des Geschäftsführungsorgans eines Vereins oder einer GmbH ist, wenn die Satzung nichts Abweichendes vorsieht, Sache der Gesellschafter- oder Mitgliederversammlung. Gleichwohl muss auch bei Verwertungsgesellschaften in diesen Rechtsformen ein **gesondertes Überwachungsorgan** gebildet werden. Das gilt auch dann, wenn der Verwertungsgesellschaft nur wenige Gesellschafter angehören. Denn nach Abs. 4 muss das Aufsichtsgremium ein von der Mitgliederhauptversammlung verschiedenes Gremium sein.

7   Soweit die Verwertungsgesellschaft schon nach rechtsformspezifischen Vorgaben zwingend einen Aufsichtsrat hat, können diesem die Aufgaben des Aufsichtsgremiums i.S.d. § 22 zugewiesen werden.[6]

8   Wird das Aufsichtsgremium durch Satzungsgestaltung eingeführt, muss es nicht „Aufsichtsgremium" genannt werden.[7] Soweit dem Gremium nach der Satzung die Funktion der Überwachung der Geschäftsführung zugewiesen ist, kann auch ein „**Aufsichtsrat**" oder „**Verwaltungsrat**" den Anforderungen des § 22 genügen.[8] Die Bildung eines gesonderten Aufsichtsgremiums nach § 22 neben einem von Gesetzes wegen oder nach der Satzung gebildeten Aufsichtsrats ist nicht möglich, da dann konkurrierende Zuständigkeiten für die Überwachung der Geschäftsführung bestünden.[9]

9   Das Aufsichtsgremium muss mit der kontinuierlichen Überwachung der Mitglieder der Geschäftsführung betraut sein. Daraus folgt indes nicht, dass die Mitglieder haupt-

---

2   RegE-VGG, BT-Drucks. 18/7223, S. 18.
3   RefE des BMJV v. 9.6.2015, S. 18.
4   Stellungnahme des Bundesrats v. 29.1.2016, BR-Drucks. 634/15, S. 2.
5   Dazu siehe § 21 Rn 5f.
6   Etwa bei Verwertungsgesellschaften in der Rechtsform der Genossenschaft, vgl. § 9 Abs. 1 S. 1 GenG.
7   So allerdings § 5.5 GVL-Satzung.
8   So etwa der Aufsichtsrat gem. § 13 der GEMA-Satzung oder der Verwaltungsrat gem. § 11 der VG-Wort-Satzung. Ebenso BeckOK-UrhR/*Freudenberg*, § 22 VGG Rn 3.
9   A.A. BeckOK-UrhR/*Freudenberg*, § 22 VGG Rn 1, der meint, dass das Aufsichtsgremium nach § 22 neben einem „nach dem Gesellschafts- oder Vereinsrecht rechtsformabhängig vorgegebenen Aufsichtsorgan" bestehen könne.

amtlich für das Aufsichtsgremium tätig sein müssen. Dem Aufsichtsgremium können auch ausschließlich **ehrenamtlich tätige Mitglieder** angehören.

2. Faire und ausgewogene Vertretung der Kategorien von Mitgliedern (Abs. 2)

a) **Kategorien von Mitgliedern.** Im Aufsichtsgremium müssen nach Abs. 2 verschiedene Kategorien von Mitgliedern vertreten sein. Das Kriterium der Kategorienbildung ist dabei nicht bestimmt. Ebenso wie im Kontext von § 16 S. 2 und von § 19 Abs. 4 S. 2 ist dabei nicht an die Kategorien der Schutzrechte anzuknüpfen, sondern an eine **Kategorisierung nach Berufsbildern oder Branchen.**[10] 10

b) **Vertreter von Kategorien von Mitgliedern.** Das Aufsichtsgremium muss nicht ausschließlich, auch nicht vorrangig, aus Mitgliedern der Verwertungsgesellschaft bestehen.[11] Allerdings müssen die Mitglieder des Aufsichtsgremiums als „Vertreter" einer Berufsgruppe angesehen werden können. Vertretungsmacht für Angehörige einer Berufsgruppe ist danach jedoch nicht Voraussetzung für die Mitgliedschaft im Aufsichtsgremium. Ausreichend ist vielmehr, wenn die Mitglieder auf beliebiger Grundlage als **Repräsentanten einer Berufsgruppe** angesehen werden können. Soweit Mitglieder der Verwertungsgesellschaft zu Mitgliedern des Aufsichtsgremiums bestellt werden, können sie den Berufsgruppen, denen sie selbst angehören, ohne weiteres als „Vertreter" zugerechnet werden; dasselbe gilt für Berechtigte oder Organmitglieder von Mitgliedern oder Berechtigten, die zu Mitgliedern des Aufsichtsgremiums bestellt werden. 11

Die Mitglieder des Aufsichtsgremiums sind **zwingend von der Mitgliederhauptversammlung zu wählen** (§ 18 Abs. 2 Nr. 2 bis 4). Gleichzeitig muss bei der Wahl der Repräsentationsgedanke des Abs. 2 beachtet werden. Um eine Vertretung der verschiedenen Kategorien von Mitgliedern im Aufsichtsrat zu erreichen, kann daher bei den Wahlen von Mitgliedern, die einer Berufsgruppe zuzurechnen sind, das Stimmrecht von Mitgliedern, die anderen Berufsgruppen angehören, ausgeschlossen werden.[12] Wird **nach Berufsgruppen getrennt gewählt**, muss sichergestellt sein, dass eine Beschlussfeststellung erst in Betracht kommt, wenn die Gesamtheit der Mitglieder zumindest die Gelegenheit zur Befassung mit dem Beschlussgegenstand hatte.[13] Andernfalls wäre die zwingende Kompetenzzuweisung des § 18 Abs. 2 Nr. 2 bis 4 nicht gewahrt. 12

Ist das Stimmrecht bei der Wahl eines Mitglieds des Aufsichtsrats einer Berufsgruppe vorbehalten, kann auch ein so gewählter **außenstehender Dritter** als Vertreter einer Berufsgruppe zugerechnet werden, ohne dass er zugleich selbst Mitglied der Verwertungsgesellschaft und Angehöriger einer Berufsgruppe sein muss. Einer besonderen sat- 13

---

10 Siehe § 16 Rn 14 ff., § 19 Rn 23.
11 A.A. BeckOK-UrhR/*Freudenberg*, § 22 VGG Rn 4, der aus Abs. 2 schließt, dass die Mitglieder des Aufsichtsgremiums „vorrangig" von Mitglieder der Verwertungsgesellschaft sein müssten. Eine Zuordnung zu Kategorien ist aber auch möglich, wenn die Wahl den Mitgliedern einer Kategorie vorbehalten bleibt. Eine Beschränkung auf Mitglieder der Verwertungsgesellschaft verbietet sich auch nach Erwägungsgrund 24 der VG-RL, wonach ausdrücklich empfohlen wird, „Dritte, ... die die einschlägige Fachkompetenz haben, und Rechtsinhaber, die die Voraussetzungen für die Mitgliedschaft nicht erfüllen" in das Aufsichtsgremium zu wählen.
12 So etwa nach § 10 Abs. 3 der VG Media-Satzung oder § 11.1 GVL-Satzung.
13 Vgl. etwa die getrennten Wahlen der Aufsichtsratsmitglieder der GEMA nach § 10 Abs. 6 lit. c und § 11 lit. a der GEMA-Satzung in Verbindung mit der Befassung der GEMA-Hauptversammlung gem. Teil II Abschnitt 2 Abs. (7) der Wahl- und Versammlungsordnung der GEMA. Dazu siehe auch § 17 Rn 8.

zungsmäßigen Zulassung von Außenstehenden zur Wahl in das Aufsichtsgremium bedarf es nicht.[14]

14 **c) Faire und ausgewogene Vertretung.** Das Gebot der fairen und ausgewogenen Vertretung verbietet jedenfalls sachgrundlose Differenzierungen und willkürliche Ungleichbehandlungen von Mitgliedern unterschiedlicher Kategorien bei der Zusammensetzung des Aufsichtsgremiums. Die Regelung setzt zugleich voraus, dass für die Zusammensetzung des Aufsichtsrats an die **nach Berufsbildern gebildeten Kategorien** angeknüpft werden darf und diesen Berufsgruppen Aufsichtsratssitze vorbehalten werden dürfen.[15] Dabei ist auch eine Differenzierung nach Maßgabe der den Angehörigen einer Berufsgruppe zuzuordnenden Erlöse zulässig. Aus dem Gebot der fairen und ausgewogenen Vertretung kann bei der Bildung von Kategorien nach Berufsbildern allerdings nicht darauf geschlossen werden, dass jeder Berufsgruppe, deren Rechte wahrgenommen werden, ein Sitz im Aufsichtsgremium vorbehalten werden muss.[16] Zur **Erhaltung der Arbeitsfähigkeit des Aufsichtsgremiums** kann es sachlich geboten sein, Berufsgruppen, deren Angehörigen nur ein geringer Teil der Verwertungserlöse zuzuordnen ist, bei der Bildung der Kategorien und damit auch bei der Zusammensetzung des Aufsichtsgremiums unberücksichtigt zu lassen.[17]

3. Befugnisse und Aufgaben

15 **a) Überwachung der Geschäftsführung (Abs. 1).** Das Aufsichtsgremium hat jedenfalls die Befugnis und Aufgabe, die Geschäftsführung zu überwachen (Abs. 1). Daher muss das Aufsichtsgremium berechtigt sein, von den Mitgliedern der Geschäftsführungsorgane **Rechenschaft über die Geschäftstätigkeit und Informationen zu einzelnen Geschäftsführungsmaßnahmen** und Geschäftsvorfällen zu verlangen. Im Übrigen sind gesetzliche Regelungen zum Aufsichtsrat der Aktiengesellschaft auf den Aufsichtsrat einer Verwertungsgesellschaft nur anzuwenden, soweit die Anwendbarkeit im Statut angeordnet ist.

16 Die Befugnis, die Mitglieder der Geschäftsführungsorgane abzuberufen, ist allerdings – vorbehaltlich einer abweichenden Entscheidung der Mitgliederhauptversammlung – der Mitgliederhauptversammlung vorbehalten. Soweit die Mitgliederhauptversammlung diese Kompetenz nicht auf das Aufsichtsgremium übertragen hat (vgl. § 18 Abs. 2), bleibt dem Aufsichtsgremium im Rahmen seiner Überwachungstätigkeit nur die Möglichkeit, die Einberufung der Mitgliederhauptversammlung zu verlangen und dieser die **Abberufung der Mitglieder der Geschäftsführung** vorzuschlagen. Eine damit verbundene Schwäche der Überwachung durch das Aufsichtsgremium sollte durch die Verlagerung der Abberufungskompetenz auf das Aufsichtsgremium vermieden werden. Mit der Abberufung ergibt sich die Notwendigkeit der **Neubestellung von Mitgliedern der Geschäftsführung**. Damit dieser Aspekt bei der Abberufung beachtet wird, empfiehlt

---

14 A.A. ohne Begründung BeckOK-UrhR/*Freudenberg*, § 22 VGG Rn 5.
15 Zur Kategorienbildung nach Berufsbildern siehe auch § 16 Rn 14 ff.
16 A.A. Dreier/Schulze/*Schulze*, § 22 VGG Rn 3; BeckOK-UrhR/*Freudenberg*, § 22 VGG Rn 10, der sogar annimmt, dass die Kategorien von Mitgliedern in demselben Verhältnis im Aufsichtsgremium vertreten sein müssten, wie sich die Mitglieder der Verwertungsgesellschaft insgesamt auf diese Kategorien verteilen.
17 Zu der entsprechenden Frage zu § 16 siehe § 16 Rn 18. Zur Berücksichtigung des Ausschüttungsvolumens bei der Ausgestaltung der Mitwirkungsrechte siehe auch BeckOK-UrhR/*Freudenberg*, § 16 VGG Rn 9.

sich, ggf. auch diese Kompetenz dem Aufsichtsgremium zuzuweisen, damit dieses seine Überwachungsaufgabe effektiv wahrnehmen kann.

b) Weitere Aufgaben. Neben der Überwachung der Personen, die zur Vertretung 17
der Verwertungsgesellschaft berechtigt sind (Abs. 1), wird in Abs. 3 Nr. 2 dem Aufsichtsgremium die Überwachung der „Tätigkeit und Aufgabenerfüllung" dieser Personen als Aufgabe zugewiesen. Eine über Abs. 1 hinausgehende Aufgabe oder Befugnis ist damit nicht verbunden. Maßstab für die Überwachung ist die Verpflichtung der Mitglieder der Geschäftsführungsorgane zur ordnungsgemäßen Geschäftsführung gem. § 21 Abs. 1. Zu den Aufgaben des Aufsichtsgremiums gehört auch die Überwachung von Interessenkonflikten bei den Mitgliedern der Geschäftsführungsorgane gem. § 21 Abs. 2.

Nach Abs. 3 Nr. 1 hat das Aufsichtsgremium die ihm von der Mitgliederhauptver- 18
sammlung übertragenen Befugnisse. Das sind insbesondere die Befugnisse gem. § 17 Abs. 1 Nr. 3 bis 5 und Nr. 10 bis 14, soweit diese gem. § 17 Abs. 2 von der Mitgliederhauptversammlung auf das Aufsichtsgremium übertragen wurden. Der Aufsichtsrat einer Verwertungsgesellschaft kann danach unmittelbaren Einfluss auf Geschäftsführungsmaßnahmen haben und ist nicht auf ein bloße Aufsichts- und Kontrollfunktion beschränkt. Darüber hinaus steht es der Mitgliederhauptversammlung frei, dem Aufsichtsgremium weitere Befugnisse zu übertragen, soweit dabei die Vorbehaltsaufgaben der Mitgliederhauptversammlung gem. § 17 Abs. 1 nicht berührt werden. Danach kann dem Aufsichtsrat auch ein umfassendes Weisungsrecht im Verhältnis zum Geschäftsführungsorgan eingeräumt werden.

Ohne besondere Anordnung obliegt dem Aufsichtsgremium nach Abs. 3 Nr. 3 zwin- 19
gend die Überwachung der Vertretungsberechtigten einer von der Verwertungsgesellschaft **abhängigen Verwertungseinrichtung** i.S.v. § 3. Diese Anordnung führt bei abhängigen Verwertungseinrichtungen, deren Anteile von einer Vielzahl von Verwertungsgesellschaften gehalten werden, dazu, dass sämtliche Aufsichtsgremien dieser Verwertungsgesellschaften zwingend für die Überwachung der Geschäftsführungsorgane dieser abhängigen Verwertungseinrichtung zuständig sind.[18] Bei solchen abhängigen Verwertungseinrichtungen sollte es zur Erfüllung der Überwachungspflicht nach Abs. 3 Nr. 3 genügen, wenn die Überwachungsaufgabe auf das Aufsichtsgremium einer der beteiligten Verwertungsgesellschaften delegiert wird. Um den Anforderungen des Abs. 3 Nr. 3 zu genügen, muss die **Delegation der Aufsichtstätigkeit** allerdings vorsehen, dass die Aufsichtsgremien der übrigen beteiligten Verwertungsgesellschaften über die Aufsichtstätigkeit des kraft Delegation primär zuständigen Aufsichtsgremiums unterrichtet werden und über dieses Informationen von der Geschäftsführung der abhängigen Verwertungseinrichtung einholen können.

4. Sitzungs- und Berichtspflicht (Abs. 4). Das Aufsichtsgremium ist verpflichtet, 20
regelmäßige Sitzungen abzuhalten. Eine bestimmte **Häufigkeit der Sitzungen** ist nicht vorgegeben. Soweit das Verhalten der Geschäftsführung oder die Lage der Verwertungsgesellschaft dazu Anlass geben, kann es geboten sein, die Frequenz der Aufsichtsgremiumssitzungen zu erhöhen bzw. außerordentliche Sitzungen einzuberufen.[19]

---

18 Das gilt etwa für die ZPÜ – Zentralstelle für private Überspielungsrechte.
19 So kann sich das Einberufungsrecht des Vorsitzenden bzw. eines Mitglieds des Aufsichtsratsgremiums aus verschiedenen Gründen zu einer Einberufungspflicht verdichten, vgl. Semler/v. Schenck/*v. Schenck*, § 5 Rn 98, und zu § 110 AktG MüKoAktG/*Habersack*, § 110 Akt. Rn 7 m.w.N, sowie Hüffer/Koch/*Koch*, § 110 AktG Rn 6 unter Hinweis auf OLG Braunschweig, Beschl. v. 14.6.2012 – Ws 44/12, Ws 45/12 – NJW 2012, 3798.

21 Nach dem Wortlaut von Abs. 4 könnte angenommen werden, dass die Sitzungen des Aufsichtsgremiums als Präsenzversammlungen durchgeführt werden müssen.[20] Auch ein **virtuelles Zusammentreffen** kann aber unter den Begriff des „Zusammentretens" subsumiert werden; jedenfalls die Abhaltung der Sitzung als Videokonferenz ist danach ebenso zulässig.[21]

22 Das Aufsichtsgremium ist verpflichtet, der Mitgliederhauptversammlung mindestens einmal jährlich über seine Tätigkeit zu **berichten**. Zu diesem Bericht gehört jedenfalls die Angabe der stattgefundenen Aufsichtsratssitzungen und der Gegenstände, mit denen sich das Gremium in diesen Sitzungen befasst hat. Weitergehende Berichtspflichten ergeben sich in entsprechender Anwendung von § 171 Abs 2 AktG. Danach ist über die Prüfung der Geschäftsführung und das Ergebnis der Abschlussprüfung zu berichten und zum Jahresabschluss selbst Stellung zu nehmen.[22]

23 **5. Erklärungspflicht (Abs. 5 S. 1).** Die Mitglieder des Aufsichtsrats haben einmal im Jahr der Mitgliederhauptversammlung gegenüber eine Erklärung nach § 21 Abs. 3 abzugeben.[23] Auch insoweit ist die Veröffentlichung der Erklärung mit der Ladung zur Mitgliederhauptversammlung ausreichend.[24]

24 **6. Stufenregelung (Abs. 5 S. 2).** Für die Beurteilung eines der Tätigkeit als Mitglied des Aufsichtsgremiums einer Verwertungsgesellschaft entgegenstehenden Interessenkonflikts ist die genaue Höhe der gem. Abs. 5 S. 1 anzugebenen Beträge nicht erforderlich. S. 2 eröffnet daher mit der Verweisung auf § 21 Abs. 4 die Möglichkeit, anstelle der genauen Beträge nur **Bandbreiten** anzugeben, in der die Beträge liegen.[25]

III. Aufsicht durch das DPMA

25 **1. Umsetzung der Gestaltungsvorgaben.** Die mangelnde Umsetzung der Gestaltungsvorgaben für das Statut nach § 22 berechtigt die Aufsichtsbehörde, die Erteilung der Verwertungserlaubnis zu versagen (§ 79 Abs. 1 Nr. 1), eine bereits erteilte Erlaubnis zu widerrufen (§ 80), die Fortsetzung des Geschäftsbetriebes zu untersagen (§ 85 Abs. 2) oder sonstige „erforderliche Maßnahmen" zu ergreifen, um „sicherzustellen, dass die Verwertungsgesellschaft die ihr nach diesem Gesetz obliegenden Verpflichtungen ordnungsgemäß erfüllt" (§ 85 Abs. 1).[26]

26 **2. Informationspflichten.** Die Verwertungsgesellschaft ist gem. § 85 Abs. 4 S. 2 und § 88 Abs. 2 Nr. 5 verpflichtet, die Aufsichtsbehörde über die „Sitzungen" „des Aufsichtsrats, des Verwaltungsrats, des Aufsichtsgremiums" und deren Ausschüssen sowie die von diesen gefassten Beschlüsse zu unterrichten.[27]

---

20 Vgl. *Wagner*, NZG 2002, 57, 61, zu „zusammentreten" in § 110 Abs. 3 AktG a.F. (1998).
21 Wie hier MünchHdBGesRIV/*Semler*, § 31 Rn 82, zu § 110 Abs. 3 AktG a.F. (1998); zusammenfassend *Götz*, NZG 2002, 599, 602 m.w.N.
22 Vgl. dazu etwa Hüffer/Koch/*Koch*, AktG § 171 Rn 17.
23 Zum Inhalt der Erklärung siehe § 21 Rn 19.
24 Siehe § 21 Rn 18.
25 Siehe § 21 Rn 23.
26 Eingehender dazu § 13 Rn 33 ff. und die Kommentierung zu den zitierten Vorschriften.
27 Zu den Rechtsfolgen eines Verstoßes gegen diese Informationspflichten siehe §§ 85 und 88.

DRITTER UNTERABSCHNITT
Einnahmen aus den Rechten

**§ 23
Einziehung, Verwaltung und Verteilung der Einnahmen aus den Rechten**

¹Die Verwertungsgesellschaft hat die Einnahmen aus den Rechten, einschließlich der Einnahmen aus den Rechten, die sie auf Grundlage einer Repräsentationsvereinbarung (§ 44) wahrnimmt, nach Maßgabe dieses Unterabschnitts mit der gebotenen Sorgfalt einzuziehen, zu verwalten und zu verteilen, soweit dieses Gesetz nichts anderes bestimmt. ²Zu den Einnahmen aus den Rechten im Sinne dieses Gesetzes zählen auch die Erträge aus der Anlage dieser Einnahmen.

Übersicht
I. Allgemeines
   1. Bedeutung der Regelung —— 1
   2. Vorgängerregelung —— 3
   3. Unionsrechtlicher Hintergrund —— 4
   4. Entstehungsgeschichte —— 6
II. Regelungsgehalt
   1. Einnahmen aus den Rechten
      a) Allgemeine Bedeutung des Begriffs —— 7
      b) Einnahmen auf der Grundlage von Repräsentationsvereinbarungen —— 11
      c) Erträge aus der Anlage der Einnahmen —— 12
      d) Abgrenzung zu sonstigen Einnahmen und Vermögenswerten der Verwertungsgesellschaft —— 15
   2. Verpflichtungen der Verwertungsgesellschaft in Bezug auf die Einnahmen aus den Rechten
      a) Sorgfaltsmaßstab —— 16
      b) Einziehung der Einnahmen —— 20
      c) Verwaltung der Einnahmen —— 23
      d) Verteilung der Einnahmen —— 24
      e) Informationspflichten —— 27

I. Allgemeines

1. Bedeutung der Regelung. Die Norm umreißt als **Programmsatz**[1] den Anwendungsbereich des 3. Unterabschnitts von Teil 2 Abschn. 1 VGG, der den **Einnahmen aus den Rechten** gewidmet ist. Diese Einnahmen, die die Verwertungsgesellschaft aus der Wahrnehmung der ihr anvertrauten Rechte und Ansprüche erzielt, stehen aufgrund der Treuhand letztlich den Berechtigten als den Inhabern ebendieser Rechte und Ansprüche zu.[2] Die **Einziehung, Verwaltung** und **Verteilung** der Einnahmen betrifft somit Kernaufgaben der Wahrnehmungstätigkeit der Verwertungsgesellschaft. 1

§ 23 bestimmt zum einen die Reichweite des **Begriffs** der „Einnahmen aus den Rechten" in bestimmten Bereichen (Repräsentationsvereinbarungen, Zinserträge). Zum anderen stellt die Norm klar, dass die Verwertungsgesellschaft bei der Einziehung, Verwaltung und Verteilung der Einnahmen aus den Rechten die Vorgaben der §§ 24 bis 32 zu befolgen hat, und gibt hierfür einen **Sorgfaltsmaßstab** vor. 2

2. Vorgängerregelung. § 23 findet keine unmittelbare Entsprechung im UrhWG. Dieses enthielt in Bezug auf den Umgang der Verwertungsgesellschaft mit den aus der Rechtewahrnehmung erzielten Einnahmen nur eine allgemein gehaltene Bestimmung 3

---
1 RegE-VGG, BT-Drucks. 18/7223, S. 79.
2 Vgl. ErwG 26 S. 2 VG-RL.

zum Verteilungsplan (§ 7 S. 1 UrhWG, vgl. hierzu § 27 Abs. 1 VGG) sowie Regelungen zur kulturellen und sozialen Förderung (§§ 7 S. 2, 8 UrhWG, vgl. § 32 Abs. 1 und 2 VGG). Die nunmehr in § 23 und den folgenden Vorschriften konkretisierten Sorgfaltspflichten fanden ihre Grundlage nach altem Recht in dem Gebot der Rechtewahrnehmung zu angemessenen Bedingungen gem. § 6 Abs. 1 UrhWG.[3]

3. Unionsrechtlicher Hintergrund. Die Grundlage für Teil 2 Abschn. 1 UA 3 VGG bildet das mit „Verwaltung der Einnahmen aus den Rechten" überschriebene Kapitel 2 des Titels II der VG-RL (Art. 11 bis 13). Der in § 23 S. 1 VGG übernommene Sorgfaltsmaßstab für die Einziehung und Verwaltung der Einnahmen ist insoweit in Art. 11 Abs. 2 VG-RL geregelt, für den Bereich der Verteilung ergibt er sich aus Art. 13 Abs. 1 VG-RL. Die Erstreckung der in Art. 11 bis 13 VG-RL geregelten Vorgaben auch auf solche Rechte, die die Verwertungsgesellschaft auf der Grundlage einer Repräsentationsvereinbarung mit anderen Verwertungsgesellschaften wahrnimmt, folgt aus dem Diskriminierungsverbot gem. Art. 14 VG-RL, das ausdrücklich auch die Einziehung und Verteilung der Einnahmen umfasst, sowie den Konkretisierungen dieses Grundsatzes in Art. 15. Für den Begriff der „Einnahmen aus den Rechten" ist die **Legaldefinition** in Art. 3 lit. h der VG-RL maßgeblich.

Keine Entsprechung in der VG-RL findet § 23 S. 2, wonach die Erträge, die die Verwertungsgesellschaft aus der **Anlage von Einnahmen aus den Rechten** erzielt, nach deutschem Recht ebenfalls als Einnahmen aus den Rechten zu verstehen sind. In der VG-RL – namentlich in den hier relevanten Art. 11 Abs. 3 lit. a und 4 VG-RL – werden beide Sachverhalte begrifflich vielmehr durchgehend klar voneinander unterschieden.[4] Da die einschlägigen Bestimmungen der VG-RL jeweils sowohl für die originären Einnahmen der Verwertungsgesellschaft aus der Rechtewahrnehmung als auch für die hiermit erzielten Anlageerträge gelten, führt die begriffliche Zusammenfassung beider Sachverhalte im VGG jedoch nicht zu inhaltlichen Abweichungen von den unionsrechtlichen Vorgaben.

4. Entstehungsgeschichte. § 23 war bereits im RefE des BMJV enthalten. Im weiteren Gesetzgebungsverfahren wurde lediglich die ausdrückliche Erstreckung auf Repräsentationsvereinbarungen in S. 1 ergänzt.

II. Regelungsgehalt

1. Einnahmen aus den Rechten

a) Allgemeine Bedeutung des Begriffs. Das VGG enthält keine eigene Definition des Begriffs „Einnahmen aus den Rechten". Diese ergibt sich jedoch aus **Art. 3 lit. h VG-RL**. Demnach sind Einnahmen aus den Rechten „die von einer Organisation für die kollektive Rechtewahrnehmung für die Rechtsinhaber eingezogenen Beträge aus einem ausschließlichen Recht oder einem Vergütungs- oder Ausgleichsanspruch." Dieses Begriffsverständnis liegt auch dem VGG zugrunde.[5]

---

[3] Wandtke/Bullinger/*Gerlach*, § 23 VGG Rn 2.
[4] Insoweit ergibt sich die Einbeziehung der Anlageerträge in die Einnahmen aus den Rechten nicht unmittelbar aus einer Gleichbehandlung beider Sachverhalte in der VG-RL; so aber BeckOK-UrhR/*Freudenberg*, § 23 VGG Rn 9.
[5] RegE-VGG, BT-Drucks. 18/7223, S. 80.

Der Begriff der **„Einnahme"** i.S.d. VGG ist autonom auszulegen und nicht mit den Begrifflichkeiten z.B. des nationalen Rechnungs-, Haushalts- oder Steuerwesens gleichzusetzen.[6] Die englische Fassung der VG-RL verwendet den Begriff „revenue", der im Deutschen sowohl „Einnahme" als auch „Ertrag" bedeuten kann.[7] 8

Auch der Begriff der **„Rechte"** ist umfassender zu verstehen als auf den ersten Blick ersichtlich, soll er doch neben den **ausschließlichen Rechten** der §§ 15 ff. UrhG auch **Vergütungs- und Ausgleichsansprüche** umfassen, die die Verwertungsgesellschaft für die Berechtigten wahrnimmt. §§ 23 ff. gelten somit bspw. auch für die Einziehung, Verwaltung und Verteilung solcher Einnahmen, die die Verwertungsgesellschaft aus den in Teil 1 Abschn. 6 UrhG geregelten gesetzlichen Vergütungsansprüchen (z.B. für private Vervielfältigung, §§ 54 ff. UrhG) erzielt. 9

Nicht zu den „Einnahmen aus den Rechten" i.S.d. § 23 gehören Zahlungen auf Schadensersatzansprüche, die die Verwertungsgesellschaft im Falle von Urheberrechtsverletzungen zusätzlich zu der geschuldeten angemessenen Vergütung gegenüber den Rechtsverletzern geltend machen kann.[8] Hierunter fallen bspw. die sog. „**Kontrollkostenzuschläge**" in Höhe von 100 Prozent der üblichen Tarifsätze, die die GEMA bei ungenehmigten öffentlichen Musikwiedergaben als pauschalierten Schadensersatz neben der tariflichen Vergütung in Rechnung stellt.[9] Derartige Ansprüche finden ihre Grundlage nicht in der konkreten Rechtsnutzung, sondern in dem allgemeinen Erfordernis, dass die Verwertungsgesellschaft einen umfangreichen und kostspieligen Überwachungsapparat vorhalten muss, um Urheberrechtsverletzungen zu verhindern und zu verfolgen. Der Schadensersatz dient dem Zweck, die hieraus resultierenden Kosten zu decken.[10] Bei den aus diesem Grund von den Nutzern eingezogenen Beträgen handelt es sich dementsprechend nicht um „Einnahmen aus einem ausschließlichen Recht oder einem Vergütungs- oder Ausgleichsanspruch" i.S.d. Art. 3 lit. h VG-RL, sondern um **„Einnahmen zur Deckung der Verwaltungskosten"** der Verwertungsgesellschaft, die gem. § 24 Nr. 2 von den Einnahmen aus den Rechten zu unterscheiden sind.[11] 10

b) Einnahmen auf der Grundlage von Repräsentationsvereinbarungen. § 23 S. 1 stellt klar, dass auch die Einnahmen aus der Wahrnehmung solcher Rechte, die die Verwertungsgesellschaft auf der Grundlage einer Repräsentationsvereinbarung i.S.d. § 44 wahrnimmt, zu den „Einnahmen aus den Rechten" gehören. Die Regelungen des UA 3 finden somit grds. auch dann Anwendung, wenn eine deutsche Verwertungsgesellschaft Rechte aufgrund einer Repräsentationsvereinbarung mit einer **ausländischen Schwestergesellschaft** in Deutschland wahrnimmt oder wenn bspw. die GVL die GEMA gem. § 44 mit der Wahrnehmung bestimmter Rechte beauftragt. Dies gilt jedoch nur subsidiär, d.h. soweit das VGG nichts anderes bestimmt. So ist für die Verteilung der Einnahmen 11

---

[6] Vgl. zum handelsrechtlichen Einnahmenbegriff etwa Ebenroth/Boujong/Joost/Strohn/*Böcking*/*Gros*, Handelsgesetzbuch, § 250 HGB, Rn 7.
[7] *Dietl*/*Lorenz*, s.v. revenue.
[8] A.A. BeckOK-UrhR/*Freudenberg*, § 23 VGG Rn 5; Wandtke/Bullinger/*Gerlach*, § 23 VGG Rn 1, die die betreffenden Beträge den Einnahmen aus den Rechten zuordnen.
[9] Vgl. dazu § 38 Rn 10.
[10] Zur Rechtmäßigkeit des Kontrollkostenzuschlags vgl. etwa BGH, Urt. v. 24.6.1955 – I ZR 178/53 – GRUR 1955, 549; BGH, Urt. v. 10.3.1972 – I ZR 160/70 – BGHZ 59, 286 = GRUR 1973, 379 – Doppelte Tarifgebühr; BGH, Urt. v. 12.2.2015 – I ZR 204/13 – GRUR 2015, 987 – Haftung als Veranstalter für Mitwirkung an urheberrechtswidriger Aufführung – Trassenfieber.
[11] Vgl. § 24 Rn 10 ff.

aus Rechten, die aufgrund von Repräsentationsvereinbarungen wahrgenommen werden, insbesondere § 46 als **lex specialis** zu beachten.[12]

12   c) **Erträge aus der Anlage der Einnahmen.** Zu den Einnahmen aus den Rechten i.S.d. VGG zählen gem. § 23 S. 2 – insoweit abweichend von der Begrifflichkeit der VG-RL[13] – auch die Erträge, die die Verwertungsgesellschaft aus der **Anlage dieser Einnahmen** zwischen dem Zahlungseingang und der Ausschüttung an die Berechtigten erzielt.[14] Auch diese nur mittelbar aus der Wahrnehmung der anvertrauten Rechte resultierenden Anlageerträge stehen den Berechtigten als Treugebern der Verwertungsgesellschaft zu und dürfen daher nur zu den in § 26 genannten Zwecken verwendet werden.[15]

13   Bei der Anlage der Einnahmen aus den Rechten sind neben dem Sorgfaltsmaßstab des § 23 S. 1 die **Anlagegrundsätze** gem. § 25 und die gem. § 17 Abs. 1 Nr. 8 von der Mitgliederhauptversammlung zu beschließende **allgemeine Anlagepolitik** zu beachten.[16]

14   Zu den Einnahmen aus den Rechten zählen auch etwaige **Verzugszinsen**, die die Verwertungsgesellschaft gegenüber säumigen Nutzern und Vergütungsschuldnern geltend macht, denn sachlich ist der Verzugszins den Anlageerträgen gleichzustellen, die die Verwertungsgesellschaft bei rechtzeitigem Zahlungseingang während des Verzugszeitraums hätte erzielen können.

15   d) **Abgrenzung zu sonstigen Einnahmen und Vermögenswerten der Verwertungsgesellschaft.** Nicht zu den Einnahmen aus den Rechten zählen insbesondere die Beträge, die gem. § 24 Nr. 2 in der Buchführung getrennt von diesen auszuweisen sind, also ein eventuelles **eigenes Vermögen** der Verwertungsgesellschaft, **Erträge aus diesem Vermögen, Einnahmen zur Deckung der Verwaltungskosten** und **aus sonstiger Tätigkeit.**[17]

2. Verpflichtungen der Verwertungsgesellschaft in Bezug auf die Einnahmen aus den Rechten

16   a) **Sorgfaltsmaßstab.** Die Verwertungsgesellschaft hat ihren Verpflichtungen in Bezug auf die Einziehung, Verwaltung und Verteilung der Einnahmen aus den Rechten gem. § 23 S. 1 mit der **gebotenen Sorgfalt** nachzukommen.

17   Dieser aus Art. 11 Abs. 2 (Einziehung und Verwaltung der Einnahmen) bzw. Art. 13 Abs. 1 (Verteilung) der VG-RL übernommene Sorgfaltsmaßstab gewährt der Verwertungsgesellschaft einen gewissen **Ermessensspielraum.** Einerseits wird man aufgrund ihrer Funktion als Treuhänderin und ihrer regelmäßigen faktischen Monopolstellung grds. hohe Anforderungen an die bei Ausübung ihrer Wahrnehmungstätigkeit einzuhaltende Sorgfalt stellen dürfen. Dies zeigt auch Erwägungsgrund 26 S. 3 VG-RL, wonach Verwertungsgesellschaften bei der Einziehung, Verwaltung und Verteilung der Einnahmen aus den Rechten sogar – insoweit abweichend vom Normtext – „äußerste Sorgfalt"

---

12   Vgl. § 46 Rn 1.
13   Vgl. Rn 5.
14   Dreier/Schulze/*Schulze*, § 23 VGG Rn 3 nennt als Gründe für die Anlage der Einnahmen Beispielsfälle, in denen die Verwertungsgesellschaft die Einnahmen nicht zum regulären Ausschüttungstermin verteilen kann (z.B. die nachträgliche Berücksichtigung von Berechtigten). Aber auch unabhängig hiervon verstreicht je nach Verteilungs- und Ausschüttungsfrequenz regelmäßig eine gewisse Zeit zwischen dem Zahlungseingang und der Ausschüttung.
15   Vgl. § 26 Rn 1 ff.
16   Vgl. § 25 Rn 1 ff.
17   Vgl. § 24 Rn 7 ff. S.a. Wandtke/Bullinger/*Gerlach*, § 23 VGG Rn 1.

walten lassen sollen. Auf der anderen Seite hat die Verwertungsgesellschaft bei der Abwägung, ob eine konkrete Maßnahme zur Erreichung eines bestimmten Zwecks geboten ist, das **wirtschaftliche Gebot der Verhältnismäßigkeit** zu beachten. So war bereits unter dem UrhWG anerkannt, dass die Verwertungsgesellschaft Schätzungen, Pauschalierungen und sonstige Vereinfachungen bei der Verteilung vornehmen darf und dies ggf. sogar muss, um den Verwaltungsaufwand gering zu halten.[18] Aber auch mit Blick auf die Einziehung und Verwaltung der Einnahmen hat die Verwertungsgesellschaft im Interesse der Gesamtheit der Berechtigten die Verhältnismäßigkeit zwischen Aufwand und Nutzen zu wahren.

Die Verpflichtungen in Bezug auf die Einziehung, Verwaltung und Verteilung der Einnahmen bestehen im Verhältnis zwischen der Verwertungsgesellschaft und ihren **eigenen Berechtigten** sowie gegenüber **anderen Verwertungsgesellschaften**, soweit diese sie aufgrund einer Repräsentationsvereinbarung i.S.d. § 44 mit der Wahrnehmung der Rechte an ihrem Repertoire beauftragt haben. Nach Maßgabe und unter den Voraussetzungen des § 12 Abs. 3 sind die Einnahmen aus den Rechten auch noch **nach Beendigung des Wahrnehmungsverhältnisses** nach den allgemeinen Vorschriften zugunsten der ausgeschiedenen Berechtigten einzuziehen, zu verwalten und zu verteilen.[19] Soweit die Verwertungsgesellschaft das Recht der Kabelweitersendung für Außenseiter wahrnimmt, ist sie im Rahmen des § 50 Abs. 2 auch diesen gegenüber zur sorgfältigen Einziehung, Verwaltung und Verteilung der Einnahmen verpflichtet.[20] 18

Gemäß § 33 Abs. 2 Nr. 3 muss die Verwertungsgesellschaft wirksame und zügige **Beschwerdeverfahren** in Bezug auf die Einziehung, Verwaltung und Verteilung der Einnahmen aus den Rechten vorsehen.[21] 19

b) Einziehung der Einnahmen. Die Verwertungsgesellschaft zieht die Einnahmen aus den Rechten ein, indem sie die **Vergütungen einkassiert**, die ihr die Nutzer und Vergütungsschuldner für die Nutzung der Werke oder sonstigen Schutzgegenstände aus dem von ihr wahrgenommenen Repertoire schulden. Hierbei macht es keinen Unterschied, ob die Vergütungsforderungen der Verwertungsgesellschaft ihren Rechtsgrund in einem Vertrag (z.B. durch Abschluss eines Lizenzvertrags) oder im Gesetz (z.B. im Rahmen der Schrankenregelungen des Teil 1 Abschn. 6 UrhG) finden.[22] Erträge aus der Anlage von Einnahmen aus den Rechten werden „eingezogen", indem die Verwertungsgesellschaft sie in ihre Buchführung einbucht. 20

Im Rahmen der Sorgfaltspflicht des S. 1 hat die Verwertungsgesellschaft die Einnahmen aus den Rechten grds. **vollständig und zeitnah** einzuziehen. Der Nutzer ist im Rahmen des § 41 Abs. 1 zur Erteilung solcher Auskünfte über die Nutzung der Werke und sonstigen Schutzgegenstände verpflichtet, die für die Einziehung der Einnahmen aus den Rechten erforderlich sind.[23] 21

Die Verwertungsgesellschaft ist bei der Einziehung der Einnahmen nicht an **Weisungen der Berechtigten** gebunden. Sie ist auch nicht im Rahmen der Treuhand verpflichtet, den Berechtigten einzubeziehen, wenn sie gegenüber Verletzern der Rechte an seinen Werken Schadensersatzansprüche geltend macht oder Vergleiche aushandelt.[24] 22

---

18 BGH, Urt. v. 3.5.1988 – KVR 4/87 – GRUR 1988, 782, 783 – GEMA-Wertungsverfahren, st. Rspr.
19 Vgl. § 12 Rn 25 ff.
20 Vgl. zur Anwendung des Verteilungsplans in diesem Zusammenhang auch § 50 Rn 13.
21 Vgl. § 33 Rn 12.
22 BeckOK-UrhR/*Freudenberg*, § 23 VGG Rn 5.
23 Vgl. § 41 Rn 10.
24 BGH, Urt. v. 1.12.2010 – I ZR 70/09 – GRUR 2011, 720, 723 f.

23 **c) Verwaltung der Einnahmen.** Regelungen zur Verwaltung der Einnahmen aus den Rechten enthält Teil 2 Abschn. 1 UA 3 VGG namentlich in Bezug auf die Buchführung (§§ 24, 28 Abs. 4), die Anlage (§ 25) und die zweckgebundene Verwendung (§ 26). Nicht zur „Verwaltung" der Einnahmen aus den Rechten i.S.d. Gesetzes gehört die hiervon begrifflich unterschiedene „Verteilung" (§ 27).

24 **d) Verteilung der Einnahmen.** Im Rahmen der Verteilung weist die Verwertungsgesellschaft ihren eigenen Berechtigten und den anderen Verwertungsgesellschaften, deren Rechte sie aufgrund einer Repräsentationsvereinbarung i.S.d. § 44 wahrnimmt, die diesen jeweils zustehenden Anteile an den Einnahmen aus den Rechten zu. Grundlage für die entsprechende Aufteilung, die je nach Sachverhalt sehr komplex ausfallen kann,[25] ist der **Verteilungsplan** der Verwertungsgesellschaft gem. § 27, ggf. ergänzt um die mit anderen Verwertungsgesellschaften in den jeweiligen Repräsentationsvereinbarungen getroffenen Vereinbarungen gem. § 46 Abs. 1.[26]

25 Zur Verteilung i.S.d. Gesetzes zählt auch die **Ausschüttung**.[27] Hierunter ist die finale Auszahlung der nach den vorgenannten Grundsätzen ermittelten, um etwaige Abzüge zur Deckung von Verwaltungskosten (§ 31 Abs. 2) oder für soziale und kulturelle Zwecke (§ 32 Abs. 3) verringerten Beträge an die jeweiligen Ausschüttungsberechtigten zu verstehen. Gemäß Art. 13 Abs. 1 VG-RL hat die Verwertungsgesellschaft die Einnahmen aus den Rechten regelmäßig, sorgfältig und korrekt auszuschütten.

26 Für die Verteilung der Einnahmen aus der gebietsübergreifenden Vergabe von **Online-Rechten an Musikwerken** gilt § 68.

27 **e) Informationspflichten.** Entsprechend dem wahrnehmungsrechtlichen **Transparenzgebot** hat die Verwertungsgesellschaft ihre eigenen Berechtigten (§ 54 Nr. 2 bis 7) sowie die mit ihr durch Repräsentationsvereinbarung verbundenen anderen Verwertungsgesellschaften (§ 47 Nr. 1 bis 5) detailliert über die Verwendung der Einnahmen aus den Rechten und die hiervon vorgenommenen Abzüge zu informieren. Die Öffentlichkeit wird durch den jährlichen Transparenzbericht über die Einnahmen aus den Rechten unterrichtet. Bei der Darstellung muss die Verwertungsgesellschaft gem. Nr. 2 lit. a der Anlage zu § 58 Abs. 2 nach der Kategorie der wahrgenommenen Rechte und der Art der Nutzung differenzieren und angeben, zu welchem Zweck die Einnahmen aus den Rechten jeweils verwendet worden sind.

§ 24
Getrennte Konten

Die Verwertungsgesellschaft weist in der Buchführung getrennt aus:
1. die Einnahmen aus den Rechten,
2. ihr eigenes Vermögen, die Erträge aus dem eigenen Vermögen sowie die Einnahmen zur Deckung der Verwaltungskosten und aus sonstiger Tätigkeit.

Übersicht

I. Allgemeines	2. Vorgängerregelung —— 2
1. Bedeutung der Regelung —— 1	3. Unionsrechtlicher Hintergrund —— 3

---

25 Vgl. § 27 Rn 37 ff.
26 Vgl. § 46 Rn 9.
27 Vgl. RegE-VGG, BT-Drucks. 18/7223, S. 80.

4. Entstehungsgeschichte — 4
II. Regelungsgehalt
   1. Getrennte Ausweisung in der Buchführung — 5
   2. Einnahmen aus den Rechten (Nr. 1) — 6
   3. Getrennt auszuweisende Beträge (Nr. 2) — 7

I. Allgemeines

1. Bedeutung der Regelung. Die Norm verpflichtet die Verwertungsgesellschaften, in ihrer **internen Buchführung** zwischen den Einnahmen aus den Rechten i.S.d. § 23 und sonstigen, in Nr. 2 aufgelisteten Beträgen zu differenzieren. Ziel dieser Regelung ist es, die Einnahmen, die die Verwertungsgesellschaft aus der treuhänderischen Wahrnehmung der ihr anvertrauten Rechte erzielt hat und die dementsprechend den jeweiligen Berechtigten zustehen,[1] aus Gründen der **Transparenz** klar von eventuellen sonstigen Erträgen, Einnahmen und Vermögenswerten der Verwertungsgesellschaft zu unterscheiden. Bei der Prüfung des Jahresabschlusses der Verwertungsgesellschaft hat der Abschlussprüfer zu diesem Zweck gem. § 57 Abs. 2 namentlich auch zu prüfen, ob sie die Pflichten gem. § 24 eingehalten hat.[2]

2. Vorgängerregelung. Das UrhWG enthielt keine vergleichbare Vorschrift. 2

3. Unionsrechtlicher Hintergrund. § 24 setzt Art. 11 Abs. 3 VG-RL um. 3

4. Entstehungsgeschichte. § 24 findet sich mit identischem Wortlaut bereits im RefE des BMJV und wurde im Lauf des Gesetzgebungsverfahrens nicht näher erörtert.

II. Regelungsgehalt

1. Getrennte Ausweisung in der Buchführung. Die Verwertungsgesellschaft hat die von Nr. 1 erfassten Einnahmen aus den Rechten einerseits und die in Nr. 2 genannten Beträge andererseits in ihrer Buchführung getrennt auszuweisen. Hiermit wird **keine getrennte Buchführung** für beide Bereiche angeordnet, wie sie etwa § 7 Nr. 2 TKG für Betreiber von Telekommunikationsnetzen und Anbieter von Telekommunikationsdiensten vorsieht. Zwar legt die Formulierung „führen getrennt Buch" in der deutschen Sprachfassung von Art. 11 Abs. 3 VG-RL das Erfordernis einer solchen getrennten Buchführung nahe. Aus der englischen Sprachfassung derselben Regelung („keep separate in its account") und der in Erwägungsgrund 27 VG-RL gewählten Formulierung („in den Büchern getrennt (...) geführt"/„kept separately in the accounts") folgt jedoch, dass es den unionsrechtlichen Vorgaben genügt, wenn die Verwertungsgesellschaft eine entsprechende Differenzierung bei der Kontoführung vornimmt.[3] Hierzu wird sie die jeweiligen Beträge auf getrennten Buchungskonten in der Weise buchen, dass sie jederzeit separiert und getrennt ausgewiesen werden können.

2. Einnahmen aus den Rechten (Nr. 1). Nr. 1 verpflichtet die Verwertungsgesellschaft, die Einnahmen aus den Rechten gesondert auszuweisen, und setzt insoweit Art. 11 Abs. 3 lit. a VG-RL um. Die Einnahmen aus den Rechten umfassen zum einen entsprechend der **Legaldefinition** des Art. 3 lit. h VG-RL jene Beträge, die die Verwertungsgesellschaft im Rahmen der Wahrnehmung der ihr anvertrauten Rechte und Vergü-

---

1 Vgl. Erwägungsgrund 27 VG-RL.
2 Vgl. § 57 Rn 13.
3 RegE-VGG, BT-Drucks. 18/7223, S. 80.

tungsansprüche einzieht.[4] Zum anderen sind gem. Art. 11 Abs. 3 lit. a VG-RL zusammen mit diesen Einnahmen auch die aus deren Anlage erzielten Erträge auszuweisen. Gemäß § 23 S. 2 zählen diese **Anlageerträge** nach deutschem Recht allerdings selbst zu den Einnahmen aus den Rechten.[5] Der deutsche Gesetzgeber konnte daher darauf verzichten, sie in Nr. 1 ausdrücklich zu erwähnen.

7 **3. Getrennt auszuweisende Beträge (Nr. 2).** Im Einklang mit Art. 11 Abs. 3 lit. b VG-RL nennt § 24 Nr. 2 vier Posten, die die Verwertungsgesellschaft bei der Kontoführung ggf. getrennt von den Einnahmen aus den Rechten auszuweisen hat, nämlich
– eigenes Vermögen,
– Erträge aus dem eigenen Vermögen,
– Einnahmen zur Deckung der Verwaltungskosten und
– Einnahmen aus sonstiger Tätigkeit.

8 Eine gesonderte Ausweisung dieser Beträge ist naturgemäß nur erforderlich, **soweit sie tatsächlich anfallen**. Ist bspw. die Tätigkeit der Verwertungsgesellschaft auf die treuhänderische Wahrnehmung der ihr anvertrauten Rechte beschränkt und erzielt sie dementsprechend keine Einnahmen aus „sonstiger Tätigkeit", entfällt insoweit das Erfordernis einer gesonderten Ausweisung.

9 Inwieweit Verwertungsgesellschaften über **eigenes Vermögen** verfügen, hängt nicht zuletzt von ihrer jeweiligen Rechtsform ab. So müssen Verwertungsgesellschaften, die als GmbH organisiert sind, mindestens über ein Stammkapital gem. § 5 Abs. 1 GmbHG verfügen. Dieses steht den Gesellschaftern der GmbH in ihrer Funktion als Anteilseigner zu – unabhängig von ihrer möglichen gleichzeitigen Position als Berechtigte oder Mitglieder der Verwertungsgesellschaft. Zusammen mit dem eigenen Vermögen der Verwertungsgesellschaft – und somit getrennt von den gem. § 23 S. 2 den Einnahmen aus den Rechten zuzuordnen Erträgen aus der Anlage dieser Einnahmen – sind nach Nr. 2 auch die aus eigenem Vermögen erzielten **Anlage- und sonstigen Erträge** auszuweisen.

10 Der in Nr. 2 verwendete Begriff der **Verwaltungskosten** entspricht der Legaldefinition des § 31 Abs. 2 und umfasst somit die Kosten, die der Verwertungsgesellschaft für die Wahrnehmung von Urheberrechten und verwandten Schutzrechten entstehen.[6]

11 **Einnahmen zur Deckung der Verwaltungskosten** kann die Verwertungsgesellschaft grds. auf unterschiedliche Weise erzielen, nämlich entweder zulasten der Nutzer oder zulasten der Berechtigten.

12 Entgegen einer von der Europäischen Kommission (GD Wettbewerb) bisweilen vertretenen Auffassung[7] ziehen die Verwertungsgesellschaften von den **Nutzern** neben der gem. §§ 11, 32 UrhG, 34 Abs. 1 VGG geschuldeten angemessenen Vergütung i.d.R. keine zusätzlichen, hiervon zu unterscheidenden Verwaltungsgebühren ein. Die tariflichen Vergütungen verkörpern vielmehr regelmäßig unmittelbar die angemessene Vergütung gem. §§ 11, 32 UrhG, 34 Abs. 1 VGG, so dass es sich bei den insoweit eingezogenen Beträ-

---

4 Vgl. § 23 Rn 7 ff.
5 Vgl. § 23 Rn 12 ff.
6 Vgl. § 31 Rn 24 ff.
7 Vgl. Entscheidung der Europäischen Kommission v. 16.7.2008 in der Sache COMP/C2/38.698 – CISAC, Tz. 218: „Der Preis der von Verwertungsgesellschaften erteilten Lizenz ist eine Kombination der Verwaltungsgebühren und des Preises des geschützten Inhalts." Die Entscheidung ist abrufbar unter http://ec.europa.eu/competition/antitrust/cases/dec_docs/38698/38698_4565_1.pdf. Ebenso Entscheidung der Europäischen Kommission v. 8.10.2001 in der Sache COMP/C2/38.014 – IFPI „Simulcasting", ABl. 2003 L 107/38, Tz. 71 ff. Hierzu sowie zu den in diesem Zusammenhang geschlossenen Vereinbarungen siehe auch *Müller*, ZUM 2009, 121, 124 f.

gen vollumfänglich um Einnahmen aus den Rechten handelt. Zu den seltenen Fällen, in denen Verwertungsgesellschaften Nutzern zusätzliche Beträge zur Deckung von Verwaltungskosten in Rechnung stellen, zählen die sog. „Kontrollkostenzuschläge", die bei unautorisierten Nutzungen als pauschalierter Schadensersatz geltend gemacht und zur Finanzierung des Kontrollapparats der Verwertungsgesellschaft verwendet werden.[8]

In der Regel ziehen die Verwertungsgesellschaften jene Beträge, die sie zur Deckung 13 ihrer Verwaltungskosten benötigen, jedoch von den Einnahmen aus den Rechten ab, ehe sie diese an die **Berechtigten** ausschütten. Diese – auch in §§ 26 Nr. 3, 31 Abs. 2 angelegten[9] – **Abzüge** stellen rechtlich einen **Aufwendungsersatz** gem. § 670 BGB dar.[10] Vor dem Hintergrund dieser Praxis hat der Gesetzgeber in der amtlichen Begründung zu § 24 ausdrücklich klargestellt, dass zu den „Einnahmen zur Deckung der Verwaltungskosten" in Nr. 2 auch die zu diesem Zweck vorgenommenen Abzüge von den Einnahmen aus den Rechten zählen sollen.[11] Im Ergebnis bedeutet dies, dass die betreffenden, in Abzug gebrachten Beträge in der Buchführung doppelt zu berücksichtigen sind: Zum einen als Bestandteil der (Brutto-)Einnahmen aus den Rechten gem. Nr. 1, zum anderen unter den Einnahmen zur Deckung der Verwaltungskosten gem. Nr. 2.[12]

Stellt die Verwertungsgesellschaft den Berechtigten anstelle eines Abzugs oder für 14 spezielle Dienstleistungen **gesonderte Verwaltungsgebühren** in Rechnung,[13] sind die betreffenden Beträge ebenfalls unter den Einnahmen zur Deckung von Verwaltungskosten gem. Nr. 2 aufzuführen. Nach Auffassung des Gesetzgebers handelt es sich auch bei solchen Gebühren um Abzüge von den Einnahmen aus den Rechten i.S.d. § 31.[14]

Nicht zu den gem. § 24 Nr. 2 getrennt auszuweisenden Beträgen gehören die **Abzüge** 15 **für soziale und kulturelle Zwecke** gem. §§ 26 Nr. 4, 32 Abs. 3.[15] Diese Abzüge werden von den Einnahmen aus den Rechten vorgenommen und kommen grundsätzlich – anders als die in Nr. 2 genannten Finanzmittel – den Berechtigten zugute, so dass es einer getrennten Ausweisung insoweit nicht bedarf. Die Abzüge für soziale und kulturelle Zwecke sind allerdings im Rahmen des Transparenzberichts gesondert aufzuführen (vgl. Anlage zu § 58 Abs. 2, Nr. 2. b) ee), 3. a)).

§ 25
Anlage der Einnahmen aus den Rechten

(1) ¹Legt die Verwertungsgesellschaft Einnahmen aus den Rechten an, so erfolgt dies im ausschließlichen und besten Interesse der Berechtigten. ²Die Verwertungsgesellschaft stellt für die Zwecke der Anlage der Einnahmen aus den Rechten eine Richtlinie auf (Anlagerichtlinie) und beachtet diese bei der Anlage.

(2) Die Anlagerichtlinie muss
1. der allgemeinen Anlagepolitik (§ 17 Absatz 1 Satz 2 Nummer 8) und den Grundsätzen des Risikomanagements (§ 17 Absatz 1 Satz 2 Nummer 5) entsprechen;

---

8   Vgl. § 23 Rn 10.
9   Vgl. § 26 Rn 12; § 31 Rn 21 ff.
10 Vgl. auch Heker/Riesenhuber/*Riemer*, Kap. 8 Rn 107.
11 RegE-VGG, BT-Drucks. 18/7223, S. 80.
12 Kritisch in Bezug auf die Sinnhaftigkeit der Regelung Wandtke/Bullinger/*Gerlach*, § 24 VGG Rn 1.
13 Dies kommt aus steuerrechtlichen Gründen insbesondere im Zusammenhang mit den Einnahmen aus gesetzlichen Vergütungsansprüchen in Betracht; vgl. § 31 Rn 8.
14 Vgl. § 31 Rn 8.
15 A.A. Dreier/Schulze/*Schulze*, § 24 VGG Rn 3.

2. gewährleisten, dass die Anlage in den in § 1807 Absatz 1 des Bürgerlichen Gesetzbuchs genannten Anlageformen oder in anderen Anlageformen unter Beachtung der Grundsätze einer wirtschaftlichen Vermögensverwaltung gemäß § 1811 Satz 2 des Bürgerlichen Gesetzbuches erfolgt;
3. gewährleisten, dass die Anlagen in angemessener Weise so gestreut werden, dass eine zu große Abhängigkeit von einem bestimmten Vermögenswert und eine Risikokonzentration im Portfolio insgesamt vermieden werden.

(3) Die Verwertungsgesellschaft lässt die Vereinbarkeit der Anlagerichtlinie und jeder Änderung der Anlagerichtlinie mit den Vorgaben nach Absatz 2 durch einen Wirtschaftsprüfer oder eine Wirtschaftsprüfungsgesellschaft unverzüglich prüfen und bestätigen.

Übersicht

I. Allgemeines
 1. Bedeutung der Regelung —— 1
 2. Vorgängerregelung —— 2
 3. Unionsrechtlicher Hintergrund —— 3
 4. Entstehungsgeschichte —— 4
II. Regelungsgehalt
 1. Anlagezweck und Anlagerichtlinie (Abs. 1) —— 6
 2. Inhaltliche Vorgaben für die Anlagerichtlinie (Abs. 2) —— 9
 3. Prüf- und Bestätigungspflicht (Abs. 3) —— 13

I. Allgemeines

1 **1. Bedeutung der Regelung.** Die Regelung macht Verwertungsgesellschaften enge Vorgaben für die Anlage von Einnahmen aus den Rechten. Der Gesetzgeber trägt damit dem Umstand Rechnung, dass Verwertungsgesellschaften **Treuhänder** ihrer Mitglieder sind, die die durch die Rechtewahrnehmung realisierten Erträge nach Abzug der Kosten möglichst rasch an ihre Mitglieder ausschütten sollen. Zugleich müssen die vereinnahmten Gelder bis zur Ausschüttung wirtschaftlich sinnvoll verwaltet werden. Aufgrund der treuhänderischen Verpflichtung kommt der **Sicherheit der Anlage** besondere Bedeutung zu. Die Anlagensicherheit steht dabei in einem Spannungsverhältnis zur **Rentabilität der Anlage**, da die Risikoexposition einer Anlage i.d.R. mit deren Rentabilität steigt. Insofern ist die in Erwägungsgrund 27 VG-RL aufgestellte Forderung, dass sich die Verwertungsgesellschaft für die sicherste und zugleich rentabelste Anlagepolitik zu entscheiden hat, bereits in sich widersprüchlich.

2 **2. Vorgängerregelung.** Das UrhWG enthielt keine vergleichbare Vorschrift.

3 **3. Unionsrechtlicher Hintergrund.** Die Vorschrift setzt Art. 11 Abs. 5 VG-RL um. Sie geht über die Richtlinie hinaus, indem sie in Abs. 1 prozedural die Aufstellung einer Anlagerichtlinie verlangt und in Abs. 2 Nr. 2 bestimmte Anlageformen vorschreibt. Art. 11 Abs. 5 lit. b VG-RL, wonach die Sicherheit, Qualität, Liquidität und Rentabilität des Portfolios insgesamt gewährleistet sein muss,[1] findet hingegen in der Vorschrift keine direkte Entsprechung. Offenbar ging der nationale Gesetzgeber davon aus, dass diese Vorgaben durch die Beschränkung auf bestimmte Anlageformen nach Abs. 2 Nr. 2 sichergestellt werden können. Da die VG-RL in Titel II lediglich eine **Mindestharmonisierung**[2] vorsieht, ist die überschießende Umsetzung zulässig. Nach Erwägungsgrund 27 VG-RL blei-

---

1 Vgl. die wortgleiche Regelung in Art. 19 Abs. 1 c) der Richtlinie 2016/2341 über die Tätigkeiten und die Beaufsichtigung von Einrichtungen der betrieblichen Altersversorgung (EbAV).
2 Vgl. Einleitung Rn 28.

ben strengere Anlageformen bis hin zu einem Anlageverbot ausdrücklich den Mitgliedsstaaten überlassen.

4. Entstehungsgeschichte. Im Regierungsentwurf war vorgesehen, dass Verwertungsgesellschaften für Einnahmen aus den Rechten ausschließlich sog. **mündelsichere Anlagen nach § 1807 Abs. 1 BGB** tätigen durften.[3] Hintergrund war die schon unter Geltung des UrhWG von der Staatsaufsicht vertretene Auffassung, dass andere als mündelsichere Anlagen der Verwertungsgesellschaft nicht erlaubt seien. Problematisch an dieser Beschränkung war allerdings, dass die von § 1807 Abs. 1 BGB vorgegebenen Anlageformen die in Art. 11 Abs. 5 VG-RL vorgegebene Sicherheit und Rentabilität des Portfolios nicht gewährleisten konnten. Die in § 1807 Abs. 1 BGB aufgezählten Anlageformen ermöglichten in der anhaltenden Niedrigzinsphase weder eine **nominale Kapitalerhaltung** noch eine **ausreichende Streuung** auf verschiedene Anlageformen. 4

Die im Regierungsentwurf getroffene Annahme, dass Verwertungsgesellschaften aufgrund ihrer Verpflichtung zur Ausschüttung innerhalb der von § 28 bestimmten Verteilungsfristen **keinen Bedarf** an langfristigen Anlagen hätten, war zudem unrichtig.[4] Dies ließ unberücksichtigt, dass Verwertungsgesellschaften trotz ihrer ausgeglichenen Bilanz regelmäßig Rückstellungen bilden müssen und sich bei ihnen aufgrund der festen Verteilungszyklen ein **dauerhafter Sockelbetrag** bildet, der sich für eine langfristige Anlage eignet. Zudem besteht unter Rentabilitätsgesichtspunkten auch ein Bedarf für kürzere Anlagen.[5] Das Gesetz lässt in seiner in Kraft getretenen Fassung daher neben den mündelsicheren Anlagen nach § 1807 Abs. 1 BGB auch andere Anlageformen zu, soweit sie einer wirtschaftlichen Vermögensverwaltung gemäß § 1811 S. 2 BGB entsprechen. 5

II. Regelungsgehalt

1. Anlagezweck und Anlagerichtlinie (Abs. 1). Die Anlagevorgaben gelten lediglich für die Anlage von **Einnahmen aus den Rechten**.[6] Eigenes Vermögen der Verwertungsgesellschaft oder Einnahmen zur Deckung der Verwaltungskosten wie z.B. Rückstellungen für Pensionsverpflichtungen können hingegen ohne spezielle regulatorische Vorgaben des VGG angelegt werden. 6

Nach Abs. 1 S. 1 erfolgt die Anlage im ausschließlichen und besten Interesse der Berechtigten. Das Gesetz trägt damit dem Umstand Rechnung, dass die Einnahmen aus den Rechten unmittelbar zur Ausschüttung an die Berechtigten bestimmt sind. Die Berücksichtigung anderer Interessen als die der Berechtigten ist unzulässig. Allerdings ist fraglich, wie die **besten Interessen der Berechtigten** (§ 6) zu bestimmen sind. Die Ausschüttungen der Verwertungsgesellschaft dienen den Berechtigten häufig zur Schaffung und Erhaltung einer Lebensgrundlage. Die Berechtigten sind insofern auf regelmäßige Ausschüttungen angewiesen. Damit dürfte bei der Anlage von Einnahmen aus den Rechten der **Sicherheit der Anlage** die oberste Priorität zukommen.[7] Auf der anderen Seite liegt die **Rentabilität der Anlage** ebenfalls im besten Interesse der Berechtigten. Erträge aus der Anlage der Einnahmen aus den Rechten sind nach §§ 23 S. 2, 26 Nr. 1 ebenfalls 7

---

3 RegE-VGG, BT-Drucks. 18/7223, S. 19.
4 RegE-VGG, BT-Drucks. 18/7223, S. 80.
5 So auch Wandtke/Bullinger/*Gerlach*, § 25 VGG Rn 4.
6 Vgl. zum Begriff der Einnahmen aus den Rechten § 23 Rn 7 ff.
7 So auch noch im RegE-VGG, BT-Drucks. 18/7223, S. 80, in der Begründung zu § 25. Im RegE-VGG waren die Anlageformen allerdings noch auf mündelsichere Anlagen nach § 1807 Abs. 1 BGB beschränkt.

zur Ausschüttung an die Berechtigten bestimmt.[8] Konkrete Vorgaben, einen realen oder nominalen Kapitalerhalt sicherzustellen, enthält die Vorschrift nicht. Die Verwertungsgesellschaft muss daher abhängig von der konkreten Marktsituation die gegenläufigen Interessen in einen angemessenen Ausgleich bringen.

8 Nach Abs. 1 S. 2 muss die Verwertungsgesellschaft eine **Anlagerichtlinie** aufstellen. Im Finanzsektor versteht man unter einer Anlagerichtlinie die Vorgaben eines Anlegers für einen Fondsmanager. Anlagerichtlinie i.S.d. VGG sind hingegen die Vorgaben, die sich eine Verwertungsgesellschaft für die Anlage der Einnahmen aus den Rechten selbst auferlegt. Die Anlagerichtlinie ist konkreter gefasst als die allgemeine Anlagepolitik nach § 17 Abs. 1 S. 2 Nr. 8. Auf der anderen Seite nimmt sie nicht die konkreten Anlagen vorweg. Typische Inhalte sind die zulässigen Anlageformen, deren Umfang am Gesamtportfolio sowie Vorgaben zur Streuung. Die von der Verwertungsgesellschaft konkret getätigten Anlagen müssen sich nach Abs. 1 S. 2 a.E. im Rahmen der Anlagerichtlinie halten.

9 **2. Inhaltliche Vorgaben für die Anlagerichtlinie (Abs. 2).** Nach Abs. 2 Nr. 1 muss die Anlagerichtlinie der **allgemeinen Anlagepolitik** und den **Grundsätzen des Risikomanagements** entsprechen. Die Vorschrift stellt damit eine Normenhierarchie auf. Die zwingend von der Mitgliederversammlung zu beschließende allgemeine Anlagepolitik (§ 17 Abs. 1 S. 2 Nr. 8) sowie die Grundsätze des Risikomanagements (§ 17 Abs. 1 S. 2 Nr. 5), deren Beschlussfassung von der Mitgliederversammlung nach § 17 Abs. 2 auf das Aufsichtsgremium delegiert werden kann, gehen der von der Geschäftsführung der Verwertungsgesellschaft aufzustellenden Anlagerichtlinie vor. Allgemeine Anlagepolitik und Grundsätze des Risikomanagements legen dabei die Rahmenbedingungen fest, die in der Anlagerichtlinie konkretisiert werden.

10 Nr. 2 bestimmt die zulässigen Anlageformen für eine Verwertungsgesellschaft. Nach Alt. 1 sind **mündelsichere Anlagen i.S.d. § 1807 Abs. 1 BGB** zulässige Anlageformen. Hierzu zählen z.B. Bundesanleihen, Bundeschatzbriefe, Anleihen der Bundesländer, Anleihen der Kreditanstalt für Wiederaufbau, Anleihen der Landwirtschaftlichen Rentenbank, staatlich garantierte Bankenanleihen, Pfandbriefe und andere Schuldverschreibungen von Kreditinstituten bei einer kraft Gesetzes bestehenden besonderen Deckungsmasse und Anleihen bei inländischen öffentlichen Sparkassen und anderen inländischen Kreditinstituten, die einer ausreichenden Sicherheitseinrichtung angehören. Noch im RegE-VGG waren ausschließlich Anlagen nach § 1807 Abs. 1 BGB zugelassen.[9] Allerdings konnte durch eine derart enge Beschränkung der Anlageformen angesichts der **anhaltenden Niedrigzinsphase** keine rentable Anlage erfolgen. Größere Vermögen sind zum Teil nur mit negativen Zinsen anzulegen. Zudem ließ die Beschränkung keine angemessene Streuung der Anlagen zu und war damit nicht mit den Vorgaben von Art. 11 Abs. 5 lit. c VG-RL zu vereinbaren.

11 Daher lässt Nr. 2 in Alt. 2 auch andere Anlageformen zu, wenn sie einer **wirtschaftlichen Vermögensverwaltung** i.S.d. § 1811 S. 2 BGB entsprechen. Der Begriff der wirtschaftlichen Vermögensverwaltung ist ein unbestimmter Rechtsbegriff, der keine konkreten Vorgaben macht. Insofern sind die Anlageziele der Rentabilität und der Sicherheit der Anlage in einen Ausgleich zu bringen. Anhaltspunkte können die Regelungen in §§ 124, 215 VAG i.V.m. der **Anlageverordnung (AnlV) für Pensionskassen, Sterbekassen und kleine Versicherungsunternehmen** geben. Verwertungsgesellschaften haben

---

8 Vgl. § 23 Rn 12.
9 Oben Rn 4.

durch die Erweiterung der Vorschrift auf Anlagen im Rahmen einer wirtschaftlichen Vermögensverwaltung einen ihrer Funktion entsprechenden angemessenen Spielraum für die Anlage der Einnahmen aus den Rechten.[10]

Nr. 3 dient der Sicherheit der Anlagen, indem sie eine angemessene Streuung der Anlagen verlangt. Durch die **Verpflichtung zur Streuung** sollen Kurs- und Ausfallrisiken abgefedert werden. Nach der Vorschrift darf zum einen keine zu große Abhängigkeit von einem Vermögenswert bestehen. Die verschiedenen Anlageformen sind daher zu mischen. Die Anlagerichtlinie hat insofern Vorgaben zur Mischung zu machen, etwa durch Festlegung von prozentualen Höchstgrenzen für einzelne Anlageformen. Zum anderen verlangt die Vorschrift eine Vermeidung einer Risikokonzentration im Portfolio insgesamt. Neben der Mischung der Anlagen sind in der Anlagerichtlinie insofern auch schuldnerbezogene Beschränkungen vorzusehen. Dies kann etwa durch Festlegung von prozentualen Höchstgrenzen, die auf denselben Schuldner entfallen dürfen, geschehen.

12

3. Prüf- und Bestätigungspflicht (Abs. 3). Nach Abs. 3 ist die Anlagerichtlinie auf die Einhaltung der Vorgaben nach Abs. 2 durch einen **Wirtschaftsprüfer** oder eine **Wirtschaftsprüfungsgesellschaft** zu prüfen. Die Einhaltung ist durch den Wirtschaftsprüfer zu bestätigen. Durch die Prüf- und Bestätigungsverpflichtung wird die Staatsaufsicht (§ 75) von der Spezialkenntnisse erfordernden Prüfung entlastet. Die Verpflichtung, die Anlagerichtlinie einer Prüfung zuzuführen, trifft die Verwertungsgesellschaft. Die Verpflichtung wird durch die Aufstellung einer Anlagerichtlinie, die Änderung einer bestehenden Anlagerichtlinie und über den Wortlaut hinaus durch die Änderung der allgemeinen Anlagepolitik oder der Grundsätze des Risikomanagements ausgelöst. Die Erteilung des Bestätigungsvermerks ist keine Wirksamkeitsvoraussetzung für die Anlagerichtlinie.

13

§ 26
Verwendung der Einnahmen aus den Rechten

Die Verwertungsgesellschaft darf die Einnahmen aus den Rechten nur zu folgenden Zwecken verwenden:
1. zur Verteilung an die Berechtigten (§ 27) und an andere Verwertungsgesellschaften im Rahmen von Repräsentationsvereinbarungen (§ 46);
2. gemäß einem nach § 17 Absatz 1 Satz 2 Nummer 7 gefassten Beschluss, soweit die Einnahmen aus den Rechten nicht verteilbar sind;
3. gemäß einem nach § 17 Absatz 1 Satz 2 Nummer 9 gefassten Beschluss über Abzüge zur Deckung der Verwaltungskosten;
4. gemäß einem nach § 17 Absatz 1 Satz 2 Nummer 9 gefassten Beschluss über Abzüge zur Förderung kulturell bedeutender Werke und Leistungen und für die Einrichtung und den Betrieb von Vorsorge- und Unterstützungseinrichtungen (§ 32).

Übersicht

I. Allgemeines
   1. Bedeutung der Regelung —— 1
   2. Vorgängerregelung —— 4
   3. Unionsrechtlicher Hintergrund —— 5
   4. Entstehungsgeschichte —— 6
II. Regelungsgehalt
   1. Zulässige Verwendungszwecke
      a) Verteilung (Nr. 1) —— 7

---
10 A.A. Wandtke/Bullinger/*Gerlach*, § 25 VGG Rn 4.

b) Verwendung nicht verteilbarer Einnahmen (Nr. 2) —— 10
c) Abzüge zur Deckung der Verwaltungskosten (Nr. 3) —— 12
d) Abzüge für kulturelle und soziale Zwecke (Nr. 4) —— 13
2. Ausschluss sonstiger Verwendungszwecke —— 14

I. Allgemeines

1. Bedeutung der Regelung. Aus der **Treuhandstellung** der Verwertungsgesellschaft folgt, dass sie nicht nach Belieben über die Einnahmen verfügen darf, die sie aus der Rechtewahrnehmung erzielt. Vor diesem Hintergrund legt § 26 abschließend fest, zu welchen Zwecken die Einnahmen aus den Rechten verwendet werden dürfen. Im Vordergrund steht hierbei die Verteilung an die Berechtigten und andere Verwertungsgesellschaften (Nr. 1). Die übrigen Verwendungen sind nur aufgrund entsprechender Beschlüsse der Mitgliederhauptversammlung zulässig, die gem. § 17 Abs. 1 S. 2 Nr. 6 auch über den Verteilungsplan zu entscheiden hat. Auf diese Weise soll gewährleistet werden, dass die Mitgliederhauptversammlung als „Souverän der Verwertungsgesellschaft" in jedem Fall über die Verwendung der Einnahmen aus den Rechten entscheidet und diese möglichst ungeschmälert an die Berechtigten – und somit an die Treugeber – gelangen.[1]

Die Zulässigkeit der einzelnen Verwendungen ergibt sich nicht allein aus § 26 selbst, sondern primär aus anderen, in Nr. 1 bis 4 zum Teil[2] ausdrücklich referenzierten Vorschriften. Der eigenständige Regelungsgehalt der Norm besteht somit im Wesentlichen in dem **Ausschluss sonstiger Verwendungen**.

Die Norm regelt nur die Verwendung der **Einnahmen aus den Rechten** i.S.d. § 23, also jener Beträge, die die Verwertungsgesellschaft im Rahmen der Wahrnehmung der ihr anvertrauten Rechte und Vergütungsansprüche von den Nutzern einzieht, einschließlich der Erträge aus der Anlage dieser Einnahmen.[3] Dagegen enthält § 26 keine Vorgaben für die Verwendung von etwaigen eigenen Vermögenswerten der Verwertungsgesellschaft, von hieraus resultierenden Erträgen oder von Einnahmen aus sonstigen Tätigkeiten der Verwertungsgesellschaft außerhalb der kollektiven Rechtewahrnehmung.

2. Vorgängerregelung. Das UrhWG enthielt keine vergleichbare Vorschrift.

3. Unionsrechtlicher Hintergrund. Die Norm geht auf Art. 11 Abs. 4 VG-RL zurück, der allerdings offener gefasst ist: Über den Generalverweis auf Art. 8 Abs. 5 VG-RL erlaubt es das Unionsrecht grds., Einnahmen aus den Rechten für alle Zwecke zu verwenden, die in die **Kompetenz der Mitgliederhauptversammlung** fallen, soweit diese eine entsprechende Verwendung der Mittel beschließt. Demgegenüber hat sich der deutsche Gesetzgeber für eine abschließende Aufzählung der zulässigen Verwendungszwecke entschieden.

4. Entstehungsgeschichte. § 26 wurde inhaltlich unverändert aus dem RefE des BMJV ins VGG übernommen.

---

1 RegE-VGG, BT-Drucks. 18/7223, S. 80 f.
2 Während der Gesetzgeber in Nr. 2 und 3 lediglich die Normen nennt, die die Zuständigkeit der Mitgliederhauptversammlung begründen, zitiert er in Nr. 4 mit § 32 auch die materiellrechtliche Grundlage des Verwendungszwecks. Qualitative Unterschiede ergeben sich aus dieser unterschiedlichen Regelungstechnik jedoch nicht.
3 Vgl. § 23 Rn 7 ff.

II. Regelungsgehalt

1. Zulässige Verwendungszwecke

a) Verteilung (Nr. 1). Die Einnahmen aus den Rechten sind **primär zur Verteilung** 7
zu verwenden. Dies ergibt sich bereits aus § 23 S. 1, der die Verwertungsgesellschaften
verpflichtet, die eingezogenen Einnahmen aus den Rechten mit der gebotenen Sorgfalt
zu verteilen.[4] Nach Art. 11 Abs. 4 VG-RL darf die Verwertungsgesellschaft die Einnahmen
aus den Rechten generell „nicht für andere Zwecke als zur Verteilung an die Rechtsinhaber verwenden", soweit die anderen Verwendungen nicht durch einen nach dieser Vorschrift zulässigen Beschluss der Mitgliederhauptversammlung gedeckt sind. Anders als
bei den in Nr. 2 bis 4 genannten Verwendungszwecken ist für die generelle Zulässigkeit
der Verteilung nach Nr. 1 daher kein Beschluss der Mitgliederhauptversammlung erforderlich. Diese ist jedoch gem. § 17 Abs. 1 S. 2 Nr. 6 zuständig für die Aufstellung des Verteilungsplans (§ 27), der die Details der Verteilung regelt.[5]

Nr. 1 stellt klar, dass die Verteilung sowohl an die **(eigenen) Berechtigten** der Verwertungsgesellschaft i.S.d. § 6 als auch, auf der Grundlage von Repräsentationsvereinbarungen, an **andere Verwertungsgesellschaften** erfolgen kann. Die ausdrückliche Nennung der anderen Verwertungsgesellschaften hat der Gesetzgeber für nötig erachtet, da
Verwertungsgesellschaften gem. § 5 Abs. 2 keine Rechtsinhaber und daher auch keine
Berechtigten i.S.d. § 6 sein können.[6] 8

Die Verteilung an die eigenen Berechtigten richtet sich nach dem **Verteilungsplan** 9
der Verwertungsgesellschaft gem. § 27. Für die Verteilung an andere Verwertungsgesellschaften gilt § 46. Gem. § 46 Abs. 1 S. 1 findet auch in diesem Verhältnis grds. der Verteilungsplan der beauftragten Verwertungsgesellschaft Anwendung, allerdings nur
soweit die Verwertungsgesellschaften in der **Repräsentationsvereinbarung** keine abweichende Vereinbarung getroffen haben. In der Praxis ist es üblich, dass der Verteilungsplan der beauftragten Verwertungsgesellschaft grds. insoweit zur Anwendung
kommt, als sich die Repräsentationsvereinbarung auf Rechte und Ansprüche an Werken
oder sonstigen Schutzgegenständen bezieht, die zum Tätigkeitsbereich beider Verwertungsgesellschaften zählen, also bspw., wenn die GEMA in Deutschland Urheberrechte
an Musikwerken für ihre ausländischen Schwestergesellschaften wahrnimmt.[7] Zuständig
für die Beschlussfassung über Repräsentationsvereinbarungen ist gem. § 17 Abs. 1 S. 2
Nr. 12 die Mitgliederhauptversammlung, die diese Befugnis allerdings gem. § 17 Abs. 2
dem Aufsichtsgremium übertragen kann.

b) Verwendung nicht verteilbarer Einnahmen (Nr. 2). Soweit die Verwertungsgesellschaft Einnahmen aus den Rechten nicht innerhalb der Fristen des § 28 verteilen
kann, weil ein **Berechtigter nicht festgestellt oder ausfindig gemacht** werden kann,
hat die Verwertungsgesellschaft gem. § 29 angemessene Maßnahmen zur Feststellung
oder Ausfindigmachung dieses Berechtigten zu ergreifen. Führen auch diese Maßnahmen nicht zum Erfolg, gelten die betreffenden Einnahmen aus den Rechten drei Jahre 10

---

[4] Vgl. § 23 Rn 24 ff.
[5] Vgl. § 17 Rn 12.
[6] RegE-VGG, BT-Drucks. 18/7223, S. 81. Die Zulässigkeit der Verteilung an andere
Verwertungsgesellschaften ergibt sich freilich auch aus § 46, so dass es regelungstechnisch genügt hätte,
in § 26 lediglich abstrakt die Verteilung als zulässigen Verwendungszweck zu regeln, ohne zwischen
Berechtigten und anderen Verwertungsgesellschaften zu differenzieren.
[7] Vgl. Heker/Riesenhuber/*Riemer*, Kap. 8 Rn 14; § 46 Rn 8.

nach Ablauf des Geschäftsjahres, in dem sie eingezogen wurden, aufgrund der gesetzlichen Fiktion des § 30 Abs. 1 als nicht verteilbar.[8] Für die Verwendung nicht verteilbarer Einnahmen hat die Verwertungsgesellschaft gem. § 30 Abs. 2 allgemeine Regelungen aufzustellen, über die gem. § 17 Abs. 1 S. 2 Nr. 7 die Mitgliederhauptversammlung beschließt. § 26 Nr. 2 stellt klar, dass die nicht verteilbaren Einnahmen entsprechend diesem Beschluss verwendet werden dürfen – in der Praxis z.B. zur Kostendeckung oder für soziale und kulturelle Zwecke.[9]

11 Keine Anwendung findet Nr. 2 auf Fälle, in denen einer fristgerechten Verteilung der Einnahmen aus den Rechten **sonstige Verteilungshindernisse** entgegenstehen. Die Verwendung der aus solchen Gründen unverteilbaren Beträge ist im Verteilungsplan der Verwertungsgesellschaft zu regeln und fällt somit unter Nr. 1.

12 c) **Abzüge zur Deckung der Verwaltungskosten (Nr. 3).** Nr. 3 stellt klar, dass die Verwertungsgesellschaft von den Einnahmen aus den Rechten Abzüge zur Deckung ihrer Verwaltungskosten vornehmen darf. Als Verwaltungskosten gelten nach der Legaldefinition des § 31 Abs. 2 diejenigen Kosten, die der Verwertungsgesellschaft aus der Wahrnehmung von Urheberrechten und verwandten Schutzrechten entstehen. In § 24 Nr. 2 ist zwar auch die Möglichkeit angelegt, dass die Verwertungsgesellschaft diese Kosten durch gesonderte, von den Nutzern eingezogene Einnahmen decken kann. In der Praxis nehmen die Verwertungsgesellschaften zur Deckung ihrer Verwaltungskosten jedoch regelmäßig Abzüge von den Einnahmen aus den Rechten als **Aufwendungsersatz** i.S.d. § 670 BGB vor.[10] Gemäß § 31 Abs. 2 dürfen diese Abzüge die gerechtfertigten und belegten Verwaltungskosten nicht übersteigen.[11] Für die Beschlussfassung über die allgemeinen Grundsätze für Abzüge zur Deckung der Verwaltungskosten ist gem. § 17 Abs. 1 S. 2 Nr. 9 die Mitgliederhauptversammlung zuständig.

13 d) **Abzüge für kulturelle und soziale Zwecke (Nr. 4).** Nach Nr. 4 darf die Verwertungsgesellschaft von den Einnahmen aus den Rechten schließlich auch Abzüge vornehmen, um hiermit **kulturell bedeutende Werke und Leistungen** i.S.d. § 32 Abs. 1 zu fördern[12] oder **Vorsorge- und Unterstützungseinrichtungen** für ihre Berechtigten i.S.d. § 32 Abs. 2 zu finanzieren.[13] Erforderlich ist ein Beschluss der Mitgliederhauptversammlung gem. § 17 Abs. 1 S. 2 Nr. 9. Die Mittel für kulturelle und soziale Zwecke, die aus Abzügen von den Einnahmen aus den Rechten finanziert werden, müssen gem. § 32 Abs. 3 nach festen Regeln verwendet werden, die auf fairen Kriterien beruhen.[14]

14 **2. Ausschluss sonstiger Verwendungszwecke.** § 26 enthält eine **abschließende Aufzählung** zulässiger Verwendungszwecke für die Einnahmen aus den Rechten. Die Verwertungsgesellschaft darf Einnahmen aus den Rechten somit generell nicht für andere Zwecke verwenden.

15 Bis zur Verteilung oder sonstigen gem. § 26 zulässigen Verwendung darf die Verwertungsgesellschaft die Einnahmen aus den Rechten allerdings nach Maßgabe des § 25

---

8 Vgl. im Einzelnen §§ 29 Rn 1 ff., 30 Rn 1 ff.
9 Vgl. § 30 Rn 11.
10 Vgl. § 24 Rn 11 ff. Speziell im Zusammenhang mit der Verteilung von Einnahmen aus gesetzlichen Vergütungsansprüchen kann aus steuerrechtlichen Gründen auch die gesonderte Inrechnungstellung des Verwaltungsaufwands gegenüber den Berechtigten in Betracht kommen; vgl. § 31 Rn 8.
11 Vgl. § 31 Rn 26 ff.
12 Vgl. § 32 Rn 18 ff.
13 Vgl. § 32 Rn 28 ff.
14 Vgl. § 32 Rn 33 ff.

anlegen.¹⁵ Die gesetzeskonforme **Anlage** der Einnahmen gilt insoweit folglich nicht als **Verwendung** i.S.d. § 26.

Dasselbe dürfte für die Vergabe von **Darlehen** gelten, die gem. § 17 Abs. 1 S. 2 Nr. 11 **16** in die Zuständigkeit der Mitgliederhauptversammlung fällt. Andernfalls ergäbe sich ein Wertungswiderspruch zwischen der abschließenden Regelung der Verwendungszwecke in § 26 und der ausdrücklichen gesetzlichen Nennung einer Kompetenz, die, soweit die Verwertungsgesellschaft nicht über sonstige Finanzmittel verfügt, zwingend mit Einnahmen aus den Rechten finanziert werden muss.

Das Beispiel zeigt zugleich, dass die in § 26 genannten Verwendungszwecke grds. **17** **weit auszulegen** sind, um die Funktionsfähigkeit der Verwertungsgesellschaft zu gewährleisten: § 26 darf nicht dazu führen, dass die Verwertungsgesellschaft in der Ausübung ihrer aus Gesetz und Treuhandverhältnis resultierenden Rechte und Pflichten beeinträchtigt wird. Vor diesem Hintergrund ist insbesondere der Begriff der Verwaltungskosten in Nr. 3 sehr weit zu verstehen, muss er doch sämtliche Betriebs- und Finanzkosten umfassen, die mit der Wahrnehmungstätigkeit der Verwertungsgesellschaft mittelbar oder unmittelbar in Zusammenhang stehen. Dies schließt z.B. notwendigerweise auch Zahlungsverpflichtungen mit ein, die ihren Rechtsgrund außerhalb des VGG haben, wie Steuern, Gebühren, Schadensersatzansprüche etc.¹⁶

§ 27
Verteilungsplan

(1) **Die Verwertungsgesellschaft stellt feste Regeln auf, die ein willkürliches Vorgehen bei der Verteilung der Einnahmen aus den Rechten ausschließen (Verteilungsplan).**

(2) **Nimmt die Verwertungsgesellschaft Rechte für mehrere Rechtsinhaber gemeinsam wahr, kann sie im Verteilungsplan regeln, dass die Einnahmen aus der Wahrnehmung dieser Rechte unabhängig davon, wer die Rechte eingebracht hat, nach festen Anteilen verteilt werden.**

Übersicht

I. Allgemeines
   1. Bedeutung der Regelung —— 1
   2. Vorgängerregelung —— 3
   3. Unionsrechtlicher Hintergrund —— 5
   4. Entstehungsgeschichte —— 7
II. Regelungsgehalt
   1. Aufstellung von Verteilungsplänen (Abs. 1)
     a) Begriff des Verteilungsplans —— 9
     b) Allgemeines Willkürverbot —— 29
     c) Leistungsprinzip und Leistungsbestimmungsrecht —— 37
     d) Einzelaspekte —— 48
     e) Aufsicht —— 60
   2. Verteilung unabhängig vom Rechtefluss (Abs. 2)
     a) Hintergrund der Regelung —— 63
     b) Tatbestand: Gemeinsame Rechtewahrnehmung —— 71
     c) Rechtsfolge: Verteilung unabhängig vom Rechtefluss —— 74

---

15 Klargestellt in RegE-VGG, BT-Drucks. 18/7223, S. 81.
16 Hierzu auch § 31 Rn 25.

I. Allgemeines

1. Bedeutung der Regelung. Abs. 1 verpflichtet die Verwertungsgesellschaft zur Aufstellung eines **Verteilungsplans** und normiert mit dem **Willkürverbot** den wesentlichen Maßstab für dessen inhaltliche Ausgestaltung. Die Norm stellt hiermit die grundlegende gesetzliche Bestimmung für die Verteilung der Einnahmen aus den Rechten dar.

Abs. 2 regelt den Spezialfall, dass eine Verwertungsgesellschaft Rechte für unterschiedliche Gruppen von Rechtsinhabern gemeinsam wahrnimmt. Dies betrifft bspw. die Situation, dass ein Urheber und ein Verleger die Rechte an einem Werk zur gemeinsamen Wahrnehmung in ihrer beider Interesse bei der Verwertungsgesellschaft einbringen. Für solche Fälle ermöglicht Abs. 2 eine **anteilige Verteilung unabhängig vom Rechtefluss**. Die Norm steht in engem Zusammenhang mit § 27a, der die Verlegerbeteiligung an gesetzlichen Vergütungsansprüchen regelt.

2. Vorgängerregelung. Abs. 1 entspricht inhaltlich der Regelung zum Verteilungsplan in **§ 7 S. 1 UrhWG**, so dass die zu dieser Norm umfangreich vorliegende Rechtsprechung und Literatur in ihren Grundzügen weiterhin Geltung beanspruchen kann.[1] Nicht ins VGG übernommen wurde die offensichtlich zum Schutz der Berechtigten in § 7 S. 3 UrhWG vorgesehene Verpflichtung, die Grundsätze des Verteilungsplans in die Satzung der Verwertungsgesellschaft aufzunehmen. Sie ist nicht mehr erforderlich, da gem. § 17 Abs. 1 S. 2 Nr. 6 neben der Beschlussfassung über das Statut der Verwertungsgesellschaft auch jene über den Verteilungsplan uneingeschränkt in die Zuständigkeit der Mitgliederhauptversammlung fällt. Der Verteilungsplan unterliegt somit auch ohne Aufnahme in das Statut der Kontrolle und Gestaltungshoheit durch die Berechtigten.[2]

Bei Abs. 2 handelt es sich um eine **Neuschöpfung**, die erst nach Inkrafttreten des VGG erlassen wurde und keine Entsprechung im UrhWG findet.[3]

3. Unionsrechtlicher Hintergrund. Die VG-Richtlinie schreibt nicht vor, dass die Verteilung auf der Grundlage eines von der Verwertungsgesellschaft speziell aufzustellenden Verteilungsplans erfolgen muss. Sie nennt auch keine konkreten Vorgaben für die inhaltliche Ausgestaltung der Verteilung. Nach Art. 13 Abs. 1 UA 1 VG-RL haben die Mitgliedsstaaten lediglich sicherzustellen, dass die Verwertungsgesellschaften die Einnahmen aus den Rechten entsprechend den gem. Art. 8 Abs. 5 lit. a von der Mitgliederhauptversammlung zu beschließenden allgemeinen Verteilungsgrundsätzen *„regelmäßig, sorgfältig und korrekt verteilen und ausschütten"*. Dies wird nach Ansicht des deutschen Gesetzgebers durch das in Abs. 1 enthaltene Willkürverbot und die weiteren die Verteilung betreffenden Vorgaben des vorliegenden Unterabschnitts des VGG gewährleistet.[4] Mit Blick auf die Anforderung einer regelmäßigen Verteilung ist insoweit auf § 28 (Verteilungsfrist) zu verweisen, hinsichtlich der Korrektheit der Verteilung auf § 29 (Feststellung der Berechtigten).

Abs. 2 wurde vom deutschen Gesetzgeber nach Inkrafttreten des VGG geschaffen und hat keine Grundlage in der VG-RL. Die gemeinsam mit § 27a entstandene Regelung stellt jedoch nicht zuletzt eine Reaktion auf das Urteil des EuGH in Sachen **Reprobel** dar,

---

[1] So auch Wandtke/Bullinger/*Gerlach*, § 27 VGG Rn 1; BeckOK-UrhR/*Freudenberg*; § 27 VGG Rn 4.
[2] Insoweit unzutreffend die Angabe bei Dreier/Schulze/*Schulze*, § 27 VGG Rn 15, § 17 Abs. 1 S. 2 Nr. 6 UrhG schreibe weiterhin die Aufnahme der allgemeinen Grundsätze der Verteilung in die Satzung vor. Die Regelung nimmt keinen Bezug auf das Statut der Verwertungsgesellschaft.
[3] Hierzu sogleich Rn 8.
[4] Vgl. RegE-VGG, BT-Drucks. 18/7223, S. 81, amtl. Begr. zu § 27.

mit dem die unionsrechtliche Zulässigkeit einer Beteiligung von Verlegern an den Einnahmen aus gesetzlichen Vergütungsansprüchen in Zweifel gezogen wurde.[5]

4. Entstehungsgeschichte. Abs. 1 war mit identischem Wortlaut bereits im RefE 7 des BMJV enthalten und wurde während des Gesetzgebungsverfahrens nicht näher diskutiert.

Abs. 2 wurde erst nach Inkrafttreten des VGG im Rahmen des **Gesetzes** zur verbes- 8 serten Durchsetzung des Anspruchs der Urheber und ausübenden Künstler auf angemessene Vergütung und **zur Regelung von Fragen der Verlegerbeteiligung** vom 20. Dezember 2016 ergänzt und ist zum 24. Dezember 2016 in Kraft getreten.[6] Mit dieser ersten Novellierung des VGG wollte der Gesetzgeber angesichts einer durch aktuelle Gerichtsurteile entstandenen Rechtsunsicherheit klarstellen, dass Verwertungsgesellschaften, die sowohl originäre als auch derivative Rechtsinhaber vertreten, die Einnahmen aus den Rechten insoweit unabhängig vom Rechtefluss verteilen können.[7]

II. Regelungsgehalt

1. Aufstellung von Verteilungsplänen (Abs. 1)

a) Begriff des Verteilungsplans. Nach der **Legaldefinition** des Abs. 1 hat die Ver- 9 wertungsgesellschaft **feste Regeln für die Verteilung der Einnahmen aus den Rechten** aufzustellen, die in ihrer Gesamtheit den Verteilungsplan der Verwertungsgesellschaft bilden.

Die **Verteilung** i.S.d. § 27 umfasst aus Sicht des Gesetzgebers sowohl den eigent- 10 lichen Verteilungsprozess, bei dem den Berechtigten die ihnen jeweils zustehenden Einnahmen zugeordnet werden (Verteilung i.e.S.), als auch die anschließende Ausschüttung der hierbei ermittelten Beträge.[8] Die Verteilung i.e.S. kann je nach Verwertungsgesellschaft und Nutzungsbereich sehr unterschiedlich ausgestaltet sein und eine hohe Komplexität erreichen. Sie umfasst u.a. die Auswertung und Verarbeitung der verteilungsbezogenen Auskünfte und Meldungen der Nutzer gem. §§ 41, 42, die Zuordnung („Matching") der gemeldeten Nutzungen zu den von der Verwertungsgesellschaft vertretenen Werken und sonstigen Schutzgegenständen, die Berechnung von Punkt- und Minutenwerten sowie die Aufteilung auf die einzelnen Berechtigten am jeweiligen Werk oder Schutzgegenstand.

Der Begriff der **Einnahmen aus den Rechten** entspricht jenem des § 23 und umfasst 11 somit die aus der Wahrnehmung von Ausschließlichkeitsrechten sowie Vergütungs- und Ausgleichsansprüchen erzielten Beträge einschließlich der Erträge aus der Anlage dieser Einnahmen.[9] Nicht im Verteilungsplan zu regeln ist dagegen die Verwendung eventuell vorhandener sonstiger Finanzmittel der Verwertungsgesellschaft.[10] Indem der Verteilungsplan die Verteilung der Einnahmen aus den Rechten regelt, stellt er **auftragsrecht-**

---

5 EuGH, Urt. v. 12.11.2015 – C-572/13 – GRUR 2016, 55 – Hewlett-Packard Belgium SPRL/Reprobel SCRL. Vgl. hierzu ausführlich Rn 68.
6 BGBl I 2016 S. 3037.
7 Vgl. Beschlussempfehlung und Bericht des Ausschusses für Recht und Verbraucherschutz v. 13.12.2016, BT-Drucks. 18/10637, S. 20f., 25f. Zu den Hintergründen siehe Rn 63 ff.
8 RegE-VGG, BT-Drucks. 18/7223, S. 80, amtl. Begr. zu § 23. Vgl. auch § 23 Rn 24 ff.
9 Vgl. § 23 Rn 7 ff.
10 Vgl. dazu § 24 Nr. 2 und in diesem Kommentar § 24 Rn 7 ff.

lich eine Regelung über die Auskehr des aus der Geschäftsbesorgung – hier: der Rechtewahrnehmung – Erlangten i.S.d. § 667 BGB dar.[11]

12 Das Gebot der **„festen Regeln"** bringt zum Ausdruck, dass die Verwertungsgesellschaft **im Voraus abstrakte Regeln** aufzustellen hat, aus denen sich ergibt, wie die Einnahmen aus den Rechten auf die genutzten Werke und sonstigen Schutzgegenstände sowie die hieran beteiligten Berechtigten aufzuteilen sind.[12] Auf diese Weise soll sichergestellt werden, dass die Einnahmen aus den Rechten gerecht verteilt werden.[13] Dagegen ist mit der Verpflichtung, „feste Regeln" aufzustellen, **keine Unveränderlichkeit** im Sinne „feststehender" Verteilungsregeln impliziert. Die Verwertungsgesellschaft ist vielmehr fortwährend gehalten, Missständen und Fehlentwicklungen, die sich im Zusammenhang mit der Verteilung bemerkbar machen, durch Anpassungen und Änderungen des Verteilungsplans entgegenzuwirken.[14]

13 Redaktionell etwas missglückt erscheint die Platzierung des Begriffs „Verteilungsplan" am Ende von Abs. 1, erweckt sie doch den Anschein, als sei auch das **Willkürverbot** Bestandteil der Begriffsdefinition. Tatsächlich handelt es sich bei der Willkürfreiheit jedoch naturgemäß nicht um ein formales Wesensmerkmal des Verteilungsplans als Regelwerk, sondern um eine **materiellrechtliche Vorgabe** für die hierin gesammelten Verteilungsregeln. Auch ein willkürlicher Verteilungsplan bleibt formal ein Verteilungsplan i.S.d. Abs. 1 – die willkürlichen Regelungen sind lediglich unwirksam. Deutlicher als die aktuelle Fassung in Abs. 1 brachte dieses formale Verständnis des Verteilungsplans als Regelwerk § 7 S. 1 UrhWG zum Ausdruck, wonach die Verwertungsgesellschaft „*die Einnahmen aus ihrer Tätigkeit nach festen Regeln (Verteilungsplan) aufzuteilen*" hatte, „*die ein willkürliches Vorgehen bei der Verteilung ausschließen*". Der VGG-Gesetzgeber wollte an diesem Begriffsverständnis ersichtlich nichts ändern.[15]

14 Dem wahrnehmungsrechtlichen Treuhandprinzip entsprechend, hat die Verwertungsgesellschaft die Einnahmen aus den Rechten **ausschließlich an die Berechtigten** zu verteilen. Die Berücksichtigung von Nichtberechtigten bei der Verteilung ist mit diesem Grundsatz nicht vereinbar,[16] die pauschale Ausschüttung an Berufsverbände problematisch.[17]

15 Der Verteilungsplan regelt dementsprechend zunächst die Verteilung an die **eigenen Berechtigten** der Verwertungsgesellschaft, und zwar sowohl an die Mitglieder i.S.d. § 7 als auch an die sonstigen Berechtigten i.S.d. § 6.[18] Auch Einnahmen, die die Verwertungsgesellschaft aus der gebietsübergreifenden Vergabe von Online-Rechten an Musikwerken für ihre Berechtigten erzielt, hat sie an diese gem. § 68 Abs. 1 nach Maßgabe des Verteilungsplans auszuschütten.

---

11 BGH, Beschl. v. 3.5.1988 – KVR 4/87 – GRUR 1988, 782, 784 – GEMA-Wertungsverfahren; *Müller*, S. 63; *Riesenhuber*, Wahrnehmungsvertrag, S. 21.
12 So auch BeckOK-UrhR/*Freudenberg*; § 27 VGG Rn 6.
13 Zur Vorgängerregelung § 7 S. 1 UrhWG vgl. RegE-UrhWG, BT-Drucks. IV/271, S. 16, amtl. Begr. zu § 7.
14 BGH, Beschl. v. 3.5.1988 – KVR 4/87 – GRUR 1988, 782, 783 – GEMA-Wertungsverfahren.
15 RegE-VGG, BT-Drucks. 18/7223, S. 81, amtl. Begr. zu § 27, verweist auf die „bewährten Vorgaben" des § 7 S. 1 UrhWG.
16 BGH, Urt. v. 21.4.2016 – I ZR 198/13 – GRUR 2016, 596, 599 – Verlegeranteil, unter Bezugnahme auf Art. 11 Abs. 4 VG-RL.
17 BGH, Urt. v. 21.4.2016 – I ZR 198/13 – GRUR 2016, 596, 604 f. – Verlegeranteil. Hier hat der BGH Ausschüttungen der VG Wort an den Deutschen Hochschulverband und die Gesellschaft Deutscher Chemiker für unzulässig erachtet, die Beteiligung der Deutschen Physikalischen Gesellschaft dagegen wegen wirksamer Abtretungen der Vergütungsansprüche durch die Autoren bestätigt. Ausführlich hierzu die Vorinstanz, OLG München, Urt. v. 17.10.2013 – 6 U 2492/12 – ZUM 2014, 52, 63.
18 Hierzu BeckOK-UrhR/*Freudenberg*, § 27 VGG, Rn 14.

Daneben findet der Verteilungsplan gem. § 46 Abs. 1 S. 1 unter gewissen Vorausset- 16
zungen auch insoweit Anwendung, als die Verwertungsgesellschaft auf der Grundlage
von **Repräsentationsvereinbarungen** Rechte an den Repertoires anderer Verwertungsgesellschaften wahrnimmt: Erzielt die Verwertungsgesellschaft Einnahmen aus solchen
Rechten, mit deren Wahrnehmung sie von anderen Verwertungsgesellschaften beauftragt worden ist, verteilt sie auch diese Einnahmen grds. nach Maßgabe ihres eigenen
Verteilungsplans, jedoch nur, soweit in den jeweiligen Repräsentationsvereinbarungen
nichts anderes vereinbart ist. Es gilt insoweit der **Vorrang der Repräsentationsvereinbarung**.

In der **Praxis** regeln die Verteilungspläne der deutschen Verwertungsgesellschaften 17
üblicherweise nur die Verteilung der Einnahmen aus der Wahrnehmung solcher Rechte
und Ansprüche, die zum eigenen Tätigkeitsbereich der jeweiligen Verwertungsgesellschaft gehören. So findet bspw. der Verteilungsplan der GEMA grds. auch Anwendung
auf die Verteilung der Einnahmen, die sie für Nutzungen der Musikrepertoires ihrer
ausländischen Schwestergesellschaften in Deutschland erzielt.[19] Die Ausschüttung als
abschließender Schritt der Verteilung i.S.d. § 27 wird hierbei jedoch stets durch die beauftragende Verwertungsgesellschaft durchgeführt, da nur sie eine unmittelbare Vertragsbeziehung mit ihren jeweiligen Berechtigten unterhält. Dagegen erfolgt die Verteilung solcher Einnahmen, die die GEMA aufgrund von Inkassovereinbarungen für andere
deutsche, nicht im Bereich des Musikurheberrechts tätige Verwertungsgesellschaften
einzieht, vollständig nach den Verteilungsplänen der beauftragenden Gesellschaften. Es
wäre weder sachgerecht noch mit der Verteilungsautonomie der beauftragenden Gesellschaft vereinbar, wenn die beauftragte Gesellschaft Verteilungsregeln für die Verteilung
in Bezug auf solche Rechte und Nutzungen aufstellen würde, die nicht zu ihrem eigenen
Tätigkeitsbereich zählen.[20]

Bezieht sich die Repräsentationsvereinbarung auf die **gebietsübergreifende Ver-** 18
gabe von Online-Rechten an Musikwerken, ist § 68 Abs. 3 zu beachten. Hiernach
findet in diesem Bereich ebenfalls grds. der Verteilungsplan der beauftragten Verwertungsgesellschaft Anwendung (§ 68 Abs. 3 S. 1), für die „Verteilung der Beträge" an die
Berechtigten – d.h. für die Ausschüttung – ist hier jedoch explizit die beauftragende Verwertungsgesellschaft verantwortlich.

Die deutschen Verwertungsgesellschaften haben ihre Verteilungspläne regelmäßig 19
als **gesonderte Regelwerke** abgefasst, die über entsprechende Einbeziehungsklauseln zugleich einen **Bestandteil des betreffenden Wahrnehmungsvertrags** bilden.[21]
Hierbei wird – entgegen einer seitens des BGH geäußerten Vermutung – regelmäßig
nicht unterschieden zwischen permanent bestehenden „Allgemeinen Grundsätzen" und
einem „jährlich neu beschlossenen, der Ausschüttung dienenden Verteilungsplan".[22]
Vielmehr gelten grds. sämtliche Regelungen eines einmal beschlossenen Verteilungs-

---

19 Vgl. § 46 Rn 8.
20 Vgl. Heker/Riesenhuber/*Riemer*, Kap. 8 Rn 14 f.; § 46 Rn 9.
21 § 4 Abs. 1 S. 1 AGICOA-Berechtigungsvertrag; § 6 lit. a Abs. 1 GEMA-Berechtigungsvertrag; § 4 Abs. 1
GÜFA-Berechtigungsverträge; § 3 Abs. 2 S. 2 der GVL für Tonträgerhersteller und Veranstalter-
Wahrnehmungsverträge; § 4 Nr. 1 GVL für Künstler-Wahrnehmungsvertrag; § 4 Abs. 1 GWFF-
Berechtigungsvertrag; Nr. 6 VFF-Berechtigungsverträge; § 5 S. 1 VG Bild-Kunst für Berufsgruppen I und II-
Wahrnehmungsvertrag; § 5 Abs. 2 VG Bild-Kunst für Berufsgruppe III-Wahrnehmungsvertrag; § 18 Nr. 3
Abs. 1 VG Musikedition-Berechtigungsvertrag; § 6 Abs. 1 VG Wort-Wahrnehmungsverträge; § 7 Abs. 2 VGF-
Wahrnehmungsvertrag.
22 So BGH, Urt. v. 13.12.2001 – I ZR 41/99 – GRUR 2002, 332, 333 – Klausurerfordernis. Hintergrund
dieser Annahme ist vermutlich die damalige Vorgabe in § 7 S. 3 UrhWG, wonach die Grundsätze des
Verteilungsplans in die Satzung der Verwertungsgesellschaft aufzunehmen waren.

plans – soweit sie keiner ausdrücklichen Befristung unterliegen – uneingeschränkt so lange fort, bis sie durch einen Beschluss der Mitgliederhauptversammlung geändert werden.

20   Die Bestimmungen des Verteilungsplans sind – ebenso wie die Wahrnehmungsverträge selbst – als **AGB** i.S.d. § 305 Abs. 1 BGB zu qualifizieren, da sie für eine Vielzahl individueller Vertragsverhältnisse vorformulierte Bedingungen enthalten, die die Verwertungsgesellschaft bei Abschluss des Wahrnehmungsvertrags nicht mit dem Berechtigten aushandelt, sondern einseitig aufstellt.[23] Der Verteilungsplan unterliegt daher der Inhaltskontrolle gem. §§ 307 ff. BGB.[24] Dies gilt nach der Rechtsprechung des BGH sowohl im Verhältnis der Verwertungsgesellschaft gegenüber ihren Mitgliedern i.S.d. § 7 wie auch gegenüber ihren sonstigen Berechtigten i.S.d. § 6, so dass es auf den vereins- oder gesellschaftsrechtlichen Status des Berechtigten nicht ankommen soll. Begründet wird dies damit, dass der Verteilungsplan – ebenso wie der Wahrnehmungsvertrag – nicht das mitgliedschaftliche Verhältnis des Berechtigten zur Verwertungsgesellschaft betrifft, sondern allein die schuldrechtliche, treuhänderische Beziehung.[25]

21   Als AGB unterliegen die Verteilungspläne der Verwertungsgesellschaften auch dem Transparenzgebot des § 307 Abs. 1 S. 2 BGB und dem hierin enthaltenen **Bestimmtheitsgebot**. Die Verwertungsgesellschaft ist daher gehalten, ihren Verteilungsplan so klar und genau zu formulieren, dass die Verteilungsgrundsätze hinreichend deutlich zum Ausdruck kommen und zugunsten der Verwertungsgesellschaft keine ungerechtfertigten Beurteilungsspielräume aufgrund von unzureichend bestimmten Verteilungsregeln verbleiben. Für den Berechtigten muss prinzipiell vorhersehbar sein, nach welchen Grundsätzen die (auch) für Nutzungen seiner Werke und sonstigen Schutzgegenstände erzielten Einnahmen verteilt werden. Maßstab ist hierbei das Verständnis, das ein durchschnittlicher Berechtigter bei verständiger Würdigung und aufmerksamer Durchsicht des Verteilungsplans unter Berücksichtigung des erkennbaren Sachzusammenhangs erlangt.[26]

22   Allerdings dürfen die Anforderungen an die Bestimmtheit des Verteilungsplans auch nicht überspannt werden: Da es sich bei den Bestimmungen des Verteilungsplans notwendigerweise um generalisierende Regeln handelt, ist es nicht erforderlich, dass sie jede Eventualität erfassen. Vielmehr müssen die Verteilungsregeln hinreichend flexibel gestaltet sein, um künftigen Entwicklungen und besonderen Fallgestaltungen Rechnung tragen zu können. Die Verwertungsgesellschaft darf sich bei der Aufstellung des Verteilungsplans daher auch **unbestimmter Rechtsbegriffe** bedienen.[27]

23   Die Verwertungsgesellschaft ist auch nicht verpflichtet, sämtliche **technisch-administrativen Details** für die Abwicklung der Verteilung im Verteilungsplan zu re-

---

23   St. Rspr. Zum GEMA-Verteilungsplan u.a. BGH, Urt. v. 5.12.2012 – I ZR 23/11 – GRUR 2013, 375, 376 – Missbrauch des Verteilungsplans; BGH, Urt. v. 8.10.2015 – I ZR 136/14 – GRUR 2016, 606, 607 – Allgemeine Marktnachfrage; zum Verteilungsplan der VG Wort BGH, Urt. v. 21.4.2016 – I ZR 198/13 – GRUR 2016, 596, 598 f. – Verlegerbeteiligung; vgl. a. BeckOK-UrhR/*Freudenberg*, § 27 VGG Rn 20; *Augenstein*, S. 73 ff.; einschränkend im Sinne einer teleologischen Reduktion der Inhaltskontrolle nach AGB-Recht vor dem Hintergrund der wahrnehmungsrechtlichen Spezialvorschriften *Flechsig*, ZUM 2013, 745, 751 f.
24   A.A. in Bezug auf „materielle Verteilungsregeln" *Ventroni*, ZUM 2017, 187, 189 ff.
25   So zum GEMA-Verteilungsplan BGH, Urt. v. 13.12.2001 – I ZR 41/99 – ZUM 2002, 379 – Klausurerfordernis; BGH, Urt. v. 5.12.2012 – I ZR 23/11 – GRUR 2013, 375, 376 – Missbrauch des Verteilungsplans; KG, Urt. v. 7.8.2013 – 24 U 32/12, S. 8, n.v.
26   BGH, Urt. v. 8.10.2015 – I ZR 136/14 – GRUR 2016, 606, 607 ff. – Allgemeine Marktnachfrage; Schricker/Loewenheim/*Reinbothe*, § 7 UrhWG Rn 2.
27   BGH, Urt. v. 8.10.2015 – I ZR 136/14 – GRUR 2016, 606, 610 – Allgemeine Marktnachfrage.

geln.[28] Aufzunehmen sind aber alle Elemente der Verteilung, die entscheidenden Einfluss darauf haben, in welchem Umfang die einzelnen Nutzungsvorgänge bei der Verteilung der Einnahmen aus den Rechten berücksichtigt werden.[29]

Zuständig für die Beschlussfassung über den Verteilungsplan ist gem. § 17 Abs. 1 S. 2 Nr. 6 die **Mitgliederhauptversammlung**.[30] Deren Kompetenz erstreckt sich auf den **Verteilungsplan insgesamt**, nicht lediglich auf die „allgemeinen Grundsätze für die Verteilung", die nach Art. 8 Abs. 5 lit. a VG-RL zwingend von der Mitgliederhauptversammlung zu beschließen sind. Hiermit hat der deutsche Gesetzgeber gezielt die in Art. 8 Abs. 7 VG-RL eröffnete Möglichkeit aufgegriffen, die Entscheidungskompetenz der Mitgliederhauptversammlung in Bezug auf die Verteilung über die Mindestanforderungen des Art. 8 Abs. 5 lit. a VG-RL hinaus auszudehnen.[31] Die Verteilung der Einnahmen aus den Rechten wird somit maßgeblich von den Berechtigten selbst geprägt und gestaltet. Gem. § 20 Abs. 2 Nr. 4 i.V.m. § 17 Abs. 1 S. 2 Nr. 6 muss das Statut der Verwertungsgesellschaft vorsehen, dass auch die Delegierten jener Berechtigten, die nicht Mitglieder sind, bei Beschlussfassungen über den Verteilungsplan stimmberechtigt sind.

Die Verwertungsgesellschaft ist nicht verpflichtet, bei der Verteilung stets diejenige Fassung des Verteilungsplans zugrunde zu legen, die zur Zeit jener Werknutzung in Kraft war, auf die sich die Verteilung bezieht. **Änderungen des Verteilungsplans** finden vielmehr grds. – d.h. soweit die Mitgliederhauptversammlung nicht etwas anderes beschließt – auf alle bei ihrem Inkrafttreten noch nicht abgeschlossenen Vorgänge Anwendung. Dies gilt insbesondere, soweit die Änderungen dazu dienen, Unvollkommenheiten und Unbilligkeiten der bisherigen Verteilungsregeln abzuhelfen.[32]

Die Verwertungsgesellschaft muss in der Lage sein, die **einheitliche Geltung** von Verteilungsregeln und deren Änderungen herbeizuführen, ohne hierfür die individuelle Zustimmung der einzelnen Berechtigten einholen zu müssen. Andernfalls könnte die Verteilung durch den Widerstand einzelner Berechtigter blockiert oder unmöglich gemacht werden. So versteht es sich von selbst, dass Berechtigte, die etwa von bisherigen Unzulänglichkeiten des Verteilungsplans profitiert haben, nicht an der Einbeziehung geänderter Verteilungsregeln in ihren individuellen Wahrnehmungsvertrag interessiert sind. Die Verwertungsgesellschaft kann daher in ihren Wahrnehmungsverträgen **dynamische Einbeziehungsklauseln** vorsehen, über die Änderungen des Verteilungsplans auch in die zur Zeit ihres Wirksamwerdens bereits bestehenden Wahrnehmungsverträge einbezogen werden. Rechtlich handelt es sich hierbei um einen zumutbaren und somit zulässigen einseitigen Änderungsvorbehalt i.S.d. § 308 Nr. 4 BGB.[33]

---

28 BGH, Urt. v. 19.5.2005 – I ZR 299/02 – ZUM 2005, 739 = GRUR 2005, 757 – PRO-Verfahren. Der BGH deutet jedoch in Bezug auf den konkret zu beurteilenden Sachverhalt an, dass in dem Verzicht auf die Regelung im Verteilungsplan ein formaler Verstoß gegen § 7 S. 3 UrhWG liegen könne. Hierfür sei jedoch die Aufsicht zuständig. Das PRO-Verfahren wurde in den Folgejahren teilweise im Verteilungsplan geregelt und ab der Verteilung für das Geschäftsjahr 2013 durch ein neues Verteilungsmodell („INKA") abgelöst; vgl. Heker/Riesenhuber/*Riemer*, Kap. 8 Rn 284ff.
29 Schricker/Loewenheim/*Reinbothe*, § 7 UrhWG Rn 1.
30 Auch vor Inkrafttreten des VGG wurden die Verteilungspläne der deutschen Verwertungsgesellschaften regelmäßig durch die Vertreter der Berechtigten verabschiedet; vgl. *Flechsig*, ZUM 2013, 745, 746.
31 Vgl. RegE-VGG, BT-Drucks. 18/7223, S. 77, amtl. Begr. zu § 17.
32 BGH, Urt. v. 3.5.1988 – KVR 4/87 – GRUR 1988, 782, 783 – GEMA-Wertungsverfahren.
33 Hierzu ausführlich *Heker/Riemer* in: FS Pfennig, S. 419 ff. Vgl. auch BGH, Urt. v. 22.1.2014 – I ZR 110/12 – GRUR 2014, 769, 770; KG, Urt. v. 11.12.2014 – 2 U 13/11 Kart., n.v.; KG, Urt. v. 8.2.2012 – 24 U 142/10, n.v., Umdruck S. 11. A.A. *v. Ungern-Sternberg*, GRUR 2015, 205, 220. Entsprechende Einbeziehungsklauseln finden sich z.B. in § 4 Abs. 1 S. 3 AGICOA-Berechtigungsvertrag; § 6 lit. a Abs. 1 GEMA-Berechtigungsvertrag; § 4 Abs. 1 S. 2 GÜFA-Berechtigungsverträge; § 4 Abs. 1 S. 1 GWFF-

27 Gem. § 56 Abs. 1 Nr. 7 hat die Verwertungsgesellschaft den jeweils geltenden Verteilungsplan auf ihrer Internetseite zu **veröffentlichen**. Die Veröffentlichungspflicht gilt für den gesamten Verteilungsplan, nicht nur für dessen allgemeine Grundsätze.[34]

28 Die bei Inkrafttreten des VGG bestehenden Verteilungspläne waren nach der **Übergangsvorschrift** des § 134 bis zum 31. Dezember 2016 an die neuen gesetzlichen Vorgaben anzupassen.

29 **b) Allgemeines Willkürverbot.** Bei der inhaltlichen Ausgestaltung des Verteilungsplans hat die Verwertungsgesellschaft anerkanntermaßen einen **außerordentlich weiten Ermessens- und Beurteilungsspielraum**, der seine Grenzen erst in dem in Abs. 1 normierten Willkürverbot findet.[35]

30 Maßstab für das Willkürverbot ist – mangels spezieller Vorgaben im Gesetzestext oder den Materialien zu VGG und UrhWG – der **allgemeine Gleichheitsgrundsatz** des Art. 3 Abs. 1 GG. Demnach sind Regelungen des Verteilungsplans willkürlich, wenn sie ohne zureichenden sachlichen Grund wesentlich Gleiches ungleich oder wesentlich Ungleiches gleich behandeln.[36] Dies ist dann der Fall, wenn sich für eine Differenzierung oder Gleichbehandlung kein vernünftiger, aus der Sache folgender oder anderweitig sachlich einleuchtender Grund finden lässt.[37] Die Verwertungsgesellschaft ist aufgrund des Willkürverbots demnach nicht verpflichtet – und i.d.R. auch nicht berechtigt –, sämtliche Werke und sonstigen Schutzgegenstände sowie sämtliche Nutzungssachverhalte bei der Verteilung der Einnahmen aus den Rechten identisch zu behandeln. Sie muss aber ihre Entscheidung, ob und inwieweit eine unterschiedliche Behandlung erfolgt, auf Basis von sachlichen, nichtdiskriminierenden Erwägungen treffen.

31 Hierbei steht die Verwertungsgesellschaft anerkanntermaßen[38] in einem **strukturellen Interessenkonflikt**, da sie als Treuhänderin aller Berechtigten zur Gleichbehandlung verpflichtet ist, gleichzeitig aber den Berechtigten selbst mit ihren zum Teil widerstreitenden Interessen und wechselnden Mehrheiten gem. § 17 Abs. 1 S. 2 Nr. 6 die Entscheidungshoheit über den Verteilungsplan zukommt. Es liegt in der Natur der Sache, dass Beträge, die an eine bestimmte Gruppe von Berechtigten ausgeschüttet werden, für die Verteilung an andere Gruppen nicht mehr zur Verfügung stehen und somit jede Begünstigung der einen Gruppe eine Schlechterstellung der übrigen Berechtigten zur Folge hat.

Berechtigungsvertrag; Nr. 6 S. 1 VFF-Berechtigungsverträge; § 5 S. 1 Wahrnehmungsvertrag VG Bild-Kunst für Berufsgruppen I und II; § 5 Abs. 2 VG Bild-Kunst-Wahrnehmungsvertrag für Berufsgruppe III; § 18 Nr. 3 Abs. 1 VG Musikedition-Berechtigungsvertrag; § 6 Abs. 1 VG Wort-Wahrnehmungsverträge; § 7 Abs. 2 VGF-Wahrnehmungsvertrag.

34 RegE-VGG, BT-Drucks. 18/7223, S. 89, amtl. Begr. zu § 56.
35 BGH, Urt. v. 24.9.2013 – I ZR 187/12 – GRUR 2014, 479, 481 = NJW-RR 2014, 733, 735 = ZUM-RD 2014, 276, 279 – Verrechnung von Musik in Werbefilmen; BGH, Urt. v. 21.4.2016 – I ZR 198/13 – GRUR 2016, 596, 599.
36 Allgemein zu Art. 3 Abs. 1 GG BVerfG, Urt. v. 16.3.1955 – 2 BvK 1/54 – BVerfGE 4, 144, 155 = NJW 1955, 625; BVerfG, Beschl. v. 9.3.1994 – 2 BvL 43/92 – BVerfGE 90, 145, 195 f. = NJW 1994, 1572; zur Übertragung dieser Grundsätze auf das Willkürverbot für die Verteilungspläne der Verwertungsgesellschaften BGH, Urt. v. 24.9.2013 – I ZR 187/12 – GRUR 2014, 479, 481 = NJW-RR 2014, 733, 735 = ZUM-RD 2014, 276, 279 – Verrechnung von Musik in Werbefilmen; KG, Urt. v. 8.7.2009 – 2 U 4/05 – GRUR-RR 2010, 320, 321; Dreier/Schulze/*Schulze*, § 27 VGG Rn 4; Schricker/Loewenheim/*Reinbothe*, § 7 UrhWG Rn 3; BeckOK-UrhR/*Freudenberg*, § 27 VGG Rn 11.
37 BVerfG, Urt. v. 23.10.1951 – 2 BvG 1/51 – BVerfGE 1, 14, 52 = NJW 1951, 877, 878 f.
38 BGH, Urt. v. 24.9.2013 – I ZR 187/12 – GRUR 2014, 479, 481 = NJW-RR 2014, 733, 735 = ZUM-RD 2014, 276, 279 – Verrechnung von Musik in Werbefilmen; vgl. zu den innerhalb von Verwertungsgesellschaften bestehenden Interessenkonflikten und den hierzu entwickelten Ausgleichsmechanismen auch Heker/Riesenhuber/*v. Lewinski*, Kap. 3 Rn 11 ff.

Um die ungerechtfertigte Gleichbehandlung sachlich ungleicher Sachverhalte zu 32 vermeiden, wird die Verwertungsgesellschaft bei der Verteilung regelmäßig zwischen den **verschiedenen Nutzungsbereichen oder Sparten** sowie – falls für ihren Tätigkeitsbereich relevant – zwischen **unterschiedlichen Werkarten** differenzieren. Zum einen werden so die auf die jeweiligen Nutzungen zu verteilenden Einnahmen auseinandergehalten, zum anderen ermöglicht es die Differenzierung, für die verschiedenen Bereiche unterschiedliche Verteilungsregime festzulegen. Die Differenzierung kann durch Untergliederung innerhalb eines einheitlichen Verteilungsplans oder in Form gesonderter Verteilungspläne umgesetzt werden. So unterscheidet die GVL begrifflich zwischen fünf Verteilungsplänen.[39] Die VG Wort regelt in ihrem Verteilungsplan 21 unterschiedliche Sparten,[40] die VG Bild-Kunst 17,[41] die GEMA sogar mehr als 40.[42]

Zu beachten sind auch Divergenzen in Bezug auf die **wahrgenommenen und ge-** 33 **nutzten Rechte**: Vergibt die GEMA für die Fernsehnutzung von Musik in sog. Fremdproduktionen (z.B. Kinofilmen) – anders als bei Eigen- und Auftragsproduktionen des Fernsehens – nur das Vervielfältigungsrecht, nicht aber das wirtschaftlich bedeutsamere Filmherstellungsrecht an die Sendeunternehmen, so entspricht es einer sachgerechten und ermessensfehlerfreien Gewichtung, wenn sie die auf die Musiknutzungen in Fremdproduktionen entfallenden Sendezeiten bei der Verteilung des auf beide Rechte entfallenden Anteils an der Verteilungssumme nur mit einer Gewichtung zu 1/10 berücksichtigt.[43] Eine gänzliche Nichtberücksichtigung von Fremdproduktionen bei der Verteilung in diesem Bereich wäre dagegen willkürlich.[44]

Nimmt die Verwertungsgesellschaft Rechte für **unterschiedliche Gruppen von** 34 **Rechtsinhabern** wahr – z.B. für Urheber und Inhaber von Leistungsschutzrechten oder für Autoren und Verleger –, ist bei der Verteilung i.d.R. auch hiernach zu differenzieren. Bringen die Berechtigten die Rechte gemeinsam ein, greift Abs. 2, wonach die Verwertungsgesellschaft die Einnahmen aus den Rechten unabhängig vom Rechtefluss nach festen Anteilen verteilen darf.[45] Doch auch dort, wo Berechtigte unterschiedlicher Berufsgruppen ihre jeweiligen Rechte und Ansprüche gesondert einbringen, diese jedoch auf der Lizenzseite zusammen vergütet werden, bedarf es einer **anteilsmäßigen Aufteilung** durch den Verteilungsplan. So enthält der Verteilungsplan der GEMA diverse Anteilsschlüssel für die Aufteilung der pro Werk ermittelten Beträge auf Komponisten und Textdichter,[46] und der Verteilungsplan der GVL sieht Quoten für die Aufteilung bestimm-

---

[39] Verteilungsplan Nr. 1 für ausübende Künstler und Hersteller von Tonträgern und Videohersteller; Verteilungsplan Nr. 2 für ausübende Künstler; Verteilungsplan Nr. 3 für Veranstalter; Verteilungsplan Nr. 4 für Hersteller von Tonträgern oder Videohersteller betreffend die Vergütungen für Sendung, öffentliche Wiedergabe und Vervielfältigung, Vermietung und Verleih; Verteilungsplan Nr. 5 betreffend Zuwendungen für kulturelle, kulturpolitische und soziale Zwecke, zusammengefasst in den Verteilungsplänen ab 2016.
[40] Einige Beispiele sind dargestellt bei *Heinemann*, S. 186 ff.
[41] §§ 23 ff. VG Bild-Kunst-Verteilungsplan.
[42] Vgl. die Liste in §§ 12, 13 GEMA-Verteilungsplan. Detailliert zum GEMA-Verteilungsplan Heker/Riesenhuber/*Riemer*, Kap. 8.
[43] KG, Urt. v. 13.3.2013 – 24 U 36/12 – n.v. Siehe hierzu auch *Riemer*, virtuos 2/2014, 36 f. Nicht überzeugend im Lichte dieser Entscheidung KG, Urt. v. 8.6.2015 – 24 U 89/14, Umdruck S. 5, n.v., in dem das KG die GEMA dazu verurteilt hat, Filmtrailer, für die sie nach damaliger Fassung ihres Regelwerks ebenfalls keine Herstellungsrechte an die Sendeunternehmen vergeben hatte, gleichwohl ohne Einschränkung an der Verteilung des auf beide Rechte entfallenden Anteils der Verteilungssumme zu beteiligen.
[44] KG, Urt. v. 29.9.2010 – 24 U 93/09 – GRUR-RR 2011, 354 (rechtskräftig).
[45] Hierzu im Detail Rn 63 ff.
[46] §§ 195 ff. GEMA-Verteilungsplan; hierzu Heker/Riesenhuber/*Riemer*, Kap. 8 Rn 530 ff.

ter Einnahmen auf ausübende Künstler einerseits und Produzenten andererseits vor.[47] Es sprechen gute Gründe dafür, den Urheberanteil bei der Aufteilung zwischen Urhebern und Inhabern von Leistungsschutzrechten höher anzusetzen: Neben der Berücksichtigung des originär schöpferischen Beitrags des Urhebers wird hierdurch auch ein Gegengewicht zu seiner strukturell schwächeren Position gegenüber den Nutzern geschaffen.[48]

35 Während die Differenzierung zwischen verschiedenen Gruppen von Rechtsinhabern somit vielfach geboten ist, kommt eine Unterscheidung nach dem mitgliedschaftlichen Status der Berechtigten bei der Verteilung regelmäßig bereits aus kartellrechtlichen Gründen nicht in Betracht.[49] **Mitglieder und sonstige Berechtigte** sind bei der Verteilung vielmehr grds. gleich zu behandeln. Schon 1971 hat die EU-Kommission eine Regelung der GEMA beanstandet, wonach an den der kulturellen Förderung dienenden Wertungsverfahren nur die ordentlichen Mitglieder (= Mitglieder i.S.d. § 7 VGG), nicht aber die sonstigen Berechtigten der GEMA beteiligt wurden. Die betreffende Regelung stellte nach Auffassung der Kommission die missbräuchliche Ausnutzung einer marktbeherrschenden Stellung dar.[50] Bestehen derartige Bedenken bereits mit Blick auf die kulturellen Fördermaßnahmen, bei deren Ausgestaltung der Verwertungsgesellschaft anerkanntermaßen ein besonders weites Ermessen zukommt,[51] so müssen sie erst recht im Rahmen der üblichen, vom Leistungsprinzip[52] ausgehenden Verteilung zum Tragen kommen.

36 Auch nach neuer Gesetzeslage ist in der Literatur weiterhin umstritten, ob sich aus dem Willkürverbot auch ein **Angemessenheitsgebot** in Bezug auf die Verteilung ableiten lässt, dessen Einhaltung ggf. der Aufsicht durch das DPMA unterläge.[53] Nach der befürwortenden – wegen der Ableitung des Angemessenheitsgebots aus § 9 S. 2 auch „Einheitsthese" genannten[54] – Auffassung hätte die Aufsicht umfassend zu prüfen, ob die Verteilung im Einzelnen in einem ausgewogenen Verhältnis zu den von den Berechtigten eingebrachten Rechten und Ansprüchen steht.[55] Die Vertreter der „Differenzierungsthese" sehen in Abs. 1 dagegen eine *lex specialis* im Vergleich zu § 9 S. 2 und plädieren dementsprechend für eine Abgrenzung der jeweiligen Kontrolltatbestände. Für die Differenzierungsthese spricht bereits der Wortlaut des Abs. 1: Während das Gesetz ansonsten an ca. zwei Dutzend Stellen auf die Angemessenheit Bezug nimmt, stellt Abs. 1 ausdrücklich und singulär auf das Kriterium der Willkürfreiheit ab, das ansonsten nur noch in der

---

47 Nr. 1, Abs. 1 GVL-Verteilungsplan; vgl. auch Anlage 6 Nr. 2 zu GVL-Verteilungsplan.
48 Dreier/Schulze/*Schulze*, § 27 VGG Rn 9, m.w.N.; kritisch u.a. zu früheren, die Filmurheber benachteiligenden Regelungen in den Verteilungsplänen von VGF und GWFF *Vogel*, GRUR 1993, 513, 522 f.
49 Zur Anwendung des Kartellrechts auf Verwertungsgesellschaften s. Einleitung Rn 32 ff.
50 Entsch. d. Komm. v. 2.6.1971 – GRUR 1973, 86 – GEMA.
51 KG, Urt. v. 7.8.2013 – 24 U 32/12, S. 9, n.v.
52 Vgl. Rn 37.
53 Befürwortend Dreier/Schulze/*Schulze*, § 27 VGG Rn 5; ablehnend Wandtke/Bullinger/*Gerlach*, § 27 VGG Rn 5; Heker/Riesenhuber/*Riesenhuber*, Kap. 6 Rn 105 ff.; differenzierend BeckOK-UrhR/*Freudenberg*; § 27 VGG Rn 17; grundlegend für die befürwortende Ansicht nach altem Recht *Nordemann*, GRUR Int. 1973, 306, 308; ebenso Fromm/Nordemann/*W. Nordemann*/*Wirtz*, 11. Aufl. 2014, § 7 UrhWG Rn 5; *Vogel*, GRUR 1993, 513, 521; *Reber*, GRUR 2000, 203, 208 f.; *Augenstein*, S. 58 ff.; *Mauhs*, S. 57; *Schunke*, ZUM 2015, 37, 42 f.; ablehnend *Häußer*, FUR 1980, 57, 68; *Melichar*, UFITA 117 (1991), 5, 15 f.; Schricker/Loewenheim/*Reinbothe*, § 7 UrhWG Rn 5; Müller, Verteilungsplan der GEMA, S. 100 ff.; vgl. auch KG, Urt. v. 20.3.2013 – 24 U 131/12 – ZUM 2013, 577, 579 f. In der Rechtsprechung nehmen beispielsweise BVerfG, Beschl. v. 11.10.1988 – 1 BvR 777/85 – BverfGE 79, 1, 17 f. = NJW 1992, 1303, 1304; OLG München, Urt. v. 16.5.2002 – 6 U 3722/01 – GRUR 2002, 877, 878 Bezug auf die Angemessenheit von Verteilungsregeln. Eine ausdrückliche Auseinandersetzung mit der Relevanz des Angemessenheitsgebots für die Verteilung und dessen Herleitung findet sich in der Rechtsprechung zu § 7 UrhWG jedoch nicht.
54 Begrifflichkeit nach Heker/Riesenhuber/*Riesenhuber*, Kap. 6 Rn 107.
55 Zum wahrnehmungsrechtlichen Angemessenheitsgebot des § 9 S. 2 vgl. § 9 Rn 47 ff.

Parallelvorschrift des § 46 Abs. 1 S. 2 erwähnt wird. Es handelt sich somit ersichtlich um eine *lex specialis*, namentlich in Bezug auf die allgemeine Verpflichtung zur Rechtewahrnehmung zu angemessenen Bedingungen gem. § 9 S. 2. Daneben ist auch zu berücksichtigen, dass eine umfassende Angemessenheitskontrolle die Aufsicht überfordern und das Risiko einer dirigistischen Bevormundung in sich bergen würde.[56] Dies stünde in eklatantem Widerspruch zur Konzeption der Verwertungsgesellschaften als staatsfernen **Selbstverwaltungsorganisationen**[57] sowie zu dem „außerordentlich weiten" Ermessens- und Beurteilungsspielraum, der den Verwertungsgesellschaften aus Sicht des BGH bei der Aufstellung der Verteilungspläne zusteht.[58]

c) **Leistungsprinzip und Leistungsbestimmungsrecht.** Der Berechtigte hat aufgrund des dem Wahrnehmungsvertrag zugrundeliegenden Treuhandverhältnisses grds. einen Anspruch gegen die Verwertungsgesellschaft, an der Verteilung mit einem Anteil beteiligt zu werden, der den aus der Wahrnehmung seiner Rechte und Ansprüche erzielten Einnahmen entspricht.[59] Die Verwertungsgesellschaft ist gehalten, die zur Ermittlung dieses Anteils erforderlichen Werknutzungsdaten möglichst genau zu erfassen.[60] Dieses sog. **Leistungsprinzip**[61] gilt jedoch nicht absolut. 37

Zum einen soll die Verwertungsgesellschaft nach dem Willen des Gesetzgebers gem. § 32 Maßnahmen zur **sozialen und kulturellen Förderung** vornehmen, die gem. § 32 Abs. 3 durch Abzüge von den Einnahmen aus den Rechten finanziert werden können. Diesem Auftrag ist das Prinzip einer gezielten Abweichung von den Resultaten einer rein leistungsbezogenen Verteilung zugunsten der Förderung einzelner Werke und Berechtigten immanent.[62] Die soziale und kulturelle Förderung im Rahmen des § 32 kann somit einen sachlichen Grund darstellen, der eine Ungleichbehandlung bei der Verteilung der Einnahmen aus den Rechten rechtfertigt.[63] 38

Zum anderen ist eine uneingeschränkte Einzelfallgerechtigkeit bei der Verteilung auch ansonsten vielfach nicht mit den Rahmenbedingungen der kollektiven Rechtewahrnehmung vereinbar. So kann das Leistungsprinzip innerhalb der kollektiven Rechtewahrnehmung etwa dann nicht unmittelbar umgesetzt werden, wenn sich den im Einzelnen genutzten Werken und sonstigen Schutzgegenständen **keine konkreten Einnahmen** zuordnen lassen. Dies ist bspw. der Fall, wenn die Verwertungsgesellschaft im Voraus pauschale Lizenzen für die Nutzung des gesamten von ihr wahrgenommenen Repertoires vergibt, ohne bei der Berechnung der Vergütung nach den Nutzungen einzelner Werke und sonstiger Schutzgegenstände zu differenzieren. Daneben existieren Bereiche, in denen der Nutzer allgemein nicht zur Meldung der tatsächlich genutzten Werke und sonstigen Schutzgegenstände verpflichtet ist (vgl. insbesondere § 42 Abs. 2 S. 2) oder die tatsächlichen Nutzungen aufgrund gesetzlicher Schrankenregelungen 39

---

56 So auch Schricker/Loewenheim/*Reinbothe*, § 7 UrhWG Rn 5. Zur gleichlaufenden Beurteilung aus Sicht der Staatsaufsicht vgl. Kreile/Riesenhuber/Becker/*Himmelmann*, Kap. 18 Rn 848.
57 Heker/Riesenhuber/*Riesenhuber*, Kap. 6 Rn 109; Einleitung Rn 8, 14.
58 BGH, Urt. v. 24.9.2013 – I ZR 187/12 – GRUR 2014, 479, 481 = NJW-RR 2014, 733, 735 = ZUM-RD 2014, 276, 279 – Verrechnung von Musik in Werbefilmen.
59 BGH, Urt. v. 21.4.2016 – I ZR 198/13 – GRUR 2016, 596, 599 – Verlegeranteil; BGH, Urt. v. 24.9.2013 – I ZR 187/12 – GRUR 2014, 479, 480 f. – Verrechnung von Musik in Werbefilmen; BGH, Urt. v. 2.12.2012 – ZUM-RD 2012, 514, 515 – Delcantos Hits; BGH, Urt. v. 19.5.2005 – I ZR 299/02 – GRUR 2005, 757, 759 – PRO-Verfahren; BVerfG, Beschl. v. 10.12.1996 – 1 BvR 1858/96 – ZUM 1997, 555 f. – Bandübernahmeverträge.
60 BGH, Urt. v. 20.3.2013 – I ZR 84/11 – GRUR 2013, 1220, 1228 – Gesamtvertrag Hochschul-Intranet.
61 Vgl. hierzu Heker/Riesenhuber/*Riesenhuber*, Kap. 6 Rn 115.
62 KG, Urt. v. 11.4.2018 – 24 U 98/17, n.v., Umdruck S. 15 f; vgl. auch § 32 Rn 35.
63 BeckOK-UrhR/*Freudenberg*, § 27 VGG Rn 13.

nicht festgestellt werden können (z.B. im Fall der Privatkopievergütung gem. § 54 UrhG). Aufgrund der gebündelten Rechtewahrnehmung auf Vergütungsseite – die das Marktgeschehen erleichtert und daher vom Gesetzgeber zum Teil durchaus gewünscht ist[64] – kann die Verwertungsgesellschaft auch auf der Ebene der Verteilung vielfach keine präzise Zuordnung der Einnahmen aus den Rechten vornehmen. Sie kann diese vielmehr lediglich in der Weise herausgeben, dass an die einzelnen Berechtigten nach allgemeinen Verteilungsgrundsätzen ein **möglichst leistungsgerechter Anteil** ausgeschüttet wird.[65] Da es hierbei i.d.R. nicht nur ein einziges „richtiges" Ergebnis für die Aufteilung der Einnahmen aus den Rechten gibt, kommt der Verwertungsgesellschaft ein **Ermessensspielraum** zu.[66]

40   Ferner hat die Verwertungsgesellschaft aufgrund ihrer Treuhandstellung bei der Verteilung das **Gebot der wirtschaftlichen Verhältnismäßigkeit** zu beachten und ihren Verwaltungsaufwand so gering wie möglich zu halten. Auch wenn eine werknutzungsbezogene Verteilung nach dem Leistungsprinzip im Einzelfall theoretisch möglich wäre, ist die Verwertungsgesellschaft hierzu nicht „um jeden Preis" verpflichtet, sondern nur innerhalb der Grenzen der Wirtschaftlichkeit. Hieraus folgt, dass die Berechtigten im Interesse der Verwaltungseffizienz gegebenenfalls **Schätzungen, Pauschalierungen und sonstige Vereinfachungen** bei der Verteilung hinzunehmen haben, selbst wenn dies in Einzelfällen zu Benachteiligungen führen kann.[67] Solche Benachteiligungen aufgrund von pauschalierenden Verteilungsregeln können in gewissem Umfang auch aufgrund des **Solidarprinzips** hinzunehmen sein, das zu den allgemeinen Grundlagen der kollektiven Rechtewahrnehmung zählt.[68]

41   Bei der Ermittlung dessen, was an den Berechtigten als das aus der Wahrnehmung seiner Rechte Erlangte herauszugeben ist, verfügt die Verwertungsgesellschaft vor diesem Hintergrund über ein **Leistungsbestimmungsrecht** i.S.d. § 315 BGB, welches sie nach billigem Ermessen auszuüben hat. Dies folgt angesichts der vorgenannten Rahmenbedingungen der kollektiven Rechtewahrnehmung bereits aus Sinn und Zweck des Wahrnehmungsvertrags, auch ohne dass es in diesem ausdrücklich geregelt werden müsste.[69]

42   Die Verwertungsgesellschaft übt das Leistungsbestimmungsrecht nicht zuletzt mit dem Aufstellen und der Anwendung der Regeln ihres Verteilungsplans aus.[70] Darüber hinaus kann das Leistungsbestimmungsrecht aber auch beim **Fehlen einschlägiger Verteilungsplanregelungen** greifen.[71] Es findet seine Grenzen jedoch in einem formal korrekt zustande gekommenen Verteilungsplan und darf nicht gegen dessen Wortlaut ausgeübt werden. Der Verteilungsplan ist vielmehr grundsätzlich auch dann für die Ge-

---

64   Vgl. BGH, Urt. v. 3.5.1988 – KVR 4/87 – GRUR 1988, 782, 783 – GEMA-Wertungsverfahren.
65   BGH, Urt. v. 24.9.2013 – I ZR 187/12 – GRUR 2014, 479, 480 f. – Verrechnung von Musik in Werbefilmen; BGH, Urt. v. 19.5.2005 – I ZR 299/02 – GRUR 2005, 757, 759 – PRO-Verfahren; OLG München, Urt. v. 21.1.2010 – 29 U 3700/09 – ZUM 2010, 459, 460; Dreier/Schulze/*Schulze*, § 27 VGG Rn 6. Zur Zulässigkeit von Pauschalierungen bereits BGH, Urt. v. 25.2.1966 – Ib ZR 30/64 – GRUR 1966, 567, 569.
66   BGH, Urt. v. 24.9.2013 – I ZR 187/12 – GRUR 2014, 479, 481 – Verrechnung von Musik in Werbefilmen; BeckOK-UrhR/*Freudenberg*, § 27 VGG Rn 19; Schricker/Loewenheim/*Reinbothe*, § 7 UrhWG Rn 5.
67   BGH, Urt. v. 3.5.1988 – KVR 4/87 – GRUR 1988, 782, 783 – GEMA-Wertungsverfahren; BGH, Urt. v. 24.9.2013 – I ZR 187/12 – GRUR 2014, 479, 481 – Verrechnung von Musik in Werbefilmen.
68   Vgl. Einleitung Rn 13; Wandtke/Bullinger/*Gerlach*, § 27 VGG Rn 3; *Dördelmann*, ZUM 1999, 890, 894 f. Vorrangig kommt das Solidarprinzip freilich in dem gesetzgeberischen Auftrag an die Verwertungsgesellschaften zum Ausdruck, gem. § 32 Abs. 2 VGG (vormals § 8 UrhWG) Vorsorge- und Unterstützungseinrichtungen einzurichten; *Riesenhuber*, Wahrnehmungsvertrag, S. 89 f.
69   BGH, Urt. v. 19.5.2005 – I ZR 299/02 – GRUR 2005, 757, 759 f. – PRO-Verfahren.
70   Vgl. hierzu auch *Müller*, S. 67 ff.
71   BGH, Urt. v. 19.5.2005 – I ZR 299/02 – GRUR 2005, 757, 760 – PRO-Verfahren.

schäftsführung der Verwertungsgesellschaft bindend, wenn – z.B. aufgrund eines entsprechenden Hinweises des DPMA – das Risiko besteht, dass eine bestimmte Verteilungsregel unwirksam sein könnte.[72]

Im Spannungsfeld zwischen dem Anspruch einer möglichst leistungsgerechten Verteilung einerseits und den vorgenannten Rahmenbedingungen der kollektiven Rechtewahrnehmung andererseits haben die deutschen Verwertungsgesellschaften im Wesentlichen drei **Hauptarten der Verteilung** etabliert: die Direktverteilung, die kollektive Verteilung und die analoge Verteilung.[73] 43

Bei der **Direktverteilung** (auch „Nettoeinzelverrechnung" oder „Direktverrechnung" genannt) werden die Einnahmen, die die Verwertungsgesellschaft für eine Nutzung erzielt, nach Vornahme eventueller Abzüge gem. § 26 Nr. 3 und 4 unmittelbar auf die jeweils genutzten Werke und sonstigen Schutzgegenstände sowie die hieran jeweils beteiligten Berechtigten verteilt.[74] Voraussetzung für eine Direktverteilung ist daher stets, dass sich den jeweiligen Nutzungen konkrete Inkassobeträge zuordnen lassen.[75] Aufgrund ihres unmittelbaren Inkassobezugs gilt die Direktverteilung als besonders leistungsgerecht.[76] 44

Auch der **kollektiven Verteilung** liegen i.d.R. konkrete Nutzungen in denjenigen Nutzungsbereichen zugrunde, für die die Verwertungsgesellschaft die zu verteilenden Einnahmen erzielt hat. Im Unterschied zur Direktverteilung werden hier jedoch Nettoeinnahmen, die die Verwertungsgesellschaft für eine Vielzahl von Nutzungen erzielt hat, zu einer gemeinsamen Verteilung zusammengefasst und auf alle im betreffenden Bereich genutzten Werke und sonstigen Schutzgegenstände verteilt.[77] Auch im Rahmen der kollektiven Verteilung wird üblicherweise die Nutzungsintensität der einzelnen Werke und Leistungen – z.B. die Zahl der Aufführungen oder die Länge der Sendungen – berücksichtigt. Daneben kann der wirtschaftlichen Relevanz der einzelnen Nutzungen durch deren unterschiedliche Gewichtung Rechnung getragen werden. So bildet die GEMA bspw. für die Verteilung im Fernsehbereich „Senderkoeffizienten" und „Koeffizienten für Fernsehsendungen", von denen erstere die für das jeweilige Fernsehprogramm erzielte Vergütung, letztere den konkreten Nutzungssachverhalt (z.B. Titelmusik, Werbung, Dargestellte Musik etc.) berücksichtigen.[78] Die VFF gewichtet bei der Verteilung ebenfalls nach dem ausstrahlenden Sender und dem jeweiligen Nutzungszusammenhang, daneben aber auch nach der Tageszeit der Ausstrahlung.[79] Die kollektive Verteilung erfolgt bspw. über Punkt- oder Minutenwerte.[80] Typischerweise findet sie in solchen Nutzungsbereichen Anwendung, in denen die Verwertungsgesellschaft zwar 45

---

72 LG München, Urt. v. 19.7.2007 – 7 O 7870/06 – ZUM-RD 2007, 546, 549, nicht rechtskräftig.
73 Hierzu auch – mit z.T. abweichenden Begrifflichkeiten – *Müller*, S. 144 ff.; *Heinemann*, S. 171 f.
74 Vgl. die Definition in § 11 Abs. 3 GEMA-Verteilungsplan sowie hierzu Heker/Riesenhuber/*Riemer*, Kap. 8 Rn 60 f.
75 Die Direktverteilung ist bspw. bei der GEMA in den Sparten der Nutzungsbereiche Vervielfältigung und Verbreitung sowie Online die Regel. Daneben findet sie auch auf bestimmte Sachverhalte in anderen Nutzungsbereichen Anwendung; vgl. Heker/Riesenhuber/*Riemer*, Kap. 8 Rn 61.
76 KG, Urt. v. 15.11.2010 – 24 U 6/10, Umdruck S. 7, n.v.; Dreier/Schulze/*Schulze*, § 27 VGG Rn 8, spricht vom „Vorrang" dieser Verteilungsart.
77 Vgl. die Definition in § 11 Abs. 4 GEMA-Verteilungsplan sowie hierzu Heker/Riesenhuber/*Riemer*, Kap. 8 Rn 62 f.
78 Ausführlich hierzu Heker/Riesenhuber/*Riemer*, Kap 8 Rn 386 ff.
79 §§ 4 Nr. 8, 5 VFF-Verteilungsplan für das Aufkommen aus der Geräte- und Speichermedienvergütung. Diverse Gewichtungen enthalten auch die allgemeinen Ausschüttungsgrundsätze in § 2 im VGF-Verteilungsplan „neues Recht".
80 Zur Zulässigkeit einer Verteilung nach Punktsystemen bereits BGH, Urt. v. 25.2.1966 – Ib ZR 30/64 – GRUR 1966, 567, 569 – GELU.

Pauschalvergütungen für die Nutzung ihres gesamten Repertoires erhält, diese aber auf Basis konkreter Nutzungsmeldungen verteilt. Dies ist etwa bei der GEMA in den Sparten des Aufführungs- und Senderechts i.d.R. der Fall.[81]

46 Die **analoge Verteilung** findet insbesondere bei Nutzungssachverhalten Anwendung, für die typischerweise keine konkreten Nutzungsmeldungen verfügbar sind. Hierbei werden die Einnahmen aus den Rechten unter Rückgriff auf andere Parameter verteilt. Verbreitet ist die Verteilung auf der Basis belegter Nutzungen in anderen, sachnahen Nutzungsbereichen, häufig in Form von Zuschlägen auf die Ausschüttungen in den jeweiligen Referenzsparten.[82] So verteilt die GEMA bspw. Einnahmen, die sie aus gesetzlichen Vergütungsansprüchen und sonstigen Nutzungen ohne Nutzungsmeldung erhält, nach §§ 15 bis 25 ihres Verteilungsplans im Wege der Zuschlagsverteilung auf diverse Referenzsparten. Die Verwertungsgesellschaft kann der Verteilung unter bestimmten Voraussetzungen aber auch andere, außerhalb ihres eigenen Tätigkeitsbereichs gewonnene Daten zugrunde legen. So kann es zulässig sein, die Einnahmen analog zu den Honoraren oder Lizenzeinnahmen zu verteilen, die der Berechtigte selbst für Leistungen und Nutzungen in sachnahen Bereichen erzielt hat.[83]

47 Im Rahmen ihres Leistungsbestimmungsrechts kann die Verwertungsgesellschaft bestehende Verteilungsmodelle – z.B. hinsichtlich der Methoden zur Ermittlung von Nutzungen – **verbessern**, ohne hierbei stets die beste denkbare Lösung anstreben zu müssen.[84] Auch zeitlich begrenzte Ungleichbehandlungen können hinnehmbar sein, wenn eine sachgerechtere Lösung, die grds. für alle Berechtigten anstrebenswert wäre, zunächst nur für einen Teilbereich umgesetzt werden kann.[85]

48 **d) Einzelaspekte.** Als Treuhänderin für die Gesamtheit der Berechtigten ist die Verwertungsgesellschaft gehalten, dafür Sorge zu tragen, dass bei der Verteilung keine Sachverhalte berücksichtigt werden, die **nicht vergütungspflichtig** sind und für die sie daher keine Einnahmen aus den Rechten erzielt.[86]

49 Aus der Zulässigkeit von Pauschalierungen bei der Verteilung lässt sich nicht im Umkehrschluss ableiten, dass die Verwertungsgesellschaft bei der Verteilung von **Pauschalvergütungen**, die sie von einem Nutzer für eine Vielzahl von Nutzungen erhält, stets verpflichtet wäre, alle von der betreffenden Lizenz umfassten Nutzungen ohne jede **Binnendifferenzierung** gleichzubehandeln, etwa im Sinne einer reinen „Minutengerechtigkeit" allein auf Basis der jeweiligen Nutzungsdauer. Sie kann vielmehr in Ausübung ihres Verteilungsermessens berücksichtigen, dass die Nutzungen je nach Art und Einsatz der Werke einen unterschiedlichen wirtschaftlichen Wert für den Nutzer haben und somit unterschiedlich vergütet würden, wenn das Entgelt nicht pauschal berechnet würde. So darf die GEMA bei der Verteilung der Pauschalvergütungen, die sie von Sendeunternehmen erzielt, unter anderem in Form von Gewichtungen und Kappungsgrenzen berücksichtigen, inwieweit eine musikalische Darbietung den eigentlichen Anlass des Zuschauerinteresses bildet oder nur zur Illustrierung im Hintergrund anklingt.[87] Als willkürlich hat das KG allerdings eine Regelung des Verteilungsplans der GEMA erachtet, nach der innerhalb des Nutzungszusammenhangs Fernsehwerbung „Musik zu Werbe-

---

81 Vgl. Heker/Riesenhuber/*Riemer*, Kap. 8 Rn 63.
82 Vgl. Heker/Riesenhuber/*Riemer*, Kap. 8 Rn 70 f.
83 Vgl. BGH, Urt. v. 4.3.2004 – I ZR 244/01 – GRUR 2004, 767, 768 – Verteilung des Vergütungsaufkommens.
84 BGH, Urt. v. 19.5.2005 – I ZR 299/02 – ZUM 2005, 739 = GRUR 2005, 757, 760 f. – PRO-Verfahren.
85 BGH, Beschl. v. 3.5.1988 – KVR 4/87 – GRUR 1988, 782, 785 – GEMA-Wertungsverfahren.
86 OLG Hamburg, Urt. v. 26.6.1997 – 3 U 21/97 – ZUM-RD 1997, 453, 456.
87 KG, Urt. v. 11.4.2018 – 24 U 98/17, n.v.

spots (Wirtschaftswerbung)" ohne hinreichende sachliche Gründe anders gewichtet wurde als „Musik in sonstigen Werbefilmen".[88]

Das Gebot der wirtschaftlichen Verhältnismäßigkeit gilt auch in Bezug auf die Erfassung von Nutzungen zum Zweck der Verteilung. Im Rahmen zulässiger Pauschalierungen kann die Verwertungsgesellschaft daher auch befugt sein, **Stichproben** für die Nutzungserfassung durchzuführen[89] oder **Bagatellgrenzen** für eine werknutzungsbezogene Verteilung vorzusehen. So wurde eine Regelung der VG Wort als zulässig bestätigt, wonach nur solche wissenschaftlichen Werke an der Verteilung der Einnahmen aus der Bibliothekstantieme (§ 27 Abs. 2 UrhG) partizipieren durften, die in einer Auflage von mindestens 50 Exemplaren erschienen und von mindestens drei der Öffentlichkeit zugänglichen wissenschaftlichen Bibliotheken erworben worden waren.[90] Ebenfalls nicht beanstandet wurde einer Regelung der VG Wort, wonach Beiträge zu Fachzeitschriften nur bei einem Mindestumfang von zwei Schreibmaschinenseiten an der Verteilung der Privatkopievergütung zu beteiligen waren.[91] Die GEMA ist berechtigt, bei ihrer Rundfunkverteilung nur solche Einnahmen von Rundfunkveranstaltern, die über einer bestimmten „Programmverrechnungsgrenze" liegen, auf der Grundlage von Sendemeldungen zu verteilen.[92] 50

Die Verwertungsgesellschaft hat im Rahmen des Verteilungsplans auch **Entwicklungen des Nutzerverhaltens** zu berücksichtigen. So ist die pauschale, von tatsächlich nachgewiesenen Nutzungen unabhängige Beteiligung sog. Druckbearbeitungen an der Verteilung willkürlich, soweit gedruckte Noten in den betreffenden Bereichen nicht (mehr) in beachtlichem Umfang genutzt werden.[93] 51

Im Rahmen der kollektiven Rechtewahrnehmung ist es unverzichtbar, dass die Verwertungsgesellschaft innerhalb bestimmter Fristen Klarheit über die zu verteilenden Einnahmen aus den Rechten einerseits und die bei der Verteilung zu berücksichtigenden Nutzungssachverhalte und Berechtigten andererseits hat. Dies gilt namentlich für die kollektive und die analoge Verteilung, bei denen die Zuordnung von Einnahmen und Nutzungen bzw. Berechtigten erst im Zuge der Verteilung erfolgt: Punkt- und Minutenwerte oder prozentuale Zuschlagssätze können erst berechnet werden, wenn die für die Berechnung erforderlichen Parameter – also insbesondere die Verteilungssumme und die zu berücksichtigenden Nutzungen – feststehen. Im Sinne einer möglichst zeitnahen Ausschüttung ist daher nicht zu beanstanden, wenn der Verteilungsplan kurze **Ausschlussfristen** für die Anmeldung und Geltendmachung von Ansprüchen gegenüber der Verwertungsgesellschaft vorsieht.[94] Unberührt bleiben hierbei allerdings die eng umgrenzten Sachverhalte des § 29 Abs. 1, bei denen eine fristgerechte Verteilung daran scheitert, dass der Berechtigte nicht festgestellt oder ausfindig gemacht werden kann. Insoweit gilt die Dreijahresfrist gem. § 30 Abs. 1.[95] 52

Für die Verteilung kann auch die **Mitwirkung der Berechtigten** erforderlich sein, bspw. wenn die Höhe der Ausschüttung im Rahmen einer analogen Verteilung von den 53

---

88 KG, Urt. v. 8.7.2009 – 2 U 4/05 – GRUR-RR 2010, 320.
89 So auch Wandtke/Bullinger/*Gerlach*, § 27 VGG Rn 7. Die hier genannte Entscheidung KG, Urt. v. 3.7.2009 – 5 U 103/06 – ZUM-RD 2011, 72, 74, thematisiert allerdings Stichproben zur Aufdeckung konkreter Missbrauchsfälle und nicht als allgemeine Grundlage für die Erfassung von Nutzungen.
90 OLG Hamburg, Beschl. v. 17.10.2002 – 3 U 266/99 – GRUR-RR 2003, 65, 66.
91 OLG München, Urt. v. 16.5.2002 – 6 U 3722/01 – GRUR 2002, 877, 878.
92 LG Berlin, Urt. v. 18.4.2014 – 16 O 353/11, Umdruck S. 12. n.v., nicht rechtskräftig.
93 KG, Urt. v. 20.3.2013 – 24 U 131/12 – ZUM 2013, 577.
94 BGH, Urt. v. 4.3.2004 – I ZR 244/01 – GRUR 2004, 767, 768 – Verteilung des Vergütungsaufkommens.
95 So auch Wandtke/Bullinger/*Gerlach*, § 27 VGG Rn 7. Vgl. hierzu im Einzelnen die Kommentierung zu §§ 29 und 30.

54 Lizenzeinnahmen abhängt, die der Berechtigte selbst erzielt hat. In diesem Zusammenhang ist es nicht zu beanstanden, wenn die Verwertungsgesellschaft die Beteiligung an der Verteilung davon abhängig macht, ob der Berechtigte die erforderlichen Daten unter Einhaltung bestimmter Meldefristen und mit hinreichenden Belegen einreicht.[96]

54 Soweit die Berechtigten die Möglichkeit haben, selbst Einfluss auf das Stattfinden von Nutzungen und die hierüber erstellten Nutzungsmeldungen auszuüben, besteht das Risiko einer **missbräuchlichen Ausnutzung** der Verteilungsregeln. Insbesondere im Bereich der kollektiven oder analogen Verteilung kann es hierbei zu beachtlichen Missverhältnissen zwischen den für eine Nutzung erzielten Einnahmen und der Verteilung kommen. Die Verwertungsgesellschaft ist als Treuhänderin aller Berechtigten gehalten, einer missbräuchlichen Ausnutzung des Verteilungsplans entgegenzuwirken.[97] Zu diesem Zweck kann sie bspw. aktive Nutzungskontrollen durchführen oder unzureichend belegte Nutzungsmeldungen zurückweisen.[98] Macht ein Nutzer oder Berechtigter in einer Nutzungsmeldung unrichtige Angaben, kann die Verwertungsgesellschaft dies als hinreichenden Anhaltspunkt bewerten, dass auch die übrigen Nutzungsmeldungen des betreffenden Nutzers oder Berechtigten fehlerhaft sind, und diese daher bis zum Beweis des Gegenteils von der Verteilung ausschließen.[99]

55 Macht ein Berechtigter Ansprüche auf Beteiligung an der Verteilung geltend, so trägt er nach allgemeinen zivilrechtlichen Grundsätzen die **Darlegungs- und Beweislast** für die anspruchsbegründenden Tatsachen, also bspw. für die Urheberschaft an den auf seinen Namen angemeldeten Werken,[100] für deren Schutzfähigkeit[101] oder für die Richtigkeit der für Nutzungen des Werkes vorgelegten Nutzungsmeldungen.[102] Die Verwertungsgesellschaft ist berechtigt und aufgrund ihrer Treuhandstellung gegenüber der Gesamtheit der Berechtigten regelmäßig auch verpflichtet, einen Anspruchsteller auf den ordentlichen Rechtsweg und die gerichtliche Beweisführung zu verweisen, wenn sie begründete, nicht ausgeräumte Zweifel daran hat, dass die Voraussetzungen für einen Beteiligungsanspruch gegeben sind.[103]

56 Die Rechtmäßigkeit von Verteilungsplanbestimmungen ist grds. justiziabel. Unzulässig ist jedoch eine Klage, mit der ein Berechtigter lediglich die **Feststellung der Nichtigkeit von Verteilungsplanbestimmungen** begehrt, ohne dass sich aus einer solchen Nichtigkeit bestimmte Rechtsfolgen für sein Vertragsverhältnis mit der Verwertungsgesellschaft ergeben würden – etwa, weil die durch die Nichtigkeit der bisherigen Regelung entstehende Lücke im Verteilungsplan erst durch einen Beschluss der Mitgliederhauptversammlung gefüllt werden müsste, dessen Ausgang für den Kläger ungewiss ist. Denn eine solche Klage würde lediglich der Feststellung bloßer Vorfragen dienen, die für sich kein feststellungsfähiges Rechtsverhältnis i.S.d. § 256 ZPO darstellen.[104]

---

96 BGH, Urt. v. 4.3.2004 – I ZR 244/01 – GRUR 2004, 767, 768 – Verteilung des Vergütungsaufkommens.
97 BGH, Urt. v. 4.3.2004 – I ZR 244/01 – GRUR 2004, 767, 768 f. – Verteilung des Vergütungsaufkommens; BGH, Urt. v. 5.12.2012 – I ZR 23/11 – GRUR 213, 375, 376 – Missbrauch des Verteilungsplans; BGH, Urt. v. 22.1.2014 – I ZR 110/12 – NJW-RR 2014, 1260; hierzu auch *Hertin*, ZUM 2015, 211, 217 ff.
98 BGH, Urt. v. 4.3.2004 – I ZR 244/01 – GRUR 2004, 767, 768 f. – Verteilung des Vergütungsaufkommens; BGH, Urt. v. 5.12.2012 – I ZR 23/11 – GRUR 213, 375, 377 – Missbrauch des Verteilungsplans; KG, Urt. v. 3.7.2009 – 5 U 103/06 – ZUM-RD 2011, 72, 74.
99 BGH, Urt. v. 5.12.2012 – I ZR 23/11 – GRUR 213, 375, 377 – Missbrauch des Verteilungsplans.
100 BGH, Urt. v. 13.12.2001 – I ZR 41/99 – GRUR 2002, 332, 334 – Klausurerfordernis.
101 BGH, Urt. v. 2.2.2012 – I ZR 162/09 – GRUR 2012, 910, 912 f. – Delcantos Hits.
102 BGH, Urt. v. 5.12.2012 – I ZR 23/11 – GRUR 213, 375, 377 – Missbrauch des Verteilungsplans; KG, Urt. v. 15.5.2013 – 24 U 127/12 – ZUM-RD 2013, 571, 575 ff.
103 BGH, Urt. v. 5.12.2012 – I ZR 23/11 – GRUR 213, 375, 377 f. – Missbrauch des Verteilungsplans.
104 KG, Urt. v. 11.4.2018 – 24 U 98/17, Umdruck S. 18 f., n.v.

Bei nicht oder verspätet erfolgten Ausschüttungen kann die Verwertungsgesell- 57
schaft zur Zahlung von **Verzugszinsen** gem. § 288 BGB verpflichtet sein. Der Verzugszinssatz richtet sich in diesem Fall grds. nach § 288 Abs. 1 BGB. Der höhere Zinssatz des § 288 Abs. 2 BGB ist nicht anzuwenden, da es sich bei Tantiemeansprüchen gegen eine Verwertungsgesellschaft nicht um Entgeltforderungen i.S.d. Vorschrift handelt.[105]

Im Falle von systematischen Verteilungsfehlern – etwa bei der Verteilung aufgrund 58
einer im Nachhinein als unwirksam erwiesenen Verteilungsplanbestimmung – können etwaige Verzugszinsansprüche zu erheblichen finanziellen Belastungen für die Verwertungsgesellschaft und somit letztlich für die Gesamtheit der Berechtigten führen. Unter der Geltung des UrhWG hat der BGH entschieden, dass für die Frage, ob eine Verwertungsgesellschaft einen Rechtsirrtum über die Anwendbarkeit einer Verteilungsregel zu verschulden habe, gleichwohl grds. der übliche **Haftungsmaßstab** des § 276 BGB maßgeblich sei. Dies hat der BGH damit begründet, dass die Verwertungsgesellschaft bei der Aufstellung des Verteilungsplans bereits einen äußerst weitreichenden Spielraum habe. Überschreite sie diesen und sei der Verteilungsplan daher willkürlich, komme eine weitere Privilegierung nicht in Betracht.[106] Diese Rechtsansicht dürfte nach Inkrafttreten des VGG zu überdenken sein: Durch die gesetzlichen Vorgaben des § 25 Abs. 2 Nr. 2 sind die Verwertungsgesellschaften in ihren Anlagemöglichkeiten stark eingeschränkt. Sie werden daher regelmäßig nicht in der Lage sein, die Einnahmen aus den Rechten in einer Weise anzulegen, die die Erwirtschaftung von Zinsen in der durch § 288 BGB vorgegebenen Höhe ermöglicht. Durch die Befriedigung von Verzugszinsansprüchen einzelner Berechtigter wird dann zwangsläufig die eigentlich der Gesamtheit der Berechtigten zustehende Verteilungssumme geschmälert. Zudem ist zu berücksichtigen, dass die Verwertungsgesellschaft als Treuhänderin nicht eigennützig, sondern fremdnützig tätig wird und sich bei der Verteilung der Einnahmen aus den Rechten angesichts der unterschiedlichen Interessen der in ihr vertretenen Berechtigten regelmäßig in einem Pflichtenwiderstreit befindet. Vor diesem Hintergrund erscheint es durchaus gerechtfertigt, bei der Beurteilung ihres Verschuldens einen reduzierten Haftungsmaßstab anzuwenden, wie ihn der BGH aus vergleichbaren Erwägungen etwa einem Verwalter von Wohnungseigentum zugestanden hat.[107] Hat die Verwertungsgesellschaft die Wirksamkeit einer Verteilungsplanbestimmung mit der erforderlichen Sorgfalt geprüft, ist ihr deshalb nicht anzulasten, wenn sie gleichwohl einem Rechtsirrtum unterliegt.

Leistet die Verwertungsgesellschaft an den Berechtigten **zu hohe Ausschüttungen**, 59
steht ihr ein Herausgabeanspruch gem. § 812 Abs. 1 S. 1 BGB zu, mit dem sie gem. § 387 BGB gegen später fällig werdende Ausschüttungsansprüche des Berechtigten aufrechnen kann.[108]

e) Aufsicht. Der **aufsichtsrechtlichen Kontrolle** durch das DPMA gem. § 76 Abs. 1 60
unterliegt zunächst die in Abs. 1 normierte Verpflichtung der Verwertungsgesellschaft, überhaupt einen Verteilungsplan aufzustellen.[109] Jedenfalls in Grundzügen dürfte die Umsetzung dieser Verpflichtung bereits im Zusammenhang mit dem Antrag auf Erlaub-

---

105 KG, Urt. v. 7.1.2011 – 5 U 195/07 – BeckRS 2013, 02499.
106 BGH, Urt. v. 24.9.2013 – I ZR 187/12 – ZUM-RD 2014, 275, 279 – Verrechnung von Musik in Werbefilmen.
107 Vgl. BGH, Beschl. v. 21.12.1995 – V ZB 4/94 – NJW 1996, 1216.
108 KG, Urt. v. 11.4.2018 – 24 U 98/17, Umdr. S. 9, n.v.
109 So auch BeckOK-UrhR/*Freudenberg*, § 27 VGG Rn 7; Schricker/Loewenheim/*Reinbothe*, § 7 UrhWG Rn 1.

nis gem. § 78 nachzuweisen sein.[110] Daneben erstreckt sich die Aufsicht auch auf eine abstrakte Kontrolle, ob der Verteilungsplan gegen das Willkürverbot verstößt.[111] Dagegen umfasst sie keine allgemeine Angemessenheitsprüfung.[112] Die Aufsichtsbehörde trifft auch keine Entscheidungen in Bezug darauf, ob die Verwertungsgesellschaft im Einzelfall korrekt gegenüber ihren Berechtigten abgerechnet hat.[113] Für eventuelle individuelle Verteilungsfehler muss die Verwertungsgesellschaft jedoch gem. § 33 Abs. 2 Nr. 3 interne Beschwerdeverfahren etablieren.

61 Durch ihre in § 85 Abs. 4 geregelte Befugnis, an der Mitgliederhauptversammlung sowie den maßgeblichen Gremien und Ausschüssen der Verwertungsgesellschaft teilzunehmen, kann die Aufsicht **umfassende Kenntnis** von den Entscheidungsprozessen im Zusammenhang mit dem Verteilungsplan und dessen Änderungen erlangen. Entsprechende Beschlüsse sind ihr gem. § 88 Abs. 2 Nr. 5 unverzüglich vorzulegen. Die Kritik oder (ggf. stillschweigende) Billigung durch die Aufsicht sind insoweit ein bedeutsames, von der Rechtsprechung bisweilen zu Unrecht unterschätztes[114] Indiz für die im Rahmen des Haftungsmaßstabes gem. § 276 BGB relevante Beurteilung, ob die Verwertungsgesellschaft von der wahrnehmungsrechtlichen Rechtmäßigkeit einer Verteilungsregel ausgehen darf.

62 Stellt die Aufsicht Mängel des Verteilungsplans fest, kann sie die im Rahmen des § 85 zulässigen Maßnahmen ergreifen.[115] Sie verfügt aber über **kein Selbsteintrittsrecht** und kann daher nicht eigenständig – unter Umgehung der gem. § 17 Abs. 1 S. 2 Nr. 6 zuständigen Mitgliederhauptversammlung – eine Änderung des Verteilungsplans bewirken.[116] Ein formloser Hinweis des DPMA ist nicht geeignet, den Verteilungsplan abzuändern.[117]

2. Verteilung unabhängig vom Rechtefluss (Abs. 2)

63 **a) Hintergrund der Regelung.** Zu den zentralen Funktionen von Verwertungsgesellschaften gehört der **Interessenausgleich** zwischen verschiedenen, in ihnen vertretenen Gruppen von Rechtsinhabern:[118] Die meisten Verwertungsgesellschaften zählen Mitglieder unterschiedlicher Berufsgruppen zu ihren Berechtigten. Von Bedeutung ist namentlich die kollektive Vereinigung von Urhebern oder ausübenden Künstlern auf der einen und Verwertern – z.B. Verleger, Produzenten oder Sendeunternehmen – auf der anderen Seite in gemeinsamen Verwertungsgesellschaften. Sie dient nicht zuletzt dem

---

110 BeckOK-UrhR/*Freudenberg*, § 27 VGG Rn 7.
111 BGH, Urt. v. 3.5.1988 – KVR 4/87 – GRUR 1988, 782, 785 – GEMA-Wertungsverfahren; Schricker/Loewenheim/*Reinbothe*, § 7 UrhWG Rn 4.
112 So zur Situation vor Inkrafttreten des VGG Kreile/Riesenhuber/Becker/*Himmelmann*, Kap. 18 Rn 848. Die Beurteilung dürfte weiter gelten, da § 27 Abs. 1 ebenso wenig wie § 7 S. 1 UrhWG ein Angemessenheitsgebot enthält, vgl. Rn 36. A.A. *Heinemann*, S. 168.
113 Ständige Praxis des DPMA, u.a. Schreiben v. 21.6.2017, Az. 3601/20 – 4.4. – I/908, n.v.
114 BGH, Urt. v. 24.9.2013 – I ZR 187/12 – GRUR 2014, 479, 480 – Verrechnung von Musik in Werbefilmen. Gerade die durch § 85 Abs. 4 neu ergänzte, in der amtl. Begr. (RegE-VGG, BT-Drucks. 18/7237, S. 97) besonders hervorgehobene Befugnis zur Teilnahme an vorbereitenden Ausschusssitzungen hat die Position der Aufsicht nochmals gestärkt. Die Verwertungsgesellschaft muss sich darauf verlassen können, von einer mit solch starken Befugnissen ausgestatteten Aufsicht nicht „ins offene Messer" eines Rechtsirrtums laufen gelassen zu werden.
115 Vgl. § 85 Rn 16 ff.
116 Vgl. § 76 Rn 10.
117 LG München, Urt. v. 19.7.2007 – 7 O 7870/06 – ZUM-RD 2007, 546, 549, nicht rechtskräftig.
118 *Denga*, S. 87 f.

Schutz der Autoren und Künstler, die sich gegenüber den Verwertern ihrer Werke und Leistungen als Individuen üblicherweise in einer schwächeren Verhandlungsposition befinden würden[119] – im Rahmen der kollektiven Rechtewahrnehmung hat die Verwertungsgesellschaft gem. Abs. 1 auch die Anteile der einzelnen Berufsgruppen abstrakt und willkürfrei zu bestimmen und im Verteilungsplan festzulegen.[120]

Zumeist bringen die unterschiedlichen Berechtigtengruppen jeweils eigene, **originäre Rechte und Ansprüche** in die Verwertungsgesellschaft ein, so dass diese lediglich festzulegen hat, welche Anteile an den Einnahmen diesen originären Rechten und Ansprüchen jeweils zuzuordnen sind. Schwieriger gestaltet sich dagegen der Umgang mit solchen Fällen, in denen ein Teil der Berechtigten **derivative Rechte** bei der Verwertungsgesellschaft einbringt. Dies ist typischerweise bei **Verlegern** der Fall, da diese – mit Ausnahme der Presseverleger, § 87 Abs. 1 S. 1 UrhG – nicht über ein eigenes Leistungsschutzrecht verfügen. Stattdessen lassen sie sich üblicherweise im Verlagsvertrag die Rechte der Autoren übertragen oder einräumen, um diese dann „zur gemeinsamen Wahrnehmung" bei der Verwertungsgesellschaft einzubringen. Ein weiteres Beispiel für Inhaber derivativer Rechte ohne eigenes Leistungsschutzrecht sind etwa die von der VG Bild-Kunst vertretenen Bildagenturen. In derartigen Fällen ist zu klären, ob und ggf. wie zwei Beteiligte an demselben Recht – der ursprüngliche Inhaber des originären und jener des abgeleiteten Rechts – an der Verteilung der Einnahmen zu beteiligen sind. 64

Ginge man allein vom **dinglichen Rechtefluss** aus, so käme eine anteilige Beteiligung beider Beteiligten grds. nicht in Betracht, denn das Recht kann dinglich nur entweder von dem Inhaber des originären oder von dem des abgeleiteten Rechts bei der Verwertungsgesellschaft eingebracht worden sein. Es kommt hierbei letztlich allein auf die **Priorität der Vertragsschlüsse** an: Hat etwa der Urheber bereits vor dem Abschluss des Verlagsvertrags einen Wahrnehmungsvertrag über die Rechte an seinen Werken geschlossen, bringt allein er die Rechte in die Verwertungsgesellschaft ein und die „Rechteübertragung" im Verlagsvertrag läuft dinglich leer.[121] Wird der Verlagsvertrag dagegen abgeschlossen, ehe der Urheber mit der Verwertungsgesellschaft kontrahiert, findet eine wirksame Rechteübertragung an den Verleger statt, der die Rechte dann grds.[122] seinerseits der Verwertungsgesellschaft zur Wahrnehmung einräumen kann. Bei einer allein am Prioritätsprinzip orientierten Verteilung wäre der Urheber im letztgenannten Fall nicht an der Verteilung der Einnahmen aus den Rechten zu beteiligen.[123] 65

Eine solche, allein von der – oft zufälligen – Priorität des dinglichen Rechteflusses ausgehende Betrachtungsweise würde grds. zu einer **alternativen Beteiligung** entweder des Urhebers oder des Verlegers an den Einnahmen aus den Rechten führen. Dies entspräche jedoch weder dem geschilderten allgemeinen Ziel des Interessenausgleichs zwischen Urhebern und Verwertern im Rahmen der kollektiven Rechtewahrnehmung, noch findet es typischerweise Niederschlag in den individuellen **schuldrechtlichen Vereinbarungen** zwischen den Beteiligten – so sehen Verlagsverträge regelmäßig eine anteilige Beteiligung des Urhebers und des Verlegers an den Einnahmen aus den Rechten vor.[124] 66

---

119 Vgl. Heker/Riesenhuber/*v. Lewinski*, Kap. 3 Rn 16; Wandtke/Bullinger/*Gerlach*, § 27 VGG Rn 10.
120 Vgl. Rn 34.
121 Vgl. BGH, Urt. v. 4.12.2008 – I ZR 49/06 – GRUR 2009, 939, 941 – Mambo N° 5; § 5 Rn 11.
122 Zu den Ausnahmen in Bezug auf gesetzliche Vergütungsansprüche vgl. § 27a Rn 17 ff.
123 Hierauf weisen etwa auch *Ventroni*, ZUM 2017, 187, 192f. (unter Bezugnahme auf eine Stellungnahme des Autorenverbandes Composers Club), und Wandtke/Bullinger/*Gerlach*, § 27 VGG Rn 10, hin.
124 § 5 Rn 20; vgl. im Übrigen *Riesenhuber*, ZUM 2012, 746; *Müller*, ZUM 2014, 781; *Kraßer*, GRUR 2016, 129; zu unionsrechtlichen Überlegungen in Bezug auf die Verlegerbeteiligung *Beck/Nettesheim*, NJW 2016, 529; vgl. auch die amtl. Begr. zu § 27 Abs. 2, BT-Drucks. 18/10637, S. 25.

67 In der **Praxis** haben die Verwertungsgesellschaften bei der Verteilung daher traditionell keinen grundlegenden Unterschied zwischen den Inhabern eigener und abgeleiteter Rechte gemacht, sondern seit ihrer Genese regelmäßig die **anteilige Beteiligung** von Urhebern und Verwertern in ihren Verteilungsplänen verankert.[125]

68 Diese seit Jahrzehnten bewährte Praxis wurde jedoch in jüngerer Zeit durch mehrere Urteile in Frage gestellt. Zunächst urteilte der EuGH 2015 im Verfahren **„Reprobel"**, dass eine Regelung im damaligen § 61 Abs. 3 des belgischen Urheberrechtsgesetzes, wonach den Verlegern ein Anteil von 50 Prozent an der Reprographievergütung zugewiesen worden war, gegen Art. 5 Abs. 2 lit. a und b InfoSoc-RL verstoße:[126] Da Verleger nicht zu den Inhabern des Vervielfältigungsrechts i.S.d. Richtlinie gehörten, könnten sie auch keinen Ausgleich aufgrund einer gesetzlichen Schrankenregelung für private Vervielfältigung beanspruchen, wenn dadurch den Urhebern als den Inhabern des Vervielfältigungsrechts der gerechte Ausgleich ganz oder teilweise entzogen werde. Unter Berufung auf dieses Urteil befand der BGH in seiner Entscheidung **„Verlegeranteil"** vom 21. April 2016,[127] dass die damaligen Verteilungsregeln der VG Wort, wonach Verleger unabhängig davon, ob und inwieweit die Einnahmen der VG Wort auf der Wahrnehmung der ihr von Verlegern eingeräumten Rechte oder übertragenen Ansprüche beruhten, mit pauschalen Anteilen an der Verteilung beteiligt wurden, gegen das Willkürverbot des § 7 S. 1 UrhWG verstießen. Verwertungsgesellschaften dürften die Einnahmen aus den Rechten nicht an Nichtberechtigte, sondern lediglich an die Inhaber originärer oder abgeleiteter Rechte abtreten, und zwar grds. im Verhältnis zur tatsächlichen Einbringung und Verwertung der Rechte und Ansprüche. Diesem Grundsatz werde die pauschale Beteiligung der Verleger, wie sie die VG Wort in ihrem Regelwerk vorsehe, nicht gerecht. Während die beiden vorgenannten Urteile die Beteiligung von Verlegern an Einnahmen aus gesetzlichen Vergütungsansprüchen zum Gegenstand hatten, beanstandete das **Kammergericht** unter Bezugnahme auf diese Rechtsprechung die Verlegerbeteiligung der GEMA auch in Bezug auf die Einnahmen aus Ausschließlichkeitsrechten,[128] obgleich äußerst fraglich erscheint, ob sich die Argumentation des EuGH und des BGH auf das spezielle Verhältnis zwischen Musikautoren und -verlagen übertragen lässt.[129]

69 Der durch die genannten Urteile hervorgerufenen Rechtsunsicherheit, die das bewährte Zusammenwirken von Autoren und Verlegern in gemeinsamen Verwertungsgesellschaften insgesamt zu gefährden drohte, begegnete der Gesetzgeber Ende 2016 mit dem Erlass der **§§ 27 Abs. 2 und 27a**. Zum einen sollte hierdurch die gemeinsame Rechtewahrnehmung für Urheber und Verwerter für den Bereich der Ausschließlichkeitsrechte abgesichert werden, zum anderen wurde mit § 27a eine Regelung geschaffen, die klarstellen soll, wie Verleger nach dem aktuell gültigen Unionsrecht weiterhin an Einnahmen aus gesetzlichen Vergütungsansprüchen beteiligt werden können.[130]

70 Die in § 27 Abs. 2 geregelte anteilige Beteiligung steht auch im Einklang mit der **VG-RL**, denn diese lässt keinen Zweifel daran, dass auch Inhaber abgeleiteter Rechte – namentlich Verleger – „Rechtsinhaber" i.S.d. Unionsrechts sein und somit Anspruch auf

---

125 Die polnische Musikverwertungsgesellschaft ZAIKS, die keine Verleger vertritt, stellt insoweit international eine Ausnahme dar; vgl. Heker/Riesenhuber/*v. Lewinski*, Kap. 3 Rn 11 Fn 9.
126 EuGH, Urt. v. 12.11.2015 – C-572/13 – GRUR 2016, 55, 57 – Hewlett-Packard/Reprobel; vgl. zum Sachverhalt auch die Schlussanträge des Generalanwalts v. 11.6.2015 – BeckRS 2015, 80760.
127 BGH, Urt. v. 21.4.2016 – I ZR 198/13 – GRUR 2016, 596 – Verlegeranteil. Das Urteil ist aufgrund des Namens des Klägers auch unter der Bezeichnung „Vogel-Urteil" bekannt.
128 KG, Teilurt. v. 14.11.2016 – 24 U 96/14 – ZUM 2017, 160 = GRUR-RR 2017, 94.
129 So auch *Ventroni*, ZUM 2017, 187; BeckOK-UrhR/*Freudenberg*; § 27 VGG Rn 39.
130 Amtl. Begr., BT-Drucks. 18/10637, S. 20. Kritisch *v. Ungern-Sternberg*, ZGE 2017, 1.

„einen Anteil" an den Einnahmen haben können.[131] Die Qualifikation als Rechtsinhaber i.S.d. VG-RL und der hiermit verbundene Beteiligungsanspruch setzen explizit keine dingliche Inhaberschaft eines Urheber- oder verwandten Schutzrechts voraus. Sie können sich gem. Art. 3 lit. c VG-RL vielmehr auch aus einem „Rechteverwertungsvertrag" ergeben, wie ihn etwa der zwischen Urheber und Verleger geschlossene Verlagsvertrag darstellt. Wenn somit sowohl der Inhaber des originären als auch jener des derivativen Rechts als Rechtsinhaber i.S.d. VG-RL zu betrachten sind, wäre es – jedenfalls mit Blick auf die Ausschließlichkeitsrechte – willkürlich, einen von beiden nicht an der Verteilung der Einnahmen aus den Rechten zu beteiligen. § 27 Abs. 2 gewährleistet vor diesem Hintergrund die Richtlinienkonformität des VGG.

b) Tatbestand: Gemeinsame Rechtewahrnehmung. Abs. 2 betrifft lediglich solche Verwertungsgesellschaften, die **Rechte für mehrere Rechtsinhaber gemeinsam** wahrnehmen. Zwar zählt die Rechtewahrnehmung „für Rechnung mehrerer Rechtsinhaber" nach der Legaldefinition des § 2 Abs. 1 generell zu den Wesensmerkmalen einer Verwertungsgesellschaft.[132] Im Unterschied hierzu gilt Abs. 2 indes speziell für die gemeinsame Wahrnehmung von Rechten und Ansprüchen für **originäre und derivative Rechtsinhaber** – namentlich Urheber und Verleger, aber auch ausübende Künstler und Tonträgerhersteller[133] – in Bezug auf dasselbe Werk oder denselben sonstigen Schutzgegenstand. Denn nur in dieser Konstellation kommt es zu der aus Sicht des Gesetzgebers regelungsbedürftigen Situation, dass die Rechteeinräumung an die Verwertungsgesellschaft alternativ über mehrere Wahrnehmungsverträge erfolgen kann und zugleich durch Verträge zwischen den Rechtsinhabern geregelt ist, so dass es letztlich von der oft zufälligen Chronologie der Vertragsschlüsse abhängt, auf welchem Weg die Rechte zivilrechtlich zur Verwertungsgesellschaft gelangen.[134]

71

Die gemeinsame Rechtewahrnehmung für mehrere Rechtsinhaber muss zum einen **abstrakt** zur Tätigkeit der Verwertungsgesellschaft gehören, um die Aufstellung von Verteilungsplanbestimmungen für eine vom Rechtefluss unabhängige Verteilung zu rechtfertigen. Zum anderen muss sich die gemeinsame Einbringung grds. auch im **konkreten** Einzelfall aus dem Zusammenwirken der vertraglichen Vereinbarungen zwischen den jeweiligen Rechtsinhabern und der Verwertungsgesellschaft ergeben:[135] Ist ein Werk beispielsweise unverlegt, stehen die auf Nutzungen dieses Werks entfallenden Einnahmen allein dem Urheber zu, auch wenn er für andere Werke Verlagsverträge mit Verlagen abgeschlossen haben mag, die ihrerseits Berechtigte der Verwertungsgesellschaft sind.

72

Abs. 2 gilt sowohl für **Ausschließlichkeitsrechte** (einschließlich Leistungsschutzrechten) als auch für **gesetzliche Vergütungsansprüche**. Voraussetzung für seine Anwendung ist jedoch, dass die Rechte und Ansprüche wirksam und nicht nur im Interesse des originären Rechtsinhabers in die Verwertungsgesellschaft eingebracht werden.[136] In Bezug auf gesetzliche Vergütungsansprüche ist insoweit zu beachten, dass diese aus Sicht der Rechtsprechung nach bisherigem Unionsrecht nur eingeschränkt abtretbar waren. So hat der BGH entschieden, dass eine Vorausabtretung der von § 63a UrhG er-

73

---

131 Vgl. § 5 Rn. 10, 16. Zur Verlegerbeteiligung an gesetzlichen Vergütungsansprüchen vgl. § 27a Rn 1 ff.
132 Daher kritisch zu der vom Gesetzgeber gewählten Formulierung Wandtke/Bullinger/*Gerlach*, § 27 VGG Rn 10.
133 Wandtke/Bullinger/*Gerlach*, § 27 VGG Rn 11.
134 Vgl. die amtl. Begr. in BT-Drucks. 18/10637, S. 24.
135 Vgl. auch Wandtke/Bullinger/*Gerlach*, § 27 VGG Rn 10: Eine Beteiligung des Verlegers ohne Erbringung einer verlegerischen Leistung wäre willkürlich.
136 Amtl. Begr., BT-Drucks. 18/10637, S. 24.

fassten Vergütungsansprüche nur im Interesse des Urhebers möglich sei.[137] Vor diesem Hintergrund sind für die Verlegerbeteiligung an den Einnahmen aus gesetzlichen Vergütungsansprüchen die ergänzenden Regelungen in § 27a beachtlich, wonach eine gemeinsame Einbringung dieser Ansprüche derzeit nur nachträglich und mit Zustimmung des Urhebers möglich ist.

74   **c) Rechtsfolge: Verteilung unabhängig vom Rechtefluss.** Liegen die Voraussetzungen einer gemeinsamen Rechtewahrnehmung für mehrere Rechtsinhaber vor, kann die Verwertungsgesellschaft regeln, dass die betreffenden Einnahmen unabhängig davon, welche der Parteien die Rechte im Einzelfall bei der Verwertungsgesellschaft eingebracht hat, zu festen Anteilen verteilt werden. Der Gesetzgeber stellt hiermit zum einen klar, dass die nach dem Prioritätsgrundsatz zu beurteilende, oft zufällige Reihenfolge der dinglichen Verfügungen über die wahrzunehmenden Rechte und Ansprüche nicht zwingend maßgeblich für die Verteilung der Einnahmen ist, sondern die **Verteilung unabhängig vom Rechtefluss** erfolgen darf. Zum anderen bestätigt er, dass die **anteilige Beteiligung** den Regelfall der Verteilung bei gemeinsamer Rechteeinbringung darstellt. Sie entspricht nach Ansicht des Gesetzgebers, der insoweit auf die langjährige Praxis verweisen kann, regelmäßig dem Willen aller Beteiligten.[138]

75   Gleichwohl hat der Gesetzgeber Abs. 2 als eine **Kann-Vorschrift** ausgestaltet: Die Verwertungsgesellschaft kann eine Verteilung unabhängig vom Rechtefluss vorsehen, sie muss es nicht. Zur Förderung des Interessenausgleichs zwischen den verschiedenen Berechtigtengruppen werden Verwertungsgesellschaften, die sowohl Inhaber originärer als auch derivativer Rechte vertreten, von dieser Möglichkeit indes entsprechend der gebräuchlichen Praxis regelmäßig Gebrauch machen.

76   Die betreffenden Verteilungsregeln müssen im **Verteilungsplan** i.S.d. Abs. 1 festgelegt werden.[139] Sie sind daher gem. § 17 Abs. 1 S. 2 Nr. 6 von der Mitgliederhauptversammlung zu beschließen und gem. § 56 Abs. 1 Nr. 7 auf der Internetseite der Verwertungsgesellschaft zu veröffentlichen.

77   Soweit sich die Verwertungsgesellschaft für eine Verteilung unabhängig vom Rechtefluss entscheidet, beschließt die Mitgliederhauptversammlung auch über die Höhe der Anteile, die den jeweiligen Beteiligten zustehen. Die Verwertungsgesellschaft muss in diesem Fall gem. Abs. 2 **feste Anteile** vorsehen und darf die Quoten für die Aufteilung der Einnahmen insoweit folglich nicht dem individuellen Willen der Rechtsinhaber überlassen. Die Vorgabe fester Anteilsquoten erleichtert die Administration im Rahmen des Massengeschäfts der kollektiven Rechtewahrnehmung, dient aber vor allem dem Interessenausgleich zwischen den verschiedenen Berechtigtengruppen: Deren jeweiliger Anteil an der Ausschüttung wird auf diese Weise im Rahmen eines kollektiven Entscheidungsprozesses in den Gremien der Verwertungsgesellschaft ausgehandelt und somit unabhängig von der Verhandlungsmacht und dem Geschick des einzelnen Berechtigten definiert. Es bleibt den individuellen Rechtsinhabern allerdings unbenommen, in ihrem jeweiligen Binnenverhältnis abweichende Beteiligungen zu vereinbaren und die ausgeschütteten Beträge nach Erhalt etwa im Rahmen einer **Refundierungsvereinbarung** untereinander anderweitig aufzuteilen, soweit dies nach allgemeinen rechtlichen Grundsätzen zulässig ist.

78   Die Verwertungsgesellschaft soll die festen Anteile nach der Erwartung des Gesetzgebers in Anlehnung an die **typische Leistung** der jeweiligen Beteiligtengruppen bei der Schöpfung und Vermarktung der Werke und Leistungen festlegen. Hierbei hat sie das

---

137   BGH, Urt. v. 21.4.2016 – I ZR 198/13 – GRUR 2016, 596, 603 – Verlegeranteil.
138   Amtl. Begr., BT-Drucks. 18/10637, S. 24 f.
139   Vgl. Rn 9 ff.

Willkürverbot des Abs. 1 zu beachten.[140] Als willkürlich dürfte etwa eine Regelung gelten, nach der dem originär schöpferischen Urheber ein geringerer Anteil an den Einnahmen zufließt als dem Inhaber eines derivativen Rechts.[141] So hat das DPMA bereits nach altem Recht entschieden, dass eine hälftige Beteiligung von Musikverlegern an den Einnahmen aus der Vervielfältigung von Musikwerken eine willkürliche Benachteiligung der Musikurheber darstelle.[142] Die GEMA hat ihre Verteilungsregeln aufgrund dieser Entscheidung dahingehend angepasst, dass der Verlegeranteil in den betreffenden Verteilungssparten nunmehr regelmäßig 40 Prozent beträgt.[143]

Abs. 2 gilt nur für die Verteilung der **Einnahmen**, die aus der Wahrnehmung solcher 79 Rechte und Ansprüche erzielt werden, die tatsächlich von mehreren Rechtsinhabern gemeinsam eingebracht worden sind. Die Ausschüttungen an sonstige Berechtigte – z.B. die Urheber unverlegter Werke – dürfen durch die Umsetzung der Norm somit grds. nicht geschmälert werden.[144] In der Regel wird dies dadurch gewährleistet, dass die Verwertungsgesellschaft die Einnahmen zunächst auf die genutzten Werke und sonstigen Schutzgegenstände aufteilt und erst im zweiten Schritt den an den einzelnen Werken und Leistungen beteiligten Berechtigten ihre jeweiligen Anteile zuweist.[145]

§ 27a
Einnahmen aus gesetzlichen Vergütungsansprüchen des Urhebers

(1) Nach der Veröffentlichung eines verlegten Werks oder mit der Anmeldung des Werks bei der Verwertungsgesellschaft kann der Urheber gegenüber der Verwertungsgesellschaft zustimmen, dass der Verleger an den Einnahmen aus den in § 63a Satz 1 des Urheberrechtsgesetzes genannten gesetzlichen Vergütungsansprüchen beteiligt wird.

(2) Die Verwertungsgesellschaft legt die Höhe des Verlegeranteils nach Absatz 1 fest.

Übersicht

I. Allgemeines	1. Adressaten —— 9
1. Bedeutung der Regelung —— 1	2. Einnahmen aus gesetzlichen Vergütungsansprüchen —— 14
2. Vorgängerregelung —— 5	3. Zustimmung des Urhebers zur Verlegerbeteiligung —— 17
3. Unionsrechtlicher Hintergrund —— 6	4. Festlegung der Anteile durch die Verwertungsgesellschaft —— 26
4. Entstehungsgeschichte —— 8	
II. Regelungsgehalt	

---

140 Amtl. Begr., BT-Drucks. 18/10637, S. 25.
141 Wandtke/Bullinger/*Gerlach*, § 27 VGG Rn 6; Fromm/Nordemann/*W. Nordemann/Wirtz*, 11. Aufl. 2014, § 7 UrhWG Rn 10.
142 DPA, UFITA 1978, S. 348, 360 ff.
143 Vgl. die Anteilsschlüssel für die Sparten der Rechte der Vervielfältigung und Verbreitung, §§ 206 ff. GEMA-Verteilungsplan. In den Sparten der Rechte der öffentlichen Wiedergabe liegt der Verlegeranteil regelmäßig bei einem Drittel (4/12 oder 8/24); §§ 195 ff. GEMA-Verteilungsplan. Vgl. zu den Anteilsschlüsseln auch Heker/Riesenhuber/*Riemer*, Kap. 8 Rn 530 ff.
144 S.o. Rn 72.
145 Vgl. die Struktur des GEMA-Verteilungsplans: Die Aufteilung auf die Berechtigten ist in den letzten beiden Kapiteln des Besonderen Teils (§§ 190 ff.) gesondert geregelt; vgl. hierzu Heker/Riesenhuber/*Riemer*, Kap. 8 Rn 10. Ein anderes Verfahren hat dagegen z.B. die VG Bild-Kunst in §§ 22a, 22b ihres Verteilungsplans für die Verlegerbeteiligung gewählt. Hiernach können die Urheber einen Teil der für sie berechneten Tantieme freiwillig an die Verleger abgeben.

I. Allgemeines

1. Bedeutung der Regelung. Die Norm regelt die Voraussetzungen, unter denen die Verwertungsgesellschaft **Verleger** an der Verteilung der Einnahmen aus **gesetzlichen Vergütungsansprüchen** beteiligen darf. Sie steht im Zusammenhang mit § 27 Abs. 2, wonach Verwertungsgesellschaften, die Rechte für mehrere Rechtsinhaber gemeinsam wahrnehmen, die aus der Wahrnehmung dieser Rechte erzielten Einnahmen grds. unabhängig vom Rechtefluss nach festen Anteilen an die jeweiligen Beteiligten verteilen können.[1] In Bezug auf die von § 63a UrhG erfassten gesetzlichen Vergütungsansprüche gilt jedoch die Besonderheit, dass diese für den Urheber unverzichtbaren Ansprüche im Allgemeinen nicht im Voraus abgetreten werden können. Eine Vorausabtretung soll gem. § 63a S. 2 UrhG nur an eine Verwertungsgesellschaft oder – zusammen mit der Einräumung des Verlagsrechts – an den Verleger möglich sein, letzteres unter der Voraussetzung, dass der Verleger die gesetzlichen Vergütungsansprüche durch eine Verwertungsgesellschaft wahrnehmen lässt, die Rechte von Verlegern und Urhebern gemeinsam wahrnimmt.

Nach der vom **BGH** in seiner Entscheidung „**Verlegeranteil**" vom 21. April 2016 vertretenen Auffassung[2] ist § 63a S. 2 Alt. 2 UrhG jedoch im Lichte von Art. 5 Abs. 2 lit. a und b der InfoSoc-RL richtlinienkonform einschränkend auszulegen. Unter Berufung auf die „Reprobel"-Entscheidung des EuGH[3] gelangt der BGH zu dem Ergebnis, dass eine Vorausabtretung an den Verleger nur insoweit zulässig sein soll, als dieser die ihm abgetretenen Vergütungsansprüche allein „im Interesse des Urhebers von der Verwertungsgesellschaft wahrnehmen lässt", also gerade nicht an den entsprechenden Einnahmen beteiligt werden soll. Ferner könne der Urheber dem Verleger seine gesetzlichen Vergütungsansprüche aufgrund des sachenrechtlichen Prioritätsgrundsatzes auch im Nachhinein nur dann wirksam abtreten, wenn er sie nicht bereits zuvor an einen Dritten – namentlich eine Verwertungsgesellschaft – abgetreten habe.

Die Entscheidung des BGH ist zu Recht vielfach **kritisiert** worden.[4] Sie widerspricht nicht nur dem ausdrücklichen Willen des Gesetzgebers bei Einführung des § 63a S. 2 UrhG,[5] sondern stellt auch – weit über den Ausgangsrechtsstreit zwischen der VG Wort und einem ihrer Urhebermitglieder hinaus – die seit Jahrzehnten etalierte und in unzähligen individuellen Verlagsverträgen vorausgesetzte Praxis der anteiligen Beteiligung der Verleger an gesetzlichen Vergütungsansprüchen unter dem gemeinsamen Dach der Verwertungsgesellschaften generell in Frage. Zudem erwachsen gesetzliche Vergütungsansprüche vielfach aus Schrankenbestimmungen, die auch die den Verlegern im Ver-

---

1 Vgl. § 27 Rn 63 ff.
2 BGH, Urt. v. 21.4.2016 – I ZR 198/13 – GRUR 2016, 596, 603 –-Verlegeranteil. Das Urteil ist aufgrund des Namens des Klägers auch unter der Bezeichnung „Vogel-Urteil" bekannt. Zu den Hintergründen vgl. auch § 27 Rn 63 ff., 68.
3 EuGH, Urt. v. 12.11.2015 – C-572/13 – GRUR 2016, 55, 57 – Hewlett-Packard/Reprobel. Vgl. hierzu auch § 27 Rn 68.
4 *Loewenheim*, NJW 2016, 2383; *Riesenhuber*, ZUM 2016, 613; *Conrad/Berberich*, GRUR 2016, 648; Wandtke/Bullinger/*Gerlach*, § 27 VGG Rn 6; a.A. *Peifer*, ZUM 2016, 650, *ders.*, GRUR-Prax 2017, 1, 3; BeckOK-UrhR/*Freudenberg*, § 27 VGG Rn 38; *Heinemann*, S. 223 f., 233 f. Die Verfassungsbeschwerde eines Verlags gegen das Urteil blieb erfolglos: BVerfG, Beschl. v. 18.4.2018 – 1 BvR 1213/16 – ZUM 2018, 608. Zur Umsetzung des Urteils durch die VG Wort *Riesenhuber*, ZUM 2018, 407, 411.
5 Amtl. Begr., BT-Drucks. 16/1828, S. 32: *„Ein Ausschluss der Verleger von der pauschalen Vergütung wäre angesichts der von ihnen erbrachten erheblichen Leistung auch sachlich nicht hinnehmbar. Dies gilt umso mehr, als den Verlegern im Gegensatz zu anderen Verwertern vom Gesetzgeber bisher keine eigenen Leistungsschutzrechte zugesprochen worden sind. Der neue S. 2 soll gewährleisten, dass die Verleger auch in Zukunft an den Erträgen der VG Wort angemessen zu beteiligen sind."*

lagsvertrag wirksam eingeräumten Ausschließlichkeitsrechte an den von ihnen hergestellten Werkausgaben betreffen.[6]

Auf die durch das Urteil eingetretene Rechtsunsicherheit hat der Gesetzgeber reagiert und mit Erlass des § 27a **klargestellt,** unter welchen Voraussetzungen Verleger nach dem bisherigen Unionsrecht weiter an gesetzlichen Vergütungsansprüchen beteiligt werden können. Gleichzeitig hat er sich für eine unionsrechtliche Regelung der Verlegerbeteiligung ausgesprochen.[7]   4

2. Vorgängerregelung. Das UrhWG enthielt keine vergleichbare Vorschrift.   5

3. Unionsrechtlicher Hintergrund. Die Norm findet keine Entsprechung in der VG-RL. Ihre Genese steht jedoch in engem Zusammenhang mit dem Urteil des EuGH in Sachen **Reprobel** vom 12. November 2015, mit dem erstmals die gesetzlichen Regelungen eines Mitgliedsstaats zur Verlegerbeteiligung an gesetzlichen Vergütungsansprüchen wegen Verstoßes gegen die unionsrechtlichen Vorgaben zum „gerechten Ausgleich" beanstandet wurden.[8]   6

Für die Zukunft sind ferner die aktuellen Entwicklungen des Unionsrechts zu beachten: Nach **Art. 16 DSM-RL** sollen die Mitgliedstaaten festlegen können, dass eine Rechteübertragung oder Lizenzierung durch einen Urheber an einen Verleger eine hinreichende Rechtsgrundlage darstellt, um einen Anspruch des Verlegers auf anteilige Beteiligung an dem gerechten Ausgleich für solche Nutzungen des Werkes zu begründen, die im Rahmen einer Ausnahme oder Beschränkung in Bezug auf das übertragene oder lizenzierte Recht erfolgt sind.[9] Im Lichte dieses Richtlinienvorhabens hat der deutsche Gesetzgeber § 27a ausdrücklich als Regelung für eine **Übergangszeit** betrachtet.[10]   7

4. Entstehungsgeschichte. § 27a wurde zusammen mit § 27 Abs. 2 im Rahmen des **Gesetzes** zur verbesserten Durchsetzung des Anspruchs der Urheber und ausübenden Künstler auf angemessene Vergütung und **zur Regelung von Fragen der Verlegerbeteiligung** vom 20. Dezember 2016 in das VGG aufgenommen und ist zum 24. Dezember 2016 in Kraft getreten.[11] Von einer gleichzeitigen Anpassung der materiellrechtlichen Vorschrift des § 63a UrhG hat der Gesetzgeber in der Erwartung abgesehen, dass deren aktuelle Fassung im Zusammenhang mit der erwarteten unionsrechtlichen Regelung der Verlegerbeteiligung wieder ihre volle Gültigkeit entfalten wird.[12]   8

---

6 Wandtke/Bullinger/*Gerlach*, § 27a VGG Rn 1.
7 Vgl. amtl. Begr., BT-Drucks. 18/10637, S. 20.
8 EuGH, Urt. v. 12.11.2015 – C-572/13 – GRUR 2016, 55 – Hewlett-Packard/Reprobel. Vgl. hierzu auch § 27 Rn 68.
9 Vgl. zur Entstehungsgeschichte dieser Norm auch Art. 12 des Vorschlags der Europäischen Kommission für eine Richtlinie des Europäischen Parlaments und des Rates über das Urheberrecht im digitalen Binnenmarkt v. 14.9.2016, COM(2016) 593 final sowie Amendment 75 der vom Europäischen Parlament am 12.9.2018 verabschiedeten Änderungen unter http://www.europarl.europa.eu/sides/getDoc.do?pubRef=-//EP//NONSGML+TA+P8-TA-2018-0337+0+DOC+PDF+V0//EN.
10 Amtl. Begr., BT-Drucks. 18/10637, S. 20.
11 BGBl I 2016 S. 3037.
12 Amtl. Begr. zu § 27 Abs. 2, BT-Drucks. 18/10637, S. 25. Kritisch zum regelungstechnischen Ansatz des Gesetzgebers BeckOK-UrhR/*Freudenberg*, § 27a VGG Rn 2; *Peifer*, GRUR-Prax 2017, 1, 3; *v. Ungern-Sternberg*, ZGE 2017, 1.

II. Regelungsgehalt

9 **1. Adressaten.** Nach dem Wortlaut des Abs. 1 regelt § 27a ausschließlich die Beteiligung von **Verlegern** an gesetzlichen Vergütungsansprüchen, die das Gesetz den **Urhebern** gewährt. Dies wird damit begründet, dass Verleger nach Überzeugung des Gesetzgebers einen maßgeblichen Anteil an der Entstehung urheberrechtlich geschützter Werke haben, da sie Urheber „*in vielfältiger Weise – von der Vorfinanzierung des Werks bis hin zur Vermarktung*" unterstützen.[13] Ein eigenes Leistungsschutzrecht ist ihnen aber – mit Ausnahme der Presseverleger – nicht gewährt. Sonstige Beteiligte, auf die die Rechtsprechung des BGH zur Verlegerbeteiligung gleichfalls übertragbar erscheint, bspw. die von der VG Bild-Kunst vertretenen Bildagenturen,[14] sind nicht erfasst. Zwar hat die Norm im Wesentlichen eine klarstellende Funktion,[15] so dass eine Beteiligung Dritter an gesetzlichen Vergütungsansprüchen grds. unter vergleichbaren Voraussetzungen zulässig sein dürfte wie die Verlegerbeteiligung nach § 27a. Die Verwertungsgesellschaft ist aber nicht verpflichtet, Beteiligungsregeln i.S.d. § 27a für andere Konstellationen als die Urheber-Verleger-Beziehung vorzusehen.

10 Die Vorschrift richtet sich demnach allein an solche **Verwertungsgesellschaften**, die Urheber und deren Verleger gemeinsam vertreten. Dies sind derzeit GEMA, VG Bild-Kunst, VG Musikedition und VG Wort. Die C3S nimmt Verleger lediglich als „investierende Mitglieder" ohne Stimmrecht auf.[16]

11 **Verleger** ist zunächst derjenige, der mit dem Urheber einen **Verlagsvertrag** über das Werk geschlossen und das Werk vereinbarungsgemäß verlegt hat. § 1 VerlG nennt die Vervielfältigung und Verbreitung des Werks als klassische Verpflichtungen des Verlegers gegenüber dem Verfasser (sog. „Auswertungspflicht").[17] Hierbei stellt der Verleger typischerweise einen – analogen oder digitalen – Werkträger her, der an die Öffentlichkeit gebracht wird und im Rahmen der gesetzlichen Schrankenbestimmungen genutzt werden darf, so dass hierfür gesetzliche Vergütungsansprüche entstehen.[18]

12 Bei der Auslegung des Verlegerbegriffs des § 27a ist jedoch zu berücksichtigen, dass sich die verlegerische Tätigkeit seit Inkrafttreten des VerlG im Jahr 1901 erheblich gewandelt und weiterentwickelt hat. Dies gilt namentlich für den **Musikbereich**, den der Gesetzgeber bei Erlass des § 27a neben der Verlegerbeteiligung bei Schriftwerken besonders im Blick hatte.[19] Während der Notendruck über die letzten Jahrzehnte spürbar an Bedeutung verloren hat, übernehmen Musikverleger im Gegenzug zahlreiche andere Aufgaben im Interesse der Urheber. Zu den „typischen Leistungen", die ein Musikverle-

---

13 Vgl. Beschlussempfehlung und Bericht des Ausschusses für Recht und Verbraucherschutz v. 27.4.2016, BT-Drucks. 18/8268, S. 5, sowie BT-Ausschuss-Drs. 18(6)238, S. 6.
14 Die VG Bild-Kunst hat aufgrund der Entscheidung des BGH, Urt. v. 21.4.2016 – I ZR 198/13 – GRUR 2016, 596, 603 – Verlegeranteil, auch jene Verteilungsregeln, die eine pauschale Beteiligung von Bildagenturen an gesetzlichen Vergütungsansprüchen der Urheber vorsahen, für rechtswidrig erachtet und eine Verteilungskorrektur durchgeführt; vgl. http://www.bildkunst.de/urheberrecht/beteiligung-verlage-und-bildagenturen/die-derzeitige-rechtslage.html.
15 Amtl. Begr., BT-Drucks. 18/10637, S. 20.
16 § 4 Abs. 2 C3S-Satzung; vgl. auch https://www.c3s.cc/ueber-c3s/mitglied-werden/. Die C3S („Cultural Commons Collecting Society SCE mbH") ist eine seit 2014 bestehende europäische Genossenschaft, die das Ziel verfolgt, als Verwertungsgesellschaft im Bereich der musikalischen Urheberrechte tätig zu werden. Nach eigenen Angaben plant sie insbesondere, musikalische Werke zu verwerten, die unter einer sog. Creative-Commons-Lizenz veröffentlicht wurden. Die Zulassung durch das DPMA ist bislang (Stand Juli 2019) noch nicht erfolgt.
17 Vgl. BeckOK-UrhR/*Wegner*, § 1 VerlG Rn 6, 26 ff.
18 Dreier/Schulze/*Schulze*, § 27a VGG Rn 3.
19 Amtl. Begr., BT-Drucks. 18/10637, S. 25.

ger im 21. Jahrhundert für die bei ihm verlegten Komponisten und Textdichter erbringt, zählen vielfältige Tätigkeiten in den Bereichen Promotion und Vermarktung des Werkes, Finanzierung und Produktion oder Service und Administration.[20] Welche Voraussetzungen die Verwertungsgesellschaft im Einzelnen für eine Verlegerbeteiligung verlangt, kann sie unter Beachtung des Willkürverbots des § 27 Abs. 1 autonom festlegen.

Im Einzelfall kann zwischen den Beteiligten streitig sein, ob der Verleger eine verlegerische Leistung erbracht hat, die seine Beteiligung an den Einnahmen aus der Rechteverwertung rechtfertigt. Die **GEMA** hat für die Klärung solcher Streitigkeiten ein spezielles Gremium, die sog. **Urheber-Verleger-Schlichtungsstelle** eingerichtet. Sie besteht aus je einem von der Mitgliederversammlung gewählten Vertreter der Berufsgruppen Komponisten, Textdichter und Verleger sowie einem Vorsitzenden, der die Befähigung zum Richteramt haben muss. Die Schlichtungsstelle kann von jedem Urheber eines verlegten Werkes angerufen werden, der geltend macht, dass der Verleger wegen Nichterbringung verlegerischer Leistungen i.S.d. GEMA-Regelwerks nicht länger an der Verteilung der Einnahmen für das Werk – aus gesetzlichen Vergütungsansprüchen und Ausschließlichkeitsrechten – zu beteiligen ist. Eine Anrufung durch Verleger ist ebenfalls möglich.[21] 13

2. Einnahmen aus gesetzlichen Vergütungsansprüchen. § 27a regelt lediglich die speziellen Voraussetzungen für die Beteiligung von Verlegern an **gesetzlichen Vergütungsansprüchen**. In Bezug auf die Einnahmen aus der Verwertung von Ausschließlichkeitsrechten (Aufführungsrecht, Senderecht etc.) besteht kein gesetzliches Vorausabtretungsverbot, so dass insoweit die allgemeinen Regelungen des § 27 Abs. 2 zur anteiligen Beteiligung bei gemeinsamer Rechtewahrnehmung für mehrere Rechtsinhaber genügen.[22] 14

Die Regelung gilt für die in **§ 63a S. 1 UrhG** genannten Vergütungsansprüche. Dies sind alle in Teil 1 Abschnitt 6 UrhG („Schranken des Urheberrechts") geregelten Vergütungsansprüche, unabhängig davon, ob sie verwertungsgesellschaftspflichtig sind.[23] Dass sich § 63a UrhG vom Wortlaut her nicht auch auf den in § 27 Abs. 2 UrhG – und damit in Teil 1 Abschnitt 5 UrhG – geregelten Vergütungsanspruch für das Verleihen durch der Öffentlichkeit zugängliche Einrichtungen („Bibliothekstantieme") bezieht, wird von der wohl herrschenden Meinung als Redaktionsversehen betrachtet.[24] Folgt man dieser Ansicht und bejaht infolgedessen ein Vorausabtretungsverbot auch in Bezug auf Einnahmen aus der Bibliothekstantieme, wird man aus denselben Gründen auch die entsprechende Anwendbarkeit des § 27a auf diesen gesetzlichen Vergütungsanspruch annehmen müssen, denn dem Gesetzgeber war ersichtlich daran gelegen, eine einheitliche Grundlage für die Verlegerbeteiligung an allen relevanten gesetzlichen Vergütungsansprüchen zu schaffen. 15

Die Einnahmen aus gesetzlichen Vergütungsansprüchen haben für die von der Regelung erfassten Verwertungsgesellschaften eine unterschiedlich hohe **finanzielle Relevanz**: Während sie bei der GEMA, die für die Musikurheber mit wenigen Einschränkungen auch die Ausschließlichkeitsrechte wahrnimmt, bspw. für das Geschäftsjahr 16

---

20 Vgl. die Definition der verlegerischen Leistung in § 7 Abs. 2 GEMA-Verteilungsplan und hierzu Heker/Riesenhuber/*Riemer*, Kap. 8 Rn 41f.
21 Vgl. § 16 E. GEMA-Satzung. Detailliert zur Urheber-Verleger-Schlichtungsstelle Heker/Riesenhuber/*Steinau-Steinrück/Wohlgemuth*, Kap. 5 Rn 270ff.
22 Vgl. § 27 Rn 71ff.
23 Dreier/Schulze/*Schulze*, § 63a UrhG Rn 8.
24 Dreier/Schulze/*Schulze*, § 63a UrhG Rn 9, m.w.N.

2016 lediglich zehn Prozent der Gesamteinnahmen aus der Rechteverwertung ausmachten,[25] bildete bei der VG Bild-Kunst allein die Einnahmen aus der Privatkopievergütung im Jahr 2017 mehr als 80 Prozent der Gesamterträge.[26]

17 **3. Zustimmung des Urhebers zur Verlegerbeteiligung.** Die Beteiligung des Verlegers an gesetzlichen Vergütungsansprüchen ist nach Abs. 1 nur bei **Zustimmung des Urhebers** zulässig. Eine pauschale Beteiligung von Verlagen an den Einnahmen aus gesetzlichen Vergütungsansprüchen unabhängig von einem konkreten Urheber-Verleger-Verhältnis kommt daher grds. nicht in Betracht. Stimmt der Urheber der Verlegerbeteiligung nicht zu, stehen ihm die für die von ihm geschaffenen Werke ermittelten Ausschüttungen aus gesetzlichen Vergütungsansprüchen ungeschmälert zu.[27]

18 Die Zustimmung muss **gegenüber der Verwertungsgesellschaft** erfolgen. Es genügt daher nicht, wenn sie lediglich im Verlagsvertrag vereinbart ist. Eine spezielle Form für die Zustimmungserklärung schreibt das Gesetz dagegen nicht vor.

19 Hinsichtlich des **Zeitpunkts** der Zustimmung ist das vom BGH angenommene Vorausabtretungsverbot zu beachten. Die Zustimmung des Urhebers zur Verlegerbeteiligung kann demnach grds. erst nach **Entstehung des gesetzlichen Vergütungsanspruchs** erfolgen.[28] Je nach der Art der Werke und der Ausgestaltung der betreffenden Schrankenregelungen können gesetzliche Vergütungsansprüche jedoch zu sehr unterschiedlichen, für die Verwertungsgesellschaft nicht immer ohne weiteres überprüfbaren Zeitpunkten entstehen. Frühestmöglicher Zeitpunkt der Entstehung des Anspruchs auf Privatkopievergütung ist etwa die Schaffung des Werks.[29] Der Anspruch auf Bibliothekstantieme gem. § 27 Abs. 2 UrhG knüpft dagegen daran an, dass die Originale oder Vervielfältigungsstücke des Werks durch eine der Öffentlichkeit zugängliche Einrichtung verliehen werden. Würde das Gesetz für die Wirksamkeit der Zustimmung an den Zeitpunkt der Entstehung des Vergütungsanspruchs anknüpfen, würde dies die Handhabung der Verlegerbeteiligung in diesem Bereich folglich sehr erschweren. Im – aus Praxissicht – schlimmsten Fall wäre für jeden einzelnen Vergütungsanspruch eine gesonderte Zustimmungserklärung des Urhebers erforderlich, um die – von den Berechtigten regelmäßig gewünschte – einheitliche Beteiligung des Verlegers an den Ausschüttungen zu erreichen.

20 Der Gesetzgeber hat sich daher dafür entschieden, für den Zeitpunkt der Zustimmung zur Verlegerbeteiligung nicht auf das Entstehen der einzelnen gesetzlichen Vergütungsansprüche abzustellen, sondern auf die **Veröffentlichung des Werks** oder dessen **Anmeldung bei der Verwertungsgesellschaft**. Hierdurch wird gewährleistet, dass der Urheber seine Zustimmung zur Verlegerbeteiligung grds. zu einem bestimmten Zeitpunkt einheitlich mit einer einzigen Erklärung für alle relevanten gesetzlichen Vergü-

---

25 Vgl. S. 47 des GEMA-Transparenzberichts 2016, online abrufbar unter https://www.gema.de/fileadmin/user_upload/Gema/geschaeftsberichte/gema_geschaeftsbericht_transparenzbericht_2016.pdf. Für das Vorjahr betrug der Anteil sogar lediglich zwei Prozent.
26 Vgl. S. 7 des VG Bild-Kunst-Transparenzberichts 2017, online abrufbar unter http://www.bildkunst.de/uploads/media/4._Transparenzbericht_2017_02.pdf.
27 So ausdrücklich § 26 Abs. 3 S. 2 GEMA-Verteilungsplan.
28 Vgl. auch BGH, Urt. v. 21.4.2016 – I ZR 198/13 – GRUR 2016, 596, 603 – Verlegeranteil. *Flechsig*, GRUR 2016, 1103, unterscheidet zwischen „objektiven" und „subjektiven" Vergütungsansprüchen. Erst nach Vorliegen sämtlicher Voraussetzungen für einen individuellen Ausschüttungsanspruch gegen die Verwertungsgesellschaft aus einem gesetzlichen Vergütungsanspruch sei eine Abtretung an einen Verleger möglich. Ungeachtet dogmatischer Bedenken wäre ein solcher Ansatz nicht mit den Mitteln der kollektiven Rechtewahrnehmung umsetzbar.
29 BGH, Urt. v. 19.3.2014 – I ZR 35/13 – GRUR 2014, 974 – Porträtkunst.

tungsansprüche aussprechen kann. In beiden Alternativen knüpft die Regelung hierbei an ein Ereignis an, das zeitlich **nach Schaffung des Werks** anzusiedeln ist. Auch der Verlagsvertrag zwischen Urheber und Verleger wird im Regelfall bereits zu einem früheren Zeitpunkt abgeschlossen, sodass der Verleger nach Einschätzung des Gesetzgebers zur Zeit der Zustimmung keinen vertraglichen Druck mehr auf den Urheber ausüben kann.[30]

Veröffentlicht ist ein Werk gem. § 6 Abs. 1 UrhG, wenn es mit Zustimmung des Berechtigten der Öffentlichkeit zugänglich gemacht worden ist, sei es in körperlicher oder in unkörperlicher Form. Mit der Veröffentlichung kann das Werk auch im Rahmen der Schranken des Urheberrechts genutzt werden, sodass gesetzliche Vergütungsansprüche entstanden sind.[31] Die Veröffentlichung bietet sich insbesondere für den Tätigkeitsbereich der **VG Wort** als praktikabler Anknüpfungszeitpunkt für die Zustimmung zur Verlegerbeteiligung an. 21

Im Bereich der Musik, für den die **GEMA** in weitem Umfang auch die Erstverwertungsrechte wahrnimmt, ist der konkrete Zeitpunkt der Erstveröffentlichung aufgrund der Vielfalt unterschiedlicher Nutzungsformen und -kontexte nicht immer leicht festzustellen. Zudem fällt bereits die mit der Erstveröffentlichung verbundene Nutzungshandlung (z.B. Aufführung, Sendung etc.) regelmäßig in den Wahrnehmungsbereich der GEMA. Dürfte der Urheber der Beteiligung seines Verlegers an gesetzlichen Vergütungsansprüchen erst für nach der Erstveröffentlichung erfolgte Nutzungen zustimmen, ergäbe sich die paradoxe Situation, dass die GEMA den Verleger ggf. in Bezug auf solche Einnahmen aus gesetzlichen Vergütungsansprüchen, die sie analog zu Nutzungen im Zusammenhang mit der Erstveröffentlichung verteilt, anders zu behandeln hätte als in Bezug auf alle übrigen Einnahmen aus gesetzlichen Vergütungsansprüchen. Dies wäre weder sachgerecht, noch mit wirtschaftlich verhältnismäßigem Aufwand umsetzbar. Deshalb sieht Abs. 1 vor, dass die Zustimmung zur Verlegerbeteiligung alternativ mit der **Anmeldung des Werks** bei der Verwertungsgesellschaft erfolgen kann.[32] 22

Die **VG Bild-Kunst** führt für ihren Tätigkeitsbereich weder ein Werkverzeichnis, noch verfügt sie über ein vollständiges Verzeichnis aller Publikationen, in denen Bildwerke veröffentlicht werden. Da Bildwerke zudem durchaus in mehreren Publikationen veröffentlicht werden können, hat die VG Bild-Kunst – zunächst befristet für die Jahre 2017 und 2018 – ein spezielles Verfahren für die Verlegerbeteiligung entwickelt: Urheber können von ihrem Tantiemeaufkommen für bestimmte Verteilungssparten freiwillig einen Anteil von 20 oder 25 Prozent an Verleger abgeben. Sie müssen hierbei die Verleger benennen, die von diesen Beträgen profitieren sollen. Voraussetzung für die Verlegerbeteiligung ist ferner, dass die Publikationen des Verlegers im entsprechenden Nutzungsjahr Bildwerke des Urhebers enthalten haben.[33] 23

Indem Abs. 1 an die Veröffentlichung bzw. Anmeldung „des Werks" anknüpft, wird klargestellt, dass die Zustimmung **für jedes Werk gesondert** erklärt werden muss.[34] Es 24

---

30 Vgl. in Bezug auf den Zeitpunkt der Veröffentlichung des Werks die Regelungsvorschläge des Ausschusses für Recht und Verbraucherschutz zur Sicherung der gemeinsamen Rechtewahrnehmung von Urhebern und Verlegern in Folge der Urteile des EuGH („Reprobel") und des BGH („Verlegerbeteiligung") v. 5.7.2016, BT-Ausschuss-Drs. 18(6)238, S. 6. Die betreffenden Überlegungen sind auch auf die Anmeldung des Werks bei der Verwertungsgesellschaft übertragbar.
31 Vgl. auch Dreier/Schulze/*Schulze*, § 27a VGG Rn 5.
32 Amtl. Begr., BT-Drucks. 18/10637, S. 25. Gem. § 35 S. 3 GEMA-Verteilungsplan ist bei der Anmeldung verlegter Werke gesondert zu erklären, ob der Urheber der Verlegerbeteiligung an Ausschüttungen auf gesetzliche Vergütungsansprüche zustimmt. Vgl. hierzu Heker/Riesenhuber/*Riemer*, Kap. 8 Rn 81, 96 f., 155.
33 Vgl. §§ 22a und 22b VG Bild-Kunst-Verteilungsplan.
34 Vgl. auch Dreier/Schulze/*Schulze*, § 27a VGG Rn 7.

ist daher z.B. möglich, dass ein Urheber seinen Verleger nur für einzelne Werke an den Ausschüttungen auf gesetzliche Vergütungsansprüche beteiligt.

25 Das Gesetz regelt in Abs. 1 nur den **frühesten Zeitpunkt**, ab dem die Zustimmung des Urhebers zur Verlegerbeteiligung erfolgen kann. Sie kann auch zu jedem späteren Zeitpunkt erklärt werden. Die Verwertungsgesellschaft hat den Verleger dann ggf. erst im Rahmen derjenigen Ausschüttungen, die nach Zugang der Zustimmungserklärung stattfinden, an den Einnahmen aus den gesetzlichen Vergütungsansprüchen zu beteiligen.

26 **4. Festlegung der Anteile durch die Verwertungsgesellschaft.** Die **Höhe des Verlegeranteils** – und damit im Gegenzug regelmäßig auch der Anteil des Urhebers – ist gem. Abs. 2 durch die Verwertungsgesellschaft festzulegen. Wie auch in sonstigen Fällen der gemeinsamen Rechtewahrnehmung für mehrere Rechtsinhaber (§ 27 Abs. 2) ist somit eine **anteilige Beteiligung** unabhängig von der Priorität der Rechteeinbringung vorzusehen, bei der die Aufteilung der Einnahmen auf die am Werk Beteiligten nicht den individuellen Vereinbarungen zwischen Urheber und Verleger überlassen werden darf, sondern abstrakt und kollektiv durch die Gremien der Verwertungsgesellschaft zu bestimmen ist.

27 Die Verlegerbeteiligung betrifft die Verteilung der Einnahmen aus den Rechten und ist daher gem. § 27 Abs. 1 im **Verteilungsplan** zu regeln.[35] Zuständig ist dementsprechend auch insoweit die **Mitgliederhauptversammlung** (§ 17 Abs. 1 S. 2 Nr. 6), ohne dass es einer ausdrücklichen Spezialregelung dieser Kompetenz bedürfte. Hierdurch wird sichergestellt, dass die Vertreter der Urheber gleichberechtigt an der Festlegung der Verlegeranteile mitwirken.[36]

28 Auch bei der Regelung der Verlegerbeteiligung an gesetzlichen Vergütungsansprüchen hat die Verwertungsgesellschaft das **Willkürverbot** des § 27 Abs. 1 zu beachten.[37] Angesichts des besonderen Schutzes, den Gesetzgebung und Rechtsprechung dem Urheber in Bezug auf den gerechten Ausgleich bei gesetzlichen Schrankenregelungen zukommen lassen, dürfte es willkürlich sein, wenn die Verwertungsgesellschaft den Verleger an Einnahmen aus gesetzlichen Vergütungsansprüchen mit einem höheren Anteil beteiligt als an den Einnahmen, die sie aus der Verwertung von Ausschließlichkeitsrechten erzielt. Eine gleich hohe Beteiligung an den Einnahmen aus Ausschließlichkeitsrechten und gesetzlichen Vergütungsansprüchen erscheint dagegen unbedenklich, da der Urheber hinsichtlich der gesetzlichen Vergütungsansprüche durch das spezielle Zustimmungserfordernis nach § 27a Abs. 1 hinreichend vor einer Übervorteilung geschützt wird. Die VG Wort hat die Verlegeranteile an den Einnahmen aus der Privatkopievergütung bei Umsetzung des § 27a gesenkt.[38]

§ 28
Verteilungsfrist

(1) Die Verwertungsgesellschaft bestimmt im Verteilungsplan oder in den Wahrnehmungsbedingungen Fristen, binnen derer die Einnahmen aus den Rechten verteilt werden.

---

35 Vgl. § 27 Rn 9 ff.
36 Amtl. Begr., BT-Drucks. 18/10637, S. 25.
37 So auch BeckOK-UhR/*Freudenberg*, § 27a VGG Rn 11.
38 Wandtke/Bullinger/*Gerlach*, § 27a VGG Rn 2.

(2) Die Verwertungsgesellschaft bestimmt die Fristen so, dass die Einnahmen aus den Rechten spätestens neun Monate nach Ablauf des Geschäftsjahres, in dem sie eingezogen wurden, verteilt werden.

(3) Die Verwertungsgesellschaft kann vorsehen, dass eine Frist nicht abläuft, solange die Verwertungsgesellschaft aus sachlichen Gründen an der Durchführung der Verteilung gehindert ist.

(4) Einnahmen aus den Rechten, die nicht innerhalb der Fristen ausgeschüttet werden, weil der Berechtigte nicht festgestellt oder ausfindig gemacht werden kann, weist die Verwertungsgesellschaft in der Buchführung getrennt aus.

Übersicht
I. Allgemeines
   1. Bedeutung der Regelung —— 1
   2. Vorgängerregelung —— 4
   3. Unionsrechtlicher Hintergrund —— 5
   4. Entstehungsgeschichte —— 7
II. Regelungsgehalt
   1. Bestimmung von Verteilungsfristen (Abs. 1) —— 8
   2. Höchstfrist (Abs. 2) —— 15
   3. Abweichungen aufgrund sachlicher Gründe (Abs. 3) —— 22
   4. Getrennte Ausweisung der Einnahmen (Abs. 4) —— 33

I. Allgemeines

1. Bedeutung der Regelung. Die Einnahmen aus den Rechten stehen letztlich den Berechtigten zu und bilden vielfach einen wesentlichen Bestandteil ihres Lebensunterhalts. Eine möglichst zügige Ausschüttung genießt in ihrem Interesse daher grundsätzlich hohe Priorität. § 28 bestimmt vor diesem Hintergrund in Abs. 1 und 2 konkrete **Fristen**, innerhalb derer die Verwertungsgesellschaft die Einnahmen aus den Rechten zu verteilen hat. **1**

Abs. 3 regelt, unter welchen Umständen **Abweichungen von diesen Fristen** zulässig sind. **2**

Abs. 4 enthält Vorgaben für die **Buchführung** in Bezug auf solche Einnahmen, die nicht fristgerecht ausgeschüttet werden können, weil der Berechtigte i.S.d. § 29 nicht ermittelt oder ausfindig gemacht werden kann. Dieser Absatz steht somit in unmittelbarem Zusammenhang mit §§ 29, 30, die die weiteren Verpflichtungen der Verwertungsgesellschaft im Falle eines solchen Verteilungshindernisses sowie die Verwendung der betreffenden Einnahmen regeln. **3**

2. Vorgängerregelung. Das UrhWG enthielt keine Vorgaben für Verteilungsfristen. Die grundlegende Bedeutung einer möglichst zeitnahen Ausschüttung war in der Rechtsprechung jedoch auch vor Inkrafttreten des VGG anerkannt.[1] **4**

3. Unionsrechtlicher Hintergrund. Mit § 28 Abs. 1 bis 3 hat der deutsche Gesetzgeber Art. 13 Abs. 1 UA 2 VG-RL umgesetzt. Hierbei hat er darauf verzichtet, die Hindernisse, die in der VG-RL als mögliche Rechtfertigungsgründe für eine Nichteinhaltung der Verteilungsfristen benannt werden, ausdrücklich zu regeln. Da die betreffenden Sachverhalte in Art. 13 Abs. 1 UA 2 VG-RL ohnehin nur exemplarisch („insbesondere") aufgeführt werden, hat diese Divergenz keine Auswirkungen für den Geltungsbereich der Vorschrift. **5**

---

[1] BGH, Urt. v. 4.3.2004 – I ZR 244/01 – GRUR 2004, 767, 768 – Meldefrist und Nachweisverlangen für Lizenzeinnahmen.

6 Abs. 4 findet seine Grundlage in Art. 13 Abs. 2 VG-RL, stellt jedoch entsprechend der dem VGG gem. §§ 5, 6 zugrunde liegenden begrifflichen Unterscheidung ebenso wie §§ 29, 30 auf die Feststellbarkeit des Berechtigten, nicht des Rechtsinhabers ab.

7 **4. Entstehungsgeschichte.** § 28 wurde weitgehend unverändert aus dem RefE des BMJV ins VGG übernommen. Überarbeitet wurde lediglich Abs. 3. Dieser sah zunächst vor, dass die Verwertungsgesellschaft allein aufgrund solcher Verteilungshindernisse von den Fristen der Abs. 1 und 2 abweichen dürfen sollte, die **gänzlich außerhalb ihres eigenen Einflussbereichs** lagen. Im weiteren Gesetzgebungsverfahren wurde diese Beschränkung – die auch keine Entsprechung in 13 Abs. 1 UA 2 VG-RL findet – fallen gelassen. Zugleich wurde die Formulierung des Abs. 3 klarstellend dahingehend geändert, dass die Verwertungsgesellschaft nicht durch „objektive", sondern allgemein durch „sachliche" Gründe an der fristgerechten Verteilung gehindert sein muss. Die Anpassung des Abs. 3 ist zu begrüßen, da sich vielfach nicht eindeutig feststellen lässt, in wessen Einflusssphäre ein Verteilungshindernis anzusiedeln ist.[2]

II. Regelungsgehalt

8 **1. Bestimmung von Verteilungsfristen (Abs. 1).** Abs. 1 verpflichtet die Verwertungsgesellschaften allgemein, in ihrem Regelwerk **verbindliche Fristen** zu bestimmen, innerhalb derer die Einnahmen aus den Rechten verteilt werden. Dies dient der **Transparenz** und der **Planungssicherheit** für die Berechtigten.

9 Die Verteilungsfristen gelten für die Verteilung der **Einnahmen aus den Rechten** i.S.d. § 23 und somit auch für die Verteilung der Erträge, die die Verwertungsgesellschaft aus der Anlage dieser Einnahmen erwirtschaftet.[3]

10 **Adressat** der Regelung und damit zur Einhaltung der Verteilungsfristen verpflichtet ist grds. allein die **Verwertungsgesellschaft**. In Art. 13 Abs. 1 UA 2 VG-RL ist zwar auch die Möglichkeit angelegt, die Verteilung über Einrichtungen zur Vertretung von Rechtsinhabern durchführen zu lassen und diese Einrichtungen ggf. auch zur Einhaltung der Vorgaben für die Verteilungsfristen zu verpflichten. Diese Option hat der deutsche Gesetzgeber jedoch nicht aufgegriffen.[4] Dagegen gelten die Verteilungsfristen über den Verweis in § 3 Abs. 2 entsprechend auch für **abhängige Verwertungseinrichtungen**, soweit diese Tätigkeiten einer Verwertungsgesellschaft ausüben. Demnach hat etwa die ZPÜ die Einnahmen aus der Privatkopievergütung spätestens neun Monate nach Ablauf des Geschäftsjahres, in dem sie eingezogen wurden, an die in der ZPÜ zusammengeschlossenen Verwertungsgesellschaften zu verteilen.

11 Die Verwertungsgesellschaft hat die Fristen des § 28 zum einen gegenüber ihren **eigenen Berechtigten** einzuhalten, zum anderen aber grds. auch im Verhältnis zu jenen anderen Verwertungsgesellschaften, deren Rechte sie aufgrund von **Repräsentationsvereinbarungen** i.S.d. § 44 wahrnimmt: § 46 Abs. 2 bestimmt, dass in einer Repräsentationsvereinbarung nicht zum Nachteil der beauftragenden Verwertungsgesellschaft von den Vorschriften des § 28 abgewichen werden darf.[5]

---

2 Hierzu auch Rn 25 ff. Vgl. auch die entsprechende Kritik am RefE in der Stellungnahme der VG Wort vom 13.8.2015, S. 5 f., abrufbar unter https://www.bmjv.de/SharedDocs/Gesetzgebungsverfahren/DE/VG_Richtlinie_Umsetzungsgesetz.html.
3 Vgl. § 23 Rn 7 ff.
4 RegE-VGG, BT-Drucks. 18/7223, S. 81.
5 Vgl. § 46 Rn 11.

Art. 13 Abs. 1 UA 2 VG-RL enthält keine Vorgaben darüber, in welchen Teilen ihres **12** Regelwerks die Verwertungsgesellschaft die Verteilungsfristen zu verankern hat. Abs. 1 schreibt dagegen eine Verortung entweder im **Verteilungsplan** der Verwertungsgesellschaft i.S.d. § 27 Abs. 1 oder in ihren **Wahrnehmungsbedingungen** gem. § 9 S. 2 vor. Die amtliche Begründung nimmt zwar stattdessen Bezug auf das Statut i.S.d. § 13 Abs. 1 S. 1, also die Gründungsbestimmungen der Verwertungsgesellschaft.[6] Hierbei dürfte es sich jedoch um ein aus einem frühen Bearbeitungsstadium des VGG herrührendes Redaktionsversehen handeln, zumal überwiegende sachliche Erwägungen gegen eine Verortung der Verteilungsfristen im Statut sprechen: Zwar ist das Statut – ebenso wie Verteilungsplan und Wahrnehmungsbedingungen – von der Mitgliederhauptversammlung zu beschließen (§ 17 Abs. 1 S. 2 Nr. 1, 6, 13)[7] und auf der Internetseite der Verwertungsgesellschaft zu veröffentlichen (§ 56 Abs. 1 Nr. 1, 2, 7), so dass alle drei Regelwerke den wahrnehmungsrechtlichen Anforderungen an die Mitwirkung der Berechtigten (§ 16) und die Publizität des Regelwerks genügen. Nur Verteilungsplan und Wahrnehmungsbedingungen regeln jedoch unmittelbar das wahrnehmungsrechtliche Treuhandverhältnis zwischen der Verwertungsgesellschaft und all ihren Berechtigten und sind daher insoweit als AGB anerkannt.[8] In der Praxis haben die deutschen Verwertungsgesellschaften die Verteilungsfristen regelmäßig in ihren Verteilungsplänen geregelt.[9]

Die Verteilungsfristen sind zu unterscheiden von den konkreten **Ausschüttungs-** **13** **terminen**, zu denen die Verwertungsgesellschaft die Beträge, die sich aufgrund der Anwendung des Verteilungsplans für die einzelnen Werke und sonstigen Schutzgegenstände ergeben, an ihre eigenen Berechtigten und die durch Repräsentationsvereinbarungen mit ihr verbundenen Verwertungsgesellschaften ausschüttet. Innerhalb einer Verteilungsfrist können mehrere Ausschüttungstermine – z.B. für unterschiedliche Sparten oder Nutzungszeiträume – liegen.[10] Eine solche Aufteilung der Verteilung auf mehrere Termine kann etwa durch zeitliche Abweichungen beim Eingang der Vergütungen oder der Nutzungsmeldungen oder durch die unterschiedliche Komplexität der Verteilung in den einzelnen Nutzungsbereichen geboten sein.

Aus Gründen der Planungssicherheit sollten auch die Ausschüttungstermine regel- **14** mäßig mit größerem zeitlichem Vorlauf festgelegt werden. Administrative Zwänge können jedoch im Einzelfall kurzfristige Änderungen der Ausschüttungstermine erfordern. Daher ist es üblich, die Entscheidungskompetenz über diese Termine nicht bei der Mitgliederhauptversammlung, sondern bei den durchgehend aktiven Organen der Verwertungsgesellschaft (Geschäftsführung und/oder Aufsichtsgremium) anzusiedeln.[11]

---

6   RegE-VGG, BT-Drucks. 18/7223, S. 81. Derselbe Fehler findet sich bereits im RefE des BMJV v. 9.6.2015, S. 96. Auch Dreier/Schulze/*Schulze*, § 28 VGG Rn 1 verweist fälschlicherweise auf das Statut; vgl. aber die zutreffende Angabe in Rn 2.
7   Hierauf weist auch BeckOK-UrhR/*Freudenberg*, § 28 VGG Rn 2 hin, der allerdings fälschlicherweise annimmt, die Mitgliederhauptversammlung könne die Entscheidungskompetenz in Bezug auf den Verteilungsplan gem. § 17 Abs. 2 an das Aufsichtsgremium delegieren. Die entsprechende Befugnis (§ 17 Abs. 1 S. 2 Nr. 6) wird in § 17 Abs. 2 aber gerade nicht genannt.
8   BGH, Urt. v. 5.12.2012 – I ZR 23/11 – GRUR 2013, 375, 376 – Missbrauch des Verteilungsplans, m.w.N.
9   Vgl. z.B. Art. 1 Ziff. III. Distribution Plan AGICOA § 57 Abs. 1 GEMA-Verteilungsplan; Ziff. II. 2. a) bb) S. 3 GVL-Verteilungspläne; § 1 Ziff. 2 VFF-Verteilungsplan für das Aufkommen aus der Geräte- und Speichermedienvergütung; lit. A a) § 13 VG Musikedition-Verteilungsplan § 7 Abs. 1, 2 VG Wort-Verteilungsplan.
10 Vgl. etwa die Ausschüttungstermine der GEMA für das Geschäftsjahr 2018, abgedruckt in GEMA-Jahrbuch 2018/2019, S. 474 f.
11 Vgl. etwa § 57 Abs. 2 S. 1 GEMA-Verteilungsplan; § 7 Abs. 3 S. 1 VG Wort-Verteilungsplan .

15 **2. Höchstfrist (Abs. 2).** Nach Erwägungsgrund 29 S. 1 VG-RL soll die Verwertungsgesellschaft die Einnahmen aus den Rechten „rechtzeitig" verteilen. Art. 13 Abs. 1 UA 2 VG-RL konkretisiert dies dahingehend, dass die Verteilung grds. so schnell wie möglich, spätestens jedoch neun Monate nach Ablauf des Geschäftsjahres zu erfolgen hat, in dem die Einnahmen eingezogen wurden. Diese **Neunmonatsfrist** hat der deutsche Gesetzgeber in § 28 Abs. 2 umgesetzt.[12]

16 Es handelt sich um eine **Höchstfrist** – die Verwertungsgesellschaft ist nicht gehindert, die Einnahmen aus den Rechten vor Ablauf der Frist des Abs. 2 auszuschütten.

17 Aufgrund der Treuhandstellung der Verwertungsgesellschaften kann ein Anspruch, an der Verteilung der Einnahmen aus den Rechten beteiligt zu werden, grds. erst dann entstehen, wenn die Verwertungsgesellschaft tatsächlich entsprechende Einnahmen aus der Rechteverwertung erzielt hat. Für den **Beginn** der Neunmonatsfrist ist daher auf das Geschäftsjahr abzustellen, in dem die Einnahmen aus den Rechten „eingezogen" wurden und somit der **tatsächliche Zahlungseingang** bei der Verwertungsgesellschaft zu verzeichnen ist.[13] Dies gilt auch, wenn die Einnahmen erst nach Abschluss des Geschäftsjahres eingezogen werden, in dem die vergütungspflichtige Nutzung erfolgt ist – bspw. im Falle von Zahlungsverzug auf Nutzerseite oder bei langwierigen Tarifstreitigkeiten.

18 Die **Berechnung** der Neunmonatsfrist erfolgt nach allgemeinen zivilrechtlichen Grundsätzen (§§ 187 Abs. 1, 188 Abs. 2 BGB). Sie endet somit mit Ablauf des 30.9. des Geschäftsjahres nach dem Jahr des Zahlungseingangs. Maßgeblich für die Beurteilung, ob die Verwertungsgesellschaft die Frist eingehalten hat, ist der Moment der effektiven Ausschüttung an die Berechtigten.

19 Die Neunmonatsfrist des Abs. 2 gilt auch für die Verteilung an andere Verwertungsgesellschaften, die die verteilende Verwertungsgesellschaft im Rahmen von **Repräsentationsvereinbarungen** i.S.d. § 44 mit der Wahrnehmung ihrer Rechte beauftragt haben. Dies folgt aus Art. 15 Abs. 3 UA 1 VG-RL, dessen ausdrückliche Umsetzung der deutsche Gesetzgeber aufgrund der allgemeinen Fristenregelung in § 28 für entbehrlich erachtet hat,[14] sowie aus § 46 Abs. 2, wonach in der Repräsentationsvereinbarung nicht zum Nachteil der beauftragenden Verwertungsgesellschaft von den Verteilungsfristen des § 28 abgewichen werden darf.

20 Für die **Weiterverteilung** der aufgrund von Repräsentationsvereinbarungen erzielten Einnahmen durch die beauftragende Verwertungsgesellschaft sieht § 46 Abs. 3 dagegen eine spezielle Frist vor: Die beauftragende Verwertungsgesellschaft hat diese Einnahmen spätestens **sechs Monate**, nachdem sie sie von der beauftragten Verwertungsgesellschaft erhalten hat, an die von ihr vertretenen Berechtigten zu verteilen. Für den gesamten Verteilungsprozess hin zum Berechtigten ergibt sich dadurch also eine kumulierte Höchstfrist von 15 Monaten ab Ende des Vereinnahmungsgeschäftsjahres.[15] Dies gilt jedoch nur, soweit sich die Repräsentationsvereinbarung auf Rechte und Werke oder sonstige Schutzgegenstände bezieht, die zum Tätigkeitsbereich sowohl der beauftragenden als auch der beauftragten Verwertungsgesellschaft gehören. In diesem Fall ist die – aus Sicht der beauftragenden Verwertungsgesellschaft – verkürzte Verteilungsfrist des § 46 Abs. 3 dadurch gerechtfertigt, dass die Verteilung regelmäßig bereits weitgehend von der beauftragten Verwertungsgesellschaft durchgeführt worden ist.[16] Bezieht sich die Repräsentationsvereinbarung dagegen auf Rechte und Werke oder sonstige

---

12 RegE-VGG, BT-Drucks. 18/7223, S. 81.
13 Vgl. § 23 Rn 20 ff.
14 RegE-VGG, BT-Drucks. 18/7223, S. 81.
15 § 46 Rn 12.
16 Vgl. im Einzelnen § 46 Rn 13.

Schutzgegenstände, die nicht zum Tätigkeitsbereich der beauftragten Verwertungsgesellschaft gehören, und hat die beauftragende Verwertungsgesellschaft die Verteilung somit grds. vollständig selbst durchzuführen, so gilt hierfür die Neunmonatsfrist des Abs. 2.

Die vorgenannte Differenzierung ist auch bei der entsprechenden Anwendung der §§ 28, 46 Abs. 3 auf **abhängige Verwertungseinrichtungen** zu beachten. So beschränkt sich die Aufgabe der ZPÜ im Bereich der Verteilung darauf, die aus der Privatkopievergütung erzielten Einnahmen auf die beteiligten Verwertungsgesellschaften aufzuteilen, während letztere die eigentliche Verteilung auf ihre jeweiligen Berechtigten und deren Werke oder Schutzgegenstände vollständig und unabhängig selbst durchführen. Da sich die Tätigkeitsbereiche der ZPÜ und der einzelnen in ihr zusammengeschlossenen Verwertungsgesellschaften somit grundlegend unterscheiden, gilt für die Verteilung der ZPÜ-Einnahmen an die Berechtigten der jeweiligen Verwertungsgesellschaften die Neunmonatsfrist des Abs. 2. 21

3. Abweichungen aufgrund sachlicher Gründe (Abs. 3). Die nach Abs. 1 und Abs. 2 festzulegenden Verteilungsfristen gelten nicht absolut: Abs. 3 gewährt den Verwertungsgesellschaften die Möglichkeit, unter bestimmten Voraussetzungen **Ausnahmen von den Verteilungsfristen** der Abs. 1 und 2 vorzusehen. 22

Hintergrund dieser Regelung, die Art. 13 Abs. 1 UA 2 Hs. 2 VG-RL umsetzt, ist die Erkenntnis, dass im Massengeschäft der kollektiven Rechtewahrnehmung verschiedene Umstände eintreten können, die die Verwertungsgesellschaft an einer fristgerechten Verteilung hindern. Häufig liegen die Ursachen für derartige **Verteilungshindernisse** nicht in der eigenen Einflusssphäre der Verwertungsgesellschaft. Wäre die Verwertungsgesellschaft gleichwohl auch in solchen Fällen stets gesetzlich verpflichtet, die Verteilungsfristen der Abs. 1 und 2 einzuhalten, liefe sie Gefahr, sich unabhängig von einem etwaigen Verschulden unabsehbaren Schadensersatz- und Verzugszinsansprüchen der Berechtigten auszusetzen. 23

Abs. 3 greift nicht automatisch. Die Verwertungsgesellschaft muss eine entsprechende Ausnahmeregelung vielmehr aktiv „**vorsehen**", also ausdrücklich in ihr Regelwerk aufnehmen. Aus Gründen der Transparenz wird sie dies regelmäßig im Zusammenhang mit der Festlegung ihrer Verteilungsfristen gem. Abs. 1 tun, also entweder in ihrem Verteilungsplan oder in den Wahrnehmungsbedingungen. Die Ausnahmeregelung muss vorab und generell festgelegt werden; die Verwertungsgesellschaft kann sie nicht erst im Einzelfall beschließen, nachdem bereits ein konkretes Hindernis für eine fristgerechte Verteilung eingetreten ist.[17] Die meisten deutschen Verwertungsgesellschaften haben entsprechende Ausnahmeregelungen in ihr Regelwerk integriert.[18] 24

Nach Abs. 3 kommt eine Ausnahme von den Verteilungsfristen der Abs. 1 und 2 nur in Betracht, solange die Verwertungsgesellschaft aus **sachlichen Gründen** an der (fristgerechten) Verteilung gehindert ist. Das Gesetz selbst nennt keine konkreten Gründe, die die Verzögerung der Verteilung rechtfertigen können. Nach Erwägungsgrund 29 VG-RL kommen vorrangig solche Umstände in Betracht, die **außerhalb des Einflussbereichs der Verwertungsgesellschaft** liegen. Art. 13 Abs. 1 UA 2 Hs. 2 VG-RL verweist insoweit 25

---

17 BeckOK-UrhR/*Freudenberg*, § 28 VGG Rn 5.
18 Vgl. z.B. Art. 1 Ziff. III. Distribution Plan AGICOA; § 57 Abs. 1 S. 3 GEMA-Verteilungsplan; Ziff. II. 2. a) bb) S. 3 GVL-Verteilungspläne; lit. A. § 1 Ziff. III. GWFF-Verteilungspläne für die in Deutschland erzielten Einnahmen; § 1 Ziff. 2 VFF-Verteilungsplan für das Aufkommen aus der Geräte- und Speichermedienvergütung; § 17 Abs. 2 VG Bild-Kunst-Verteilungsplan; lit. A a) § 13 Ziff. 2 VG Musikedition-Verteilungsplan.

nicht abschließend ("insbesondere") auf Verteilungshindernisse im Zusammenhang mit Meldungen von Nutzern, mit der Feststellung der Rechte, der Feststellung der Rechtsinhaber oder der Zuordnung von Angaben über Werke und sonstige Schutzgegenstände zu dem jeweiligen Rechtsinhaber.[19] Die Ursachen für die Verteilungshindernisse können hier sowohl in der Sphäre der Nutzer, als auch der Berechtigten liegen.

26 Ohne vollständige und verwertbare **Nutzungsmeldungen** ist eine Verteilung regelmäßig nicht möglich. Der Gesetzgeber verpflichtet die Nutzer daher in § 41 u.a. dazu, der Verwertungsgesellschaft die für die Verteilung der Einnahmen aus den Rechten erforderlichen Auskünfte über die Nutzung der vom Lizenzvertrag erfassten Werke und sonstigen Schutzgegenstände zu geben. Für die Erteilung der Auskunft haben Verwertungsgesellschaft und Nutzer gem. § 41 Abs. 2 angemessene Regelungen zu vereinbaren.[20] Zu diesen gehört im Lichte von Art. 17 S. 1 VG-RL i.d.R. auch die Vereinbarung von Fristen für die Auskunftserteilung, die im Einklang mit Erwägungsgrund 33 S. 5 VG-RL so zu bemessen sind, dass die Verwertungsgesellschaft in die Lage versetzt wird, die Einnahmen aus den Rechten innerhalb der Fristen des § 28 zu verteilen. Legt der Nutzer der Verwertungsgesellschaft die erforderlichen Nutzungsmeldungen nicht fristgerecht und in einer verwertbaren Form vor, kann eine verzögerte Ausschüttung an die Berechtigten gem. Abs. 3 gerechtfertigt sein. Dasselbe gilt, soweit die Meldung der Nutzungen dem Berechtigten obliegt. Dies ist bspw. bei der VG Wort der Fall, die ihren Berechtigten in deren eigenem Interesse z.T. mehrjährige Fristen für die Meldung des Erscheinens oder der Sendung eines Werkes einräumt.[21]

27 Die **Feststellung der Rechte** und **Rechtsinhaber** kann ebenfalls durch Fehler in den Nutzungsmeldungen vereitelt werden, daneben aber beispielsweise auch durch unterlassene Werkanmeldungen der Berechtigten. Dasselbe gilt für Hindernisse bei der **Zuordnung** der Angaben über Werke und sonstige Schutzgegenstände zu den jeweiligen Berechtigten. In der Praxis scheitert in solchen Fällen regelmäßig das sog. „Matching" zwischen den Mitteilungen der Nutzer auf der einen Seite und den in der Dokumentation der Verwertungsgesellschaft abgelegten Informationen über Werke bzw. sonstige Schutzgegenstände sowie über die jeweiligen Berechtigungen hieran auf der anderen Seite.

28 Häufig ist die Frage, inwieweit ein Verteilungshindernis innerhalb des Einflussbereichs der Verwertungsgesellschaft liegt, nicht eindeutig oder nur relativ zu beantworten. So kann der Fall eintreten, dass die Verwertungsgesellschaft zwar theoretisch über rechtliche und tatsächliche Mittel verfügt, um das Verteilungshindernis zu beseitigen und eine fristgerechte Verteilung durchzuführen – indem sie bspw. den Nutzer gerichtlich zur Abgabe einer verwertbaren Nutzungsmeldung zwingt –, dies jedoch nur unter Einsatz **wirtschaftlich unverhältnismäßiger Mittel**. Ein solches Vorgehen, das gegen das wahrnehmungsrechtliche Gebot der wirtschaftlichen Verhältnismäßigkeit[22] verstoßen würde, kann von der Verwertungsgesellschaft nicht verlangt werden. Der Gesetzgeber hat daher in der amtlichen Begründung zu Abs. 3 ausdrücklich anerkannt, dass es grds. sachlich gerechtfertigt ist, wenn die Verwertungsgesellschaft die Verteilungsfristen nicht einhält, weil die zu verteilenden Einnahmen aus den Rechten in keinem angemes-

---

19 Vgl. auch RegE-VGG, BT-Drucks. 18/7223, S. 81, Begründung zu § 28.
20 Vgl. im Einzelnen § 41 Rn 14 ff.
21 Vgl. § 6 VG Wort-Verteilungsplan; hierzu auch Stellungnahme der VG Wort vom 13.8.2015 zum Referentenentwurf des VGG, S. 5 f.; online abrufbar unter https://www.bmjv.de/SharedDocs/Gesetzgebungsverfahren/DE/VG_Richtlinie_Umsetzungsgesetz.html.
22 Grundlegend hierzu BGH, Urt. v. 3.5.1988 – KVR 4/87 – GRUR 1988, 782, 783 – GEMA-Wertungsverfahren.

senen wirtschaftlichen Verhältnis zu den **Kosten** stehen, die im Zusammenhang mit der Ermöglichung einer fristgerechten Verteilung anfallen würden.[23] In diesem Zusammenhang darf die Verwertungsgesellschaft beispielsweise Minimal-Inkassi über mehrere Geschäftsjahre sammeln, bis der Gesamtbetrag hoch genug ist, um mit wirtschaftlich verhältnismäßigem Aufwand verteilt werden zu können.[24]

Daneben können auch **weitere**, vom Gesetzgeber nicht explizit bedachte **sachliche Gründe** eintreten, die eine verzögerte Verteilung rechtfertigen. Dies ist bspw. der Fall, wenn die Verwertungsgesellschaft Einnahmen, die sie aufgrund von Repräsentationsvereinbarungen mit anderen Verwertungsgesellschaften erzielt, aus administrativen Gründen oder wegen Sachnähe gemeinsam mit den Einnahmen aus ihrer eigenen Wahrnehmungstätigkeit verteilt und der nächste reguläre Ausschüttungstermin für diese Einnahmen zwar innerhalb der Neunmonatsfrist des Abs. 1, aber nach Ablauf der Sechsmonatsfrist des § 46 Abs. 3 liegt.[25] 29

Dagegen kann es nach dem Willen des europäischen wie nationalen Gesetzgebers nicht als sachlicher Grund i.S.d. Abs. 3 anerkannt werden, wenn die Verwertungsgesellschaft an einer fristgerechten Verteilung etwa dadurch gehindert wird, dass sie die Einnahmen aus den Rechten **mit festen Laufzeiten angelegt** hat.[26] In einem solchen Fall hat die Verwertungsgesellschaft das Verteilungshindernis ausschließlich selbst herbeigeführt. Zwar erfolgt auch die Anlage der Einnahmen aus den Rechten gem. § 25 Abs. 1 allein im Interesse der Berechtigten.[27] Das Interesse der Berechtigten an einer möglichst zeitnahen Ausschüttung der aus der Verwertung ihrer Werke und sonstigen Schutzgegenstände erwirtschafteten Einnahmen überwiegt jedoch das Interesse an einer Steigerung des Anlagegewinns. 30

Nach Abs. 3 gilt die Ausnahme von der Verteilungsfrist nicht zeitlich unbegrenzt, sondern nur, **solange** die Verwertungsgesellschaft aus sachlichen Gründen an der Durchführung der Verteilung gehindert ist. Während dieser Zeitspanne kann die Verwertungsgesellschaft die Verteilung somit aussetzen.[28] Der Gesetzeswortlaut legt nahe, dass die (aus sachlichen Gründen überschrittene) Verteilungsfrist automatisch „abläuft", sobald das Verteilungshindernis entfällt. Hierbei ist jedoch zu beachten, dass die Verwertungsgesellschaft auch nach Beseitigung des ursprünglichen Verteilungshindernisses aus sachlichen Gründen an einer sofortigen Ausschüttung gehindert sein kann. Scheitert die fristgerechte Verteilung bspw. zunächst an fehlenden Nutzungsmeldungen, kann die Verwertungsgesellschaft regelmäßig nicht bereits bei deren nachträglicher Vorlage ohne weiteres verteilen. Vielmehr müssen die Nutzungsmeldungen zunächst verarbeitet werden. Zudem kann es durch das wirtschaftliche Gebot der Verhältnismäßigkeit sachlich gerechtfertigt sein, dass die Verwertungsgesellschaft die Verteilung erst zum nächsten regulären Ausschüttungstermin nach Beseitigung des Verteilungshindernisses durchführt. 31

Regelmäßig treten die Umstände, die die Verwertungsgesellschaft an einer fristgerechten Verteilung hindern, nicht umfassend, sondern nur in Bezug auf einzelne Berechtigte, Werke oder Nutzungen auf. Die Verwertungsgesellschaft ist in solchen Fällen nicht gehindert, sondern vielmehr gehalten, die Verteilung im Übrigen fristgerecht durchzuführen. Hierbei hat sie in angemessenem Umfang **Rückstellungen** zu bilden, um die 32

---

23 RegE-VGG, BT-Drucks. 18/7223, S. 81.
24 Dreier/Schulze/*Schulze*, § 28 VGG Rn 3; Wandtke/Bullinger/*Gerlach*, § 28 VGG Rn 5.
25 Dieser Fall wird ausdrücklich geregelt in lit. A a) § 13 Ziff. 2 b) VG Musikedition-Verteilungsplan.
26 RegE-VGG, BT-Drucks. 18/7223, S. 81; Erwägungsgrund 33 S. 3 VG-RL.
27 Vgl. § 25 Rn 7.
28 Dreier/Schulze/*Schulze*, § 28 VGG Rn 3.

Ansprüche, die sich aus den zunächst nicht berücksichtigten Nutzungen ergeben, nach Fortfall des Verteilungshindernisses befriedigen zu können.[29]

33 **4. Getrennte Ausweisung der Einnahmen (Abs. 4).** Abs. 4 betrifft ein **spezielles Verteilungshindernis**, nämlich den Fall, dass Einnahmen aus den Rechten nicht fristgerecht ausgeschüttet werden können, weil der **Berechtigte nicht festgestellt oder ausfindig gemacht** werden kann. Im Einklang mit Art. 13 Abs. 2 VG-RL sind diese Einnahmen in der Buchführung der Verwertungsgesellschaft getrennt auszuweisen. Hierdurch wird gewährleistet, dass die Einnahmen im weiteren Verlauf jenes Verfahrens identifizierbar bleiben, das die Verwertungsgesellschaft im Fall eines Verteilungshindernisses i.S.d. Abs. 4 einzuhalten hat:[30] Gemäß § 29 muss sie zunächst angemessene Maßnahmen ergreifen, um den Berechtigten festzustellen oder ausfindig zu machen.[31] Führen diese Maßnahmen nicht innerhalb von drei Jahren nach Ablauf des Geschäftsjahres, in dem die Einnahmen aus den Rechten eingezogen wurden, zum Erfolg, gelten die betreffenden Einnahmen nach der gesetzlichen Fiktion des § 30 Abs. 1 als **nicht verteilbar**[32] und sind nach den gem. § 26 Nr. 2 i.V.m. § 17 Abs. 1 S. 2 Nr. 7 von der Mitgliederhauptversammlung zu beschließenden Regeln für die Verwendung nicht verteilbarer Einnahmen zu behandeln.

34 In der Buchführung der Verwertungsgesellschaft sind die unter Abs. 4 fallenden Beträge gem. § 24 Nr. 1 ebenso wie die übrigen Einnahmen aus den Rechten von den unter § 24 Nr. 2 genannten Beträgen (eigenes Vermögen der Verwertungsgesellschaft, Erträge hieraus, Einnahmen zur Deckung der Verwaltungskosten und aus sonstiger Tätigkeit) zu trennen. Eine getrennte Buchführung ist insoweit nicht erforderlich.[33]

§ 29
Feststellung der Berechtigten

(1) Können Einnahmen aus den Rechten nicht innerhalb der Verteilungsfrist (§ 28) verteilt werden, weil ein Berechtigter nicht festgestellt oder ausfindig gemacht werden kann, trifft die Verwertungsgesellschaft angemessene Maßnahmen, um den Berechtigten festzustellen oder ausfindig zu machen.

(2) Insbesondere stellt die Verwertungsgesellschaft ihren Mitgliedern, ihren Berechtigten und allen Verwertungsgesellschaften, für die sie im Rahmen einer Repräsentationsvereinbarung Rechte wahrnimmt, spätestens drei Monate nach Ablauf der Verteilungsfrist (§ 28), soweit verfügbar, folgende Angaben über die Werke und sonstigen Schutzgegenstände, deren Berechtigte nicht festgestellt oder ausfindig gemacht werden konnten, zur Verfügung:
1. den Titel des Werks oder sonstigen Schutzgegenstands,
2. den Namen des Berechtigten, der nicht festgestellt oder ausfindig gemacht werden kann,
3. den Namen des betreffenden Verlegers oder Herstellers und
4. alle sonstigen erforderlichen Informationen, die zur Feststellung des Berechtigten beitragen könnten.

---

29 Wandtke/Bullinger/*Gerlach*, § 28 VGG Rn 4.
30 BeckOK-UrhR/*Freudenberg*, § 28 VGG Rn 11.
31 Vgl. § 29 Rn 1 ff.
32 Vgl. § 30 Rn 5 ff.
33 Vgl. § 24 Rn 5.

(3) Die Verwertungsgesellschaft veröffentlicht die Angaben nach Absatz 2 spätestens ein Jahr nach Ablauf der Dreimonatsfrist, wenn der Berechtigte nicht inzwischen festgestellt oder ausfindig gemacht werden konnte.

Übersicht

I. Allgemeines	2. Rechtsfolge: Verpflichtung zu angemessenen Maßnahmen
1. Bedeutung der Regelung —— 1	a) Allgemeines —— 9
2. Vorgängerregelung —— 2	b) Interne Maßnahmen —— 13
3. Unionsrechtlicher Hintergrund —— 3	c) Informationspflicht (Abs. 2) —— 17
4. Entstehungsgeschichte —— 5	d) Veröffentlichungspflicht (Abs. 3) —— 24
II. Regelungsgehalt	
1. Tatbestand: spezielle Verteilungshindernisse —— 6	

I. Allgemeines

1. Bedeutung der Regelung. Im Rahmen des Massengeschäfts der kollektiven 1 Rechtewahrnehmung kann es vorkommen, dass die Verwertungsgesellschaft an der Verteilung von Einnahmen aus den Rechten gehindert ist, weil der Berechtigte, dem diese Einnahmen nach dem Verteilungsplan zustehen, nicht festgestellt oder ausfindig gemacht werden kann. § 29 verpflichtet die Verwertungsgesellschaft in diesem Fall, **angemessene Maßnahmen** zu ergreifen, um den Berechtigten nach Möglichkeit festzustellen oder ausfindig zu machen und die Einnahmen entsprechend dem Verteilungsplan verteilen zu können. Bleiben die Maßnahmen erfolglos, gelten die Einnahmen unter den Voraussetzungen des § 30 als nicht verteilbar.

2. Vorgängerregelung. Das UrhWG enthielt keine vergleichbare Vorschrift. 2

3. Unionsrechtlicher Hintergrund. § 29 setzt Art. 13 Abs. 3 VG-RL um, wobei der 3 Begriff des „Rechtsinhabers" entsprechend der differenzierenden Terminologie des VGG durch „Berechtigter" ersetzt wurde (§ 6).

Nicht ausdrücklich übernommen wurde Art. 13 Abs. 3 UA 3 S. 1 VG-RL, wonach die 4 Verwertungsgesellschaft im Rahmen der angemessenen Maßnahmen zur Feststellung oder Ausfindigmachung des Berechtigten insbesondere das **Mitglieder- und Berechtigtenverzeichnis** (§ 15) und sonstige leicht verfügbare Aufzeichnungen zu überprüfen hat. Eine Umsetzung dieser Regelung ins VGG erschien dem deutschen Gesetzgeber entbehrlich, da die Verwertungsgesellschaft derartige Kontrollen ohnehin vor jeder Verteilung durchführen müsse.[1]

4. Entstehungsgeschichte. Die Norm war bereits im RefE des BMJV enthalten. Die 5 dort noch vorgesehene Anforderung, dass die Verwertungsgesellschaft „**alle erforderlichen Maßnahmen**" zu treffen habe, um den Berechtigten zu ermitteln und ausfindig zu machen, wurde jedoch im weiteren Verlauf des Gesetzgebungsverfahrens durch die Verpflichtung zu „angemessenen Maßnahmen" ersetzt. Diese Änderung erscheint sachgerecht, ermöglicht sie der Verwertungsgesellschaft doch u.a., auf Recherchemaßnahmen zu verzichten, wenn diese im Einzelfall zwar für das Auffinden eines Berechtigten erfor-

---

[1] RegE-VGG, BT-Drucks. 18/7223, S. 81 f. Vgl. auch Rn 13 f.

derlich sein mögen, ihrem Aufwand nach aber außer Verhältnis zu den dem Berechtigten zustehenden Beträgen stünden.[2]

II. Regelungsgehalt

6   **1. Tatbestand: spezielle Verteilungshindernisse.** Der Tatbestand des Abs. 1 ist **eng gefasst**. Die Regelung greift nur, soweit die Verwertungsgesellschaft Einnahmen aus den Rechten i.S.d. § 23[3] nicht innerhalb der Verteilungsfristen gem. § 28 verteilen kann, weil ein Berechtigter nicht festgestellt (Abs. 1 Alt. 1) oder nicht ausfindig gemacht (Abs. 1 Alt. 2) werden kann.

7   Das VGG selbst enthält keine Definition, was unter „feststellen" bzw. „ausfindig machen" zu verstehen ist. Die Begrifflichkeit entspricht jedoch derjenigen, die § 61 Abs. 2 UrhG im Zusammenhang mit verwaisten Werken verwendet.[4] Dementsprechend wird man unter Abs. 1 Alt. 1 solche Fälle subsumieren dürfen, bei denen Unklarheit hinsichtlich der **Identität des Berechtigten** besteht, während es bei Abs. 1 Alt. 2 an der Möglichkeit einer **Kontaktaufnahme** fehlt. Einen typischen Anwendungsfall von Abs. 1 Alt. 1 stellt es somit dar, wenn ein Berechtigter verstirbt und eine Klärung der Rechtsnachfolge nicht möglich ist. Nicht ausfindig gemacht werden kann ein Berechtigter bspw., wenn er an eine unbekannte Adresse verzogen und auch nicht per Telefon, E-Mail etc. erreichbar ist.

8   Dagegen findet § 29 **keine Anwendung**, wenn einer (fristgerechten) Verteilung sonstige Hindernisse entgegenstehen, bspw. in folgenden Fällen:
   - Die Werke eines unbekannt verzogenen Berechtigten wurden nicht genutzt, so dass die Verwertungsgesellschaft hierfür keine Einnahmen erzielt und der Berechtigte insgesamt keinen Anspruch hat, an der Verteilung beteiligt zu werden.
   - Für eine Werknutzung liegt keine verwertbare Nutzungsmeldung vor.
   - Die Verwertungsgesellschaft kann das genutzte Werk nicht identifizieren, z.B. weil der Berechtigte es noch nicht angemeldet hat.
   - Die Berechtigung an dem Werk ist zwischen mehreren Anspruchstellern streitig, beispielsweise weil mehrere Personen die Urheberschaft für sich beanspruchen.[5]
   - Der Rechtsinhaber ist kein Berechtigter i.S.d. § 6, steht also in keinem unmittelbaren Wahrnehmungsverhältnis zu einer Verwertungsgesellschaft oder einer abhängigen Verwertungseinrichtung.[6] Die Verwertungsgesellschaft ist nur in Bezug auf die von ihr wahrgenommenen Rechte berechtigt und verpflichtet, Nutzungsrechte einzuräumen, Vergütungen zu kassieren und die eingezogenen Einnahmen zu verteilen. Dementsprechend ist es üblicherweise ausgeschlossen, dass Rechtsinhaber, die nicht Berechtigte i.S.d. § 6 sind, gegenüber der Verwertungsgesellschaft Anspruch auf eine Beteiligung an der Verteilung der Einnahmen aus den Rechten haben.[7] Folgerichtig verlangt auch der europäische Gesetzgeber in Erwägungsgrund 20 S. 3 VG-

---

2   So auch Wandtke/Bullinger/*Gerlach*, § 29 VGG Rn 2. Vgl. ferner die entsprechende Kritik am RefE in der Stellungnahme der GWFF v. 13.8.2015, S. 5, abrufbar unter https://www.bmjv.de/SharedDocs/Gesetzgebungsverfahren/DE/VG_Richtlinie_Umsetzungsgesetz.html.
3   Vgl. § 23 Rn 7 ff.
4   Hierzu Dreier/Schulze/*Dreier*, § 61 UrhG Rn 19. Die Regelung setzt Art. 2 Abs. 1 RL 2012/28/EU um.
5   Für solche Fälle haben einige Verwertungsgesellschaften Regelungen getroffen, wonach die auf das Werk entfallenden Beträge solange nicht verteilt werden, bis die streitenden Parteien eine gemeinsame Erklärung oder eine für sie verbindliche (z.B. gerichtliche) Entscheidung über die Berechtigung beibringen; vgl. § 7 Ziff. 6 VG Wort-Verteilungsplan) und § 10 GEMA-Verteilungsplan.
6   Für unabhängige Verwertungseinrichtungen gilt § 29 gem. § 4 Abs. 2 S. 1 nicht.
7   Eine Ausnahme stellt insoweit die „Außenseiterregelung" des § 50 Abs. 2 dar.

RL lediglich, dass die Verwertungsgesellschaft Maßnahmen ergreift, um „Mitglieder und Rechtsinhaber" zu ermitteln und ausfindig zu machen, deren Rechte sie „auf der Basis der von den Rechtsinhabern erteilten Vollmachten repräsentiert".

2. Rechtsfolge: Verpflichtung zu angemessenen Maßnahmen

a) Allgemeines. Ist der Tatbestand eines speziellen Verteilungshindernisses i.S.d. 9
Abs. 1 erfüllt, hat die Verwertungsgesellschaft **angemessene Maßnahmen** zu ergreifen, um den Berechtigten festzustellen und ausfindig zu machen. Die zu treffenden Maßnahmen sind im Gesetz nicht abschließend geregelt. Ausdrücklich normiert sind lediglich gewisse **Informationspflichten** gegenüber einem gesetzlich bestimmten Empfängerkreis (Abs. 2) sowie – als zweiter Schritt – eine **Veröffentlichungspflicht** für bestimmte Angaben (Abs. 3). Neben diesen auf die Unterstützung durch Dritte abzielenden Maßnahmen kommen insbesondere **interne Maßnahmen** der Verwertungsgesellschaft in Betracht.

Die zu ergreifenden Maßnahmen müssen gem. Abs. 1 **angemessen** sein. Dies eröff- 10
net der Verwertungsgesellschaft ein Ermessen, bei dessen Ausübung sie das Interesse an einer möglichst umfassenden Identifizierung der Ausschüttungsberechtigten einerseits und das Gebot der wirtschaftlichen Verhältnismäßigkeit andererseits gegeneinander abzuwägen hat. Ihre Grenze findet die Angemessenheit jedenfalls dort, wo der mit einer Maßnahme verbundene Aufwand den zu verteilenden Betrag überschreiten würde.

Bei allen Maßnahmen, die die Verwertungsgesellschaft im Rahmen des § 29 ergreift, 11
hat sie die jeweils geltenden **datenschutzrechtlichen Bestimmungen** zu beachten.[8]
Hierbei ist freilich zu berücksichtigen, dass die Identifizierung bzw. das Ausfindigmachen des Berechtigten gerade den Zweck der Maßnahmen darstellt, zu denen die Verwertungsgesellschaft gem. § 29 gesetzlich verpflichtet ist.

In ihrer **Buchführung** hat die Verwertungsgesellschaft Einnahmen aus den Rech- 12
ten, die aufgrund eines Verteilungshindernisses i.S.d. Abs. 1 nicht fristgerecht ausgeschüttet werden, gem. § 28 Abs. 4 getrennt auszuweisen.

b) Interne Maßnahmen. Als **vorbeugende Maßnahmen**, die dem Eintreten eines 13
Verteilungshindernisses gem. Abs. 1 bereits im Vorfeld entgegenwirken sollen, dienen insbesondere die Verpflichtungen der Verwertungsgesellschaft, ein **aktuelles Mitglieder- und Berechtigtenverzeichnis** zu führen (§ 15)[9] und die Berechtigten im Rahmen des § 54 Nr. 1 mindestens einmal jährlich über die **Kontaktdaten** zu informieren, die von der Verwertungsgesellschaft dazu verwendet werden können, die Berechtigten festzustellen und ausfindig zu machen.[10]

Tritt ein Verteilungshindernis gem. Abs. 1 ein, hat die Verwertungsgesellschaft fol- 14
gerichtig das Mitglieder- und Berechtigtenverzeichnis zu prüfen, um den Berechtigten festzustellen oder ausfindig zu machen, daneben aber auch andere **leicht verfügbare Aufzeichnungen**. Der deutsche Gesetzgeber geht zutreffend davon aus, dass derartige Kontrollen in der Praxis ohnehin im Zusammenhang mit jeder Verteilung erfolgen, da sich nur auf diese Weise ermitteln lässt, ob überhaupt ein Berechtigter festgestellt oder ausfindig gemacht werden kann. Er hat daher – anders als der europäische Gesetzgeber

---

8 RegE-VGG, BT-Drucks. 18/7223, S. 82.
9 Vgl. § 15 Rn 1 ff. sowie RegE-VGG, BT-Drucks. 18/7223, S. 76.
10 Vgl. § 54 Rn 6 sowie Art. 18 Abs. 1 lit. a VG-RL.

in Art. 13 Abs. 3 UA 3 S. 1 VG-RL – darauf verzichtet, eine entsprechende Verpflichtung ausdrücklich zu normieren.[11]

15 Welche **sonstigen Maßnahmen** geboten sind, hängt regelmäßig von den Umständen des Einzelfalls ab.[12] In Betracht kommt etwa die gezielte Kontaktaufnahme mit ausländischen Schwestergesellschaften oder mit anderen, der Verwertungsgesellschaft bekannten Beteiligten an dem Werk oder sonstigen Schutzgegenstand, wie bspw. Miturhebern oder Verlegern. Namentlich zur Feststellung eines Berechtigten kann auch der Abgleich mit Unterlagen zu früheren Ausschüttungen beitragen.[13]

16 Entsprechend der Systematik des § 29 können interne Maßnahmen der Verwertungsgesellschaft zur Feststellung und Ausfindigmachung von Berechtigten **zu jedem Zeitpunkt** innerhalb des von §§ 29, 30 umrissenen Prozesses geboten sein. Sie stellen weder einen obligatorischen ersten Schritt dar, der den in Abs. 2 und 3 geregelten Maßnahmen zwingend vorauszugehen hat, noch werden sie von letzteren vollständig abgelöst.[14] Beispielsweise kann es geboten sein, eine aktuelle Verteilung auch daraufhin zu überprüfen, ob sie Anhaltspunkte für die Identität solcher Berechtigten bietet, die bei der Verteilung des jeweiligen Vorjahres nicht festgestellt werden konnten.

17 **c) Informationspflicht (Abs. 2).** Abs. 2, der Art. 13 Abs. 3 UA 1 S. 2 und UA 2 VG-RL umsetzt, verpflichtet die Verwertungsgesellschaft, konkrete Angaben über die Werke oder sonstigen Schutzgegenstände, deren Berechtigte nicht festgestellt oder aufgefunden werden können, einem bestimmten, **abschließend normierten Empfängerkreis** mitzuteilen.

18 **Adressaten** dieser Mitteilungen sind die eigenen Mitglieder und Berechtigten der Verwertungsgesellschaft sowie jene Verwertungsgesellschaften, für die sie Rechte aufgrund von Repräsentationsvereinbarungen i.S.d. § 44 wahrnimmt. Es handelt sich somit um jene natürlichen und juristischen Personen, die potentiell an den zu verteilenden Einnahmen aus den Rechten zu beteiligen sind und damit ein **eigenes Interesse** an der Beseitigung des Verteilungshindernisses haben. Eine unmittelbare Kommunikation mit den Mitgliedern und Berechtigten anderer Verwertungsgesellschaften sieht die Regelung nicht vor. Sie ist auch in der Praxis unüblich und würde die administrativen Vorteile der kollektiven Rechtewahrnehmung relativieren.[15]

19 Die Mitteilungspflicht greift nicht, soweit eine Verwertungsgesellschaft aufgrund einer **Repräsentationsvereinbarung** lediglich Pauschalvergütungen für eine andere Verwertungsgesellschaft einzieht, ohne zur werk- und berechtigtenbezogenen Verteilung der betreffenden Einnahmen verpflichtet zu sein, denn in diesem Fall kann die beauftragte Verwertungsgesellschaft grds. nicht erkennen, ob der Tatbestand des Abs. 1 erfüllt ist. In der Praxis ist dies regelmäßig der Fall, wenn eine inländische Verwertungsgesellschaft beauftragt wird, die Rechte und Ansprüche einer anderen deutschen Verwertungsgesellschaft mit abweichendem Tätigkeitsbereich wahrzunehmen.[16]

---

11 RegE-VGG, BT-Drucks. 18/7223, S. 81 f.
12 BeckOK-UrhR/*Freudenberg*, § 29 VGG Rn 6.
13 BeckOK-UrhR/*Freudenberg*, § 29 VGG Rn 5 f., ohne Differenzierung zwischen Feststellung und Ausfindigmachen des Berechtigten.
14 Insoweit missverständlich das von BeckOK-UrhR/*Freudenberg*, § 29 VGG Rn 2, skizzierte Stufenmodell.
15 Art. 11 Abs. III des Mustervertrags der CISAC für Repräsentationsvereinbarungen in Bezug auf das Aufführungs- und Senderecht untersagt ausdrücklich direkte Mitteilungen an Mitglieder der jeweils anderen Verwertungsgesellschaft; GEMA-Jahrbuch 2017/2018, S. 285, 292.
16 Zu dieser Konstellation vgl. § 46 Rn 9.

Die mitzuteilenden Angaben sind in Abs. 2 Nr. 1 bis 4 genannt, der insoweit Art. 13 **20**
Abs. 3 UA 2 lit. a bis d VG-RL umsetzt. Es handelt sich um
- den **Titel** des Werks oder sonstigen Schutzgegenstands (Nr. 1);
- den **Namen** des Berechtigten, der nicht festgestellt oder ausfindig gemacht werden kann (Nr. 2);
- den Namen des **Verlegers oder Herstellers** (Nr. 3; Art. 13 Abs. 3 UA 2 lit. c VG-RL spricht insoweit vom „Produzenten"). Diese Angabe kann etwa hilfreich sein, wenn der Verleger eines Musikwerks oder der Produzent eines Films zwar das Musikwerk bzw. die Filmproduktion bei der Verwertungsgesellschaft gemeldet hat, aufgrund dieser Meldung aber nicht alle hieran beteiligten Urheber oder Leistungsschutzberechtigten identifiziert bzw. ausfindig gemacht werden können;
- alle **sonstigen erforderlichen Informationen**, die zur Feststellung des Berechtigten beitragen können. Hierbei handelt es sich um einen **Auffangtatbestand**. Zur Feststellung von Rechtsnachfolgern kann etwa die Angabe des Sterbejahres des verstorbenen Berechtigten beitragen.

Die Mitteilungspflicht gilt nur, soweit die vorgenannten Angaben für die Verwer- **21**
tungsgesellschaft **verfügbar** sind. Häufig wird dies nicht für alle in Abs. 2 genannten Angaben der Fall sein. So liegt es in der Natur der Sache, dass der Verwertungsgesellschaft der Name eines nicht feststellbaren Berechtigten i.d.R. nicht bekannt ist.

Die **Form** der Mitteilung ist in Abs. 2 nicht geregelt. Sie muss geeignet sein, eine **22**
womöglich große Zahl ungeklärter Fälle an den gesamten vom Gesetzgeber vorgegebenen Adressatenkreis zu kommunizieren,[17] zugleich aber grds. auf diesen beschränkt bleiben. Üblicherweise wird die Verwertungsgesellschaft die Informationen daher in einem abgegrenzten, nur dem anzusprechenden Adressatenkreis zugänglichen Bereich auf ihrer Website bereitstellen.[18] Eine solche Form der Mitteilung steht auch im Einklang mit §§ 13 und 47, die die elektronische Kommunikation zum Regelfall des Informationsaustauschs zwischen der Verwertungsgesellschaft und ihren Mitgliedern, sonstigen Berechtigten und Schwestergesellschaften erheben.

Die Mitteilung muss innerhalb einer **Frist** von maximal drei Monaten nach Ablauf **23**
der Verteilungsfrist gem. § 28 erfolgen. Gemäß § 28 Abs. 2 ist die Verteilungsfrist grds. so zu bestimmen, dass die Einnahmen aus den Rechten spätestens neun Monate nach Ablauf des Geschäftsjahres verteilt werden, in dem sie eingezogen wurden. Dementsprechend muss die Verwertungsgesellschaft ihrer Mitteilungspflicht gem. § 29 Abs. 2 spätestens zwölf Monate nach Abschluss des Jahres genügen, in dem die Einnahmen, für die ein Verteilungshindernis gem. Abs. 1 besteht, eingezogen wurden. Abzustellen ist auf die allgemeine Verteilungsfrist, nicht auf möglicherweise divergierende Ausschüttungstermine für einzelne Nutzungs- und Tätigkeitsbereiche.[19] Die Verwertungsgesellschaft kann den berechtigten Adressaten die in Abs. 2 geregelten Informationen daher für alle Bereiche und Sparten ihrer Tätigkeit unabhängig von deren jeweiligen Ausschüttungsterminen an einem einheitlichen Termin mitteilen. Dies fördert die Vollständigkeit, Übersichtlichkeit und Handhabbarkeit der betreffenden Daten und liegt somit regelmäßig im Interesse aller Beteiligten.

---

17 Insoweit praxisfern die Annahme von BeckOK-UrhR/*Freudenberg*, § 29 VGG Rn 7, die Mitteilungspflicht könne in Form von persönlichen Anschreiben an die Berechtigten umgesetzt werden; vgl. hierzu Stellungnahme VG Wort v. 13.8.2015 zum RefE des VGG, S. 6; online abrufbar unter https://www.bmjv.de/SharedDocs/Gesetzgebungsverfahren/DE/VG_Richtlinie_Umsetzungsgesetz.html.
18 Diese Möglichkeit sieht auch BeckOK-UrhR/*Freudenberg*, § 29 VGG Rn 7.
19 Vgl. § 28 Rn 13.

24 **d) Veröffentlichungspflicht (Abs. 3).** Für den Fall, dass der Berechtigte weiterhin nicht festgestellt oder ausfindig gemacht werden kann, verpflichtet Abs. 3 die Verwertungsgesellschaft, die in Abs. 2 genannten, also bereits dem dort vorgegebenen Adressatenkreis mitgeteilten Angaben zu veröffentlichen. Die Regelung setzt Art. 13 Abs. 3 UA 3 S. 2 VG-RL um.[20] Die Veröffentlichung muss **spätestens ein Jahr nach Ablauf der Dreimonatsfrist** des Abs. 2 erfolgen und somit spätestens 24 Monate nach Ablauf des Jahres, in dem die betreffenden Einnahmen aus den Rechten erzielt wurden. Eine frühere Veröffentlichung ist möglich.[21]

25 Die **Form** der Veröffentlichung wird durch das Gesetz nicht vorgegeben. Wie bereits im Zusammenhang mit der Mitteilungspflicht des Abs. 2 wird sich auch hier eine Bereitstellung der Daten auf der Internetseite der Verwertungsgesellschaft anbieten, zumal die Verwertungsgesellschaft auf diesem Wege auch jene Informationen zugänglich zu machen hat, zu deren Veröffentlichung sie gem. §§ 56, 58 Abs. 4 verpflichtet ist. Anders als bei der ausschließlich für einen klar abgegrenzten Adressatenkreis bestimmten Mitteilung nach Abs. 2 müssen die Daten im Zusammenhang mit der Veröffentlichung nach Abs. 3 indes öffentlich für jedermann frei zugänglich sein.[22]

§ 30
Nicht verteilbare Einnahmen aus den Rechten

(1) Einnahmen aus den Rechten gelten als nicht verteilbar, wenn der Berechtigte nicht innerhalb von drei Jahren nach Ablauf des Geschäftsjahres, in dem die Einnahmen aus den Rechten eingezogen wurden, festgestellt oder ausfindig gemacht werden konnte und die Verwertungsgesellschaft die erforderlichen Maßnahmen nach § 29 ergriffen hat.

(2) Die Verwertungsgesellschaft stellt allgemeine Regeln über die Verwendung der nicht verteilbaren Einnahmen aus den Rechten auf.

(3) Die Ansprüche des Berechtigten aus dem Wahrnehmungsverhältnis bleiben unberührt.

Übersicht

I. Allgemeines
   1. Bedeutung der Regelung —— 1
   2. Vorgängerregelung —— 2
   3. Unionsrechtlicher Hintergrund —— 3
   4. Entstehungsgeschichte —— 4
II. Regelungsgehalt
   1. Nicht verteilbare Einnahmen aus den Rechten (Abs. 1) —— 5
   2. Regeln zur Verwendung nicht verteilbarer Einnahmen (Abs. 2) —— 10
   3. Fortbestehende Ansprüche der Berechtigten (Abs. 3) —— 12

I. Allgemeines

1 **1. Bedeutung der Regelung.** Die Norm regelt den Umgang mit solchen „nicht verteilbaren" Einnahmen, bei denen die Verteilung daran scheitert, dass der Berechtigte

---

20 Vgl. RegE-VGG, BT-Drucks. 18/7223, S. 82.
21 BeckOK-UrhR/*Freudenberg*, § 29 VGG Rn 15.
22 So im Ergebnis auch BeckOK-UrhR/*Freudenberg*, § 29 VGG Rn 14. Die Regelung in § 89 Abs. 5, die hier als weiterer Beleg für Verpflichtungen der Verwertungsgesellschaft angeführt wird, bestimmte Informationen auf ihrer Internetseite zu veröffentlichen, betrifft allerdings Veröffentlichungen der Aufsichtsbehörde auf deren Internetseite.

trotz angemessener Maßnahmen der Verwertungsgesellschaft gem. § 29 auch nach einem längeren Zeitraum nicht festgestellt oder ausfindig gemacht werden kann.

2. Vorgängerregelung. Die Regelung hat keine Entsprechung im UrhWG, 2

3. Unionsrechtlicher Hintergrund. § 30 setzt Art. 13 Abs. 4 und 5 VG-RL um. 3

4. Entstehungsgeschichte. Die Norm war mit identischem Wortlaut bereits im RefE 4 des BMJV enthalten und wurde im weiteren Gesetzgebungsverfahren nicht weiter diskutiert.

II. Regelungsgehalt

1. Nicht verteilbare Einnahmen aus den Rechten (Abs. 1). Abs. 1 bestimmt im 5 Wege einer **gesetzlichen Fiktion**, wann und unter welchen Voraussetzungen Einnahmen aus den Rechten[1] als **nicht verteilbar** gelten. Die Regelung setzt Art. 13 Abs. 4 VG-RL um.[2]

Voraussetzung für die gesetzliche Fiktion ist zunächst das Vorliegen eines **speziel-** 6 **len Verteilungshindernisses i.S.d. § 29 Abs. 1.** Die (fristgerechte) Verteilung muss demnach daran scheitern, dass der Berechtigte nicht festgestellt oder ausfindig gemacht werden kann.[3] Können Einnahmen aus den Rechten aus anderen Gründen keinen konkreten Berechtigten zugewiesen werden oder stehen der Verteilung sonstige Hindernisse entgegen, ist § 30 dagegen nicht anwendbar. Zur begrifflichen Unterscheidung verwendet etwa die GEMA in ihrem Verteilungsplan den Oberbegriff „unverteilbare Einnahmen" für alle Fälle, in denen Einnahmen nicht auf konkrete Werknutzungen und Berechtigte verteilt werden können. Die „nicht verteilbaren Einnahmen" i.S.d. § 30 stellen hiernach einen Unterfall der „unverteilbaren Einnahmen" dar.[4]

Des Weiteren muss die Verwertungsgesellschaft **angemessene Maßnahmen nach** 7 **§ 29** ergriffen haben. Sie muss somit interne Bemühungen unternommen haben, um den Berechtigten festzustellen oder ausfindig zu machen, und ihren Verpflichtungen zur Mitteilung und Veröffentlichung verfügbarer Informationen gem. § 29 Abs. 2 und 3 nachgekommen sein.[5] Es gilt der Angemessenheitsmaßstab des § 29 Abs. 1.[6]

Die gesetzliche Fiktion tritt erst ein, wenn der Berechtigte trotz dieser Maßnahmen 8 nicht innerhalb der in Abs. 1 geregelten **Frist** festgestellt oder ausfindig gemacht werden kann. Bis zum Ablauf dieser Frist können die betreffenden Einnahmen als „vorläufig nicht verteilbar" bezeichnet werden.[7]

Die Frist des Abs. 1 endet stets **drei Jahre** nach Ablauf des Geschäftsjahres, in dem 9 die Einnahmen aus den Rechten eingezogen worden sind, für die das Verteilungshindernis besteht. Dies gilt auch, wenn die Verwertungsgesellschaft Maßnahmen zur Feststellung oder Ausfindigmachung des Berechtigten erst nach den hierfür in § 29 eigentlich vorgesehenen Fristen ergreift, bspw. weil ihr Informationen, die zur Feststellung des Berechtigten beitragen können, erst zu einem späteren Zeitpunkt vorliegen.[8] Im Rahmen

---
1 Vgl. zu diesem Begriff § 23 Rn 7 ff.
2 RegE-VGG, BT-Drucks. 18/7223, S. 82.
3 Vgl. im Einzelnen § 29 Rn 6 ff.
4 Vgl. § 30 Abs. 3 GEMA-Verteilungsplan sowie hierzu Heker/Riesenhuber/*Riemer*, Kap. 8 Rn 119 ff.
5 Vgl. § 29 Rn 9 ff.
6 Vgl. § 29 Rn 10.
7 BeckOK-UrhR/*Freudenberg*, § 30 VGG Rn 3.
8 A.A. offenbar BeckOK-UrhR/*Freudenberg*, § 30 VGG Rn 6; Wandtke/Bullinger/*Gerlach*, § 30 VGG Rn 1.

des Massengeschäfts der kollektiven Rechtewahrnehmung muss aus Gründen der Verwaltungseffizienz und Planungssicherheit innerhalb einheitlicher, eindeutig bestimmbarer Fristen Klarheit über die Verteilbarkeit der Einnahmen bestehen.[9] Hierdurch entstehen auch keine Nachteile für die betroffenen Berechtigten, da deren individuelle Ansprüche aus dem Wahrnehmungsverhältnis gem. Abs. 3 auch dann unberührt bleiben, wenn die Verwertungsgesellschaft die Einnahmen nach Ablauf der Dreijahresfrist gem. Abs. 2 verwendet.

10   **2. Regeln zur Verwendung nicht verteilbarer Einnahmen (Abs. 2).** Liegen die Voraussetzungen der gesetzlichen Fiktion nach Abs. 1 vor, kann die Verwertungsgesellschaft gem. § 26 Nr. 2 über die Verwendung der nicht verteilbaren Einnahmen entscheiden.[10] Abs. 2 bestimmt im Einklang mit Art. 13 Abs. 5 VG-RL, dass die Verwertungsgesellschaft zu diesem Zweck **allgemeine Regeln** aufzustellen hat. Zuständig hierfür ist gem. § 17 Abs. 1 S. 2 Nr. 7 die **Mitgliederhauptversammlung**.

11   Der deutsche Gesetzgeber hat keinen Gebrauch von der durch Art. 13 Abs. 6 VG-RL gewährten Möglichkeit gemacht, die Verwendung nicht verteilbarer Einnahmen aus den Rechten gesetzlich zu beschränken oder festzulegen. In der **Praxis** haben die deutschen Verwertungsgesellschaften daher unterschiedliche Regelungen zur Verwendung solcher Einnahmen getroffen. Nicht verteilbare Einnahmen werden teilweise proportional an diejenigen Berechtigten ausgeschüttet, die zum jeweils nächsten Ausschüttungstermin nach Ablauf der Dreijahresfrist des Abs. 1 an der Verteilung partizipieren,[11] teilweise zur Kostendeckung[12] oder für soziale und kulturelle Zwecke[13] verwendet.

12   **3. Fortbestehende Ansprüche der Berechtigten (Abs. 3).** Abs. 3 bestimmt, dass die **Ansprüche** des Berechtigten, der nicht innerhalb der Dreijahresfrist des Abs. 1 festgestellt oder ausfindig gemacht werden konnte, **aus dem Wahrnehmungsverhältnis unberührt** bleiben. Der Berechtigte behält somit grds. auch dann seinen Auszahlungsanspruch gegen die Verwertungsgesellschaft, wenn die für Nutzungen seiner Werke oder sonstigen Schutzgegenstände erzielten Einnahmen aufgrund der gesetzlichen Fiktion des Abs. 1 zu nicht verteilbaren Einnahmen geworden und entsprechend einem Beschluss der Mitgliederhauptversammlung verwendet worden sind. Die Regelung, die Art. 13 Abs. 5 VG-RL umsetzt, bestätigt den wahrnehmungsrechtlichen Grundsatz, dass Einnahmen aus den Rechten stets vorrangig den Berechtigten zustehen.[14]

13   Die Auszahlungsansprüche der nachträglich festgestellten oder ausfindig gemachten Berechtigten aus dem Wahrnehmungsverhältnis finden ihre Grenzen allerdings dort, wo ihnen **andere Bestimmungen** entgegenstehen. Die Gesetzesbegründung nennt hier ausdrücklich die auch in Art. 13 Abs. 5 VG-RL erwähnten allgemeinen Regelungen zur **Verjährung**:[15] Ansprüche gegen die Verwertungsgesellschaft, die wegen Verjährung generell nicht rechtlich durchsetzbar sind, können auch nicht über § 30 Abs. 3 erfolgreich geltend gemacht werden. Mit Blick auf den Beginn der regelmäßigen Verjährungs-

---

9   BGH, Urt. v. 4.3.2004 – I ZR 244/01 – ZUM 2004, 837, 839.
10 Vgl. § 26 Rn 10 f.
11 Vgl. z.B. lit. A. § 1 Abs. VI GWFF-Verteilungsplan; § 9 Abs. 2 S. 1 VG Musikedition-Verteilungsplan für die Sparte §§ 70/71 UrhG; § 8 Abs. 4 lit. c VG Wort-Verteilungsplan.
12 Vgl. z.B. § 19 Abs. 1 VG Bild-Kunst-Verteilungsplan; § 9 Abs. 2 S. 2 VG Musikedition-Verteilungsplan für die Sparte §§ 70/71 UrhG.
13 Vgl. z.B. § 30 Abs. 3 GEMA-Verteilungsplan; Ziff. II. 2. a) gg) GVL-Verteilungspläne; § 8 Abs. 4 lit. a, b VG Wort-Verteilungsplan.
14 BeckOK-UrhR/*Freudenberg*, § 30 VGG Rn 9.
15 RegE-VGG, BT-Drucks. 18/7223, S. 82.

frist gem. § 199 Abs. 1 BGB ist zu berücksichtigen, dass der Berechtigte in der Regel spätestens durch die Mitteilungen oder Veröffentlichungen der Verwertungsgesellschaft gem. § 29 Abs. 2 und 3 Kenntnis vom Bestehen seines Anspruchs erlangen kann.

Neben der Verjährung können einem Anspruch aus dem Wahrnehmungsverhältnis 14 auch **andere Umstände** entgegenstehen, insbesondere wenn das Verteilungshindernis, aufgrund dessen die Einnahmen aus den Rechten nicht verteilt werden konnten, in der Risikosphäre des Berechtigten entstanden ist. Ein solcher Fall kann bspw. vorliegen, wenn der Berechtigte nicht auffindbar ist, weil er seine sich aus dem Wahrnehmungsvertrag ergebende Obliegenheit verletzt, der Verwertungsgesellschaft Adressänderungen unverzüglich mitzuteilen. Die Verwertungsgesellschaft kann auch in ihren Wahrnehmungsbedingungen vorsehen, dass Ansprüche im Zusammenhang mit dem Verteilungshindernis des § 29 nur innerhalb der Fristen des § 30 geltend gemacht werden können.[16]

Um die nach Abs. 3 bestehenden Ansprüche befriedigen zu können, hat die Verwer- 15 tungsgesellschaft bei der Verwendung der nicht verteilbaren Einnahmen **angemessene Rückstellungen** zu bilden. Bei der Festlegung der Höhe und Zeitdauer dieser Rückstellungen sind die bisherigen Erfahrungen der Verwertungsgesellschaft mit der nachträglichen Feststellung und Auffindung von Berechtigten sowie die gesetzlichen und vertraglichen Bestimmungen, die einem Anspruch nach Abs. 3 entgegenstehen können, zu beachten. Nach Ablauf der Zeitspanne, innerhalb derer nach diesen allgemeinen Regeln Ansprüche von nachträglich festgestellten und aufgefundenen Berechtigten geltend gemacht werden können, sind die Rückstellungen aufzulösen und die betreffenden Beträge entsprechend dem gem. § 26 Nr. 2 gefassten Beschluss zu verwenden.[17]

§ 31
Abzüge von den Einnahmen aus den Rechten

(1) Abzüge von den Einnahmen aus den Rechten müssen im Verhältnis zu den Leistungen der Verwertungsgesellschaft an die Berechtigten angemessen sein und anhand von objektiven Kriterien festgelegt werden.

(2) Soweit die Verwertungsgesellschaft zur Deckung der Kosten, die ihr für die Wahrnehmung von Urheberrechten und verwandten Schutzrechten entstehen (Verwaltungskosten), Abzüge von den Einnahmen aus den Rechten vornimmt, dürfen die Abzüge die gerechtfertigten und belegten Verwaltungskosten nicht übersteigen.

Übersicht

I. Allgemeines
   1. Bedeutung der Regelung —— 1
   2. Vorgängerregelung —— 2
   3. Unionsrechtlicher Hintergrund —— 3
   4. Entstehungsgeschichte —— 4
II. Regelungsgehalt
   1. Abzüge —— 5

   2. Vorgaben für die Festlegung der Abzüge
      a) Allgemeine Vorgaben (Abs. 1) —— 10
      b) Vorgaben für Abzüge zur Deckung von Verwaltungskosten (Abs. 2) —— 21

---

[16] Wandtke/Bullinger/*Gerlach*, § 30 VGG Rn 3 mit dem Hinweis, dass die Verwertungsgesellschaft andernfalls Berechtigte vergüten müsste, für die keine Einnahmen mehr zur Verfügung stehen.
[17] BeckOK-UrhR/*Freudenberg*, § 30 VGG Rn 10 f.

I. Allgemeines

1 1. Bedeutung der Regelung. Verwertungsgesellschaften kehren die Einnahmen, die sie aus der Rechtewahrnehmung erzielen, regelmäßig nicht ungeschmälert an die Berechtigten aus. Vielmehr nehmen sie **Abzüge** vor, insbesondere zur Deckung ihrer Verwaltungskosten, die bei der Rechtewahrnehmung anfallen. § 31 legt die Maßstäbe fest, die die Verwertungsgesellschaft in Bezug auf Abzüge von den Einnahmen aus den Rechten einzuhalten hat. Hierbei enthält Abs. 1 die bei sämtlichen zulässigen Abzügen zu beachtende **Grundregel**, Abs. 2 ergänzende Maßgaben für die zur **Deckung der Verwaltungskosten** vorgenommenen Abzüge.

2 2. Vorgängerregelung. Das UrhWG kannte keine speziellen Vorschriften, die die Vornahme von Abzügen durch die Verwertungsgesellschaft regelten. Fragen etwa in Bezug auf die Höhe der Kostenabzüge wären hier im Rahmen des allgemeinen Gebots der Rechtewahrnehmung „zu angemessenen Bedingungen" gem. § 6 Abs. 1 UrhWG, ggf. auch des Willkürverbots gem. § 7 S. 1 UrhWG zu beurteilen gewesen.

3 3. Unionsrechtlicher Hintergrund. Abs. 1 der Vorschrift setzt Art. 12 Abs. 2 VG-RL um, Abs. 2 findet seine Grundlage in Art. 12 Abs. 3 UA 1 VG-RL.

4 4. Entstehungsgeschichte. Die Norm war mit gleichem Wortlaut bereits im RefE des BMJV enthalten und wurde im weiteren Gesetzgebungsverfahren nicht näher thematisiert.

II. Regelungsgehalt

5 1. Abzüge. § 31 enthält Vorgaben für Abzüge, die die Verwertungsgesellschaft von den **Einnahmen aus den Rechten**[1] i.S.d. § 23 vornimmt. Dies umfasst auch Abzüge von den Erträgen, die die Verwertungsgesellschaft aus der Anlage dieser Einnahmen erzielt, da derartige Anlageerträge gem. § 23 S. 2 ebenfalls zu den Einnahmen aus den Rechten zählen.

6 Da § 26 abschließend regelt, zu welchen Zwecken die Verwertungsgesellschaft die Einnahmen aus den Rechten verwenden darf, sind grds. nur solche Abzüge zulässig, die in dieser Vorschrift ausdrücklich genannt werden. Es sind dies **Abzüge zur Deckung von Verwaltungskosten** (§ 26 Nr. 3) und **Abzüge für soziale und kulturelle Zwecke** (§ 26 Nr. 4).

7 Der Begriff des „Abzugs" ist **untechnisch** zu verstehen. Zumeist wird der Abzug zwar, wie nach allgemeinem Sprachgebrauch zu vermuten, in einer **Kürzung** der Einnahmen aus den Rechten bestehen, indem die Verwertungsgesellschaft die für die Verteilung zur Verfügung stehenden Bruttoeinnahmen um den abzuziehenden Betrag reduziert und nur den verbleibenden Nettobetrag an die Berechtigten und anderen Verwertungsgesellschaften auskehrt. In der Praxis werden solche Kürzungen regelmäßig vor der eigentlichen Verteilung vorgenommen, d.h. vor der Zuordnung der Einnahmen aus den Rechten zu den einzelnen Werken und sonstigen Schutzgegenständen sowie zu den hieran jeweils beteiligten Berechtigten.[2]

---

[1] Vgl. § 23 Rn 7 ff.
[2] Hiervon abweichend die Darstellung bei BeckOK-UrhR/*Freudenberg*, § 31 VGG Rn 4, der von einer Kürzung der bereits den einzelnen Berechtigten zugeordneten Beträge ausgeht. Rechtlich zulässig sind beide Verfahren.

Daneben soll es nach dem Willen des Gesetzgebers jedoch auch als „Abzug" i.S.d. **8** Gesetzes gelten, wenn die Verwertungsgesellschaft die Einnahmen aus den Rechten zwar zunächst ungeschmälert an den Berechtigten ausschüttet, dieser aber im Gegenzug verpflichtet ist, der Verwertungsgesellschaft **gesonderte Zahlungen** für die Wahrnehmung seiner Rechte zu leisten oder **Verrechnungen** hinzunehmen. Dies wird damit begründet, dass es für den Berechtigten wirtschaftlich keinen Unterschied macht, ob die Verwertungsgesellschaft etwa zur Deckung ihrer Verwaltungskosten die Einnahmen aus den Rechten kürzt, ihre Leistungen gesondert in Rechnung stellt oder eine Verrechnung vornimmt.[3] Zudem wirkt das weite Begriffsverständnis dem Risiko entgegen, dass die Verwertungsgesellschaft die gesetzlichen Vorgaben, die für Abzüge von den Einnahmen der Rechte gelten, durch eine schlichte Umstellung ihres Finanzierungsmodells umgehen könnte. In der Praxis kommt die gesonderte Inrechnungstellung der Inkassoleistungen, die die Verwertungsgesellschaft gegenüber ihren Berechtigten erbringt, aus steuerrechtlichen Gründen insbesondere im Zusammenhang mit den Einnahmen aus gesetzlichen Vergütungsansprüchen in Betracht.[4]

Art und Höhe der Abzüge, die eine Verwertungsgesellschaft von den Einnahmen aus **9** den Rechten vornimmt, sind ein wesentliches Element des **Wettbewerbs** zwischen Verwertungsgesellschaften. Aus diesem Grund und im Sinne des wahrnehmungsrechtlichen **Transparenzgebots**, das die VG-RL und deren Umsetzung im VGG in vielerlei Hinsicht prägt, beinhaltet das VGG verschiedene **Informationspflichten** der Verwertungsgesellschaft in Bezug auf die Abzüge. So ist der Rechtsinhaber gem. § 53 Abs. 1 Nr. 2 bereits vor Erteilung seiner Zustimmung zur Rechtewahrnehmung über die Abzüge zu informieren, die die Verwertungsgesellschaft vornimmt.[5] Gemäß § 54 Nr. 5 und 6 zählen die Abzüge zu den Informationen, die die Verwertungsgesellschaft nach Abschluss jedes Geschäftsjahres jenen Berechtigten mitzuteilen hat, an die sie Einnahmen aus den Rechten verteilt hat.[6] Entsprechendes gilt gem. § 47 Nr. 4 und 5 gegenüber anderen Verwertungsgesellschaften, die die Verwertungsgesellschaft auf Grundlage einer Repräsentationsvereinbarung mit der Wahrnehmung der Rechte an ihrem Repertoire beauftragt haben.[7] Die allgemeinen Grundsätze für die Vornahme von Abzügen sind gem. § 56 Nr. 8 und 9 auf der Internetseite der Verwertungsgesellschaft zu veröffentlichen.[8] Bilden die allgemeinen Grundsätze einen Bestandteil des gem. § 56 Nr. 7 ebenfalls zu veröffentlichenden Verteilungsplans, genügt die Veröffentlichung in diesem Rahmen. Vorgaben für die Darstellung der Abzüge im Transparenzbericht enthalten Nr. 2 lit. b sublit. ee sowie Nr. 2. lit. d sublit. bb und cc der Anlage zu § 58 Abs. 2.[9] Bei der Verteilung von Einnahmen aus der gebietsübergreifenden Vergabe von Online-Rechten an Musikwerken hat die Verwertungsgesellschaft die Berechtigten gem. § 68 Abs. 2 Nr. 2 und 3 bei jeder Ausschüttung über die vorgenommenen Abzüge zu informieren.

---

3   RegE-VGG, BT-Drucks. 18/7223, S. 82.
4   Hintergrund ist die Feststellung des EuGH, dass die Privatkopievergütung nicht der Mehrwertsteuerpflicht unterliege, da die Inhaber des Vervielfältigungsrechts gegenüber den Vergütungsschuldnern keine Dienstleistung i.S.d. Richtlinie 2006/112/EG erbrächten; EuGH, Urt. v. 18.1.2017 – C-37/16 – SAWP. Infolge dieses Urteils hat der deutsche Gesetzgeber die frühere Regelung in § 3 Abs. 9 S. 2 UStG, wonach im Falle der §§ 27 und 54 UrhG „sonstige (umsatzsteuerpflichtige) Leistungen" der Urheber und Verwertungsgesellschaften vorliegen sollten, mit Wirkung zum 1.1.2019 aufgehoben (BGBl I 2018 S. 2346).
5   Vgl. § 53 Rn 5 f.
6   Vgl. § 54 Rn 6.
7   Vgl. § 47 Rn 5 f.
8   Vgl. § 56 Rn 19 f.
9   Vgl. § 58 Rn 6 f.

2. Vorgaben für die Festlegung der Abzüge

10 **a) Allgemeine Vorgaben (Abs. 1).** Die Vorgaben des Abs. 1 gelten im Sinne einer **Generalklausel** für alle zulässigen Abzüge von den Einnahmen aus den Rechten, also sowohl für Abzüge zur Deckung der Verwaltungskosten (Abs. 2) als auch für Abzüge zu sozialen und kulturellen Zwecken (§ 32 Abs. 3). Die Erstreckung auch auf Abzüge für soziale und kulturelle Zwecke steht im Einklang mit Art. 12 Abs. 2 i.V.m. Abs. 4 VG-RL.

11 Gem. Abs. 1, der insoweit Art. 12 Abs. 2 VG-RL umsetzt, müssen die Abzüge im Verhältnis zu den von der Verwertungsgesellschaft erbrachten Leistungen **angemessen** sein und anhand von **objektiven Kriterien** festgelegt werden.

12 Als **angemessen** können Abzüge nach allgemeinen rechtlichen Grundsätzen gelten, wenn sie nicht völlig außer Verhältnis zu den erbrachten Leistungen stehen. Innerhalb dieses Rahmens kommt der Verwertungsgesellschaft bei der näheren Ausgestaltung der Abzüge ein **Ermessen** zu, das sie unter Beachtung der ihr gem. § 23 S. 1 obliegenden Sorgfalt[10] auszuüben hat.

13 Bei der Prüfung der Angemessenheit geht es **nicht** um das **individuelle Verhältnis** zwischen den Leistungen und Abzügen, die die Verwertungsgesellschaft dem einzelnen Berechtigten gegenüber erbringt bzw. vornimmt. Eine solche Einzelfallabwägung wäre im Massengeschäft der kollektiven Rechtewahrnehmung, das zwangsläufig auf Pauschalierungen zurückgreifen muss,[11] weder umsetzbar noch sachgerecht. Auch können sich Leistungen, die die Verwertungsgesellschaft auf den ersten Blick nur zugunsten einzelner Berechtigter erbringt, tatsächlich zugunsten der Gesamtheit der Berechtigten auswirken, bspw. wenn die Verwertungsgesellschaft einen kostspieligen Rechtsstreit zur Durchsetzung von Vergütungsansprüchen eines einzelnen Berechtigten führt, die hierdurch erreichte Rechtsklarheit – z.B. in Bezug auf die Vergütungspflichtigkeit bestimmter Nutzungen – aber zugunsten aller Berechtigten wirkt. Daneben wohnt namentlich dem Gebot der Förderung kulturell bedeutender Werke und Leistungen gem. § 32 Abs. 1 generell das Prinzip der Umverteilung inne,[12] weshalb es sachwidrig wäre, in Bezug auf den einzelnen Berechtigten zu verlangen, dass ein Abzug für soziale und kulturelle Zwecke stets durch eine gleichwertige Fördermaßnahme kompensiert werden müsste.

14 Die Angemessenheit ist daher im Rahmen einer **Gesamtschau** der für den jeweiligen Zweck insgesamt von den Einnahmen aus den Rechten vorgenommenen Abzüge und erbrachten Leistungen zu beurteilen. Dementsprechend ist in Bezug auf die Abzüge zur Deckung von Verwaltungskosten nach Abs. 2 maßgeblich auf das Verhältnis zwischen den Gesamtkosten für die Verwaltung und den Leistungen, die die Verwertungsgesellschaft gegenüber der Gesamtheit der Berechtigten erbringt, abzustellen.[13]

15 In diesem Rahmen kann auch eine „**Quersubventionierung**" zwischen verschiedenen Tätigkeitsbereichen oder Verteilungssparten der Verwertungsgesellschaft – z.B. durch die Umlage von Kosten oder durch einheitliche Kostensätze – gerechtfertigt sein. Entsprechende Maßnahmen können bspw. erforderlich sein, wenn die Verwertungsgesellschaft ihren Wahrnehmungsumfang um neue Nutzungsarten, Inkassobereiche oder Verteilungssparten erweitert. Häufig stehen in einer solchen Situation hohe Startkosten für die Entwicklung und den Aufbau der erforderlichen neuen Verwaltungsstrukturen einem vergleichsweise geringen Anfangsinkasso gegenüber. Wäre die Verwertungsge-

---

10 Vgl. § 23 Rn 16 ff.
11 Vgl. BGH, Beschl. v. 3.5.1988 – KVR 4/87 – GRUR 1988, 782, 783 – GEMA-Wertungsverfahren; BGH, Urt. v. 19.5.2005 – I ZR 299/02 – ZUM 2005, 739, 741 f. – PRO-Verfahren.
12 Vgl. § 32 Rn 35.
13 RegE-VGG, BT-Drucks. 18/7223, S. 82.

sellschaft in einem solchen Fall gehalten, die Kosten allein mit den Einnahmen aus den unmittelbar betroffenen Nutzungen zu decken, könnte dies zu einem unwirtschaftlichen Resultat führen und die Verwertungsgesellschaft – entgegen dem ihr von den Berechtigten erteilten Wahrnehmungsauftrag – an der Erweiterung ihres Tätigkeitsbereichs hindern.

Ungeachtet dessen kann die Verwertungsgesellschaft bei der Vornahme von Abzügen **Differenzierungen** vorsehen, soweit diese sachlich gerechtfertigt, nichtdiskriminierend und nicht willkürlich sind. So ist sie nicht daran gehindert, für Nutzungsbereiche, in denen ihr eigener Verwaltungsaufwand typischerweise vergleichsweise gering ausfällt, niedrigere Verwaltungskosten in Abzug zu bringen als für andere Bereiche.[14]

Im Rahmen der Angemessenheitsprüfung sind – entgegen dem insoweit etwas missverständlichen Wortlaut des Gesetzes – nicht stets allein die unmittelbaren **Leistungen** der Verwertungsgesellschaft **an die Berechtigten** zu berücksichtigen: § 31 gilt gem. § 23 S. 1 auch insoweit, als eine Verwertungsgesellschaft Rechte aufgrund einer **Repräsentationsvereinbarung** mit einer anderen Verwertungsgesellschaft i.S.d. § 44 wahrnimmt. In diesem Fall besteht eine Leistungsverpflichtung der beauftragten Verwertungsgesellschaft nicht direkt gegenüber den Berechtigten der beauftragenden Verwertungsgesellschaft, sondern nur zwischen den beiden Verwertungsgesellschaften, so dass nur von einer **mittelbaren Wirkung** der Leistungen der beauftragten Verwertungsgesellschaft zugunsten der Berechtigten der beauftragenden Verwertungsgesellschaft die Rede sein kann.

Die Abzüge müssen anhand von **objektiven Kriterien** festgelegt werden. Branchenüblich ist bspw. die Festsetzung **einheitlicher** oder **spartenspezifischer Prozentsätze**, um die die Einnahmen aus den Rechten vor der Verteilung reduziert werden.[15] Auf diese Weise werden alle Berechtigten, die Anspruch auf Beteiligung an der Verteilung haben, durch die Abzüge proportional im selben Umfang mit den Kosten belastet, die die Verwertungsgesellschaft zu tragen hat. Absolut betrachtet fällt die Belastung der aufkommensstarken Berechtigten hierbei höher aus als diejenige ihrer aufkommensschwachen Kollegen. Entsprechende Regelungen sind daher Ausdruck des **Solidaritätsprinzips** innerhalb der Verwertungsgesellschaft. Daneben kann die Verwertungsgesellschaft bspw. für die Inanspruchnahme spezieller individueller Verwaltungsleistungen durch einzelne Berechtigte gesonderte Verwaltungsgebühren in Form von **Fixbeträgen** in Rechnung stellen.[16]

Gemäß § 17 Abs. 1 S. 2 Nr. 9 entscheidet die **Mitgliederhauptversammlung** über die **allgemeinen Grundsätze** für die Abzüge von den Einnahmen aus den Rechten, unabhängig davon, ob diese unter Abs. 1, Abs. 2 oder § 32 Abs. 3 (Abzüge für soziale und kulturelle Zwecke) zu subsumieren sind. Durch diese Regelung, die Art. 8 Abs. 5 lit. d VG-RL umsetzt,[17] wird gewährleistet, dass die Berechtigten selbst über die grundlegenden Regeln beschließen, nach denen die Verwertungsgesellschaft Abzüge von den aus der Wahrnehmung ihrer Rechte erzielten Einnahmen vornehmen darf. Die konkreten, z.B. von der variablen Höhe des Verwaltungsaufwands in einzelnen Geschäftsjahren abhän-

---

14 Diese Erwägung liegt etwa der Regelung in § 29 Abs. 6 i.V.m. § 88 lit. h GEMA-Verteilungsplan zugrunde, wonach für den Kostenabzug bei Großkonzerten unter gewissen Voraussetzungen ein spezieller Kommissionssatz zur Anwendung kommen kann.
15 Prozentuale Abzüge von den Einnahmen aus den Rechten zur Deckung von Verwaltungskosten sind auch international gebräuchlich; vgl. z.B. 8 Abs. (I) Mustervertrag im EU-Bereich für das Aufführungs- und Senderecht gem. CISAC-Standardvertrag, GEMA-Jahrbuch 2018/2019, S. 290, 295.
16 Vgl. hierzu § 29 Abs. 2 GEMA-Verteilungsplan sowie den in diesem Zusammenhang unter https://www.gema.de/musikurheber/dienstleistungen/veröffentlichten Dienstleistungskatalog.
17 Vgl. auch Erwägungsgrund 28 S. 1 VG-RL.

gigen Abzüge können dagegen innerhalb des durch die allgemeinen Grundsätze vorgegebenen Rahmens von der Geschäftsführung und/oder dem Aufsichtsgremium der Verwertungsgesellschaft festgelegt werden.[18]

20 Gemäß § 33 Abs. 2 Nr. 4 muss die Verwertungsgesellschaft **Beschwerdeverfahren** in Bezug auf die Abzüge von den Einnahmen aus den Rechten ermöglichen.

21 **b) Vorgaben für Abzüge zur Deckung von Verwaltungskosten (Abs. 2).** Abs. 2 enthält Maßgaben für die Abzüge, die die Verwertungsgesellschaft zur Deckung ihrer Verwaltungskosten von den Einnahmen aus den Rechten vornimmt. Die Regelung ergänzt für diesen Bereich die allgemeinen Vorgaben des Abs. 1. Auch Abzüge zur Deckung von Verwaltungskosten müssen demnach i.S.d. Abs. 1 angemessen sein und anhand von objektiven Kriterien festgelegt werden.

22 Abs. 2 gilt nur insoweit, als die Verwertungsgesellschaft ihre Verwaltungskosten durch **Abzüge von den Einnahmen aus den Rechten** deckt, nicht dagegen für den – in der Praxis seltenen[19] – Fall, dass sie ihre Verwaltungskosten dem Nutzer zusätzlich zur angemessenen Vergütung in Rechnung stellt. Der Begriff des „Abzugs" ist wie im Kontext des Abs. 1 untechnisch zu verstehen und umfasst somit auch den Fall, dass die Verwertungsgesellschaft die Beträge zur Deckung ihrer Verwaltungskosten gegenüber ihren Berechtigten gesondert in Rechnung stellt oder verrechnet.

23 Die generelle **Zulässigkeit** von Abzügen zur Deckung von Verwaltungskosten folgt aus § 26 Nr. 3.[20] § 17 Abs. 1 S. 2 Nr. 9 stellt ausdrücklich klar, dass in **formeller Hinsicht** auch im Zusammenhang mit diesen Abzügen ein **Beschluss der Mitgliederhauptversammlung** über die **allgemeinen Grundsätze** erforderlich ist. Die nähere Ausgestaltung der Abzüge kann dagegen durch die Geschäftsführung und/oder das Aufsichtsgremium erfolgen.

24 Als **Verwaltungskosten** gelten nach der **Legaldefinition** des Abs. 2 alle Kosten, die der Verwertungsgesellschaft „für die Wahrnehmung von Urheberrechten und verwandten Schutzrechten entstehen". Dieses Begriffsverständnis weicht hinsichtlich seines Bezugsobjekts von der Definition des Art. 3 lit. i VG-RL ab, wonach es sich bei „Verwaltungskosten" nicht um die Kosten selbst, sondern um den von der Verwertungsgesellschaft „zur Deckung ihrer Kosten für die Wahrnehmung von Urheber- und verwandten Schutzrechte (...) erhobenen, abgezogenen oder verrechneten Betrag" handeln soll. Da der deutsche Gesetzgeber seine – der betriebswirtschaftlichen Bedeutung und dem allgemeinen Verständnis von „Kosten" eher entsprechende – Begrifflichkeit konsequent in der Weise umgesetzt hat, dass an den relevanten Stellen des Gesetzes jeweils von „Abzügen zur Deckung der Verwaltungskosten" die Rede ist, ergeben sich aus der unterschiedlichen Definition keine inhaltlichen Abweichungen von den unionsrechtlichen Vorgaben.

25 Der Begriff der Verwaltungskosten ist im Interesse der Funktionsfähigkeit der Verwertungsgesellschaft sehr **weit zu verstehen**, da andernfalls Kosten anfallen könnten, die die Verwertungsgesellschaft nicht gem. § 26 Nr. 3 i.V.m. § 17 Abs. 1 S. 2 Nr. 9 durch Abzüge von den Einnahmen aus den Rechten decken dürfte. Er umfasst daher nicht nur Kosten, die sich konkret der Rechtewahrnehmung in Bezug auf einzelne Nutzungshandlungen oder bestimmte Berechtigte, Werke und sonstige Schutzgegenstände zuordnen

---

18 Vgl. z.B. § 29 Abs. 4 bis 7 GEMA-Verteilungsplan, wo für die zur Kostendeckung bestimmten Kommissionsabzüge in einigen Verteilungssparten Höchstsätze geregelt sind, während die konkrete Höhe der Kommissionen von Aufsichtsrat und Vorstand einvernehmlich festgelegt wird.
19 Vgl. § 24 Rn 11 ff.
20 Vgl. § 26 Rn 12.

lassen, sondern sämtliche mit der Rechtewahrnehmung mittelbar und unmittelbar in Zusammenhang stehenden Betriebs- und Finanzkosten. Hierunter fallen unter anderem auch die Kosten für die Organisation der Mitgliederhauptversammlung und sonstiger Gremien, für die Finanz-, Personal- oder Rechtsabteilung der Verwertungsgesellschaft, für die Werkedatenbanken, für die Mitgliederakquise und für rechtspolitische Aktivitäten zur Wahrung der Interessen der Berechtigten. Auch Steuern, die die Verwertungsgesellschaft im Zusammenhang mit ihrer Tätigkeit zu entrichten hat, zählen in der Regel zu den Verwaltungskosten.

Der Höhe nach dürfen die Abzüge die **gerechtfertigten** und **belegten** Verwaltungskosten nicht überschreiten. Dies folgt aus dem wahrnehmungsrechtlichen Grundsatz, dass die Einnahmen aus den Rechten vorrangig den Berechtigten zustehen.[21] 26

Einen einheitlichen Maßstab, unter welchen Voraussetzungen und in welcher Höhe Verwaltungskosten als **gerechtfertigt** gelten können, hat der Gesetzgeber aus guten Gründen nicht vorgegeben, sondern diese Entscheidung vorrangig der Verwertungsgesellschaft und damit – über die Mitbestimmungsmöglichkeiten in den Gremien – letztlich den Berechtigten selbst überlassen.[22] Hintergrund dieser gesetzgeberischen Entscheidung ist die Erkenntnis, dass der Verwaltungsaufwand je nach dem Marktsegment, in dem die Verwertungsgesellschaft tätig ist, sowie nach Art, Umfang und Werthaltigkeit der wahrgenommenen Rechte **sehr unterschiedlich** ausfallen kann. Dies gilt sowohl hinsichtlich der absoluten Höhe der Verwaltungskosten als auch in Relation zu den Einnahmen aus den Rechten. 27

Als ein Beispiel für solche Divergenzen nennt der Gesetzgeber den **Kontrollaufwand**, der den einzelnen Verwertungsgesellschaften im Zusammenhang mit der Überwachung von Nutzungen und der Rechtsdurchsetzung entsteht.[23] Dieser ist naturgemäß bei Verwertungsgesellschaften, die in großem Umfang Erstverwertungsrechte wahrnehmen, höher als bei solchen, deren Tätigkeitsbereich ausschließlich oder vorrangig Zweitverwertungsrechte umfasst. So unterhält die GEMA einen umfangreichen und kostspieligen Überwachungsapparat, um Nutzungen der von ihr wahrgenommenen Aufführungs- und Wiedergaberechte zu kontrollieren und zu lizenzieren.[24] Soweit die hierfür anfallenden Kosten nicht durch den von den Rechtsverletzern zu zahlenden sog. „Kontrollkostenzuschlag" ausgeglichen werden,[25] sind auch sie gem. Abs. 2 durch Abzüge von den Einnahmen aus den Rechten zu decken. Dasselbe gilt in Bezug auf die Kosten für Veranstaltungskontrollen, die die GEMA durchführt, um einem Missbrauch des Verteilungsplans durch fehlerhafte Nutzungsmeldungen entgegenzuwirken.[26] Aber auch unabhängig von potentiellen oder tatsächlichen Rechtsverletzungen sind die Lizenzierung, das Inkasso, die Einziehung und Auswertung von Nutzungsmeldungen und die Verteilung bei mehreren Hunderttausend Live-Veranstaltungen pro Jahr mit erheblichem Aufwand verbunden. 28

Gerechtfertigt sind vor diesem Hintergrund jedenfalls Kosten in **marktüblicher Höhe** für solche Verwaltungstätigkeiten, die die Verwertungsgesellschaft zur **ordnungsgemäßen Wahrnehmung** der ihr anvertrauten Rechte und zur Erfüllung ihrer in diesem Zusammenhang auf vertraglicher oder gesetzlicher Grundlage sowie im Einklang 29

---

21 Vgl. Erwägungsgrund 28 S. 1 VG-RL.
22 RegE-VGG, BT-Drucks. 18/7223, S. 82.
23 RegE-VGG, BT-Drucks. 18/7223, S. 82.
24 Vgl. hierzu BGH, Urt. v. 24.6.1955 – I ZR 178/53 – GRUR 1955, 549; BGH, Urt. v. 10.3.1972 – I ZR 160/70 – BGHZ 59, 286 = GRUR 1973, 379 – Doppelte Tarifgebühr sowie § 23 Rn 10.
25 Vgl. hierzu § 23 Rn 10, § 24 Rn 12.
26 Hierzu BGH, Urt. v. 5.12.2012 – I ZR 23/11 – GRUR 2013, 375, 377 – Missbrauch des Verteilungsplans, sowie Heker/Riesenhuber/*Riemer*, Kap. 8 Rn 194.

mit den Beschlüssen der Mitgliederhauptversammlung und der sonstigen Gremien bestehenden **Verpflichtungen** vornimmt.[27] Zu berücksichtigen ist einerseits, dass die Verwertungsgesellschaft als Treuhänderin zu einer **wirtschaftlich sinnvollen Auswertung** der ihr zur Wahrnehmung anvertrauten Rechte verpflichtet ist.[28] Kosten für unnötigen Verwaltungsaufwand sind daher nicht gerechtfertigt. Auf der anderen Seite ist die Verwertungsgesellschaft aufgrund ihrer de facto regelmäßig gegebenen Monopolstellung und des damit verbundenen Wahrnehmungszwangs (§ 9) gehalten, die Rechte und Ansprüche der Berechtigten grds. **umfassend** wahrzunehmen, ohne sich hierbei vorrangig von Profitabilitätserwägungen leiten zu lassen. Zu den Aufgaben einer Verwertungsgesellschaft gehört auch die Rechtewahrnehmung für wirtschaftlich weniger erfolgreiche Repertoires oder in Bezug auf solche Nutzungsbereiche, die – z.B. wegen einer Privilegierung gem. § 39 Abs. 3 – vergleichsweise unprofitabel sind. Dies beeinflusst auch das Verhältnis zwischen Einnahmen und Aufwand.

30   In der **Praxis** beträgt der Gesamtanteil der Verwaltungskosten an den Gesamteinnahmen aus den Rechten bei den deutschen Verwertungsgesellschaften regelmäßig zwischen 3,5 und 16 %. Sie können damit auch im europäischen Vergleich als effizient gelten.[29]

31   **Belegt** werden können die Verwaltungskosten nur, soweit sie **tatsächlich entstanden** sind. Auch wenn die Verwertungsgesellschaft durch gutes Wirtschaften erreicht, dass die tatsächlich anfallenden Verwaltungskosten unterhalb desjenigen Betrags liegen, den sie im Voraus im Wege einer sorgfältigen Kalkulation als angemessen und gerechtfertigt veranschlagt hat, sind nur die tatsächlich benötigten Beträge in Abzug zu bringen.[30] Denn nur in diesem Umfang erscheint es gerechtfertigt, die den Berechtigten zustehenden Einnahmen aus den Rechten zu kürzen.

32   Als **generelle Regelung** ist Abs. 2 auch in anderen Zusammenhängen zu beachten, in denen das Gesetz Bestimmungen zu Verwaltungskosten vorsieht. Der Grundsatz, dass Kostenabzüge die gerechtfertigten und belegten Verwaltungskosten nicht überschreiten dürfen, gilt dementsprechend auch im Zusammenhang mit der Rechtewahrnehmung über Repräsentationsvereinbarungen – sowohl im Allgemeinen (§ 45) als auch für den Spezialfall der gebietsübergreifenden Vergabe von Online-Rechten an Musikwerken (§ 73 Abs. 3).[31]

§ 32
Kulturelle Förderung; Vorsorge- und Unterstützungseinrichtungen

(1) Die Verwertungsgesellschaft soll kulturell bedeutende Werke und Leistungen fördern.

(2) Die Verwertungsgesellschaft soll Vorsorge- und Unterstützungseinrichtungen für ihre Berechtigten einrichten.

(3) Werden kulturelle Förderungen und Vorsorge- und Unterstützungseinrichtungen durch Abzüge von den Einnahmen aus den Rechten finanziert, so hat die Verwertungsgesellschaft die kulturellen Förderungen und die Leistungen der Vor-

---

[27] So auch BeckOK-UrhR/*Freudenberg*, § 31 VGG Rn 13.
[28] BGH, Urt. v. 19. Mai 2005 – I ZR 299/02 – ZUM 2005, 739, 742 – PRO-Verfahren.
[29] RegE-VGG, BT-Drucks. 18/7223, S. 58.
[30] BeckOK-UrhR/*Freudenberg*, § 31 VGG Rn 15.
[31] RegE-VGG, BT-Drucks. 18/7223, S. 82.

sorge- und Unterstützungseinrichtungen nach festen Regeln, die auf fairen Kriterien beruhen, zu erbringen.

Übersicht

I. Allgemeines
   1. Bedeutung der Regelung —— 1
   2. Vorgängerregelung —— 3
   3. Unionsrechtlicher Hintergrund —— 6
   4. Entstehungsgeschichte —— 11
II. Regelungsgehalt
   1. Soll-Vorschrift —— 12
   2. Kulturelle Förderung (Abs. 1) —— 18
   3. Vorsorge- und Unterstützungseinrichtungen (Abs. 2) —— 28

   4. Finanzierung durch Abzüge von den Einnahmen aus den Rechten (Abs. 3)
     a) Allgemeines —— 33
     b) Abzüge von den Einnahmen aus den Rechten —— 36
     c) Vorgaben für die abzugsfinanzierte soziale und kulturelle Förderung —— 39
III. Soziale und kulturelle Förderung in der Praxis der deutschen Verwertungsgesellschaften —— 48

I. Allgemeines

1. Bedeutung der Regelung. Verwertungsgesellschaften sind **keine reinen Inkas-** 1 **soorganisationen**, sondern nehmen in ihren jeweiligen Tätigkeitsbereichen auch wichtige **kulturelle und soziale Aufgaben** wahr.[1] Anerkannt ist zum einen der bedeutende Beitrag, den Verwertungsgesellschaften per se zur Förderung der Vielfalt kultureller Ausdrucksformen leisten, indem sie aufgrund ihrer umfassenden Verpflichtung zur diskriminierungsfreien Rechtewahrnehmung (§ 9) auch kleinsten und weniger populären Repertoires Zugang zum Markt verschaffen und angemessene Vergütungskonditionen für die Werknutzung sichern. Zum anderen tragen Verwertungsgesellschaften durch gezielte Maßnahmen und Leistungen aber auch aktiv zur sozialen und kulturellen Förderung bei.[2] Dies geschieht gem. § 32 ausdrücklich im Auftrag des Gesetzgebers. Gleichzeitig gibt die Norm einen rechtlichen Rahmen für die kulturellen und sozialen Aktivitäten der Verwertungsgesellschaften vor.

Der Auftrag zur **kulturellen Förderung** ist in Abs. 1 geregelt, jener zur **sozialen** 2 **Förderung** in Abs. 2. Abs. 3 enthält Vorgaben für die Erbringung beider Arten an Förderungen, soweit diese durch **Abzüge von den Einnahmen aus den Rechten** finanziert wird.

2. Vorgängerregelung. Bereits vor Inkrafttreten des VGG sollten die Verteilungs- 3 pläne der deutschen Verwertungsgesellschaften nach dem Willen des Gesetzgebers dem Grundsatz entsprechen, dass kulturell bedeutende Werke und Leistungen zu fördern seien (**§ 7 S. 2 UrhWG**). Bei der Übernahme dieses Förderungsauftrags in § 32 Abs. 1 ist die Bezugnahme auf den Verteilungsplan entfallen. Hierdurch soll es den Verwertungsgesellschaften ermöglicht werden, auch unabhängig von der Verteilung werk- und leistungsbezogene Förderungen vorzunehmen.[3]

Der in § 32 Abs. 2 geregelte Grundsatz, dass die Verwertungsgesellschaften Vorsorge- 4 und Unterstützungseinrichtungen etablieren sollen, entspricht inhaltlich der Vorgängerregelung in **§ 8 UrhWG**. Hier wurde lediglich die Bezeichnung der Förderungsadressaten entsprechend der Terminologie des VGG angepasst und von „Inhaber der (...) wahrgenommenen Rechte oder Ansprüche" in „Berechtigte" (§ 6) geändert.

---
1 Einleitung Rn 13.
2 Vgl. Erwägungsgrund 3 S. 2 VG-RL; RegE-VGG, BT-Drucks. 18/7223, S. 57.
3 RegE-VGG, BT-Drucks. 18/7223, S. 83.

5   Weitere Vorgaben für die sozialen und kulturellen Aktivitäten der Verwertungsgesellschaften, namentlich in Bezug auf deren Finanzierung durch Abzüge von den Einnahmen aus den Rechten, enthielt das UrhWG nicht.

6   **3. Unionsrechtlicher Hintergrund.** Auch der europäische Richtliniengesetzgeber erkennt den bedeutenden Beitrag an, den Verwertungsgesellschaften traditionell im Bereich der sozialen und kulturellen Förderung leisten, und ermutigt sie, diese Rolle auch künftig auszuüben. Erwägungsgrund 3 der VG-RL unterstreicht den Zusammenhang zwischen diesem Aspekt verwertungsgesellschaftlicher Tätigkeit und **Art. 167 AEUV**. Hiernach ist die Union verpflichtet, bei ihrer Tätigkeit der kulturellen Vielfalt Rechnung zu tragen und einen Beitrag zur Entfaltung der Kulturen der Mitgliedstaaten unter Wahrung ihrer nationalen und regionalen Vielfalt und der gleichzeitigen Hervorhebung des gemeinsamen kulturellen Erbes zu leisten.

7   Gemäß Art. 12 Abs. 4 VG-RL ist es auch unionsrechtlich **zulässig**, dass Verwertungsgesellschaften soziale und kulturelle Leistungen durch **Abzüge von den Einnahmen aus den Rechten** finanzieren. Die Leistungen müssen in diesem Fall jedoch insbesondere hinsichtlich Zugang und Umfang auf der Grundlage fairer Kriterien erbracht werden. Diese Vorgaben des Art. 12 Abs. 4 VG-RL wurden in § 32 Abs. 3 umgesetzt.[4]

8   Auf die gesonderte Erwähnung der in Art. 12 Abs. 4 VG-RL genannten **„Bildungsleistungen"** als eigenständigen Fördermaßnahmen wurde bei der Umsetzung ins VGG verzichtet. Dies dürfte jedoch nicht so zu verstehen sein, dass der deutsche Gesetzgeber den Verwertungsgesellschaften die Erbringung von Bildungsleistungen gezielt untersagen wollte. Vielmehr sind solche Leistungen je nach ihrer konkreten Ausgestaltung unschwer (auch) als kulturelle oder soziale Fördermaßnahmen einzuordnen.[5]

9   Die VG-RL setzt die soziale und kulturelle Funktion der Verwertungsgesellschaften auch an anderer Stelle vielfach voraus, formuliert diesbezüglich jedoch **keinen ausdrücklichen unionsrechtlichen Auftrag**. Auch hinsichtlich der näheren Ausgestaltung der sozialen und kulturellen Förderung enthält die VG-RL keine über das Diskriminierungsverbot gem. Art. 12 Abs. 4 hinausreichenden Vorgaben. Im Fokus des Richtliniengesetzgebers stehen vielmehr die bei der Finanzierung und Erbringung der entsprechenden Leistungen einzuhaltenden Transparenzstandards (vgl. Art. 18 Abs. 1 lit. f, 21 Abs. 1 lit. g, 22 Abs. 3 VG-RL). Aufgrund dieses vergleichsweise geringen Harmonisierungsgrades bietet der Bereich der sozialen und kulturellen Förderung Potential für unterschiedliche nationale Regelungsansätze und für einen **Wettbewerb** um Rechtsinhaber zwischen den europäischen Verwertungsgesellschaften.

10 Erwägungsgrund 28 der VG-RL stellt insoweit klar, dass es den Mitgliedstaaten unbenommen bleibt, **weitergehende Regelungen** zur sozialen und kulturellen Förderung zu treffen. So können sie den Verwertungsgesellschaften bspw. die Vornahme und Verwendung von Abzügen für soziale Zwecke gesetzlich vorschreiben, soweit dies mit Unionsrecht vereinbar ist. Eine entsprechende Regelung enthält etwa § 33 Abs. 2 des österreichischen Verwertungsgesellschaftengesetzes.[6] Hiernach haben österreichische Verwertungsgesellschaften, die Ansprüche auf Speichermedienvergütung geltend machen, grds. 50 Prozent der Nettoeinnahmen aus dieser Vergütung für soziale und kulturelle Zwecke zu verwenden. Der deutsche Gesetzgeber hat keine vergleichbare Regelung getroffen.

---

4   Vgl. Rn 33 ff.
5   Zurückhaltend im Sinne einer Einzelfallprüfung Dreier/Schulze/*Schulze*, § 32 VGG Rn 2.
6   Österreichisches Bundesgesetz über Verwertungsgesellschaften v. 20.5.2016, ÖBGBl. I Nr. 27/2016.

4. Entstehungsgeschichte. Der RefE des BMJV hatte Abs. 1 und 2 noch als **Kann-** 11
Vorschriften konzipiert. Hiermit sollte den deutschen Verwertungsgesellschaften angesichts des zunehmenden Wettbewerbs mit ihren europäischen Schwestergesellschaften in bewusster Abkehr von den strengeren Vorgaben des UrhWG freigestellt werden, ob sie auch künftig soziale und kulturelle Fördermaßnahmen entfalten wollten.[7] Gegen dieses Vorhaben wandten sich die deutschen Verwertungsgesellschaften mit einer gemeinsamen Stellungnahme.[8] Hierin betonten sie die Gefahr, dass die soziale und kulturelle Förderung im Rahmen einer Kann-Bestimmung sehr viel stärker als zuvor ökonomischen und wettbewerblichen Erwägungen unterworfen werde könne. Angesichts dieser kulturpolitischen Bedenken wurden Abs. 1 und 2 im RegE entsprechend den früheren Regelungen des UrhWG in Soll-Vorschriften umformuliert.[9]

II. Regelungsgehalt

1. Soll-Vorschrift. Sowohl der Auftrag zur kulturellen Förderung nach Abs. 1 als 12
auch jener zur sozialen Förderung nach Abs. 2 sind als **Soll-Vorschriften** ausgestaltet. Die Bedeutung der Wahl dieser Regelungsform war bereits nach altem Recht umstritten,[10] wobei teilweise anklang, dass die Regelungen in § 7 S. 2 UrhWG (kulturelle Förderung) und § 8 UrhWG (Vorsorge- und Unterstützungseinrichtungen) unterschiedlich zu deuten sein könnten.[11] Solche Unterschiede lassen sich jedoch weder aus der Genese von UrhWG und VGG, noch aus anderen Gründen ableiten. Die Ausgestaltung des kulturellen wie sozialen Förderauftrags als Soll-Vorschrift ist vielmehr **einheitlich** zu beurteilen.

Bei Einführung des UrhWG hatte der Gesetzgeber erwogen, den Verwertungsgesell- 13
schaften zumindest die kulturelle Förderung zwingend vorzuschreiben, hiervon aber aufgrund nicht näher dargestellter verfassungsrechtlicher Bedenken – vermutlich in Bezug auf die Vereinbarkeit mit Art. 14 GG – Abstand genommen. Er stellte vor diesem Hintergrund klar, dass die Einhaltung der Soll-Bestimmungen der §§ 7 S. 2, 8 – also die Einrichtung von Instrumenten zur sozialen und kulturellen Förderung als solche – **nicht durch die Aufsichtsbehörde erzwungen** werden könne.[12] Dies dürfte auch nach neuem Recht gelten. Die Schaffung sozialer und kultureller Förderungseinrichtungen kann daher auch keine zwingende Voraussetzung für die Erteilung, die Versagung oder den Widerruf der Erlaubnis zur Geschäftstätigkeit als Verwertungsgesellschaft nach §§ 77 bis 80 (vormals §§ 2 bis 4 UrhWG) sein.[13]

---

7 Vgl. die Begr. im RefE v. 9.6.2015, S. 98.
8 Stellungnahme der deutschen Verwertungsgesellschaften v. 14.8.2015, S. 18, online abrufbar unter https://www.bmjv.de/SharedDocs/Gesetzgebungsverfahren/Stellungnahmen/2015/Downloads/08142015_Stellungnahme_DEU_VGen_RefE_VG_Richtlinie_Umsetzungsgesetz.pdf?__blob=publicationFile&v=1.
9 Positiv hierzu *Gerlach*, ZUM 2016, 85; *Staats*, ZUM 2016, 81; sowie aus Autorensicht *George*, ZUM 2016, 102, 104.
10 Vgl. Dreier/Schulze/*Schulze*, 5. Aufl., § 7 UrhWG Rn 14; § 8 UrhWG Rn 2; Schricker/Loewenheim/*Reinbothe*, § 7 UrhWG Rn 11, § 8 UrhWG Rn 2; Wandtke/Bullinger/*Gerlach*, 4. Aufl., § 8 UrhWG Rn 2, jew. m.w.N.
11 Vgl. etwa Dreier/Schulze/*Schulze*, 5. Aufl., § 7 UrhWG Rn 14: „Soll-Vorschrift" versus Dreier/Schulze/*Schulze*, 5. Aufl., § 8 UrhWG Rn 2: „Keine bloße Soll-Vorschrift".
12 RegE-UrhWG, BT-Drucks. IV/271, S. 16, Begründung zu § 8 UrhWG. Die Aussage erstreckt sich auch („ebenfalls") auf § 7 UrhWG. Hierzu aus Sicht der Staatsaufsicht auch Kreile/Becker/Riesenhuber/*Himmelmann*, 2. Aufl., Kap. 18 Rn 91, 97. A.A. Wandtke/Bulliger/*Gerlach*, 4. Aufl., § 7 UrhWG Rn 6.
13 So auch Schricker/Loewenheim/*Reinbothe*, § 7 UrhWG Rn 11, § 8 UrhWG Rn 2; BeckOK-UrhR/*Freudenberg*, § 32 VGG Rn 4, 19.

14 Gleichwohl hat der Gesetzgeber bereits bei Erlass des UrhWG deutlich zum Ausdruck gebracht, dass §§ 7 S. 2, 8 UrhWG **keine bloßen Kann-Bestimmungen** darstellen sollten, die die Verwertungsgesellschaften nach freiem Ermessen beachten oder ignorieren könnten. Vielmehr werde der Verwertungsgesellschaft durch § 7 S. 2 UrhWG „nahegelegt", kulturell bedeutende Werke und Leistungen bevorzugt zu berücksichtigen, während sie durch § 8 UrhWG darauf hingewiesen werde, „dass zu ihren Aufgaben auch die Wahrung der sozialen Belange" der Berechtigten gehöre.[14] Die Entstehungsgeschichte des § 32 Abs. 1 und 2 VGG, in deren Verlauf der ursprüngliche Ansatz, die Norm künftig als Kann-Vorschrift zu fassen, bewusst zugunsten einer Beibehaltung der bisherigen Regelungsform fallen gelassen wurde,[15] belegt, dass der VGG-Gesetzgeber sich diese dem UrhWG zugrunde liegende Wertung des Förderauftrags ebenfalls zu eigen gemacht hat.

15 In Übereinstimmung mit der zu §§ 7 S. 2, 8 UrhWG entwickelten h.M.[16] wird man somit auch § 32 Abs. 1 und 2 als eine Aufforderung zu verstehen haben, die die Verwertungsgesellschaften nicht ohne Grund missachten dürfen. Sie sind demnach **grds. verpflichtet**, Instrumente zur sozialen und kulturellen Förderung einzurichten, soweit dem keine sachlichen Gründe entgegenstehen.[17]

16 Der so verstandene gesetzgeberische Auftrag zur sozialen und kulturellen Förderung ist Ausdruck einer **Sozialbindung** der in Verwertungsgesellschaften organisierten Urheber und Leistungsschutzberechtigten mit dem Ziel, kulturell bedeutende Werke und Leistungen zu fördern und soziale Zwecke zu verfolgen.[18] Entscheiden die Mitglieder der Verwertungsgesellschaft im Kollektiv, dass eine soziale und kulturelle Förderung vorgenommen und durch Abzüge von den Einnahmen aus den Rechten finanziert werden soll, kommt ein **Wahlrecht** des einzelnen Berechtigten, ob diese Abzüge auch von den auf Nutzungen seiner Werke oder Leistungen entfallenden Einnahmen vorgenommen werden sollen, nicht in Betracht. Andernfalls würde die Sozialbindung der Verwertungsgesellschaft in ihrem kollektiven Wesen in Frage gestellt.[19]

17 Die Frage, inwieweit die von den Verwertungsgesellschaften in Umsetzung des gesetzgeberischen Auftrags tatsächlich entwickelten Modelle zur sozialen und kulturellen

---

14 RegE-UrhWG, BT-Drucks. IV/271, S. 16.
15 Vgl. Rn 11.
16 Dreier/Schulze/*Schulze*, 5. Aufl., § 7 UrhWG Rn 14, § 8 UrhWG Rn 2; Schricker/Loewenheim/ *Reinbothe*, § 7 UrhWG Rn 11, § 8 UrhWG, Rn 2; Wandtke/Bullinger/*Gerlach*, 4. Aufl., § 8 UrhWG Rn. 2; *Häußer* in: FS Kreile, S. 281, 285; Kreile/Becker/Riesenhuber/*Himmelmann*, 2. Aufl., Kap. 18, Rn 92, 96; *Lerche*, GEMA-Jahrbuch 1997/1998, S. 80, 109, 125; Loewenheim/*Melichar*, § 47 Rn 42; a.A. *Schack*, Rn 1373; Fromm/Nordemann/*W. Nordemann/Wirtz*, 11. Aufl. 2014, § 8 UrhWG Rn 1; Kreile/Becker/Riesenhuber/ *Becker*, 2. Aufl., Kap. 4 Rn 19–23 (Verpflichtung der Verwertungsgesellschaft zur Umsetzung von §§ 7 S. 2, 8 UrhWG). Vgl. auch KG, Urt. v. 20.9.1977 – 5 U 2384/76 – GRUR 1978, 247, 248 – Verwertungsgesellschaft, wonach die Verwertungsgesellschaft nach § 8 UrhWG „gehalten" sei, Vorsorge- und Unterstützungseinrichtungen einzurichten. Die Kritik von *Hauptmann*, UFITA 126/1994, 149, 177, der in § 8 UrhWG angelegten horizontalen Sozialbindung sei durch Einführung der Künstlersozialkasse der Boden entzogen, ist überholt, nachdem der Gesetzgeber den Auftrag zur Einrichtung von Vorsorge- und Unterstützungseinrichtungen in § 32 Abs. 2 VGG erneut und in Einklang mit dem Unionsrecht bestätigt hat.
17 Dreier/Schulze/*Schulze*, § 32 VGG Rn 1; Wandtke/Bullinger/*Gerlach*, § 32 VGG Rn 2. A.A. anscheinend in Bezug auf die kulturelle Förderung nach Abs. 1 BeckOK-UrhR/*Freudenberg*, § 32 VGG Rn 4 f. („bloßer Appell des Gesetzgebers an die Verwertungsgesellschaften"), der aber in Rn 10 den gleichlautenden Auftrag zur sozialen Förderung in Abs. 2 als „grundsätzlich verbindliche Regelung" auffasst, ohne diese unterschiedliche Deutung zu begründen. Ebenso ohne nähere Begründung uneinheitlich die Beurteilung durch *Heinemann*, S. 238, 270.
18 Siehe auch Wandtke/Bullinger/*Gerlach*, § 32 VGG Rn 2; *Heinemann*, S. 270, 272 f., sowie in Bezug auf Abs. 2 Dreier/Schulze/*Schulze*, § 32 VGG Rn 3, m.w.N. Kritisch *Augenstein*, S. 138 ff.
19 *Heinemann*, S. 265 f., 283; a.A. *Bing*, S. 270.

Förderung der **Aufsicht durch das DPMA** unterliegen,[20] ist mit Inkrafttreten des VGG jedenfalls insoweit i.S.d. früheren h.M. positiv entschieden, als die betreffenden Einrichtungen gem. Abs. 3 durch **Abzüge von den Einnahmen aus den Rechten** finanziert werden: Die in Bezug auf die Verwendung solcher Abzüge für soziale und kulturelle Zwecke gem. § 31 Abs. 1 und § 32 Abs. 3 geltenden Vorgaben gehören unzweifelhaft zu den gesetzlichen Verpflichtungen, auf deren Einhaltung durch die Verwertungsgesellschaft die Aufsicht gem. § 76 Abs. 1 zu achten hat.[21] Hierbei kommt es nicht darauf an, in welcher Form die Förderungseinrichtungen im Einzelfall organisiert sind, bspw. ob es sich um rechtlich selbständige Einrichtungen – z.B. in Form einer abhängigen Verwertungseinrichtung i.S.d. § 3 – handelt.[22]

2. Kulturelle Förderung (Abs. 1). Bei Einführung des § 7 S. 2 UrhWG, auf den Abs. 1 zurückgeht, hat der Gesetzgeber den Auftrag an die Verwertungsgesellschaften, kulturell bedeutende Werke und Leistungen zu fördern, mit einem **wirtschaftlichen Ungleichgewicht** begründet: Zwar blieben die Einnahmen, die mit kulturell wertvollen Werken erwirtschaftet werden könnten, hinter denen aus der Verwertung „leichter, für die breite Masse bestimmter Produktionen" zurück. Gleichwohl werde durch die erstgenannten Werke das Ansehen der Verwertungsgesellschaft in der Öffentlichkeit gehoben, was mittelbar zur wirtschaftlichen Stärkung der Verwertungsgesellschaft beitrage und im Rahmen der kulturellen Förderung zu würdigen sei.[23] Dieser Grundsatz kann auch unter dem VGG weiterhin Gültigkeit beanspruchen.[24] Kulturelle Förderung kann als Anreiz und Ermutigung an die Kreativen fungieren, anspruchsvolle Werke und Leistungen jenseits des „Mainstream" zu schaffen. Darüber hinaus kann die kulturelle Förderung durch Verwertungsgesellschaften nicht zuletzt vor dem Hintergrund des Art. 167 AEUV als eine **staatsentlastende Tätigkeit** betrachtet werden.[25]

18

Nähere Vorgaben, wie die Verwertungsgesellschaft dem hiermit begründeten Auftrag zur kulturellen Förderung nachkommen soll, enthält Abs. 1 nicht. Die Verwertungsgesellschaft verfügt insoweit anerkanntermaßen über ein sehr weites **Ermessen**. Dieses reicht aufgrund des Aspekts der Kulturförderung, der notwendigerweise subjektiven Wertungen unterliegt, auch deutlich **weiter als bei der Verteilung** i.S.d. § 27, die primär am Leistungsprinzip orientiert ist.[26]

19

Dem Ermessen der Verwertungsgesellschaft unterliegt bereits die **Auswahl der Förderungsinstrumente**. Sie kann Elemente der kulturellen Förderung in ihrem Verteilungsplan verankern,[27] muss dies aber nicht: Mit Inkrafttreten des VGG ist die zuvor in § 7 S. 2 UrhWG enthaltene Anknüpfung an den Verteilungsplan entfallen. Hierdurch wollte der Gesetzgeber bewusst zum Ausdruck bringen, dass die Verwertungsgesell-

20

---

20 Bejahend Schricker/Loewenheim/*Reinbothe*, § 8 UrhWG Rn 3; Dreier/Schulze/*Schulze*, 5. Aufl., § 8 UrhWG Rn 7; Kreile/Becker/Riesenhuber/*Himmelmann*, 2. Aufl. Kap. 18 Rn 91, 97; Loewenheim/*Melichar*, § 50 Rn 24; a.A. *Mestmäcker/Schulze*, § 8 UrhWG Rn 2. Nach *Kreile*, ZUM 2018, 13, 15, wird die Aufsicht durch die Soll-Vorschriften des § 32 „eingeschränkt".
21 Die Zuständigkeit der Aufsicht bejahen auch Dreier/Schulze/*Schulze*, § 32 VGG Rn 9; BeckOK-UrhR/*Freudenberg*, § 32 VGG Rn 19.
22 So in Bezug auf § 8 UrhWG Schricker/Loewenheim/*Reinbothe*, § 8 UrhWG Rn 3.
23 RegE-UrhWG, BT-Drucks. IV/271, S. 16, Begründung zu § 7 UrhWG.
24 So auch BeckOK/*Freudenberg*, § 32 VGG Rn 3.
25 *Heinemann*, S. 242f.
26 KG, Urt. v. 7.8.2013 – 24 U 32/12, S. 9 – n.v.
27 Vgl. hierzu etwa die in den Verteilungsplänen von GEMA, GVL und VG Bild-Kunst für den Bereich der Rundfunkverteilung vorgesehenen „Kulturfaktoren", hierzu Rn 21, 51, 55, 61.

21 schaft auch **unabhängig von der Verteilung** berechtigt ist, eine kulturelle Förderung vorzunehmen.[28]

Auch was als **kulturell bedeutend** bewertet wird, liegt im Ermessen der Verwertungsgesellschaft. Je nach Tätigkeitsbereich und Zuschnitt des wahrgenommenen Repertoires wird sie hier zu unterschiedlichen Urteilen gelangen und diese auch dem sich wandelnden Verständnis von Kultur anpassen. So unterscheidet die GEMA traditionell zwischen ernster Musik auf der einen und Unterhaltungs- und Tanzmusik auf der anderen Seite, für die jeweils unterschiedliche Punktbewertungen und Wertungsverfahren gelten.[29] Eine kulturelle Förderung findet indes in beiden Bereichen statt.[30] Für die Vergabe von sog. „Kulturfaktoren", mit denen die einzelnen Hörfunkwellen im Rahmen der Rundfunkverteilung bewertet werden, hat die GEMA verschiedene Kriterien definiert, die ein gutes Beispiel für die **Vielfalt möglicher Förderungsziele** darstellen. Gewürdigt werden u.a. die Programmvielfalt der jeweiligen Welle als allgemeiner Ausdruck kultureller Vielfalt sowie ihr Anteil an deutschsprachigem Repertoire, ernster Musik, Jazz und sonstiger gehobener Vokal- und Instrumentalmusik, regionalem Repertoire, Nischenrepertoire und Repertoire von Nachwuchsurhebern.[31] Die Nutzungsart, in der ein Werk oder sonstiger Schutzgegenstand konkret genutzt wird – z.B. seine Nutzung zu Werbezwecken –, sagt dagegen nach Auffassung des KG für sich betrachtet nichts über seine Förderungswürdigkeit aus.[32]

22 Die Förderung soll sich auf kulturell bedeutende **Werke und Leistungen** richten. Die konkrete werk- und leistungsbezogene Förderung, die sich etwa an Gattung, Inhalt, Komplexität und Umfang der Werke und Leistungen orientieren kann, genießt somit nach dem Willen des Gesetzgebers Vorrang. Sie kann z.B. durch die Höhergewichtung der als förderungswürdig erachteten Werke oder Leistungen bei der Verteilung[33] oder durch die Vergabe von Preisen und Stipendien[34] erfolgen. Aufgrund der Vielzahl von Werken und sonstigen Schutzgegenstände, die das Repertoire der Verwertungsgesellschaften ausmachen, wird sich die werk- und leistungsbezogene Förderung mit wirtschaftlich vertretbarem Aufwand jedoch häufig nicht vollumfänglich umsetzen lassen. Auch Maßnahmen, die nur **mittelbar** werk- und leistungsfördernd wirken, sind daher grds. zulässig. Ein Beispiel hierfür ist die höhere Gewichtung von Fernseh- und Hörfunkprogrammen, in denen vorwiegend kulturell bedeutende Werke gespielt werden, bei der Verteilung der Vergütungen, die die Verwertungsgesellschaft von Sendeunternehmen erhält.[35] Bedeutende Werke von Urhebern können auch mittelbar gefördert werden, indem die Verwertungsgesellschaft Ensembles und Interpreten mit dezidiert avantgardistischem Anspruch unterstützt, die solche Werke vorrangig aufführen.

23 **Förderungsadressaten** des Abs. 1 sind – anders als im Falle des Abs. 2[36] – nicht allein die **eigenen Berechtigten** der jeweiligen Verwertungsgesellschaft bzw. deren Wer-

---

28 RegE-VGG, BT-Drucks. 18/7223, S. 83.
29 Krit. hierzu *Hertin*, GRUR 2013, 469; vgl. aber *Riesenhuber*, GRUR 2014, 443; *Heinemann*, S. 255 ff.; *Katzenberger/Nérisson*, GRUR Int 2011, 283, 288.
30 Vgl. z.B. den Verrechnungsschlüssel II für Werke der Unterhaltungsmusik, § 64 GEMA-Verteilungsplan; hierzu Heker/Riesenhuber/*Riemer*, Kap. 8 Rn 229, 240 ff.
31 § 98 GEMA-Verteilungsplan; hierzu Heker/Riesenhuber/*Riemer*, Kap. 8 Rn 339 ff.
32 KG, Urt. v. 7.8.2013 – 24 U 32/12, S. 11 – n.v.
33 Vgl. die Regelungen zur Punktbewertung und Einstufung gem. §§ 60 bis 66 GEMA-Verteilungsplan; hierzu Heker/Riesenhuber/*Riemer*, Kap. 8 Rn 227 ff.
34 Vgl. hierzu die Beispiele unter Rn 48 ff.
35 Zu den in den Verteilungsplänen von GEMA, GVL und VG Bild-Kunst für den Bereich der Rundfunkverteilung vorgesehenen „Kulturfaktoren" siehe Rn 21, 51, 55, 61.
36 Vgl. Rn 30.

ke und Leistungen. Die Verwertungsgesellschaft kann ihre Förderung zwar auf Maßnahmen zugunsten der eigenen Berechtigten beschränken,[37] sie muss es aber nicht. Die Förderung kann vielmehr auch **Dritten** zugutekommen, z.B. den Berechtigten anderer, mit der Verwertungsgesellschaft durch Repräsentationsvereinbarung verbundener Verwertungsgesellschaften oder sonstigen Rechtsinhabern. Auch die Förderung sonstiger Dritter ist nach Abs. 1 grds. zulässig. So können die Verwertungsgesellschaften im Interesse eines gesamtgesellschaftlichen Kulturbeitrags auch breit aufgestellte Förderprogramme wie die **Initiative Musik**[38] finanziell unterstützen. Im Rahmen der Treuhandverantwortung der Verwertungsgesellschaft gegenüber ihren Berechtigten ist allerdings ein innerer Zusammenhang zwischen dem Förderungsobjekt und dem Tätigkeitsbereich der Verwertungsgesellschaft zu verlangen.

Die **Finanzierung** der kulturellen Förderung erfolgt in der Praxis der deutschen **24** Verwertungsgesellschaften – ebenso wie im Fall der sozialen Förderung gem. Abs. 2 – größtenteils über Abzüge von den Einnahmen aus den Rechten.[39] Insoweit sind die Vorgaben des Abs. 3 sowie des § 31 Abs. 1 zu beachten.[40] Die Entscheidung über die allgemeinen Grundsätze für diese Abzüge liegt gem. § 17 Abs. 1 S. 2 Nr. 9 bei der Mitgliederhauptversammlung.

Die Entscheidung über die **konkrete Verwendung** der Fördermittel kann externali- **25** siert werden, indem die Verwertungsgesellschaft bspw. unabhängige Forschungseinrichtungen oder Wettbewerbe mit Fördergeldern unterstützt. Häufig haben die Verwertungsgesellschaften jedoch eigene Einrichtungen für die Verwaltung und Vergabe der Fördermittel geschaffen,[41] die bspw. im Fall der Wertungsausschüsse der GEMA durchgehend aus **Mitgliedern** bestehen.[42] Der Umstand, dass hierdurch Berechtigte, die selbst potentielle Förderungsadressaten sind, über die Vergabe der Mittel entscheiden, ist grds. unschädlich, da er durch das wahrnehmungsrechtliche Prinzip der Mitwirkung der Berechtigten (nunmehr § 16 VGG) gerechtfertigt ist.[43]

Das weite für die kulturelle Förderung geltende Ermessen der Verwertungsgesell- **26** schaft findet seine Grenzen erst in den gesetzlichen Vorschriften. Regelt die Verwertungsgesellschaft die kulturelle Förderung in ihrem Verteilungsplan, hat sie bei der Entwicklung ihrer Förderungsmodelle und der Vergabe der Fördermittel namentlich das **Willkürverbot** des § 27 Abs. 1 und den hieraus resultierenden Gleichbehandlungsgrundsatz zu beachten.[44] Dies gilt mittelbar über das Gebot zur Einhaltung **fairer Kriterien** gem. § 32 Abs. 3 auch mit Blick auf andere Fördermodelle, die durch Abzüge von den Einnahmen aus den Rechten finanziert werden: Eine willkürliche Förderung kann nicht als fair gelten. Ein anderes Verständnis würde zudem das Risiko bergen, dass die Verwertungsgesellschaft die Anwendung des Willkürmaßstabs einfach durch die Regelung der kulturellen Förderung außerhalb des Verteilungsplans umgehen könnte. Als Beispiel

---

37 Zum zulässigen Ausschluss der Berechtigten anderer Verwertungsgesellschaften von den Fördermaßnahmen siehe Rn 45 f.
38 http://www.initiative-musik.de. Die Initiative Musik wird vom Deutschen Musikrat und der GVL getragen und von der GEMA finanziell unterstützt. Positiv hierzu auch *Heinemann*, S. 264 f. Vgl. ferner zu Möglichkeiten der mittelbaren kulturellen Förderung auch Wandtke/Bullinger/*Gerlach*, § 32 VGG Rn 3.
39 Vgl. die Beispiele unter Rn 48 ff.
40 Vgl. Rn 39 ff.
41 Vgl. die Beispiele unter Rn 48 ff.
42 Vgl. Heker/Riesenhuber/*Riesenhuber*, Kap. 9 Rn 3 ff., 139 ff., 172 ff.
43 Vgl. – nach altem Recht – KG, Urt. v. 29.8.2000 – 5 U 4352/99, S. 17 f. – n.v.
44 So nach altem Recht KG, Urt. v. 7.8.2013 – 24 U 32/12, S. 9 – n.v., in Bezug auf die Geschäftsordnung der GEMA für das Wertungsverfahren in der Unterhaltungs- und Tanzmusik, die der Senat als Bestandteil des Verteilungsplans qualifizierte. Vgl. zum Willkürverbot § 27 Rn 29 ff.

für eine sachlich nicht begründete Ungleichbehandlung und somit für Willkür im Rahmen der kulturellen Förderung hat das KG eine frühere Regelung der GEMA betrachtet, wonach Hörfunkwerbung im Rahmen der Wertung berücksichtigt wurde, Musik in Fernsehwerbefilmen dagegen nicht.[45]

27 Die kulturelle Förderung muss ferner **zielgerichtet** erfolgen. Sie hat eine eigenständige Funktion, die nicht etwa darin besteht, Missstände und Ungereimtheiten, die sich an anderer Stelle des Verteilungssystems auftun mögen, nach Art eines ergänzenden Fonds zu kompensieren. Verfahren zur Verteilung einerseits und zur kulturellen Förderung andererseits, die aus unterschiedlichen Verteilungssummen gespeist und nach jeweils eigenen Regeln durchgeführt werden, sind daher bezüglich ihrer Rechtmäßigkeit grds. getrennt voneinander zu beurteilen.[46]

28 **3. Vorsorge- und Unterstützungseinrichtungen (Abs. 2).** Abs. 2 bildet in enger Anlehnung an den früheren § 8 UrhWG die rechtliche Grundlage für die **soziale Förderung** durch Verwertungsgesellschaften.

29 Diese soll in Form von **Vorsorge- und Unterstützungseinrichtungen** erfolgen. Erfasst sind somit sowohl Sozialeinrichtungen, die der Absicherung gegen zu befürchtende Bedürftigkeit dienen, als auch solche, über die die Berechtigten Unterstützung in konkreten Notlagen (Arbeitsunfähigkeit, Krankheit etc.) erhalten können. Als Beispiel stand dem Gesetzgeber bei Erlass des UrhWG die **GEMA-Sozialkasse** vor Augen, aus der die Mitglieder eine Altersversorgung und eine Unterstützung in Notfällen erhalten können.[47]

30 **Förderungsadressaten** nach Abs. 2 sind ausschließlich die **Berechtigten der Verwertungsgesellschaft** („ihre Berechtigten"). Der Förderauftrag ist somit im Vergleich zur kulturellen Förderung gem. Abs. 1 enger gefasst,[48] wodurch die Sozialbindung nach Abs. 2 auf den internen Ausgleich zwischen den Berechtigten der Verwertungsgesellschaft begrenzt wird. In der Regel können nur **natürliche Personen** in sozialer Hinsicht unterstützungsbedürftig sein.[49] Neben Autoren, Künstlern und deren Hinterbliebenen kommen hier indes auch Inhaber oder Mitarbeiter juristischer Personen wie z.B. Verleger oder Produzenten in Betracht. Teilweise wird die Auffassung vertreten, dass soziale Aufgaben bei Verwertungsgesellschaften, die Rechte für Produzenten wahrnehmen, insgesamt in geringerem Umfang zu übernehmen seien als bei Autorengesellschaften, da die Verwertungsgesellschaft im ersteren Fall nicht gehalten sei, ihren Berechtigten deren Geschäftsrisiken abzunehmen.[50]

31 Auch im Rahmen der sozialen Förderung ist der **Gleichbehandlungsgrundsatz** zu beachten. Die Verwertungsgesellschaft wird durch Abs. 2 jedoch nicht verpflichtet, ihre Fördermaßnahmen für sämtliche Berechtigten zu öffnen, sondern kann **sachlich gerechtfertigte Differenzierungen** vornehmen. So können bei der GEMA i.d.R. nur die

---

45 KG, Urt. v. 7.8.2013 – 24 U 32/12 – n.v., sowie die Vorinstanz LG Berlin, Urt. v. 17.12.2012 – 16 O 619/10 – n.v.
46 KG, Urt. v. 7.8.2013 – 24 U 32/12 – n.v., sowie die Vorinstanz LG Berlin, Urt. v. 17.12.2012 – 16 O 619/10 – n.v.
47 Vgl. RegE-UrhWG, BT-Drucks. IV/271, S. 16. Der zunächst vorgesehene einheitliche Begriff „Versorgungseinrichtungen" wurde erst auf Empfehlung des Rechtsausschusses durch „Vorsorge- und Unterstützungseinrichtungen" ersetzt. Dies sollte zur „Klarstellung des Gewollten" dienen, wie es in den Ausführungen des RegE in Bezug auf die GEMA-Sozialkasse zum Ausdruck gekommen war; vgl. schriftl. Bericht des Rechtsausschusses zu BT-Drucks. IV/3402, S. 3. Ausführlich zur GEMA-Sozialkasse Heker/Riesenhuber*Riesenhuber*, Kap. 10; *Heinemann*, S. 275 ff.
48 Vgl. Rn 23.
49 Dreier/Schulze/*Schulze*, § 32 VGG Rn 7.
50 *Vogel*, GRUR 1993, 513, 524.

ordentlichen Mitglieder – d.h. die Mitglieder i.S.d. § 7 VGG – Leistungen aus der Sozialkasse und der Alterssicherung beziehen. Dies ist dadurch gerechtfertigt, dass nur bei den ordentlichen Mitgliedern, deren Werke das wirtschaftliche Fundament der GEMA bilden,[51] davon auszugehen ist, dass die schöpferische oder verlegerische Tätigkeit tatsächlich einen Tätigkeitsschwerpunkt und eine wesentliche Quelle für den Lebensunterhalt des jeweiligen Berechtigten darstellt. Im Umkehrschluss erscheint es daher auch sachgerecht, ihnen im Falle einer eventuellen Bedürftigkeit die Unterstützung durch die Solidargemeinschaft der Urheber und Verleger angedeihen zu lassen. Die Aufnahme als angeschlossenes Mitglied und damit als Berechtigter i.S.d. § 6 ist bei der GEMA dagegen an keine besonderen Voraussetzungen geknüpft.[52] Müsste die GEMA ihre soziale Förderung allen Berechtigten gleichermaßen zur Verfügung stellen, bestünde daher das Risiko, dass die verfügbaren Mittel größtenteils durch Bedürftige in Anspruch genommen würden, die nur gelegentlich komponieren, Texte dichten oder Musik verlegen und bei denen es somit an einem näheren inneren Zusammenhang zwischen der Bedürftigkeit und der Rechtewahrnehmung durch die GEMA fehlt.[53]

Leistungen von Vorsorge- und Unterstützungseinrichtungen, die durch Abzüge von den Einnahmen aus den Rechten finanziert werden, sind **keine Rentenleistungen** und auch nicht mit solchen vergleichbar.[54] Es handelt sich vielmehr um Leistungen, die den Charakter einer privaten Sozialhilfe haben und daher nicht dem Versorgungsausgleich nach VersAusglG unterliegen.[55] Im sozialversicherungsrechtlichen Sinne gelten sie als freiwillige fürsorgerische Leistungen von berufsständischen Organisationen, die nicht auf Beiträgen beruhen, und sind somit gem. § 2 Abs. 1 Nr. 1 AusglV auch nicht bei der Feststellung einer Ausgleichsrente zu berücksichtigen.[56] In steuerlicher Hinsicht werden die Leistungen der Vorsorge- und Unterstützungseinrichtungen als eine besondere Art der Tantiemenausschüttung behandelt und somit zu den Erträgen aus freiberuflicher Arbeit gerechnet. Die Beträge sind daher in voller Höhe einkommens- und umsatzsteuerpflichtig. 32

4. Finanzierung durch Abzüge von den Einnahmen aus den Rechten (Abs. 3)

a) Allgemeines. Der Gesetzgeber schreibt den Verwertungsgesellschaften nicht vor, wie sie ihre sozialen und kulturellen Fördermaßnahmen zu finanzieren haben, er gestattet ihnen jedoch im Einklang mit Art. 12 Abs. 4 VG-RL, dies durch Abzüge von den Einnahmen aus den Rechten zu tun. Die **generelle Zulässigkeit** solcher Abzüge ist in § 26 Nr. 4 geregelt.[57] Zur Umsetzung ist ein Beschluss der **Mitgliederhauptversammlung** erforderlich, die zumindest über die allgemeinen Grundsätze[58] für die Abzüge zu sozialen und kulturellen Zwecken zu befinden hat (§ 17 Abs. 1 S. 2 Nr. 9). Die allgemeinen 33

---

51 Vgl. RegE-VGG, BT-Drucks. 18/7223, S. 92, Begründung zu § 13.
52 Vgl. Heker/Riesenhuber/*Nocker*/*Riemer*, Kap. 5 Rn. 34, 41.
53 Kritisch *Heinemann*, S. 280 f.
54 So in Bezug auf die GEMA-Sozialkasse BSozG, Urt. v. 17.10.1986 – 12 RK 16/86 – n.v.
55 KG, Beschl. v. 19.11.2008 – 17 UF 61/08 – BeckRS 2009, 20463; MüKo-BGB/*Dörr*, Bd. 8, § 2 VersAusglG Rn 7.
56 So in Bezug auf den Sozialfonds der VG Wort Sozialgericht Hamburg, Urt. v. 5.11.2003 – S 30 V 4101 – ZUM-RD 2004, 164, 166.
57 Vgl. § 26 Rn 13.
58 Der Gesetzeswortlaut ist insoweit leicht missverständlich, als die Zuständigkeit der Mitgliederhauptversammlung in Bezug auf die Abzüge für soziale und kulturelle Zwecke – anders als bei den anderen in § 17 Abs. 1 S. 2 Nr. 9 geregelten Abzügen – nicht ausdrücklich auf die Beschlussfassung über die allgemeinen Grundsätze beschränkt ist. Die entsprechende Intention des Gesetzgebers ergibt sich jedoch aus RegE-VGG, BT-Drucks. 18/7223, S. 77.

Grundsätze sind gem. § 56 Abs. 1 Nr. 9 auf der Internetseite der Verwertungsgesellschaft zu veröffentlichen. Hierfür genügt eine Veröffentlichung im Rahmen des Verteilungsplans, falls die betreffenden Regelungen in diesen integriert worden sind. In ihrem **Transparenzbericht** hat die Verwertungsgesellschaft einen gesonderten Bericht über die Abzüge, die sie für soziale und kulturelle Zwecke von den Einnahmen aus den Rechten vornimmt, sowie über die Verwendung dieser Beträge zu erstatten (Nr. 3 der Anlage zu § 58 Abs. 2).[59]

34 Abs. 3 findet **keine Anwendung**, soweit die Verwertungsgesellschaft Maßnahmen zur sozialen und kulturellen Förderung aus anderen Mitteln als durch Einnahmen aus den Rechten finanziert, so z.B. aus eigenem Vermögen, aus den hieraus gewonnenen Erträgen oder über Einnahmen aus sonstiger Tätigkeit (vgl. § 24 Nr. 2).

35 Die Verwendung von Einnahmen aus den Rechten für soziale und kulturelle Fördermaßnahmen zugunsten der Berechtigten führt zu einer **Umverteilung** der Erlöse, die die Verwertungsgesellschaft aus der Wahrnehmung der ihr anvertrauten Rechte und Ansprüche erzielt:[60] Sinn und Zweck einer jeden Förderung im Rahmen des § 32 ist die gezielte Besserstellung der Förderungsadressaten im Vergleich zu anderen Berechtigten. Diese Abweichung vom Leistungsprinzip als dem ansonsten leitenden Verteilungsprinzip[61] ist Ausdruck einer **horizontalen Sozialbindung** der Urheber und Leistungsschutzberechtigten untereinander mit dem Ziel, kulturell bedeutende Werke und Leistungen zu fördern und soziale Zwecke zu verfolgen.[62] Als Ausnahme von der Regel bedarf sie einer besonderen Rechtfertigung, deren Grundlage § 32 Abs. 3 und die ihn flankierenden Vorschriften bilden. Aus verfassungsrechtlicher Sicht stellt die Zulassung von Abzügen für soziale und kulturelle Zwecke eine **zulässige Inhaltsbestimmung des Eigentums** i.S.v. Art. 14 GG dar.[63]

36 **b) Abzüge von den Einnahmen aus den Rechten.** Zu den **Einnahmen aus den Rechten** zählen gem. § 23 S. 2 auch die aus der Anlage solcher Einnahmen gem. § 25 erzielten Erträge. Auch die entsprechenden **Zinserträge** können somit für soziale und kulturelle Zwecke verwendet werden, wie dies auch Art. 12 Abs. 4 VG-RL ausdrücklich vorsieht. Für eine solche Verwendung spricht, dass eine präzise, werknutzungs- und taggenaue Zuordnung von Zinserträgen aufgrund der großen zeitlichen Disparitäten von Lizenzierung, Zahlungseingang, Einziehung und Verarbeitung der Nutzungsmeldungen im Rahmen der kollektiven Rechtewahrnehmung regelmäßig ohnehin nicht möglich ist.[64]

37 Aus ähnlichen Erwägungen sind auch **nicht verteilbare Einnahmen aus den Rechten** i.S.d. § 30 Abs. 1 gut für die Verwendung zu sozialen und kulturellen Zwecken geeignet, scheitert die (fristgerechte) Verteilung hier doch daran, dass ein Berechtigter, dem die betreffenden Beträge nach dem Verteilungsplan zustehen würden, nicht festgestellt oder ausfindig gemacht werden kann.[65] Der Richtliniengeber hat den Mitgliedstaaten daher in Art. 13 Abs. 6 VG-RL sogar ausdrücklich freigestellt, den Verwertungsgesellschaften die Verwendung nicht verteilbarer Beträge zu sozialen und kulturellen Zwecken zwingend vorzuschreiben. Auch wenn der deutsche Gesetzgeber von dieser Möglichkeit

---

59 Vgl. § 58 Rn 6 f.
60 So auch Heker/Riesenhuber/*Riesenhuber*, Kap. 6 Rn 99.
61 Zum Leistungsprinzip vgl. § 27 Rn 37 ff.
62 Dreier/Schulze/*Schulze*, § 32 VGG Rn 3, m.w.N.
63 Wandtke/Bullinger/*Gerlach*, § 32 VGG Rn 2.
64 Heker/Riesenhuber/*Riemer*, Kap. 8 Rn 120. Kritisch zur Verwendung von Zinserträgen für soziale und kulturelle Zwecke nach altem Recht *Katzenberger/Nérisson*, GRUR Int 2011, 283, 284, 290; *Heinemann*, S. 259 f.
65 Vgl. § 30 Rn 11.

keinen Gebrauch gemacht hat, steht das VGG einer entsprechenden Verwendung nicht entgegen.

Der Begriff des **Abzugs** ist wie im Falle des § 31 Abs. 1 **untechnisch** zu verstehen.[66] Abs. 3 findet demnach auch dann Anwendung, wenn die Verwertungsgesellschaft zwar bei der Ausschüttung der Einnahmen aus den Rechten keine Kürzungen für soziale und kulturelle Zwecke vornimmt, den Berechtigten die für diese Zwecke verwendeten Beträge aber gesondert in Rechnung stellt.

38

c) Vorgaben für die abzugsfinanzierte soziale und kulturelle Förderung. Entscheidet sich die Verwertungsgesellschaft, ihre Fördermaßnahmen ganz oder teilweise durch Abzüge von den Einnahmen aus den Rechten zu finanzieren – wie dies i.d.R. der Fall ist[67] –, so hat sie bei der Umsetzung neben den Vorgaben des Abs. 2 auch § 31 Abs. 1 zu beachten, der als allgemeine Regelung für alle Abzüge von den Einnahmen aus den Rechten gilt.[68] Die Abzüge müssen demnach im Verhältnis zu den Leistungen der Verwertungsgesellschaft **angemessen** sein[69] und anhand von **objektiven Kriterien** – z.B. in Form von prozentualen Kürzungen – festgelegt werden.[70]

39

Im Rahmen der **Angemessenheitsprüfung** ist nicht nur die Relation zwischen den vorgenommenen Abzügen und den hiermit finanzierten Fördermaßnahmen zu betrachten. Das Ausmaß der Abzüge für soziale und kulturelle Förderung muss gem. § 31 Abs. 1 auch insgesamt in einem angemessenen Verhältnis zu den Gesamteinnahmen aus den Rechten stehen, die die Verwertungsgesellschaft erzielt.[71]

40

Eine **feste Obergrenze** besteht insoweit **nicht**. Als angemessen können aber jedenfalls die seit langem etablierten, von den Verwertungsgesellschaften und ihren Gremien beschlossenen und auch international üblichen[72] Abzüge von bis zu **ca. zehn Prozent** der Nettoeinnahmen aus Ausschließlichkeitsrechten und gesetzlichen Vergütungsansprüchen gelten.[73] In einzelnen Bereichen – insbesondere dort, wo eine präzise werk- und nutzungsbezogene Verteilung mangels verfügbarer Nutzungsinformationen generell nicht umsetzbar ist – kann der Anteil auch höher liegen. So verwendet die VG Wort zum Teil bis zu 50 Prozent der Einnahmen aus der Bibliothekstantieme gem. § 27 Abs. 2 UrhG für soziale Zwecke.[74] In Bezug auf die Privatkopievergütung hat der EuGH entschieden, dass die nach österreichischem Recht gesetzlich vorgeschriebene Verwendung von 50 Prozent der betreffenden Einnahmen für soziale und kulturelle Zwecke mit dem in Art. 5 Abs. 2 lit. b InfoSoc-RL geregelten Anspruch auf gerechten Ausgleich vereinbar sein kann. Dies hat der EuGH damit begründet, dass der konkrete Nutzungsumfang für die einzelnen Werke im Bereich der privaten Vervielfältigung ohnehin nicht präzise festgestellt werden könne.

41

---

66 Vgl. § 31 Rn 7 f.
67 Vgl. die Praxisbeispiele unter Rn 48 ff.
68 Vgl. § 31 Rn 10 ff.
69 So ausdrücklich RegE-VGG, BT-Drucks. 18/7223, S. 83.
70 Das in § 31 Abs. 1 normierte Gebot zur Festlegung der Abzüge nach objektiven Kriterien wird nicht durch die Verpflichtung zur Anwendung fairer Kriterien bei der Verwendung der hierdurch zur Verfügung stehenden Mittel für soziale und kulturelle Zwecke verdrängt, sondern ist neben diesem zu beachten; a.A. offenbar BeckOK-UrhR/*Freudenberg*, § 32 VGG Rn 15.
71 Heker/Riesenhuber/*Riesenhuber*, Kap. 6 Rn 95.
72 Vgl. Art. 8 Abs. II des Mustervertrags im EU-Bereich für das Aufführungs- und Senderecht gem. CISAC-Standardvertrag, GEMA-Jahrbuch 2018/2019, S. 295; hierzu auch *Heinemann*, S. 237.
73 Vgl. im Einzelnen die Praxisbeispiele unter Rn 48 ff. Heker/Riesenhuber/*Riesenhuber*, Kap. 6 Rn 100 erachtet eine Verwendung von mehr als 5 bis10 Prozent der Einnahmen für soziale und kulturelle Zwecke als mit dem Leistungsprinzip unvereinbar. Ähnlich Fromm/Nordemann/*W. Nordemann/Wirtz*, 11. Aufl. 2014, § 8 UrhWG Rn 1.
74 Vgl. Rn 64.

Vor diesem Hintergrund sei es als mittelbare Auszahlung des gerechten Ausgleichs zu verstehen, wenn die Verwertungsgesellschaft einen Teil der Privatkopievergütung für soziale und kulturelle Einrichtungen zugunsten der Berechtigten verwende.[75]

42 Hinsichtlich der **Verwendung** der für soziale und kulturelle Zwecke vorgenommenen Abzüge schreibt Abs. 3 vor, dass die dergestalt finanzierten Fördermaßnahmen nach festen Regeln zu erbringen sind, die auf fairen Kriterien beruhen müssen.

43 Das Gebot der **festen Regeln** entspricht jenem des § 27[76] und bedeutet somit, dass die Verwertungsgesellschaft die Regeln für die kulturellen Förderungen und die Leistungen der Vorsorge- und Unterstützungseinrichtungen im Voraus abstrakt festzulegen hat.[77]

44 Die Autonomie der Verwertungsgesellschaft in Bezug auf die weitere Ausgestaltung der Förderung wird dagegen durch die Verpflichtung eingeschränkt, die Fördermaßnahmen nach **fairen Kriterien** zu erbringen. Dieser der deutschen Rechtssprache fremde Begriff ist unmittelbar aus dem Unionsrecht übernommen. Im Rahmen des Gebots zur Einhaltung fairer Kriterien wird jedenfalls auch das **Willkürverbot** gem. § 27 Abs. 1 zu beachten sein, da die Verwertungsgesellschaft dieses ansonsten durch die Auslagerung ihrer sozialen und kulturellen Förderung aus dem Verteilungsplan umgehen könnte.[78] Nach Art. 12 Abs. 4 VG-RL sollen die fairen Kriterien insbesondere (aber nicht abschließend) im Hinblick auf den Zugang zu den sozialen und kulturellen Fördermaßnahmen und deren Umfang zur Geltung kommen.

45 Der **Zugang** zur sozialen und kulturellen Förderung wird demnach insbesondere unter Beachtung des Gleichbehandlungsgrundsatzes zu regeln und den Berechtigten der Verwertungsgesellschaft nicht ohne sachlichen Grund zu verwehren sein.[79] Im Zusammenhang mit der Verwendung von Einnahmen aus der Privatkopievergütung zu sozialen und kulturellen Zwecken hat der EuGH entschieden, dass es dem Zweck des gerechten Ausgleichs gem. Art. 5 Abs. 2 lit. b InfoSoc-RL widerspräche, wenn von den betreffenden Fördereinrichtungen andere Personen als die Berechtigten profitieren oder diejenigen, die nicht über die Staatsbürgerschaft des betreffenden Mitgliedsstaats verfügen, rechtlich oder tatsächlich von der Inanspruchnahme der Förderung ausgeschlossen würden.[80] Die **Staatsangehörigkeit** der Berechtigten kommt demnach nicht als rechtmäßiges Differenzierungskriterium für den Zugang zu sozialen und kulturellen Fördermaßnahmen i.S.d. Abs. 3 in Betracht. Dagegen wird man ungeachtet der Besonderheiten des zugrunde liegenden Rechtsstreits generell eine Verpflichtung der Verwertungsgesellschaft verneinen dürfen, auch solche Rechtsinhaber an der sozialen und kulturellen Förderung zu beteiligen, die selbst in keinem unmittelbaren Wahrnehmungsverhältnis zu einer Verwertungsgesellschaft stehen und somit nicht zu den Berechtigten i.S.d. § 6 zählen.

46 Auch der Umstand, dass die deutschen Verwertungsgesellschaften regelmäßig[81] nur ihre eigenen Berechtigten an der sozialen und kulturellen Förderung beteiligen, nicht

---

75 EuGH, Urt. v. 11.7.2013 – C-521/11 – GRUR 2013, 1025, 1028 f. Rn 46 ff. – Amazon/Austro-Mechana.
76 Vgl. § 27 Rn 12.
77 So auch BeckOK-UrhR/*Freudenberg*, § 32 VGG Rn 15.
78 Vgl. Rn 29 ff.
79 So hat die GEMA die frühere Beschränkung der Teilnahme an ihrem Wertungsverfahren auf die ordentlichen Mitglieder bereits Anfang der 1970er Jahre aufgrund von Beanstandungen der Kommission der Europäischen Gemeinschaften beseitigt; vgl. Komm.-Entsch. v. 2.6.1971 – GRUR Int 1973, 86, 88 – GEMA.
80 EuGH, Urt. v. 11.7.2013 – C-521/11 – GRUR 2013, 1025, 1029 Rn 54 – Amazon/Austro-Mechana.
81 Soweit ersichtlich, sieht bislang nur der Verteilungsplan der VG Bild-Kunst die Möglichkeit vor, Berechtigte anderer Verwertungsgesellschaften an den Maßnahmen zur sozialen und kulturellen Förderung zu beteiligen. Voraussetzung hierfür ist eine entsprechende Vereinbarung mit der jeweiligen Schwestergesellschaft; vgl. § 16 Abs. 4 S. 2 VG Bild-Kunst-Verteilungsplan.

aber die **Berechtigten** anderer, **ausländischer Verwertungsgesellschaften**, deren Rechte sie aufgrund von Repräsentationsvereinbarungen wahrnehmen, stellt keine Diskriminierung dar.[82] Zum einen erfolgt die Differenzierung insoweit nicht aufgrund der Staatsangehörigkeit, da die Aufnahme in eine deutsche Verwertungsgesellschaft im Rahmen des Wahrnehmungszwangs gem. § 9 und im Einklang mit Art. 5 Abs. 2 VG-RL auch ausländischen Rechtsinhabern freisteht. Bereits aus diesem Grund liegt in der geschilderten Praxis auch kein Verstoß gegen den Inländerbehandlungsgrundsatz gem. Art. 3 TRIPS bzw. Art. 5 RBÜ, deren Anwendungsbereich sich aber ohnehin nicht auf Abzüge für soziale und kulturelle Zwecke erstreckt.[83] Zum anderen ist aufgrund der üblichen Gegenseitigkeit der Repräsentationsvereinbarungen regelmäßig davon auszugehen, dass die ausländischen Verwertungsgesellschaften von den Einnahmen aus den Rechten, die sie u.a. durch die Wahrnehmung der Rechte an den Repertoires ihrer deutschen Schwestergesellschaften erzielen, ebenfalls Abzüge für soziale und kulturelle Zwecke einbehalten und diese zur Förderung ihrer eigenen Berechtigten verwenden.[84] Zudem sind die Interessen der Berechtigten ausländischer Verwertungsgesellschaften dadurch geschützt, dass deutsche Verwertungsgesellschaften von den Einnahmen aus den Rechten, die sie aufgrund von Repräsentationsvereinbarungen mit ihren ausländischen Schwestergesellschaften erwirtschaften, gem. § 45 – der insoweit Art. 15 Abs. 1 VG-RL umsetzt – nur bei ausdrücklicher Zustimmung der jeweiligen Schwestergesellschaft Abzüge für soziale und kulturelle Zwecke vornehmen dürfen.[85]

In Bezug auf den **Umfang** der individuellen Förderung können in qualitativer Hinsicht die **Förderungswürdigkeit**, in quantitativer Hinsicht die **Förderungsbedürftigkeit** der zu fördernden Person oder des zu fördernden Gegenstands sinnvolle leitende Kriterien sein. So kann es beispielsweise ein Gebot der Fairness sein, den Anteil des einzelnen Berechtigten an den zur Verfügung stehenden Fördermitteln durch die Einführung von „Kappungsgrenzen" zu beschränken.[86] Ein Indiz für die Förderungswürdigkeit eines zeitgenössischen Werks der ernsten Musik kann u.a. seine Sendung durch Radio- oder Fernsehveranstalter darstellen.[87] Die Verwertungsgesellschaft ist gehalten, Berechtigte, die zu den Einnahmen aus den Rechten nichts oder nur unwesentlich beitragen und auch keine kulturell bedeutenden Werke schaffen, soweit möglich aus den Verfahren zur kulturellen Förderung auszuschließen.[88]

47

---

82 So auch *Koch/Krauspenhaar*, GRUR Int 2013, 1003, 1009 f.; *Heinemann*, S. 271; Dreier/Schulze/*Schulze*, § 32 VGG Rn 6; a. A. *Roggenkamp*, ZVR-Online Dok. Nr. 40/2013, Rn. 19; differenzierend *Katzenberger/Nérisson*, GRUR Int 2011, 283.
83 *Wingardt*, GRUR Int 2001, 993, 996 ff., 1010; Schricker/Loewenheim/*Reinbothe*, § 8 UrhWG Rn 1; *Heinemann*, S. 255.
84 Vgl. hierzu etwa Art. 8 Abs. II des Mustervertrags im EU-Bereich für das Aufführungs- und Senderecht gem. CISAC-Standardvertrag, GEMA-Jahrbuch 2018/2019, S. 295.
85 § 45 Rn 8.
86 So sieht § 5 Abs. 2 UAbs. 3 der Geschäftsordnung der GEMA für das Wertungsverfahren der Komponisten in der Sparte E vor, dass kein Mitglied aus den Wertungsmitteln mehr als 2 Prozent des zur Verfügung stehenden Gesamtbetrages erhält; vgl. hierzu sowie zum diese Regelung bestätigenden Urteil des Kammergerichts (KG, Urt. v. 23.2.2000 – Kart U 1557/99 – KGR Berlin 2000, 412) Heker/Riesenhuber/*Riesenhuber*, Kap. 9.1 Rn 107 f.
87 KG, Urt. v. 10.5.2002 – 5 U 5185/00 – ZUM 2004, 380, 385.
88 BGH, Urt. v. 13.12.2001 – I ZR 41/99 – ZUM 2002, 379, 381 – Klausurerfordernis. Anlass für die Entscheidung war der Versuch, Kinder im Alter von wenigen Jahren wegen angeblich von ihnen geschaffener Werke am Wertungsverfahren der GEMA beteiligen zu lassen.

III. Soziale und kulturelle Förderung in der Praxis der deutschen Verwertungsgesellschaften

48 Die **AGICOA** stellt von der nach Abzug von Einbehalten verbleibenden Verteilungssumme drei Prozent für einen Social Fund und von dem restlichen Betrag fünf Prozent für einen Cultural Fund zur Verfügung.[89]

49 Die **GEMA** stellt gem. § 30 Abs. 1 ihres Verteilungsplans[90] grds. zehn Prozent ihrer Nettoeinnahmen, die im Bereich der Rechte der öffentlichen Wiedergabe i.S.d. § 15 Abs. 2 UrhG zur Verfügung stehen, für soziale und kulturelle Zwecke bereit. Entsprechende Abzüge sind bei den Verwertungsgesellschaften im Bereich des Musikurheberrechts auch international gebräuchlich und daher regelmäßig in den Repräsentationsvereinbarungen zur gegenseitigen Wahrnehmung von „Performing Rights" vereinbart.[91] Neben diesem Abzug verwendet die GEMA auch zehn Prozent der Aufnahme- und Mitgliedsbeiträge sowie alle „unverteilbaren Beträge" – hierunter fallen neben nicht verteilbaren Einnahmen i.S.d. § 30 Abs. 1 VGG unter anderem Zinserträge und Konventionalstrafen – für soziale und kulturelle Zwecke. Die soziale Förderung erfolgt gem. § 31 des Verteilungsplans zum einen über die GEMA-Sozialkasse, aus der ordentliche Mitglieder im Alter sowie bei Krankheit, Unfall und sonstigen Fällen der Not Unterstützung erhalten können,[92] zum anderen in Form einer Alterssicherung für ordentliche Mitglieder.

50 Zur kulturellen Förderung hat die GEMA insbesondere als „zweite Ebene der Verteilung"[93] die sog. **Wertungsverfahren** eingerichtet. In diesen Verfahren, die grds. allen Berechtigten der GEMA offenstehen,[94] erfolgt die Förderung gesondert für die Bereiche der ernsten Musik und der Unterhaltungsmusik sowie jeweils getrennt für die Berufsgruppen der Komponisten, Textdichter und Musikverleger. Der Wille, die ernste Musik besonders zu fördern, kommt hierbei in dem Umstand zum Ausdruck, dass gem. § 31 Abs. 2 des Verteilungsplans mindestens 30,07 Prozent der Mittel, die nach Abzug der Zuwendungen an die Sozialkasse insgesamt für soziale und kulturelle Zwecke zur Verfügung stehen, in die Wertungsverfahren „der Sparte E" fließen.[95] Innerhalb der einzelnen Wertungsverfahren werden die Mittel auf Basis eines Punktesystems verteilt, das einerseits auf dem Aufkommen der Berechtigten in bestimmten Verteilungssparten, andererseits auch auf Kriterien wie der Mitgliedschaftsdauer und einer qualitativen Beurteilung des Gesamtschaffens der Urheber beruht. Daneben können Gelder gezielt für die Förderung des zeitgenössischen Musikschaffens eingesetzt werden.[96]

---

[89] Vgl. Art. 2 AGICOA-Verteilungsplan, online abrufbar unter https://www.agicoa.de/verteilungsplan.html.

[90] Online abrufbar unter https://www.gema.de/fileadmin/user_upload/Gema/jahrbuch/16_Verteilungsplan.pdf. Hierzu Heker/Riesenhuber/*Riemer*, Kap. 8 Rn 124 ff.

[91] Vgl. § 45 Rn 10.

[92] Vgl. §§ 2 Abs. 3, 5 der GEMA-Sozialkasse-Satzung, online abrufbar unter https://www.gema.de/fileadmin/user_upload/Gema/jahrbuch/20_Satzung_GEMA_Sozialkasse.pdf. Ausführlich zur Sozialkasse Heker/Riesenhuber*Riesenhuber*, Kap. 10.

[93] BGH, Beschl. v. 3.5.1988 – KVR 4/87 – GRUR 1988, 782 – GEMA-Wertungsverfahren. Hier auch eine ausführliche Beschreibung des Wertungsverfahrens nach damaligem Stand, der in den Grundzügen weiterhin besteht. Vgl. auch *Katzenberger/Nérisson*, GRUR Int 2011, 283, 285 f.

[94] Die frühere Beschränkung der Teilnahme am Wertungsverfahren auf die ordentlichen Mitglieder hat die GEMA aufgrund von Beanstandungen der Kommission der Europäischen Gemeinschaften beseitigt; vgl. Komm.-Entsch. v. 2.6.1971 – GRUR Int 1973, 86, 88 – GEMA.

[95] Unzutreffend ist dagegen die bisweilen anzutreffende Behauptung, die GEMA fördere auch im Rahmen der Verteilung der Einnahmen im Live-Bereich die ernste Musik; so etwa *Hertin*, GRUR 2013, 469, 470.

[96] Vgl. im Einzelnen die Geschäftsordnungen für das Wertungsverfahren der Komponisten in der Sparte E, für das Wertungsverfahren der Textdichter in der Sparte E, für das Wertungsverfahren der

Auch jenseits der vorgenannten Fördermaßnahmen berücksichtigt die GEMA im Bereich der kollektiven Verteilung teilweise kulturelle Belange. Die betreffenden Regelungen kommen – anders als die gesonderten Verfahren zur sozialen und kulturellen Förderung – nicht nur den eigenen Berechtigten der GEMA, sondern allen Berechtigten zugute, deren Rechte die GEMA wahrnimmt. Unter anderem werden etwa gem. § 98 des Verteilungsplans bei der Verteilung in den Sparten des Hörfunks sog. **„Kulturfaktoren"** für die einzelnen Hörfunkwellen vergeben. Gewürdigt werden u.a. die Programmvielfalt sowie die Programmanteile an deutschsprachigen und regionalen Repertoires, an ernster Musik oder an Repertoire von Nachwuchsurhebern. Nutzungen in Wellen mit einem höheren Kulturfaktor erhalten bei der Verteilung eine höhere Ausschüttung als solche in Wellen mit einem niedrigeren Kulturfaktor. Die bei der Ermittlung der Kulturfaktoren gewonnenen Erkenntnisse bilden die Basis für den von der GEMA seit 2015 jährlich vergebenen Radiokulturpreis.[97] Zu den sonstigen kulturpolitischen Tätigkeiten der GEMA zählt insbesondere der seit 2009 verliehene **Deutsche Musikautorenpreis**.[98]

Die GEMA-nahe, aber rechtlich unabhängige **GEMA-Stiftung** unterstützt zudem bedürftige Komponisten, Textdichter und Musikverleger. Sie wird nicht aus Einnahmen aus den Rechten finanziert, sondern bezieht ihre Stiftungsmittel zum einen aus den Erträgen ihres Grundstockvermögens, zum anderen aus freiwilligen Zuwendungen.[99]

Nach lit. A Ziff. 7 der Verteilungspläne der **GÜFA**[100] kann bis zu einem Zehntel des Gesamtaufkommens für die Förderung kulturell bedeutender Werke und Leistungen verwendet werden.

Nach dem Verteilungsplan der **GVL** werden von den für die Verteilung zur Verfügung stehenden Vergütungen bis zu fünf Prozent für kulturelle, kulturpolitische und soziale Zwecke bereitgestellt.[101] Bei den Maßnahmen, die aus diesen Mitteln finanziert werden, unterscheidet die GVL zwischen der Förderung ihrer Berechtigten durch individuelle kulturelle und soziale Zuwendungen einerseits und kulturpolitischen Zuwendungen andererseits.[102] Zu den kulturellen Zuwendungen für GVL-Berechtigte zählen bspw. finanzielle Unterstützungen für die berufliche Weiterbildung oder die Teilnahme an künstlerischen Wettbewerben. Soziale Zuwendungen können u.a. bei Arbeitsunfähigkeit, Krankheit oder Bedürftigkeit beantragt werden. Daneben hat die GVL für Berechtigte, die das 65. Lebensjahr vollendet haben, eine Seniorenzuwendung eingerichtet.[103] Im Rahmen der kulturpolitischen Zuwendungen fördert die GVL konkrete kulturelle und kulturpolitische Projekte wie den Tag der Musik, den Deutschen Schauspielerpreis oder bestimmte Ensembles. Über die Bewilligung von kulturpolitischen Zu-

---

Verleger in der Sparte E sowie für das Wertungsverfahren in der Unterhaltungs- und Tanzmusik, online abrufbar unter https://www.gema.de/fileadmin/user_upload/Gema/jahrbuch/16_Verteilungsplan.pdf. Detailliert zu den Wertungs- und Schätzungsverfahren Heker/Riesenhuber/*Riesenhuber*, Kap. 9; *Heinemann*, S. 245 ff., 261 ff.

97 Vgl. hierzu auch https://www.gema.de/die-gema/auszeichnungen/radiokulturpreis/sowie virtuos 2/2015, 33.
98 https://www.musikautorenpreis.de.
99 https://www.gema.de/die-gema/gema-stiftung/. Die GEMA-Stiftungs-Satzung der ist veröffentlicht in GEMA-Jahrbuch 2018/2019, S. 544 ff.
100 Abrufbar unter http://www.guefa.de/verplan.html. Informationen darüber, dass die GÜFA von dieser Möglichkeit auch praktisch Gebrauch machen würde, liegen nicht vor.
101 Ziff. I.7 GVL-Verteilungspläne; https://www.gvl.de/rechteinhaber/kuenstler/verteilung/ verteilungsplaene. Die Regelung gilt einheitlich für die Berufsgruppen der Künstler, Tonträgerhersteller und Veranstalter.
102 Vgl. https://www.gvl.de/gvl/zuwendungenkulturfoerderung.
103 Vgl. https://www.gvl.de/gvl/zuwendungenkulturfoerderung/individuelle-zuwendungen.

wendungen entscheidet alljährlich die Gesellschafter- und Delegiertenversammlung der GVL.[104]

55   Auch jenseits der vorgenannten Zuwendungsmaßnahmen berücksichtigt der Verteilungsplan der GVL zum Teil kulturelle Belange. So sieht der Verteilungsplan Nr. 2 für ausübende Künstler spezielle „Kulturfaktoren" für Hörfunk- und Fernsehsender vor. Hiernach werden Nutzungen in ausgewiesenen Kulturprogrammen oder Sendern mit statistisch ermittelter Programmvielfalt bei der Verteilung mit einem höheren Faktor bedacht als Nutzungen in übrigen Sendern.[105]

56   Die **GWFF** stellt von den in Deutschland erzielten Einnahmen nach Abzug von Rückstellungen ein Prozent für einen Sozialfonds zur Verfügung. Von der verbleibenden Summe werden drei Prozent zur Förderung kulturell bedeutender Werke und Leistungen und für Nachwuchsförderung abgezogen.[106] Die kulturelle Förderung erfolgt vorrangig in Form von Filmpreisen und Stipendien.[107]

57   Die **GWVR** hat bislang lediglich in § 2 Abs. 3 ihres Gesellschaftsvertrags geregelt, dass die von der Mitgliederhauptversammlung zu beschließenden Mittel für kulturelle und soziale Zwecke fünf Prozent des Aufkommens nicht übersteigen dürfen.

58   Die **TWF** hat einen „Fördertopf" eingerichtet, dessen Mittel insbesondere für den Deutschen Werbefilmpreis, die Förderung internationaler Preise sowie Ausbildungsmaßnahmen eingesetzt werden.[108]

59   Die **VFF** stellt von ihren Einnahmen aus Privatkopievergütung und Kabelweitersendung ein Prozent für einen Sozialfonds und vier Prozent für einen Förderfonds zur Verfügung.[109] Aus dem Sozialfonds können Berechtigte sowie deren aktive oder ehemalige Mitarbeiter bei nachgewiesener Bedürftigkeit Leistungen erhalten.[110] Die Mittel aus dem Förderfonds werden für kulturelle Maßnahmen wie filmbezogene Förderung, die Vergabe von Preisen, die Unterstützung wissenschaftlicher Projekte und Einrichtungen sowie Nachwuchsförderung verwendet.[111]

60   Der Verteilungsplan der **VG Bild-Kunst**[112] sieht Sozial- und Kulturabzüge vor, die je nach Verteilungssparte und Werkkategorie unterschiedlich hoch ausfallen. Der Sozialabzug beträgt zwischen ein und vier Prozent, der Kulturabzug zwischen null und 6,5 Prozent. Die durch den Sozialabzug bereitgestellten Mittel werden gem. § 16 Abs. 3 des Verteilungsplans einer „Stiftung Sozialwerk" überwiesen, die durch den Kulturab-

---

104 Vgl. https://www.gvl.de/gvl/zuwendungenkulturfoerderung/kulturpolitische-zuwendungen. Hier sind auch Übersichten über die in den letztvergangenen Jahren geförderten Projekte abrufbar.
105 Vgl. Anlagen 2 und 8 zum GVL-Verteilungsplan, online abrufbar unter https://www.gvl.de/rechteinhaber/kuenstler/verteilung/verteilungsplaene. Allgemein zur Förderungspraxis der GVL *Heinemann*, S. 253 f., 279 f.
106 Vgl. § 2 des Allgemeinen Teils der GWFF-Verteilungspläne für die in Deutschland erzielten Einnahmen, online abrufbar unter https://www.gwff.de/verteilungspläne.html.
107 Vgl. https://www.gwff.de/nachwuchsfoerderung.html.
108 Vgl. § 4 des TWF-Verteilungsplans D, online abrufbar unter http://www.twf-gmbh.de/downloads/, sowie die Angaben unter http://www.twf-gmbh.de/kulturfoerderung/.
109 Vgl. §§ 2 f. der VFF-Verteilungspläne für das Aufkommen aus der Geräte- und Speichermedienvergütung gem. § 54 Abs. 1 UrhG sowie für das Aufkommen aus der Kabelweitersendung gem. § 20b UrhG, abrufbar unter http://www.vff.org/verteilungsplaene.html.
110 Vgl. die Richtlinie für die Ausschüttung der Mittel des Sozialfonds gem. § 2 der VFF-Verteilungspläne, abrufbar unter http://www.vff.org/sozialfonds-richtlinie-fuer-die-verwendung-der-mittel.html.
111 Vgl. die Richtlinie für die Verwendung der Mittel des Förderfonds gem. § 3 der VFF-Verteilungspläne, abrufbar unter http://www.vff.org/foerderfonds-richtlinie-fuer-die-verwendung-der-mittel.html.
112 Online abrufbar unter http://www.bildkunst.de/service/verteilungsplan.html. Vgl. insbesondere § 16.

zug bereitgestellten Mittel einer „Stiftung Kulturwerk". Die Stiftungen sind gem. § 16 Abs. 4 des Verteilungsplans verpflichtet, die aus einer Werkkategorie erwirtschafteten Sozial- und Kulturbeiträge jeweils für Berechtigte der entsprechenden Werkkategorie einzusetzen. Begünstigte können sowohl die eigenen Berechtigten der VG Bild-Kunst als auch – bei entsprechender Vereinbarung – Berechtigte anderer Verwertungsgesellschaften sein. Die Kulturbeiträge können ferner für „Institutionen, Veranstaltungen oder Projekte mit kulturell oder kulturpolitisch besonderer Bedeutung für eine nicht unbedeutende Anzahl der Mitglieder der betroffenen Berufssparten der Bild-Kunst" verwendet werden. Die Stiftung Kulturwerk unterstützt auf Antrag konkrete Vorhaben und Projekte mit Bezug zum Tätigkeitsbereich der VG Bild-Kunst und vergibt Stipendien an Berechtigte.[113] Bei der Stiftung Sozialwerk können Mitglieder der VG Bild-Kunst, bei denen es sich um hauptberufliche Urheber handelt, in sozialen Notlagen, bei Erwerbs- und Berufsunfähigkeit sowie im Alter Unterstützungsleistungen beantragen.[114]

Kulturelle Belange werden teilweise auch innerhalb der Spartenverteilung der VG Bild-Kunst berücksichtigt. So werden Nutzungen in Sendern, die „maßgeblich Programme aus den Bereichen Kultur, Bildung und Information (Kulturprogramme) ausstrahlen", bei der Verteilung der Einnahmen in den Bereichen „Kabelweitersendung Film" und „Privatkopie Film" gem. §§ 47 Abs. 5c, 48 Abs. 5c des Verteilungsplans mit einem speziellen „Kulturfaktor" bedacht, der eine höhere Ausschüttung bewirkt. **61**

Die **VG Musikedition** hat einen Kulturfonds eingerichtet, dem jährlich zehn Prozent der Einnahmen aus §§ 70, 71 UrhG zugewiesen werden.[115] Mit Mitteln des Kulturfonds werden insbesondere wissenschaftliche Arbeiten und Notenausgaben unterstützt.[116] **62**

Die **VGF** stellt von ihrem Aufkommen pro Ausschüttungszeitraum ein Prozent in einen Sozialfonds und drei Prozent in einen Förderungsfonds ein.[117] Die Förderungsmaßnahmen umfassen einen Nachwuchspreis für Spielfilmproduzenten, Stipendien und die Förderung deutscher Filmhochschulen.[118] **63**

Die **VG WORT** hat ein Autorenversorgungswerk und einen Sozialfonds eingerichtet. Dem Autorenversorgungswerk werden gem. § 10 Abs. 2 Ziff. 1 der Satzung[119] zwischen 35 und 50 Prozent der Nettoeinnahmen zugewendet, die die VG WORT aus der Bibliothekstantieme gem. § 27 Abs. 2 UrhG erwirtschaftet. Aus dem Autorenversorgungswerk werden freiberuflichen Autoren Zuschüsse zu eigenen freiwilligen Beiträgen für eine private Altersversorgung gewährt.[120] Der Sozialfonds dient der finanziellen Unterstützung und Förderung von in Not geratenen Wortautoren und Verlegern sowie deren Hinterbliebenen. Er wird gem. § 10 Abs. 2 Ziff. 2 der Satzung aus bis zu zehn Prozent der Jahreseinnahmen der VG WORT finanziert. Ferner hat die VG WORT eine sog. „Förderungsausschüttung" zur Förderung von wissenschaftlichem Schrifttum und Fachschrifttum etabliert. Hierfür werden 50 Prozent desjenigen Aufkommens verwendet, das bei den Einnahmen, die die VG WORT aus der Bibliothekstantieme für Ausleihen in wissen- **64**

---

113 Detaillierte Informationen sind online abrufbar unter http://www.bildkunst.de/vg-bild-kunst/stiftung-kulturwerk.html.
114 http://www.bildkunst.de/vg-bild-kunst/stiftung-sozialwerk.html.
115 Vgl. § 3 des VG Musikedition-Verteilungsplans A, abrufbar unter https://www.vg-musikedition.de/service/statuten/statuten/.
116 Vgl. § 2 Ziff. 2 der Kulturfonds-Satzung (Satzung ist aktuell nicht abrufbar).
117 Vgl. § 1 Ziff. 3 des VGF-Verteilungsplans „neues Recht", online abrufbar unter https://www.vgf.de/index.php/verteilung/verteilungsplan/.
118 Vgl. https://www.vgf.de/index.php/foerderung-nachwuchs/.
119 Online abrufbar unter https://www.vgwort.de/publikationen-dokumente/satzung.html.
120 Vgl. https://www.vgwort.de/die-vg-wort/sozialeinrichtungen/autorenversorgungswerk.html.

schaftlichen Bibliotheken und Fachbüchereien erzielt, auf wissenschaftliche Bücher, Fach- und Sachbücher entfällt (§ 10 Abs. 3 der Satzung). Zur Förderung von Wissenschaft und Forschung hat die VG WORT ferner einen „Förderungsfonds Wissenschaft" eingerichtet, der u.a. Druckkostenzuschüsse und Promotionsstipendien vergibt.[121]

65 Auch bei der Verteilung differenziert die VG Wort zum Teil nach kulturellen Gesichtspunkten, so anhand von werkbezogenen Punktbewertungen, bei denen etwa Werke der Lyrik einen deutlich höheren Wert erhalten als Dokumentationen oder Börsenkommentare.[122]

Vierter Unterabschnitt
BESCHWERDEVERFAHREN

§ 33
Beschwerdeverfahren

(1) Die Verwertungsgesellschaft regelt wirksame und zügige Beschwerdeverfahren.
(2) Als Gegenstand einer Beschwerde sind dabei insbesondere zu benennen:
1. die Aufnahme und die Beendigung der Rechtewahrnehmung oder der Entzug von Rechten,
2. die Bedingungen für die Mitgliedschaft und die Wahrnehmungsbedingungen,
3. die Einziehung, Verwaltung und Verteilung der Einnahmen aus den Rechten,
4. die Abzüge von den Einnahmen aus den Rechten.
(3) ¹Die Verwertungsgesellschaft entscheidet über Beschwerden in Textform. ²Soweit die Verwertungsgesellschaft der Beschwerde nicht abhilft, hat sie dies zu begründen.

Übersicht

I. Allgemeines
   1. Bedeutung der Regelung —— 1
   2. Vorgängerregelung —— 2
   3. Unionsrechtlicher Hintergrund —— 3
   4. Entstehungsgeschichte —— 4
II. Regelungsgehalt
   1. Bereitstellungspflicht (Abs. 1) —— 6
   2. Beschwerdegegenstände (Abs. 2) —— 12
   3. Verfahrens- und Formvorschriften (Abs. 3) —— 14
III. Aufsicht durch das DPMA —— 17

I. Allgemeines

1 **1. Bedeutung der Regelung.** Die Vorschrift verpflichtet Verwertungsgesellschaften, wirksame und zügige Beschwerdeverfahren bereitzustellen, und schafft einheitliche Mindestvorgaben hinsichtlich der Beschwerdegegenstände. Sie soll zur Befriedung interner Rechtsstreitigkeiten beitragen. Dadurch kommt ihr zugleich eine staatsentlastende Funktion zu.[1] Das Beschwerdeverfahren muss Berechtigten (§ 6) und Mitgliedern (§ 7) offenstehen sowie Verwertungsgesellschaften, für die Rechte im Rahmen einer Repräsenta-

---

[121] Vgl. https://www.vgwort.de/die-vg-wort/sozialeinrichtungen/foerderungsfonds.html.
[122] Vgl. § 36 VG Wort Verteilungsplan zur Bewertung der Werkkategorien für die Verteilung im Hörfunk; zur sozialen und kulturellen Förderung der VG Wort allgemein *Heinemann*, S. 251 f., 278 f.

[1] Wandtke/Bullinger/*Gerlach*, § 33 VGG Rn 3.

tionsvereinbarung (§ 44) wahrgenommen werden. Für Rechtsinhaber (§ 5) muss das Beschwerdeverfahren jedenfalls insoweit bereitgestellt werden, als die Beschwerde die ggf. gescheiterte Aufnahme der Rechtewahrnehmung zum Gegenstand hat. Zugunsten von Nutzern (§ 8) braucht die Verwertungsgesellschaft keine Beschwerdeverfahren bereitzustellen.[2]

2. Vorgängerregelung. Das UrhWG enthielt keine vergleichbare Regelung. 2

3. Unionsrechtlicher Hintergrund. Die Norm setzt die unionsrechtliche Vorgabe 3
aus Art. 33 Abs. 1 und 2 VG-RL um.

4. Entstehungsgeschichte. Das UrhWG enthielt zwar keine vergleichbare Vorschrift 4
zu § 33. Die Möglichkeit eines Beschwerdeverfahrens ist jedoch nicht neu. Bereits vor Inkrafttreten des VGG hatten Verwertungsgesellschaften z.T. Möglichkeiten für Beschwerdeverfahren vorgesehen; bspw. konstituierte die GEMA bereits im Jahr 1981 einen Beschwerdeausschuss bei Streitigkeiten zwischen der GEMA und ihren Mitgliedern, soweit sich diese aus dem Mitgliedschaftsverhältnis ergaben.[3]

§ 33 geht im Wesentlichen auf den Vorschlag des RefE des BMJV zurück. Allerdings 5
gab Abs. 1 des RefE lediglich vor, den Anspruch auf die Durchführung eines Beschwerdeverfahrens im Statut der Verwertungsgesellschaft zu regeln. Zudem war der Kreis der Beschwerdeberechtigten im RefE klar umgrenzt auf Rechtsinhaber, Berechtigte, Mitglieder und Verwertungsgesellschaften, für die die Verwertungsgesellschaft im Rahmen einer Repräsentationsvereinbarung Rechte wahrnimmt.

II. Regelungsgehalt

1. Bereitstellungspflicht (Abs. 1). § 33 schreibt vor, dass die Verwertungsgesell- 6
schaft **wirksame** Beschwerdeverfahren regelt. Wirksam ist das Beschwerdeverfahren, wenn der Beschwerdeführer einen **Rechtsanspruch** gegen die Verwertungsgesellschaft auf Durchführung eines Beschwerdeverfahrens erlangt. Der Anspruch auf Durchführung eines Beschwerdeverfahrens (das „Ob") muss daher in das **Statut, die Wahrnehmungsbedingungen oder in den Verteilungsplan** aufgenommen werden.[4] Verfahrensregelungen zum Beschwerdeverfahren (das „Wie") können in einer Geschäftsordnung geregelt werden.

§ 33 verpflichtet die Verwertungsgesellschaft zwar nicht ausdrücklich zur Aufstel- 7
lung detaillierter Verfahrensregeln. Aus der Vorgabe, ein wirksames und zügiges Verfahren zu regeln, lässt sich jedoch schließen, dass ein gewisses Maß an Rechtssicherheit für den Beschwerdeberechtigten gewährleistet sein muss. Verwertungsgesellschaften sollten daher **einheitliche, objektive und transparente Verfahrensregelungen** aufstellen, die für den Beschwerdeführer nachvollziehbar und leicht auffindbar sind.

Gemäß § 56 Abs. 1 Nr. 12 hat die Verwertungsgesellschaft die Regelungen zum Be- 8
schwerdeverfahren **auf ihrer Internetseite zu veröffentlichen**.[5] Bislang haben die meisten Verwertungsgesellschaften die Regelungen zum Beschwerdeverfahren in ihr Statut aufgenommen, welches ebenfalls auf der Internetseite veröffentlicht werden muss (§ 56 Abs. 1 Nr. 1). Durch die Veröffentlichung des Statuts können Verwertungsgesell-

---
2 RegE-VGG, BT-Drucks. 18/7223, S. 83.
3 Kreile/Becker/Riesenhuber/*Steinau-Steinrück/Wohlgemuth*, Kap. 5 Rn 235.
4 RegE-VGG, BT-Drucks. 18/7223, S. 83.
5 Vgl. § 56 Rn 23.

schaften auch der Veröffentlichungspflicht nach § 56 Abs. 1 Nr. 12 nachkommen, wenn die Regelungen zum Beschwerdeverfahren dem Statut leicht und unmissverständlich entnommen werden können.

9 Das Beschwerdeverfahren muss zudem **zügig** durchführbar sein. Um dies zu gewährleisten, haben manche Verwertungsgesellschaften **Entscheidungsfristen**[6] in ihren Beschwerdeverfahren vorgesehen oder die Vorgabe von Abs. 1 als verbindliche Regelung[7] für ihr Beschwerdeverfahren übernommen. Letzteres erfüllt zwar die Gesetzesvorgaben dem Wortlaut nach. Zu mehr Rechtssicherheit tragen jedoch verbindliche Entscheidungsfristen bei.

10 Einige Verwertungsgesellschaften knüpfen an die **Form der Beschwerde** bestimmte Mindestanforderungen, z.B. dass die Beschwerde in Textform (§ 126b BGB) eingelegt oder den Beschwerdegegenstand erkennen lassen muss.[8] Formvorschriften wurden vom Gesetzgeber zwar nicht für Beschwerdeführer vorgeschrieben, sind jedoch zulässig, soweit sie dazu dienen, den Verwaltungsaufwand für das Beschwerdeverfahren i.S.e. zügigen Bearbeitung gering zu halten. Eine Befristung der Beschwerdemöglichkeit ist denkbar, wenn die Frist nicht zu knapp bemessen ist oder die Möglichkeit der Wiedereinsetzung in den vorigen Stand gegeben wird.[9]

11 Die Möglichkeit eines Beschwerdeverfahrens sollte nicht soweit eingeschränkt werden, dass die Mindestvorgaben[10] nach § 33 nicht eingehalten werden können. Nicht mit § 33 vereinbar wäre z.B. eine Beschränkung der Möglichkeit eines Beschwerdeverfahrens auf ordentliche Mitglieder, wenn die Verwertungsgesellschaft auch sonstige Wahrnehmungsberechtigte vertritt. Zulässig ist demgegenüber die Beschränkung des Beschwerdeverfahrens auf Wahrnehmungsberechtigte, Mitglieder sowie andere Verwertungsgesellschaften, für die Rechte im Rahmen einer Repräsentationsvereinbarung oder eines Gegenseitigkeitsvertrages wahrgenommen werden. Sowohl aus der systematischen Stellung von § 33 in Abschnitt 1, der das Innenverhältnis betrifft, als auch der Gesetzesbegründung geht hervor, dass Beschwerdeverfahren nicht zwingend für Nutzer bereitgestellt werden müssen.[11]

12 **2. Beschwerdegegenstände (Abs. 2).** Als Beschwerdegegenstände werden in Abs. 2
- die Aufnahme und die Beendigung der Rechtewahrnehmung oder der Entzug von Rechten (Nr. 1),
- die Bedingungen für die Mitgliedschaft und die Wahrnehmungsbedingungen (Nr. 2),
- die Einziehung, Verwaltung und Verteilung der Einnahmen aus den Rechten (Nr. 3) und
- die Abzüge von den Einnahmen aus den Rechten (Nr. 4)

---

6 Vgl. Nr. 4 der Geschäftsordnung für den Beschwerdeausschuss der GEMA i.d.F.v. 16./17.5.2018: „Der Beschwerdeausschuss trifft seine Entscheidungen nach mündlicher Beratung oder im schriftlichen Verfahren innerhalb von 6 Monaten ab Eingang der Beschwerde"; § 12.4 des Gesellschaftsvertrags der GVL i.d.F.v. 19.12.2016: „Der Beschwerdeausschuss soll innerhalb von sechs Monaten eine Entscheidung erlassen".
7 Vgl. GWFF-Satzung, § 16 Nr. 5 und AGICOA-Satzung : „Beschwerdeverfahren sind von der Gesellschaft wirksam und zügig durchzuführen".
8 Vgl. GÜFA-Gelleschaftsvertrag, § 16 Abs.4: „Die Behandlung einer Beschwerde setzt voraus, dass die Eingabe den Beschwerdegegenstand erkennen lässt".
9 Vgl. GVL-Gesellschaftsvertrag § 12.3 : „Der Beschwerdeausschuss kann nur innerhalb von vier Wochen seit Zugang der angegriffenen Entscheidung angerufen werden. Hat ein Beschwerdeberechtigter die Frist ohne Verschulden versäumt, ist ihm auf Antrag Wiedereinsetzung in den vorigen Stand zu gewähren (...)".
10 Siehe Rn 12.
11 RegE-VGG, BT-Drucks. 18/7223, S. 83.

genannt. Die in Nr. 1 bis 4 aufgezählten Beschwerdegegenstände sind nicht abschließend („insbesondere").[12] Nach der Begründung des Gesetzgebers kann die Verwertungsgesellschaft „auch" andere, nicht ausdrücklich benannte Angelegenheiten aus dem Wahrnehmungsverhältnis oder einer Repräsentationsvereinbarung als Beschwerdegegenstand regeln.[13] Im Umkehrschluss dazu darf die Verwertungsgesellschaft jedoch auch nicht weniger als die in Nr. 1 bis 4 aufgezählten Beschwerdegegenstände regeln. § 33 schafft insoweit bestimmte **Mindestvorgaben** für das Beschwerdeverfahren. Die in Nr. 1 bis 4 aufgezählten Beschwerdegegenstände betreffen besonders wichtige Rechte und Pflichten; z.B. ist der Erwerb der Mitgliedschaft der effektivste Weg für Berechtigte, an den Entscheidungsfindungsprozessen der Verwertungsgesellschaft mitzuwirken. Die Einziehung, Verwaltung und Verteilung der Einnahmen aus den Rechten gehört zu den essentiellen Aufgaben einer Verwertungsgesellschaft.

Die Verwertunggesellschaft kann über die Vorgaben in Nr. 1 bis 4 hinaus weitere Beschwerdemöglichkeiten regeln. Derartige **freiwillige zusätzliche Beschwerdeverfahren** sollten aus Gründen der Rechtssicherheit und Transparenz formell nicht anders gestaltet werden als verpflichtende Beschwerdeverfahren. 13

3. Verfahrens- und Formvorschriften (Abs. 3). Abs. 3 regelt in Umsetzung von Art. 33 Abs. 2 VG-RL, dass die Verwertungsgesellschaft über Beschwerden in **Textform (§ 126b BGB)** zu entscheiden hat und eine **Ablehnung begründen** muss. Der Beschwerdeführer kann dann anhand der Begründung darüber entscheiden, ob er weitere Schritte zur Durchsetzung seines Anliegens in die Wege leiten möchte.[14] 14

Ergänzend regeln einige Verwertungsgesellschaften ein **Einspruchsverfahren** gegen Entscheidungen ihres Beschwerdeausschusses.[15] Dies ist in § 33 nicht verbindlich vorgesehen, kann jedoch im Interesse der internen Streitbeilegung ergänzend zu den gesetzlichen Vorgaben geregelt werden. 15

Teilweise wird die zwingende Durchführung eines vorherigen Beschwerdeverfahrens in den Wahrnehmungsbedingungen auch zur **Zulässigkeitsvoraussetzung einer Klage** vor den ordentlichen Gerichten gemacht.[16] Dies ist unter dem Gesichtspunkt des effektiven gerichtlichen Rechtsschutzes zulässig, da die Entscheidung in einem Beschwerdeverfahren nach § 33 nicht bindend ist. Im Hinblick auf die mögliche Verjährung von Ansprüchen kommt je nach Ausgestaltung des Beschwerdeverfahrens auch eine Verjährungshemmung nach § 204 Abs. 1 Nr. 4 lit. b) BGB in Betracht. 16

---

12   BeckOK-UrhR/*Freudenberg*, § 33 VGG Rn 8; Dreier/Schulze/*Schulze*, § 33 VGG Rn 1; Wandtke/Bullinger/*Gerlach*, § 33 VGG Rn 2.
13   RegE-VGG, BT-Drucks. 18/7223, S. 83.
14   BeckOK-UrhR/*Freudenberg*, § 33 VGG Rn 15.
15   Vgl. u.a. VG WORT-Satzung, § 15 Abs. 3: „(...) Der Vorstand kann der Beschwerde abhelfen. Falls der Vorstand der Beschwerde nicht abhilft, ist eine weitere Beschwerde an die in § 12 Abs. 3 genannten Kommissionen möglich"; § 16 Abs. 7 des Gesellschaftsvertrags der GÜFA i.d.F.v.7.2.2019: „Gegen die Entscheidung einer abgelehnten Beschwerde steht den Betroffnen eine weitere Beschwerde zu, die schriftlich und mit Begründung an das Aufsichtsgremium zu richten ist. Das Aufsichtsgremium entscheidet über die Beschwerde abschließend."
16   Vgl. GEMA-Satzung, § 16 C Nr. 2: „(...) Solange der Beschwerdeausschuss nicht entschieden hat, ist der Rechtsweg zu den ordentlichen Gerichten ausgeschlossen."; GVL-Gesellschaftsvertrag, § 12.4: „(...) Der Rechtsweg ist erst eröffnet, wenn der Beschwerdeausschuss entschieden hat oder sechs Monate seit der Anrufung vergangen sind."; Wandtke/Bullinger/*Gerlach*, § 33 VGG Rn 3.

III. Aufsicht durch das DPMA

17 Die Einhaltung der Vorschriften nach § 33 unterliegt der Aufsicht des DPMA. Dies ergibt sich aus § 76 Abs. 1, wonach das DPMA als Aufsichtsbehörde darauf achtet, dass die Verwertungsgesellschaft den ihr nach dem VGG obliegenden Verpflichtungen ordnungsgemäß nachkommt. Das DPMA prüft, ob es von Amts wegen ein aufsichtsrechtliches Verfahren einleitet, wenn Anhaltspunkte für einen möglichen Verstoß gegen die Vorgaben aus § 33 vorliegen. Die Aufsichtsbehörde kann zudem gem. § 89 Abs. 2 von jedermann über mögliche Verstöße gegen das VGG informiert werden. Es besteht jedoch kein individueller Anspruch auf aufsichtsrechtliches Tätigwerden, da das DPMA gem. § 75 Abs. 2 seine Aufgaben und Befugnisse ausschließlich im öffentlichen Interesse wahrnimmt.[17]

18 Das DPMA kann nach § 85 Abs. 1 alle nach seinem Ermessen erforderlichen Maßnahmen ergreifen, um sicherzustellen, dass die Verwertungsgesellschaft die ihr nach § 33 obliegenden Verpflichtungen ordnungsgemäß erfüllt. Im Rahmen eines aufsichtsrechtlichen Verfahrens wird die Verwertungsgesellschaft zunächst gem. § 28 VwVfG zu dem möglichen Verstoß angehört.[18] Gelangt das DPMA nach Anhörung der Verwertungsgesellschaft zu der Einschätzung, dass ein Verstoß gegen Verpflichtungen nach dem VGG vorliegt, fordert es die Verwertungsgesellschaft auf, den Verstoß abzustellen. Kommt die Verwertunggesellschaft den Hinweisen des DPMA nicht nach, kann dieses den Verstoß förmlich beanstanden.

ZWEITER ABSCHNITT
Außenverhältnis

ERSTER UNTERABSCHNITT
Verträge und Tarife

§ 34
Abschlusszwang

(1) ¹Die Verwertungsgesellschaft ist verpflichtet, aufgrund der von ihr wahrgenommenen Rechte jedermann auf Verlangen zu angemessenen Bedingungen Nutzungsrechte einzuräumen. ²Die Bedingungen müssen insbesondere objektiv und nichtdiskriminierend sein und eine angemessene Vergütung vorsehen.

(2) ¹Die Verwertungsgesellschaft verstößt nicht bereits deshalb gegen ihre Verpflichtung zur Nichtdiskriminierung, weil sie die zwischen ihr und dem Anbieter eines neuartigen Online-Dienstes vereinbarten Bedingungen nicht auch einem anderen Anbieter eines gleichartigen neuartigen Online-Dienstes gewährt. ²Neuartig ist ein Online-Dienst, der seit weniger als drei Jahren der Öffentlichkeit in der Europäischen Union oder einem anderen Vertragsstaat des Abkommens über den Europäischen Wirtschaftsraum zur Verfügung steht.

---

17 Siehe § 75 Rn 10.
18 Vgl. § 89 Rn 7.

Übersicht

I. Allgemeines
   1. Bedeutung der Regelung —— 1
   2. Vorgängerregelung —— 4
   3. Unionsrechtlicher Hintergrund
      a) Abschlusszwang —— 5
      b) Angemessenheitsregeln —— 6
      c) Ausnahme für neuartige Online-Dienste —— 9
   4. Entstehungsgeschichte
      a) Abschlusszwang —— 12
      b) Angemessenheitsregeln —— 14
      c) Ausnahme für neuartige Online-Dienste —— 16

II. Schutzzweck von Abschlusszwang und Angemessenheitsverpflichtung
   1. Stellung von Verwertungsgesellschaften im Wettbewerb —— 17
   2. § 34 als Ausgleichsmechanismus —— 22
   3. Kartellrechtliche Einordnung
      a) Parallele Anwendbarkeit des Kartellrechts —— 29
      b) Entscheidungspraxis —— 30
      c) Anwendbarkeit —— 32
   4. Der „kulturelle Imperativ" in Abschlusszwang und Angemessenheitsverpflichtung —— 35
   5. Schutzzweckrichtung —— 37

III. Voraussetzungen (Abs. 1) —— 39
   1. Rechtebasis —— 40
   2. Jedermann —— 41
   3. Auf Verlangen —— 43
   4. Abschlusszwang
      a) Nutzungsrechte einräumen —— 47
      b) Ausnahmen? —— 49
         aa) Abwägungslösung des BGH —— 50
         bb) Zurückhaltende Anwendung —— 53
   5. Angemessene Bedingungen —— 54
      a) Bedingungen —— 55
      b) Angemessen —— 57
      c) Objektiv —— 62
      d) Nichtdiskriminierend —— 64
         aa) Bei natürlichen Personen —— 65
         bb) Bei juristischen Personen —— 66
         cc) Schutzzweckorientierte Auslegung —— 67
         dd) Gleichbehandlung bei der Vergütung —— 71
         ee) Gleichbehandlung versus Marktdynamik —— 74
   6. Angemessene Vergütung
      a) Ausgangspunkt —— 75
      b) Definition der Angemessenheit —— 77
      c) Kosten- und einnahmenorientierter Ansatz —— 79
         aa) Wirtschaftlicher Wert für den Nutzer —— 81
         bb) Art und Umfang der Nutzung —— 83
         cc) Aufwand der Verwertungsgesellschaft —— 85
         dd) Ausgleich —— 88
      d) Vergleichsmarktkonzept —— 90
         aa) Vergleich mit Vergütung in anderen Mitgliedsländern der EU —— 91
         bb) Erheblichkeit der Abweichung —— 93
         cc) Rechtfertigung der Differenz durch Verwertungsgesellschaft —— 94
      e) Vergleichsmodell FRAND —— 96
      f) Heranziehung von Tarifen —— 99
         aa) Anerkennung des Beweiswerts von Tarifen —— 100
         bb) Kritik —— 102
      g) Mindestvergütung und Unentgeltlichkeit —— 105

IV. Ausnahme für neuartige Online-Dienste (Abs. 2)
   1. Zweck der Ausnahme —— 108
   2. Voraussetzungen —— 109
   3. Gewährung von Probetarifen —— 112

V. Anpassung, Beendigung, Rechtsweg
   1. Laufzeit, Anpassung und Beendigung —— 114
   2. Rechtsweg —— 117

I. Allgemeines

1. Bedeutung der Regelung. Die Vorschrift sieht in **Abs. 1** einen Abschlusszwang **1** der Verwertungsgesellschaften mit Nutzern zu angemessenen Bedingungen vor. Diese Norm eröffnet den Abschnitt zum **Außenverhältnis der Verwertungsgesellschaften**.

Sie ist zentral für das Verständnis der Verwertungsgesellschaften: Diese werden im Außenverhältnis einem **Kontrahierungszwang** unterworfen. Damit erkennt der Gesetzgeber die häufig gegebene Abhängigkeit der Nutzer von den Verwertungsgesellschaften an. Zugleich wird das Interesse der Urheber geschützt, die grds. die Verwertung ihrer Werke und Leistungen wünschen und sich deshalb darauf verlassen können sollen, dass die Verwertungsgesellschaft ihre Rechte umfassend lizenziert.

2   Der Abschlusszwang stellt einen **Ausgleich zur Marktmacht** der Verwertungsgesellschaften her. Dieser Eingriff in die Vertragsfreiheit wird durch die Festlegung einer Leitlinie für die Bedingungen des Abschlusses ergänzt: Diese müssen angemessen, objektiv, nichtdiskriminierend und mit einer angemessenen Vergütung versehen sein. Diese Vorschriften werden in den weiteren Normen des Abschnitts zusätzlich konkretisiert. Die Ausgestaltung der Lizenz ist ein Baustein in der vielschichtigen Antwort auf eine der Grundfragen des Urheberrechts: Wie soll der Zugang zu den geschützten Rechten geregelt und vergütet werden?[1]

3   **Abs. 2** schränkt das Gebot der Nichtdiskriminierung wiederum ein. Er enthält eine Sonderregel für die Differenzierung zwischen verschiedenen Online-Diensten. Die Verwertungsgesellschaft darf gegenüber neuartigen Online-Diensten unterschiedliche Bedingungen vereinbaren. In dieser Norm manifestieren sich die Innovationsoffenheit des Urheberrechts und das Bemühen des Gesetzgebers, aus den bisherigen Erfahrungen mit der digitalen Revolution im Urheberrecht zu lernen.

4   **2. Vorgängerregelung.** Abs. 1 S. 1 entspricht wortgleich § 11 Abs. 1 UrhWG. Abs. 1 S. 2 und Abs. 2 sind neu. Die früher vertretene Ansicht, der Kontrahierungszwang könnte verfassungswidrig sein, hat sich nicht durchgesetzt.[2]

3. Unionsrechtlicher Hintergrund

5   **a) Abschlusszwang.** Der Abschlusszwang existiert zwar in einigen Mitgliedsstaaten, ist aber nicht im Unionsrecht vorgesehen.[3] Das ist mit Blick auf die VG-RL unschädlich, da diese ausweislich Erwägungsgrund 9 lediglich eine Mindestharmonisierung anstrebt.[4]

6   **b) Angemessenheitsregeln.** Abs. 1 S. 2 ist die Umsetzung von Art. 16 Abs. 2 UA 1 S. 1 sowie UA 2 der VG-RL.

7   Auffällig ist insbesondere, dass im deutschen Recht die Regelung der Vergütung wesentlich knapper ausgefallen ist, auch wenn mit §§ 39f. weitere Regelungen zur Tarifsetzung erfolgt sind. **Maßstab der Angemessenheit** sollen der wirtschaftliche Wert der Nutzung und der Wert der von der Verwertungsgesellschaft erbrachten Leistung sein. In der VGG-Fassung fehlt auch der eindeutige Bezug der angemessenen Vergütung für die Rechtsinhaber (und nicht etwa die Verwertungsgesellschaft). In Streitigkeiten über die Angemessenheit der Vergütung sind die insoweit präziseren Begriffe aus Art. 16 Abs. 2 UA 2 VG-RL folglich in Abs. 1 S. 2 richtlinienkonform hineinzulesen.

---

1   Grundlegend *Grünberger*, ZGE 9 (2017), 188, 189; Riesenhuber/*Ackermann*, S. 9ff.
2   Vgl. Wandtke/Bullinger/*Gerlach*, § 34 VGG Rn 3; Schricker/Loewenheim/*Reinbothe*, § 11 UrhWG Rn 2, jew. m.w.N.
3   Kritisch *Drexl/Nérisson/Trumpke/Hilty*, Max Planck Institute for Intellectual Property and Competition Law Research Paper No. 13-04, S. 8 Rn 11.
4   Vgl. Schricker/Loewenheim/*Reinbothe*, § 11 UrhWG Rn 3, der das Ungleichgewicht zwischen deutscher und europäischer Rechtslage de lege ferenda beseitigt sehen will.

In **Erwägungsgrund 31** der VG-RL wird die Zielsetzung der Norm weiter konkreti- 8
siert: Gesichert werden soll, dass die Nutzer Lizenzen erwerben können – die Werke und
Leistungen sollen nicht ungenutzt bleiben. Die Vergütungen „sollten unter anderem in
einem vernünftigen Verhältnis zu dem wirtschaftlichen Wert stehen, den die Nutzung
der Rechte in einem bestimmten Zusammenhang hat."

c) Ausnahme für neuartige Online-Dienste. Abs. 2 dient der Umsetzung von 9
Art. 16 Abs. 2 UA 1 S. 2 der VG-RL.

Die deutsche Fassung könnte durch die Formulierung „nicht bereits deshalb" als 10
etwas restriktiver als die EU-Vorlage gelesen werden. Diese Feinheit dürfte aber für die
Zuweisung der Beweislast nicht von Bedeutung sein.

In **Erwägungsgrund 32** wird die Thematik vertieft. Die Überlegung für Abs. 2 wird 11
damit transparent: Rasche Lizenzerteilung für innovative Nutzer ohne Gefahr der Schaffung eines Präzedenzfalls.

4. Entstehungsgeschichte

a) Abschlusszwang. Der Abschlusszwang wird vom Gesetzgeber als ein sowohl auf 12
einzelvertraglicher (§ 34) wie auf gesamtvertraglicher (§ 35) Ebene **„bewährtes Instrument"** angesehen.[5] Der Gesetzgeber hat daher die Vorgängerregelung übernommen. Mit
der eindeutigen Bezugnahme auf die bisherige Regelung in der Gesetzesbegründung hat
der Gesetzgeber zum Ausdruck gebracht, dass die Rechtsprechung zu § 11 UrhWG grds.
weiterhin gelten soll.[6]

Eine weitere Auseinandersetzung mit dem Abschlusszwang ist aus den Gesetzge- 13
bungsmaterialien im Übrigen nicht ersichtlich. Insoweit ist weiterhin die Begründung
zum früheren § 11 aus dem Jahr 1962 maßgeblich und zutreffend. Demnach ist der Abschlusszwang für eine Verwertungsgesellschaft „eine notwendige Folge ihrer Monopolstellung."[7] Diese ist zwar (wie schon die Gesetzesbegründung damals wusste) nicht
zwingend, aber häufig faktisch gegeben.

b) Angemessenheitsregeln. Der Begriff der „angemessenen Bedingungen" ent- 14
stammt dem hergebrachten deutschen Recht, während die Begriffe „objektiv und nichtdiskriminierend" dem Unionsrecht entstammen, wo sie in der Online-Empfehlung der
Kommission von 2005 auftauchen.[8] Die GRUR sah in einer Stellungnahme im Gesetzgebungsverfahren ein Spannungsverhältnis zu den unionsrechtlichen Begrifflichkeiten.[9]

Abs. 1 S. 2 nimmt auf die VG-RL Bezug. In Erwägungsgrund 31 („faire, diskriminie- 15
rungsfreie Lizenzbedingungen") wird deutlich, dass für die Auseinandersetzungen auch
an die vor allem aus dem Patentrecht bekannte **FRAND**-Terminologie angeknüpft wird
(„fair, reasonable and non-discriminatory").[10]

c) Ausnahme für neuartige Online-Dienste. Die Rückausnahme in Abs. 2 hat den 16
Hintergrund, dass bei Abfassung der Richtlinie ein Bedürfnis gesehen wurde, innovative
Online-Dienste zu fördern. Als solche wurden beispielsweise YouTube, Spotify, Zune

---

5 RegE-VGG, BT-Drucks. 18/7223, S. 83.
6 Zweifelnd *Würtenberger/Loschelder*, GRUR 2015, 1086, 1087.
7 RegE-UrhWG, BT-Drucks. IV/271, S. 17.
8 KOM, (2005/737/EG), Ziff. 9; zu der Empfehlung vgl. Einleitung Rn 23 ff.
9 *Würtenberger/Loschelder*, GRUR 2015, 1086, 1087.
10 Vgl. KOM, (2011/C 11/01), Rn 283 ff.

oder Napster angesehen.[11] In Erwägungsgrund 32 der VG-RL wird erläutert, dass die Vorschrift dem Ziel dient, die Verwertungsgesellschaft zu raschen Lizenzerteilungen zu ermutigen. Dies würde möglicherweise vereitelt, wenn die Verwertungsgesellschaft Gefahr laufen würde, bei Lizenzerteilung stets weitere zukünftige Anwendungsfelder mitzudenken, für die das Diskriminierungsverbot greifen würde. Die Bitte der GRUR im Gesetzgebungsverfahren um Klarstellung, ob die Ausnahme eng oder weit zu interpretieren ist, wurde nicht aufgegriffen.[12]

II. Schutzzweck von Abschlusszwang und Angemessenheitsverpflichtung

17 **1. Stellung von Verwertungsgesellschaften im Wettbewerb.** Verwertungsgesellschaften sind private Institutionen, die vom Gesetzgeber privilegiert worden sind, indem ihnen bestimmte Rechte zugewiesen wurden. Das VGG dient in Teilen der Organisation und Eingrenzung der daraus folgenden Machtposition. Eine starke Stellung haben Verwertungsgesellschaften auch bei der freiwilligen kollektiven Rechtewahrnehmung.

18 Teilweise geht die Rechtsprechung davon aus, dass Verwertungsgesellschaften eine **Monopolstellung** haben, also keinem Wettbewerb ausgesetzt sind.[13] Das ist in dieser Pauschalität nicht zutreffend, da es in einzelnen Bereichen zur Konkurrenz um Rechte und Nutzer unter den Verwertungsgesellschaften kommt (Filmbereich mit mehreren Verwertungsgesellschaften), Wettbewerbsimpulse aus dem Ausland zumindest denkbar sind (Musiksektor) und alternative Modelle der Nutzung kultureller Schöpfungen und Leistungen ohne Einschaltung von Verwertungsgesellschaften existieren (sog. Direktlizenzierung).

19 Regelfall ist aber weiterhin, dass eine Verwertungsgesellschaft faktisch ein Monopol hat.[14] Die Verwertungsgesellschaften sind „in die Lage versetzt, die Aufrechterhaltung eines wirksamen Wettbewerbs auf dem relevanten Markt zu verhindern", denn eine Verwertungsgesellschaft hat die Möglichkeit, „sich ihren Konkurrenten, ihren Kunden und letztlich den Verbrauchern gegenüber in nennenswertem Umfang **unabhängig zu verhalten**".[15]

20 Der Gesetzgeber hat in seiner Begründung darauf abgestellt, dass ein Nachfrager die identischen Rechte nicht anderweitig nachfragen kann, da diese exklusiv bei einer Verwertungsgesellschaft liegen:

„Selbst wenn für eine Art von Rechten mehrere Verwertungsgesellschaften nebeneinander bestehen, hat jede von ihnen für ihren Bereich eine Monopolstellung. Verweigert eine der Gesellschaften einem Verwerter die Einräumung der von ihr wahrgenommenen Rechte oder stellt sie unangemessene Bedingungen, so ist dem Verwerter meist mit der Möglichkeit, sich an eine andere Verwertungsgesellschaft zu wenden, nicht geholfen, da diese ihm nur die Rechte anderer Urheber oder Leistungsschutzberechtigter vermitteln kann, deren Werke oder Leistungen für die geplante Veranstaltung vielleicht ungeeignet sind."[16]

---

11 Vgl. KOM, SWD(2012) 204 final, Abschn. 3.2.
12 Vgl. *Würtenberger/Loschelder*, GRUR 2015, 1086, 1087 f. Siehe unten Rn 108 ff.
13 Etwa VG München, Urt. v. 25.10.2016 – M 16 K 15.5333 – ZUM 2017, 779.
14 Vgl. auch Kreile/Becker/Riesenhuber/*Riesenhuber/von Vogel*, Kap. 14 Rn 31.
15 St. Rspr. seit EuGH, EuGH, Urt. v. 13.2.1979 – Rs 85/76 – NJW 1979, 2460 – Hoffmann/LaRoche; EuGH, Urt. v. 14.2.1978 – Rs 27/76 – ECLI:EU:C:1978:22, Rn 65 – NJW 1978, 2439 – United Brands. Marktbeherrschung für Verwertungsgesellschaften wurde u.a. bejaht in EuGH, Urt. v. 27.2.2014 – C-351/12 – ECLI:EU:C:2014:110, Rn 86 – GRUR 2014, 473 Rn 86 – OSA. Zum Ganzen siehe *Lichtenegger*, S. 102.
16 RegE-UrhWG BT-Drucks. IV/271, S. 17.

Die (zwar nicht notwendig, aber typischerweise) starke Stellung der Verwertungsge- 21
sellschaften im Außenverhältnis ergibt sich zum einen aus der Zuweisung der Rechte,
zum anderen aus **Netzwerkeffekten**: Die Verwertungsgesellschaft agiert als **mehrseitige Plattform**, die Rechtsinhaber und Nutzer miteinander verbindet.[17] Je mehr Rechte
eine Verwertungsgesellschaft vertritt, desto attraktiver wird ihr Angebot für Nutzer – und
umgekehrt. Es handelt sich um sog. indirekte Netzwerkeffekte, die die Marktmacht der
Plattform absichern. Für alle Seiten (Rechtsinhaber, Nutzer, Intermediäre, Verwertungsgesellschaften) werden durch eine starke Plattform im Idealfall die **Transaktionskosten**
erheblich reduziert, da Suchkosten entfallen.[18] Dies hat bereits die Gesetzesbegründung
1962 gesehen:

„*Zwar gewährt der Entwurf den Verwertungsgesellschaften kein gesetzliches Monopol. Es gehört jedoch zum Wesen einer Verwertungsgesellschaft, daß sie eine große Zahl gleichartiger Rechte in ihrer Hand vereinigt, weil nur auf diese Weise eine wirksame Wahrung der Rechte möglich ist.*"[19]

2. § 34 als Ausgleichsmechanismus. Hohe Marktmacht ist der Preis der Senkung 22
von Transaktionskosten durch Bündelung in einer Hand. Marktmacht kann zu Ineffizienzen oder zur Diskriminierung führen.

§ 34 ist das Korrektiv zur Einhegung dieser Machtposition. Als „**wettbewerbspoli-** 23
tisch inspirierte Regulierung" beugt die Norm durch Gewährung einer individuellen
Rechtsposition vor, sodass die **private Rechtsdurchsetzung** neben die teilweise als defizitär empfundene Aufsicht treten kann.[20]

Abschlusszwang und Angemessenheitsregel sind **Ausgleichsmechanismen**, die 24
die starke Stellung der Verwertungsgesellschaften relativieren sollen. Im Regelfall genügt die **Gegenmacht der Nutzer** nicht, um die Übermacht der Verwertungsgesellschaft im Vertragsverhältnis zu relativieren. Das mag nur im Ausnahmefall, etwa für
Google und YouTube als Großnutzer, anders sein. Der gesetzgeberische Eingriff ist darauf ausgerichtet, die **Abhängigkeit** von der Verwertungsgesellschaft zu brechen. In
Fällen, in denen ein solches Ungleichgewicht einmal nicht besteht, kann es allerdings
angesichts des klaren Wortlauts nicht zu einer teleologischen Reduktion der Norm kommen.

Mit dem **Abschlusszwang** wird – spiegelbildlich zum Wahrnehmungszwang nach 25
§ 9 VGG – aufgefangen, dass die Nachfrager nach Lizenzen i.d.R. keine Auswahl zwischen verschiedenen Anbietern von Lizenzen haben. Sie sind auf die jeweils, in der Praxis meist exklusiv zuständige Verwertungsgesellschaft angewiesen, wenn sie auf ein
bestimmtes Werk oder Repertoire zugreifen möchten.

Mit der **Angemessenheitsklausel** wird sichergestellt, dass die asymmetrischen Ver- 26
handlungspositionen von Verwertungsgesellschaft und Nutzer nicht ausgenutzt werden
können. Die „Richtigkeitsgewähr des Vertragsmechanismus"[21] wird so regulatorisch hergestellt.[22]

---

17 *Drexl/Nérisson/Trumpke/Hilty*, Max Planck Institute for Intellectual Property and Competition Law Research Paper No. 13-04, Rn 5 ff.
18 Vgl. *Hansen/Schmidt-Bischoffshausen*, GRUR Int. 2007, 461 ff.
19 RegE-VGG, BT-Drucks. IV/271, S. 17.
20 *Drexl* in: FS Vogel, S. 227, 229 f.
21 *Schmidt-Rimpler*, AcP 147 (1941), 130 ff.
22 Vertiefend zur ökonomischen Analyse der kollektiven Rechtewahrnehmung und ihrer Probleme *Mestmäcker* in: Riesenhuber, Mestmäcker, S. 407 und passim; *Hansen/Schmidt-Bischoffshausen*, GRUR Int. 2007, 461; *Watt/Watt*, S. 167; *Watt/Handke*, S. 179; *Lichtenegger*, S. 213; *Emler*, Grünberger/Leible/*Podszun*, S. 173, 177 ff.

27   **Schutzzweck** von § 34 ist damit die Ermöglichung von Vertragsabschlüssen, als bestehe freier und fairer Wettbewerb auf den Märkten.

28   **3. Kartellrechtliche Einordnung.** § 34 steht im Kontext der kartellrechtlichen Einordnung von Verwertungsgesellschaften.[23]

29   **a) Parallele Anwendbarkeit des Kartellrechts.** Das Kartellrecht sichert den freien Wettbewerb u.a. durch das Verbot des Missbrauchs von Marktmacht (Art. 102 AEUV; §§ 19, 20 GWB). Die frühere Bereichsausnahme für Verwertungsgesellschaften vom deutschen Kartellrecht ist aufgehoben; im europäischen Kartellrecht gab es eine solche nie.[24] Aktivitäten von Verwertungsgesellschaften sind wegen ihrer hohen wirtschaftlichen Macht immer wieder **Gegenstand kartellrechtlicher Prüfung**. Kartellrecht ist parallel anwendbar. § 34 stellt aber ausdrückliche und konkretere Regeln für diese Arten von Verträgen auf. Hinzu tritt, dass das (positive) Gebot der Angemessenheit weitergehend ist als das (negative) Verbot des Missbrauchs von Marktmacht. Die in der Anwendung des Kartellrechts ermittelten Vorgehensweisen und Ergebnisse können für § 34 VGG angesichts des identischen Schutzzwecks fruchtbar gemacht werden.

30   **b) Entscheidungspraxis.** Das europäische Kartellrecht ist schon seit seinen Anfängen mit Verwertungsgesellschaften befasst. Die ältere **Entscheidungspraxis**, insbesondere zu Geschäftsbedingungen und Preisen, ist an anderer Stelle umfassend aufgearbeitet und bedarf keiner Wiederholung.[25] Das **Bundeskartellamt** hat im Hinblick auf Verwertungsgesellschaften noch kaum Aktivitäten entfaltet. Soweit ersichtlich hat es in jüngerer Zeit nur im Streit zwischen VG Media und Google um das Leistungsschutzrecht einmal zu einer Auseinandersetzung mit einer Verwertungsgesellschaft Stellung bezogen (in Form einer – seltenen – Entscheidung nach § 32c GWB: Das Amt sah keinen Anlass, gegen Google tätig zu werden).[26]

31   Etwas anderes gilt für die **Europäische Kommission** und andere Wettbewerbsbehörden, deren Fälle den EuGH im Wege von Vorlagefragen erreichten.[27]

32   **c) Anwendbarkeit.** Im Regelfall ist europäisches Kartellrecht auf die Vergütungsvereinbarungen von Verwertungsgesellschaften anwendbar. Das gilt zunächst in territorialer Hinsicht, da durch die Tarifgestaltung regelmäßig der **zwischenstaatliche Handel** beeinträchtigt werden kann. Das stellte der EuGH in AKKA/LAA in Einklang mit früherer Rechtsprechung[28] klar:

„*Die Preispraktiken einer Verwertungsgesellschaft wie der AKKA/LAA, die in ihrem Mitgliedstaat ein Monopol hat und dort die Rechte sowohl lettischer als auch ausländischer*

---

23   Überblicke bei *Mestmäcker/Schweitzer*, § 33; *Eckel*, GRUR Int. 2017, 948 (mit Fokus auf Art. 101 AEUV); Loewenheim/Meessen/Riesenkampff/Kersting/Meyer-Lindemann/*Nordemann*, 3. Teil Rn 96 ff.
24   Einleitung Rn 23.
25   Siehe die Nachweise in Einleitung Rn. 33.
26   Bundeskartellamt, Entsch. v. 8.9.2015 – B6-126/14 – WuW 2016, 38 – Google/VG Media,. Ähnlich LG Berlin, Urt. v. 19.2.2016 – 92 O 5/14 Kart – GRUR-RR 2016, 426 (nicht rechtskräftig, anhängig beim KG unter Az. 2 U 5/16); kritisch zum Urteil des LG Berlin Nordemann/Wolters, ZUM 2016, 846 ff.; zustimmend Kersting/Dworschak, ZUM 2016, 840 ff.
27   Siehe die Nachweise in der Einleitung Rn. 33 sowie für einen internationalen Überblick *Drexl*, S. 251 ff.
28   EuGH, Urt. v. 13.7.1989 – Rs. 395/87 – ECLI:EU:C:1989:319 – GRUR Int. 1990, 622 – Tournier; EuGH, Urt. v. 27.2.2014 – C-351/12 – ECLI:EU:C:2014:110 – GRUR 2014, 473 – OSA.

Rechteinhaber verwertet, können sich somit tatsächlich auf den Handel zwischen Mitgliedstaaten auswirken."[29]

Zudem sind die Verwertungsgesellschaften nach europäischem Recht **Unternehmen**, sodass das Kartellrecht in personaler Hinsicht Anwendung findet.[30] Der EuGH bestätigte dies mit Hinweis darauf, dass die Verwertungsgesellschaften Dienstleistungen am Markt erbringen.[31]

33

In vielen Fällen werden die Verwertungsgesellschaften bei der Tarifgestaltung zudem **Normadressaten** des Missbrauchsverbots in Art. 102 AEUV sein.[32]

34

4. Der „kulturelle Imperativ" in Abschlusszwang und Angemessenheitsverpflichtung. Das Urheberrecht und also auch das Recht der Verwertungsgesellschaften folgen nicht einem allein wettbewerblich-ökonomischen Imperativ, sondern sind, sogar in erster Linie, einem **kulturellen Auftrag** verpflichtet, wie schon § 1 UrhG und §§ 32 Abs. 1, 39 Abs. 3 nahelegen. Künstlerische Leistungen sollen ermöglicht werden und weite Verbreitung finden. Auch dies sichert der Abschlusszwang, indem er die Verwertungsgesellschaften zur Lizenzierung zwingt, also den Transfer der Schutzrechte verlangt.

35

Für die **Auslegung** der Begrifflichkeiten angemessen, objektiv, nichtdiskriminierend ist der **„kulturelle Imperativ"**[33] ebenfalls gleichberechtigter Schutzzweck. Es geht zum einen um die wettbewerbliche Position der Nachfrager, aber es geht auch darum, dass die geschützten Ideen nicht zu unangemessenen Bedingungen verbreitet werden.

36

5. Schutzzweckrichtung. Die Norm gestaltet den **Anspruch der Nutzer gegen die Verwertungsgesellschaft** aus. Dies gilt vor allem für den Abschlusszwang in Abs. 1 S. 1. Hinsichtlich der Angemessenheit der Bedingungen und der Honorierung kann jedoch auch eine **Schutzrichtung zugunsten der Rechtsinhaber** angenommen werden. Sie sollen an der Rechtverwertung partizipieren gem. § 11 UrhG. Der Begriff der Angemessenheit impliziert einen **Interessenausgleich**.

37

Darüber hinaus spricht der Wortlaut der von Art. 16 Abs. 2 UA 2 VG-RL durchaus dafür, auch die **Position der Verwertungsgesellschaften** bei der Angemessenheit der Vergütung als schützenswertes Interesse zu berücksichtigen. Allerdings kann sich die Angemessenheit nur an ihrer tatsächlichen Leistung orientieren.

38

III. Voraussetzungen (Abs. 1)

Die Verpflichtung aus Abs. 1 S. 1 richtet sich an Verwertungsgesellschaften. Es wird ein Anspruch auf Einräumung von Nutzungsrechten gewährt. In S. 2 werden die Vertragsbedingungen genauer ausgestaltet.

39

1. Rechtebasis. Die Verwertungsgesellschaft muss selbst über die Rechtebasis verfügen. Der Anspruch kann sich nur auf die von ihr wahrgenommenen Rechte beziehen,

40

---

29 EuGH, Urt. v. 14.9.2017 – C-177/16 – ECLI:EU:C:2017:689, Rn 29 – ZUM 2018, 44 Rn 29 – AKKA/LAA.
30 Einleitung Rn. 32.
31 EuGH, Urt. v. 14.9.2017 – C-177/16 – ECLI:EU:C:2017:689, Rn 33 – ZUM 2018, 44 Rn 33 – AKKA/LAA. Ebenso EuGH, Urt. v. 1.7.2008 – C-49/07 – EU:C:2008:376, Rn 22 – EuZW 2008, 605 – MOTOE.
32 EuGH, Urt. v. 14.9.2017 – C-177/16 – ECLI:EU:C:2017:689, Rn 29 – ZUM 2018, 44 Rn 29 – AKKA/LAA. Ebenso EuGH, Urt. v. 27.2.2014 – C-351/12 – ECLI:EU:C:2014:110, Rn 86 – GRUR 2014, 473 Rn 86 – OSA.
33 Weller/Kemle/Dreier/Lynen/*Senftleben*, S. 75.

also auf das, was im Tätigkeitsfeld der Verwertungsgesellschaft überhaupt möglich ist. Es können **keine weitergehenden Rechte** eingeräumt werden als die Verwertungsgesellschaft ihrerseits eingeräumt bekommen hat.[34]

41   **2. Jedermann.** Als Anspruchsinhaber kommt „jedermann" in Betracht, der die Einräumung der Rechte verlangt. Der **Begriff „jedermann"** ist dabei die denkbar weiteste Fassung für Lizenzsucher. Der Begriff umfasst wie „Nutzer" i.S.d. § 8[35] natürliche wie juristische Personen, Unternehmen wie Verbraucher, Inländer wie Ausländer. Spezifische Anforderungen an den Lizenznehmer, etwa ein Sitz im Inland, der Nachweis der wirtschaftlichen Leistungsfähigkeit oder ein Kriterium wie „bekannt und bewährt" in einem bestimmten Segment, dürfen nicht gestellt werden.

42   Der BGH hat entschieden, dass keine Rechteeinräumung erfolgen muss, wenn der Nachfrager **keine eigenen Nutzungshandlungen** vorhat, sondern sich lediglich als Intermediär zwischen die Verwertungsgesellschaft und den eigentlichen Nutzer drängen will.[36] In diesem Fall kann die Verwertungsgesellschaft die eigentliche Nutzung nicht mehr nachvollziehen und also auch die Bedingungen und die Vergütung nicht entsprechend ausgestalten.

43   **3. Auf Verlangen.** Das **Begehren der Rechteeinräumung** muss ernsthaft und ausdrücklich an die Verwertungsgesellschaft herangetragen werden („auf Verlangen"). Die Pflicht zur Erstellung eines Angebots wird nicht ausgelöst durch eine vage Interessenbekundung. Allerdings trifft die Verwertungsgesellschaft dann ggf. die Antwortpflicht aus § 36 Abs. 2 S. 1.[37]

44   Gleichzeitig kann nicht in jedes Verhalten gegenüber einer Verwertungsgesellschaft der Wunsch nach Abschluss eines Vertrags interpretiert werden. Die Übersendung eines Flächenplans zu den Veranstaltungen der **„Kieler Woche"** durch die Stadtverwaltung Kiel an die GEMA wurde vom OLG nicht als stillschweigender Wunsch nach Einwilligung der GEMA in die dortigen Musikaufführungen (für die sich die Stadt Kiel nicht als verantwortlich sah) eingestuft.[38]

45   Das Verlangen ist **vor Beginn der Nutzung** zu stellen. So hat der BGH zumindest 2001 geurteilt, als keine Einwilligung in eine Nutzung von Fotos vorlag, diese Nutzung aber wohl nach Treu und Glauben hätte erteilt werden müssen.[39] Auch der Kontrahierungszwang führt nicht dazu, dass ein Rechtsverhältnis automatisch entsteht: Es handelt sich zwar um eine Zwangslizenz, aber nicht um eine gesetzliche Lizenz.[40] Ein Vertrag ist daher weiterhin erforderlich; fehlt dieser, ist ein Unterlassungsanspruch denkbar.

46   Wann das Verlangen **rechtzeitig** ist, kann nur im Einzelfall bestimmt werden. Es muss der Verwertungsgesellschaft jedenfalls zumutbar sein, vor der Nutzung von dem Verlangen Kenntnis zu nehmen und ein Vertragsangebot, wenn auch standardisiert, zu übersenden. Mit Blick auf die zunehmende digitale Standardisierung von Anfragen der Nutzer und Angeboten (vgl. § 43) dürfte der Zeitraum erheblich verkürzt worden sein.[41]

---

34   Dreier/Schulze/*Schulze*, § 34 VGG Rn 8.
35   Vgl. § 8 Rn 5 ff.
36   BGH, Urt. v. 14.10.2010 – I ZR 11/08 – GRUR 2011, 61 – Gesamtvertrag Musikabrufdienste.
37   Vgl. § 36 Rn 24 f.
38   OLG Schleswig-Holstein, Urt. v. 7.12.2015 – 6 U 54/13 – ZUM-RD 2016, 198 – Kieler Woche.
39   Vgl. BGH, Urt. v. 5.7.2001 – I ZR 311/98 – GRUR 2002, 248 – Spiegel CD-Rom; BeckOK-UrhR/*Freudenberg*, § 34 VGG Rn 11 f.; Dreier/Schulze/*Schulze*, § 34 VGG Rn 6.
40   Dreier/Schulze/*Schulze*, § 34 VGG Rn 6.
41   BeckOK-UrhR/*Freudenberg*, § 34 VGG Rn 12.

> **Beispiel**
> 2011 hat der BGH die Anmeldung für die Nutzung von Musikrechten bei Freiluftveranstaltungen, für die kein Tarif bestand, **zwei bis sechs Tage vor** der Aufführung für zu kurz gehalten.[42]

4. Abschlusszwang

a) Nutzungsrechte einräumen. Die Norm ist darauf gerichtet, dass es zum Abschluss eines Lizenzvertrags zwischen Verwertungsgesellschaft und Nutzer kommt. Dabei muss nicht zwingend ein umfassendes Vertragswerk entstehen. Der Gesetzgeber macht vielmehr deutlich, was er als die **Hauptpflichten** ansieht: die Einräumung von Nutzungsrechten gegen eine angemessene Vergütung. Damit sind **einfache Nutzungsrechte** i.S.d. § 31 Abs. 2 UrhG gemeint. 47

Die Einräumung von Nutzungsrechten muss so erfolgen, dass eine **tatsächliche Nutzung** für den Nutzer effektiv möglich ist. Es fehlt an einer Einräumung von Nutzungsrechten, wenn diese mit Bedingungen versehen werden, die die Ausübung verunmöglichen, erheblich erschweren oder aus rechtlichen Gründen eine Ausübung mit Risiken behaftet ist. 48

b) Ausnahmen? Die Norm sieht – abgesehen von Abs. 2 – keine ausdrücklichen Ausnahmen vom Abschlusszwang vor. Die Rspr. geht dennoch davon aus, dass es Ausnahmen vom Abschlusszwang geben soll. 49

aa) Abwägungslösung des BGH. Der BGH hat 2009 eine Ausnahme vom Abschlusszwang anerkannt. Ein Abschlusszwang *„besteht ausnahmsweise dann nicht, wenn im Einzelfall eine missbräuchliche Ausnutzung der faktischen Monopolstellung der Verwertungsgesellschaft ausscheidet und diese dem Verlangen auf Einräumung von Nutzungsrechten vorrangige berechtigte Interessen entgegenhalten kann."*[43] In einem entsprechenden Fall sei *„eine **Abwägung** der Interessen der Beteiligten unter Berücksichtigung der Zielsetzung des Urheberrechtswahrnehmungsgesetzes sowie des Zweckes der grundsätzlichen Abschlusspflicht der Verwertungsgesellschaft"* vorzunehmen.[44] 50

Im konkreten Fall hatte der BGH die Abschlussverweigerung für zutreffend gehalten, weil der nachfragende Nutzer nicht alle Rechte erhalten konnte, die er für seine geplante Nutzung benötigte. Ein Dritter, der keinem Abschlusszwang unterlag, hatte sich nämlich geweigert, seine Rechte zu lizenzieren.[45] 51

Die Lehre von der Ausnahme bei Abwägung berechtigter Interessen fiel in der Literatur auf fruchtbaren Boden.[46] Als weitere Fälle genannt wurden etwa betroffene **Urheberpersönlichkeitsrechte** oder ein „notorischer Rechtsbrecher" als Nutzer (**Missbrauchseinwand**).[47] Angeführt wird, dass die Verwertungsgesellschaft als Treuhänderin sich bei einer Pflicht zur Lizenzierung in solchen Fällen gegenüber den Rechtsinhabern 52

---

42 BGH, Urt. v. 27.10.2011 – I ZR 175/10 – GRUR 2012, 715 Rn 10 – Bochumer Weihnachtsmarkt.
43 BGH, Urt. v. 22.4.2009 – I ZR 5/07 – ZUM 2009, 949 Rn 11 – Seeing is Believing.
44 BGH, Urt. v. 22.4.2009 – I ZR 5/07 – ZUM 2009, 949 Rn 13 – Seeing is Believing.
45 Ob es wirklich Sache der Verwertungsgesellschaft sein sollte, andere Rechtsverhältnisse zu beurteilen und so quasi Rechte Dritter mitzuverwalten, kann allerdings bezweifelt werden. Hier müsste es vielmehr im Verhandlungsgeschick des Lizenzsuchers stehen, doch eine Nutzung zu ermöglichen.
46 Wandtke/Bullinger/*Gerlach*, § 34 VGG Rn 10; Schricker/Loewenheim/*Reinbothe*, § 11 UrhWG Rn 8; Kreile/Becker/Riesenhuber/*Riesenhuber/v. Vogel*, Kap. 14 Rn 34 ff.; Dreier/Schulze/*Schulze*, § 34 VGG Rn 5; BeckOK-UrhR/*Freudenberg*, § 34 VGG Rn 29; Büscher/Dittmer/Schiwy/*Steden*, § 11 UrhWG Rn 3.
47 Zu allen Fällen m.w.N. Kreile/Becker/Riesenhuber/*Riesenhuber/v. Vogel*, Kap. 14 Rn 34 ff.

treuwidrig verhalte. Diese von der Literatur genannten Fallgruppen überzeugen aber kaum: Urheberpersönlichkeitsrechte sind von vorn herein nicht umfasst, hier würde der Hinweis auf die Rechtslage genügen. Der Missbrauchseinwand ist wenig konturiert. Eine einfache Rechtsverletzung in der Vergangenheit kann dafür jedenfalls nicht genügen.

> **Beispiel**
> Eine Verwertungsgesellschaft hatte die Einräumung von Rechten verweigert, weil der Lizenzsucher in der Vergangenheit einen Verstoß gegen die Lizenzpflicht begangen hatte. Das LG Berlin billigte dafür zu Recht keinen Missbrauchseinwand zu: Ein **früherer Rechtsverstoß** könne nicht dazu führen, dass dem Nutzer für die Zukunft grds. und ausnahmslos die Einräumung von Rechten verweigert werde.[48] Auch die Anerkennung einer – aus Sicht der Verwertungsgesellschaft – nur sehr niedrigen Vergütung (0,50 Euro statt 7,50 Euro) kann keinen Grund für eine Abschlussweigerung darstellen.[49]

53 *bb) Zurückhaltende Anwendung.* Ausnahmen können nur sehr zurückhaltend anerkannt werden. In § 34 ist **keine offene Abwägung** zum „Ob" des Abschlusses im Gesetzeswortlaut angelegt (wohl aber zum „Wie", wenn von „angemessen" die Rede ist). In Abs. 2 hat der Gesetzgeber ausdrücklich einen Ausnahmefall von der Angemessenheitsregelung aufgenommen. Dass der Gesetzgeber, obwohl bei Erlass des VGG die entsprechenden Ausnahmen lange bekannt waren, keinen allgemeinen Missbrauchseinwand ins Gesetz aufgenommen hat, ist ein Indiz dafür, dass hier keine planwidrige Regelungslücke vorliegt. Zudem würde der **Schutzzweck** des Abschlusszwangs bei einer Vielzahl von Ausnahmen durchlöchert.[50]

54 **5. Angemessene Bedingungen.** Der Vertrag darf „Bedingungen" vorsehen, die angemessen sein müssen. Angemessen, objektiv und nichtdiskriminierend sind dabei Begriffe, die **nebeneinander** stehen, wobei der Begriff der Angemessenheit zugleich ein Oberbegriff ist.[51] Die Verwertungsgesellschaft darf ihre überlegene Macht nicht nutzen, um auf vertraglichen „Nebenkriegsschauplätzen" übermäßig günstige Bedingungen durchzusetzen. Die Vergütung als Hauptleistungspflicht wird gesondert bestimmt.[52]

55 **a) Bedingungen.** Mit dem Begriff der Bedingung sind **alle Vertragsklauseln** und Nebenbestimmungen gemeint. Solche Bedingungen können etwa sein: Mindestabnahmen, Verwendungs- oder Nutzungsbeschränkungen, Zahlungsbestimmungen und -modalitäten, Verzicht auf gesetzliche Ansprüche oder Nichtangriffsabreden, Kontrollrechte, Haftungsregeln, Regeln zur Zugänglichmachung/Ablieferung/Übergabe, Laufzeiten, Regeln zur Einbeziehung Dritter, Schiedsklauseln, Vertragsstrafen, anwendbares Recht, Offenlegung von Daten.

56 Die Bedingungen, die mit dem Lizenzvertrag gestellt werden können, sind mannigfaltig, ihre Würdigung muss immer vom Einzelfall ausgehen.

---

48 LG Berlin, Urt. v. 20.3.2018 – 16 O 63/18 – ZUM 2018, 548, 550.
49 LG Berlin, Urt. v. 20.3.2018 – 16 O 63/18 – ZUM 2018, 548, 551.
50 Deutlich zu weitgehend daher Dreier/Schulze/*Schulze*, § 34 VGG Rn 5.
51 Vgl. *Würtenberger/Loschelder*, GRUR 2015, 1086, 1087.
52 Siehe Rn 75 ff.

Beispiel 1
Das KG hatte in einer ersten Entscheidung zu § 34 zu beurteilen, ob die Verwertungsgesellschaft die Lizenzierung davon abhängig machen darf, dass die Lizenznehmerin wirksame technische Maßnahmen trifft, um zu verhindern, dass Vorschaubilder, die sie auf ihrer Website öffentlich zugänglich machen wollte, von Dritten durch **Framing** auf deren Websites eingebunden werden können.[53]

Beispiel 2
In einem Fall vor dem OLG München waren die **Bedingungen bei fristloser Kündigung** der Lizenz umstritten.[54] Im konkreten Fall sollte der Lizenznehmer eine (relativ hohe) Garantiesumme an den Lizenzgeber zahlen, wenn es zu einer fristlosen Kündigung der Lizenz kam.

b) Angemessen. Als angemessen sind solche Bedingungen anzusehen, die die Rechte und Pflichten der Parteien **ungefähr gleichmäßig verteilen** und den wirtschaftlichen Interessen der Parteien gerecht werden. Letztlich manifestieren sich in der Auslegung dieses Begriffs unterschiedliche Vorverständnisse von Recht.[55] 57

Als Maßstab für den schillernden Begriff „angemessen" ist zum einen auf den wettbewerblichen Schutzzweck der Norm abzustellen und eine wettbewerbsorientierte Betrachtung vorzunehmen: Bedingungen sind dann unangemessen, wenn sie geeignet sind, die **Wettbewerbsposition** der benachteiligten Partei zu **beeinträchtigen**. Unangemessen kann auch eine solche Bedingung sein, die den **kulturellen Ausdruck übermäßig erschwert** oder behindert. Dies kann sich bspw. bei Verwendungsbeschränkungen zeigen. 58

Einzelbetrachtung und Gesamtbetrachtung sind zu unterscheiden. Nach einer Einzelbetrachtung wäre jede Bedingung für sich auf ihre Angemessenheit zu prüfen. Bei der Gesamtbetrachtung ist hingegen das gesamte Vertragsbündel zu betrachten – eine harte Einzelbedingung kann durch eine besonders gute Behandlung an anderer Stelle ausgeglichen werden. Die Gesamtbetrachtung wird der Verhandlungssituation und den Interessen der Parteien mit Blick auf den ökonomisch-wettbewerblichen Schutzzweck eher gerecht.[56] Die Einzelbetrachtung kann hingegen für die Unangemessenheit aus kultureller Perspektive angezeigt sein. 59

Beim Ansetzen einer Gesamtbetrachtung kann die Angemessenheit der Bedingungen nicht ohne Blick auf die **Vergütung**[57] geklärt werden: So können etwa bestimmte Zahlungsmodalitäten durch einen höheren oder niedrigeren Vergütungssatz abgegolten werden. 60

Beispiel 1
Im Framing-Beispiel hat das KG geprüft, ob ein sachlicher Grund vorliegt und hat die Interessen der Beteiligten unter Berücksichtigung der Schutzzwecke von VGG und Abschlusszwang abgewogen.[58]

---

53 KG, Urt. v. 18.6.2018 – 24 U 146/17 – BeckRS 2018, 15414 – nicht rechtskräftig. Dazu *Schubert*, ZUM 2018, 726; *Feldmann*, ZUM 2018, 729.
54 OLG München, Urt. v. 14.11.2013 – 23 U 2854/13 – ZUM-RD 2014, 385 – *Janosch*.
55 Riesenhuber/*Heine*, S. 41 ff., arbeitet etwa heraus, dass libertäre Ansätze die Rechte Einzelner stärken werden, andere richten sich an Verfahrenslösungen aus (liberal-konstitutioneller Ansatz), wieder andere am Effizienzkriterium der ökonomischen Analyse.
56 Vgl. BeckOK-UrhR/*Freudenberg*, § 34 VGG Rn 15.
57 Dazu Rn 75 ff.

Ein rechtlich geschütztes Interesse der Verwertungsgesellschaft am Schutz vor **Framing** konnte das KG nicht erkennen, da das Framen von bereits im Internet veröffentlichten Bildern auf weiteren Websites keiner Lizenz bedürfe. Die Bedingung wurde daher für unangemessen gehalten.

> **Beispiel 2**
>
> Im **Garantiesummen**-Beispiel prüfte das OLG München die Klausel anhand von § 307 BGB. Die Zahlung der Garantiesumme bei fristloser Kündigung führe dazu, dass eine solche Kündigung für den Lizenznehmer wirtschaftlich unmöglich werde, da er zahlen müsse, ohne das Recht weiter nutzen zu können. Es liege darin eine erhebliche Abweichung von dem Grundsatz, dass jede Seite ein Dauerschuldverhältnis aus wichtigem Grund kündigen kann. Das OLG München hielt die Klausel daher für unangemessen.[59]

61   An diesem Beispiel (in dem keine Verwertungsgesellschaft involviert war) wird deutlich, dass der Begriff der Angemessenheit auch durch **AGB-Recht** ausfüllungsfähig ist. Konsequenter wäre freilich in beiden Beispielen eine Prüfung gewesen, was Schutz vor Framing und Garantiesummenpflicht für die Wettbewerbsposition der betroffenen Lizenznehmer oder für die Verbreitung der kreativen Schöpfungen bedeutet hätten.

62   c) **Objektiv.** Die Bedingungen müssen „objektiv" sein. Damit ist gemeint, dass die Bedingungen **unabhängig von der Person** des Gegenübers getroffen werden, dass sie sachlich **begründet und nachvollziehbar** sind. Objektiv sind Bedingungen, die sich in für jedermann nachvollziehbarer Weise an festgelegten Parametern orientieren, die also nicht willkürlich und subjektiv gesetzt werden.

63   Dieses Merkmal stellt insbesondere **Begründungsanforderungen** an die Verwertungsgesellschaft. Wenn sie plausibel darlegen kann, welche rationalen Gründe eine Bedingung tragen, spricht dies für die Objektivität.

64   d) **Nichtdiskriminierend.** Nichtdiskriminierend sind Bedingungen, die nicht Merkmale in der Person des Gegenübers zum Parameter der Bedingungssetzung werden lassen: Die Nutzer müssen im Wesentlichen **gleichbehandelt** werden, soweit Unterschiede nicht sachlich gerechtfertigt sind.[60] Diesem Ziel dient bei massenhafter Nutzung die Tarifaufstellung (§§ 38 ff.).

65   aa) *Bei natürlichen Personen.* Bei natürlichen Personen darf nicht an **Merkmale des Individuums** (z.B. Nationalität, Herkunft, sexuelle Orientierung usw.) angeknüpft werden. Nach § 39 Abs. 3 VGG ist aber bei der Tarifaufstellung u.a. auf religiöse Belange der Nutzer Rücksicht zu nehmen. Die Verweigerung des Vertragsabschlusses auf Basis der Staatsangehörigkeit wurde als Verstoß gegen das kartellrechtliche Diskriminierungsverbot angesehen.[61]

66   bb) *Bei juristischen Personen.* Bei juristischen Personen ist die Grenzlinie zwischen zulässigen und unzulässigen Anknüpfungspunkten für eine Differenzierung in den Bedingungen schwieriger zu ziehen. Die Bedingungen dürfen insbesondere nicht an den Sitz oder die „Herkunft" der juristischen Person oder Merkmale wichtiger Individuen im

---

58 KG, Urt. v. 18.6.2018 – 24 U 146/17 – BeckRS 2018, 15414 Rn 14 – nicht rechtskräftig. Differenzierend *Schubert*, ZUM 2018, 726; *Feldmann*, ZUM 2018, 729.
59 OLG München, Urt. v. 14.11.2013 – 23 U 2854/13 – ZUM-RD 2014, 385 – Janosch.
60 Wandtke/Bullinger/*Gerlach* § 34 VGG Rn 5.
61 EuGH, Urt. v. 2.3.1983 – Rs. 7/82 – ECLI:EU:C:1983:52 – NJW 1984, 2755 – GVL.

Unternehmen (z.B. ausländischer Mehrheitseigner) anknüpfen. Bei anderen Merkmalen ist es schwieriger: Stellen die Größe des Unternehmens, seine wirtschaftliche Leistungsfähigkeit oder das Geschäftsmodell Faktoren dar, die für die Bedingungen berücksichtigt werden dürfen?

cc) Schutzzweckorientierte Auslegung. Entscheidend ist die Gleichbehandlung im Wettbewerb. Es kommt damit darauf an, ob Nachfrager, die **im Wettbewerb miteinander** stehen, also auf denselben Märkten tätig sind, zu gleichen Bedingungen tätig werden können. Dabei ist auch auf solche strukturellen Merkmale der Nachfrager abzustellen, die sich kostenrelevant auf die Tätigkeit der Verwertungsgesellschaften auswirken. Die Verwertungsgesellschaft soll nicht durch die Gestaltung der Lizenzen zum **Gatekeeper** für nachgelagerte Märkte werden oder dort über die wettbewerbliche Ausgangsposition der Unternehmen entscheiden. 67

Ein Beispiel liefert die kartellrechtliche Entscheidung in Sachen MEO. Das Unternehmen **MEO** wandte sich als Anbieter der Übertragung von Fernsehsignalen gegen eine Einstellungsverfügung der portugiesischen Wettbewerbsbehörde, die nicht gegen die aus Sicht von MEO diskriminierenden Tarife der Verwertungsgesellschaft GDA vorgegangen war.[62] Die GDA hatte für Großkunden drei unterschiedliche Gebührentabellen angelegt. Die Wettbewerbsbehörde hatte festgestellt, dass es nur zu geringfügigen Unterschieden gekommen war. Der EuGH hatte nun zu klären, ob darin bereits eine **Diskriminierung** liegt. 68

Entschieden wurde, dass für eine Diskriminierung nicht eine tatsächliche, messbare Verschlechterung der Wettbewerbsposition erforderlich ist. Es genügt, wenn eine Analyse aller Umstände den Schluss zulässt, dass die Diskriminierung „*einen Einfluss auf die Kosten, auf die Gewinne oder auf ein anderes maßgebliches Interesse*" des Unternehmens hat.[63] Die dann anzunehmende **Eignung, die Wettbewerbsposition zu beeinträchtigen,** genügt für einen Verstoß. 69

Mit Blick auf den kulturellen Schutzzweck darf die Verwertungsgesellschaft sich nicht zum **Kulturwächter** machen, indem sie bestimmte Nutzungen bevorzugt. „Kunstrichtertum" seitens der Verwertungsgesellschaften, etwa durch bessere Bedingungen für eine traditionelle Nutzung im Vergleich zu einer kreativen Nutzung oder umgekehrt, ist ausgeschlossen. Anders ist es bei religiösen, kulturellen und sozialen Belangen, die die Verwertungsgesellschaft bei der Aufstellung ihrer Tarife gem. § 39 Abs. 3 zu berücksichtigen hat.[64] 70

dd) Gleichbehandlung bei der Vergütung. Das Gleichbehandlungsgebot erstreckt sich auch auf die Höhe der Vergütung. Dies ergibt sich bereits aus dem **Umkehrschluss zu Abs. 2**. Gleichartigen Nutzern sind in vergleichbaren Konstellationen die gleichen Konditionen einzuräumen. Auch hier gilt, dass als **gleichartige Nutzer** vor allem solche anzusehen sind, die erstens als Wettbewerber auf denselben Märkten tätig sind und die zweitens anhand ihrer strukturellen Merkmale dieselben Startchancen auf diesen Märkten haben und für die Verwertungsgesellschaften strukturell dieselben Kosten verursachen. 71

Im EuGH-Fall Kanal 5 und TV 4[65] wurde das Diskriminierungskriterium geprüft, da in Schweden die **Gebühren zwischen privaten und öffentlich-rechtlichen Fernsehsendern** auseinander fielen. Der EuGH hat eine Diskriminierungsprüfung verlangt: Wenn abweichende Tarife verlangt werden, ist dies ein Indiz der Missbräuchlichkeit. Wird die wettbewerbliche Position dadurch geschwächt, ist dies ein Fall für das Kartell- 72

---

62 EuGH, Urt. v. 19.4.2018 – C-525/16 – ECLI:EU:C:2018:270 – GRUR Int. 2018, 850 – MEO.
63 EuGH, Urt. v. 19.4.2018 – C-525/16 – ECLI:EU:C:2018:270, Rn 37 – GRUR Int. 2018, 850 Rn 37 – MEO.
64 Vgl. § 39 Rn 46 ff.
65 EuGH, Urt. v. 11.12.2008 – C-52/07 – ECLI:EU:C:2008:703 – GRUR 2009, 421 – Kanal 5 und TV 4.

recht. Die Verwertungsgesellschaft kann sich jedoch durch Vortrag einer objektiven Rechtfertigung exkulpieren.[66] Der EuGH erwähnt dabei auch Aufgabe und Finanzierung öffentlich-rechtlicher Anstalten als denkbare Rechtfertigung.

73 Liegt kein gleichartiger Fall vor, sind solche anderen **Lizenzverträge** heranzuziehen, bei denen die Nutzung ihren Merkmalen und ihrem Umfang nach einem bestehenden Lizenzvertrag möglichst nahekommt. Dabei kann auch ein nahestehender Tarif herangezogen werden.[67]

74 *ee) Gleichbehandlung versus Marktdynamik.* Das Merkmal der Nichtdiskriminierung hat ein Element des Statischen in sich. Theoretisch ist denkbar, dass dieselbe Vergütungshöhe, dieselben Bedingungen wegen des Gleichbehandlungsgebots auf ewig fortgesetzt würden, ohne dass **neue Entwicklungen**, z.B. Kostensenkungen oder eine neue Würdigung der Marktverhältnisse, berücksichtigt werden könnten. Das kann nicht gemeint sein, auch i.S.d. Schutzzwecks der Norm nicht. Daher bezieht sich die Nichtdiskriminierung in erster Linie darauf, dass Nutzer hinsichtlich des grundsätzlichen Vorgehens nicht schlechter behandelt werden dürfen. Die Kriterien als solche dürfen sich nicht ohne Weiteres wandeln, wohl aber die Ausfüllung der Kriterien.

6. Angemessene Vergütung

75 **a) Ausgangspunkt.** Was eine angemessene Vergütung ist, wird in § 34 nicht näher thematisiert.[68] Durch die Betonung der Angemessenheit der Vergütung sollen **drei Ziele** in Einklang gebracht werden: Erstens muss gesichert werden, dass den Nutzern nicht von der ihnen überlegenen Verwertungsgesellschaft zu hohe Gebühren abverlangt werden. Zweitens sollen die Rechtsinhaber belohnt werden, *„wo das materielle Recht eine solche [angemessene Vergütung] zugunsten der Rechtsinhaber vorsieht."*[69] Eine solche Verpflichtung ergibt sich auch aus Art. 18 DSM-Richtlinie, der eine "angemessene und verhältnismäßige Vergütung" für Urheber und ausübende Künstler verlangt. Schließlich sollen die Verwertungsgesellschaften für den notwendigen administrativen Aufwand entschädigt werden. Diese Ziele sind **in ein ausgewogenes Verhältnis** zu bringen.

76 Die Vergütung darf, wie sich aus Abs. 2 ergibt, auch nicht diskriminierend sein.[70]

77 **b) Definition der Angemessenheit.** Für die Angemessenheit kommt es, so heißt es regelmäßig, auf die **Relation von Leistung und Gegenleistung** an.[71] Die Höhe der Vergütung muss also spiegeln, was der Lizenznehmer als Leistung von der Verwertungsgesellschaft erhält. Die Methodik zur Feststellung der Angemessenheit im Streitfall ist nicht festgelegt.[72]

78 In einem freien und fairen Marktgeschehen würde der angemessene Preis durch die **marktmäßige Koordination von Angebot und Nachfrage** ermittelt. Da das Marktge-

---

66 EuGH, Urt. v. 11.12.2008 – C-52/07 – ECLI:EU:C:2008:703, Rn 44 – GRUR 2009, 421 – Kanal 5 und TV 4.
67 BGH, Urt. v. 27.10.2011 – I ZR 175/10 – GRUR 2012, 715 – Bochumer Weihnachtsmarkt; BGH, Urt. v. 27.10.2011 – I ZR 125/10 – GRUR 2012, 711 – Barmen Live; BGH, Urt. v. 1.6.1983 – I ZR 98/81 – GRUR 1983, 565 – Tarifüberprüfung II.
68 Vgl. dazu aber § 39 Rn 1 ff.
69 RegE-VGG, BT-Drucks. 18/7223, S. 83.
70 Dazu oben Rn 64 ff.
71 EuGH, Urt. v. 27.2.2014 – C-351/12, ECLI:EU:C:2014:110, Rn 88 – GRUR 2014, 473 Rn 88 – OSA; BGH, Urt. v. 27.10.2011 – I ZR 175/10, Rn 26 – GRUR 2012, 715 Rn 26 – Bochumer Weihnachtsmarkt; Schricker/Loewenheim/*Reinbothe*, § 11 UrhWG Rn 5; BeckOK-UrhR/*Freudenberg*, § 34 VGG Rn 15.
72 Vgl. Riesenhuber/*Ohly*, S. 169 ff.

schehen durch die monopolartige Stellung der Verwertungsgesellschaft aber verzerrt ist, müssen Näherungen an diese wettbewerbliche Strukturierung versucht werden.[73] Dass die Suche nach dem „gerechten Preis" eine nie befriedigend aufzulösende Grundfrage des Urheberrechts ist, soll hier nur erwähnt werden.[74] Realistisch ist, dass nicht eine einzelne konkrete Lizenzhöhe die einzig angemessene ist, sondern eine **Bandbreite** von möglichen Lösungen als angemessen anzusehen ist. Daher können verschiedene methodische Ansätze im Einzelfall getestet werden, um die Bandbreite zu erkennen.[75]

c) Kosten- und einnahmenorientierter Ansatz. Häufig wird ein Ansatz vertreten, 79 der sich in eher allgemeiner Weise an den Einnahmen der Nutzer und den Kosten der Verwertungsgesellschaften orientiert.[76] Dazu gibt Art. 16 Abs. 2 UA 2 S. 2 der VG-RL einige Bezugspunkte vor. In § 39 Abs. 1 S. 1 ist abweichend formuliert, dass an **die geldwerten Vorteile**, die durch die Verwertung erzielt werden, anzuknüpfen ist.[77] Dabei soll in Anlehnung an § 39 Abs. 2 Rücksicht genommen werden auf den *„Anteil der Werknutzung am Gesamtumfang des Verwertungsvorgangs".*[78] Anzusetzen seien zudem wie in § 39 Abs. 2 die **Kosten der Verwertungsgesellschaften** für Administration sowie entsprechend § 39 Abs. 3 für sonstige Leistungen (z.B. soziale/kulturelle Funktionen).

Die konkrete Bezifferung der drei Punkte ist äußerst schwierig. Sie sind auch nicht ab- 80 schließend. Auch der EuGH hat aber in den Fällen OSA und Kanal 5 und TV 4 in dieser Richtung argumentiert.[79] In OSA stritten eine Verwertungsgesellschaft und der Betreiber einer Gesundheitseinrichtung darum, ob für die auf den Zimmern gespielte Musik eine Lizenzgebühr entrichtet werden müsse. Dabei wurde auch die Unangemessenheit der Lizenzgebühr gerügt. In Kanal 5 und TV 4 ging es um einen Streit zwischen einer schwedischen Verwertungsgesellschaft und Fernsehsendern über die Gebühren für Musiklizenzen.

aa) Wirtschaftlicher Wert für den Nutzer. Die geldwerten Vorteile, die durch die 81 Verwertung erzielt werden, spiegeln die wirtschaftliche Bedeutung für den Lizenznehmer, sodass an seine **Einnahmen** angeknüpft werden kann.[80]

Der EuGH ließ als Ausgangspunkt für die Berechnung in den o.g. Fällen genügen, 82 dass an die **Einnahmen des Fernsehsenders** angeknüpft wurde.[81] In der Entscheidung Barmen Live hat der BGH **Eintrittsgelder** und Größe der Veranstaltungsfläche für zutreffende Ausgangspunkte für die Gebührenberechnung angesehen.[82] Die Vergütung kann auch ein Prozentsatz vom Einzelverkaufspreis eines Produkts sein.[83]

bb) Art und Umfang der Nutzung. In der Angemessenheitsprüfung muss berück- 83 sichtigt werden, wie und was der Lizenznehmer nutzt. Die **Intensität der Nutzung** spielt

---

73 Für einen wettbewerblichen Ansatz auch Riesenhuber/*Ackermann*, S. 9 ff.; Riesenhuber/*Ohly*, S. 169, 172.
74 Vgl. *Grünberger*, ZGE 9 (2017), 188 ff.; Riesenhuber/*Ackermann*, S. 9 ff.
75 So auch für das Patentrecht *Friedl/Ann*, GRUR 2014, 948, 955.
76 Siehe etwa BeckOK-UrhR/*Freudenberg*, § 34 VGG Rn 17 f.; HK-UrhR/*Hentsch*, § 34 VGG Rn 7.
77 BGH, Urt. v. 27.10.2011 – I ZR 124/10 – GRUR 2012, 711 – Barmen Live.
78 Vgl. § 39 Rn 38.
79 EuGH, Urt. v. 27.2.2014 – C-351/12 – ECLI:EU:C:2014:110, Rn 88 – GRUR 2014, 473 Rn 88 – OSA; EuGH, Urt. v. 11.12.2008 – C-52/07 – ECLI:EU:C:2008:703 – GRUR 2009, 421 – Kanal 5 und TV 4.
80 Vgl. § 39 Rn 17 ff. Vgl. entsprechend auch (für den Begriff der Angemessenheit gegenüber den Urhebern) Erw.Gr. 73 der DSM-Richtlinie.
81 EuGH, Urt. v. 11.12.2008 – C-52/07 – ECLI:EU:C:2008:703, Rn. 41 – GRUR 2009, 421 Rn 41 – Kanal 5 und TV 4.
82 BGH, Urt. v. 27.10.2011 – I ZR 124/10 – GRUR 2012, 711 – Barmen Live.
83 BGH, Urt. v. 22.1.1986 – I ZR 194/83 – GRUR 1986, 376 – Filmmusik.

hierfür eine Rolle. Die Rechte können für seine Tätigkeit zentral oder bloßes untergeordnetes Beiwerk sein. Es kann sich um eine große Anzahl von Rechten handeln oder um ein einzelnes. Durch die Nutzung kann eine massive Verwertung der Rechte geschehen, die künftige weitere Nutzungen erschwert oder prägt. Es kann aber auch für die sonstige Verwertung des Rechts ohne jede Auswirkung bleiben.

84 Der EuGH stellte im TV-Fall fest, die Gebühr müsse „*in angemessenem Verhältnis zu der Menge urheberrechtlich geschützter Musikwerke*" stehen, „*die im Fernsehen tatsächlich übertragen worden ist oder übertragen werden kann*".[84] Es dürfe auch keine andere Methode geben, nach der die Nutzung dieser Werke und der Zuschaueranteil **genauer** festgestellt und mengenmäßig bestimmt werden können, ohne dass sie zugleich zu einer unverhältnismäßigen Erhöhung der Verwaltungskosten für die Verwertungsgesellschaft führten.[85] Der EuGH nimmt es also als angemessen hin, wenn nach erzielten Einnahmen und tatsächlicher Nutzung eine Gebühr ermittelt wird.

85 *cc) Aufwand der Verwertungsgesellschaft.* In der Vergütung ist auch der wirtschaftliche Wert der von der Organisation für die kollektive Rechtewahrnehmung erbrachten Leistung zu berücksichtigen. Die Lizenz muss also einen Betrag für die **Leistung der Verwertungsgesellschaft** ansetzen.

86 Hinsichtlich der zu berücksichtigenden Kosten der Verwertungsgesellschaften ist zu beachten, dass diese **effizient** arbeiten müssen. So kann nicht jede erdenkliche Ausgabe einer Verwertungsgesellschaft in der Berechnung geltend gemacht werden.[86] Es können seitens der Verwertungsgesellschaft nur solche Kosten angesetzt werden, die für eine effiziente Leistungserbringung erforderlich sind. Sonst würde die typische Mangelerscheinung des Wettbewerbs, die Ineffizienz des Monopolisten, gefördert.

87 Die Leistungen, die für **kulturelle und soziale Zwecke** tatsächlich aufgewendet werden, können vollständig anerkannt werden.

88 *dd) Ausgleich.* Gesetz und VG-RL schweigen, welcher Anteil letztlich angemessen ist, wenn diese Faktoren ermittelt sind. Faktisch läuft dieser Ansatz im Streitfall auf eine hoheitliche Preisfestlegung hinaus. Darin liegen eine **Gewinnbegrenzung** beim Nutzer und eine Umverteilung zum Schutzrechtsinhaber. Im Kartellrecht wird von einem solchen Ansatz, der dem Nutzer seine Vermarktungserfolge weitgehend nimmt, abgerückt.[87] Im Urheberrecht hat es aber wegen des Beteiligungsgrundsatzes und **§ 11 Abs. 2 UrhG** seine Bedeutung.

89 Entscheidend ist bei diesem Konzept der **Leistungsanteil des Nutzers** an seinem wirtschaftlichen Gesamterfolg: Wenn seine Leistung im Wesentlichen darin besteht, durch geringen Aufwand geschützte Werke zugänglich zu machen, und er damit einen hohen Gewinn erzielt (z.B. Zugänglichmachung im Internet bei hohen Werbeeinnahmen und geringer Eigenleistung), ist es angemessen, die Urheber daran stark zu beteiligen und ihnen einen großen Anteil an den Einnahmen zuzubilligen. Treten hingegen die Werke und Leistungen nur am Rande in Erscheinung und spielen sie für den Erfolg des Nutzers nur eine untergeordnete Rolle (z.B. Musikausstrahlung im Krankenhaus, Hintergrundmusik im Café), verbleibt der ganz überragende Anteil der Einnahmen beim Nutzer.[88]

---

84 EuGH, Urt. v. 11.12.2008 – C-52/07 – ECLI:EU:C:2008:703, Rn. 41 – GRUR 2009, 421 -Kanal 5 und TV 4.
85 EuGH, Urt. v. 11.12.2008 – C-52/07 – ECLI:EU:C:2008:703, Rn. 41 – GRUR 2009, 421 -Kanal 5 und TV 4.
86 Diese Einschränkung fehlt bei BeckOK-UrhR/*Freudenberg*, § 34 VGG Rn 18.
87 Vgl. Immenga/Mestmäcker/*Fuchs/Möschel*, § 19 GWB Rn 344.
88 Im Fall Tarifüberprüfung II war etwa streitig, ob Musik bei einer Peep-Show nur untermalend und einstimmend eingesetzt wird oder ob sie einen bestimmenden Charakter für die Veranstaltung hat, vgl. BGH, Urt. v. 1.6.1983 – I ZR 98/81 – GRUR 1983, 565 – Tarifüberprüfung II.

d) Vergleichsmarktkonzept. Ein alternativer Ansatz zur Berechnung der Angemessenheit ist die Arbeit mit dem Vergleichsmarktkonzept: Angemessen wäre die Vergütung dann, wenn auf einem wettbewerblich strukturierten, **vergleichbaren Markt** ähnliche Vergütungen erzielt werden.[89] 90

aa) Vergleich mit Vergütung in anderen Mitgliedsländern der EU. Der EuGH wandte dieses Konzept im Fall **AKKA/LAA** an, als der lettische Wettbewerbsrat gegen aus seiner Sicht überhöhte Gebühren einer Verwertungsgesellschaft für Musiklizenzen vorgegangen war.[90] Die Behörde hatte einen Ausbeutungsmissbrauch durch ein marktbeherrschendes Unternehmen gesehen. Die Tarife hatten um 50 bis 100 Prozent über den Vergleichswerten aus anderen Staaten gelegen. Zum Vergleich wurden insbesondere die Tarife in Estland und Litauen herangezogen. 91

Zur Überprüfung der Angemessenheit der Tarife stellte der EuGH in AKKA/LAA methodisch fest, „*dass für die Prüfung, ob eine Verwertungsgesellschaft unangemessene Preise im Sinne von Art. 102 Abs. 2 Buchst. a AEUV berechnet, ein* **Vergleich ihrer Tarife mit den Tarifen in den Nachbarstaaten** *sowie den KPI-bereinigten Tarifen in anderen Mitgliedstaaten zweckmäßig ist, sofern die Referenzstaaten nach objektiven, geeigneten und überprüfbaren Kriterien ausgewählt wurden und die Vergleiche auf einer einheitlichen Grundlage beruhen. Dabei ist es zulässig, die Tarife für ein oder mehrere spezifische Nutzersegmente zu vergleichen, wenn Anzeichen dafür vorliegen, dass in diesen Segmenten möglicherweise übertrieben hohe Gebühren verlangt werden.*"[91] Das Vorgehen des lettischen Wettbewerbsrats wurde damit gebilligt. 92

bb) Erheblichkeit der Abweichung. Die Erzwingung von Tarifen, die erheblich höher sind als die Vergleichstarife, ist ein **Anzeichen für den Missbrauch** einer marktbeherrschenden Stellung.[92] Die Schlüsselfrage ist, wann eine Abweichung im konkreten Fall erheblich ist. Eine **Mindestschwelle** der Erheblichkeit gebe es nicht, so der EuGH. Es komme darauf an, dass der Unterschied „signifikant" sei und „anhaltend", nicht nur vorläufig oder zeitweise, verlangt werde.[93] 93

Beispiel
Der EuGH-Entscheidung AKKA/LAA lagen folgende Abweichungen zugrunde: Für Flächen zwischen 81 m² und 201 bis 300 m² waren die Tarife in Lettland mindestens **doppelt** so hoch wie in Estland und Litauen. Beim Vergleich mit Tarifen in anderen Mitgliedstaaten wurden die Durchschnittstarife um 50 bis 100 Prozent überschritten, wobei für Räumlichkeiten mit einer Fläche von 85,5 m² bis ungefähr 140 m² einzig Rumänien höhere Gebühren ansetzte als Lettland.[94]

---

cc) Rechtfertigung der Differenz durch Verwertungsgesellschaft. Liegt eine erhebliche Abweichung vor, ist es Sache der Verwertungsgesellschaft, den Nachweis zu führen, dass **objektive Umstände** die Differenz rechtfertigen.[95] Der EuGH eröffnet diese 94

---

[89] Vgl. Loewenheim/Meessen/Riesenkampff/Kersting/Meyer-Lindemann/*Loewenheim*, § 19 GWB Rn 77 ff.
[90] EuGH, Urt. v. 14.9.2017 – C-177/16 – ECLI:EU:C:2017:689 – ZUM 2018, 44 – AKKA/LAA
[91] EuGH, Urt. v. 14.9.2017 – C-177/16 – ECLI:EU:C:2017:689, Rn 51 – ZUM 2018, 44 – AKKA/LAA (Hervorhebung nur hier). KPI = Kaufkraftparitätsindex.
[92] EuGH, Urt. v. 14.9.2017 – C-177/16 – ECLI:EU:C:2017:689, Rn 53 – ZUM 2018, 44 – AKKA/LAA.
[93] EuGH, Urt. v. 14.9.2017 – C-177/16 – ECLI:EU:C:2017:689, Rn 55 – ZUM 2018, 44 – AKKA/LAA.
[94] EuGH, Urt. v. 14.9.2017 – C-177/16 – ECLI:EU:C:2017:689, Rn 54 – ZUM 2018, 44 – AKKA/LAA.
[95] EuGH, Urt. v. 14.9.2017 – C-177/16 – ECLI:EU:C:2017:689, Rn 57 f. – ZUM 2018, 44 – AKKA/LAA.

Rechtfertigungsmöglichkeit ausdrücklich, schiebt die **Beweislast** aber – auch im behördlichen Verfahren – auf die Verwertungsgesellschaft. Die objektiven Umstände können in den Verwaltungskosten oder der Ausschüttung an die Rechtsinhaber begründet liegen. Hier darf freilich der Vortrag der Verwertungsgesellschaft nicht blind akzeptiert werden, wie auch der EuGH klarstellt: Die Höhe der Kosten kann gerade in der durch die Wettbewerbslosigkeit bedingten Ineffizienz der jeweiligen Verwertungsgesellschaft liegen.[96]

95 Im Fall AKKA/LAA bleibt der EuGH insofern auf der Linie, die im Fall **Tournier** bereits gezogen wurde, als es um die Überprüfung eines Strafverfahrens gegen den Direktor der französischen Verwertungsgesellschaft SACEM ging. Ihm war vorgeworfen worden, willkürliche und unangemessen überhöhte Preise von Diskothekenbetreibern zu verlangen, insbesondere **im europäischen Quervergleich**.[97]

96 **e) Vergleichsmodell FRAND.** Anhaltspunkte ergeben sich auch aus dem Parallelproblem im Patentrecht, wo für standardessentielle Patente häufig eine Lizenzierung zu FRAND-Bedingungen geschuldet ist (**FRAND = fair, reasonable and non-discriminatory**). Die Bestimmung von FRAND ist schwierig und umstritten.[98]

97 Die patentrechtliche Diskussion ist – nach der Orange Book Entscheidung des BGH[99] – insbesondere durch die **Huawei**-Entscheidung des EuGH geprägt.[100] Seither geht es vor allem darum, ein **Verfahren** vorzusehen, das den Patentinhaber und den abhängigen Lizenzsucher zu einer Einigung bringt. Es ergibt sich ein Ping-Pong von Angeboten und Gegenangeboten, angereichert um Hinterlegungsregeln; die Gewichte wurden dabei vom EuGH sanft zugunsten des Lizenzsuchers gesetzt.[101] Diese Verfahrensregeln finden ein Echo in §§ 36, 37.

98 Substantielle Regelungen zur Bestimmung der FRAND-Lizenzhöhe nehmen ihren Ausgangspunkt vor allem am Wert der Erfindung im Verhältnis zum Gesamtprodukt, dem Wert anderer Faktoren und vergleichbaren Lizenzverträgen.[102] Abgestellt wird damit auf eine Kombination aus den oben dargestellten Ansätzen der Gewinnbegrenzung und des Vergleichsmarkts. In anderen Modellen wird eher auf die Marktsituation und ökonomische Expertengutachten vertraut[103] oder auf eine gerechte Gewinnverteilung unter den Parteien.[104] Ein Ansatz, der auf die Amortisation der erforderlichen Kosten setzt,[105] kann für das Urheberrecht nicht adaptiert werden: Die „sweat of the brow"-Doktrin ist dem Urheberrecht fremd.

---

96 Vgl. das Problem der „cellophane fallacy": *Dewenter/Rösch/Terschüren*, NZKart 2014, 387, 390; Immenga/Mestmäcker/*Fuchs/Möschel*, § 19 GWB Rn 47.
97 EuGH, Urt. v. 13.7.1989 – Rs. 395/87 – ECLI:EU:C:1989:319 – GRUR Int. 1990, 622 – Tournier; ebenso in der Sache EuGH, Urt. v. 13.7.1989 – C-110/88 – ECLI:EU:C:1989:326 – EuZW 1990, 515 – Lucazeau.
98 Instruktiv *Friedl/Ann*, GRUR 2014, 948; *Kurtz/Straub*, GRUR 2018, 136; *Anderson*, JIPLP 2018, 377.
99 BGH, Urt. v. 6.5.2009 – KZR 39/06 – GRUR 2009, 694 – Orange Book Standard.
100 EuGH, Urt. v. 16.7.2015 – C-170/13 – GRUR 2015, 764 – Huawei/ZTE.
101 Vgl. *Podszun*, 62 The Antitrust Bulletin 786 (2017). Zu den Folgestreitigkeiten vgl. *Picht*, WuW 2018, 234 und 300; *Franz/Podszun*, ZWeR 2017, 205; *Block*, GRUR 2017, 121.
102 Siehe https://fedcirbar.org/IntegralSource/Model-Patent-Jury-Instructions. Angeknüpft wird damit an Georgia-Pacific Corp. v. United States Plywood Corp, 318 F Supp 1116, 1120 CS. D.N.Y. 1970; dokumentiert bei *Podszun/Franz*, ZWeR 2017, 205; siehe auch *Picht*, S. 71; 532 ff.
103 *Lemley/Shapiro*, Texas Law Review, Vol. 85, 2007, 1990, 2018 f.; abrufbar als Stanford Law and Economics Olin Working Paper No. 324, http://papers.ssrn.com/sol3/papers.cfm?abstract_id=923468; siehe *Friedl/Ann*, GRUR 2014, 948, 949.
104 Sowie weitere Aspekte, siehe *Treacy/Lawrance*, Journal of Intellectual Property Law & Practice, Vol. 3, No. 1, 2008, 22, 24; siehe *Friedl/Ann*, GRUR 2014, 948, 949.
105 *Friedl/Ann*, GRUR 2014, 948, 953.

f) Heranziehung von Tarifen. Umstritten ist, inwieweit Tarife der Verwertungsge- 99
sellschaften im Streitfall herangezogen werden können, um die Angemessenheit zu belegen.

aa) Anerkennung des Beweiswerts von Tarifen. Hier wird teilweise vertreten, ein 100
aufgestellter Tarif könne als Maßstab für die Angemessenheit anerkannt werden.[106] Das
wäre freilich eine überzogene Privilegierung des Monopolisten, zumal Nutzer an der Tarifaufstellung außerhalb von Gesamtvertragsverhandlungen oftmals nicht beteiligt sind
und eine effektive Kontrolle durch die Aufsicht kaum stattfindet.[107]

Nach einer abgeschwächten Auffassung dienen die **Tarife als Ausgangspunkt** für 101
die Beurteilung der Angemessenheit. Dabei sei der Tarif heranzuziehen, der nach seinen
Merkmalen im Einzelfall der Nutzung am nächsten komme. Habe sich ein Tarif bei einer
Vielzahl von Nutzungen durchgesetzt, bestünde eine Vermutung der Angemessenheit[108]
oder es liege jedenfalls eine „**Beweiserleichterung**" vor; der Lizenznehmer müsse dann
substantiiert die Angemessenheit bestreiten.[109]

bb) Kritik. Diesen Auffassungen liegt möglicherweise zunächst eine Vermischung 102
von Gleichbehandlung (dafür Orientierung an sonstigen Praktiken einschließlich Tarifen) und Angemessenheit zugrunde. Die Angemessenheit kann nicht schon dadurch
„indiziert" sein, dass gleichartige Gebühren von anderen Nutzern verlangt wurden, die
sich möglicherweise nicht gewehrt haben. Die Rechtsprechung tendiert bei gesamtvertraglich vereinbarten Vergütungssätzen im Einzelfall allerdings durchaus dazu, einen
gewissen Indizwert anzunehmen.[110] Hinsichtlich des Beweiswerts bleibt allerdings bedenkenswert, dass Tarife **vollständig überprüfbar** sind. Es gibt keinen gesetzlichen
Hinweis, dass es eine Vermutung der Angemessenheit für die Tarife gäbe.[111] Es besteht
vielmehr die Möglichkeit, diese auf ihre Angemessenheit hin prüfen zu lassen. Die **Beweislast** liegt nach den allgemeinen Regeln bei der Verwertungsgesellschaft.

Ökonomisch würde es gerade den Sinn des § 34 konterkarieren, wenn die Verwer- 103
tungsgesellschaften einen Vorteil in der Bestimmung der Angemessenheit hätten. Sie
sind ja die marktmächtige Partei, deren Potenzial zur Erzielung von Monopolrenten gerade durchbrochen werden soll. Lässt man die Verwertungsgesellschaft über den Umweg
der Tarifaufstellung doch den **Anker** für die Preisverhandlungen setzen, so wird der
überlegenen Partei eine Rolle zugestanden, die sie gerade nicht haben soll. Es ist in Situationen der Abhängigkeit insbesondere kein Argument, dass sich eine Praxis am Markt
über längere Zeit und in einer Vielzahl von Fällen durchgesetzt hat.[112]

Tarife können nach hier vertretener Auffassung dann als angemessen herangezogen 104
werden, wenn eine vollständige und **umfassende Kontrolle** der Angemessenheit im

---
106 BGH, Urt. v. 1.6.1983 – I ZR 98/81 – GRUR 1983, 565 – Tarifüberprüfung II.
107 Ebenso BeckOK-UrhR/*Freudenberg*, § 34 VGG Rn 20. Zur Prüfungsdichte
Grünberger/Leible/*Podszun*, S. 173, 177 ff.
108 BGH, Urt. v. 20.2.2013 – I ZR 189/11 – GRUR 2013, 1037, 1041 Rn 41 – Weitergeltung als Tarif; BGH,
Urt. v. 18.6.2014 – I ZR 215/12 – ZUM 2015, 142, 146 Rn 35 – Gesamtvertrag Tanzschulkurse;
Wandtke/Bullinger/*Gerlach*, § 34 VGG Rn 7.
109 Dreier/Schulze/*Schulze*, § 34 VGG Rn 13; BeckOK-UrhR/*Freudenberg*, § 34 VGG Rn 23; HK-
UrhR/*Hentsch*, § 34 VGG Rn 13; Kreile/Becker/Riesenhuber/*Riesenhuber*/v. Vogel, Kap. 14 Rn 48 ff.;
Schricker/Loewenheim/*Reinbothe*, § 11 UrhWG Rn 5.
110 OLG München, Urt. v. 14.3.2019 – 6 Sch 10/15 WG, Urteilsumdruck S. 21.
111 Zutreffend BGH, Urt. v. 22.1.1986 – I ZR 194/83 – GRUR 1986, 376 – Filmmusik.
112 *Reber*, GRUR 2000, 203, 204.

Rahmen eines Verfahrens vor der Schiedsstelle und einer anschließenden Klage oder durch die Aufsicht durchgeführt wurde.

105 **g) Mindestvergütung und Unentgeltlichkeit.** In einigen Fällen ist nach dem BGH eine **„Mindestvergütung"** für den Rechtsinhaber zwingend vorzusehen.[113] Im derzeitigen Modell des VGG ist die Vergütung als monetäre gedacht. Denkbar wäre freilich in Zukunft auch eine „unentgeltliche Vergütung", z.B. durch die Gewährung von Zugang zu Daten.[114]

106 Wird in Geld geleistet, stellt sich die Frage, ob die Geldleistung immer über Null liegen muss. Diese Problematik hat durch **mehrseitige Märkte** im Internet an Relevanz gewonnen.[115] Die Frage stellt sich, sobald man von einem Konzept ausgeht, das an die Einnahmenpläne des Nutzers anknüpft.

107 Der Begriff der angemessenen Vergütung impliziert wohl nicht zwingend eine monetäre Leistung in jedem Fall. Die Zuweisung von exklusiven Rechten gibt eine **Ertragschance, aber keine Ertragsgarantie**, selbst wenn der urheberrechtliche Beteiligungsgrundsatz ein anderes normatives Modell vorsieht.[116] Der Nutzen für die Rechtsinhaber kann auch einmal in einem anderen Effekt liegen. Im System des Urheberrechts ist es aber nicht angelegt, dass Unternehmen durch die Nutzung von Werken oder Leistungen systematisch und erheblich Profite einstreichen, ohne dass die Rechtsinhaber daran partizipieren.

IV. Ausnahme für neuartige Online-Dienste (Abs. 2)

108 **1. Zweck der Ausnahme.** Schutzzweck der „Experimentierklausel" in Abs. 2 ist, wie in Erwägungsgrund 32 der VG-RL erläutert,[117] die **Förderung innovativer Online-Dienste.** Diese sollen nicht durch eine zögerliche Lizenzpraxis der Verwertungsgesellschaften ausgebremst werden, die unübersehbare Präzedenzfälle befürchten. Die Bevorzugung der neuartigen Online-Dienste ist auch der Sorge geschuldet, dass diese – wie einst im Musik- und Filmbereich – ohne Lizenzverträge an den Markt gehen. Abs. 2 gewährt eine Ausnahme zum Diskriminierungsverbot aus Abs. 1. Die Verwertungsgesellschaft bleibt verpflichtet, nach Beobachtung und Auswertung erster Erfahrungen **Tarife** für die neuartigen Online-Dienste aufzustellen.[118]

109 **2. Voraussetzungen.** Ein Online-Dienst ist gegeben, wenn die Nutzung des Angebots des Rechtenachfragers über das Internet erfolgt.

110 In S. 2 wird die **Neuartigkeit** legaldefiniert: Der Dienst darf noch nicht länger als drei Jahre der Öffentlichkeit in der EU/dem EWR zur Verfügung stehen. Es geht insoweit um eine tatsächliche Nutzungsmöglichkeit für Verbraucher. Die Jahresangabe bezieht sich nicht auf das individuelle Unternehmen (dieser Online-Dienst), sondern auf die Art des Online-Dienstes (solche Online-Dienste).

111 Neuartig ist ein Online-Dienst, wenn er Angebote macht, die eine **andere Nutzung** ermöglichen als bisherige am Markt verfügbare Angebote. Anders gesagt: Ein Wettbe-

---

113 Dazu § 39 Rn 34; BGH, Urt. v. 27.10.2011 – I ZR 125/10 – GRUR 2012, 711 – Barmen Live; BGH, Urt. v. 27.10.2011 – I ZR 175/10 – GRUR 2012, 715 Rn 10 – Bochumer Weihnachtsmarkt; BGH, Urt. v. 25.10.2012 – I ZR 162/11 – GRUR 2013, 717 Rn 26 – Covermount. Siehe auch Art. 18 DSM-Richtlinie, der eine „angemessene und verhältnismäßige Vergütung" für Urheber verlangt.
114 Dafür MüKo-BGB/*Wendehorst*, Bd. 2, § 312 BGB Rn 20. Umfassend *Langhanke*, passim.
115 Vgl. *Steinbrecher/Scheufele*, ZUM 2016, 91.
116 Vgl. Riesenhuber/*Ackermann*, S. 9, 13 ff.
117 Siehe Rn 16. Vgl. auch *Ory*, AfP 2015, 309, 310.
118 RegE-VGG, BT-Drucks. 18/7223, S. 83.

werber zu Spotify, der neu an den Markt kommt, kann sich nicht darauf berufen, ein „neuartiger" Online-Dienst zu sein. Es handelt sich nur um einen „neuen" Online-Dienst. Die Neuartigkeit kann sich auf das Produkt/die Nutzungsmöglichkeit beziehen, aber auch auf das dahinterstehende **technische Verfahren**. Es sollte genügen, dass ein technischer Fortschritt erzielt wird oder eine Verbesserung für Konsumenten eintritt, die deren Nachfrageverhalten verändert.

3. Gewährung von Probetarifen. Offen ist, ob **nur der erste Nachfrager** einen Probetarif erhalten kann und mit dem zweiten Nachfrager sodann ein Präzedenzfall entsteht oder ob die Probetarife weiter angewendet werden können.[119] Würde nur der erste Nachfrager einen möglicherweise besonders günstigen Probetarif erhalten, würde ihm dies einen massiven Startvorteil verschaffen. Je öfter aber ein sog. „Probetarif" gewährt wird, desto stärker wird der Druck auf Folgetarife und desto vorsichtiger wird die Verwertungsgesellschaft agieren. 112

Die Lösung dieses Problems ist im Gesetz nicht erfolgt. Entscheidend dürfte hier der Pilotcharakter der ersten Lizenzierungen sein: Bei engem zeitlichen Zusammenhang der Nachfrager kann die Verwertungsgesellschaft nur Probetarife vergeben, sollte darauf aber auch deutlich hinweisen. Ggf. muss mit kurzen Laufzeiten und Vorbehaltsklauseln gearbeitet werden. 113

V. Anpassung, Beendigung, Rechtsweg

1. Laufzeit, Anpassung und Beendigung. Die Nutzungseinräumung erfolgt häufig **für eine bestimmte Nutzung**. Mit der Nutzung ist die Lizenz sodann auch erloschen; sie wirkt nicht als „gängige Praxis" weiter, wenn der Vertrag beendet ist.[120] 114

Wird eine längerfristige Laufzeit für verschiedene Nutzungen vereinbart, gilt die **im Vertrag vereinbarte Laufzeit**, soweit diese der Prüfung der Angemessenheit der Bedingungen standhält. Wenn keine Laufzeit vereinbart wird, gilt die Lizenz auf unbestimmte Zeit. 115

Die Parteien können die Lizenzverträge nach den im Vertrag vorgesehenen Regeln (soweit diese den Test des § 34 bestanden haben) oder nach den allgemeinen Regeln für Dauerschuldverhältnisse (§§ 313, 314 BGB) **kündigen**.[121] Anspruch auf Anpassung ist nur im Einzelfall wegen Störung der Geschäftsgrundlage denkbar.[122] Das bloße Begehren nach Vertragsanpassung, da möglicherweise höhere oder niedrigere Gebühren erzielt werden können, genügt regelmäßig nicht für eine außerordentliche Kündigung.[123] 116

2. Rechtsweg. In Streitigkeiten über § 34 kann der **ordentliche Rechtsweg** beschritten oder die **Schiedsstelle** angerufen werden. Die Schiedsstelle muss vor Klageerhebung angerufen werden, wenn die Streitigkeit die Anwendbarkeit oder Angemessenheit des Tarifs oder den Abschluss oder die Änderung eines Gesamtvertrags betrifft. Näheres regelt § 128.[124] 117

---

119 Vgl. *Würtenberger/Loschelder*, GRUR 2015, 1086, 1087 f.
120 BGH, Urt. v. 27.10.2011 – I ZR 175/10 – GRUR 2012, 715 – Bochumer Weihnachtsmarkt.
121 Vgl. BGH, Urt. v. 15.6.2000 – I ZR 231/97 – GRUR 2000, 872 – Schiedsstellenanrufung.
122 Vgl. Dreier/Schulze/*Schulze*, § 34 VGG Rn 15.
123 Vgl. Wandtke/Bullinger/*Gerlach*, § 34 VGG Rn 9; *v. Gamm* in: FS Nirk, S. 315, 317 ff. Siehe aber BGH, Urt. v. 24.1.2017 – KZR 2/15 – MMR 2017, 825 – Kabelkanalanlagen.
124 Vgl. § 128 Rn 9 ff.

118 Denkbar ist die Geltendmachung des Anspruchs auf Abschluss eines Vertrags mit Hilfe einer **einstweiligen Verfügung**, wenn nicht das Verfahren nach § 37 greift und ein Abwarten des Hauptsacheverfahrens nicht zumutbar ist.[125]

119 Sollte eine kartellrechtliche Frage im selben Prozess entscheidungserheblich sein, so ließe sich eine Zuständigkeit des in Kartellsachen zuständigen **Landgerichts** gem. §§ 87, 89 GWB konstruieren.[126] Im Regelfall wird eine Streitigkeit nach § 34 jedoch ohne Rückgriff auf kartellrechtliche Normen zu lösen sein.

§ 35
Gesamtverträge

Die Verwertungsgesellschaft ist verpflichtet, über die von ihr wahrgenommenen Rechte mit Nutzervereinigungen einen Gesamtvertrag zu angemessenen Bedingungen abzuschließen, es sei denn, der Verwertungsgesellschaft ist der Abschluss des Gesamtvertrags nicht zuzumuten, insbesondere weil die Nutzervereinigung eine zu geringe Mitgliederzahl hat.

Übersicht

I. Allgemeines
  1. Bedeutung der Regelung
    a) Zentrale Inhalte —— 1
    b) Gesamtvertrag als Regelungsmechanismus —— 4
    c) Systematische Bedeutung —— 6
  2. Vorgängerregelung —— 7
  3. Unionsrechtlicher Hintergrund
    a) Gesamtverträge —— 8
    b) „Angemessene Vergütung" und „gerechter Ausgleich" —— 9
  4. Entstehungsgeschichte —— 11
II. Grundgedanke der Norm —— 15
III. Voraussetzungen
  1. Abschluss eines Gesamtvertrags —— 20
    a) Gesamtvertrag als Rahmenvertrag —— 21
    b) Formalien —— 24
    c) Typische Inhalte —— 25
  2. Vertragsparteien
    a) Verwertungsgesellschaft —— 32
    b) Nutzervereinigung —— 33
      aa) Begriff —— 34
      bb) Parteibezogene Voraussetzungen des Abschlusses —— 36
      cc) Rolle der Mitglieder; Stellung von NichtMitgliedern —— 39
  3. Rechtebasis —— 41
  4. Angemessene Bedingungen
    a) Maßstab
      aa) Ausgewogenes Verhältnis von Rechte und Pflichten —— 42
      bb) Aus Sicht der Nutzer —— 45
      cc) Aus Sicht der Rechtsinhaber und der Verwertungsgesellschaft —— 46
    b) Vergütung
      aa) Allgemeiner Maßstab —— 49
      bb) Typisches Vorgehen —— 53
      cc) Ansätze zur Bestimmung der Vergütungshöhe —— 60
      dd) Beispiele aus der Entscheidungspraxis —— 65
      ee) Sonstige Aspekte —— 72
    c) Verhältnis von Rabatt und Vertragshilfe —— 74
    d) Sonstige Bedingungen —— 79
  5. Unzumutbarkeit
    a) Allgemeines —— 81
    b) Mitgliederzahl —— 82
    c) Sonstige Fälle —— 85
IV. Verträge mit mehreren Verwertungsgesellschaften —— 86
V. Laufzeit des Vertrags und Streitfälle

---

[125] Ebenso BeckOK-UrhR/*Freudenberg*, § 34 VGG Rn 51. Restriktiv Schricker/Loewenheim/*Reinbothe*, § 11 UrhWG Rn 13.
[126] Vgl. AG Kassel, Urt. v. 4.7.2017 – 410 C 3394/15 – WuW 2018, 109, 111.

1. Laufzeit, Anpassung und Lösung vom Vertrag —— 90	3. Überprüfbarkeit und Beweisregeln —— 94
2. Instanzenzug —— 93	4. Verhältnis zum Kartellrecht —— 100

I. Allgemeines

1. Bedeutung der Regelung

a) **Zentrale Inhalte.** § 35 regelt den Gesamtvertrag. Die Norm ergänzt den **Abschlusszwang** aus § 34 um eine besondere Form: Die Verwertungsgesellschaften müssen mit Nutzervereinigungen Gesamtverträge abschließen. Dabei schließen eine Verwertungsgesellschaft, etwa die GEMA, und eine Nutzervereinigung, etwa ein Gaststättenverband, einen Rahmenvertrag über die Nutzung von Musikwerken, etwa in Restaurants. In der Folge schließen die Mitglieder der Nutzervereinigung Einzelverträge mit der GEMA, die auf den Rahmenvertrag Bezug nehmen und daher sehr einfach abgeschlossen werden können. In Summe kommt es durch den Gesamtvertrag zu einer Verhandlungs- und **Verwaltungsvereinfachung** sowohl für die Verwertungsgesellschaft als auch für die Nutzer. 1

Der einzelne Nutzer kann damit von der Vielzahl der Einzelnutzer profitieren, indem er sich mit diesen zusammenschließt. Es findet eine **Kollektivierung der Nutzermacht** für die Verhandlungen statt. In der Regel einigen sich die Parteien im Gesamtvertrag auf einen **Rabatt** für die Nutzung. Dieser Nachlass spiegelt den insgesamt geringeren Aufwand für die Verwertungsgesellschaften. Er fällt umso höher aus, je weitergehend die Nutzervereinigung die Verwertungsgesellschaft beim Vertragsmanagement unterstützt. 2

Die Norm enthält zwei Vorgaben: Zum einen ist der Gesamtvertrag „zu angemessenen Bedingungen" abzuschließen. Zum anderen entfällt die Verpflichtung zum Abschluss eines Gesamtvertrags, wenn der Abschluss der Verwertungsgesellschaft nicht **zumutbar** ist. Als typisches Beispiel wird die zu geringe Mitgliederzahl der Nutzervereinigung genannt. 3

b) **Gesamtvertrag als Regelungsmechanismus.** § 35 ist der zentrale Bezugspunkt im Gesetz für Gesamtverträge, die in der Praxis ein **wesentliches Organisationselement** der Verwertungswirtschaft sind. Als Regulierungsmodell weist der Mechanismus Gesamtvertrag einen höheren Freiheitsgrad und ein größeres Vertrauen in die Marktkräfte auf als die Tarifierung durch Verwertungsgesellschaften oder die Detailregelung durch den Gesetzgeber. Ob man sich stärkere Vorgaben des Gesetzgebers wünscht, ist eine politische Frage, die auch von der jeweiligen Sachthematik abhängt: Die Nutzung von geschützten Werken für Zwecke der Wissenschaft oder der Kunst mag anderen Regeln unterliegen als die Nutzung für Klingeltöne.[1] 4

Der Verhandlungsprozess bildet die **Marktkräfte** ab. Um ein faires oder gerechtes Ergebnis zu erhalten, sind die wettbewerblichen Gewichte auszutarieren. Zudem ist zu berücksichtigen, dass nicht die eigentlichen Parteien verhandeln, nämlich Urheber und Nutzer, sondern deren Vertreter, Verwertungsgesellschaften und Nutzervereinigungen. Wie stets in solchen Situationen kann es zu **Prinzipal-Agenten-Problemen** kommen, also zu einem Handeln der Vertreter, das stärker von Eigeninteressen als von den Interessen des (schwach kontrollierenden) Geschäftsherrn geprägt ist.[2] 5

---

[1] Vgl. *Berger*, GRUR 2017, 953, 956.
[2] Vgl. Grünberger/Leible/*Podszun*, S. 173 ff.

6   **c) Systematische Bedeutung. Weitere Regelungen** zu Gesamtverträgen sind in §§ 38 S. 2 (Gesamtverträge als Tarife), 56 Abs. 1 Nr. 5 (Veröffentlichungspflicht), 88 Abs. 2 Nr. 3 (Unterrichtung der Aufsichtsbehörde), 92 Abs. 1 Nr. 3 (Zuständigkeit der Schiedsstelle), 110 (Streitfälle) und 130 (Entscheidung von Streitfällen) enthalten.

7   **2. Vorgängerregelung.** Die Norm entspricht § 12 UrhWG. Sie ist sprachlich aber vereinfacht worden: Statt „Vereinigungen, deren Mitglieder nach dem Urheberrechtsgesetz geschützte Werke oder Leistungen nutzen oder zur Zahlung von Vergütungen nach dem Urheberrechtsgesetz verpflichtet sind" heißt es nun „Nutzervereinigungen". Die „Ansprüche", über die nach alter Fassung auch Gesamtverträge geschlossen werden konnten, sind herausgefallen. Die **bisherige Rechtsprechung** kann also grds. weiterhin herangezogen werden.³

3. Unionsrechtlicher Hintergrund

8   **a) Gesamtverträge.** Eine Regelung zu Gesamtverträgen ist in der VG-RL nicht vorgesehen.⁴

9   **b) „Angemessene Vergütung" und „gerechter Ausgleich".** Einige Stimmen in der Literatur halten die Praxis der Gesamtverträge für **nicht konform** mit Art. 5 der InfoSoc-RL, soweit es um Speichermedien geht.⁵ Das unionsrechtliche Konzept des „gerechten Ausgleichs" für die Privatkopie gehe zwingend vom Schaden des Urhebers aus. Das sei mit dem dem Gesamtvertrag immanenten Konzept des gegenseitigen Nachgebens und der Praxis der Verwertungsgesellschaften nicht kompatibel.

10   Selbst wenn man mit dem EuGH-Urteil „Padawan" den Ausgangspunkt dieser Ansicht teilt – Schaden beim Urheber als Grundlage für die Berechnung des gerechten Ausgleichs –,⁶ so ist damit noch nicht das Verfahren vorgegeben, nach dem die Berechnung erfolgen muss. Dass der Schaden auch **pauschaliert**, in Verhandlungen der Vertreter, ermittelt werden kann, scheint jedenfalls nicht unvertretbar.⁷ Mit zunehmender digitaler Erfassung von Nutzungen ist jedoch eine exaktere Berechnung dessen möglich, was der „gerechte Ausgleich" ist.

11   **4. Entstehungsgeschichte.** Das „**bewährte Instrument** des Abschlusszwangs"⁸ wurde für Gesamtverträge aus dem UrhWG übernommen. Die ursprüngliche Gesetzesbegründung des UrhWG hatte darauf abgestellt, dass durch Rahmenverträge „der Abschluss der Einzelverträge mit den Veranstaltern in hohem Maße erleichtert wird".⁹ Der Gesetzgeber hatte damals auf eine bestehende Praxis der GEMA Bezug genommen. Die Übernahme ins VGG war nicht strittig.

12   Im **RegE** war aber noch ein Abs. 2 vorgesehen, der die Konstellation betraf, in der Nutzervereinigungen **für eine Nutzung verschiedene Rechte** bei unterschiedlichen Verwertungsgesellschaften nachfragen müssen:

---

3 Siehe aber die europarechtlichen Bedenken hinsichtlich der „angemessenen Vergütung", Rn 9 f.
4 So auch RegE-VGG, BT-Drucks. 18/7223, S. 83.
5 *Koch/Druschel*, GRUR 2015, 957; *Hoeren*, CR 2016, 557, 562; *Degenhart*, GRUR 2018, 342. Siehe auch *Pflüger*, passim.
6 EuGH, Urt. v. 21.10.2010 – C-467/08 – GRUR 2011, 50 Rn 42 – Padawan.
7 Vgl. auch BGH, Urt. v. 21.7.2016 – I ZR 212/14 – GRUR 2017, 161 Rn 42 – Gesamtvertrag Speichermedien.
8 RegE-VGG, BT-Drucks. 18/7223, S. 83.
9 RegE-UrhWG, BT-Drucks. IV/271, S. 17.

„(2) Erfordert eine Nutzung die Rechte von mehr als einer Verwertungsgesellschaft, so sind die beteiligten Verwertungsgesellschaften auf Verlangen einer Nutzervereinigung verpflichtet, gemeinsam einen Gesamtvertrag mit ihr abzuschließen, es sei denn, einzelnen oder allen beteiligten Verwertungsgesellschaften gemeinsam ist dies nicht zuzumuten im Sinne des Absatzes 1. Ist der Abschluss eines gemeinsamen Gesamtvertrags einzelnen beteiligten Verwertungsgesellschaften nicht zuzumuten, besteht der Anspruch der Nutzervereinigung gegen die übrigen beteiligten Verwertungsgesellschaften fort. Auf Verlangen der Nutzervereinigung ist in dem Gesamtvertrag eine zentrale Stelle zu benennen. Die zentrale Stelle ist zuständig für die Durchführung des Gesamtvertrags und sämtlicher Verträge über die Nutzung, die Gegenstand des Gesamtvertrags ist, einschließlich der Abrechnung und der Einziehung der Vergütung."[10]

Mit dieser Regelung wäre eine Kooperation der betroffenen Verwertungsgesellschaften erforderlich geworden, die Gesamtverträge mit Nutzervereinigungen geschlossen hätten. Eine solche Regelung entspricht einem praktischen Bedürfnis mancher Nutzergruppen, die gern einen **„one-stop-shop"** hätten.[11] Der RegE nannte das Beispiel von Funksendungen, für die der Betreiber einer Gaststätte ggf. Lizenzen von GEMA, GVL und VG Wort erwerben müsse. In solchen Fällen gebe es ein berechtigtes Interesse an einem **Rechteerwerb aus einer Hand**. *„Diesem Nutzerinteresse werden die Verwertungsgesellschaften durch die bestehenden Kooperationen derzeit nur teilweise gerecht."*[12]

Diese Regelung wurde nach Intervention des Rechtsausschusses gestrichen.[13] Damit setzten sich **Bedenken der Verwertungsgesellschaften** durch.[14] Gegen eine Pflicht wurde u.a. angeführt, die Regelung führe zu Ineffizienzen durch gegenseitige Blockaden der Verwertungsgesellschaften, zu einem administrativen Mehraufwand und zu Verzögerungen beim Abschluss eines Gesamtvertrags.[15] In der Praxis sind solche Multi-Gesamtverträge möglich.[16] Es besteht aber kein Anspruch darauf seitens der Nutzer.

II. Grundgedanke der Norm

Die Norm statuiert einen **Kontrahierungszwang** für die Verwertungsgesellschaft mit Nutzervereinigungen. So wird ein Vertragswerk für eine Mehrzahl von Nutzern geschaffen.

Dem liegen drei Überlegungen zugrunde: Erstens soll die (regelmäßige) **Asymmetrie in der Verhandlungsmacht** ausgeglichen werden. Die Bündelung der Interessen mehrerer Nutzer verleiht diesen in den Verhandlungen mit der Verwertungsgesellschaft mehr Macht. So entsteht ein **„Gegengewicht zur Monopolstellung der Verwertungsgesellschaften"**.[17] Dieser Gedanke findet sich auch in § 34.[18]

Zweitens wird durch die Kollektivierung des Vertragsschlusses der Diskriminierung zwischen Nutzern vorgebeugt. § 35 verstärkt damit das **Gleichbehandlungsgebot** aus § 34.[19]

---

10 RegE-VGG, BT-Drucks. 18/7223, S. 22.
11 *Grewenig*, ZUM 2016, 98 ff.; *Steinbrecher/Scheufele*, ZUM 2016, 91, 92.
12 RegE-VGG, BT-Drucks. 18/7223, S. 84. Siehe auch unten Rn 22.
13 Beschlussempfehlung des Ausschusses für Recht und Verbraucherschutz, BT-Drucks. 18/8268, S. 12.
14 Stellungnahme der GEMA zum VG-RL-Umsetzungsgesetz, Dokument für die Öffentliche Anhörung am 17.2.2016 im Ausschuss für Recht und Verbraucherschutz des Deutschen Bundestags, S. 1.
15 Beschlussempfehlung des Ausschusses für Recht und Verbraucherschutz, BT-Drucks. 18/8268, S. 12.
16 Siehe Rn 86 ff.
17 BGH, Urt. v. 14.10.2010 – I ZR 11/08 – GRUR 2011, 61 Rn 11 – Gesamtvertrag Musikabrufdienste.
18 Siehe § 34 Rn 17 ff.

18 Drittens sollen **Transaktionskosten** gesenkt werden: Statt für jeden einzelnen Nutzer einen Vertrag auszuhandeln, kann mit Hilfe des Gesamtvertrags ein „Standard" geschaffen werden. Die Nutzervereinigungen wirken bei ihren Mitgliedern auf Compliance hin und leisten „Vertragshilfe". Das bringt sowohl für die Verwertungsgesellschaften als auch für die Nutzer eine Zeit- und Kostenersparnis, die sich in einem Rabatt für die Nutzung niederschlagen kann.[20] Der administrative Aufwand der Rechteverwertung wird reduziert. Dies wiederum führt zu einer verstärkten Nutzung der Rechte und also wiederum erhöhten Einnahmen – eine Win-win-Situation für Nutzer und Rechtsinhaber. Damit wird auch der „kulturelle Imperativ" des Urheberrechts verwirklicht.[21]

19 Die Verwertungsgesellschaft darf sich dem nur verweigern, wenn ihr der Abschluss **unzumutbar** ist. Sie muss also im Interesse der beiden Gruppen, die sie als **Plattform** zusammenführt, bis zur Grenze der Unzumutbarkeit solche Verträge eingehen. Die drei Grundgedanken greifen nicht mehr, wenn die Zahl der durch die Vereinigung vertretenen Mitglieder sehr gering ist. Daher lässt § 35 die Ausnahme der Zumutbarkeit zu.

III. Voraussetzungen

20 **1. Abschluss eines Gesamtvertrags.** Die Norm gewährt Nutzervereinigungen einen Anspruch auf Abschluss eines Gesamtvertrags.

21 **a) Gesamtvertrag als Rahmenvertrag.** Der Gesamtvertrag als Rechtsfigur ist im Gesetz nicht definiert. Es handelt sich um einen **Rahmenvertrag**, den eine Verwertungsgesellschaft und eine Nutzervereinigung abschließen.[22] Auf Basis dieses Rahmenvertrags schließen individuelle Nutzer i.d.R. **Einzelverträge** mit der Verwertungsgesellschaft. Dabei wird auf den Rahmenvertrag verwiesen. Nach der gesetzgeberischen Vorstellung legt der Rahmenvertrag den Inhalt im Wesentlichen fest. Im Einzelvertrag sind „nur noch die wenigen in Betracht kommenden Besonderheiten" zu regeln.[23] Es handelt sich nach *Strittmatter* um einen *„zweiseitigen Rahmenvertrag mit einseitigem Drittforderungsrecht"*[24], mit *Reinbothe* um eine *„schuldrechtliche Standardisierungsvereinbarung, die Ähnlichkeit zu arbeits- oder sozialrechtlichen Kollektivvereinbarungen aufweist"*[25] oder nach *Freudenberg* um ein *„vorverhandeltes Opt-In-Pauschalpaket"*.[26]

22 **Kern des Gesamtvertrags** ist die grundsätzliche Lizenzierung von Rechten an eine größere Zahl von Nutzern gegen eine angemessene Vergütung. Wegen der (potentiell) erhöhten Abnahme von Lizenzen und der Einsparung von Verwaltungskosten wird ein Rabatt gewährt, dem Gegenleistungen („Vertragshilfen") der Nutzervereinigung gegenüberstehen.[27]

23 Ausnahmsweise kann der **Einzelnutzungsvertrag entbehrlich** sein.[28] Als „unechte Gesamtverträge" werden gelegentlich solche Verträge bezeichnet, bei denen in einem

---

19 Siehe § 34 Rn 64 ff.
20 Vgl. Dreier/Schulze/*Schulze*, § 35 VGG Rn 10.
21 Siehe § 34 Rn 35 f.
22 Dreier/Schulze/*Schulze*, § 35 VGG Rn 5.
23 Reg-E UrhWG, BT-Drucks. IV/271, S. 17.
24 *Strittmatter*, S. 40.
25 Schricker/Loewenheim/*Reinbothe*, § 12 UrhWG Rn 5.
26 BeckOK-UrhR/*Freudenberg*, § 35 VGG Rn 18.
27 Vgl. RegE-VGG, BT-Drucks. 18/7223, S. 84.
28 BGH, Urt. v. 5.4.2001 – I ZR 132/98 – ZUM 2001, 983, 988 – Gesamtvertrag privater Rundfunk.

Vertrag zwischen Verwertungsgesellschaft und Nutzern sämtliche Einzelheiten geregelt sind und nicht nur ein Rahmen vorgegeben ist.[29] Es bedarf dann keines Abschlusses eines Einzelvertrags mehr.

b) Formalien. Der Gesamtvertrag wird schriftlich geschlossen, da der Vertrag zu **veröffentlichen** ist (§ 56 Abs. 1 Nr. 5). Zudem hat die Verwertungsgesellschaft gem. § 88 Abs. 2 Nr. 3 eine Pflicht, die Aufsichtsbehörde zu unterrichten. 24

c) Typische Inhalte. Im Gesamtvertrag ist geregelt, welche **Parteien** den Vertrag schließen. Außerdem wird die **Rechtebasis**, auf die sich der Vertrag bezieht, festgelegt. 25

Die Rechte werden in Form einer einfachen **Lizenz** eingeräumt, die konkrete Rechteinräumung erfolgt allerdings erst im Einzelvertrag mit dem Nutzer. In den Gesamtverträgen wird festgelegt, welche **konkrete Nutzung** welcher Werke und Leistungen auf welche Weise von dem Vertrag erfasst ist. Dies schließt nicht aus, dass später darüber gestritten wird, welche Vertragsprodukte genau erfasst sind – etwa, ob der Begriff „DVD-Brenner zum Einbau und zum Anschluss an PCs" auch DVD-Brenner in sog. Barebones erfasst.[30] 26

Für die **Berechnung der Vergütung** sind Vergütungssätze und ggf. Berechnungsmethoden vorgesehen,[31] die idealerweise eine rasche Ermittlung für den konkreten Fall ermöglichen. 27

Typischerweise wird ein **Rabatt** gewährt, der die Verringerung des administrativen Aufwands widerspiegelt. Eine Verpflichtung dazu besteht allerdings – soweit die Bedingungen einschließlich der Vergütung angemessen sind – nicht.[32] Dieser Rabatt beträgt im Verhältnis zu Einzelverträgen häufig 20 Prozent.[33] Ein Maximalbetrag ist das jedoch nicht.[34] 28

Die Nutzervereinigungen leisten „**Vertragshilfen**",[35] d.h. sie wirken i.d.R. an der Umsetzung des Vertrags mit, z.B. indem sie ihre Mitglieder zum Abschluss entsprechender Einzelverträge auffordern, den Vollzug begleiten, beim Inkasso helfen, der Verwertungsgesellschaft Mitgliederverzeichnisse zur Verfügung stellen und durch andere Maßnahmen Prozesse vermeiden.[36] 29

Daneben sind die **übrigen Bedingungen** zu klären, z.B. Laufzeit, Haftung, Nutzungs- und Verwendungshinweise, etc.[37] 30

Zur **Auslegung** eines Gesamtvertrags können auch andere Gesamtverträge herangezogen werden, soweit sie in inhaltlicher und zeitlicher Hinsicht vergleichbar sind.[38] 31

---

29 Vgl. Wandtke/Bullinger/*Gerlach*, § 35 VGG Rn 5; BeckOK-UrhR/*Freudenberg*, § 35 VGG Rn 21.
30 Schiedsstelle, Einigungsvorschl. v. 11.5.2011 – Sch-Urh 40/09 – ZUM 2011, 693, 695.
31 Siehe dazu unten Rn 49 ff.
32 Dreier/Schulze/*Schulze*, § 35 VGG Rn 10. Siehe auch unten Rn 36.
33 Dreier/Schulze/*Schulze*, § 35 VGG Rn 2, 10.
34 So aber Kreile/Becker/Riesenhuber/*Riesenhuber*/v. Vogel, Kap. 14 Rn 62.
35 RegE-VGG, BT-Drucks. 18/7223, S. 84.
36 Siehe unten Rn 77.
37 Siehe unten Rn 79 sowie § 34 Rn 114 ff.
38 Schiedsstelle, Einigungsvorschl. v. 11.5.2011 – Sch-Urh 40/09 – ZUM 2011, 693, 695.

2. Vertragsparteien

32 **a) Verwertungsgesellschaft.** Vertragspartei ist die Verwertungsgesellschaft. Sie ist einseitig zum Abschluss verpflichtet. Auch **mehrere Verwertungsgesellschaften** gemeinsam können auf einer Seite des Gesamtvertrags stehen. Vertragspartei kann auch eine **abhängige Verwertungseinrichtung** i.S.v. § 3 sein, z.B. eine Inkasso-GbR sein, in der sich mehrere Verwertungsgesellschaften zusammengeschlossen haben.[39]

33 **b) Nutzervereinigung.** Vertragspartnerin der Verwertungsgesellschaft wird die „Nutzervereinigung".

34 *aa) Begriff.* Wie unter Geltung der Vorgängernorm sind Nutzervereinigungen institutionalisierte Organisationen, die eine Mehrzahl von Nachfragern nach Lizenzen als Mitglieder haben. Umfasst sind in Anknüpfung an die **Legaldefinition des Nutzers in § 8** sowohl Nutzer von Werken und Leistungen als auch solche Unternehmen, die zu Ausgleichszahlungen verpflichtet sind. Der RegE nennt beispielhaft Verbände des Hotel- und Gaststättengewerbes sowie Hersteller, Importeure und Händler von Geräten und Speichermedien i.S.d. §§ 54 und 54b UrhG und Betreiber von Ablichtungsgeräten i.S.d. § 54c UrhG.[40]

35 Gesamtverträge sind auch mit so unterschiedlichen Gruppen wie der Arbeitsgemeinschaft Privater Rundfunk, der Arbeitsgemeinschaft Landesmedienanstalten für die „Bürgermedien", politischen Parteien, dem Volkshochschulverband, der Bundesregierung, dem Kunsthändlerverband, dem Börsenverein des deutschen Buchhandels oder der Bundesarbeitsgemeinschaft der Freien Wohlfahrtspflege abgeschlossen.

36 *bb) Parteibezogene Voraussetzungen des Abschlusses.* Für die Nutzervereinigungen besteht **keine Pflicht** zum Abschluss eines Gesamtvertrags. Will die Verwertungsgesellschaft Nutzervereinigungen zum Abschluss eines Gesamtvertrags bringen, muss sie entsprechende Anreize setzen, insbesondere durch Rabatte oder administrative Erleichterungen (vereinfachte Meldeverfahren).[41]

37 Ob ausnahmsweise auch **ein Nutzer für mehrere Nutzer** einen Gesamtvertrag abschließen kann, ist streitig.[42] Soweit dieser Nutzer alle Funktionen einer Vereinigung gegenüber der Verwertungsgesellschaft erfüllen kann, wäre es Förmelei, auf Gründung einer Vereinigung zu bestehen. Gibt es **keinen möglichen Vertragspartner**, etwa weil sich ein Verband für ein bestimmtes Speichermedium nicht als zuständig ansieht oder weil es überhaupt nur sehr wenige Nutzer gibt, kann kein Gesamtvertrag geschlossen werden.[43]

38 Die Mitglieder müssen **unmittelbare Nutzer** i.S.d. § 8 sein, d.h. mindestens auch eigene Nutzungshandlungen vornehmen.[44] Die reine Weiterlizenzierung kann nicht erfasst

---

[39] BGH, Urt. v. 21.7.2016 – I ZR 212/14 – GRUR 2017, 161 Rn 29 – Gesamtvertrag Speichermedien; BGH, Urt. v. 18.5.2017 – I ZR 266/15 – GRUR-RR 2017, 486 Rn 27 – USB-Stick; BeckOK-UrhR/*Freudenberg*, § 35 VGG Rn 12. Siehe auch unten Rn 88.
[40] RegE-VGG, BT-Drucks. 18/7223, S. 84. Siehe auch BGH, Urt. v. 16.3.2017 – I ZR 36/15 – GRUR 2017, 694 Rn 23 – Gesamtvertrag PCs.
[41] BeckOK-UrhR/*Freudenberg*, § 35 VGG Rn 10.
[42] Kritisch: Dreier/Schulze/*Schulze*, § 35 VGG Rn 4. Vgl. BGH, Urt. v. 5.4.2001 – I ZR 132/98 – ZUM 2001, 983, 988 – Gesamtvertrag privater Rundfunk.
[43] Schiedsstelle, Einigungsvorschl. v. 19.3.20112 – Sch-Urh 130/10 – ZUM-RD 2012, 176, 178 f.
[44] BGH, Urt. v. 14.10.2010 – I ZR 11/08 -, GRUR 2011, 61 Rn 28 – Gesamtvertrag Musikabrufdienste; BeckOK-UrhR/*Freudenberg*, § 35 VGG Rn 13.

werden, da eine Kontrolle der Nutzungshandlungen durch die Verwertungsgesellschaft dann nicht mehr möglich ist.

cc) Rolle der Mitglieder; Stellung von Nicht-Mitgliedern. Das **Mitglied der Nutzervereinigung** kann auf Basis des Gesamtvertrags den Abschluss eines Einzelvertrags von der Verwertungsgesellschaft verlangen.[45] Das Mitgliedsunternehmen ist dazu aber nicht verpflichtet, sondern kann auch einen Einzelvertrag ohne Bezugnahme auf den Gesamtvertrag abschließen.[46] Nutzt ein Mitglied einer Nutzervereinigung ohne Einzelvertrag, liegt grds. eine Urheberrechtsverletzung vor.[47] 39

Einzelne Unternehmen, die nicht Mitglieder einer Nutzervereinigung sind, können sich nicht mit der Begründung auf die Konditionen eines Gesamtvertrags berufen, dass sie einem Monopolisten gegenüberstehen. Der Gesetzgeber hat die Ungleichbehandlung von Nutzervereinigungen und „Einzelkämpfern" im Gesetz so angelegt.[48] Wegen § 38 S. 2 bekommen aber auch diese Unternehmen dieselben Konditionen, wenngleich ohne Nachlass.[49] 40

3. Rechtebasis. Die Verwertungsgesellschaft kann nur die ihr zugeordneten Rechte lizenzieren.[50] 41

4. Angemessene Bedingungen

a) **Maßstab**

aa) Ausgewogenes Verhältnis von Rechte und Pflichten. Der RegE verweist ausdrücklich auf § 34 und hebt hervor, dass die Bedingungen also angemessen, aber auch objektiv und nichtdiskriminierend gestaltet sein müssen.[51] Daher wird auf die Ausführungen zu § 34 Bezug genommen.[52] Abweichungen vom Prüfprogramm in § 34 ergeben sich aus der Kollektivierung der Interessen. 42

Grundsätzlich müssen die wechselseitigen Rechte und Pflichten **in einem ausgewogenen Verhältnis** stehen.[53] Abzustellen ist regelmäßig auf das **Gesamtpaket** der Bedingungen. Die Angemessenheit bemisst sich aber insbesondere an der Bedeutung der Rechteeinräumung einerseits und der vereinbarten Vergütung andererseits. Letztere wird durch den Rabatt reduziert, dem wiederum eine Leistung der Nutzervereinigung gegenüberstehen muss. 43

Die Angemessenheit bedarf bei Gesamtverträgen nicht derselben strengen **Kontrolle** wie bei Einzelverträgen, die nach § 34 geschlossen werden: Der Verhandlungsnachteil der Nutzer ist durch die Kollektivierung bereits relativiert. Hier greift der Ausgleichsgedanke des Vertragsschlusses eher als bei einem Einzelvertrag. 44

---

45 Dreier/Schulze/*Schulze*, § 35 VGG Rn 4.
46 Vgl. Dreier/Schulze/*Schulze*, § 35 VGG Rn 22; BeckOK-UrhR/*Freudenberg*, § 35 VGG Rn 17.
47 Dreier/Schulze/*Schulze*, § 35 VGG Rn 5; BeckOK-UrhR/*Freudenberg*, § 35 VGG Rn 18.
48 OLG Nürnberg, Beschl. v. 27.11.2015 – 1 U 867/13 – ZUM 2016, 546.
49 Vgl. § 38 Rn 22.
50 Siehe schon § 34 Rn 44. Zur Lizenzierung an eine ausländische Nutzervereinigung (vor Inkrafttreten des VGG) vgl. OLG München, Urt. v. 9.3.2006 – 6 WG 01/04 – ZUM 2006, 466, 471 f.
51 RegE-VGG, BT-Drucks. 18/7223, S. 84.
52 Siehe § 34 Rn 1 ff.
53 Schricker/Loewenheim/*Reinbothe*, § 12 UrhWG Rn 9; BeckOK-UrhR/*Freudenberg*, § 35 VGG Rn 24.

45 **bb) Aus Sicht der Nutzer.** Maßstab der Angemessenheit aus Nutzersicht muss der **durchschnittliche Nutzer** sein, der in der Vereinigung organisiert ist. Es kann nicht verlangt werden, dass für jeden einzelnen Nutzer die Bedingungen im Gesamtvertrag besser sind als sie es bei Einzelverträgen wären. Falls sich Nutzer insoweit schlecht vertreten fühlen, ist dies ein internes Problem der Nutzervereinigung.

46 **cc) Aus Sicht der Rechtsinhaber und der Verwertungsgesellschaft.** Aus Sicht der Rechtsinhaber sind die Bedingungen angemessen, wenn ein durchschnittlicher Rechtsinhaber durch den Gesamtvertrag ein **besseres Ergebnis** erzielt als bei Einzelverträgen, die die Verwertungsgesellschaft abschließen würde. Dass in jedem Fall der Wert der Leistungen, den die Nutzervereinigung erbringt, den gewährten Gesamtvertragsrabatten entspricht oder diese sogar übersteigt, kann nicht erwartet werden.[54]

47 Entscheidend ist für Nutzer und Rechtsinhaber, dass sich ein Gesamtvertrag aus beider Sicht lohnt, nur dann kommt es zu der für den Gesamtvertrag typischen **Win-win-Situation.**

48 Die Angemessenheit aus Sicht der Verwertungsgesellschaft wird **nicht eigens geschützt.**[55] Abweichende Auffassungen verkennen, dass die Verwertungsgesellschaften und die Nutzervereinigungen nur als Agenten für ihre jeweiligen Prinzipale eintreten: Es geht insbesondere um die angemessene Entlohnung der Rechtsinhaber. Für den Intermediär Verwertungsgesellschaft gilt die weiter gezogene Grenze der Unzumutbarkeit: Die Verwertungsgesellschaft muss den Gesamtvertrag abschließen, soweit es nicht für sie unzumutbar ist.[56]

b) Vergütung

49 *aa) Allgemeiner Maßstab.* Für die Berechnung der Vergütungshöhe ist hinsichtlich der Angemessenheit auf § 11 UrhG und §§ 34, 39 zu verweisen.[57] Zum einen muss i.S.d. Beteiligungsgrundsatzes sichergestellt werden, dass die Urheber angemessen honoriert werden. Hier ist, soweit Vergütungen wegen der Privatkopie betroffen sind, auch der **Maßstab des „gerechten Ausgleichs"** nach Art. 5 Abs. 2 Buchst. b der InfoSoc-RL zu berücksichtigen.[58] Der EuGH hat deutlich gemacht, dass ein gerechter Ausgleich zwingend vom Schaden des Urhebers ausgehen muss.[59]

50 Zum anderen darf eine gewisse **Belastungsgrenze der Nutzer** nicht überschritten werden. Das ist zwar keine hinreichende, aber eine notwendige Bedingung der Angemessenheit.[60] Eine Faustregel, dass etwa zehn Prozent der Einnahmen als Lizenzgebühr tragbar sind, besteht nicht.[61] Eine Rücksichtnahme auf das, was die Nutzer erzielen können, gilt schon deshalb, weil andernfalls die Nutzungen geringer ausfallen könnten, was wiederum zu Einnahmeausfällen der Urheber führen würde. Wenn behauptet wird, der Urheber dürfe nicht am wirtschaftlichen Risiko des Nutzers beteiligt werden,[62] ist das irreführend: Abgesehen von einer möglichen Mindestvergütung zum Schutz vor einer

---

54 So aber BeckOK-UrhR/*Freudenberg*, § 35 VGG Rn 27.
55 A. A. BeckOK-UrhR/*Freudenberg*, § 35 VGG Rn 24.
56 Dazu Rn 81.
57 Siehe § 34 Rn 75 ff. Instruktiv zur angemessenen Vergütung als „urheberrechtlichem Leitprinzip" *Koch/Druschel*, GRUR 2015, 957, 959; *Geiger*, GRUR Int. 2008, 459, 465 f.
58 Vgl. *Degenhart*, GRUR 2018, 342; *Hoeren*, CR 2016, 557. Grundsätzlich *Pflüger*, passim.
59 EuGH, Urt. v. 21.10.2010 – C-467/08 – GRUR 2011, 50 Rn 42 – Padawan.
60 BGH, Urt. v. 18.6.2014 – I ZR 215/12 – GRUR 2015, 61 Rn 67 – Gesamtvertrag Tanzschulkurse.
61 Vgl. BGH, Urt. v. 18.6.2014 – I ZR 215/12 – GRUR 2015, 61 Rn 66 – Gesamtvertrag Tanzschulkurse.
62 So zum Beispiel Schiedsstelle, Einigungsvorschl. v. 12.4.2005 – Sch-Urh 28/00 – ZUM 2005, 670, 680.

Entwertung der Rechte[63] bedingt ein Prozentsatz ja gerade die Rücksichtnahme auf das Marktgeschehen.

Der nach der **EuGH-Rechtsprechung** im Rahmen der Privatkopievergütung geforderte Ausgleich des Schadens des Urhebers durch eine angemessene Vergütung kann letztlich nicht über das hinausgehen, was am Markt mit den entsprechenden Rechten erzielbar ist. Insofern ist die Berücksichtigung solcher Marktorientierungen und Belastungsgrenzen auch mit dem „Padawan"-Urteil des EuGH in Einklang zu bringen.[64] 51

Eine **„Präventionsfunktion"** im Sinne einer vorauseilenden Sicherung von Ansprüchen hat die Vergütung nicht; sie soll allein dem Ausgleich dienen.[65] 52

bb) Typisches Vorgehen. Beim Ringen um angemessene Vergütungen und Rabatte gibt es für die Verhandlungen die Vorgabe des § 36. Ziel muss es sein, die Nutzungen **möglichst exakt** zu erfassen und diesen Nutzungen einen **angemessenen Wert** zuzuordnen, wie er sich im freien Wettbewerb unter Berücksichtigung einer gewissen Privilegierung der Urheber nach § 11 UrhG bilden würde. Das macht **Differenzierungen** und eine genaue **Datenerfassung** nötig. 53

Zu definieren ist zunächst, welche Werke und Leistungen erfasst sind und welche Nutzung vorliegt. Die Vergütung kann ggf. nach **Vertragsprodukten** respektive **Nutzungsarten** differenziert werden. So kann etwa ein Werk der Musik in so unterschiedlichen Formen wie als gestreamter Song, als Teil einer Compilation-CD, als live gesungenes Chorwerk oder als Klingelton genutzt werden. 54

Ausgangspunkt sind **die geldwerten Vorteile**, die durch die Nutzung erzielt werden. Es unterliegt der Verhandlung, von welchen Erlösen der Nutzer ausgegangen wird: Brutto- oder Nettoerlöse, wobei zu thematisieren ist, wie sich brutto und netto zusammensetzen; ausgehend von Endverkaufspreisen an Verbraucher oder ausgehend von Listenabgabepreisen für Händler; differenziert werden kann zwischen verschiedenen Einnahmearten (z.B. Zahlungen von Endkunden, Zahlungen von anderen, Werbung, Sondereinnahmen, Sponsoring). Sonstige Vorteile, etwa die Verwertung von Nutzerdaten, sind tendenziell zu berücksichtigen, wenn sich diese tatsächlich in einem geldwerten Vorteil bezifferbar niederschlagen. Zu diesen Aspekten existiert zum Teil eine sehr konkrete Entscheidungspraxis der Schiedsstelle und der Gerichte.[66] 55

Von den Einnahmen sind **Abzüge** zu machen für die von den Nutzern erbrachten Leistungen und für Faktoren, die die Einnahmen tatsächlich reduzieren. Berücksichtigt werden können etwa Rabatte und Skonti, die gewährt werden, oder Kosten für Produktion, Technik, Transport, Betrieb, Abrechnung, Marketing, Vertrieb (z.B. Provisionszahlungen an Vermittler).[67] 56

Die Vergütung wird häufig durch **Prozentsätze** von Stückzahlen oder Nutzungshandlungen definiert. Der Prozentsatz soll den anteiligen Wert der Nutzung des Werks bzw. der Leistung für die Einnahmen des Nutzers beziffern. Eine Erhöhung in einem neuen Gesamtvertrag kommt folglich im Verhältnis zu einem über viele Jahrzehnten be- 57

---

63 BGH, Urt. v. 25.10.2012 – I ZR 162/11 – GRUR 2013, 717 – Covermount.
64 Vgl. EuGH, Urt. v. 21.10.2010 – C-467/08 – GRUR 2011, 50 Rn 42 – Padawan. Siehe *Peifer*, jurisPR-WettbR 1/2011, Anm. 1. Der BGH sah in den entsprechenden Fällen eine Vorlage an den EuGH nicht als veranlasst, siehe z.B. BGH, Urt. v. 18.5.2017 – I ZR 266/15 – GRUR 2017, 486 Rn 44 – USB-Stick.
65 *Hofmann*, GRUR 2018, 21, 26 f.
66 Siehe § 39 Rn 17 ff.
67 Vgl. BGH, Urt. v. 5.4.2001 – I ZR 132/98 – ZUM 2001, 983, 989 – Gesamtvertrag privater Rundfunk; OLG München, Urt. v. 30.1.2003 – 6 AR 01/97 – ZUM 2003, 319, 323 f.; OLG München, Urt. v. 16.5.2002 – 6 AR 22/96 – ZUM-RD 2002, 474, 476 f.; Schiedsstelle, Einigungsvorschl. v. 24.10.2006 – Sch-Urh 44/03 – ZUM 2007, 77, 83 ff.; Dreier/Schulze/*Schulze*, § 35 VGG Rn 11.

anstandungslos vorher praktizierten Gesamtvertrag grundsätzlich nur in Betracht, wenn die vom Nutzer erzielten Einnahmen in größerem Anteil auf der Verwertung der Rechte basieren als zuvor dafür, dass die zuvor vereinbarte gesamtvertragliche Vergütung von Anfang an angemessen war, spricht nach der BGH-Rspr. eine Vermutung.[68]

58 **Erfassung, Zählung und Kontrolle** der angegebenen Stückzahlen oder Nutzungshandlungen können spezifiziert werden; dabei ist eine möglichst exakte Vorgehensweise vorzusehen.

59 Häufig werden **Mindestvergütungen** vereinbart.[69] Das ist unmittelbarer Ausfluss des Beteiligungsgrundsatzes. Die Mindestvergütung darf nicht so hoch ausfallen, dass sie den Regellizenzsatz verdrängt und selbst zur neuen Regel wird.[70] Sie muss also den nach der Regellizenz zu zahlenden Preis deutlich unterschreiten. Auf der anderen Seite kann eine Mindestvergütung nicht mit der Begründung als unangemessen bewertet werden, dass sie den Nutzererlös zu einem erheblichen Teil aufzehrt.[71] Der Urheber ist vor der Entwertung seiner Rechte zu schützen.

60 *cc) Ansätze zur Bestimmung der Vergütungshöhe.* **Vergleichbare Regelungen in einem anderen Gesamtvertrag** können „einen gewichtigen Anhaltspunkt für die Angemessenheit einer geforderten Vergütung bieten".[72] Die Vergütungsregel dieses Vertrags hat dann Indizwirkung.[73] Dieses Vorgehen entspricht dem Gleichbehandlungsgebot. Die Gleichbehandlung kann durch die Aufnahme einer **Meistbegünstigungsklausel** im Vertrag explizit abgesichert werden.[74]

61 Wird ein Gesamtvertrag **sehr verbreitet angewendet** und nicht beanstandet, kann er besonders gut als Ausgangspunkt für die Angemessenheitsprüfung herangezogen werden.[75]

62 Die Lizenzsätze aus anderen Gesamtverträgen oder Tarifen sind zu modifizieren anhand der Gegebenheiten im konkreten Fall. Für die **Vergleichbarkeit** hat die Schiedsstelle in einem Musik-Fall (Tonträgerverkauf versus Download/Streaming) angeführt, es handle sich um dieselben Werke, dieselben Urheber, dieselben zugrundeliegenden Originalaufnahmen, denselben Adressatenkreis, denselben Nutzungszweck („musikalische Untermalung") und es lägen Wechselbeziehungen zwischen den Nutzungen vor.[76] Unterschiede zwischen physischer Verpackung von CDs und dem Download wirkten sich nicht lizenzmindernd aus. Die Schiedsstelle sah aber die ubiquitäre Verfügbarkeit von Downloads unabhängig vom physischen Datenträger als lizenzerhöhend an.[77]

63 2001 hielt es der BGH für sachlich gerechtfertigt, zwischen öffentlich-rechtlichem und privatem **Rundfunk** beim Vergütungssatz für Tonträgernutzung zu differenzieren.[78]

---

68 BGH, Urt. v. 18.6.2014 – I ZR 215/12 – GRUR 2015, 61 Rn 43 – Gesamtvertrag Tanzschulkurse.
69 Vgl. § 39 Rn 34.
70 Vgl. BGH, Urt. v. 27.10.2011 – I ZR 125/10 – ZUM-RD 2012, 311, 313 – Barmen Live; Schiedsstelle, Einigungsvorschl. v. 5.5.2010 – Sch-Urh 57/08 – ZUM 2010, 916, 922. Vgl. auch die Stellungnahme des Fachverbands Rundfunk- und Breitbandkommunikation zur Umsetzung der Richtlinie 2014/26/EU, S. 1.
71 BGH, Urt. v. 25.10.2012 – I ZR 162/11 – GRUR 2013, 717 Rn 40 – Covermount.
72 BGH, Urt. v. 18.5.2017 – I ZR 266/15 – GRUR 2017, 486 Rn 29 – USB-Stick; BGH, Urt. v. 16.3.2017 – I ZR 36/15 – GRUR 2017, 694 Rn 58 – Gesamtvertrag PCs; BGH, Urt. v. 20.3.2013 – I ZR 84/11 – GRUR 2013, 1220 Rn 19 ff. – Gesamtvertrag Hochschul-Intranet; Schiedsstelle, Einigungsvorschl. v. 5.5.2010 – Sch-Urh 57/08 – ZUM 2010, 916, 920.
73 BGH, Urt. v. 16.3.2017 – I ZR 36/15 – GRUR 2017, 694 Rn 60 – Gesamtvertrag PCs.
74 Schiedsstelle, Einigungsvorschl. v. 5.5.2010 – Sch-Urh 57/08 – ZUM 2010, 916, 925.
75 Schiedsstelle, Einigungsvorschl. v. 5.5.2010 – Sch-Urh 57/08 – ZUM 2010, 916, 920.
76 Schiedsstelle, Einigungsvorschl. v. 5.5.2010 – Sch-Urh 57/08 – ZUM 2010, 916, 920.
77 Schiedsstelle, Einigungsvorschl. v. 5.5.2010 – Sch-Urh 57/08 – ZUM 2010, 916, 921.
78 BGH, Urt. v. 5.4.2001 – I ZR 132/98 – ZUM 2001, 983, 987 – Gesamtvertrag privater Rundfunk.

Für die Vergütungshöhe können auch **Erfahrungen aus dem Ausland** zum Ver- 64
gleich herangezogen werden. Dabei müssen aber unterschiedliche Umstände in den jeweiligen Ländern berücksichtigt werden.[79]

Praxistipp
Die Verwertungsgesellschaften veröffentlichen die Gesamtverträge auf ihren Internetseiten gem. § 56 Abs. 1 Nr. 5. Auf diesen Internetseiten sind die bisher geschlossenen Gesamtverträge samt Konditionen einsehbar.

---

dd) Beispiele aus der Entscheidungspraxis. Für einen dauerhaften **Download** 65
(„download to own") eines Musikwerks hielt die Schiedsstelle 2010 einen Grundlizenzsatz von 11 Prozent des Endverkaufspreises und eine Mindestvergütung von 0,091 Euro für ein Einzelwerk für angemessen.[80] Sie orientierte sich dabei am „Tonträger-Normalvertrag" zwischen GEMA und Bundesverband Musikindustrie.

Die angemessene Vergütung ist bei **Speichermedien** nach dem Maß der tatsächli- 66
chen Nutzung zu bemessen und soll den Schaden spiegeln, der den Urhebern durch die fehlende Lizenz entstanden ist.[81] Zur Ermittlung der tatsächlichen Nutzung können im Streitfall **empirische Studien** (auch solche, die von den Vertragsparteien in Auftrag gegeben wurden) herangezogen werden.[82]

Im Streitfall über die Vergütungspflicht nach §§ 54 Abs. 1, 54b Abs. 1 UrhG bei aus 67
privaten Mitteln angeschaffte **PCs** hatte das OLG München nicht nachvollziehbar dargelegt, wie es auf die konkrete Höhe kam.[83] Der BGH verlangte eine plausible Kalkulation der Vergütungshöhe, ggf. unter Rückgriff auf den Einigungsvorschlag der häufiger mit derartigen Fragen befassten Schiedsstelle.[84]

Für **USB-Sticks** wurde ein Vergütungssatz vor Abzug des Gesamtvertragsnachlasses 68
von 0,10 Euro plus 7 Prozent Umsatzsteuer pro Stick und Speicherkarte unter Heranziehung von Studien zum Nutzungsverhalten als angemessen angesehen.[85]

In der Entscheidung „Gesamtvertrag Hochschul-Intranet" vergleicht der BGH ver- 69
schiedene **Kalkulationen** (eine Musterkalkulation der VG Wort versus Anlehnung an den Gesamtvertrag Hochschulen) für einen angemessenen Vergütungssatz für die Nutzung von Lehrbuchseiten in einem Hochschul-Intranet (vor Inkrafttreten des UrhWissG).[86]

Für die Vergütung des Vermietrechts beim **Lesezirkel** wurde von der Schiedsstelle 70
2004 auf die Anzahl der in Umlauf befindlichen Erstmappen, das durchschnittliche Besetzungsverhältnis, die durchschnittliche Anzahl Hefte pro Mappe, den Umsatz, der mit den Mappen erzielt wird, und die Entwicklung dieser Größen im Lauf der Zeit abgestellt. Nicht berücksichtigt wurden Kaufpreisentwicklung, betriebswirtschaftliche Erfolgsrechnung der Lesezirkelunternehmen und die absolute Zahl der Mitglieder der Verwertungs-

---

79 Vgl. BGH, Urt. v. 18.6.2014 – I ZR 215/12 – GRUR 2015, 61 Rn 59 – Gesamtvertrag Tanzschulkurse. Vgl. das Vergleichsmarktkonzept aus dem Kartellrecht, Loewenheim/Meessen/Riesenkampff/Kersting/Meyer-Lindemann/*Loewenheim*, § 19 GWB Rn 70 m.w.N.
80 Schiedsstelle, Einigungsvorschl. v. 5.5.2010 – Sch-Urh 57/08 – ZUM 2010, 916, 920.
81 BGH, Urt. v. 16.3.2017 – I ZR 35/15 – GRUR 2017, 684 Rn 55 – Externe Festplatten; BGH, Urt. v. 21.7.2016 – I ZR 212/14 – GRUR 2017, 161 Rn 37 – Gesamtvertrag Speichermedien.
82 BGH, Urt. v. 16.3.2017 – I ZR 35/15 – GRUR 2017, 684 Rn 75 – Externe Festplatten.
83 BGH, Urt. v. 16.3.2017 – I ZR 36/15 – GRUR 2017, 694 Rn 55 – Gesamtvertrag PCs.
84 Vgl. BGH, Urt. v. 21.7.2016 – I ZR 212/14 – GRUR 2017, 161 Rn 52 ff. – Gesamtvertrag Speichermedien.
85 BGH, Urt. v. 18.5.2017 – I ZR 266/15 – GRUR 2017, 486 Rn 30 ff. – USB-Stick.
86 BGH, Urt. v. 20.3.2013 – I ZR 84/11 – GRUR 2013, 1220 Rn 60 ff. – Gesamtvertrag Hochschul-Intranet. Siehe zur Sachthematik jetzt §§ 60a-60h UrhG.

gesellschaften, wohl aber die Aktivlegitimation der Verwertungsgesellschaften im konkreten Fall.[87]

71 Bei der Nutzung von **Tonträgern** wurde 2005 von der Schiedsstelle eine Vergütung in Höhe von 9,009 Prozent des „published price to dealer" als angemessene Vergütung angesehen.[88]

72 *ee) Sonstige Aspekte.* Gemäß § 38 S. 2 gelten die Vergütungssätze in Gesamtverträgen als **Tarife**, etwa gegenüber Mitgliedern von Nutzervereinigungen, die keinen Einzelvertrag geschlossen haben. Wird ein neuer Tarif veröffentlicht, ist dies ein Angebot zur Änderung des Gesamtvertrags, soweit der Nutzungstatbestand erfasst wird.[89]

73 Werden im Laufe der Verhandlungen über einen Gesamtvertrag Ankündigungen gemacht, kann dadurch ein **Vertrauenstatbestand** geschaffen werden, auf den sich die andere Seite nach § 242 BGB berufen kann. Dies gilt etwa, wenn der Verhandlungsführer einer Verwertungsgesellschaft den Vertretern der Nutzervereinigung versichert, für ein bestimmtes Gerät werde in Zukunft keine Abgabe nach § 54 UrhG verlangt.[90]

74 **c) Verhältnis von Rabatt und Vertragshilfe.** Die Angemessenheit muss sich beim Gesamtvertrag nicht nur auf die Höhe der Vergütung beziehen, sondern auch auf den gewährten Gesamtvertragsrabatt und die im Gegenzug zu leistenden Vertragshilfen. Es ist erforderlich, dass die Verwertungsgesellschaft **Effizienzvorteile durch Verwaltungsvereinfachung** erzielen kann, wenn sie eine Preisreduktion einräumt.[91] So heißt es in der Gesetzesbegründung:

„Vereinbaren die Vertragsschließenden einen Gesamtvertragsrabatt, so müssen Art und Umfang der von der Nutzervereinigung erbrachten Gegenleistungen (sogenannte Vertragshilfen) mit der Höhe des eingeräumten Rabatts korrelieren, damit die Vereinbarung dem Gebot der Angemessenheit entspricht."[92]

75 Damit wird der Rabatt, den die Verwertungsgesellschaft gewährt, von der **Ersparnis** abhängig gemacht, die **durch die Kooperation** mit der Nutzervereinigung entsteht. Ein Gesamtvertragsrabatt ist bereits zu gewähren, wenn eine Vielzahl von Einzelvertragsverhandlungen durch die **Bezugnahme auf den Rahmenvertrag** wegfällt.

76 „Korrelieren" ist ein vager Maßstab. Es geht hier nicht um eine haargenaue Berechnung (die praktisch wohl auch nicht möglich wäre). Wegen des Schutzzwecks des § 35 darf auch **nicht einseitig auf die Interessen der Rechtsinhaber** abgestellt werden. Die Kollektivierung der Nutzerinteressen und der Abschlusszwang dienen ja auch dem Ziel, dass die Nutzer der häufig monopolistisch agierenden Verwertungsgesellschaft etwas entgegensetzen können.[93] „Angemessen" sind Bedingungen also nur dann, wenn sie die Interessen beider Parteien berücksichtigen. Sie müssen zudem objektiv (also sachlich plausibel nachvollziehbar) und nichtdiskriminierend sein (vgl. Art. 16 Abs. 2 UAbs. 1 VG-RL). Der Gesetzgeber bringt aber zum Ausdruck, dass der Rabatt umso höher ausfallen kann, je stärker sich die Nutzervereinigung engagiert und die Verwertungsgesellschaft entlastet oder die Rechtenutzung verbreitert.

---

87 Schiedsstelle, Einigungsvorschl. v. 31.8.2004 – Sch-Urh 24/99 – ZUM 2005, 257, 261 ff. – Gesamtvertrag Lesezirkel.
88 Schiedsstelle, Einigungsvorschl. v. 12.4.2005 – Sch-Urh 28/00 – ZUM 2005, 670, 680 f.
89 Schricker/Loewenheim/*Reinbothe*, § 12 UrhWG Rn 8.
90 BGH, Urt. v. 16.3.2017 – I ZR 39/15 – GRUR 2017, 702 Rn 97 ff. – PC mit Festplatte I.
91 Vgl. *Peifer*, jurisPR-WettbR 1/2011, Anm. 1.
92 RegE-VGG, BT-Drucks. 18/7223, S. 84.
93 Ebenso *Steinbrecher/Scheufele*, ZUM 2016, 91, 92.

Maßnahmen der Vertragshilfe können etwa sein: 77
- Vermittlung des Kontakts und Übergabe von Mitgliederverzeichnissen,[94]
- zentralisiertes Vertragsmanagement,
- Unterstützung beim Abschluss von Einzelverträgen,
- Unterstützung beim Monitoring und Reporting der Rechtenutzung,
- Unterstützung beim Eintreiben von Forderungen,
- aktives Eintreten für eine Nutzung des Gesamtvertrags und
- Mahnung der Mitglieder zur Erfüllung der Vertragspflichten gegenüber der Verwertungsgesellschaft.[95]

Eine **Reduzierung des Rabatts**, nachdem sich das System eingespielt hat, ist nicht üblich und auch nicht angemessen.[96] 78

d) Sonstige Bedingungen. Auch die übrigen **Vertragsbedingungen** müssen angemessen sein. Ersichtlich sind die Bedingungen aus den veröffentlichten Gesamtverträgen auf den Internetseiten der Verwertungsgesellschaften. Entschieden wurde in der Vergangenheit bspw. zu 79
- Freistellungsklauseln für Rechtsstreitigkeiten mit Dritten,[97]
- automatisches Kündigungsrecht bei jeder Vertragspflichtverletzung (unangemessen),[98]
- Monatsfrist zur Abgabe von Nutzungsmeldungen (angemessen),[99]
- Zahlungsziel von zwei Wochen (zu kurz),[100]
- Dokumentationspflichten als „Titel-Liste" (angemessen),[101]
- Pflicht zur Einführung eines technischen Melde- und Kontrollsystems (unangemessen),[102]
- Wegfall der Vergütungspflicht nach §§ 54, 54b UrhG bei Export eines PCs durch Dritte außerhalb des Geltungsbereichs (angemessen),[103]
- Geltendmachung von Rückerstattungen nur durch bestimmte Mitglieder (im konkreten Fall angemessen),[104]
- Aufnahme einer Anpassungsklausel durch das Gericht für die Zukunft in einem Vertrag, dessen Laufzeit bereits abgelaufen ist (entbehrlich, daher unangemessen),[105]
- Ermittlung der Vergütung auf Basis einer von der Verwertungsgesellschaft bereitgestellten Eingabemaske (also Erfassung von Einzeldaten mit hohem Verwaltungsaufwand für die Nutzer) statt auf Grundlage repräsentativer Erhebungen der Nutzervereinigung (angemessen),[106]

---

94 Dazu OLG München, Urt. v. 21.12.2000 – 6 AR 6/00 – ZUM-RD 2002, 150, 156.
95 Vgl. BeckOK-UrhR/*Freudenberg*, § 35 VGG Rn 26.
96 Vgl. Schiedsstelle, Einigungsvorschl. v. 5.5.2010 – Sch-Urh 57/08 – ZUM 2010, 916, 925.
97 BGH, Urt. v. 18.6.2014 – I ZR 215/12 – GRUR 2015, 61 Rn 68 ff. – Gesamtvertrag Tanzschulkurse; Schiedsstelle, Einigungsvorschl. v. 5.5.2010 – Sch-Urh 57/08 – ZUM 2010, 916, 925.
98 Schiedsstelle, Einigungsvorschl. v. 5.5.2010 – Sch-Urh 57/08 – ZUM 2010, 916, 925.
99 Schiedsstelle, Einigungsvorschl. v. 5.5.2010 – Sch-Urh 57/08 – ZUM 2010, 916, 925.
100 Schiedsstelle, Einigungsvorschl. v. 5.5.2010 – Sch-Urh 57/08 – ZUM 2010, 916, 925.
101 Schiedsstelle, Einigungsvorschl. v. 5.5.2010 – Sch-Urh 57/08 – ZUM 2010, 916, 925.
102 Schiedsstelle, Einigungsvorschl. v. 5.5.2010 – Sch-Urh 57/08 – ZUM 2010, 916, 925.
103 BGH, Urt. v. 16.3.2017 – I ZR 36/15 – GRUR 2017, 694 Rn 66 – Gesamtvertrag PCs.
104 BGH, Urt. v. 16.3.2017 – I ZR 36/15 – GRUR 2017, 694 Rn 67 – Gesamtvertrag PCs.
105 BGH, Urt. v. 16.3.2017 – I ZR 36/15 – GRUR 2017, 694 Rn 73 – Gesamtvertrag PCs.
106 BGH, Urt. v. 20.3.2013 – I ZR 84/11 – GRUR 2013, 1220 Rn 73 – Gesamtvertrag Hochschul-Intranet. Siehe jetzt für diesen Fall aber § 60h Abs. 3 UrhG.

- Höchstgrenze für die Zahl der Freiexemplare (angemessen)[107] und
- Verpflichtung zur Errichtung eines Fonds zur Pirateriebekämpfung und für Kopierschutzmaßnahmen (unangemessen)[108].

80   Ob Mitglieder, die bei der Abrechnung betrügen, **vom Gesamtvertrag ausgeschlossen** werden und also von dem Vorteil des Gesamtvertrags nicht mehr profitieren können, kann wohl nicht pauschal beantwortet werden.[109]

5. Unzumutbarkeit

81   **a) Allgemeines.** Grundsätzlich gilt der Abschlusszwang gegenüber Nutzervereinigungen. Jedoch kann dieser Zwang entfallen, wenn der Verwertungsgesellschaft der Abschluss eines Gesamtvertrags objektiv unzumutbar ist. Da Unzumutbarkeit die **Ausnahme** darstellt, ist die Verwertungsgesellschaft darlegungs- und **beweispflichtig**.[110] Sie wahrt in erster Linie die Interessen der Berechtigten. Sie kann an diesem Punkt aber auch Eigeninteressen einbringen.

82   **b) Mitgliederzahl.** Das Gesetz sieht die zu geringe Mitgliederzahl der Nutzervereinigung als Fall der Unzumutbarkeit an. Hintergrund ist, dass die mit einem Gesamtvertrag einhergehende **erhöhte Verhandlungslast** für den Rahmenvertrag nur dann sinnvoll eingesetzt ist, wenn in der Folge eine Mehrzahl anderer Vertragsverhandlungen wegfällt. Sonst ist der administrative Aufwand eines Gesamtvertrags (und aus Rechtsinhaber-Sicht: der Rabatt) nicht gerechtfertigt.[111] Die Verwertungsgesellschaft erspart sich mit einem Gesamtvertrag bei geringer Mitgliederzahl nur wenig Transaktionskosten und würde für die Rechtsinhaber nicht mehr genug erreichen, wenn zudem ein Rabatt einzuräumen wäre. Die Nutzer können bei einer geringen Mitgliederzahl aber auch die betroffenen Interessen nicht „verobjektiviert" bündeln. Der BGH prüft in diesem Rahmen, ob „*mit einer* **spürbaren Erleichterung des Inkassos und der Kontrolle**" zu rechnen ist. Es sei aber weiterhin eine **Interessenabwägung** vorzunehmen.[112]

83   Es kommt auf die **absolute Zahl** an Nutzern und Nutzungen an; der Marktanteil ist sekundär. Ein Blick in die Spruchpraxis legt nahe, dass es eine zweistellige Zahl an Nutzern sein muss. Der Unzumutbarkeitseinwand kann begründet sein, wenn trotz einer hohen Mitgliederzahl nur eine geringe Zahl von Mitgliedern dem Gesamtvertrag beitritt.[113]

84   Dass es zu **Wettbewerbsverzerrungen** zu Lasten der kleineren Marktteilnehmer und kleineren Verbände kommen kann, wird hingenommen.[114] Die Verwaltungsvereinfachung stellt nach Auffassung des OLG Nürnberg den sachlichen Grund im Rahmen eines Anspruchs nach § 20 GWB dar, sodass eine Ungleichbehandlung zwischen großem Verband und kleinem Verband erfolgen dürfe.[115]

---

107   Schiedsstelle, Einigungsvorschl. v. 12.4.2005 – Sch-Urh 28/00 – ZUM 2005, 670, 682.
108   Schiedsstelle, Einigungsvorschl. v. 12.4.2005 – Sch-Urh 28/00 – ZUM 2005, 670, 683.
109   Eher dafür Dreier/Schulze/*Schulze*, § 35 VGG Rn 10; siehe aber (im Rahmen von § 34) LG Berlin, Urt. v. 20.3.2018 – 16 O 63/18 – ZUM 2018, 548 – Patientenzimmer.
110   OLG München, Urt. v. 21.12.1989 – 6 AR 6/89 – GRUR 1990, 358, 359 – Doppelmitgliedschaft.
111   Dreier/Schulze/*Schulze*, § 35 VGG Rn 12; BeckOK-UrhR/*Freudenberg*, § 35 VGG Rn 31.
112   BGH, Urt. v. 14.10.2010 – I ZR 11/08 – GRUR 2011, 61 Rn 12 – Gesamtvertrag Musikabrufdienste.
113   OLG Düsseldorf, Urt. v. 3.11.2010 – VI-U (Kart) 15/10 – juris, Rn 50.
114   Vgl. OLG Nürnberg, Beschl. v. 9.10.2015 – 1 U 867/13 – ZUM 2016, 546; siehe auch BGH, Urt. v. 14.10.2010 – I ZR 11/08 – GRUR 2011, 61 Rn 24 – Gesamtvertrag Musikabrufdienste.
115   OLG Nürnberg, Beschl. v. 9.10.2015 – 1 U 867/13 – ZUM 2016, 546.

Beispiele

Zu wenig: Vier Lokalradiosender in einem Lokalradioverband;[116] sechs Mitglieder, selbst bei 100 Prozent Marktabdeckung;[117] 25 aktive Mitglieder;[118] 13 Musikdiensteanbieter mit 90 Prozent Marktabdeckung, 370 Tonträgerhersteller wurden nicht mitgezählt, da sie Rechte nicht selbst wahrnahmen, sondern nur weiterlizenzierten;[119] 21 Mitglieder, wenn es den Mitgliedern freigestellt ist, dem Gesamtvertrag beizutreten.[120]

Ausreichend: 47 Filmtheater und potentiell Vertragsschließende, auch wenn diese in nur 13 Filmtheaterbetrieben organisiert sind;[121] 102 Mitglieder, selbst wenn die Hälfte der Mitglieder in einem weiteren Verband organisiert ist, der bereits einen Gesamtvertrag abgeschlossen hat.[122]

c) Sonstige Fälle. Unzumutbar ist der Abschluss auch **aus anderen Gründen**, wenn Aufwand und Ertrag für die Verwertungsgesellschaft in keinem Verhältnis stehen.[123] Beispiele für sonstige Fälle sind nicht bekannt geworden. 85

IV. Verträge mit mehreren Verwertungsgesellschaften

Im Gesetz ist **keine Regelung** vorgesehen, wenn eine Nutzervereinigung Rechte von mehreren Verwertungsgesellschaften erwerben muss. Ein entsprechender Anlauf ist bei Schaffung des VGG gescheitert.[124] Eine Pflicht für Verwertungsgesellschaften, mit anderen Verwertungsgesellschaften zu kooperieren, besteht nicht.[125] 86

Ein **Interesse der Nutzer** daran ist gegeben, wenn sie für eine Nutzung mehrere Rechte benötigen.[126] Dies gilt etwa, wenn für die Ausstrahlung von Funksendungen in einer Gastwirtschaft Rechte von GEMA, GVL, VG Wort und VG Media eingeholt werden müssen.[127] In der Praxis läuft die Lizenzierung auf Einzelvertragsbasis üblicherweise über Repräsentationsvereinbarungen, d.h. die GEMA nimmt beispielsweise die Rechte von GVL und VG Wort mit wahr. Außerhalb solcher Repräsentationsvereinbarungen kann das Einholen von Lizenzen für die Nutzer aber beschwerlich sein und zu schwierigen Vergütungssituationen führen, in denen die Verwertungsgesellschaften jeweils auf ihren Anteil pochen. Für die **Kabelweitersendung** ist das Problem erkannt und in § 87 Abs. 5 S. 2 UrhG gelöst worden. Die Regelung ist nicht analog anwendbar auf andere Konstellationen.[128] § 49 Abs. 2 bewirkt jedoch, dass gesetzliche Vergütungsansprüche in der Regel gemeinsam geltend gemacht werden. 87

Wenn allerdings Verwertungsgesellschaften miteinander kooperieren, etwa bei den **Inkassogesellschaften** zur Einziehung der Geräte- und Speichermedienvergütung, ent- 88

---

116 OLG Nürnberg, Beschl. v. 9.10.2015 – 1 U 867/13 – ZUM 2016, 546.
117 OLG München, Urt. v. 26.4.1979 – 6 AR 16/78 – BlPMZ 1980, 153.
118 Dreier/Schulze/*Schulze*, § 35 VGG Rn 13 (ohne Nachweis).
119 OLG München, Urt. v. 29.11.2007 – 6 WG 1/06 – ZUM-RD 2008, 360, 369, bestätigt von BGH, Urt. v. 14.10.2010 – I ZR 11/08 – GRUR 2011, 61 Rn 15 – Gesamtvertrag Musikabrufdienste; dazu *Peifer*, jurisPR-WettbR 1/2011, Anm. 1; *Klett*, K&R 2011, 50.
120 *v. Gamm* in: FS Nirk, S. 315, 316.
121 BGH, Urt. v. 14.10.2010 – I ZR 11/08 – GRUR 2011, 61 Rn 21 – Gesamtvertrag Musikabrufdienste.
122 OLG München, Urt. v. 21.12.1989 – 6 AR 6/89 – GRUR 1990, 358, 359 – Doppelmitgliedschaft.
123 Vgl. Schricker/Loewenheim/*Reinbothe*, § 12 UrhWG Rn 11.
124 Siehe oben Rn 12 ff.
125 BGH, Urt. v. 18.6.2014 – I ZR 215/12 – GRUR 2015, 61 Rn 90 – Gesamtvertrag Tanzschulkurse.
126 Siehe oben Rn 13.
127 RegE-VGG, BT-Drucks. 18/7223, S. 84.
128 BGH, Urt. v. 18.6.2014 – I ZR 215/12 – GRUR 2015, 61 Rn 92 – Gesamtvertrag Tanzschulkurse.

steht gem. § 3 Abs. 2 entsprechend § 35 VGG auch eine Berechtigung und Verpflichtung zum Gesamtvertrag.[129] Solche Zusammenschlüsse zu Inkassogesellschaften (abhängige Verwertungseinrichtungen, § 3) sind möglich, auch wenn § 54h Abs. 1 UrhG vorschreibt, dass die Ansprüche nur durch Verwertungsgesellschaften geltend gemacht werden können.[130] Die von der jeweiligen Verwertungsgesellschaft beanspruchbaren Vergütungen richten sich nach dem **Anteil**, den die jeweils wahrgenommenen Rechte an der erzielten Gesamtvergütung haben.[131]

89 Benötigt eine Nutzervereinigung Rechte von verschiedenen Verwertungsgesellschaften und kommt es nicht zu einer Kooperation der Verwertungsgesellschaften, ist bei den jeweils einzelnen Verträgen auf eine **angemessene Gesamtgestaltung** zu achten. Die Mehrfachbelastung darf nicht zu einer Überziehung der Forderungen führen.[132]

V. Laufzeit des Vertrags und Streitfälle

90 **1. Laufzeit, Anpassung und Lösung vom Vertrag.** Die **Laufzeit** des Gesamtvertrags bemisst sich nach dem, was im Vertrag vereinbart ist. Fehlt eine Laufzeitvereinbarung oder will sich eine Partei wegen geänderter Umstände lösen, stellt sich wie immer bei Dauerschuldverhältnissen die Frage, ob eine **Anpassung** vorgenommen werden kann. Hier ist auf die allgemeinen Regeln zu Laufzeit, Kündigung und Störung der Geschäftsgrundlage zu rekurrieren.

91 Ein vorübergehendes **Weiterlaufen eines Vertrags nach Ende der Laufzeit**, wie in der Literatur gefordert, ist im Gesetz nicht vorgesehen.[133] In der Praxis können sich die Parteien auf eine solche „interimistische Lösung" einigen, um nicht vor Abschluss eines neuen Gesamtvertrags einen erheblichen administrativen Aufwand auszulösen. Gerade die Hinterlegung nach § 37 ist für Gesamtverträge im Streitfall kompliziert, da sie zur Einzelvertragsebene zurückweist und jede Einzelpartei hinterlegen muss.[134]

92 Eine **Rückwirkung** des Gesamtvertragsvorteils auf einen vorherliegenden Zeitraum ist nicht automatisch möglich, jedenfalls solange nicht der Vertragsschluss von einer Partei bewusst verschleppt wurde.[135] In der Praxis wird dies dennoch regelmäßig vereinbart. Das OLG kann gem. § 130 S. 3 VGG den Betrag rückwirkend zum 1.1. des Jahres, in dem der Antrag beim Gericht gestellt wurde, festsetzen.

93 **2. Instanzenzug.** Nach § 92 Abs. 1 Nr. 3 kann bei Streitigkeiten über den Abschluss oder die Änderung von Gesamtverträgen die **Schiedsstelle** angerufen werden. Die Schiedsstelle entscheidet gem. § 110. Das Verfahren ist vor einer gerichtlichen Befassung zwingend durchzuführen, § 128 Abs. 1 S. 1. In nächster Instanz ist gem. § 129 das **OLG München** zuständig und setzt gem. § 130 den Inhalt des Gesamtvertrags nach billigem

---

129 BGH, Urt. v. 21.7.2016 – I ZR 212/14 – GRUR 2017, 161 Rn 29 – Gesamtvertrag Speichermedien; BGH, Urt. v. 18.5.2017 – I ZR 266/15 – GRUR-RR 2017, 486 Rn 27 – USB-Stick; BeckOK-UrhR/*Freudenberg*, § 35 VGG Rn 12.
130 Vgl. § 3 Rn 1.
131 BGH, Urt. v. 18.6.2014 – I ZR 215/12 – GRUR 2015, 61 Rn 41 – Gesamtvertrag Tanzschulkurse.
132 Vgl. BGH, Urt. v. 18.6.2014 – I ZR 215/12 – GRUR 2015, 61 Rn 60 f. – Gesamtvertrag Tanzschulkurse; RegE-VGG, BT-Drucks. 18/7223, S. 84.
133 *Conrad*, CR 2016, 157, 164.
134 *Conrad*, CR 2016, 157, 163 f.
135 Vgl. Schiedsstelle, Einigungsvorschl. v. 5.5.2010 – Sch-Urh 57/08 – ZUM 2010, 916, 925. Zur Rückwirkung eines Tarifs siehe Schiedsstelle, Einigungsvorschl. v. 9.3.2011 – Sch-Urh 130/10 – ZUM-RD 2012, 176, 180.

Ermessen fest. Es ist dabei aber durch die Anträge der Parteien begrenzt.[136] Gegen die Entscheidung ist gem. § 129 Abs. 3 Revision zum **BGH** möglich.

3. Überprüfbarkeit und Beweisregeln. Von beiden Parteien für angemessen gehaltene und freiwillig abgeschlossene **bisherige Gesamtverträge** sind „*eine maßgebliche Hilfe*" für die Festsetzung eines Gesamtvertrags.[137] 94

Die Konditionen des Gesamtvertrags können in einem **Streit der Vertragspartner** Verwertungsgesellschaft und Nutzervereinigung „*grundsätzlich nicht mit Erfolg in Frage*" gestellt werden, da sich die Parteien darauf geeinigt haben.[138] 95

Etwas anderes gilt in einem **Streit der Verwertungsgesellschaft mit einzelnen Mitgliedern der Nutzervereinigung**, die sich dem Gesamtvertrag nicht unterworfen haben.[139] Diesen Mitgliedern gegenüber gelten die Vergütungssätze nur als Angebote zum Abschluss eines Nutzungsvertrags; die Konditionen sind dann komplett gerichtlich überprüfbar.[140] Zu berücksichtigen ist allerdings, dass die günstigen Konditionen nur gewährt werden können, wenn sie im Rahmen eines Gesamtvertrags gewährt werden.[141] 96

Die **Auslegung des Gesamtvertrags** ist komplett überprüfbar.[142] Werden die in einem Gesamtvertrag vereinbarten Vergütungssätze gem. § 38 S. 2 zum **Tarif**, werden sie auch gerichtlich voll überprüfbar.[143] 97

Im Fall „Gesamtvertrag Tanzschulkurse" hat der BGH der Verwertungsgesellschaft die Beweislast auferlegt, dass nach Auslaufen eines langjährig praktizierten Vertrags eine **Erhöhung angemessen** ist. Das gilt zumindest dann, wenn der Vertrag die gesamte Zeit über ohne Beanstandungen geblieben ist.[144] 98

Die Verwertungsgesellschaft ist darlegungs- und beweispflichtig für die fehlende **Zumutbarkeit**.[145] 99

4. Verhältnis zum Kartellrecht. Die Unangemessenheit einer Vergütung ließe sich auch als **Verstoß gegen Kartellrecht** rügen, da die Verwertungsgesellschaft regelmäßig eine marktbeherrschende oder überlegene Stellung haben wird.[146] Ein **Vorrangverhältnis** besteht zwischen VGG und GWB nicht; das europäische Kartellrecht (Art. 102 AEUV) wäre vorrangig. Der Maßstab des VGG („angemessen") dürfte aber i.d.R. für die Nutzervereinigung günstiger sein als der des Missbrauchsrechts, der dem Marktbeherrscher erlaubt, bis an die Grenze des gerade noch Zulässigen zu gehen. 100

---

136 BGH, Urt. v. 19.11.2015 – I ZR 151/13 – GRUR 2016, 792 Rn 97 – Gesamtvertrag Unterhaltungselektronik; § 130 Rn 7.
137 Schiedsstelle, Einigungsvorschl. v. 12.4.2005 – Sch-Urh 28/00 – ZUM 2005, 670, 680. Vgl. Wandtke/Bullinger/*Gerlach*, § 35 VGG Rn 7.
138 BGH, Urt. v. 16.3.2017 – I ZR 35/15 – GRUR 2017, 684 Rn 27 Externe Festplatten m.w.N.; BGH, Urt. v. 20.2.2013 – I ZR 189/11 – GRUR 2013, 1037 Rn 25 – Weitergeltung als Tarif.
139 BGH, Urt. v. 16.3.2017 – I ZR 35/15 – GRUR 2017, 684 Rn 27 – Externe Festplatten; BGH, Urt. v. 20.2.2013 – I ZR 189/11 – GRUR 2013, 1037 Rn 25 – Weitergeltung als Tarif.
140 BGH, Urt. v. 16.3.2017 – I ZR 35/15 – GRUR 2017, 684 Rn 27 – Externe Festplatten.
141 OLG München, Urt. v. 21.12.1989 – 6 AR 6/89 – GRUR 1990, 358, 359 – Doppelmitgliedschaft.
142 BGH, Urt. v. 25.3.1987 – I ZR 20/85 – GRUR 1987, 632, 634 – Symphonie d'Amour; Dreier/Schulze/*Schulze*, § 35 VGG Rn 23.
143 BGH, Urt. v. 20.2.2013 – I ZR 189/11 – GRUR 2013, 1037 Rn 25 – Weitergeltung als Tarif; BGH, Urt. v. 16.3.2017 – I ZR 106/15 – MMR 2018, 175 Rn 24 – Vergütungspflicht für Speicherkarten.
144 BGH, Urt. v. 18.6.2014 – I ZR 215/12 – GRUR 2015, 61 Rn 35 – Gesamtvertrag Tanzschulkurse.
145 OLG München, Urt. v. 21.12.1989 – 6 AR 6/89 – GRUR 1990, 358, 359 – Doppelmitgliedschaft. Siehe oben Rn 81.
146 Siehe § 34 Rn 29 ff.

101 Wendet sich eine Verwertungsgesellschaft mit dem Antrag, die Vergütungshöhe und den sonstigen Vertragsinhalt angemessen festzusetzen, an die Schiedsstelle bzw. das OLG München, liegt in diesem **Antrag kein Missbrauch** einer marktbeherrschenden Stellung.[147]

102 § 35 beeinträchtigt die **Wettbewerbsposition** bestimmter Unternehmen und Verbände: Unternehmen, die nicht in einer Nutzervereinigung organisiert sind, kommen nicht in den Genuss günstigerer Konditionen. Kleinere Verbände, mit denen wegen zu geringer Mitgliederzahl kein Gesamtvertrag geschlossen werden muss, haben einen Wettbewerbsnachteil gegenüber größeren Konkurrenzverbänden. Ein Anspruch nach §§ 19, 20 GWB oder Art. 102 AEUV auf Gleichbehandlung resultiert daraus aber wohl für die diskriminierten Unternehmen und Verbände nicht. Die in diesen Normen zu prüfende **sachliche Rechtfertigung** liegt in dem geringeren Aufwand für die Verwertungsgesellschaften.[148]

103 Streitfälle über Gesamtverträge richten sich nach den §§ 110, 130.

§ 36
Verhandlungen

(1) ¹Verwertungsgesellschaft und Nutzer oder Nutzervereinigung verhandeln nach Treu und Glauben über die von der Verwertungsgesellschaft wahrgenommenen Rechte. ²Die Beteiligten stellen sich gegenseitig alle für die Verhandlungen notwendigen Informationen zur Verfügung.

(2) ¹Die Verwertungsgesellschaft antwortet unverzüglich auf Anfragen des Nutzers oder der Nutzervereinigung und teilt mit, welche Angaben sie für ein Vertragsangebot benötigt. ²Sie unterbreitet dem Nutzer unverzüglich nach Eingang aller erforderlichen Informationen ein Angebot über die Einräumung der von ihr wahrgenommenen Rechte oder gibt eine begründete Erklärung ab, warum sie kein solches Angebot unterbreitet.

Übersicht

I. Allgemeines
   1. Bedeutung der Regelung —— 1
   2. Vorgängerregelung —— 4
   3. Unionsrechtlicher Hintergrund —— 5
   4. Entstehungsgeschichte —— 6
II. Grundgedanke der Norm —— 7
III. Anwendungsbereich
   1. Verhandlungskonstellationen —— 8
   2. Erfasste Rechte —— 9
IV. Anforderungen
   1. Verhandeln nach Treu und Glauben (Abs. 1 S. 1) —— 11
   2. Bereitstellen von Informationen (Abs. 1 S. 2)
      a) Informationen —— 15
      b) Notwendig —— 17
      c) Art der Bereitstellung —— 20
      d) Zeitraum —— 22
   3. Ablauf der Verhandlungen (Abs. 2) —— 23
      a) Unverzügliche Antwort —— 24
      b) Unverzügliches Angebot —— 26
V. Rechtsfolge —— 29
   1. Durchsetzung —— 30
   2. Schadensersatz —— 32
VI. Aufsicht durch das DPMA —— 36

---

[147] BGH, Urt. v. 16.3.2017 – I ZR 36/15 – GRUR 2017, 694 Rn 64 – Gesamtvertrag PCs.
[148] OLG Nürnberg, Beschl. v. 9.10.2015 – 1 U 867/13 – ZUM 2016, 546.

I. Allgemeines

1. Bedeutung der Regelung. § 36 dient der Ausgestaltung der **Verpflichtung zu fairen, diskriminierungsfreien und angemessenen Lizenzbedingungen** (Erwägungsgrund 31 der VG-RL). Die Lizenzverhandlungen sind nach Treu und Glauben durchzuführen. Diese Anforderung setzt der nationale Gesetzgeber mit § 36 um. Damit werden §§ 34 und 35 konkretisiert.[1] 1

Abs. 1 stellt in S. 1 die generelle Vorgabe auf, dass Verhandlungen nach **Treu und Glauben** zu führen sind.[2] In S. 2 legt er beiden Verhandlungsparteien **Informationspflichten** auf.[3] 2

Abs. 2 füllt die Vorgabe, nach Treu und Glauben zu verhandeln, mit **weiteren konkreten Pflichten** aus: Die Verwertungsgesellschaft hat unverzüglich auf Anfragen zu reagieren, muss insbesondere ihre Informationsanforderungen mitteilen (S. 1) und „unverzüglich" nach Eingang aller Informationen ein Angebot machen bzw. erklären, warum sie das nicht tut.[4] Die Verpflichtungen sollen also einen möglichst **zügigen Vertragsabschluss ermöglichen** und richten sich ausschließlich an die Verwertungsgesellschaften. Damit wird das Ungleichgewicht der Verhandlungspartner ausgeglichen. Insoweit dient die Norm dem **Schutz der Nutzer**. 3

2. Vorgängerregelung. Eine Vorgängerregelung existiert nicht. Insbesondere das UrhWG kannte keine vergleichbare Norm. Die Treu-und-Glauben-Verpflichtung aus § 242 BGB ist nicht auf die Verhandlungsführung, sondern die Vertragserfüllung gerichtet.[5] Eine teilweise Parallelität besteht zur c.i.c.-Rechtsprechung (§ 311 Abs. 2 i.V.m. § 241 Abs. 2 BGB). § 36 geht aber über die dortigen Pflichten hinaus. 4

3. Unionsrechtlicher Hintergrund. Abs. 1 setzt Art. 16 Abs. 1 der VG-RL um. Er geht allerdings über den dortigen Wortlaut hinaus und erfasst auch Verhandlungen über gesetzliche Vergütungs- und Ausgleichsansprüche.[6] Abs. 2 liegt Art. 16 Abs. 3 der VG-RL zu Grunde. In der VGG-Fassung ist der Informationsanspruch in § 36 Abs. 2 S. 1 auf die benötigten Angaben für ein Vertragsangebot verkürzt, während diese Angaben in der VG-RL-Fassung nur „unter anderem" genannt sind. Diese Minimalabweichung dürfte aber mit Blick auf § 36 Abs. 1 S. 2 hinnehmbar sein. Die Norm ist im Übrigen **sehr eng an die VG-RL angelehnt**. 5

4. Entstehungsgeschichte. Der RefE wurde **ohne Änderungen verabschiedet**. Es geht nach der Begründung darum, die Verhandlungen „konstruktiv und zügig zu betreiben".[7] Im Gesetzgebungsverfahren wurden einige Forderungen vorgebracht, die allesamt nicht berücksichtigt wurden. Insbesondere Nutzerverbände forderten eine detailliertere Vorgabe, welche Informationen zur Verfügung gestellt werden müssen.[8] Gefordert wurde etwa eine ausdrückliche Beschränkung der von den Nutzern zu liefernden Informationen 6

---

1 Vgl. § 34 Rn 54 ff. und § 35 Rn 42 ff.
2 Vgl. Rn 11.
3 Vgl. Rn 15 ff.
4 RegE-VGG, BT-Drucks. 18/7223, S. 85.
5 Palandt/*Grüneberg*, § 242 BGB Rn 22.
6 Vgl. Rn 9.
7 RegE-VGG, BT-Drucks. 18/7223, S. 85.
8 Vgl. bspw. Stellungnahme der Bundesvereinigung der Musikveranstalter, S. 8, https://www.bmjv.de/SharedDocs/Gesetzgebungsverfahren/Stellungnahmen/2015/Downloads/08102015_Stellungnahme_BVMV_RefE_VG_Richtlinie_Umsetzungsgesetz.pdf?__blob=publicationFile&v=2.

auf solche, die nach objektiven Maßstäben erforderlich sind.[9] Stellenweise wurde auch die Aufnahme einer konkreten Rechtsfolge bei einem Verstoß gegen § 36 Abs. 2 verlangt.[10]

II. Grundgedanke der Norm

7   Verwertungsgesellschaft und Nutzer oder Nutzervereinigung sollen über die Einräumung von Rechten verhandeln. Weil durch das **Machtgefälle** der Verhandlungspartner und insbesondere eine **Informationsasymmetrie** zwischen ihnen keine Parität besteht, hat der Gesetzgeber in der Verfahrensvorschrift des § 36 einige Anforderungen an den Ablauf der Verhandlungen aufgestellt. Sie erinnern an die FRAND-Bedingungen aus dem Patentrecht.[11] § 36 ist damit ein weiterer Baustein des Verhandlungskonzepts im VGG. Gleichzeitig hat § 36 wie die §§ 34 und 35 das Ziel, dass Verwertungsgesellschaft und Nutzer(vereinigung) zu einem Vertragsabschluss kommen. Dazu greift die Norm auf Ebene der Verhandlungsführung ein und verlangt eine faire, zügige und konstruktive Verhandlung zwischen den Parteien, wobei die Verwertungsgesellschaft insbesondere Reaktions- und Informationspflichten treffen. Hinhaltetaktiken gegenüber – aus welchen Gründen auch immer – unerwünschten Nutzern sollen so vermieden werden.

III. Anwendungsbereich

8   **1. Verhandlungskonstellationen.** Sowohl bei **Verhandlungen mit Einzelnutzern** (§ 34) als auch bei solchen über **Gesamtverträge nach § 35** ist die Verfahrensregel des § 36 zu beachten.[12] Eine einschränkende Auslegung auf Verhandlungen über Gesamtverträge findet keinen Anhaltspunkt in der Norm.[13] Denn § 36 nennt explizit Verhandlungen sowohl mit Nutzern als auch mit Nutzervereinigungen, wohingegen Gesamtverträge nur mit Nutzervereinigungen geschlossen werden können.[14]

9   **2. Erfasste Rechte.** Abs. 1 erfasst alle von der Verwertungsgesellschaft wahrgenommenen Rechte. Damit unterliegen nicht nur **Verhandlungen über Nutzungsrechte** den Anforderungen des Abs. 1 sondern auch solche über **gesetzliche Vergütungs- und Ausgleichsansprüche**.[15] Insoweit weicht das nationale Gesetz von Art. 16 der VG-RL ab, der lediglich vertraglich eingeräumte Nutzungsrechte erfasst. Im Gegensatz dazu ist Abs. 2 lediglich bei Verhandlungen über Nutzungsrechte anwendbar.[16]

10   Die Norm gilt nach § 4 Abs. 2 entsprechend für unabhängige Verwertungseinrichtungen.

---

9   Vgl. Stellungnahme der ANGA, S. 11, https://www.bmjv.de/SharedDocs/Gesetzgebungsverfahren/Stellungnahmen/2015/Downloads/08102015_Stellungnahme_ANGA_RefE_VG_Richtlinie_Umsetzungsgesetz.pdf?__blob=publicationFile&v=1.
10 Vgl. Stellungnahme des Bundesverbands Musikindustrie, S. 27, https://www.bmjv.de/SharedDocs/Gesetzgebungsverfahren/Stellungnahmen/2015/Downloads/08192015_Stellungnahme_BVMI_RefE_VG_Richtlinie_Umsetzungsgesetz.pdf?__blob=publicationFile&v=1.
11 Vgl. zu FRAND § 34 Rn 96 ff.
12 BeckOK-UrhR/*Freudenberg*, § 36 VGG Rn 1.
13 So aber wohl Hoeren/Sieber/Holznagel/*Müller*, Teil 7.5 Rn 77.
14 Vgl. § 35 Rn 33 ff.
15 RegE-VGG, BT-Drucks. 18/7223, S. 85; BeckOK-UrhR/*Freudenberg*, § 36 VGG Rn 2.
16 So wohl auch RegE-VGG, BT-Drucks. 18/7223, S. 85.

IV. Anforderungen

1. Verhandeln nach Treu und Glauben (Abs. 1 S. 1). In Abs. 1 S. 1 findet sich eine 11 Generalklausel, die die Verwertungsgesellschaft und Nutzer(vereinigungen) dazu verpflichtet, nach den Grundsätzen von Treu und Glauben zu verhandeln. In Anbetracht der häufig sehr starken Stellung der Verwertungsgesellschaften treffen diese bei Vertragsabschlüssen zwar ohnehin gewisse **kartellrechtliche Anforderungen**. Als möglicherweise marktbeherrschende Institutionen dürfen sie beispielsweise nicht diskriminieren, ausbeuten oder Angebote aneinander koppeln. Darin läge ein Verstoß gegen §§ 19, 20 GWB oder Art. 102 AEUV.[17] Die Pflicht in § 36 Abs. 1 geht aber darüber hinaus: Während andere Rechtsnormen wie im Kartellrecht typischerweise an das Verhandlungsergebnis anknüpfen, versucht § 36 das Verhalten auf der vorgelagerten Ebene der **Verhandlungsführung** zu regulieren. Das setzt die Norm in ein Spannungsverhältnis mit der Pflicht der Verwertungsgesellschaften, bestmöglich die Interessen derjenigen zu vertreten, deren Rechte sie wahrnehmen.

Verhandeln nach Treu und Glauben bedeutet das zulässige Vertrauen darauf, dass 12 die jeweils andere Partei zuverlässig, aufrichtig und rücksichtsvoll verhandeln wird.[18] Eine Besonderheit bleibt, dass es nicht darauf ankommt, ob sich die treuwidrige Verhandlungsführung im Ergebnis niedergeschlagen hat oder es zu Schäden des Verhandlungspartners gekommen ist.

Bei der Bewertung sind im Rahmen einer umfassenden Interessenabwägung die 13 **Umstände des Einzelfalls** zu berücksichtigen. Insbesondere können sich zwischen Einzelvertragsverhandlungen und Gesamtvertragsverhandlungen unterschiedliche Bewertungen ergeben. Denn bei letzteren besteht nicht notwendig ein ausgeprägtes Machtgefälle zwischen den Verhandlungsparteien. Eine für das Geschäftsleben ansonsten nicht untypische **strategische Verhandlungsführung widerspräche** einem Verhandeln nach Treu und Glauben: Das Zurückhalten von Informationen, vage Behauptungen, das Präsentieren bestimmter Informationen zu bestimmten Zeitpunkten, die Verschleppung von Verhandlungen, um den Abschlussdruck der Gegenseite zu erhöhen, die Ausnutzung von Informationsvorsprüngen, die Suche nach Schwachstellen des Verhandlungspartners zu eigenen Gunsten stehen den Beteiligten nicht offen. Der Vorlauf zu entsprechenden Verträgen wird durch die Norm standardisiert und unabhängig vom Nachfrager der Lizenz ausgestaltet.

Die Verhandlungspflicht ist durch den Verhandlungsspielraum der Verhandlungs- 14 parteien begrenzt. Die Verwertungsgesellschaft wird beispielsweise bei typisierten Nutzungen nur in sehr seltenen Ausnahmefällen Spielraum haben, von den Tarifbedingungen abzuweichen. Denn gleichgelagerte Fälle sind wegen der Tarifbindung und dem Gleichbehandlungsgrundsatz gleichmäßig zu behandeln.[19]

2. Bereitstellen von Informationen (Abs. 1 S. 2)

a) Informationen. Abs. 1 S. 2 verpflichtet Nutzer wie Verwertungsgesellschaft glei- 15 chermaßen dazu, sich gegenseitig alle für die Verhandlungen notwendigen Informationen zur Verfügung zu stellen. Er konstituiert daher einen **Anspruch der Beteiligten** gegeneinander, die notwendigen Informationen zu übermitteln. Beide Parteien müssen

---

[17] EuGH, Urt. v. 14.9.2017 – Rs. C-177/16 – GRUR Int. 2017, 1100 – AKKA/LAA; BGH, Urt. v. 27.3.2012 – KZR 108/10 – GRUR 2012, 1062, 1064 Rn 30 – Elektronischer Programmführer.
[18] Palandt/*Grüneberg*, § 242 BGB Rn 6; MüKoBGB/*Schubert*, Bd. 2, § 242 BGB Rn 9.
[19] Vgl. § 38 Rn 25.

sich deshalb **aktiv in die Verhandlungen einbringen**, damit möglichst zügig ein Nutzungsvertrag abgeschlossen werden kann.[20]

16 Sofern es sich um gesetzliche Vergütungsansprüche handelt, bedarf es keines Vertragsabschlusses. Abs. 1 S. 2 verpflichtet insoweit nur einseitig den Nutzer, der Verwertungsgesellschaft alle notwendigen Informationen zu liefern, damit diese die Höhe der zu entrichtenden Vergütung ermitteln kann.

> **Beispiel**
> Wird ein Kunstwerk unter Mitwirkung eines Kunsthändlers veräußert, steht dem Urheber ein Anteil des Veräußerungserlöses nach § 26 Abs. 1 S. 1 UrhG zu. Der Veräußerer hat daher die entsprechende Verwertungsgesellschaft über die Veräußerung zu unterrichten. Dabei muss er jedenfalls seinen Namen, seine Anschrift, Künstler und Werk sowie die Höhe des Erlöses mitteilen.

17 **b) Notwendig.** Geliefert werden müssen nicht alle Informationen, sondern nur die für den Abschluss des Vertrags oder die Bestimmung des gesetzlichen Vergütungsanspruchs notwendigen. Die Beschränkung auf notwendige Informationen soll die Beteiligten vor überzogenen Informationsverlangen schützen. Welche Informationen notwendig sind, wird zu Recht nicht näher konkretisiert, da dies sehr **vom Einzelfall abhängt**.[21] Es handelt sich dabei um solche Informationen, die objektiv erforderlich sind, damit Verwertungsgesellschaft und Nutzer(vereinigung) zu einem Vertragsabschluss kommen. Stets umfasst sind die für die **Vertragsabwicklung erforderlichen** Informationen, etwa Kontakt- und Kontodaten sowie Informationen über Zahlungsmodalitäten. Ebenso notwendig sind Informationen, die die **„essentialia negotii" der Nutzung** darstellen, also Inhalt und Umfang der Nutzung einerseits und Vergütung und Berechnung der Vergütung andererseits.

18 Für die Verwertungsgesellschaft wird es hauptsächlich um solche Informationen gehen, die für sie erforderlich sind, um die Höhe der Nutzungsvergütung zu bestimmen. Darunter fallen regelmäßig Art und Umfang der Nutzung. Im Umkehrschluss kann die Verwertungsgesellschaft keine Informationen fordern, die für die ordnungsgemäße Wahrnehmung ihrer Aufgaben nicht relevant sind, etwa über sonstige Aktivitäten, Beziehungen zu Wettbewerbern oder Arbeit mit gemeinfreien Werken. Davon abzugrenzen sind die Situationen im Geltungsbereich der Beweislastumkehr des § 48 und anderer Vermutungsregeln, d.h. bei der Frage, ob der Nutzer überhaupt eine Lizenz benötigt.[22]

> **Beispiel**
> In den Fällen des § 26 Abs. 1 S. 1 UrhG müsste der Veräußerer etwa regelmäßig keine Angaben über den Erwerber machen. Ausnahmsweise kann das doch der Fall sein, z.B. wenn er eine Privatperson ist. Denn dann wäre diese Information für die Durchsetzung des gesetzlichen Vergütungsanspruchs relevant, vgl. § 26 Abs. 1 S. 3 UrhG.

19 Die Nutzer haben vor allem ein Interesse an Informationen zu den Bedingungen der Nutzung sowie zu Höhe und Berechnung der geforderten Nutzungsvergütung. Entspre-

---
20 So wohl auch BeckOK-UrhR/*Freudenberg*, § 36 VGG Rn 4.
21 So auch Stellungnahme des Bitkom, S. 11, https://www.bmjv.de/SharedDocs/Gesetzgebungsverfahren/Stellungnahmen/2015/Downloads/08142015_Stellungnahme_bitkom_RefE_VG_Richtlinie_Umsetzungsgesetz.pdf?__blob=publicationFile&v=1.
22 Vgl. § 48 Rn 14, 21.

chend folgt aus Abs. 1 S. 2 ein **Transparenzanspruch der Nutzer**. Für sie ist es weiterhin notwendig zu erfahren, ob die von ihnen angestrebte Lizenz eine – für die Laufzeit der Lizenz – angemessene Werthaltigkeit besitzt. So wäre etwa seitens der Verwertungsgesellschaft anzugeben, wenn der Schutz in kurzer Zeit abläuft oder über die zugrundeliegenden Tarife Verfahren vor Gerichten oder der Schiedsstelle geführt werden. Denn dies kann einen erheblichen Einfluss auf ihre Entscheidung haben, den Vertrag mit den angebotenen Tarifkonditionen abzuschließen. In Zusammenschau mit Abs. 1 S. 1 sind die Verwertungsgesellschaften also dazu verpflichtet, die Nutzer **über wesentliche wertbildende Faktoren** zu informieren.[23]

c) **Art der Bereitstellung.** § 36 stellt keine expliziten Anforderungen auf, wie die Informationen zur Verfügung gestellt werden müssen. Aus dem Normzweck folgt allerdings, dass die Informationen für eine interne Weiterverarbeitung **aktiv übermittelt und aufgearbeitet** werden müssen. Nicht ausreichend wäre es daher, der anderen Verhandlungsseite nur passiv Zugriff auf alle Informationen zu gewähren. Auch ein „Zuschütten" mit Informationen, aus denen die notwendigen Informationen mühsam herauskondensiert werden müssen, wäre ein Verstoß gegen Treu und Glauben. Möglicherweise ergeben sich hierfür zunehmend technische Lösungen. 20

Andererseits dürfen **keine zu hohen Anforderungen** an die Art der Aufbereitung gestellt werden, welche den Nutzer davon abhalten könnten, die wahrgenommenen Rechte zu nutzen. Ein Beispiel dafür wäre das Stellen überzogener formaler Anforderungen, etwa durch die Anforderung, umfangreiche, komplizierte Formulare auszufüllen oder die Informationen in ungewöhnlichen Dateiformaten zu übermitteln. Eine **gewisse Standardisierung** für die Abwicklung kann allerdings erwartet werden. Zulässig sollte es zum Beispiel sein, die notwendigen Informationen digital und in einem bestimmten Dateiformat zur automatisierten Weiterverarbeitung zu fordern, soweit es sich um ein gängiges Format handelt. Insbesondere im Massengeschäft von typisierten Nutzungen bei Einzelverträgen wird eine höhere Standardisierung, z.B. über Apps oder Webformulare, mit Abs. 1 S. 2 vereinbar sein. 21

d) **Zeitraum.** In zeitlicher Hinsicht greift die Pflicht des Abs. 1 S. 2 **nur für den Vertragsabschluss**. Auskunfts- und Mitteilungspflichten während des laufenden Vertragszeitraums richten sich allein nach den insoweit spezielleren §§ 41 ff.[24] Dies folgt aus der systematischen Stellung der Normen. 22

3. Ablauf der Verhandlungen (Abs. 2). Der Gesetzgeber legt der Verwertungsgesellschaft in Abs. 2 zusätzliche Pflichten auf, um das Vertragsverhandlungsverfahren effizient ablaufen zu lassen. Sie hat nach der amtlichen Begründung „Verhandlungen über die Einräumung von Nutzungsrechten konstruktiv und zügig zu betreiben".[25] 23

a) **Unverzügliche Antwort.** Abs. 2 S. 1 verpflichtet die Verwertungsgesellschaft dazu, Nutzeranfragen unverzüglich zu beantworten. Das VGG und die VG-RL verwenden den Begriff „unverzüglich" an zahlreichen Stellen, definieren ihn allerdings nicht. Die englische Fassung der VG-RL spricht von „without undue delay" und die französische von „sans retard indu". Sie decken sich damit mit dem deutschen Verständnis des § 121 Abs. 1 S. 1 BGB („ohne schuldhaftes Zögern"). Die Verwertungsgesellschaft muss also 24

---

23 BeckOK-UrhR/*Freudenberg*, § 36 VGG Rn 3.
24 A.A. BeckOK-UrhR/*Freudenberg*, § 36 VGG Rn 5.
25 RegE-VGG, BT-Drucks. 18/7223, S. 85.

nicht sofort antworten. Stattdessen können nachvollziehbare Gründe eine Verzögerung rechtfertigen. Die klare Forderung des Gesetzgebers ist es aber, **so schnell wie möglich** zu antworten.

25 Die Antwort muss alle Informationen darüber enthalten, welche Angaben des Nutzers benötigt werden. Es muss sich dabei nicht um die erste Antwort handeln. Eine vorherige (automatisierte) **Eingangsbestätigung** ohne diese Informationen ist möglich, solange die inhaltlich vollständige Beantwortung der Nutzeranfrage unverzüglich erfolgt. In der Praxis ist zu erwarten, dass standardisierte Schreiben verwendet werden, auf die ggf. auch die Aufsichtsstellen reagieren können.

26 **b) Unverzügliches Angebot.** Die Verwertungsgesellschaft hat nach Abs. 2 S. 2 dem Nutzer unverzüglich nach Eingang aller erforderlichen Informationen ein Angebot zu unterbreiten oder dessen Fehlen zu begründen. Der Begriff „unverzüglich" ist wie nach Abs. 2 S. 1 auszulegen.[26] Für die Vorbereitung des Angebots ist allerdings ein großzügigerer Maßstab anzulegen als bei der eher standardisierten Abfrage notwendiger Informationen.

27 Aus dem Begründungserfordernis und § 34 folgt, dass der Gesetzgeber die Erteilung eines **Angebots als Regelfall** verstanden wissen will. Kein Angebot zu unterbreiten, muss daher die Ausnahme bleiben.[27] Dies gilt aufgrund der Formulierung des § 35 Hs. 2 auch für den Abschluss von Gesamtverträgen.[28] Das Angebot wird bei Einzelverträgen im Regelfall aus einem Mustervertrag zu den Tarifkonditionen bestehen. Wird kein Angebot unterbreitet, ist dies zu begründen. Die Begründung darf sich **nicht in einem formelhaften Absageschreiben** erschöpfen, sondern muss den Nutzer in die Lage versetzen, ggf. seine Erfolgsaussichten bei einer rechtlichen Klärung des Nicht-Abschlusses zu beurteilen. Eine konkrete **Bezugnahme auf den Einzelfall** in der Begründung wird angesichts des Ausnahmecharakters jedes Mal erforderlich sein.

28 Die VG-RL stellt klar, dass die begründete Erklärung dem Verhandlungspartner gegenüber abzugeben ist. Schon aus praktischen Gründen und damit die Begründung auf ihre Nachvollziehbarkeit hin überprüft werden kann, ist sie **wenigstens in Textform** zu erklären.

V. Rechtsfolge

29 Die Norm enthält – trotz einer entsprechenden Forderung im Gesetzgebungsprozess[29] – keine explizite Rechtsfolge für den Fall des Verstoßes. Gleichwohl bestehen rechtliche Möglichkeiten, wenn die Pflichten des § 36 nicht eingehalten werden.

30 **1. Durchsetzung.** Abs. 1 S. 2 statuiert einen Informationsanspruch, der im Wege einer **Auskunftsklage** durchgesetzt werden kann. Insoweit reicht er über die Pflichten aus dem vorvertraglichen Schuldverhältnis hinaus. Das gilt sowohl für den Fall der vollständigen Verweigerung von Informationen als auch für die praktisch häufiger vorkommende Situation der nicht genügenden Auskunft.

31 Verletzt die Verwertungsgesellschaft ihre Pflichten aus Abs. 2, steht dem Nutzer hingegen kein positiver Anspruch auf ein Antwortschreiben oder ein Angebot der Verwer-

---

26 Vgl. Rn 24.
27 BeckOK-UrhR/*Freudenberg*, § 36 VGG Rn 9.
28 Vgl. § 35 Rn 81; a.A. BeckOK-UrhR/*Freudenberg*, § 36 VGG Rn 10.
29 Vgl. Rn 6.

tungsgesellschaft zu. Abs. 2 verleiht dem Nutzer **keine subjektiven Rechte**. Stattdessen ist auf Abschluss eines Nutzungsvertrags zu klagen.[30]

2. Schadensersatz. Stellt sich im Nachhinein heraus, dass eine Partei nicht alle notwendigen Informationen zur Verfügung gestellt hat, ist dies als Pflichtverletzung zu werten. Der anderen Partei steht daher bei Verschulden ein **Schadensersatzanspruch aus c.i.c.** gem. §§ 280 Abs. 1, 311 Abs. 2, 241 Abs. 2 BGB zu. § 36 konkretisiert insoweit die Informationspflichten des § 241 Abs. 2 BGB.[31] Erteilt eine Partei eine **fehlerhafte Auskunft**, löst dies – wie für die vergleichbare Auskunftspflicht im früheren § 10 UrhWG – ebenfalls einen Schadensersatzanspruch aus.[32] Dasselbe gilt für einen Verstoß der Verwertungsgesellschaft gegen ihre Pflichten aus Abs. 2.

Die Rechtsfolge des Schadensersatzanspruchs richtet sich nach den §§ 249 ff. BGB. Der Geschädigte ist nach § 249 Abs. 1 BGB so zu stellen, wie er ohne das schädigende Verhalten des anderen Teils gestanden hätte.

Vom Schadensersatz umfasst ist für beide Parteien jedenfalls der **Vertrauensschaden**. Sie können sich bei zumindest fahrlässiger Falschauskunft auch vom Vertrag lösen.[33] Einen Anspruch auf Vertragsanpassung hat die Verwertungsgesellschaft hingegen regelmäßig nicht.[34] Ausnahmsweise möglich ist eine Vertragsanpassung, wenn bei ordnungsgemäßer Aufklärung ein für die Verwertungsgesellschaft günstigerer Vertrag zu Stande gekommen wäre, was die Verwertungsgesellschaft aber darlegen und beweisen muss.[35]

Darüber hinaus erstreckt sich der Schadensersatzanspruch des **Nutzers auf sein Erfüllungsinteresse** aus dem Nutzungsvertrag. Das bedeutet, der Nutzungsvertrag kann bei zumindest fahrlässiger Falschauskunft der Verwertungsgesellschaft hin zu einem für den Nutzer günstigeren **Vertrag angepasst** werden. Denn dieser wäre bei ordnungsgemäßer Aufklärung ohnehin zustande gekommen, weil die Verwertungsgesellschaft gem. § 34 zum Abschluss verpflichtet ist. Die entsprechenden Schwierigkeiten, das hypothetische Verhalten des Vertragspartners darlegen und beweisen zu müssen, reduzieren sich darauf, die korrekte Auskunft und die Kausalität zwischen dieser und günstigeren Vertragsbedingungen nachzuweisen.

VI. Aufsicht durch das DPMA

Die **Aufsichtsbehörde** kann bei Pflichtverletzungen durch die Verwertungsgesellschaft ebenfalls tätig werden. Die Befugnisse aus § 85 erstrecken sich auch auf die Pflichten aus § 36. Dies hilft dem Einzelnen aber nur, wenn man ihm ein subjektiv-öffentliches Recht auf eine ermessensfehlerfreie Entscheidung der Aufsichtsbehörde zugesteht.[36]

---

30 Vgl. § 34 Rn 117 ff.
31 Vgl. Palandt/*Grüneberg*, § 241 BGB Rn 7.
32 Vgl. zu § 10 UrhWG BGH, Urt. v. 25.10.2012 – I ZR 162/11 – GRUR 2013, 717 Rn 52 – Covermount. § 10 UrhWG ist in § 55 VGG aufgegangen.
33 Vgl. zur c.i.c. BGH, Urt. v. 26.9.1997 – V ZR 29/96 – NJW 1998, 302, 303; BGH, Urt. v. 10.1.2006 – XI ZR 169/05 – NJW 2006, 845, 847 Rn 22 (st. Rspr.).
34 Vgl. Palandt/*Grüneberg*, § 311 BGB Rn 57; BGH, Urt. v. 19.5.2006 – V ZR 264/05 – NJW 2006, 3139, 3141 Rn 21.
35 Vgl. BGH, Urt. v. 24.6.1998 – XII ZR 126/96 – NJW 1998, 2900, 2901; BGH, Urt. v. 19.5.2006 – V ZR 264/05 – NJW 2006, 3139, 3141 Rn 23.
36 Vgl. § 75 Rn 10 f.

§ 37
Hinterlegung; Zahlung unter Vorbehalt

Kommt eine Einigung über die Höhe der Vergütung für die Einräumung von Nutzungsrechten nicht zustande, so gelten die Nutzungsrechte als eingeräumt, wenn die Vergütung
1. in Höhe des vom Nutzer anerkannten Betrages an die Verwertungsgesellschaft gezahlt worden ist und
2. in Höhe der darüber hinausgehenden Forderung der Verwertungsgesellschaft unter Vorbehalt an die Verwertungsgesellschaft gezahlt oder zu ihren Gunsten hinterlegt worden ist.

Übersicht

I.	Allgemeines			a)	Wahl des Nutzers —— 13
	1.	Bedeutung der Regelung —— 1		b)	Verfahren der Vorbehaltszahlung —— 14
	2.	Vorgängerregelung —— 3		c)	Verfahren der Hinterlegung —— 15
	3.	Unionsrechtlicher Hintergrund —— 4		d)	Art der Hinterlegung —— 18
	4.	Entstehungsgeschichte —— 5	III.	Rechtsfolge	
II.	Voraussetzungen			1.	Reichweite —— 21
	1.	Keine Einigung über die Vergütung —— 7		2.	Pflichten der Beteiligten —— 22
	2.	Zahlung eines anerkannten (Sockel-)Betrags (Nr. 1) —— 8		3.	Zeitpunkt —— 24
	3.	Zahlung unter Vorbehalt/Hinterlegung (Nr. 2) —— 12		4.	Schadensersatz —— 25
			IV.	Streitige Verfahren —— 29	

I. Allgemeines

1 1. Bedeutung der Regelung. Die Vorschrift ermöglicht es den Nutzern, bereits mit der Nutzung zu beginnen, obwohl die Vergütungshöhe noch in Streit steht. Es handelt sich dabei um eine **Form der gesetzlichen Rechtseinräumung**, die den Nutzer schützen soll.[1] Inwieweit auch Verwertungsgesellschaften geschützt werden sollen, ist umstritten.[2] Jedenfalls schützen Vorbehaltszahlung oder Hinterlegung faktisch vor der Insolvenz des Nutzers, sodass mittelbar auch die Rechtsinhaber von § 37 profitieren.[3]

2 Die **Hinterlegungsmöglichkeit ist notwendig**, da die Verwertungsgesellschaft andernfalls faktisch verhindern könnte, dass ein Nutzer die von ihr wahrgenommenen Rechte nutzen kann. Denn solange sich Nutzer und Verwertungsgesellschaft über die Vergütungshöhe nicht einigen können, erhält der Nutzer kein vertragliches Nutzungsrecht, und haftet folglich auf Unterlassung der Werknutzung. Das Verfahren nach § 37 ermöglicht die Rechtenutzung, die grds. auch seitens der Urheber erwünscht sein dürfte, und verhindert dass die Verwertungsgesellschaft Unterlassungs- oder Schadensersatzansprüche als Druckmittel in Verhandlungen einsetzen oder sich durch anhaltende Verhandlungen dem Abschlusszwang des § 34 entziehen könnte.[4] Insoweit ergänzt § 37 diesen Kontrahierungszwang für die Fälle, in denen der Nutzer nicht auf den Ausgang des Verfahrens über die Angemessenheit der geforderten Nutzungsvergütung warten kann.

---
1 Vgl. zur Vorgängernorm BGH, Urt. v. 15.6.2000 – I ZR 231/97 – GRUR 2000, 872, 874 f. – Schiedsstellenanrufung.
2 Vgl. Rn 25 ff.
3 Vgl. Dreier/Schulze/*Schulze*, § 37 VGG Rn 8 ff.
4 Vgl. RegE-UrhWG, BT-Drucks. IV/271, S. 17 re. Sp.

2. Vorgängerregelung. Die Vorschrift entspricht nahezu vollständig § 11 Abs. 2 **3**
UrhWG in seiner seit 2003 geltenden Fassung. Die einzige **Änderung ist redaktioneller Art**: Statt eines Satzes mit beiden Voraussetzungen enthält die Vorschrift nun eine Aufzählung. Dadurch wird noch deutlicher, dass beide Voraussetzungen kumulativ vorliegen müssen.

3. Unionsrechtlicher Hintergrund. § 37 ist **in der VG-RL nicht vorgesehen**. Die **4**
Norm ist eine deutsche Besonderheit, an der der nationale Gesetzgeber festhalten wollte.[5] An der Vereinbarkeit mit der VG-RL bestehen keine Zweifel. Aus Erwägungsgrund 9 der VG-RL ergibt sich, dass strengere Vorschriften für die kollektive Rechtewahrnehmung dem nationalen Gesetzgeber offenstehen.[6]

4. Entstehungsgeschichte. Der RefE wurde **ohne Änderungen verabschiedet**. Im **5**
Gesetzgebungsverfahren wurden Forderungen von Nutzerverbänden geäußert, die allesamt nicht berücksichtigt wurden. So sollte es die Möglichkeit geben, von der Schiedsstelle überprüfen zu lassen, ob der hinterlegte Betrag angemessen ist.[7] In Ergänzung zu § 107 wurde von einigen zudem eine allgemeine Hinterlegungspflicht für gesetzliche Vergütungsansprüche gefordert,[8] während andere dies keinesfalls wollten.[9] Eine solche Pflicht zur Hinterlegung war vor dem RefE offensichtlich auch im BMJV im Gespräch.[10] Als Kompromiss wurde § 107 VGG geschaffen.

Warum **§ 37 nicht auch auf gesetzliche Vergütungsansprüche erstreckt** wurde, **6**
verwundert, gibt es doch treffende Gründe für eine Ausweitung.[11] So sind etwa Rechtsstreitigkeiten über die Höhe der gesetzlichen Vergütung häufig von einer langen Verfahrensdauer geplagt. Nutzer wie Rechtsinhaber sind entsprechend gleichermaßen einem Insolvenzrisiko der jeweils anderen Partei ausgesetzt wie bei Nutzungsrechten. Dagegen lässt sich einwenden, dass der Nutzer bei gesetzlichen Vergütungsansprüchen aufgrund von Schrankenregelungen auch ohne § 37 nicht vom Verbotsrecht des Rechtsinhabers bedroht ist. An einer Hinterlegung wird er daher – abgesehen vom Insolvenzrisiko – allenfalls Interesse haben, um den Verzugszinsanspruch auszuschließen.

II. Voraussetzungen

1. Keine Einigung über die Vergütung. Eine Hinterlegung nach § 37 kommt nur **7**
in Betracht, wenn sich Nutzer und Verwertungsgesellschaft **nicht über die Vergütung**

---

5 Vgl. RegE-VGG, BT-Drucks. 18/7223, S. 85.
6 Einleitung Rn. 28.
7 Stellungnahme des Bitkom vom 14.8.2015 zum Referentenentwurf eines Verwertungsgesellschaftengesetzes, S. 13 f., https://www.bmjv.de/SharedDocs/Gesetzgebungsverfahren/Stellungnahmen/2015/Downloads/08142015_Stellungnahme_bitkom_RefE_VG_Richtlinie_Umsetzungsgesetz.pdf?__blob=publicationFile&v=1; vgl. auch *Steinbrecher/Scheufele*, ZUM 2016, 91, 93.
8 Schlussbericht der Enquete-Kommission „Kultur in Deutschland", BT-Drucks. 16/7000, S. 285 re. Sp.; *Müller*, ZUM 2008, 377; *Gerlach*, ZUM 2008, 373, 373; Stellungnahme der Arbeitsgemeinschaft Privater Rundfunk, S. 3, https://www.bmjv.de/SharedDocs/Gesetzgebungsverfahren/Stellungnahmen/2015/Downloads/07272015_Stellungnahme_APR_RefE_VG_Richtlinie_Umsetzungsgesetz.pdf?__blob=publicationFile&v=1.
9 Stellungnahme der ANGA Verband Deutscher Kabelnetzbetreiber, S. 9 f., https://www.bmjv.de/SharedDocs/Gesetzgebungsverfahren/Stellungnahmen/2015/Downloads/08102015_Stellungnahme_ANGA_RefE_VG_Richtlinie_Umsetzungsgesetz.pdf?__blob=publicationFile&v=1.
10 Vgl. Frage 16 des Fragebogens des BMJV zur Umsetzung der VG-RL v. 9.7.2014, GRUR 2014, 1067, 1069.
11 Vgl. Schricker/Loewenheim/*Reinbothe*, § 11 UrhWG Rn 9.

für die Einräumung von Nutzungsrechten einigen. Die Verhandlungen dürfen ausschließlich aufgrund der fehlenden Einigung über die Vergütungshöhe gescheitert sein.[12] Andere Gründe des Scheiterns der Verhandlungen führen nicht zum Recht nach § 37.

8   **2. Zahlung eines anerkannten (Sockel-)Betrags (Nr. 1).** Der Nutzer muss **vorbehaltlos einen anerkannten Betrag (sog. Sockelbetrag)** an die Verwertungsgesellschaft zahlen. Dieses Kriterium wurde 2003 in die Vorgängernorm des § 11 Abs. 2 UrhWG eingeführt, um klarzustellen, dass nicht der gesamte Betrag zu hinterlegen ist, sondern nur der streitige Teil.[13] Denn die Verwertungsgesellschaft soll nicht durch die Vorenthaltung des gesamten Betrags in den Verhandlungen unter Druck gesetzt werden können. Die Zahlung des Sockelbetrags gibt der Verwertungsgesellschaft wenigstens schon einmal den „Spatz in der Hand".

9   Die **Höhe** des vorbehaltlos zu zahlenden Betrags ist als solche nicht vorgegeben. Nach dem Wortlaut der Norm kommt es darauf an, was der Nutzer als Betrag anerkannt hat. Damit wird die Höhe grds. ins Ermessen des Nutzers gestellt. Der Begriff „anerkannt" verweist dabei auf den Stand der Verhandlungen: Was in diesen jedenfalls unstreitig ist, ist zu zahlen. § 37 sieht also insoweit keine Einschränkungen vor, insbesondere muss der Sockelbetrag **nicht angemessen** sein.[14] Dies folgt aus dem Schutzzweck des § 37, welcher lediglich den Nutzer schützen soll. Die Norm gibt für eine weitergehende Qualifizierung wenig Anknüpfungspunkte, allerdings verlangt § 36 Abs. 1 S. 1 ein Verhandeln nach Treu und Glauben, sodass der **Sockelbetrag jedenfalls nicht willkürlich** ausfallen darf.[15] Diese Grenze wird z.T. allerdings recht weit verstanden, wie das folgende Beispiel verdeutlicht:

Beispiel

Das LG Berlin stellte in einem Rechtsstreit zwischen einer Verwertungsgesellschaft und einem Krankenhausträger fest, dass auch erhebliche Diskrepanzen beim Streit über die Nutzungsvergütung das Recht nach § 37 nicht ausschließen. In dem Verfahren forderte die Verwertungsgesellschaft 7,65 € pro Bett und Jahr Nutzungsvergütung, während der Krankenhausträger nur bereit war, 0,50 € pro Zimmer und Jahr zu zahlen.[16] Entsprechend zahlte der Krankenhausträger nur 0,50 € pro Zimmer und Jahr vorbehaltslos und hinterlegte die Differenz.[17]

Das erschien dem LG Berlin nicht von vornherein willkürlich niedrig. Denn der Krankenhausträger gab an, bei dem Betrag vor dem Hintergrund des § 39 die geldwerten Vorteile, die durch die Verwertung erzielt wurden, als Berechnungsgrundlage verwendet zu haben.[18] Dem stand auch nicht entgegen, dass sich die Parteien beim vorherigen, von der Verwertungsgesellschaft gekündigten Nutzungsvertrag auf 7,50 € pro Zimmer und Jahr geeinigt hatten.[19]

---

12   BeckOK-UrhG/*Freudenberg*, § 37 VGG Rn 3; Dreier/Schulze/*Schulze*, § 37 VGG Rn 3.
13   RegE „Erster Korb", BT-Drucks. 15/38, S. 29.
14   So auch LG Berlin, Urt. v. 6.3.2018 – 16 O 47/18 Kart – ZUM 2018, 551, 553; Schubert, GRUR-Prax 2018, 344, 345.
15   LG Berlin, Urt. v. 20.3.2018 – 16 O 63/18 – ZUM 2018, 548, 551 – Patientenzimmer; Schubert, GRUR-Prax 2018, 344, 346.
16   LG Berlin, Urt. v. 20.3.2018 – 16 O 63/18 – ZUM 2018, 548 – Patientenzimmer.
17   LG Berlin, Urt. v. 20.3.2018 – 16 O 63/18 – ZUM 2018, 548 – Patientenzimmer
18   LG Berlin, Urt. v. 20.3.2018 – 16 O 63/18 – ZUM 2018, 548, 550 – Patientenzimmer.
19   LG Berlin, Urt. v. 20.3.2018 – 16 O 63/18 – ZUM 2018, 548, 550 – Patientenzimmer; ebenso LG Berlin, Urt. v. 6.3.2018 – 16 O 47/18 Kart – ZUM 2018, 551, 553.

Nicht als ein „anerkannter" Betrag kann ein Betrag verstanden werden, der sich **im** 10
Verkehr durchgesetzt hat, weil er in der Vergangenheit gezahlt wurde.[20] Das ergibt sich auch aus einer Gesamtschau mit § 39, wonach es für die Berechnung der Tarife nicht genügt, dass sich ein alter Tarif im Verkehr durchgesetzt hat. Eine Verwertungsgesellschaft kann deswegen nicht einen Betrag als Sockelbetrag fordern, der sich im Verkehr durchgesetzt hat.

Von der Norm vorausgesetzt wird eine grundsätzliche, zumindest anteilige **Zah-** 11
lungsbereitschaft des Nutzers dem Grunde nach.[21] Nicht auf § 37 berufen kann sich folglich derjenige, der meint, überhaupt nicht zahlen zu müssen.[22] Eine Forderung, dies zu ändern,[23] wurde vom Gesetzgeber nicht aufgegriffen.

3. Zahlung unter Vorbehalt/Hinterlegung (Nr. 2). Zusätzlich zur Zahlung eines 12
Sockelbetrags ist es notwendig, dass der Nutzer den darüber hinaus gehenden Betrag unter Vorbehalt an die Verwertungsgesellschaft zahlt oder zu ihren Gunsten hinterlegt. Das bedeutet, dass nur der streitige Betrag unter Vorbehalt gezahlt oder hinterlegt werden darf.

a) Wahl des Nutzers. Der **Nutzer kann selbst wählen**, ob er den streitigen Teilbe- 13
trag unter Vorbehalt zahlt oder hinterlegt.

Praxistipp

Ob Nutzer sich für eine Zahlung unter Vorbehalt oder eine Hinterlegung entscheiden, hängt von den eigenen Prioritäten ab. Die Zahlung unter Vorbehalt erfordert ggf. den geringeren organisatorischen Aufwand. Außerdem kann die Summe so verzinslich angelegt werden, während die Hinterlegungsgesetze der Länder keine **Zinsen** vorsehen. Verzugszinsen stehen der Verwertungsgesellschaft aber wegen § 379 Abs. 2 BGB in keinem Fall zu.[24]

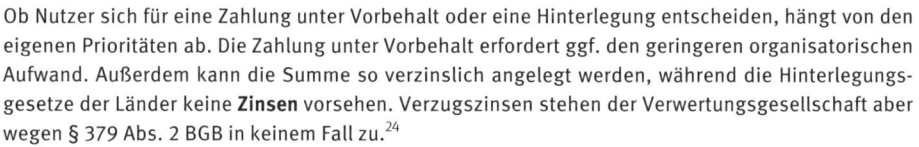

b) Verfahren der Vorbehaltszahlung. Bei einer Vorbehaltszahlung muss der Nut- 14
zer gegenüber der Verwertungsgesellschaft zwei Aspekte hinreichend deutlich machen. Zum einen muss hervorgehen, welcher Teil der Zahlung der (vorbehaltslos zu zahlende) anerkannte Sockelbetrag ist und welcher der streitige Teilbetrag, auf den sich der Vorbehalt bezieht. Zum anderen ist deutlich zu erklären, dass der Nutzer sich die Rückforderung des streitigen Betrags für den Fall vorbehält, dass sich der geforderte Betrag als unangemessen hoch herausstellt. Der Empfänger kann sich in Folge dessen nicht auf die Einrede der Entreicherung gem. § 818 Abs. 3 BGB berufen.[25]

Praxistipp

Nutzer sollten den anerkannten Sockelbetrag und den streitigen Teilbetrag bei Zahlung an die Verwertungsgesellschaft klar voneinander abgrenzen und zugleich bei der Zahlung des streitigen Teilbetrags deutlich machen, dass dieser unter dem Vorbehalt der Rückforderung steht.

---

20 LG Berlin, Urt. v. 20.3.2018 – 16 O 63/18 – ZUM 2018, 548, 550 – Patientenzimmer.
21 BGH, Urt. v. 27.10.2011 – I ZR 125/10 – GRUR 2012, 711 Rn 11 – Barmen Live.
22 Dreier/Schulze/*Schulze*, § 37 VGG Rn 4; LG Berlin, Urt. v. 6.3.2018 – 16 O 47/18 Kart – ZUM 2018, 551, 554.
23 Stellungnahme der Bundesvereinigung der Musikveranstalter v, 10.8.2015 zum VG-Richtlinie-Umsetzungsgesetz, S. 14, https://www.bmjv.de/SharedDocs/Gesetzgebungsverfahren/Stellungnahmen/2015/Downloads/08102015_Stellungnahme_BVMV_RefE_VG_Richtlinie_Umsetzungsgesetz.pdf?__blob=publicationFile&v=2.
24 A.A. Loewenheim/*Melichar*, § 48 Rn 17.
25 BGH, Urt. v. 8.6.1988 – IVb ZR 51/87 – NJW 1989, 161, 162; BeckOK-BGB/*Wendehorst*, § 820 BGB Rn. 8.

15 **c) Verfahren der Hinterlegung.** Das Verfahren der Hinterlegung richtet sich nach den §§ 372 bis 386 BGB sowie den Hinterlegungsgesetzen der Länder. Nicht zur Anwendung gelangen die §§ 232 bis 240 BGB, weil es sich um keine Sicherheitsleistung im Sinne dieser Vorschriften handelt.[26]

16 Zuständig für die Hinterlegung ist das AG am Sitz der jeweiligen Verwertungsgesellschaft, § 374 Abs. 1 BGB. Für die Verwertungsgesellschaften mit Sitz in Berlin ist zu beachten, dass das AG Tiergarten das zentrale Hinterlegungsgericht im Bezirk des KG ist, vgl. § 1 Abs. 2 S. 2 BerlHintG i.V.m. § 3 ZuwV Berlin. Es ergeben sich also die folgenden AG als zuständige Hinterlegungsstelle:

Praxistipp
- AGICOA: AG München
- GEMA: AG Tiergarten
- GÜFA: AG Düsseldorf
- GVL: AG Tiergarten
- GWFF: AG München
- GWVR: AG Hamburg
- VG Bild-Kunst: AG Bonn
- VG Media: AG Tiergarten
- VG Musikedition: AG Kassel
- VG Wort: AG München
- VGF: AG München
- VFF: AG München
- TWF: AG München

---

17 Der Verwertungsgesellschaft ist nach § 374 Abs. 2 BGB die Hinterlegung unverzüglich anzuzeigen. Andernfalls veranlasst ggf. die Hinterlegungsstelle dies auf Kosten des Nutzers selbst. Die Kosten der Hinterlegung sind von der Verwertungsgesellschaft zu tragen, vgl. § 381 BGB, können also bei Vorleistung von ihr zurückverlangt werden.

Checkliste
1. Nutzer, die eine Hinterlegung erwägen, sollten sich überlegen, in welcher Höhe sie die geforderte Vergütung anerkennen wollen. Dabei sollte sich vorrangig an den geldwerten Vorteilen orientiert werden, die durch die Verwertung erzielt werden.
2. Dieser Sockelbetrag sollte vorbehaltlos an die Verwertungsgesellschaft gezahlt werden. Dabei sollte deutlich gemacht werden, dass es sich um den Sockelbetrag handelt.
3. Die Hinterlegung des geforderten Restbetrags zugunsten der Verwertungsgesellschaft ist beim zuständigen AG zu beantragen. Dazu existieren Vordrucke. Welches AG jeweils zuständig ist, kann der obigen Liste entnommen werden. Im Vordruck ist der Grund der Hinterlegung anzugeben. Hier genügt ein kurzer Verweis unter Nennung von § 37 VGG, dass die Höhe einer bestimmten Lizenzzahlung in Streit steht. Es sollte z.B. durch Angabe der Geschäftsnummer deutlich gemacht werden, für welchen konkreten Vorgang hinterlegt wird (insbesondere bei mehreren offenen Verhandlungen).
4. Dann ist die Annahmeanordnung der Hinterlegungsstelle abzuwarten. Daraufhin ist die Hinterlegungssumme an die jeweilige Hinterlegungskasse zu zahlen.

---

26 Kreile/Becker/Riesenhuber/*Riesenhuber*/*v. Vogel*, Kap. 14, Rn 54; Loewenheim/*Melichar*, § 48 Rn 17.

5. Die Verwertungsgesellschaft sollte über die Hinterlegung informiert werden. Der Nutzer sollte anschließend die Hinterlegungsstelle darauf hinweisen, dass er seiner Informationspflicht nachgekommen ist.

d) Art der Hinterlegung. Hinterlegt werden können gem. § 372 Abs. 2 BGB Geld, **18** Wertpapiere, sonstige Urkunden und Kostbarkeiten. Der zu hinterlegende Betrag kann also bar bzw. **per Überweisung eingezahlt** werden. Unter die sonstigen Urkunden fällt auch die Bankbürgschaftsurkunde.[27] Technisch ist es daher möglich, beim AG eine Bankbürgschaftsurkunde zu hinterlegen.

Der hinterlegte Betrag darf aber auch **in rechtlich zulässiger Weise per Bankbürg-** **19** **schaft erbracht** werden. Denn die Rechtsprechung zur kartellrechtlichen Zwangslizenz bei standardessentiellen Patenten lässt sich auf die vorliegende Situation übertragen. Bei diesen Fällen versucht ein Unternehmen, eine Lizenz von einem Patentinhaber zu erhalten, dessen Patent für einen Standard essentiell ist. Der Patentinhaber hat diesem Gesuch zu entsprechen und eine Lizenz zu fairen, vernünftigen und diskriminierungsfreien Bedingungen (fair, reasonable and non-discriminatory, FRAND) zu erteilen.

Kommt der Patentinhaber dem Lizenzgesuch nicht nach, kann ein Lizenzsucher die **20** Lizenzsumme auch hinterlegen.[28] Der EuGH hat explizit die Bankbürgschaft als hinterlegungsfähiges Mittel zugelassen.[29] Entsprechend ist es dem Nutzer im Fall des § 37 erlaubt, den streitigen Teil der Lizenzsumme per Bankbürgschaft zu hinterlegen.

III. Rechtsfolge

1. Reichweite. § 37 erfasst nur solche Fälle, in denen sich Verwertungsgesellschaft **21** und Nutzer nicht über die **Einräumung von Nutzungsrechten** einigen können. Damit sind Verhandlungen über **gesetzliche Vergütungsansprüche nicht umfasst**. Diesbezügliche Hinterlegungspflichten im Sinne einer Sicherheitsleistung richten sich nach § 107.

2. Pflichten der Beteiligten. Erfüllt der Nutzer die Voraussetzungen des § 37, erhält **22** er kraft Gesetzes das Recht, die entsprechenden Schutzrechte zu nutzen. Folglich ist es für den Nutzer **nicht notwendig, auf Einwilligung zur Nutzung zu klagen**, die gem. § 894 ZPO fingiert werden würde.[30] Mit der Rechtsfolge ist die Norm ersichtlich darauf angelegt, Nutzungen zeitnah zu ermöglichen und längliche Preisverhandlungen nicht zum Stolperstein für die Verbreitung zu machen.

Der BGH nimmt darüber hinaus an, dass zwischen Nutzer und Verwertungsgesell- **23** schaft ein **Vertrag** mit der Verpflichtung des Nutzers zustande kommt, eine angemessene Vergütung zu zahlen.[31] Denn derjenige, der nach § 37 einen Sockelbetrag zahlt und den streitigen Betrag unter Vorbehalt zahlt oder hinterlegt, bringe zumindest konkludent zum Ausdruck, er wolle die angemessene Vergütung für die Nutzungsrechte zahlen. Eine solche Vertragskonstruktion ist wegen § 34 dogmatisch entgegen anderslautender Stimmen

---

27 BeckOK-BGB/*Dennhardt*, Bd. 2, § 372 BGB Rn 12.
28 BGH, Urt. v. 6.5.2009 – KZR 39/06 – GRUR 2009, 694, 697 Rn 36 – Orange-Book-Standard.
29 EuGH, Urt. v. 16.7.2015 – C-170/13 – GRUR 2015, 764, 767 Rn 67 – Huawei/ZTE.
30 Kreile/Becker/Riesenhuber/*Riesenhuber*/v. *Vogel*, Kap. 14 Rn 56.
31 BGH, Urt. v. 27.10.2011 – I ZR 125/10 – GRUR 2012, 711 Rn 11 – Barmen Live; BeckOK-UrhR/ *Freudenberg*, § 37 VGG Rn 14.

auch nicht abwegig.³² Durch diesen Vertrag ist der Nutzer selbst dann zur Zahlung verpflichtet, wenn er von dem eingeräumten Nutzungsrecht keinen Gebrauch macht.³³

24   **3. Zeitpunkt.** In zeitlicher Hinsicht ist zu beachten, dass der von der Verwertungsgesellschaft geforderte Gesamtbetrag **vor der ersten Nutzungshandlung** gezahlt bzw. hinterlegt werden muss.³⁴ Beginnt der Nutzer die Nutzung der von der Verwertungsgesellschaft wahrgenommenen Rechte bevor die geforderte Gesamtsumme vollständig gezahlt oder entsprechend hinterlegt wurde, begeht er eine (ggf. strafbare) Urheberrechtsverletzung.³⁵ Eine nach dem Beginn der Nutzung erfolgte Zahlung oder Hinterlegung der streitigen Teilsumme heilt die dadurch begangene Urheberrechtsverletzung nicht.³⁶

25   **4. Schadensersatz.** Unstreitig ist § 37 selbst **keine Anspruchsgrundlage**.³⁷ Eine Klage auf Hinterlegung oder Vorbehaltszahlung aus § 37 ist daher nicht möglich. Tritt die Fiktionswirkung des § 37 nicht ein, kann die Verwertungsgesellschaft aber nach § 97 UrhG für eine unberechtigte Nutzung Schadensersatz in Höhe der nicht oder nicht hinreichend gezahlten Lizenzgebühr verlangen. Dies wird sie wegen der Verjährungshemmung regelmäßig für den streitigen Teil bei der Schiedsstelle und den ordentlichen Gerichten einfordern. Umstritten ist, ob die Verwertungsgesellschaft mittels einer solchen Schadensersatzklage vom Nutzer verlangen kann, den streitigen Teil der Vergütung unter Vorbehalt zu zahlen oder zu hinterlegen.

26   Nach der **Rechtsprechung** zur Vorgängernorm ist eine auf eine solche Rechtsfolge gerichtete **Schadensersatzklage nicht möglich**.³⁸ Aus dem Normzweck den Nutzer zu schützen, ergebe sich, dass die Verwertungsgesellschaft keinen Anspruch auf Hinterlegung habe. Es handele sich lediglich um ein Recht des Nutzers, das keine Vermögensposition der Verwertungsgesellschaft begründen soll.

27   In der Literatur existiert die verbreitete Ansicht, dass die Verwertungsgesellschaft ein entsprechendes Verhalten vom Nutzer als Schadensersatz verlangen könnte.³⁹ Nach der Differenzhypothese sei die Verwertungsgesellschaft so zu stellen, wie sie stünde, wenn der Nutzer rechtmäßig gehandelt hätte. Das wäre einerseits dann der Fall, wenn sich Nutzer und Verwertungsgesellschaft über eine angemessene Vergütung geeinigt hätten. Rechtmäßig hätte der Nutzer andererseits auch dann gehandelt, wenn er über den Sockelbetrag hinaus die geforderte Gesamtsumme unter Vorbehalt gezahlt oder hinterlegt hätte.

28   Wenngleich diese teilweise in der Literatur vertretene Ansicht dogmatisch zutreffende Aspekte vorbringt, ist dem BGH in der Sache Recht zu geben. § 37 soll dazu führen, dass dem Nutzer nicht die Möglichkeit genommen wird, die Rechte legal zu nutzen. Er

---

32   So aber *Poll*, GRUR-Prax 2012, 263.
33   BGH, Urt. v. 27.10.2011 – I ZR 125/10 – GRUR 2012, 711, 712 Rn 13 – Barmen Live.
34   LG Berlin, Urt. v. 20.3.2018 – 16 O 63/18 – ZUM 2018, 548, 550 – Patientenzimmer. Vgl. aber für die Nachholung in Patentverfahren LG Mannheim, Urt. v. 10.11.2017 – 7 O 28/16 – juris.
35   BGH, Urt. v. 11.5.1973 – I ZR 145/71 – GRUR 1974, 35, 38 – Musikautomat; BGH Urt. v. 1.6.1983 – I ZR 98/81 – GRUR 1983, 565, 566 – Tarifüberprüfung II; BGH, Urt. v. 27.10.2011 – I ZR 125/10 – GRUR 2012, 711 Rn 12 – Barmen Live.
36   Vgl. zur Vorgängernorm LG Berlin, Urt. v. 20.9.1983 – 16 O 562/83 – ZUM 1985, 222, 223; LG München I, Urt. v. 10.4.1984 – 7 O 350/84 – ZUM 1985, 224, 225.
37   Loewenheim/*Melichar*, § 48 Rn 16; Wandtke/Bullinger/*Gerlach*, § 37 VGG Rn 3.
38   Vgl. zur Vorgängernorm BGH, Urt. v. 15.6.2000 – I ZR 231/97 – GRUR 2000, 872, 874 – Schiedsstellenanrufung; Schricker/Loewenheim/*Reinbothe*, § 11 UrhWG Rn 10; Büscher/Dittmer/Schiwy/*Steden*, § 11 UrhWG Rn 5.
39   Wandtke/Bullinger/*Gerlach*, § 37 VGG Rn 3; Loewenheim/*Melichar*, § 48 Rn 16; Kreile/Becker/Riesenhuber/*Riesenhuber*/*v. Vogel*, Kap. 14 Rn 58; *Kröber*, ZUM 1997, 927.

soll nicht im Falle einer Rechtsverletzung der Verwertungsgesellschaft weitere Optionen ermöglichen, sich schadlos zu halten.

IV. Streitige Verfahren

§ 37 kann in verschiedener Weise Gegenstand streitiger Verfahren werden, nämlich bei Streitigkeiten darüber, ob das vorgesehene Verfahren eingehalten wurde, bei Unterlassungs- und Schadensersatzprozessen wegen Urheberrechtsverletzungen und bei Freigabeprozessen über die hinterlegte Summe. Dabei sind die folgenden Besonderheiten zu berücksichtigen. 29

Ein **vorheriges Schiedsstellenverfahren** ist nicht Prozessvoraussetzung bei solchen Verfahren, die sich allein auf § 37 beziehen.[40] Damit sind etwa Streitigkeiten darüber gemeint, ob an die zuständige Hinterlegungsstelle hinterlegt wurde. In solchen Fällen die Schiedsstelle anrufen zu müssen, würde dem Zweck des § 37 zuwiderlaufen, die sofortige Nutzung ohne Zeitverlust zu ermöglichen.[41] 30

Bei **Unterlassungs- und Schadensersatzprozessen** spielt § 37 nur eine mittelbare Rolle. Liegen die Voraussetzungen des § 37 vor, ist die Klage unbegründet, denn der Nutzer hat sich rechtmäßig verhalten. Wenn die Voraussetzungen nicht vorliegen, hat er die Nutzung zukünftig zu unterlassen und Schadensersatz zu leisten. Hat er die Wirkungen des § 37 zu spät herbeigeführt, nutzt er jedoch ab dem Zeitpunkt der Vorbehaltszahlung oder Hinterlegung rechtmäßig, sodass die Unterlassungsklage unbegründet ist.[42] Schadensersatz hat er ggf. dennoch zu leisten. Dann ist auch gem. § 128 vor einer gerichtlichen Geltendmachung die Schiedsstelle anzurufen, weil für die Berechnung des Schadensausgleichs in Form der angemessenen Lizenzgebühr die Angemessenheit des zugrundeliegenden Tarifs relevant ist.[43] Denn der Schaden der Verwertungsgesellschaft besteht in der Nichtzahlung einer angemessenen Vergütung.[44] 31

Soweit man eine **Schadensersatzklage der Verwertungsgesellschaft auf Vorbehaltszahlung oder Hinterlegung** zulässt,[45] ist nach dem BGH ebenfalls ein vorheriges Schiedsstellenverfahren notwendig.[46] Grund dafür sei der klare Wortlaut des § 16 Abs. 1 UrhWG (heute: § 128). Diese Auffassung ist in der Literatur auf Kritik gestoßen, weil ein unter Umständen mehrjähriges Schiedsstellenverfahren der Verwertungsgesellschaft ein unerträgliches wirtschaftliches Risiko auferlege.[47] Dieser Einwand wird durch die Zahlung des Sockelbetrags allerdings relativiert, da sich das streitige Verfahren nur noch auf den über diesen hinaus geforderten Betrag bezieht. Der Sache nach geht es um genau die Streitigkeiten, die vor der Schiedsstelle ausgetragen werden sollen, nämlich um die Angemessenheit des Tarifs. 32

Wird der streitige Betrag hinterlegt und entscheidet die Schiedsstelle nach ihrer Anrufung über die Angemessenheit der Vergütung, ist der **hinterlegte Betrag freizugeben**. 33

---

40 Schricker/Loewenheim/*Reinbothe*, § 11 UrhWG Rn 13.
41 BeckOK-UrhR/*Freudenberg*, § 37 VGG Rn 14; Schricker/Loewenheim/*Reinbothe*, § 11 UrhWG Rn 13.
42 LG Berlin, Urt. v. 20.3.2018 – 16 O 63/18 – ZUM 2018, 548, 550 – Patientenzimmer; Schubert, GRUR-Prax 2018, 344, 346.
43 BGH, Urt. v. 15.6.2000 – I ZR 231/97 – GRUR 2000, 872, 874 – Schiedsstellenanrufung; siehe auch die Kommentierung zu § 128 Rn 15.
44 A.A. Dreier/Schulze/*Schulze*, § 37 VGG Rn 10.
45 Vgl. Rn 25 ff.
46 BGH, Urt. v. 15.6.2000 – I ZR 231/97 – GRUR 2000, 872, 874 – Schiedsstellenanrufung; v. Ungern-Sternberg in: FS Schricker, S. 574.
47 Kreile/Becker/Riesenhuber/*Riesenhuber*/v. Vogel, Kap. 14, Rn 58; Loewenheim/*Melichar*, § 48 Rn 16; Wandtke/Bullinger/*Gerlach*, § 37 VGG Rn 4.

Dazu sind nach den Hinterlegungsgesetzen entsprechende Erklärungen notwendig. Weigert sich die jeweils andere Partei, eine solche Erklärung abzugeben, kann auf Freigabe der Hinterlegungssumme geklagt werden – ggf. Zug um Zug (§ 273 BGB) gegen Ausstellung einer Rechnung, die die Anforderungen nach dem UStG erfüllt.[48] Wird der Einigungsvorschlag nicht angenommen, kommt es zum Gerichtsverfahren vor den ordentlichen Gerichten, vgl. §§ 128 ff.

34 Ob die zu hinterlegende **Differenz zwischen Gesamtforderung und Sockelbetrag angemessen** ist, kann nicht isoliert überprüft werden. Eine entsprechende Forderung aus dem Gesetzgebungsverfahren, die Schiedsstelle die Angemessenheit des zu hinterlegenden Betrags überprüfen zu lassen,[49] wurde nicht umgesetzt. Die Angemessenheit der geforderten Vergütung kann nur insgesamt nach den §§ 92 ff. überprüft werden. Das führt dazu, dass bei deutlich überhöhten Forderungen der Nutzer einen deutlich zu hohen Betrag hinterlegen oder unter Vorbehalt zahlen muss, wenn er die wahrgenommenen Rechte nutzen möchte. Als Ausgleich kann ebenfalls nicht isoliert überprüft werden, ob der vom Nutzer anerkannte **Sockelbetrag angemessen** ist.[50] Dies folgt schon daraus, dass der Sockelbetrag in materieller Hinsicht nicht angemessen sein muss.[51]

§ 38
Tarifaufstellung

¹**Die Verwertungsgesellschaft stellt Tarife auf über die Vergütung, die sie aufgrund der von ihr wahrgenommenen Rechte fordert.** ²**Soweit Gesamtverträge abgeschlossen sind, gelten die dort vereinbarten Vergütungssätze als Tarife.**

Übersicht
I. Allgemeines
   1. Bedeutung der Regelung —— 1
   2. Vorgängerregelung —— 2
   3. Unionsrechtlicher Hintergrund —— 4
   4. Entstehungsgeschichte —— 5
   5. Anwendungsbereich —— 6
II. Regelungsgehalt
   1. Tarife
      a) Rechtscharakter —— 10
      b) Inhalt —— 11
      c) Anwendung —— 13
   2. Tarifaufstellung
      a) Verfahren —— 15
      b) Inhaltliche Anforderungen —— 16
      c) Zeitlicher Anwendungsbereich —— 17
      d) Publizität —— 18
   3. Pflicht zur Tarifaufstellung —— 19
   4. Gesamtverträge (S. 2) —— 22
III. Rechtsfolgen
   1. Rechtsfolgen einer Tarifaufstellung —— 25
   2. Rechtsfolgen einer unterlassenen Tarifaufstellung —— 26
IV. Aufsicht durch das DPMA —— 27

I. Allgemeines

1 **1. Bedeutung der Regelung.** Die Vorschrift postuliert den **Grundsatz der Tarifaufstellung**[1] und eine entsprechende Verpflichtung der Verwertungsgesellschaften. Tarife legen die Konditionen für Verträge mit Verwertungsgesellschaften über die Werknutzung fest und **vereinfachen** auf diese Weise die Vergabe von Nutzungsrechten durch

---

48 Vgl. BGH, Urt. v. 27.10.2011 – I ZR 125/10 – GRUR 2012, 711, 714 Rn 44 – Barmen Live.
49 Vgl. Rn 5.
50 LG Berlin, Urt. v. 20.3.2018 – 16 O 63/18 – ZUM 2018, 548, 551 – Patientenzimmer.
51 Vgl. Rn 9.

1 RegE-VGG, BT-Drucks. 18/7223, S. 85.

Verwertungsgesellschaften, indem sie den Beteiligten eine einzelfallbezogene Verhandlung über Art und Höhe der Vergütung ersparen.[2] Tarife werden daher auch als „eine Art Preisliste" bezeichnet.[3] Zusätzlich wird eine gewisse **Gleichbehandlung** gewährleistet.[4]

2. Vorgängerregelung. Das frühere Recht enthielt eine entsprechende, nahezu wortlautidentische Regelung in § 13 Abs. 1 UrhWG. Zu dieser Norm ergangene Rechtsprechung und veröffentlichte Literatur kann daher auch bei § 38 herangezogen werden. Allerdings sind zusätzlich eventuelle Vorgaben durch Unionsrecht zu beachten.[5]

Die noch in § 13 Abs. 2 UrhWG vorgesehene Verpflichtung, Tarife und Tarifänderungen unverzüglich im **Bundesanzeiger** zu veröffentlichen, findet sich im VGG nicht mehr.[6]

3. Unionsrechtlicher Hintergrund. Nach Art. 16 Abs. 2 UA 1 VG-RL sind die Lizenzbedingungen der Verwertungsgesellschaften auf objektive und diskriminierungsfreie Kriterien zu stützen. Dies erreicht der deutsche Gesetzgeber neben den Vorgaben des § 34 Abs. 1 S. 1 und 2 mit dem Grundsatz der Tarifaufstellung in § 38. Eine Tarifaufstellungspflicht ist zwar nicht ausdrücklich unionsrechtlich vorgeschrieben. Da die Richtlinie Tarife und die Tarifaufstellung in Art. 16 Abs. 2 UA 2 erwähnt, setzt sie diese Instrumente aber zur objektiven Gebührengestaltung voraus.[7] Die Vorschrift des § 38 ist jedenfalls unionsrechtlich nicht zu beanstanden.

4. Entstehungsgeschichte. Die Norm geht auf den wortlautidentischen Vorschlag des § 38 Abs. 1 RefE des BMJV zurück[8] und wurde im weiteren Gesetzgebungsverfahren nicht weiter diskutiert. Der RegE trennte die Abs. 2–5 des § 38 RefE heraus und verschob diese in § 39. Daraus ergeben sich keine inhaltlichen Änderungen.

5. Anwendungsbereich. § 38 gilt für **sämtliche Tarife** von Verwertungsgesellschaften.[9] Die Norm findet entsprechende Anwendung auf abhängige Verwertungseinrichtungen (§ 3 Abs. 2),[10] nicht jedoch auf unabhängige Verwertungseinrichtungen (vgl. § 4 Abs. 2).

§ 40 verdrängt lediglich die Regelung des § 39 bei Tarifen für Geräte und Speichermedien.[11] Diese Vorschrift betrifft die Tarifgestaltung und enthält mit dem Erfordernis der empirischen Untersuchung eine zusätzliche Verfahrensbestimmung. § 38 bleibt mit seinen allgemeinen Regelungen zur Tarifaufstellung daneben anwendbar.

§ 38 gilt jedoch nicht im Bereich der **gebietsübergreifenden Vergabe von Online-Rechten an Musikwerken** (§ 60 Abs. 2 S. 1).

§ 38 findet Anwendung auf **Verwertungsgesellschaften mit Sitz in Deutschland.** Auf Verwertungsgesellschaften **im EU-/EWR-Ausland** finden die entsprechenden Vorschriften in ihrem Sitzland Anwendung, selbst wenn diese Rechte und Ansprüche aus dem UrhG

---

2 RegE-UrhWG, BT-Drucks. IV/271, S. 17, zum UrhWG; BGH, Urt. v. 29.1.2004 – I ZR 135/00 – GRUR 2004, 669, 671 – Musikmehrkanaldienst.
3 BVerfG, Beschl. v. 19.9.1996 – 1 BvR 1767/92 – GRUR 1997, 123, 124 – Kopierladen I; Wandtke/Bullinger/*Gerlach*, § 38 VGG Rn 4; Schricker/Loewenheim/*Reinbothe*, § 13 UrhWG Rn 2.
4 RegE-UrhWG, BT-Drucks. IV/271, S. 17, zum UrhWG; BGH, Urt. v. 29.1.2004 – I ZR 135/00 – GRUR 2004, 669, 671 – Musikmehrkanaldienst.
5 Siehe dazu Rn 4.
6 Zur Veröffentlichung im Internet (§ 56 Abs. 1 Nr. 4, 5) und zur Übermittlung an das DPMA (§ 88 Abs. 2 Nr. 2, 3) vgl. Rn 18.
7 So auch Schricker/Loewenheim/*Reinbothe*, § 13 UrhWG Rn 1.
8 RefE des BMJV v. 9.6.2015, S. 24.
9 RegE-VGG, BT-Drucks. 18/7223, S. 85.
10 Siehe auch BGH, Urt. v. 18.5.2017 – I ZR 266/15 – GRUR-RR 2017, 486 Rn 27 – USB-Stick.
11 Schricker/Loewenheim/*Reinbothe*, § 13a UrhWG Rn 2, zur Vorgängernorm der §§ 39, 40.

wahrnehmen (Sitzstaatsprinzip).[12] Dies folgt bereits aus § 86 Abs. 1 bzw. Art. 37 Abs. 2 S. 1 VG-RL, wonach das DPMA – im Falle eines Verstoßes einer ausländischen Verwertungsgesellschaft gegen das auf diese anwendbare Recht – alle einschlägigen Informationen an die entsprechend zuständige Behörde des anderen Mitgliedstaats übermitteln und um geeignete Maßnahmen ersuchen kann. Auf Verwertungsgesellschaften mit Sitz außerhalb der EU bzw. des EWR ist § 38 hingegen anwendbar, sofern die betreffende Verwertungsgesellschaft in Deutschland tätig ist, d.h. Rechte aus dem UrhG anbietet oder Vergütungsansprüche aus dem UrhG wahrnimmt. Auf sie ist das Sitzstaatsprinzip nicht anwendbar.[13]

II. Regelungsgehalt

1. Tarife

10   a) **Rechtscharakter.** Tarife stellen keine Rechtsnormen dar. Sie begründen keine Vergütungspflicht mit konstitutiver Wirkung, sondern ein einseitiges Angebot der Verwertungsgesellschaft, die sich dadurch bindet.[14] Wer also ohne vorherige Einholung einer Lizenz von einer Verwertungsgesellschaft urheberrechtliche Nutzungshandlungen vornimmt, kann von der Verwertungsgesellschaft nicht auf Zahlung einer Vergütung aus dem Tarif in Anspruch genommen werden, sondern haftet deliktisch nach § 97 UrhG. Zur Bestimmung einer angemessenen Lizenzgebühr (§ 97 Abs. 2 S. 3 UrhG, § 287 ZPO) kann sich das Gericht aber regelmäßig auf die Tarifvergütung beziehen, die bei ordnungsgemäßer Einholung eines Nutzungsrechts angefallen wäre.[15] Die Gerichte sprechen der GEMA aus Billigkeitserwägungen (Schadensausgleich für Überwachungsaufwand) in bestimmten Fällen darüber hinaus einen **pauschalen Kontrollkostenzuschlag** in Höhe von 100% des Tarifsatzes zu.[16] Ansonsten dürfen für die Bestimmung einer angemessenen Lizenzgebühr auch sachnahe Tarife zu Vergleichszwecken herangezogen werden, wenn ein unmittelbar einschlägiger Tarif nicht besteht oder unangemessen ist.[17] Tarife können darüber hinaus Anhaltspunkte zur Bestimmung der Angemessenheit einer Vergütung i.S.d. § 32 Abs. 2 S. 2 UrhG liefern.[18]

11   b) **Inhalt.** Die Verwertungsgesellschaften stellen in der Praxis nicht ein großes Tarifwerk für sämtliche potentiellen Werknutzer auf, sondern operieren mit vielen, **auf die jeweiligen Umstände der Werknutzung zugeschnittenen** Tarifen, die wiederum mit bestimmten Parametern arbeiten. Besonders eindrucksvoll praktiziert dies die GEMA, die momentan mehr als 150 Einzeltarife veröffentlicht hat.[19] Bereits die im Jahr 1962 veröffent-

---

12 Siehe ausführlich § 1 Rn 8.
13 § 1 Rn 10.
14 BVerfG, Beschl. v. 19.9.1996 – 1 BvR 1767/92 – GRUR 1997, 123, 124 – Kopierladen I; BGH, Urt. v. 18.5.2017 – I ZR 266/15 – GRUR-RR 2017, 486 Rn 40 – USB-Stick; BGH, Urt. v. 16.3.2017 – I ZR 35/15 – GRUR 2017, 684 Rn 26 – externe Festplatten; BGH, Urt. v. 16.3.2017 – I ZR 106/15 – ZUM-RD 2017, 520 Rn 16, 23; OLG München, Urt. v. 7.5.2015 – 6 Sch 12/13 – GRUR-RR 2016, 1 Rn 30 – Speicherkarten.
15 BGH, Urt. v. 25.10.2012 – I ZR 162/11 – GRUR 2013, 717 Rn 20 – Covermount; BGH, Urt. v. 27.10.2011 – I ZR 175/10 – GRUR 2012, 715 Rn 17 – Bochumer Weihnachtsmarkt.
16 Bejaht u.a. für die kostenintensive Kontrolle öffentlicher Aufführungen durch die GEMA, vgl. BGH, Urt. v. 10.3.1972 – I ZR 160/70 – GRUR 1973, 379 – Doppelte Tarifgebühr; verneint für die Überwachung widerrechtlicher Bildtonträger, vgl. BGH, Urt. v. 15.10.1987 – I ZR 96/85 – GRUR 1988, 296 – GEMA-Vermutung IV; ausführlich Dreier/Schulze/*Specht*, § 97 UrhG Rn 93 m.w.N.
17 BGH, Urt. v. 1.12.2010 – I ZR 70/09 – GRUR 2011, 720 Rn 28 – Multimediashow.
18 Schricker/Loewenheim/*Schricker/Haedicke*, § 32 UrhG Rn 30; Obergfell/Hauck/*Zurth*, Kap. 3 Rn 81; zu § 36 UrhG a. F. auch BGH, Urt. v. 13.12.2001 – I ZR 44/99 – GRUR 2002, 602 – Musikfragmente.
19 Stand Januar 2019.

lichte Gesetzesbegründung zum UrhWG verwies auf deren Tarife.[20] Es existiert beispielsweise ein Tarif für Unterhaltungsmusik bei Sportveranstaltungen, der nach verschiedenen Sportveranstaltungen differenziert und bei der Vergütungsberechnung auf die Zuschauerkapazität und die Höhe des Eintrittsgeldes abstellt.[21] In der langen Liste der GEMA-Tarife fehlt auch nicht ein eigener Tarif für Erotikfilmvorführungen in Videoeinzelkabinen.[22] Nicht alle Tarife sind sonderlich komplex. Die VG Wort etwa verlangt als Vergütung für das Vermieten von Printmedien 8 % des damit erzielten Umsatzes.[23] Ebenfalls möglich ist eine Kopplung an den Tarif einer anderen Verwertungsgesellschaft (sog. Zuschlagstarif).[24]

Vorgaben zur konkreten **Gestaltung von Tarifen** enthalten die §§ 39, 40. 12

c) **Anwendung.** Die Anwendbarkeit eines Tarifs und die Höhe der anfallenden Lizenz- 13
zahlung werden durch **Subsumtion** der von den Verwertungsgesellschaften festgelegten Parameter ermittelt. Ist der einschlägige Tarif nach Auffassung des Gerichts lediglich in einem Parameter unangemessen (z.B. in der Vergütungshöhe), kann das Gericht diesen entsprechend anpassen und muss nicht gänzlich auf die Heranziehung des Tarifs verzichten.[25]

Existiert kein einschlägiger Tarif, ist der **am nächsten stehende** heranzuziehen.[26] 14
So hat die Rechtsprechung etwa die Vergütung für eine öffentliche Musikwiedergabe bei Freiluftveranstaltungen an den Tarifen zu Veranstaltungen in geschlossenen Räumen, nämlich anhand der Veranstaltungsfläche, orientiert.[27] Dabei ist der Gleichbehandlungsgrundsatz zu beachten.[28]

2. Tarifaufstellung

a) **Verfahren.** Die Verwertungsgesellschaften stellen ihre Tarife in einem internen 15
Verfahren auf. Das Gesetz enthält – mit Ausnahme des § 40 Abs. 1 S. 2 – keine genauen Vorgaben zur konkreten Ausarbeitung, geht als Grundsatz aber von einem Beschluss der **Mitgliederversammlung** über die Tarife aus (§ 17 Abs. 1 S. 2 Nr. 14). Diese Befugnis kann wiederum durch Mitgliederbeschluss dem **Aufsichtsgremium** (§ 22) übertragen werden (§ 17 Abs. 2). Von dieser Möglichkeit haben etwa die GEMA in § 13 Nr. 3 lit. i) ihrer Satzung[29], die VG Wort in § 7 Abs. 3 lit. g) ihrer Satzung[30] und die VG Bild-Kunst in § 11 Nr. 2 lit. e) ihrer Satzung[31] Gebrauch gemacht. Das ist angesichts der Vielzahl der einzelnen Tarife und ihrer Komplexität praxisgerecht.

---

20 Vgl. RegE-UrhWG, BT-Drucks. IV/271, S. 17.
21 https://www.gema.de/fileadmin/user_upload/Musiknutzer/Tarife/Tarife_AD/tarif_m_sp.pdf.
22 https://www.gema.de/fileadmin/user_upload/Musiknutzer/Tarife/Tarife_AD/tarif_wr_s_e.pdf.
23 http://www.vgwort.de/fileadmin/tarif_uebersicht/Printmedien-TArif_Mai_1998.pdf.
24 So verweist bspw. die GVL für die öffentliche Wiedergabe von Tonträgern, Bildtonträgern und Sendungen auf GEMA-Tarife (https://www.gvl.de/tarif-fuer-die-oeffentliche-wiedergabe-von-tontraegern-sendungen-und-bildtontraegern).
25 BGH, Urt. v. 29.1.2004 – I ZR 135/00 – GRUR 2004, 669, 671 f. – Musikmehrkanaldienst.
26 BGH, Urt. v. 27.10.2011 – I ZR 175/10 – GRUR 2012, 715 Rn 17, 20 – Bochumer Weihnachtsmarkt; BGH, Urt. v. 27.10.2011 – I ZR 125/10 – GRUR 2012, 711 Rn 15 – Barmen Live; BGH, Urt. v. 23.5.1975 – I ZR 51/74 – GRUR 1976, 35, 36 – Bar-Filmmusik; *Vogel*, GRUR 1993, 513, 528.
27 Vgl. BGH, Urt. v. 27.10.2011 – I ZR 175/10 – GRUR 2012, 715 – Bochumer Weihnachtsmarkt; BGH, Urt. v. 27.10.2011 – I ZR 125/10 – GRUR 2012, 711 – Barmen Live.
28 BGH, Urt. v. 27.10.2011 – I ZR 125/10 – GRUR 2012, 711 Rn 28 – Barmen Live.
29 https://www.gema.de/fileadmin/user_upload/Gema/jahrbuch/GEMA_Jahrbuch_08_Satzung_der_GEMA.pdf. Ferner abgedruckt bei *Hillig*, Urheber- und Verlagsrecht, Ordnungsnummer 17.
30 http://www.vgwort.de/fileadmin/pdf/satzung/Satzung_VG_WORT.pdf. Ferner abgedruckt bei *Hillig*, Urheber- und Verlagsrecht, Ordnungsnummer 17.
31 https://m.bildkunst.de/fileadmin/_migrated/content_uploads/Satzung_2018_07_28.pdf. Ferner abgedruckt bei *Hillig*, Urheber- und Verlagsrecht, Ordnungsnummer 18.

16 **b) Inhaltliche Anforderungen.** Eine Verwertungsgesellschaft ist verpflichtet, vor Aufstellung eines Tarifs den Umfang der von ihr wahrgenommenen Rechte hinreichend zu ermitteln.[32] Die Gestaltung der Tarife ist dann nicht Regelungsgegenstand des § 38, sondern der **§§ 39, 40**. Bereits bei der Tarifaufstellung sind die in diesen Vorschriften niedergelegten Anforderungen an Tarife zu berücksichtigen. Ein Tarif, der diese Anforderungen nicht erfüllt, wird hierdurch aber nicht automatisch unwirksam. Er bleibt als bindendes Angebot der Verwertungsgesellschaft an die Nutzer bestehen. Nutzer, die einen Tarif inhaltlich beanstanden, können von der in § 37 Nr. 2 vorgesehenen Möglichkeit zur Hinterlegung oder der Leistung unter Vorbehalt Gebrauch machen sowie die Angemessenheit der geforderten Vergütung von der Schiedsstelle überprüfen lassen (vgl. § 92 Abs. 1).

17 **c) Zeitlicher Anwendungsbereich.** Tarife richten ist dann grds. in die Zukunft. Sie können aber auch **rückwirkend** aufgestellt werden, soweit eine Vergütungspflicht für die zurückliegende Zeit besteht.[33] Es existiert insoweit kein Vertrauensschutz. Das Fehlen eines Tarifs lässt die Vergütungspflicht nicht entfallen[34] und kann korrigiert werden.

18 **d) Publizität.** Verwertungsgesellschaften müssen ihre Tarife auf ihrer **Internetseite** veröffentlichen (§ 56 Abs. 1 Nr. 4). Sofern sie Rechte aus dem UrhG wahrnehmen, müssen sie ihre Tarife und deren jeweilige Änderungen auch dem **DPMA unverzüglich übermitteln** (§ 88 Abs. 2 Nr. 2).

19 **3. Pflicht zur Tarifaufstellung.** Aus § 38 folgt eine Verpflichtung der Verwertungsgesellschaften, Tarife aufzustellen. Tarife gewährleisten eine gewisse Gleichbehandlung, erzeugen Transparenz und erleichtern den Werknutzern Kalkulation und Lizenzeinholung. Aus der Tarifaufstellungspflicht und den inhaltlichen Erfordernissen für Tarife gem. §§ 39, 40 folgt zugleich, dass die Verwertungsgesellschaften ihre Tarife an veränderte Gegebenheiten **anpassen** müssen. Demgegenüber kann von Verwertungsgesellschaften nicht verlangt werden, gesonderte Tarife für **jede erdenkliche Werknutzung** aufzustellen.[35] Vielmehr ist im Einzelfall abzuwägen, ob der Verwertungsgesellschaft im Hinblick auf Zahl, Eigenart und Bedeutung der Nutzung die Aufstellung eines eigenen Tarifs zuzumuten ist. Auch im Falle neuer Nutzungsarten i.S.d. § 31a UrhG und der Erschließung neuer Märkte muss die wirtschaftliche Entwicklung abgewartet werden, bevor Tarife aufzustellen sind.[36] Ferner besteht keine Verpflichtung, soweit **gesetzliche Tarife** (z.B. in § 26 Abs. 2 UrhG) existieren.[37]

20 Ungeachtet der Pflicht zur Tarifaufstellung haben die einzelnen **Werknutzer** keinen Anspruch darauf.[38] § 38 vermittelt kein entsprechendes subjektives Recht. Denn eine Lizenzierung durch eine Verwertungsgesellschaft, die jeder Nutzer nach § 34 Abs. 1 ver-

---

32 VGH München, Urt. v. 25.2.2019 – 22 B 17.1219 – BeckRS 2019, 10280 Rn 34 ff.
33 VGH München, Urt. v. 25.2.2019 – 22 B 17.1219 – BeckRS 2019, 10280 Rn 25; OLG München, Urt. v. 7.5.2015 – 6 Sch 12/13 – GRUR-RR 2016, 1 Rn 30 ff. – Speicherkarten; OLG München, Urt. v. 15.1.2014 – 6 Sch 2/13 – GRUR 2015, 989, 994 – Festplatten; Schiedsstelle, Einigungsvorschl. v. 9.3.2011 – Sch-Urh 130/10 – ZUM-RD 2012, 176, 180; BeckOK-UrhR/*Freudenberg*, § 38 VGG Rn 11; Dreier/Schulze/*Schulze*, § 38 VGG Rn 4; krit. *Klett/Schlüter*, K&R 2016, 567, 569.
34 Siehe Rn 21.
35 BGH, Urt. v. 1.6.1983 – I ZR 98/81 – GRUR 1983, 565, 567 – Tarifüberprüfung II; Dreier/Schulze/*Schulze*, § 38 VGG Rn 6; *v. Gamm*, in: FS Nirk, S. 315, 317.
36 Dreier/Schulze/*Schulze*, § 38 VGG Rn 5.
37 Schricker/Loewenheim/*Reinbothe*, § 13 UrhWG Rn 1; Dreier/Schulze/*Schulze*, § 38 VGG Rn 7.
38 BGH, Urt. v. 27.10.2011 – I ZR 175/10 – GRUR 2012, 715 Rn 19 – Bochumer Weihnachtsmarkt; HK-UrhR/*Hentsch*, § 38 VGG Rn 4; Fromm/Nordemann/*W. Nordemann/Wirtz*, 11. Aufl. 2014, § 13 UrhWG Rn 1.

langen kann, ist auch außerhalb von Tarifen möglich. Den Nutzern bleibt nur, die Aufsichtsbehörde einzuschalten.[39]

Auch wenn eine Verwertungsgesellschaft keinen Tarif aufstellt, kann sie dennoch **21** für die von ihr wahrgenommenen Rechte eine Vergütung verlangen, da sich die Vergütungspflicht ebenso wie die Höhe der Vergütung „dann unmittelbar aus dem Gesetz" ergeben.[40] Bezogen wird dies auf den Schadensersatzanspruch aus § 97 Abs. 2 UrhG.

4. Gesamtverträge (S. 2). Hat eine Verwertungsgesellschaft mit einer Nutzervereini- **22** gung einen Gesamtvertrag (§ 35) abgeschlossen, bindet dieser nach S. 2 unmittelbar nur die Nutzervereinigung, nicht aber die einzelnen Werknutzer, und determiniert die Vertragsbedingungen, wenn Werknutzer Nutzungsrechte von Verwertungsgesellschaften einholen.[41] **Wie bei Tarifen** gilt auch hier, dass eine Verwertungsgesellschaft allein aus dem Abschluss eines Gesamtvertrages keine unmittelbaren vertraglichen Ansprüche gegen einen Werknutzer ableiten kann. Berücksichtigung können vereinbarte Vergütungshöhen aber im Rahmen von § 97 Abs. 2 S. 3 UrhG finden. Abweichende **individuelle Vereinbarungen** werden durch einen Gesamtvertrag nicht ausgeschlossen.[42] Wie Tarife sind auch Gesamtverträge zu veröffentlichen (§ 56 Abs. 1 Nr. 5) und dem DPMA zu übermitteln (§ 88 Abs. 2 Nr. 3). Durch die Fiktion des S. 2 ist die Tarifaufstellungspflicht erfüllt, d.h. eine **parallele Tarifaufstellung** ist rechtlich nicht zwingend, in der Praxis dennoch üblich.

In Gesamtverträgen vereinbarte Vertragsbedingungen gelten **nur für die Mitglieder** **23** der Vereinigung.[43] Allerdings haben die dort vereinbarten Vergütungssätze gem. S. 2 **Tarifcharakter** und binden damit die Verwaltungsgesellschaften auch gegenüber nicht gesamtvertraglich gebundenen Werknutzern insofern, als diese Vergütungssätze allgemein gelten. Dies bedeutet jedoch nicht, dass Gesamtvertragskunden und nicht gesamtvertraglich gebundene Nutzer identische Vertragskonditionen erhalten. Die Bindungswirkung des S. 2 erstreckt sich nur auf die Vergütungssätze, nicht aber auf die übrigen Konditionen, wie z.B. Zahlungsmodalitäten, Fälligkeiten oder Meldeverfahren. Ebenfalls nicht Bestandteil des Tarifes werden die Vergütungsnachlässe, die üblicherweise den Gesamtvertragsmitgliedern eingeräumt werden. Darin liegt keine Verletzung des Gleichbehandlungsgrundsatzes, da die Nutzervereinigungen die Verwertungsgesellschaften im Hinblick auf Vertragsabschlüsse mit ihren Mitgliedern und die Erfüllung dieser Verträge unterstützen und ihnen somit einen Dienst erweisen, was eine gewisse Vergütungsreduzierung rechtfertigt.[44]

Naturgemäß sehen Gesamtverträge also **geringere Lizenzzahlungen** vor als die **24** korrespondierenden Tarife.[45] Wenn ein Gesamtvertrag mangels einschlägigen Tarifs für

---

39 Dreier/Schulze/*Schulze*, § 38 VGG Rn 3.
40 BGH, Urt. v. 18.5.2017 – I ZR 266/15 – GRUR-RR 2017, 486 Rn 40 – USB-Stick; BGH, Urt. v. 16.3.2017 – I ZR 35/15 – GRUR 2017, 684 Rn 25 f. – externe Festplatten; BGH, Urt. v. 16.3.2017 – I ZR 106/15 – ZUM-RD 2017, 520 Rn 23; BGH, Urt. v. 27.10.2011 – I ZR 175/10 – GRUR 2012, 715 Rn 19 – Bochumer Weihnachtsmarkt.
41 Vgl. auch BGH, Urt. v. 18.5.2017 – I ZR 266/15 – GRUR-RR 2017, 486 Rn 41 – USB-Stick; BGH, Urt. v. 16.3.2017 – I ZR 35/15 – GRUR 2017, 684 Rn 27 – externe Festplatten.
42 BGH, Urt. v. 18.5.2017 – I ZR 266/15 – GRUR-RR 2017, 486 Rn 41 – USB-Stick; BGH, Urt. v. 16.3.2017 – I ZR 35/15 – GRUR 2017, 684 Rn 27 – externe Festplatten; BGH, Urt. v. 16.3.2017 – I ZR 106/15 – ZUM-RD 2017, 520 Rn 24.
43 BGH, Urt. v. 11.5.1973 – I ZR 145/71 – GRUR 1974, 35, 37 – Musikautomat; Wandtke/Bullinger/*Gerlach*, § 38 VGG Rn 3; Schricker/Loewenheim/*Reinbothe*, § 13 UrhWG Rn 3; Fromm/Nordemann/*W. Nordemann/Wirtz*, 11. Aufl. 2014, § 13 UrhWG Rn 7.
44 BGH, Urt. v. 11.5.1973 – I ZR 145/71 – GRUR 1974, 35, 37 – Musikautomat; siehe auch § 35 Rn 28 f., 77.
45 In der Regel wird ein Nachlass von 20% gewährt (*Schack*, Rn 1359; Dreier/Schulze/*Schulze*, § 38 VGG Rn 8). So praktiziert es auch die GEMA (vgl. https://www.gema.de/musiknutzer/musik-lizenzieren/gesamtvertragspartner/).

die Bestimmung einer angemessenen Lizenzgebühr gegenüber einem Einzelnutzer herangezogen wird, ist daher ein entsprechender Aufschlag zu berücksichtigen. Gleiches gilt, wenn ein Werknutzer ohne vorherige Einholung einer Lizenz **rechtswidrige Nutzungshandlungen** vornimmt und dann an die Verwertungsgesellschaft Schadensersatz leisten muss. Denn in diesem Fall gehen die Leistungen der Nutzervereinigungen an die Verwertungsgesellschaft ins Leere.[46]

III. Rechtsfolgen

25 **1. Rechtsfolgen einer Tarifaufstellung.** Stellt eine Verwertungsgesellschaft Tarife auf oder schließt sie Gesamtverträge ab, ist sie an die dort festgelegten Konditionen für Nutzungsverträge **gebunden**. Abweichende **individuelle Vereinbarungen** sind theoretisch nicht ausgeschlossen, würden die Tarife aber konterkarieren und sind wegen des Gleichbehandlungsgrundsatzes vielfach unrealistisch,[47] jedenfalls rechtfertigungsbedürftig. Denkbar erscheinen sie etwa in Form von Stundungen oder Zahlungsnachlässen bei drohender Zahlungsunfähigkeit des Nutzers.

26 **2. Rechtsfolgen einer unterlassenen Tarifaufstellung.** Verstößt eine Verwertungsgesellschaft gegen ihre Verpflichtung zur Aufstellung von Tarifen, kann sie dennoch für die von ihr wahrgenommenen Rechte eine Vergütung verlangen, da sich die Vergütungspflicht ebenso wie die Höhe der Vergütung dann unmittelbar **aus dem Gesetz** ergeben.[48] Das DPMA kann als ultima ratio die **Erlaubnis** (§ 77) widerrufen, wenn eine Verwertungsgesellschaft auch nach Abmahnung die Aufstellung von Tarifen ohne sachlichen Grund verweigert (§ 80 Abs. 1 Nr. 2). Zunächst würde es mit Zwangsgeldandrohung zur Tarifaufstellung anweisen.

IV. Aufsicht durch das DPMA

27 Die Tarifaufstellung unterliegt der Aufsicht des DPMA, da eine entsprechende Verpflichtung i.S.d. § 76 Abs. 1 besteht.[49] Tarife bedürfen zwar keiner staatlichen Genehmigung. Verwertungsgesellschaften müssen dem DPMA aber unverzüglich ihre Tarife und deren jeweiligen Änderungen **übermitteln** (§ 88 Abs. 2 Nr. 2). Zu den Rechtsfolgen einer unterlassenen Tarifaufstellung siehe Rn. 26.

§ 39
Tarifgestaltung

(1) ¹**Berechnungsgrundlage für die Tarife sollen in der Regel die geldwerten Vorteile sein, die durch die Verwertung erzielt werden.** ²**Die Tarife können sich auch auf andere Berechnungsgrundlagen stützen, wenn diese ausreichende, mit einem wirtschaftlich vertretbaren Aufwand zu erfassende Anhaltspunkte für die durch die Verwertung erzielten Vorteile ergeben.**

---

46 Fromm/Nordemann/*W. Nordemann/Wirtz*, 11. Aufl. 2014, § 13 UrhWG Rn 7.
47 Wandtke/Bullinger/*Gerlach*, § 38 VGG Rn 3.
48 Siehe bereits Rn 21.
49 VGH München, Urt. v. 25.2.2019 – 22 B 17.1219 – BeckRS 2019, 10280 Rn 29 ff. Zur Pflicht aus § 38 siehe Rn 19. Zu §§ 13 Abs. 1, 19 Abs. 1 UrhWG siehe BGH, Urt. v. 27.10.2011 – I ZR 175/10 – GRUR 2012, 715 Rn 19 – Bochumer Weihnachtsmarkt.

(2) Bei der Tarifgestaltung ist auf den Anteil der Werknutzung am Gesamtumfang des Verwertungsvorgangs und auf den wirtschaftlichen Wert der von der Verwertungsgesellschaft erbrachten Leistungen angemessen Rücksicht zu nehmen.

(3) Die Verwertungsgesellschaft soll bei der Tarifgestaltung und bei der Einziehung der tariflichen Vergütung auf religiöse, kulturelle und soziale Belange der Nutzer, einschließlich der Belange der Jugendhilfe, angemessen Rücksicht nehmen.

(4) Die Verwertungsgesellschaft informiert die betroffenen Nutzer über die Kriterien, die der Tarifaufstellung zugrunde liegen.

Übersicht

I. Allgemeines
   1. Bedeutung der Regelung —— 1
   2. Vorgängerregelung —— 7
   3. Unionsrechtlicher Hintergrund —— 8
   4. Entstehungsgeschichte —— 9
II. Regelungsgehalt
   1. Berechnungsgrundlage (Abs. 1), Anforderungen an einen Tarif, im Allgemeinen nachvollziehbares Berechnungsschema
     a) Anforderungen an einen Tarif —— 10
     b) Geldwerte Vorteile als Berechnungsgrundlage (Abs. 1 S. 1) —— 17
     c) Mindestbemessungsgrundlage —— 24
     d) Sonstige Berechnungsgrundlagen (Abs. 1 S. 2)
       aa) Verhältnis zu Abs. 1 S. 1 —— 29
       bb) Mindestvergütungsregeln —— 34
       cc) Härtefall- bzw. Angemessenheitsregelungen —— 35
       dd) Mengenrabatte —— 37
   2. Anteil der Werknutzung und von der Verwertungsgesellschaft erbrachte Leistungen (Abs. 2) —— 38
   3. Berücksichtigung von Belangen des Allgemeinwohls (Abs. 3) —— 46
   4. Informationspflicht (Abs. 4) —— 48
III. Rechtsfolgen und Kontrolle —— 49

I. Allgemeines

1. Bedeutung der Regelung. Verwertungsgesellschaften müssen gem. § 35 mit Nutzervereinigungen über die von ihnen wahrgenommenen Rechte Gesamtverträge zu angemessenen Bedingungen abschließen. Auch der individuelle Abschlusszwang in § 34 Abs. 1 S. 1 sieht die Einräumung von Nutzungsrechten zu angemessenen Bedingungen vor. Dort wird nunmehr in Umsetzung der VG-RL in § 34 Abs. 1 S. 2 näher definiert, dass die Bedingungen „insbesondere objektiv und nichtdiskriminierend" sein „und eine angemessene Vergütung vorsehen" müssen.[1] 1

Angemessene Bedingungen setzen voraus, dass ein ausgewogenes Verhältnis zwischen dem Umfang der Rechteeinräumung einerseits und der von dem Nutzer dafür zu zahlenden Vergütung besteht. Ausgangspunkt ist der urheberrechtliche Grundsatz, dass der Berechtigte stets eine angemessene Beteiligung an den Erlösen aus der wirtschaftlichen Nutzung seiner Werke, Leistungen und Rechte erhalten muss.[2] Weiterhin sind die Verwertungsgesellschaften als Monopolgesellschaften grundsätzlich verpflichtet, in gleich gelagerten Fällen Nutzungsrechte zu gleichen Bedingungen anzubieten. Diese zwei Aspekte – Angemessenheits- und Gleichbehandlungsgebot – werden durch die Pflicht der Verwertungsgesellschaften zur Aufstellung von Tarifen konkretisiert. 2

---

[1] Schiedsstelle, Einigungsvorschl. v. 17.11.2016 – Sch-Urh 09/15, S. 64 f., abrufbar unter https://www.dpma.de/dpma/wir_ueber_uns/weitere_aufgaben/verwertungsges_urheberrecht/schiedsstelle_vgg/entscheidungen/index.html.
[2] So zu § 35 VGG BeckOK-UrhR/*Freudenberg*, § 35 VGG Rn 24.

3   Tarife sind ihrem Wesen nach Angebote an jedermann zum Abschluss eines (Nutzungs-)Vertrags zu den im Tarif näher genannten Bedingungen. Sie enthalten daher die wesentlichen Geschäftseigenschaften, die ggf. durch einen Einzelnutzervertrag weiter ausgedeutet werden können.

4   Diese Einordnung des Tarifs als zivilrechtliches Angebot zum Abschluss eines Vertrags gilt zum einen für Nutzungsrechte, zum anderen aber auch für gesetzliche Vergütungsansprüche, wie der BGH herausgestellt hat.[3]

5   Da es sich zivilrechtlich um Angebote zum Abschluss eines Vertrags an eine unbestimmte Personenmehrheit handelt, können die Auslegungsregeln für Willenserklärungen herangezogen werden. Allerdings richtet sich deren Auslegung weniger nach dem wirklichen Willen des Antragenden, sondern nach der Verständnismöglichkeit eines durchschnittlichen Beteiligten oder eines Angehörigen des gerade angesprochenen Personenkreises. Außer dem Text der Erklärung dürfen nur solche Umstände berücksichtigt werden, die jedermann oder doch jedem Angehörigen der angesprochenen Kreise bekannt oder erkennbar sind.[4] Dies folgt aus der Tarifhoheit[5] der Verwertungsgesellschaften, auf Grund derer die Verwertungsgesellschaft grundsätzlich berechtigt ist, Art und Umfang der von ihr lizenzierten Nutzungsrechte bzw. Vergütungsansprüche festzulegen. Eventuelle Unklarheiten gehen daher zu Lasten der Verwertungsgesellschaft.

6   § 39 regelt dabei lediglich einen Teilaspekt, nämlich die Frage, welche allgemeinen Kriterien bei der Berechnung der Vergütung der Verwertungsgesellschaften für die Einräumung von Nutzungsrechten oder bei der Geltendmachung von gesetzlichen Vergütungsansprüchen anzulegen sind. Für den Bereich der Vergütung der gesetzlichen Lizenz nach § 53 UrhG enthält § 40 eine entsprechende, dem § 39 vorgehende spezielle Regelung. Weiterhin ist § 38 S. 2 zu beachten, der im Wege einer Fiktion die Geltung der in einem Gesamtvertrag vereinbarten Vergütungssätze als Tarif anordnet.

7   **2. Vorgängerregelung.** Das UrhWG enthielt seit 1985 in § 13 Abs. 3 UrhWG eine weitgehend wortgleiche Regelung. Neu hinzugekommen ist in Abs. 2 das Erfordernis, auch „auf den wirtschaftlichen Wert der von der Verwertungsgesellschaft erbrachten Leistungen angemessen Rücksicht zu nehmen". Ebenfalls neu ist die in Abs. 4 geregelte Informationspflicht. Ansonsten wurden lediglich leichte redaktionelle Änderungen vorgenommen (nunmehr „Nutzer" statt „zur Zahlung der Vergütung Verpflichtete" und „Jugendhilfe" statt „Jugendpflege"). Die zu § 13 Abs. 3 UrhWG ergangene Rechtsprechung, entsprechende Entscheidungen der Schiedsstelle und veröffentlichte Literatur können daher grundsätzlich[6] für die Auslegung von § 39 herangezogen werden.

8   **3. Unionsrechtlicher Hintergrund.** § 39 setzt Art. 16 Abs. 2 UA 2 S. 2 und 3 der VG-RL um. Art. 16 Abs. 2 UA 2 ist in seinen Vorgaben aufgrund der Formulierung „unter anderem" nicht abschließend, weshalb es dem nationalen Gesetzgeber möglich war, die bisherige Regelung aus § 13 Abs. 3 S. 4 zur Berücksichtigung gewisser Allgemeinwohlbelange („religiöse, kulturelle und soziale Belange der Nutzer, einschließlich der Belange der Jugendhilfe") in Abs. 3 zu übernehmen.

---

3   Vgl. nur BGH, Urt. v. 16.3.2017 – I ZR 35/15 – GRUR 2017, 684 Rn 25 ff. – Externe Festplatten.
4   Schiedsstelle, Einigungsvorschl. v. 20.11.2014 – Sch-Urh 12/13, n.v. und nicht bestandskräftig, unter Verweis auf Palandt/*Heinrichs*, § 133 BGB Rn 12, zur Anwendbarkeit des Tarifs T für Livemusik-Wiedergaben im Rahmen einer Filmvorführung.
5   Dreier/Schulze/*Schulze*, § 39 VGG Rn 2; BGH, Urt. v. 19.5.1983 – I ZR 74/81 – GRUR 1984, 52, 54 – Tarifüberprüfung I.
6   Vgl. aber Rn 42 zur „10% Regel".

4. Entstehungsgeschichte. Im RefE des BMJV[7] war der jetzige § 39 wortgleich als 9
§ 38 Abs. 2 bis 4 enthalten. Die Aufteilung in § 38 und § 39 im weiteren Gesetzgebungsverfahren brachte keinerlei inhaltliche Änderungen mit sich. Zwar heißt es nun in § 38 S. 1 „Die Verwertungsgesellschaft stellt Tarife auf über die Vergütung (...)" an Stelle von „Die Verwertungsgesellschaft hat Tarife aufzustellen (...)" in § 13 Abs. 1 S. 1 UrhWG, aber die gesetzliche Begründung[8] und der BGH[9] haben herausgestellt, dass sich am Grundsatz der Pflicht zur Tarifaufstellung nichts geändert hat.

II. Regelungsgehalt

1. Berechnungsgrundlage (Abs. 1), Anforderungen an einen Tarif, im Allgemeinen nachvollziehbares Berechnungsschema

a) Anforderungen an einen Tarif. Da die Verwertungsgesellschaft im Rahmen ihrer 10
Wahrnehmung Nutzungsrechte zu angemessenen Bedingungen einräumen muss, folgt hieraus im Grundsatz eine Verpflichtung, entsprechende Tarife aufzustellen und zu veröffentlichen. Nur so kann dem Angemessenheits- und Gleichbehandlungsgebot Rechnung getragen werden. Andererseits ist zu beachten, dass ein Tarif **kein Tatbestandsmerkmal** für das Bestehen einer Vergütungspflicht und damit die Aufstellung eines Tarifs keine Voraussetzung für eine Vergütungsforderung der Verwertungsgesellschaft ist. Dies hat der BGH sowohl für den Bereich der vertraglichen Nutzungsrechte[10] als auch der gesetzlichen Lizenz[11] entschieden.

Tarife stehen damit in einem Spannungsfeld. Einerseits sollen sie eine gewisse Brei- 11
te im Anwendungsbereich aufweisen. Der BGH führt daher stets aus, dass der Zweck des von den Verwertungsgesellschaften aufzustellenden Tarifwerks darin besteht, bestimmte Sachverhalte in ihren typischen Gegebenheiten schematisch zu erfassen. Die praktische Anwendbarkeit eines Tarifs würde jedoch in Frage gestellt, wenn er nicht in sachgerechter Differenzierung die typischen Gegebenheiten, sondern die jeweiligen besonderen Umstände berücksichtigen würde.[12]

Es ist daher nicht zu beanstanden, wenn ein Tarif gewisse Generalisierungen und 12
Pauschalierungen aufweist.[13] Andererseits erschweren begriffliche Unschärfen oder Mehrdeutigkeiten mancher Tarifmerkmale sowie neue Nutzungskonzepte, mit deren ständigem Wandel die Fortentwicklung der Tarife oftmals nicht Schritt halten kann, die richtige Zuordnung. In diesen Fällen ist es Aufgabe der Schiedsstelle, im Falle ihrer Anrufung einen angemessenen Einigungsvorschlag zu erarbeiten.

Es ist ein Gebot der Angemessenheit, dass die Höhe der Abgabe für die einzelnen 13
Nutzungen dem Gleichbehandlungsgrundsatz entspricht. Tarife benötigen deshalb eine

---

7 RefE des BMJV v. 9.6.2015, S. 24.
8 RegE-VGG, BT-Drucks. 18/7223, S. 85.
9 Vgl. bspw. BGH, Urt. v. 16.3.2017 – I ZR 35/15 – GRUR 2017, 684 Rn 26 – Externe Festplatten
10 BGH, Urt. v. 27.10.2011 – I ZR 175/10 – GRUR 2012, 715 – Bochumer Weihnachtsmarkt.
11 Die Diskussion wurde hier etwas verklausuliert unter dem Schlagwort „Rückwirkung(sverbot) der Tarife" geführt. Der BGH hat allen entsprechenden Spekulationen eine Absage erteilt, indem er klar ausführte, dass der Anspruch auf Geräte- und Speichermedienvergütung auf vertraglicher Basis realisiert werden kann und daneben aber ein Anspruch der Verwertungsgesellschaft kraft Gesetzes tritt, der dem Grunde und der Höhe nach mit Vollendung der tatbestandlichen Voraussetzungen (vergütungspflichtiges Gerät oder Speichermedium, Herstellung oder Import sowie Inverkehrbringen desselben) entsteht, vgl. BGH, Urt. v. 16.3.2017 – I ZR 35/15 – GRUR 2017, 684 Rn 30 – Externe Festplatten.
12 BGH, Urt. v. 11.5.1973 – I ZR 145/71 – GRUR 1974, 35 – „Musikautomat".
13 Schiedsstelle, Beschl. v. 30.1.1987 – Sch-Urh 2/86 – ZUM 1987, 187, 189.

innere Logik und ein nachvollziehbares Berechnungsschema.[14] Daran fehlt es nach Auffassung der Schiedsstelle beispielsweise, wenn ein Tarif[15] einen „Pauschalabschlag" von der Berechnungsgrundlage vorsieht, der dem Ausgleich von Anteilen der Berechnungsgrundlage, die nicht der Kabelweitersendung zuzurechnen sind, dient, zur Bemessungsgrundlage aber nur kausal im Zusammenhang mit der Weiterleitung erzielte Entgelte zählen, und dieser „Pauschalabschlag" nach den Tarifbestimmungen nicht zur Unterschreitung der Mindestbemessungsgrundlage führen soll. Diese Begründung für einen Pauschalabschlag ist aus den Tarifbestimmungen heraus nicht schlüssig. Da der Pauschalabschlag nur eine Reduktion des numerischen Lizenzsatzes bewirken soll, muss er auch im Rahmen der Mindestbemessungsgrundlage angewendet werden.[16] Ferner hat die Schiedsstelle in einem Tarif die unterschiedliche Berücksichtigung der Frage, ob im Rahmen der Kabelweiterleitung Einspeiseentgelte an den Kabelnetzbetreiber bezahlt wurden oder nicht, als unangemessen beurteilt.[17] Ein Tarif muss namentlich die zu erwartende Belastung nachvollziehbar machen. Daher darf er nicht wesentliche Elemente der Berechnung, wie der Parameter zur Ermittlung der unmittelbaren, mittelbaren und im Zusammenhang mit der Verwertung des Leistungsschutzrechtes stehenden Umsätze im Wege der (sekundären) Beweislast den Nutzern überlassen.[18]

14 Die Verwertungsgesellschaften sind nicht verpflichtet, für jeden in Frage kommenden Nutzungsvorgang auch Tarife aufzustellen.[19] Andererseits sind die Verwertungsgesellschaften auf Grund des Kontrahierungszwangs gem. § 34 verpflichtet, mit jedermann Nutzungsverträge (zu angemessenen Bedingungen) abzuschließen. Enthält das Tarifwerk der Verwertungsgesellschaft keinen unmittelbar passenden Tarif, so ist grundsätzlich von dem Tarif auszugehen, der nach seinen Merkmalen der im Einzelfall vorliegenden Art und Weise sowie dem Umfang der Nutzung möglichst nahe kommt.[20] Dies gilt auch für den Fall, dass eine vorherige Nutzungsrechtseinräumung unterblieben und daher ein Schadensersatz nach den Grundsätzen der Lizenzanalogie zu entrichten

---

14 Schiedsstelle, Beschl. v. 30.1.1987 – Sch-Urh 2/86 – ZUM 1987, 187, 189; Schiedsstelle, Einigungsvorschl. v. 31.8.2004 – Sch-Urh 24/99 – ZUM 2005, 258, 261; HK-UrhR/*Zeisberg*, § 13 UrhWG Rn 7.
15 Gemeinsamer Tarif der GEMA und der Verwertungsgesellschaften AGICOA Urheberrechtschutz Gesellschaft mbH, Gesellschaft zur Verwertung von Leistungsschutzrechten mbH, Gesellschaft zur Übernahme und Wahrnehmung von Filmaufführungsrechten mbH, Verwertungsgesellschaft der Film- und Fernsehproduzenten mbH, Verwertungsgesellschaft für Nutzungsrechte an Filmwerken mbH, Verwertungsgesellschaft Bild-Kunst und Verwertungsgesellschaft Wort für die Weitersendung von Hörfunk- und Fernsehprogrammen in Kabelnetzen (Kabelweitersendung) mit Geltung ab dem 1.1.2007 („Gemeinsamer Tarif", veröffentlicht im Bundesanzeiger Nr. 66 v. 30.4.2010, S. 1582 ff., und im Bundesanzeiger Nr. 143 v. 22.9.2010, S. 3224 ff.).
16 Schiedsstelle, Einigungsvorschl. v. 3.7.2017 – Sch-Urh 165/14; Schiedsstelle, Einigungsvorschl. v. 17.7.2018 – Sch-Urh 19/15, beide nicht bestandskräftig, letzterer abrufbar unter https://www.dpma.de/dpma/wir_ueber_uns/weitere_aufgaben/verwertungsges_urheberrecht/schiedsstelle_vgg/entscheidungen/index.html.
17 Schiedsstelle, Einigungsvorschl. v. 3.7.2017 – Sch-Urh 165/14, S. 13. In den Gesamtverträgen mit den Nutzerverbänden ANGA und MFAK wird der Ausgangslizenzsatz bei nicht verlangter Einspeisevergütung um 6 Prozent (also um einen Prozentsatz) reduziert, bei nicht gesamtvertraglich gebundenen Nutzern dagegen um 0,26 Prozentpunkte auf 5,24 Prozent. Dies führt daher trotz formal gleicher Berechnung (6 Prozent vom Ausgangslizenzsatz 5,5 Prozent sind 0,26 Prozent) zur Ungleichbehandlung, weil die 0,26 Prozentpunkte auf der Basis eines um den Gesamtvertragsrabatt verminderten Ausgangslizenzbetrages ermittelt wurden. Richtigerweise zählen die Einspeiseentgelte als geldwerte Vorteile aber zur Berechnungsgrundlage und dürfen daher nur dort abgezogen werden und nicht beim Tarifsatz.
18 Schiedsstelle, Einigungsvorschl. v. 24.9.2015 – Sch-Urh 13/14, S. 24, n.v. und nicht bestandskräftig, zum Tarif Presseverleger (digitale verlegerische Angebote).
19 BGH, Urt. v. 1.6.1983 – I ZR 98/81 – GRUR 1983, 565 – Tarifüberprüfung II.
20 BGH, Urt. v. 23.5.1975 – I ZR 51/74 – GRUR 1976, 36 – Bar-Filmmusik; BGH, Urt. v. 1.6.1983 – I ZR 98/81 – GRUR 1983, 565 – Tarifüberprüfung II.

ist.[21] Im umgekehrten Fall gilt, dass ein an sich anwendbarer, aber in der Höhe unangemessener Tarif auf das angemessene Maß zu reduzieren ist. Auf einen anderen, eine ähnliche Nutzung betreffenden Tarif kann nur zurückgegriffen werden, wenn eine solche Reduktion auf das angemessene Maß nicht in Betracht kommt.[22]

Berechnungsgrundlage für die Tarife sollen nach Abs. 1 S. 1 i.d.R. die geldwerten 15 Vorteile sein, die durch die Verwertung der urheberrechtlich geschützten Werke oder Leistungen erzielt werden. Damit gilt auch für die Vergütungshöhe der urheberrechtliche Beteiligungsgrundsatz, nach dem der Urheber oder Leistungsschutzberechtigte an jeder wirtschaftlichen Nutzung seiner Werke oder Leistungen tunlichst angemessen zu beteiligen ist.[23] Die Frage, ob eine Vergütung angemessen ist, richtet sich allerdings grundsätzlich nach dem Verhältnis von Leistung und Gegenleistung. Damit kann die Verwertungsgesellschaft in einem gewissen Rahmen unter Berücksichtigung des Gleichheitsgrundsatzes bei der Gestaltung des Tarifes wirtschaftliche Aspekte einfließen lassen (z.B. Mengenrabatte beim Abschluss von Jahrespauschalverträgen, Gesamtvertragsnachlässe o.ä.).[24]

Allerdings ist auch dann, wenn mit einer Nutzung keine geldwerten Vorteile erzielt 16 werden, jedenfalls eine Mindestvergütungsregelung erforderlich, um die Urheber und Leistungsschutzberechtigten vor einer möglichen Entwertung ihrer Rechte zu schützen. Eine solche Mindestvergütung darf nur nicht so weit gehen, dass der Beteiligungsgrundsatz zu Lasten des Verwerters in einem unangemessenen Verhältnis überschritten wird.[25]

b) Geldwerte Vorteile als Berechnungsgrundlage (Abs. 1 S. 1). Nach Abs. 1 S. 1 17 sollen die durch die Verwertung erzielten geldwerten Vorteile die Berechnungsgrundlage für die Tarife bilden. Unter die geldwerten Vorteile fallen dabei zunächst die **Bruttoumsätze** des Verwerters, weiterhin auch Zuwendungen aus Sponsoring, Merchandising oder Werbeeinnahmen, (refundierte) Vorverkaufsgebühren, ersparte Aufwendungen, Sachzuwendungen etc. Die Grenze wird nur durch das gesetzliche Kausalitätserfordernis gezogen. Die gesetzliche Formulierung „durch die Verwertung" bringt zum Ausdruck, dass die geldwerten Vorteile kausal auf die Verwertung zurückgeführt werden müssen.[26]

Daher müssen Tarifmerkmale auch so klar formuliert sein, dass die Höhe der Tarif- 18 forderung für den potentiellen Verwerter des Nutzungsrechts ohne weiteres ersichtlich ist. Das ist nach Auffassung der Schiedsstelle bei Tarifmerkmalen wie „mittelbaren" oder „im Zusammenhang stehenden" Bruttoumsätzen mit einer Nutzungshandlung nicht gegeben.[27]

Der zwischen Verwertung und geldwertem Vorteil nach der gesetzlichen Formulie- 19 rung erforderliche Kausalzusammenhang verbietet auch die Berücksichtigung eigener Kosten des Rechtenutzers (wie bspw. Kosten für die Anmietung eines Saales, für Wasser

---

21 BGH, Urt. v. 27.10.2011 – I ZR 175/10 – GRUR 2012, 715 – Bochumer Weihnachtsmarkt.
22 BGH, Urt. v. 29.1.2004 – I ZR 135/00 – GRUR 2004, 669 – Musikmehrkanaldienst; BGH, Urt. v. 1.12.2010 – I ZR 70/09 – GRUR 2011, 720 – Multimediashow.
23 BGH, Urteil vom 27.10.2011 – I ZR 175/10 – GRUR 2012, 715, 716 f. – Bochumer Weihnachtsmarkt; BGH, Urt. v. 29.1.2004 – I ZR 135/00 – GRUR 2004, 669, 670 – Musikmehrkanaldienst.
24 Vgl. Rn 37.
25 BGH, Urt. v. 28.10.1987 – I ZR 164/85 – GRUR 1988, 373 – Schallplattenimport III; BGH, Urt. v. 1.12.2010 – I ZR 70/09 – GRUR 2011, 720 Rn 31 – Multimediashow; BGH, Urt. v. 25.10.2012 – I ZR 162/11 – GRUR 2013, 717 Rn 26, 40 – Covermount.
26 Schiedsstelle, Einigungsvorschl. v. 31.8.2004 – Sch-Urh 24/99 – ZUM 2005, 257 – GV Lesezirkel.
27 Schiedsstelle, Einigungsvorschl. v. 24.9.2015 – Sch-Urh 13/14, S. 33 – n.v. und nicht bestandskräftig, zum Tarif Presseverleger (digitale verlegerische Angebote).

und Strom, Sicherheitspersonal, Werbung) im Rahmen der Durchführung der Verwertung auf der Ebene der Berechnungsgrundlage in Form einer Kostenquote[28] oder in tatsächlicher Höhe.[29] Eine Berücksichtigung der Eigenkosten anhand einer „Kostenquote" würde dem Kausalitätserfordernis widersprechen, da das Gesetz eindeutig von „geldwerten Vorteilen" spricht, nicht aber vom „Gewinn". Bei der Berechnungsgrundlage ist daher stets auf die Bruttoeinnahmen abzustellen. Damit wird auch berücksichtigt, dass der Urheber sich nicht in eine Rolle zurückdrängen lassen kann, die ihn direkt am unternehmerischen Risiko beteiligen würde, da er keine Möglichkeit hat, das unternehmerische Handeln in irgendeiner Weise zu beeinflussen.[30] Schließlich spricht für eine Nichtberücksichtigung von Eigenkosten bei der Berechnungsgrundlage auch der Umstand, dass die Nutzer die Tarifforderungen der Urheber auch nicht als Kosten gegenüber Dritten ansetzen können. Der Bruttoumsatz ist somit als erfassbare, überprüfbare und nicht manipulierbare Größe vorzugsweise heranzuziehen.[31]

20 Der Begriff „Bruttoumsatz" darf andererseits nicht in der Weise missverstanden werden, als seien damit die dem Nutzer bezahlten Bruttoverkaufspreise zu verstehen. Vielmehr dürfen die Beträge, die zwar im Betrieb eingehen, jedoch in gleicher Höhe an einen Dritten weitergegeben werden, ohne den eigentlichen Betriebszweck zu berühren[32] als **„durchlaufende Posten"** von der Berechnungsgrundlage abgezogen werden. Da diese Beträge nicht dem Nutzer verbleiben, besteht kein Kausalzusammenhang zwischen Verwertung und geldwertem Nutzen.

21 Damit sind die **Einnahmen aus Umsatzsteuer nicht**[33] zu berücksichtigen. Bestimmte Tarife der GEMA (bspw. U-K (für Konzerte der Unterhaltungsmusik und Wortkabarett) oder WR-KS (für Tanzkurse)) sahen ursprünglich die erzielten Bruttoumsätze unter Einschluss der Umsatzsteuer als Berechnungsgrundlage an. Die Schiedsstelle hatte dies zwischenzeitlich für angemessen beurteilt.[34] Mit Einigungsvorschlag zum Gesamtvertrag des Bundesverbands der Veranstaltungswirtschaft e.V. (bdv) und des Verbands der Deutschen Konzertdirektionen e.V. (VDKD) mit der GEMA vom 17.11.2016[35] hat sie ihre Auffassung geändert und klargestellt, dass die Umsatzsteuer beim Unternehmer einen durchlaufenden Posten darstellt (sog. „Neutralität der Umsatzsteuer"[36]). Sie ist unter keinem Gesichtspunkt ein von diesem erwirtschafteter „Nutzen". Soweit es im System der geltenden Umsatzsteuer dadurch zu ungleichen Belastungen kommen sollte, da

---

28 Frühere Versionen des Tarifs U-K bzw. V-UK sahen auf Basis entsprechender gesamtvertraglicher Einigungen systemwidrig eine Kostenquote von 40 Prozent auf die Bruttokartenumsätze vor; die Entscheidung des LG Potsdam, Urt. v. 20.8.2007 – 2 O 448/06 – ZUM-RD 2008, 37 – GEMA-Tarif VK (G), „mit dem Pauschalabzug von 40% (...) auch (zu) berücksichtigt(en), dass die vom Beklagten erhobenen Eintrittsgelder nicht nur den Besuch der Musikdarbietungen entgelten, sondern auch die Teilnahme an den übrigen Veranstaltungen des Festivals (...)", ist aber vor dem Hintergrund vertretbar, dass die Musikdarbietungen vor allem an einzelnen Tagen eines insgesamt fünftägigen Festivals stattgefunden hatten.
29 Schiedsstelle, Einigungsvorschl. v. 17.11.2016 – Sch-Urh 09/15, S. 61, abrufbar unter https://www.dpma.de/dpma/wir_ueber_uns/weitere_aufgaben/verwertungsges_urheberrecht/schiedsstelle_vgg/entscheidungen/index.html.
30 Schiedsstelle, Einigungsvorschl. v. 31.8.2004 – Sch-Urh 24/99 -ZUM 2005, 257 – GV Lesezirkel; vgl. zum Ganzen auch ausführlich *Pietzko* in: FS Hertin, S. 171, 180.
31 Schiedsstelle, Einigungsvorschl. v. 14.7.1988 – Sch-Urh 14/15/41/42/88 – ZUM 1988, 471, 478.
32 Gabler Wirtschaftslexikon (https://wirtschaftslexikon.gabler.de), „durchlaufender Posten".
33 So aber schon Schiedsstelle, Beschl. v. 30.1.1987 – Sch-Urh 2/86 – ZUM 1987, 187, 189.
34 Einigungsvorschlag v. 18.11.2009, Sch-Urh 03/09; Einigungsvorschlag v.28.2.2014, Sch-Urh 02/13 – n.v.
35 Schiedsstelle, Einigungsvorschl. v. 17.11.2016 – Sch-Urh 09/15, S. 66ff. abrufbar unter https://www.dpma.de/dpma/wir_ueber_uns/weitere_aufgaben/verwertungsges_urheberrecht/schiedsstelle_vgg/entscheidungen/index.html.
36 BeckOK-UStG/*Weymüller*, vor § 1 UStG Rn 3.

es umsatzsteuerpflichtige und umsatzsteuerfreie Einnahmen gibt, ist dies dem Steuersystem immanent und nicht durch entsprechende Regelungen in Verträgen des Urheberwahrnehmungsrechts zu korrigieren. Die wahrnehmungsrechtlichen Bedingungen können ungeachtet dessen objektiv und nicht diskriminierend sein.[37] Die GEMA hat im Nachgang zu diesem Einigungsvorschlag ihre Tarife sukzessive auf eine Netto-Berechnungsgrundlage umgestellt.

Als weiterer durchlaufender Posten wurde das teilweise bei Festivals erhobene „Müllpfand" anerkannt, nicht jedoch Einnahmen aus Gebühren für den ÖPNV sowie Campinggebühren, da diese Beträge vom Veranstalter nicht als reine Verrechnungsstelle vereinnahmt und wieder abgeführt werden.[38] **22**

Obschon kein durchlaufender Posten, ist allgemein anerkannt, dass Vorverkaufs- und Systemgebühren nicht zur Berechnungsgrundlage gezählt werden. **23**

c) Mindestbemessungsgrundlage. Auch wenn i.d.R. die geldwerten Vorteile, die **24** durch die Verwertung der urheberrechtlich geschützten Werke erzielt werden, Berechnungsgrundlage für die angemessene Vergütung sein sollen, so ist auch dann, wenn mit einer wirtschaftlichen Nutzung keine geldwerten Vorteile erzielt werden, eine Mindestvergütungsregelung erforderlich, um die Urheber und Leistungsschutzberechtigten vor einer möglichen Entwertung ihrer Rechte zu schützen. Dies gilt auch dann, wenn mit der Nutzung nur so geringfügige geldwerte Vorteile erzielt werden, dass eine prozentuale Beteiligung am Erlös des Verwerters unzureichend wäre.[39]

Daher ist für jeden umsatzbasierten Tarif jedenfalls eine Mindestbemessungsgrund- **25** lage erforderlich, um eine ausreichende Mindestvergütung für die Berechtigten sicherzustellen, weil Urheber und Leistungsschutzberechtigte nicht gezwungen werden dürfen, qua Kontrahierungszwang ihre Rechte unentgeltlich einzuräumen.

Der wirtschaftliche Wert einer Nutzung darf nicht mit Null angesetzt werden, weil **26** damit die gesetzgeberische Entscheidung für die Einführung eines Ausschließlichkeitsrechts mit Vermögenswert im Ergebnis unterlaufen würde. Dies gilt unabhängig von der Frage, ob es als Nutzungsrecht (kollektiv oder individuell) wahrgenommen oder als Verbotsrecht geltend gemacht wird.

Eine Mindestvergütung darf allerdings nicht so hoch sein, dass die sich aus dem Be- **27** teiligungsgrundsatz ergebenden Erfordernisse zu Lasten des Verwerters in einem unangemessenen Verhältnis überschritten werden.[40] Dies soll nach der Rechtsprechung jedenfalls dann der Fall sein, wenn die Mindestvergütung über den durch die bei wirtschaftlicher Betrachtungsweise als berechtigt anzusehende wirtschaftliche Nutzung erzielten geldwerten Vorteilen liegt.[41] Dagegen kann aber nicht allein von einer Unan-

---

37 Schiedsstelle, Einigungsvorschl. v. 17.11.2016 – Sch-Urh 09/15, S. 66 f. abrufbar unter https://www.dpma.de/dpma/wir_ueber_uns/weite-re_aufgaben/verwertungsges_urheberrecht/schiedsstelle_vgg/entscheidungen/index.html.
38 Schiedsstelle, Einigungsvorschl. v. 17.11.2016 – Sch-Urh 09/15, S. 68 abrufbar unter https://www.dpma.de/dpma/wir_ueber_uns/weite-re_aufgaben/verwertungsges_urheberrecht/schiedsstelle_vgg/entscheidungen/index.html.
39 BGH, Urt. v. 25.10.2012 – I ZR 162/11 – GRUR 2013, 717 – Covermount.
40 BGH, Urt. v. 25. 10. 2012 – I ZR 162/11 – GRUR 2013, 717 – Covermount; BGH, Urt. v. 28.10.1987 – I ZR 164/85 – GRUR 1988, 373 – Schallplattenimport III; BGH, Urt. v. 29.1.2004 – I ZR 135/00 – GRUR 2004, 669 – Musikmehrkanaldienst; BGH, Urt. v. 1.12.2010 – I ZR 70/09 – GRUR 2011, 720 – Multimediashow; BGH, Urt. v. 27.10.2011 – I ZR 125/10 – GRUR 2012, 711 – Barmen Live; BGH, Urt. v. 27.10.2011 – I ZR 175/10 – GRUR 2012, 715 – Bochumer Weihnachtsmarkt.
41 BGH, Urt. v. 28.10.1987 – I ZR 164/85 – GRUR 1988, 373 – Schallplattenimport III; andererseits BGH, Beschl. v. 20.9.2012 – I ZR 177/11 – ZUM-RD 2013, 243: ein Tarif ist nicht deshalb unangemessen, weil der Nutzer auf Grund des Tarifs praktisch keine geldwerten Vorteile mehr aus dem Geschäft ziehen kann.

gemessenheit ausgegangen werden, weil die Mindestvergütung den vom Verwerter mit der Verwertung des Werkes erzielten Erlös zu einem erheblichen Teil aufzehrt.[42] Demnach kann eine umsatzbasierte Mindestvergütung bis zu 40 Prozent des erzielten Umsatzes ausmachen.[43]

28 Bei der vorstehend wiedergegebenen Rechtsprechung, die sich vor allem mit der Frage der Mindestvergütung bei kleinen erlösten geldwerten Vorteilen des Nutzers befasst, ist aber nicht berücksichtigt, wie der Fall zu entscheiden ist, dass keine bzw. keine kausal gezogenen geldwerten Vorteile erzielt werden, und wie in solchen Fällen die Mindestbemessungsgrundlage bestimmt werden soll. Der Gesichtspunkt, dass die Nutzung unterbleiben müsste, wenn die Vergütungssätze in die Kalkulation mit einbezogen werden müssten,[44] kann hier jedenfalls nicht in gleicher Weise zum Tragen kommen und es stellt sich die Frage, ob auch in diesem Fall der Regeltarifsatz gilt.

d) Sonstige Berechnungsgrundlagen (Abs. 1 S. 2)

29 **aa) Verhältnis zu Abs. 1 S. 1.** Abs. 1 S. 2 unterscheidet sich von Abs. 1 S. 1 insoweit, als die durch die Verwertung erzielten „Vorteile" als Berechnungsgrundlage gewählt werden können.

30 Damit sind nach allgemeiner Auffassung zunächst die Nutzungen gemeint, die andere als geldwerte Vorteile für den Nutzer mit sich bringen.[45] Nutzungen urheberrechtlich geschützter Werke und Leistungen sind oftmals auch nicht direkt in Geld oder Geldeswert auszudrücken, obschon feststeht, dass durch die Verwertung ein wirtschaftlicher Nutzen generiert wird. Hierzu zählen bspw. Veranstaltungen mit freiem Eintritt.

31 Die Bestimmung spricht schlechthin von „Vorteilen", so dass neben „ideellen" Vorteilen auch weiterhin Verwertungsvorgänge, die „geldwerte Vorteile" erlösen, gem. Abs. 1 S. 2 tarifiert werden könn(t)en.[46] Die Bestimmung des Abs. 1 S. 2 tritt neben die Bestimmung des Abs. 1 S. 1.[47] Aus der Formulierung „kann" wird überwiegend ein Nachrang gegenüber der „Soll-Bestimmung" des Abs. 1 S. 1 („in der Regel") abgeleitet. Die Frage des Rangverhältnisses stellt sich allerdings nur dann, wenn man der hier vertretenen Auffassung folgt, dass Abs. 1 S. 2 auch in den Fällen einschlägig sein kann, in denen die Nutzung für den Nutzer auch geldwerte Vorteile bietet. Denn anderenfalls regeln Abs. 1 S. 1 („geldwerte Vorteile") und S. 2 („ideelle" bzw. „andere als geldwerte Vorteile") unterschiedliche Sachverhalte, ohne dass diese sich überschneiden, so dass sich die Frage nach dem Rangverhältnis gar nicht erst stellt.

---

42 BGH, Urt. v. 25.10.2012 – I ZR 162/11 – GRUR 2013, 717 – Covermount; BGH, Urt. v. 28.10.1987 – I ZR 164/85 – GRUR 1988, 373 – Schallplattenimport III; BGH, Urt. v. 29.1.2004 – I ZR 135/00 – GRUR 2004, 669 – Musikmehrkanaldienst; BGH, Urt. v. 1.12.2010 – I ZR 70/09 – GRUR 2011, 720 – Multimediashow; BGH, Urt. v. 27.10.2011 – I ZR 125/10 – GRUR 2012, 711 – Barmen Live; BGH, Urt. v. 27.10.2011 – I ZR 175/10 – GRUR 2012, 715 – Bochumer Weihnachtsmarkt.
43 BGH, Urt. v. 25.10.2012 – I ZR 162/11 – GRUR 2013, 717 – Covermount, zum GEMA-Tarif VR-BT-H4.
44 Vgl. BGH, Urt. v. 28.10.1987 – I ZR 164/85 – GRUR 1988, 373, 376 – Schallplattenimport III.
45 Schricker/Loewenheim/*Reinbothe*, § 39 VGG Rn 8, nennt bspw. die Nutzung von urheberrechtlich geschützten Werken in Gottesdiensten, von Pressespiegeln in Behörden o.ä.
46 Wie hier Wandtke/Bullinger/*Gerlach*, § 39 VGG Rn 7; a.A. offenbar Schulze/Dreier/*Schulze*, § 39 VGG Rn 8; BeckOK-UrhR/*Freudenberg*, § 39 VGG Rn 12, 14; Schricker/Löwenheim/Reinbothe, § 39 VGG Rn 8, mit dem Hinweis, dass sich die Bestimmung in S. 2 auf andere als geldwerte Vorteile für den Nutzer beziehen soll, jedoch ohne Erläuterung, weshalb und inwieweit die Bestimmung in S. 1 dann Vorrang gegenüber der „Kann"-Bestimmung in S. 2 haben kann.
47 Zur a.A. siehe Rn 26.

Dass sich indes für den jeweils einzelnen konkreten Tarif ein Vorrangverhältnis ab- **32** leiten ließe, gibt der Gesetzeswortlaut,[48] der sich auf die Tarifierung im Allgemeinen bezieht, nicht her. Es wäre auch nicht verständlich, weshalb Veranstaltungstarife mit Live-Musik bzw. mit Tonträgerwiedergabe wie die GEMA-Tarife U-V, M-V oder M-CD nicht als umsatzbasierte Tarife ausgestaltet sind oder Tarife existieren, die Tarifberechnungen sowohl mit Umsätzen als auch mit anderen Tarifmerkmalen vorsehen (bspw. GEMA-Tarif V-BT).

In diesen Fällen sind als Bezugspunkt andere Parameter zu wählen, die einerseits **33** noch einen hinreichenden Bezug zu den aus der Verwertung resultierenden wirtschaftlichen Vorteilen haben, andererseits so praktikabel sind, dass sie in einem Massengeschäft gehandhabt werden können. Anerkannte Tarifparameter sind bspw. die Veranstaltungsfläche (ggf. auch in Kombination mit einem eventuellen Eintrittsentgelt), Besucheranzahl, Dauer der Veranstaltung, Anzahl Fernsehgeräte, Anzahl Ton-/Bildtonträger usw.

bb) Mindestvergütungsregeln. Auch wenn i.d.R. die geldwerten Vorteile, die **34** durch die Verwertung der urheberrechtlich geschützten Werke erzielt werden, Berechnungsgrundlage für die angemessene Vergütung sein sollen, so ist auch dann, wenn mit einer wirtschaftlichen Nutzung keine geldwerten Vorteile erzielt werden, jedenfalls eine Mindestvergütungsregelung erforderlich, um die Urheber und Leistungsschutzberechtigten vor einer möglichen Entwertung ihrer Rechte zu schützen.[49] Eine solche Mindestvergütung darf nur nicht so weit gehen, dass der Beteiligungsgrundsatz zu Lasten des Verwerters in einem unangemessenen Verhältnis überschritten wird.[50] Es gilt das zur Mindestbemessungsgrundlage Gesagte.

cc) Härtefall- bzw. Angemessenheitsregelungen. Nicht auf den geldwerten Vor- **35** teilen als Berechnungsgrundlage beruhende Pauschaltarifwerke sehen darüber hinaus Härtefall- bzw. Angemessenheitsregelungen vor, mit denen eine zu hohe Belastung auf Grund des tatsächlich erzielten Umsatzes vermieden werden soll. Sie nehmen auf die Tatsache Rücksicht, dass im Gegensatz zu einem umsatzbasierten Tarif der Zusammenhang zwischen geldwertem Vorteil und Nutzung indirekter Art ist. Damit verbunden ist aber das Eingeständnis, dass im Einzelfall die Tarifierung nach nicht-umsatzbezogenen Merkmalen zu im Vergleich zu einem Umsatztarif unangemessen hohen Vergütungen führen kann.

Wo jeweils die Grenze zu ziehen ist, ist offen. Einige Tarifwerke der GEMA sehen die **36** Angemessenheitsgrenze bei zehn Prozent der Bruttoeinnahmen (zum Begriff siehe

---

[48] § 39 in seiner heutigen Form geht auf § 13 Abs. 3 UrhWG zurück, welcher durch das Gesetz zur Änderung von Vorschriften auf dem Gebiet des Urheberrechts v. 24.6.1985 aus Klarheitsgesichtspunkten eingefügt wurde (BT-Drucks. 10/3360, S. 21): „Durch die Neufassung sollte die Tarifgestaltung der Verwertungsgesellschaften für die Nutzer und auch für die Schiedsstelle, die in Zukunft auch für Entscheidungen über Einzelnutzungen zuständig sein soll, durchschaubarer werden."
[49] St. Rspr.; vgl. BGH, Urt. v. 18.5.1955 – I ZR 8/54 – GRUR 1955, 492 – Grundig-Reporter; BGH, Urt. v. 28.10.1987 – I ZR 164/85 – GRUR 1988, 373, 376 – Schallplattenimport III; BGH, Urt. v. 1.12.2010 – I ZR 70/09 – GRUR 2011, 720 Rn 31 – Multimediashow; BGH, Urt. v. 27.10.2011 – I ZR 125/10 – GRUR 2012, 711 Leitsatz 2 und Rn 20 – Barmen Live; BGH, Urt. v. 27.10.2011 – I ZR 175/10 – GRUR 2012, 715 Rn 26 – Bochumer Weihnachtsmarkt.
[50] Vgl. BGH, Urt. v. 28.10.1987 – I ZR 164/85 – GRUR 1988, 373, 376 – Schallplattenimport III; BGH, Urt. v. 1.12.2010 – I ZR 70/09 – GRUR 2011, 720 Rn 31 – Multimediashow. Zur Mindestbemessungsgrundlage siehe Rn 24.

oben), vorausgesetzt, dass die Bruttoeinnahmen in einem groben Missverhältnis zu Höhe des Pauschalvergütungssatzes stehen.[51] Ein grobes Missverhältnis soll dann gegeben sein, wenn die in Rechnung gestellte Pauschalvergütung zehn Prozent des Bruttokartenumsatzes aus den Eintrittsgeldern zuzüglich sonstiger Entgelte übersteigt. Weiterhin ist aber geregelt, dass die Vergütung die Mindestvergütung der Vergütungssätze nach der jeweiligen Pauschalvergütungsregelung nicht unterschreiten darf. Eine Überschreitung der tariflichen Vergütung um 0,1 Prozent i.S.d. oben wiedergegebenen Missverhältnisregelung (Pauschalvergütung ist größer als zehn Prozent der Bruttokartenumsätze aus Eintrittsgeldern und sonstiger Entgelte) würde also zu einer Anwendung der Härtefallnachlassregelung und zu einer Vergütungsberechnung auf Grundlage des tatsächlichen Umsatzes und einem Tarifsatz von zehn Prozent führen. Da diese Vergütung aber andererseits die Mindestvergütung nicht unterschreiten darf, lässt dies möglicherweise den Schluss zu, dass die Mindestvergütungsregelung und darüber hinaus die gesamten Pauschalvergütungssätze auf Basis einer zehnprozentigen Umsatzbeteiligung der Urheber und Berechtigen hin berechnet worden sind.

37   **dd) Mengenrabatte.** Mengenrabatte vom Regeltarifsatz etwa in der Form von Jahrespauschalverträgen sind zulässig, weil damit auch einem Bedürfnis der Berechtigten an einer möglichst umfassenden Verwertung ihrer Rechte entsprochen wird. Aus Gleichbehandlungsgründen dürfen die jeweiligen Rabatte aber erst ab Erreichen der jeweiligen Stufe für die darüber hinausgehenden Nutzungen (wie bspw. Veranstaltungen) gewährt werden, nicht dagegen rückwirkend auf die erste Nutzung[52].

38   **2. Anteil der Werknutzung und von der Verwertungsgesellschaft erbrachten Leistungen (Abs. 2).** Abs. 2 entspricht inhaltlich § 13 Abs. 3 S. 3 UrhWG. Neu hinzugekommen ist in Umsetzung von Art. 16 Abs. 2 UA 2 S. 2 VG-RL, dass auch der wirtschaftliche Wert der von der Verwertungsgesellschaft erbrachten Leistung angemessen berücksichtigt werden soll. Eine solche Leistung soll nach der amtlichen Begründung bspw. die Freistellung der Nutzer von einer Inanspruchnahme ggf. nicht vertretener Rechtsinhaber durch die Verwertungsgesellschaft sein.[53] Wichtiger ist hingegen die Bestimmung, dass die Tarifgestaltung auf den Anteil der Werknutzung am Gesamtumfang des Verwertungsvorganges „angemessen" Rücksicht zu nehmen hat.

39   Damit ist zum einen gemeint, dass die Tarife für die Bewertung und Einteilung der Nutzungshandlungen im Hinblick auf die Nutzungsart ausreichende Unterscheidungen treffen müssen.[54]

40   Zum anderen wird damit ein Zusammenhang mit der anderen Tarifgröße, der Berechnungsgrundlage aus Abs. 1 hergestellt. Bei einem Tarif, welcher den Umsatz als Berechnungsgrundlage hat, bemisst die Tarifhöhe den Umfang der konkreten Nutzungshandlungen, d.h. deren Anteil an der Gesamtverwertung, die zu dem Umsatz, also der

---

51   Beispiele dafür sind die Tarife M-V (Tarif für Unterhaltungs- und Tanzmusik mit Tonträgerwiedergabe mit Veranstaltungscharakter) und U-V (Tarif für Unterhaltungs- und Tanzmusik mit Musikern).
52   Schiedsstelle, Einigungsvorschl. v. 17.11.2016 – Sch-Urh 09/15, S. 87 abrufbar unter https://www.dpma.de/dpma/wir_ueber_uns/weite-re_aufgaben/verwertungsges_urheberrecht/schiedsstelle_vgg/entscheidungen/index.html.
53   RegE-VGG, BT-Drucks. 18/7223, S. 85; BeckOK-UrhR/*Freudenberg*, § 39 VGG Rn 19. Es stellt sich jedoch im Umfang der GEMA-Vermutung (siehe dazu § 48 Rn 9ff.) oder gesetzlichen Vermutung nach § 49 (insbesondere auch Abs. 3) die Frage, inwieweit dieser Umstand, der als Umfang der Wahrnehmungsbefugnis bzw. Aktivlegitimation bereits bei der Tariffindung Berücksichtigung gefunden hat, in Form einer Freistellung nochmals – tariferhöhend – berücksichtigt werden sollte.
54   Vgl. Schricker/Löwenheim/*Reinbothe*, § 13 UrhWG Rn 9; *Pietzko* in: FS Hertin, S. 171, 193.

Berechnungsgrundlage führt. Der Tarifsatz bringt somit in Form eines Prozentsatzes die Bewertung der Nutzungsintensität der urheberrechtlich geschützten Werke und Leistungen zum Ausdruck. Neue Verwertungskonzepte wie die „Erlebnisgastronomie", die große Spanne im Konzertbereich von Kleinkonzerten, die im Bereich von Jugendeinrichtungen, Vereinen, Chören oder der Gastronomie veranstaltet werden, bis hin zu Großkonzerten mit einem erheblichen Anteil kreativer Drittleistungen müssen angemessen tarifiert werden können.

Der Vorteil einer prozentualen (für sich genommen angemessenen) Beteiligung des Urhebers am wirtschaftlichen Erfolg des Verwerters ist, dass dabei nicht die Gefahr besteht, dass die Vergütung unangemessen ist.[55] Diese Bewertung ist aber bei Tarifwerken, die eine andere als die in Abs. 1 S. 1 genannte Berechnungsgrundlage gewählt haben, nicht in gleicher Weise möglich. **41**

Ein pauschaler Tarifsatz lässt sich nicht angeben. Die früher als Orientierungsgröße von Gerichten und Schiedsstelle herangezogene Regel einer Beteiligung von zehn Prozent an den Bruttoeinnahmen kann nicht mehr herangezogen werden. Eine derart pauschalierende Betrachtungsweise trägt den Besonderheiten der unterschiedlichen Verwertungsvorgänge nicht Rechnung. Danach kann die Belastungsgrenze sowohl oberhalb als auch unterhalb einer zehnprozentigen Beteiligung an den Bruttoeinnahmen liegen.[56] **42**

Vergütungssätze dürfen demnach nicht ausgehend von einer „Belastungsgrenze",[57] sondern müssen ausgehend vom wirtschaftlichen Wert des Verwertungsvorgangs[58] bestimmt werden. Die ältere Spruchpraxis der Schiedsstelle und der Gerichte kann insoweit nicht mehr ohne weiteres herangezogen werden. Als Anhaltspunkte sind die bisherigen Vereinbarungen der Parteien über identische oder vergleichbare Nutzungen,[59] insbesondere wenn diese auf einer langjährigen Vertragsdurchführung beruhen, der Umfang der Rechtewahrnehmung,[60] Nutzungsart, Nutzungsintensität und Nutzungsumfang,[61] die Auswirkungen einer Zweitverwertung auf die Primärverwertung bei einem Tarif, der eine Zweitverwertung betrifft,[62] aber auch die Frage zu berücksichtigen, ob und inwieweit ein Verwertungsvorgang auch von anderen Verwertungsgesellschaften wahrgenommene Nutzungsrechte betrifft, für deren Nutzung der Verwerter gleichfalls eine Vergütung zu entrichten hat. Der letztgenannte Umstand soll allerdings keine tariferhöhende Bedeutung haben.[63] **43**

Einzelfälle:
Die GEMA setzt bei der Berechnung der Personenzahl aus der Veranstaltungsfläche 1,5 Personen pro Quadratmeter bei einer durchschnittlichen Besucherauslastung von 66 Prozent je Veranstaltung an. Dies entspricht bei einer Auslastung von 100 Prozent 2,25 Personen je Quadratmeterfläche. Diese Annahmen sind auch im Hinblick auf sicherheitsrechtli- **44**

---
55 BGH, Beschl. v. 20.9.2012 – I ZR 177/11, ZUM-RD 2013, 243.
56 BGH, Urt. v. 18.6.2014 – I ZR 214/12 – ZUM-RD 2015, 89 – Gesamtvertrag Tanzschulkurse.
57 Vgl insoweit die Berechnung des Tarifsatzes U-K durch die Schiedsstelle, Einigungsvorschl. v. 17.11.2009 – Sch-Urh 3/9 – ZUM 2010, 546, 550.
58 Schiedsstelle, Einigungsvorschl. v. 17.11.2016 – Sch-Urh 09/15, abrufbar unter https://www.dpma.de/dpma/wir_ueber_uns/weitere_aufgaben/verwertungsges_urheberrecht/schiedsstelle_vgg/entscheidungen/index.html.
59 BGH, Urt. v. 18.6.2014 – I ZR 214/12 – ZUM-RD 2015, 89 – Gesamtvertrag Tanzschulkurse.
60 Schiedsstelle, Einigungsvorschl. v. 31.8.2004 – Sch-Urh 24/99 – ZUM 2005, 257, 262.
61 *Pietzko* in: FS Hertin, S. 171, 193.
62 BGH, Urt. v. 29.1.2004 – I ZR 135/00 – GRUR 2004, 669 – Musikmehrkanaldienst; BGH, Urt. v. 1.12.2010 – I ZR 70/09 – GRUR 2011, 720 – Multimediashow.
63 BGH, Urt. v. 18.6.2014 – I ZR 214/12 – ZUM-RD 2015, 89 – Gesamtvertrag Tanzschulkurse.

che Vorgaben realistisch. § 1 Abs. 2 S. 1 Muster-Versammlungsstättenverordnung (MVStätt-VO) beschränkt die Anzahl der Besucher auf zwei Personen je Quadratmeter Grundfläche des Versammlungsraums bei Sitzplätzen bzw. mehr als zwei Personen bei sonstigen Stehplätzen, wobei allerdings für Besucher nicht zugängliche Flächen (wie bspw. Bühnen, Theken etc.) nach § 1 Abs. 2 S. 2 MVStättVO nicht in die Berechnung einbezogen werden.[64]

45 Die GEMA darf die angemessene Vergütung für Musikaufführungen bei Freiluftveranstaltungen wie Straßenfesten oder Stadtfesten grundsätzlich nach der Größe der Veranstaltungsfläche – gerechnet vom ersten bis zum letzten Stand und von Häuserwand zu Häuserwand – bemessen; das gilt auch dann, wenn die Musik nicht auf der gesamten Veranstaltungsfläche wahrnehmbar ist.[65]

46 **3. Berücksichtigung von Belangen des Allgemeinwohls (Abs. 3).** Nach Abs. 3 soll die Verwertungsgesellschaft bei der Tarifgestaltung und bei der Einziehung der tariflichen Vergütung auf religiöse, kulturelle und soziale Belange der zur Zahlung der Vergütung Verpflichteten einschließlich der Belange der Jugendpflege angemessen Rücksicht nehmen. Die Rücksichtnahme hierauf ist geboten, weil durch das UrhG eine Reihe von Einschränkungen beseitigt worden sind, die nach dem früheren Rechtszustand zugunsten der Allgemeinheit vorgesehen waren, beispielsweise die Aufführungsfreiheit bei Volksfesten, Wohltätigkeits- und Vereinsveranstaltungen.[66]

47 Verwertungsgesellschaften berücksichtigen Veranstaltungen mit religiöser, kultureller oder sozialer Zweckbestimmung oder Benefizveranstaltungen durch Sondernachlässe in ihren Tarifen.

48 **4. Informationspflicht (Abs. 4).** Abs. 4 setzt Art. 16 Abs. 2 UA 2 S. 3 der VG-RL um,[67] der das Bestreben größtmöglicher Transparenz bei der Tariffindung verwirklichen will. Bei den an die Information zu stellenden Anforderungen wird man jedoch zu berücksichtigen haben, dass in den meisten Fällen[68] kein Berechnungsschlüssel existiert, der eine quasi mathematische Berechnung gestatten würde; vielmehr besteht eine gewisse Bandbreite von Werten, die angemessen sind.[69] Reine floskelhafte Angaben werden daher zwar nicht genügen, jedoch handelt es sich bei der Informationspflicht um eine reine Obliegenheit der Verwertungsgesellschaft, deren Verletzung für das konkrete Verfahren keine Folge hat, weil die Angemessenheit der Tarifbedingungen immer von der Verwertungsgesellschaft zu belegen ist. Der praktische Nutzen der Vorschrift als Ordnungsvorschrift ist daher gering.

---

64 Schiedsstelle, Einigungsvorschl. v. 17.11.2016 – Sch-Urh 09/15, S. 82 abrufbar unter https://www.dpma.de/dpma/wir_ueber_uns/weite_re_aufgaben/verwertungsges_urheberrecht/schiedsstelle_vgg/entscheidungen/index.html.
65 BGH, Urt. v. 27.10.2011 – I ZR 125/10 – GRUR 2012, 711 – Barmen Live; unter Bezugnahme auf die Schiedsstelle, Einigungsvorschl. v. 24.4.2007 – Sch-Urh 38/05 – ZUM 2007, 587, die diese Berechnung insbesondere von Häuserwand zu Häuserwand ausgehend vom Tarif U-VK für Veranstaltungsräume in Bezug auf Straßenfeste vollzogen hatte; bei Plätzen o.ä. jedoch problematisch, wenn ein sehr kleines Fest auf einem großen Platz stattfindet.
66 BGH, Urt. v. 11.5.1973 – I ZR 145/71 – GRUR 1974, 35 – Musikautomat.
67 RegE-VGG, BT-Drucks. 18/7223, S. 85.
68 Ausgenommen sind die Lizenzsätze für die gesetzliche Lizenz nach § 53 UrhG; hier existieren auf Grund der Besonderheiten des Regelungsgegenstandes Vergütungsmodelle, die eine Berechnung der Vergütung gestatten, vgl. Schiedsstelle, Einigungsvorschl. v. 26.9.2017 – Sch-Urh 90/12, abrufbar unter https://www.dpma.de/docs/dpma/schiedsstelle_vgg/sch-urh90-12.pdf.
69 Schiedsstelle, Einigungsvorschl. v. 17.11.2016 – Sch-Urh 09/15, S. 73 abrufbar unter https://www.dpma.de/dpma/wir_ueber_uns/weite_re_aufgaben/verwertungsges_urheberrecht/schiedsstelle_vgg/entscheidungen/index.html.

III. Rechtsfolgen und Kontrolle

Da Tarife lediglich ein unverbindliches Angebot der Verwertungsgesellschaften 49
sind, zu welchen Nutzungsbedingungen sie lizenzieren wollen, muss sie der Nutzer nicht akzeptieren. Er kann stattdessen den streitigen Betrag hinterlegen oder insoweit unter Vorbehalt leisten (§ 37) und so die Fiktion eines Vertragsschlusses mit der Verwertungsgesellschaft herbeiführen. Die Streitfrage kann dann im Wege der Schiedsstellenanrufung geklärt werden (§ 92). Ein überzeugend begründeter Einigungsvorschlag der Schiedsstelle hat eine gewisse Vermutung der Angemessenheit für sich,[70] daher kann und muss der Tatrichter von der Schiedsstelle im vorgeschalteten oder in vergleichbaren Verfahren angestellte Erwägungen beachten.[71] Dabei trägt grundsätzlich die Verwertungsgesellschaft die Darlegungs- und Beweislast für die Angemessenheit eines von ihr aufgestellten Tarifs.[72] Die sich zunächst nur auf die Übergangsvorschrift § 27 Abs. 1 UrhWG erstreckende Rechtsprechung des BGH[73] zur Darlegungs- und Beweislast hat der BGH in der Entscheidung Gesamtvertrag Tanzschulkurse[74] fortentwickelt.

Begehrt eine Verwertungsgesellschaft (gleiches gilt wohl auch hinsichtlich eines 50
Verbandes) nach der Beendigung eines über einen langen Zeitraum[75] hinweg einvernehmlich durchgeführten Gesamtvertrages die Erhöhung (oder Reduzierung) der Vergütung, trägt sie die Darlegungslast für die Behauptung, die vereinbarte Vergütung sei von Anfang an unangemessen gewesen. In beiden Fällen ist aber zu beachten, dass sich die darin liegende Vermutung der Angemessenheit der Vergütungsregel auf die Vertragspartner und auf bereits beendete Zeiträume beschränkt.

Noch schwächer formuliert der BGH im Hinblick auf gesetzliche Vergütungsansprü- 51
che. Demnach können gesamtvertraglich vereinbarte Vergütungssätze einen „Anhaltspunkt" für die Angemessenheit der Vergütung bilden und als „Richtschnur" dienen.[76]

Eine Überprüfung der Angemessenheit des von einer Verwertungsgesellschaft an- 52
gewendeten Tarifs ist durch die Schiedsstelle oder ein Gericht dagegen grundsätzlich unzulässig, wenn sich Verwertungsgesellschaft und Verwerter vertraglich über die für die Nutzungsrechtseinräumung zu zahlende Vergütung geeinigt haben, bei dem Verwerter aber nachträglich Zweifel an der Angemessenheit auftreten.[77]

Neben der Schiedsstelle obliegt auch der Aufsichtsbehörde die Prüfung der Frage, 53
ob Tarife und Tarifänderungen angemessene Bedingungen vorsehen. Sie kann diese jedoch nur auf ihre evidente Richtigkeit hin überprüfen, Aufsichtsmaßnahmen dürfen nur ergriffen werden, wenn Nutzungsbedingungen grob unangemessen sind.[78]

---

70 BGH, Urt. v. 5.4.2001 – I ZR 132/98 – ZUM 2001, 983 – Gesamtvertrag privater Rundfunk.
71 St. Rspr., vgl. nur BGH, Urt. v. 27.10.2011 – I ZR 175/10 – GRUR 2012, 715 – Bochumer Weihnachtsmarkt.
72 BGH, Urt. v. 20.2.2013 – I ZR 189/11 – GRUR 2013, 1037 Rn 41 – Auslegung der Übergangsregelung im WahrnG – Weitergeltung als Tarif. Anders kann der Fall danach jedoch liegen, falls der Tarif auf einem durchgeführten Gesamtvertrag beruhte und eine Partei (d.h. Mitgliedsunternehmen des Gesamtvertragspartners) eine Abänderung des Tarifs begehrt.
73 BGH, Urt. v. 20.2.2013 – I ZR 189/11 – GRUR 2013, 1037 – Auslegung der Übergangsregelung im WahrnG – Weitergeltung als Tarif.
74 BGH, Urt. v. 18.6.2014 – I ZR 214/12 – ZUM-RD 2015, 89 – Gesamtvertrag Tanzschulkurse.
75 Im Streitfall waren es fast 50 Jahre.
76 BGH, Urt. v. 16.3.2017 – I ZR 39/15 – GRUR 2017, 702 Rn 109 – PC mit Festplatte I.
77 BGH, Urt. v. 19.5.1983 – I ZR 74/81 – GRUR 1984, 52 – Tarifüberprüfung I; BGH, Urt. v. 20.2.2013 – I ZR 189/11 – GRUR 2013, 1037 Rn 24 – Auslegung der Übergangsregelung im WahrnG – Weitergeltung als Tarif.
78 VG München, Urt. v. 25.10.2016 – M 16 K 15.5333 – ZUM 2017, 779, nicht rechtskräftig; zustimmend *Flechsig*, GRUR-Prax 2017, 160; *Kreile* ZUM 2018, 13; a.A. *Podszun*, ZUM 2017, 732; BeckOK-UrhR/*Freudenberg*, § 39 VGG Rn 27; aufgehoben durch BayVGH, Urteil vom 25.2.2019 – 22 B 17.1219, n.v. und n.r.; Revision ist anhängig.

§ 40
Gestaltung der Tarife für Geräte und Speichermedien

(1) ¹Die Höhe der Vergütung für Geräte und Speichermedien bestimmt sich nach § 54a des Urheberrechtsgesetzes. ²Die Verwertungsgesellschaften stellen hierfür Tarife auf Grundlage einer empirischen Untersuchung aus einem Verfahren gemäß § 93 auf. § 38 Satz 2 bleibt unberührt.

(2) Die Pflicht zur Tarifaufstellung entfällt, wenn zu erwarten ist, dass der dafür erforderliche wirtschaftliche Aufwand außer Verhältnis zu den zu erwartenden Einnahmen stehen würde.

Übersicht

I. Allgemeines
  1. Bedeutung der Regelung —— 1
  2. Vorgängerregelung —— 5
  3. Unionsrechtlicher Hintergrund —— 6
  4. Entstehungsgeschichte —— 8
II. Regelungsgehalt (sachlicher Anwendungsbereich) im Lichte der Vorgängerregelung des § 13a UrhWG
  1. Höhe der Vergütung (Abs. 1 S. 1) —— 9
  2. Tarifaufstellung auf Grundlage einer empirischen Untersuchung (Abs. 1 S. 2) —— 16
    a) Entfallen der Verhandlungspflicht mit den Industrieverbänden —— 17
      aa) Fehlende gesetzliche Regelung bei Fehlen eines Verhandlungspartners —— 19
      bb) Verzögerung der Tarifaufstellung durch lange Verhandlungsdauer —— 21
    b) Entfallen der Pflicht zur Durchführung einer empirischen Untersuchung im Rahmen eines Gesamtvertragsverfahrens —— 25
      aa) Inhalt der Regelung in § 13a Abs. 1 S. 3 UrhWG —— 26
      bb) Intention der Regelung in § 13a Abs. 1 S. 3 UrhWG —— 28
      cc) Lückenhaftigkeit der Regelung bei fehlendem Gesamtvertragsverfahren —— 30
      dd) Auslegungsbedürftigkeit der Vorschrift – Rechtsgrundverweis —— 32
      ee) Verzögerung der Tarifaufstellung trotz geführter Gesamtvertragsverfahren —— 35
    c) Neuregelung eines Schiedsstellenverfahrens zur Durchführung einer empirischen Untersuchung (§§ 40 Abs. 1 S. 2, 93)
      aa) Inhalt der Neuregelung —— 39
      bb) Erwartung an das neue Verfahren —— 40
      cc) Einzelfragen —— 43
  3. Vergütungssätze aus Gesamtverträgen gelten als Tarif (§§ 40 Abs. 1 S. 3, 38 S. 2)
    a) Regelungsgehalt —— 44
    b) Folgen der Regelung auch für die Angemessenheit der Vergütung —— 46
  4. Entfallen der Pflicht zur Tarifaufstellung (Abs. 2) —— 48
  5. Transparenzpflicht —— 51
III. Zeitlicher Anwendungsbereich —— 53

I. Allgemeines

1 **1. Bedeutung der Regelung.** Die Vorschrift regelt die Rahmenbedingungen der Tarifaufstellung für den Bereich der Geräte- und Speichermedienvergütungen unter Berücksichtigung der nach § 54a UrhG geltenden besonderen Vorgaben für die Ermittlung der Vergütungshöhe sowie der Vorschrift zur Tarifsetzung auf Grundlage von Gesamtverträgen (§ 38 VGG).

2 § 54a UrhG folgte mit Inkrafttreten der Novelle des UrhG zum 1. Januar 2008, dem sog. „Zweiten Korb", auf die seit 1985 in der Anlage zu § 54d Abs. 1 UrhG a.F. durch den

Gesetzgeber in generischer Form festgeschriebenen Vergütungssätze für Ton- und Bildaufzeichnungsgeräte einerseits und Ton- und Bildträger andererseits. Zwar sorgte die gesetzliche Festschreibung der Vergütungssätze für ein gewisses Maß an Rechtssicherheit und Stabilität im Vergütungsaufkommen, krankte jedoch an fehlender Flexibilität. Die rasant fortschreitende technische Entwicklung ermöglichte bereits Anfang des Jahrtausends eine deutlich schnellere und qualitativ hochwertigere Anfertigung von Privatkopien als dies noch 1985 der Fall war, gleichzeitig stieg die Zahl der für Vervielfältigungen geeigneten Geräte und Medien.

§ 54a UrhG gibt seit dem 1. Januar 2008 die Eckpunkte zur Bestimmung der angemessenen Vergütung vor, basierend auf dem **Maß der Nutzung** der Produkte für Privatkopien und Kopien zum sonstigen eigenen Gebrauch. Die Vorschrift soll den Verwertungsgesellschaften Orientierung bei der Gestaltung der Tarife bieten und dabei den geltenden gerichtlich nachprüfbaren Rahmen abstecken. Die Regelung in § 54a Abs. 4 UrhG, die sog. „Kappung" soll dafür sorgen, dass die Vergütung die Hersteller und Importeure von Geräten und Speichermedien nicht unzumutbar beeinträchtigt.[1] 3

In Kombination mit der zum 1.1.2008 ebenfalls erfolgten Neuregelung der Form der Vergütungsfindung nach § 13a UrhWG durch vorangehende Verhandlungen zwischen Verwertungsgesellschaften und Nutzervereinigungen sollte die Tariffindung in die Hände der Parteien gelegt werden. Diese formalen Kriterien der Vergütungsfindung haben mit der Vorschrift in § 40 eine erneute Anpassung erfahren, wobei die materiell-rechtlichen Grundlagen in § 54a UrhG unverändert geblieben sind. 4

2. Vorgängerregelung. Bis zum Inkrafttreten des VGG waren die Voraussetzungen der Tarifaufstellung für Vergütungen nach § 54a UrhG in § 13a UrhWG geregelt.[2] 5

3. Unionsrechtlicher Hintergrund. Bei der Vorschrift handelt es sich um national gewachsenes Recht, das nicht auf der VG-RL beruht. Die Reform des Verfahrens zur Festlegung der Vergütung für Geräte- und Speichermedien ist lediglich anlässlich der Umsetzung der VG-RL erfolgt, nachdem die Vorgängerregelung Inhalt des Wahrnehmungsgesetzes war, das durch das VGG abgelöst wurde.[3] 6

Die unionsrechtlichen Grundlagen für die Privatkopieschranke und die Vergütungspflicht nach §§ 53, 54ff. UrhG finden sich in Art. 5 Abs. 2 und 3 InfoSoc-RL. 7

4. Entstehungsgeschichte. Die Vorschrift wurde vor dem Hintergrund der Vorgängerregelung in § 13a UrhWG geschaffen, wobei die Erfahrungen und praktischen Schwierigkeiten maßgeblich zur Neugestaltung beigetragen haben.[4] Der Wortlaut der Neuregelung geht auf den Vorschlag zu § 39 im RefE des BMJV zurück. Die gesetzliche Regelung wurde in ihrer finalen Fassung sodann in Abs. 1 um S. 2 ergänzt, wonach die Regelung in § 38 S. 2 unberührt bleibt. 8

II. Regelungsgehalt (sachlicher Anwendungsbereich) im Lichte der Vorgängerregelung des § 13a UrhWG

1. Höhe der Vergütung (Abs. 1 S. 1). Abs. 1 S. 1 entspricht der bisherigen Gesetzeslage nach § 13a Abs. 1 S. 1 UrhWG und beschränkt sich mit dem Verweis auf § 54a UrhG 9

---
1 Vgl. RegE „Zweiter Korb", BT-Drucks. 16/1828, S. 29.
2 Zu den Abweichungen der Neuregelung siehe Rn 6ff.
3 Vgl. RegE-VGG, BT-Drucks.18/7223, S. 56.
4 Vgl. RegE-VGG, BT-Drucks.18/7223, S. 85, sowie nachfolgend Rn 6ff.

mithin auf eine Klarstellung, dass sich die Höhe der Vergütung nach den Grundsätzen des materiellen Urheberrechts bestimmt.

10 Die Vorschrift regelt die Tarifaufstellung im Bereich der gesetzlichen Vergütungsansprüche nach §§ 54, 54a UrhG für Geräte und Speichermedien. Maßgebend für die Vergütungshöhe ist nach diesen materiell-rechtlichen Regelungen, in welchem Maß die Geräte und Speichermedien als Typen tatsächlich für Vervielfältigungen nach § 53 Abs. 1 und 2 oder den §§ 60a bis 60f UrhG genutzt werden (§ 54a Abs. 1 S. 1 UrhG). Die §§ 54 und 54a UrhG basieren dabei auf den Vorgaben der InfoSoc-RL.[5] Diese stellt in Art. 5 Abs. 2 lit. b die Einführung nationaler Schrankenregelungen für den Bereich der Privatkopien unter die Bedingung, dass die Rechtsinhaber einen gerechten Ausgleich erhalten. Für den Geltungsbereich des UrhG enthält § 54a UrhG die Vorgaben zur Bestimmung der Höhe dieses Ausgleichs.

11 Die Frage der Höhe der Vergütung – bzw. des gerechten Ausgleichs nach den Vorgaben gem. Art. 5 Abs. 2 lit. b der InfoSoc-RL i.V.m. Erwägungsgrund 35 – hat die europäische Rechtsprechung seit dem Inkrafttreten der InfoSoc-RL vielfach beschäftigt. Demnach muss die Höhe der Vergütung einen Bezug zu dem **Schaden** in Form des Nachteils (in der englischen Sprachfassung „harm" nicht „damage") aufweisen, der den Rechtsinhabern durch die Herstellung der Privatkopie entstanden ist.[6]

12 Auch nach der Rechtsprechung des BGH entspricht die geschuldete Vergütung der Höhe des Schadens, den Urheber und Leistungsschutzberechtigte dadurch erleiden, dass das jeweilige Gerät oder Speichermedium als Typ ohne ihre Erlaubnis tatsächlich für nach § 53 Abs. 1 bis 2 UrhG oder §§ 60a bis 60f UrhG zulässige Vervielfältigungen genutzt wird. Zum Ausgleich dieses Schadens ist grds. die angemessene Vergütung zu zahlen, die die Nutzer hätten entrichten müssen, wenn sie die Erlaubnis für die Vervielfältigungen eingeholt hätten.[7] Ein Widerspruch der Regelung des § 54a UrhG zu den Bestimmungen der InfoSoc-RL ist damit nicht verbunden. Da die Richtlinie keine genaueren Angaben zu den verschiedenen Elementen der Regelung des gerechten Ausgleichs enthält, verfügen die Mitgliedsstaaten bei der Ausgestaltung des nationalen Rechts über ein weites Ermessen. Insbesondere bestimmen die Mitgliedsstaaten, welche Personen diesen Ausgleich zu zahlen haben, und legen dessen Form, Einzelheiten und Höhe fest.[8]

13 Der Schaden, der den Rechtsinhabern durch die in § 53 Abs. 1 und 2 und den §§ 60a bis 60f UrhG angeordneten Beschränkungen ihres ausschließlichen Rechts entsteht, Vervielfältigungen ihrer Schutzgegenstände zu verbieten oder (gegen Zahlung einer Vergütung) zu gestatten, entspricht der Lizenzgebühr, die die Rechtsinhaber für die Einräumung des Rechts zu den genannten Nutzungen ihrer Werke hätten erzielen können. Der Anspruch auf Zahlung einer angemessenen Vergütung soll den Rechtsinhabern einen Ausgleich für die ihnen aufgrund der Einschränkung ihres Vervielfältigungsrechts entgehenden individual-vertraglichen Lizenzeinnahmen verschaffen.[9] Unter Berücksich-

---

5 Richtlinie 2001/29/EG des Europäischen Parlaments und des Rates vom 22. Mai 2001 zur Harmonisierung bestimmter Aspekte des Urheberrechts und der verwandten Schutzrechte in der Informationsgesellschaft (ABl. Nr. L 167 v. 22. Juni 2001, S. 10).
6 EuGH, Urt. v. 2.10.2010 – C-467/08 – GRUR 2011, 50 Rn 40 ff. – Padawan/SGAE; EuGH, Urt. v. 16.6.2011 – C-462/09 – GRUR 2011, 909 Rn 22 ff. – Stichting de Thuiskopie; EuGH, Urt. v. 11.7.2013 – C-521/11 – GRUR 2013, 1025 Rn 47 – Amazon/Austro-Mechana.
7 BGH, Urt. v. 16.3.2017 – I ZR 35/15 – GRUR 2017, 684, Rn 56 – externe Festplatten; BGH, Urt. v. 19.11.2015 – I ZR 151/13 – GRUR 2016, 792 Rn 34 – Gesamtvertrag Unterhaltungselektronik; BGH, Urt. v. 21.7.2016 – I ZR 212/14 – GRUR 2017, 161 Rn 37 ff. – Gesamtvertrag Speichermedien.
8 BGH, Urt. v. 16.3.2017 – I ZR 35/15 – GRUR 2017, 684 Rn 61 – externe Festplatten; EuGH, Urt. v. 5.3.2015 – C 463/12 – GRUR 2015, 478 Rn 20 ff. (m.w.N.) – Copydan/Nokia.
9 BGH, Urt. v. 16.3.2017 – I ZR 35/15 – GRUR 2017, 684 Rn 62 – externe Festplatten.

tigung der Kriterien des § 54a UrhG ist die Höhe der Vergütung somit im Wege der **Lizenzanalogie** zu ermitteln.

Zur praktischen Umsetzung dieser Vorgaben ist folglich unter Heranziehung des Maßes der Nutzung des Geräts oder Speichermediums zu Vervielfältigungen nach § 53 Abs. 1 und 2 bzw. §§ 60a bis 60f UrhG die Höhe derjenigen Lizenz zu ermitteln, die – eine Pflicht zur Direktlizenzierung unterstellt – hypothetisch durch die Nutzer an die Urheber und Leistungsschutzberechtigten zu zahlen wäre. Die Bestimmung des hypothetischen Lizenzwertes einer Privatkopie oder sonstigen Vervielfältigung zum eigenen Gebrauch kann bspw. in Anlehnung an die im Primärmarkt erzielten Lizenzsätze erfolgen (**Referenzvergütung**), von denen im Anschluss ein Abschlag vorgenommen wird. So kann eine reduzierte Referenzvergütung je vervielfältigter Einheit, bspw. einer Spielstunde Musik oder Film ermittelt werden, mit der die durch empirische Untersuchung bestimmte Anzahl an während der Nutzungsdauer des Geräts vervielfältigen Spielstunden multipliziert werden kann. Um die Angemessenheit der Vergütung zu gewährleisten, könnte schließlich vorsorglich überdies ein Degressionsfaktor berücksichtigt werden, unter der Annahme, dass bei Vornahme einer großen Vielzahl an Privatkopien der Wert der einzelnen Kopie abnimmt. Die Bestätigung eines Modells zur konkreten Umsetzung der Lizenzanalogie durch die Rechtsprechung steht jedoch noch aus. 14

Abs. 1 S. 1 regelt sodann das zugehörige Verfahren der Tarifaufstellung, insbesondere die Art und Weise, nach der die Parameter für die Tarifaufstellung, wie das Maß der jeweiligen Nutzung der Geräte und Speichermedien, zu bestimmen sind.[10] 15

2. Tarifaufstellung auf Grundlage einer empirischen Untersuchung (Abs. 1 S. 2). Abs. 1 S. 2 regelt das **Verfahren der Tarifaufstellung** sowie die **Durchführung der empirischen Untersuchung**, die als Grundlage der Tariffindung dient, neu. Dabei weicht die Neuregelung in zwei maßgeblichen Punkten von der früheren Regelung in § 13a Abs. 1 S. 2 bis 3 UrhWG ab. 16

a) Entfallen der Verhandlungspflicht mit den Industrieverbänden. In Abkehr zur Vorgängervorschrift des § 13a Abs. 1 S. 2 UrhWG sind die Verwertungsgesellschaften nicht länger verpflichtet, vor der Aufstellung eines Tarifs mit den Verbänden der Hersteller bzw. Importeure über die angemessene Vergütungshöhe und den Abschluss eines Gesamtvertrages zu verhandeln. 17

Diese Neuregelung trägt den Erfahrungen der Vergangenheit Rechnung, wonach die Verhandlungspflicht häufig zu erheblichen Verzögerungen der Tarifaufstellung geführt hat.[11] Die Neuregelung löst damit folgende **Probleme**, die der **gesetzlichen Verhandlungspflicht** innewohnten: 18

aa) Fehlende gesetzliche Regelung bei Fehlen eines Verhandlungspartners. Verhandlungen setzten zum einen voraus, dass sich ein **Verband** fand, der unter Berücksichtigung seiner Größe bzw. der vertretenen Unternehmen als **gesamtvertragsfähig** eingestuft werden konnte, da er einen hinreichend großen Teil des relevanten Marktes vertrat. Der Abschluss eines Gesamtvertrages war und ist den Verwertungsgesellschaften nach der gesetzlichen Regelung des § 12 UrhWG (nunmehr § 35) insbesondere dann nicht zuzumuten, wenn die Nutzervereinigung eine zu geringe Mitgliederzahl aufweist. Überdies musste der Verband auch von seinen Mitgliedsunternehmen zur Füh- 19

---

10 Dreier/Schulze/*Schulze*, § 40 VGG Rn 3.
11 Vgl. RegE-VGG, BT-Drucks.18/7223, S. 85; Dreier/Schulze/*Schulze*, § 40 VGG Rn 1, Wandtke/Bullinger/*Gerlach*, § 40 VGG Rn 2.

rung von Gesamtvertragsverhandlungen mit den Verwertungsgesellschaften mandatiert sein.[12]

20 Stand kein Verband für Verhandlungen zur Verfügung, sah das Gesetz keine Regelungen zur Tarifaufstellung vor. Zwar hatte die Aufsichtsbehörde (DPMA) schließlich die Auffassung vertreten, wonach in Fällen, in denen die Verbände keine Gesamtvertragsverhandlungen führen, die Verwertungsgesellschaften Tarife auch ohne eine von der Schiedsstelle eingeholte empirische Untersuchung aufstellen können.[13] Gleichwohl führte die fehlende gesetzliche Regelung dieses Sachverhaltes in der Praxis immer wieder zu Unsicherheiten.

21 **bb) Verzögerung der Tarifaufstellung durch lange Verhandlungsdauer.** Soweit Verhandlungen aufgenommen wurden, konnten sich diese über Monate oder auch Jahre erstrecken, ohne dass es am Ende zu einer Einigung und zum Abschluss eines Gesamtvertrages kam. Dafür kamen verschiedenste Gründe in Betracht; die materiell-rechtlichen Unsicherheiten in der Vergütungsfindung sowie das natürliche Gefälle der Interessenlagen zwischen den Verwertungsgesellschaften und den Industrievertretern haben hierzu in der Praxis jedoch durchaus einen Beitrag geleistet. Der nach dem Inkrafttreten der Novelle des UrhG zum 1. Januar 2008 eintretende Ausfall der Vergütungszahlungen aufgrund bestehender und bis heute ungelöster Fragen der Bestimmung der konkreten Vergütungshöhe schuf ein Vakuum, das einer zügigen Einigung entgegenstand. Der Systemwechsel von gesetzlich verankerten konkreten Vergütungssätzen gem. der Anlage zu § 54d Abs. 1 UrhG a.F. hin zu einer abstrakt formulierten und zugleich neuen Systematik der Vergütungsfindung unter Berücksichtigung des Maßes der Nutzung stellte die Verhandlungspartner insbesondere in Ermangelung einer gesetzlich konkret festgeschriebenen, monetären Wertigkeit einer Vervielfältigung vor große Herausforderungen. Diese Unsicherheit veranlasste die Industrie zu der Annahme, eine Reduzierung der zu zahlenden Vergütungen erwirken zu können, gleichzeitig verbanden die Verwertungsgesellschaften mit der neuen gesetzlichen Regelung die Hoffnung, die Vergütungssätze stabil halten oder sogar erhöhen zu können. Entsprechend sank – entgegen der Vorstellung des Gesetzgebers – die Bereitschaft zu einer gütlichen Einigung im Rahmen eines Gesamtvertrages.

22 Gleichzeitig wurden die wirtschaftlichen Nachteile zu Lasten der Verwertungsgesellschaften verteilt. Zwar versuchte der Gesetzgeber einen durch den Systemwechsel hin zu einem sich selbst regulierenden System bedingten Vergütungseinbruch zu Lasten der Verwertungsgesellschaften zu verhindern, indem er in § 27 Abs. 1 UrhWG eine Fortgeltung der bis zum 31. Dezember 2007 geltenden Vergütungssätze als Tarife festlegte.[14] Diese sog. „Übergangsregelung" sollte einen Vergütungsausfall der Urheber und Leistungsschutzberechtigten bis zum 1. Januar 2010 vermeiden, soweit die bis zum 31. Dezember 2007 bestehenden Vergütungssätze – seien sie gesamtvertraglich oder durch die Anlage zu § 54d Abs. 1 UrhG a.F. begründet gewesen – nicht vor Ablauf der Übergangsfrist durch neue Vergütungssätze ersetzt werden. In der Praxis kam dieser Vorschrift jedoch keine das Vergütungsniveau aus den Jahren bis 2007 sichernde Wirkung zu.

23 Unter Verweis auf die bestehende gerichtliche Überprüfungsmöglichkeit dieser fingierten Tarife am Maßstab des neuen Gesetzes wurde den Importeuren und Herstellern zwar die Darlegungs- und Beweislast dafür auferlegt, dass die – bspw. im Rahmen eines

---

12 Vgl. BeckOK-UrhR/*Freudenberg*, § 40 VGG Rn 8 mit Verweis auf § 13a UrhWG Rn 4 ff.
13 Schiedsstelle, Einigungsvorschl. v. 9.3.2011 – Sch/Urh 130/10 – ZUM-RD 2012, 176, 177.
14 Vgl. Beschlussempfehlung und Bericht des Rechtsausschusses zum RegE „Zweiter Korb", BT-Drucks.16/5939, S. 47.

Gesamtvertrags bis 31. Dezember 2007 vereinbarten – weitergeltenden Vergütungssätze nach den Maßstäben des neuen Gesetzes unangemessen seien.[15] Gleichzeitig wurde die bestehende Überprüfungsmöglichkeit der Angemessenheit der bestehenden Vergütungen durch die Rechtsprechung dergestalt angewandt, dass diese zu Vergütungen führen konnte, die unter den bisherigen Vergütungssätzen lagen. Der Vorschrift kam demnach keine Garantiefunktion für die Weiterzahlung der bestehenden Vergütungen zu.[16]

In den Gesamtvertragsverhandlungen nicht zu verhindernde Verzögerungen konnten auch auftreten, wenn nach dem Scheitern der Verhandlungen mit einem Verband ein weiterer Verband um Gesamtvertragsverhandlungen bat. Während der gesamten Verhandlungsdauer bis zum Scheitern derselben wurde eine Tarifaufstellung durch die gesetzliche Regelung in § 13a Abs. 1 UrhWG unterbunden. 24

b) Entfallen der Pflicht zur Durchführung einer empirischen Untersuchung im Rahmen eines Gesamtvertragsverfahrens. Die Regelung in § 13a Abs. 1 S. 3 UrhWG stellte die Tarifaufstellung über die Vergütung nach § 54a UrhG durch die Verwertungsgesellschaft bei Scheitern der Gesamtvertragsverhandlungen unter eine weitere Bedingung. Demnach musste für die Tarifaufstellung eine **empirische Untersuchung** gem. § 14 Abs. 5a UrhWG vorliegen. Diese Regelung barg insbesondere die folgenden **Probleme** und erschwerte entsprechend die **Tarifaufstellung:** 25

aa) Inhalt der Regelung in § 13a Abs. 1 S. 3 UrhWG. § 14 Abs. 5a UrhWG, auf den § 13a Abs. 1 S. 3 UrhWG verwies, regelte die Aufgabe der Schiedsstelle, im Rahmen von Verfahren nach § 14 Abs. 1 lit. c UrhWG – sog. **Gesamtvertragsverfahren** – die nach § 54a Abs. 1 UrhG **maßgebliche Nutzung** der Geräte und Speichermedien durch **empirische Untersuchung** zu ermitteln. Bei den in Bezug genommenen Verfahren nach § 14 Abs. 1 lit. c UrhWG handelte es sich demnach um den Abschluss oder die Änderung eines Gesamtvertrages betreffende Verfahren, an denen eine Verwertungsgesellschaft beteiligt war.[17] 26

Soweit ein solches, sog. Gesamtvertragsverfahren vor der Schiedsstelle geführt wurde, war es an dieser, eine entsprechende empirische Nutzungsuntersuchung in Auftrag zu geben. Diese empirische Untersuchung sollte bei der Tarifaufstellung vorliegen. 27

bb) Intention der Regelung in § 13a Abs. 1 S. 3 UrhWG. Hintergrund der Regelung war das vom Gesetzgeber verfolgte Ziel, die Vergütungsfindung in die Hände der Verhandlungspartner, mithin der Verwertungsgesellschaften und der Verbände der Vergütungsschuldner zu geben und die Höhe der Vergütungen nicht länger gesetzlich zu regeln. Entsprechend wurde auch die Anlage zu § 54d UrhG a.F., in der nach der Rechtslage bis zum 31. Dezember 2007 die Vergütungssätze festgeschrieben waren, im Rahmen der Gesetzesnovellierung des „Zweiten Korbs" zum 1. Januar 2008 nicht übernommen. 28

Um im Rahmen der Gesamtvertragsverhandlungen die Erstellung von zeit- und kostenintensiven Nutzungsuntersuchungen durch die Verhandlungspartner zu vermeiden, die von der jeweiligen anderen Partei als Parteigutachten eingestuft und bestritten werden, sah der Gesetzgeber im Rahmen von vor der Schiedsstelle geführten Gesamtver- 29

---

15 BGH, Urt. v. 20.2.2013 – I ZR 189/11 – NJW-RR 2014, 224 Rn 35 ff. – Weitergeltung als Tarif.
16 BGH, Urt. v. 19.11.2015 – I ZR 151/13 – GRUR 2016, 792 Rn 94 – Gesamtvertrag Unterhaltungselektronik.
17 Vgl. BeckOK-UrhR/*Freudenberg*, § 14 UrhWG Rn 22.

tragsverfahren die Durchführung einer Nutzungsuntersuchung durch einen neutralen Dritten, die Schiedsstelle, vor.[18]

30   **cc) Lückenhaftigkeit der Regelung bei fehlendem Gesamtvertragsverfahren.** Eine gesetzliche Pflicht zur Führung eines Gesamtvertragsverfahrens vor der Schiedsstelle existierte jedoch nicht. Daneben bestanden Zweifel an der Aktivlegitimation der Verwertungsgesellschaften zur Einleitung und Führung eines Gesamtvertragsverfahrens, da der Gesetzgeber in § 1 Abs. 3 S. 1 UrhSchiedsV die Führung eines solchen Verfahrens zur Disposition der Antragsgegner, hier der Verbände, gestellt hatte.[19] Das UrhWG sah überdies kein Verfahren vor der Schiedsstelle vor, das ausschließlich die Durchführung einer empirischen Untersuchung zum Gegenstand hatte. § 14 Abs. 1 UrhWG regelte den Katalog der Fälle, in denen die Schiedsstelle angerufen werden konnte, vielmehr abschließend, ohne ein solches „Studienverfahren" vorzusehen.

31   Die gesetzliche Regelung musste somit auch Sachverhalte regeln, in denen es an einem vor der Schiedsstelle geführten Gesamtvertragsverfahren mangels entsprechender Antragstellung durch einen Verband mangelte. Auch in diesen Situationen konnte den Verwertungsgesellschaften die Tarifaufstellung nicht per se verwehrt werden.

32   **dd) Auslegungsbedürftigkeit der Vorschrift – Rechtsgrundverweis.** Wenngleich der Gesetzestext für den Fall des Fehlens eines Gesamtvertragsverfahrens keine explizite Regelung vorsah, war der Umgang mit diesen Fällen – nach vorzugswürdiger und der Intention der Schaffung eines funktionierenden Tariffindungssystems entsprechender Lesart – in der Regelung des § 13a Abs. 1 S. 3 UrhWG gleichwohl angelegt.[20] Bei dem Verweis in § 13a Abs. 1 S. 3 auf § 14 Abs. 5a UrhWG musste es sich um einen **Rechtsgrundverweis** und keinen Rechtsfolgenverweis handeln. Lediglich wenn der Rechtsgrund – hier das Laufen eines Gesamtvertragsverfahrens vor der Schiedsstelle – erfüllt war, konnte die Verweisung ihren Regelungsgehalt entfalten und sah vor, dass vor der Tarifaufstellung die empirische Untersuchung der Schiedsstelle durchzuführen war. Eine empirische Untersuchung war damit nur dann erforderlich, wenn die Gesamtvertragsverhandlungen zwischen den Verwertungsgesellschaften und den Verbänden gescheitert und in der Folge ein Gesamtvertragsverfahren i.S.d. § 14 Abs. 1 Nr. 1 lit. c UrhWG vor der Schiedsstelle geführt wurde.

33   Im Umkehrschluss musste gelten, dass ein Tarif auch ohne eine von der Schiedsstelle durchgeführte empirische Untersuchung aufgestellt werden konnte, wenn es nach gescheiterten Verhandlungen mangels Einleitung nicht zu einem Gesamtvertragsverfahren vor der Schiedsstelle kam.

34   Auch das DPMA hat – nach im Markt existierenden unterschiedlichen Lesarten der Vorschrift – schließlich diese Form der Auslegung nicht beanstandet, nach der Verwertungsgesellschaften auch ohne eine von der Schiedsstelle eingeholte empirische Untersuchung Tarife aufstellen können, wenn die Verbände keine Gesamtvertragsverhandlungen führten bzw. am Schiedsstellenverfahren nicht teilnahmen.[21] Gleichwohl führte die fehlende explizite Regelung dieses Sachverhaltes immer wieder zu Rechtsunsicher-

---

18 Vgl. Beschlussempfehlung und Bericht des Rechtsausschusses zum RegE „Zweiter Korb", BT-Drucks.16/5939, S. 46f.
19 Vgl. BeckOK UrhR/*Freudenberg*, § 92 VGG Rn 13.
20 Vgl. OLG München, Urt. v. 15.1.2014 – 6 Sch 2/13 – GRUR 2015, 989, 993f. – Festplatten; BeckOK-UrhR/*Freudenberg*, § 13a UrhWG Rn 8.
21 Vgl. Rn 10; Schiedsstelle, Einigungsvorschl. v. 9.3.2011 – Sch/Urh 130/10 – ZUM-RD 2012, 176, 177.

heiten, die Gegenstand rechtlicher Auseinandersetzungen waren. Diese Unsicherheiten wurden durch die Nichtübernahme in die Neuregelung nach § 40 Abs. 1 S. 2 beseitigt.

ee) Verzögerung der Tarifaufstellung trotz geführter Gesamtvertragsverfahren. 35
Auch in Fällen, in denen die Voraussetzungen des Rechtsgrundverweises dergestalt erfüllt waren, dass ein Gesamtvertragsverfahren bei der Schiedsstelle anhängig war, bestand im Rahmen des § 13a Abs. 1 S. 3 UrhWG die Gefahr der erheblichen Verzögerung der Tarifaufstellung mit nachteiligen Folgen für die Parteien.

Zwar hatte der Gesetzgeber eine effizientere Ausgestaltung der Tariffindung vor Au- 36
gen, als er die verpflichtende Durchführung der empirischen Untersuchung im Rahmen eines Gesamtvertragsverfahrens vorsah.[22] Eine Beschränkung der Tätigkeit der Schiedsstelle auf die bloße Einholung einer empirischen Untersuchung und eine damit einhergehende Beschleunigung des Tarifaufstellungsprozesses wäre an der Schnittstelle zwischen Scheitern der Gesamtvertragsverhandlungen und der Tarifaufstellung wohl theoretisch denkbar gewesen.[23]

In der Praxis kam es jedoch, insbesondere in Folge der Einbettung der Einholung ei- 37
ner empirischen Untersuchung in die Struktur des Gesamtvertragsverfahrens zu keiner beschleunigten Einholung. Dies mag zum einen an dem Umstand gelegen haben, dass Gegenstand der Gesamtvertragsverfahren neben der Durchführung der empirischen Untersuchung auch Fragen der Vertragsausgestaltung im Übrigen sowie ggf. auch Fragen des Prozessrechts waren. Überdies bestanden regelmäßig eine Vielzahl an Streitpunkten über die Art und Weise der konkreten Erhebung zwischen den Parteien, über die durch die Schiedsstelle im Vorfeld der Beauftragung einer Untersuchung nach Anhörung der Parteien entschieden werden musste. Bis zur Konzeption und Beauftragung einer empirischen Nutzungsuntersuchung durch die Schiedsstelle im Rahmen des Gesamtvertragsverfahrens hin zur Durchführung und Auswertung der Studienergebnisse verstrich ob der Komplexität der Thematik nicht selten erhebliche Zeit bis hin zu mehreren Jahren. Zwar musste für die Tarifaufstellung nicht das Vorliegen eines Einigungsvorschlages im Gesamtvertragsverfahren abgewartet, sondern konnte der Tarif bereits nach Vorliegen der empirischen Untersuchung aufgestellt werden.[24] Dies konnte das Verfahren jedoch nicht maßgeblich beschleunigen. So die Verwertungsgesellschaften nicht bereits vor Einleitung eines Gesamtvertragsverfahrens einen Tarif aufgestellt hatten, waren sie während dieser Zeit nach der gesetzlichen Regelung an einer Tarifaufstellung gehindert.

Zwar hatte die Rechtsprechung nach jahrelangen Rechtsstreitigkeiten schließlich 38
bestätigt, dass es einer Tarifaufstellung zur Begründung und Entstehung des Vergütungsanspruches nicht bedurfte, da sich die Vergütungspflicht direkt aus der gesetzlichen Grundlage ergibt. Demnach waren die Importeure und Hersteller gehalten, unter Anwendung und Bewertung der gesetzlichen Regelungen zur Bestimmung der Vergütungshöhe die Höhe der angemessenen Vergütung auch ohne Anhaltspunkt eines Tarifes zu bestimmen, soweit sie diese ihren internen Kalkulationen zugrunde legen wollten.[25] Die Durchsetzung oder auch nur die konkrete Benennung und Begründung eines Vergütungsanspruches der Verwertungsgesellschaften gegenüber den Vergütungsschuldnern war jedoch ohne bestehende Tarifgrundlage in der Praxis nicht möglich. Das gesetzlich vorgesehene Tarifsetzungsverfahren hat somit die Tarifsetzung und in der

---

22 Vgl. Beschlussempfehlung und Bericht des Rechtsausschusses zum RegE „Zweiter Korb", BT-Drucks. 16/5939, S. 47.
23 Vgl. BeckOK-UrhR/*Freudenberg*, § 13a UrhWG Rn 9.
24 Dreier/Schulz/*Schulze*, § 13a UrhWG Rn 16.
25 BGH, Urt. v. 16.3.2017 – I ZR 35/15 – GRUR 2017, 684 Rn 36 f. – externe Festplatten.

Folge die Durchsetzbarkeit und Akzeptanz der Vergütungen im Markt erheblich erschwert.

c) Neuregelung eines Schiedsstellenverfahrens zur Durchführung einer empirischen Untersuchung (§§ 40 Abs. 1 S. 2, 93)

39   aa) **Inhalt der Neuregelung.** Mit der Neuregelung in § 40 Abs. 1 S. 2 will der Gesetzgeber dem oben beschriebenen Problem des Zeitverlustes bis zur Durchführung der empirischen Untersuchung abhelfen, gleichzeitig aber das Erfordernis des Vorliegens einer empirischen Untersuchung der Schiedsstelle als Grundlage der einseitigen Tarifaufstellung der Verwertungsgesellschaften beibehalten.[26] Zu diesem Zweck wurde in § 93 ein selbständiges Verfahren geschaffen, dessen ausschließlicher Gegenstand die Durchführung der empirischen Untersuchung ist. Dessen Durchlaufen wurde durch den Verweis in § 40 Abs. 1 S. 2 auf § 93 zur Voraussetzung der einseitigen Tarifaufstellung durch die Verwertungsgesellschaften gemacht. Im Ergebnis wurde das Verfahren zur Durchführung einer empirischen Untersuchung von der Durchführung eines Gesamtvertragsverfahrens (nunmehr geregelt in § 92 Abs. 1 Nr. 3) entkoppelt.[27]

40   bb) **Erwartung an das neue Verfahren.** Mit der Entkoppelung der Durchführung der empirischen Untersuchung durch die Schiedsstelle von einem vor der Schiedsstelle geführten Gesamtvertragsverfahren besteht für diese Fälle die Chance auf Beschleunigung der Tarifaufstellung. Jedenfalls könnte die gesetzliche Voraussetzung für die Tarifaufstellung in Form des Vorliegens einer neutralen empirischen Untersuchung durch die Schiedsstelle künftig früher vorliegen, soweit die Schiedsstelle kurzfristig nach Einleitung eines Verfahren nach § 93 eine empirische Untersuchung in Auftrag gibt und durchführen lässt.

41   Die Verzögerung durch prozessrechtliche und gesamtvertragsspezifische Fragen kann durch die Neuregelung vermieden werden. Allerdings bleibt abzuwarten, ob und inwieweit materiell-rechtliche Fragen zu **Art und Umfang der Befragungs- und Erhebungsmethodik** weiterhin die Durchführung der empirischen Untersuchungen einbremsen. Solange diese Fragen nicht abschließend geklärt und vereinheitlicht sind, werden die früher im Rahmen des Gesamtvertragsverfahrens bestehenden Probleme unverändert in das neu geschaffene Verfahren nach § 93 übernommen.

42   Überdies unterfällt das weitere Vorgehen bei der Tarifaufstellung sowie die Entscheidung über die konkrete Höhe des veröffentlichten Tarifs weiterhin dem materiellen Recht nach § 54a UrhG sowie der **Tarifhoheit der Verwertungsgesellschaften**.[28] Ein Beschleunigungseffekt kann somit allenfalls für reine Verfahren der Tarifaufstellung, nicht jedoch für die Fragen der Bestimmung der angemessenen Vergütung und der Akzeptanz von einseitig durch die Verwertungsgesellschaften aufgestellten Tarifen erwartet werden.

43   cc) **Einzelfragen.** Die Praxis wird überdies zeigen, welcher Gültigkeitsumfang den Ergebnissen konkreter empirischer Untersuchungen über die Nutzung der untersuchten Produkte zugesprochen werden wird. Der untersuchte Produkttyp wird in einseitig von den Verwertungsgesellschaften geführten „Studienverfahren" nach § 93 von diesen zu bestimmen sein. Die Entscheidung über die konkrete Definition des Produktes wird zum

---

26 Vgl. RegE-VGG, BT-Drucks.18/7223, S. 86.
27 Wandtke/Bullinger/*Gerlach*, § 40 VGG Rn 3.
28 Dreier/Schulze/*Schulze*, § 40 VGG Rn 8.

einen vom Stand der technischen Entwicklung des konkreten Produkttyps abhängen, das zur Tarifierung ansteht. Zum anderen wird die konkrete Produktdefinition auch von praktischen Gegebenheiten abhängen, wie bspw. der Umsetzbarkeit einer Befragung und den Erfahrungswerten der beauftragten Institute. Die Fragen, inwieweit Studienergebnisse zur Tarifaufstellung für sämtliche Produktarten eines Geräte- oder Speichermedientyps herangezogen werden und welche Aktualität durchgeführte Untersuchungen aufweisen müssen, werden sich in der Anwendung der Vorschrift stellen.[29] Um die durch den Gesetzgeber vorgesehene Reduzierung der Komplexität des Verfahrens zu erreichen, scheint eine praxisgerechte Auslegung der Vorschrift vonnöten zu sein, die das gesetzgeberische Ziel einer Beschleunigung der Tarifaufstellung nicht durch den Aufbau neuer Hürden zunichtemacht.

3. Vergütungssätze aus Gesamtverträgen gelten als Tarif (§§ 40 Abs. 1 S. 3, 38 S. 2)

a) Regelungsgehalt. Mit der Regelung in Abs. 1 S. 3, wonach § 38 S. 2 durch die Vorschrift des § 40 unberührt bleibt, erfolgt eine Klarstellung für solche Sachverhaltskonstellationen, in denen sich die Verwertungsgesellschaften mit einem Verband bzw. einer Nutzervereinigung auf den **Abschluss eines Gesamtvertrages** geeinigt haben. Für den Fall des Abschlusses eines Gesamtvertrages – mit oder ohne vorangehende empirische Untersuchung – gelten die dort vereinbarten Vergütungssätze gem. § 38 S. 2 als Tarif.[30] 44

Auf die Durchführung einer empirischen Studie kann in diesen Fällen verzichtet werden, vielmehr kann der Tarif alleine auf Grundlage des abgeschlossenen Gesamtvertrages abgeschlossen werden. Dies gilt insbesondere dann, wenn der Gesamtvertrag mit einer marktstarken Nutzervereinigung abgeschlossen wurde, d.h. **repräsentativ** ist und somit eine ausreichende Grundlage für Dritte darstellt. Hintergrund ist der Gedanke, dass die Tarifaufstellung basierend auf einer einvernehmlichen sowie repräsentativen Lösung gegenüber der auch kostenintensiveren Variante über die empirische Untersuchung vorzugswürdig ist.[31] 45

b) Folgen der Regelung auch für die Angemessenheit der Vergütung. Die im Verweis enthaltene Regelung des § 38 S. 2 übernimmt wortgleich die vormals in § 13 Abs. 1 S. 2 UrhWG enthaltene Regelung. Durch den Verweis wird deren Regelungsgehalt explizit auch für den Bereich der Tarife über Vergütungen nach §§ 54, 54a UrhG für anwendbar erklärt. 46

Die geregelte Vorzugswürdigkeit der einvernehmlichen Bestimmung der Vergütungshöhe findet ihren Ausdruck nicht nur in der Möglichkeit der Gesamtvertragspartner, auf die Durchführung einer empirischen Untersuchung zu verzichten und die Vergütungshöhe aufgrund eigener Erkenntnisse oder vergleichbarer Nutzungsdaten zu anderen Produkten einvernehmlich im Verhandlungswege zu bestimmen.[32] Vielmehr wird mit dieser Regelung dem nunmehr auch von der höchstrichterlichen Rechtsprechung geteilten Gedanken Ausdruck verliehen, wonach eine in einem Gesamtvertrag vereinbarte Vergütung eher der angemessenen Vergütung gem. § 54a UrhG entspricht als eine Vergütung, die auf der Grundlage empirischer Studien errechnet und dann als Tarif einseitig festgelegt wurde. Diese **Indizwirkung der gesamtvertraglichen Vergütungsregelung** wird entsprechend 47

---

29 Dreier/Schulze/*Schulze*, § 40 VGG Rn 7.
30 Vgl. RegE-VGG, BT-Drucks.18/7223, S. 86, Wandtke/Bullinger/*Gerlach*, § 40 VGG Rn 4.
31 Dreier/Schulze/*Schulze*, § 40 VGG Rn 10; BeckOK-UrhR/*Freudenberg*, § 40 VGG Rn 14.
32 Dreier/Schulze/*Schulze*, § 40 VGG Rn 9.

damit begründet, dass sich die Gesamtvertragsparteien unter Berücksichtigung der gesetzlichen Vorgaben auf eine angemessene Vergütung geeinigt haben.[33] Eine solche, auf dem Verhandlungsweg zwischen den Verwertungsgesellschaften und der Geräteindustrie gefundene Vergütung bietet entsprechend Gewähr für ein ausgewogenes Ergebnis, dass sich am Maßstab der Angemessenheit im Sinne der §§ 54 ff. UrhG orientiert.

48 **4. Entfallen der Pflicht zur Tarifaufstellung (Abs. 2).** Um den Verwertungsgesellschaften ein wirtschaftliches und ressourcenschonendes Vorgehen zu ermöglichen, sieht § 40 Abs. 2 die Möglichkeit vor, von einer Tarifaufstellung abzusehen, wenn der wirtschaftliche Aufwand außer Verhältnis zu den zu erwartenden Einnahmen stehen würde. Dies kann bspw. bei Geräten und Speichermedien der Fall sein, die auf dem Markt in so **geringen Stückzahlen** angeboten werden oder nur in so geringem Umfang für relevante Vervielfältigungen genutzt werden, dass nur mit geringen Einnahmen für die Verwertungsgesellschaften zu rechnen ist, während gleichzeitig die nach Abs. 1 erforderliche empirische Untersuchung mit erheblichen Kosten verbunden wäre.[34]

49 Das Unterlassen einer Tarifaufstellung geht jedoch nicht mit einem Entfallen der gesetzlichen Vergütungspflicht für die betreffenden Produkte oder einem Verzicht der Verwertungsgesellschaften auf diese Vergütungen einher. Die Verwertungsgesellschaften sind auch dann, wenn sie keinen Tarif aufstellen, nicht daran gehindert, für die von ihnen wahrgenommenen Rechte eine Vergütung zu fordern. Die Vergütungspflicht der Importeure und Hersteller ergibt sich dem Grunde sowie der Höhe nach unmittelbar aus dem Gesetz und wird nicht erst durch einen Tarif begründet.[35]

50 Im Einzelfall ist es jedoch denkbar, dass die Verwertungsgesellschaften aus wirtschaftlichen Erwägungen nicht nur auf die Tarifaufstellung sondern in der Folge auch auf die Geltendmachung von Vergütungen verzichten. Dies kann angebracht erscheinen, wenn die Kosten der Anspruchsdurchsetzung die zu erwartenden Einnahmen für den betroffenen Geräte- oder Speichermedientyp voraussichtlich übersteigen. Ein solches Missverhältnis kann bspw. bestehen, wenn von einem Gerätetyp nur äußerst geringe Stückzahlen veräußert wurden oder Hinweise vorliegen, dass die Produkte lediglich in sehr geringem Maße relevant genutzt werden. Für die Möglichkeit, im Einzelfall von einer Vergütungsforderung abzusehen, kann sprechen, dass die Verwertungsgesellschaften als Treuhänder zu einem wirtschaftlichen Umgang mit ihren Ressourcen verpflichtet sind.[36]

51 **5. Transparenzpflicht.** Im Rahmen der Neugestaltung der Vorschrift ist die Verpflichtung der Verwertungsgesellschaften nach § 13a Abs. 2 UrhWG zur Unterrichtung der Gesamtvertragspartner über nach § 54 UrhG erzielte Einnahmen entfallen. Gleichzeitig wurden die **Informations-, Rechnungslegungs- und Transparenzpflichten** der Verwertungsgesellschaften in den §§ 53 ff. umfassend neu geregelt und deutlich erweitert.[37] Die Informationsmöglichkeit über die Einnahmen nach § 54a UrhG ist somit nicht länger den Gesamtvertragspartnern vorbehalten. Der zu veröffentlichende jährliche Transparenzbericht i.S.d. § 58 enthält insbesondere auch Informationen über die Einnahmen nach §§ 54, 54a UrhG.

---

33 BGH, Urt. v. 16.3.2017 – I ZR 36/15 – GRUR 2017, 694 Rn 60 – Gesamtvertrag PCs; Dreier/Schulze/*Schulze*, § 40 VGG Rn 9; OLG München, Urt. v. 14.3.2019 – 6 Sch 10/15 WG, S. 27, n.v.
34 Vgl. RegE-VGG, BT-Drucks. 18/7223, S. 86.
35 Vgl. BGH, Urt. v. 16.3.2017 – I ZR 35/15 – GRUR 2017, 684 Rn 25 f. – externe Festplatten m.w.N.
36 Vgl. zur Pflicht der Verwertungsgesellschaften mit ihren Ressourcen wirtschaftlich umzugehen OLG München, Urt. v. 4.3.2010 – 6 WG 6/08 – BeckRS 2012, 09974, II. 6. b.
37 Vgl. RegE-VGG, BT-Drucks. 18/7223, S. 86.

Demnach sind die Tarife für Geräte und Speichermedien zum Zweck der Information 52
der Allgemeinheit gem. § 56 Abs. 1 Nr. 4 auf der Internetseite der Verwertungsgesellschaft zu veröffentlichen. Die Informierung der Aufsichtsbehörde erfolgt gem. § 88 Abs. 2
Nr. 2 durch unverzügliche abschriftliche Übermittlung der Tarife.[38] Soweit die Ansprüche
nach §§ 54 ff. UrhG von abhängigen Verwertungseinrichtungen i.S.d. § 3 Abs. 1 geltend
gemacht werden, die dabei die Tätigkeit einer Verwertungsgesellschaft ausüben, gelten
diese Transparenzpflichten für sie entsprechend.

III. Zeitlicher Anwendungsbereich

Das VGG trat am 1. Juni 2016 in Kraft und findet seitdem Anwendung. Übergangsvor- 53
schriften enthalten die §§ 132 ff.; für § 40 enthält § 139 Abs. 2 konkrete Regelungen.[39]

§ 139 Abs. 2 S. 1 regelt das Verhältnis zu empirischen Untersuchungen, die bereits 54
vor dem 1. Juni 2016 in einem Gesamtvertragsverfahren (§§ 13a Abs. 1, 14 Abs. 5a UrhWG)
vor der Schiedsstelle durchgeführt wurden. Auch diese können als Grundlage der Tarifaufstellung durch die Verwertungsgesellschaften herangezogen werden, vorausgesetzt
das Untersuchungsergebnis entspricht den Anforderungen des § 114 Abs. 1 S. 1. Diese
Feststellung nach § 114 Abs. 1 S. 1 durch die Schiedsstelle, dass das Ergebnis der empirischen Untersuchung den Anforderungen entspricht, die im Hinblick auf die Aufstellung
eines Tarifs gem. § 40 zu stellen sind, ist auch für empirische Untersuchungen nach dem
VGG vorgesehen. Die Regelung gilt entsprechend für vor dem 1. Juni 2016 von der
Schiedsstelle durchgeführte empirische Untersuchungen.[40]

Gleiches gilt gem. § 139 Abs. 2 S. 2 für empirische Untersuchungen, die (noch) in ei- 55
nem Verfahren durchgeführt werden, das zum 1. Juni 2016 auf Grundlage des bisherigen
Rechts, d.h. nach dem UrhWG, bereits eingeleitet aber noch nicht abgeschlossen war.
Wurde in einem solchen, nach bisherigem Recht eingeleiteten Gesamtvertragsverfahren
noch keine empirische Untersuchung durchgeführt, kann die Durchführung der Untersuchung auch noch nach dem 1. Juni 2016 in diesem Verfahren erfolgen. Durch die Feststellung der Schiedsstelle nach § 114 Abs. 1 S. 1, dass die Untersuchung den Anforderungen für eine Tarifaufstellung entspricht, kann auch diese empirische Untersuchung der
Tarifaufstellung zugrunde gelegt werden.

ZWEITER UNTERABSCHNITT
Mitteilungspflichten

§ 41
Auskunftspflicht der Nutzer

(1) ¹Die Verwertungsgesellschaft kann von dem Nutzer Auskunft über die Nutzung derjenigen Werke und sonstiger Schutzgegenstände verlangen, an denen sie dem Nutzer die Nutzungsrechte eingeräumt hat, soweit die Auskunft für die Einziehung der Einnahmen aus den Rechten oder für deren Verteilung erforderlich ist. ²Dies gilt nicht, soweit dem Nutzer die Erteilung der Auskunft nur mit unangemessen hohem Aufwand möglich ist.

---

38 Dreier/Schulze/*Schulze*, § 40 VGG Rn 12.
39 Vgl. dazu § 139 Rn 11 ff.
40 Dreier/Schulze/*Schulze*, § 139 VGG Rn 2.

(2) Die Verwertungsgesellschaft vereinbart mit dem Nutzer in den Nutzungsverträgen angemessene Regelungen über die Erteilung der Auskunft.

(3) Hinsichtlich des Formats von Meldungen sollen die Verwertungsgesellschaft und der Nutzer branchenübliche Standards berücksichtigen.

Übersicht

I. Allgemeines	c) Erforderlichkeit und Unangemessenheit (Abs. 1 S. 1 Hs. 2 und S. 2) —— 9
1. Bedeutung der Regelung —— 1	
2. Vorgängerregelung —— 2	
3. Unionsrechtlicher Hintergrund —— 3	d) Bedeutung in der Praxis —— 12
4. Entstehungsgeschichte —— 4	e) Verhältnis zu anderen Auskunftsansprüchen —— 13
II. Regelungsgehalt	
1. Auskunftsanspruch der Verwertungsgesellschaft (Abs. 1)	2. Vereinbarung im Rahmen von Nutzungsverträgen (Abs. 2) —— 14
a) Anspruchsinhaber und -gegner —— 5	3. Format der Nutzungsmeldungen (Abs. 3) —— 16
b) Gegenstand der Auskunft —— 7	

I. Allgemeines

1 **1. Bedeutung der Regelung.** Abs. 1 verleiht der Verwertungsgesellschaft einen ausdrücklichen Auskunftsanspruch gegen Nutzer im Rahmen bestehender Vertragsverhältnisse. In diesem Zusammenhang ist die Verwertungsgesellschaft gem. Abs. 2 verpflichtet, angemessene Regelungen über die Erteilung der Auskunft in die mit dem Nutzer bestehenden Lizenzverträge aufzunehmen. Dabei werden die Verwertungsgesellschaft und der Nutzer gem. Abs. 3 dazu angehalten, branchenübliche Meldeformate zu vereinbaren.

2 **2. Vorgängerregelung.** Das UrhWG enthielt keinen vergleichbaren allgemeinen Auskunftsanspruch. Das UrhG sah lediglich besondere Auskunftsansprüche gegen rechtmäßige Nutzer vor (z.B. §§ 54e, 54f UrhG) sowie den allgemeinen Auskunftsanspruch gegen unrechtmäßige Nutzer gem. § 101 UrhG. Daneben bestand gegen unrechtmäßige Nutzer schon immer der allgemeine Auskunftsanspruch gem. § 242 BGB.

3 **3. Unionsrechtlicher Hintergrund.** Die Vorschrift setzt die Vorgaben des Art. 17 der VG-RL um. Sie geht dabei über die RL hinaus, da damit nach dem Wortlaut auch ein Auskunftsanspruch gegen Verbraucher begründet wird. Nach der VG-RL findet der Anspruch hingegen nur auf natürliche oder juristische Personen Anwendung, die nicht als Verbraucher handeln.[1] Allerdings steht es den Mitgliedstaaten gem. Erwägungsgrund 9 frei, strengere Vorschriften als die in Titel II der VG-RL geregelten festzulegen. Von diesem Recht hat Deutschland gem. § 8 ausdrücklich Gebrauch gemacht und **Verbraucher in den Anwendungsbereich des VGG einbezogen**.[2] Allerdings ist zu berücksichtigen, dass die Einbeziehung der Verbraucher insbesondere dadurch motiviert war, dass auch diese von den Schutz- und Informationsrechten des VGG profitieren sollen.[3] Verbraucher sind damit nur ausnahmsweise von § 41 erfasst, was im Rahmen des angemessenen Aufwands gem. Abs. 1 S. 2 zu berücksichtigen ist.

---

1 Vgl. Erwägungsgrund 33 sowie Art. 3 k) i.V.m. Art. 17 der VG-RL.
2 Vgl. § 8 Rn 3, 6.
3 RegE-VGG, BT-Drucks. 18/7223, S. 74.

4. Entstehungsgeschichte. Die Regelung entspricht bis auf leichte redaktionelle 4
Änderungen in Abs. 1 weitestgehend dem RefE[4] des BMJV. Allerdings wurde im Gesetzgebungsverfahren der im RefE vorgesehene Abs. 1 S. 3 gestrichen, nach dem Nutzer, die als Verbraucher handeln, von der Auskunftspflicht freigestellt gewesen wären.

II. Regelungsgehalt

1. Auskunftsanspruch der Verwertungsgesellschaft (Abs. 1)

a) Anspruchsinhaber und -gegner. Anspruchsteller kann zunächst eine Verwer- 5
tungsgesellschaft i.S.d. § 2 sein. Darüber hinaus kann auch eine abhängige Verwertungsgesellschaft i.S.d. § 3 den Anspruch geltend machen, soweit sie Tätigkeiten einer Verwertungsgesellschaft ausübt. Das ist z.B. bei der ARESA GmbH der Fall.[5]

Der Anspruch dürfte sich in der Praxis **in erster Linie gegen gewerbliche Nutzer** 6
richten. Nach Schätzungen des Gesetzgebers sind davon ca. 200.000 bis 450.000 Nutzer (z.B. Einzelhandel, Gaststätten, Hotels und Krankenhäuser) betroffen, die allerdings auch schon bislang im Rahmen der Einzelverträge Informationspflichten nachkommen mussten.[6] Voraussetzung ist allerdings die „Einräumung von Nutzungsrechten" i.S.v. Ausschließlichkeitsrechten. Soweit also lediglich Vergütungsansprüche abzugelten sind, wie z.B. bei der Sendung erschienener Tonträger gem. § 78 Abs. 2 Nr. 1 UrhG, besteht keine Auskunftspflicht nach § 41 Abs. 1, sondern nur ggf. im Rahmen von vertraglichen Vereinbarungen. Es sind also nicht alle Nutzer gem. § 8 anspruchsverpflichtet.

b) Gegenstand der Auskunft. Die Verwertungsgesellschaft kann von dem Nutzer 7
Auskunft über die Nutzung derjenigen Werke und sonstiger Schutzgegenstände verlangen, an denen sie dem Nutzer die **Nutzungsrechte eingeräumt hat**. Der Anspruch steht somit sämtlichen Verwertungsgesellschaften zu, unabhängig davon, ob die von ihnen vertretenen Rechte von Urhebern oder Leistungsschutzberechtigten eingeräumt wurden. Erforderlich ist nach der Gesetzesbegründung allerdings, dass die Verwertungsgesellschaft die von ihr lizenzierten Nutzungsrechte auch tatsächlich innehat; auf die Vermutungsregel des § 48 kann daher im Rahmen des § 41 nicht zurückgegriffen werden.[7] Auch muss das Auskunftsverlangen in einem **direkten Zusammenhang** mit den von der Verwertungsgesellschaft tatsächlich lizenzierten Rechten stehen. So kann die GEMA beispielsweise von Sendeunternehmen keine Auskunft über Merchandising- oder Lizenzeinnahmen verlangen, da diese nicht kausal auf die Nutzung von Musikwerken zurückzuführen sind.

Abs. 1 S. 1 ist unglücklich formuliert. Zunächst suggeriert Abs. 1 S. 1 Hs. 1 mit der For- 8
mulierung „Auskunft über die Nutzung", dass die Verwertungsgesellschaft lediglich rein nutzungsbezogene Auskünfte verlangen kann. Abs. 1 S. 1 Hs. 2 – eigentlich als Einschränkung konzipiert – enthält dann die inhaltlich weitergehende Formulierung „für die Einziehung der Einnahmen aus den Rechten oder für deren Verteilung erforderlich", nach der insbesondere auch umsatzbezogene Angaben von der Auskunft umfasst sein können. Da der Gesetzgeber einen umfassenden Auskunftsanspruch begründen wollte, spricht viel für eine Auslegung von Abs. 1 S. 1 Hs. 2 nach Sinn und Zweck. Entsprechend den tariflichen Vorgaben benötigen die Verwertungsgesellschaften bei einer Prozentvergütung die

---
4 RefE des BMJV v. 9.6.2015, S. 25.
5 Zur ARESA GmbH siehe § 3 Rn 14.
6 RegE-VGG, BT-Drucks. 18/7223, S. 69.
7 RegE-VGG, BT-Drucks. 18/7223, S. 86.

Angabe der mit der Verwertung ihres Repertoires erzielten Umsätze und bei einer Mindest- oder Pauschalvergütung auch Angaben über die Nutzungshäufigkeit. Bei bestimmten Nutzungen sind aber auch weitergehende Informationen erforderlich, so z.B. im Aufführungsbereich Angaben über die Raumgröße oder die Anzahl von Wiedergabegeräten.

9 c) **Erforderlichkeit und Unangemessenheit (Abs. 1 S. 1 Hs. 2 und S. 2).** Der Auskunftsanspruch enthält eine doppelte Verhältnismäßigkeitsschranke:

10 Zum einen besteht der Auskunftsanspruch gem. Abs. 1 S. 1 Hs. 2 von vornherein nur in dem Umfang, in dem die Auskunft für die Einziehung der Einnahmen oder für deren Verteilung erforderlich ist. Damit kann sich die Auskunft nur auf solche Umstände beziehen, die **nach dem Tarif, dem Lizenzvertrag oder dem Verteilungsplan vergütungs- oder verteilungsrelevant** sind. Hinsichtlich der Einnahmen aus den Rechten sind wie in § 39 Abs. 1 die geldwerten Vorteile relevant, die durch die Verwertung erzielt werden. Dabei handelt es sich regelmäßig um die dem Nutzer aus der Verwertung tatsächlich zufließenden Erlöse.[8] Für die Verteilung sind diejenigen Angaben relevant, die für eine Zuordnung des genutzten Werkes oder der genutzten Leistung zu dem jeweiligen Urheber oder Leistungsschutzberechtigten erforderlich sind. So müssen beispielsweise bei der Nutzung von Musikwerken mindestens der Werktitel, der Interpret, die Dauer der Nutzung sowie der Komponist/Textdichter und der Verlag angegeben werden. Bei der Kabelweitersendung von Fernseh- und Hörfunkprogrammen sind hingegen Angaben über die jeweils von dem Programm technisch erreichten Haushalte und ggf. über den Umfang der tatsächlichen Nutzung durch die Haushalte erforderlich.

11 Zum anderen darf die Erteilung der Auskunft für den Nutzer gem. Abs. 1 S. 2 **nicht mit einem unangemessenen Aufwand** verbunden sein. So sind beispielsweise bei Online-Nutzungen Konstellationen denkbar, in denen sich tarifliche Anforderungen IT-technisch nicht bzw. nur mit sehr hohem Entwicklungsaufwand abbilden lassen. Auch von kleineren Hörfunk- oder TV-Veranstaltern verlangt die GEMA deswegen in der Praxis innerhalb bestimmter Verrechnungsgrenzen keine Nutzungsmeldungen; zudem würde eine individuelle Verteilung dieser Einnahmen auch bei der GEMA zu einem unverhältnismäßig hohen Verwaltungsaufwand führen. Weiterhin ist zu berücksichtigen, dass das Angemessenheitserfordernis **im Verhältnis zu Verbrauchern** dazu führt, dass Auskunft nur in sehr begrenztem Umfang verlangt werden kann. Anders als im RefE, der noch in Abs. 1 S. 3 Verbraucher von der Auskunftsverpflichtung ausnahm,[9] ging der Gesetzgeber am Ende jedoch nicht davon aus, dass Ansprüche gegen Verbraucher stets am Angemessenheitserfordernis scheitern.

12 d) **Bedeutung in der Praxis.** In der Praxis sind durch die Vorschrift keine weitreichenden Auswirkungen zu erwarten, da entsprechende Informationspflichten i.d.R. schon in den bestehenden Lizenzverträgen geregelt sind, die auch detaillierte Regelungen zu den vom Nutzer zur Verfügung zu stellenden Auskünften enthalten. Der Mehrwert des § 41 liegt darin, dass dieser eine Auskunft auch dann ermöglicht, wenn trotz der vertraglichen Einräumung von Nutzungsrechten ausnahmsweise keine Auskunftspflichten vereinbart wurden.

13 e) **Verhältnis zu anderen Auskunftsansprüchen.** Die Regelung lässt andere Auskunftsansprüche der Verwertungsgesellschaft unberührt.[10] Hierzu zählen insbesondere

---

8 BGH, Urt. v. 5.4.2001 – I ZR 132/98 – GRUR 2001, 1139, 1145 – Gesamtvertrag privater Rundfunk.
9 RefE des BMJV v. 9.6.2015, S. 102.
10 RegE-VGG, BT-Drucks. 18/7223, S. 86.

die im UrhG geregelten Ansprüche, etwa gem. § 26 Abs. 4 und Abs. 5 UrhG und §§ 54e, 54f UrhG gegenüber dem speziellen Adressatenkreis dieser Vorschriften. Das gleiche gilt für Auskunftsansprüche im Fall von widerrechtlichen Urheberrechtsverletzungen gem. § 101 UrhG sowie § 242 BGB.

2. Vereinbarung im Rahmen von Nutzungsverträgen (Abs. 2). Abs. 2 verpflichtet die Verwertungsgesellschaft, in den Nutzungsverträgen angemessene Regelungen über die Erteilung der Auskunft zu vereinbaren. In der Praxis enthalten Verträge konkrete Anforderungen hinsichtlich der zu meldenden Angaben und Meldefristen (meist monatlich oder quartalsweise). 14

Soweit entsprechende Regelungen in bestehenden Verträgen nicht enthalten sind, müssen diese Verträge angepasst werden. Damit sollen spätere Streitigkeiten zum Umfang und zum Format von Auskünften vermieden werden.[11] Der Anspruch gem. Abs. 1 kann jedoch auch dann ausgeübt werden, wenn die Verwertungsgesellschaft und der Nutzer im Lizenzvertrag keine entsprechende Regelung getroffen haben. 15

3. Format der Nutzungsmeldungen (Abs. 3). Abs. 3 beruht auf Art. 17 S. 2 der VG-RL. Die Parteien des Lizenzvertrags sollen hinsichtlich des Formats der Meldungen branchenübliche Standards berücksichtigen. Im Hinblick auf die **gebietsübergreifende Vergabe von Online-Rechten an Musikwerken** gibt § 66 VGG insoweit vor, dass die Verwertungsgesellschaft eine **elektronische Meldemöglichkeit** anbieten muss, die den branchenüblichen und auf internationaler Ebene geltenden Branchenstandards entspricht. 16

In der Praxis haben sich verschiedene Meldeformate durchgesetzt. So wird für Musiknutzungen im Online-Bereich das Meldeformat DDEX verwendet. Radiosender verwenden für ihre Musikmeldungen derzeit die sog. GEMA-GVL-4-Schnittstelle, Fernsehsender eine XML-Schnittstelle. 17

§ 42
Meldepflicht der Nutzer

(1) Veranstalter von öffentlichen Wiedergaben urheberrechtlich geschützter Werke haben vor der Veranstaltung die Einwilligung der Verwertungsgesellschaft einzuholen, welche die Nutzungsrechte an diesen Werken wahrnimmt.

(2) Nach der Veranstaltung hat der Veranstalter der Verwertungsgesellschaft eine Aufstellung über die bei der Veranstaltung genutzten Werke zu übersenden. Dies gilt nicht für
1. die Wiedergabe eines Werkes mittels Tonträger,
2. die Wiedergabe von Funksendungen eines Werkes sowie
3. Veranstaltungen, auf denen in der Regel nicht geschützte oder nur unwesentlich bearbeitete nicht geschützte Werke der Musik aufgeführt werden.

(3) Soweit für die Verteilung von Einnahmen aus der Wahrnehmung von Rechten zur Wiedergabe von Funksendungen Auskünfte der Sendeunternehmen erforderlich sind, die die Funksendungen veranstaltet haben, erteilen diese Sendeunternehmen der Verwertungsgesellschaft die Auskünfte gegen Erstattung der Unkosten.

---

11 RegE-VGG, BT-Drucks. 18/7223, S. 86.

Übersicht

I. Allgemeines
  1. Bedeutung der Regelung —— 1
  2. Vorgängerregelung/Entstehungsgeschichte —— 2
  3. Unionsrechtlicher Hintergrund —— 5
II. Regelungsgehalt
  1. Pflicht zur Einholung der Einwilligung (Abs. 1) —— 7
    a) Veranstalter von öffentlichen Wiedergaben —— 9
    b) Urheberrechtlich geschützte Werke —— 10
    c) Einwilligung vor Veranstaltungsbeginn —— 11
    d) Einwilligung der Verwertungsgesellschaft —— 12
  2. Nutzungsaufstellung (Abs. 2) —— 13
    a) Vorgaben an die Aufstellung (Abs. 2 S. 1) —— 14
    b) Ausnahmen (Abs. 2 S. 2) —— 15
  3. Pflichten von Sendeunternehmen (Abs. 3) —— 17
    a) Erforderlichkeit von Auskünften —— 18
    b) Erstattung der Unkosten —— 19

I. Allgemeines

1 **1. Bedeutung der Regelung.** Da das Recht der öffentlichen Wiedergabe als ausschließliches Recht nach § 15 Abs. 2 UrhG ohnehin schon dem Zustimmungsvorbehalt des Urhebers unterliegt, handelt es sich bei Abs. 1 um einen **klarstellenden Appell** an die Veranstalter, vor der Veranstaltung die Einwilligung der jeweiligen Verwertungsgesellschaft einzuholen. Nach Abs. 2 hat der Veranstalter der Verwertungsgesellschaft eine Aufstellung über die bei der Veranstaltung genutzten Werke zu übersenden. Da sich eine Auskunftspflicht der Nutzer auch schon aus § 41 ergibt, ist die eigentliche Bedeutung der Regelung in den drei Ausnahmetatbeständen des Abs. 2 S. 2 zu sehen. Schließlich gibt Abs. 3 den Verwertungsgesellschaften einen besonderen Auskunftsanspruch gegenüber Sendeunternehmen.

2 **2. Vorgängerregelung/Entstehungsgeschichte.** Die Regelung war größtenteils schon in der ersten Fassung des UrhWG von 1965 enthalten, damals noch als § 16 UrhWG.[1] Bei der Novellierung im Jahr 1985 wurde auf Initiative des Rechtsausschusses des Deutschen Bundestages die weitere Ausnahme des jetzigen Abs. 2 S. 2 Nr. 3 hinzugefügt.[2]

3 Seit der Novellierung im Jahr 2007 befand sich die Vorschrift in § 13b UrhWG.[3] Der Gesetzgeber hat dessen Fassung fast wörtlich in das VGG übernommen. Lediglich ein **Redaktionsversehen** wurde behoben, indem nun unter Abs. 2 S. 2 Nr. 3 von unwesentlich bearbeiteten „nicht geschützten" Werken der Musik die Rede ist.[4] In Abs. 3 heißt es nun nicht mehr, dass die Sendeunternehmen verpflichtet sind, Auskünfte zu erteilen, sondern dass sie diese erteilen – gemeint ist dasselbe.

4 Während der RefE des BMJV die Normierung der Verpflichtung zur Einholung einer Einwilligung der rechtewahrnehmenden Verwertungsgesellschaft durch die Veranstalter öffentlicher Wiedergaben für entbehrlich hielt, da sich diese Pflicht bereits aus dem materiellen Urheberrecht ergebe,[5] wurde diese schon in § 13b Abs. 1 UrhWG festgeschriebene Pflicht vom RegE[6] für Abs. 1 vorgesehen und so verabschiedet.

---

1 Urheberrechtswahrnehmungsgesetz v. 9.9.1965 – BGBl. I 1965 S. 1294.
2 RegE Gesetz zur Änderung von Vorschriften auf dem Gebiet des Urheberrechts, BT-Drucks. 10/3360, S. 21 re. Sp.
3 Zweites Gesetz zur Regelung des Urheberrechts in der Informationsgesellschaft v. 26.10.2007, BGBl. I 2007, S. 2513.
4 RegE-VGG, BT-Drucks. 18/7223, S. 86.
5 RefE des BMJV v. 9.6.2015, S. 102.
6 RegE-VGG, BT-Drucks. 18/7223, S. 24.

3. Unionsrechtlicher Hintergrund. Die Pflicht zur Erlaubniseinholung in Abs. 1 normiert einen Grundsatz des Urheberrechts, nämlich dass es zur öffentlichen Nutzung eines urheberrechtlich geschützten Werkes der Einwilligung des Rechtsinhabers bedarf. In der VG-RL ist diese Selbstverständlichkeit in Erwägungsgrund 2 erwähnt.

Abs. 2 und 3 dienen genau wie § 41 der Umsetzung von Art. 17 der VG-RL. Die Nutzer sollen den Verwertungsgesellschaften die Informationen zur Verfügung stellen, die für die Einziehung der Einnahmen aus den Rechten sowie deren Verteilung und Ausschüttung an die Rechtsinhaber benötigt werden.

II. Regelungsgehalt

1. Pflicht zur Einholung der Einwilligung (Abs. 1). Abs. 1 normiert den ohnehin geltenden Grundsatz, dass die rechtmäßige Nutzung von urheberrechtlich geschützten Inhalten die **vorherige Zustimmung des Rechtsinhabers** erfordert und benennt für die Veranstalter die Verwertungsgesellschaften als Ansprechpartner, welche die Nutzungsrechte an den genutzten Werken wahrnehmen. Die Lizenzierung des Rechts der öffentlichen Wiedergabe erfolgt in der Regel über Verwertungsgesellschaften, soweit nicht das „Große Recht" (z.B. bei Theateraufführungen, Opern, Operetten und Musicals) betroffen ist, das direkt durch die Urheber oder deren Verlage lizenziert wird.[7]

Auch in den Fällen einer gem. **§ 52 UrhG zulässigen öffentlichen Wiedergabe** ist die vorherige Kontaktierung der Verwertungsgesellschaft erforderlich. Nach dieser Schrankenregelung darf die Wiedergabe keinem Erwerbszweck des Veranstalters dienen, die Teilnehmer müssen ohne Entgelt zugelassen werden und im Falle des Vortrages oder der Aufführung des Werkes darf keiner der ausübenden Künstler eine besondere Vergütung erhalten. Um der Verwertungsgesellschaft die Bewertung zu ermöglichen, ob die Schranke des § 52 UrhG erfüllt ist, **ist die Verwertungsgesellschaft jedoch auch über solche Veranstaltungen zu informieren**. Das gilt insbesondere vor dem Hintergrund, dass § 52 UrhG zwar die Einwilligungspflicht, grds. jedoch nicht die Vergütungspflicht entfallen lässt.[8]

a) Veranstalter von öffentlichen Wiedergaben. Der Begriff des Veranstalters ist nicht auf den engen Veranstalterbegriff des § 81 UrhG begrenzt, sondern umfasst **sämtliche natürliche oder juristische Personen**, die eine öffentliche Wiedergabe i.S.v. § 15 Abs. 2 UrhG vornehmen. Nach der Rechtsprechung ist Veranstalter derjenige, der bei der erforderlichen Gesamtschau für die Veranstaltung organisatorisch und finanziell verantwortlich ist.[9] Eine Verantwortlichkeit wurde bei einem Tourneeveranstalter aufgrund seines finanziellen Eigeninteresses angenommen.[10] Nicht ausreichend ist hingegen die bloße Vermittlung von Räumlichkeiten oder Zurverfügungstellung von Veranstaltungsflächen durch eine Stadt.[11] Unter den Begriff „öffentliche Wiedergaben" fallen Vorträge, Aufführungen und Vorführungen (§ 19 UrhG), öffentliche Zugänglichmachungen (§ 19a UrhG), Sendungen (§ 20), Wiedergaben durch Bild- und Tonträger (§ 21) und Wiedergaben von Funksendungen und öffentlicher Zugänglichmachung (§ 22), auch wenn die Terminologie „Veranstalter" im Hinblick auf manche Verwertungsrechte (insbesondere

---

7 Schricker/Loewenheim/*Reinbothe*, § 13b UrhWG Rn 3.
8 Dreier/Schulze/*Schulze*, § 13b UrhWG Rn 5.
9 BGH, Urt. v. 12.2.2015 – I ZR 204/13 – GRUR 2015, 987 Rn 18 – Trassenfieber.
10 OLG Hamburg, Urt. v. 21.12.2000 – 3 U 83/88 – GRUR 2001, 832, 834 – Tourneeveranstalter.
11 OLG Schleswig, Urt. v. 7.12.2015 – 6 U 43/14 – ZUM-RD 2016, 195, 197 – Kieler Woche.

§ 19a UrhG) nicht immer passend ist.[12] Nach Sinn und Zweck der Regelung (**Ermöglichung der Kontrolle**) sind jedoch auch solche Nutzungen erfasst. Der Veranstalter ist gleichzeitig auch Nutzer i.S.v. § 8.[13]

10   **b) Urheberrechtlich geschützte Werke.** Neben urheberrechtlich geschützten Werken i.S.v. § 2 UrhG fallen **auch geschützte Leistungen** in den Anwendungsbereich. Zwar erwähnt Abs. 1 nur urheberrechtlich geschützte Werke ausdrücklich. Selbstverständlich müssen aber nach dem allgemeinen Grundsatz, dass urheberrechtlich geschützte Werke und Leistungen nur genutzt werden dürfen, nachdem zuvor die hierfür erforderlichen Rechte erworben worden sind, auch geschützte Leistungen unter das Einwilligungserfordernis des Abs. 1 fallen.

11   **c) Einwilligung vor Veranstaltungsbeginn.** Die Einwilligung ist vor dem Beginn der Veranstaltung einzuholen. Hierzu hat der Veranstalter der Verwertungsgesellschaft **die für die tarifliche Einordnung relevanten Umstände** mitzuteilen (z.B. Raumgröße, Größe des Publikums, Höhe des Eintrittsgelds). Der Veranstalter muss die Veranstaltung rechtzeitig vor deren Beginn bei der Verwertungsgesellschaft anzeigen. Eine Anzeige sechs Tage vor Beginn der Veranstaltung hat der BGH als nicht ausreichend angesehen und eine in der Konsequenz rechtswidrige Nutzung angenommen.[14] In solchen Fällen gewährt die Rechtsprechung regelmäßig der GEMA einen pauschalen Kontrollzuschlag in Höhe des einschlägigen Tarifsatzes.[15] Auch wenn nunmehr § 36 Abs. 2 der Verwertungsgesellschaft eine Pflicht zur unverzüglichen Beantwortung von Anfragen eines Nutzers auferlegt, dürfte die Bewertung des BGH, dass eine Anzeige sechs Tage vor der Beginn der Veranstaltung nicht ausreichend ist, gerade noch vertretbar sein.

12   **d) Einwilligung der Verwertungsgesellschaft.** Die Einwilligung ist von der Verwertungsgesellschaft einzuholen, welche die Nutzungsrechte an dem Werk (oder der Leistung) wahrnimmt. In der Praxis hat sich bei bestimmten Nutzungsarten zur Einsparung von Verwaltungskosten etabliert, dass eine Verwertungsgesellschaft aufgrund einer Inkassovereinbarung auch für andere Verwertungsgesellschaften tätig wird. So wird die GEMA z.B. im Bereich der öffentlichen Wiedergabe von Funksendungen gemäß § 22 UrhG auch für die GVL und VG Media tätig.[16]

13   **2. Nutzungsaufstellung (Abs. 2).** Der Veranstalter hat der Verwertungsgesellschaft **nach der Veranstaltung** eine Aufstellung über die bei der Veranstaltung genutzten Werke zu übersenden. Auf dieser Grundlage kann die Verwertungsgesellschaft dann die Verteilung der Einnahmen an ihre Wahrnehmungsberechtigten vornehmen.

14   **a) Vorgaben an die Aufstellung (Abs. 2 S. 1).** Die Aufstellung über die einzelnen genutzten Werke ist vom Veranstalter schriftlich oder in Textform[17] unmittelbar nach der Veranstaltung einzureichen, um der Verwertungsgesellschaft eine gerechte Verteilung der Einnahmen an ihre Berechtigten zu ermöglichen. Diese Aufstellung kann nicht schon

---

12   Ganz h.M., vgl. nur Schricker/Loewenheim/*Reinbothe*, § 13b UrhWG Rn 2; a.A. Wandtke/Bullinger/*Gerlach*, § 42 Rn. 2.
13   § 8 Rn 8.
14   BGH, Urt. v. 27.10.2011 – I ZR 175/10 – GRUR 2012, 715 Rn 10 – Bochumer Weihnachtsmarkt.
15   BGH, Urt. v. 5.12.1985 – I ZR 137/83 – ZUM 1986, 199, 201 – GEMA-Vermutung III.
16   Siehe die entsprechenden an den GEMA-Tarif anknüpfenden Zuschlagstarife unter www.gvl.de und www.vg-media.de.
17   Z.B. über das Webformular der GEMA, abrufbar unter www.gema.de/musikfolgen.

bereits mit der Anmeldung der Veranstaltung nach Abs. 1 erfolgen, da sie auch **spontane Darbietungen** wie Zugaben und auch Programmänderungen beinhalten muss.

b) Ausnahmen (Abs. 2 S. 2). Die Ausnahmen in Abs. 2 S. 2 Nr. 1 und 2 sind nach der ursprünglichen Gesetzesbegründung zum UrhWG nur für solche Nutzungen gerechtfertigt, deren Erlöse pauschaliert anhand der Verkaufszahlen von Tonträgern bzw. der Meldungen von Sendeunternehmen verteilt werden können.[18] Sie sind deshalb **restriktiv auszulegen** und betreffen z.B. Hintergrundnutzungen in Gaststätten oder Ladenlokalen. Schon aus diesem historischen Kontext wird klar, dass die Ausnahme nicht für die Sendeunternehmen selbst und für Online-Dienste Anwendung finden kann, für die es bei der Regel der Auskunftspflicht gemäß § 42 Abs. 2 S. 1 und ohnehin nach dem neu eingeführten § 41 Abs. 1 bleibt.[19]

15

Die Ausnahme in Abs. 2 S. 2 Nr. 3 nimmt Veranstaltungen von der Meldepflicht aus, auf denen „in der Regel" nicht geschützte oder nur unwesentlich bearbeitete nicht geschützte Werke der Musik aufgeführt werden. Damit wollte der Gesetzgeber ausweislich der Gesetzesbegründung zu § 3 S. 2 UrhG Heimatvereine, Trachtengruppen und andere volkstümliche Vereinigungen begünstigen.[20] Allerdings ist die **Ausnahme unglücklich formuliert**, denn sie stellt es in das Belieben des Veranstalters, keine Meldungen abzugeben und damit der Vergütungspflicht zu entgehen, wenn er aus seiner Sicht nur selten geschützte Musikwerke aufführt. Dies wird von der h.M. zu Recht als **verfassungsrechtlich bedenklich** angesehen.[21] Die Behebung des Redaktionsversehens durch die Klarstellung, dass durch die Vorschrift nur unwesentlich bearbeitete „nicht geschützte" Werke der Musik betroffen sind, hat diese Bedenken nicht ausgeräumt.

16

3. Pflichten von Sendeunternehmen (Abs. 3). Da gemäß Abs. 2 Nr. 2 keine Nutzungsmeldungen für die Wiedergabe von Funksendungen (z.B. in Gaststätten) erstellt werden müssen, sieht Abs. 3 insoweit eine Verpflichtung der selbst nicht nutzenden Sendeunternehmen zur Auskunftserteilung vor, soweit dies für die Verteilung von entsprechenden Einnahmen erforderlich ist. In der Praxis kommt dieser Vorschrift nur eine geringe Bedeutung zu, da sich die Verwertungsgesellschaften die Sendedaten über Monitoring-Dienste wie z.B. die GfK beschaffen können.

17

a) Erforderlichkeit von Auskünften. Der Auskunftsanspruch besteht nur dann, wenn die Auskunft für die Verteilung von Einnahmen aus der Wahrnehmung von Rechten zur Wiedergabe von Funksendungen erforderlich ist. **An der Erforderlichkeit fehlt es** bspw., **wenn die Verwertungsgesellschaft** aufgrund der gegenüber dem Sendeunternehmen wahrgenommenen Senderechte **einen eigenen Auskunftsanspruch** gegen das Sendeunternehmen hat, wie das bei der GEMA bzgl. der Urheberrechte an der Musik der Fall ist.[22] Aufgrund dieser Sendemeldungen kann die GEMA auch die Ausschüttungen für die Wiedergabe von Funksendungen in Gaststätten vornehmen. Umgekehrt wäre aber z.B. die VG Wort auf den Auskunftsanspruch gem. Abs. 3 angewiesen, da sie keine

18

---

18 Vgl. RegE-UrhWG, BT-Drucks. IV/271, S. 19 li. Sp.
19 So im Ergebnis auch Wandtke/Bullinger/*Gerlach*, § 42 Rn. 2, der allerdings bereits den Veranstalterbegriff restriktiv i.S.v. § 81 UrhG interpretiert.
20 RegE Gesetz zur Änderung von Vorschriften auf dem Gebiet des Urheberrechts, BT-Drucks. 10/3360, S. 18.
21 Siehe nur Kreile/Becker/Riesenhuber/*Riesenhuber*/*v.Vogel*, Kap. 14 Rn 74 m.w.N.
22 Siehe KG, Urt. v. 29.9.2010 – 24 U 93/09 – GRUR-RR 2011, 354, 358 – Musik für Werbespots, zu einer ggf. bestehenden Auskunftspflicht der Sendeunternehmen gem. § 13 Abs. 3 UrhWG im Zusammenhang mit der Nutzung von Vervielfältigungsrechten an Fremdproduktionen.

Erstsenderechte gegenüber den Sendeunternehmen wahrnimmt.[23] Letzteres gilt auch für die von der GVL wahrgenommenen Leistungsschutzrechte von Schauspielern, da die Sendeunternehmen gegenüber der GVL nur zur Nutzungsmeldungen für die Sendung erschienener Tonträger gemäß § 78 Abs. 2 Nr. 1 UrhG verpflichtet sind. Aufgrund dieser Meldungen könnte die GVL keine Ausschüttungen an die Schauspieler für im Rahmen von Funksendungen wiedergegebene Filmwerke (z.B. in Gaststätten) vornehmen.

19 **b) Erstattung der Unkosten.** Aufgrund der fehlenden Nutzereigenschaft der Sendeunternehmen in dieser Konstellation sind sie zur Auskunft nur gegen Erstattung der Unkosten verpflichtet.

§ 43
Elektronische Kommunikation

Die Verwertungsgesellschaft eröffnet allen Nutzern einen Zugang für die elektronische Kommunikation, einschließlich zur Meldung über die Nutzung der Rechte.

Überblick

I.	Allgemeines		II.	Regelungsgehalt	
	1. Bedeutung der Regelung —— 1			1. Zweck der Norm —— 4	
	2. Entstehungsgeschichte/ Vorgängerregelung —— 2			2. Umfang und praktische Umsetzung —— 5	
	3. Unionsrechtlicher Hintergrund —— 3				

I. Allgemeines

1 **1. Bedeutung der Regelung.** Die Vorschrift verpflichtet die Verwertungsgesellschaften, allen Nutzern einen Zugang im Wege der elektronischen Kommunikation zu eröffnen. Das umfasst insbesondere die Verpflichtung, Nutzern die Möglichkeit zur Abgabe elektronischer Nutzungsmeldungen zu ermöglichen.

2 **2. Entstehungsgeschichte/Vorgängerregelung.** Das UrhWG beinhaltete keine Verpflichtung zur Bereitstellung elektronischer Kommunikationsmöglichkeiten. Der Vorschlag aus dem RefE[1] wurde unverändert übernommen.

3 **3. Unionsrechtlicher Hintergrund.** Art. 16 Abs. 4 der VG-RL verpflichtet die Organisationen für die kollektive Rechtewahrnehmung, ihren Nutzern die Kommunikation via elektronischer Kommunikationsmittel zu eröffnen. Die elektronische Kommunikation solle dabei „gegebenenfalls auch" für Nutzungsmeldungen zur Verfügung stehen. Der deutsche Gesetzgeber geht damit über die europäischen Vorgaben hinaus, indem er die Verwertungsgesellschaften dazu verpflichtet, auch eine elektronische Übermittlung von Nutzungsmeldungen zu ermöglichen.

---

23 Vgl. Bericht des Rechtsausschusses zum RegE-UrhWG, BT-Drucks. IV/3402, S. 3.

1 RefE des BMJV v. 9.6.2015, S. 25.

II. Regelungsgehalt

1. Zweck der Norm. Die Norm dient dem in den Erwägungsgründen 5, 6 und 9 der VG-RL zum Ausdruck gebrachten Ziel, die Organisationen für die kollektive Rechtewahrnehmung **effizienter und transparenter** zu gestalten. Denn die Mängel in der Funktionsweise dieser Organisationen führten zu einer ineffizienten Verwertung von Urheber- und verwandten Schutzrechten, was nachteilige Folgen für die Organisationsmitglieder, für Rechteinhaber und für Nutzer hatte. Es ist davon auszugehen, dass die Forcierung der elektronischen Kommunikation mit den Nutzern geeignet ist, die Effizienz der Rechtewahrnehmung zu steigern.

2. Umfang und praktische Umsetzung. Über die Art der Umsetzung macht die Vorschrift – mit Ausnahme der elektronischen Nutzungsmeldungen – keine genaueren Angaben. Auch die Begründung zum Gesetzesentwurf des VGG bleibt eine genaue Anleitung zur Umsetzung der Norm schuldig.[2] In der Gesetzesbegründung zur Parallelnorm § 14, die die elektronische Kommunikation im Innenverhältnis mit Mitgliedern und Berechtigten vorschreibt, wird als Beispiel die E-Mail-Kommunikation genannt.

Etwas genauere Vorgaben zur Umsetzung der elektronischen Kommunikation macht § 66. Diese in Teil 3 des VGG normierte und daher als speziellere Norm dem § 43 vorgehende Regelung verpflichtet die Verwertungsgesellschaft, den Nutzern für die Nutzungsmeldung mindestens eine Meldemethode anzubieten, die freiwilligen branchenüblichen und auf internationaler Ebene entwickelten Standards und Praktiken für den elektronischen Datenaustausch entspricht. Allerdings ist die Vorschrift ausdrücklich **nur auf die gebietsübergreifende Vergabe von Online-Rechten an Musikwerken** anzuwenden. Es ist daher davon auszugehen, dass eine entsprechende Formulierung bewusst nicht in den allgemeinen Teil aufgenommen wurde, weshalb für eine analoge Anwendung auf andere Nutzungen kein Platz ist.

Demnach ist die **Einrichtung eines E-Mail-Postfachs** als minimale, aber auch ausreichende elektronische Kommunikationsmöglichkeit anzusehen. Der Verpflichtung genügt die Verwertungsgesellschaft nicht schon dadurch, dass sie eine E-Mail-Adresse für die Kontaktaufnahme angibt. Es ist auch zu gewährleisten, dass die eingehenden E-Mails zur Kenntnis genommen werden.[3] Die Regelung ist dabei im Zusammenhang mit §§ 41, 42 zu sehen, in denen die Auskunfts- und die Meldepflicht der Nutzer normiert ist. Der enge Zusammenhang mit diesen Pflichten im gemeinsamen Unterabschnitt 2 bedeutet, dass die elektronische Kommunikation zumindest so ausgestaltet sein muss, dass der Nutzer über diesen Weg **auch seinen Pflichten nach §§ 41, 42** nachkommen kann.

Über den bloßen E-Mail-Verkehr hinaus sind weitere, komplexere Wege der elektronischen Kommunikation denkbar. So können die Verwertungsgesellschaften beispielsweise Online-Zugänge schaffen, über die Nutzer Nutzungsrechte erwerben oder Nutzungsmeldungen abgeben können.[4] Weiterhin bieten viele Verwertungsgesellschaften bereits Online-Benutzerkonten für ihre Mitglieder an.[5] Daneben wäre es aus Nutzersicht wünschenswert, dass die Verwertungsgesellschaften **umfassende und übersichtliche**

---

2 RegE-VGG, BT-Drucks. 18/7223, S. 86.
3 Vgl. § 14 Rn 6.
4 Siehe beispielsweise für die Meldung von Musikfolgen an die GEMA: https://online.gema.de/musikfolgen/welcome.faces.
5 Siehe beispielsweise bei der GEMA: https://www.gema.de/musikurheber/online-services-fuer-gema-mitglieder/mein-mitgliedskonto/und bei der GVL: https://www.label.gvl.de.

digitale **Rechte-Datenbanken zur Verfügung stellen**, damit Fehler bei den Nutzungsmeldungen vermieden werden können. Für Online-Rechte an Musikwerken schreibt § 62 die elektronische Übermittlung entsprechender Informationen an Interessierte ausdrücklich vor.

9   Von der mit der elektronischen Kommunikation einhergehenden Effizienzsteigerung profitieren alle Beteiligten. Den Nutzern wird eine schnellere und weniger aufwendige Möglichkeit der Rechteklärung geboten. Den Rechtsinhabern kommen die geringeren Verwaltungskosten zugute. Eine besondere praktische Relevanz hat die elektronische Kommunikation bei den Nutzungsmeldungen, da bislang keine Verpflichtung zu elektronischen Meldungen besteht. Gem. § 41 Abs. 3 ist lediglich eine Berücksichtigung von branchenüblichen Standards vorgesehen, weshalb Meldungen für Nutzungen im Offline-Bereich mangels anderweitiger Vereinbarung weiterhin in Papierform zulässig sein dürften. Deshalb sind die Verwertungsgesellschaften bei solchen Nutzungen bestrebt, die Nutzer durch geeignete Anreize zur Abgabe von elektronischen Meldungen zu bewegen.

DRITTER ABSCHNITT
Besondere Vorschriften für die Wahrnehmung von Rechten auf Grundlage von Repräsentationsvereinbarungen

§ 44
Repräsentationsvereinbarung; Diskriminierungsverbot

Beauftragt eine Verwertungsgesellschaft eine andere Verwertungsgesellschaft, die von ihr wahrgenommenen Rechte wahrzunehmen (Repräsentationsvereinbarung), so darf die beauftragte Verwertungsgesellschaft die Rechtsinhaber, deren Rechte sie auf Grundlage der Repräsentationsvereinbarung wahrnimmt, nicht diskriminieren.

Übersicht

I. Allgemeines
1. Bedeutung der Regelung —— 1
2. Vorgängerregelung —— 4
3. Unionsrechtlicher Hintergrund —— 5
4. Entstehungsgeschichte —— 7

II. Anwendbarkeit
1. Abhängige und unabhängige Verwertungseinrichtungen —— 8
2. Internationale Anwendbarkeit —— 9

III. Begriff der Repräsentationsvereinbarung
1. Voraussetzungen —— 12
2. Typisierung
   a) Gegenseitigkeitsverträge —— 14
   b) Online-Rechte an Musikwerken —— 19
   c) Inkasso-/Mandatsverträge —— 20

IV. Diskriminierungsverbot —— 22

I. Allgemeines

1   **1. Bedeutung der Regelung.** § 44 leitet den dritten Abschnitt in Teil 2 des VGG ein, der sich in vier Paragraphen (§§ 44 bis 47) mit **Repräsentationsvereinbarungen** befasst. Das UrhWG enthielt überhaupt keine Regelungen über Repräsentationsvereinbarungen, obwohl sie in der Praxis schon unter Geltung des UrhWG eine erhebliche Rolle spielten. Regelungszweck der §§ 44 ff. ist der **Schutz der Rechtsinhaber**, deren Rechte auf Grundlage einer Repräsentationsvereinbarung durch eine Verwertungsgesellschaft wahrgenommen werden, mit denen die Rechtsinhaber kein unmittelbares Wahrnehmungsverhältnis haben.

Die Repräsentationsvereinbarungen i.S.d. §§ 44 ff. lassen sich in **drei Typen** unterteilen.[1] Zum einen die **Gegenseitigkeitsverträge**, in denen sich Verwertungsgesellschaften aus verschiedenen Ländern gegenseitig mit der Wahrnehmung ihrer nationalen Repertoires im jeweiligen Ausland beauftragen. Gegenseitigkeitsverträge haben vor allem im Bereich der Musik eine große wirtschaftliche Bedeutung, was damit zusammenhängt, dass Musik grenzenlos konsumiert wird.[2] Eine zweite Kategorie bilden die Repräsentationsvereinbarungen im Bereich der **gebietsübergreifenden Vergabe von Online-Rechten an Musikwerken**, mit der sich Teil 3 des VGG (§§ 59 ff.) beschäftigt. Schließlich handelt es sich auch bei **Inkassovereinbarungen** um Repräsentationsvereinbarungen. Auf Grundlage solcher Vereinbarungen übernimmt z.B. die GEMA für eine Reihe anderer Verwertungsgesellschaften die Rechtsdurchsetzung im Bereich der öffentlichen Wiedergabe.[3]

2

§ 44 **definiert** den Begriff der Repräsentationsvereinbarung für das gesamte VGG. Außer dieser Begriffsdefinition enthält § 44 ein **Diskriminierungsverbot** zugunsten der Rechtsinhaber, deren Rechte auf Grundlage einer Repräsentationsvereinbarung wahrgenommen werden. Das Diskriminierungsverbot wird speziell für den Bereich der gebietsübergreifenden Vergabe von Online-Rechten an Musikwerken in § 73 weiter konkretisiert.

3

2. Vorgängerregelung. Repräsentationsvereinbarungen waren im UrhWG nicht geregelt.

4

3. Unionsrechtlicher Hintergrund. Die Definition der Repräsentationsvereinbarung in § 44 Abs. 1 beruht auf der Begriffsdefinition in Art. 3 lit. j VG-RL. Das in § 44 geregelte Diskriminierungsverbot geht auf Art. 14 VG-RL zurück. Die Richtlinienbestimmung konkretisiert das Diskriminierungsverbot noch bespielhaft auf Tarife, Verwaltungskosten, Bedingungen für die Einziehung der Einnahmen und die Verteilung. Diese Beispiele haben in Deutschland nur Eingang in die Begründung zum RegE-VGG gefunden, nicht aber in das Gesetz.[4]

5

Die Überlegungen hinter den Richtlinienbestimmungen über die Repräsentationsvereinbarungen sind in den Erwägungsgründen 11 und 30 der VG-RL wiedergegeben. Daraus geht hervor, dass der Richtliniengeber Repräsentationsvereinbarungen als ein legitimes Mittel zur Erreichung von Effizienzsteigerungen bei der Lizenzvergabe betrachtet. Die betroffenen Rechtsinhaber sollen dabei nicht diskriminiert werden.

6

4. Entstehungsgeschichte. Die Norm geht auf den wortlautidentischen Vorschlag im RefE des BMJV zurück und wurde im weiteren Gesetzgebungsverfahren nicht weiter thematisiert.

7

---

1 Siehe Rn 14 ff.
2 Zu den Gegenseitigkeitsverträgen näher unten Rn 14 ff. Die wirtschaftliche Bedeutung der Gegenseitigkeitsverträge wird etwa dadurch deutlich, dass die GEMA im Jahr 2017 mehr als EUR 170 Mio. an ausländische Verwertungsgesellschaften ausgezahlt hat, siehe GEMA-Transparenzbericht 2017, S. 88. Die Einnahmen der GEMA aus dem Ausland beliefen sich auf über EUR 72 Mio. (GEMA-Transparenzbericht 2017, S. 49). Eine Übersicht über die Gegenseitigkeitsverträge der GEMA ist abgedruckt in Heker/Riesenhuber/*Thiele*/*Paudtke*, Kap. 14 Rn 18.
3 Auch dieser Bereich ist wirtschaftlich bedeutend. So hat die GEMA im Rahmen von Inkassomandaten 2017 über EUR 179 Mio. vereinnahmt (GEMA-Transparenzbericht 2017, S. 39). Zu den Inkassoverträgen näher in Rn 20 ff.
4 RegE-VGG, BT-Drucks. 18/7223, S. 87.

II. Anwendbarkeit

8 **1. Abhängige und unabhängige Verwertungseinrichtungen.** Die §§ 44 ff. sind auf **abhängige Verwertungseinrichtungen** ohne weiteres anwendbar, wenn diese Repräsentationsvereinbarungen abschließen (§ 3 Abs. 2 S. 1), z.B. für Verwertungsgesellschaften Inkassomandate durchführen oder auf Grundlage von Repräsentationsvereinbarungen Mehrgebietslizenzen erteilen. Auf **unabhängige Verwertungseinrichtungen** sind die §§ 44 ff. hingegen nicht anwendbar, da in § 4 Abs. 2 nicht auf diese Vorschriften verwiesen wird.

9 **2. Internationale Anwendbarkeit.** Die internationale Anwendbarkeit der §§ 44 ff. richtet sich in der EU maßgeblich nach dem **Sitzstaatprinzip**.[5] Auf grenzüberschreitende Repräsentationsvereinbarungen zwischen Verwertungsgesellschaften mit Sitz in der EU sind die Vorschriften anwendbar, sofern mindestens eine der beteiligten Verwertungsgesellschaften ihren Sitz in Deutschland hat und diese Verwertungsgesellschaft von der gesetzlichen Regelung **adressiert** wird. Das Diskriminierungsverbot gem. § 44 ist danach z.B. dann anwendbar, wenn eine französische Verwertungsgesellschaft eine Verwertungsgesellschaft mit Sitz in Deutschland mit der Wahrnehmung ihres (französischen) Repertoires in Deutschland beauftragt. Die deutsche Verwertungsgesellschaft ist in diesem Falle dem Diskriminierungsverbot unterworfen, da sie Regelungsadressat des § 44 ist. Erteilt umgekehrt eine deutsche Verwertungsgesellschaft einer französischen Verwertungsgesellschaft einen entsprechenden Auftrag, ist das Diskriminierungsverbot aus § 44 nicht anwendbar, da die französische Verwertungsgesellschaft wegen des Sitzstaatprinzips dem französischen Wahrnehmungsrecht unterworfen ist. Materielle Unterschiede dürften sich daraus allerdings nicht ergeben, da es sich bei dem Diskriminierungsverbot um **harmonisiertes Unionsrecht** handelt (Art. 14 VG-RL).

10 Die §§ 44 ff. können grundsätzlich auch auf Repräsentationsvereinbarungen anwendbar sein, an denen eine Verwertungsgesellschaft mit Sitz **außerhalb der EU bzw. des EWR-Gebiets** beteiligt ist. Dabei stellt sich die Frage, welche Anknüpfungspunkte für eine Anwendbarkeit der Regelungen maßgeblich sind. Ein möglicher Ansatz könnte die Überlegung sein, dass die §§ 44 ff. dem Schutz der Rechtsinhaber dienen, deren Rechte von der beauftragten Verwertungsgesellschaft wahrgenommen werden.[6] Dies könnte dafür sprechen, die §§ 44 ff. immer dann zur Anwendung zu bringen, wenn eine Repräsentationsvereinbarung die Wahrnehmung von Rechten inländischer Rechtsinhaber betrifft. Konkret wäre dann beispielsweise eine Verwertungsgesellschaft mit Sitz in Mexiko, Russland oder Kanada etwa an die Vorgaben des VGG für die Verteilungsfrist (§§ 46 Abs. 2 i.V.m. 28) gebunden, sobald sie auf Grundlage eines Gegenseitigkeitsvertrags mit einer deutschen Verwertungsgesellschaft das Repertoire deutscher Rechtsinhaber in ihrem Sitzland wahrnimmt. Gegen eine derart extensive territoriale Anwendbarkeit der §§ 44 ff. spricht allerdings, dass die Wahrnehmung von Urheberrechten in ausländischen Drittstaaten nach dem VGG für sich genommen **keine Erlaubnis- oder Anzeigepflicht** auslöst. Erlaubnis- bzw. anzeigepflichtig sind im Prinzip nur Verwertungsgesellschaften, die Rechte aus dem UrhG wahrnehmen (§ 77 Abs. 1 und 2, § 82 Nr. 1) oder ihren Sitz im Inland (§ 82 Nr. 2) haben.[7] Dies spricht dagegen, die §§ 44 ff. schon dann auf Repräsentationsvereinbarungen anzuwenden, wenn Rechte inländischer Rechtsinhaber von ihnen betroffen sind. Anwendbar sind die §§ 44 ff. auf Verwertungsgesellschaften mit Sitz in

---
5 Zum Sitzstaatprinzip § 1 Rn 7 ff.
6 Siehe oben Rn 1.
7 § 1 Rn 13.

Drittstaaten aber dann, wenn die Repräsentationsvereinbarung die Wahrnehmung von Rechten aus dem UrhG zum Gegenstand hat.

Das auf internationale Repräsentationsvereinbarungen anwendbare Privatrecht bestimmt sich nach der **Rom I-VO**.[8] In erster Linie entscheidet die Rechtswahl der Parteien (Art. 3 Abs. 1 S. 1 Rom I-VO). Wenn keine getroffen wurde, richtet sich das anwendbare Recht gem. Art. 4 Abs. 2 Rom I-VO nach dem **gewöhnlichen Aufenthalt der beauftragten Verwertungsgesellschaft** als Erbringer der für die Vereinbarung charakteristischen Leistung. Zu dem gleichen Ergebnis gelangt man über Art. 4 Abs. 1 lit. b Rom I-VO, wenn die Repräsentationsvereinbarung als Dienstleistungsvertrag einzustufen ist. Bei einem **Gegenseitigkeitsvertrag** ist allerdings jede Vertragspartei **Auftragnehmer und Auftraggeber zugleich**. Eine Aufspaltung des Vertrags in verschiedene Statuten wäre möglicherweise sachgerecht, ist allerdings in Art. 4 Rom I-VO generell nicht vorgesehen.[9] Für das Vertragsstatut bei Gegenseitigkeitsverträgen müssen daher andere Kriterien im konkreten Vertragsverhältnis gesucht werden, die eine territoriale Zuordnungsentscheidung ermöglichen. Denkbar wäre, auf die Größe der Verwaltungsgebiete oder die Höhe der zu erwartenden Ausschüttungen abzustellen.

III. Begriff der Repräsentationsvereinbarung

1. Voraussetzungen. § 44 definiert die Repräsentationsvereinbarung als eine Vereinbarung, in der eine Verwertungsgesellschaft eine andere Verwertungsgesellschaft beauftragt, die von ihr wahrgenommenen Rechte wahrzunehmen. Der Begriff „beauftragen" ist untechnisch zu verstehen. Erfasst sind nach der Begründung des RegE-VGG sämtliche entsprechende Vereinbarungen, unabhängig von der rechtlichen Ausgestaltung im Einzelfall.[10] Es muss sich also nicht um ein **Auftragsverhältnis** im Sinne der §§ 662ff. BGB handeln. Gegenseitigkeitsverträge werden nach deutschem Verständnis als **Dienstleistungsverträge mit Geschäftsbesorgungscharakter** i.S.v. § 675 BGB eingeordnet, bei denen das Entgelt nicht in einer Geldleistung besteht, sondern in einer umgekehrten Geschäftsbesorgung.[11] Inkassoverträge werden ebenfalls als Dienstleistungsverträge mit Geschäftsbesorgungscharakter qualifiziert.[12]

Gegenstand einer Repräsentationsvereinbarung ist gem. § 44 die **Wahrnehmung von Urheber- oder verwandten Schutzrechten**, gleichviel ob es sich um Rechte aus dem deutschen UrhG oder um Rechte aus anderen Mitgliedstaaten der EU bzw. des EWR handelt.[13] Insofern besteht eine Ähnlichkeit der Repräsentationsvereinbarungen zu Wahrnehmungsverträgen.[14] Allerdings müssen Repräsentationsvereinbarungen nicht unbedingt eine Einräumung oder Übertragung der wahrzunehmenden Rechte vorsehen. Als Repräsentationsvereinbarungen kommen nach der Begründung des RegE-VGG insbesondere auch Inkassovereinbarungen in Betracht.[15]

---

8 Siehe § 1 Rn 9.
9 MüKoBGB/*Martiny*, Art. 4 Rom I-VO Rn 317. Anders noch die Vorgängerregelung in Art. 4 Abs. 1 Nr. 2 EVÜ. Für eine Aufspaltung des Vertragsstatuts auf Grundlage dieser Norm noch *Euhus*, S. 46.
10 RegE-VGG, BT-Drucks. 18/7223, S. 87.
11 Heker/Riesenhuber/*Thiele/Paudtke*, Kap. 14 Rn 7; *Euhus*, S. 60; *Block*, S. 54.
12 BeckOGK/*Teichmann*, 15.4.2018, BGB § 675 Rn 86.
13 Zum Begriff der Wahrnehmung siehe § 2 Rn 13.
14 *Heine*, S. 110.
15 RegE-VGG, BT-Drucks. 18/7223, S. 87.

2. Typisierung

14 **a) Gegenseitigkeitsverträge.** Einen eigenen Typus von Repräsentationsvereinbarungen i.S.d. § 44 stellen die sog. **Gegenseitigkeitsverträge** dar.[16] Hintergrund dieser Verträge ist das Interesse der Nutzer an einem internationalen Repertoire, bei Musik also letztlich die Nachfrage der Konsumenten nach internationaler Musik. Aus dieser Nachfrage ergibt sich das Bedürfnis der Rechtsinhaber, ihre Rechte im Ausland effektiv wahrnehmen zu lassen. Dieser Situation begegnen die Verwertungsgesellschaften durch ihre Gegenseitigkeitsverträge. Darunter sind bilaterale Verträge zwischen Verwertungsgesellschaften aus verschiedenen Ländern zu verstehen, die sich gegenseitig[17] mit der Wahrnehmung der ihnen von ihren Berechtigten anvertrauten Rechte in dem Gebiet der jeweils anderen vertragsschließenden Gesellschaft beauftragen. Die Verwertungsgesellschaften schließen nach Möglichkeit mit jeder Verwertungsgesellschaft entsprechende Verträge ab, in deren Territorium ihre Repertoires genutzt werden. Das dadurch entstehende internationale Netz der Gegenseitigkeitsverträge führt dazu, dass jede beteiligte Verwertungsgesellschaft über die Rechte am sog. **Weltrepertoire** verfügt.[18]

15 Die Gegenseitigkeitsverträge erfüllen für Rechtsinhaber, Nutzer und Verwertungsgesellschaften verschiedene **Funktionen**. Die Rechtsinhaber profitieren von den Verträgen dadurch, dass sie ihre Rechte nicht verschiedenen nationalen Verwertungsgesellschaften einräumen müssen, um eine weltweite Rechtewahrnehmung sicherzustellen. Es genügt, dass sie einen Wahrnehmungsvertrag mit nur einer Verwertungsgesellschaft abschließen. Den Nutzern wird erspart, mit jeder Verwertungsgesellschaft, deren Repertoire sie nutzen wollen, gesonderte Lizenzvereinbarungen zu schließen. Sie können die Nutzungsrechte für das Weltrepertoire durch Vertragsschluss mit einer einzigen Verwertungsgesellschaft erwerben („**One-Stop-Shop**"). Für die Verwertungsgesellschaften selbst bringen Gegenseitigkeitsverträge den Vorteil, dass sie den mit einer Tätigkeit im Ausland verbundenen Verwaltungsaufwand vermeiden. Sie können sich auf die bestehenden Verwaltungsstrukturen der ausländischen Schwestergesellschaft stützen und müssen nicht eigene Niederlassungen im Ausland gründen.[19]

16 Gegenseitigkeitsverträge kommen im Prinzip für alle Rechte und Werke in Betracht, die international genutzt werden. Das trifft z.B. auf Sprachwerke zu, weshalb die VG Wort Gegenseitigkeitsverträge mit zahlreichen ausländischen Schwestergesellschaften in der ganzen Welt unterhält.[20] Die wohl größte Rolle spielen Gegenseitigkeitsverträge aber im Musikbereich. Die Gegenseitigkeitsverträge für die Nutzung von Musikwerken sind weltweit weitgehend harmonisiert. Für die Koordinierung der Verträge im Bereich der öffentlichen Wiedergabe ist die CISAC[21] zuständig. Sie gibt den **CISAC-Standardver-**

---

16 Dazu *Euhus*, S. 25 ff.; *Block*, S. 54 ff.; *Grote*, S. 55 ff.; *Heine*, S. 109 ff.; Loewenheim/*Melichar*, § 45 Rn 21 ff.; *Goldmann*, S. 341 ff.
17 Eine gegenseitige Mandatierung ist der Regelfall. Zum Teil werden die Verträge auch einseitig geschlossen, etwa wenn in einem Land mehrere Verwertungsgesellschaften gleichartige Rechte wahrnehmen und eine ausländische Verwertungsgesellschaft die Wahrnehmung ihres Repertoires nur einer dieser Verwertungsgesellschaften überlassen will. Dann schließen die übrigen Verwertungsgesellschaften mit der ausländischen Verwertungsgesellschaft nur einen einseitigen Repräsentationsvertrag für die Wahrnehmung im Ausland.
18 Vgl. *Wünschmann*, S. 25 f.; *Block*, S. 54 ff.
19 EuGH, Urt. v. 13.7.1989 – Rs. 395/87 – Slg. 1989, S. 2565 ff. = GRUR Int. 1990, 622, 624 – Ministere Public/Tournier.
20 Eine Auflistung aller Vertragspartner der VG Wort findet sich auf ihrer Website unter vgwort.de in der der Rubrik „Internationale Vertragsbeziehungen".
21 Confédération Internationale des Sociétés d'Auteurs et Compositeurs (www.cisac.org). Sie wurde 1926 gegründet und vertritt 230 Verwertungsgesellschaften aus mehr als 100 Ländern.

trag (Mustervertrag im EU-Bereich für das Aufführungs- und Senderecht)[22] heraus. Dieser ist freilich nur ein Vorschlag und für die Verwertungsgesellschaften nicht bindend.[23] Der CISAC-Standardvertrag sieht in Art. 1 vor, dass sich die vertragsschließenden Parteien gegenseitig das nicht-ausschließliche Recht gewähren, in ihren jeweiligen Gebieten die für öffentliche Aufführungen von Musikwerken erforderlichen Genehmigungen zu erteilen.[24] Art. 3 Abs. 1 der Vereinbarung verpflichtet jede Partei, in ihrem Verwaltungsgebiet die Rechte der Mitglieder der anderen Partei in der gleichen Weise und in dem gleichen Umfang zur Geltung zu bringen wie diejenigen ihrer eigenen Mitglieder.[25]

Maßgeblich mit Blick auf diese Verpflichtung zur Gleichbehandlung beurteilte der EuGH in seinem Tournier-Urteil aus dem Jahr 1989 die Gegenseitigkeitsverträge als mit dem **europäischen Wettbewerbsrecht** vereinbar.[26] Nach Auffassung des EuGH verfolgen die Verwertungsgesellschaften mit den Gegenseitigkeitsverträgen das **legitime Ziel**, im Einklang mit dem konventionsrechtlichen **Grundsatz der Inländerbehandlung** (Art. 5 Abs. 1 RBÜ; Art. II Abs. 1 WUA) die Gesamtheit der geschützten Musikwerke ohne Rücksicht auf deren Herkunft einheitlichen Bedingungen für die in ein und demselben Staat ansässigen Nutzer zu unterwerfen. Außerdem verfolgen die Verwertungsgesellschaften mit den Gegenseitigkeitsverträgen das rechtmäßige Ziel, sich für den Schutz ihrer Bestände in einem anderen Staat auf die von der dort tätigen Verwertungsgesellschaft aufgebaute **Organisation** zu stützen, ohne genötigt zu sein, diese Organisation durch ein eigenes Netzwerk von Verträgen mit den Nutzern und eigene an Ort und Stelle vorgenommene Kontrollen zu ergänzen.

17

Das beschriebene System der Gegenseitigkeitsverträge versetzt die teilnehmenden Verwertungsgesellschaften in die Lage, Nutzern in ihren Verwaltungsgebieten die Rechte am Weltrepertoire zu erteilen, ermöglicht ihnen aber nicht, diese Rechte auch in anderen Gebieten zu lizenzieren, d.h. Nutzern **Mehrgebietslizenzen** über das Weltrepertoire zu erteilen.[27] Auf Nutzerseite besteht ein Bedarf an solchen Lizenzen vor allem im Online-Bereich, da Online-Nutzungen nicht lokal begrenzt sind, wie dies z.B. bei Aufführungen der Fall ist, und das Internet zu einer territorialen Öffnung der Nutzermärkte geführt hat. Die Tonträgerindustrie ging deshalb schon relativ früh mit dem **Simulcasting-Agreement** einen ersten Schritt, um durch eine Anpassung der bisherigen Gegenseitigkeitsverträge Mehrgebietslizenzen im Online-Bereich zu ermöglichen.[28] Gegen die Urhe-

18

---

22 Abgedruckt im GEMA-Jahrbuch 2017/2018, S. 285 ff.
23 In der Praxis werden von den Verwertungsgesellschaften im Musikbereich zunehmend auch völlig eigene Gegenseitigkeitsverträge abgeschlossen, die vom CISAC-Standardvertrag abweichen.
24 Ursprünglich sahen die CISAC-Gegenseitigkeitsverträge vor, dass sich die Verwertungsgesellschaften gegenseitig exklusiv ermächtigten. Dies wurde auf Betreiben der Europäischen Kommission im Jahr 1971 geändert. Die Kommission beabsichtigte mit ihrer Intervention, eine grenzüberschreitende Direktlizenzierung der jeweiligen nationalen Repertoires möglich zu machen und damit den Wettbewerb zwischen den Verwertungsgesellschaften zu fördern. Siehe *Kommission*, I. Wettbewerbsbericht 1972, S. 84 Fn. 1; *Ruete*, S. 170 f.; *Eckel*, GRUR Int. 2017, 948, 954 f.
25 Heker/Riesenhuber/*Thiele/Paudtke*, Kap. 14 Rn 40.
26 EuGH, Urt. v. 13.7.1989 – Rs. 395/87 – Slg. 1989, S. 2565 ff. = GRUR Int. 1990, 622 – Ministere Public/Tournier.
27 Die beauftragende Verwertungsgesellschaft kann den Nutzern im Gebiet der beauftragten Verwertungsgesellschaft immer nur die Rechte an ihrem eigenen Repertoire anbieten, nicht am sog. Weltrepertoire. Diese Möglichkeit der Direktlizenzierung darf aber dennoch vertraglich nicht ausgeschlossen werden, d.h. Exklusivitätsklauseln sind unzulässig, vgl. im Einzelnen Heker/Riesenhuber/*Holzmüller*, Kap. 4 Rn 35.
28 Das Simulcasting-Agreement wurde von der Kommission mit Entscheidung v. 30.4.2003 vom Kartellverbot freigestellt, allerdings erst nachdem die beteiligten Verwertungsgesellschaften Anpassungen vorgenommen hatten, von denen sich die Kommission wettbewerbsfördernde Wirkungen versprach

ber-Verwertungsgesellschaften, d.h. die GEMA und ihre europäischen Schwestergesellschaften, leitete die Kommission im Jahr 2006 ein kartellrechtliches Verfahren (das sog. **„CISAC-Verfahren"**) ein, das 2008 in einem Untersagungsbescheid mündete.[29] Hierin wurde den Verwertungsgesellschaften ein nach den Feststellungen der Kommission aufeinander abgestimmtes Verhalten verboten, das dazu führte, Nutzern lediglich Eingebietslizenzen anzubieten. Damit zielte die Kommission mit den Mitteln des Kartellrechts auf einen europäischen **Wettbewerb der Verwertungsgesellschaften** bei der Vergabe von Online- und Senderechten für die Nutzung von Musikwerken ab. Mit Urteil vom 12.4.2013 erklärte das EuG die Kommissionsentscheidung allerdings für teilweise nichtig, da die Kommission ihren Vorwurf eines abgestimmten Verhaltens nicht hinreichend bewiesen hatte.[30] Fazit dieser Entwicklung ist, dass die monoterritoriale Beauftragung in bilateralen Vereinbarungen weiter möglich ist. Multilaterale Absprachen über die territoriale Ausgestaltung der jeweiligen bilateralen Gegenseitigkeitsverträge verstoßen u.U. gegen das Kartellverbot.

19 **b) Online-Rechte an Musikwerken.** Auf die Bestrebungen der Kommission, im Bereich der Online-Rechte an Musikwerken die Vergabe von Mehrgebietslizenzen zu fördern, ist es zurückzuführen, dass die VG-RL in ihrem Titel III (Art. 23 ff.) diesem Bereich spezielle Regelungen widmet. Zuvor hatte die Kommission mit ihrer **Online-Empfehlung** aus dem Jahr 2005 noch einen gänzlichen Wegfall der Gegenseitigkeitsverträge im Online-Bereich angeregt. Dies sollte den Rechtsinhabern die Möglichkeit verschaffen, eine Verwertungsgesellschaft ihrer Wahl mit der Wahrnehmung ihrer Rechte im gesamten Gemeinschaftsgebiet zu beauftragen.[31] Die Regelungen in der VG-RL (umgesetzt in den §§ 59 ff.) verfolgen mit dem sog. **Passport-Modell** eine andere Konzeption. Sie zielen darauf ab, die Repertoires bei wenigen großen und besonders effizient arbeitenden Verwertungsgesellschaften zu bündeln. Dafür müssen die betreffenden Verwertungsgesellschaften („Hubs") bestimmte Eignungsvoraussetzungen erfüllen. Verwertungsgesellschaften, die bereits gebietsübergreifend Online-Rechte an Musikwerken für mindestens eine andere Verwertungsgesellschaft anbieten, sind verpflichtet, sich dafür auch anderen Verwertungsgesellschaften zu öffnen. Sie unterliegen gem. § 69 einem **Repräsentationszwang**, d.h. der Verpflichtung, mit anderen Verwertungsgesellschaften auf deren Verlangen entsprechende Repräsentationsvereinbarungen abzuschließen. Diese Repräsentationsvereinbarungen sind Vereinbarungen i.S.d. § 44. Sie unterliegen aber über die Vorgaben der §§ 44 ff. hinaus noch zusätzlich den besonderen Bestimmungen in Teil 3 des VGG.

20 **c) Inkasso-/Mandatsverträge.** Vertragliche Kooperationen zwischen Verwertungsgesellschaften gibt es auch im nationalen Bereich, namentlich auf dem Gebiet des Inkassos. So führt die GEMA für eine Reihe anderer deutscher Verwertungsgesellschaften (u.a. die GVL, VG Wort und VG Bild-Kunst) im Bereich der öffentlichen Wiedergabe **Inkasso-**

(Simulcasting-Entscheidung der Kommission, ABl. Nr. L 107, S. 58 ff.). Siehe dazu *Bortloff*, GRUR Int. 2003, 669, 677; *Heine*, S. 172 ff.
29 Entscheidung der Kommission v. 16.7.2008, COMP/C2/38.698 (CISAC), ABl. EG 2008 C 323, S. 12. Dazu im Einzelnen § 59 Rn. 10 f.
30 EuG, Urt. v. 12.4.2013 – T-442/08 – ZUM-RD 2013, 293.
31 Empfehlung für die länderübergreifende kollektive Wahrnehmung von Urheberrechten und verwandten Schutzrechten, die für legale Online-Musikdienste benötigt werden, ABl. 2005 Nr. L 276, S. 54 ff., mit Berichtigung im ABl. 2005 Nr. L 284, S. 10. Näher zu der Empfehlung *Lichtenegger*, S. 145 ff.; *Heine*, S. 213 ff.; *v. Einem*, MMR 2006, 647 ff.

mandate aus.³² Obwohl es sich bei den zugrunde liegenden Inkassoverträgen (auch Mandatsverträge genannt) ebenfalls um Repräsentationsvereinbarungen i.S.d. § 44 handelt,³³ weisen sie wesentliche Unterschiede zu den Gegenseitigkeitsverträgen auf. Sie sind einseitig ausgestaltet, d.h. es wird nur eine Verwertungsgesellschaft von der anderen mit der Repräsentation beauftragt. Des Weiteren sind sie i.d.R. auf den **nationalen Bereich** beschränkt und werden zwischen Verwertungsgesellschaften **geschlossen**, deren **Tätigkeitsfelder nicht identisch** sind.³⁴ Für ihre Tätigkeit erhält die beauftragte Verwertungsgesellschaft von der auftraggebenden Verwertungsgesellschaft eine Inkassoprovision. Sinnvoll kann ein solches Inkasso zur Vermeidung doppelter Kontroll- und Durchsetzungsstrukturen sein.

Inkasso-/Mandatsverträge sind typischerweise dadurch gekennzeichnet, dass die **21** beauftragte Verwertungsgesellschaft gegenüber den Nutzern nicht ihre eigenen **Tarife** anbietet, wie es bei den Gegenseitigkeitsverträgen der Fall ist, sondern die Rechte als Stellvertreterin der beauftragenden Verwertungsgesellschaft auf Grundlage derer Tarifen vergibt.³⁵ Anders wird dies in der **Münchner Gruppe** praktiziert, in der mehrere Verwertungsgesellschaften, u.a. GEMA, GVL, VG Wort und VFF bei der Wahrnehmung von Kabelweitersenderechten kooperieren. Die Münchner Gruppe ist als reine Innengesellschaft keine abhängige Verwertungseinrichtung i.S.v. § 3.³⁶ Die Verwertungsgesellschaften werden vielmehr von der GEMA auf Basis von Repräsentationsvereinbarungen nach außen vertreten. Die Lizenzierung erfolgt über gemeinsame Tarife.

IV. Diskriminierungsverbot

Die beauftragte Verwertungsgesellschaft hat zu den Rechtsinhabern, deren Rechte **22** sie aufgrund der Repräsentationsvereinbarung wahrnimmt, kein unmittelbares Wahrnehmungsverhältnis. Eine Kontrolle, wie sie bei den eigenen Berechtigten und Mitgliedern durch die Mitgliederhauptversammlung gewährleistet ist, fehlt. Vor diesem Hintergrund unterwirft § 44 die beauftragte Verwertungsgesellschaft einem **Diskriminierungsverbot**. Sie darf die auf Grundlage der Repräsentationsvereinbarung vertretenen Rechtsinhaber nicht gegenüber den eigenen Berechtigten diskriminieren. In diesem Sinne bestimmt Art. 3 Abs. 1 des CISAC-Standardvertrags, dass sich die vertragsschließenden Parteien eines Gegenseitigkeitsvertrags verpflichten, die Rechte der jeweils anderen Partei in gleicher Weise zur Geltung zu bringen wie die eigenen.³⁷ Das Diskriminierungsverbot in § 44 erstreckt sich auf die anwendbaren **Tarife**, die **Verwaltungskosten**, die Bedingungen für die **Einziehung** der Einnahmen sowie auf die **Verteilung** der den Rechtsinhabern zustehenden Beträge.³⁸ Bei der Verteilung sind gem. §§ 45, 46 die Absprachen zwischen den Verwertungsgesellschaften zu beachten.

Inkassovereinbarungen beziehen sich typischerweise auf Rechte, die nicht zum Tä- **23** tigkeitsbereich der beauftragten Verwertungsgesellschaft zählen. Die beauftragte Verwertungsgesellschaft verfügt für die repräsentierten Rechte daher über keinen eigenen Tarif. Der Tarif wird von der beauftragenden Verwertungsgesellschaft vorgegeben. Die beauftragte Verwertungsgesellschaft wendet im Rahmen ihrer **Inkassotätigkeit** somit

---

32 Loewenheim/*Melichar*, § 46 Rn 32 ff.
33 RegE-VGG, BT-Drucks. 18/7223, S. 87.
34 RegE-VGG, BT-Drucks. 18/7223, S. 87.
35 Wandtke/Bullinger/*Gerlach*, vor § 44 VGG Rn 1.
36 Vgl. § 3 Rn 15.
37 Siehe Rn 16.
38 Art. 14 VG-RL; RegE-VGG, BT-Drucks. 18/7223, S. 87.

andere Tarife an als in Bezug auf ihr eigenes Repertoire. Darin liegt indessen mangels unterschiedlicher Sachverhalte (wegen unterschiedlicher Kategorien von Rechten) **keine Ungleichbehandlung.** Jedenfalls ist die Anwendung unterschiedlicher Tarife im Rahmen von Inkassomandaten **sachlich gerechtfertigt.** § 44 verbietet nur Ungleichbehandlungen ohne sachlichen Grund.[43]

24 Die Vorschrift begründet **keinen Repräsentationszwang**, d.h. keine Verpflichtung, mit anderen Verwertungsgesellschaften, im Wege von Gegenseitigkeitsverträgen zu kooperieren oder kleineren Verwertungsgesellschaften Infrastrukturen für das Inkasso zur Verfügung zu stellen. Dies ergibt sich im Umkehrschluss aus § 69, der einen Repräsentationszwang speziell für die gebietsübergreifende Vergabe von Online-Rechten an Musikwerken vorgibt. Auch aus dem Wahrnehmungszwang gem. § 9 lässt sich ein Repräsentationszwang nicht herleiten, da Verwertungsgesellschaften gem. § 5 Abs. 2 keine Rechtsinhaber sind.[44] Außerhalb des Anwendungsbereichs von § 69 ließe sich ein Repräsentationszwang u.U. daher nur aus dem kartellrechtlichen Missbrauchsverbot ableiten.

§ 45
Abzüge

Die beauftragte Verwertungsgesellschaft darf von den Einnahmen aus den Rechten, die sie auf Grundlage einer Repräsentationsvereinbarung wahrnimmt, andere Abzüge als zur Deckung der Verwaltungskosten nur vornehmen, soweit die beauftragende Verwertungsgesellschaft ausdrücklich zugestimmt hat.

Übersicht
I. Allgemeines
   1. Bedeutung der Regelung —— 1
   2. Vorgängerregelung —— 2
   3. Unionsrechtlicher Hintergrund —— 3
   4. Entstehungsgeschichte —— 4

II. Regelungsgehalt —— 5
   1. Verwaltungskosten —— 7
   2. Andere Abzüge —— 8
   3. Ausdrückliche Zustimmung —— 10
   4. Informationspflichten —— 11

I. Allgemeines

1 **1. Bedeutung der Regelung.** § 45 regelt, welche Abzüge die beauftragte Verwertungsgesellschaft von den Einnahmen aus den Rechten vornehmen darf, die sie aufgrund einer Repräsentationsvereinbarung wahrnimmt. Die Rechtsinhaber haben mit der beauftragten Verwertungsgesellschaft kein unmittelbares Wahrnehmungsverhältnis, so dass eine direkte Kontrolle fehlt. Die Vorschrift will die Rechtsinhaber vor diesem Hintergrund davor schützen, dass die beauftragte Verwertungsgesellschaft **ungerechtfertigte und intransparente Schmälerungen ihrer Bezüge** vornimmt. Vor allem soll § 45 verhindern, dass Verwertungsgesellschaften im Rahmen von Gegenseitigkeitsverträgen ohne Zustimmung der beauftragenden Verwertungsgesellschaft **Abzüge für soziale und kulturelle Unterstützungsleistungen** vornehmen, die nur ihren eigenen Berechtigten zugutekommen.[1] Ergänzt wird die Regelung durch § 46, der beiden beteiligten Verwertungsgesellschaften Vorgaben für die Verteilung der Einnahmen macht.

---

43 RegE-VGG, BT-Drucks. 18/7223, S. 87; Wandtke/Bullinger/*Gerlach*, § 44 VGG Rn 1.
44 Siehe § 5 Rn 21.

1 Zu dieser Praxis § 32 Rn 46; kritisch dazu *Bartels*, UFITA Bd. 2006/II, 325, 336 ff.; *Hauptmann*, S. 73 f.; *Schack*, Rn 1373.

2. Vorgängerregelung. Das UrhWG enthielt keine Regelungen zu Repräsentationsvereinbarungen. 2

3. Unionsrechtlicher Hintergrund. § 45 beruht auf Art. 15 Abs. 1 VG-RL. Die deutsche Regelung ist schlanker formuliert. Inhaltliche Abweichungen sind damit nicht verbunden. 3

4. Entstehungsgeschichte. Die Vorschrift geht auf den wortlautidentischen Vorschlag im RefE des BMJV zurück und wurde im weiteren Gesetzgebungsverfahren nicht weiter thematisiert. 4

II. Regelungsgehalt

Gem. § 45 darf die beauftragte Verwertungsgesellschaft von den Einnahmen, die sie 5
auf Grund einer Repräsentationsvereinbarung erzielt, **nur Verwaltungskosten abziehen**, wenn nicht die beauftragende Verwertungsgesellschaft anderen Abzügen ausdrücklich zugestimmt hat.

Die abgezogenen Kosten müssen gem. § 31 Abs. 1 angemessen sein und anhand von 6
objektiven Kriterien festgelegt werden. Verwaltungskosten müssen gem. § 31 Abs. 2 **gerechtfertigt** und **belegt** sein.[2] Diese allgemeinen Vorgaben sind auch für die Wahrnehmung von Rechten auf Grund von Repräsentationsvereinbarungen zu beachten.[3]

1. Verwaltungskosten. Mit Verwaltungskosten sind gem. **§ 31 Abs. 2** die Kosten 7
gemeint, die der Verwertungsgesellschaft für die Wahrnehmung von Urheberrechten und verwandten Schutzrechten entstehen. Dazu gehören z.B. Ausgaben für Personal, IT, Raumkosten, Inkasso, Rechnungswesen, Rechtsverfolgung und den Außendienst.[4] Über die allgemeinen Grundsätze für die Verwaltungskosten entscheidet gem. § 17 S. 2 Nr. 9 die Mitgliederversammlung der beauftragten Verwertungsgesellschaft.

2. Andere Abzüge. Mit „andere Abzüge" i.S.v. § 45 sind insbesondere Abzüge für 8
die **Förderung kulturell bedeutender Werke und Leistungen** und Abzüge für die Einrichtung von **Vorsorge- und Unterstützungseinrichtungen** für die Berechtigten gemeint. § 32 hält die Verwertungsgesellschaften zwar grds. an, solche Leistungen für ihre Berechtigten zu erbringen. Sie dürfen sie aber gem. § 45 ohne ausdrückliche Zustimmung der beauftragenden Verwertungsgesellschaft nicht durch Einnahmen aus einer Repräsentationsvereinbarung finanzieren, da diese Einnahmen grundsätzlich Rechtsinhabern zustehen, die von Leistungen, die ausschließlich den eigenen Berechtigten der beauftragten Verwertungsgesellschaft zukommen, nicht profitieren.

Ebenfalls unzulässig wäre nach § 45 der Abzug einer **Gewinnmarge** für die beauf- 9
tragte Verwertungsgesellschaft, es sei denn, die beauftragende Verwertungsgesellschaft stimmt einem solchen Abzug ausdrücklich zu.

3. Ausdrückliche Zustimmung. § 45 verbietet den Abzug anderer Kosten nicht 10
schlechthin, sondern macht ihn davon abhängig, dass die beauftragende Verwertungsgesellschaft **ausdrücklich zustimmt**. Dafür kann es genügen, dass die Repräsentationsvereinbarung auf den Verteilungsplan der beauftragten Gesellschaft und die dort gere-

---

[2] Näher zu diesen Vorgaben § 31 Rn 26 ff.
[3] RegE-VGG, BT-Drucks. 18/7223, S. 87.
[4] Näher zum Begriff der Verwaltungskosten § 23 Rn 23 f.

gelten Abzüge verweist. Art. 8 Abs. 2 CISAC-Standardvertrag[5] sieht ausdrücklich vor, dass die Vertragsparteien höchstens 10 % für Pensions-, Hilfs- oder Unterstützungskassen ihrer Mitglieder oder für die Förderung der nationalen Künste in Abzug bringen dürfen. Nach dem Verteilungsplan der GEMA ist ein Abzug für kulturelle und soziale Zwecke nur nach Maßgabe der jeweiligen Repräsentationsvereinbarung zulässig.[6]

4. Informationspflichten. Hinsichtlich der vorgenommenen Abzüge unterliegt die beauftragte Verwertungsgesellschaft gem. § 47 Nr. 4 und 5 **Informationspflichten**, d.h. sie muss die beauftragende Verwertungsgesellschaft spätestens zwölf Monate nach Ablauf des Geschäftsjahres über die Abzüge elektronisch informieren.

§ 46
Verteilung

(1) ¹Für die Verteilung der Einnahmen aus den Rechten, die die beauftragte Verwertungsgesellschaft auf Grundlage einer Repräsentationsvereinbarung wahrnimmt, ist der Verteilungsplan der beauftragten Verwertungsgesellschaft maßgeblich, soweit die Verwertungsgesellschaften in der Repräsentationsvereinbarung keine abweichenden Vereinbarungen treffen. ²Abweichende Vereinbarungen in der Repräsentationsvereinbarung müssen ein willkürliches Vorgehen bei der Verteilung ausschließen.

(2) Von den Vorschriften über die Verteilungsfrist (§ 28) kann in der Repräsentationsvereinbarung nicht zum Nachteil der beauftragenden Verwertungsgesellschaft abgewichen werden.

(3) Bezieht sich die Repräsentationsvereinbarung auf Rechte und Werke oder sonstige Schutzgegenstände, die zum Tätigkeitsbereich beider Verwertungsgesellschaften zählen, so hat die beauftragende Verwertungsgesellschaft die Verteilungsfrist (§ 28) so zu bestimmen, dass die Einnahmen aus den Rechten spätestens sechs Monate nach Erhalt an die von ihr vertretenen Berechtigten verteilt werden.

Übersicht

I. Allgemeines
 1. Bedeutung der Regelung —— 1
 2. Vorgängerregelung —— 2
 3. Unionsrechtlicher Hintergrund —— 3
 4. Entstehungsgeschichte —— 7

II. Regelungsgehalt
 1. Maßgeblichkeit des Verteilungsplans (§ 46 Abs. 1) —— 8
 2. Verteilungsfrist gem. § 46 Abs. 2 —— 11
 3. Verteilungsfrist gem. § 46 Abs. 3 —— 12

I. Allgemeines

1. Bedeutung der Regelung. Verwertungsgesellschaften haben die Verteilung der Einnahmen aus der Rechtewahrnehmung nach Maßgabe der Vorschriften des Teil 2, Abschnitt 1, UA 3 vorzunehmen. Die darin geregelten Vorgaben sind gem. § 23 S. 1 auch für die Verteilung der **Einnahmen aus Rechten, die auf Grundlage von Repräsentationsvereinbarungen wahrgenommen werden**, zu beachten. § 46 stellt für diese Einnahmen einige zusätzliche Sonderbestimmungen auf, insbesondere was die Verteilungsfristen angeht. Im Verhältnis zu den §§ 23 ff. ist § 46 somit als lex specialis anzusehen.[1]

---

5 Dazu § 44 Rn 1.
6 GEMA-Verteilungsplan, § 30 Abs. 1.

1 § 23 Rn 11.

Der Zweck der Regelung liegt insbesondere darin, zu verhindern, dass die Rechtewahrnehmung über Repräsentationsverträge zu **ungerechtfertigten Verzögerungen bei der Ausschüttung** der Einnahmen an die Rechtsinhaber führt.

2. Vorgängerregelung. Das UrhWG enthielt keine Regelungen zu Repräsentationsvereinbarungen. 2

3. Unionsrechtlicher Hintergrund. Abs. 1 dient der Umsetzung von Art. 15 Abs. 2 3 VG-RL.[2] Die Richtlinienbestimmung hat allerdings einen anderen Inhalt. Sie verpflichtet die Verwertungsgesellschaft, die für eine andere Verwertungsgesellschaft im Wege einer Repräsentationsvereinbarung Rechte wahrnimmt, die Einnahmen **regelmäßig, sorgfältig und korrekt** an die beauftragende Verwertungsgesellschaft zu verteilen und auszuschütten. Dieses Ziel geht Abs. 1 an, indem er anordnet, dass für die Verteilung im Zweifel der Verteilungsplan der beauftragten Verwertungsgesellschaft maßgeblich sein soll. Hintergrund dieses Regelungskonzepts ist, dass für Verteilungspläne gem. 27 Abs. 1 ein gesetzliches Willkürverbot besteht. Die Richtlinienvorgabe („regelmäßig, sorgfältig und korrekt") wird darüber hinaus durch den **§ 23 S. 1** umgesetzt, der vorsieht, dass Verwertungsgesellschaften ihre Einnahmen „mit der gebotenen Sorgfalt einzuziehen, zu verwalten und zu verteilen" haben; diese Vorgabe gilt gem. § 23 S. 1 ausdrücklich auch für Einnahmen aus Rechten, die die Verwertungsgesellschaft auf Grundlage einer Repräsentationsvereinbarung wahrnimmt.

Abs. 2 beruht auf Art. 15 Abs. 3 UA 1 VG-RL. Nach der Richtlinienbestimmung sind 4 die Zahlungstransfers zwischen den beteiligten Verwertungsgesellschaften so schnell wie möglich und spätestens **neun Monate** nach Ablauf des Geschäftsjahres vorzunehmen, in dem die Einnahmen eingezogen wurden, es sei denn, die Wahrung dieser Frist ist aus objektiven Gründen nicht möglich. Die deutsche Umsetzungsnorm in § 46 Abs. 2 regelt diese Vorgaben durch einen Verweis auf die Vorschriften über die Verteilungsfrist in § 28. Die neunmonatige Maximalfrist ist dort in Abs. 2 geregelt.

Abs. 3 bezweckt die Umsetzung von Art. 15 Abs. 3 UA 3 VG-RL. Die Richtlinienbestimmung setzt der beauftragenden Verwertungsgesellschaft für die Ausschüttung an 5 ihre Berechtigten eine Maximalfrist von sechs Monaten nach Erhalt der Beträge von der beauftragten Verwertungsgesellschaft. § 46 Abs. 3 beschränkt diese Vorgabe auf Repräsentationsvereinbarungen zwischen **Verwertungsgesellschaften mit dem gleichen Tätigkeitsbereich**, also auf Gegenseitigkeitsverträge. Damit trägt der deutsche Gesetzgeber dem Umstand Rechnung, dass die Verteilung von Einnahmen, die aufgrund von **Inkassomandaten** erzielt werden, für die beauftragte Verwertungsgesellschaft mit einem höheren Aufwand verbunden ist, da in diesem Bereich i.d.R. Pauschalbeträge überwiesen werden.[3] In der VG-RL ist diese Einschränkung nicht vorgesehen. Allerdings erlaubt Art. 15 Abs. 3 UA 2 VG-RL eine Überschreitung der Sechsmonatsfrist, wenn eine Wahrung der Frist aus objektiven Gründen nicht möglich ist.

Auf die in Art. 15 Abs. 3 UA 2 VG-RL erwähnte Variante der Einnahmenverteilung 6 über Einrichtungen, die Rechtsinhaber vertreten, hat der deutsche Gesetzgeber bewusst verzichtet.[4]

4. Entstehungsgeschichte. Die Norm geht auf den wortlautidentischen Vorschlag 7 im RegE zurück. Der **RefE** sah in seinem Abs. 1 noch keine Regelung zur Möglichkeit ab-

---

2 RegE-VGG, BT-Drucks. 18/7223, S. 87.
3 Wandtke/Bullinger/*Gerlach*, § 46 Rn 3.
4 RegE-VGG, BT-Drucks. 18/7223, S. 87.

weichender Vereinbarungen vor und hätte daher bei Inkassomandaten zu Problemen geführt, da die Verteilung dort nach den Verteilungsplänen der beauftragenden Verwertungsgesellschaften erfolgen muss.[5] Auch die Einschränkung der sechsmonatigen Maximalfrist in § 46 Abs. 3 auf Repräsentationsvereinbarungen, die sich auf die gleichen Rechte und Schutzgegenstände beziehen war im RefE noch nicht vorgesehen.

II. Regelungsgehalt

8   **1. Maßgeblichkeit des Verteilungsplans (§ 46 Abs. 1).** Verwertungsgesellschaften, die auf Grundlage einer Repräsentationsvereinbarung, also etwa eines Gegenseitigkeitsvertrags oder eines Inkassomandats Einnahmen für eine andere Verwertungsgesellschaft erzielen, schütten diese Einnahmen regelmäßig nicht unmittelbar an die Rechtsinhaber aus, sondern an die beauftragende Verwertungsgesellschaft. Die Ausschüttung an die Rechtsinhaber erfolgt durch die beauftragende Verwertungsgesellschaft. § 46 Abs. 1 S. 1 bestimmt, dass für die Verteilung der Einnahmen dennoch im Zweifel der **Verteilungsplan der beauftragten Verwertungsgesellschaft maßgeblich** ist. Diese Zweifelsregelung entspricht den praktischen Erfordernissen im Bereich der **Gegenseitigkeitsverträge.** Die beauftragte Verwertungsgesellschaft erzielt von den Nutzern einheitliche Einnahmen für das Fremd- und Eigenrepertoire. Deshalb muss auch die Zuordnung der Beträge auf die Anteile der genutzten Werke (sog. Matching)[6] nach einheitlichen Regeln erfolgen. Art. 7 Abs. 2 CISAC-Standardvertrag[7] sieht dementsprechend vor, dass die „Zuteilung der auf die in den Verwaltungsgebieten jeder Gesellschaft aufgeführten Werke entfallenden Summen (...) gemäß dem Verteilungsplan der abrechnenden Gesellschaft ..." erfolgt. Dieser Praxis trägt die Zweifelsregelung in § 46 Abs. 1 Rechnung.

9   Die Zweifelsregelung entspricht dagegen nicht der Verteilungspraxis im Bereich der **Inkassomandate.** Mit Blick auf die Notwendigkeiten in diesem Bereich erlaubt § 46 Abs. 1 S. 1 den Verwertungsgesellschaften – anders als noch im RefE vorgesehen – **abweichende Vereinbarungen** in der Repräsentationsvereinbarung. Die Situation bei den Inkassomandaten ist regelmäßig dadurch gekennzeichnet, dass die beauftragende Verwertungsgesellschaft der beauftragten Verwertungsgesellschaft eine Inkassovollmacht für Rechte- und Werkekategorien erteilt, die nicht zum Tätigkeitsbereich der beauftragten Verwertungsgesellschaft zählen. Die beauftragte Verwertungsgesellschaft verfügt daher über keinen passenden Verteilungsplan, der eine Zuordnung der Beträge an die Rechtsinhaber ermöglichen würde. Es handelt sich regelmäßig auch um separat verbuchte Einnahmen. Die Verteilung erfolgt hier somit zwangsläufig nach Maßgabe des **Verteilungsplans der beauftragenden Verwertungsgesellschaft.**[8] Die beteiligten Verwertungsgesellschaften müssen dies in der Repräsentationsvereinbarung vereinbaren, um zu vermeiden, dass die Zweifelsregelung des § 46 Abs. 1 S. 1 zum Tragen kommt.[9]

Abweichende Vereinbarungen müssen gem. § 46 Abs. 1 S. 2 ein **willkürliches Vorgehen** bei der Verteilung an die beauftragende Verwertungsgesellschaft **ausschließen.** Diese Vorgabe wird denklogisch nicht schon dadurch verletzt, dass etwas anderes ver-

---

5   Siehe unten Rn 9.
6   Dazu § 61 Rn 8.
7   Zum CISAC-Standardvertrag siehe § 44 Rn 16; zu den Verteilungsregeln im Bereich der Gegenseitigkeitsverträge näher, in: Heker/Riesenhuber/>*Thiele/Paudtke*, Kap. 14 Rn 48ff.; *Heine*, S. 115ff.
8   Vgl. auch § 27 Rn 17.
9   Wandtke/Bullinger/*Gerlach*, § 46 Rn 1.

einbart wird. Ansonsten würde die gesetzliche Erlaubnis, abweichende Vereinbarung zu treffen, leer laufen. Aus dem Willkürverbot folgt dementsprechend **keine allgemeine Gleichbehandlungspflicht**. Die Grenze zur Willkür ist erst überschritten, wenn sich für Abweichungen kein sachlicher Grund finden lässt und die Interessen der Berechtigten der auftraggebenden Verwertungsgesellschaft bei der Verteilung missachtet werden.[10]

Für die **gebietsübergreifende Vergabe von Online-Rechten an Musikwerken** 10 enthält § 68 Abs. 3 Sonderregelungen bezüglich der Verteilung. Im Grundsatz gilt auch in diesem Bereich, dass die Verteilung zwischen den beteiligten Verwertungsgesellschaften nach Maßgabe des Verteilungsplans der beauftragten Verwertungsgesellschaft erfolgt (§ 68 Abs. 3 S. 1 i.V.m. Abs. 1).

2. Verteilungsfrist gem. § 46 Abs. 2. § 46 Abs. 2 bestimmt, dass von den Vorschrif- 11 ten über die Verteilungsfrist in § 28 in der Repräsentationsvereinbarung nicht zum Nachteil der beauftragenden Verwertungsgesellschaft abgewichen werden kann. Maßgeblich sind gem. § 28 Abs. 1 die im Verteilungsplan der beauftragten Verwertungsgesellschaft bestimmten Fristen. Die Maximalfrist für die Verteilung beträgt gem. § 28 Abs. 2 **neun Monate nach Ablauf des Geschäftsjahres**, in dem die Einnahmen eingezogen wurden.[11] Die beauftragende Verwertungsgesellschaft muss die Beträge, die ihren Berechtigten zustehen, also spätestens neun Monate nach Ablauf des betreffenden Geschäftsjahrs der beauftragten Verwertungsgesellschaft erhalten. Sachlich begründete Verzögerungen führen gem. § 28 Abs. 3 zur Hemmung der Fristen.[12]

3. Verteilungsfrist gem. § 46 Abs. 3. Während sich § 46 Abs. 2 an die beauftragte 12 Verwertungsgesellschaft richtet, bestimmt § 46 Abs. 3 eine Frist für die Ausschüttungen der Einnahmen durch die beauftragende Verwertungsgesellschaft an die Berechtigten. Diese muss grds. innerhalb von **sechs Monaten nach Erhalt** erfolgen. Die Rechtsinhaber erhalten die ihnen zustehenden Beträge somit 15 Monate nach Ablauf des Geschäftsjahres, wenn beide beteiligten Verwertungsgesellschaften ihre gesetzlichen Maximalfristen gem. §§ 46 Abs. 2 i.V.m. 28 Abs. 2 (neun Monate) und gem. § 46 Abs. 3 (sechs Monate) ausschöpfen. Werden die Einnahmen am Anfang des Geschäftsjahres eingezogen, liegen zwischen der Einziehung und der Ausschüttung an den Rechtsinhaber **maximal 27 Monate** (15 Monate plus ein Geschäftsjahr mit 12 Monaten). Solange die beauftragende Verwertungsgesellschaft an der Durchführung der Verteilung gehindert ist, wird die Sechsmonatsfrist in § 46 Abs. 3 gehemmt.[13]

Die in § 46 Abs. 3 vorgesehene Maximalfrist von sechs Monaten gilt allerdings nur 13 unter der Voraussetzung, dass sich die Repräsentationsvereinbarung auf Rechte und Schutzgegenstände bezieht, die zum **Tätigkeitsbereich beider Verwertungsgesellschaften** zählen. Das ist bei **Gegenseitigkeitsverträgen** der Fall. Bei einem Inkassomandat erhält die beauftragende Verwertungsgesellschaft von der beauftragten Verwertungsgesellschaft hingegen keine Beträge, die sie den Berechtigten ohne weiteres zuordnen kann, so dass der Verteilungsaufwand für sie ungleich größer ist. Mit Rücksicht hierauf hat der Gesetzgeber die Fristvorgabe gem. § 46 Abs. 3 nicht auf den Bereich

---
10 Zum Begriff des Willkürverbots im Rahmen der Verteilungspläne siehe § 27 Rn 29 ff.
11 Zur Fristberechnung näher § 28 Rn 17 f.
12 Näher zu den sachlichen Gründen § 28 Rn 22 ff.
13 Dementsprechend sieht § 57 Abs. 1 S. 3 GEMA-Verteilungsplan vor, dass die Verteilungsfristen für Einnahmen aus dem Ausland nicht gelten, soweit die GEMA aus sachlichen Gründen an der Durchführung der Verteilung gehindert ist. § 7 Abs. 1 S. 2 des VG-Wort-Verteilungsplan sieht vor, dass die Sechsmonatsfrist für die Verteilung nur gilt, soweit die Einnahmen konkreten Werken und Nutzungen individuell zugeordnet werden können.

der **Inkassomandate** erstreckt. Für Inkassomandate gelten die **allgemeinen Regeln** über die Verteilungsfristen, d.h. die beauftragende Verwertungsgesellschaft muss für eine Verteilung bis spätestens neun Monate nach Ablauf ihres Geschäftsjahres Sorge tragen (§ 28 Abs. 2).

§ 47
Informationspflichten

Die beauftragte Verwertungsgesellschaft informiert spätestens zwölf Monate nach Ablauf eines jeden Geschäftsjahres die Verwertungsgesellschaften, für die sie in diesem Geschäftsjahr auf Grundlage einer Repräsentationsvereinbarung Rechte wahrgenommen hat, elektronisch mindestens über:
1. die in diesem Geschäftsjahr der beauftragenden Verwertungsgesellschaft zugewiesenen Einnahmen aus denjenigen Rechten, die von der Repräsentationsvereinbarung umfasst sind, aufgeschlüsselt nach Kategorie der Rechte und Art der Nutzung;
2. die in diesem Geschäftsjahr an die beauftragende Verwertungsgesellschaft ausgeschütteten Einnahmen aus denjenigen Rechten, die von der Repräsentationsvereinbarung umfasst sind, aufgeschlüsselt nach Kategorie der Rechte und Art der Nutzung;
3. sämtliche der beauftragenden Verwertungsgesellschaft zugewiesenen, aber noch nicht ausgeschütteten Einnahmen aus den Rechten;
4. die in diesem Geschäftsjahr zur Deckung der Verwaltungskosten vorgenommenen Abzüge von den Einnahmen aus den Rechten;
5. die in diesem Geschäftsjahr für andere Zwecke als zur Deckung der Verwaltungskosten vorgenommenen Abzüge aus den Einnahmen von den Rechten;
6. Informationen zu den mit Nutzern abgeschlossenen Verträgen sowie zu Vertragsanfragen von Nutzern, die abgelehnt wurden, soweit sich die Verträge und Vertragsanfragen auf Werke und andere Schutzgegenstände beziehen, die von der Repräsentationsvereinbarung umfasst sind, und
7. die Beschlüsse der Mitgliederhauptversammlung, sofern die Beschlüsse für die Wahrnehmung der unter die Repräsentationsvereinbarung fallenden Rechte maßgeblich sind.

Übersicht

I. Allgemeines
   1. Bedeutung der Regelung —— 1
   2. Vorgängerregelung —— 2
   3. Unionsrechtlicher Hintergrund —— 3
   4. Entstehungsgeschichte —— 4
II. Regelungsgehalt —— 5

I. Allgemeines

1   **1. Bedeutung der Regelung.** § 47 unterwirft die beauftragte Verwertungsgesellschaft in für die VG-RL und das VGG typischer Manier einem Katalog von Informationspflichten, um für die beauftragende Verwertungsgesellschaft **größtmögliche Transparenz** herzustellen. Zum Teil handelt es sich dabei um Angaben, die die Verwertungsgesellschaften gem. § 54 auch gegenüber ihren Berechtigten zu machen haben.

2   **2. Vorgängerregelung.** Das UrhWG enthielt keine Regelungen zu Repräsentationsvereinbarungen.

3. Unionsrechtlicher Hintergrund. § 47 beruht auf Art. 19 VG-RL. Die Richtlinien- 3
vorgabe einer Informationsübermittlung „mindestens einmal jährlich" hat der deutsche
Gesetzgeber durch Festsetzung einer Frist von zwölf Monaten nach Ablauf eines jeden
Geschäftsjahres umgesetzt.

4. Entstehungsgeschichte. Die Norm geht auf den nahezu wortlautidentischen 4
Vorschlag im RefE des BMJV zurück, an dem der RegE nur wenige kosmetische Änderungen vorgenommen hat.

II. Regelungsgehalt

Die in § 47 genannten Informationen bilden den gesetzlichen **Mindeststandard** 5
(„mindestens"). Die Vertragsparteien können selbstverständlich darüber hinaus gehende Informationspflichten vereinbaren und der beauftragten Verwertungsgesellschaft bleibt es unbenommen, weitere Informationen freiwillig zu erteilen. Eine vertragliche Einschränkung des gesetzlich vorgesehenen Informationskatalogs dürfte hingegen unzulässig sein. Zwar enthält § 47, anders als § 46 Abs. 2 in Bezug auf die Verteilungsfrist, kein ausdrückliches **Verbot abweichender Vereinbarungen**. Für den zwingenden Charakter des Informationskatalogs spricht aber, dass Art. 19 VG-RL die Mitgliedstaaten verpflichtet, die Übermittlung der Informationen durch die Verwertungsgesellschaft sicherzustellen.

Die Informationsübermittlung hat gem. § 47 **elektronisch** zu erfolgen. Die elektroni- 6
sche Form i.S.v. § 126a BGB, die eine qualifizierte elektronische Signatur erfordert, ist damit nicht gemeint. Eine einfache elektronische Kommunikation, insbesondere per E-Mail, genügt.[1] § 47 Nr. 1 bis 7 geben folgende Informationen vor:
- **Nr. 1** betrifft die der beauftragenden Verwertungsgesellschaft im letzten Geschäftsjahr **zugewiesenen Einnahmen** aus den von der Repräsentationsvereinbarung umfassten Rechten. Die Einnahmen sind nach der **Kategorie der Rechte und der Art der Nutzung** aufzuschlüsseln. Die Begriffe „Kategorien der Rechte" und „Art der Nutzung" sind im VGG nicht näher definiert. Die Anlage zu § 58 Abs. 2 (Inhalt des jährlichen Transparenzberichts) nennt in Nr. 2 a) als **Beispiele** für die Art der Nutzung **„Hörfunk und Fernsehen, Online-Nutzung, Aufführung"**. Eine über diesen Abstraktionsgrad hinausgehende Spezifizierung, etwa im Sinne einzelner Nutzungsarten i.S.v. § 31 Abs. 1 S. 1 UrhG ist demnach nicht erforderlich. Die „Kategorien von Rechten" dürften mit der Angabe der betreffenden **Verwertungsrechte** i.S.v. §§ 15 ff. UrhG (z.B. Vervielfältigung, Verbreitung, Kabelweitersendung etc.) hinreichend genau bezeichnet sein. In der Praxis werden vor allem im Bereich der Gegenseitigkeitsverträge weitaus detailliertere Informationen weitergegeben, damit sichergestellt werden kann, dass die vereinnahmten Beträge an die Rechtsinhaber ausgeschüttet werden können. Praktisch erforderlich ist hier eine werkanteilsbezogene Aufschlüsselung der Einnahmen.
- **Nr. 2** betrifft die der beauftragenden Verwertungsgesellschaft im letzten Geschäftsjahr **ausgeschütteten Einnahmen** i.S.v. Nr. 1, wiederum aufgeschlüsselt nach Kategorien der Rechte und Art der Nutzung.
- **Nr. 3** bezieht sich auf **sämtliche zugewiesenen, aber noch nicht ausgeschütteten** Einnahmen aus den Rechten. Im Unterschied zu Nr. 1 und 2 sind damit nicht nur die Einnahmen aus dem letzten Geschäftsjahr gemeint, sondern auch offene Ausschüt-

---

[1] Zur elektronischen Kommunikation siehe § 14 Rn 5 f.

tungen aus den Vorjahren. Eine Aufschlüsselung der Informationen nach Kategorien der Rechte und Art der Nutzung ist hier nicht erforderlich.
- **Nr. 4** betrifft den im letzten Geschäftsjahr in Ansatz gebrachten **Verwaltungskostenabzug** der beauftragten Verwertungsgesellschaft.
- **Nr. 5** betrifft **weitere Abzüge**, sofern sie vorgenommen wurden. Zulässig sind solche Abzüge gem. § 45 nur mit ausdrücklicher Zustimmung der beauftragenden Verwertungsgesellschaft.
- **Nr. 6** verpflichtet zu Informationen zu den **Nutzerverträgen** und zu **abgelehnten Nutzeranfragen** mit Bezug auf die von der Repräsentationsvereinbarung umfassten Werke und sonstigen Schutzgegenstände. Angaben zu abgelehnten Nutzeranfragen sind gem. Nr. 1. c) der Anlage zu § 58 Abs. 2 auch in den jährlichen Transparenzbericht aufzunehmen. Wegen des für Verwertungsgesellschaften in Deutschland geltenden Abschlusszwangs (§ 34 Abs. 1) wird in dieser Hinsicht wohl eher selten Mitteilungsbedarf entstehen.
- **Nr. 7** bezieht sich schließlich auf **Beschlüsse der Mitgliederversammlung**, sofern sie für die Wahrnehmung der betreffenden Rechte maßgeblich sind. Das ist z.B. der Fall bei Beschlüssen über Tarife (§ 17 Abs. 1 Nr. 14), da die Verwertungsgesellschaften die ihnen im Rahmen von Gegenseitigkeitsverträgen anvertrauten Rechte auf Grundlage ihrer Tarife wahrnehmen.[2] Dementsprechend sieht Art. 3 Abs. 2 CISAC-Standardvertrag[3] vor, dass sich die vertragsschließenden Verwertungsgesellschaften über die angewendeten Tarife informieren. Relevant können ferner insbesondere Beschlüsse über den Verteilungsplan (§ 17 Abs. 1 Nr. 6) und die allgemeinen Grundsätze für die Abzüge von den Einnahmen (§ 17 Abs. 1 Nr. 9) sein.

VIERTER ABSCHNITT
Vermutungen; Außenseiter bei Kabelweitersendung

§ 48
Vermutung bei Auskunftsansprüchen

Macht die Verwertungsgesellschaft einen Auskunftsanspruch geltend, der nur durch eine Verwertungsgesellschaft geltend gemacht werden kann, so wird vermutet, dass sie die Rechte aller Rechtsinhaber wahrnimmt.

Übersicht

I. Allgemeines	4. Entstehungsgeschichte —— 8
1. Bedeutung der Regelung —— 1	II. GEMA-Vermutung —— 9
2. Vorgängerregelung —— 3	III. Auskunftsansprüche —— 18
3. Unionsrechtlicher Hintergrund —— 7	IV. Gesetzliche Vermutung —— 21

I. Allgemeines

1 **1. Bedeutung der Regelung.** Verwertungsgesellschaften, die Ansprüche für die von ihnen vertretenen Rechtsinhaber geltend machen möchten, sehen sich häufig mit einer Schwierigkeit konfrontiert: Es ist zwar bekannt, dass urheberrechtlich relevante Handlungen vorgenommen wurden, aber nicht, welche Werke genutzt wurden. Nach der

---
2 Siehe § 44 Rn 21.
3 Zum CISAC-Standardvertrag siehe § 44 Rn 16.

grundsätzlichen **Beweislastverteilung** im Zivilprozess[1] wären die Verwertungsgesellschaften gezwungen, zunächst nachzuweisen, dass ein Werk betroffen ist, für dessen Rechtsinhaber sie Rechte wahrnehmen. Dies würde ihnen die Durchsetzung sowohl von Vergütungsansprüchen als auch von vorgelagerten Auskunftsansprüchen erheblich **erschweren**. Nutzer könnten die **Aktivlegitimation** der Verwertungsgesellschaft stets mit dem Einwand angreifen, sie hätten nur Werke genutzt, die nicht vom Repertoire der Verwertungsgesellschaft umfasst sind.[2] Da Verwertungsgesellschaften regelmäßig eine Vielzahl von Rechtsinhabern vertreten, deren Werke von zahlreichen Personen genutzt werden, müssten sie einen erheblichen Aufwand betreiben, um festzustellen, welches Werk genutzt wurde, um ihre Aktivlegitimation in jedem Einzelfall nachzuweisen.[3] Die dabei entstehenden Kosten würden – soweit die Durchsetzung der Rechte überhaupt möglich wäre – die für die Rechtsinhaber generierten Einnahmen deutlich senken.[4]

§§ 48 und 49 schaffen hier Abhilfe. Sie statuieren eine **widerlegbare gesetzliche** 2 **Vermutung** zugunsten der Verwertungsgesellschaft, dass diese die Rechte aller Rechtsinhaber wahrnimmt. § 48 spricht den Verwertungsgesellschaften die Aktivlegitimation zur Geltendmachung von **verwertungsgesellschaftspflichtigen Auskunftsansprüchen** zu. Nach § 49 wird für **bestimmte Vergütungsansprüche** zudem vermutet, dass eine Verwertungsgesellschaft, die diese Ansprüche grds. wahrnimmt, in dem betreffenden Bereich für sämtliche Rechtsinhaber wahrnehmungsberechtigt ist.[5] § 50 enthält eine darüber hinausgehende Sonderregelung für die Wahrnehmung von Kabelweitersenderechten.

2. Vorgängerregelung. §§ 48 bis 50 waren im UrhWG in unterschiedlichen Absätzen 3 des § 13c geregelt. Abgesehen von geringfügigen Unterschieden in der Formulierung sind die Vorschriften **inhaltlich unverändert** übernommen worden. Die zu § 13c UrhWG entwickelte **Dogmatik** und **Rechtsprechung** gilt daher auch für §§ 48 bis 50.[6]

Die Vorgängerregelungen von §§ 48, 49, nämlich § 13c Abs. 1 und 2 UrhWG, wurden 4 (damals als § 13b Abs. 1 und 2) durch das Urheberrechtsänderungsgesetz von 1985[7] in das UrhWG eingefügt. Der Gesetzgeber bestätigte und konkretisierte damit die sog. **GEMA-Vermutung** der Rechtsprechung.[8] Die gesetzlichen Vermutungen sind mit der GEMA-Vermutung allerdings nicht kongruent. Soweit die GEMA-Vermutung über den Regelungsbereich des Gesetzes **hinausgeht**, sollten §§ 48, 49 sie nach dem Willen des Gesetzgebers nicht tangieren.[9] Weiter als die gesetzlichen Vermutungen ist die GEMA-Vermutung insbesondere bei der Wahrnehmung von **Nutzungsrechten** oder der Geltendmachung von **Vergütungsansprüchen**, die nicht in § 49 genannt sind.[10] Die gesetzlichen Vermutungen und die GEMA-Vermutung stehen **nebeneinander** und können im Prozess **gleichzeitig** geltend gemacht werden.[11]

---

1 Vgl. *Rosenberg/Schwab/Gottwald*, Zivilprozessrecht, § 116 Rn 7.
2 Vgl. RegE eines Gesetzes zur Änderung von Vorschriften auf dem Gebiet des Urheberrechts, BT-Drucks. 10/837, S. 23.
3 Vgl. RegE eines Gesetzes zur Änderung von Vorschriften auf dem Gebiet des Urheberrechts, BT-Drucks. 10/837, S. 23. Vgl. auch *Katzenberger*, FuR 1981, 236, 237.
4 Vgl. Heker/Riesenhuber/*Riesenhuber*, Kapitel 11 Rn 6.
5 Vgl. § 49 Rn 7 ff.
6 Vgl. BeckOK-UrhR/*Freudenberg*, § 48 VGG Rn 2.
7 Gesetz zur Änderung von Vorschriften auf dem Gebiet des Urheberrechts v. 24.6.1985, BGBl. I S. 1137.
8 Vgl. hierzu Rn 9 ff.
9 Vgl. RegE eines Gesetzes zur Änderung von Vorschriften auf dem Gebiet des Urheberrechts, BT-Drucks. 10/837, S. 23.
10 Vgl. Rn 10 f. und § 49 Rn 6.
11 OLG Dresden, Urt. v. 22.11.2016 – 14 U 530/16 – ZUM-RD 2017, 205, 206.

5 Da es sich bei den gesetzlichen Vermutungen nach §§ 48 und 49 schwerpunktmäßig um prozessuale Vorschriften handelt, sind sie, ebenso wie die Vorgängerregelungen in § 13c Abs. 1 und 2 (bzw. § 13b Abs. 1 und 2) UrhWG, auch auf **zeitlich zurückliegende Sachverhalte** anwendbar.[12]

6 Die Vermutungsregel des § 48 fand sich zuvor in § 13c Abs. 1 UrhWG.[13] Die beiden Vorschriften sind **annähernd wortgleich**. Sie unterscheiden sich lediglich in einer Formulierung: Die Vermutung gilt nun im Hinblick auf die Rechte „aller Rechtsinhaber" und nicht mehr „aller Berechtigten". Diese Änderung ist darauf zurückzuführen, dass das VGG den Begriff des „Berechtigten" in § 6 legaldefiniert. Nur ein Rechtsinhaber, „der auf gesetzlicher oder vertraglicher Grundlage in einem unmittelbaren Wahrnehmungsverhältnis" zu einer Verwertungsgesellschaft oder -einrichtung steht, ist hiernach „Berechtigter".[14] Die Vermutungsregelungen der §§ 48 und 49 VGG statuieren aber lediglich eine Vermutung, dass ein Wahrnehmungsverhältnis besteht. So stellt auch die Gesetzesbegründung im RegE zu § 6 VGG klar: „Wird eine Verwertungsgesellschaft aufgrund einer Vermutung tätig, wird hierdurch kein unmittelbares Wahrnehmungsverhältnis i.S.d. Vorschrift begründet."[15]

7 **3. Unionsrechtlicher Hintergrund.** §§ 48 und 49 beruhen nicht auf unionsrechtlichen Vorgaben. Insbesondere die VG-RL belässt „die gesetzlichen Vermutungen in Bezug auf die Vertretung und Übertragung von Rechten an Organisationen für die kollektive Rechtewahrnehmung unberührt" (Erwägungsgrund 12 der VG-RL). Weil die VG-RL den Wettbewerb zwischen den Verwertungsgesellschaften – insbesondere bei der Vergabe von Nutzungsrechten für Online-Musikdienste – fördern soll,[16] könnte sie allerdings **mittelbar** Auswirkungen auf die Vermutungen zugunsten der Verwertungsgesellschaften haben.[17]

8 **4. Entstehungsgeschichte.** § 48 entspricht dem Vorschlag im RefE des BMJV für das VG-RL-Umsetzungsgesetz. Im Gesetzgebungsverfahren erfuhr er **keine Veränderung**.[18]

II. GEMA-Vermutung

9 Vorbild für §§ 48, 49 (zuvor § 13c Abs. 1 und 2 UrhWG, davor § 13b Abs. 1 und 2 UrhWG) war die **GEMA-Vermutung** der Rechtsprechung. Sie wurde bereits in den 1930er Jahren etabliert und galt zunächst noch zugunsten der Rechtsvorgängerin der GEMA, der STAGMA.[19] Nach der GEMA-Vermutung genießen Verwertungsgesellschaften

---

12 BGH, Urt. v. 29.6.1989 – I ZR 179/87 – GRUR 1989, 819, 821 – Gesetzliche Vermutung I; OLG Düsseldorf, Urt. v. 30.7.1987 – 20 U 4/87 – ZUM 1989, 35, 36; *Schulze*, ZUM 1989, 511.
13 Vgl. auch RegE-VGG, BT-Drucks. 18/7223, S. 87.
14 Zu dieser Voraussetzung § 6 Rn 7 ff.
15 RegE-VGG, BT-Drucks. 18/7223, S. 73. Vgl. auch Stellungnahme Initiative Urheberrecht, S. 1, die angeregt hatte klarzustellen, dass Außenseiter, deren Vergütungsansprüche nach § 49 wahrgenommen werden, nicht zu den „Berechtigten" zählen.
16 Erwägungsgrund 18 und 19 VG-RL. Vgl. auch Entschließung des Europäischen Parlaments v. 13.3.2007 zu der Empfehlung 2005/737/EG der Kommission v. 18.10.2005 für die länderübergreifende kollektive Wahrnehmung von Urheberrechten und verwandten Schutzrechten, die für legale Online-Musikdienste benötigt werden, ABl. 2007 C 301E, 64.
17 Vgl. Rn 16.
18 Vgl. RegE-VGG, BT-Drucks. 18/7223, S. 25.
19 KG, Urt. v. 2.9.1937 – 27 U 1911/37 – UFITA 11 (1938), 55; KG, Urt. v. 24.11.1938 – 27 U 3233/38 – UFITA 12 (1939), 133, 134. Vgl. auch *Katzenberger*, FuR 1981, 236, 238.

Beweiserleichterungen, soweit sie für den konkreten Bereich eine **monopolartige Stellung**[20] innehaben – wie insbesondere STAGMA/GEMA für die Aufführungsrechte und mechanischen Rechte an Unterhaltungsmusik – und somit eine **hohe Wahrscheinlichkeit** dafür besteht, dass auch die genutzten Werke zu ihrem Repertoire zählen.[21] Vermutet wird dann, dass die Verwertungsgesellschaft die von ihr grds. wahrgenommenen Rechte für sämtliche Rechtsinhaber wahrnimmt.[22] In ihren Voraussetzungen sind die gesetzlichen Vermutungen weniger streng als die GEMA-Vermutung, weil §§ 48, 49 keine faktische Monopolstellung erfordern.[23] Entscheidend ist allein, dass der infrage stehende Anspruch generell von der Verwertungsgesellschaft wahrgenommen wird. Inhaltlich bleiben §§ 48, 49 hingegen hinter der GEMA-Vermutung zurück, weil sie sich nur auf **bestimmte Auskunfts- und Vergütungsansprüche** beziehen. Der GEMA-Vermutung kommt somit nach wie vor Bedeutung zu.

Voraussetzung der GEMA-Vermutung ist eine **faktische Monopolstellung**,[24] auf- 10 grund derer eine **hohe Wahrscheinlichkeit** besteht, dass die Verwertungsgesellschaft für den im konkreten Fall geltend gemachten Anspruch wahrnehmungsberechtigt ist.[25] Eine solche Stellung besteht insbesondere dann, wenn eine Verwertungsgesellschaft auf dem betreffenden Gebiet allein tätig ist.[26] Die **Art der Werknutzung** sowie des **Anspruchs** ist dabei von entscheidender Bedeutung.[27] Der Begriff GEMA-Vermutung rührt daher, dass traditionell vor allem die GEMA diese Voraussetzung erfüllt, und zwar insbesondere für die **Aufführungsrechte** und die sog. **mechanischen Rechte** an **in- und ausländischer Tanz- und Unterhaltungsmusik**.[28] Die GEMA (bzw. ihre Rechtsvorgängerin STAGMA)[29] verfügte zunächst über ein gesetzliches Monopol und anschließend (bis heute) über eine tatsächliche Vormachtstellung.[30] Durch umfassende **Gegenseitigkeitsverträge**[31] mit ausländischen Verwertungsgesellschaften ist sie zudem auch für die meisten ausländischen Musikurheber wahrnehmungsberechtigt.[32] Die GEMA vertritt damit in Deutschland quasi das **Weltrepertoire** im Bereich der Tanz- und Unterhaltungsmusik.[33] Die ersten Urteile, die eine Vermutung bejahten, ergingen daher zugunsten der GEMA (bzw. STAGMA).

---

20 Vgl. hierzu und zu der etwaigen Problematik einer solchen Monopolstellung BGH, Urt. v. 30.11.1954 – I ZR 143/52 – BGHZ 15, 338.
21 BGH, Urt. v. 5.6.1985 – I ZR 53/83 – BGHZ 95, 274, 276 = GRUR 1986, 62, 63 – GEMA-Vermutung I.
22 BGH, Vers.-Urt. v. 12.2.2015 – I ZR 204/13 – GRUR 2015, 987 Rn 12 – Trassenfieber; BGH, Urt. v. 5.6.1985 – I ZR 53/83 – BGHZ 95, 274, 276 = GRUR 1986, 62, 63 – GEMA-Vermutung I.
23 BGH, Urt. v. 29.6.1989 – I ZR 179/87 – GRUR 1989, 819, 820 – Gesetzliche Vermutung I; BGH, Urt. v. 31.1.1991 – I ZR 101/89 – GRUR 1991, 595, 596 – Gesetzliche Vermutung II; BGH, Urt. v. 16.3.2017 – I ZR 42/15 – GRUR 2017, 716, 718 Rn 25 – PC mit Festplatte II; Schiedsstelle, Einigungsvorschl. v. 16.3.1989 – Sch-Urh 4/86 – ZUM 1989, 426, 428. Vgl. auch Schricker/Loewenheim/*Reinbothe*, § 13c UrhWG Rn 4; Heker/Riesenhuber/*Riesenhuber*, Kapitel 11 Rn 12.
24 OLG München, Urt. v. 23.12.1999 – 29 U 4142/99 – ZUM 2000, 243, 246 – Mediaspiegel.
25 Vgl. BeckOK-UrhR/*Freudenberg*, § 48 VGG Rn 4 („Monopolstellung [...], die eine anderweitige Wahrnehmung praktisch nahezu ausschließt").
26 Vgl. Dreier/Schulze/*Schulze*, § 48 VGG Rn 6. Nach einer Entscheidung des OLG Hamburg, Urt. v. 4.11.2004 – 3 U 63/99, Umdruck S. 28 – n.v., kann die GEMA-Vermutung allerdings auch greifen, wenn mehrere Verwertungsgesellschaften konkurrieren, vgl. hierzu Wandtke/Bullinger/*Gerlach*, § 48 VGG Rn 1; Heker/Riesenhuber/*Riesenhuber*, Kapitel 11 Rn 8.
27 Vgl. Schricker/Loewenheim/*Reinbothe*, § 13c UrhWG Rn 3.
28 BGH, Urt. v. 5.6.1985 – I ZR 53/83 – BGHZ 95, 274, 276 = GRUR 1986, 62, 63 – GEMA-Vermutung I.
29 Vgl. HK-UrhR/*Zeisberg*, Einführung UrhWG Rn 3.
30 Vgl. hierzu *Riesenhuber*, ZUM 2016, 216, 218 f.
31 Zum System der Gegenseitigkeitsverträge siehe Raue/Hegemann/*Heine/Staats*, § 6 Rn 95; § 44 Rn 14 ff.
32 Vgl. Dreier/Schulze/*Schulze*, § 48 VGG Rn 4.
33 BGH, Urt. v. 5.6.1985 – I ZR 53/83 – BGHZ 95, 274, 275 = GRUR 1986, 62 – GEMA-Vermutung I.

11 Darüber hinaus hat die Rechtsprechung eine faktische Monopolstellung der GEMA bei der Wahrnehmung des Rechts der öffentlichen Wiedergabe von Musik im Rahmen von Hörfunk, Fernsehen oder Schallplatten in Gaststätten,[34] der Nutzungsrechte für Filmmusik,[35] der mechanischen Rechte,[36] der musikalischen Aufführungsrechte,[37] der Nutzungsrechte zur musikalischen Vertonung pornographischer Filme,[38] der Senderechte[39] und der Nutzungsrechte für die Sendung von Webprogrammen[40] bejaht. Abgelehnt wurde die Monopolstellung der GEMA hingegen für die Wahrnehmung von ausländischen Rechten für Film-Videogramme.[41]

12 Trotz ihrer Bezeichnung können sich auf die GEMA-Vermutung auch **andere Verwertungsgesellschaften** berufen, wenn sie eine vergleichbare Monopolstellung innehaben.[42] Zwar war die Rechtsprechung insofern zunächst eher restriktiv,[43] mittlerweile ist aber anerkannt, dass die Vermutungswirkung potentiell jedenfalls auch zugunsten der VG Bild-Kunst,[44] der VG Wort[45] und der GVL[46] greift.[47] Daneben können sich auch Inkassostellen, die im Auftrag von Verwertungsgesellschaften tätig werden und im eigenen Namen klagen, auf die GEMA-Vermutung berufen.[48] Abgelehnt wurde die Beweiserleichterung hingegen bei der Geltendmachung von Ansprüchen aus dem Vermietrecht für Printmedien durch die VG Bild-Kunst und die VG Wort.[49]

13 In Bezug auf Auskunftsansprüche ergänzt die GEMA-Vermutung § 48, wenn die Ansprüche nicht verwertungsgesellschaftspflichtig bzw. nicht einem verwertungsgesellschaftspflichtigen Vergütungsanspruch vorgelagert sind.[50] Daneben spielt auch der **gewohnheitsrechtlich anerkannte Auskunfts- und Rechnungslegungsanspruch**[51] weiterhin eine Rolle. Er greift auch dann, wenn die Voraussetzungen der GEMA-Vermutung im konkreten Fall nicht erfüllt sind.[52] Grundsätzlich setzt dieser Auskunfts-

---

34 BGH, Urt. v. 7.10.1960 – I ZR 17/59 – GRUR 1961, 97, 98 – Sportheim; BGH, Urt. v. 11.5.1973 – I ZR 145/71 – GRUR 1974, 35, 39 – Musikautomat.
35 BGH, Urt. v. 30.6.1976 – I ZR 63/75 – BGHZ 67, 56 = GRUR 1977, 42, 43 – Schmalfilmrechte; OLG Köln, Urt. v. 24.6.1983 – 6 U 11/83 – GRUR 1983, 568, 569 – Video-Kopieranstalt.
36 BGH, Urt. v. 5.6.1985 – I ZR 53/83 – BGHZ 95, 274, 276 = GRUR 1986, 62, 63 – GEMA-Vermutung I.
37 BGH, Urt. v. 24.6.1955 – I ZR 178/53 – BGHZ 17, 376, 378 = GRUR 1955, 549, 550 – Betriebsfeiern; BGH, Urt. v. 11.5.1973 – I ZR 145/71 – GRUR 1974, 35, 39 – Musikautomat; BGH, Urt. v. 13.6.1985 – I ZR 35/83 – BGHZ 95, 285 = BGH GRUR 1986, 66, 69 – GEMA-Vermutung II; OLG Hamburg, Urt. v. 21.12.2000 – 3 U 83/99 – ZUM 2001, 523, 524.
38 BGH, Urt. v. 13.6.1985 – I ZR 35/83 – BGHZ 95, 285, 289 = GRUR 1986, 66, 67 – GEMA-Vermutung II.
39 OLG München, Urt. v. 18.4.1985 – 6 U 2385/84 – GRUR 1985, 537, 540 – Breitbandkabelanlage II.
40 LG Köln, Beschl. v. 31.10.2014 – 14 O 334/14 – ZUM-RD 2015, 202 f.
41 OLG München, Urt. v. 19.5.1983 – 6 U 3773/82 – GRUR 1983, 571, 572 f. – Spielfilm-Videogramme.
42 Vgl. BeckOK-UrhR/*Freudenberg*, § 48 VGG Rn 5; Raue/Hegemann/*Heine/Staats*, § 6 Rn 94; Heker/Riesenhuber/*Riesenhuber*, Kapitel 11 Rn 8.
43 BGH, Urt. v. 18.12.1962 – I ZR 54/61 – BGHZ 38, 356 = GRUR 1963, 213 – Fernsehwiedergabe von Sprachwerken. Vgl. auch Wandtke/Bullinger/*Gerlach*, § 48 VGG Rn 2; Loewenheim/*Melichar*, § 48 Rn 24.
44 So für den Auskunftsanspruch in Bezug auf das Folgerecht OLG Frankfurt, Urt. v. 8.5.1980 – 6 U 99/79 – GRUR 1980, 916, 918.
45 OLG München, Urt. v. 3.6.1971 – 6 U 3237/70 – Schulze OLGZ 111, 1, 3; OLG München, Urt. v. 24.1.1980 – 6 U 2050/79 – GRUR 1980, 234 – Tagespressedienst. Anders aber OLG Köln, Urt. v. 19.3.1980 – 6 U 213/79 – GRUR 1980, 913, 914 – Presseschau CN.
46 OLG München, Urt. v. 3.6.1971 – 6 U 3237/70 – Schulze OLGZ 111, 1, 3.
47 Vgl. BeckOK-UrhR/*Freudenberg*, § 48 VGG Rn 5; Loewenheim/*Melichar*, § 48 Rn 24.
48 Schiedsstelle, Einigungsvorschl. v. 20.9.2007 – Sch-Urh 65/05 – ZUM 2007, 946, 947 zur Geltendmachung von Auskunftsansprüchen und gesetzlichen Vergütungsansprüchen durch eine Inkassostelle. Vgl. zu letzteren auch § 49 Rn 14.
49 Schiedsstelle, Einigungsvorschl. v. 31.8.2004 – Sch-Urh 24/99 – ZUM 2005, 257, 262.
50 Vgl. Rn 18 ff.
51 BGH, Urt. v. 28.10.1953 – II ZR 149/52 – BGHZ 10, 385, 386 f. = NJW 1954, 70, 71.
52 Vgl. hierzu Loewenheim/*Melichar*, § 48 Rn 25.

anspruch das Bestehen einer „besondere[n] rechtliche[n] Beziehung" voraus, wobei auch ein **gesetzliches Schuldverhältnis** ausreicht.[53] Ein solches kann etwa durch die erlaubte Nutzung im Rahmen urheberrechtlicher Schranken oder durch eine deliktische Handlung nach §§ 97 ff. UrhG begründet werden.[54] Verwertungsgesellschaften haben zudem bereits dann einen Anspruch auf Erteilung einer Grundauskunft aus § 242 BGB, wenn „aus konkret festgestellten Rechtsverletzungen mit hoher Wahrscheinlichkeit auf weitere Rechtsverletzungen geschlossen werden kann".[55] Diese Grundauskunft soll der Verwertungsgesellschaft ermöglichen zu prüfen, ob und wie die von ihr wahrgenommenen Rechte genutzt werden.[56]

Die GEMA-Vermutung bezieht sich auf zwei Umstände: die **Wahrnehmungsbefugnis** der Verwertungsgesellschaft und die **urheberrechtliche Schutzfähigkeit** des Werkes.[57] Sie gilt nur in Bezug auf die **Aktivlegitimation** der Verwertungsgesellschaft im Prozess gegen den Nutzer und nicht zugunsten des Nutzers, wenn dieser sich darauf beruft, von der Verwertungsgesellschaft Rechte an einem lückenlosen Repertoire erworben zu haben.[58] 14

Die GEMA-Vermutung ist ein dem **Anscheinsbeweis ähnliches Rechtsinstitut**.[59] Sie unterscheidet sich allerdings insofern von einem echten Anscheinsbeweis, als der Nutzer ihr nicht allein dadurch begegnen kann, dass er den hinter dem Anschein stehenden Erfahrungssatz entkräftet.[60] Um die **Vermutung** zu **widerlegen**, muss der Nutzer **substantiiert darlegen**, dass die Verwertungsgesellschaft im konkreten Fall nicht aktivlegitimiert ist,[61] weil die genutzten Werke entweder urheberrechtsfrei oder nicht vom Repertoire der Verwertungsgesellschaft umfasst sind.[62] Dafür genügt es, wenn er Nachweis darüber führt, welche Titel verwendet wurden.[63] Tut er dies, obliegt es der Verwertungsgesellschaft, substantiiert darzulegen, dass sie die betroffenen Rechtsinhaber tatsächlich vertritt, weil diese Tatsache in ihre Verantwortungssphäre fällt.[64] 15

In Zukunft sind Konstellationen vorstellbar, in denen die GEMA (und auch andere Verwertungsgesellschaften) nicht mehr über die für die GEMA-Vermutung erforderliche **Monopolstellung** verfügen. Die **VG-RL** hat es sich zum Ziel gesetzt, den Wettbewerb zwischen Verwertungsgesellschaften zu verstärken und die grenzüberschreitende Rechtewahrneh- 16

---

53 BGH, Urt. v. 5.6.1985 – I ZR 53/83 – BGHZ 95, 274, 279 = GRUR 1986, 62, 64 – GEMA-Vermutung I.
54 Zum Schuldverhältnis zwischen Verwertungsgesellschaft und Nutzern vgl. Heker/Riesenhuber/*Riesenhuber*, Kapitel 11 Rn 4.
55 BGH, Urt. v. 13.6.1985 – I ZR 35/83 – BGHZ 95, 285, 292 = GRUR 1986, 66, 69 – GEMA-Vermutung II. Vgl. auch BGH, Urt. v. 21.4.1988 – I ZR 210/86 – GRUR 1988, 604, 605 – Kopierwerk. Vgl. auch Dreier/Schulze/*Schulze*, § 48 VGG Rn 8.
56 Vgl. Dreier/Schulze/*Schulze*, § 48 VGG Rn 15.
57 BGH, Vers.-Urt. v. 12.2.2015 – I ZR 204/13 – GRUR 2015, 987 Rn 12 – Trassenfieber; BGH, Urt. v. 5.6.1985 – I ZR 53/83 – BGHZ 95, 274, 276 = GRUR 1986, 62, 63 – GEMA-Vermutung I. Vgl. auch Heker/Riesenhuber/*Riesenhuber*, Kapitel 11 Rn 9. Dementsprechend bezieht sich die Vermutung zugunsten der GEMA vor allem auf moderne Tanz- und Unterhaltungsmusik, weil hier – anders als bei klassischer Musik („E-Musik") – ein Ablauf der Schutzfrist und damit eine Gemeinfreiheit eher unwahrscheinlich ist, vgl. Dreier/Schulze/*Schulze*, § 48 VGG Rn 5.
58 Vgl. Raue/Hegemann/*Heine/Staats*, § 6 Rn 94.
59 Loewenheim/*Melichar*, § 48 Rn 22.
60 Vgl. Loewenheim/*Melichar*, § 48 Rn 22; Heker/Riesenhuber/*Riesenhuber*, Kapitel 11 Rn 11; *Schack*, Rn 824.
61 Vgl. BeckOK-UrhR/*Freudenberg*, § 48 VGG Rn 7.
62 BGH, Urt. v. 2.2.1989 – I ZR 100/87 – GRUR 1989, 417, 418 – Kauf mit Rückgaberecht; BGH, Urt. v. 13.6.1985 – I ZR 35/83 – BGHZ 95, 285, 292 = GRUR 1986, 66, 68 – GEMA-Vermutung II; OLG Hamburg, Urt. v. 5.11.2008 – 5 U 115/07 – ZUM 2009, 421, 423 – WOS.
63 Vgl. Wandtke/Bullinger/*Gerlach*, § 48 VGG Rn 5.
64 AG Oldenburg, Urt. v. 24.2.1998 – E3 C 3273-97 – NJW-RR 1996, 196.

mung durch europäische Verwertungsgesellschaften zu fördern.⁶⁵ Das bisherige System **nationaler Monopole** und **territorial begrenzter Tätigkeit** von Verwertungsgesellschaften, die über **Gegenseitigkeitsverträge** die Rechte ausländischer Berechtigter im Inland wahrnehmen,⁶⁶ könnte also aufgebrochen werden.⁶⁷ Ob ausländische Verwertungsgesellschaften tatsächlich in erheblichem Umfang von der Möglichkeit, Rechte im Inland wahrzunehmen, Gebrauch machen werden, ist allerdings fraglich: Der Aufbau eines neuen, eigenen **Systems zur Rechtsverfolgung** wäre für ausländische Verwertungsgesellschaften deutlich kostenintensiver als das bisherige System der Gegenseitigkeitsverträge.⁶⁸

17   Die **Berechtigung** der GEMA-Vermutung wird allerdings auch aus anderen Gründen **hinterfragt**. Zum einen können Rechtsinhaber aufgrund **technischer Fortschritte** – vor allem bei Online-Nutzungen – ihre Rechte einfacher selbst wahrnehmen als bislang.⁶⁹ Zum anderen entscheidet sich eine steigende Anzahl von Rechtsinhabern, ihre Werke nicht wirtschaftlich zu verwerten, sondern unter **Creative-Commons-Lizenzen** o.ä. **frei zugänglich** zu machen.⁷⁰ Dass der GEMA-Vermutung deshalb in absehbarer Zeit die Grundlage entzogen sein wird,⁷¹ ist zwar unwahrscheinlich. Sie ist aber zumindest angreifbarer als bisher.⁷² Auf die gesetzliche Vermutung in § 48 hat dies hingegen keine unmittelbaren Auswirkungen, weil die Vermutung unabhängig davon gilt, ob die Wahrnehmung der Rechte wahrscheinlich ist.⁷³

III. Auskunftsansprüche

18   Die von § 48 erfassten Auskunftsansprüche sind, anders als die von § 49 abgedeckten Vergütungsansprüche,⁷⁴ **nicht enumerativ benannt**. Der Geltendmachung durch Verwertungsgesellschaften ausdrücklich vorbehalten sind die Auskunftsansprüche zur Realisierung des Folgerechts nach § 26 Abs. 4 und 5 UrhG (§ 26 Abs. 6 UrhG). Diese werden in der Praxis von der VG Bild-Kunst wahrgenommen. Daneben ist der Auskunftsanspruch zur Geräte- und Speichermedienabgabe (§ 54f UrhG) nach § 54f i.V.m. § 54h Abs. 1 UrhG ausdrücklich der Geltendmachung durch eine Verwertungsgesellschaft vorbehalten. Grund hierfür ist, dass von der Geräte- und Speichermedienabgabe sowohl auf Seiten der Rechtsinhaber als auch auf Seiten der Nutzer eine unüberschaubare Anzahl von Personen betroffen ist. Für beide Gruppen ist es daher vorteilhaft, dass die Ansprüche – sowie der dazugehörige Auskunftsanspruch – gebündelt von den Verwertungsgesellschaften durchgesetzt werden.⁷⁵

---

65 Erwägungsgrund 18 und 19 VG-RL. Für Online-Musiknutzung können Verwertungsgesellschaften zudem über das sog. European Passport System Mehrgebietslizenzen vergeben (Art. 23 ff. VG-RL); auch dies soll dem Wettbewerb dienen, vgl. hierzu *Podszun/Franz*, ZGE 7 (2015), 15, 45.
66 Vgl. nur *Heine*, S. 113 ff.
67 Krit. hierzu *Denga*, S. 205 f.
68 Vgl. auch MüKoBGB/*Drexl*, Bd. 11, IntImmGR Rn 238; *Podszun/Franz*, ZGE 7 (2015), 15, 45 f.
69 Vgl. *Poll*, K&R 2015, 166, 169; Dreier/Schulze/*Schulze*, § 48 VGG Rn 6. Vgl. auch *Podszun/Franz*, ZGE 7 (2015), 15, 19 f.
70 Aus diesem Grund etwa wurde 2012 eine Petition zur Abschaffung des § 13c UrhWG in den Bundestag eingebracht, Petition 35441, abrufbar unter
https://epetitionen.bundestag.de/epet/petition/pdfdownload?petition=35441. Zu den Anforderungen an die Darlegungslast hinsichtlich der Veröffentlichung unter Creative-Commons-Lizenz vgl. LG Frankfurt, Urt. v. 5.9.2013 – 2-03 S 11/12 – ZUM-RD 2014, 35, 36.
71 So etwa *Poll*, K&R 2015, 166, 170.
72 Vgl. *Peifer*, ZUM 2014, 453, 459.
73 Vgl. Rn 9.
74 Vgl. § 49 Rn. 7 ff.
75 Vgl. Dreier/Schulze/*Dreier*, § 54h UrhG Rn 1.

Daneben erfasst § 48 auch Auskunftsansprüche, die zwar nicht explizit einer Verwertungsgesellschaft zugewiesen, jedoch einem verwertungsgesellschaftspflichtigen Vergütungsanspruch **vorgelagert** sind.[76] Bejaht wurde dies etwa für den Auskunftsanspruch zur Durchsetzung der Vergütung für Nutzungen im Rahmen von Zeitungsartikeln und Rundfunkkommentaren gem. § 49 Abs. 1 S. 3 UrhG.[77] Weitere Fälle sind §§ 20b Abs. 2 S. 3, 27 Abs. 3, 45a Abs. 2 S. 2, 137l Abs. 5 S. 3 UrhG sowie nach § 54h Abs. 1 UrhG die Vergütungsansprüche aus §§ 54 bis 54c, 54e Abs. 2, 54f und 54g UrhG. Auch Vergütungsansprüche, die im Wege der **Analogie** einer Verwertungsgesellschaft zugeordnet werden (dazu zählte etwa die Vergütung für den Kopienversand auf Bestellung,[78] bevor dieser im UrhG, zunächst in § 53a, nun in § 60e, normiert wurde), gehen mit einem Auskunftsanspruch einher, den § 48 erfasst.[79]

19

Die Vermutung nach § 48 gilt hingegen nicht für **Auskunftsansprüche** nach **§ 41**. Hier kann die Verwertungsgesellschaft nur dann Auskunft verlangen, wenn sie die Nutzungsrechte an den betreffenden Werken bzw. sonstigen Schutzgegenständen tatsächlich innehat.[80] § 41 soll sicherstellen, dass die Verwertungsgesellschaft die für die Einziehung von Einnahmen aus Nutzungsrechtsverträgen oder für deren Verteilung notwendigen Informationen erhält. Dies setzt voraus, dass die Verwertungsgesellschaft einen Nutzungsvertrag abgeschlossen hat.[81]

20

IV. Gesetzliche Vermutung

§ 48 enthält eine **gesetzliche Vermutung** i.S.v. **§ 292 ZPO**,[82] dass die Verwertungsgesellschaft auf ihrem Tätigkeitsgebiet die Rechte aller Rechtsinhaber wahrnimmt. Damit wird die **Beweislast** zugunsten der Verwertungsgesellschaft **umgekehrt**.[83] Vermutet wird nur die **Aktivlegitimation**; alle weiteren Voraussetzungen des von der Verwertungsgesellschaft geltend gemachten Anspruchs müssen entsprechend der **zivilprozessualen Beweislastregeln** dargelegt und bewiesen werden.[84] Auch die **urheberrechtliche Schutzfähigkeit** der genutzten Werke wird nicht nach § 48 vermutet.[85] Insofern kann allerdings die GEMA-Vermutung greifen.[86]

21

Die Vermutung ist durch **substantiierten Vortrag** und **Beweisantritt** widerlegbar.[87] Ein einfaches Bestreiten der Aktivlegitimation reicht nicht aus. Der Nutzer muss darlegen

22

---

76 Vgl. Wandtke/Bullinger/*Gerlach*, § 48 VGG Rn 4; Fromm/Nordemann/*W. Nordemann/Wirtz*, 11. Aufl. 2014, § 13c UrhWG Rn 3; Schricker/Loewenheim/*Reinbothe*, § 13c UrhWG Rn 6; Heker/Riesenhuber/*Riesenhuber*, Kapitel 11 Rn 17; Dreier/Schulze/*Schulze*, § 48 VGG Rn 14.
77 OLG München, Urt. v. 23.12.1999 – 29 U 4142/99 – ZUM 2000, 243, 245 – Mediaspiegel.
78 BGH, Urt. v. 25.2.1999 – I ZR 118/96 – BGHZ 141, 13, 28 = GRUR 1999, 707, 711 – Kopienversanddienst.
79 Vgl. Dreier/Schulze/*Schulze*, § 48 VGG Rn 14.
80 Vgl. RegE-VGG, BT-Drucks. 18/7223, S. 86.
81 Vgl. BeckOK-UrhR/*Freudenberg*, § 41 VGG Rn 3.
82 BGH, Urt. v. 29.6.1989 – I ZR 179/87 – GRUR 1989, 819, 820 – Gesetzliche Vermutung I.
83 BGH, Urt. v. 31.1.1991 – I ZR 101/89 – GRUR 1991, 595, 596 – Gesetzliche Vermutung II; BVerfG, Beschl. v. 4.9.2000 – 1 BvR 142/96 – GRUR 2001, 48, 49. Zur Frage, ob eine solche Beweislastumkehr mit dem Gleichheitsgrundsatz nach Art. 3 GG vereinbar ist, siehe § 49 Rn 15.
84 BGH, Urt. v. 13.6.1985 – I ZR 35/83 – BGHZ 95, 285, 292f. = GRUR 1986, 66, 68f. – GEMA-Vermutung II; BGH, Urt. v. 29.6.1989 – I ZR 179/87 – GRUR 1989, 819, 820 – Gesetzliche Vermutung I; Heker/Riesenhuber/*Riesenhuber*, Kapitel 11 Rn 13; Schiedsstelle, Einigungsvorschl. v. 16.3.1989 – Sch-Urh 4/86 – ZUM 1989, 426, 429.
85 OLG Düsseldorf, Urt. v. 30.7.1987 – 20 U 4/87 – ZUM 1989, 35, 36; Fromm/Nordemann/*W. Nordemann/Wirtz*, 11. Aufl. 2014, § 13c UrhWG Rn 3. A.A. Wandtke/Bullinger/*Gerlach*, § 48 VGG Rn 4.
86 BGH, Urt. v. 29.6.1989 – I ZR 179/87 – GRUR 1989, 819, 821 – Gesetzliche Vermutung I; OLG Düsseldorf, Urt. v. 30.7.1987 – 20 U 4/87 – ZUM 1989, 35, 36. Zur GEMA-Vermutung vgl. Rn 9ff.
87 Vgl. Wandtke/Bullinger/*Gerlach*, § 48 VGG Rn 4; Raue/Hegemann/*Heine/Staats*, § 6 Rn 93.

und ggf. beweisen, dass er nur Werke verwendet hat, deren Rechtsinhaber nicht von der jeweiligen Verwertungsgesellschaft vertreten werden.[88] Damit kommt er im Grunde bereits dem Auskunftsverlangen der Verwertungsgesellschaft nach. Ein Widerlegen der gesetzlichen Vermutung ist daher vor allem im Rahmen von § 49 relevant, wenn die Verwertungsgesellschaft Vergütungsansprüche geltend macht.[89] Wird die Klage der Verwertungsgesellschaft nach Auskunftserteilung für erledigt erklärt, trägt der Nutzer nach **§ 91a ZPO** die **Kosten**, weil die Vermutung bis zu ihrer Widerlegung besteht.[90]

23 Die gesetzliche Vermutung nach § 48 gilt auch, wenn **mehrere Verwertungsgesellschaften** für die Wahrnehmung des Anspruchs infrage kommen, also konkurrierend tätig sind.[91] Die Verwertungsgesellschaften müssen den Auskunftsanspruch – anders als bei der Vermutung nach § 49 Abs. 2 – nicht gemeinsam geltend machen.[92] Dem Nutzer wird insofern zugemutet, unter Umständen **mehrmals Auskunft** zu erteilen, weil der Aufwand hierfür nur einmal anfällt und die Informationen danach einfach reproduziert werden können.[93]

§ 49
Vermutung bei gesetzlichen Vergütungsansprüchen

(1) Macht die Verwertungsgesellschaft einen Vergütungsanspruch nach § 27, § 54 Absatz 1, § 54c Absatz 1, § 77 Absatz 2, § 85 Absatz 4, § 94 Absatz 4 oder § 137l Absatz 5 des Urheberrechtsgesetzes geltend, so wird vermutet, dass sie die Rechte aller Rechtsinhaber wahrnimmt.

(2) Ist mehr als eine Verwertungsgesellschaft zur Geltendmachung des Anspruchs berechtigt, so gilt die Vermutung nur, wenn der Anspruch von allen berechtigten Verwertungsgesellschaften gemeinsam geltend gemacht wird.

(3) Soweit die Verwertungsgesellschaft Zahlungen auch für die Rechtsinhaber erhält, deren Rechte sie nicht wahrnimmt, hat sie den Nutzer von den Vergütungsansprüchen dieser Rechtsinhaber freizustellen.

Übersicht

I. Allgemeines
   1. Bedeutung der Regelung —— 1
   2. Vorgängerregelung —— 2
   3. Unionsrechtlicher Hintergrund —— 4
   4. Entstehungsgeschichte —— 5
II. GEMA-Vermutung —— 6
III. Vergütungsansprüche —— 7

IV. Gesetzliche Vermutung
   1. Grundsatz (Abs. 1) —— 11
   2. Rechtewahrnehmung durch mehrere Verwertungsgesellschaften (Abs. 2) —— 14
V. Freistellungsanspruch (Abs. 3) —— 15

---

88 BGH, Urt. v. 29.6.1989 – I ZR 179/87 – GRUR 1989, 819, 820 – Gesetzliche Vermutung I; BGH, Urt. v. 31.1.1991 – I ZR 101/89 – GRUR 1991, 595, 596 – Gesetzliche Vermutung II.
89 Vgl. § 49 Rn 12.
90 BGH, Urt. v. 29.6.1989 – I ZR 179/87 – GRUR 1989, 819 – Gesetzliche Vermutung I; Wandtke/Bullinger/*Gerlach*, § 48 Rn 4; Fromm/Nordemann/*W. Nordemann/Wirtz*, 11. Aufl. 2014, § 13c UrhWG Rn 3.
91 BGH, Urt. v. 16.3.2017 – I ZR 42/15 – GRUR 2017, 716, 718 Rn 25 – PC mit Festplatte II.
92 BGH, Urt. v. 16.3.2017 – I ZR 42/15 – GRUR 2017, 716, 718 Rn 25 – PC mit Festplatte II.
93 BGH, Urt. v. 16.3.2017 – I ZR 42/15 – GRUR 2017, 716, 718 Rn 25 – PC mit Festplatte II. Vgl. auch BeckOK-UrhR/*Freudenberg*, § 48 VGG Rn 11; Heker/Riesenhuber/*Riesenhuber*, Kapitel 11 Rn 16.

I. Allgemeines

1. Bedeutung der Regelung. Nutzungen, die im Rahmen vergütungspflichtiger 1
Schranken stattfinden, können mitunter nicht oder nur mit unzumutbar hohem Aufwand individuell erfasst werden.[1] Ebenso wie bei den verwertungsgesellschaftspflichtigen Auskunftsansprüchen[2] könnten sich die Nutzer darauf zurückziehen, dass sie nur Werke verwendet haben, die sich nicht im Repertoire der den Anspruch geltend machenden Verwertungsgesellschaft befinden.[3] Die Betroffenheit einzelner Werke nachzuweisen, würde den Verwertungsgesellschaften hohe Kosten aufbürden und die Ausschüttungen an die Rechtsinhaber erheblich schmälern.[4] § 49 erleichtert daher die Geltendmachung bestimmter verwertungsgesellschaftspflichtiger Vergütungsansprüche: Zu Gunsten der Verwertungsgesellschaften wird **vermutet**, dass sie auf ihrem Tätigkeitsgebiet die Rechte aller Rechtsinhaber wahrnehmen. Sie gelten somit als **aktivlegitimiert**, die in Abs. 1 genannten Vergütungsansprüche geltend zu machen. Soweit mehrere Verwertungsgesellschaften zur Geltendmachung des jeweiligen Anspruchs berechtigt sind, können sie nur **gemeinsam** vorgehen (Abs. 2). Hat eine Verwertungsgesellschaft aufgrund der Vermutung Zahlungen für Rechtsinhaber erhalten, die sie nicht vertritt, hat sie den Nutzer von deren Ansprüchen **freizustellen** (Abs. 3). Wie stets bedürfen inländische Verwertungsgesellschaften einer **Erlaubnis der Aufsichtsbehörde** (§ 77). Die Geltendmachung der in Abs. 1 genannten Ansprüche setzt zudem auch für Verwertungsgesellschaften, die ihren Sitz in einem anderen Mitgliedstaat der EU oder in einem anderen EWR-Vertragsstaat haben, eine Erlaubnis voraus (§ 77 Abs. 2 Nr. 1).[5] Die Erlaubnispflicht soll sicherstellen, dass insbesondere die Vergütung für die Geräte- und Speichermedienabgabe effektiv wahrgenommen werden kann.[6]

2. Vorgängerregelung. Die Vermutungsregelung des § 49 VGG fand sich zuvor in 2
§ 13c Abs. 2 UrhWG. Die Vorschriften sind **beinah wortgleich**. Ebenso wie bei § 48 wurde lediglich das Wort „Berechtigten" durch „Rechtsinhaber" ersetzt.[7]

Für § 49 bzw. dessen Vorgängerregelung war die **GEMA-Vermutung** der Rechtspre- 3
chung Vorbild.[8] In ihrer ersten Fassung von 1985 umfasste die gesetzliche Vermutung lediglich Vergütungsansprüche nach § 27 Abs. 1 UrhG für das Vermieten und Verleihen von Werkexemplaren sowie nach § 54 Abs. 1 und 2 UrhG a.F. für die Privatvervielfältigung gegen die Hersteller von hierzu geeigneten Geräten bzw. Bild- oder Tonträgern. Letztere Vergütungsansprüche wurden durch das Gesetz zur Änderung des Patentgebührengesetzes und anderer Gesetze v. 25.7.1994 (BGBl. 1994 I 1739) in §§ 54, 54a UrhG überführt; das UrhWG wurde entsprechend angepasst. Im Rahmen des Dritten Gesetzes zur Änderung des Urheberrechtsgesetzes v. 23.6.1995 (BGBl. 1995 I 842) wurden die Ansprüche der Inhaber von Leistungsschutzrechten erweitert und die neuen verwertungsgesellschaftspflichtigen Vergütungsansprüche nach § 75 Abs. 3 UrhG (ausübende Künstler),

---
1 Vgl. RegE eines Gesetzes zur Änderung von Vorschriften auf dem Gebiet des Urheberrechts, BT-Drucks. 10/837, S. 23.
2 Vgl. § 48 Rn 1 f.
3 Vgl. RegE eines Gesetzes zur Änderung von Vorschriften auf dem Gebiet des Urheberrechts, BT-Drucks. 10/837, S. 23.
4 Vgl. RegE eines Gesetzes zur Änderung von Vorschriften auf dem Gebiet des Urheberrechts, BT-Drucks. 10/837, S. 23. Vgl. auch *Katzenberger*, FuR 1981, 236, 237.
5 Vgl. auch RegE-VGG, BT-Drucks. 18/7223, S. 88.
6 RegE-VGG, BT-Drucks. 18/7223, S. 95; § 77 Rn 15.
7 Vgl. § 48 Rn 6.
8 Vgl. § 48 Rn 9 ff.

§ 85 Abs. 3 UrhG (Tonträgerhersteller) und § 94 Abs. 4 UrhG (Filmhersteller) in § 13b Abs. 2 UrhWG aufgenommen. Die Neuordnung der relevanten Vergütungsansprüche im UrhG durch das Gesetz zur Regelung des Urheberrechts in der Informationsgesellschaft v. 10.9.2003 (BGBl. 2003 I 1774) und den „Zweiten Korb" (Zweites Gesetz zur Regelung des Urheberrechts in der Informationsgesellschaft (BGBl. 2007 I 2513)) wurden jeweils im UrhWG nachvollzogen. Im Rahmen des „Zweiten Korbs" wurde auch eine Übergangsregelung für neue Nutzungsarten geschaffen (§ 137l UrhG). Der verwertungsgesellschaftspflichtige Vergütungsanspruch des Urhebers nach § 137l Abs. 5 UrhG wurde in die gesetzliche Vermutung aufgenommen. Sie befand sich nun nicht mehr in § 13b, sondern in § 13c UrhWG.

4   **3. Unionsrechtlicher Hintergrund.** Die Vermutungsregelungen der §§ 48, 49 basieren nicht auf unionsrechtlichen Vorgaben.[9] Die VG-RL, die auch für **verwertungsgesellschaftspflichtige Vergütungsansprüche** einen Wettbewerb zwischen den europäischen Verwertungsgesellschaften ermöglichen soll,[10] könnte allenfalls **mittelbar** auf die gesetzliche Vermutung Einfluss nehmen, weil ihre Berechtigung infrage gestellt sein könnte.[11]

5   **4. Entstehungsgeschichte.** § 49 entspricht dem Vorschlag im RefE des BMJV für das VG-RL-Umsetzungsgesetz. Im Gesetzgebungsverfahren erfuhr er **keine Veränderung**.[12]

II. GEMA-Vermutung

6   Die gesetzlichen Vermutungen in §§ 48, 49 gehen auf die sog. **GEMA-Vermutung** der Rechtsprechung zurück.[13] Soweit die GEMA-Vermutung über die gesetzliche Regelung hinausgeht, sollten §§ 48, 49 sie nach dem Willen des Gesetzgebers nicht tangieren; sie **gilt somit weiter**.[14] Relevant wird sie etwa bei der Geltendmachung von gesetzlichen Vergütungsansprüchen, die Abs. 1 nicht unterfallen, wenn eine vom Nutzer erteilte Auskunft (nach § 48) nicht ausreichend klar ist, um die Verwertungsgesellschaft in die Lage zu versetzen, ihre Aktivlegitimation nachzuweisen, oder sogar entsprechende Beweismittel vernichtet wurden.[15] Ohne GEMA-Vermutung könnte die Verwertungsgesellschaft dann ihren Vergütungsanspruch ebenso wenig geltend machen wie bei Nutzungsvorgängen, die nicht einzeln erfasst werden.[16] Der Umfang des Vergütungsanspruchs wird in einem solchen Fall **geschätzt**.[17] Daneben können Verwertungsgesellschaften auf die GEMA-Vermutung zurückgreifen, wenn sie **Nutzungsrechte** wahrnehmen. Die **Anforde-**

---

9   Vgl. § 48 Rn 7.
10 Erwägungsgrund 19 und Art. 5 Abs. 2 VG-RL differenzieren jedenfalls bezüglich des Wahlrechts der Rechtsinhaber, welcher Verwertungsgesellschaft sie ihre Rechte anvertrauen, nicht zwischen der Wahrnehmung von Nutzungsrechten und gesetzlichen Vergütungsansprüchen. Vgl. hierzu auch *Peifer*, ZUM 2014, 453, 459.
11 Vgl. § 48 Rn 16.
12 Vgl. RegE-VGG, BT-Drucks. 18/7223, S. 26.
13 Vgl. hierzu ausführlich § 48 Rn 9 ff.
14 Vgl. RegE eines Gesetzes zur Änderung von Vorschriften auf dem Gebiet des Urheberrechts, BT-Drucks. 10/837, S. 23.
15 OLG München, Urt. v. 23.12.1999 – 29 U 4142/99 – ZUM 2000, 243, 246 – Mediaspiegel. Vgl. auch Wandtke/Bullinger/*Gerlach*, § 49 VGG Rn 4, der in diesem Fall den Anwendungsbereich von § 49 eröffnet sieht.
16 OLG München, Urt. v. 23.12.1999 – 29 U 4142/99 – ZUM 2000, 243, 245 f. – Mediaspiegel.
17 OLG München, Urt. v. 23.12.1999 – 29 U 4142/99 – ZUM 2000, 243, 246 – Mediaspiegel.

rungen an die Vermutung der Berechtigung der Verwertungsgesellschaft sind allerdings höher als bei gesetzlichen Vergütungsansprüchen.[18]

III. Vergütungsansprüche

Bestimmte Vergütungsansprüche können nach dem UrhG nur durch Verwertungsgesellschaften geltend gemacht werden; dadurch soll eine effektive Rechtewahrnehmung gewährleistet werden.[19] Die **gesetzliche Vermutung** der Wahrnehmungsbefugnis in § 49 sichert die Rechtsdurchsetzung für einige dieser Vergütungsansprüche (§§ 27, 54 Abs. 1, 54c Abs. 1, 77 Abs. 2, 85 Abs. 4, 94 Abs. 4 und 137l Abs. 5 UrhG) zusätzlich ab. Mit Ausnahme des § 137l Abs. 5 UrhG sind dies Vergütungen für Nutzungsvorgänge, die nicht lizenzpflichtig sind und nicht einzeln erfasst werden bzw. bei denen nicht festgehalten wird, welches Werk genutzt wird, weil dies einen unzumutbar hohen Aufwand erfordern würde.[20] Der Vergütungsanspruch für unbekannte Nutzungsarten nach § 137l Abs. 5 UrhG setzt zwar eine Nutzungsrechtseinräumung voraus. Auch er wurde aber verwertungsgesellschaftspflichtig ausgestaltet, um die Zahlung einer angemessenen Vergütung zu gewährleisten, ohne dass der Rechtsinhaber aufgespürt werden muss.[21] Dementsprechend muss die Verwertungsgesellschaft auch für die Geltendmachung dieses Anspruches nicht nachweisen, dass sie den jeweiligen Rechtsinhaber tatsächlich vertritt.[22]

7

Der gesetzliche Vergütungsanspruch für das Vermieten nach § 27 Abs. 1 UrhG besteht nur für **Bild- und Tonträger**. Die Urheber von anderen Werkarten – insbesondere **Printmedien** – können in Bezug auf die Vermietung ein **Verbotsrecht** gem. § 17 UrhG geltend machen und haben daher keinen gesetzlichen Vergütungsanspruch. Die Verwertungsgesellschaften VG Bild-Kunst und VG Wort können sich bei der Geltendmachung von diesbezüglichen Ansprüchen aus dem Vermietrecht also nicht auf § 49 berufen.[23] Auch eine **analoge Anwendung** scheidet aus, da der Gesetzgeber § 27 Abs. 1 UrhG bewusst auf Rechte an Bild- und Tonträgern beschränkt und die gesetzliche Vermutung in § 49 nicht auf § 17 UrhG ausgedehnt hat.[24]

8

§ 49 Abs. 1 gilt, anders als § 48, der sämtliche verwertungsgesellschaftspflichtige Auskunftsansprüche umfasst, nur für bestimmte Vergütungsansprüche. Dies sind solche, die für Nutzungen entstehen, bei denen **keine Lizenzpflicht** besteht und die **typischerweise nicht einzeln erfasst** werden.[25] Bei Vergütungsansprüchen für einzeln zu erfassende Nutzungen versetzt schon der – über § 48 ermöglichte – Auskunftsanspruch die Verwertungsgesellschaft in die Lage, ihre Aktivlegitimation darzulegen.[26] Neben den explizit genannten Fällen werden von der gesetzlichen Vermutung nach § 49 daher nur Vergütungsansprüche erfasst, die **vergleichbare Nutzungsvorgänge** betreffen.[27] Dies trifft etwa auf § 60h UrhG zu, denn die für Unterricht, Wissenschaft und Institutionen

9

---

18 Schiedsstelle, Einigungsvorschl. v. 14.7.1988 – Sch-Urh 14/15/41/42/88 – ZUM 1988, 471, 477.
19 Vgl. *Podszun/Franz*, ZGE 7 (2015), 15, 19 f.
20 Vgl. OLG München, Urt. v. 23.12.1999 – 29 U 4142/99 – ZUM 2000, 243, 245 – Mediaspiegel; Schricker/Loewenheim/*Reinbothe*, § 13c UrhWG Rn 8.
21 Vgl. Wandtke/Bullinger/*Jani*, § 137l UrhG Rn 90.
22 Vgl. Schricker/Loewenheim/*Reinbothe*, § 13c UrhWG Rn 8.
23 Schiedsstelle, Einigungsvorschl. v. 31.8.2004 – Sch-Urh 24/99 – ZUM 2005, 257, 262. Vgl. auch Dreier/Schulze/*Schulze*, § 49 VGG Rn 2.
24 Schiedsstelle, Einigungsvorschl. v. 31.8.2004 – Sch-Urh 24/99 – ZUM 2005, 257, 262.
25 Vgl. Rn 1.
26 OLG München, Urt. v. 23.12.1999 – 29 U 4142/99 – ZUM 2000, 243, 245 – Mediaspiegel.
27 Vgl. BeckOK-UrhR/*Freudenberg*, § 49 VGG Rn 4; Heker/Riesenhuber/*Riesenhuber*, Kapitel 11 Rn 19; Dreier/Schulze/*Schulze*, § 49 VGG Rn 2.

erlaubten Nutzungen erfordern – zumindest solange die Beteiligten sich nicht auf ein entsprechendes Modell geeinigt haben – keine Einzelerfassung (vgl. § 60h Abs. 3 S. 1 UrhG). Allein die Herstellung von Unterrichts- und Lehrmedien (§ 60b UrhG) und der Kopienversand durch Bibliotheken (§ 60e Abs. 5 UrhG) sind nutzungsbezogen zu vergüten. Bei der Geltendmachung der Vergütung für den Kopienversand müssen Verwertungsgesellschaften also, anders als bisher,[28] zunächst Auskunft verlangen (ggf. gestützt auf die gesetzliche Vermutung nach § 48) und auf dieser Grundlage ihre Aktivlegitimation nachweisen.

10 Die Vermutung der Aktivlegitimation nach § 49 greift selbst dann, wenn die Verwertungsgesellschaft sich nicht unmittelbar auf den gesetzlichen Vergütungsanspruch stützt, sondern aus einem hierüber geschlossenen **Vertrag** vorgeht.[29]

IV. Gesetzliche Vermutung

11 **1. Grundsatz (Abs. 1).** § 49 Abs. 1 gewährt eine **Beweiserleichterung** zugunsten von Verwertungsgesellschaften, die einen der erfassten Vergütungsansprüche geltend machen. Vermutet wird, dass eine Verwertungsgesellschaft, die den betreffenden Vergütungsanspruch grds. wahrnimmt, für **sämtliche Rechtsinhaber** tätig ist. Ebenso wie bei § 48 bezieht sich die Vermutung allein auf die **Aktivlegitimation** der Verwertungsgesellschaft.[30] Alle weiteren Voraussetzungen für die Geltendmachung des Anspruchs richten sich nach den **allgemeinen zivilprozessualen Regeln**.[31]

12 Der Nutzer kann die Vermutung **widerlegen**, indem er **substantiiert vorträgt**, dass die klagende Verwertungsgesellschaft die betreffenden Ansprüche nicht wahrnimmt.[32] Hierfür muss er darlegen und ggf. beweisen, dass er ausschließlich Werke genutzt hat die nicht im Repertoire der Verwertungsgesellschaft enthalten sind.[33] Es genügt nicht vorzutragen, dass die genutzten Werke nicht von inländischen Rechtsinhabern stammen, denn die gesetzliche Vermutung gilt auch hinsichtlich der Rechte ausländischer Rechtsinhaber.[34]

13 Eine **Umkehr der Beweislast**, wie sie § 49 statuiert, erlegt dem Anspruchsschuldner auf zu beweisen, dass die klagende Partei nicht zur Geltendmachung des Anspruchs berechtigt ist. Sie ist an den Maßstäben des **allgemeinen Gleichheitssatzes** nach **Art. 3 Abs. 1 GG** zu messen, weil sie den zivilprozessualen Grundsatz der „**Waffengleichheit**" der Parteien berührt.[35] Das BVerfG entschied 2001 durch Nichtannahmebeschluss, dass die

---

28 Vgl. zu § 53a UrhG a.F. BeckOK-UrhR/*Freudenberg*, § 49 VGG Rn 4; Wandtke/Bullinger/*Gerlach*, § 49 VGG Rn 1.
29 So für den gesetzlichen Vergütungsanspruch aus § 27 Abs. 1 UrhG bei Vermietung von Videokassetten: BGH, Urt. v. 31.1.1991 – I ZR 101/89 – GRUR 1991, 595, 596 – Gesetzliche Vermutung II. Vgl. auch Schricker/Loewenheim/*Reinbothe*, § 13c UrhWG Rn 8; Dreier/Schulze/*Schulze*, § 49 VGG Rn 4.
30 Vgl. § 48 Rn 21.
31 Vgl. Dreier/Schulze/*Schulze*, § 49 VGG Rn 3.
32 Vgl. BGH, Urt. v. 29.6.1989 – I ZR 179/87 – GRUR 1989, 819, 820 – Gesetzliche Vermutung I; BGH, Urt. v. 31.1.1991 – I ZR 101/89 – GRUR 1991, 595, 596 – Gesetzliche Vermutung II; OLG München, Urt. v. 21.12.2000 – 6 AR 6/00 – ZUM-RD 2002, 150, 157.
33 BGH, Urt. v. 29.6.1989 – I ZR 179/87 – GRUR 1989, 819, 820 – Gesetzliche Vermutung I; OLG Köln, Urt. v. 3.4.1998 – 6 U 139/97 – ZUM 1998, 659.
34 So für Vergütungsansprüche nach § 27 UrhG: BGH, Urt. v. 29.6.1989 – I ZR 179/87 – GRUR 1989, 819, 820 – Gesetzliche Vermutung I; OLG Düsseldorf, Urt. v. 30.7.1987 – 20 U 4/87 – ZUM 1989, 35, 36; OLG Oldenburg, Urt. v. 18.6.1987 – 1 U 19/87 – ZUM 1987, 637, 638; BGH, Urt. v. 31.1.1991 – I ZR 101/89 – GRUR 1991, 595, 596 – Gesetzliche Vermutung II. Vgl. auch Dreier/Schulze/*Schulze*, § 49 VGG Rn 4; Schiedsstelle, Einigungsvorschl. v. 16.3.1989 – Sch-Urh 4/86 – ZUM 1989, 426, 428.
35 BVerfG, Beschl. v. 4.9.2000 – 1 BvR 142/96 – GRUR 2001, 48, 49.

gesetzliche Vermutung zugunsten der Verwertungsgesellschaften nach § 13b Abs. 2 UrhWG (jetzt § 49 VGG) **verfassungsgemäß** ist.[36] Das Ziel, eine effektive Rechtsdurchsetzung zu ermöglichen, rechtfertige die Ungleichbehandlung der Parteien im Prozess.[37] Damals führte das Gericht u.a. aus, dass auch die moderne Datenverarbeitungstechnik Verwertungsgesellschaften nicht in die Lage versetze, die relevanten Nutzungshandlungen nachzuverfolgen und die Vergütung für die von ihnen vertretenen Rechtsinhaber einzufordern.[38]

2. Rechtewahrnehmung durch mehrere Verwertungsgesellschaften (Abs. 2). 14

Bei Vergütungsansprüchen ist es den Nutzern anders als bei Auskunftsansprüchen, die ohne nennenswerte Kosten mehrfach erfüllt werden können,[39] nicht zuzumuten, **mehrfach zu leisten**.[40] Dementsprechend sind mehrere Verwertungsgesellschaften, die den betreffenden Anspruch grds. wahrnehmen, gem. Abs. 2 nur **gemeinsam aktivlegitimiert**. Ob mehrere Verwertungsgesellschaften parallel tätig sind, ist stets für den konkreten Anspruch festzustellen.[41] Dafür müssen die Verwertungsgesellschaften für den betreffenden Rechtsinhaber überhaupt infrage kommen, also die konkrete **Kategorie von Berechtigten** vertreten.[42] So überschneiden sich etwa GEMA und GVL hinsichtlich der Werkart (Musikwerke), nicht jedoch hinsichtlich der von ihnen vertretenen Rechtsinhaber, da die GEMA Komponisten, Textdichter und Musikverleger, die GVL ausübende Künstler und Tonträgerhersteller vertritt.[43] Eine parallele Tätigkeit i.S.v. Abs. 2 scheidet nach bisherigem Verständnis auch aus, wenn die Verwertungsgesellschaften in **unterschiedlichen Ländern** tätig sind.[44] Dieses Abgrenzungskriterium könnte an Relevanz verlieren, wenn Verwertungsgesellschaften zukünftig, wie von der VG-RL beabsichtigt, vermehrt **grenzüberschreitend** tätig werden.[45] Dann müssten sie auch als gemeinsam berechtigt gelten i.S.v. Abs. 2. Die Verwertungsgesellschaften können ihre Rechte auch einer **Inkassostelle** übertragen; sie macht die Rechte im eigenen Namen geltend.[46]

V. Freistellungsanspruch (Abs. 3)

Hat ein Nutzer aufgrund der gesetzlichen Vermutung an eine Verwertungsgesell- 15
schaft geleistet, die in Wirklichkeit nicht wahrnehmungsbefugt war, muss die Verwertungsgesellschaft den Nutzer von Ansprüchen des Rechtsinhabers **freistellen** (Abs. 3). Ebenso wie Abs. 2 soll auch Abs. 3 den Nutzer davor schützen, **mehrfach in Anspruch**

---

36 BVerfG, Beschl. v. 4.9.2000 – 1 BvR 142/96 – GRUR 2001, 48.
37 BVerfG, Beschl. v. 4.9.2000 – 1 BvR 142/96 – GRUR 2001, 48, 49.
38 BVerfG, Beschl. v. 4.9.2000 – 1 BvR 142/96 – GRUR 2001, 48, 49 f.
39 Vgl. § 48 Rn 23.
40 Vgl. Heker/Riesenhuber/*Riesenhuber*, Kapitel 11 Rn 18; Dreier/Schulze/*Schulze*, § 49 VGG Rn 5.
41 Vgl. hierzu den Vorschlag von *Pfennig* (Neue Regeln für Verwertungsgesellschaften, abrufbar unter https://irights.info/artikel/eu-richtlinie-kollektive-rechtewahrnehmung-deutschland/23807), der anregt, dass für einen konkreten Vergütungsanspruch immer nur *eine* Verwertungsgesellschaft zuständig sein sollte.
41 Vgl. RegE eines Gesetzes zur Änderung von Vorschriften auf dem Gebiet des Urheberrechts, BT-Drucks. 10/837, S. 23.
42 Vgl. Wandtke/Bullinger/*Gerlach*, § 49 VGG Rn 2; Fromm/Nordemann/*W. Nordemann/Wirtz*, 11. Aufl. 2014 § 13c UrhWG Rn 4; Schricker/Loewenheim/*Reinbothe*, § 13c UrhWG Rn 10. A.A. Dreier/Schulze/*Schulze*, § 49 VGG Rn 6, der eine gemeinsame (anteilige) Geltendmachung auch bei verschiedenen Werk- oder Leistungsarten anregt.
43 Vgl. Wandtke/Bullinger/*Gerlach*, § 49 VGG Rn 2; Fromm/Nordemann/*W. Nordemann/Wirtz*, 11. Aufl. 2014 § 13c UrhWG Rn 4.
44 Wandtke/Bullinger/*Gerlach*, § 49 VGG Rn 2.
45 Vgl. § 48 Rn 16.
46 Schiedsstelle, Einigungsvorschl. v. 20.9.2007 – Sch-Urh 65/05 – ZUM 2007, 946, 947.

genommen zu werden.[47] Die Freistellung erfolgt nur für Vergütungsansprüche, die die gleiche Werk- und Leistungskategorie betreffen wie die von der Verwertungsgesellschaft erhaltene Vergütung.[48] Hat der Nutzer bereits an die Verwertungsgesellschaft und den tatsächlich berechtigten Rechtsinhaber geleistet, wandelt sich der Freistellungsanspruch in einen **Regressanspruch** gegen die Verwertungsgesellschaft um.[49] Konstellationen, in denen der Freistellungsanspruch nach Abs. 3 tatsächlich zum Tragen kommt, dürften allerdings äußerst selten sein, weil die erfassten Ansprüche allesamt **verwertungsgesellschaftspflichtig** sind, sodass der Rechtsinhaber gar nicht selbst gegen den Nutzer vorgehen kann, sondern einer zwischenzeitlich neu gegründeten Verwertungsgesellschaft beitreten müsste.[50] Eine wesentlich größere Rolle spielen Freistellungsansprüche, die Verwertungsgesellschaften den Nutzern **vertraglich** einräumen. Dies ist insbesondere dann der Fall, wenn sie im Rahmen von Pauschalverträgen Nutzungsrechte auch für nicht von ihnen vertretene Rechtsinhaber (sog. **Außenseiter**) gewähren.[51]

§ 50
Außenseiter bei Kabelweitersendung

(1) ¹Hat ein Rechtsinhaber die Wahrnehmung seines Rechts der Kabelweitersendung im Sinne des § 20b Absatz 1 Satz 1 des Urheberrechtsgesetzes keiner Verwertungsgesellschaft übertragen, so gilt die Verwertungsgesellschaft, die Rechte dieser Art wahrnimmt und der eine Erlaubnis (§ 77) erteilt wurde, als berechtigt, seine Rechte wahrzunehmen. ²Kommen dafür mehrere Verwertungsgesellschaften in Betracht, so gelten sie gemeinsam als berechtigt; wählt der Rechtsinhaber eine von ihnen aus, so gilt nur diese als berechtigt. Die Sätze 1 und 2 gelten nicht für Rechte, die das Sendeunternehmen innehat, dessen Sendung weitergesendet wird.

(2) ¹Hat die Verwertungsgesellschaft, die nach Absatz 1 als berechtigt gilt, eine Vereinbarung über die Kabelweitersendung getroffen, so hat der Rechtsinhaber im Verhältnis zu dieser Verwertungsgesellschaft die gleichen Rechte und Pflichten, wie wenn er ihr seine Rechte zur Wahrnehmung übertragen hätte. ²Seine Ansprüche verjähren in drei Jahren von dem Zeitpunkt an, in dem die Verwertungsgesellschaft nach dem Verteilungsplan oder den Wahrnehmungsbedingungen die Abrechnung der Kabelweitersendung vorzunehmen hat; die Verwertungsgesellschaft kann ihm eine Verkürzung durch Meldefristen oder auf ähnliche Weise nicht entgegenhalten.

Übersicht

I. Allgemeines
   1. Bedeutung der Regelung —— 1
   2. Vorgängerregelung —— 2
   3. Unionsrechtlicher Hintergrund —— 3

   4. Entstehungsgeschichte —— 5
II. Fiktion der Wahrnehmungsberechtigung (Abs. 1)
   1. Grundsatz (S. 1) —— 6

---

[47] Vgl. RegE eines Gesetzes zur Änderung von Vorschriften auf dem Gebiet des Urheberrechts, BT-Drucks. 10/837, S. 23.
[48] Vgl. Dreier/Schulze/*Schulze*, § 49 VGG Rn 7.
[49] So auch Wandtke/Bullinger/*Gerlach*, § 49 VGG Rn 3; Schricker/Loewenheim/*Reinbothe*, § 13c UrhWG Rn 10. A.A. Fromm/Nordemann/*W. Nordemann/Wirtz*, 11. Aufl. 2014 § 13c UrhWG Rn 5 (kein Erstattungsanspruch).
[50] So auch Fromm/Nordemann/*W. Nordemann/Wirtz*, 11. Aufl. 2014 § 13c UrhWG Rn 5.
[51] Vgl. *Hillig* in: FS Pfennig, S. 439; Loewenheim/*Melichar*, § 47 Rn 30. Zu der Üblichkeit einer solchen vertraglichen Freistellungsverpflichtung vgl. BGH, Urt. v. 18.6.2014 – I ZR 215/12 – GRUR 2015, 61 Rn 71f. – Gesamtvertrag Tanzschulkurse; Schricker/Loewenheim/*Reinbothe*, § 13c UrhWG Rn 4.

2. Rechtewahrnehmung durch mehrere Verwertungsgesellschaften (S. 2) —— 9
3. Ausnahme für Sendeunternehmen (S. 3) —— 11

III. Verhältnis zwischen Verwertungsgesellschaft und Rechtsinhaber (Abs. 2)
1. Rechte und Pflichten (S. 1) —— 13
2. Verjährung (S. 2) —— 14

I. Allgemeines

1. Bedeutung der Regelung. Das Recht der Kabelweitersendung kann nach § 20b UrhG nur durch eine Verwertungsgesellschaft geltend gemacht werden, soweit es nicht um die Rechte geht, die einem Sendeunternehmen in Bezug auf die eigenen Sendungen zustehen (Abs. 1 S. 3). Hierdurch wird der Rechteerwerb für die weitersendenden Unternehmen erleichtert und verhindert, dass einzelne Inhaber von Rechten an einzelnen Programmbestandteilen die Weitersendung eines gesamten Programms blockieren können.[1] Diesem Ziel dient auch § 50: Hat ein Rechtsinhaber sein Kabelweitersendungsrecht keiner Verwertungsgesellschaft eingeräumt (sog. **Außenseiter**), wird die **Wahrnehmungsbefugnis fingiert**. Abs. 1 betrifft das Verhältnis der Verwertungsgesellschaft gegenüber den Nutzern, Abs. 2 das Verhältnis gegenüber den Rechtsinhabern.

2. Vorgängerregelung. Die Wahrnehmungsfiktion nach § 50 fand sich zuvor in § 13c Abs. 3 und 4 (und davor in § 13b Abs. 3 und 4) UrhWG. Gegenüber § 13c Abs. 3 S. 1 UrhWG enthält Abs. 1 insofern eine Änderung, als die Verwertungsgesellschaft nun über eine Erlaubnis gem. § 77 verfügen muss. Hintergrund ist, dass die Wahrnehmung des Rechts der Kabelweitersendung nach § 77 Abs. 2 Nr. 2 eine **Erlaubnis der Aufsichtsbehörde** nicht nur – wie stets – für inländische Verwertungsgesellschaften voraussetzt, sondern auch für Verwertungsgesellschaften, die ihren Sitz in einem anderen **Mitgliedstaat der EU** oder in einem anderen **EWR-Vertragsstaat** haben. Dies soll eine effektive Rechtewahrnehmung sicherstellen.[2] Dementsprechend ist auch die Wahrnehmungsfiktion nach Abs. 1 an eine Erlaubnis der Aufsichtsbehörde geknüpft.[3] Inhaltlich ändert sich dadurch nichts, denn auch nach bisheriger Rechtslage erforderte die Geltendmachung der Wahrnehmungsfiktion (ebenso wie sämtlicher anderer Rechte) eine Erlaubnis für die (nationalen) Verwertungsgesellschaften (vgl. § 1 Abs. 1 UrhWG). Unklar ist, warum Abs. 1 explizit auf die Erlaubnispflicht Bezug nimmt, bei § 49 Abs. 1 – für den § 77 Abs. 2 ebenfalls gilt – ein solcher Verweis aber fehlt. Eine weitere, lediglich sprachliche Änderung findet sich in Abs. 2. Während der Beginn der Verjährungsfrist bislang an den Zeitpunkt anknüpfte, in dem die Verwertungsgesellschaft „satzungsgemäß die Abrechnung der Kabelweitersendung vorzunehmen hat" (§ 13c Abs. 4 S. 2 UrhWG), ist nun der Zeitpunkt, in dem „nach dem Verteilungsplan oder den Wahrnehmungsbedingungen die Abrechnung der Kabelweitersendung" zu erfolgen hat, entscheidend.

3. Unionsrechtlicher Hintergrund. Die Vor-Vorgängerregelungen des § 50 – § 13b Abs. 3 und 4 UrhWG – wurden 1998 in Umsetzung der **Satelliten- und Kabelrichtlinie** geschaffen.[4] Die Richtlinie soll **grenzüberschreitende Rundfunksendungen** über Satellit und Kabel fördern.[5] Sie wird ergänzt durch die im März 2019 verabschiedete Online-

---

1 Vgl. Dreier/Schulze/*Dreier*, § 20b UrhG Rn 1.
2 RegE-VGG, BT-Drucks. 18/7223, S. 95.
3 Vgl. auch RegE-VGG, BT-Drucks. 18/7223, S. 88.
4 Richtlinie zur Koordinierung bestimmter urheber- und leistungsschutzrechtlicher Vorschriften betreffend Satellitenrundfunk und Kabelweiterverbreitung (93/83/EWG).
5 Vgl. Erwägungsgrund 3 Satelliten- und Kabelrichtlinie.

SatCab-Richtlinie,[6] die der zunehmenden Verbreitung von Rundfunkprogrammen über das Internet Rechnung tragen soll.[7]

4 Um der Gefahr zu begegnen, dass einzelne Rechtsinhaber zwar der Erstausstrahlung eines Programmes zustimmen, die (grenzüberschreitende) Weitersendung jedoch blockieren, soll das Recht der Weiterverbreitung laut Satelliten- und Kabelrichtlinie **verwertungsgesellschaftspflichtig** ausgestaltet werden.[8] Auch wenn ein Rechtsinhaber seine Rechte keiner Verwertungsgesellschaft überträgt, gilt die zuständige Verwertungsgesellschaft als berechtigt (Art. 9 Abs. 2 Satelliten- und Kabelrichtlinie[9]). Durch das Vierte Gesetz zur Änderung des Urheberrechtsgesetzes (BGBl. 1998 I 902) wurden diese Vorgaben umgesetzt. Das deutsche Umsetzungsgesetz bezieht sich nicht nur auf grenzüberschreitende Sendungen zwischen EU- und EWR-Staaten, sondern auch auf die **Kabelweiterleitung von nationalen Ausstrahlungen** oder solchen aus **Drittstaaten**.[10] § 50 (bzw. § 13b Abs. 3 und 4 UrhWG) geht auf Art. 9 und 10 der Satelliten- und Kabelrichtlinie zurück. Obwohl Art. 9 der Richtlinie von einer Bevollmächtigung der Verwertungsgesellschaft spricht, wählte der Gesetzgeber für § 50 Abs. 1 (bzw. § 13b Abs. 3 UrhWG) eine andere Formulierung („berechtigt"), weil die Implikationen einer Bevollmächtigung nicht auf das Verhältnis zwischen Rechtsinhaber und Verwertungsgesellschaft passten und die Richtlinie insofern nicht wörtlich zu nehmen sei.[11]

5 **4. Entstehungsgeschichte.** § 50 entspricht dem Vorschlag im RefE des BMJV für das VG-RL-Umsetzungsgesetz. Im Gesetzgebungsverfahren erfuhr er **keine Veränderung**.[12]

II. Fiktion der Wahrnehmungsberechtigung (Abs. 1)

6 **1. Grundsatz (S. 1).** § 50 erleichtert in Zusammenspiel mit § 20b Abs. 1 S. 1 UrhG die Weitersendung von Kabelsendungen: § 20b Abs. 1 S. 1 UrhG gestaltet das urheberrechtliche Verbotsrecht **verwertungsgesellschaftspflichtig** aus; § 50 **fingiert die Wahrnehmungsbefugnis** der Verwertungsgesellschaften in Bezug auf die Kabelweitersendungsrechte von Rechtsinhabern, die ihre Rechte keiner Verwertungsgesellschaft übertragen haben (sog. **Außenseiter**).[13] Nutzer, die das Recht zur Kabelweitersendung erwerben möchten, müssen sich daher nicht mit jedem Rechtsinhaber einzeln einigen, sondern können sich an die betreffende Verwertungsgesellschaft wenden. Diese wiederum ist zwar zunächst nur berechtigt, das urheberrechtliche Verbotsrecht auszuüben. Da § 34

---

6 Richtlinie mit Vorschriften für die Ausübung von Urheberrechten und verwandten Schutzrechten in Bezug auf bestimmte Online-Übertragungen von Sendeunternehmen und die Weiterverbreitung von Fernseh- und Hörfunkprogrammen und zur Änderung der Richtlinie 93/83/EWG des Rates, 2019/789/EU v. 17.4.2019, ABl EU Nr. L 130 S. 82.
7 Pressemitteilung EU-Kommission, Grenzüberschreitender Zugang zu Fernseh- und Hörfunkinhalten online wird einfacher, 13.12.2018, abrufbar unter: https://ec.europa.eu/germany/news/fernseh20181213_de.
8 Vgl. Erwägungsgrund 28 Satelliten- und Kabelrichtlinie. Vgl. auch Erwägungsgrund 13 Online-SatCab-Richtlinie.
9 Entsprechend auch Art. 3 Abs. 2 Online-SatCab-Richtlinie.
10 Vgl. RegE eines Vierten Gesetzes zur Änderung des Urheberrechtsgesetzes, BT-Drucks. 13/4796, S. 13.
11 Vgl. RegE eines Vierten Gesetzes zur Änderung des Urheberrechtsgesetzes, BT-Drucks. 13/4796, S. 16. Vgl. auch Schricker/Loewenheim/*Reinbothe*, § 13c UrhWG Rn 11.
12 Vgl. RegE-VGG, BT-Drucks. 18/7223, S. 26.
13 Vgl. RegE eines Vierten Gesetzes zur Änderung des Urheberrechtsgesetzes, BT-Drucks. 13/4796, S. 16. Vgl. auch Wandtke/Bullinger/*Gerlach*, § 50 VGG Rn 4; Heker/Riesenhuber/*Riesenhuber*, Kapitel 11 Rn 20 f.

Abs. 1 den Verwertungsgesellschaften jedoch einen **Abschlusszwang** auferlegt, können Nutzer von ihnen auch die für die Kabelweitersendung erforderlichen Rechte zu angemessenen Bedingungen erwerben.[14]

Die Wahrnehmungsberechtigung der Verwertungsgesellschaft wird nicht nur vermutet, sondern **gesetzlich fingiert**. Sie kann also **nicht widerlegt** werden. Die Verwertungsgesellschaften können das Recht der Kabelweitersendung somit für sämtliche Rechtsinhaber wahrnehmen, unabhängig davon, ob sie mit ihnen einen Wahrnehmungsvertrag abgeschlossen haben. 7

Dass der Rechteerwerb für Kabelweitersendungen vereinfacht wird, soll nicht zu einer Verschlechterung der wirtschaftlichen Situation der Rechtsinhaber führen. Den Urhebern betroffener Werke bzw. den beteiligten ausübenden Künstlern steht daher nach § 20b Abs. 2 UrhG ein **unveräußerlicher Vergütungsanspruch** gegenüber dem weitersendenden Unternehmen zu, der selbst dann entsteht, wenn sie mit dem Sendeunternehmen bzw. Tonträger- oder Filmhersteller eine Nutzungsrechtsvereinbarung über die Weitersendung getroffen haben. Dieser Anspruch beruht nicht auf der Satelliten- und Kabelrichtlinie.[15] Er soll verhindern, dass Urheber aufgrund ihrer strukturell schlechteren Verhandlungsposition nicht oder nicht angemessen an den Erträgen aus der Kabelweitersendung beteiligt werden.[16] Auch dieser Vergütungsanspruch ist grds. **verwertungsgesellschaftspflichtig** (§ 20b Abs. 2 S. 3 UrhG). Soweit allerdings **Tarifverträge, Betriebsvereinbarungen** oder **gemeinsame Vergütungsregeln** von Sendeunternehmen existieren, können die Urheber die angemessene Vergütung auch ohne Einschaltung einer Verwertungsgesellschaft erhalten (§ 20b Abs. 2 S. 4 UrhG). Aus diesem Grund erfasst die gesetzliche Fiktion des § 50 nicht die Geltendmachung des gesetzlichen Vergütungsanspruchs.[17] Die Verwertungsgesellschaft kann sich stattdessen auf die **gesetzliche Vermutung** nach § 49 stützen.[18] Aufgrund der Besonderheiten des Kabelweitersendungsrechts lässt sich diese Vermutung nur durch den Nachweis widerlegen, dass die Vergütung im konkreten Fall bereits im Rahmen einer tarifvertraglichen Regelung o.ä. gezahlt wird.[19] 8

2. Rechtewahrnehmung durch mehrere Verwertungsgesellschaften (S. 2). Nehmen mehrere Verwertungsgesellschaften das Recht der Kabelweitersendung wahr, können sie sich grds. nur **gemeinsam** auf die Fiktion des § 50 berufen (S. 2 Hs. 1). Eine parallele Tätigkeit i.S.v. Abs. 1 S. 2 ist nur dann gegeben, wenn die Verwertungsgesellschaften auch für die jeweiligen Rechtsinhaber **potentiell wahrnehmungsberechtigt** sind, sie also Kabelweitersenderechte für die **gleiche Kategorie** von Werkarten bzw. Leistungsschutzrechten wahrnehmen.[20] Zudem können nur Verwertungsgesellschaften, die über eine Erlaubnis nach § 77 Abs. 2 Nr. 2 verfügen, miteinander i.S.v. § 50 Abs. 1 S. 2 konkurrieren.[21] In der Praxis haben sich die zur Wahrnehmung von Kabelweitersenderechten berechtigten Verwertungsgesellschaften zur sog. **Münchner Gruppe** zusammengeschlossen.[22] Sie nimmt die entsprechenden Rechte gebündelt wahr. Nicht beteiligt 9

---

14 Vgl. BeckOK-UrhR/*Freudenberg*, § 50 VGG Rn 10.
15 Vgl. RegE eines Vierten Gesetzes zur Änderung des Urheberrechtsgesetzes, BT-Drucks. 13/4796, S. 14.
16 Vgl. RegE eines Vierten Gesetzes zur Änderung des Urheberrechtsgesetzes, BT-Drucks. 13/4796, S. 13f.
17 Vgl. Wandtke/Bullinger/*Gerlach*, § 50 VGG Rn 7; Dreier/Schulze/*Schulze*, § 50 VGG Rn 4.
18 Vgl. BeckOK-UrhR/*Freudenberg*, § 50 VGG Rn 11; Dreier/Schulze/*Schulze*, § 50 VGG Rn 4.
19 Vgl. BeckOK-UrhR/*Freudenberg*, § 50 VGG Rn 11; Dreier/Schulze/*Schulze*, § 50 VGG Rn 4.
20 Vgl. hierzu eingehend Dreier/Schulze/*Schulze*, § 50 VGG Rn 6; Fromm/Nordemann/*W. Nordemann/Wirtz*, 11. Aufl. 2014 § 13c UrhWG Rn 7. Vgl. auch § 49 Rn 14.
21 Vgl. Wandtke/Bullinger/*Gerlach*, § 50 VGG Rn 5.
22 Vgl. hierzu auch § 3 Rn 15.

ist die VG Media. Sie nimmt die Rechte einiger privater Sendeunternehmen selbstständig wahr.

10 Trifft der Rechtsinhaber eine **Wahl** (S. 2 Hs. 2), ist nur die von ihm berufene Verwertungsgesellschaft wahrnehmungsberechtigt. Eine solche Wahl kann der Rechtsinhaber im Wege einer **einseitigen Erklärung** treffen.[23] Daneben verbleibt ihm auch die Möglichkeit, einen **Wahrnehmungsvertrag** mit der Verwertungsgesellschaft abzuschließen. Stehen keine objektiven Gründe entgegen, ist die Verwertungsgesellschaft zum Vertragsabschluss gezwungen (vgl. § 9). In diesem Fall muss sie sich nicht mehr auf die Fiktion des § 50 berufen; sie ist tatsächlich wahrnehmungsberechtigt.[24]

11 **3. Ausnahme für Sendeunternehmen (S. 3).** Für **Sendeunternehmen**, die das Kabelweitersenderecht an ihren **eigenen Sendungen** geltend machen, gilt die Verwertungsgesellschaftspflicht gem. § 20b Abs. 1 S. 2 UrhG nicht. Dementsprechend bezieht sich auch die Fiktion des § 50 nicht auf die Rechte des sendenden Unternehmens. Sendeunternehmen steht es jedoch frei, eine Verwertungsgesellschaft mit der Wahrnehmung ihrer Rechte der Kabelweitersendung zu betrauen.[25]

12 Bei den Rechten der Sendeunternehmen kann es sich sowohl um **eigene Leistungsschutzrechte** nach § 87 Abs. 1 Nr. 1 UrhG als auch um **abgeleitete Rechte** handeln, die dem Sendeunternehmen von den Rechtsinhabern der gesendeten Werke eingeräumt wurden (vgl. § 20b Abs. 1 S. 2 UrhG).[26] Allerdings kann sich das Sendeunternehmen bei der Geltendmachung abgeleiteter Rechte weder auf eine gesetzliche Fiktion noch auf eine Vermutung berufen.[27] Den gesetzlichen Vergütungsanspruch für abgeleitete Rechte kann es gegenüber dem weitersendenden Unternehmen zudem nur dann durchsetzen, wenn das Sendeunternehmen die Urheber im Rahmen eines **Tarifvertrags**, einer **Betriebsvereinbarung** oder einer **gemeinsamen Vergütungsregel** vergütet; anderenfalls verbleibt der (verwertungsgesellschaftspflichtige) Vergütungsanspruch beim Urheber.[28]

III. Verhältnis zwischen Verwertungsgesellschaft und Rechtsinhaber (Abs. 2)

13 **1. Rechte und Pflichten (S. 1).** Abs. 2 führt die Wahrnehmungsfiktion gegenüber den Rechtsinhabern fort: Nimmt die Verwertungsgesellschaft aufgrund des Abs. 1 das Recht der Kabelweitersendung wahr, hat der Rechtsinhaber die **gleichen Rechte und Pflichten,** wie wenn er die Verwertungsgesellschaft tatsächlich mit der Wahrnehmung betraut hätte. Auch der Außenseiter, der sein Kabelweitersenderecht keiner Verwertungsgesellschaft übertragen hat, steht insofern in einem **Wahrnehmungsverhältnis** mit einer Verwertungsgesellschaft. Er ist „**Berechtigter**" i.S.v. § 6, so dass für ihn sämtliche auf Berechtigte bezogene Regelungen des VGG gelten.[29] Ihm steht eine Beteiligung an den Erlösen der Verwertungsgesellschaft zu. Die **Höhe des Anspruchs** des Außenseiters richtet sich dabei – wie für alle anderen Rechtsinhaber – nach dem **Verteilungsplan** der Verwertungsgesellschaft. Auch **Verwaltungskosten** und **Sozialabgaben** werden in

---

23 Vgl. RegE eines Vierten Gesetzes zur Änderung des Urheberrechtsgesetzes, BT-Drucks. 13/4796, S. 16.
24 Vgl. BeckOK-UrhR/*Freudenberg*, § 50 VGG Rn 12.
25 Vgl. BeckOK-UrhR/*Freudenberg*, § 50 VGG Rn 13; Dreier/Schulze/*Schulze*, § 50 VGG Rn 7. Die meisten privaten und öffentlich-rechtlichen Sendeunternehmen haben ihre Rechte Verwertungsgesellschaften zur Wahrnehmung übertragen.
26 Vgl. Dreier/Schulze/*Schulze*, § 50 VGG Rn 8.
27 Vgl. Dreier/Schulze/*Schulze*, § 50 VGG Rn 8.
28 Vgl. Dreier/Schulze/*Schulze*, § 50 VGG Rn 8.
29 Vgl. BeckOK-UrhR/*Freudenberg*, § 50 VGG Rn 14.

Abzug gebracht.³⁰ Die Regeln der **Geschäftsführung ohne Auftrag** nach §§ 677 ff. BGB werden durch die Spezialregelung des Abs. 2 verdrängt.³¹

2. **Verjährung (S. 2).** Der Anspruch des Außenseiters unterliegt gem. Abs. 2 S. 2 der **Verjährung**. Die Verjährungsfrist beträgt **drei Jahre** und beginnt ab dem Zeitpunkt, in dem die Verwertungsgesellschaft nach ihrem Verteilungsplan oder ihren Wahrnehmungsbedingungen die **Abrechnung der betreffenden Ansprüche vorzunehmen** hat. Die **Kenntnis** des Rechtsinhabers von seinem Anspruch ist für den Verjährungsbeginn nicht erforderlich.³² Die Vorschrift **verkürzt** die ansonsten geltende regelmäßige Verjährungsfrist von 30 Jahren.³³ Die Drei-Jahres-Frist entspricht zwar der **Mindestvorgabe** der Satelliten- und Kabelrichtlinie (Art. 9 Abs. 2 S. 3 Hs. 2). Der Zeitpunkt, an den die Verjährung anknüpft, ist aber gegenüber der Richtlinie **nach hinten verlegt**: Die deutsche Umsetzungsvorschrift wählt nicht den Zeitpunkt der Kabelweiterverbreitung, sondern jenen der Abrechnung durch die Verwertungsgesellschaften. 14

Für den Beginn der Verjährung sind die Maßgaben der Satzung der Verwertungsgesellschaft für die Rechte der Kabelweitersendung entscheidend. Darüber hinaus sind **etwaige Voraussetzungen**, die die Verwertungsgesellschaft für die Vergütung aufstellt, für die Verjährung jedoch nicht relevant (Abs. 2 S. 2 Hs. 2). Legt die Verwertungsgesellschaft in ihrer Satzung eine **kürzere Verjährungsfrist** fest bzw. knüpft die Geltendmachung der Ansprüche an eine vorherige (zeitlich begrenzte) **Meldepflicht**, kann sie dies dem Außenseiter nicht entgegenhalten.³⁴ Nur wenn sich dieser entschließt, tatsächlich einen Wahrnehmungsvertrag abzuschließen, unterwirft er sich den Vorgaben der Verwertungsgesellschaft.³⁵ 15

FÜNFTER ABSCHNITT
Vergriffene Werke

§ 51
Vergriffene Werke

(1) Es wird vermutet, dass eine Verwertungsgesellschaft, die Rechte der Vervielfältigung (§ 16 des Urheberrechtsgesetzes) und der öffentlichen Zugänglichmachung (§ 19a des Urheberrechtsgesetzes) an vergriffenen Werken wahrnimmt und der eine Erlaubnis (§ 77) erteilt wurde, berechtigt ist, für ihren Tätigkeitsbereich Nutzern diese Rechte auch an Werken derjenigen Rechtsinhaber einzuräumen, die die Verwertungsgesellschaft nicht mit der Wahrnehmung ihrer Rechte beauftragt haben, wenn
1. es sich um vergriffene Werke handelt, die vor dem 1. Januar 1966 in Büchern, Fachzeitschriften, Zeitungen, Zeitschriften oder in anderen Schriften veröffentlicht wurden,

---

30 Vgl. Dreier/Schulze/*Schulze*, § 50 VGG Rn 9.
31 Vgl. Loewenheim/*Melichar*, § 47 Rn 30.
32 Vgl. Loewenheim/*Melichar*, § 48 Rn 21.
33 Vgl. RegE eines Vierten Gesetzes zur Änderung des Urheberrechtsgesetzes, BT-Drucks. 13/4796, S. 16.
34 Vgl. Dreier/Schulze/*Schulze*, § 50 VGG Rn 12.
35 Vgl. RegE eines Vierten Gesetzes zur Änderung des Urheberrechtsgesetzes, BT-Drucks. 13/4796, S. 16. Vgl. auch Wandtke/Bullinger/*Gerlach*, § 50 VGG Rn 6; Fromm/Nordemann/*W. Nordemann/Wirtz*, 11. Aufl. 2014 § 13c UrhWG Rn 9; Dreier/Schulze/*Schulze*, § 50 VGG Rn 13.

2. sich die Werke im Bestand von öffentlich zugänglichen Bibliotheken, Bildungseinrichtungen, Museen, Archiven und von im Bereich des Film- oder Tonerbes tätigen Einrichtungen befinden,
3. die Vervielfältigung und die öffentliche Zugänglichmachung nicht gewerblichen Zwecken dient,
4. die Werke auf Antrag der Verwertungsgesellschaft in das Register vergriffener Werke (§ 52) eingetragen worden sind und
5. die Rechtsinhaber nicht innerhalb von sechs Wochen nach Bekanntmachung der Eintragung gegenüber dem Register ihren Widerspruch gegen die beabsichtigte Wahrnehmung ihrer Rechte durch die Verwertungsgesellschaft erklärt haben.

(2) Rechtsinhaber können der Wahrnehmung ihrer Rechte durch die Verwertungsgesellschaft jederzeit widersprechen.

(3) Ist mehr als eine Verwertungsgesellschaft zur Wahrnehmung der Rechte gemäß Absatz 1 berechtigt, so gilt die Vermutung nach Absatz 1 nur, wenn die Rechte von allen Verwertungsgesellschaften gemeinsam wahrgenommen werden.

(4) [1]Soweit die Verwertungsgesellschaft Zahlungen auch für Rechtsinhaber erhält, die die Verwertungsgesellschaft nicht mit der Wahrnehmung ihrer Rechte beauftragt haben, stellt sie den Nutzer von Ansprüchen dieser Rechtsinhaber frei. [2]Wird vermutet, dass eine Verwertungsgesellschaft nach den Absätzen 1 und 2 zur Rechtewahrnehmung berechtigt ist, so hat ein Rechtsinhaber im Verhältnis zur Verwertungsgesellschaft die gleichen Rechte und Pflichten wie bei einer Übertragung der Rechte zur Wahrnehmung.

Übersicht

I. Allgemeines
   1. Bedeutung der Regelung —— 1
   2. Vorgängerregelung —— 3
   3. Unionsrechtlicher Hintergrund —— 4
   4. Entstehungsgeschichte —— 6
II. Gesetzliche Vermutung (Abs. 1) —— 7
   1. Voraussetzungen
     a) Bestehende Rechtewahrnehmung —— 9
     b) Erlaubnis zur Rechtewahrnehmung —— 10
     c) Erfasste Werke (Nr. 1) —— 11
     d) Bestandsinhalte privilegierter Einrichtungen (Nr. 2) —— 17
     e) Nutzungszwecke (Nr. 3) —— 18
     f) Registrierung (Nr. 4) —— 20
     g) Kein Widerspruch der Rechtsinhaber (Nr. 5) —— 21
   2. Rechtsfolge —— 25
III. Widerspruchsrecht (Abs. 2) —— 27
IV. Rechtewahrnehmung durch mehrere Verwertungsgesellschaften (Abs. 3) —— 33
V. Freistellungsanspruch (Abs. 4 S. 1) —— 35
VI. Rechte und Pflichten von Außenseitern (Abs. 4 S. 2) —— 38

I. Allgemeines

1. Bedeutung der Regelung. § 51 ermöglicht Verwertungsgesellschaften unter bestimmten Voraussetzungen, die Rechte der Vervielfältigung und der öffentlichen Zugänglichmachung an bestimmten Arten vergriffener Werke auch dann wahrzunehmen, wenn deren Rechtsinhaber sie **nicht mit der Rechtewahrnehmung beauftragt** haben.

Die Regelung bezweckt insbesondere die Privilegierung der in Abs. 1 Nr. 2 der Norm genannten kulturellen Einrichtungen.[1] Sie sollen in die Lage versetzt werden, vergriffene Werke in großem Umfang und ohne zeitintensive, kostspielige Suche nach sowie indivi-

---

1 Vgl. aber Rn 17.

duelle Lizenzierung mit einzelnen Rechtsinhabern zu digitalisieren und – etwa über das Internet – der Allgemeinheit zugänglich zu machen. Für diese Einrichtungen bietet § 51 im Hinblick auf Werke, die vor dem 1. Januar 1966 in Schriften veröffentlicht wurden, zugleich eine Alternative zur Zugänglichmachung gem. §§ 61 ff. UrhG, weil verwaiste Werke in aller Regel zugleich vergriffen sind.

2. Vorgängerregelung. § 51 ersetzt den fast wortgleichen **§ 13d UrhWG**, der auf einem Vorschlag der deutschen Literaturkonferenz basiert.[2] § 13d UrhWG wurde – gemeinsam mit § 13e UrhWG, dem heutigen § 52, – anlässlich der Umsetzung der Richtlinie über bestimmte zulässige Formen der Nutzung verwaister Werke (im Folgenden: Verwaiste-Werke-Richtlinie)[3] geschaffen. Die beiden Normen bildeten Art. 2 des Gesetzes zur Nutzung verwaister und vergriffener Werke und einer weiteren Änderung des Urheberrechtsgesetzes (BGBl. I 2013 S. 3728); sie traten zum 1. April 2014 in Kraft. 3

3. Unionsrechtlicher Hintergrund. Am 20. September 2011 bezeugte die Europäische Kommission die von Vertretern europäischer Bibliotheken, Autoren, Verlegern und Verwertungsgesellschaften unterzeichnete **Absichtserklärung** über die Grundprinzipien der Digitalisierung und der Bereitstellung vergriffener Werke.[4] Die **Verwaiste-Werke-Richtlinie**[5] lässt diese Absichtserklärung sowie etwaige mitgliedstaatliche Lösungen zur umfassenderen Massendigitalisierung vergriffener Werke explizit **unberührt** (Erwägungsgrund 4).[6] Auch die VG-RL lässt gesetzliche Vermutungen wie jene für die Wahrnehmung von Rechten an vergriffenen Werken in Deutschland nach ihrem Erwägungsgrund 12 unberührt. 4

Nunmehr enthalten Art. 8 bis 11 **DSM-RL** Regelungen, welche die (grenzüberschreitende) Nutzung vergriffener Werke und sonstiger Schutzgegenstände durch Einrichtungen des Kulturerbes erleichtern sollen.[7] Anders als § 51 erfasst Art. 8 Abs. 1 DSM-RL nicht nur die Rechte der Vervielfältigung und der öffentlichen Zugänglichmachung, sondern das Recht der öffentlichen Wiedergabe allgemein sowie das Verbreitungsrecht. Soweit keine repräsentative Verwertungsgesellschaft existiert, die eine Lizenz nach Art. 8 Abs. 1 erteilen kann, dürfen Einrichtungen des Kulturerbes vergriffene Werke und sonstige Schutzgegenstände zumindest auf nicht-kommerziellen Internetseiten zugänglich machen (Art. 8 Abs. 2 und 3). Eine erlaubte Nutzung i.S.d. Art. 8 darf auch grenzüberschreitend, in jedem Mitgliedstaat, erfolgen (Art. 9). Die Nutzung soll in einem beim EUIPO geführten Portal dokumentiert werden (Art. 10 Abs. 1). Zudem sollen die Mitgliedstaaten einen Dialog zwischen den Vertretern der betroffenen Interessen gewährleisten (Art. 11). 5

4. Entstehungsgeschichte. Die finale Fassung des § 51 entspricht im Wesentlichen dem Vorschlag im RefE des BMJV. Im Gesetzgebungsverfahren erfuhr **lediglich Abs. 3 eine Änderung**. Der RefE hatte den Wortlaut des § 13d Abs. 3 UrhWG übernommen. Hs. 1 lautete: „Nimmt mehr als eine Verwertungsgesellschaft die Rechte gemäß Absatz 1 wahr". Die jetzige Formulierung entstammt dem RegE;[8] im weiteren Gesetzgebungsver- 6

---

2 Vgl. *Schierholz* in: FS Pfennig, S. 319, 329 f.; Peifer/*Staats*, S. 91, 93, 102; *Staats*, ZUM 2013, 446, 451.
3 RL 2012/28/EU v. 25.10.2012, ABl EU Nr. L 299 S. 5.
4 https://ec.europa.eu/digital-single-market/sites/digital-agenda/files/MOU.pdf.
5 RL 2012/28/EU v. 25.10.2012, ABl EU Nr. L 299 S. 5.
6 Vgl. Erwägungsgrund 4 der RL 2012/28/EU v. 25.10.2012, ABl EU Nr. L 299 S. 5.
7 Erwägungsgrund 30 f. DSM-RL. Vgl. zu den Regelungen auch *de la Durantaye/Kuschel*, ZUM 2019, 694 ff.
8 RegE-VGG, BT-Drucks. 18/7223, S. 27.

fahren wurde die Norm nicht mehr diskutiert. Die Neufassung dient der Anpassung des Abs. 3 an § 77 Abs. 2 Nr. 3,[9] dieser Anpassung sind auch die Änderungen geschuldet, die Abs. 1 gegenüber § 13d Abs. 1 UrhWG erfahren hat. Nach § 77 Abs. 2 Nr. 3 ist die Wahrnehmung der in Abs. 1 genannten Rechte nur denjenigen Verwertungsgesellschaften mit Sitz in einem anderen Mitgliedstaat der EU oder anderen EWR-Vertragsstaat gestattet, die über eine entsprechende Erlaubnis verfügen. Haben mehrere Verwertungsgesellschaften eine solche Erlaubnis, soll Abs. 1 nur greifen, wenn alle zur Wahrnehmung berechtigten Verwertungsgesellschaften die Rechte gemeinsam wahrnehmen (Abs. 3).

II. Gesetzliche Vermutung (Abs. 1)

7   Um nicht mit den Vorgaben des Art. 5 InfoSoc-RL zu konfligieren, hat der Gesetzgeber davon abgesehen, die Nutzung vergriffener Werke durch einen gesetzlichen Erlaubnistatbestand zu privilegieren.[10] Stattdessen normiert Abs. 1 eine **„gesetzliche Vermutung"**, dass Verwertungsgesellschaften, die die in Abs. 1 genannten Rechte wahrnehmen, berechtigt sind, Nutzern diese Rechte unter bestimmten Voraussetzungen auch an Werken von sog. Außenseitern einzuräumen, also von Rechtsinhabern, die keine Verwertungsgesellschaft mit der Rechtewahrnehmung beauftragt haben. Als Vorbild diente der heutige § 48 (vormals § 13c Abs. 1 UrhWG).[11]

8   Der Wortlaut des Gesetzes ist unpräzise: Weil Abs. 1 voraussetzt, dass die Verwertungsgesellschaft gerade keinen Auftrag zur Wahrnehmung der betreffenden Rechte erhalten hat, statuiert Abs. 1 in Wirklichkeit nicht eine widerlegbare Vermutung,[12] sondern **fingiert die Berechtigung** der Verwertungsgesellschaft.[13]

1. Voraussetzungen

9   **a) Bestehende Rechtewahrnehmung.** Um von der Wahrnehmungsvermutung (besser: -fiktion)[14] des Abs. 1 zu profitieren, muss eine Verwertungsgesellschaft Rechte der Vervielfältigung (§ 16 UrhG) und der öffentlichen Zugänglichmachung (§ 19a UrhG) an vergriffenen Werken wahrnehmen und über eine Erlaubnis gem. § 77 verfügen. Zur Wahrnehmung der Rechte von Außenseitern sind also nur solche Verwertungsgesellschaften berechtigt, die sich in ihren Wahrnehmungsverträgen die **Rechte für die Nutzung vergriffener Werke** haben **einräumen lassen**. Im Juli 2019 waren dies die VG WORT, die VG Bild-Kunst und die VG Musikedition (§ 1 Nr. 25 WV-VG WORT; § 1 Nr. 1q WV-VG Bild-Kunst; § 2 Abs. 8 BV-VG Musikedition).[15]

---

9   RegE-VGG, BT-Drucks. 18/7223, S. 88.
10 RegE eines Gesetzes zur Nutzung verwaister und vergriffener Werke und einer weiteren Änderung des Urheberrechtsgesetzes, BT-Drucks. 17/13423, S. 2.
11 Vgl. RegE eines Gesetzes zur Nutzung verwaister und vergriffener Werke und einer weiteren Änderung des Urheberrechtsgesetzes, BT-Drucks. 17/13423, außerdem *de la Durantaye*, ZUM 2013, 437, 443; BeckOK-UrhR/*Freudenberg*, § 51 VGG Rn 4.
12 So aber RegE eines Gesetzes zur Nutzung verwaister und vergriffener Werke und einer weiteren Änderung des Urheberrechtsgesetzes, BT-Drucks. 17/13423, S. 12, 18; BeckOK-UrhR/*Freudenberg*, § 51 VGG Rn 4; *Klass*, GRUR Int. 2013, 881, 891; *Spindler*, ZUM 2013, 349, 356; Fromm/Nordemann/*Wirtz*, 11. Aufl. 2014 § 13d UrhWG Rn 2 (vgl. allerdings Rn 5).
13 Wie hier *de la Durantaye*, ZUM 2013, 437, 443; Dreier/Schulze/*Schulze*, § 51 VGG Rn 30; Schricker/Loewenheim/*Spindler*, § 13d UrhWG Rn 19; *Talke*, K&R 2014, 18, 19 f.
14 Vgl. Rn 8.
15 Vgl. hierzu Wandtke/Bullinger/*Staats*, § 51 VGG Rn. 5.

b) Erlaubnis zur Rechtewahrnehmung. Anders als nach § 13d UrhWG gilt die Verwertungsgesellschaft nur dann als berechtigt, wenn sie über eine **Erlaubnis zur Wahrnehmung gem. § 77** verfügt. Dieser Passus wurde wegen § 77 Abs. 2 Nr. 3 eingefügt.[16] Verwertungsgesellschaften mit Sitz in einem anderen EU-Mitgliedstaat oder einem anderen EWR-Vertragsstaat bedürfen danach lediglich für die Wahrnehmung der in §§ 49 Abs. 1, 50 und 51 genannten Ansprüche und Rechte einer Erlaubnis (§ 77 Abs. 2 Nr. 1 bis 3). Inländische Verwertungsgesellschaften sind zur Wahrnehmung jeglicher Urheberrechte und verwandten Schutzrechte aus dem UrhG ohnehin nur befugt, wenn sie über eine Erlaubnis verfügen (§ 77 Abs. 1). Fehlt es einer Verwertungsgesellschaft an der erforderlichen Erlaubnis, kann sie die wahrgenommenen Urheberrechte nicht geltend machen und hat kein Recht, Strafanträge zu stellen (§ 84). Zudem kann das DPMA als Aufsichtsbehörde dann gem. § 85 Maßnahmen gegen sie ergreifen.

10

c) Erfasste Werke (Nr. 1). Erfasst sind nur vergriffene Werke, welche die in Nr. 1 genannten Voraussetzungen erfüllen. Den **Begriff des vergriffenen Werkes** definiert das Gesetz nicht. Der Gesetzgeber versteht darunter „Printwerke", die „nicht mehr lieferbar sind".[17] Ob das Werk nur im regulären Buchhandel in Deutschland nicht lieferbar sein darf oder ob eine Lieferbarkeit in anderen Ländern, Sprachen oder etwa im antiquarischen Handel die Möglichkeit der Nutzung nach § 51 ausschließen soll, ist nicht eindeutig.[18] Dem Zweck der Norm, die Nutzung von Werken in Deutschland zu ermöglichen,[19] entspricht es aber, lediglich auf die Lieferbarkeit in Deutschland abzustellen.[20] Auch kann die Verfügbarkeit von Werkkopien im antiquarischen Handel die Möglichkeit der Lizenzierung nach § 51 sinnvollerweise nicht ausschließen, weil die Verwertungsinteressen des Rechtsinhabers durch die Nutzung eines solchen Werkes nicht berührt werden. Eine wichtige Orientierungshilfe für die Lieferbarkeit vergriffener Bücher bildet denn auch das Verzeichnis Lieferbarer Bücher (VLB).[21] Bücher, die lediglich antiquarisch erhältlich sind, werden dort ebenfalls nicht aufgeführt.

11

Um die Überprüfung, ob ein Werk vergriffen ist, zu erleichtern, hat die Deutsche Nationalbibliothek (DNB) einen **automatisierten Lizenzierungsservice** eingerichtet, über den auch Lizenzen für die Nutzung vergriffener Werke beantragt werden können.[22] Sie arbeitet dabei eng mit der VG WORT und dem DPMA zusammen.[23]

12

Das vergriffene Werk muss **vor dem 1. Januar 1966**, also vor Inkrafttreten des UrhG, **veröffentlicht** worden sein. Der Gesetzgeber ging davon aus, dass die wirtschaftliche Bedeutung derartiger Werke regelmäßig gering ist; das genaue Datum hat er aber ohne

13

---

16 RegE-VGG, BT-Drucks. 18/7223, S. 88. § 77 Abs. 2 Nr. 3 wiederum basiert auf Erwägungsgrund 9 der VG-RL, vgl. RegE-VGG, BT-Drucks. 18/7223, S. 95.
17 RegE eines Gesetzes zur Nutzung verwaister und vergriffener Werke und einer weiteren Änderung des Urheberrechtsgesetzes, BT-Drucks. 17/13423, S. 18. Eine überzeugendere Definition findet sich auf S. 2 der Absichtserklärung über die Grundprinzipien der Digitalisierung und der Bereitstellung vergriffener Werke, https://ec.europa.eu/digital-single-market/sites/digital-agenda/files/MOU.pdf. So auch Wandtke/Bullinger/*Staats*, § 51 VGG Rn. 6. Vgl. auch Art. 8 Abs. 5 DSM-RL.
18 So auch Stellungnahme der GRUR, GRUR 2013, 480, 481; BeckOK-UrhR/*Freudenberg*, § 51 VGG Rn 7.
19 Vgl. RegE eines Gesetzes zur Nutzung verwaister und vergriffener Werke und einer weiteren Änderung des Urheberrechtsgesetzes, BT-Drucks. 17/13423, S. 12.
20 So i.E. auch Schricker/Loewenheim/*Spindler*, § 13d UrhWG Rn 10. Anders hingegen Art. 8 Abs. 5 DSM-RL.
21 So auch BeckOK-UrhR/*Freudenberg*, § 51 VGG Rn 7; *Staats*, ZUM 2013, 446, 452; Wandtke/Bullinger/*Staats*, § 51 VGG Rn 10.
22 Vgl. hierzu *Niggemann*, in Klimpel (Hrsg.), Mit gutem Recht erinnern, 2018, S. 97, 102.
23 Näheres unter § 52 Rn 17.

erkennbaren sachlichen Grund gewählt.[24] Ein wesentlich besseres Indiz für die wirtschaftliche Bedeutung eines Werkes als sein Veröffentlichungsdatum ist der Zeitraum, über den ein Werk nicht mehr verfügbar ist. Hier stellt die Norm keine Anforderungen; sobald das Werk nicht mehr lieferbar ist, wird es, wenn die anderen Voraussetzungen erfüllt sind, von Nr. 1 erfasst. Dies kann in der Praxis in zweierlei Hinsicht zu Unbilligkeiten führen: Zum einen unterfallen auch Werke, die bereits seit langer Zeit vergriffen sind und über keinerlei kommerziellen Wert verfügen, der Nr. 1 nicht, wenn sie nach dem 1. Januar 1966 veröffentlicht wurden. Sie bleiben also der Öffentlichkeit entzogen. Zum anderen können auch Werke erfasst sein, die unter Umständen kommerziell sehr wohl wertvoll sind. So greift die gesetzliche „Vermutung" nach dem Wortlaut des Gesetzes auch dann, wenn ein Werk erst seit kurzer Zeit nicht mehr lieferbar ist. Dies gilt unabhängig davon, ob der Verlag bspw. eine Neuauflage vorbereitet. Um etwaige Investitionen von Verlagen und anderen Rechtsinhabern besser zu schützen, hätte der Gesetzgeber daher statt des starren Stichtags vorsehen sollen, dass ein Werk über einen gewissen Zeitraum hinweg nicht erhältlich sein darf, damit es von Abs. 1 Nr. 1 erfasst wird.[25] Wenigstens aber sollte er den Stichtag als „moving wall" ausgestalten.[26]

14 Die Veröffentlichung muss **in Büchern, Fachzeitschriften, Zeitungen, Zeitschriften oder in anderen Schriften** erfolgt sein. Der Gesetzgeber scheint lediglich „Printwerke" vor Augen gehabt zu haben.[27] Nach dem Wortlaut der Norm sind jedoch auch Lichtbilder erfasst, wenn sie, etwa zu Illustrationszwecken, in Schriften veröffentlicht wurden; gleiches gilt für Zeichnungen und andere **eingebettete Werke**.[28] Filmwerke, Werke der Musik, audiovisuelle Werke sowie Tonträger, welche Art. 2 Abs. 1 der Verwaiste-Werke-Richtlinie[29] durchaus einschließt, unterfallen hingegen nicht dem Anwendungsbereich des Abs. 1, obwohl auch sie für die Öffentlichkeit auf dem Primärmarkt nicht mehr erhältlich, also in einem untechnischen Sinne vergriffen sein können.[30] Insbesondere die Situation von Einrichtungen, die im Bereich des Film- oder Tonerbes tätig sind und die in Nr. 2 ausdrücklich genannt werden, verbessert die Norm also in der Praxis vermutlich höchstens marginal. Art. 8 DSM-RL wird hier insofern Abhilfe schaffen, als alle Arten von Werken und Schutzgegenständen erfasst sind.

15 Dem Wortlaut lässt sich nicht entnehmen, ob das Werk erstmals in Deutschland veröffentlicht worden sein muss, oder ob der Regelung **auch ausländische Werke** unterfallen. Berechtigt ist die Wahrnehmungsvermutung aber nur für Werke, die in Deutschland

---

24 So auch BeckOK-UrhR/*Freudenberg*, § 51 VGG Rn 11; Stellungnahme des Max-Planck-Instituts für Immaterialgüter- und Wettbewerbsrechts v. 15.3.2013, Rn 66, abrufbar unter https://www.ip.mpg.de/fileadmin/ipmpg/content/stellungnahmen/stellungnahme-bmj-urhg_2013-3-15-def1_01.pdf. *Peifer*, NJW 2014, 6, 10 (vgl. auch bereits *ders.*, GRUR-Prax 2011, 1, 2) und *Spindler*, ZUM 2013, 349, 356 vermuten, der Gesetzgeber habe das Datum möglicherweise gewählt, weil § 137l UrhG für die Zeit ab Januar 1966 in gewissem Umfang Abhilfe schaffen könne.
25 So bereits *de la Durantaye*, ZUM 2013, 437, 442, außerdem BeckOK-UrhR/*Freudenberg*, § 51 VGG Rn 7; *Klass*, GRUR Int. 2013, 881, 892. Vgl. auch den Vorschlag der Fraktion DIE LINKE (BT-Drucks. 17/4661), der allerdings eine deutlich zu lange Frist von 30 Jahren vorsah.
26 *Staats* ZUM 2013, 446, 451; Wandtke/Bullinger/*Staats*, § 51 VGG Rn 7. Vgl. auch BeckOK-UrhR/*Freudenberg*, § 51 VGG Rn 7.
27 RegE eines Gesetzes zur Nutzung verwaister und vergriffener Werke und einer weiteren Änderung des Urheberrechtsgesetzes, BT-Drucks. 17/13423, S. 18.
28 So auch Dreier/Schulze/*Schulze*, § 51 VGG Rn 12; Schricker/Loewenheim/*Spindler*, § 13d UrhWG Rn 8; *Staats*, ZUM 2013, 446, 452; Wandtke/Bullinger/*Staats*, § 51 VGG Rn 8.
29 RL 2012/28/EU v. 25.10.2012, ABl EU Nr. L 299 S. 5, vgl. auch Erwägungsgrund 10 und 11.
30 Kritisch auch Stellungnahme der GRUR, GRUR 2013, 480, 481; BeckOK-UrhR/*Freudenberg*, § 51 VGG Rn 10; *Peifer*, NJW 2014, 6, 10; Schricker/Loewenheim/*Spindler*, § 13d UrhWG Rn 8. Nach Dreier/Schulze/*Schulze*, § 51 VGG Rn 12, erfasst Nr. 1 jedenfalls Musiknoten. Vgl. zum Ganzen auch *Staats*, ZUM 2013, 446, 452.

erstmalig veröffentlicht wurden:[31] Inländische Verwertungsgesellschaften nehmen in ihrem Wahrnehmungsvertrag wenigstens regelmäßig nur Rechte am inländischen Repertoire wahr, bei ausländischen Werken tun sie dies über Gegenseitigkeitsverträge mit ausländischen Verwertungsgesellschaften.[32] Das inländische Repertoire schließt deutsche Übersetzungen ausländischer Werke ein.

Fraglich ist, ob auch ein **E-Book** eine „Schrift" i.S.v. Nr. 1 darstellt. Dagegen spricht, dass nach dem Willen des Gesetzgebers lediglich die Nutzung von „Printwerken" gestattet werden soll.[33] Schriftwerke, die ausschließlich in elektronischer Form veröffentlicht wurden, sind daher möglicherweise nicht von Nr. 1 erfasst. Praktisch ist dies insofern folgenlos, als E-Books vor dem 1. Januar 1966 noch nicht existierten, die Voraussetzungen des Nr. 1 also auch aus anderen Gründen nicht erfüllt sind. Trotz der Fokussierung des Gesetzgebers auf „Printwerke" muss aber gelten: Bietet der Rechtsinhaber ein zunächst in einer gedruckten Schrift veröffentlichtes Werk als E-Book an, ist es – weil lieferbar und also im regulären (elektronischen) Buchhandel erhältlich – nicht vergriffen,[34] und zwar auch dann, wenn das Werk nicht mehr in gedruckter Form angeboten wird. Anderenfalls würde § 51 Nutzern ermöglichen, in direkte Konkurrenz zu verlegerischen Angeboten zu treten. 16

d) **Bestandsinhalte privilegierter Einrichtungen (Nr. 2).** Das vergriffene Werk muss sich im Bestand einer öffentlich zugänglichen Bibliothek, einer Bildungseinrichtung, eines Museums, Archivs oder einer im Bereich des Film- oder Tonerbes tätigen Einrichtung befinden.[35] Der Kreis der genannten Einrichtungen ist dem Kreis der Begünstigten gem. §§ 61ff. UrhG entlehnt.[36] Höchstwahrscheinlich wollte der Gesetzgeber lediglich die genannten Einrichtungen dazu berechtigen, Rechte für die Nutzung der erfassten Werke zu erwerben.[37] Anders als in §§ 61ff. UrhG (vgl. auch Art. 1 Abs. 2 lit. a RL 2012/28/EU) sind die Einrichtungen jedoch in Nr. 2 nicht als (einzige) Privilegierte genannt. Nr. 2 schränkt den Kreis der **zum Nutzungsrechtserwerb Berechtigten** nicht ein und erfordert insbesondere nicht, dass sich die für die Digitalisierung verwendete Werkkopie in einer der genannten Einrichtungen befindet (und von dieser für die Digitalisierung genutzt wird). Auch ansonsten enthält § 51 keine derartige Beschränkung hinsichtlich des Kreises der Berechtigten.[38] Damit können auch andere, etwa Unternehmen oder Privatpersonen, für Werke, die sich im Bestand der in Nr. 2 genannten Einrichtungen befinden, Nutzungsrechte von Verwertungsgesellschaften erwerben, wenn die übrigen Voraussetzungen erfüllt sind, der betreffende Nutzer also insbesondere keine gewerbli- 17

---

31 Vgl. auch Stellungnahme der GRUR, GRUR 2013, 480, 481; *Spindler*, ZUM 2013, 349, 357; Schricker/Loewenheim/*Spindler*, § 13d UrhWG Rn 10; Dreier/Schulze/*Schulze*, § 51 VGG Rn 15; Wandtke/Bullinger/*Staats*, § 51 VGG Rn. 9.
32 Vgl. hierzu auch Wandtke/Bullinger/*Staats*, § 51 VGG Rn. 9. Die DSM-RL stellt darauf ab, ob eine Verwertungsgesellschaft „repräsentativ" ist (Art. 8 Abs. 1), was über Gegenseitigkeitsverträge vermittelt auch für ausländische Werke der Fall sein kann. Vgl. dazu de la Durantaye/Kuschel, ZUM 2019, 694, 698.
33 RegE eines Gesetzes zur Nutzung verwaister und vergriffener Werke und einer weiteren Änderung des Urheberrechtsgesetzes, BT-Drucks. 17/13423, S. 18. Vgl. auch *Henke*, S. 112f. Anders im Rahmen der DSM-RL, vgl. Erwägungsgrund 37.
34 So auch *Talke*, K&R 2014, 18, 20.
35 Vergleichbar auch Art. 8 Abs. 1 und 2 DSM-RL iVm Erwägungsgrund 13.
36 Vgl. RegE eines Gesetzes zur Nutzung verwaister und vergriffener Werke und einer weiteren Änderung des Urheberrechtsgesetzes, BT-Drucks. 17/13423, S. 18.
37 Vgl. RegE eines Gesetzes zur Nutzung verwaister und vergriffener Werke und einer weiteren Änderung des Urheberrechtsgesetzes, BT-Drucks. 17/13423, S. 18.
38 So auch *Peifer*, NJW 2014, 6, 10. Siehe auch bereits *de la Durantaye*, ZUM 2013, 437, 444. A.A. *Spindler*, ZUM 2013, 349, 356, differenzierend Dreier/Schulze/*Schulze*, § 51 VGG Rn 32.

chen Zwecke verfolgt (Nr. 3). Die DSM-RL ist hier strenger. Eine über Art. 8–11 hinausgehende Regelung speziell für vergriffene Werke dürfen die Mitgliedstaaten ausweislich des Erwägungsgrunds 43 nicht vorsehen.

18 **e) Nutzungszwecke (Nr. 3).** Vervielfältigung und öffentliche Zugänglichmachung dürfen **nicht gewerblichen Zwecken** dienen.[39] Im Gesetzentwurf findet sich hierzu keine Begründung. Die Voraussetzung enthielt bereits der Vorschlag der Deutschen Literaturkonferenz, auf dem § 13d UrhWG und damit auch § 51 basieren. Sie soll wohl verhindern, dass Verwertungsgesellschaften Nutzungen gestatten, welche direkt mit etwaigen Verwertungsmodellen der Rechtsinhaber konkurrieren.[40] Allerdings betrifft § 51 von vornherein nur die Einräumung von Nutzungsrechten an Werken, die nicht mehr kommerziell verwertet werden.[41]

19 Die Formulierung der Nr. 3 unterscheidet sich von jener des § 61 Abs. 5 UrhG. Letzterer erlaubt es den dort genannten Einrichtungen lediglich dann, verwaiste Werke zu nutzen, wenn sie „zur Erfüllung ihrer im Gemeinwohl liegenden Aufgaben handeln". Abs. 1 Nr. 3 ist weiter, als sie auch Personen und Einrichtungen, die keine „im Gemeinwohl liegenden Aufgaben" verfolgen, die Nutzung vergriffener Werke ermöglicht. Insofern ist sie konsistent mit dem zu Nr. 2 Gesagten.[42] Zugleich ist die Formulierung in Nr. 3 enger als jene des § 61 Abs. 5 UrhG, weil sie suggeriert, dass die Nutzer die Kosten der Digitalisierung vergriffener Werke nicht dadurch amortisieren dürfen, dass sie Entgelte für den Zugang zu den Digitalisaten verlangen; nach § 61 Abs. 5 S. 2 UrhG ist ihnen dies gestattet.[43]

20 **f) Registrierung (Nr. 4).** Das betreffende Werk muss zudem auf Antrag der Verwertungsgesellschaft in das **Register** vergriffener Werke[44] **eingetragen** worden sein, damit die „Vermutung" der Wahrnehmung greift.[45] Zur Antragstellung berechtigt ist die Verwertungsgesellschaft, zu deren Gunsten die „Vermutungswirkung" gelten wird. Sind dies mehrere Verwertungsgesellschaften, müssen alle gemeinsam den Antrag stellen.[46] Für die Registrierung hat die DNB in Zusammenarbeit mit der VG WORT ein automatisiertes Verfahren entwickelt.[47]

21 **g) Kein Widerspruch der Rechtsinhaber (Nr. 5).** Schließlich dürfen die **Rechtsinhaber** der beabsichtigten Wahrnehmung ihrer Rechte durch die Verwertungsgesellschaft nicht widersprochen haben. Neben dem Urheber bzw. seinen Erben sind also auch andere Rechtsinhaber, etwa der Verleger, zum Widerspruch berechtigt.[48]

---

39 Ähnlich auch Art. 8 Abs. 1 und 2 DSM-RL („nicht-kommerziell").
40 *Staats*, ZUM 2013, 446, 452.
41 Kritisch auch BeckOK-UrhR/*Freudenberg*, § 51 VGG Rn 13; Stellungnahme des Max-Planck-Instituts für Immaterialgüter- und Wettbewerbsrechts v. 15.3.2013, Rn 67, abrufbar unter
https://www.ip.mpg.de/fileadmin/ipmpg/content/stellungnahmen/stellungnahme-bmj-urhg_2013-3-15-def1_01.pdf; *Peifer*, NJW 2014, 6, 10.
42 Vgl. Rn 17.
43 Siehe hierzu bereits *de la Durantaye*, ZUM 2013, 437, 444. Für zulässig hält die Erhebung eines Entgelts, das die Kosten der Digitalisierung und öffentlichen Zugänglichmachung decken soll, Wandtke/Bullinger/*Staats*, § 51 VGG Rn 12.
44 Vgl. § 52.
45 Auch in Art. 10 Abs. 1 DSM-RL wird eine Registrierung der Werke vorausgesetzt. Nach dieser Norm müssen die Mitgliedstaaten überdies weitere angemessene Maßnahmen ergreifen, um über die Nutzungs- und Widerspruchsmöglichkeiten bei vergriffenen Werken zu informieren.
46 Vgl. Dreier/Schulze/*Schulze*, § 51 VGG Rn 25.
47 Vgl. § 52 Rn 17.
48 Vgl. auch Rn 23, 28.

Besteht ein vergriffenes Werk aus mehreren Werken, also etwa aus Text und Illustrationen oder Fotografien, dürfen die Rechtsinhaber jedes einzelnen Werkes ihren Widerspruch unabhängig von den anderen Rechtsinhabern erklären.[49] Widerspricht nur der Rechtsinhaber eines **eingebetteten Werkes**, etwa einer Fotografie, kann die Verwertungsgesellschaft die Nutzung des Schriftwerkes ohne das eingebettete Werk ermöglichen.[50] Widerspricht hingegen (alleine) der Urheber des Schriftwerkes, darf die Verwertungsgesellschaft die gesonderte Nutzung des eingebetteten Werkes, etwa der Fotografie, nicht gestatten,[51] denn erlaubt ist nur die Nutzung von Schriftwerken; in das Register ist lediglich der Titel dieses (Gesamt)Werkes einzutragen (§ 52 Abs. 1 Nr. 1). Rechtsinhaber eines isoliert genutzten, eingebetteten Werkes hätten also keine Möglichkeit, von der Nutzung ihres Werkes Kenntnis zu erlangen, um ihr ggf. widersprechen zu können.

22

Für den Widerspruch haben die Rechtsinhaber nach Bekanntmachung der Registereintragung (vgl. § 52) **sechs Wochen** Zeit;[52] erst danach greift die „Vermutung" des Abs. 1. Die Frist ist knapp bemessen,[53] zumal ein Werk unter Umständen mehrere Rechtsinhaber hat, die sich dann innerhalb von sechs Wochen einigen müssen. Auch nach Ablauf der Sechs-Wochen-Frist bleibt der Widerspruch gem. Abs. 2 allerdings zulässig; er entfaltet Wirkung nur für die Zukunft.[54]

23

Nach dem Wortlaut der Nr. 5 müssen die Rechtsinhaber den Widerspruch **gegenüber dem Register** erklären, das beim DPMA geführt wird.[55] Eine **Begründung** ist **nicht erforderlich**. Ob der Rechtsinhaber aus persönlichen oder Verwertungsinteressen nicht mit der Nutzung einverstanden ist, ist unerheblich.[56] Der Widerspruch ist sogar dann, wenn ihn ein Verleger erklärt, nicht an die Bedingung geknüpft, dass der Verlegerdas Werk anschließend selbst wieder liefert und also der Öffentlichkeit zugänglich macht.[57] Auch erfordert der Widerspruch nicht die Einhaltung einer bestimmten **Form**. In der Praxis wird er aber vermutlich, schon aus Beweiszwecken, schriftlich eingelegt werden.[58]

24

2. Rechtsfolge. Sind die Voraussetzungen des Abs. 1 erfüllt, wird „vermutet" bzw. **fingiert**,[59] dass die betreffende Verwertungsgesellschaft **berechtigt** ist, Nutzern Rechte

25

---

[49] So auch Dreier/Schulze/*Schulze*, § 51 VGG Rn 27.
[50] So auch Wandtke/Bullinger/*Staats*, § 51 VGG Rn 21. Vgl. auch § 5 Abs. 4 des Rahmenvertrags zur Nutzung von vergriffenen Werken in Büchern, abrufbar unter https://www.bibliotheksverband.de/fileadmin/user_upload/DBV/vereinbarungen/2015_01_RV_vergriffene_Werke.pdf.
[51] So auch Dreier/Schulze/*Schulze*, § 51 VGG Rn 24, 27.
[52] Deutlich länger, nämlich sechs Monate, beträgt die Frist, die nach Art. 10 Abs. 1 DSM-RL abgewartet werden muss, bevor die Nutzung aufgenommen werden darf.
[53] Hierzu bereits *de la Durantaye*, ZUM 2013, 437, 444. Zur damit möglicherweise einhergehenden europarechtlichen Problematik vgl. Rn 32.
[54] Vgl. Rn 31.
[55] BeckOK-UrhR/*Freudenberg*, § 51 VGG Rn 15; Wandtke/Bullinger/*Staats*, § 51 VGG Rn 17, sowie Dreier/Schulze/*Schulze*, § 51 VGG Rn 29, vertreten, unter Verweis auf RegE eines Gesetzes zur Nutzung verwaister und vergriffener Werke und einer weiteren Änderung des Urheberrechtsgesetzes, BT-Drucks. 17/13423, S. 18, dass auch der Widerspruch gegenüber der Verwertungsgesellschaft zulässig ist.
[56] So auch Dreier/Schulze/*Schulze*, § 51 VGG Rn 29.
[57] Vgl. auch Rn 28. Zu Recht krit. *Klass*, GRUR Int. 2013, 881, 892; Stellungnahme des Max-Planck-Instituts für Immaterialgüter- und Wettbewerbsrechts v. 15.3.2013, Rn 69, abrufbar unter https://www.ip.mpg.de/fileadmin/ipmpg/content/stellungnahmen/stellungnahme-bmj-urhg_2013-3-15-def1_01.pdf. Differenzierend *Peifer*, NJW 2014, 6, 10. Die DSM-RL sieht eine solche Einschränkung ebenfalls nicht vor, vgl. Art. 8 Abs. 4.
[58] So auch Dreier/Schulze/*Schulze*, § 51 VGG Rn 29. Vgl. auch Wandtke/Bullinger/*Staats*, § 51 VGG Rn 17.
[59] Vgl. Rn 7.

auch an Werken von Außenseitern einzuräumen. Hier hat § 51 eine Änderung gegenüber § 13d UrhWG erfahren; dort war von „Dritten" statt von „Nutzern" die Rede. Der Begriff der „Nutzer" wurde aus Gründen der Einheitlichkeit (vgl. § 8) gewählt. Eine inhaltliche Änderung hat der Gesetzgeber damit nicht beabsichtigt.[60] Die Rechtseinräumung für vergriffene Bücher (mit Ausnahme von Noten) an die in Abs. 1 Nr. 2 genannten Einrichtungen ist im Rahmenvertrag zur Nutzung von vergriffenen Werken in Büchern vom 21. Januar 2015 geregelt, den Bund, Länder, VG WORT sowie VG Bild-Kunst abgeschlossen haben (§ 1 Abs. 1, § 2 Abs. 2 des Rahmenvertrags).[61]

26   Die Verwertungsgesellschaft darf **lediglich die Rechte der Vervielfältigung und öffentlichen Zugänglichmachung** einräumen. Ein sachlicher Grund für diese Privilegierung digitaler gegenüber analogen Nutzungshandlungen wie etwa der Verbreitung besteht nicht.[62] Die Ursache für diese Ungleichbehandlung findet sich in der Verwaiste-Werke-Richtlinie,[63] mit der der europäische Gesetzgeber öffentlichen Einrichtungen die Massendigitalisierung und Zugänglichmachung von Werken in digitalen Bibliotheken ermöglichen wollte (Erwägungsgrund 1).[64] Ihr Art. 6 Abs. 1 sieht daher leider nur Beschränkungen der Rechte auf Vervielfältigung und öffentliche Zugänglichmachung gem. Art. 2 und 3 InfoSoc-Richtlinie vor. Hieran hat der Gesetzgeber den zeitgleich mit der Umsetzung dieser Richtlinie verabschiedeten § 13d UrhWG[65] ausgerichtet.[66] Die DSM-RL erlaubt hingegen auch andere Formen der öffentlichen Wiedergabe sowie die Verbreitung vergriffener Werke.[67]

III. Widerspruchsrecht (Abs. 2)

27   Nach Abs. 1 Nr. 5 ist Voraussetzung für die gesetzliche „Vermutung", dass die Rechtsinhaber nicht innerhalb von sechs Wochen nach Bekanntmachung der Eintragung gegenüber dem Register ihren Widerspruch gegen die beabsichtigte Wahrnehmung ihrer Rechte durch die Verwertungsgesellschaft erklärt haben. Auch **nach Ablauf der Sechs-Wochen-Frist** bleiben die Rechtsinhaber aber **zum Widerspruch berechtigt**. Dies stellt Abs. 2 klar. Er wurde erst im Laufe des Gesetzgebungsverfahrens zu § 13d UrhWG auf Empfehlung des Rechtsausschusses eingefügt.[68] Zuvor hatte sich lediglich aus der Gesetzesbegründung ergeben, dass das Widerspruchsrecht der Rechtsinhaber nach Ablauf der Frist des Abs. 1 Nr. 5 nicht erlischt.[69]

28   **Widerspruchsberechtigt** sind die Rechtsinhaber, also Urheber bzw. Erben sowie sonstige Rechtsinhaber, insbesondere Verlage. Gerechtfertigt ist das Widerrufsrecht für Verlage allerdings nur dann, wenn sie sich verpflichten, das Werk innerhalb einer be-

---

60 Vgl. RegE-VGG, BT-Drucks. 18/7223, S. 88.
61 Abrufbar unter https://www.bibliotheksverband.de/fileadmin/user_upload/DBV/vereinbarungen/ 2015_01_RV_vergriffene_Werke.pdf.
62 So bereits *de la Durantaye*, ZUM 2013, 437, 444.
63 RL 2012/28/EU v. 25.10.2012, ABl EU Nr. L 299 S. 5.
64 Vgl. hierzu auch *de la Durantaye*, ZUM 2013, 437, 439; *Lauck*, S. 57 f.
65 Vgl. Rn 3.
66 Dies wird indirekt deutlich in RegE eines Gesetzes zur Nutzung verwaister und vergriffener Werke und einer weiteren Änderung des Urheberrechtsgesetzes, BT-Drucks. 17/13423, S. 18.
67 Vgl. Rn 5.
68 Bericht des Rechtsausschusses, BT-Drucks. 17/14217, S. 6; Beschlussempfehlung des Rechtsausschusses, BT-Drucks. 17/14194, S. 5.
69 RegE eines Gesetzes zur Nutzung verwaister und vergriffener Werke und einer weiteren Änderung des Urheberrechtsgesetzes, BT-Drucks. 17/13423, S. 18. Krit. dazu bereits *de la Durantaye*, ZUM 2013, 437, 444.

stimmten Frist wieder aufzulegen und also der Öffentlichkeit zur Verfügung zu stellen;[70] eine solche Einschränkung sieht das Gesetz leider nicht vor.

29 Der Widerspruch ist, anders als der Widerspruch innerhalb der Sechs-Wochen-Frist des Abs. 1 Nr. 5, **an die Verwertungsgesellschaft** zu richten, welche die Rechte wahrnimmt.[71] In der Praxis nimmt wohl auch das DPMA, bei dem der Rechtsinhaber herausfinden kann, welche Verwertungsgesellschaft seine Rechte wahrnimmt, Widersprüche entgegen und leitet sie an die Verwertungsgesellschaften weiter.[72]

30 An die Einhaltung einer **Form** oder **Frist** ist der Widerspruch nicht gebunden. Auch einer Begründung bedarf es nicht. Erforderlich ist nur, dass das betreffende Werk samt Urheber, Verlag und Datum der Veröffentlichung möglichst konkret benannt wird.[73] In der Praxis wird der Widerspruch aus Beweiszwecken in aller Regel schriftlich erfolgen.

31 Weil Abs. 1 eine gesetzliche Fiktion darstellt,[74] vernichtet ein etwaiger Widerspruch die Wahrnehmungsberechtigung nicht rückwirkend, sondern lediglich mit **Wirkung für die Zukunft**.[75] Welche Rechtsfolgen dies für das Rechtsverhältnis zwischen Verwertungsgesellschaft und Nutzer hat, normiert § 51 nicht. Nach § 5 Abs. 3 des Rahmenvertrags zur Nutzung von vergriffenen Werken in Büchern vom 21. Januar 2015[76] hat die zuständige Verwertungsgesellschaft dann, wenn der Nutzer eine Einrichtung i.S.v. § 2 Abs. 2 des Vertrags ist, die diesem gem. § 10 beigetreten ist, dem Nutzer mitzuteilen, dass ein zulässiger Widerspruch eingelegt wurde; mit Zugang der Mitteilung endet die Nutzungsrechtseinräumung mit sofortiger Wirkung; die Einrichtung muss die öffentliche Zugänglichmachung sofort beenden und das erstellte Digitalisat löschen, sofern ihr die Digitalisierung nicht durch einen gesetzlichen Erlaubnistatbestand gestattet war. Die DSM-Richtlinie ist insofern etwas großzügiger: Die Nutzungen sind innerhalb einer angemessenen Frist einzustellen (Erwägungsgrund 35); das Digitalisat kann ggf. noch zu Archivierungszwecken nach Art. 6 verwendet werden.

32 Etwas anderes könnte sich aber aufgrund europarechtlicher Vorgaben ergeben.[77] So hat der **EuGH in „Soulier und Doke"**[78] entschieden, dass das französische Pendant zu § 51[79] unter anderem deswegen gegen Art. 2 lit. a und Art. 3 Abs. 1 der InfoSoc-RL verstößt, weil die Regelung keinen Mechanismus vorsieht, der sicherstellt, dass „jeder Ur-

---

70 So bereits *de la Durantaye*, ZUM 2013, 437, 444; *Klass*, GRUR Int. 2013, 881, 892. Vgl. auch BeckOK-UrhR/*Freudenberg*, § 51 VGG Rn 21. Die Stellungnahme des Max-Planck-Instituts für Immaterialgüter- und Wettbewerbsrechts v. 15.3.2013, Rn 69, abrufbar unter https://www.ip.mpg.de/fileadmin/ipmpg/content/stellungnahmen/stellungnahme-bmj-urhg_2013-3-15-def1_01.pdf, will den Verlegern das Widerrufsrecht generell absprechen.
71 So i.E. auch Dreier/Schulze/*Schulze*, § 51 VGG Rn 35; Wandtke/Bullinger/*Staats*, § 13d UrhWG Rn 20; ihrer Ansicht nach ist die Verwertungsgesellschaft allerdings auch bei Abs. 1 Nr. 5 zulässiger Adressat.
72 Vgl. Dreier/Schulze/*Schulze*, § 51 VGG Rn 35.
73 Vgl. § 52 Rn 8 ff.
74 Vgl. Rn 7.
75 So auch Dreier/Schulze/*Schulze*, § 51 VGG Rn 30; Wandtke/Bullinger/*Staats*, § 51 VGG Rn 18; Fromm/Nordemann/*Wirtz*, 11. Aufl. 2014 § 13d UrhWG Rn 5. Schricker/Loewenheim/*Spindler*, § 13d UrhWG Rn 19, kommt aufgrund der ex nunc-Wirkung zum Ergebnis, dass Abs. 1 eine gesetzliche Fiktion statuiert.
76 Abrufbar unter https://www.bibliotheksverband.de/fileadmin/user_upload/DBV/vereinbarungen/2015_01_RV_vergriffene_Werke.pdf.
77 So BeckOK-UrhR/*Freudenberg*, § 51 VGG Rn 20a.
78 EuGH, Urt. v. 16.11.2016 – C-301/15 – GRUR Int. 2017, 80 – Marc Soulier u. Sara Doke/Premier Ministre u. Ministre de la Culture et de la Communication.
79 Décret n° 2013-182, du 27 février 2013, portant application des articles L. 134-1à L. 134-9 du code de la propriété intellectuelle et relatif à l'exploitation numérique des livres indisponibles du XXe siècle (JORF v. 1.3.2013, 3835).

heber über die künftige Nutzung seines Werks durch einen Dritten und darüber, mit welchen Mitteln er die Nutzung untersagen kann, sofern er dies wünscht, tatsächlich informiert" wurde; der fehlende Widerspruch der Urheber könne darum nicht als – erforderliche – implizite Zustimmung gewertet werden.[80] Damit steht auch § 51 womöglich auf unsicheren Beinen.[81] Umso wichtiger ist es, dass Art. 8–11 DSM-RL eine verlässliche Grundlage für die Nutzung vergriffener Werke schaffen.

IV. Rechtewahrnehmung durch mehrere Verwertungsgesellschaften (Abs. 3)

33 Sind mehrere Verwertungsgesellschaften zur Wahrnehmung der Rechte der Vervielfältigung und der öffentlichen Zugänglichmachung gem. § 77 berechtigt, gilt die „Vermutung" des Abs. 1 nur dann, wenn **alle Verwertungsgesellschaften**, die von ihrer Berechtigung Gebrauch machen, die **Rechte gemeinsam wahrnehmen**. Sie müssen sich dann die für die Rechteinräumung erhaltene Vergütung teilen. Der Wortlaut dieses Absatzes unterscheidet sich von jenem des § 13d Abs. 3 UrhWG.[82] Dessen Hs. 1 lautete: „Nimmt mehr als eine Verwertungsgesellschaft die Rechte gemäß Absatz 1 wahr". Nun wird von der „Berechtigung zur Wahrnehmung" gesprochen, um § 77 Abs. 2 Nr. 3 Rechnung zu tragen. Danach ist die Wahrnehmung der in Abs. 1 genannten Rechte nur denjenigen Verwertungsgesellschaften mit Sitz in einem anderen EU-Mitgliedstaat oder anderen EWR-Vertragsstaat gestattet, die über eine entsprechende Erlaubnis verfügen.

34 Dass **mehrere Verwertungsgesellschaften** zur Wahrnehmung der Rechte an demselben Werk **berechtigt** sind, kann also zum einen daran liegen, dass mehrere (in- und ausländische) Verwertungsgesellschaften für denselben Bereich, etwa für Texte, konkurrierend tätig sind. Eine Berechtigung mehrerer Verwertungsgesellschaften kann sich aber auch daraus ergeben, dass ein vergriffenes Werk aus Werken unterschiedlicher Werkarten besteht, etwa aus Texten und Bildern, für die Nutzer jeweils Nutzungsrechte einholen müssen.[83]

V. Freistellungsanspruch (Abs. 4 S. 1)

35 Der Freistellungsanspruch orientiert sich in gewisser Weise an jenem des § 49 Abs. 3.[84] Wie jener soll auch der Anspruch nach Abs. 4 S. 1 sicherstellen, dass ein **Nutzer** für dieselbe Nutzung **nicht doppelt in Anspruch genommen** wird – durch die Verwertungsgesellschaft und (anschließend) durch den Rechtsinhaber. Die Voraussetzungen der beiden Normen unterscheiden sich aber erheblich. § 49 Abs. 3 ist nur anwendbar, wenn die gesetzliche Vermutung für die Wahrnehmung besteht.[85] Bei Abs. 4 S. 1 ist eine doppelte, den Freistellungsanspruch auslösende Inanspruchnahme hingegen nur möglich, wenn zwei Voraussetzungen erfüllt sind: 1. Der Rechtsinhaber hat die Verwertungsgesellschaft nicht mit der Wahrnehmung der Rechte betraut und 2. die Voraussetzungen

---

80 EuGH, Urt. v. 16.11.2016 – C-301/15 – GRUR Int. 2017, 80 – Marc Soulier u. Sara Doke/Premier Ministre u. Ministre de la Culture et de la Communication, Rn 38, 43. Krit. zum Urteil *Reda*, in Klimpel (Hrsg.), Mit gutem Recht erinnern, 2018, S. 37, 41 ff.; *Steinhauer*, GRUR-Prax 2016, 561. Zu Auswirkungen auf die Regelung in Deutschland BeckOK-UrhR/*Freudenberg*, § 51 VGG Rn 20a.
81 Vgl. hierzu auch Dreier/Schulze/*Schulze*, § 51 VGG Rn 2; Wandtke/Bullinger/*Staats*, § 51 VGG Rn 18.
82 Vgl. Rn 6.
83 Vgl. auch Dreier/Schulze/*Schulze*, § 51 VGG Rn 39.
84 Vgl. auch BeckOK-UrhG/*Freudenberg*, § 51 VGG Rn 23; Wandtke/Bullinger/*Staats*, § 51 VGG Rn 25.
85 Vgl. § 49 Rn 15.

für die „Vermutung" des Abs. 1 liegen nicht vor.[86] Lediglich dann hat der Rechtsinhaber einen Anspruch gegen den Nutzer auf Zahlung.

Hat der Nutzer **bereits** an die Verwertungsgesellschaft **gezahlt**, ist diese ihm gegenüber zur Freistellung von den Zahlungsansprüchen des Rechtsinhabers verpflichtet. Der Freistellungsanspruch wird zum Regressanspruch, wenn der Nutzer die Ansprüche des Rechtsinhabers befriedigt hat.[87] 36

In der **Praxis** wird der Freistellungsanspruch **keine große Rolle** spielen. Um ihr wirtschaftliches Risiko zu minimieren, werden Verwertungsgesellschaften genau prüfen, ob die Voraussetzungen des Abs. 1 vorliegen; auch Nutzer haben ein wirtschaftliches Interesse daran, Verwertungsgesellschaften nur für die Nutzungen von Werken zu bezahlen, die Abs. 1 unterfallen.[88] Ist dies der Fall, stehen dem Rechtsinhaber lediglich Ansprüche gegenüber der Verwertungsgesellschaft gem. Abs. 4 S. 2 zu.[89] 37

VI. Rechte und Pflichten von Außenseitern (Abs. 4 S. 2)

Soweit die Wirkung des § 51 reicht, werden **Außenseiter**, also Rechtsinhaber, die die Verwertungsgesellschaft nicht mit der Wahrnehmung ihrer Rechte betraut haben, Rechtsinhabern **gleichgestellt**, die der Verwertungsgesellschaft ihre Rechte zur Wahrnehmung übertragen haben. Sie verfügen also über dieselben Rechte und Pflichten.[90] Abs. 4 S. 2 ist § 50 Abs. 2 S. 1 nachgebildet.[91] Er wurde der Norm erst im Laufe des Gesetzgebungsverfahrens auf Betreiben des Rechtsausschusses hinzugefügt.[92] Nicht übernommen wurde die dreijährige Verjährungsfrist des Rechtsinhabers, wie sie § 50 Abs. 2 S. 2 vorsieht.[93] Stattdessen gilt die regelmäßige Verjährungsfrist. Sie beträgt gem. § 195 BGB ebenfalls drei Jahre,[94] beginnt allerdings erst mit Kenntnis oder Kennenmüssen des Gläubigers von den den Anspruch begründenden Umständen und der Person des Schuldners (§ 199 Abs. 1 Nr. 2 BGB).[95] 38

§ 52
Register vergriffener Werke; Verordnungsermächtigung

(1) ¹Das Register vergriffener Werke wird beim Deutschen Patent- und Markenamt geführt. ²Das Register enthält die folgenden Angaben:

---

86 Vgl. auch Schricker/Loewenheim/*Spindler*, § 13d UrhWG Rn 26; Wandtke/Bullinger/*Staats*, § 51 VGG Rn 24 f.
87 Schricker/Loewenheim/*Reinbothe*, § 13c UrhWG Rn 10; Wandtke/Bullinger/*Staats*, § 51 VGG Rn 24, scheinen lediglich den Regress-, nicht aber den Freistellungsanspruch zu befürworten. Der Nutzer könnte sich hiernach erst und nur dann an die Verwertungsgesellschaft halten, wenn er selbst an den Rechtsinhaber geleistet hat.
88 So auch Wandtke/Bullinger/*Staats*, § 51 VGG Rn 25.
89 Vgl. Rn 38.
90 Vgl. ausführlicher § 50 Rn 13.
91 Vgl. auch Schricker/Loewenheim/*Reinbothe*, § 13c UrhWG Rn 5; Wandtke/Bullinger/*Staats*, § 51 VGG Rn 26.
92 Vgl. Bericht des Rechtsausschusses, BT-Drucks. 17/14217, S. 6; Beschlussempfehlung des Rechtsausschusses, BT-Drucks. 17/14194, S. 5. Zur Forderung nach einer solchen Regelung *de la Durantaye*, ZUM 2013, 437, 445; *Staats*, ZUM 2013, 446, 453.
93 Vgl. § 50 Rn 14.
94 So auch Wandtke/Bullinger/*Staats*, § 13d UrhWG Rn 26.
95 Darauf weist auch Schricker/Loewenheim/*Spindler*, § 13d UrhWG Rn. 28, hin, der von einem Redaktionsversehen ausgeht, weshalb die Verjährung mit dem Zeitpunkt der Abrechnung beginne. Dafür plädiert auch Wandtke/Bullinger/*Staats*, § 51 VGG Rn 26.

1. Titel des Werkes,
2. Bezeichnung des Urhebers,
3. Verlag, von dem das Werk veröffentlicht worden ist,
4. Datum der Veröffentlichung des Werkes,
5. Bezeichnung der Verwertungsgesellschaft, die den Antrag nach § 51 Absatz 1 Nummer 4 gestellt hat, und
6. Angabe, ob der Rechtsinhaber der Wahrnehmung seiner Rechte durch die Verwertungsgesellschaft widersprochen hat.

(2) Das Deutsche Patent- und Markenamt bewirkt die Eintragungen, ohne die Berechtigung des Antragstellers oder die Richtigkeit der zur Eintragung angemeldeten Tatsachen zu prüfen. Die Gebühren und Auslagen für die Eintragung sind im Voraus zu entrichten.

(3) Die Eintragungen werden auf der Internetseite des Deutschen Patent- und Markenamtes (www.dpma.de) bekannt gemacht.

(4) Die Einsicht in das Register steht jeder Person über die Internetseite des Deutschen Patent- und Markenamtes (www.dpma.de) frei.

(5) Das Bundesministerium der Justiz und für Verbraucherschutz wird ermächtigt, durch Rechtsverordnung ohne Zustimmung des Bundesrates
1. Bestimmungen über die Form des Antrags auf Eintragung in das Register sowie über die Führung des Registers zu erlassen,
2. zur Deckung des Verwaltungsaufwands für die Eintragung die Erhebung von Gebühren und Auslagen anzuordnen sowie Bestimmungen über den Kostenschuldner, die Fälligkeit von Kosten, die Kostenvorschusspflicht, über Kostenbefreiungen, über die Verjährung, das Kostenfestsetzungsverfahren und die Rechtsbehelfe gegen die Kostenfestsetzung zu treffen.

Übersicht

I. Allgemeines	4. Datum der Veröffentlichung (Nr. 4) —— 14
1. Bedeutung der Regelung —— 1	5. Bezeichnung der antragstellenden Verwertungsgesellschaft (Nr. 5) —— 16
2. Vorgängerregelung —— 3	
3. Unionsrechtlicher Hintergrund —— 4	
4. Entstehungsgeschichte —— 6	6. Angabe eines etwaigen Widerspruchs (Nr. 6) —— 18
II. Registerführende Behörde (Abs. 1 S. 1) —— 7	IV. Verfahren und Kosten (Abs. 2)
III. Eintragungspflichtige Angaben (Abs. 1 S. 2) —— 8	1. Eintragung (S. 1) —— 19
1. Titel des Werkes (Nr. 1) —— 11	2. Kosten (S. 2) —— 21
2. Bezeichnung des Urhebers (Nr. 2) —— 12	V. Bekanntmachung (Abs. 3) —— 22
	VI. Einsichtsrecht (Abs. 4) —— 23
3. Verlag, von dem das Werk veröffentlicht worden ist (Nr. 3) —— 13	VII. Verordnungsermächtigung (Abs. 5) —— 24

I. Allgemeines

1. Bedeutung der Regelung. Verwertungsgesellschaften gelten nur dann als berechtigt, Rechte an verwaisten Werken von Rechtsinhabern, die sie nicht mit der Wahrnehmung ihrer Rechte beauftragt haben, einzuräumen, wenn die betreffenden Werke in ein Register vergriffener Werke eingetragen sind (§ 51 Abs. 1 Nr. 4). Das Register **ermöglicht** es Rechtsinhabern, von der **Nutzung ihrer Werke Kenntnis** zu erlangen und ihr ggf. zu **widersprechen**.

§ 52 ist die gesetzliche Grundlage für das beim DPMA geführte Register. Er normiert, welche **Angaben das Register** enthalten muss und wie das **Verfahren der Eintragung** und **Bekanntmachung** grds. vonstatten geht. Die Details darf das BMJV in Rechtsverordnungen regeln (Abs. 5). Von dieser Ermächtigung hat das Ministerium mit der Verordnung über das Register vergriffener Werke vom 10. April 2014 (VergWerkeRegV, BGBl. I, S. 346), die durch Artikel 2 des VG-RL-Umsetzungsgesetzes vom 24. Mai 2016 (BGBl. I, S. 1190) geändert wurde, Gebrauch gemacht.

2. Vorgängerregelung. § 52 entspricht im Wesentlichen **§ 13e UrhWG**, der sich wiederum an § 138 UrhG orientiert, welcher das ebenfalls beim DPMA geführte Register anonymer und pseudonymer Werke zum Gegenstand hat.[1] Gegenüber § 13e UrhWG verändert hat sich lediglich Abs. 5 Nr. 2: Hieß es dort, dass das BMJV „zur Deckung der Verwaltungskosten die Erhebung von Kosten (Gebühren und Auslagen) für die Eintragung" anordnen dürfe, so bestimmt § 52 Abs. 5 Nr. 2 nunmehr, dass das Ministerium „zur Deckung des Verwaltungsaufwands für die Eintragung die Erhebung von Gebühren und Auslagen" anordnen darf. Eine **inhaltliche Änderung** ist damit laut Gesetzesbegründung **nicht beabsichtigt**; der Begriff „Verwaltungskosten" sei wegen der „nicht inhaltsgleichen Definition" in § 31 Abs. 2 durch „Verwaltungsaufwand" ersetzt worden.[2] Gleichwohl scheint die Umstellung des Satzteils „für die Eintragung" die Akzentuierung etwas zu verschieben.[3]

3

3. Unionsrechtlicher Hintergrund. Am 20. September 2011 bezeugte die Europäische Kommission die von Vertretern europäischer Bibliotheken, Autoren, Verlegern und Verwertungsgesellschaften unterzeichnete **Absichtserklärung über die Grundprinzipien der Digitalisierung und der Bereitstellung vergriffener Werke**. Die Verwaiste-Werke-Richtlinie (2012/28/EU) lässt diese Absichtserklärung sowie etwaige mitgliedstaatliche Lösungen zur umfassenden Massendigitalisierung vergriffener Werke explizit unberührt (Erwägungsgrund 4).

4

Mit Art. 8 bis 11 DSM-RL hat der europäische Gesetzgeber eine neue Grundlage für die (grenzüberschreitende) Nutzung vergriffener Werke und sonstiger Schutzgegenstände durch Einrichtungen des Kulturerbes geschaffen.[4] Nach Art. 10 Abs. 1 gewährleisten die Mitgliedstaaten, dass Informationen, anhand derer vergriffene Werke oder sonstige Schutzgegenstände, die im Rahmen von Art. 8 Abs. 1 und 2 genutzt werden (sollen) identifiziert werden können, sowie die Informationen, mit denen Rechteinhaber über ihr Widerspruchsrecht nach Art. 8 Abs. 4 unterrichtet werden, mindestens sechs Monate, bevor die Werke oder sonstigen Schutzgegenstände verbreitet, öffentlich wiedergegeben oder zugänglich gemacht werden über ein zentrales Online-Portal öffentlich zugänglich gemacht werden (vgl. auch Art. 10 Abs. 1 UA 1). Das Portal soll das EUIPO einrichten und verwalten (Art. 10 Abs. 1 UA 2).

5

4. Entstehungsgeschichte. Die Norm entspricht dem Vorschlag im RefE des BMJV für das VG-RL-Umsetzungsgesetz. Im Gesetzgebungsverfahren erfuhr sie **keine Veränderung**.[5]

6

---

1 Vgl. RegE eines Gesetzes zur Nutzung verwaister und vergriffener Werke und einer weiteren Änderung des Urheberrechtsgesetzes, BT-Drucks. 17/13423, S. 18.
2 RegE-VGG, BT-Drucks. 18/7223, S. 88.
3 Vgl. Rn 24.
4 Erwägungsgrund 3 des DSM-Richtlinien-Entwurfs, COM(2016) 593 final.
5 Vgl. RegE-VGG, BT-Drucks. 18/7223, S. 27.

II. Registerführende Behörde (Abs. 1 S. 1)

7 Das Register wird beim **DPMA** geführt. Es führt auch das Register anonymer und pseudonymer Werke gem. § 138 UrhG. An der für jene Werke vorgesehenen Struktur des Registers sowie dem Registrierungsverfahren orientiert sich § 52.[6] Im Juli 2016 enthielt das Register vergriffener Werke gut 29.000 Einträge, die alle auf Antrag der VG WORT eingetragen worden waren.[7]

III. Eintragungspflichtige Angaben (Abs. 1 S. 2)

8 Das Register muss **für jedes genutzte Werk** alle in Abs. 1 S. 2 genannten Angaben in möglichst vollständiger Form enthalten, um das Werk so eindeutig wie möglich zu bezeichnen. Rechtsinhabern soll so ermöglicht werden, ihr Werk zu finden und der Wahrnehmung der Rechte durch die Verwertungsgesellschaft ggf. zu widersprechen. Angegeben werden müssen daher der Titel des Werkes (Nr. 1), die Bezeichnung des Urhebers (Nr. 2), der Verlag, von dem das Werk veröffentlicht worden ist (Nr. 3), das Datum der Veröffentlichung des Werkes (Nr. 4) und die Bezeichnung der Verwertungsgesellschaft, die den Antrag auf Registrierung (vgl. § 51 Abs. 1 Nr. 4) gestellt hat (Nr. 5). Diese Angaben muss der **Antrag der Verwertungsgesellschaft auf Registrierung** enthalten (vgl. § 1 Abs. 1 VergWerkeRegV). Der Antrag auf Registrierung ist elektronisch beim DPMA über die von diesem zur Verfügung gestellte Schnittstelle einzureichen (§ 1 Abs. 2 VergWerkeRegV). Nicht erforderlich ist die Angabe der ISBN bzw. der ISSN, obwohl sie für die eindeutige Identifikation eines vergriffenen Buches oder sonstigen Schriftwerkes sehr hilfreich sein kann. Derzeit sieht das Register leider nicht einmal eine Rubrik für die Aufnahme dieser Nummern vor.

9 Einzutragen ist auch ein etwaiger **Widerspruch des Rechtsinhabers** gegen die Wahrnehmung durch die Verwertungsgesellschaft (Nr. 6), damit die Verwertungsgesellschaft und auch Dritte nachvollziehen können, ob die „Vermutungswirkung"[8] gem. § 51 Abs. 1 (noch) besteht.

10 Etwaige in dem zu registrierenden vergriffenen Schriftwerk **enthaltenen Werke**, etwa Illustrationen oder Fotografien, die in einem Buch abgedruckt worden sind, müssen nicht eigens registriert werden;[9] das Registrierungserfordernis bezieht sich nur auf das (Schrift)Werk als Ganzes. Die Möglichkeit des Rechtsinhabers eines enthaltenen Werkes, bspw. einer Illustration, der Nutzung gem. § 51 Abs. 2 zu widersprechen, wird dadurch nicht berührt.[10]

11 1. **Titel des Werkes (Nr. 1).** Anzugeben ist der **vollständige Titel** des Werkes; dies schließt etwaige Untertitel ein. Ist das Werk Teil einer Reihe, sollte auch der Titel der Reihe angegeben werden.[11]

12 2. **Bezeichnung des Urhebers (Nr. 2).** Der oder die Urheber sind mit dem **Namen** anzugeben, mit dem er oder sie auf dem vergriffenen Werk bezeichnet werden. Dies kann

---

[6] RegE eines Gesetzes zur Nutzung verwaister und vergriffener Werke und einer weiteren Änderung des Urheberrechtsgesetzes, BT-Drucks 17/13423, S. 18.
[7] Die jeweils aktuellen Zahlen sind abrufbar unter https://www.dpma.de/dpma/wir_ueber_uns/weitere_aufgaben/verwertungsges_urheberrecht/vergriffene_werke/recherche/index.html. Vgl. hierzu auch Rn 17.
[8] Vgl. § 51 Rn 7.
[9] So auch Dreier/Schulze/*Schulze*, § 52 VGG Rn 3.
[10] So auch Dreier/Schulze/*Schulze*, § 52 VGG Rn 3.
[11] Vgl. auch Dreier/Schulze/*Schulze*, § 52 VGG Rn 4.

ggf. auch eine Abkürzung des Namens, etwa des (zweiten) Vornamens, sein. Grundsätzlich erforderlich ist jedenfalls die Angabe jener Urheber, die auf der Titelseite und/oder im Impressum genannt werden. Um den Aufwand vertretbar zu halten, kann jedoch vernünftigerweise nicht erwartet werden, dass bei **Sammelwerken**, etwa bei Gedichtanthologien, jeder einzelne Urheber namentlich aufgeführt wird, wenn sein Name nicht in der Titelei erscheint. Hier sollte die namentliche Benennung des oder der Herausgeber ausreichen.[12]

3. Verlag, von dem das Werk veröffentlicht worden ist (Nr. 3). Erforderlich ist die Angabe des Verlags, der das **Werk veröffentlicht** hat.[13] Hat dieser seine Rechte nachträglich auf einen anderen Verlag übertragen, sollte auch der Name dieses Verlags angegeben werden. 13

4. Datum der Veröffentlichung (Nr. 4). Zu nennen ist in jedem Fall das **Jahr der Erstveröffentlichung**,[14] denn dieses ist nach § 51 Abs. 1 Nr. 1 für die Frage, ob die Voraussetzungen für die „Vermutungswirkung" erfüllt sind, maßgeblich; die Wahrnehmungsberechtigung bezieht sich nur auf Werke, die vor dem 1. Januar 1966 (erst)veröffentlicht wurden. Ist ein Werk in **mehreren Auflagen** erschienen, sollte auch das Datum der Veröffentlichung in der neuesten Auflage angegeben werden.[15] Erst nach diesem Zeitpunkt kann das Werk vergriffen sein. 14

Der **Ort der Veröffentlichung** kann bei Werken, die von ausländischen Verlagen im Ausland und in Deutschland verlegt wurden, von Interesse sein.[16] Ihn anzugeben verpflichtet das Gesetz leider nicht. 15

5. Bezeichnung der antragstellenden Verwertungsgesellschaft (Nr. 5). Die „Vermutung" (besser: Fiktion)[17] des § 51 Abs. 1 tritt gem. § 51 Abs. 1 Nr. 5 nur dann ein, wenn der Rechtsinhaber der beabsichtigten Wahrnehmung der Rechte durch die Verwertungsgesellschaft nicht innerhalb von sechs Wochen nach Bekanntmachung der Eintragung ins Register **widersprochen** hat. Auch nach Ablauf dieser Frist haben Rechtsinhaber nach § 51 Abs. 2 das Recht, Widerspruch gegen die Wahrnehmung ihrer Rechte durch die Verwertungsgesellschaft einzulegen. Um von diesem Recht Gebrauch machen zu können, müssen sie wissen, welche Verwertungsgesellschaft von der Regelung des § 51 Abs. 1 profitiert und gegen wen sie also ihren Widerspruch richten müssen. Abs. 1 S. 2 Nr. 5 normiert daher, dass das Register die **Verwertungsgesellschaft bezeichnen** muss, die den Antrag auf Registrierung gestellt hat.[18] 16

Bis Juli 2019 wurden die gut 26.000 im Register aufgeführten Werke sämtlich auf Antrag der VG WORT registriert.[19] Sie arbeitet dabei sowohl mit der VG Bild-Kunst zusammen als auch mit der Deutschen Nationalbibliothek (DNB). Letztere hat einen **automatisierten Lizenzierungsservice** für vergriffene Werke eingerichtet, der interessierte Nut- 17

---

12 So auch Dreier/Schulze/*Schulze*, § 52 VGG Rn 5.
13 So auch Dreier/Schulze/*Schulze*, § 52 VGG Rn 6.
14 A.A. Dreier/Schulze/*Schulze*, § 52 VGG Rn 7.
15 Dreier/Schulze/*Schulze*, § 52 VGG Rn 7, hält allein dieses Datum für maßgeblich.
16 So auch Dreier/Schulze/*Schulze*, § 52 VGG Rn 7. § 51 erfasst allerdings nur Werke, die in Deutschland erstveröffentlicht wurden, vgl. § 51 Rn 15.
17 Vgl. § 51 Rn 7.
18 Die Stellungnahme der GRUR, GRUR 2013, 480, 481, hatte dafür plädiert, die Antragstellung auch nutzungswilligen Einrichtungen zu ermöglichen, die treuhänderisch für die Allgemeinheit tätig werden.
19 Im Register ist der Antragsteller aufgeführt, vgl. https://www.dpma.de/dpma/wir_ueber_uns/weitere_aufgaben/verwertungsges_urheberrecht/vergriffene_werke/recherche/index.html.

zer bei der Ermittlung und anschließenden Lizenzierung vergriffener Werke unterstützt:[20] Anträge auf Lizenzierung werden bei der DNB gestellt und von dort elektronisch an die VG WORT übermittelt, die sie wiederum an das DPMA weiterleitet.[21] Derzeit ist dies der einzige Weg für Nutzer, Lizenzen für die Nutzung vergriffener Werke zu beantragen.[22]

18   **6. Angabe eines etwaigen Widerspruchs (Nr. 6).** Schließlich muss das Register auch die Angabe enthalten, ob der **Rechtsinhaber** der Wahrnehmung durch die Verwertungsgesellschaft **widersprochen** hat. Von dem Widerspruch hängt ab, ob die Wirkung des § 51 Abs. 1 eingetreten (vgl. § 51 Abs. 1 Nr. 5) bzw. wieder entfallen ist (§ 51 Abs. 2). Von dem Widerspruch müssen also im Ergebnis sowohl die Verwertungsgesellschaft als auch das DPMA Kenntnis erlangen. Nach § 5 Abs. 2 des zwischen Bund, Ländern, VG WORT und VG Bild-Kunst geschlossenen Rahmenvertrags zur Nutzung von vergriffenen Werken in Büchern vom 21. Januar 2015[23] prüft die zuständige Verwertungsgesellschaft, ob die Voraussetzungen für einen wirksamen Widerspruch vorliegen, und übermittelt dann dem DPMA die für die Eintragung des Widerspruchs erforderlichen Angaben.[24]

IV. Verfahren und Kosten (Abs. 2)

19   **1. Eintragung (S. 1).** Die Eintragung wird durch das **DPMA** bewirkt. Es tut dies **ohne zu überprüfen**, ob die Voraussetzungen des Abs. 1 Nr. 1 bis 5 vorliegen, ob also die Verwertungsgesellschaft zur Eintragung berechtigt ist und die von ihr gemeldeten Angaben zutreffen (Abs. 2 S. 1). Auch eine Schlüssigkeitsprüfung, wie sie im Rahmen des § 138 Abs. 1 S. 2 UrhG teilweise für erforderlich gehalten wird,[25] muss die Behörde dem Wortlaut nach nicht vornehmen;[26] sie wäre angesichts der politisch erwünschten großen Anzahl an Registrierungen praktisch auch kaum zu leisten.

20   Das DPMA ist überdies zuständig für die **Eintragung von Widersprüchen** gem. Abs. 1 Nr. 6. Ob das DPMA die Berechtigung des Widersprechenden zu überprüfen hat, geht aus Abs. 2 nicht hervor. Weil dem Amt hinsichtlich der Berechtigung des Antragstellers und der Richtigkeit der angemeldeten Tatsachen nach Abs. 2 S. 1 ausdrücklich keine Prüfpflicht obliegt, ließe sich im Umkehrschluss argumentieren, dass es zur Prüfung der Berechtigung des Widersprechenden verpflichtet ist. Eine solche Prüfung kann aber im Einzelfall extrem aufwendig sein. Zudem ist kein sachlicher Grund erkennbar, warum das Amt nur die Berechtigung eines der Beteiligten prüfen sollte. Widersprüche darf das DPMA daher ebenfalls ohne Prüfung eintragen. So sieht es auch der Rahmenvertrag zur Nutzung von vergriffenen Werken in Büchern vom 21. Januar 2015[27] vor: Nach dessen § 5

---

20   https://www.dnb.de/DE/Professionell/Services/VW-LiS/vwlis_node.html. Vgl. dazu Klimpel/*Niggemann*, S. 97, 102.
21   https://www.dnb.de/DE/Professionell/Services/VW-LiS/vwlis_node.html; https://www.vgwort.de/einnahmen-tarife/vergriffene-werke.html. Vgl. auch Wandtke/Bullinger/*Staats*, § 51 VGG Rn 2, § 52 VGG Rn 3.
22   https://www.vgwort.de/einnahmen-tarife/vergriffene-werke.html.
23   Abrufbar unter https://www.dnb.de/SharedDocs/Downloads/DE/Professionell/VWLIS/rahmenvertrag_ueber_vergriffene_werke_in_buechern.pdf?__blob=publicationFile&v=4.
24   Vgl. auch Wandtke/Bullinger/*Staats*, § 51 VGG Rn 17.
25   Vgl. Fromm/Nordemann/*A. Nordemann* § 138 UrhG Rn 4.
26   Vgl. auch Schricker/Loewenheim/*Spindler*, § 13e UrhWG Rn 4; Wandtke/Bullinger/*Staats*, § 52 VGG Rn 4.
27   Abrufbar unter https://www.dnb.de/SharedDocs/Downloads/DE/Professionell/VWLIS/rahmenvertrag_ueber_vergriffene_werke_in_buechern.pdf?__blob=publicationFile&v=4.

Abs. 2 prüft die zuständige Verwertungsgesellschaft, ob die Voraussetzungen für einen wirksamen Widerspruch vorliegen.[28]

2. Kosten (S. 2). Gebühren und Auslagen sind im Voraus zu entrichten. Zur Zahlung verpflichtet ist die **Verwertungsgesellschaft**,[29] weil (nur) sie zur Stellung des Antrags auf Registrierung berechtigt ist. Sie kann die Kosten jedoch von dem Nutzer bzw. den Nutzern der vergriffenen Werke **erstattet verlangen**.[30] Für jede Eintragung in das Register wird eine Gebühr von einem Euro erhoben (§ 2 Abs. 1 VergWerkeRegV). Die Zahlungsmodalitäten sind in § 2 Abs. 2 bis 5 VergWerkeRegV normiert.[31] Festgelegt ist unter anderem, dass die Zahlung per SEPA-Basislastschriftmandat erfolgt und dass das DPMA den Verwertungsgesellschaften monatlich mitteilt, welche Beträge angefallen sind, und diese dann aufgrund des Mandats einzieht. 21

V. Bekanntmachung (Abs. 3)

Die Bekanntmachung der Eintragung erfolgt über die **Internetseite des DPMA**.[32] Die Eintragung ist damit jederzeit und von jedem Ort aus abrufbar, was gerade im Hinblick auf die recht kurz bemessene Frist des § 51 Abs. 1 Nr. 5 VGG wichtig ist:[33] Widerspricht der Rechtsinhaber der Wahrnehmung durch die Verwertungsgesellschaft nicht innerhalb von sechs Wochen, gilt die Verwertungsgesellschaft – wenn die anderen Voraussetzungen vorliegen – gem. § 51 Abs. 1 VGG als zur Wahrnehmung berechtigt. 22

VI. Einsichtsrecht (Abs. 4)

In das Register kann **jedermann jederzeit und ohne Angabe von Gründen** Einsicht nehmen und dadurch bspw. überprüfen, ob eines seiner Werke dort verzeichnet ist oder ob eines der Werke, die er nutzen möchte, bereits registriert wurde. Wichtig ist dieses unbeschränkte Einsichtsrecht u.a. deshalb, weil § 51 Abs. 1 Nr. 2 zwar erfordert, dass sich das betreffende Werk im Bestand einer der dort genannten Einrichtungen befindet, den Kreis der zum Nutzungsrechtserwerb Berechtigten aber nicht einschränkt und insbesondere nicht erfordert, dass sich die für die Digitalisierung verwendete Werkkopie in einer der genannten Einrichtungen befindet und von dieser für die Digitalisierung genutzt wird.[34] 23

VII. Verordnungsermächtigung (Abs. 5)

Das BMJV ist zum **Erlass von Rechtsverordnungen** ermächtigt, welche die Form des Antrags auf Eintragung sowie die Führung des Registers betreffen (Nr. 1) und/oder die 24

---

28 Vgl. Rn. 18. Vgl. auch Wandtke/Bullinger/*Staats*, § 51 VGG Rn 17.
29 Vgl. auch Schricker/Loewenheim/*Spindler*, § 13e UrhWG Rn 5; Wandtke/Bullinger/*Staats*, § 52 VGG Rn 4.
30 RegE eines Gesetzes zur Nutzung verwaister und vergriffener Werke und einer weiteren Änderung des Urheberrechtsgesetzes, BT-Drucks. 17/13423, S. 18. Vgl. auch § 7 Abs. 4 des Rahmenvertrags zur Nutzung von vergriffenen Werken in Büchern v 21.1.2015, abrufbar unter https://www.dnb.de/SharedDocs/Downloads/DE/Professionell/VWLIS/rahmenvertrag_ueber_vergriffene _werke_in_buechern.pdf?__blob=publicationFile&v=4.
31 Vgl. dazu Rn 27.
32 www.dpma.de.
33 Vgl. § 51 Rn 23.
34 Vgl. § 51 Rn 17.

Erhebung von Gebühren und Auslagen anordnen sowie die Zahlungsmodalitäten (Kostenschuldner; Fälligkeit von Kosten; Kostenvorschusspflicht; Kostenbefreiungen; Verjährung; Kostenfestsetzungsverfahren; Rechtsbehelfe gegen die Kostenfestsetzung) regeln (Nr. 2).[35] Der **Wortlaut** der Verordnungsermächtigung unterscheidet sich von jenem des § 13e Abs. 5 Nr. 2 UrhWG. Zum einen wurde der Begriff „Verwaltungskosten" durch „Verwaltungsaufwand" ersetzt, weil „Verwaltungskosten" in § 31 Abs. 2 „nicht inhaltsgleich" definiert ist; damit ist aber keine inhaltliche Änderung beabsichtigt.[36] Die Norm könnte jedoch in anderer Hinsicht eine gewisse **Neuakzentuierung** beinhalten: Nach § 13e UrhWG durfte das BMJV „zur Deckung der Verwaltungskosten die Erhebung von Kosten (Gebühren und Auslagen) für die Eintragung" anordnen. Abs. 5 Nr. 2 bestimmt nun, dass das BMJV „zur Deckung des Verwaltungsaufwands für die Eintragung die Erhebung von Gebühren und Auslagen" anordnen darf. Diese Änderung ließe sich so lesen, dass früher Kosten für die Eintragung erhoben werden durften, um nicht näher definierte Verwaltungskosten zu decken – dies können neben den Kosten der Eintragung auch Kosten sein, die im Zusammenhang mit der im Hinblick auf etwaige Widersprüche erforderlichen Kommunikation zwischen DPMA und Verwertungsgesellschaften entstehen – während nunmehr Gebühren und Auslagen (nur) erhoben werden dürfen, um den „Verwaltungsaufwand für die Eintragung" zu decken. Die Gesetzesbegründung schweigt hierzu.[37]

25 Aufgrund des Abs. 5 hat das BMJV die **Verordnung über das Register vergriffener Werke (VergWerkeRegV) vom 10. April 2014** (BGBl. I, S. 346) erlassen. Sie wurde durch Art. 2 des VG-RL-Umsetzungsgesetzes vom 24. Mai 2016 (BGBl. I, S. 1190) geändert, sodass sie der Umstellung vom UrhWG auf das VGG sowie der Umbenennung der DPMA-Verwaltungskostenverordnung (DPMAVwKostV) Rechnung trägt.

26 Hinsichtlich der **Antragstellung** enthält die Verordnung lediglich die Vorgabe, dass die Verwertungsgesellschaft den Antrag elektronisch über eine vom DPMA eingerichtete Schnittstelle einzureichen hat (§ 1 Abs. 2 VergWerkeRegV) und der Antrag die Angaben nach Abs. 1 S. 2 Nr. 1 bis 5 enthalten muss (§ 1 Abs. 1 VergWerkeRegV). Zur Führung des Registers hält die Verordnung keine Regelung bereit.

27 Recht detailliert geregelt sind dafür die **Modalitäten der Zahlung** der mit der Eintragung verbundenen Gebühr. Für jede Eintragung wird nach § 2 Abs. 1 VergWerkeRegV eine Gebühr in Höhe von einem Euro erhoben. Kostenschuldner ist die Verwertungsgesellschaft, welche die Eintragung beantragt. Die Zahlung erfolgt via SEPA-Basislastschriftmandat; zusätzlich dazu sind Angaben zum Verwendungszweck einzureichen (§ 2 Abs. 2 VergWerkeRegV). Als Zahlungstag gilt der Tag des Eingangs des Mandats samt Angaben zum Verwendungszweck beim DPMA (§ 2 Abs. 3 VergWerkeRegV). Das DPMA teilt den Verwertungsgesellschaften monatlich den jeweils fälligen Betrag mit und zieht ihn aufgrund des Mandats ein (§ 2 Abs. 4 VergWerkeRegV). Außerdem sind §§ 5, 6 Abs. 1, 8 Abs. 2, 10 Abs. 1, 12 Abs. 1 und 4 sowie 13 der DPMAVwKostV entsprechend anwendbar (§ 2 Abs. 5 VergWerkeRegV). Bestimmungen über Kostenbefreiungen, die Verjährung, das Kostenfestsetzungsverfahren und Rechtsbehelfe gegen die Kostenfestsetzung fehlen wiederum, obwohl in Abs. 5 Nr. 2 explizit erwähnt.

---

35 Krit. zum Umfang der Ermächtigung die Stellungnahme des Max-Planck-Instituts für Immaterialgüter- und Wettbewerbsrechts v. 15.3.2013, Rn 73, abrufbar unter https://www.ip.mpg.de/fileadmin/ipmpg/content/stellungnahmen/stellungnahme-bmj-urhg_2013-3-15-def1_01.pdf.
36 RegE-VGG, BT-Drucks. 18/7223, S. 88.
37 RegE-VGG, BT-Drucks. 18/7223, S. 88.

§ 52a
Datenschutz

¹Soweit personenbezogene Daten im Register vergriffener Werke enthalten sind, bestehen nicht
1. das Recht auf Auskunft gemäß Artikel 15 Absatz 1 Buchstabe c der Verordnung (EU) 2016/679 des Europäischen Parlaments und des Rates vom 27. April 2016 zum Schutz natürlicher Personen bei der Verarbeitung personenbezogener Daten, zum freien Datenverkehr und zur Aufhebung der Richtlinie 95/46/EG (Datenschutz-Grundverordnung) (ABl. L 119 vom 4.5.2016, S. 1; L 314 vom 22.11.2016, S. 72),
2. die Mitteilungspflicht gemäß Artikel 19 Satz 2 der Verordnung (EU) 2016/679 und
3. das Recht auf Widerspruch gemäß Artikel 21 Absatz 1 der Verordnung (EU) 2016/679.

²Das Recht auf Erhalt einer Kopie nach Artikel 15 Absatz 3 der Verordnung (EU) 2016/679 wird dadurch erfüllt, dass die betroffene Person Einsicht in das Register vergriffener Werke des Deutschen Patent- und Markenamtes nehmen kann.

Übersicht

I. Allgemeines
   1. Bedeutung der Regelung —— 1
   2. Vorgängerregelung —— 2
   3. Unionsrechtlicher Hintergrund —— 3
   4. Entstehungsgeschichte —— 4
II. Ausschluss der Rechte auf Auskunft, Unterrichtung und Widerspruch (S. 1) —— 5
   1. Recht auf Auskunft (Nr. 1) —— 6
   2. Recht auf Unterrichtung (Nr. 2) —— 7
   3. Recht auf Widerspruch (Nr. 3) —— 8
III. Einschränkung des Rechts auf Erhalt einer Kopie (S. 2) —— 11

I. Allgemeines

1. Bedeutung der Regelung. § 52a betrifft personenbezogene Daten, die im Zu- 1 sammenhang mit der Eintragung in das Register vergriffener Werke und dem Widerruf des Rechtsinhabers gegen die Wahrnehmung seiner Rechte durch die Verwertungsgesellschaft (vgl. § 52) verarbeitet werden. Mit Inkrafttreten der **EU-DSGVO**[1] wurden, im Vergleich zu den bisherigen Regelungen im BDSG, die **Rechte betroffener Personen (Art. 12 bis 22 EU-DSGVO) erweitert**.[2] § 52a **beschränkt diese Rechte**, um die Funktionsfähigkeit des Registers zu gewährleisten.

2. Vorgängerregelung. Das UrhWG enthielt **keine** entsprechende Vorschrift. 2

3. Unionsrechtlicher Hintergrund. Die seit 25. Mai 2018 geltende EU-DSGVO re- 3 gelt, unter welchen Bedingungen und in welchem Umfang personenbezogene Daten verarbeitet werden dürfen.[3] Kapitel 3 EU-DSGVO ist den Rechten von Personen gewidmet, deren Daten verarbeitet werden. Die Öffnungsklausel[4] des Art. 23 EU-DSGVO erlaubt

---

1 VO 2016/679/EU v. 27.4.2016, ABl EU Nr. L 119 S. 1.
2 Vgl. *Schantz*, NJW 2016, 1841, 1845 f.; *von Schenck/Mueller-Stöfen*, GWR 2017, 171, 174 f. Vgl. auch Erwägungsgrund 11 der DSGVO. Eine detaillierte Gegenüberstellung der Betroffenenrechte nach BDSG und DSGVO findet sich bei Roßnagel/*Hohmann*, § 3 Rn 129 ff.
3 Zum Begriff der „Verarbeitung" vgl. Art. 4 Nr. 2 DSGVO.
4 Vgl. zum Begriff der „Öffnungsklausel" *Taeger*, ZRP 2016, 72.

den Mitgliedstaaten (und der Union selbst), die in Art. 12 bis 22 EU-DSGVO genannten Rechte und Pflichten zu beschränken. Nach **Art. 23 Abs. 1 lit. e EU-DSGVO** sind Beschränkungen zulässig, die „den Schutz sonstiger wichtiger Ziele des allgemeinen öffentlichen Interesses der EU oder eines Mitgliedstaats, insbesondere eines wichtigen wirtschaftlichen oder finanziellen Interesses der EU oder eines Mitgliedstaats, etwa im Währungs-, Haushalts- und Steuerbereich sowie im Bereich der öffentlichen Gesundheit und der sozialen Sicherheit" sicherstellen. Auf Basis dieser Klausel hat der Gesetzgeber § 52a geschaffen; das Register vergriffener Werke diene dem „allgemeinen kulturellen und wirtschaftlichen Interesse", weil es den Zugang zu vergriffenen Werken erleichtere.[5] Fraglich könnte allerdings sein, ob § 52a den (nicht ganz eindeutigen) Anforderungen des Art. 23 Abs. 2 EU-DSGVO genügt, denn § 52a enthält, wenigstens explizit, keine „spezifischen Vorschriften" im Hinblick auf die dort genannten Punkte.

4 **4. Entstehungsgeschichte.** § 52a wurde durch **Art. 14 des Gesetzes zur Änderung des Bundesversorgungsgesetzes und anderer Vorschriften** vom 17. Juli 2017 (BGBl. 2017 I 2541) in das VGG eingefügt. Im RegE war die Vorschrift noch nicht enthalten.[6] Sie wurde erst auf Empfehlung des Ausschusses für Arbeit und Soziales in das Gesetz aufgenommen.[7] Gleichzeitig wurden nahezu wortgleiche Regelungen für das Register anonymer und pseudonymer Werke (§ 138a UrhG) und für die Register für Patente (§ 31a PatG), Gebrauchsmuster (§ 8 Abs. 8 GebrMG), Marken (§ 62a MarkenG), Topographien (§ 4 Abs. 3a HalblSchG) und Designs (§ 22a DesignG) geschaffen. Gem. Art. 31 Abs. 4 des Änderungsgesetzes ist § 52a am 25. Mai 2018 in Kraft getreten, also am ersten Geltungstag der EU-DSGVO.

II. Ausschluss der Rechte auf Auskunft, Unterrichtung und Widerspruch (S. 1)

5 Die Führung des Registers vergriffener Werke geht zwangsläufig mit einer Verarbeitung personenbezogener Daten einher. Insbesondere die nach § 52 Abs. 1 S. 2 Nr. 2 aufzunehmende Bezeichnung des Urhebers[8] ist ein solches Datum.[9] Gleiches gilt unter Umständen auch für die Angabe des Rechtsinhabers gem. § 52 Abs. 1 S. 2 Nr. 6.[10] Die Datenverarbeitung ist rechtmäßig, weil das Führen des Registers vergriffener Werke eine Aufgabe darstellt, die im öffentlichen Interesse liegt (Art. 6 Abs. 1 lit. e EU-DSGVO i.V.m. § 52). S. 1 **schränkt die Rechte** der von einer Datenverarbeitung betroffenen Person in **dreierlei Hinsicht ein**: Ausgeschlossen sind das Recht auf Auskunft gem. Art. 15 Abs. 1 lit. c EU-DSGVO, die Pflicht zur Unterrichtung gem. Art. 19 S. 2 EU-DSGVO sowie das Recht auf Widerspruch gem. Art. 21 Abs. 1 EU-DSGVO.

6 **1. Recht auf Auskunft (Nr. 1).** Nach S. 1 Nr. 1 ist das Recht der betroffenen Person auf Auskunft hinsichtlich der „Empfänger oder Kategorien von Empfängern, gegenüber denen die personenbezogenen Daten offengelegt worden sind oder noch offengelegt werden, insbesondere bei Empfängern in Drittländern oder bei internationalen Organisationen" (Art. 15 Abs. 1 lit. c EU-DSGVO) ausgeschlossen. Grund hierfür ist, dass das Re-

---

5 Beschlussempfehlung und Bericht des Ausschusses für Arbeit und Soziales, BT-Drucks. 18/12611, S. 72.
6 RegE eines Gesetzes zur Änderung des Bundesversorgungsgesetzes und anderer Vorschriften, BT-Drucks. 18/12041.
7 Beschlussempfehlung und Bericht des Ausschusses für Arbeit und Soziales, BT-Drucks. 18/12611, S. 9 f.
8 Vgl. § 52 Rn 10.
9 Vgl. BeckOK-UrhR/*Freudenberg*, § 52a VGG Rn 4.
10 Vgl. § 52 Rn 16.

gister über die Webseite des DPMA jedermann frei zugänglich ist.[11] Eine konkrete Auskunft über die Empfänger der Daten könnte also überhaupt nur in Form von deren **IP-Adresse** erfolgen.[12] Es wäre kaum zweckmäßig, dem DPMA die Speicherung aller IP-Adressen, über die auf das Register zugegriffen wird, aufzuerlegen, zumal dies mit einer unter Umständen deutlich umfangreicheren Verarbeitung personenbezogener Daten einhergehen würde.

2. Recht auf Unterrichtung (Nr. 2). Weil das DPMA höchstens die **IP-Adressen** der Empfänger personenbezogener Daten kennt, kann es, als Verantwortlicher der Datenverarbeitung, die Empfänger der Daten auch nicht über etwaige Berichtigungen, Löschungen oder Einschränkungen der Verarbeitung informieren, wie Art. 19 S. 1 EU-DSGVO dies vorsieht. Dementsprechend legt S. 1 Nr. 2 fest, dass der Betroffene keinen Anspruch auf Unterrichtung über solche Mitteilungen nach Art. 19 S. 2 EU-DSGVO hat. Die **Formulierung** von S. 1 Nr. 2 ist insofern **ungenau**, als § 52a nicht die Mitteilungspflicht gem. Art. 19 S. 1 EU-DSGVO ausschließt, sondern die Pflicht, die betroffene Person auf deren Verlangen hin über etwaig erfolgte Mitteilungen zu unterrichten (Art. 19 S. 2 EU-DSGVO). Eine Pflicht zur Mitteilung besteht im Übrigen bereits nach Art. 19 S. 1 a.E. EU-DSGVO nicht. Danach muss der Verantwortliche nicht mitteilen, wenn sich die **Mitteilung** als unmöglich erweist oder **mit unverhältnismäßigem Aufwand verbunden** ist. Wenigstens die zweite Variante wäre vorliegend erfüllt. 7

3. Recht auf Widerspruch (Nr. 3). S. 1 Nr. 3 schließt das Recht auf Widerspruch gem. Art. 21 Abs. 1 EU-DSGVO aus. Dürften betroffene Personen gegen die Speicherung ihrer personenbezogenen Daten im Register vergriffener Werke Widerspruch einlegen, könnte das Register seine **Funktion nicht erfüllen**, denn zur eindeutigen Identifikation eines Werkes ist die Angabe des Urhebers unerlässlich (vgl. § 52 Abs. 1 S. 2 Nr. 1). Auch die Übermittlung der Daten an Verwertungsgesellschaften und interessierte Dritte ist für das Funktionieren des Registers erforderlich. 8

§ 51 Abs. 1 setzt eine Eintragung unter Nennung des Urhebers in das Register voraus, um den Urheber, seine Erben und sonstige Rechtsinhaber von der Wahrnehmungsvermutung in Kenntnis zu setzen und ihnen dadurch zu **ermöglichen**, gem. § 51 Abs. 1 Nr. 5 und Abs. 2 **Widerspruch** gegen die Wahrnehmung ihrer Rechte durch die Verwertungsgesellschaft einzulegen.[13] Etwaige Widersprüche sind ebenfalls in das Register einzutragen (§ 52 Abs. 1 S. 2 Nr. 6). Könnte der Betroffene ein datenschutzrechtliches Recht auf Widerspruch geltend machen, wäre nicht mehr nachvollziehbar, ob das jeweilige Werk bereits in das Register aufgenommen wurde und der Rechtsinhaber widersprochen hat. Dementsprechend würde ein Antrag auf Eintragung des Werks in das Register unter Umständen mehrfach gestellt und der Rechtsinhaber jedes Mal von neuem gezwungen zu widersprechen. Die Verarbeitung personenbezogener Daten des Urhebers und sonstiger Rechtsinhaber kommt letztlich also auch ihnen selbst zugute.[14] 9

Indem Nr. 3 das Recht auf Widerspruch gem. Art. 21 Abs. 1 EU-DSGVO ausschließt, macht er es betroffenen Personen zugleich mittelbar unmöglich, das Recht auf Löschung gem. Art. 17 Abs. 1 lit. c EU-DSGVO geltend zu machen. 10

---

11 Vgl. § 52 Rn 22 f.
12 Vgl. BeckOK-DatenS/*Schmidt-Wudy*, Art. 15 DSGVO Rn 62. Vgl. auch Paal/Pauly/*Paal/Hennemann*, Art. 13 DSGVO Rn 18.
13 Vgl. § 51 Rn 21, 27 ff.
14 Vgl. BeckOK-UrhR/*Freudenberg*, § 52a VGG Rn 5.

III. Einschränkung des Rechts auf Erhalt einer Kopie (S. 2)

11   Nach Art. 15 Abs. 3 S. 1 EU-DSGVO hat der Verantwortliche dem Betroffenen auf dessen Verlangen hin eine Kopie der verarbeiteten personenbezogenen Daten zur Verfügung zu stellen. S. 2 **ersetzt** diese Pflicht durch die **Möglichkeit der Einsichtnahme** in das Register. Damit entfällt der Verwaltungsaufwand, der mit der Erstellung einer Kopie durch das DPMA verbunden wäre. Die Regelung vereinfacht folglich die Führung des Registers.[14] Sie ist insofern verhältnismäßig, als das Register über die Webseite des DPMA frei zugänglich ist und also von jeder betroffenen Person kostenlos eingesehen werden kann.

SECHSTER ABSCHNITT
Informationspflichten; Rechnungslegung und Transparenzbericht

ERSTER UNTERABSCHNITT
Informationspflichten

§ 53
Information der Rechtsinhaber vor Zustimmung zur Wahrnehmung

(1) Bevor die Verwertungsgesellschaft die Zustimmung des Rechtsinhabers zur Wahrnehmung seiner Rechte einholt, informiert sie den Rechtsinhaber über:
1. die ihm nach den §§ 9 bis 12 zustehenden Rechte einschließlich der in § 11 genannten Bedingungen sowie
2. die Abzüge von den Einnahmen aus den Rechten, einschließlich der Abzüge zur Deckung der Verwaltungskosten.

(2) Die Verwertungsgesellschaft führt die Rechte nach den §§ 9 bis 12 in dem Statut oder in den Wahrnehmungsbedingungen auf.

Übersicht

I. Allgemeines	1. Information vor Zustimmung zur Wahrnehmung (Abs. 1) —— 5
1. Bedeutung der Regelung —— 1	2. Aufnahme in Statut oder Wahrnehmungsbedingungen (Abs. 2) —— 7
2. Vorgängerregelung —— 2	
3. Unionsrechtlicher Hintergrund —— 3	
4. Entstehungsgeschichte —— 4	
II. Regelungsgehalt	III. Aufsicht durch das DPMA —— 8

I. Allgemeines

1   **1. Bedeutung der Regelung.** § 53 regelt, welche Informationen die Verwertungsgesellschaft dem Rechtsinhaber zur Verfügung stellen muss, bevor sie seine Zustimmung zur Wahrnehmung gemäß § 10 einholt. Der Rechtsinhaber soll über eine ausreichende Informationsgrundlage verfügen, bevor er seine Entscheidung darüber trifft, ob und in welchem Umfang er ein unmittelbares Wahrnehmungsverhältnis mit der Verwertungsgesellschaft als Berechtigter i.S.d. § 6 eingeht und welche Rechte er ihr zur Wahrnehmung einräumt.[1]

---

14 Vgl. BeckOK-UrhR/*Freudenberg*, § 52a VGG Rn 5.

1   BeckOK-UrhR/*Freudenberg*, § 53 VGG Rn 10; Dreier/Schulze/*Schulze*, § 53 VGG Rn 1.

2. Vorgängerregelung. Das UrhWG enthielt keine vergleichbare Regelung. 2

3. Unionsrechtlicher Hintergrund. § 53 setzt die unionsrechtlichen Vorgaben der 3
Art. 5 Abs. 8 und Art. 12 Abs. 1 VG-RL um und verweist auf die in Umsetzung von Art. 5
Abs. 2 bis 7 VG-RL geschaffenen Vorschriften (§§ 9 bis 12). Von der VG-RL abweichend
regelt Abs. 2 die Aufnahme der Rechte in die Wahrnehmungsbedingungen. Die VG-RL
sieht demgegenüber lediglich die Aufnahme der Rechte in die Mitgliedschaftsbedingungen vor.

4. Entstehungsgeschichte. Die Norm geht auf den wortlautidentischen Vorschlag 4
im RefE des BMJV[2] zurück. Sie wurde im weiteren Gesetzgebungsverfahren nicht weiter
diskutiert.

II. Regelungsgehalt

1. Information vor Zustimmung zur Wahrnehmung (Abs. 1). Abs. 1 Nr. 1 verweist 5
auf die den Berechtigten nach den §§ 9–12 zustehenden Rechte einschließlich der in § 11
genannten Bedingungen. Abs. 1 Nr. 2 regelt in Umsetzung von Art. 12 Abs. 1 VG-RL, dass
die Verwertungsgesellschaft den Rechtsinhaber über die Abzüge von den Einnahmen aus
den Rechten, einschließlich der Abzüge zur Deckung der Verwaltungskosten, informiert.

Den in Abs. 1 geregelten Informationspflichten können die Verwertungsgesellschaf- 6
ten durch Hinweis auf die Satzung oder die Wahrnehmungsbedingungen nachkommen,
soweit diese sämtliche Rechte enthalten.[3] Die Informationspflicht nach Abs. 1 Nr. 2 kann
die Verwertungsgesellschaft durch Hinweis auf den aktuellen jährlichen Transparenzbericht (§ 58) erfüllen. Dieser sollte sämtliche der in Nr. 2 genannten Informationen enthalten.[4] Eine elektronische Übermittlung der Informationen, wie bei §§ 55, 56, ist in § 53
nicht verpflichtend vorgesehen.[5]

2. Aufnahme in Statut oder Wahrnehmungsbedingungen (Abs. 2). Abs. 2 ver- 7
pflichtet die Verwertungsgesellschaft, die Rechte nach den §§ 9 bis 12 in ihrem Statut
oder in ihren Wahrnehmungsbedingungen aufzuführen, soweit dies nicht bereits in den
§§ 9 bis 12 selbst vorgesehen ist. Abweichend von Art. 5 Abs. 1 VG-RL, der lediglich eine
Aufnahme der Rechte in das Statut oder die Mitgliedschaftsbedingungen vorsieht, hat
der deutsche Gesetzgeber in Abs. 2 ergänzend eine Aufnahme in die Wahrnehmungsbedingungen angeordnet. Da dem Rechtsinhaber die Rechte aus §§ 9 bis 12 unabhängig
davon zustehen, ob er Mitglied der Verwertungsgesellschaft ist oder nicht, soll er sich
bereits vor Begründung des Wahrnehmungsverhältnisses über seine Rechte informieren
können, ohne zugleich Mitglied der Verwertungsgesellschaft werden zu müssen.[6]

III. Aufsicht durch das DPMA

Die Einhaltung der Informationspflichten nach § 53 unterliegt der Aufsicht des 8
DPMA. Dies ergibt sich aus § 76 Abs. 1, wonach das DPMA als Aufsichtsbehörde darauf
achtet, dass die Verwertungsgesellschaft den ihr nach dem VGG obliegenden Verpflich-

---

2 RefE des BMJV v. 9.6.2015, S. 30.
3 RegE-VGG, BT-Drucks. 18/7223, S. 88; BeckOK-UrhR/*Freudenberg*, § 53 VGG Rn 11; vgl. auch § 11 Rn 27.
4 RegE-VGG, BT-Drucks. 18/7223, S. 88; vgl. auch § 58 Rn 6.
5 Dreier/Schulze/*Schulze*, § 53 VGG Rn 2.
6 RegE-VGG, BT-Drucks. 18/7223, S. 88; BeckOK-UrhR/*Freudenberg*, § 53 VGG Rn 16.

tungen ordnungsgemäß nachkommt. Das DPMA prüft, ob es von Amts wegen ein aufsichtsrechtliches Verfahren einleitet, wenn Anhaltspunkte für einen möglichen Verstoß gegen die Vorgaben aus § 53 vorliegen. Die Aufsichtsbehörde kann zudem gem. § 89 Abs. 2 von jedermann über mögliche Verstöße gegen das VGG informiert werden. Es besteht jedoch kein individueller Anspruch auf aufsichtsrechtliches Tätigwerden, da das DPMA gem. § 75 Abs. 2 seine Aufgaben und Befugnisse ausschließlich im öffentlichen Interesse wahrnimmt.[7]

9   Das DPMA kann nach § 85 Abs. 1 alle nach seinem Ermessen erforderlichen Maßnahmen ergreifen, um sicherzustellen, dass die Verwertungsgesellschaft die ihr nach § 53 obliegenden Verpflichtungen ordnungsgemäß erfüllt. Im Rahmen eines aufsichtsrechtlichen Verfahrens wird die Verwertungsgesellschaft zunächst gem. § 28 VwVfG zu dem möglichen Verstoß angehört.[8] Gelangt das DPMA nach Anhörung der Verwertungsgesellschaft zu der Einschätzung, dass ein Verstoß gegen Verpflichtungen nach dem VGG vorliegt, fordert es die Verwertungsgesellschaft auf, den Verstoß abzustellen. Kommt die Verwertunggesellschaft den Hinweisen des DPMA nicht nach, kann dieses den Verstoß förmlich beanstanden.

§ 54
Informationen für Berechtigte

Die Verwertungsgesellschaft informiert spätestens zwölf Monate nach Ablauf eines jeden Geschäftsjahres alle Berechtigten, an die sie in diesem Geschäftsjahr Einnahmen aus den Rechten verteilt hat, mindestens über:
1. alle Kontaktdaten, die von der Verwertungsgesellschaft mit Zustimmung des Berechtigten dazu verwendet werden können, den Berechtigten festzustellen und ausfindig zu machen,
2. die in diesem Geschäftsjahr dem Berechtigten zugewiesenen Einnahmen aus den Rechten,
3. die in diesem Geschäftsjahr an den Berechtigten ausgeschütteten Einnahmen aus den Rechten nach Kategorien der wahrgenommenen Rechte und Art der Nutzungen,
4. den Zeitraum, in dem die Nutzungen, für die Einnahmen aus den Rechten an den Berechtigten verteilt wurden, stattgefunden haben, sofern nicht sachliche Gründe im Zusammenhang mit Meldungen von Nutzern die Verwertungsgesellschaft daran hindern, diese Angaben zur Verfügung zu stellen,
5. die in diesem Geschäftsjahr zur Deckung der Verwaltungskosten vorgenommenen Abzüge von den Einnahmen aus den Rechten,
6. die in diesem Geschäftsjahr für andere Zwecke als zur Deckung der Verwaltungskosten vorgenommenen Abzüge von den Einnahmen aus den Rechten, einschließlich gegebenenfalls vorgenommener Abzüge zur Förderung kulturell bedeutender Werke und Leistungen, und für die Einrichtung und den Betrieb von Vorsorge- und Unterstützungseinrichtungen und
7. sämtliche dem Berechtigten zugewiesenen, aber noch nicht ausgeschütteten Einnahmen aus den Rechten.

---

7   § 75 Rn 10.
8   § 89 Rn 7.

Übersicht

I. Allgemeines
   1. Bedeutung der Regelung —— 1
   2. Vorgängerregelung —— 2
   3. Unionsrechtlicher Hintergrund —— 3
   4. Entstehungsgeschichte —— 5

II. Regelungsgehalt
   1. Informationspflichten —— 6
   2. Form der Übermittlung —— 7
   3. Unentgeltlicher Zugang —— 8

III. Aufsicht durch das DPMA —— 9

I. Allgemeines

1. Bedeutung der Regelung. Die Vorschrift regelt, welche Informationen die Verwertungsgesellschaft ihren Berechtigten im Zusammenhang mit der Verteilung von Einnahmen aus den Rechten zur Verfügung stellen muss. Verteilung von Einnahmen meint nicht, dass es zu einer Auszahlung gekommen sein muss; die Informationspflicht nach § 54 besteht auch gegenüber Berechtigten, denen im abgelaufenen Geschäftsjahr Einnahmen zumindest zugewiesen wurden.[1] Dies ergibt sich aus der VG-RL, die von zugewiesenen „oder" ausgeschütteten Einnahmen spricht (Art. 18 Abs. 1 VG-RL). Auch in § 54 Nr. 2 ist von zugewiesenen Einnahmen aus den Rechten die Rede. Gegenüber Berechtigten, an die keine Einnahmen aus den Rechten verteilt wurden, bestehen die Informationspflichten des § 54 nicht. 1

2. Vorgängerregelung. Das UrhWG enthielt keine vergleichbare Regelung. 2

3. Unionsrechtlicher Hintergrund. § 54 setzt Art. 18 Abs. 1 VG-RL um. Die Vorschrift konkretisiert die Richtlinienvorgabe insoweit, als die Verwertungsgesellschaft den Berechtigten die in Nr. 1 bis 7 genannten Informationen spätestens zwölf Monate nach Ablauf eines Geschäftsjahres zur Verfügung stellen muss.[2] 3

Art. 18 Abs. 2 VG-RL wurde vom deutschen Gesetzgeber nicht umgesetzt. Eine Verteilung an Einrichtungen, die dann für die Verteilung an die Rechtsinhaber verantwortlich sind, ist im VGG nicht vorgesehen. Zwar können Einrichtungen, die Rechtsinhaber vertreten, Mitglieder einer Verwertungsgesellschaft i.S.v. § 7 Nr. 2 sein. Eine Verteilung ist gemäß § 26 aber nur an Berechtigte und im Rahmen von Repräsentationsvereinbarungen zulässig.[3] Insoweit bedurfte es keiner Umsetzung von Art. 18 Abs. 2 VG-RL.[4] 4

4. Entstehungsgeschichte. Die Vorschrift geht auf den wortlautidentischen Vorschlag im RefE des BMJV[5] zurück. Sie wurde im weiteren Gesetzgebungsverfahren nicht weiter diskutiert. 5

II. Regelungsgehalt

1. Informationspflichten. Bei den Informationspflichten nach § 54 handelt es sich um **Mindestanforderungen**.[6] Die Verwertungsgesellschaft kann ihren Berechtigten auch über die in § 54 aufgeführten Informationen hinaus weitere Informationen zur Verfügung stellen. Im Einzelnen sind mindestens die folgenden Informationen zu übermitteln: 6

---

1 BeckOK-UrhR/*Freudenberg*, § 54 VGG Rn 2.
2 RegE-VGG, BT-Drucks. 18/7223, S. 89.
3 Vgl. § 26 Rn 8.
4 BeckOK-UrhR/*Freudenberg*, § 54 VGG Rn 3.
5 RefE des BMJV v. 9.6.2015, S. 30f.
6 BeckOK-UrhR/*Freudenberg*, § 54 VGG Rn 7; Dreier/Schulze/*Schulze*, § 54 VGG Rn 2.

- die Kontaktdaten des Berechtigten (Nr. 1),
- die dem Berechtigten im Geschäftsjahr zugewiesenen Einnahmen aus den Rechten (Nr. 2),
- die an den Berechtigten im Geschäftsjahr ausgeschütteten Einnahmen aus den Rechten nach Kategorien der wahrgenommenen Rechte und Art der Nutzungen (Nr. 3),
- der Zeitraum, in dem die Nutzungen stattgefunden haben, sofern die Meldungen der Nutzer vorliegen (Nr. 4),
- die Abzüge von Verwaltungskosten (Nr. 5),
- die Abzüge für andere Zwecke als zur Deckung von Verwaltungskosten (Nr. 6)[7],
- sämtliche den Berechtigten zugewiesenen, aber noch nicht ausgeschütteten Einnahmen aus den Rechten (Nr. 7).

2. Form der Übermittlung. § 54 schreibt **keine bestimmte Form** für die Übermittlung der Informationen vor. Im Umkehrschluss zu § 56, der eine Veröffentlichung auf der Internetseite der Verwertungsgesellschaft vorschreibt, wäre eine Veröffentlichung der Informationen nach § 54 auf der Internetseite weder geboten noch sachgerecht. Anders als § 56 richtet sich § 54 nicht an die Allgemeinheit, sondern an Berechtigte. Im Hinblick auf Informationen, die sich auf personenbezogene Daten der Berechtigten beziehen, z.B. Kontaktdaten (Nr. 1) oder zugewiesene oder ausgeschüttete Einnahmen (Nr. 2 und 3), stünden einer Veröffentlichung auf der Internetseite zudem datenschutzrechtliche Gründe entgegen. Ihrer Informationspflicht über Abzüge von Verwaltungskosten (Nr. 5) und Abzüge für andere Zwecke (Nr. 6) kann die Verwertungsgesellschaft dadurch nachkommen, dass sie die Informationen in ihren Transparenzbericht aufnimmt. Dieser muss gem. § 58 Abs. 4 im vollen Wortlaut auf der Internetseite der Verwertungsgesellschaft veröffentlicht werden.[8]

3. Unentgeltlicher Zugang. Die Informationen müssen unentgeltlich übermittelt werden. Dies ist der gesetzliche Regelfall. Eine Ausnahmeregelung findet sich lediglich in § 55 Abs. 3, wonach Informationen zu Werken oder sonstigen Schutzgegenständen von der Erstattung der damit verbundenen Kosten abhängig gemacht werden können.[9] Von einigen Verwertungsgesellschaften werden über die gesetzlichen Anforderungen hinausgehende Informationen (z.B. über einzelne Werknutzungen) gegen Verwaltungskostengebühr zur Verfügung gestellt.[10]

III. Aufsicht durch das DPMA

Die Einhaltung der Informationspflichten nach § 54 unterliegt der Aufsicht des DPMA. Dies ergibt sich aus § 76 Abs. 1, wonach das DPMA als Aufsichtsbehörde darauf achtet, dass die Verwertungsgesellschaft den ihr nach dem VGG obliegenden Verpflichtungen ordnungsgemäß nachkommt. Das DPMA prüft, ob es von Amts wegen ein aufsichtsrechtliches Verfahren einleitet, wenn Anhaltspunkte für einen möglichen Verstoß gegen die Vorgaben aus § 54 vorliegen. Die Aufsichtsbehörde kann zudem gem. § 89 Abs. 2 von jedermann über mögliche Verstöße gegen das VGG informiert werden. Es besteht jedoch kein individueller Anspruch auf aufsichtsrechtliches Tätigwerden, da das

---

[7] Hierunter fallen Abzüge nach § 31 und kulturelle und soziale Abzüge nach § 32.
[8] Vgl. § 58 Rn 11.
[9] Vgl. § 55 Rn 12.
[10] Vgl. § 58 Abs. 6 des Verteilungsplans der GEMA.

DPMA gem. § 75 Abs. 2 seine Aufgaben und Befugnisse ausschließlich im öffentlichen Interesse wahrnimmt.[11]

Das DPMA kann nach § 85 Abs. 1 alle nach seinem Ermessen erforderlichen Maßnahmen ergreifen, um sicherzustellen, dass die Verwertungsgesellschaft die ihr nach § 54 obliegenden Verpflichtungen ordnungsgemäß erfüllt. Im Rahmen eines aufsichtsrechtlichen Verfahrens wird die Verwertungsgesellschaft zunächst gem. § 28 VwVfG zu dem möglichen Verstoß angehört.[12] Gelangt das DPMA nach Anhörung der Verwertungsgesellschaft zu der Einschätzung, dass ein Verstoß gegen Verpflichtungen nach dem VGG vorliegt, fordert es die Verwertungsgesellschaft auf, den Verstoß abzustellen. Kommt die Verwertunggesellschaft den Hinweisen des DPMA nicht nach, kann dieses den Verstoß förmlich beanstanden. **10**

§ 55
Informationen zu Werken und sonstigen Schutzgegenständen

(1) Die Verwertungsgesellschaft informiert die Rechtsinhaber, die Verwertungsgesellschaften, für die sie auf der Grundlage einer Repräsentationsvereinbarung Rechte wahrnimmt, und die Nutzer jeweils auf hinreichend begründete Anfrage unverzüglich und elektronisch mindestens über:
1. die Werke oder sonstigen Schutzgegenstände sowie die Rechte, die sie unmittelbar oder auf Grundlage von Repräsentationsvereinbarungen wahrnimmt, und die jeweils umfassten Gebiete oder
2. die Arten von Werken oder sonstigen Schutzgegenständen sowie die Rechte, die sie unmittelbar oder auf Grundlage einer Repräsentationsvereinbarung wahrnimmt, und die jeweils umfassten Gebiete, wenn aufgrund des Tätigkeitsbereichs der Verwertungsgesellschaft Werke und sonstige Schutzgegenstände nicht bestimmt werden können.

(2) Die Verwertungsgesellschaft darf, soweit dies erforderlich ist, angemessene Maßnahmen ergreifen, um die Richtigkeit und Integrität der Informationen zu schützen, um ihre Weiterverwendung zu kontrollieren und um wirtschaftlich sensible Informationen zu schützen.

(3) Die Verwertungsgesellschaft kann die Erteilung der Informationen von der Erstattung der damit verbundenen Kosten abhängig machen, soweit dies angemessen ist.

Übersicht
I. Allgemeines
  1. Bedeutung der Regelung —— 1
  2. Vorgängerregelung —— 2
  3. Unionsrechtlicher Hintergrund —— 3
  4. Entstehungsgeschichte —— 4
II. Regelungsgehalt
  1. Zu übermittelnde Information (Abs. 1)
    a) Informationsberechtigte —— 6
    b) Umfang der Informationspflicht —— 7
    c) Form der Informationspflicht —— 10
  2. Angemessene Maßnahmen zum Schutz von Informationen (Abs. 2) —— 11
  3. Kosten (Abs. 3) —— 12
III. Aufsicht durch das DPMA —— 13

---
11 § 75 Rn 10.
12 § 89 Rn 7.

I. Allgemeines

1. Bedeutung der Regelung. § 55 soll gewährleisten, dass die Verwertungsgesellschaft Rechtsinhaber, Nutzer und andere Verwertungsgesellschaften, mit denen Repräsentationsvereinbarungen bestehen, jeweils auf hinreichend begründete Anfrage unverzüglich und elektronisch über von der Verwertungsgesellschaft wahrgenommene Werke informiert. Die Vorschrift dient der Transparenz und soll die rechtmäßige Nutzung von Werken erleichtern. Dies liegt auch im Interesse der Verwertungsgesellschaften, die durch das Auskunftsersuchen eines Nutzers frühzeitige Kenntnis von einer beabsichtigten Nutzung ihres Rechtekatalogs erlangen.[1] Zudem wollte der Gesetzgeber durch die Auskunftspflicht nach § 55 dem Umstand Rechnung tragen, dass es in bestimmten Gebieten mehrere konkurrierende Verwertungsgesellschaften geben kann. Wer von einer Verwertungsgesellschaft Rechte erhalten möchte, muss erfahren können, welche Verwertungsgesellschaft welche Rechte wahrnimmt.

2. Vorgängerregelung. Die Informationspflicht entspricht im Kern der bislang in § 10 UrhWG geregelten Auskunftspflicht, ist jedoch nicht auf Informationen zu bestimmten Werken beschränkt.[2]

3. Unionsrechtlicher Hintergrund. Die unionsrechtliche Entsprechung von § 55 Abs. 1 ist Art. 20 VG-RL. Abs. 2 übernimmt die Vorgabe aus Art. 25 Abs. 2 VG-RL, ggf. angemessene Maßnahmen zum Schutz von Informationen zu ergreifen. Art. 25 Abs. 2 VG-RL bezieht sich zwar auf die gebietsübergreifende Vergabe von Online-Rechten an Musikwerken (§§ 59 ff.), die Erstreckung der Regelung auf Informationen nach § 55 ergibt sich jedoch aus der identischen Interessenlage.[3]

4. Entstehungsgeschichte. Abs. 1 und 2 der Regelung gehen auf den wortlautidentischen Vorschlag im RefE des BMJV[4] zurück. Die Möglichkeit, die Erteilung der Informationen von der Erstattung der damit verbundenen Kosten abhängig zu machen (Abs. 3), war im RefE des BMJV zunächst nicht vorgesehen.[5]

Im Gesetzgebungsverfahren wurde vereinzelt kritisiert, dass der Wortlaut des § 55 zu eng geraten sei, sofern sich die Informationspflicht nur auf Nutzer beschränke, die tatsächlich schon nutzen.[6] Informationen über das wahrgenommene Repertoire seien vor allem für potentielle Nutzer von Interesse, die sich im Vorfeld einer Vereinbarung über das wahrgenommene Repertoire im Klaren sein wollten.[7] Dem Begriff des „Nutzers" in § 55 liegt die Nutzerdefinition des § 8 zugrunde.[8] Eine Klarstellung, ob auch potentielle Nutzer erfasst sein sollen, hat der Gesetzgeber nicht in die Gesetzesbegründung aufgenommen. Der Sinn und Zweck des § 55, Transparenz zu schaffen und die rechtmäßige Nutzung zu erleichtern, spricht jedoch dafür, weiterhin auch potentielle Nutzer bei hinreichend begründetem Interesse als Informationsberechtigte anzusehen.

---

1 BeckOK-UrhR/*Freudenberg*, § 55 VGG Rn 4; vgl. Schricker/Loewenheim/*Reinbothe*, § 10 UrhWG Rn 1.
2 RegE-VGG, BT-Drucks. 18/7223, S. 89.
3 RegE-VGG, BT-Drucks. 18/7223, S. 89.
4 RefE des BMJV v. 9.6.2015, S. 31.
5 Siehe dazu: Rn 12.
6 *Steinbrecher/Scheufele*, ZUM 2016, 91, 94.
7 *Steinbrecher/Scheufele*, ZUM 2016, 91, 94.
8 RegE-VGG, BT-Drucks. 18/7223, S. 89.

II. Regelungsgehalt

1. Zu übermittelnde Information (Abs. 1)

a) Informationsberechtigte. Nach dem UrhWG waren die Verwertungsgesellschaften ursprünglich gegenüber „jedermann" zur Auskunft über Nutzungsrechte an einem bestimmten Werk verpflichtet (vgl. § 10 UrhWG). Die Auskunftspflicht in § 10 UrhWG war im Zusammenhang mit dem Abschlusszwang der Verwertungsgesellschaften aus § 11 UrhWG zu sehen. Informationsberechtigt waren damit (potentielle) Verwerter, sofern diese ein berechtigtes Interesse an der Auskunft darlegen konnten.[9] In Umsetzung von Art. 20 VG-RL umfasst der Kreis der Informationsberechtigten nun Nutzer (§ 8), Rechtsinhaber (§ 5) und andere Verwertungsgesellschaften, mit denen Repräsentationsvereinbarungen (§ 44) geschlossen wurden.

6

b) Umfang der Informationspflicht. Die Auskunftspflicht in § 10 UrhWG war auf die Nutzungsrechte der Verwertungsgesellschaft an einem bestimmten Werk oder bestimmte Einwilligungsrechte oder Vergütungsansprüche für einen Urheber oder Inhaber eines verwandten Schutzrechts beschränkt. Die Verwertungsgesellschaft war damit zu keiner pauschalen Auskunft verpflichtet.[10] Die Informationspflicht des § 55 geht weiter. In Umsetzung von Art. 20 VG-RL erfasst sie **„mindestens"**
– **die Werke oder sonstigen Schutzgegenstände** sowie die **Rechte**, die die Verwertungsgesellschaft **unmittelbar** oder auf Grundlage von **Repräsentationsvereinbarungen** wahrnimmt (Nr. 1) oder
– die **Arten von Werken oder sonstigen Schutzgegenständen** sowie die Rechte, die sie unmittelbar oder auf Grundlage einer Repräsentationsvereinbarung wahrnimmt (Nr. 2).

7

Der Begriff der „Repräsentationsvereinbarung" i.S.d. § 44 umfasst auch Inkassovereinbarungen.[11] Dementsprechend weit reicht die Auskunftspflicht, wenn sie sich auf Rechte erstreckt, die unmittelbar oder auf Grundlage einer Repräsentationsvereinbarung wahrgenommen werden. Dies wird z.T. mit dem Einwand kritisiert, dass der Austausch umfassender Repertoirelisten im Rahmen von Repräsentationsvereinbarungen kein Standard sei, so dass die beauftragten Verwertungsgesellschaften i.d.R gar nicht über die Informationen zu den einzelnen Rechten verfügten, welche die beauftragende Verwertungsgesellschaft wahrnehme.[12]

8

Einem Ausufern der Auskunftspflicht trägt das Erfordernis der **„hinreichend begründeten Anfrage"** Rechnung. Das in § 10 UrhWG noch ausdrücklich vorgesehene Schriftformerfordernis (§ 126 Abs. 1 BGB) wurde zwar nicht in § 55 aufgenommen, allerdings muss die Anfrage hinreichend begründet sein; dh sie muss ein berechtigtes Interesse an der Erteilung der angefragten Information erkennen lassen. Die Darlegung eines konkreten Nutzungsinteresses ist vor dem Hintergrund des Transparenzgebots nicht

9

---

9 Schricker/Loewenheim/*Reinbothe*, § 10 UrhWG Rn 3; Dreier/Schulze/*Schulze*, § 10 UrhWG Rn 1.
10 BeckOK-UrhR/*Freudenberg*, § 55 VGG Rn 2; Schricker/Loewenheim/*Reinbothe*, § 10 UrhWG Rn 5; Dreier/Schulze/*Schulze*, § 10 UrhWG Rn 4.
11 RegE-VGG, BT-Drucks. 18/7223, S. 86 f.; § 44 Rn 2.
12 Wandtke/Bullinger/*Gerlach*, § 55 VGG Rn 3.

erforderlich.[13] Die Grenze der Auskunftspflicht ist bei Anfragen zu ziehen, die aus reiner Schikane (§ 226 BGB) gestellt werden.[14]

10 c) **Form der Informationspflicht.** Die Verwertungsgesellschaft muss **unverzüglich und elektronisch** informieren. **Unverzüglich** meint ohne schuldhaftes Zögern i.S.v. § 121 BGB. Das Erfordernis der **elektronischen** Auskunftspflicht trägt einem wesentlichen Ziel des VGG Rechnung, dem Wandel der kollektiven Rechtewahrnehmung durch die Digitalisierung und Vernetzung zu begegnen.[15] Die elektronische Informationspflicht soll den um Auskunft Ersuchenden in die Lage versetzen, die erfragte Information möglichst schnell und ohne zu große Umstände zu erlangen. Aus diesem Zweck ergibt sich auch, dass die elektronische Information nicht zwingend in Form einer individuellen Antwort auf eine Anfrage erfolgen muss.[16] Ausreichend kann die Bereitstellung der entsprechenden Information auf der Internetseite der Verwertungsgesellschaft, etwa in einer Datenbank, sein.[17]

11 **2. Angemessene Maßnahmen zum Schutz von Informationen (Abs. 2).** Die Verwertungsgesellschaft schuldet grds. keine personenbezogenen Auskünfte.[18] Es besteht insbesondere keine Pflicht der Verwertungsgesellschaft den eigenen Datenbestand zur Einbindung in die Datenbanken von Drittanbietern freizugeben. Die Bereitstellung personenbezogener Informationen kann jedoch dann verlangt werden, wenn sie für die Erfüllung der Auskunftspflicht notwendig ist, z.B. wenn Musikwerke nur in der Kombination von Werktitel und Autor identifizierbar sind. Gem. Abs. 2 darf die Verwertungsgesellschaft, soweit dies erforderlich ist, angemessene Maßnahmen ergreifen, um die Richtigkeit und Integrität der Informationen zu schützen, um ihre Weiterverwendung zu kontrollieren und um wirtschaftlich sensible Informationen, wie zB Vertragsinterna, zu schützen.[19]

12 **3. Kosten (Abs. 3).** Der Gesetzgeber hat von der in Erwägungsgrund 35 der VG-RL vorgesehenen Möglichkeit Gebrauch gemacht, die Erteilung der Informationen von der Erstattung der damit verbundenen Kosten abhängig zu machen, soweit dies angemessen ist. Diese Möglichkeit war im RefE zunächst nicht vorgesehen. Dieser sah einen grundsätzlich kostenfreien Informationsanspruch vor. Dies stieß teilweise auf Kritik der Verwertungsgesellschaften, da der Informationsanspruch nicht mehr auf bestimmte Werke beschränkt, sondern weiter gefasst ist als ursprünglich in § 10 UrhWG.[20] Der Gesetzgeber differenziert nun in der Begründung, dass eine angemessene Kostenerstattung zwar möglich ist. Bei einem Auskunftsverlangen, das sich nur auf bestimmte Werke oder sonstige Schutzgegenstände beschränkt, sei eine Erstattung der Kosten jedoch unangemes-

---

13 BeckOK-UrhR/*Freudenberg*, § 55 VGG Rn 16; a.A. noch auf Grundlage des UrhWG: Dreier/Schulze/*Schulze*, § 10 UrhWG Rn 3.
14 BeckOK-UrhR/*Freudenberg*, § 55 VGG Rn 16; Dreier/Schulze/*Schulze*, § 55 VGG Rn 3; Schricker/Loewenheim/*Reinbothe*, § 10 UrhWG Rn 3.
15 RegE-VGG, BT-Drucks. 18/7223, S. 56.
16 Wandtke/Bullinger/*Gerlach*, § 55 VGG Rn 4.
17 BeckOK-UrhR/*Freudenberg*, § 55 VGG Rn 17.
18 BeckOK-UrhR/*Freudenberg*, § 55 VGG Rn 13.
19 Dreier/Schulze/*Schulze*, § 55 VGG Rn 10.
20 Vgl. Stellungnahme der VG Wort, abrufbar unter: http://www.vgwort.de/fileadmin/pdf/stellungnahmen/Stellungnahme_VGWORT_Referentenentwurf_BMJV_VGRichtlinie_Umsetzungsgesetz_130815.pdf.

sen, die Informationen seien in diesen Fällen weiterhin grds. kostenlos zu erteilen.[21] Dies lässt darauf schließen, dass der Gesetzgeber an den bisherigen Grundsätzen festhalten wollte. Demnach kann umso eher ein Entgelt für anfallende Kosten berechnet werden, je umfangreicher das Auskunftsverlangen ist.[22]

III. Aufsicht durch das DPMA

13 Die Einhaltung der Informationspflichten nach § 55 unterliegt der Aufsicht des DPMA. Dies ergibt sich aus § 76 Abs. 1, wonach das DPMA als Aufsichtsbehörde darauf achtet, dass die Verwertungsgesellschaft den ihr nach dem VGG obliegenden Verpflichtungen ordnungsgemäß nachkommt. Das DPMA prüft, ob es von Amts wegen ein aufsichtsrechtliches Verfahren einleitet, wenn Anhaltspunkte für einen möglichen Verstoß gegen die Vorgaben aus § 55 vorliegen. Die Aufsichtsbehörde kann zudem gem. § 89 Abs. 2 von jedermann über mögliche Verstöße gegen das VGG informiert werden. Es besteht jedoch kein individueller Anspruch auf aufsichtsrechtliches Tätigwerden, da das DPMA gem. § 75 Abs. 2 seine Aufgaben und Befugnisse ausschließlich im öffentlichen Interesse wahrnimmt.[23]

14 Das DPMA kann nach § 85 Abs. 1 alle nach seinem Ermessen erforderlichen Maßnahmen ergreifen, um sicherzustellen, dass die Verwertungsgesellschaft die ihr nach § 55 obliegenden Verpflichtungen ordnungsgemäß erfüllt. Im Rahmen eines aufsichtsrechtlichen Verfahrens wird die Verwertungsgesellschaft zunächst gem. § 28 VwVfG zu dem möglichen Verstoß angehört.[24] Gelangt das DPMA nach Anhörung der Verwertungsgesellschaft zu der Einschätzung, dass ein Verstoß gegen Verpflichtungen nach dem VGG vorliegt, fordert es die Verwertungsgesellschaft auf, den Verstoß abzustellen. Kommt die Verwertunggesellschaft den Hinweisen des DPMA nicht nach, kann dieses den Verstoß förmlich beanstanden.

§ 56
Informationen für die Allgemeinheit

(1) Die Verwertungsgesellschaft veröffentlicht mindestens die folgenden Informationen auf ihrer Internetseite:
1. das Statut,
2. die Wahrnehmungsbedingungen, einschließlich der Bedingungen für die Beendigung des Wahrnehmungsverhältnisses und den Entzug von Rechten,
3. die Standardnutzungsverträge,
4. die Tarife und die Standardvergütungssätze, jeweils einschließlich Ermäßigungen,
5. die von ihr geschlossenen Gesamtverträge,
6. eine Liste der Personen, die kraft Gesetzes oder nach dem Statut zur Vertretung der Verwertungsgesellschaft berechtigt sind,
7. den Verteilungsplan,
8. die allgemeinen Grundsätze für die zur Deckung der Verwaltungskosten vorgenommenen Abzüge von den Einnahmen aus den Rechten,

---

21 RegE-VGG, BT-Drucks. 18/7223, S. 89.
22 Dreier/Schulze/*Schulze*, § 55 VGG Rn 13 m.w.N.
23 § 75 Rn 10.
24 § 89 Rn 7.

9. die allgemeinen Grundsätze für die für andere Zwecke als zur Deckung der Verwaltungskosten vorgenommenen Abzüge von den Einnahmen aus den Rechten, einschließlich gegebenenfalls vorgenommener Abzüge zur Förderung kulturell bedeutender Werke und Leistungen, und für die Einrichtung und den Betrieb von Vorsorge- und Unterstützungseinrichtungen,
10. die allgemeinen Grundsätze für die Verwendung der nicht verteilbaren Einnahmen aus den Rechten,
11. eine Aufstellung der von ihr geschlossenen Repräsentationsvereinbarungen und die Namen der Verwertungsgesellschaften, mit denen die Verträge geschlossen wurden,
12. die Regelungen zum Beschwerdeverfahren nach § 33 sowie die Angabe, in welchen Streitfällen die Schiedsstelle nach den §§ 92 bis 94 angerufen werden kann,
13. die Regelungen gemäß § 63 zur Berichtigung der Daten, auf die in § 61 Absatz 2 Bezug genommen wird, und zur Berichtigung der Informationen nach § 62 Absatz 1.

(2) Die Verwertungsgesellschaft hält die Informationen auf dem akutellen Stand.

Übersicht

I. Allgemeines
   1. Bedeutung der Regelung —— 1
   2. Vorgängerregelung —— 4
   3. Unionsrechtlicher Hintergrund —— 5
   4. Entstehungsgeschichte —— 7

II. Einzelne Informationspflichten —— 8
III. Aufsicht durch das DPMA —— 26

I. Allgemeines

1. Bedeutung der Regelung. § 56 stellt sicher, dass die Verwertungsgesellschaft alle im Zusammenhang mit der Rechtewahrnehmung bedeutsamen Informationen auf ihrer Internetseite veröffentlicht. Die Vorschrift dient dem Interesse an weitergehender Transparenz.[1] Hierdurch wird ein weiterer Kontrollmechanismus, nämlich der der Öffentlichkeit geschaffen.[2] Öffentliche Vorgänge können zur Diskussion gebracht werden. Dadurch können wiederum Anpassungsprozesse angestoßen werden.

Das Erfordernis, Informationen auf der Internetseite der Verwertungsgesellschaft zu veröffentlichen, trägt zu einem schnelleren Informationsfluss und einem vereinfachten Zugang zu für die Allgemeinheit bedeutsamen Informationen bei. Der Gesetzgeber setzt voraus, dass Verwertungsgesellschaften über eine eigene Internetseite verfügen, auf der die Informationen veröffentlicht werden. Bei gemeinsamen Tarifen (z.B. Tarife der ZPÜ oder Gemeinsamer Tarif Kabelweitersendung) können auch Verlinkungen auf den bereits auf einer anderen Internetseite veröffentlichten Tarif den Transparenzanforderungen des § 56 genügen, solange gewährleistet ist, dass die Informationen für die Allgemeinheit leicht auffindbar und gem. Abs. 2 stets auf dem aktuellen Stand sind.

Für **abhängige Verwertungseinrichtungen** gelten Informationspflichten nach § 56 entsprechend, soweit diese Tätigkeiten einer Verwertungsgesellschaft ausüben (vgl. § 3 Abs. 2 S. 1).[3] Hier ist im Einzelfall zu bewerten, welche Veröffentlichungspflichten in

---
1 RegE-VGG, BT-Drucks. 18/7223, S. 89.
2 *Podszun/Franz*, ZGE 2015, 15, 35.
3 Vgl. § 3 Rn 21.

welchem Umfang gelten. Für **unabhängige Verwertungseinrichtungen** gelten gem. § 4 Abs. 2 S. 1 nur die Veröffentlichungspflichten der Nrn. 1-4 und 7-9.[4]

2. Vorgängerregelung. Die Informationspflichten gegenüber der Allgemeinheit wurden neu in das VGG aufgenommen. Das UrhWG sah lediglich vereinzelt allgemeine Informationspflichten vor, etwa die Veröffentlichung des Jahresabschlusses und des Lageberichts im Bundesanzeiger (§ 9 Abs. 6 UrhWG) oder die Veröffentlichungspflicht für Tarife im Bundesanzeiger (§ 13 Abs. 2 UrhWG).

3. Unionsrechtlicher Hintergrund. § 56 Abs. 1 setzt Art. 21 Abs. 1 VG-RL um. In dem gem. Abs. 1 Nr. 1 zu veröffentlichenden Statut sind gem. § 13 Abs. 1 S. 1 auch die Voraussetzungen für die Mitgliedschaft zu veröffenlichen. Hierdurch wird zugleich Art. 6 Abs. 2 S. 2 VG-RL umgesetzt, soweit dieser anordnet, dass die Voraussetzungen für die Mitgliedschaft zu veröffentlichen sind.[5]

Der in § 56 aufgestellte Katalog der zu veröffentlichenden Informationen geht z.T. über die Mindestvorgaben der VG-RL hinaus: Nach Abs. 1 Nr. 5 ist die Verwertungsgesellschaft verpflichtet, Gesamtverträge zu veröffentlichen, gem. Abs. 1 Nr. 7 hat die Verwertungsgesellschaft nicht lediglich die allgemeinen Grundsätze der Verteilung zu veröffentlichen, sondern den Verteilungsplan.

4. Entstehungsgeschichte. Die Norm geht im Wesentlichen auf den Vorschlag im RefE des BMJV zurück.[6] Die neuen Veröffentlichungspflichten nach § 56 wurden im Gesetzgebungsverfahren teilweise kritisiert, insbesondere diejenigen Veröffentlichungspflichten, die über die Vorgaben der VG-RL hinausgingen, wie z.B. die Veröffentlichungspflicht für Gesamtverträge (Abs. 1 Nr. 5). Hierdurch sahen Kritiker den Geheimwettbewerb gefährdet.[7] Der Gesetzgeber hat dennoch an einer Veröffentlichungspflicht für Gesamtverträge festgehalten und diese in Abs. 1 Nr. 5 aufgenommen.

II. Einzelne Informationspflichten

GEMA Gesellschaft für musikalische Aufführungs- und mechanische Vervielfältigungsrechte	https:///www.gema.de zuletzt aufgerufen am 21.3.2019
GVL Gesellschaft zur Verwertung von Leistungsschutzrechten	https://www.gvl.de/ zuletzt aufgerufen am 21.3.2019
AGICOA Urheberrechtsschutz GmbH	https://www.agicoa.de/ zuletzt aufgerufen am 21.3.2019
GWVR Gesellschaft zur Wahrnehmung von Veranstaltungsrechten	http://gwvr.de/info/ zuletzt aufgerufen am 21.3.2019

---

[4] Vgl. § 4 Rn 13.
[5] RegE-VGG, BT-Drucks. 18/7223, S. 89.
[6] RefE des BMJV v. 9.6.2015, S. 31 f.; zu einzelnen Abweichungen vgl. Rn 12.
[7] Vgl. Rn 16; Stellungnahme der VG Wort, abrufbar unter: http://www.vgwort.de/fileadmin/pdf/stellungnahmen/Stellungnahme_VGWORT_Referentenentwurf_BMJV_VGRichtlinie_Umsetzungsgesetz_130815.pdf; Stellungnahme des Verbands privater Rundfunk- und Telemedien (vprt) zum RefE, abrufbar unter: http://www.vprt.de/sites/default/files/documents/2015_08_13_VPRT_Stellungnahme_VGG-E.pdf?c=4; *Gerlach*, ZUM 2016, 85, 86 f.

VG Media Gesellschaft zur Verwertung der Urheber- und Leistungsschutzrechte von Sendeunternehmen und Presseverlegern mbH	https://www.vg-media.de/ zuletzt aufgerufen am 21.3.2019
VG Wort	https://www.vgwort.de/ zuletzt aufgerufen am 21.3.2019
TWF Treuhandgesellschaft Werbefilm mbH	http://www.twf-gmbh.de/ zuletzt aufgerufen am 21.3.2019
GÜFA Gesellschaft zur Übernahme und Wahrnehmung von Filmaufführungsrechten mbH	https://www.guefa.de/index.html zuletzt aufgerufen am 21.3.2019
GWFF Gesellschaft zur Wahrnehmung von Film- und Fernsehrechten mbH	https://www.gwff.de/ zuletzt aufgerufen am 21.3.2019
VG Bild-Kunst	http://www.bildkunst.de/ zuletzt aufgerufen am 21.3.2019
VFF Verwertungsgesellschaft für Eigen- und Auftragsproduktionen	http://www.vff.org/ zuletzt aufgerufen am 21.3.2019
VG Musikedition	https://www.vg-musikedition.de/ zuletzt aufgerufen am 21.3.2019
VGF Verwertungsgesellschaft für Nutzungsrechte an Filmwerken mbH	https://www.vgf.de/ zuletzt aufgerufen am 21.3.2019

9   Gemäß **Abs. 1 Nr. 1** ist das Statut zu veröffentlichen, in dem gemäß § 13 Abs. 1 S. 1 zugleich die Voraussetzungen für die Mitgliedschaft geregelt werden müssen.

10 **Nr. 2** statuiert eine Veröffentlichungspflicht der Wahrnehmungsbedingungen nach § 9 S. 2, der Beendigung der Rechtswahrnehmung nach § 12 sowie des Entzugs der Rechte nach § 12.

11 In **Nr. 3** ist eine Veröffentlichung der Standardnutzungsverträge vorgesehen. Das VGG enthält keine Definition für den Begriff der Standardnutzungsverträge. Darunter können Musterverträge im Zusammenhang mit Tarifen und Standardvergütungssätzen verstanden werden.[8]

12 **Nr. 4** verlangt eine Veröffentlichung der Tarife und der Standardvergütungssätze, jeweils einschließlich der Ermäßigungen. Der **Begriff des Standardvergütungssatzes** wird weder im VGG noch in der VG-RL definiert. Der RefE enthielt unter Abs. 1 Nr. 3 lediglich eine Veröffentlichungspflicht für Standardnutzungsverträge und Tarife.[9] Der Gesetzgeber führte den Begriff des Standardvergütungssatzes erst im RegE unter Abs. 1 Nr. 4 und § 88 Abs. 1 Nr. 2 ein.[10] In der Gesetzesbegründung zu Abs. 1 Nr. 4 und § 88 Abs. 2 Nr. 2 findet sich der Hinweis, dass die Veröffentlichungspflicht für bzw. die Unterrichtungspflicht über Standardvergütungssätze § 60 Abs. 2 flankiert.[11] Danach sind die Regelungen zum Abschlusszwang (§ 34 Abs. 1 S. 1) und zur Tarifaufstellungspflicht (§ 38) bei der gebiets-

---

8   Wandtke/Bullinger/*Gerlach*, § 56 VGG Rn 4; ausführlich zu Standardvergütungssätzen siehe Rn 4.
9   RefE des BMJV v. 9.6.2015, S. 31.
10 RegE-VGG, BT-Drucks. 18/7223, S. 29.
11 RegE-VGG, BT-Drucks. 18/7223, S. 89, 98.

übergreifenden Vergabe von Online-Rechten an Musikwerken nicht anzuwenden. Für die Vergütung, die die Verwertungsgesellschaft aufgrund der von ihr wahrgenommenen Rechte fordert, gelten die Vorschriften zur Tarifgestaltung aus § 39 entsprechend.

Durch die **Veröffentlichungspflicht für Standardvergütungssätze** soll sichergestellt werden, dass die Verwertungsgesellschaft bei der gebietsübergreifenden Vergabe von Online-Rechten an Musikwerken den Transparenzanforderungen der VG-RL entspricht.[12] 13

Das Gesetz lässt offen, ob mit der Veröffentlichungspflicht von Standardvergütungssätzen auch eine **Aufstellungspflicht für Standardvergütungssätze** einhergeht. Auf nationaler Ebene besteht eine Aufstellungpflicht für Tarife (§ 38), die notwendigerweise Standardvergütungssätze enthalten. Für die gebietsübergreifende Vergabe von Online-Rechten sieht die VG-RL keine Tarifaufstellungspflicht vor.[13] Verneint man eine Aufstellungspflicht, würde die Veröffentlichungspflicht aus § 56 Abs. 1 Nr. 4 nur für den Fall gelten, dass Standardvergütungssätze der Verwertungsgesellschaft überhaupt bestehen. 14

Nr. 5 sieht über die Vorgaben der VG-RL hinaus eine Veröffentlichungspflicht für Gesamtverträge vor. Dies steht nicht im Widerspruch zur VG-RL, da diese lediglich einen Mindeststandard vorgibt.[14] Die Vorschrift dient dem Interesse an weitergehender Transparenz. Daher müssen Gesamtverträge auch im Wortlaut veröffentlicht werden. 15

Die Veröffentlichungspflicht von Gesamtverträgen wird teilweise dafür kritisiert, dass sie den Geheimwettbewerb der Verwertungsgesellschaften beeinträchtigen könne und Verwertungsgesellschaften dazu zwinge, in den Gesamtverträgen ggf. enthaltene Geschäftsgeheimnisse preiszugeben.[15] Ob Gesamtverträge Geschäftsgeheimnisse darstellen oder solche im Hinblick auf das Diskriminierungsverbot (vgl. §§ 34, 35) enthalten dürfen, ist jedoch zu bezweifeln. Die Rechtsprechung des Bundesverfassungsgerichts versteht unter Betriebs- und Geschäftsgeheimnissen alle auf ein Unternehmen bezogenen Tatsachen, Umstände und Vorgänge, die nicht offenkundig und nur einem begrenzten Personenkreis zugänglich sind und an deren Nichtverbreitung der Rechtsträger ein berechtigtes Interesse hat.[16] Hierunter können Umsätze, Zahlungsströme und Geschäftsmodelle der einzelnen Nutzerunternehmen fallen, die ggf. für die Vergütungsberechnung relevant sind. Derartige Informationen sind jedoch regelmäßig nicht im Gesamtvertrag als Rahmenvertrag zu verankern, sondern allenfalls in die auf dem Gesamtvertrag beruhenden Einzelverträge aufzunehmen. Hier dürfte die Veröffentlichung eines Mustervertrags dem Transparenzgebot genügen. 16

Gemäß **Nr. 6** hat die Verwertungsgesellschaft eine Liste der Personen zu veröffentlichen, die kraft Gesetzes oder nach dem Statut zur Vertretung der Verwertungsgesellschaft berechtigt sind. 17

Nr. 7 regelt über die Vorgabe der Richtlinie in Art. 21 Abs. 1 lit. e) hinaus, dass nicht lediglich die allgemeinen Grundsätze der Verteilung zu veröffentlichen sind, sondern der vollständige Verteilungsplan. Da die Verteilung zu den wesentlichen Aufgaben der Verwertungsgesellschaft gehört, besteht an der Veröffentlichung des Verteilungsplans ein gesteigertes Informationsinteresse. 18

Gemäß **Nr. 8** sind zudem die allgemeinen Grundsätze für die Abzüge für Verwaltungskosten i.S.v. § 17 Abs. 1 Nr. 9 zu veröffentlichen. 19

---

12 RegE-VGG, BT-Drucks. 18/7223, S. 89.
13 Siehe dazu § 60 Rn 13.
14 Einleitung Rn 28.
15 Wandtke/Bullinger/*Gerlach*, § 56 VGG Rn 6; *Gerlach*, ZUM 2016, 85; *Podszun/Franz*, ZGE 2015, 15, 36 f.
16 Vgl. BVerfG, Beschl. v. 14.3.2006 – 1 BvR 2087/03, 1 BvR 2111/03 – NVwZ 2006, 1041, 1042.

20 **Nr. 9** sieht eine Veröffentlichungspflicht für sonstige Abzüge vor. Hierunter fallen insbesondere Abzüge für die soziale und kulturelle Förderung gem. der §§ 31 Abs. 1, 32 sowie § 17 Abs. 1 Nr. 9.

21 **Nr. 10** sieht eine Veröffentlichungspflicht für die allgemeinen Grundsätze für die Verwendung der nicht verteilbaren Einnahmen aus den Rechten vor.

22 **Nr. 11** regelt, dass eine Aufstellung der Repräsentationsvereinbarungen (§ 44) und Namen der Verwertungsgesellschaften, mit denen Verträge geschlossen wurden, veröffentlicht werden muss.

23 In **Nr. 12** ist vorgesehen, dass Regelungen zum Beschwerdeverfahren nach § 33 sowie die Angabe, in welchen Streitfällen die Schiedsstelle angerufen werden kann, veröffentlicht werden müssen.

24 **Nr. 13** bestimmt, dass Regelungen gemäß § 63 zur Berichtigung der Daten, auf die in § 61 Abs. 2 Bezug genommen wird, und zur Berichtigung der Informationen nach § 62 Abs. 1 veröffentlicht werden müssen.

25 Gemäß **Abs. 2** hat die Verwertungsgesellschaft die Informationen auf dem aktuellen Stand zu halten. Dies bedeutet, dass sämtliche Aktualisierungen der in Abs. 1 aufgelisteten Informationen, z.B. nachträgliche Änderungen von Tarifen oder Gesamtverträgen, fortlaufend und unverzüglich auf der Internetseite der Verwertungsgesellschaft eingepflegt werden müssen.[17]

III. Aufsicht durch das DPMA

26 Die Einhaltung der Informationspflichten nach § 56 unterliegt der Aufsicht des DPMA. Dies ergibt sich aus § 76 Abs. 1, wonach das DPMA als Aufsichtsbehörde darauf achtet, dass die Verwertungsgesellschaft den ihr nach dem VGG obliegenden Verpflichtungen ordnungsgemäß nachkommt. Das DPMA prüft, ob es von Amts wegen ein aufsichtsrechtliches Verfahren einleitet, wenn Anhaltspunkte für einen möglichen Verstoß gegen die Vorgaben aus § 56 vorliegen. Die Aufsichtsbehörde kann zudem gem. § 89 Abs. 2 von jedermann über mögliche Verstöße gegen das VGG informiert werden. Es besteht jedoch kein individueller Anspruch auf aufsichtsrechtliches Tätigwerden, da das DPMA gem. § 75 Abs. 2 seine Aufgaben und Befugnisse ausschließlich im öffentlichen Interesse wahrnimmt.[18]

27 Das DPMA kann nach § 85 Abs. 1 alle nach seinem Ermessen erforderlichen Maßnahmen ergreifen, um sicherzustellen, dass die Verwertungsgesellschaft die ihr nach § 56 obliegenden Verpflichtungen ordnungsgemäß erfüllt. Im Rahmen eines aufsichtsrechtlichen Verfahrens wird die Verwertungsgesellschaft zunächst gem. § 28 VwVfG zu dem möglichen Verstoß angehört.[19] Gelangt das DPMA nach Anhörung der Verwertungsgesellschaft zu der Einschätzung, dass ein Verstoß gegen Verpflichtungen nach dem VGG vorliegt, fordert es die Verwertungsgesellschaft auf, den Verstoß abzustellen. Kommt die Verwertunggesellschaft den Hinweisen des DPMA nicht nach, kann dieses den Verstoß förmlich beanstanden.

---

17 BeckOK-UrhR/*Freudenberg*, § 56 VGG Rn 18; Dreier/Schulze/*Schulze*, § 56 Rn 3.
18 § 75 Rn 10.
19 § 89 Rn 7.

ZWEITER UNTERABSCHNITT
Rechnungslegung und Transparenzbericht

§ 57
Jahresabschluss und Lagebericht

(1) ¹Die Verwertungsgesellschaft hat, auch wenn sie nicht in der Rechtsform einer Kapitalgesellschaft betrieben wird, einen aus Bilanz, Gewinn- und Verlustrechnung, Kapitalflussrechnung und Anhang bestehenden Jahresabschluss und einen Lagebericht nach den für große Kapitalgesellschaften geltenden Bestimmungen des Handelsgesetzbuchs aufzustellen, prüfen zu lassen und offenzulegen. ²Die Offenlegung ist spätestens zum Ablauf von acht Monaten nach dem Schluss des Geschäftsjahres zu bewirken. Der Bestätigungsvermerk ist mit seinem vollen Wortlaut wiederzugeben.

(2) ¹Die Prüfung des Jahresabschlusses umfasst auch die Prüfung, ob die Pflichten nach den §§ 24 und 28 Absatz 4 erfüllt und die Wertansätze und die Zuordnung der Konten unter Beachtung des Grundsatzes der Stetigkeit sachgerecht und nachvollziehbar erfolgt sind, sowie die Prüfung, ob bei der Anlage der Einnahmen aus den Rechten die Anlagerichtlinie beachtet worden ist (§ 25 Absatz 1 Satz 2). ²Das Ergebnis ist in den Prüfungsbericht aufzunehmen.

(3) Weiter gehende gesetzliche Vorschriften über die Rechnungslegung und Prüfung bleiben unberührt.

Übersicht

I. Allgemeines	d) Kapitalflussrechnung — 10
1. Bedeutung der Regelung — 1	2. Prüfung (Abs. 1 S. 1, Abs. 2) — 11
2. Vorgängerregelung — 2	a) Handelsrechtlicher Prüfungsumfang — 12
3. Unionsrechtlicher Hintergrund — 3	b) Verwertungsgesellschaftsrechtliche Prüfungsanforderungen — 13
4. Entstehungsgeschichte — 4	3. Offenlegung (Abs. 1 S. 1 bis S. 3) — 16
II. Regelungsgehalt	
1. Berichtspflichten (Abs. 1 S. 1) — 5	
a) Bilanz — 6	
b) Anhang — 8	III. Aufsicht durch das DPMA — 19
c) Lagebericht — 9	

I. Allgemeines

1. Bedeutung der Regelung. Für Verwertungsgesellschaften gelten besondere 1
Pflichten hinsichtlich der Rechnungslegung. Im Hinblick auf die Treuhänderstellung der Verwertungsgesellschaften ist insoweit eine Gleichstellung mit **kapitalmarktorientierten Kapitalgesellschaften** angeordnet. Wegen des damit verbundenen Aufwands setzt der Betrieb einer Verwertungsgesellschaft ein **erhebliches Erlösaufkommen** aus der Verwertung voraus. Andernfalls stünde der Aufwand für die Rechnungslegung außer Verhältnis zu den Verwertungserlösen.

2. Vorgängerregelung. Die Regelung entspricht im Wesentlichen § 9 UrhWG a.F. 2

3. Unionsrechtlicher Hintergrund. Durch Abs. 1 wird Art. 22 VG-RL umgesetzt. 3

4 4. **Entstehungsgeschichte.** Im RefE des BMJV[1] wurde nur explizit auf die „Prüfung, ob die Pflichten nach § 24 erfüllt sind" hingewiesen, durch den RegE[2] wurde diese explizite Prüfpflicht dann auch auf die Erfüllung der Pflicht nach § 28 Abs. 4 ausgeweitet. Aufgrund von Änderungen von § 25 im Laufe des Gesetzgebungsverfahrens wurde auch eine redaktionelle Anpassung in Abs. 2 S. 1 erforderlich.

II. Regelungsgehalt

5 1. **Berichtspflichten (Abs. 1 S. 1).** Die Berichtspflichten für Verwertungsgesellschaften nach Abs. 1 tragen der Treuhänderstellung der Verwertungsgesellschaften im Verhältnis zu den Berechtigten Rechnung.[3] Die Verwertungsgesellschaften werden insoweit großen kapitalmarktorientierten Kapitalgesellschaften gleichgestellt.

6 a) **Bilanz.** Verwertungsgesellschaften sind nach Abs. 1 zur Aufstellung eines Jahresabschlusses verpflichtet. Der Jahresabschluss besteht mindestens aus Bilanz und Gewinn- und Verlustrechnung (§ 242 Abs. 3 HGB). Verwertungsgesellschaften sind daher zur **Bilanzierung** verpflichtet; eine bloße Gegenüberstellung von Einnahmen und Ausgaben genügt nicht.

7 Die Pflicht zur Bilanzierung besteht unabhängig von einer Bilanzierungspflicht nach HGB. Für die Bilanzierungspflicht der Verwertungsgesellschaft kommt es weder auf ihre Kaufmannseigenschaft, noch auf ihre Rechtsform oder die Höhe ihrer Verwertungserlöse an.

8 b) **Anhang.** Der Jahresabschluss einer Verwertungsgesellschaft muss neben den notwendigen Bestandteilen eines Jahresabschlusses einen Anhang umfassen, der den **Jahresabschluss erläutert und bestimmte Pflichtangaben** enthält (vgl. §§ 284 bis 288 HGB). Auch insoweit kommt es auf die Kaufmannseigenschaft einer Verwertungsgesellschaft, ihre Rechtsform oder die Höhe ihrer Verwertungserlöse nicht an.

9 c) **Lagebericht.** Neben der Verpflichtung zur Aufstellung eines Jahresabschlusses mit Anhang ist die Verwertungsgesellschaft zur Erstellung eines Lageberichts verpflichtet. In dem Lagebericht sind der **Geschäftsverlauf und die Lage der Gesellschaft** so darzustellen, dass ein den tatsächlichen Verhältnissen entsprechendes Bild vermittelt wird.[4] Auf die Kaufmannseigenschaft einer Verwertungsgesellschaft, ihre Rechtsform oder die Höhe ihrer Verwertungserlöse kommt es auch insoweit nicht an.

10 d) **Kapitalflussrechnung.** Der Jahresabschluss einer Verwertungsgesellschaft muss auch eine **Kapitalflussrechnung** umfassen. Verwertungsgesellschaften werden nach Abs. 1 insoweit kapitalmarktorientierten Kapitalgesellschaften gleichgestellt (vgl. § 264 Abs. 1 S. 2 HGB). Die Kapitalflussrechnung dient dazu, die Finanzlage der Verwertungsgesellschaft zusätzlich im Hinblick auf die **Liquiditätsentwicklung** abzubilden, um eine unzulängliche Liquiditätsorientierung des Jahresabschlusses zu kompensieren und so Liquiditätsengpässe sichtbar zu machen.

---

1 RefE des BMJV v. 9.6.2015, S. 32.
2 RegE-VGG, BT-Drucks. 18/7223, S. 30.
3 Zur treuhänderischen Funktion der Verwertungsgesellschaften vgl. § 2 Rn 19.
4 Vgl. § 289 Abs. 1 HGB.

2. Prüfung (Abs. 1 S. 1, Abs. 2). Der Jahresabschluss nebst Lagebericht ist durch einen Abschlussprüfer zu prüfen. Die Bestellung und Abberufung des Abschlussprüfers obliegen der Mitgliederhauptversammlung (§ 17 Abs. 1 Nr. 3). Diese muss einen **öffentlich bestellten Wirtschaftsprüfer** als Abschlussprüfer bestellen (§ 319 Abs. 1 S. 1 HGB). 11

a) Handelsrechtlicher Prüfungsumfang. Gegenstand und **Umfang der Prüfung** bestimmt grds. § 317 HGB. Nach Abs. 2 sind insbesondere die Wertansätze und die sachgerechte und nachvollziehbare Zuordnung der Konten unter Beachtung des Grundsatzes der Stetigkeit zu prüfen. 12

b) Verwertungsgesellschaftsrechtliche Prüfungsanforderungen. Die Prüfung des Jahresabschlusses einer Verwertungsgesellschaft umfasst gem. Abs. 2 S. 1 auch die Prüfung, ob die Verwertungsgesellschaft in der Buchführung folgende Posten getrennt ausweist: die Einnahmen aus den Rechten, eigenes Vermögen und Erträge aus dem eigenen Vermögen sowie die Einnahmen zur Deckung der Verwaltungskosten und aus sonstiger Tätigkeit (§ 24). 13

Ferner umfasst die Prüfung nach Abs. 2 S. 1 die getrennte Ausweisung der Einnahmen aus Rechten, die nicht innerhalb der Fristen ausgeschüttet werden, weil der Berechtigte nicht festgestellt oder ausfindig gemacht werden konnte (§ 28 Abs. 4). 14

Schließlich umfasst die Prüfung nach Abs. 2 S. 1 die Beachtung der Anlagerichtlinie bei der Anlage der Einnahmen aus den Rechten (§ 25 Abs. 1 S. 2). 15

3. Offenlegung (Abs. 1 S. 1 bis S. 3). Jahresabschluss einschließlich Kapitalflussrechnung, Anhang und Lagebericht sind von der Verwertungsgesellschaft offenzulegen. Die Offenlegung erfolgt durch die elektronische Einreichung der entsprechenden Unterlagen beim Betreiber des elektronischen Bundesanzeigers und die Bekanntmachung im elektronischen Bundesanzeiger (§ 325 Abs. 1 S. 1, Abs. 2 HGB). 16

Der Jahresabschluss der Verwertungsgesellschaft muss spätestens nach Ablauf von acht Monaten seit dem Ende des Geschäftsjahres offengelegt werden, Abs. 1 S. 2. Da die Offenlegung gem. Abs. 1 S. 3 auch den Bestätigungsvermerk des Wirtschaftsprüfers umfasst, muss der Jahresabschluss schon erhebliche Zeit vor dem Ablauf der Achtmonatsfrist erstellt werden. 17

Mit der Offenlegung ist auch der Bestätigungsvermerk des Abschlussprüfers im vollen Wortlaut offenzulegen, Abs. 1 S. 3. 18

III. Aufsicht durch das DPMA

Sollte die Verwertungsgesellschaft ihre Berichtspflicht – dazu gehört auch die Pflicht zur abschriftlichen Übermittlung an das DPMA gem. § 88 Abs. 2 Nr. 7 – nicht ordnungsgemäß erfüllen, ist das DPMA als Aufsichtsbehörde berechtigt, die Fortsetzung des Geschäftsbetriebes zu untersagen (§ 85 Abs. 2) oder sonstige „erforderliche Maßnahmen" zu ergreifen, um „sicherzustellen, dass die Verwertungsgesellschaft die ihr nach diesem Gesetz obliegenden Verpflichtungen ordnungsgemäß erfüllt" (§ 85 Abs. 1).[5] 19

---

[5] Eingehender dazu die Kommentierung zu den zitierten Vorschriften.

§ 58
Jährlicher Transparenzbericht

(1) Die Verwertungsgesellschaft erstellt spätestens acht Monate nach dem Schluss des Geschäftsjahres einen Transparenzbericht (jährlicher Transparenzbericht) für dieses Geschäftsjahr.

(2) Der jährliche Transparenzbericht muss mindestens die in der Anlage aufgeführten Angaben enthalten.

(3) ¹Die Finanzinformationen nach Nummer 1 Buchstabe g der Anlage sowie der Inhalt des gesonderten Berichts nach Nummer 1 Buchstabe h der Anlage sind einer prüferischen Durchsicht durch einen Abschlussprüfer zu unterziehen. ²Die Vorschriften über die Bestellung des Abschlussprüfers sind auf die prüferische Durchsicht entsprechend anzuwenden. ³Der Abschlussprüfer fasst das Ergebnis der prüferischen Durchsicht in einer Bescheinigung zum jährlichen Transparenzbericht zusammen.

(4) ¹Die Verwertungsgesellschaft veröffentlicht innerhalb der Frist nach Absatz 1 den jährlichen Transparenzbericht einschließlich des Bestätigungsvermerks über den Jahresabschluss und der Bescheinigung zum jährlichen Transparenzbericht nach Absatz 3 oder etwaiger Beanstandungen, jeweils im vollen Wortlaut, auf ihrer Internetseite. ²Der jährliche Transparenzbericht muss dort mindestens fünf Jahre lang öffentlich zugänglich bleiben.

Übersicht

I. Allgemeines	3. Teilweise prüferische Durchsicht (Abs. 3 S. 1 und 2) —— 8
1. Bedeutung der Regelung —— 1	4. Bescheinigung zum jährlichen Transparenzbericht (Abs. 3 S. 3) —— 10
2. Vorgängerregelung —— 2	
3. Unionsrechtlicher Hintergrund —— 3	5. Veröffentlichung des Transparenzberichts (Abs. 4) —— 11
4. Entstehungsgeschichte —— 4	
II. Regelungsgehalt	III. Aufsicht durch das DPMA —— 12
1. Frist (Abs. 1) —— 5	
2. Pflichtangaben des Transparenzberichts (Abs. 2) —— 6	

I. Allgemeines

1 **1. Bedeutung der Regelung.** Neben dem Jahresabschluss und Lagebericht schreibt das VGG die Erstellung eines Transparenzberichts vor, dessen Inhalt über die nach § 57 ohnehin zu veröffentlichenden Informationen hinausgeht.

2 **2. Vorgängerregelung.** Das UrhWG enthielt keine vergleichbare Regelung.

3 **3. Unionsrechtlicher Hintergrund.** Die Vorschrift dient der Umsetzung verschiedener Vorgaben aus Art. 22 VG-RL. Abs. 1 setzt Art. 22 Abs. 1 UA 1 VG-RL um, Abs. 2 setzt Art. 22 Abs. 2 VG-RL, Abs. 3 setzt Art. 22 Abs. 4 VG-RL und Abs. 4 setzt Art. 22 Abs. 1 UA 2 VG-RL hinsichtlich der Veröffentlichung des Transparenzberichts sowie Art. 22 Abs. 4 UA 2 VG-RL hinsichtlich der Einbeziehung des Bestätigungsvermerks und etwaiger Beanstandungen in der Veröffentlichung um. Keiner expliziten Umsetzung bedurfte nach Ansicht des Gesetzgebers Art. 22 Abs. 3 VG-RL, da der Anhang bereits vorgibt, dass der Transparenzbericht einen gesonderten Bericht über soziale, kulturelle und Bildungsleistungen zu enthalten hat.[1]

---

[1] RegE-VGG, BT-Drucks. 18/7223, S. 90.

4. Entstehungsgeschichte. Die Norm geht auf den wortlautidentischen Vorschlag im RefE des BMJV[2] zurück und wurde im weiteren Gesetzgebungsverfahren nicht weiter diskutiert.

II. Regelungsgehalt

1. Frist (Abs. 1). Der Transparenzbericht einer Verwertungsgesellschaft muss spätestens **acht Monate nach dem Schluss eines Geschäftsjahrs** für dieses Geschäftsjahr erstellt werden. Allerdings bestimmt Abs. 3, dass in dieser Frist auch der Bestätigungsvermerk zum Jahresabschluss und die Bescheinigung gem. Abs. 3 zu veröffentlichen ist. Damit diese Fristen gewahrt werden können, muss der Transparenzbericht schon erhebliche Zeit vor dem Ablauf der Frist erstellt werden.

2. Pflichtangaben des Transparenzberichts (Abs. 2). Der Pflichtinhalt des Transparenzberichts ist in der Anlage zum VGG festgelegt. Danach muss er insbesondere folgende Informationen und Unterlagen umfassen:
a) den Jahresabschluss einschließlich der Kapitalflussrechnung;
b) einen Bericht über die Tätigkeiten im abgelaufenen Geschäftsjahr;
c) Angaben zu abgelehnten Anfragen von Nutzern betreffend die Einräumung von Nutzungsrechten;
d) eine Beschreibung von Rechtsform und Organisationsstruktur;
e) Angaben zu den von der Verwertungsgesellschaft abhängigen Verwertungseinrichtungen;
f) Angaben zum Gesamtbetrag der im Vorjahr an die in § 18 Abs. 1 genannten Personen gezahlten Vergütungen und sonstigen Leistungen;
g) die Finanzinformationen;
h) einen gesonderten Bericht zu den für soziale und kulturelle Leistungen abgezogenen Beträgen und deren Verwendung.

Zu den im Transparenzbericht offenzulegenden Finanzinformationen gem. Nr. 1 lit. g der Anlage zum VGG und zu den Angaben zu abgezogenen Beträgen für soziale und kulturelle Leistungen gem. Nr. 1 lit. h der Anlage zum VGG enthalten Nr. 2 und 3 der Anlage weitere detaillierte Vorgaben.

3. Teilweise prüferische Durchsicht (Abs. 3 S. 1 und 2). Die im Transparenzbericht offenzulegenden Finanzinformationen gem. Nr. 1 lit. g der Anlage zum VGG und die Angaben zu abgezogenen Beträgen für soziale und kulturelle Leistungen gem. Nr. 1 lit. h der Anlage zum VGG sind gem. Abs. 3 einer prüferischen Durchsicht durch einen Abschlussprüfer zu unterziehen. Für die Bestellung dieses Abschlussprüfers gelten § 17 Abs. 1 Nr. 3 und Abs. 2 entsprechend.

Die prüferische Durchsicht der Finanzinformationen geht über die Prüfung des Jahresabschlusses hinaus, weil diese die in Nr. 2 der Anlage des VGG genannten Detailinformationen umfasst.

4. Bescheinigung zum jährlichen Transparenzbericht (Abs. 3 S. 3). Der Abschlussprüfer hat das Ergebnis seiner prüferischen Durchsicht der im Transparenzbericht dargelegten Finanzinformationen und Angaben zu abgezogenen Beträgen für sozia-

---
[2] RefE des BMJV v. 9.6.2015, S. 32f.

le und kulturelle Leistungen in einer Bescheinigung zum jährlichen Transparenzbericht zusammenzufassen.

5. Veröffentlichung des Transparenzberichts (Abs. 4). Der Transparenzbericht ist innerhalb der Achtmonatsfrist des Abs. 1 auf der Internetseite der Verwertungsgesellschaft zu veröffentlichen. Dabei sind auch der Jahresabschluss nebst Bestätigungsvermerk eines Wirtschaftsprüfers und die Bescheinigung nach Abs. 3 zu veröffentlichen. Die Veröffentlichung muss auf der Internetseite der Verwertungsgesellschaft mindestens fünf Jahre lang zugänglich sein. Die Frist beginnt am Tag nach Ablauf der Achtmonatsfrist des Abs. 1.

III. Aufsicht durch das DPMA

Sollte die Verwertungsgesellschaft ihre Berichtspflicht – dazu gehört auch die Pflicht zur abschriftlichen Übermittlung an das DPMA gem. § 88 Abs. 2 Nr. 7 – nicht ordnungsgemäß erfüllen, ist das DPMA als Aufsichtsbehörde berechtigt, die Fortsetzung des Geschäftsbetriebes zu untersagen (§ 85 Abs. 2) oder sonstige „erforderliche Maßnahmen" zu ergreifen, um „sicherzustellen, dass die Verwertungsgesellschaft die ihr nach diesem Gesetz obliegenden Verpflichtungen ordnungsgemäß erfüllt" (§ 85 Abs. 1).[3]

Anlage (zu § 58 Absatz 2)
Inhalt des jährlichen Transparenzberichts

1. Der jährliche Transparenzbericht gemäß § 58 Absatz 1 muss enthalten:
   a) den Jahresabschluss einschließlich der Kapitalflussrechnung;
   b) einen Bericht über die Tätigkeiten im abgelaufenen Geschäftsjahr;
   c) Angaben zu abgelehnten Anfragen von Nutzern betreffend die Einräumung von Nutzungsrechten;
   d) eine Beschreibung von Rechtsform und Organisationsstruktur;
   e) Angaben zu den von der Verwertungsgesellschaft abhängigen Verwertungseinrichtungen, einschließlich der diese Einrichtungen betreffenden Informationen nach Nummer 1 Buchstabe b bis d;
   f) Angaben zum Gesamtbetrag der im Vorjahr an die in § 18 Absatz 1 genannten Personen gezahlten Vergütungen und sonstigen Leistungen;
   g) die Finanzinformationen nach Nummer 2, jeweils aufgeschlüsselt nach Verwertungsgesellschaft und von der Verwertungsgesellschaft abhängigen Verwertungseinrichtungen (§ 3);
   h) einen gesonderten Bericht nach Nummer 3, jeweils aufgeschlüsselt nach Verwertungsgesellschaft und von der Verwertungsgesellschaft abhängige Verwertungseinrichtungen (§ 3).
2. Finanzinformationen im Sinne der Nummer 1 Buchstabe g sind:
   a) Informationen über die Einnahmen aus den Rechten nach Kategorien der wahrgenommenen Rechte und Art der Nutzung (beispielsweise Hörfunk und Fernsehen, Online-Nutzung, Aufführung) und die Verwendung dieser Einnahmen, d.h. ob diese an die Berechtigten oder andere Verwertungsgesellschaften verteilt oder anderweitig verwendet wurden;

---

[3] Eingehender dazu § 13 Rn 35 ff. und die Kommentierung zu den zitierten Vorschriften.

b) umfassende Informationen zu den Kosten der Rechtewahrnehmung und zu den Kosten für sonstige Leistungen, die die Verwertungsgesellschaft für die Berechtigten und Mitglieder erbringt, insbesondere:
aa) sämtliche Betriebs- und Finanzkosten, aufgeschlüsselt nach Kategorien der wahrgenommenen Rechte und, wenn sich die Kosten nicht direkt einer oder mehreren Kategorien von Rechten zuordnen lassen, eine Erläuterung, wie diese Kosten auf die Rechtekategorien umgelegt wurden;
bb) Betriebs- und Finanzkosten im Zusammenhang mit der Rechtewahrnehmung, einschließlich der von den Einnahmen aus den Rechten abgezogenen Verwaltungskosten, aufgeschlüsselt nach Kategorien der wahrgenommenen Rechte und, wenn sich die Kosten nicht direkt einer oder mehreren Kategorien von Rechten zuordnen lassen, eine Erläuterung, wie diese Kosten auf die Rechtekategorien umgelegt wurden;
cc) Betriebs- und Finanzkosten, die nicht im Zusammenhang mit der Rechtewahrnehmung stehen, einschließlich solcher für soziale und kulturelle Leistungen;
dd) Mittel zur Deckung der Kosten, insbesondere Angaben dazu, inwieweit Kosten aus den Einnahmen aus den Rechten, aus dem eigenen Vermögen oder aus sonstigen Mitteln gedeckt wurden;
ee) Abzüge von den Einnahmen aus den Rechten, aufgeschlüsselt nach Kategorien der wahrgenommenen Rechte und Art der Nutzung, sowie den Zweck der Abzüge, beispielsweise Kosten für die Rechtewahrnehmung oder für soziale und kulturelle Leistungen;
ff) prozentualer Anteil sämtlicher Kosten für die Rechtewahrnehmung und für sonstige an Berechtigte und Mitglieder erbrachte Leistungen im Verhältnis zu den Einnahmen aus den Rechten im jeweiligen Geschäftsjahr, aufgeschlüsselt nach Kategorien der wahrgenommenen Rechte und, wenn sich die Kosten nicht direkt einer oder mehreren Kategorien von Rechten zuordnen lassen, eine Erläuterung, wie diese Kosten auf die Rechtekategorien umgelegt wurden;
c) umfassende Informationen zu den Beträgen, die den Berechtigten zustehen, insbesondere:
aa) Gesamtsumme der den Berechtigten zugewiesenen Beträge, aufgeschlüsselt nach Kategorien der wahrgenommenen Rechte und Art der Nutzung;
bb) Gesamtsumme der an die Berechtigten ausgeschütteten Beträge, aufgeschlüsselt nach Kategorien der wahrgenommenen Rechte und Art der Nutzung;
cc) Ausschüttungstermine, aufgeschlüsselt nach Kategorien der wahrgenommenen Rechte und Art der Nutzung;
dd) Gesamtsumme der Beträge, die noch nicht den Berechtigten zugewiesen wurden, aufgeschlüsselt nach Kategorien der wahrgenommenen Rechte und Art der Nutzung, unter Angabe des Geschäftsjahres, in dem die Beträge eingenommen wurden;
ee) Gesamtsumme der den Berechtigten zugewiesenen, aber noch nicht an sie ausgeschütteten Beträge, aufgeschlüsselt nach Kategorien der wahrgenommenen Rechte und Art der Nutzung, unter Angabe des Geschäftsjahres, in dem die Beträge eingenommen wurden;

ff) Gründe für Zahlungsverzögerungen, wenn die Verwertungsgesellschaft die Verteilung nicht innerhalb der Verteilungsfrist (§ 28) durchgeführt hat;
gg) Gesamtsumme der nicht verteilbaren Beträge mit einer Erläuterung zu ihrer Verwendung;
d) Informationen zu Beziehungen zu anderen Verwertungsgesellschaften, insbesondere:
aa) jeweils von anderen Verwertungsgesellschaften erhaltene oder an diese gezahlte Beträge, aufgeschlüsselt nach Kategorien der wahrgenommenen Rechte und Art der Nutzung;
bb) Verwaltungskosten und sonstige Abzüge von den jeweils anderen Verwertungsgesellschaften zustehenden Einnahmen aus den Rechten, aufgeschlüsselt nach Kategorien der wahrgenommenen Rechte und Art der Nutzung;
cc) Verwaltungskosten und sonstige Abzüge von den jeweils von anderen Verwertungsgesellschaften empfangenen Beträgen, aufgeschlüsselt nach Kategorien der wahrgenommenen Rechte;
dd) Beträge, die die Verwertungsgesellschaft unmittelbar an die von der jeweils anderen Verwertungsgesellschaft vertretenen Rechtsinhaber verteilt hat, aufgeschlüsselt nach Kategorien der wahrgenommenen Rechte.
3. Der gesonderte Bericht gemäß Nummer 1 Buchstabe h muss folgende Informationen enthalten:
a) die im Geschäftsjahr von den Einnahmen aus den Rechten für soziale und kulturelle Leistungen abgezogenen Beträge, aufgeschlüsselt nach Verwendungszweck, und für jeden einzelnen Verwendungszweck aufgeschlüsselt nach Kategorien der wahrgenommenen Rechte und Art der Nutzung;
b) eine Erläuterung, wie diese Beträge verwendet wurden, aufgeschlüsselt nach dem Verwendungszweck, einschließlich
aa) der Beträge, die zur Deckung der Kosten verwendet werden, die im Zusammenhang mit der Verwaltung sozialer und kultureller Leistungen entstehen, und
bb) der tatsächlich für soziale oder kulturelle Leistungen verwendeten Beträge.

DRITTER TEIL
Besondere Vorschriften für die gebietsübergreifende Vergabe von Online-Rechten an Musikwerken

§ 59
Anwendungsbereich

(1) Die besonderen Vorschriften dieses Teils gelten für die gebietsübergreifende Vergabe von Online-Rechten an Musikwerken durch Verwertungsgesellschaften.

(2) Online-Rechte im Sinne dieses Gesetzes sind die Rechte, die für die Bereitstellung eines Online-Dienstes erforderlich sind und die dem Urheber nach den Artikeln 2 und 3 der Richtlinie 2001/29/EG des Europäischen Parlaments und des Rates vom 22. Mai 2001 zur Harmonisierung bestimmter Aspekte des Urheberrechts und der verwandten Schutzrechte in der Informationsgesellschaft (ABl. L 167 vom 22.6.2001, S. 10) zustehen.

(3) Gebietsübergreifend im Sinne dieses Gesetzes ist eine Vergabe, wenn sie das Gebiet von mehr als einem Mitgliedstaat der Europäischen Union oder anderen Vertragsstaat des Abkommens über den Europäischen Wirtschaftsraum umfasst.

Übersicht

I. Traditionelles Modell der Rechtewahrnehmung durch Gegenseitigkeitsverträge
   1. One-Stop-Shop für nationale Lizenzen —— 1
   2. Santiago- und Barcelona-Abkommen —— 3
   3. IFPI-Simulcasting- und IFPI-Webcasting-Vereinbarungen —— 5

II. Repertoirefragmentierung
   1. Online-Empfehlung der EU-Kommission vom 18. Oktober 2005 —— 6
   2. Rechtewahrnehmung durch Option-3-Gesellschaften —— 8
   3. CISAC-Verfügungen —— 10

III. VG-RL —— 13
IV. Kommentierung zu § 59
   1. Allgemeines
      a) Bedeutung der Regelung —— 22
      b) Vorgängerregelung —— 23
      c) Unionsrechtlicher Hintergrund —— 24
      d) Entstehungsgeschichte —— 25
   2. Regelungsgehalt
      a) Anwendungsbereich des Teil 3 des VGG (Abs. 1) —— 26
      b) Online-Rechte (Abs. 2) —— 27
      c) Gebietsübergreifende Lizenzierung (Abs. 3) —— 28

I. Traditionelles Modell der Rechtewahrnehmung durch Gegenseitigkeitsverträge[1]

1. One-Stop-Shop für nationale Lizenzen. Die Tätigkeit von Verwertungsgesellschaften ist in weiten Teilen der Rechtewahrnehmung auf ihr eigenes meist **nationales Verwaltungsgebiet** beschränkt. Vor Ort besteht die notwendige Verwaltungsstruktur, um Nutzungen zu erfassen, abzurechnen und zu kontrollieren und um mit potentiellen Lizenznehmern in Verhandlungen einzutreten. Ein Bedürfnis, das eigene Repertoire außerhalb des eigenen Verwaltungsgebietes selbst zu lizenzieren, bestand lange Zeit nicht. 1

---

[1] Zur Entwicklung: *Heyde*, S. 96 ff.; *Spohn/Hullen*, GRUR 2010, 1053, 1055 ff.; *Müller*, ZUM 2009, 121, 123 ff., *Alich*, GRUR Int. 2008, 996 ff; *Altemark*, S. 175 ff.; *Baierle*, MMR 2012, 503 ff.

In rechtlicher Hinsicht ermöglichte es ein **weltweites Netz von Gegenseitigkeitsverträgen** (Repräsentationsvereinbarungen nach § 44 VGG) der lizenzierenden Verwertungsgesellschaft nationale Lizenzen für das Weltrepertoire der Musik zu erteilen. Bei den Gegenseitigkeitsverträgen handelt es sich um **bilaterale Vereinbarungen** zwischen den weltweiten Verwertungsgesellschaften, mit denen eine Verwertungsgesellschaft der jeweils anderen Verwertungsgesellschaft das eigene Repertoire territorial beschränkt auf das Verwaltungsgebiet der jeweils anderen Verwertungsgesellschaft einräumt.

2   Die Gegenseitigkeitsverträge waren dadurch gekennzeichnet, dass sie das gesamte Repertoire und sämtliche wahrgenommenen Rechte umfassten. Die Verträge orientierten sich dabei an den von den Dachverbänden der Verwertungsgesellschaften CISAC[2] und BIEM[3] zur Verfügung gestellten **Musterverträgen**. Insofern bestanden ein Mustervertrag für das Aufführungs- und Senderecht und ein Mustervertrag für das Vervielfältigungsrecht. Die Vervielfältigungsrechte am angloamerikanischen Repertoire der Major-Musikverlage fanden dabei durch ein weltweites System von **Subverlagen** Eingang in das System der Gegenseitigkeitsverträge. Der Originalverlag übertrug für ein bestimmtes Territorium sein Repertoire an einen juristisch selbständigen Verlag im Ausland. Dieser wiederum war Mitglied in der örtlichen Verwertungsgesellschaft und brachte über seine Mitgliedschaft die entsprechenden Rechte in die Verwertungsgesellschaft ein. Das System der **territorial beschränkten Rechteeinräumung über Repräsentationsvereinbarungen** hatte zur Folge, dass Verwertungsgesellschaften in ihrem Verwaltungsgebiet über das Weltrepertoire an urheberrechtlichen Nutzungsrechten verfügten. Ein Lizenznehmer musste sich an eine oder einige wenige Verwertungsgesellschaften[4] wenden, wenn er eine nationale Lizenz für das Weltrepertoire erwerben wollte. Wollte er hingegen europaweit Rechte erwerben, musste er sich an alle nationalen Verwertungsgesellschaften in Europa wenden.

3   **2. Santiago- und Barcelona-Abkommen.** Mit dem Aufkommen des Internet und der Entwicklung des mp3-Formats[5] stellte sich Ende der 90iger Jahre erstmals die Frage nach einer gebietsübergreifenden Lizenzierung. Der Bereich der Musik dominierte diese Entwicklung. Dies lag zum einen daran, dass Sprachbarrieren in der Musik eine geringere Rolle als z.B. im Buchbereich spielen. Fremdsprachige Musik wird weltweit konsumiert und eignet sich damit im besonderen Maß für eine gebietsübergreifende Lizenzierung. Zum anderen lässt sich Musik mit einem vertretbaren Datenvolumen im Wesentlichen verlustfrei digitalisieren. Angesichts anfangs limitierter Datenübertragungsraten ließen sich Audio-Files im Gegensatz zu audiovisuellen Dateien bereits zum damaligen Zeitpunkt über das Internet relativ einfach verbreiten. Einen ersten Ansatz zur gebietsübergreifenden Lizenzierung von Online-Rechten unternahmen die Musikverwertungsgesellschaften im Jahr 2000. Auf einer CISAC-Konferenz in Santiago de Chile vereinbarten sie im sog. „Santiago-Abkommen" die **territorial unbeschränkte Einräumung** der öffentlichen Wiedergaberechte (linear und on Demand) für den Online-Bereich.[6] Den Nutzern sollte nach dieser Vereinbarung allerdings kein freies Wahlrecht zwischen den

---

2   Confédération Internationale des Sociétés d'Auteurs et Compositeurs; zum CISAC-Mustervertrag vgl. auch § 44 Rn 16.
3   Bureau International des Sociétés Gérant les Droits d'Enregistrement et de Reproduction Mécanique.
4   In einigen Ländern bestehen unterschiedliche Verwertungsgesellschaften für das Aufführungs- und Senderecht und das Vervielfältigungsrecht.
5   Mp3 ist ein Verfahren mit dem digital gespeicherte Audio-Signale auf den für Menschen hörbaren Bereich komprimiert werden. Das Verfahren ermöglicht eine erhebliche Komprimierung des Dateivolumens.
6   Hierzu ausführlich: *Heine*, S. 201 ff.; *Heyde*, S. 96 ff.

weltweiten Verwertungsgesellschaften zustehen, um einen Wettlauf um die niedrigsten Tarife zu verhindern. Die Lizenz sollte durch die Verwertungsgesellschaft erteilt werden, in deren Verwaltungsgebiet der Lizenznehmer seine wirtschaftliche Niederlassung hatte (**„economic residence clause"**). Dem „Santiago-Abkommen" folgte im Jahr 2001 das auf einer BIEM-Mitgliederversammlung abgeschlossenen „Barcelona-Abkommen", das entsprechende Vereinbarungen für die Vervielfältigungsrechte im Online-Bereich vorsah.

Die Europäische Kommission reagierte ablehnend gegenüber den Abkommen. In der 4 „economic residence clause" sah sie eine **unzulässige wettbewerbsbeschränkende Vereinbarung** nach Art. 81 Abs. 1 EGV (heute Art. 101 Abs. 1 AEUV) und lehnte eine Freistellung der Vereinbarungen vom Kartellverbot ab. Der von der Kommission favorisierte Ansatz eines freien Wahlrechts des Nutzers stieß jedoch bei den Berechtigten und Verwertungsgesellschaften auf Widerstand, da diese einen Wettbewerb um Lizenznehmer und damit ein Absinken der Lizenzbedingungen zu Lasten der Rechtsinhaber befürchteten. Unter diesem Eindruck ließen die Verwertungsgesellschaften die Abkommen von Santiago und Barcelona zum 31. Dezember 2004 auslaufen. So war wieder der Status quo ante erreicht, bei dem jede Verwertungsgesellschaft das Weltrepertoire territorial beschränkt für ihr eigenes Verwaltungsgebiet lizenzieren konnte.

3. IFPI-Simulcasting- und IFPI-Webcasting-Vereinbarungen. Auch im Bereich 5 der **Leistungsschutzrechte der Tonträgerhersteller und der ausübenden Künstler** gab es zwischen den internationalen Verwertungsgesellschaften Bestrebungen, eine paneuropäische Lizenzierung zu ermöglichen. In Zusammenarbeit mit der IFPI[7] waren im Jahr 2002 Mustergegenseitigkeitsverträge erstellt worden, die eine europaweite Rechteeinräumung für das **Simulcasting**[8] vorsahen.[9] Im Gegensatz zum Santiago- und Barcelona-Abkommen[10] sahen diese Vereinbarungen keine Beschränkung des Lizenznehmers auf eine bestimmte Verwertungsgesellschaft vor.[11] Dieser sollte sich an jede Verwertungsgesellschaft im EWR wenden können. Infolge dessen erteilte die Kommission eine **Freistellung nach Art. 81 Abs. 3 EG a.F.** (heute Art. 101 Abs. 3 AEUV) unter Berufung auf eine Förderung des technischen oder wirtschaftlichen Fortschritts.[12] Im Jahr 2003 folgte eine Vereinbarung für das **Webcasting**.[13]

II. Repertoirefragmentierung

1. Online-Empfehlung der EU-Kommission vom 18. Oktober 2005. Auf das Aus- 6 laufen der Abkommen von Barcelona und Santiago reagierte die **Generaldirektion Binnenmarkt** mit einer unverbindlichen Empfehlung, die nachhaltig zur Fragmentierung

---

7   International Federation of the Phonographic Industry.
8   Zeitgleiche Übertragung von Hörfunk- oder Fernsehprogrammen im Internet.
9   Ausführlich *Müller*, ZUM 2009, 121, 124 f., und *Heyde*, S. 98 ff.
10 Vgl hierzu Rn 3.
11 Nach der ursprünglich angemeldeten Vereinbarung sollte die Lizenz nur die Verwertungsgesellschaft erteilen, in deren Gebiet die Signale der Sender ihren Ursprung nahmen. Die IFPI meldete jedoch eine geänderte Fassung an, nach der Sender, deren Signale im EWR ihren Ursprung hatten, sich an jede Verwertungsgesellschaft innerhalb des EWR wenden konnten. Vgl. Entscheidung COMP/C2/38.014 – IFPI/Simulcasting v. 8.10.2002, ABl. EG Nr. L 107/58 v. 30.4.2003, S. 64.
12 Entscheidung COMP/C2/38.014 – IFPI/Simulcasting v. 8.10.2002, ABl. EG Nr. L 107/58 v. 30.4.2003.
13 Lineare Sendung im Internet.

des Online-Rechte-Marktes führen sollte.[14] Die Empfehlung basierte auf einer vorangegangenen Studie[15] und einer Folgenabschätzung[16] der Kommission, bei denen unter drei Optionen die Wahl auf Option 3 gefallen war. **Option 1** sah vor, den status quo unangetastet zu lassen. **Option 2** sah vor, die bisherigen territorialen Beschränkungen in den Gegenseitigkeitsverträgen zwischen den Verwertungsgesellschaften zu beseitigen. Hierdurch sollten die Nutzer in die Lage versetzt werden, von jeder Verwertungsgesellschaft eine multi-territoriale Lizenz erwerben zu können. Die Nutzer sollten dabei die lizenzierende Verwertungsgesellschaft frei wählen können. Letztlich entschied sich die Kommission für **Option 3.** Nach dieser sollten die Rechtsinhaber die Möglichkeit haben, ihre Online-Rechte dem System der Gegenseitigkeitsverträge zu entziehen und einer einzelnen Verwertungsgesellschaft die europaweite Lizenzierung zu übertragen. Dabei sollte den Rechtsinhabern ein Wahlrecht zustehen. Alternativ sollten sie es auch bei der Wahrnehmung über die Gegenseitigkeitsverträge belassen können.

7   Option 1 kam für die Kommission nicht in Betracht, da es nach ihrer Auffassung zu einer **unangemessenen Behinderung** der grenzüberschreitenden Lizenzierung gekommen wäre, die zu keiner Weiterentwicklung geführt hätte. Option 2 hätte hingegen zu einem **Wettbewerb um Nutzer** geführt. Gegen diese Option sprach, dass man bei einem Wettbewerb der Verwertungsgesellschaften um Nutzer ein Absinken der Vergütung und anderer Lizenzbedingungen auf Kosten der Rechtsinhaber befürchtete. Da unter Option 3 die Rechtsinhaber die Wahl hatten, welcher Verwertungsgesellschaft sie ihre Online-Rechte zur europaweiten Lizenzierung außerhalb des Systems der Gegenseitigkeitsverträge einräumen, sah dieser Ansatz einen **Wettbewerb um Rechtsinhaber** vor. Die Kommission versprach sich hiervon eine Verbesserung der Wahrnehmungsbedingungen sowie eine Verringerung der Verwaltungskosten, da für jeden Rechtsinhaber nur noch eine Verwertungsgesellschaft tätig war.

8   **2. Rechtewahrnehmung durch Option-3-Gesellschaften.** Trotz ihrer Unverbindlichkeit zeigte die Empfehlung der Kommission Wirkung. Die **Major-Musikverlage** entzogen den ausländischen Subverlagen ihre Online-Vervielfältigungsrechte am angloamerikanischen Repertoire, so dass diese die Rechte nicht mehr in die örtlichen Verwertungsgesellschaften einbringen konnten.[17] Stattdessen übertrugen sie ihre Rechte einzelnen sog. **Option-3-Entitäten**, d.h. zumeist Tochtergesellschaften der Verwertungsgesellschaften, die ausschließlich das Repertoire eines einzelnen Major-Verlages **europaweit** und zum Teil darüber hinaus wahrnehmen. Gegenstand dieser gesonderten Rechtewahrnehmung sind die **Online-Vervielfältigungsrechte** am **angloamerikanischen Repertoire**. Für das US-amerikanische Repertoire besteht die Besonderheit, dass die Vervielfältigungsrechte nicht durch Verwertungsgesellschaften wahrgenommen

---

14   Empfehlung 2005/737/EG der Kommission v. 18.5.2005 für die länderübergreifende kollektive Wahrnehmung von Urheberrechten und verwandten Schutzrechten, die für legale Online-Musikdienste benötigt werden, ABl. Nr. L 276 v. 21.10.2005, S. 54 ff. mit Berichtigung im Abl. Nr. L 284 v. 27.10.2005, S. 10, abgedr. in GRUR Int. 2006, 220 ff.; dazu *Frabboni*, Ent.L.R. 2006, 65, 67 ff.; *Majer* in: Riesenhuber, Wahrnehmungsrecht, S. 147, 165 ff.; *Drexl* in: Riesenhuber, Wahrnehmungsrecht, S. 193 ff.; *v. Einem*, MMR 2006, 647 ff.; *Gilliéron*, IIC 2006, 939, 942 ff.; *Poll*, MMR 2007 Heft 2, XXVII ff.; *Lüder*, GRUR Int. 2007, 649, 655 ff.
15   Commission Staff Working Document – Study on a community initiative on the cross-border collective management of copyright v. 7.7.2005.
16   Commission Staff Working Document – Impact Assessment reforming cross-border collective management of copyright and related rights for legitimate online music services, SEC(2005) 1254 v. 11.10.2005.
17   Vgl. oben Rn 2.

werden. Die Musikverlage erwerben diese Rechte i.d.R. vom Urheber, und zwar bei Eigen- und Auftragsproduktionen im Rahmen des „**works made for hire**"[18] oder durch einen **Buy-out** der Rechte beim Urheber. Die US-amerikanischen Verlage können daher anders als in Europa im Vervielfältigungsrecht über die Rechte der Urheber verfügen. Außerhalb der USA (z.B. Kanada, Südafrika, Australien, Großbritannien, Irland)[19] existieren zwar zum Teil auch Verwertungsgesellschaften für das mechanische Recht. Allerdings erfolgt die Rechteeinbringung in diesem Bereich in der Regel nicht durch die Urheber, sondern nicht-exklusiv durch die Musikverlage. Diese können die Rechte der Verwertungsgesellschaft auch im Einzelfall entziehen und direkt lizenzieren.

Die Rechtewahrnehmung durch Option-3-Entitäten außerhalb des Systems der Gegenseitigkeitsverträge bietet für die Major-Musikverlage den Vorteil, dass sie einen einzelnen, ausschließlich für sie zuständigen Ansprechpartner haben und in einer Art Auktionsverfahren u.U. besondere Konditionen für die Rechtewahrnehmung aushandeln können. Es bildeten sich folgende **Option-3-Entitäten** heraus, die zum Teil bis heute die paneuropäische Rechtewahrnehmung für die Major-Musikverlage übernehmen:

9

- Seitdem der Musikverlag EMI Music Publishing von dem Musikverlag Sony/ATV im Jahr 2012 zu großen Teilen übernommen wurde, nimmt die **SOLAR Music Rights Management Ltd.** die Vervielfältigungsrechte für das angloamerikanische Repertoire von **Sony/ATV** und **EMI Music Publishing** wahr.[20] Die Solar Ltd. ist ein Joint Venture zwischen der deutschen GEMA und der britischen Verwertungsgesellschaft PRS for Music.[21]
- Zuvor hatte die **CELAS GmbH**[22] die Vervielfältigungsrechte am angloamerikanischen Repertoire der **EMI Music Publishing** wahrgenommen. Sie war ein Joint Venture zwischen der deutschen Verwertungsgesellschaft GEMA und einer Allianz zwischen den britischen Verwertungsgesellschaften PRS und MCPS[23] (MCPS-PRS Alliance Ltd.).
- Die **PAECOL GmbH**[24] war eine einhundertprozentige Tochter der GEMA und lizenzierte bis zur Ablösung durch die SOLAR Music Rights Management Ltd. die Vervielfältigungsrechte am angloamerikanischen **Sony/ATV**-Repertoire.
- Die **ARESA GmbH,**[25] eine einhundertprozentige Tochter der GEMA, lizenziert die Vervielfältigungsrechte am angloamerikanischen Repertoire der **BMG Rights Management**.[26]
- Das angloamerikanische **Warner/Chappell-Repertoire** wird im Rahmen der nichtexklusiven Lizenzierungsinitiative **P.E.D.L.**[27] wahrgenommen. Beteiligt sind die Verwertungsgesellschaften PRS for Music (GB), STIM (Schweden), SACEM (Frankreich), SGAE (Spanien), SABAM (Belgien) und BUMA/STEMRA (Niederlande).

---

18 Im Gegensatz zum Schöpferprinzip des deutschen Urheberrechts erwirbt der Arbeitgeber bzw. bei Auftragsproduktionen der Auftraggeber originär die Rechte an den vom Arbeitnehmer bzw. Auftragnehmer geschaffenen Werken.
19 Das Repertoire aus diesen Ländern wird international als angloamerikanisches Repertoire bezeichnet.
20 Zur SOLAR Heker/Riesenhuber/*Evert*, Recht und Praxis der GEMA, S. 775 ff.
21 Performing Rights Society.
22 Centralized European Licensing and Administrative Service.
23 Mechanical-Copyright Protection Society.
24 Pan-European Central Online Licensing.
25 Anglo-American Rights European Service Agency.
26 Vgl. § 3 Rn 14.
27 Pan-European Digital Licensing.

- Im Rahmen der Lizenzierungsinitiative **D.E.A.L.**[28] wird das angloamerikanische **Universal-Repertoire** in Zusammenarbeit mit der französischen Verwertungsgesellschaft SACEM lizenziert.
- Über die PRS for Music wird im Rahmen der **IMPEL**-Initiative das angloamerikanische Repertoire einiger **Independent-Verlage** lizenziert.
- Im Rahmen der **WOI**-Inititative lizenzierte die schwedische Verwertungsgesellschaft STIM einige Zeit das angloamerikanische Repertoire einiger **Independent-US-Verlage**. Die Initiative wurde inzwischen eingestellt.
- Die **KSTAR AB** lizenzierte einige Zeit das angloamerikanische **Kobalt-Repertoire**. Der Betrieb wurde inzwischen eingestellt.

10   **3. CISAC-Verfügungen.** Zu einer weiteren Fragmentierung des Online-Bereichs führten die sog. **CISAC-Verfügungen der Generaldirektion Wettbewerb** vom 16. Juli 2008.[29] Diese Untersagungsverfügungen richteten sich gegen 24 europäische Verwertungsgesellschaften und sahen die gegenseitige territorial beschränkte Rechteeinräumung in den Gegenseitigkeitsverträgen in den Bereichen Internet, Satellit und Kabel (Wiedergaberechte) als Folge eines **abgestimmten Verhaltens nach Art. 81 Abs. 1 EGV (heute Art. 101 Abs. 1 AEUV)**. Dabei richteten sich die Verfügungen nicht gegen das System einer gegenseitigen territorial beschränkten Rechteeinräumung als solches, sondern nur gegen die Art ihres Zustandekommens („abgestimmte Verhaltensweise").

11   Da Anträge der Verwertungsgesellschaften im vorläufigen Rechtsschutz auf Aussetzung der Vollziehung mangels Dringlichkeit keinen Erfolg hatten,[30] waren die Verwertungsgesellschaften gezwungen, die Gegenseitigkeitsverträge in den betroffenen Bereichen **bilateral neu zu verhandeln**. Da die Verhandlungen in eine Zeit erheblicher Rechtsunsicherheit im Bereich des Kartellrechts fielen, kam es im Rahmen der Neuabschlüsse zu erheblichen Repertoire-Lücken abseits des angloamerikanischen Repertoires, die erst in den Folgejahren und auch nur zum Teil wieder geschlossen werden konnten. Insbesondere repertoirestarke Verwertungsgesellschaften beendeten zur Sicherstellung der Werthaltigkeit ihres Repertoires die Mandatierung lokaler Gesellschaften mit der Onlinelizenzierung und gingen zur Direktlizenzierung über. Damit zerschlug sich die doch recht naive Vorstellung der Europäischen Kommission, dass sich die 27 Verwertungsgesellschaften der EU gegenseitig ihre Rechte einräumen würden, um dann anschließend um Nutzer konkurrieren zu können. Das EuG erklärte die Verfügungen der Generaldirektion Wettbewerb im Jahr 2013 für nichtig.[31] Die Kommission hatte angeführt, dass die durch die Gegenseitigkeitsverträge herbeigeführte **territoriale Beschränkung der Rechtewahrnehmung** nur durch ein abgestimmtes Verhalten zu erklären sei, da sie nicht durch ein von Marktkräften bestimmtes unabhängiges Verhalten erklärt werden könnte.[32] Das EuG nahm hingegen an, dass das **Parallelverhalten** auch mit der Absicht, unbefugte Nutzungen wirksam zu bekämpfen, wozu die ortsansässige Verwertungsgesellschaft besonders geeignet wäre, plausibel zu erklären wäre,[33] und sah damit den **Nachweis eines abgestimmten Verhaltens** als nicht erbracht an.[34] Die Kommission

---

28   Direct European Administration and Licensing.
29   KOM v. 16.7.2008, COMP/C2/38.698 – CISAC.
30   Z.B. EuG, Beschl. v. 14.11.2008 – T-410/08 R – BeckEuRS 2008, 488277 – GEMA/Kommission.
31   EuG, Urt. v. 12.4.2013 – T-442/08 – ZUM-RD 2013, 293 ff. – CISAC/Kommission. Ausführlich zu diesem Urteil *Kling*, S. 114 ff.
32   EuG, Urt. v. 12.4.2013 – T-442/08 – ZUM-RD 2013, 293, 295 – CISAC/Kommission.
33   EuG, Urt. v. 12.4.2013 – T-442/08 – ZUM-RD 2013, 293, 307 ff. – CISAC/Kommission.
34   Nach EuGH, Urt. v. 13.7.1989 – Rs. 395/87 – GRUR Int. 1990, 622, 624 – Ministère Public/Tournier, und EuGH, Urt. v. 13.7.1989 – Rs. C-110/88 – Slg. 1989, 2811 – Lucazeau u.a./SACEM, verstößt die gegenseitige

legte keine Rechtsmittel ein. Die bereits erfolgte Repertoirezersplitterung konnte durch die Entscheidung jedoch nicht rückgängig gemacht werden.

Die entstandene Repertoirefragmentierung im Online-Bereich hatte zur Folge, dass die Online-Dienste für die urheberrechtlichen Nutzungsrechte keine Blankett-Lizenzen für das Weltrepertoire mehr erwerben konnten. Sie mussten sich neben den Verwertungsgesellschaften an zahlreiche weitere Player wenden, um die erforderlichen Rechte zu erwerben. Dies steigerte die **Transaktionskosten**, führte zu erheblicher **Rechtsunsicherheit** und hemmte die Entwicklung der Dienste nachhaltig. Besonders problematisch waren die Fälle, in denen an demselben Werk Urheber, die bei verschiedenen Major-Musikverlagen verlegt waren, beteiligt waren (sog. **split-copyrights**). Hier musste sich der Lizenznehmer an verschiedene Rechtsinhaber wenden, um für die Nutzung eines Werks die erforderlichen Rechte erwerben zu können. Durch die Intervention der Europäischen Kommission war damit ein deutlicher Rückschritt gegenüber dem nationalen One-Stop-Shop eingetreten.

III. VG-RL

Aufgrund der bestehenden Rechtefragmentierung, der damit verbundenen hohen Transaktionskosten und den kartellrechtlichen Unwägbarkeiten wandten sich im Jahr 2010 einige Verwertungsgesellschaften mit der Bitte um eine verbindliche Regelung des Rechtsrahmens an die Europäische Kommission. Die Kommission nahm sich dieser Aufgabe mit der VG-RL an.[35]

Die VG-RL regelt in Titel III die Vergabe von Mehrgebietslizenzen für Online-Rechte an Musikwerken durch Organisationen für die kollektive Rechtewahrnehmung in zehn Artikeln. Dass der Lizenzierung von Rechten an einer bestimmten Werkgattung ein eigener Titel in der VG-RL gewidmet wird, zeigt die Bedeutung, die der Richtliniengeber dem Thema zugemessen hat. In Titel III verfolgt der Richtliniengeber das Ziel, einen digitalen Binnenmarkt für gebietsübergreifende Lizenzen für Online-Rechte an Musikwerken durch die Etablierung effektiver Lizenzierungsmethoden im länderübergreifenden Kontext zu schaffen.[36] Hierzu werden in der VG-RL vier Ansätze gewählt:

1. Freiwillige Bündelung von Repertoires in sog. Hubs,
2. Steigerung der Qualität der von den Hubs erbrachten Dienstleistungen, insbesondere im Hinblick auf Dokumentation und Matching,
3. Verbesserung der Transparenz gegenüber Rechtsinhabern und Nutzern und
4. Schaffung einheitlicher rechtlicher Rahmenbedingungen für die Lizenzvergabe in der Union.

Der Repertoirefragmentierung soll durch einen zivilrechtlichen Kontrahierungszwang, den sog. **Repräsentationszwang**, entgegengewirkt werden. Verwertungsgesell-

---

territorial beschränkte Rechteeinräumung nicht per se gegen Kartellrecht. Ein Parallelverhalten ließe sich auch damit erklären, dass für eine Lizenzierung in einem anderen Land ein eigenes Verwertungs- und Kontrollsystem aufgebaut werden müsse. Allerdings dürften keine ausschließlichen Abreden getroffen werden, die es einer Verwertungsgesellschaft verbieten, ihre Rechte in dem Land des Vertragspartners zu lizenzieren. Ein durch einen Mitgliedstaat gewährtes Monopol einer Verwertungsgesellschaft für sein Hoheitsgebiet für eine bestimmte Kategorie von Rechten ist nach EuGH, Urt. v. 27.2.2014 – Rs. C-351/12 – GRUR 2014, 473, 478 f., mit Art. 102 AEUV zu vereinbaren.
35 Zu Teil 3 des VGG im Regierungsentwurf vgl. *Gerlach*, ZUM 2016, 85, 87; *Grewenig*, ZUM 2016, 98 ff.; *Steinbrecher/Scheufele*, ZUM 2016, 91, 92 f.; zu Teil 3 im VGG vgl. Heker/Riesenhuber/*Welp*, Recht und Praxis der GEMA, S. 766 ff.; Ensthaler/Weidert/*Riemer/Welp*, S. 352 ff.; Hoeren/Sieber/Holznagel/*Müller*, Handbuch Multimedia-Recht, Teil 7.5, Rn 81 ff.
36 Vgl. Erwägungsgründe 38 und 40.

schaften, die Online-Rechte am Repertoire einer anderen Verwertungsgesellschaft gebietsübergreifend wahrnehmen, sind auf Antrag verpflichtet, die Rechte einer Verwertungsgesellschaft, die Online-Rechte an ihrem eigenen Repertoire nicht gebietsübergreifend wahrnimmt, ebenfalls gebietsübergreifend diskriminierungsfrei wahrzunehmen (Art. 30 VG-RL bzw. §§ 69, 73). Flankierend soll einem Berechtigten einer Verwertungsgesellschaft, die Online-Rechte nicht selbst gebietsübergreifend wahrnimmt und nicht im Rahmen des Repräsentationszwangs wahrnehmen lässt, ein **Recht zur eigenen Vergabe** zustehen, das es dem Berechtigten ermöglicht, seine Online-Rechte gebietsübergreifend durch eine andere Organisation wahrnehmen zu lassen (Art. 31 VG-RL bzw. § 72). Ziel dieser Regelungen ist die Herausbildung einzelner sog. Hubs, die das Repertoire verschiedener Verwertungsgesellschaften europaweit lizenzieren.

16   Die VG-RL trägt dabei dem Umstand Rechnung, dass die gebietsübergreifende Lizenzierung von Online-Rechten an Musikwerken ein **technisch höchst anspruchsvoller Vorgang** ist, der angesichts der zu verarbeitenden Datenmassen erhebliche Investitionen in den Bereichen der Dokumentation und der Verarbeitung von Nutzungsmeldungen erfordert. Insofern stellt sie an die lizenzierenden Hubs unverzichtbare Qualitätsanforderungen für die Dokumentation (Art. 24 VG-RL bzw. § 61). Diese werden ergänzt durch Vorgaben für eine effektive Rechtewahrnehmung in den Bereichen Werkanmeldung (Art. 26 Abs. 2 VG-RL bzw. § 64), Meldung von Nutzungen (Art. 27 Abs. 2 VG-RL bzw. § 66), Rechnungsstellung gegenüber den Online-Diensten (Art. 27 Abs. 3 u. 4 VG-RL bzw. § 67) und Ausschüttung an die Rechtsinhaber (Art. 28 VG-RL bzw. § 68). Dieses sog. **Passport-Modell**, das die VG-RL verfolgt, wird in der Praxis dazu führen, dass lediglich die größeren, leistungsfähigen Verwertungsgesellschaften gebietsübergreifend Online-Rechte lizenzieren, während die kleineren Verwertungsgesellschaften ihre gebietsübergreifenden Online-Rechte durch die Hubs wahrnehmen lassen. Damit wird aus dem wettbewerbspolitischen Dilemma zwischen national ausgerichteten Verwertungsgesellschaften und dem Bedarf nach europaweiter Rechteklärung der Pfad der europäischen Konsolidierung beschritten.

17   Zudem will die VG-RL durch eine Verbesserung der **Transparenz** die Qualität von Dokumentation und Abrechnung steigern. Zum einen sollen die Rechtsinhaber in die Lage versetzt werden, die Angaben zu ihren Werken überprüfen und ggf. korrigieren zu können (Art. 25 u. 26 VG-RL bzw. §§ 62, 63). Zum anderen soll den Online-Diensten eine bessere Kontrolle ihrer Abrechnungen ermöglicht werden, um Doppelinanspruchnahmen zu vermeiden (Art. 25 und 27 Abs. 3 und 5 VG-RL bzw. §§ 62, 67).

18   Die VG-RL sieht für Titel III eine **Vollharmonisierung** vor. Dies ergibt sich im Umkehrschluss aus Erwägungsgrund 9 VG-RL, nach dem die Mitgliedsstaaten im Bereich des Titel II strengere Vorschriften als die Regelungen der VG-RL erlassen dürfen. Eine Vollharmonisierung ist erforderlich, damit die Verwertungsgesellschaften faire Wettbewerbsbedingungen im Wettbewerb um Rechtsinhaber vorfinden. Aufgrund des in der VG-RL statuierten Sitzstaatprinzips[37] wären unterschiedliche Rahmenbedingungen mit dem Risiko verbunden gewesen, dass die Inhaber werthaltiger Repertoires die Verwertungsgesellschaft mit dem geringsten Regulierungsniveau beauftragen würden. Aufgrund der Vollharmonisierung hat der deutsche Gesetzgeber die VG-RL inhaltsgleich und in großen Teilen wortwörtlich umgesetzt. Da das VGG in vielen Bereichen über das Regulierungsniveau der VG-RL hinausgeht, musste das Regulierungsniveau für die gebietsübergreifende Lizenzierung in Teil 3 durch eine Sondervorschrift wieder herabgesetzt werden (§ 60).

---

37   Vgl. § 1 Rn 7.

In der Praxis haben sich bereits vor Inkrafttreten des VGG einige Hubs für die ge- 19
bietsübergreifende Lizenzierung herausgebildet. Auffällig ist dabei, dass es sich anders
als in der VG-RL vorgesehen um **Kooperationen zwischen Verwertungsgesellschaften** handelt. Über die Zusammenarbeit zwischen Verwertungsgesellschaften bei der gebietsübergreifenden Lizenzierung schweigt die VG-RL weitgehend. Einzig in Erwägungsgrund 43 findet sich der Hinweis, dass Dienstleistungen im Zusammenhang mit der Erteilung von gebietsübergreifenden Lizenzen ausgelagert werden dürfen und die Zusammenlegung oder gemeinsame Nutzung von „Back-Office"-Kapazitäten die Qualität der Dienstleistungen und deren Wirtschaftlichkeit steigere.

Eine Kooperation zwischen Verwertungsgesellschaften stellt die **ICE Services Ltd.** 20
mit Sitz in London dar. Sie ist ein Joint Venture der deutschen Verwertungsgesellschaft GEMA, der britischen Verwertungsgesellschaft PRS for Music und der schwedischen Verwertungsgesellschaft STIM und lizenziert die Repertoires der drei Gesellschafter europaweit und zum Teil auch außerhalb Europas. Das Joint Venture wurde im Jahr 2015 im Rahmen eines **Fusionskontrollverfahrens** durch die Europäische Kommission genehmigt. ICE Services Ltd. übernimmt dabei **Front-Office- und Middle-Office-Funktionen**, d.h. neben der Lizenzierung erfolgt die Rechnungsstellung, das Inkasso und die Verteilung an die Gesellschafter und Kunden durch den Lizenzierungshub. Der Hub ist mit einem weiteren Gemeinschaftsunternehmen der drei Gesellschafter vertraglich verbunden. Die **ICE International Copyright Enterprise Germany GmbH** mit Sitz in Berlin übernimmt die typischen **Back-Office-Funktionen**, d.h. die Führung der gemeinsamen Datenbank der drei Gesellschafter und die Verarbeitung der Nutzungsmeldungen inklusive Matching. Der Lizenzierungshub und die Back-Office-Gesellschaft stehen Kunden separat offen. Diese Form der Kooperation zwischen Verwertungsgesellschaften hat den Vorteil, dass durch die Führung einer gemeinsamen Datenbank Unstimmigkeiten zwischen den Dokumentationen verschiedener Verwertungsgesellschaften vermieden werden können. Das Projekt hat insofern Pilotcharakter und könnte Vorbild für eine europaweite Musikrechtedatenbank oder auch Rechtedatenbanken in anderen Bereichen werden.

Bereits im Jahr 2013 gründeten die Verwertungsgesellschaften SACEM (Frankreich), 21
SGAE (Spanien) und SIAE (Italien) eine gemeinsame Lizenzierungsplattform mit dem Namen **ARMONIA**. Diese Plattform verfügt inzwischen über das Repertoire von 9 europäischen Verwertungsgesellschaften zur gebietsübergreifenden Lizenzierung in Europa. Neben den Gründungsmitgliedern lizenzieren die SABAM (Belgien), ARTISJUS (Ungarn), SUISA (Schweiz), SPAUTORES (Portugal) und die AKM (Österreich) über ARMONIA Online-Rechte. Über eine gemeinsame Rechtedatenbank verfügt ARMONIA hingegen nicht.

IV. Kommentierung zu § 59

1. Allgemeines

a) **Bedeutung der Regelung.** Die Regelung legt den Anwendungsbereich der be- 22
sonderen Vorschriften für die gebietsübergreifende Vergabe von Online-Rechten an Musikwerken in Teil 3 des VGG fest. Die Abgrenzung erfolgt zum einen nach der **Art des Rechts** und zum anderen nach dem **Territorium,** für das die Lizenz erteilt wird. Die Vorschrift ist damit dafür maßgeblich, ob ein Lizenzierungsvorgang dem abgesenkten Regulierungsniveau nach § 60 unterliegt. Allerdings gelten in diesem Bereich nach §§ 61 ff. auch besondere Anforderungen an die Verwertungsgesellschaften. § 74 nimmt als Ausnahme bestimmte **programmbegleitende Online-Nutzungen** für Hörfunk- und Fernsehprogramme vom Anwendungsbereich aus. Ist der Anwendungsbereich von § 59 nicht

eröffnet, gelten ausschließlich die allgemeinen Vorschriften. Ist der Anwendungsbereich eröffnet, gehen die besonderen Regelungen in Teil 3 den allgemeinen Regelungen vor. Für Streitfälle über die gebietsübergreifende Vergabe von Online-Rechten ist nach § 94 die Schiedsstelle bzw. nach § 129 Abs. 1 das OLG München in erster Instanz zuständig.

23   **b) Vorgängerregelung.** Das UrhWG sah keine besonderen Vorschriften für die gebietsübergreifende Lizenzierung von Online-Rechten an Musikwerken vor.

24   **c) Unionsrechtlicher Hintergrund.** Das VGG folgt der Systematik der VG-RL, die einen eigenen Titel für die Vergabe von Mehrgebietslizenzen für Online-Rechte an Musikwerken vorsieht (Titel III, Art. 23 bis 32). § 59 Abs. 1 setzt Art. 23 VG-RL um. Die Abs. 2 und 3 übernehmen die Begriffsdefinitionen aus Art. 3 lit. n (Online-Rechte) und Art. 3 lit. m (Mehrgebietslizenz).

25   **d) Entstehungsgeschichte.** Die Norm geht auf den wortlautidentischen Vorschlag im RefE des BMJV zurück und wurde im weiteren Gesetzgebungsverfahren nicht weiter diskutiert.

2. Regelungsgehalt

26   **a) Anwendungsbereich des Teil 3 des VGG (Abs. 1).** Abs. 1 definiert den Anwendungsbereich des Teil 3 des VGG. Vorausgesetzt wird eine **gebietsübergreifende** Vergabe von **Online-Rechten**. Die Begriffe sind in Abs. 2 und Abs. 3 legaldefiniert. Die Vergabe muss durch eine **Verwertungsgesellschaft** erfolgen. Eine Vergabe durch eine **abhängige Verwertungseinrichtung** i.S.d. § 3 Abs. 1 unterfällt nach § 3 Abs. 2 S. 1 ebenso dem Anwendungsbereich, während unabhängige Verwertungseinrichtungen i.S.d. § 4 nicht unter Teil 3 fallen. Schließlich muss es sich um Online-Rechte an **Musikwerken** handeln. Für **Leistungsschutzrechte** wird teilweise eine entsprechende Anwendung vorgeschlagen.[38]

27   **b) Online-Rechte (Abs. 2).** In Abs. 2 wird der Begriff der Online-Rechte **legaldefiniert**. Es müssen kumulativ zwei Voraussetzungen erfüllt sein. Zum einen müssen die Rechte für die Bereitstellung eines Online-Dienstes erforderlich sein und zum anderen nach Art. 2 und 3 der InfoSoc-RL dem Urheber zugewiesen sein. Erfasst ist damit im Online-Umfeld zunächst das **Vervielfältigungsrecht** nach § 16 UrhG, dessen Einräumung z.B. für den Upload auf einen Server erforderlich ist und das nach Art. 2 InfoSoc-RL dem Urheber zugewiesen ist.[39] Zum anderen fällt auch das für On-Demand-Nutzungen erforderliche und in Art. 3 Abs. 1 InfoSoc-RL dem Urheber zugewiesene **Recht der öffentlichen Zugänglichmachung** nach § 19a UrhG unter die Definition. Erfasst ist ebenfalls das **Senderecht** nach § 20 UrhG als Unterfall des Rechts der öffentlichen Wiedergabe nach Art. 3 Abs. 1 InfoSoc-RL. Teil 3 des VGG gilt damit nicht nur für On-Demand-Nutzungen, sondern auch für lineare Vorgänge wie **Simulcasting** (zeitgleiche Übertragung von Fernsehen und Hörfunk im Internet) und **Webcasting** (lineare Übertragung im Internet).[41]

---

[38] *Peifer*, ZUM 2014, 453, 465 f.
[39] A.A. Wandtke/Bullinger/*Gerlach*, § 59 VGG, Rn 2, der die Bezugnahme auf Art 2 InfoSoc-RL offenbar übersieht.

c) **Gebietsübergreifende Lizenzierung (Abs. 3).** Abs. 3 enthält eine Legaldefini- 28
tion der **gebietsübergreifenden** Vergabe von Online-Rechten. Hiernach ist maßgeblich,
dass die Lizenz das Gebiet von mindestens zwei Staaten, die EU- oder EWR-Mitglied sind,
umfasst. Ob diese Staaten zum Verwaltungsgebiet der Verwertungsgesellschaft gehören,
ist unerheblich.[42] Die **Direktlizenzierung** einer Verwertungsgesellschaft in einem einzelnen Staat – auch wenn dieser außerhalb ihres Verwaltungsgebiets liegt – fällt hingegen nicht in den Anwendungsbereich des Teil 3 des VGG. Der Gesetzgeber folgt damit den Vorgaben der VG-RL, deren Titel III nach Art. 23 auf „Mehrgebietslizenzen" Anwendung findet. Nach Art. 3 lit. m VG-RL ist dabei eine Mehrgebietslizenz eine Lizenz, die sich auf das Hoheitsgebiet von mehr als einem Mitgliedsstaat erstreckt.

§ 60
Nicht anwendbare Vorschriften

(1) Im Verhältnis zum Rechtsinhaber ist § 9 Satz 2 nicht anzuwenden.
(2) Im Verhältnis zum Nutzer sind § 34 Absatz 1 Satz 1 sowie die §§ 35, 37 und 38 nicht anzuwenden. Für die Vergütung, die die Verwertungsgesellschaft aufgrund der von ihr wahrgenommenen Rechte fordert, gilt § 39 entsprechend.

Übersicht

I. Allgemeines
   1. Bedeutung der Regelung —— 1
   2. Vorgängerregelung —— 3
   3. Unionsrechtlicher Hintergrund —— 4
   4. Entstehungsgeschichte —— 5
II. Regelungsgehalt
   1. Eingeschränkter Wahrnehmungszwang (Abs. 1) —— 6
   2. Einschränkungen gegenüber Nutzern (Abs. 2)

   a) Kein Abschlusszwang —— 8
   b) Keine Verpflichtung zum Abschluss von Gesamtverträgen —— 11
   c) Keine Hinterlegung und Zahlung unter Vorbehalt —— 12
   d) Keine Tarifaufstellungspflicht —— 13
   e) Entsprechende Anwendung von § 39 —— 15

I. Allgemeines

1. Bedeutung der Regelung. Die Norm senkt das im VGG vorgesehene Regulie- 1
rungsniveau für die gebietsübergreifende Vergabe von Online-Rechten an Musikwerken ab, indem **einzelne Vorschriften** des VGG insoweit für unanwendbar erklärt werden.[1] Die Regelung ist abschließend; die in § 60 nicht genannten Vorschriften des VGG bleiben anwendbar. Durch die Herabsetzung des Regulierungsniveaus berücksichtigt der Gesetzgeber den Umstand, dass das VGG in weiten Bereichen eine schärfere Regulierung als die VG-RL vorsieht.[2] Dies würde EU-weit zu ungleichen Wettbewerbsbedingungen führen, da im Online-Markt die Verwertungsgesellschaften schon jetzt **um die besonders wertvollen Repertoires der Rechtsinhaber** (§ 5) **konkurrieren**. Rechtsinhaber haben nach Art. 5 Abs. 2 VG-RL ein Wahlrecht, welcher Verwertungsgesellschaft sie ihre

---

41 RegE-VGG, BT-Drucks. 18/7223, S. 91.
42 So umfasst das Verwaltungsgebiet der britischen Verwertungsgesellschaft PRS for Music u.a. Malta und Gibraltar, das der französischen SACEM Tunesien und andere nordafrikanische Staaten.

1 Hierzu auch Heker/Riesenhuber/*Welp*, Recht und Praxis der GEMA, S. 768; kritisch *Steinbrecher/Scheufele*, ZUM 2016, 91, 92ff.
2 Vgl. § 1 Rn 10.

Rechte zur Wahrnehmung einräumen. Alternativ können sie ihre Rechte abhängigen Verwertungseinrichtungen nach § 3 oder unabhängigen Verwertungseinrichtungen nach § 4 anvertrauen. Zudem kann das in der VG-RL und im VGG vorgesehene Hub-Modell[3] zu einem **verstärkten Wettbewerb um Nutzer** führen; dies gilt insbesondere wenn sich die Repertoires in den verschiedenen Hubs überschneiden.

2   Da im **europäischen Ausland** i.d.R. ein **weniger strenges Regulierungsniveau** als unter dem Regime des VGG herrscht, wären Verwertungsgesellschaften mit Sitz in Deutschland im Wettbewerb um wirtschaftlich bedeutende Repertoires chancenlos, wenn die richtlinienüberschießenden Bestimmungen des VGG, die sich aus Sicht der Rechtsinhaber negativ auf die Wahrnehmungsbedingungen auswirken können, anwendbar wären. Auch unter Berücksichtigung des Umstandes, dass der nationale Gesetzgeber aufgrund der Vollharmonisierung in Titel III der VG-RL ohnehin zur Herabsetzung des Regulierungsniveaus gezwungen war,[4] war es dem Gesetzgeber ein Anliegen, durch die Herabsetzung des Regulierungsniveaus Wettbewerbsnachteile von Verwertungsgesellschaften mit Sitz in Deutschland zu beseitigen und so ein **„level playing field"**, d.h. vergleichbare und faire Rahmenbedingungen zwischen den europäischen Verwertungsgesellschaften zu schaffen.[5] Die Herabsetzung des Regulierungsniveaus trägt dabei auch der **Schnelllebigkeit von Geschäftsmodellen im Internet** Rechnung. Ein schnelles und flexibles Agieren der Verwertungsgesellschaften liegt im Interesse von Rechtsinhabern und Nutzern.

3   **2. Vorgängerregelung.** Das UrhWG enthielt keine besonderen Vorschriften zur gebietsübergreifenden Lizenzierung.

4   **3. Unionsrechtlicher Hintergrund.** Die VG-RL sieht in Titel III für die Vergabe von Mehrgebietslizenzen für Online-Rechte an Musikwerken durch Organisationen für die kollektive Rechtewahrnehmung eine **Vollharmonisierung** vor.[6] Der nationale Gesetzgeber war also gehindert, Vorschriften zu schaffen, die vom Regulierungsniveau der VG-RL abweichen. Da das VGG in weiten Bereichen einen strengeren Regulierungsmaßstab als die VG-RL vorsieht, mussten für die gebietsübergreifende Vergabe von Online-Rechten an Musikwerken **Sonderregelungen** geschaffen werden, die das Regulierungsniveau des Gesetzes auf den Maßstab der VG-RL absenken. Rechtstechnisch werden hierzu in § 60 einige Vorschriften des VGG von der Anwendung auf die gebietsübergreifende Vergabe von Online-Rechten an Musikwerken ausgenommen. Im Einzelnen werden
- die Verpflichtung zur Gleichbehandlung von Rechtsinhabern,
- der Abschlusszwang gegenüber Nutzern,
- die Verpflichtung zur Gleichbehandlung von Nutzern,
- die Verpflichtung zum Abschluss von Gesamtverträgen,
- die Möglichkeit der Hinterlegung und Zahlung unter Vorbehalt sowie
- die Tarifaufstellungspflicht[7]
ausgenommen.

---

3   Hierzu § 59 Rn 13 ff.
4   Unten Rn 4.
5   RegE-VGG, BT-Drucks. 18/7223, S. 91.
6   Siehe § 59 Rn 18.
7   Die VG-RL sieht keine Tarifaufstellungspflicht vor. Allerdings sollen die Verwertungsgesellschaften nach Erwägungsgrund 31 „Tarife anwenden, die anhand objektiver und diskriminierungsfreier Kriterien festgelegt werden sollten."

4. Entstehungsgeschichte. Im RefE des BMJV war die Verpflichtung zur Tarifauf- 5
stellung vom Anwendungsbereich der gebietsübergreifenden Lizenzierung von Online-
Rechten an Musikwerken noch nicht ausgenommen.[8] Diese Ausnahme fand erst mit dem
RegE Eingang in das Gesetz. Ebenso wurde der Hinweis auf die entsprechende Anwen-
dung von § 39 in Abs. 2 S. 2 erst mit dem RegE aufgenommen. Die Vorschrift wurde im
Übrigen im Gesetzgebungsverfahren nicht weiter diskutiert.

II. Regelungsgehalt

1. Eingeschränkter Wahrnehmungszwang (Abs. 1). Nach Abs. 1 findet § 9 S. 2 bei 6
der gebietsübergreifenden Vergabe von Online-Rechten an Musikwerken keine Anwendung. Demzufolge unterliegen Verwertungsgesellschaften in diesem Bereich zwar grds.
einem **Wahrnehmungszwang** nach § 9 S. 1. Eine Zurückweisung von Rechtsinhabern ist
daher nur aus den in § 9 S. 1 Nr. 1 u. 2 genannten Gründen zulässig. Allerdings betrifft
dies nur das „Ob" der Rechtewahrnehmung. Hinsichtlich des „Wie" der Rechtewahrnehmung unterliegen die Verwertungsgesellschaften – anders als im Bereich der Eingebietslizenzen – keinen besonderen gesetzlichen Regulierungen. Insbesondere gelten
nicht der Angemessenheitsmaßstab und die daraus hergeleitete Verpflichtung zur
Gleichbehandlung von Rechtsinhabern. Verwertungsgesellschaften können damit im
Bereich der Mehrgebietslizenzen individuelle Vereinbarungen mit Rechtsinhabern abschließen, die vom einheitlichen Wahrnehmungs- bzw. Berechtigungsvertrag abweichen, d.h. **individuelle Wahrnehmungsbedingungen** vereinbaren. Damit entfällt auch
der Beschlussfassungsvorbehalt der Mitgliederversammlung nach § 17 Abs. 1 Nr. 13.

Nach der Gesetzesbegründung soll es den Verwertungsgesellschaften in Deutsch- 7
land durch die Lockerung des Wahrnehmungszwangs im direkten Wettbewerb mit anderen Verwertungsgesellschaften und sonstigen Einrichtungen ermöglicht werden, um die
Inhaber besonders attraktiver Repertoires zu konkurrieren.[9] Eine Verpflichtung zur
Gleichbehandlung hätte einen entscheidenden Wettbewerbsnachteil deutscher Verwertungsgesellschaften zur Folge gehabt. Inhaber von wirtschaftlich bedeutenden Repertoires legen i.d.R. Wert auf individuelle Wahrnehmungsbedingungen, die ihnen nur
Verwertungsgesellschaften mit Sitz im Ausland hätten anbieten können. Vereinzelt wird
kritisiert, dass von der Lockerung des Wahrnehmungszwangs allein die großen Rechtsinhaber profitierten, während sie auf den Großteil der Urheber einen negativen Einfluss
habe.[10] Dem lässt sich entgegenhalten, dass gerade auch weniger nachgefragte Werke
von der **Attraktivität des Gesamtrepertoires** profitieren. Die großen Diensteanbieter
sind auf das wirtschaftlich bedeutende Repertoire angewiesen. Im Online-Bereich erfolgt
die Lizenzierung pauschal, d.h. i.d.R. werden Rechte am Gesamtrepertoire eingeräumt.
Abgerechnet werden die konkret genutzten Werke. Damit verschafft das wirtschaftlich
attraktive Repertoire den kleineren Repertoires sowie Nischen-Repertoires häufig erst
den Zugang zu den größeren Diensteanbietern.

2. Einschränkungen gegenüber Nutzern (Abs. 2)

a) Kein Abschlusszwang. Durch Abs. 2 S. 1 der Vorschrift wird § 34 Abs. 1 S. 1 von 8
der Anwendung auf die gebietsübergreifende Vergabe von Online-Rechten an Musikwerken ausgenommen. Damit gilt gegenüber Nutzern (§ 8) **kein Abschlusszwang**, d.h. die

---
8 RefE des BMJV v. 9.6.2015.
9 RegE-VGG, BT-Drucks. 18/7223, S. 91.
10 *Kling*, S. 195.

Verwertungsgesellschaft ist nicht zur Lizenzierung verpflichtet. Eine weitere Lockerung besteht darin, dass die Lizenzbedingungen nicht angemessen, sondern lediglich nach § 34 Abs. 1 S. 2 **objektiv und nichtdiskriminierend** sein müssen. Damit gilt bei Erteilung einer Lizenz keine Verpflichtung zur Gleichbehandlung.

9 Anders als in der Gesetzesbegründung angenommen, handelt es sich bei der Verpflichtung zur Wahrung objektiver und nichtdiskriminierender Bedingungen nach § 34 S. 2 nicht um eine Konkretisierung des Angemessenheitsgebots nach § 34 S. 1.[11] Dies ergibt sich schon aus der **Begrifflichkeit**, die der Regelung in Art. 16 Abs. 2 S. 1 VG-RL entspricht. Die VG-RL kennt keine Verpflichtung zur Gleichbehandlung. Darüber hinaus widerspräche eine solche Auslegung der **Systematik des Gesetzes**. Durch den Ausschluss der Anwendbarkeit von § 34 Abs. 1 S. 1 würde im Bereich der gebietsübergreifenden Vergabe von Online-Rechten allein die konkretisierende Regelung gelten, während die Regelung, die konkretisiert wird, ausdrücklich von ihrer Anwendung ausgenommen wäre. Bei dem Begriffspaar „objektiv und nichtdiskriminierend" handelt es sich daher um einen eigenen Maßstab, der vom Gleichbehandlungsgebot abweicht und letztlich den Abschluss von **individuellen Lizenzvereinbarungen** ermöglicht.[12] Da solche individuellen Lizenzvereinbarungen von den Dienstanbietern eingefordert werden, war die Herabsetzung des Regulierungsniveaus unverzichtbar, um den Abzug wirtschaftlich bedeutender Repertoires im Anwendungsbereich des VGG zu vermeiden.

10 Im Interesse der Rechtsinhaber besteht die Verpflichtung zur Vereinbarung einer **angemessenen Vergütung** nach § 34 Abs. 1 S. 2 auch bei der gebietsübergreifenden Vergabe von Online-Rechten an Musikwerken. Insofern müssen auch unterschiedliche Lizenzbedingungen stets zu einer angemessenen Vergütung führen. Die Anwendung unterschiedlicher Vergütungsmodelle auf Dienstanbieter wird dadurch nicht ausgeschlossen.

11 **b) Keine Verpflichtung zum Abschluss von Gesamtverträgen.** Nach Abs. 2 S. 1 der Vorschrift entfällt bei der gebietsübergreifenden Lizenzierung von Online-Rechten an Musikwerken auch die Verpflichtung zum Abschluss von Gesamtverträgen nach § 35. Dies ist folgerichtig, da das Modell der Gesamtverträge von **einheitlichen Lizenzverträgen** und zudem von einer **Tarifaufstellungspflicht** ausgeht, während bei der gebietsübergreifenden Vergabe von Online-Rechten an Musikwerken individuelle Lizenzvereinbarungen abgeschlossen werden können und keine Tarifaufstellungspflicht besteht.[13] Zudem ließe sich eine Abschlusspflicht für Gesamtverträge nicht mit dem fehlenden Abschlusszwang auf Nutzerebene vereinbaren.[14]

12 **c) Keine Hinterlegung und Zahlung unter Vorbehalt.** Abs. 2 S. 1 der Vorschrift schließt den Erwerb einer gesetzlichen Lizenz nach § 37 durch Hinterlegung und Zahlung unter Vorbehalt bei der Vergabe von gebietsübergreifenden Online-Rechten an Musikwerken ebenfalls aus. Hinterlegung und Zahlung unter Vorbehalt ermöglichen im Interesse des Nutzers bei einem Streit über die Angemessenheit der Vergütung den **Erwerb einer gesetzlichen Lizenz**, um so den Zeitraum bis zu einer verbindlichen Entscheidung über die Angemessenheit zu überbrücken. Da der Nutzer dabei ohne Mitwirkung der Verwertungsgesellschaft die gesetzliche Lizenz erwerben kann, stünde die Regelung

---

11 So aber RegE-VGG, BT-Drucks. 18/7223, S. 83.
12 Im Ergebnis so auch BeckOK-UrhR/*Freudenberg*, § 60 VGG Rn 9; Ensthaler/Weidert/*Riemer/Welp*, Kap. 6 Rn 177.
13 Zu den Lizenzvereinbarungen oben Rn 8; zur fehlenden Tarifaufstellungspflicht unten Rn 13.
14 Zum fehlenden Abschlusszwang oben Rn 8.

im Bereich der gebietsübergreifenden Vergabe von Online-Rechten im Widerspruch zu dem Umstand, dass insoweit eine Verpflichtung der Verwertungsgesellschaft zum Abschluss eines Lizenzvertrages gerade nicht besteht. Daher besteht für die Regelung in § 37 im Teil 3 des VGG kein Raum.

d) Keine Tarifaufstellungspflicht. Nach Abs. 2 S. 1 entfällt im Bereich der gebiets- 13 übergreifenden Lizenzierung von Online-Rechten an Musikwerken die Tarifaufstellungspflicht nach § 38. Da Tarife die **Gleichbehandlung von Nutzern** sicherstellen, im Bereich der gebietsübergreifenden Lizenzierung von Online-Rechten an Musikwerken aber keine Verpflichtung zur Gleichbehandlung besteht,[15] ist der Verzicht auf die Tarifaufstellungspflicht folgerichtig.

Allerdings sieht § 56 Abs. 1 Nr. 4 neben der Veröffentlichung von Tarifen auch die 14 Veröffentlichung von **Standardvergütungssätzen** vor. Im Unterschied zu Tarifen binden Standardvergütungssätze die Verwertungsgesellschaft nicht, indem sie lediglich den Standard wiedergeben, von dem ohne weiteres abgewichen werden kann. Hierfür spricht, dass im Bereich der gebietsübergreifenden Lizenzierung eine Bindungswirkung zu einer Gleichbehandlungsplicht führen würde, die nach Abs. 2 S. 1 gerade nicht bestehen soll. Eine davon zu trennende Frage ist, ob im Bereich der gebietsübergreifenden Lizenzierung eine Verpflichtung zur Aufstellung von Standardvergütungssätzen besteht. Dies ist zu verneinen, wie sich aus der Gesetzessystematik ergibt. Für Standardvergütungssätze fehlt gerade eine Vorschrift, die ähnlich wie § 38 für Tarife eine Aufstellungspflicht vorsieht. Eine Veröffentlichungspflicht für Standardvergütungssätze besteht daher nur, wenn diese auch aufgestellt wurden. Über die Aufstellung entscheidet die Verwertungsgesellschaft.

e) Entsprechende Anwendung von § 39. Auch im Bereich der gebietsübergreifen- 15 den Lizenzierung von Online-Rechten an Musikwerken ist die Verwertungsgesellschaft bei der Bemessung der Vergütung nicht völlig frei. Für die Vergütung gilt nach Abs. 2 S. 2 die Regelung in § 39 entsprechend. Nach § 39 Abs. 1 bilden die **geldwerten Vorteile der Nutzung** die Berechnungsgrundlage. Damit wird der im gesamten Urheberrecht geltende Grundsatz,[16] dass der Urheber tunlichst an sämtlichem wirtschaftlichen Nutzen, der aus seinem Werk gezogen wird, angemessen zu beteiligen ist, umgesetzt. Der Anteil der Werknutzung am Gesamtumfang des Verwertungsvorgangs ist zu berücksichtigen (§ 39 Abs. 2), auf religiöse kulturelle und soziale Belange der Nutzer ist Rücksicht zu nehmen (§ 39 Abs. 3) und die Nutzer sind über die Kriterien, die der Vergütungsberechnung zugrunde liegen, zu informieren (§ 39 Abs. 4).

§ 61
Besondere Anforderungen an Verwertungsgesellschaften

(1) Die Verwertungsgesellschaft muss über ausreichende Kapazitäten verfügen, um die Daten, die für die Verwaltung von gebietsübergreifend vergebenen Online-Rechten an Musikwerken erforderlich sind, effizient und transparent elektronisch verarbeiten zu können.

(2) Die Verwertungsgesellschaft muss insbesondere

---
15 Oben Rn 8.
16 BGH, Urt. v. 1.12.2010 – I ZR 70/09 – GRUR 2011, 720, 722 – Multimediashow.

1. **jedes Musikwerk, an dem sie Online-Rechte wahrnimmt, korrekt bestimmen können;**
2. **für jedes Musikwerk und jeden Teil eines Musikwerks, an dem sie Online-Rechte wahrnimmt, die Online-Rechte, und zwar vollständig oder teilweise und in Bezug auf jedes umfasste Gebiet, sowie den zugehörigen Rechtsinhaber bestimmen können;**
3. **eindeutige Kennungen verwenden, um Rechtsinhaber und Musikwerke zu bestimmen, unter möglichst weitgehender Berücksichtigung der freiwilligen branchenüblichen Standards und Praktiken, die auf internationaler Ebene entwickelt wurden;**
4. **geeignete Mittel verwenden, um Unstimmigkeiten in den Daten anderer Verwertungsgesellschaften, die gebietsübergreifend Online-Rechte an Musikwerken vergeben, unverzüglich und wirksam erkennen und klären zu können.**

Übersicht

I. Allgemeines
　1. Bedeutung der Regelung —— 1
　2. Vorgängerregelung —— 3
　3. Unionsrechtlicher Hintergrund —— 4
　4. Entstehungsgeschichte —— 5
II. Regelungsgehalt
　1. Anforderungen an die Datenverarbeitung (Abs. 1) —— 6
　2. Anforderungen an die Dokumentation und Rechteklärung (Abs. 2)

　a) Bestimmung des Repertoires (Nr. 1) —— 10
　b) Bestimmung des Rechtsinhabers und Territoriums (Nr. 2) —— 12
　c) Verwendung von eindeutigen Kennungen (Nr. 3) —— 13
　d) Unstimmigkeiten in den Daten —— 15

I. Allgemeines

1. Bedeutung der Regelung. Die Vorschrift etabliert das sog. „Passport-Modell", nach dem Verwertungsgesellschaften bestimmte Mindestanforderungen erfüllen müssen, um zur gebietsübergreifenden Lizenzierung von Online-Rechten an Musikwerken berechtigt zu sein. Die Festlegung von bestimmten Qualitätsmerkmalen soll die notwendige Transparenz im Hinblick auf das repräsentierte Repertoire sicherstellen und zudem möglichst exakte Abrechnungen gegenüber Lizenznehmern sowie korrekte Verteilungen an die Rechtsinhaber ermöglichen und insgesamt für eine **effektive Rechtewahrnehmung** sorgen.[1] Die Regelung trägt damit dem Umstand Rechnung, dass die Online-Lizenzierung – insbesondere von Streamingdiensten – mit komplexen und umfangreichen Datenverarbeitungsprozessen verbunden ist, die nur mit dem notwendigen Knowhow und erheblichen personellen und sachlichen Ressourcen bewältigt werden können. Hierzu bedarf es **erheblicher Investitionen**, die nicht von jeder Verwertungsgesellschaft erbracht werden können.[2] Das Gesetz nimmt damit bewusst in Kauf, dass lediglich die leistungsfähigsten Verwertungsgesellschaften administrativ in der Lage sind, die gesetzlichen Anforderungen zu erfüllen.[3]

Das Passport-Modell ist dabei im Zusammenwirken mit dem Repräsentationszwang nach § 69 zu sehen. Durch das Gesetz soll ein Zustand geschaffen werden, bei dem sich einige wenige Hubs herausbilden, die das Repertoire der kleineren Verwertungsgesell-

---

1 Erwägungsgrund 40 VG-RL.
2 Vgl. hierzu Ensthaler/Weidert/*Riemer*/*Welp*, Kap. 6 Rn 154.
3 *Holzmüller*, ZUM 2013, 168, 171.

schaften mitlizenzieren.[4] An die Hubs werden dabei ausschließlich **materielle Anforderungen** gestellt; der Erteilung einer speziellen Erlaubnis bzw. eines Genehmigungsverfahrens für die gebietsübergreifende Lizenzierung bedarf es nicht.

2. Vorgängerregelung. Das UrhWG enthielt keine Regelungen zur gebietsübergreifenden Lizenzierung von Online-Rechten an Musikwerken. 3

3. Unionsrechtlicher Hintergrund. Abs. 1 setzt Art. 24 Abs. 1 VG-RL um. Abs. 2 beruht auf Art. 24 Abs. 2 lit. a bis d VG-RL. 4

4. Entstehungsgeschichte. Die Norm geht auf den wortlautidentischen Vorschlag im RefE des BMJV zurück und wurde im weiteren Gesetzgebungsverfahren nicht weiter diskutiert. 5

II. Regelungsgehalt

1. Anforderungen an die Datenverarbeitung (Abs. 1). Abs. 1 regelt qualitative Mindestanforderungen, die eine Verwertungsgesellschaft erfüllen muss, um gebietsübergreifend Online-Rechte an Musikwerken lizenzieren zu dürfen. Die Vorschrift ist eine Generalklausel und wird durch Abs. 2 konkretisiert. Abs. 1 stellt auf das Vorhandensein **ausreichender Kapazitäten** für eine effiziente und transparente elektronische Verarbeitung der erforderlichen Daten ab. Die Vorschrift erfasst sämtliche für die gebietsübergreifende Verwaltung von Online-Rechten an Musikwerken erforderlichen Daten. Damit macht die Regelung Vorgaben für die **Kernaufgaben einer Verwertungsgesellschaft,** nämlich Lizenzierung, Rechnungsstellung und Verteilung. Zu diesen Bereichen gehören insbesondere die nachfolgenden Datenverarbeitungsvorgänge: 6

Sämtliche Tätigkeiten einer Verwertungsgesellschaft setzen die **Dokumentation** der Werke und von deren Rechtsinhabern voraus. Ohne eine hinreichende Dokumentation wäre weder die Lizenzierung noch die Verteilung an die Rechtsinhaber durchführbar. Abs. 2 Nr. 1 bis 3 machen dabei bereits detaillierte Vorgaben für die Dokumentation von Werken und Rechtsinhabern. Ergänzend ist sicherzustellen, dass die Dokumentation jederzeit aktuell gehalten wird.[5] Hierzu bedarf es eines effizienten Prozesses, in dem Rechtsinhaber Werkneuanmeldungen und Werkänderungen zeitnah registrieren lassen können.[6] 7

Technisch komplex und mit dem Einsatz großer Ressourcen verbunden ist die Zuordnung der von den Diensteanbietern gelieferten Nutzungsdaten zur Datenbank der Verwertungsgesellschaft. Dieser Vorgang wird als **Matching** bezeichnet. Die Diensteanbieter übermitteln der Verwertungsgesellschaft Dateien, in denen die Nutzungen erfasst sind. Hierzu verwenden sie die i.d.R. von den Musiklabels gelieferten Informationen zu den Tonträgeraufnahmen. Diese – vor allem bei Streaming-Diensten – oftmals extrem umfangreichen Dateien müssen automatisiert mit dem Datenbestand der Verwertungsgesellschaft abgeglichen werden. Lässt sich ein Datensatz aus der gelieferten Datei der Dokumentation der Verwertungsgesellschaft zuordnen, spricht man von einem „Match". Erfolgt keine Zuordnung, müssen die entsprechenden Datensätze **manuell nachbearbeitet** werden. Die Matching-Quote ist dabei von der Qualität der vom Diensteanbieter gelieferten Daten und der Qualität der Dokumentation der Verwertungsgesellschaft ab- 8

---

4 Vgl. Raue/Hegemann/*Heine*/*Staats*, § 6 Rn 143.
5 Erwägungsgründe 41 und 42 VG-RL.
6 Zum Anmeldeprozess § 64.

hängig. Der Matching-Prozess ist angesichts des Umfangs der zu verarbeitenden Daten äußerst kostenintensiv. Dem stehen häufig sehr kleinteilige Beträge im Cent-Bereich gegenüber, die auf ein einzelnes Werk entfallen. Eine kosteneffiziente Durchführung des Matching-Prozesses ist daher nur mit leistungsfähigen Systemen bei Realisierung von Synergie-Effekten möglich.

9 Die Ergebnisse des Matching bilden die Grundlage für die **Rechnungsstellung** an die Diensteanbieter, da im Online-Bereich i.d.R. werk- und nutzungsbezogen und nicht pauschal abgerechnet wird. Technisch aufwendig ist dabei die Berücksichtigung von sog. Repertoire-**Carve-outs**. Die im Online-Bereich bestehende Fragmentierung des Repertoires muss bei der Rechnungsstellung und später auch bei der Verteilung berücksichtigt werden. Die **Verteilung** an die Rechtsinhaber erfordert die Anwendung des Regelwerks der Verwertungsgesellschaft (Verteilungsplan) auf die erzielten Ergebnisse des Matching-Prozesses. Auch dieser Prozess muss automatisiert erfolgen.

2. Anforderungen an die Dokumentation und Rechteklärung (Abs. 2)

10 **a) Bestimmung des Repertoires (Nr. 1).** Die Vorschrift verlangt die korrekte Bestimmbarkeit der Werke. Damit stellt sie Anforderungen an die **Dokumentation** des von der Verwertungsgesellschaft repräsentierten Repertoires. Welche konkreten Anforderungen an die Dokumentation zu stellen sind, muss im Kontext mit den Informationen betrachtet werden, die zur Identifizierung des Repertoires zur Verfügung stehen. In der Praxis müssen die von den Diensteanbietern gelieferten Nutzungsmeldungen der Dokumentation der Verwertungsgesellschaft zugeordnet werden (Matching)[7]. Eine hinreichend detaillierte und inhaltlich korrekte Dokumentation erfüllt damit zwei Funktionen. Zum einen wird sichergestellt, dass dem Diensteanbieter nur Nutzungen von Werken in Rechnung gestellt werden, die von der Verwertungsgesellschaft repräsentiert werden. Zum anderen wird durch die Zuordnung der Nutzungsmeldungen zu dem bei der Verwertungsgesellschaft dokumentierten Repertoire die Richtigkeit der Verteilung an die Rechtsinhaber gewährleistet.

11 Zu den grundlegenden Informationen, die zur Bestimmung eines Werkes der Musik erforderlich sein können, gehören der **Werktitel**, die **Komponisten** und **Textdichter**, ggf. **Bearbeiter** sowie der **International Standard Musical Work Code (ISWC)**.[8] Obwohl ein Musikwerk von beliebig vielen Interpreten dargeboten werden kann und das VGG in Teil 3 ausdrücklich lediglich die Vergabe von Nutzungsrechten und nicht von Leistungsschutzrechten regelt,[9] ist die Dokumentation der **Standardinterpreten** von großer Bedeutung, da in den Nutzungsmeldungen häufig diese und nicht die Urheber des Werks angegeben werden. Darüber hinaus werden häufig auch Informationen zu konkreten Aufnahmen wie z.B. der **International Standard Recording Code (ISRC)**, der der Identifikation von Ton- und Bildaufnahmen dient, dokumentiert.[10]

12 **b) Bestimmung des Rechtsinhabers und Territoriums (Nr. 2).** Nach Nr. 2 muss die Verwertungsgesellschaft die Online-Rechte für jedes Werk im Hinblick auf das wahrgenommene Territorium und den Rechtsinhaber bestimmen können. Die hierfür zu dokumentierenden Informationen dienen der Verwertungsgesellschaft zur Ausschüttung an den Berechtigten. Die Verwertungsgesellschaft muss die für eine Werknutzung ermit-

---

7 Oben Rn 8.
8 Unten Rn 14.
9 § 59 Rn 26.
10 Vgl. hierzu den Auftrag in Erwägungsgrund 41 VG-RL.

telte Ausschüttungssumme dem Berechtigten zuordnen können. In der Praxis werden diese Informationen als **Share Picture** bezeichnet. Hierzu zählen die Angabe der Rolle des Rechtsinhabers (Komponist, Textdichter, Bearbeiter, Originalverlag oder Sub-Verlag), dessen Name, die IPI-Nummer,[11] die Gesellschaftszugehörigkeit und der vertretene Anteil. Die Angaben sind dabei für die vertretenen Territorien, für jede Werkfassung und für unterschiedliche Rechte (wie z.B. das Recht der öffentlichen Zugänglichmachung oder das mechanische Vervielfältigungsrecht) gesondert zu dokumentieren. Die Verpflichtung nach Nr. 2 besteht auch für Werkteile. Dadurch wird auch adressiert, dass die lizenzierende Verwertungsgesellschaft aufgrund der Fragmentierung des Online-Repertoires ggf. nicht alle beteiligten Rechtsinhaber vertritt und lizenzieren kann („**split copyrights**").[12] Dies ist gerade bei musikalischen Werken nicht selten der Fall, da an diesen zahlreiche Urheber, die u.U. mit verschiedenen Musikverlagen verbunden sind, beteiligt sein können. Ein Trend zum Komponieren in Autorenteams ist durchaus erkennbar.

c) **Verwendung von eindeutigen Kennungen (Nr. 3).** Die gebietsübergreifend lizenzierende Verwertungsgesellschaft muss nach Nr. 3 eindeutige Kennungen zur Identifizierung der Rechtsinhaber und Musikwerke verwenden. Zur Identifizierung der Rechtsinhaber stellt die **IPI-Nummer (Interested Party Information)** den branchenüblichen Standard dar. Die IPI-Nummer dient der eindeutigen Identifizierung eines Urhebers oder eines Verlages. Die entsprechende Datenbank wird nach den Standards der internationalen Dachverbände der Verwertungsgesellschaften CISAC und BIEM durch die Schweizer Verwertungsgesellschaft SUISA verwaltet. Hinterlegt sind neben einigen Stammdaten des Rechtsinhabers auch die Verwertungsgesellschaft, bei der der Rechtsinhaber Mitglied ist. 13

Branchenüblicher Standard zur Kennzeichnung eines Musikwerkes ist der ISO zertifizierte **ISWC (International Standard Musical Work Code)**. Er wurde von der CISAC entwickelt und wird bei der Werkanmeldung von den Verwertungsgesellschaften (ISWC-Agencies) vergeben. Hinterlegt sind u.a. der Werktitel und die Urheber des Werkes. Verwertungsgesellschaften und Hubs verwenden in der Praxis aber auch eigene eindeutige Werkenummern, die von den Diensteanbietern gemeldet werden. 14

d) **Unstimmigkeiten in den Daten.** Nach Abs. 2 Nr. 4 muss die Verwertungsgesellschaft geeignete Mittel verwenden, um Unstimmigkeiten in den Daten anderer Verwertungsgesellschaften unverzüglich wirksam erkennen und klären zu können. Grds. dokumentieren Verwertungsgesellschaften nicht nur ihr eigenes von ihren Mitgliedern eingebrachtes Originalrepertoire, sondern das **internationale Repertoire**. Dies bringt es mit sich, dass das Weltrepertoire bei mehreren Verwertungsgesellschaften gleichzeitig registriert ist, so dass Unstimmigkeiten in den Dokumentationen auftreten können. Aufgrund des Systems der Rechteverwaltung durch Subverlage[13] sind dabei häufig für unterschiedliche Länder verschiedene Musikverlage berechtigt. Auch dies kann unterschiedliche Angaben bei der Werkanmeldung mit sich bringen. Bei der Rechteklärung kann die Verwertungsgesellschaft i.d.R. nur eine Vermittlerrolle einnehmen, da allein die Berechtigten über die für die Klärung notwendigen Informationen verfügen. Insofern bedarf es eines Verfahrens, bei dem die Betroffenen informiert und angehört werden und den Nachweis der Rechtsinhaberschaft erbringen können. In der Praxis setzen die Verwer- 15

---

11 Unten Rn 13.
12 Zur Fragmentierung des Online-Repertoires § 59 Rn 6 ff.
13 § 59 Rn 2.

tungsgesellschaften Rechtsinhabern, die sich auf die Unrichtigkeit der Dokumentation berufen, häufig Fristen, in denen sie eine Einigung mit dem registrierten Rechtsinhaber erzielt haben müssen oder, falls dies nicht gelingt, gerichtliche Schritte gegen diesen eingeleitet haben müssen. Bis zur abschließenden gerichtlichen Klärung werden dann in der Regel die Ausschüttungen auf die streitigen Anteile gesperrt.

§ 62
Informationen zu Musikwerken und Online-Rechten

(1) **Die Verwertungsgesellschaft informiert auf hinreichend begründete Anfrage Anbieter von Online-Diensten, Berechtigte, Rechtsinhaber, deren Rechte sie auf Grundlage einer Repräsentationsvereinbarung wahrnimmt, und andere Verwertungsgesellschaften elektronisch über:**
1. **die Musikwerke, an denen sie aktuell Online-Rechte wahrnimmt,**
2. **die aktuell vollständig und teilweise von ihr wahrgenommenen Online-Rechte und**
3. **die aktuell von der Wahrnehmung umfassten Gebiete.**

(2) **Die Verwertungsgesellschaft darf, soweit dies erforderlich ist, angemessene Maßnahmen ergreifen, um die Richtigkeit und Integrität der Daten zu schützen, um ihre Weiterverwendung zu kontrollieren und um wirtschaftlich sensible Informationen zu schützen.**

Übersicht

I. Allgemeines	II. Regelungsgehalt
1. Bedeutung der Regelung —— 1	1. Auskunftsanspruch (Abs. 1) —— 5
2. Vorgängerregelung —— 2	2. Beschränkungen des
3. Unionsrechtlicher Hintergrund —— 3	Auskunftsanspruchs (Abs. 2) —— 8
4. Entstehungsgeschichte —— 4	

I. Allgemeines

1 **1. Bedeutung der Regelung.** Die Norm soll für die notwendige **Transparenz** hinsichtlich des von Verwertungsgesellschaften wahrgenommenen Repertoires sorgen und zwar gegenüber Diensteanbietern (Nutzern), den eigenen Berechtigten (Rechtsinhabern) und anderen Verwertungsgesellschaften. Damit wird eines der Hauptanliegen des Teil 3 des VGG verwirklicht. Aufgrund der **Fragmentierung des Online-Musikrepertoires**[1] verursacht die Rechteklärung für die Nutzer, Verwertungsgesellschaften und Rechtsinhaber erhebliche Transaktionskosten, die durch eine leichte Verfügbarkeit von Repertoireinformationen minimiert werden sollen. Die Vorschrift ergänzt § 55 für den Bereich der gebietsübergreifenden Vergabe von Online-Rechten an Musikwerken. In der Rechtsfolge geht § 62 nicht über § 55 hinaus. Allerdings sieht § 62 keine Kostenerstattungspflicht für die Auskunft, wie in § 55 Abs. 3 statuiert, vor. Damit wird offenbar dem Umstand Rechnung getragen, dass die Auskunftserteilung aufgrund der Repertoirefragmentierung im Onlinemarkt für das Funktionieren des Marktes unerlässlich ist.

2 **2. Vorgängerregelung.** Das UrhWG enthielt keine Regelungen zur gebietsübergreifenden Lizenzierung von Online-Rechten an Musikwerken.

---

[1] Hierzu § 59 Rn 6 ff.

3. Unionsrechtlicher Hintergrund. Die Vorschrift setzt Art. 25 Abs. 1 und 2 VG-RL um. In Erwägungsgrund 41 wird Art. 25 VG-RL erläutert.

4. Entstehungsgeschichte. Die Norm geht auf den wortlautidentischen Vorschlag im RefE des BMJV zurück und wurde im weiteren Gesetzgebungsverfahren nicht weiter diskutiert.

II. Regelungsgehalt

1. Auskunftsanspruch (Abs. 1). Abs. 1 statuiert einen **Auskunftsanspruch** gegen Verwertungsgesellschaften über das von ihnen wahrgenommene Repertoire. **Anspruchsberechtigt** sind Anbieter von Online-Diensten, Berechtigte (§ 6) und Rechtsinhaber (§ 5) deren Rechte die Verwertungsgesellschaft auf Grundlage einer Repräsentationsvereinbarung wahrnimmt sowie andere Verwertungsgesellschaften.

In **formeller Hinsicht** setzt der Anspruch eine **hinreichend begründete Anfrage** voraus. Im Hinblick auf den Normzweck dürfte dies für Online-Dienste die Absicht, für bestimmte Werke, Kataloge oder Repertoires eine Lizenz zu erwerben, erfordern.[2] Die Auskunft ist nur auf Anfrage zu erteilen, d.h. die Angaben müssen nicht allgemein (wie z.B. im Internet) verfügbar gemacht werden.

Gegenstand der Auskunft sind nach Nr. 1 die im Online-Bereich aktuell wahrgenommenen Musikwerke. Insofern muss die Verwertungsgesellschaft Auskunft erteilen, ob sie an einem bestimmten Werk gebietsübergreifend Online-Rechte wahrnimmt. Zur Vorlage von Werklisten ist die Verwertungsgesellschaft hingegen nicht verpflichtet.[3] Auskünfte zu den Rechtsinhabern und deren konkreten Anteilen müssen ebenfalls nicht gemacht werden. Nach Nr. 2 müssen die **vollständig oder teilweise wahrgenommenen Online-Rechte** angegeben werden. Anzugeben ist damit, ob interaktive Rechte bzw. lineare Rechte (performing rights) und die dazugehörigen Vervielfältigungsrechte (mechanical rights) wahrgenommen werden. Nach Nr. 3 sind die wahrgenommenen **Territorien** anzugeben. Die Auskunft ist **elektronisch** zu erteilen. In der Praxis stellen Verwertungsgesellschaften wie die GEMA Werkinformationen zu dem von ihnen wahrgenommenen Repertoire in Online-Werkedatenbanken zur Verfügung.[4]

2. Beschränkungen des Auskunftsanspruchs (Abs. 2). Abs. 2 berücksichtigt zum einen das öffentliche Interesse an der **Unverfälschtheit** der Auskunft. Die Verwertungsgesellschaft kann technische Maßnahmen treffen, die eine Bearbeitung der beauskunfteten Daten ausschließen. Zum anderen trägt die Vorschrift dem Umstand Rechnung, dass die Verwertungsgesellschaften **erhebliche Investitionen** in die von ihnen verwalteten Werkedatenbanken getätigt haben. Durch das Auskunftsrecht soll es Diensteanbietern, die in besonders profitablen Bereichen in Konkurrenz zu den Verwertungsgesellschaften treten, nicht ermöglicht werden, eine konkurrierende Datenbank aufzubauen. Im Sinne eines Investitionsschutzes erlaubt die Vorschrift daher technische Maßnahmen zur Unterbindung der Weiterverarbeitung der Daten. Die Auskunft muss folglich nicht in einem Format erfolgen, das automatisiert verarbeitet werden kann. **Wirtschaftlich sensible Informationen**, wie z.B. die konkreten Anteile der Rechtsinhaber oder andere Geschäftsgeheimnisse, muss die Verwertungsgesellschaft nicht beauskunften.

---

2 Vgl. insofern die abweichende Formulierung von § 10 UrhWahrnG a.F.
3 BeckOK-UrhR/*Freudenberg*, § 55 VGG Rn 12f.
4 https://online.gema.de/werke/search.faces.

§ 63
Berichtigung der Informationen

(1) Die Verwertungsgesellschaft verfügt über Regelungen, wonach Anbieter von Online-Diensten, Rechtsinhaber und andere Verwertungsgesellschaften die Berichtigung der Daten, auf die in § 61 Absatz 2 Bezug genommen wird, und die Berichtigung der Informationen nach § 62 Absatz 1 beantragen können.

(2) Ist ein Antrag begründet, berichtigt die Verwertungsgesellschaft die Daten oder die Informationen unverzüglich.

Übersicht

I. Allgemeines	II. Regelungsgehalt
1. Bedeutung der Regelung —— 1	1. Regelung zur Berichtigung von Daten (Abs. 1) —— 5
2. Vorgängerregelung —— 2	
3. Unionsrechtlicher Hintergrund —— 3	2. Pflicht zur unverzüglichen Berichtigung (Abs. 2) —— 7
4. Entstehungsgeschichte —— 4	

I. Allgemeines

1. Bedeutung der Regelung. Die Norm verpflichtet die Verwertungsgesellschaft, Verfahren zu etablieren, mit denen Online-Dienste, Rechtsinhaber und Verwertungsgesellschaften die Berichtigung einer **fehlerhaften Dokumentation** beantragen können. Die Dokumentation soll insofern ständig aktuell und richtig gehalten werden.[1] Die Vorschrift dient damit dem Interesse der Onlinedienste an einer korrekten Abrechnung der Lizenzvergütung sowie den Interessen der Rechtsinhaber und anderer Verwertungsgesellschaften an einer fehlerfreien Verteilung. Sie steht in engem Zusammenhang mit dem **Informationsrecht nach § 62**, mit dem die bestehende Registrierung abgefragt werden kann und das der Vorbereitung eines Berichtigungsverlangens dienen kann.

2. Vorgängerregelung. Das UrhWG enthielt keine vergleichbare Vorschrift.

3. Unionsrechtlicher Hintergrund. Die Vorschrift setzt Art. 26 Abs. 1 VG-RL inhaltlich um. Erwägungsgrund 42 nimmt auf Art. 26 Abs. 1 VG-RL Bezug.

4. Entstehungsgeschichte. Die Norm geht auf den wortlautidentischen Vorschlag im RefE des BMJV zurück und wurde im weiteren Gesetzgebungsverfahren nicht weiter diskutiert.

II. Regelungsgehalt

1. Regelung zur Berichtigung von Daten (Abs. 1). Nach Abs. 1 der Vorschrift müssen Verwertungsgesellschaften im Anwendungsbereich des Teil 3 des VGG Regelungen zur Beantragung von Berichtigungen der nach § 61 Abs. 2 dokumentierten Werkdaten und der Informationen nach § 62 Abs. 1 vorhalten. Das **Antragsrecht** steht Diensteanbietern, Rechtsinhabern (§ 5) und anderen Verwertungsgesellschaften zu.

Fehler in der Dokumentation können sich zum einen ergeben, wenn sich die rechtlichen Verhältnisse an einem Werk ändern, so bspw. wenn der Verlag, der das Werk ver-

---

[1] Erwägungsgründe 41 und 42 VG-RL.

tritt, wechselt. In diesem Fall sind die Rechteinhaber i.d.R. vertraglich gegenüber den Verwertungsgesellschaften verpflichtet, Werkänderungen zu melden. Die Verwertungsgesellschaft muss daher über ein Verfahren verfügen, in dem **Werkänderungen** mitgeteilt und umgesetzt werden können. Unrichtige Werkdokumentationen können auch durch **Registrierungsfehler** entstehen. In diesen Fällen gewinnt das Informationsrecht an Bedeutung. Problematisch sind Unrichtigkeiten in der Dokumentation dann, wenn unter mehreren Rechteinhabern streitig ist, wie ein Werk zu registrieren ist (sog. **Counterclaim**). Insofern ist sicherzustellen, dass die Integrität und Richtigkeit der Daten durch unrichtige Änderungsmeldungen nicht gefährdet wird.[2] Da die Verwertungsgesellschaft die Richtigkeit der Registrierung nicht überprüfen kann, muss ein Verfahren etabliert werden, in dem eine Klärung zwischen den Rechtsinhabern erfolgt. Notfalls ist von den streitenden Parteien eine gerichtliche Entscheidung zu erwirken.

2. Pflicht zur unverzüglichen Berichtigung (Abs. 2). Im Falle eines begründeten 7 Antrags hat die Verwertungsgesellschaft die Daten oder Informationen unverzüglich zu berichtigen. Der Anspruch kann neben dem **Recht auf Berichtigung aus Art. 16 DS-GVO** bestehen, sofern personenbezogene Daten betroffen sind. Der Anspruch aus § 63 geht aber insofern über Art. 16 DS-GVO hinaus, als § 63 auch dann ein Antragsrecht gewährt, wenn keine personenbezogenen Daten betroffen sind, so z.B. bei Verlagen, die als Kapitalgesellschaften verfasst sind.

§ 64
Elektronische Übermittlung von Informationen

(1) ¹Die Verwertungsgesellschaft ermöglicht jedem Berechtigten, elektronisch Informationen zu seinen Musikwerken und zu Online-Rechten an diesen Werken sowie zu den Gebieten zu übermitteln, für die er die Verwertungsgesellschaft mit der Wahrnehmung beauftragt hat. ²Dabei berücksichtigen die Verwertungsgesellschaft und die Berechtigten so weit wie möglich die freiwilligen branchenüblichen Standards und Praktiken für den Datenaustausch, die auf internationaler Ebene entwickelt wurden.

(2) Im Rahmen von Repräsentationsvereinbarungen gilt Absatz 1 auch für die Berechtigten der beauftragenden Verwertungsgesellschaft, soweit die Verwertungsgesellschaften keine abweichende Vereinbarung treffen.

Übersicht

I. Allgemeines
  1. Bedeutung der Regelung —— 1
  2. Vorgängerregelung —— 2
  3. Unionsrechtlicher Hintergrund —— 3
  4. Entstehungsgeschichte —— 4

II. Regelungsgehalt
  1. Pflicht zur Ermöglichung der elektronischen Werkanmeldung (Abs. 1) —— 5
  2. Elektronische Werkanmeldung bei Repräsentation (Abs. 2) —— 7

I. Allgemeines

1. Bedeutung der Regelung. Die Verpflichtung zur Ermöglichung der elektroni- 1 schen Werkanmeldung dient einer **effizienten Rechtewahrnehmung** im Bereich der

---
2 Erwägungsgrund 42 VG-RL.

gebietsübergreifenden Vergabe von Online-Rechten an Musikwerken. Die Werke müssen für eine automatisierte Verarbeitung elektronisch angelegt werden. Insofern wird bei einer elektronischen Werkanmeldung kein Medienbruch verursacht. Die elektronische Werkanmeldung ersetzt eine kostenträchtige manuelle Erfassung der Werke. § 64 **konkretisiert § 14**, wonach Verwertungsgesellschaften ihren Mitgliedern und Berechtigten einen Zugang für eine elektronische Kommunikation eröffnen müssen. Allerdings sieht diese Regelung keine Verpflichtung zur elektronischen Werkanmeldung vor. Die VG-RL misst der elektronischen Verarbeitung zur Erzielung von Effizienzgewinnen eine besondere Bedeutung zu. Nach Erwägungsgrund 42 „sollten wegen der Bedeutung automatisierter Informationssysteme für die rasche und effiziente Verarbeitung der Daten Organisationen für die kollektive Rechtewahrnehmung für die strukturierte Übermittlung dieser Informationen durch die Rechtsinhaber den Einsatz elektronischer Datenverarbeitungssysteme vorsehen." Verwertungsgesellschaften sind daher insoweit nicht gehindert, ausschließlich eine elektronische Werkanmeldung anzubieten und die Anmeldung in Papierform gänzlich zurückzuweisen.

2   **2. Vorgängerregelung.** Das UrhWG enthielt keine vergleichbare Vorschrift.

3   **3. Unionsrechtlicher Hintergrund.** Abs. 1 setzt inhaltlich Art. 26 Abs. 2 VG-RL um, Abs. 2 beruht auf Art. 26 Abs. 3 VG-RL. Auf die Vorschriften wird in Erwägungsgrund 42 Bezug genommen.

4   **4. Entstehungsgeschichte.** Die Norm geht auf den wortlautidentischen Vorschlag im RefE des BMJV zurück und wurde im weiteren Gesetzgebungsverfahren nicht weiter diskutiert.

II. Regelungsgehalt

5   **1. Pflicht zur Ermöglichung der elektronischen Werkanmeldung (Abs. 1).** Nach Abs. 1 S. 1 ist die Verwertungsgesellschaft im Rahmen der gebietsübergreifenden Lizenzierung von Online-Rechten an Musikwerken verpflichtet, ihren Berechtigten (§ 6) eine **elektronische Werkanmeldung** zu ermöglichen. Auch die Mitteilung von **Werkänderungen** ist von dieser Verpflichtung umfasst. Gegenstand der Anmeldung sind Informationen zu den Werken, zu den Online-Rechten an diesen Werken und zu den wahrgenommenen Gebieten. Letztlich sind damit die für die Zwecke nach § 61 Abs. 2 Nr. 1 und 2 erforderlichen Angaben erfasst. Verlegte Musikwerke werden in der Praxis zumeist von den **Musikverlagen** bei der Verwertungsgesellschaft mittels spezialisierter IT-Verfahren angemeldet. Insoweit entspricht die elektronische Werkanmeldung bereits heute dem Standard.

6   Nach Abs. 1 S. 2 erstreckt sich die Verpflichtung auf die Berücksichtigung von freiwilligen branchenüblichen Standards und Praktiken für den Datenaustausch, die auf internationaler Ebene entwickelt wurden. Diese Verpflichtung trifft die Verwertungsgesellschaft und die Berechtigten gleichermaßen, so dass die Verwertungsgesellschaft Werkanmeldungen in vom Standard abweichenden Formaten verweigern kann. Internationaler Standard ist das **Common-Works-Registration-Format (CWR)**, das der Anmeldung einer großen Zahl von Werken dient. Das Format wurde vom internationalen Dachverband der Verwertungsgesellschaften, der CISAC, entwickelt. Kleinere Mengen von Werken werden in der Praxis über webbasierte Portale angemeldet.

7   **2. Elektronische Werkanmeldung bei Repräsentation (Abs. 2).** Abs. 2 sieht im Rahmen von Repräsentationsvereinbarungen nach § 69 eine Verpflichtung der beauf-

tragten Verwertungsgesellschaft vor, den Berechtigten der beauftragenden Verwertungsgesellschaft eine **direkte elektronische Anmeldung** bei der beauftragten Verwertungsgesellschaft zu ermöglichen. Die Vorschrift ist allerdings **dispositiv**. In der Praxis dürfte die Übermittlung der Werkanmeldedaten von der beauftragenden zu der beauftragten Verwertungsgesellschaft zweckmäßig sein, soweit die beauftragende Verwertungsgesellschaft die notwendigen Daten ordnungsgemäß erfasst hat.[1]

§ 65
Überwachung von Nutzungen

Die Verwertungsgesellschaft überwacht die Nutzung von Musikwerken durch den Anbieter eines Online-Dienstes, soweit sie an diesen Online-Rechte für die Musikwerke gebietsübergreifend vergeben hat.

Übersicht
I. Allgemeines
   1. Bedeutung der Regelung —— 1
   2. Vorgängerregelung —— 2
   3. Unionsrechtlicher Hintergrund —— 3
   4. Entstehungsgeschichte —— 4
II. Regelungsgehalt —— 5

I. Allgemeines

1. Bedeutung der Regelung. Die Vorschrift regelt im Interesse der Berechtigten eine **Überwachungspflicht** der Verwertungsgesellschaft gegenüber Online-Diensten, die eine gebietsübergreifende Lizenz erworben haben. Die Überwachungspflicht besteht im Rahmen von **abgeschlossenen Lizenzverträgen** und soll sicherstellen, dass lizenzierte Online-Dienste korrekt abgerechnet und somit die Berechtigten für die Nutzung ihrer Werke angemessen vergütet werden. 1

2. Vorgängerregelung. Das UrhWG enthielt keine vergleichbare Vorschrift. 2

3. Unionsrechtlicher Hintergrund. Die Vorschrift setzt Art. 27 Abs. 1 VG-RL um. Erwägungsgrund 43 bezieht sich auf Art. 27 Abs. 1 VG-RL. 3

4. Entstehungsgeschichte. Die Norm geht auf den wortlautidentischen Vorschlag im RefE des BMJV zurück und wurde im weiteren Gesetzgebungsverfahren nicht weiter diskutiert. 4

II. Regelungsgehalt

§ 65 statuiert eine Überwachungspflicht der Verwertungsgesellschaft gegenüber Online-Diensten, die von dieser eine gebietsübergreifende Lizenz erworben haben. Die Überwachungspflicht bezieht sich nach ihrem Wortlaut auf die Nutzung der Musikwerke. Dies beinhaltet zum einen die Überprüfung, ob **die Art der Nutzung** vom Umfang der Lizenz gedeckt ist, d.h. ob die erforderlichen Rechte von der Verwertungsgesellschaft erworben wurden. Ob durch die Nutzung Rechte, die nicht von der Verwertungsgesell- 5

---
[1] So auch Wandtke/Bullinger/*Gerlach*, § 64 VGG Rn 2.

schaft vertreten werden, verletzt werden, ist hingegen nicht Gegenstand der Überwachungspflicht.

6 In der Praxis von größerer Bedeutung dürfte aber die Frage sein, ob der Online-Dienst die **Anzahl der Nutzungen** und/oder andere **vergütungsrelevante Parameter** (wie z.B. die durch Werbung erwirtschafteten Erträge) gegenüber der Verwertungsgesellschaft richtig angibt. Zur Überprüfung sind die vertragliche Einräumung von **Audit-Rechten** oder die Vorlage von **Testaten**, die durch unabhängige Dritte erstellt wurden, geeignet. Ergänzend sind auch **Testkäufe** durch die Verwertungsgesellschaft denkbar, um stichprobenhaft zu überprüfen, ob erfolgte Nutzungen gegenüber der Verwertungsgesellschaft gemeldet werden.

7 Mit der Überwachungspflicht korrespondiert eine entsprechende **Verpflichtung der Online-Dienste**, angemessene Maßnahmen zur Überprüfung der Richtigkeit der Abrechnung durch die Verwertungsgesellschaft zu dulden und ggf. daran mitzuwirken. Dabei müssen insbesondere das Recht auf Achtung des Privat- und Familienlebens und das Recht auf Schutz personenbezogener Daten gewahrt bleiben.[3] Die Befugnis der Verwertungsgesellschaft zur **Verfolgung von Rechtsverletzungen** durch unlizenzierte Dienste ist nicht Gegenstand der Vorschrift und bleibt von ihr unberührt.[4]

§ 66
Elektronische Nutzungsmeldung

(1) ¹Die Verwertungsgesellschaft ermöglicht dem Anbieter eines Online-Dienstes, elektronisch die Nutzung von Musikwerken zu melden. ²Sie bietet dabei mindestens eine Meldemethode an, die freiwilligen branchenüblichen und auf internationaler Ebene entwickelten Standards und Praktiken für den elektronischen Datenaustausch entspricht.

(2) Die Verwertungsgesellschaft kann eine Meldung ablehnen, wenn sie nicht einer nach Absatz 1 Satz 2 angebotenen Meldemethode entspricht.

Übersicht

I. Allgemeines	II. Regelungsgehalt
1. Bedeutung der Regelung —— 1	1. Pflicht zum Angebot einer elektronischen Meldemethode (Abs. 1) —— 5
2. Vorgängerregelung —— 2	2. Ablehnungsrecht der Verwertungsgesellschaft (Abs. 2) —— 7
3. Unionsrechtlicher Hintergrund —— 3	
4. Entstehungsgeschichte —— 4	

I. Allgemeines

1 **1. Bedeutung der Regelung.** Nutzungsmeldungen sind für die Verwertungsgesellschaften und ihre Berechtigten essentiell. Sie ermöglichen eine **werk- und nutzungsbezogene** Verteilung an die Berechtigten und dienen damit der zuvörderst bei der Verteilung zu berücksichtigenden **Leistungsgerechtigkeit**.[1] Im Online-Bereich werden zudem i.d.R. nutzungsbezogene Vergütungen vereinbart, so dass die Nutzungsmeldung auch Voraussetzung für die Rechnungsstellung ist. Die Vorschrift verpflichtet Verwertungsge-

---

3 Erwägungsgrund 43 VG-RL.
4 RegE-VGG, BT-Drucks. 18/7223, S. 92.

1 BGH, Urt. v. 19.5.2005 – I ZR 299/02 – GRUR 2005, 757, 760 – PRO-Verfahren.

sellschaften zur Ermöglichung **elektronischer Nutzungsmeldungen**. Sie machen im Online-Bereich eine **effiziente Rechtewahrnehmung** erst möglich.[2]

2. Vorgängerregelung. Das UrhWG enthielt keine vergleichbare Vorschrift. 2

3. Unionsrechtlicher Hintergrund. Die Vorschrift beruht auf der inhaltsgleichen 3
Regelung in Art. 27 Abs. 2 VG-RL. Erwägungsgrund 43 VG-RL nimmt hierauf Bezug. Die Verpflichtung der Diensteanbieter aus Art. 27 Abs. 2 S. 1 VG-RL zur **korrekten Meldung von Nutzungen** wurde hingegen nicht ausdrücklich übernommen. Sie wird in Form der richtlinienkonformen Auslegung in die Vorschrift hineinzulesen sein.

4. Entstehungsgeschichte. Die Norm geht auf den wortlautidentischen Vorschlag 4
im RefE des BMJV zurück und wurde im weiteren Gesetzgebungsverfahren nicht weiter diskutiert.

II. Regelungsgehalt

1. Pflicht zum Angebot einer elektronischen Meldemethode (Abs. 1). Abs. 1 S. 1 5
sieht eine Verpflichtung der Verwertungsgesellschaft vor, Anbietern von Online-Diensten die elektronische Meldung von Nutzungen zu ermöglichen. Die **elektronische Nutzungsmeldung** ist im Online-Bereich unverzichtbar, da die Datenmassen, die bei den Diensteanbietern anfallen, manuell nicht verarbeitet werden können. Die Nutzungsdaten fallen bei den Diensten elektronisch an und werden bei den Verwertungsgesellschaften elektronisch verarbeitet. Insofern gibt die Vorschrift den auch bei Eingebietslizenzen praktizierten Standard wieder. Der Regelungsgehalt von Abs. 1 S. 1 geht nicht über § 43 hinaus. Auch außerhalb des Bereichs der gebietsübergreifenden Vergabe von Online-Rechten an Musikwerken muss die Verwertungsgesellschaft eine elektronische Meldung über die Nutzung der Werke ermöglichen. Ergänzend besteht in beiden Bereichen eine Verpflichtung der Verwertungsgesellschaft nach § 41 Abs. 2, in den Nutzungsverträgen angemessene Regelungen über die Auskunftserteilung über Nutzungen zu treffen.[3]

Nach Abs. 1 S. 2 muss die Verwertungsgesellschaft mindestens eine Meldemethode 6
anbieten, die freiwilligen branchenüblichen und auf internationaler Ebene entwickelten Standards und Praktiken entspricht. Insoweit geht die Vorschrift über § 43 hinaus, da außerhalb des Anwendungsbereichs des Teil 3 des VGG die Verpflichtung auf Branchenstandards in § 41 Abs. 3 lediglich als Soll-Vorschrift ausgestaltet ist. Den Branchenstandard bildet in der Praxis das sog. **DDEX-Format (Digital Data Exchange)**.[4] Es wurde in Zusammenarbeit zwischen internationalen Medienunternehmen, Verwertungsgesellschaften, Diensteanbietern und technischen Plattformen entwickelt.

2. Ablehnungsrecht der Verwertungsgesellschaft (Abs. 2). Abs. 2 sieht ein **Ab-** 7
lehnungsrecht der Verwertungsgesellschaft vor, wenn die von der Verwertungsgesellschaft in Übereinstimmung mit Abs. 1 S. 2 verwendete Meldemethode vom Diensteanbieter nicht genutzt wird. Letztlich besteht also eine Verpflichtung der Diensteanbieter, Nutzungen elektronisch unter Verwendung des von der Verwertungsgesellschaft vorgegebenen Formats zu melden. Da die Verwertungsgesellschaft die technische Infrastruk-

---

2 Vgl. Erwägungsgrund 34 VG-RL.
3 RegE-VGG, BT-Drucks. 18/7223, S. 92.
4 http://ddex.net.

tur zur Verarbeitung der von den Diensteanbietern übermittelten Dateien vorhalten muss, wäre eine **effiziente Rechtewahrnehmung** ohne eine Verpflichtung der Diensteanbieter auf ein bestimmtes Format nicht möglich. Außerhalb des Anwendungsbereichs des Teil 3 des VGG ist hingegen anders als in § 66 nur ein Recht der Diensteanbieter auf eine elektronische Nutzungsmeldung nach § 43, nicht aber eine Pflicht zur elektronischen Meldung vorgesehen. In der Praxis dürfte dies keinen großen Unterschied machen, da die Modalitäten der Nutzungsmeldung inklusive der zu verwendenden Formate in den Lizenzverträgen geregelt sind.

§ 67
Abrechnung gegenüber Anbietern von Online-Diensten

(1) Die Verwertungsgesellschaft rechnet gegenüber dem Anbieter eines Online-Dienstes nach dessen Meldung der tatsächlichen Nutzung der Musikwerke unverzüglich ab, es sei denn, dies ist aus Gründen, die dem Anbieter des Online-Dienstes zuzurechnen sind, nicht möglich.

(2) Die Verwertungsgesellschaft rechnet elektronisch ab. Sie bietet dabei mindestens ein Abrechnungsformat an, das freiwilligen branchenüblichen und auf internationaler Ebene entwickelten Standards und Praktiken entspricht.

(3) Der Anbieter eines Online-Dienstes kann die Annahme einer Abrechnung aufgrund ihres Formats nicht ablehnen, wenn die Abrechnung einem nach Absatz 2 Satz 2 angebotenen Abrechnungsformat entspricht.

(4) Bei der Abrechnung sind auf Grundlage der Daten nach § 61 Absatz 2 die Werke und Online-Rechte sowie deren tatsächliche Nutzung anzugeben, soweit dies auf der Grundlage der Meldung möglich ist.

(5) Die Verwertungsgesellschaft sieht geeignete Regelungen vor, nach denen der Anbieter eines Online-Dienstes die Abrechnung beanstanden kann.

Übersicht

I. Allgemeines
 1. Bedeutung der Regelung —— 1
 2. Vorgängerregelung —— 2
 3. Unionsrechtlicher Hintergrund —— 3
 4. Entstehungsgeschichte —— 4
II. Regelungsgehalt
 1. Unverzügliche Abrechnung (Abs. 1) —— 5
 2. Form der Abrechnung (Abs. 2) —— 7
 3. Ablehnungsrecht des Diensteanbieters (Abs. 3) —— 8
 4. Notwendiger Inhalt der Abrechnung (Abs. 4) —— 9
 5. Beanstandung der Abrechnung (Abs. 5) —— 10

I. Allgemeines

1. Bedeutung der Regelung. Die Vorschrift hat verschiedene Schutzrichtungen. Durch die Verpflichtung zur unverzüglichen Abrechnung nach Abs. 1 sollen im Interesse der Berechtigten **frühzeitige Ausschüttungen** ermöglicht werden.[1] Die Regelung steht im Zusammenhang mit § 68 Abs. 1, der eine unverzügliche Verteilung der erzielten Einnahmen vorschreibt. Abs. 2 und 3 sehen branchenübliche Standards für die elektronisch vorzunehmende Abrechnung vor. Die Vorschriften bezwecken **Effizienzgewinne bei**

---

[1] Erwägungsgrund 43 VG-RL.

der Rechtewahrnehmung, die zu beschleunigten Ausschüttungen führen sollen. Abs. 4 und 5 sollen im Interesse der Online-Dienste eine **transparente Abrechnung** sicherstellen. Doppelabrechnungen sollen vermieden und ggf. reklamiert und geklärt werden können.

2. Vorgängerregelung. Das UrhWG enthielt keine vergleichbare Vorschrift. 2

3. Unionsrechtlicher Hintergrund. Die Vorschrift setzt Art. 27 Abs. 3 bis 5 VG-RL um. Erwägungsgrund 43 nimmt hierauf Bezug. 3

4. Entstehungsgeschichte. Die Norm geht auf den wortlautidentischen Vorschlag im RefE des BMJV zurück und wurde im weiteren Gesetzgebungsverfahren nicht weiter diskutiert. 4

II. Regelungsgehalt

1. Unverzügliche Abrechnung (Abs. 1). Nach Abs. 1 der Vorschrift besteht eine unverzügliche Abrechnungspflicht der Verwertungsgesellschaft gegenüber dem Anbieter eines Online-Dienstes. In zeitlicher Hinsicht wird dabei an die Meldung der tatsächlichen Nutzung der Musikwerke durch den Diensteanbieter angeknüpft. Dies ist sachgerecht, da im Online-Bereich i.d.R. **werk- und nutzungsbezogen** abgerechnet wird. Die Abrechnung setzt daher die vorherige Meldung der Nutzungen voraus. Eine konkrete Zeitspanne nennt die Vorschrift nicht. Die Abrechnung muss unverzüglich, d.h. **ohne schuldhaftes Zögern** (§ 121 Abs. 1 BGB), erfolgen. Dabei ist zu beachten, dass das Matching und die Berücksichtigung von Rechte-Carve-outs zeitlich aufwendige Vorgänge sind.[2] 5

Die Verpflichtung zur unverzüglichen Abrechnung entfällt, wenn sie aus Gründen, die dem Online-Dienst zuzurechnen sind, nicht möglich ist. Ein solcher Grund liegt vor, wenn die Meldung der Nutzungen nicht in der Form der von der Verwertungsgesellschaft in Übereinstimmung mit § 66 Abs. 1 S. 2 **angebotenen Meldemethode** erfolgt oder die **Nutzungsmeldungen nicht von ausreichender Qualität** sind, um eine Zuordnung zum Werkdatenbestand der Verwertungsgesellschaft zu ermöglichen. Letzteres ist z.B. dann der Fall, wenn Urheber und Interpreten nicht oder falsch genannt werden. Die Beweislast für die Ausnahme trägt die Verwertungsgesellschaft. 6

2. Form der Abrechnung (Abs. 2). Die Abrechnung muss nach Abs. 2 S. 1 **elektronisch** erfolgen. In der Praxis erfolgt die Abrechnung wie folgt. Die Verwertungsgesellschaft übermittelt dem Online-Dienst eine Datei, aus der sich ergibt, welche Werkanteile von ihr geltend gemacht werden (sog. **Claim**). Die für die Abrechnung genutzte Datei beruht auf der Datei, die der Online-Dienst der Verwertungsgesellschaft zur Meldung der Nutzungen zur Verfügung gestellt hat.[3] So kann die Verwertungsgesellschaft die von ihr geltend gemachten Werkanteile kennzeichnen. Auf dieser Basis wird anschließend abgerechnet. Nach Abs. 2 S. 2 muss das Abrechnungsformat dabei freiwilligen branchenüblichen und auf internationaler Ebene entwickelten Standards und Praktiken entsprechen. Den Standard bildet das sog. **CCID-Format (Claim Confirmation & Invoice Details)**, das den geschilderten Prozess ermöglicht. 7

---

2 Hierzu § 61 Rn 8 f.
3 Siehe auch § 66.

8 **3. Ablehnungsrecht des Diensteanbieters (Abs. 3).** Nach Abs. 3 der Vorschrift kann ein Online-Dienst eine Abrechnung **nicht ablehnen,** wenn sie dem Standard nach Abs. 2 S. 2 entspricht. Im Umkehrschluss besteht ein **Ablehnungsrecht,** wenn der Standard nach Abs. 2 S. 2 von der Verwertungsgesellschaft nicht eingehalten wird.

9 **4. Notwendiger Inhalt der Abrechnung (Abs. 4).** Abs. 4 legt den **Mindestinhalt einer Abrechnung** fest. In der Abrechnung muss die Verwertungsgesellschaft auf Grundlage der Daten nach § 61 Abs. 2 die Werke und Online-Rechte sowie deren tatsächliche Nutzung angeben. Nach Sinn und Zweck der Vorschrift sind nicht nur die abgerechneten Werke, sondern auch die Anteile, die eine Verwertungsgesellschaft repräsentiert, anzugeben. Im Falle von **Split Copyrights** können diese Anteile von verschiedenen Verwertungsgesellschaften oder Option-3-Gesellschaften[4] repräsentiert werden. Im Hinblick auf die Online-Rechte gehört zum Mindestinhalt der Abrechnung die Angabe, ob Rechte der öffentlichen Wiedergabe und/oder Vervielfältigungsrechte abgerechnet werden. Zu den tatsächlichen Nutzungen ist deren Anzahl anzugeben. Die Verpflichtung entfällt, soweit Angaben nicht gemacht werden können, weil die von den Dienstanbietern gelieferten Nutzungsmeldungen diese nicht ermöglichen. Darüber hinaus entfällt die Verpflichtung aus Abs. 4, wenn ein pauschales Lizenzmodell gewählt wird, bei dem die in Abs. 4 genannten Angaben nicht abrechnungsrelevant sind. Insofern ist die Vorschrift **teleologisch zu reduzieren.**

10 **5. Beanstandung der Abrechnung (Abs. 5).** Nach Abs. 5 der Vorschrift muss die Verwertungsgesellschaft geeignete Regelungen für die Beanstandung der Abrechnung durch den Online-Dienst vorsehen. Die Vorschrift zielt dabei in erster Linie auf die Fälle, in denen den Online-Diensten aufgrund der Fragmentierung des Online-Repertoires[5] und der damit verbundenen **Repertoireabgrenzung** dieselben Werkanteile von verschiedenen Verwertungsgesellschaften bzw. Option-3-Gesellschaften in Rechnung gestellt werden.[6] In der Praxis spricht man bei solchen Doppelinanspruchnahmen von einem **Counterclaim.** Diese fallen den Diensteanbietern i.d.R. dann auf, wenn sie die Rechnungsbegleitdateien[7] verschiedener Rechnungssteller automatisiert miteinander abgleichen. Bei einem Counterclaim muss eine Klärung zwischen den verschiedenen Rechnungsstellern herbeigeführt werden. Ggf. müssen die Rechtsinhaber einbezogen werden.[8]

§ 68
Verteilung der Einnahmen aus den Rechten; Informationen

(1) **Die Verwertungsgesellschaft verteilt die Einnahmen aus der gebietsübergreifenden Vergabe von Online-Rechten an Musikwerken nach deren Einziehung unverzüglich nach Maßgabe des Verteilungsplans an die Berechtigten, es sei denn, dies ist aus Gründen, die dem Anbieter eines Online-Dienstes zuzurechnen sind, nicht möglich.**

---

4 Zu den Option-3-Gesellschaften vgl. § 59 Rn 8 f.
5 Hierzu § 59 Rn 6 ff.
6 Vgl. RegE-VGG, BT-Drucks. 18/7223, S. 92.
7 Siehe Rn 7.
8 Vgl. hierzu § 63 Rn 6.

(2) Bei jeder Ausschüttung informiert die Verwertungsgesellschaft den Berechtigten mindestens über:
1. den Zeitraum der Nutzungen, für die dem Berechtigten eine Vergütung zusteht, sowie die Gebiete, in denen seine Musikwerke genutzt wurden;
2. die eingezogenen Beträge, die Abzüge sowie die von der Verwertungsgesellschaft verteilten Beträge für jedes Online-Recht an einem Musikwerk, mit dessen Wahrnehmung der Berechtigte die Verwertungsgesellschaft beauftragt hat;
3. die für den Berechtigten eingezogenen Beträge, die Abzüge sowie die von der Verwertungsgesellschaft verteilten Beträge, aufgeschlüsselt nach den einzelnen Anbietern eines Online-Dienstes.

(3) ¹Im Rahmen von Repräsentationsvereinbarungen gelten die Absätze 1 und 2 für die Verteilung an die beauftragende Verwertungsgesellschaft entsprechend. ²Die beauftragende Verwertungsgesellschaft ist für die Verteilung der Beträge und die Weiterleitung der Informationen an ihre Berechtigten verantwortlich, soweit die Verwertungsgesellschaften keine abweichende Vereinbarung treffen.

Übersicht

I. Allgemeines
   1. Bedeutung der Regelung —— 1
   2. Vorgängerregelung —— 2
   3. Unionsrechtlicher Hintergrund —— 3
   4. Entstehungsgeschichte —— 4
II. Regelungsgehalt
   1. Unverzügliche Verteilung der Einnahmen (Abs. 1) —— 5
   2. Notwendiger Inhalt der Verteilungsabrechnung (Abs. 2) —— 7
   3. Verteilung bei Repräsentationsvereinbarungen (Abs. 3) —— 9

I. Allgemeines

1. Bedeutung der Regelung. Die Vorschrift soll nach Eingang der Lizenzvergütung bei der Verwertungsgesellschaft im Interesse der Berechtigten **frühzeitige Ausschüttungen** sicherstellen und für die notwendige **Transparenz der Abrechnung** gegenüber den Berechtigten sorgen.¹ Sie steht im Zusammenhang mit der Regelung in § 67 Abs. 1, die eine unverzügliche Abrechnung der erzielten Einnahmen gegenüber dem Diensteanbieter vorsieht. 1

2. Vorgängerregelung. Das UrhWG enthielt keine vergleichbare Vorschrift. 2

3. Unionsrechtlicher Hintergrund. Die Vorschrift beruht auf Art. 28 VG-RL. Erwägungsgrund 43 nimmt hierauf Bezug. 3

4. Entstehungsgeschichte. Die Norm geht auf den wortlautidentischen Vorschlag im RefE des BMJV zurück und wurde im weiteren Gesetzgebungsverfahren nicht weiter diskutiert. 4

II. Regelungsgehalt

1. Unverzügliche Verteilung der Einnahmen (Abs. 1). Die Vorschrift regelt den Zeitraum zwischen Einziehung der Lizenzvergütung aus der gebietsübergreifenden Li- 5

---
1 Erwägungsgrund 43 VG-RL.

zenzierung und der Verteilung an die Berechtigten (§ 6). Eine Einziehung liegt dabei vor, wenn bei der Verwertungsgesellschaft der Zahlungseingang zu verzeichnen ist.[2] Die Verteilung hat unverzüglich, d.h. **ohne schuldhaftes Zögern** (§ 121 Abs. 1 BGB), nach der Einziehung zu erfolgen. Die Regelung ist Spezialvorschrift zu § 28 Abs. 2. und 3. Im Gegensatz zu § 28 Abs. 2 sieht sie keine feste Maximalfrist für die Verteilung vor. Allerdings dürfte aufgrund der Verpflichtung zur unverzüglichen Verteilung davon auszugehen sein, dass § 68 Abs. 1 schärfere Anforderungen an die Verteilungszyklen stellt als § 28 Abs. 2. Weiterhin zulässig bleibt die Verteilung zu einzelnen im Voraus festgelegten **Verteilungsterminen**. Die Verwertungsgesellschaft muss also nicht jeden einzelnen Online-Dienst unmittelbar nach Erhalt der Lizenzvergütung gegenüber den Berechtigten abrechnen. Dies wäre im Bereich der kollektiven Rechtewahrnehmung offensichtlich unwirtschaftlich und damit nicht mit dem von der VG-RL verfolgten Ziel einer effizienten Rechtewahrnehmung zu vereinbaren. Im Bereich der kollektiven Verteilung sind dabei jederzeitige Ausschüttungen ohnehin nicht möglich, da die auf einen einzelnen Berechtigten entfallende Verteilungssumme von dem Gesamtertrag, die die Verwertungsgesellschaft zu einem bestimmten Stichtag erzielt hat, abhängig ist. Ggf. nach dem Verteilungsplan vorgesehene Gewichtungen oder Maßnahmen zur kulturellen Förderung können nicht zu beliebigen Zeitpunkten vorgenommen werden. In diesen Fällen liegt kein schuldhaftes Zögern i.S.d. Vorschrift vor.

6 Die Verpflichtung zur unverzüglichen Verteilung entfällt, wenn sie aus Gründen, die dem Online-Dienst zuzurechnen sind, nicht möglich ist. Die Vorschrift ist technisch missglückt, da in diesen Fällen kein schuldhaftes Verhalten der Verwertungsgesellschaft vorliegen und damit bereits kein Verstoß gegen die Verpflichtung zur unverzüglichen Ausschüttung in Betracht kommen dürfte. Bei den aus der Sphäre des Online-Dienstes stammenden Gründen dürfte es sich zudem im Wesentlichen um Gründe handeln, aus denen schon die Abrechnung nach § 67 Abs. 1 nicht möglich ist, insbesondere wenn die **Nutzungsmeldungen nicht von ausreichender Qualität** sind.[3] Da in diesem Fall schon keine Abrechnung erfolgen kann, dürfte es für die Anwendung von Abs. 1 bereits an einer Einziehung der Einnahmen fehlen. Eigenständige Bedeutung gegenüber § 67 Abs. 1 kann der Ausnahmevorschrift hingegen dann zukommen, wenn eine nutzungsunabhängige pauschale Lizenzvereinbarung besteht, die Meldequalität aber nicht für eine vorgesehene nutzungs- und werkbezogene Verteilung ausreichend ist. In diesem Fall kann die Abrechnung auch ohne Nutzungsmeldungen erfolgen, während eine Verteilung nicht möglich ist. Ist der Online-Dienst hingegen zahlungsunwillig, wird die Verpflichtung nach Abs. 1 schon nicht ausgelöst, da noch keine Einziehung der Einnahmen vorliegt.[4] Die Beweislast für das Vorliegen der Ausnahme trägt die Verwertungsgesellschaft.

7 **2. Notwendiger Inhalt der Verteilungsabrechnung (Abs. 2).** Abs. 2 statuiert **Informationspflichten** der Verwertungsgesellschaft im Rahmen der Abrechnung gebietsübergreifender Online-Lizenzen gegenüber den Berechtigten. Nach Nr. 1 sind der Zeitraum und die Gebiete der Nutzungen anzugeben. Die Angaben sind pauschal zu machen, d.h. es sind der **Abrechnungszeitraum** und die **abgerechneten Territorien** anzugeben. Wann und wo ein einzelnes Werk genutzt wurde, gehört hingegen nicht zur Informationspflicht. Nr. 2 sieht eine **werkanteilsbezogene** Informationspflicht hinsicht-

---

2 Vgl. § 28 Rn 17.
3 Siehe § 67 Rn 6.
4 Anders, aber nicht mit dem Wortlaut zu vereinbaren, offenbar die Gesetzesbegründung (RegE-VGG, BT-Drucks. 18/7223, S. 92) für den Fall eines von der Verwertungsgesellschaft zu vertretenden verzögerten Eingangs der Vergütung.

lich des eingezogenen Betrages, der gemachten Abzüge und des verteilten Betrages vor, wobei sich der verteilte Nettobetrag notwendigerweise aus der Anwendung der Abzüge auf den eingezogenen Bruttobetrag ergibt. Zu den Abzügen zählen die Verwaltungskosten nach § 31 Abs. 2 sowie Abzüge für die kulturelle und soziale Förderung nach § 32.

Die Angaben sind für **jedes Online-Recht** zu machen, d.h. es ist zwischen dem 8 Recht der öffentlichen Zugänglichmachung bzw. dem öffentlichen Wiedergaberecht und dem Vervielfältigungsrecht zu differenzieren. Nr. 3 sieht eine weitere Ausdifferenzierung nach den **abgerechneten Diensteanbietern** vor. Insofern sind jedoch keine werkanteilsbezogenen Angaben erforderlich. Aggregierte Angaben auf Ebene des Berechtigten sind ausreichend. Die deutsche Verwertungsgesellschaft GEMA stellt diese Informationen dennoch auf Werkanteilsebene zur Verfügung.

3. Verteilung bei Repräsentationsvereinbarungen (Abs. 3). Abs. 3 S. 1 überträgt 9 für den Fall der Repräsentation nach § 69 die Verpflichtung nach Abs. 1 zur unverzüglichen Abrechnung und die Informationspflichten nach Abs. 2 auf das Verhältnis zwischen der beauftragten und der beauftragenden Verwertungsgesellschaft. Zum Datenaustausch zwischen den Verwertungsgesellschaften wird das **CRD-Format (Common Rights Distribution)** verwendet. Die Verantwortlichkeit für die Verteilung und die Weitergabe der erhaltenen Informationen an die Berechtigten liegt nach S. 2 bei der beauftragenden Verwertungsgesellschaft. Hintergrund ist, dass i.d.R. allein die beauftragende Verwertungsgesellschaft über die Kontakt- und Kontoinformationen ihrer Berechtigten verfügt. Die Regelung ist allerdings dispositiv.

§ 69
Repräsentationszwang

(1) Eine Verwertungsgesellschaft, die bereits gebietsübergreifend Online-Rechte an Musikwerken für mindestens eine andere Verwertungsgesellschaft vergibt oder anbietet, ist verpflichtet, auf Verlangen einer Verwertungsgesellschaft, die selbst keine gebietsübergreifenden Online-Rechte an ihren Musikwerken vergibt oder anbietet, eine Repräsentationsvereinbarung abzuschließen. Die Verpflichtung besteht nur hinsichtlich der Kategorie von Online-Rechten an Musikwerken, die die Verwertungsgesellschaft bereits gebietsübergreifend vergibt.

(2) Die Verwertungsgesellschaft antwortet auf ein Verlangen nach Absatz 1 schriftlich und unverzüglich und teilt dabei die zentralen Bedingungen mit, zu denen sie gebietsübergreifend Online-Rechte an Musikwerken vergibt oder anbietet.

(3) Repräsentationsvereinbarungen, in denen eine Verwertungsgesellschaft mit der exklusiven gebietsübergreifenden Vergabe von Online-Rechten an Musikwerken beauftragt wird, sind unzulässig.

Übersicht

I. Allgemeines	1. Kontrahierungszwang (Abs. 1) —— 6
1. Bedeutung der Regelung —— 1	2. Unverzügliche Informationspflicht
2. Vorgängerregelung —— 3	(Abs. 2) —— 13
3. Unionsrechtlicher Hintergrund —— 4	3. Verbot exklusiver
4. Entstehungsgeschichte —— 5	Repräsentationsvereinbarungen
II. Regelungsgehalt	(Abs. 3) —— 15

I. Allgemeines

1. Bedeutung der Regelung. Die Norm ist eine der zentralen Vorschriften für das im Teil 3 des VGG angestrebte **Hub-Modell** zur gebietsübergreifenden Lizenzierung von Online-Rechten an Musikwerken.[1] Durch die Regulierung soll ein Zustand geschaffen werden, bei dem die größeren, leistungsfähigeren Verwertungsgesellschaften gebietsübergreifende Lizenzen vergeben, während sich die weniger leistungsfähigen Verwertungsgesellschaften auf den nationalen Markt beschränken. Um dem Repertoire der kleineren Verwertungsgesellschaften den **Zugang zum paneuropäischen Markt** zu ermöglichen, unterwirft die Vorschrift Verwertungsgesellschaften, die gebietsübergreifend Online-Rechte an Musikwerken für andere Verwertungsgesellschaften lizenzieren, einem zivilrechtlichen Kontrahierungszwang. Die gebietsübergreifend lizenzierende Verwertungsgesellschaft ist verpflichtet, das Repertoire von nicht gebietsübergreifend lizenzierenden Verwertungsgesellschaften „mitzunehmen", indem sie dieses in ihre Lizenzangebote aufnimmt. Diese vom Gesetzgeber vorgegebene Verpflichtung wird in der Literatur „Huckepack-Modell",[2] „Tag-on-Erfordernis"[3] oder – in Anlehnung an die Plattformregulierung im RStV – „Must-carry-Regelung"[4] genannt.

Der Gesetzgeber setzt dem Grunde nach auf eine **freiwillige Bündelung** der Repertoires in den Hubs. In der Entscheidung, ob eine gebietsübergreifende Lizenzierung für andere Verwertungsgesellschaften erfolgt und damit ein Hub entsteht, sind die Verwertungsgesellschaften frei. Wird jedoch ein Hub gebildet, unterliegt dieses den speziellen Regulierungen der §§ 69 ff. mit dem Repräsentationszwang nach § 69. Dieser umfasst nach § 73 die Verpflichtung zur **diskriminierungsfreien Wahrnehmung** des Repertoires der beauftragenden Verwertungsgesellschaft.[5] Da im Online-Bereich die Rechte i.d.R. pauschal eingeräumt werden, während die Abrechnung werk- und nutzungsbezogen erfolgt, profitieren die Inhaber von Nischenrepertoires oder wirtschaftlich weniger attraktiven Repertoires von der Attraktivität des durch den Hub lizenzierten Repertoires. Das attraktive Repertoire verschafft ihnen Zugang zu den großen Internetdiensten, der ihnen ohne dieses Repertoire verwehrt wäre. In der Praxis ist es, soweit ersichtlich, bisher nicht zu einer zwangsweisen Repertoiremitnahme aufgrund des Repräsentationszwangs gekommen. Die Mitnahme erfolgt i.d.R. freiwillig.

2. Vorgängerregelung. Das UrhWG enthielt keine vergleichbare Vorschrift.

3. Unionsrechtlicher Hintergrund. Abs. 1 beruht auf der inhaltsgleichen Regelung in Art. 30 Abs. 1 VG-RL. Abs. 2 geht auf Art. 29 Abs. 3 und Art. 30 Abs. 2 VG-RL zurück. Das Verbot der exklusiven Rechteeinräumung nach Abs. 3 beruht auf Art. 29 Abs. 1 S. 1 VG-RL. Erwägungsgrund 46 nimmt auf diese Regelungen Bezug.

4. Entstehungsgeschichte. Die Norm geht auf den wortlautidentischen Vorschlag im RefE des BMJV zurück und wurde im weiteren Gesetzgebungsverfahren nicht weiter diskutiert.

---

1 Hierzu § 59 Rn 13 ff.
2 Raue/Hegemann/*Heine/Staats*, § 6 Rn 143; *Kling*, S. 204.
3 *Holzmüller*, ZUM 2013, 168, 171.
4 *Gerlach*, ZUM 2013, 174, 175.
5 Vgl. auch § 44.

II. Regelungsgehalt

1. Kontrahierungszwang (Abs. 1). Verpflichtet sind nach Abs. 1 S. 1 Verwertungs- 6
gesellschaften, die selbst gebietsübergreifend Online-Rechte an Musikwerken **für mindestens eine andere Verwertungsgesellschaft** vergeben oder anbieten. Nicht erfasst ist nach Erwägungsgrund 46 VG-RL der Fall, dass eine Verwertungsgesellschaft lediglich Rechte an denselben Werken bündelt. Der Richtliniengeber hatte mit dieser Ausnahme die Situation im Auge, dass in einigen europäischen Ländern die Rechte zur öffentlichen Wiedergabe von einer anderen Verwertungsgesellschaft wahrgenommen werden als die Vervielfältigungsrechte. Lizenziert in einem solchen Fall eine der beiden Verwertungsgesellschaften gebietsübergreifend auch die Rechte der anderen Verwertungsgesellschaft, besteht kein Repräsentationszwang. Für Deutschland spielt diese Ausnahme zunächst keine Rolle, da die GEMA die öffentlichen Wiedergaberechte und die Vervielfältigungsrechte gemeinsam wahrnimmt. Eine Verpflichtung zur Repräsentation besteht aber z.B. auch dann nicht, wenn eine **Option-3-Gesellschaft**[6] die von ihr wahrgenommenen Vervielfältigungsrechte zusammen mit den korrespondierenden Wiedergaberechten der Verwertungsgesellschaft wahrnimmt.

Für die Verpflichtung zur Repräsentation ist nach dem Wortlaut der Vorschrift nicht 7
maßgeblich, ob die Verwertungsgesellschaft ihr **eigenes Repertoire** gebietsübergreifend lizenziert. Verwertungsgesellschaften, die ausschließlich ihr eigenes Repertoire gebietsübergreifend anbieten, unterliegen keinem Kontrahierungszwang nach § 69. In Teilen der Literatur wurde insoweit befürchtet, dass die Repertoirebündelung im Hub unterlaufen werden könnte, indem sich die Verwertungsgesellschaften auf die gebietsübergreifende Lizenzierung ihrer eigenen Repertoires zurückzögen.[7] In der Praxis hat sich diese Befürchtung nicht bewahrheitet. So haben sich mit **ICE** und **Armonia** bereits zwei große europäische Hubs herausgebildet.[8]

Ausreichend für die Verpflichtung aus Abs. 1 ist das **Angebot** von gebietsübergrei- 8
fenden Lizenzen. Dass bereits eine Lizenzierung erfolgt ist, ist nicht erforderlich.

Anspruchsberechtigt sind Verwertungsgesellschaften, die selbst keine gebietsüber- 9
greifenden Online-Rechte an ihren Musikwerken vergeben oder anbieten. Der Unionsgesetzgeber hat dabei **kleinere Verwertungsgesellschaften** im Blick, die administrativ nicht dazu in der Lage sind, gebietsübergreifend Online-Rechte zu vergeben.[9] Dies trifft zumindest auf die Verwertungsgesellschaften zu, die die Passport-Kriterien nach § 61 nicht erfüllen. Anspruchsberechtigt sind aber auch Verwertungsgesellschaften, die freiwillig bzw. aus strategischen Erwägungen von einer gebietsübergreifenden Lizenzierung absehen.

Die anspruchsberechtigte Verwertungsgesellschaft kann von der anspruchsver- 10
pflichteten Verwertungsgesellschaft den Abschluss einer Repräsentationsvereinbarung verlangen. In dieser verpflichtet sich die beauftragte Verwertungsgesellschaft **zur diskriminierungsfreien Wahrnehmung** des Repertoires der beauftragenden Gesellschaft. Der Anspruch ist auf den Vertragsschluss und damit auf die **Abgabe einer Willenserklärung** gerichtet.

Der Kontrahierungszwang besteht nach Abs. 1 S. 2 nur hinsichtlich der Kategorie 11
von Online-Rechten an Musikwerken, die die gebietsübergreifend lizenzierende Verwertungsgesellschaft vergibt. Bei dem Begriff der **Rechtekategorie,** der dem materiellen

---
6 Hierzu § 59 Rn 8 f.
7 *Kling*, S. 210, m.w.N. Aber positiv Hoeren/Sieber/Holznagel/*Müller*, Teil 7.5 Rn 73.
8 Zu ICE vgl. § 59 Rn 20, zu Armonia § 59 Rn 21.
9 RegE-VGG, BT-Drucks. 17/7223, S. 92f.

Recht unbekannt ist, handelt es sich um einen **unbestimmten Rechtsbegriff**. Der ebenfalls vom VGG verwendete Begriff der Nutzungsarten[10] dürfte feingliedriger zu verstehen sein. Nach einer am Sinn und Zweck der Vorschrift orientierten Auslegung dürfte einerseits nach der Wahrnehmung der Wiedergabe- und der Vervielfältigungsrechte zu differenzieren sein, andererseits ist danach zu unterscheiden, ob On-Demand-Rechte und/oder lineare Online-Rechte wahrgenommen werden.

12 Mit dem Kontrahierungszwang ist keine Verpflichtung zur unentgeltlichen Wahrnehmung des Repertoires der beauftragenden Verwertungsgesellschaft verbunden. Allerdings ist die beauftragte Verwertungsgesellschaft hinsichtlich der **Konditionen** der Wahrnehmung an § 73 gebunden.

13 **2. Unverzügliche Informationspflicht (Abs. 2).** Nach Abs. 2 hat die verpflichtete Verwertungsgesellschaft einer Verwertungsgesellschaft, die die Mitnahme ihres Repertoires verlangt, schriftlich und unverzüglich zu antworten und die zentralen Bedingungen der gebietsübergreifenden Lizenzierung mitzuteilen. Die schriftliche Antwort muss unverzüglich, d.h. **ohne schuldhaftes Zögern** (§ 121 Abs. 1 BGB) erfolgen. Durch die Informationspflicht soll es der anspruchsberechtigten Verwertungsgesellschaft ermöglicht werden, eine **sachgerechte Entscheidung** über die Weitergabe des eigenen Repertoires zur gebietsübergreifenden Lizenzierung zu treffen.[11]

14 Die Regelung ist handwerklich missglückt, da der Auskunftsanspruch ein Verlangen nach Abs. 1 voraussetzt, also nach seinem Wortlaut erst dann besteht, wenn sich die beauftragende Verwertungsgesellschaft bereits zum Abschluss einer Repräsentationsvereinbarung entschlossen hat. Nach Sinn und Zweck der Regelung wird man eine Auskunftspflicht aber schon dann annehmen müssen, wenn die anspruchsberechtigte Verwertungsgesellschaft ihr **ernsthaftes Interesse** am Abschluss einer Repräsentationsvereinbarung gegenüber der verpflichteten Gesellschaft kundgetan hat. Gegenstand der Auskunft sind die **zentralen Bedingungen** der gebietsübergreifenden Lizenzierung. Hierzu zählen die wahrgenommenen Rechte, die Lizenzvergütung, die Laufzeit von Lizenzvereinbarungen, die Abrechnungsperioden gegenüber Lizenznehmern und die von der Lizenzierung umfassten Territorien.[12]

15 **3. Verbot exklusiver Repräsentationsvereinbarungen (Abs. 3).** Abs. 3 übernimmt das bereits in der VG-RL normierte **Verbot der exklusiven Beauftragung**. Die beauftragende Verwertungsgesellschaft bleibt daher auch nach Geltendmachung des Repräsentationszwangs berechtigt, ihr eigenes Repertoire gebietsübergreifend durch einen anderen Hub wahrnehmen zu lassen. Zudem kann sie ihr eigenes Repertoire weiterhin selbst national lizenzieren; bei einer gebietsübergreifenden Lizenzierung würde hingegen der Repräsentationszwang der beauftragten Verwertungsgesellschaft entfallen.

16 Das Verbot der exklusiven Rechteeinräumung ist in zweifacher Hinsicht problematisch. Zum einen ist die Wahrnehmung des Repertoires der beauftragenden Verwertungsgesellschaft mit **erheblichen Investitionskosten** verbunden, deren Amortisierung ein gewisses Lizenzierungsvolumen voraussetzt. So muss das Repertoire der beauftragenden Verwertungsgesellschaft in den Hub migriert werden, um eine Lizenzvergabe zu ermöglichen. Die Migration ist mit ganz erheblichen Unkosten verbunden, da die doku-

---

10 Vgl. § 47 Nr. 1.
11 RegE-VGG, BT-Drucks. 17/7223, S. 93.
12 RegE-VGG, BT-Drucks. 17/7223, S. 93: „...die Art der Verwertung, die Bestimmungen zur Vergütung, die Geltungsdauer von Verträgen mit Anbietern von Online-Diensten, Rechnungsperioden und die von der Vergabe umfassten Gebiete." Vgl. auch den leicht unterschiedlichen Wortlaut in Art. 29 Abs. 3 VG-RL.

mentierten Angaben aufgrund unterschiedlicher nationaler urheberrechtlicher Bestimmungen und unterschiedlichen Verteilungsregeln stark voneinander abweichen können und die erforderliche Qualität der Daten nicht immer gewährleistet ist.[13] Durch eine Zulassung exklusiver Vereinbarungen hätte der Gesetzgeber für die Hubs einen Anreiz zur Mitnahme von Nischenrepertoires oder wirtschaftlich unbedeutenden Repertoires schaffen können.[14] Dies wurde versäumt, weshalb sich die Diskussion über die Amortisation der Anfangsinvestitionen auf die Konditionenebene verlagert.

Zum anderen führt eine **überschneidende Lizenzierung** desselben Repertoires 17 durch verschiedene Hubs zu vermeidbaren Abrechnungskonflikten, die mit kostenintensiven manuellen Nachbearbeitungen verbunden sind. Eine exklusive Rechteeinräumung läge damit auch im Interesse der Nutzer, deren Wahlfreiheit die VG-RL nach Erwägungsgrund 44 schützen will. Andererseits ist zu konstatieren, dass bisher keine Fälle der parallelen Wahrnehmung von Repertoires nicht gebietsübergreifend lizenzierender Verwertungsgesellschaften bekannt geworden sind, weil weder die beauftragende Gesellschaft noch die beteiligten Hubs ein Interesse an einer überschneidenden Lizenzierung haben. Jedenfalls statuiert Abs. 3 keine Verpflichtung der beauftragenden Gesellschaft, ihr Repertoire auch anderen Hubs zur Lizenzierung zur Verfügung zu stellen.

§ 70
Informationen der beauftragenden Verwertungsgesellschaft

(1) Die beauftragende Verwertungsgesellschaft stellt der beauftragten Verwertungsgesellschaft diejenigen Informationen über ihre Musikwerke zur Verfügung, die für die gebietsübergreifende Vergabe von Online-Rechten erforderlich sind.

(2) Sind die Informationen nach Absatz 1 unzureichend oder stellt die beauftragende Verwertungsgesellschaft die Informationen in einer Weise zur Verfügung, dass die beauftragte Verwertungsgesellschaft die Anforderungen dieses Teils nicht erfüllen kann, so ist die beauftragte Verwertungsgesellschaft berechtigt,
1. der beauftragenden Verwertungsgesellschaft die Kosten in Rechnung zu stellen, die für die Erfüllung der Anforderungen vernünftigerweise entstanden sind, oder
2. diejenigen Werke von der Wahrnehmung auszuschließen, zu denen nur unzureichende oder nicht verwendbare Informationen vorliegen.

Übersicht
I. Allgemeines
   1. Bedeutung der Regelung —— 1
   2. Vorgängerregelung —— 2
   3. Unionsrechtlicher Hintergrund —— 3
   4. Entstehungsgeschichte —— 4
II. Regelungsgehalt
   1. Pflichten der beauftragenden Verwertungsgesellschaft (Abs. 1) —— 5
   2. Rechte der beauftragten Verwertungsgesellschaft bei unzureichenden Informationen oder ungenügender Zurverfügungstellung (Abs. 2) —— 6

---

13 Vgl. in diesem Fall zu den Rechten der beauftragten Verwertungsgesellschaft § 70 Abs. 2.
14 *Wübbelt*, S. 228.

I. Allgemeines

1. Bedeutung der Regelung. Durch die Vorschrift sollen die Voraussetzungen geschaffen werden, um der beauftragten Verwertungsgesellschaft im Rahmen des Repräsentationszwangs nach § 69 die Wahrnehmung des Repertoires der beauftragenden Verwertungsgesellschaft zu ermöglichen. Die Vorschrift regelt hierfür **Mitwirkungspflichten** der beauftragenden Verwertungsgesellschaft. Für die Lieferung des Datenbestands, der für die Rechtewahrnehmung erforderlich ist, ist die beauftragende Verwertungsgesellschaft verantwortlich. Bei einer Verletzung der Mitwirkungspflichten hat die beauftragte Verwertungsgesellschaft alternativ ein **Recht zur Ersatzvornahme** oder ein **Ablehnungsrecht**. Das Gesetz greift damit das in der Praxis verbreitete Problem auf, dass die Werkdokumentation insbesondere von kleineren Repertoires oftmals nicht eine für die Rechtewahrnehmung nach Teil III des VGG ausreichende Qualität hat. Die beauftragenden Verwertungsgesellschaften dürften dabei häufig selbst nicht in der der Lage dazu sein, gebietsübergreifend zu lizenzieren, da sie die Anforderungen nach § 61 nicht erfüllen. In der Praxis liegt dies häufig an nicht ausreichenden Werkedokumentationen. Damit sind aber auch Probleme bei der Lizenzierung durch die beauftragte Verwertungsgesellschaft im Rahmen der Repräsentation vorprogrammiert, da die gelieferten Daten nicht den Standard nach § 70 erfüllen werden.

2. Vorgängerregelung. Das UrhWG enthielt keine vergleichbare Vorschrift.

3. Unionsrechtlicher Hintergrund. Die Vorschrift setzt Art. 30 Abs. 6 VG-RL um.

4. Entstehungsgeschichte. Die Norm geht auf den wortlautidentischen Vorschlag im RefE des BMJV zurück und wurde im weiteren Gesetzgebungsverfahren nicht weiter diskutiert.

II. Regelungsgehalt

1. Pflichten der beauftragenden Verwertungsgesellschaft (Abs. 1). Abs. 1 regelt die Pflichten einer Verwertungsgesellschaft, die eine andere Verwertungsgesellschaft nach § 69 mit der gebietsübergreifenden Lizenzierung von Online-Rechten an Musikwerken beauftragt hat. Die Regelung ist auf die Beauftragung im Rahmen des Kontrahierungszwangs nach § 69, aber nach Sinn und Zweck der Vorschrift auch auf eine freiwillige Lizenzierung des Repertoires der beauftragenden Verwertungsgesellschaft anwendbar. Die beauftragte Verwertungsgesellschaft kann ihre Verpflichtung zur Repräsentation nach § 69 nur dann erfüllen, wenn sie von der beauftragenden Verwertungsgesellschaft **ausreichende Informationen** zu dem Repertoire erhält, das sie repräsentieren soll. § 70 stellt dabei Anforderungen an den Inhalt, aber auch an die Form der Informationen. Die Informationen müssen das sog. Matching[1] ermöglichen, d.h. ausreichend sein, um die Identifizierung der genutzten Werke anhand der Nutzungsmeldungen durch einen Abgleich mit der Werkedatenbank zu ermöglichen. Zu den **notwendigen Angaben** zählen zumindest Werktitel, beteiligte Komponisten, Textdichter und Musikverlage, ISWC-Code und Interpreten.[2] Der Umfang der Verpflichtung nach Abs. 1 ist nicht zu unterschätzen. Es müssen große Datenmengen übermittelt werden. Die Ver-

---

1 Hierzu § 61 Rn 8.
2 Vgl. hierzu § 61 Rn 11.

pflichtung kann nur erfüllt werden, wenn die beauftragende Verwertungsgesellschaft über eine Werkdokumentation in hinreichender Qualität und automatisiert verarbeitungsfähiger Form verfügt. Die Daten müssen in elektronischer Form geliefert werden, da andernfalls ein Abgleich mit den von den Online-Diensten gelieferten Nutzungsmeldungen nicht möglich wäre.

2. Rechte der beauftragten Verwertungsgesellschaft bei unzureichenden Informationen oder ungenügender Zurverfügungstellung (Abs. 2). Abs. 2 regelt die Rechte der beauftragten Verwertungsgesellschaft, wenn die beauftragende Verwertungsgesellschaft lediglich unzureichende Informationen über ihr Repertoire zur Verfügung stellt oder die Informationen nicht in technisch geeigneter Weise elektronisch anbietet. Der beauftragten Verwertungsgesellschaft steht nach Nr. 1 ein **Recht zur Ersatzvornahme** zu. Sie kann auf Kosten der beauftragenden Verwertungsgesellschaft, soweit die notwendigen Informationen verfügbar sind, die Dokumentation des Repertoires der beauftragenden Verwertungsgesellschaft auf das erforderliche Maß anreichern oder durch Dienstleister anreichern lassen. Der Anspruch ist auf Ersatz der notwendigerweise entstandenen Kosten beschränkt. Nach Nr. 2 steht der beauftragten Verwertungsgesellschaft ein **Ablehnungsrecht** zu. Sie kann die Wahrnehmung der Werke, zu denen nur unzureichenden Informationen mitgeteilt wurden, zurückweisen. Insoweit entfällt der Repräsentationszwang nach § 69. Beide Alternativen sind gleichwertig, d.h. die beauftragte Verwertungsgesellschaft hat ein freies Wahlrecht. 6

§ 71
Informationen der Mitglieder und Berechtigten bei Repräsentation

Die beauftragende Verwertungsgesellschaft informiert ihre Mitglieder und ihre Berechtigten über die zentralen Bedingungen der von ihr abgeschlossenen Repräsentationsvereinbarungen.

Übersicht
I. Allgemeines
   1. Bedeutung der Regelung —— 1
   2. Vorgängerregelung —— 2
   3. Unionsrechtlicher Hintergrund —— 3
   4. Entstehungsgeschichte —— 4
II. Regelungsgehalt —— 5

I. Allgemeines

1. Bedeutung der Regelung. Die Norm statuiert Informationspflichten von Verwertungsgesellschaften, die die von ihnen vertretenen Online-Rechte an Musikwerken auf Basis einer **Repräsentationsvereinbarung** durch eine andere Verwertungsgesellschaft gebietsübergreifend wahrnehmen lassen. Die Vorschrift dient der Transparenz gegenüber den Berechtigten und Mitgliedern der beauftragenden Verwertungsgesellschaft, die in keiner direkten vertraglichen Beziehung zur beauftragten Verwertungsgesellschaft stehen und daher auf Informationen ihrer eigenen Verwertungsgesellschaft angewiesen sind.[3] § 71 ergänzt dabei die ausschüttungsbezogenen Informationspflichten der beauftragten Verwertungsgesellschaften nach § 68 Abs. 3. 1

2. Vorgängerregelung. Das UrhWG enthielt keine vergleichbare Vorschrift. 2

---
3 Vgl. Erwägungsgrund 45 VG-Richtlinie.

3. Unionsrechtlicher Hintergrund. Die Vorschrift setzt Art. 29 Abs. 2 VG-RL um. Erwägungsgrund 45 nimmt auf die Vorschrift Bezug.

4. Entstehungsgeschichte. Die Norm geht auf den wortlautidentischen Vorschlag im RefE des BMJV zurück und wurde im weiteren Gesetzgebungsverfahren nicht weiter diskutiert.

II. Regelungsgehalt

Adressat der in § 71 geregelten Informationspflicht ist die **beauftragende Verwertungsgesellschaft**, d.h. eine Verwertungsgesellschaft, die nicht selbst gebietsübergreifend Online-Rechte an Musikwerken lizenziert, sondern diese Aufgabe einer anderen Verwertungsgesellschaft durch Abschluss einer Repräsentationsvereinbarung i.S.d. § 69 übertragen hat. Berechtigt sind die **Mitglieder (§ 7) und Berechtigten (§ 6)** der beauftragenden Verwertungsgesellschaft. Gegenstand der Information sind die **zentralen Bedingungen der abgeschlossenen Repräsentationsvereinbarungen**.

Zu den zentralen Bedingungen zählen, wie sich aus Art. 29 Abs. 2 VG-RL ergibt, die Laufzeit der Vereinbarung und die Kosten für die Leistungen, die von der beauftragten Verwertungsgesellschaft erbracht werden.[4] Zu den zentralen Bedingungen dürften zudem auch die Art der übertragenen Rechte und die von der Rechteübertragung betroffenen Territorien zählen. Eine Informationspflicht im Hinblick auf die **zentralen Bedingungen der Lizenzvergabe** nach § 69 Abs. 2 besteht gegenüber den Mitgliedern und Berechtigten der beauftragenden Verwertungsgesellschaften hingegen nicht. Der Wortlaut von § 71, aber auch von Art. 29 Abs. 2 VG-RL, ist insofern eindeutig, indem in beiden Vorschriften auf die **zentralen Bedingungen der Repräsentationsvereinbarung** Bezug genommen wird. Darüber hinausgehende Informationspflichten verbieten sich aufgrund der Vollharmonisierung durch Titel III der VG-RL.[5]

§ 72
Zugang zur gebietsübergreifenden Vergabe von Online-Rechten an Musikwerken

Eine Verwertungsgesellschaft, die bis zum 10. April 2017 Online-Rechte an Musikwerken gebietsübergreifend weder vergibt noch anbietet und auch keine Repräsentationsvereinbarung nach § 69 abgeschlossen hat, ermöglicht es dem Berechtigten, seine Online-Rechte gebietsübergreifend anderweitig zu vergeben. Die Verwertungsgesellschaft ist dabei verpflichtet, auf Verlangen des Berechtigten Online-Rechte an Musikwerken weiterhin zur Vergabe in einzelnen Gebieten wahrzunehmen.

Übersicht
I. Allgemeines
   1. Bedeutung der Regelung —— 1
   2. Vorgängerregelung —— 2
   3. Unionsrechtlicher Hintergrund —— 3
   4. Entstehungsgeschichte —— 4
II. Regelungsgehalt

---

4 Vgl. auch RegE-VGG, BT-Drucks. 17/7223, S. 93.
5 Zur Vollharmonisierung vgl. § 59 Rn 18.

1. Voraussetzungen des Rechts zur eigenen Vergabe —— 5
2. Inhalt des Rechts zur eigenen Vergabe —— 8
3. Auswirkungen auf die Vergabe von Eingebietslizenzen (S. 2) —— 10

I. Allgemeines

1. Bedeutung der Regelung. Die Vorschrift ermöglicht es den Berechtigten (§ 6), ihre Online-Rechte an Musikwerken gebietsübergreifend **anderweitig zu vergeben**, wenn ihre Verwertungsgesellschaft die Online-Rechte nicht selbst gebietsübergreifend wahrnimmt oder über eine Repräsentationsvereinbarung von einer anderen Verwertungsgesellschaft gebietsübergreifend wahrnehmen lässt. Die Vorschrift hat eine doppelte Zielrichtung: Im Vordergrund steht der Schutz des Berechtigten, dem für seine Werke der **Zugang zum Markt für gebietsübergreifende Online-Lizenzen** eröffnet werden soll.[1] Darüber hinaus soll die Vorschrift die Herausbildung von Hubs für die gebietsübergreifende Vergabe von Online-Rechten an Musikwerken fördern, indem sie einen **Anreiz für Verwertungsgesellschaften** schafft, Repräsentationsvereinbarungen über die gebietsübergreifende Lizenzierung abzuschließen oder selbst gebietsübergreifend zu lizenzieren.[2] Verschaffen die Verwertungsgesellschaften ihren Berechtigten keinen Zugang zu diesem Markt, droht ihnen ein Repertoireverlust für diesen Bereich. Die Vorschrift hat aktuell allerdings keine praktische Bedeutung. Die im Anwendungsbereich des VGG allein von den §§ 59 ff. betroffene GEMA hatte bereits vor dem Stichtag 10. April 2017 Mehrgebietslizenzen über ihre Tochtergesellschaft, das Joint-Venture ICE Services Ltd., angeboten und vergeben. 1

2. Vorgängerregelung. Das UrhWG enthielt keine vergleichbare Vorschrift. 2

3. Unionsrechtlicher Hintergrund. Die Vorschrift setzt Art. 31 VG-RL um. Erwägungsgrund 47 nimmt hierauf Bezug. 3

4. Entstehungsgeschichte. Die Norm geht auf den wortlautidentischen Vorschlag im RefE des BMJV zurück und wurde im weiteren Gesetzgebungsverfahren nicht weiter diskutiert. 4

II. Regelungsgehalt

1. Voraussetzungen des Rechts zur eigenen Vergabe. Adressat der Vorschrift sind Verwertungsgesellschaften, die bis zum **10. April 2017** keine Online-Rechte an Musikwerken gebietsübergreifend vergeben oder angeboten haben und keine Repräsentationsvereinbarung hierüber abgeschlossen haben. Die Verwertungsgesellschaften hatten also nach Inkrafttreten des VGG eine **Übergangsfrist** von einem Jahr zur Etablierung der gebietsübergreifenden Lizenzierung. Dies war ihnen allerdings bereits mit der Beschlussfassung über die VG-RL am 26. Februar 2014 bekannt, da die VG-RL diesen Stichtag ausdrücklich in Art. 31 nennt. Zur Fristwahrung war es dabei ausreichend, wenn die Verwertungsgesellschaft die gebietsübergreifende Vergabe von Online-Rechten **anbot**. Zum Abschluss eines Lizenzvertrages musste es nicht gekommen sein. 5

---

1 Erwägungsgrund 47 VG-RL.
2 Erwägungsgrund 44 VG-RL.

6 Nach ihrem Wortlaut findet die Vorschrift auch dann Anwendung, wenn die Verwertungsgesellschaft zwar bis zum Stichtag keine gebietsübergreifenden Lizenzen angeboten, aber nach dem Stichtag mit der gebietsübergreifenden Lizenzierung von Online-Rechten begonnen hat. Nach dem **Telos der Vorschrift** soll dem Berechtigten nachdem die Verwertungsgesellschaft mit der gebietsübergreifenden Lizenzierung begonnen hat, kein Recht zur eigenen Vergabe mehr zustehen, da der Zugang seines Repertoires zum gebietsübergreifenden Online-Markt in diesem Fall sichergestellt ist. Andererseits besteht das Recht zur eigenen Vergabe bei Gründung einer neuen Verwertungsgesellschaft unmittelbar, wenn diese mit ihrer Gründung keine gebietsübergreifenden Lizenzen anbietet. Eine Übergangsfrist besteht nicht mehr, da der Stichtag abgelaufen ist.

7 Nach Art. 31 VG-RL setzt das Recht zur eigenen Vergabe zudem voraus, dass der Rechteentzug für **Zwecke der Vergabe von Mehrgebietslizenzen** erfolgt. Die VG-RL bestätigt damit implizit, dass die Praxis der exklusiven Rechteeinräumung im Rahmen des Wahrnehmungsvertrages üblich und zulässig ist. Bevor der Berechtigte die Rechte zum Zwecke der Vergabe von Mehrgebietslizenzen selbst lizenzieren oder anderweitig vergeben kann, muss er diese Rechte der ursprünglich beauftragten Verwertungsgesellschaft nach § 12 VGG entziehen. Im Wortlaut von § 72 ist die genannte subjektive Einschränkung nicht vorgesehen. Aufgrund der Vollharmonisierung des Titel III der VG-RL[3] handelt es sich insofern um ein ungeschriebenes Tatbestandsmerkmal, das im Wege der richtlinienkonformen Auslegung in die Vorschrift hineinzulesen ist.[4]

8 **2. Inhalt des Rechts zur eigenen Vergabe.** Sofern den Berechtigten das Recht zur eigenen Vergabe zusteht, muss die Verwertungsgesellschaft ihnen die gebietsübergreifende Online-Lizenzierung anderweitig ermöglichen. Art. 31 VG-RL ist insofern konkreter gefasst, wonach die individuelle Vergabe durch den Rechtsinhaber, die Vergabe über bevollmächtigte Dritte (wie z.B. durch eine unabhängige Verwertungseinrichtung nach § 4) oder die Vergabe über eine andere Organisation der kollektiven Rechtewahrnehmung ermöglicht werden muss. § 72 sieht keinen automatischen Rückfall der Rechte an den Berechtigten vor, die Vorschrift ist **nicht selbstvollziehend**. Die Verwertungsgesellschaft muss daher das Recht zur eigenen Vergabe in ihrem Regelwerk verankern.

9 Die **konkrete Ausgestaltung** des Rechts zur eigenen Vergabe überlässt der Gesetzgeber ausweislich der Gesetzesbegründung den Verwertungsgesellschaften.[5] Denkbar wären fristlose **Kündigungs- bzw. Widerrufsrechte**, die im Wahrnehmungsvertrag geregelt werden könnten. Andererseits wäre es auch möglich, eine Verpflichtung der Verwertungsgesellschaft zur Erteilung von **Unterlizenzen** an die von ihren Berechtigten ausgewählten Verwertungsgesellschaften bzw. Hubs zu implementieren oder den Verwertungsgesellschaften einfache übertragbare Nutzungsrechte zu belassen, während die Ausschließlichkeitsrechte an die Berechtigten zurückfallen.[6] Für das Recht zur eigenen Vergabe gilt nicht die Frist des § 12. Es wäre unbillig den Berechtigten am Wahrnehmungsvertrag festzuhalten, obwohl seine Rechte nicht lizenziert werden. Zudem entstehen keine Komplikationen mit unterjährigen Abrechnungen, die im kollektiven Verteilungssystem nicht abgebildet werden könnten, da ohnehin keine Lizenzierung erfolgt ist.

10 **3. Auswirkungen auf die Vergabe von Eingebietslizenzen (S. 2).** Nach S. 2 kann der Berechtigte trotz anderweitiger Vergabe der gebietsübergreifenden Online-Rechte

---

3 § 59 Rn 18.
4 *Kling*, S. 213.
5 RegE-VGG, BT-Drucks. 18/7223, S. 93.
6 Enstahler/Weidert/*Riemer*/*Welp*, Kap. 6 Rn 153.

von seiner Verwertungsgesellschaft weiterhin die Vergabe von **Eingebietslizenzen** für Online-Nutzungen verlangen. Insofern greift der **Wahrnehmungszwang** nach § 9. Die Vergabe von Eingebietslizenzen kann daher mit der Vergabe von Mehrgebietslizenzen auseinanderfallen. Dies gilt selbst dann, wenn sich die zu lizenzierenden Territorien überschneiden, d.h. das Territorium, das Gegenstand der Eingebietslizenz ist, auch Teil des Territoriums der Mehrgebietslizenz ist. Im VGG wird also von einer **isolierten Übertragbarkeit** der Online-Rechte zur gebietsübergreifenden Lizenzierung ausgegangen. Bei gebietsübergreifenden Online-Rechten an Musikwerken handelt es sich damit um eine **eigenständige Nutzungsart** kraft Gesetzes.[7] Das Gesetz fingiert diese Nutzungsart jedoch nur im Anwendungsbereich des § 72. Außerhalb des Anwendungsbereichs scheidet eine isolierte Übertragbarkeit aus.

§ 73
Wahrnehmung bei Repräsentation

(1) Die beauftragte Verwertungsgesellschaft nimmt die Online-Rechte an den Musikwerken der beauftragenden Verwertungsgesellschaft zu denselben Bedingungen wahr, wie die Online Rechte ihrer Berechtigten.
(2) Die beauftragte Verwertungsgesellschaft nimmt die Musikwerke der beauftragenden Verwertungsgesellschaft in alle Angebote auf, die sie an den Anbieter eines Online-Dienstes richtet.
(3) Verwaltungskosten dürfen die Kosten nicht übersteigen, die der beauftragten Verwertungsgesellschaft vernünftigerweise entstanden sind.

Übersicht

I. Allgemeines
   1. Bedeutung der Regelung —— 1
   2. Vorgängerregelung —— 3
   3. Unionsrechtlicher Hintergrund —— 4
   4. Entstehungsgeschichte —— 5
II. Regelungsgehalt
   1. Gleichbehandlungsgebot (Abs. 1) —— 6
   2. Pflicht zur Aufnahme in Angebote (Abs. 2) —— 8
   3. Erstattung von Verwaltungskosten (Abs. 3) —— 10

I. Allgemeines

1. Bedeutung der Regelung. Die Vorschrift betrifft Fälle, in denen eine Verwertungsgesellschaft als Lizenzierungshub das Online-Repertoire einer anderen Verwertungsgesellschaft gebietsübergreifend mitlizenziert. Hierzu ist sie gem. § 69 (Repräsentationszwang) verpflichtet. Die Vorschrift ist aber auch auf den „freiwilligen" Abschluss einer Repräsentationsvereinbarung anwendbar. Auch in diesem Fall liegt eine „Repräsentation" vor, wie sich aus § 44 ergibt. § 73 sieht eine **Gleichbehandlungspflicht** vor, die verhindern soll, dass das repräsentierte Repertoire der beauftragenden Verwertungsgesellschaft schlechter gestellt wird, als das von der beauftragten Verwertungsgesellschaft vertretene eigene Originalrepertoire. Die Norm flankiert damit den **Repräsentationszwang nach § 69**, der nicht durch schlechte Wahrnehmungsbedingungen faktisch unterlaufen werden soll. Durch die Gleichbehandlungspflicht soll wirtschaftlich unattraktiverem Repertoire der Zugang zum Binnenmarkt ermöglicht werden.[1]

1

---

7 Wohl auch *Kling*, S. 219.

1 RegE-VGG, BT-Drucks. 18/7223, S. 94; Erwägungsgrund 46 VG-RL.

2 Da § 44 als allgemeinere Vorschrift für jede Form der Wahrnehmung des Repertoires einer Verwertungsgesellschaft durch eine andere Verwertungsgesellschaft ein Diskriminierungsverbot statuiert, kommt Abs. 1 eine geringe Bedeutung zu. Die **Pflicht zur Aufnahme** des Repertoires der beauftragenden Verwertungsgesellschaft **in Angebote** nach Abs. 2 geht hingegen deutlich über den Regelungsgehalt von § 44 hinaus. Aufgrund der im Online-Bereich praktizierten Pauschallizenzierung dürfte diese, sofern sich Repräsentationsmodelle nach § 69 etablieren, die Verfügbarkeit kleinerer Repertoires und Nischenrepertoires erheblich verbessern.[2] Die **Verpflichtung zur Erstattung der Verwaltungskosten** nach Abs. 3 trägt dem Umstand Rechnung, dass im Falle der Repräsentation die Verwaltungskosten nicht einseitig zu Lasten der Mitglieder der beauftragten Verwertungsgesellschaft gehen können.

3 **2. Vorgängerregelung.** Das UrhWG enthielt keine vergleichbare Vorschrift.

4 **3. Unionsrechtlicher Hintergrund.** Die Vorschrift setzt Art. 30 Abs. 3 bis 5 VG-RL ohne inhaltliche Änderung um. In Erwägungsgrund 46 werden die Regelungen in der VG-RL erläutert.

5 **4. Entstehungsgeschichte.** Die Norm geht auf den wortlautidentischen Vorschlag im RefE des BMJV zurück und wurde im weiteren Gesetzgebungsverfahren nicht weiter diskutiert.

II. Regelungsgehalt

6 **1. Gleichbehandlungsgebot (Abs. 1).** Abs. 1 der Vorschrift verpflichtet die beauftragte Verwertungsgesellschaft, für das repräsentierte Repertoire der beauftragenden Verwertungsgesellschaft dieselben Bedingungen anzuwenden, die für ihr eigenes Originalrepertoire gelten. Die beauftragte Verwertungsgesellschaft trifft insoweit ein **Gleichbehandlungsgebot**. Abs. 1 ist lex specialis zum Diskriminierungsverbot nach § 44. Da durch die Vorschrift so wie bei § 44 sichergestellt werden soll, dass die Rechtsinhaber, deren Rechte über eine Repräsentationsvereinbarung wahrgenommen werden, nicht schlechter gestellt werden sollen als bei einer unmittelbaren Wahrnehmung,[3] dürften die Maßstäbe für das Gleichbehandlungsgebot und das Diskriminierungsverbot weitgehend identisch sein. Differenzierungen sind aus sachlichen Gründen zulässig.[4]

7 Die in Abs. 1 genannten Bedingungen der Wahrnehmung betreffen z.B. die Modalitäten der Ausschüttung, aber auch die Bedingungen für die Einziehung der Lizenzvergütung.[5] Zu beachten ist aber, dass im Bereich der gebietsübergreifenden Lizenzierung der Gleichbehandlungsmaßstab gegenüber den Berechtigten gelockert ist[6] und keine Tarifaufstellungspflicht besteht.[7] Insofern kann der Umstand, dass eine Wahrnehmung auf Basis einer Repräsentationsvereinbarung erfolgt, nicht zu strengeren Maßstäben führen. Ungleichbehandlungen allein aufgrund des Umstandes, dass es sich um das Repertoire einer anderen Verwertungsgesellschaft handelt, sind unzulässig, während Differenzierungen auf Basis von sachlichen Gründen erlaubt sind. Für die Kostentragung gilt Abs. 3.

---

2 Positiv auch *Kling*, S. 206.
3 RegE-VGG, BT-Drucks. 18/7223, S. 94.
4 RegE-VGG, BT-Drucks. 18/7223, S. 87.
5 Vgl. für § 44 RegE-VGG, BT-Drucks. 18/7223, S. 87.
6 § 60 Rn 6 f.
7 § 60 Rn 13.

2. Pflicht zur Aufnahme in Angebote (Abs. 2). Die beauftragte Verwertungsge- 8
sellschaft ist verpflichtet, das repräsentierte Repertoire der beauftragenden Verwertungsgesellschaft in ihre Lizenzangebote aufzunehmen, d.h. dem Diensteanbieter **tatsächlich anzubieten**. Eine Pflicht zur Lizenzierung besteht hingegen nicht, sondern richtet sich nach der Nachfrage. In der Regel werden im Online-Bereich Pauschallizenzen erteilt, mit denen ein bestimmtes Repertoire lizenziert und damit nutzbar gemacht wird. Da aber im Online-Bereich eine werk- und nutzungsbezogene Abrechnung üblich ist, werden Werke nur dann vergütet, wenn sie auch tatsächlich genutzt werden.

Bei der Bemessung der Vergütungshöhe darf das Repertoire der beauftragenden 9
Verwertungsgesellschaft nach Abs. 1 nicht diskriminiert werden. Auf der anderen Seite sind sachlich begründete Differenzierungen auch im Fall der Repräsentation zulässig. Die Verwertungsgesellschaft wäre also nicht gehindert, für verschiedene Repertoires unterschiedliche Vergütungssätze zu vereinbaren, sofern die unterschiedliche Vergütungshöhe durch die Marktnachfrage begründet wäre, d.h. ein Lizenznehmer für ein bestimmtes Repertoire nicht dazu bereit wäre, dieselbe Vergütung zu bezahlen wie für ein anderes Repertoire.

3. Erstattung von Verwaltungskosten (Abs. 3). Abs. 3 regelt, inwieweit die beauf- 10
tragte Verwertungsgesellschaft von der beauftragenden Verwertungsgesellschaft Verwaltungskosten erstattet verlangen kann. Der Begriff der Verwaltungskosten ist in § 31 Abs. 2 **legaldefiniert**.[8] Hinsichtlich der Erstattungsfähigkeit ist Abs. 3 **lex specialis** zu § 31. Erstattungsfähig sind die vernünftigerweise entstandenen Kosten, während im Rahmen von § 31 Abs. 2 die „gerechtfertigten und belegten Verwaltungskosten" erstattungsfähig sind. Neben den laufenden Verwertungskosten können auch die Investitionskosten in Rechnung gestellt werden.[9] Insofern ist zu berücksichtigen, ob durch die Repräsentation besondere zusätzliche Kosten entstehen. Kosten, die ggf. für die Aufbereitung eines unzureichend dokumentierten Repertoires entstehen, sind hingegen nach § 70 Abs. 2 Nr. 1 erstattungsfähig.

§ 74
Ausnahme für Hörfunk- und Fernsehprogramme

Dieser Teil findet keine Anwendung, soweit die Verwertungsgesellschaft auf der Grundlage einer freiwilligen Bündelung der notwendigen Online-Rechte und unter Beachtung der Wettbewerbsregeln gemäß Artikeln 101 und 102 des Vertrages über die Arbeitsweise der Europäischen Union gebietsübergreifend Online-Rechte an Musikwerken an Sendeunternehmen vergibt, die diese benötigen, um ihre Hörfunk- oder Fernsehprogramme zeitgleich mit der Sendung oder danach sowie sonstige Online-Inhalte, einschließlich Vorschauen, die ergänzend zur ersten Sendung von dem oder für das Sendeunternehmen produziert wurden, öffentlich wiederzugeben oder zugänglich zu machen.

Übersicht
I. Allgemeines
   1. Bedeutung der Regelung —— 1
   2. Vorgängerregelung —— 3
   3. Unionsrechtlicher Hintergrund —— 4
   4. Entstehungsgeschichte —— 5

---

8 Zu dem Begriff vgl. § 31 Rn 24 f.
9 RegE-VGG, BT-Drucks. 18/7223, S. 94. So auch Erwägungsgrund 46 VG-RL.

II. Regelungsgehalt
1. Lizenzierung eines Sendeunternehmens —— 7
2. Freiwillige Bündelung unter Beachtung der Wettbewerbsregeln —— 8
3. Gegenstand der Lizenz —— 9

I. Allgemeines

1. Bedeutung der Regelung. Die Norm nimmt bestimmte Online-Angebote von Sendeunternehmen vom Anwendungsbereich der Vorschriften zur gebietsübergreifenden Lizenzierung von Online-Rechten an Musikwerken in Teil 3 aus. Die Ausnahme greift nur bei **gebietsübergreifenden Lizenzierungen**. Für Eingebietslizenzen ist Teil 3 des VGG ohnehin nicht anwendbar. Im Hinblick auf die von der Vorschrift erfassten Online-Rechte i.S.d. §§ 59 ff. VGG,[1] d.h. das Recht der öffentlichen Zugänglichmachung und das Senderecht, kommt es dabei darauf an, ob die Werke bestimmungsgemäß in mehreren Ländern zu empfangen bzw. abrufbar sind.[2]

Die Ausnahme nach § 74 trägt dem Umstand Rechnung, dass Sendeunternehmen von den Verwertungsgesellschaften neben den klassischen Senderechten auch für ihre **Internetangebote** Lizenzen erwerben. Die Sendeunternehmen haben ein gesteigertes Interesse, Senderechte und Rechte für die programmbegleitenden Nutzungen im Internet **aus einer Hand** zu erwerben. Die Vorschrift soll gewährleisten, dass der nationale one-stop-shop für die Online-Angebote der Sender erhalten bleibt. Dieses Interesse resultiert aus dem Umstand, dass eine aufwendige Rechteklärung angesichts der häufig sehr kurzfristig wechselnden Inhalte nur schwer realisierbar wäre. Der Gesetzgeber sah insoweit die Gefahr, dass die Sendeunternehmen ohne eine entsprechende Ausnahme auf die Verwertung des Repertoires von Verwertungsgesellschaften gänzlich verzichten könnten.[3] Die **EBU** (European Broadcasting Union) hat für die Reaggregierung der erforderlichen Rechte bei den Verwertungsgesellschaften zusammen mit der **ECSA** (European Composer & Songwriter Alliance), der **GESAC** (European Grouping of Societies of Authors and Composers) und der **ICMP** (International Confederation of Music Publishers) eine rechtlich unverbindliche Empfehlung ausgesprochen.[4]

2. Vorgängerregelung. Das UrhWG enthielt keine vergleichbare Vorschrift.

3. Unionsrechtlicher Hintergrund. Die unionsrechtliche Entsprechung von § 74 ist Art. 32 VG-RL. Erwägungsgrund 48 nimmt hierauf Bezug. Die Regelung ist auch im Zusammenhang mit der Reform der Satelliten- und Kabelrichtlinie zu sehen,[5] die am 28.3.2019 durch das Europäische Parlament angenommen wurde. Programmbegleitende Online-Nutzungen und Simulcasting[6] werden nach Art. 2 Abs. 1 unter den Begriff der **„ergänzenden Online-Dienste"** gefasst. Soweit Hörfunkprogramme und Fernsehpro-

---

1 § 59 Rn 27.
2 Für Senderechte gilt nach vorherrschender Ansicht die sog. Bogsch-Theorie (BGH, Urt. v. 7.11.2002 – I ZR 175/00 – GRUR 2003, 328 ff. – Sender Felsberg), wonach Sende- und Empfangsland maßgeblich sind. Für die Europäische Satellitensendung gilt nach § 20a UrhG allerdings das Sendelandprinzip. Für das Recht der öffentlichen Zugänglichmachung kommt es nach vorherrschender Ansicht auf die bestimmungsgemäße Abrufbarkeit an, vgl. Dreier/Schulze-*Dreier*, vor § 120 UrhG Rn 41 f.
3 RegE-VGG, BT-Drucks. 18/7223, S. 94.
4 Recommendation for the licensing of broadcast-related online activities v. 4.4.2014.
5 Richtlinie mit Vorschriften für die Ausübung von Urheberrechten und verwandten Schutzrechten in Bezug auf bestimmte Online-Übertragungen von Sendeunternehmen und die Weiterverbreitung von Fernseh- und Hörfunkprogrammen und zur Änderung der Richtlinie 93/83/EWG des Rates.
6 Hierzu unten Rn 11.

gramme, die Nachrichtensendungen und Sendungen zum aktuellen Geschehen oder von dem Sendeunternehmen vollständig finanzierte Eigenproduktionen sind, in einem ergänzenden Online-Dienst bereitgestellt werden, unterfallen diese nach Art. 3 dem **Ursprungslandprinzip**, d.h. der Erwerb einer Lizenz ist nur für das Land notwendig, in dem das Sendeunternehmen seine Hauptniederlassung hat. Insofern kann es also aus Rechtsgründen nicht zu einer gebietsübergreifenden Lizenzierung kommen.

4. Entstehungsgeschichte. Die Norm geht auf den wortlautidentischen Vorschlag im RefE des BMJV zurück und wurde im weiteren Gesetzgebungsverfahren nicht weiter diskutiert. 5

II. Regelungsgehalt

Die Regelung enthält eine Bereichsausnahme für die gebietsübergreifende Lizenzierung von Online-Rechten an Musikwerken an Sendeunternehmen. Im Umfang der Bereichsausnahme greift die Absenkung des Regulierungsniveaus für gebietsübergreifende Lizenzen nach § 60 nicht.[7] Die Verwertungsgesellschaft unterliegt daher insbesondere einer **Tarifaufstellungspflicht** (§ 38) und dem **Abschlusszwang** (§ 34). Auf der anderen Seite gelten insofern für die Verwertungsgesellschaft auch nicht die besonderen Anforderungen an die gebietsübergreifende Lizenzierung, wie die Erfüllung der Passport-Kriterien nach § 61 oder der Repräsentationszwang nach § 69. 6

1. Lizenzierung eines Sendeunternehmens. Die Vorschrift ist beschränkt auf die Lizenzierung von **Sendeunternehmen**. Ein Sendeunternehmen ist zunächst dadurch gekennzeichnet, dass es **lineare Übertragungsvorgänge** vornimmt, die das Senderecht nach § 20 UrhG berühren. Darüber hinaus wird vorausgesetzt, dass ein **Unternehmen** lizenziert wird. Wie sich aus der Gesetzesbegründung ergibt, soll insofern der Anwendungsbereich der Ausnahme auf klassische Fernseh- und Hörfunkunternehmen beschränkt sein.[8] Diese enge Auslegung dürfte mit dem Ausnahmecharakter der Vorschrift zu rechtfertigen sein. Nicht unter § 74 fallen damit Webcasting-Angebote wie z.B. der Betrieb von reinen Internetradios.[9] 7

2. Freiwillige Bündelung unter Beachtung der Wettbewerbsregeln. Die Norm setzt eine freiwillige Bündelung der Online-Rechte voraus. Sie nimmt damit Bezug auf die bisherige Praxis der Verwertungsgesellschaften, die **bilaterale Vereinbarungen** mit den Major-Musikverlagen getroffen haben, um die relevanten Rechte den Sendeunternehmen aus einer Hand anbieten zu können. Die **Freiwilligkeit der Rechtebündelung** wird in Abgrenzung zum Repräsentationszwang nach § 69 und zu anderen denkbaren gesetzlichen Modellen wie z.B. einer Zwangslizenz vorausgesetzt. Zudem verweist die Vorschrift auf die Einhaltung der ohnehin geltenden **kartellrechtlichen Vorschriften** nach Art. 101 und 102 AEUV.[10] Der Vorschrift dürfte im Wesentlichen Appell-Charakter zukommen. Ein Kartellverstoß würde die Ausnahme unmittelbar entfallen lassen. 8

3. Gegenstand der Lizenz. § 74 ist beschränkt auf die Lizenzierung von bestimmten Inhalten, die in einem engen Zusammenhang mit der ursprünglichen Sendung ste- 9

---

7 § 60 Rn 6 ff.
8 RegE-VGG, BT-Drucks. 18/7223, S. 94.
9 RegE-VGG, BT-Drucks. 18/7223, S. 94.
10 Zur Anwendbarkeit des Kartellrechts auf Verwertungsgesellschaften s. Einleitung Rn 32 ff.

hen. In der Praxis spricht man insofern von **programmbegleitenden Onlinenutzungen**. Gegenstand der Ausnahme sind Lizenzen für die zeitgleiche Übertragung von Fernsehen oder Hörfunk im Internet **(Simulcasting)**. Die Regelung ist erforderlich, da lineare Online-Nutzungen vom Anwendungsbereich des Teil 3 des VGG grds. erfasst sind.[11] Auch nachträgliche, zeitlich versetzte Wiedergaben des Fernseh- oder Hörfunkprogramms **(Catch-up-Dienste)** fallen unter die Ausnahme. Dies betrifft insbesondere die **Mediatheken** der Sendeunternehmen, in denen die Sendungen zum jederzeitigen Abruf bereitgehalten werden. Eine Wiedergabe oder Zugänglichmachung zeitlich vor der klassischen Sendung ist hingegen von der Vorschrift nicht erfasst.

10   Darüber hinaus fällt auch die Lizenzierung von **sonstigen Online-Inhalten** unter § 74. Das Gesetz sieht insofern stark einschränkend vor, dass diese ergänzend zur ersten Sendung produziert worden sein müssen. Erforderlich sind insofern ein klares und untergeordnetes Verhältnis zur Sendung und die Funktion einer Ergänzung, Vorschau oder Wiederholung.[12] Das **Unterordnungsverhältnis** muss sich auf die konkrete ursprüngliche Sendung beziehen.[13] An der **Ergänzungsfunktion** dürfte es etwa fehlen, wenn vollständige Musikwerke oder Musikvideos direkt zum Abruf angeboten werden. Nachträglich produzierte Inhalte werden ebenfalls nicht erfasst, d.h. Archivmaterial kann in den Mediatheken nicht weiter ergänzt werden. Die sonstigen Online-Inhalte können aber vor der Sendung angeboten werden. An einer zeitlichen Beschränkung wie bei den Catch-up-Diensten fehlt es insofern. Damit können Vorschauen vor der eigentlichen Sendung online gestellt werden. Die sonstigen Online-Inhalte müssen von dem oder für das Sendeunternehmen produziert worden sein. Die Regelung gilt damit nicht für **fremdproduziertes Material**. § 74 findet auf die öffentliche Wiedergabe und Zugänglichmachung Anwendung. Erfasst werden damit lineare und On-Demand-Angebote. Insgesamt ist die Vorschrift eng auszulegen.[14]

11   Für einige der in § 74 genannten Nutzungen wird nach Inkrafttreten der **Richtlinie zur Reform der Satelliten- und Kabelrichtlinie** lediglich eine Lizenz des Sitzlandes erforderlich sein. Insoweit ist die Bereichsausnahme in der Zukunft entbehrlich, da in diesem Fall schon keine gebietsübergreifende Lizenzierung nach § 59 vorliegt. Der Anwendungsbereich von Art. 3 SatCab-RL und § 74 ist allerdings nicht vollständig deckungsgleich. Für Auftragsproduktionen gilt nach der Richtlinie z.B. das Ursprungslandprinzip nicht.

---

11 § 59 Rn 27.
12 Erwägungsgrund 48 VG-RL; RegE-VGG, BT-Drucks. 18/7223, S. 94.
13 *Kling*, S. 232 f.
14 Erwägungsgrund 48 VG-RL.

VIERTER TEIL
Aufsicht

**§ 75
Aufsichtsbehörde**

(1) **Aufsichtsbehörde ist das Deutsche Patent- und Markenamt.**
(2) **Die Aufsichtsbehörde nimmt ihre Aufgaben und Befugnisse nur im öffentlichen Interesse wahr.**

Übersicht

I. Allgemeines
   1. Bedeutung der Regelung —— 1
   2. Vorgängerregelung —— 3
   3. Unionsrechtlicher Hintergrund —— 5
   4. Entstehungsgeschichte —— 6
   5. Anwendungsbereich —— 7
II. Regelungsgehalt
   1. Die Aufsichtsbehörde (Abs. 1) —— 9
   2. Handeln im öffentlichen Interesse (Abs. 2) —— 10

I. Allgemeines

1. Bedeutung der Regelung. Das Urheberrecht gewährt dem Urheber ausschließliche Rechte in Bezug auf sein Werk. Durch Zusammenschluss der Urheber zu einer Verwertungsgesellschaft und Übertragung dieser Rechte erlangt die Verwertungsgesellschaft die **Alleinvertretungsbefugnis** für eine Vielzahl von Rechten. Eine starke Position, die je nach Marktbedeutung der Verwertungsgesellschaft bis zur faktischen Monopolstellung reichen kann, ist wirtschaftlich und rechtlich zweckmäßig, bedarf jedoch aufgrund des möglichen Missbrauchs einer staatlichen Aufsicht. Diese obliegt dem **DPMA** und ist im vierten Abschnitt des VGG (§§ 75 bis 91) geregelt. 1

Zu der behördlichen Aufsicht gehören die bereits vor der Aufnahme der Geschäftstätigkeit einer Verwertungsgesellschaft erforderliche Erlaubniserteilung bzw. -versagung (§§ 77 ff.) und die laufende Aufsicht (§§ 85 ff.). 2

2. Vorgängerregelung. Das Vorgängergesetz enthielt in **§ 18 Abs. 1 UrhWG** eine Regelung, die inhaltlich dem Abs. 1 der jetzigen Vorschrift entsprach. Zu dieser Norm ergangene Rechtsprechung und veröffentlichte Literatur kann daher auch bei § 75 herangezogen werden. 3

Eine Regelung, die festlegt, dass die Aufsichtsbehörde nur im öffentlichen Interesse handelt (Abs. 2), gab es im Vorgängergesetz nicht. Dennoch wurde teilweise bereits in § 18 UrhWG hineingelesen, dass die staatliche Aufsicht im Interesse der Allgemeinheit ausgeübt wird.[1] Hintergrund ist die lange umstrittene Frage, ob ein **subjektives Recht** von Wahrnehmungsberechtigten und Nutzern **auf Einschreiten der Behörde** besteht. Durch Einführung des § 75 Abs. 2 ist nun klargestellt, dass die Aufsichtsbehörde ihre Aufgaben und Befugnisse **ausschließlich** im **öffentlichen Interesse** wahrnimmt, sodass ein subjektives Recht auf Einschreiten ausgeschlossen ist.[2] 4

3. Unionsrechtlicher Hintergrund. Nach **Art. 36 Abs. 1 VG-RL** haben die Mitgliedstaaten sicherzustellen, dass die nach der VG-RL erlassenen nationalen Vorschrif- 5

---
1 Wandtke/Bullinger/*Staats*, § 75 VGG Rn 6; Loewenheim/*Melichar*, § 50 Rn 22.
2 Siehe Rn 11.

ten (in Deutschland das VGG) eingehalten werden. Dies soll laut VG-RL durch **Benennung zuständiger Behörden** erfolgen, die mit der Überwachung der in ihrem Hoheitsgebiet ansässigen Organisationen betraut werden.

6   **4. Entstehungsgeschichte.** Die Norm geht auf den Vorschlag im RefE des BMJV[3] zurück und wurde wortlautidentisch übernommen. Der RefE hatte sich an ähnlichen Bestimmungen in § 81 Abs. 1 S. 3 VAG, § 4 Abs. 4 FinDAG und § 4 Abs. 2 WpÜG orientiert.[4]

7   **5. Anwendungsbereich.** Der vierte Abschnitt des VGG (§§ 75 bis 91) gilt grds. für Verwertungsgesellschaften (§ 2).[5] Für **abhängige Verwertungseinrichtungen** (§ 3) und **unabhängige Verwertungseinrichtungen** (§ 4) sind jedoch in den **§§ 90f. Sonderregelungen** enthalten.

8   Der **Inhalt** der staatlichen Aufsicht ist in § 76 normiert. Die **konkreten Befugnisse** der Aufsichtsbehörde ergeben sich aus § 85.

II. Regelungsgehalt

9   **1. Die Aufsichtsbehörde (Abs. 1).** Aufsichtsbehörde ist – wie schon nach bisherigem Recht – das **DPMA** mit Hauptsitz in München (Zweibrückenstr. 12, 80297 München). Das DPMA verfügt über rund 2.600 Mitarbeiterinnen und Mitarbeiter an Dienststellen in München, Jena und Berlin. Es gliedert sich in vier Hauptabteilungen: für Patente und Gebrauchsmuster, Information, Marken und Designs sowie Verwaltung und Recht.[6] Innerhalb letzterer Hauptabteilung ist die Abteilung 4.4. zuständig für die Aufsicht nach dem VGG. Sie gliedert sich derzeit in vier Referate, die sich unterschiedlichen inhaltlichen Aspekten der Aufsicht widmen. Referat 4.4.1 – Erlaubnis und Binnenstruktur von Verwertungsgesellschaften, urheberrechtliche Register/Referat 4.4.2 – Wahrnehmungsbedingungen und Verteilung/Referat 4.4.3 – Nutzungsbedingungen und Tarife/Referat 4.4.4 – Internationale Angelegenheiten. Organisatorisch in das DPMA eingebunden ist die Schiedsstelle VGG (§§ 92ff.), welche jedoch als eigenständige Institution mit dem DPMA als Aufsichtsbehörde der Verwertungsgesellschaften nicht identisch ist. Grund für die Zuweisung an eine Bundesbehörde war bereits bei Inkrafttreten des UrhWG von 1965 die Erwägung, dass Verwertungsgesellschaften bundesweit tätig sind, teilweise zusammenarbeiten und dass insbesondere die Tarifgestaltung möglichst bundesweit einheitlich gehalten werden sollte, um die Arbeit der Schiedsstelle auf diesem Gebiet zu erleichtern.[7] Zwar besteht kein inhaltlicher Zusammenhang zum Patent- und Markenrecht, diese behördliche Zuständigkeitsregelung ist aber mittlerweile langjährig etabliert.

10   **2. Handeln im öffentlichen Interesse (Abs. 2).** Die behördliche Aufsicht dient ausschließlich der **Wahrung öffentlicher Interessen** der Allgemeinheit, nicht der Wahrung privater Interessen von Nutzern und Verwertern. Amtspflichten gegenüber diesen

---

3 RefE des BMJV v. 9.6.2015, S. 38.
4 RegE-VGG, BT-Drucks. 18/7223, S. 94.
5 Zum Begriff der Verwertungsgesellschaft s. § 2 Rn 6 ff.
6 Organigramm DPMA abrufbar unter:
https://www.dpma.de/docs/dpma/organigramm_anonymisiert.pdf
7 RegE-UrhWG, BT-Drucks. IV/271, S. 20, zum UrhWG.

nur mittelbar geschützten Personen und Unternehmen werden durch die Tätigkeit der Aufsichtsbehörde deshalb nicht begründet.[8]

Nach ganz h.M. besteht daher auch **kein eigenes subjektives Recht** der Mitglieder einer Verwertungsgesellschaft, der Berechtigten oder der Nutzer auf Einschreiten der Aufsichtsbehörde.[9] Den Nutzern verbleibt der Weg über die Schiedsstelle (§§ 92ff.) und über die Zivilgerichte (vgl. § 105 UrhG), um ihre Ansprüche und Rechte geltend zu machen.[10] Das Urheberrecht und dessen Wahrnehmung sind damit weitestgehend Gegenstand des Zivilrechts. Der Gesetzgeber hat durch die Schiedsstelle eine speziell zuständige Institution geschaffen, die aufgrund ihrer besonderen Expertise in urheberrechtlichen Fragen eine effektivere Rechtsdurchsetzung gewährleistet als dies im Aufsichtswege möglich und sachgerecht wäre. Insbesondere diese Spezialzuständigkeit verbietet es, daneben ein subjektives Recht auf Einschreiten anzuerkennen, welches im Verwaltungsrechtsweg geltend zu machen wäre.[11]

11

Übrig geblieben ist das in **§ 89 Abs. 2** geregelte **Informationsrecht** für **jedermann**. Die Aufsichtsbehörde überprüft bei Vorliegen entsprechender, an sie herangetragener Informationen den Sachverhalt und wird ggf. von Amts wegen tätig.[12] Hält sie dies nicht für erforderlich, ist der Weg zur Schiedsstelle oder zu den ordentlichen Gerichten zu beschreiten.

12

§ 76
Inhalt der Aufsicht

(1) Die Aufsichtsbehörde achtet darauf, dass die Verwertungsgesellschaft den ihr nach diesem Gesetz obliegenden Verpflichtungen ordnungsgemäß nachkommt.

(2) Hat die Verwertungsgesellschaft ihren Sitz in einem anderen Mitgliedstaat der Europäischen Union oder anderen Vertragsstaat des Abkommens über den Europäischen Wirtschaftsraum und ist sie im Inland tätig, so achtet die Aufsichtsbehörde darauf, dass die Verwertungsgesellschaft die Vorschriften dieses anderen Mitgliedstaates oder Vertragsstaates zur Umsetzung der Richtlinie 2014/26/EU des Europäischen Parlaments und des Rates vom 26. Februar 2014 über die kollektive Wahrnehmung von Urheber- und verwandten Schutzrechten und die Vergabe von Mehrgebietslizenzen für Rechte an Musikwerken für die Online-Nutzung im Binnenmarkt (ABl. L 84 vom 20.3.2014, S. 72) ordnungsgemäß einhält.

(3) Soweit eine Aufsicht über die Verwertungsgesellschaft aufgrund anderer gesetzlicher Vorschriften ausgeübt wird, ist sie im Benehmen mit der Aufsichtsbehörde nach § 75 Absatz 1 auszuüben. Die Unabhängigkeit der für den Datenschutz zuständigen Aufsichtsbehörden bleibt unberührt.

---

8   RegE-VGG, BT-Drucks. 18/7223, S. 94.
9   Raue/Hegemann/*Heine/Staats*, § 6 Rn 107; BeckOK-UrhR/*Freudenberg*, § 75 VGG Rn 6; Dreier/Schulze/*Schulze*, § 76 VGG Rn 10; Loewenheim/*Melichar*, § 50 Rn 22; Wandtke/Bullinger/*Staats*, § 75 VGG Rn 6.
10 Dreier/Schulze/*Schulze*, § 76 VGG Rn 10; Loewenheim/*Melichar*, § 50 Rn 21; Wandtke/Bullinger/ *Staats*, § 75 VGG Rn 6 a.E.; differenzierend Fromm/Nordemann/*W. Nordemann/Wirtz*, 11. Aufl. 2014, § 19 UrhWG Rn 3.
11 Vgl. auch § 85 Rn 8. Ähnlich auch RegE-VGG, BT-Drucks. 18/7223, S. 94
12 Siehe ausführlich § 89 Rn 8 f.

Übersicht

I. Allgemeines
   1. Bedeutung der Regelung —— 1
   2. Vorgängerregelung —— 2
   3. Unionsrechtlicher Hintergrund —— 5
   4. Entstehungsgeschichte —— 8
   5. Anwendungsbereich —— 9
II. Regelungsgehalt
   1. Inhalt der Aufsicht (Abs. 1)
      a) Art der Aufsicht —— 10
      b) Gegenstand der Aufsicht (Aufsichtspflichten) —— 12
      c) Aufsichtsobjekt —— 13
   2. Inländische Tätigkeit als Differenzierung (Abs. 2) —— 16
   3. Verhältnis zu anderen Aufsichtsbehörden (Abs. 3) —— 19

I. Allgemeines

1. Bedeutung der Regelung. § 76 regelt den **Inhalt** und **Umfang** der behördlichen Aufsicht. Die Aufsicht erstreckt sich auf **sämtliche Verpflichtungen** der Verwertungsgesellschaften, die sich für diese aus dem **VGG** ergeben. Die Regelung korrespondiert mit § 75 und § 85.

2. Vorgängerregelung. Das Vorgängergesetz enthielt in **§ 19 Abs. 1 UrhWG** eine nahezu wortlautidentische Norm zu Abs. 1 der jetzigen Vorschrift. Zu dieser Norm ergangene Rechtsprechung und veröffentlichte Literatur kann insofern auch bei § 76 herangezogen werden. Abs. 2 der jetzigen Vorschrift gab es im Vorgängergesetz noch nicht.

Der Abs. 3 S. 1 der jetzigen Vorschrift übernimmt inhaltlich **§ 18 Abs. 2 UrhWG** und regelt das Verhältnis des DPMA als gem. § 75 zuständige Aufsichtsbehörde zu Behörden, die aufgrund anderer Gesetze ebenfalls eine Aufsichtsfunktion über Verwertungsgesellschaften innehaben.

Bei Abs. 3 S. 2 handelt es sich um eine Regelung, die im früheren Recht noch nicht vorhanden war. Sie postuliert die Unabhängigkeit der für den Datenschutz zuständigen Aufsichtsbehörden.

3. Unionsrechtlicher Hintergrund. Die Vorschrift setzt **Art. 36 Abs. 1 VG-RL** um. Danach haben die Mitgliedstaaten sicherzustellen, dass die nach der VG-RL erlassenen nationalen Vorschriften (in Deutschland das VGG) eingehalten werden. Dies soll laut VG-RL durch **Benennung zuständiger Behörden** erfolgen, die mit der **Überwachung** der in ihrem Hoheitsgebiet ansässigen Organisationen betraut werden.

Abs. 2 der Vorschrift greift Art. 37 Abs. 2 S. 1 VG-RL auf und schafft auf dieser Grundlage eine **Sonderregelung** für den Inhalt der Aufsicht über Verwertungsgesellschaften, die in einem anderen Mitgliedstaat der EU oder einem anderen EWR-Vertragsstaat ansässig, aber im Bundesgebiet tätig sind.

Der neu hinzugefügte Abs. 3 S. 2 folgt der Vorgabe aus **Art. 42 VG-RL**, nach dem die Verarbeitung personenbezogener Daten im Zusammenhang mit der VG-RL der **Datenschutz-RL 95/46/EG** unterliegt.[1]

4. Entstehungsgeschichte. Die Norm geht auf den Vorschlag im RefE des BMJV zurück.[2] Dieser wurde weitestgehend wortlautidentisch übernommen. Lediglich § 76 Abs. 3 S. 2 war noch nicht im RefE vorgesehen und wurde erst im Gesetzesentwurf der Bundesregierung in die jetzige Fassung aufgenommen.[3]

---

[1] Vgl. auch die Erwägungsgründe 52 und 53 der VG-RL.
[2] RefE des BMJV v. 9.6.2015, S. 38.
[3] RegE-VGG, BT-Drucks. 18/7223, S. 34.

5. Anwendungsbereich. Der vierte Abschnitt des VGG (§§ 75 bis 91) gilt grds. für Verwertungsgesellschaften (§ 2).[4] Für abhängige Verwertungseinrichtungen (§ 3) und unabhängige Verwertungseinrichtungen (§ 4) sind jedoch in den Vorschriften §§ 90 f. **Sonderregelungen** enthalten.

9

II. Regelungsgehalt

1. Inhalt der Aufsicht (Abs. 1)

a) Art der Aufsicht. Aufgrund der inhaltlichen Besonderheiten der Regelungsmaterie des VGG lässt sich die Aufsicht nicht in die sonst (u.a. im Kommunalrecht) üblichen Kategorien Fach- bzw. Rechtsaufsicht einordnen. Die herrschende Auffassung bezeichnet die Aufsicht deshalb als eine **Aufsicht sui generis**.[5] Der Umfang der Aufsicht ist dabei mit Blick auf den Gegenstand der Aufsicht zu unterscheiden. Soweit der Prüfgegenstand der Aufsichtsbehörde dem öffentlichen Recht zuzuordnen ist, ist die Aufsicht der Behörde unbeschränkt und schließt insbesondere Zweckmäßigkeitserwägungen mit ein (a.A. VGH München, Urt. v. 2.5.2012 – 5 BV 11.1724 – ZUM-RD 2013, 86, 90: reine Rechtsaufsicht). Über ein Selbsteintrittsrecht gegenüber den Verwertungsgesellschaften verfügt das DPMA nicht. Dagegen ist umstritten, ob der Umfang der Aufsicht, soweit er zivilrechtliche Fragen wie u.a. die Angemessenheit von Tarifen zum Gegenstand hat, zurückgenommen werden muss. Hier hat der Gesetzgeber mit der Schiedsstelle eine speziellere Einrichtung zur Verfügung gestellt, die primär für die Überprüfung von Tarifen zuständig sind. Die Aufsichtsbefugnis des DPMA ist nach richtiger Auffassung auf eine grobe Unangemessenheitskontrolle beschränkt (a.A. VGH München, Urt. v. 20.2.2019 – 22 B 17.1219).[6]

10

Die Aufsicht erfolgt **fortlaufend** und **von Amts wegen**, so dass Überprüfungen und die Ergreifung geeigneter Maßnahmen (§ 85) durch die Aufsichtsbehörde auch **ohne einen Hinweis Dritter** erfolgen können. Auch hat die Aufsichtsbehörde einzuschreiten, wenn eine Verwertungsgesellschaft oder -einrichtung trotz Erlaubnispflicht ihre Tätigkeit **ohne Erlaubnis** ausführt (§§ 77, 82, 84, 88, 90, 91). Sie hat zudem **fortlaufend zu kontrollieren**, ob die Voraussetzungen für die Erteilung einer Erlaubnis auch nach Erteilung weiterhin vorliegen, da sie andernfalls von der **Widerrufsmöglichkeit** nach § 80 Abs. 1 i.V.m. § 79 Abs. 1 Gebrauch machen kann.

11

b) Gegenstand der Aufsicht (Aufsichtspflichten). Inhaltlich erstreckt sich die Aufsicht auf **sämtliche Verpflichtungen**, die sich für die Verwertungsgesellschaften **aus dem VGG** ergeben. Dazu zählen auch die neu hinzugekommenen Verpflichtungen nach Teil 3 des VGG im Kontext der **gebietsübergreifenden Vergabe von Online-Rechten an Musikwerken**.[7] Zu den Verpflichtungen, die sich für die Verwertungsgesellschaft aus dem VGG ergeben, zählen **im Innenverhältnis** insbesondere die **Einhaltung des Wahrnehmungszwangs** gem. § 9 und die **Aufstellung von Verteilungsplänen unter Beachtung des Willkürverbotes** gem. § 27. **Im Außenverhältnis** zählen dazu

12

---

4 Zum Begriff der Verwertungsgesellschaft s. § 2 Rn 6 ff.
5 BeckOK-UrhR/*Freudenberg*, § 79 VGG Rn 9; Dreier/Schulze/*Schulze*, § 76 VGG Rn 2; Fromm/Nordemann/*W. Nordemann/Wirtz*, 11. Aufl. 2014, § 19 UrhWG Rn 2; Loewenheim/*Melichar*, § 50 Rn 21, 22; Wandtke/Bullinger/*Staats*, § 76 VGG Rn 7; Schricker/Loewenheim/*Reinbothe*, § 19 UrhWG Rn 3; HK-UrhR/*Zeisberg*, § 18 UrhWG Rn 2.
6 Vgl. hierzu ausführlich § 85 Rn 25 ff.
7 RegE-VGG, BT-Drucks. 18/7223, S. 94 f.

der **Abschlusszwang** gem. **§ 34**, die Verpflichtung zum **Abschluss von Gesamtverträgen** gem. **§ 35**, die **Pflicht zur Aufstellung von Tarifen** gem. **§ 37**, sowie die **Verhandlungspflicht** gem. **§ 36** und die **gesetzlichen Informationspflichten** gem. **§ 39 Abs. 4** und **§§ 53 ff.** Zu den Aufsichtspflichten gehört zudem die **Kontrolle**, ob die Verwertungsgesellschaften ihre Verpflichtungen aus einem **akzeptierten Einigungsvorschlag** der Schiedsstelle und aus rechtskräftigen **gerichtlichen Entscheidungen** erfüllen.[8] Eine Aufsicht über die Einhaltung der im VGG zudem aufgeführten Soll-Vorschriften (z.B. kulturelle Förderungen; Einrichtung von Vorsorge- und Unterstützungseinrichtungen nach § 32 Abs. 1 und Abs. 2; Gestaltung der Tarife nach § 39 Abs. 1 und Abs. 3) kommt dagegen schon wegen der Rechtsnatur von Soll-Vorschriften nicht in Betracht; hier kann das DPMA lediglich Empfehlungen aussprechen.[9]

13   c) **Aufsichtsobjekt.** Dem Wortlaut der Vorschrift nach unterliegen lediglich Verwertungsgesellschaften (§ 2) der Aufsicht. Aufgrund der Verweisung des **§ 91 Abs. 1** ist die Vorschrift jedoch auch auf **unabhängige Verwertungseinrichtungen (§ 4)**, sowie gem. der Verweisung des **§ 90 Abs. 1 und 3 i.V.m. § 3 Abs. 2 S. 3** auf **abhängige Verwertungsgesellschaften (§ 3)** anwendbar.

14   Vorbehaltlich des Abs. 2 unterfallen der Aufsicht alle Verwertungsgesellschaften, die **im Bundesgebiet ansässig** sind, und solche, die zwar **im Ausland ansässig**, aber **im Bundesgebiet tätig** sind. Denn nach der Definition (§ 2) reicht die Wahrnehmung **beliebiger** Urheberrechte und verwandter Schutzrechte aus, um eine Organisation als Verwertungsgesellschaft zu qualifizieren, während zuvor eine Beschränkung auf die Wahrnehmung von Urheberrechten, die sich aus dem deutschen UrhG ergeben, bestand.[10] Diese Differenzierung zwischen der Wahrnehmung von Rechten aus dem inländischen deutschen UrhG und solchen aus urheberrechtlich geschützten Rechten anderer Rechtsordnungen ist nur noch für die Erlaubnis- und Anzeigepflicht (§§ 77, 82, 84, 88, 90, 91) und für die damit verbundene Abgrenzung der Zuständigkeit der jeweiligen Aufsichtsbehörden im In- und Ausland relevant.

15   Eine Verwertungsgesellschaft soll nach der Begr. des RegE bereits dann im Inland tätig sein, wenn sie **Wahrnehmungsverträge** mit im Inland ansässigen Rechtsinhabern **abschließt**. Bereits diese Tätigkeit würde nach dieser Auffassung folglich der Aufsicht unterliegen.[11] Im Übrigen liegt eine zu beaufsichtigende Tätigkeit im Inland vor, wenn eine Verwertungsgesellschaft mit Sitz in Deutschland Rechte oder Vergütungsansprüche für ihre eigenen Rechtsinhaber unmittelbar (d.h. nicht nur über einen Gegenseitigkeitsvertrag) in Deutschland wahrnimmt.[12]

16   **2. Inländische Tätigkeit als Differenzierung (Abs. 2).** Abs. 2 schafft hinsichtlich des Inhalts der behördlichen Aufsicht eine **Sonderregelung** für solche Verwertungsgesellschaften, die in einem anderen Mitgliedstaat der EU oder einem anderen EWR-Vertragsstaat ansässig, aber im Bundesgebiet tätig sind. Obwohl diese gem. **§ 77 Abs. 2** nur **ausnahmsweise erlaubnispflichtig** sind, unterliegen sie dennoch der behördlichen Aufsicht. Die Vorschrift entspricht dem in der VG-RL angelegten **Sitzstaatprinzip**, so-

---

8   BeckOK-UrhR/*Freudenberg*, § 76 VGG Rn 14; Dreier/Schulze/*Schulze*, § 76 VGG Rn 5; Fromm/Nordemann/*W. Nordemann/Wirtz*, 11. Aufl. 2014, § 19 UrhWG Rn 2; Schricker/Loewenheim/*Reinbothe*, § 19 UrhW Rn 1; Wandtke/Bullinger/*Staats*, § 76 VGG Rn 10.
9   So auch BeckOK-UrhR/*Freudenberg*, § 76 VGG Rn 15; a.A.: Wandtke/Bullinger/*Staats*, § 76 VGG Rn 8.
10 RegE-VGG, BT-Drucks. 18/7223, S. 95; vgl. auch § 2 Rn 10.
11 RegE-VGG, BT-Drucks. 18/7223, S. 95; kritisch zu diesem weiten Verständnis § 1 Rn 11.
12 *Staats* in: FS Schulze, S. 333.

dass sich die Aufsicht ausschließlich auf diejenigen Vorschriften des Sitzstaates bezieht, die dort in Umsetzung der VG-RL erlassen wurden.[13]

§ 86 Abs. 1 sieht bei Verstößen einer solchen im EU- oder EWR-Ausland ansässigen und im Inland tätigen Verwertungsgesellschaft vor, dass die deutsche Aufsichtsbehörde alle **einschlägigen Informationen** an die Aufsichtsbehörde des jeweiligen Sitzstaats **übermitteln** (§ 86 Abs. 1 S. 1) und diese Aufsichtsbehörde **ersuchen** kann, im Rahmen ihrer Befugnisse **Maßnahmen zu ergreifen** (§ 86 Abs. 1). 17

Verwertungsgesellschaften mit Sitz im EU- oder EWR-Ausland, müssen gem. § 82 Nr. 1 ihre Tätigkeit dem DPMA **anzeigen**, wenn sie Rechte aus dem UrhG wahrnehmen. Unter den Voraussetzungen des § 77 Abs. 2 bedürfen sie sogar einer **Erlaubnis**. Weil diese Vorgaben – Anzeige- und Erlaubnispflicht – unmittelbar aus dem VGG und nicht aus dem Recht des Sitzlandes folgen, richtet sich die Aufsicht über die ausländischen Verwertungsgesellschaften insoweit nicht nach § 76 Abs. 2, sondern nach **§ 76 Abs. 1**.[14] 18

3. Verhältnis zu anderen Aufsichtsbehörden (Abs. 3). Abs. 3 S. 1 regelt das Verhältnis des DPMA als zuständiger Aufsichtsbehörde nach dem VGG zu Behörden, die aufgrund anderer gesetzlicher Vorschriften ebenfalls zur Aufsicht über die Verwertungsgesellschaften befugt sind. Dazu gehört insbesondere die **vereinsrechtliche** Aufsicht nach §§ 22, 33 Abs. 2 BGB über Verwertungsgesellschaften, die in der Rechtsform des Vereins ausgestaltet sind (zB die GEMA und die VG Wort) sowie die Kontrolle der Tätigkeit marktbeherrschender Unternehmen durch das BKartA.[15] Auch eine Überschneidung mit **gewerberechtlichen** Aufsichtsbehörden ist denkbar. 19

Wie bisher ist das DPMA von den anderen Behörden lediglich „ins Benehmen zu setzen", also zu **informieren** und **anzuhören**. Ein **Mitspracherecht** hat es **nicht**.[16] Auch einer **einvernehmlichen Entscheidung** der beteiligten Aufsichtsbehörden bedarf es **nicht**, da andernfalls die Gefahr des Entstehens von Mischverwaltungen zwischen Bund und Ländern bestünde.[17] 20

Abs. 3 S. 2 dient der Klarstellung, dass die in Art. 42 VG-RL unionsrechtlich vorgegebene **Unabhängigkeit** der für den Datenschutz zuständigen Aufsichtsbehörden unberührt bleibt.[18] 21

§ 77
Erlaubnis

(1) Eine Verwertungsgesellschaft bedarf der Erlaubnis, wenn sie Urheberrechte oder verwandte Schutzrechte wahrnimmt, die sich aus dem Urheberrechtsgesetz ergeben.

(2) Eine Verwertungsgesellschaft mit Sitz in einem anderen Mitgliedstaat der Europäischen Union oder anderen Vertragsstaat des Abkommens über den Euro-

---

13 RegE-VGG, BT-Drucks. 18/7223, S. 95; BeckOK-UrhR/*Freudenberg*, § 76 VGG Rn 17; zum Sitzlandprinzip auch § 1 Rn 7.
14 Wandtke/Bullinger/*Staats*, § 76 VGG Rn 16.
15 Zur Zusammenarbeit von DPMA und BKartA im Zusammenhang mit der Erlaubnis vgl. auch § 81.
16 RegE-VGG, BT-Drucks. 18/7223, S. 95; sowie RegE-UrhWG, BT-Drucks. IV/271, S. 20 zum UrhWahrnG.
17 RegE-VGG, BT-Drucks. 18/7223, S. 95; sowie RegE-UrhWG, BT-Drucks. IV/271, S. 20 zum UrhWahrnG.
18 RegE-VGG, BT-Drucks. 18/7223, S. 95; vgl. Erwägungsgründe 52 und 53 der VG-RL.

päischen Wirtschaftsraum bedarf abweichend von Absatz 1 einer Erlaubnis nur für die Wahrnehmung
1. der in § 49 Absatz 1 genannten Vergütungsansprüche,
2. des in § 50 genannten Rechts oder
3. der in § 51 genannten Rechte an vergriffenen Werken.

Übersicht

I. Allgemeines
 1. Bedeutung der Regelung —— 1
 2. Vorgängerregelung —— 2
 3. Unionsrechtlicher Hintergrund —— 3
 4. Entstehungsgeschichte —— 4
 5. Anwendungsbereich —— 5
 6. Übergangs- und Sondervorschriften zu § 77 —— 10
II. Regelungsgehalt
 1. Uneingeschränkte Erlaubnispflicht (Abs. 1) —— 12
 2. Eingeschränkte Erlaubnispflicht (Abs. 2) —— 14
III. Rechtsfolgen
 1. Rechtsfolgen bei Tätigwerden ohne Erlaubnis —— 18
 2. Rechtsfolgen bei Beantragung einer nach § 77 erforderlichen Erlaubnis —— 19

I. Allgemeines

1. Bedeutung der Regelung. Die Vorschrift regelt die **Erlaubnispflicht** von Verwertungsgesellschaften. Die Befugnis zur Erlaubniserteilung obliegt der gem. § 75 Abs. 1 zuständigen Aufsichtsbehörde, dem DPMA. Damit soll sichergestellt werden, dass von vornherein nur solche Verwertungsgesellschaften tätig werden, die dazu **effektiv, wirtschaftlich, zuverlässig und unter fairer Beteiligung der Berechtigten** in der Lage sind.[1] Die Aufsichtsbehörde ermittelt das Vorliegen dieser Voraussetzungen im Wege einer **Vorabkontrolle**.

2. Vorgängerregelung. Dier Erlaubnispflicht fand sich bereits im Vorgängergesetz (**§ 1 Abs. 1 UrhWG**). Die neue Vorschrift berücksichtigt darüber hinaus die unionsrechtlichen Vorgaben der VG-RL.

3. Unionsrechtlicher Hintergrund. Die VG-RL sieht die Einführung einer Erlaubnispflicht für Verwertungsgesellschaften nicht vor. Die Vorschrift geht also über die unionsrechtlichen Vorgaben der VG-RL hinaus. Dies ist zulässig, da nach Erwägungsgrund 9 der VG-RL nur eine **Mindestharmonisierung** bezweckt wird. Die Mitgliedstaaten können für ihr Hoheitsgebiet strengere Regelungen erlassen, solange dies mit dem Unionsrecht vereinbar ist.[2]

4. Entstehungsgeschichte. Die Norm geht auf den Vorschlag im RefE des BMJV zurück. Dieser enthielt, anders als die in Kraft getretene Vorschrift, in Abs. 2 noch keine Konkretisierung der eingeschränkten Erlaubnispflicht, sondern ordnete lediglich pauschal an, dass Abs. 1 nicht auf Verwertungsgesellschaften mit Sitz im EU- oder EWR-Ausland anwendbar sei.[3] Die letztlich in Kraft getretene Version des Abs. 2 enthält dagegen in Nr. 1 bis 3 eine **abschließende Aufzählung solcher Ansprüche oder Rechte**, für die auch ausländische Verwertungsgesellschaften des EU- oder EWR-Auslandes ei-

---

1 RegE-VGG, BT-Drucks. 18/7223, S. 95.
2 RegE-VGG, BT-Drucks. 18/7223, S. 95; Einleitung Rn 28.
3 RefE des BMJV v. 9.6.2015, S. 39.

ner **Erlaubnis bedürfen**. Diese Version wurde durch den Gesetzesentwurf der Bundesregierung[4] eingebracht und im weiteren Gesetzgebungsverfahren nicht weiter verändert.

5. Anwendungsbereich. Der vierte Abschnitt des VGG (§§ 75 bis 91) gilt grds. für Verwertungsgesellschaften (§ 2). Für abhängige Verwertungseinrichtungen (§ 3) und unabhängige Verwertungseinrichtungen (§ 4) sind in den Vorschriften **§§ 90 f. Sonderregelungen** enthalten.[5] 5

Die Zuständigkeit des DPMA als Aufsichtsbehörde ergibt sich aus § 75. Der **Inhalt** der staatlichen Aufsicht ist in § 76 normiert. Die **konkreten Befugnisse** der Aufsichtsbehörde ergeben sich aus § 85. 6

Zudem korrespondiert die Vorschrift mit § 78, der die **formalen Voraussetzungen** der Stellung des Antrages auf Erlaubniserteilung regelt, mit § 79, der die **abschließenden Gründe der Versagung** einer Erlaubnis enthält, und mit § 80, der den **Widerruf** der Erlaubnis normiert. 7

Die Vorschrift wird zudem durch § 81 und § 83 erweitert, die verfahrensrechtliche Regelungen über die **Zusammenarbeit mit anderen Aufsichtsbehörden** (§ 81) und über die **Bekanntmachung** der Erlaubniserteilung sowie des Widerrufs (§ 83) enthalten. 8

§ 82 sieht für Verwertungsgesellschaften, die keiner Erlaubnis gem. § 77 Abs. 2 bedürfen, eine **Anzeigepflicht** vor. § 84 bestimmt die **Rechtsfolgen** für den Fall, dass eine Verwertungsgesellschaft trotz bestehender Erlaubnispflicht ihre Wahrnehmungstätigkeit ohne Erlaubnis aufgenommen hat. 9

6. Übergangs- und Sondervorschriften zu § 77. Die Erlaubnispflicht für **abhängige Verwertungseinrichtungen** (§ 3) richtet sich nach der **Sondervorschrift** des § 90. Dieser knüpft seinerseits an die Wahrnehmung der in § 77 Abs. 2 genannten Rechte an. **Unabhängige Verwertungseinrichtungen** (§ 4) sind dagegen **erlaubnisfrei**. 10

Als **Übergangsvorschrift** sieht § 132 vor, dass eine Erlaubnis i.S.d. § 77 als erteilt gilt, wenn sie vor Inkrafttreten des VGG nach den Vorschriften des Vorgängergesetzes (UrhWG) erteilt wurde.[6] 11

II. Regelungsgehalt

1. Uneingeschränkte Erlaubnispflicht (Abs. 1). Nach § 77 Abs. 1 ist eine Verwertungsgesellschaft grds. erlaubnispflichtig, wenn sie Urheberrechte oder verwandte Schutzrechte, die sich aus dem UrhG ergeben, wahrnimmt. Hingegen bedarf eine Verwertungsgesellschaft, die ausschließlich ausländische Rechte wahrnimmt, selbst dann keiner Erlaubnis, wenn sie ihren Sitz in Deutschland hat.[7] Dabei ist der Begriff der Wahrnehmung an dieser Stelle grundsätzlich im Sinne eines eigenständigen Tätigwerdens zur Vergabe oder Durchsetzung von Rechten bzw. der Geltendmachung von Vergütungsansprüchen zu verstehen. Der bloße Umstand, dass sich ausländische Verwertungsgesellschaften von ihren Berechtigten weltweite Rechte einräumen lassen, die auch das deutsche Staatsgebiet abdecken, löst noch keine Erlaubnispflicht aus. Vielmehr hängt die 12

---

4 RegE-VGG, BT-Drucks. 18/7223, S. 35.
5 Zum Begriff der Verwertungsgesellschaft s. § 2 Rn 6 ff.
6 Vgl. zu den Möglichkeiten des Widerruf einer nach § 132 Abs. 1 fingierten Erlaubnis § 80 Rn 21.
7 *Staats* in: FS Schulze, S. 335.

Erlaubnispflicht davon ab, ob die betreffende Verwertungsgesellschaft diese Rechte selbst in Deutschland wahrnimmt, oder eine andere Verwertungsgesellschaft – die im Besitz der entsprechenden Erlaubnis ist – damit beauftragt.

13   Die aus dem UrhG resultierenden Rechte und Ansprüche umfassen nicht nur **Vergütungsansprüche**, sondern Ansprüche auf **Unterlassung, Schadensersatz** und **Auskunft** unmittelbar aus dem UrhG (§§ 97, 101 UrhG), sowie **bereicherungsrechtliche Ansprüche**, die sich aus dem UrhG ableiten.[8] Auch Ansprüche aus dem **Allgemeinen Persönlichkeitsrecht** einschließlich der Bearbeitungsrechte können Gegenstand eines wahrgenommenen Rechts i.S.d. § 77 Abs. 1 sein.[9]

14   **2. Eingeschränkte Erlaubnispflicht (Abs. 2).** Abs. 2 schränkt die grds. nach Abs. 1 bestehende Erlaubnispflicht für Verwertungsgesellschaften ein, die ihren **Sitz** in einem **anderen Mitgliedstaat der EU** oder in einem **anderen EWR-Vertragsstaat** haben. Nicht von Abs. 2 erfasst sind daher inländische Verwertungsgesellschaften und solche, die ihren Sitz außerhalb der EU-Mitgliedstaaten oder der EWR-Vertragsstaaten haben.

15   Solche Verwertungsgesellschaften bedürfen nur dann der Erlaubnis, wenn sie eines oder mehrere der **in Abs. 2 Nr. 1 bis 3 genannten Rechte wahrnehmen**, also die gesetzlich vermuteten Vergütungsansprüche gem. § 49 Abs. 1, die Rechte des Außenseiters bei Kabelweitersendung (§ 50 Abs. 1 S. 1 UrhG) oder die Rechte der Vervielfältigung (§ 16 UrhG) und der öffentlichen Zugänglichmachung (§ 19a UrhG) an vergriffenen Werken (§ 51 Abs. 1). Nur so kann insbesondere im Zusammenspiel mit den **Vermutungswirkungen in § 49 Abs. 2 und § 51 Abs. 3** sowie mit der **Fiktion nach § 50 Abs. 1 S. 2** hinsichtlich dieser Rechte eine **effektive Rechtewahrnehmung** gewährleistet werden, insbesondere für die Geltendmachung der Geräte- und Speichermedienvergütung.[10]

16   Damit soll verhindert werden, dass eine ausländische Verwertungsgesellschaft i.S.d. § 77 Abs. 2 ohne Erlaubnis in Deutschland tätig wird und auf diese Weise die Vermutungsregelung nach §§ 49 ff. für die deutschen Verwertungsgesellschaften beseitigt.[11] Allerdings kann die Erlaubnis nur solange nicht erteilt werden, wie der Versagungsgrund des § 79 Abs. 1 Nr. 3 vorliegt (Fehlen einer wirtschaftlichen Grundlage); die anderen Versagungsgründe des § 79 Abs. 1 sind hingegen gem. § 79 Abs. 2 nicht anwendbar.

17   Nimmt eine Verwertungsgesellschaft i.S.d. § 77 Abs. 2 andere als die in Nr. 1 bis 3 genannten Rechte war, so ist sie **erlaubnisfrei**. Sie unterliegt jedoch im Einklang mit Art. 37 Abs. 2 VG-RL weiterhin der **laufenden Aufsicht** durch die deutsche Aufsichtsbehörde, soweit sie im Inland tätig ist (§ 76 Abs. 2).[12] Die **Befugnisse** der Aufsichtsbehörde regelt insoweit **§ 86**. Überdies kann die Verwertungsgesellschaft gem. **§ 82 anzeigepflichtig** sein.

---

8   BGH, Urt. v. 14.10.1986 – VI ZR 10/86 – GRUR 1987, 128 – Nena; BeckOK-UrhR/*Freudenberg*, § 77 VGG Rn 10.
9   BeckOK-UrhR/*Freudenberg*, § 77 VGG Rn 10; § 1 Rn 5 zum Anwendungsbereich.
10 RegE-VGG, BT-Drucks. 18/7223, S. 95.
11 BeckOK-UrhR/*Freudenberg*, § 77 VGG Rn 15; *Staats*, ZUM 2016, 81, 82.
12 RegE-VGG, BT-Drucks. 18/7223, S. 95.

III. Rechtsfolgen

1. Rechtsfolgen bei Tätigwerden ohne Erlaubnis. Wird eine Verwertungsgesellschaft, die gem. Abs. 1 uneingeschränkt erlaubnispflichtig oder nach Abs. 2 eingeschränkt erlaubnispflichtig ist, trotz fehlender Erlaubnis tätig, treten die in § 84 geregelten Rechtsfolgen ein. Danach kann die Verwertungsgesellschaft die von ihr wahrgenommenen Urheberrechte und verwandten Schutzrechte, die sich aus dem UrhG ergeben, nicht geltend machen (§ 84 S. 1). Überdies steht ihr das Strafantragsrecht nach § 109 UrhG nicht zu (§ 84 S. 2). Außerdem kann die Aufsichtsbehörde der Verwertungsgesellschaft die Fortsetzung des Geschäftsbetriebs gem. **§ 85 Abs. 2 Nr. 1** untersagen. 18

2. Rechtsfolgen bei Beantragung einer nach § 77 erforderlichen Erlaubnis. Ist eine Verwertungsgesellschaft nach § 77 Abs. 1 oder Abs. 2 erlaubnispflichtig, muss sie bei der gem. § 75 Abs. 1 zuständigen Aufsichtsbehörde die Erteilung der Erlaubnis **ordnungsgemäß beantragen** (§ 78). Die Aufsichtsbehörde prüft, ob die **formellen Vorgaben des § 78** eingehalten wurden und ob auf **materieller Ebene** ein Versagungsgrund des **§ 79** vorliegt. Liegt kein Versagungsgrund vor, hat das DPMA die Erlaubnis zu erteilen. Sowohl die Erteilung der Erlaubnis wie auch deren Versagung erfolgen durch **Verwaltungsakt i.S.d. § 35 VwVfG**. Dieser kann durch Widerspruch oder Klage nach den allgemeinen Vorschriften der VwGO angefochten bzw. ein Anspruch darauf durchgesetzt werden. 19

§ 78
Antrag auf Erlaubnis

Die Erlaubnis wird auf schriftlichen Antrag der Verwertungsgesellschaft von der Aufsichtsbehörde erteilt. Dem Antrag sind beizufügen:
1. das Statut der Verwertungsgesellschaft,
2. Namen und Anschrift der nach Gesetz oder Statut zur Vertretung der Verwertungsgesellschaft berechtigten Personen,
3. eine Erklärung über die Zahl der Berechtigten sowie über Zahl und wirtschaftliche Bedeutung der der Verwertungsgesellschaft zur Wahrnehmung anvertrauten Rechte und
4. ein tragfähiger Geschäftsplan für die ersten drei vollen Geschäftsjahre nach Aufnahme des Geschäftsbetriebs, aus dem insbesondere die erwarteten Einnahmen und Ausgaben sowie der organisatorische Aufbau der Verwertungsgesellschaft hervorgehen.

Übersicht

I. Allgemeines
  1. Bedeutung der Regelung — 1
  2. Vorgängerregelung — 2
  3. Unionsrechtlicher Hintergrund — 6
  4. Entstehungsgeschichte — 7
  5. Anwendungsbereich — 8
II. Regelungsgehalt
  1. Antragstellung (S. 1)
    a) Antragsteller — 10
    b) Adressat — 11
    c) Form — 12
  2. Beizufügende Unterlagen (S. 2) — 15
III. Rechtsfolgen — 20

I. Allgemeines

1 **1. Bedeutung der Regelung.** Die Vorschrift regelt die **formellen Anforderungen der Antragstellung** für die zur Geschäftstätigkeit erforderliche **Erlaubniserteilung** nach §§ 77, 90. Der Antrag ist in **schriftlicher Form** (S. 1) unter **Beifügung bestimmter Unterlagen** (S. 2) an die Aufsichtsbehörde zu richten. Die Vorschrift korrespondiert mit den in § 79 geregelten materiellen Anforderungen an die Erlaubniserteilung.

2 **2. Vorgängerregelung.** Das Vorgängergesetz enthielt in **§ 2 S. 1 UrhWG** ebenfalls die Regelung, dass die Erlaubnis auf schriftlichen Antrag der Verwertungsgesellschaft von der Aufsichtsbehörde erteilt wird. Insoweit wurde die frühere Vorschrift übernommen. Hinsichtlich der Aufzählung der Unterlagen, die dem Antrag beizufügen sind, gibt es geringfügige Änderungen; so ist in Nr. 1 nicht mehr die Rede von der Beifügung der „Satzung" der Verwertungsgesellschaft, sondern – der neuen Terminologie[1] des VGG folgend – von der Beifügung des „**Statuts**".

3 Anders als in Nr. 2 der früheren Vorschrift des **§ 2 S. 2 UrhWG** ist nach der neuen Vorschrift die Angabe der **Staatsangehörigkeit** der vertretungsberechtigten Person nicht mehr erforderlich.

4 Die Nr. 3 der Vorgängervorschrift sah die Angabe der Zahl der Personen, welche die Verwertungsgesellschaft mit der Wahrnehmung ihrer Nutzungsrechte, Einwilligungsrechte oder Vergütungsansprüche beauftragt haben, sowie die Angabe der Zahl und wirtschaftlichen Bedeutung der der Verwertungsgesellschaft zur Wahrnehmung anvertrauten Rechte und Ansprüche vor. Diese Vorschrift wurde inhaltlich übernommen und nur im Wortlaut gekürzt.

5 Neu hinzugefügt wurde Nr. 4, wonach die Vorlage eines tragfähigen Geschäftsplans für die ersten drei vollen Geschäftsjahre erforderlich ist. Diese Regelung erfolgte in Anlehnung an § 32 Abs. 1 S. 2 Nr. 5 KWG.[2]

6 **3. Unionsrechtlicher Hintergrund.** Art. 36 ff. VG-RL i.V.m. den Erwägungsgründen 50 ff. der VG-RL verpflichtet die Mitgliedstaaten, sicherzustellen, dass **geeignete Verfahren** vorgesehen werden, in deren Rahmen die zuständigen Behörden die Einhaltung der in Umsetzung der Vorgaben aus der Richtlinie erlassenen nationalen Bestimmungen durch die jeweils in ihrem Hoheitsgebiet ansässigen Verwertungsgesellschaften und Verwertungseinrichtungen überwachen (**Sitzstaatsprinzip**). Der deutsche Gesetzgeber hat eine Erlaubnispflicht eingeführt, um dem nachzukommen. Die Anforderungen gehen allerdings über die unionsrechtlichen Vorgaben der VG-RL hinaus, was nach Erwägungsgrund 9 der Richtlinie zulässig ist, da nur eine **Mindestharmonisierung** bezweckt wird.[3]

7 **4. Entstehungsgeschichte.** Die Norm geht auf den wortlautidentischen Vorschlag im RefE des BMJV[4] zurück und wurde im weiteren Gesetzgebungsverfahren nicht weiter geändert.

8 **5. Anwendungsbereich.** Die Vorschrift gilt gem. § 77 Abs. 2 für **Verwertungsgesellschaften** (§ 2) gleichermaßen wie gem. § 90 Abs. 1 für erlaubnispflichtige **abhängige Verwertungseinrichtungen** (§ 3).

---

1 Zum Begriff des Statuts siehe § 13 Rn 13.
2 RegE-VGG, BT-Drucks. 18/7223, S. 95.
3 Vgl. Einleitung Rn 28.
4 RefE des BMJV v. 9.6.2015, S. 39.

Die Vorschrift korrespondiert mit § 77, der die Erlaubnispflicht enthält, sowie mit 9
§ 79, der Versagungsgründe auflistet. Ebenfalls in Zusammenhang steht sie mit § 80, der die Widerrufsmöglichkeit einer bereits erteilten Erlaubnis normiert.

II. Regelungsgehalt

1. Antragstellung (S. 1)

a) Antragsteller. Antragsteller sind die gem. § 77 erlaubnispflichtigen Verwer- 10
tungsgesellschaften (§ 2) und die gem. § 90 Abs. 1 erlaubnispflichtigen abhängigen Verwertungseinrichtungen (§ 3).

b) Adressat. Der Antrag auf Erlaubniserteilung ist an die Aufsichtsbehörde, also 11
gem. § 75 Abs. 1 an das **DPMA**, zu richten.

c) Form. Die Antragstellung hat in **schriftlicher Form** zu erfolgen. Im VGG ist nicht 12
spezialgesetzlich geregelt, welche Anforderungen an das Schriftformerfordernis zu stellen sind. Es können daher Vorschriften der VwGO und des VwVfG herangezogen werden.[5] Schriftlichkeit bedeutet insoweit die Verkörperung eines Gedankeninhalts durch Schriftzeichen in einer unmittelbar lesbaren Form.[6] „Unmittelbare Lesbarkeit" meint, dass zwischen den fixierten Schriftzeichen und ihrer Lesbarkeit kein weiteres Medium stehen darf, so dass etwa Schreiben in Form elektronischer Dokumente, die nur mittels E-Mail, CD etc. übermittelt werden, nach bisheriger Auffassung dem Schriftlichkeitserfordernis nicht genügen.[7] **Telegramme**, **Fernschreiben** und **Telefaxe** hingegen erfüllen das Schriftformerfordernis.[8] Der Unterschied von Telefax und E-Mail liegt – nach bisheriger Auffassung – darin, dass beim Telefax die Übermittlung mit einer verkörperten Gedankenerklärung, dem automatisch erfolgenden Faxausdruck, abgeschlossen wird, während eine E-Mail durch die Versendung lediglich sinnlich wahrnehmbar wird.[9] Im Zuge der zunehmenden Digitalisierung der Verwaltung ist diese Unterscheidung freilich fragwürdig geworden. Heute werden auch Telefaxe oft nur noch elektronisch erfasst.

Erforderlich ist zudem, dass der Antrag von dem Antragsteller eigenhändig **unter-** 13
schrieben wird.[10] Die Unterschrift dient der Identifizierung des Antragstellers (Identitätsfunktion), sowie der Markierung des Abschlusses des Antrags (Abschlussfunktion).

Eine **Begründung** des Antrags oder eine Erläuterung der Unterlagen sind **nicht er-** 14
forderlich.

---

5   Fehling/Kastner/Störmer/*Schwarz*, § 37 VwVfG Rn 3.
6   Mann/Sennekamp/Uechtritz/*Schönenbroicher*, § 37 VwVfG Rn 119.
7   Stelkens/Bonk/Leonhardt/Sachs/Schmitz/*Stelkens*, § 37 VwVfG Rn 58; ebenso nicht, wenn ein papierförmiger Verwaltungsakt auf den Inhalt eines digitalen Speichermediums verweist (BeckOK-VwVfG/*Tiedemann*, § 37 VwVfG Rn 29). Zum Sonderfall einer „E-Mail mit absprachegemäßem Ausdruck": BGH, Beschl. v. 15.7.2008 – X ZB 8/08 – NJW 2008, 2649; Stelkens/Bonk/Leonhardt/Sachs/Schmitz/*Stelkens*, § 37 VwVfG Rn 63b.
8   Mann/Sennekamp/Uechtritz/*Schönenbroicher*, § 37 VwVfG Rn 121; Bauer/Heckmann/Ruge/Schallbruch/Schulz/*Heckmann/Albrecht*, § 37 VwVfG Rn 44.
9   Mann/Sennekamp/Uechtritz/*Schönenbroicher*, § 37 VwVfG Rn 121; Bauer/Heckmann/Ruge/Schallbruch/Schulz/*Heckmann/Albrecht*, § 37 VwVfG Rn 51 f., daher ist auch ein Computerfax ein schriftliches Dokument im Rechtssinne.
10 Vgl. § 126 Abs. 1 BGB.

15 **2. Beizufügende Unterlagen (S. 2).** Die in S. 2 Nr. 1 bis 4 genannten Unterlagen sind dem Antrag **zwingend** beizufügen. Dies dient dazu, der Aufsichtsbehörde eine Grundlage zur Prüfung der Erlaubnisfähigkeit der Antragstellerin (Nichtvorliegen eines Versagungsgrundes nach § 79 Abs. 1 Nr. 1 bis 3) zu verschaffen.[11] Darüber hinausgehende Unterlagen **können** beigefügt werden; andersherum kann die Aufsichtsbehörde im Zuge ihrer Prüfungskompetenz die Vorlage weiterer Unterlagen verlangen.[12]

16 **§ 78 S. 2 Nr. 1** normiert die Vorlage des **Statuts**. Der Begriff des Statuts ist aufgrund der verschiedenen Rechtsformen von Verwertungsgesellschaften weit gefasst und meint gem. **§ 13 Abs. 1 S. 1** Satzungen, Gesellschaftsverträge oder sonstige Gründungsbestimmungen. Dadurch soll der Aufsichtsbehörde ermöglicht werden, das Statut der Antragstellerin auf die Übereinstimmung mit den Vorgaben des VGG zu überprüfen. Als gesetzlich vorgesehener Bestandteil des Statuts sind mit dem Antrag auf Erlaubniserteilung auch die in dem Statut festzulegenden **Grundsätze der Mitwirkung der Mitglieder und der Berechtigten** (§ 16), die **Befugnisse der Mitgliederhauptversammlung** (§§ 17, 18), die **Regelungen zur Teilnahme an der Mitgliederhauptversammlung** (§ 19) und **zur Vertretung der Berechtigten durch Delegierte** (§ 20) vorzulegen.

17 **§ 78 S. 2 Nr. 2** sieht die Vorlage von **Name und Anschrift** der nach Gesetz oder Statut zur Vertretung der Verwertungsgesellschaft berechtigten Person vor. Damit soll die Prüfung der **Zuverlässigkeit** der Treuhänder ermöglicht werden. Die Vorschrift korrespondiert insoweit mit **§ 79 Abs. 1 Nr. 2**, der die fehlende Zuverlässigkeit einer zur Vertretung berechtigten Person als Versagungsgrund bestimmt.

18 Nach **§ 78 S. 2 Nr. 3** ist eine Erklärung der Antragstellerin über die **Anzahl der Berechtigten**, sowie über die **Zahl** und **wirtschaftliche Bedeutung** der der Verwertungsgesellschaft zur Wahrnehmung **anvertrauten Rechte**, vorzulegen. Damit wird bezweckt, dass die Aufsichtsbehörde die wirtschaftliche Relevanz der Verwertungsgesellschaft, sowie deren wirtschaftliche und administrative Substanz einschätzen kann. Dies ist erforderlich, damit die Aufsichtsbehörde überprüfen kann, ob der Versagungsgrund des **§ 79 Abs. 1 Nr. 3** vorliegt.

19 Die neu hinzugefügte **Nr. 4** sieht die **Vorlage** eines **tragfähigen Geschäftsplans** für die ersten drei Jahre des Geschäftsbetriebes vor, aus dem insbesondere erwartete Einnahmen und Ausgaben sowie der organisatorische Aufbau der Verwertungsgesellschaft hervorgehen sollen. Zusätzlich zur Verschaffung einer Möglichkeit zur Einschätzung der **wirtschaftlichen Leistungsfähigkeit** der Verwertungsgesellschaft als Kriterium für die Erteilung der beantragten Erlaubnis (§ 79 Abs. 1 Nr. 3), dient diese Vorschrift insbesondere dazu, Aufschluss über das geplante **Organisations- und Kontrollsystem** der Verwertungsgesellschaft zu geben und darzulegen, wie die zum Tätigkeitsbereich gehörenden Rechte durchgesetzt und wie Nutzungen kontrolliert werden sollen.[13]

III. Rechtsfolgen

20 Sofern die Prüfung des Antrags durch die Aufsichtsbehörde ergibt, dass die formellen Voraussetzungen des § 78 eingehalten wurden und auf materieller Ebene kein Versagungsgrund i.S.d. § 79 Abs. 1 besteht, ist die Erlaubnis mangels weiterer Regelungen im VGG zu erteilen. Die Erlaubniserteilung wie auch deren Versagung erfolgen durch **Verwaltungsakt** i.S.d. **§ 35 VwVfG**.[14] Es gelten die allgemeinen Vorschriften des **VwVfG**

---

11 RegE-VGG, BT-Drucks. 18/7223, S. 96.
12 BeckOK-UrhR/*Freudenberg*, § 78 VGG Rn 5.
13 RegE-VGG, BT-Drucks. 18/7223, S. 96.
14 BeckOK-UrhR/*Freudenberg*, § 77 VGG Rn 15.

(§ 89 Abs. 1) und der VwGO. Die Aufsichtsbehörde hat die Erlaubniserteilung gem. § 83 im **Bundesanzeiger** bekannt zu machen.

Die erteilte Erlaubnis entfaltet **keine Konzentrationswirkung**: Andere Zulassungs- 21 erfordernisse, etwa allgemein geltende Anzeigepflichten nach dem Gewerberecht, bleiben unberührt.[15]

Wird eine Verwertungsgesellschaft, die gem. § 77 erlaubnispflichtig ist, tätig, ohne 22 dass die Erlaubnis beantragt und von der Aufsichtsbehörde erteilt wurde, treten die in § 84 geregelten Rechtfolgen ein. Danach kann die Verwertungsgesellschaft die von ihr wahrgenommenen Urheberrechte und verwandten Schutzrechte, die sich aus dem UrhG ergeben, nicht geltend machen (§ 84 S. 1). Überdies steht ihr das Strafantragsrecht nach § 109 UrhG nicht zu (§ 84 S. 2). Außerdem kann die Aufsichtsbehörde der Verwertungsgesellschaft gem. § 85 Abs. 2 Nr. 1 die **Fortsetzung des Geschäftsbetriebs untersagen**.

§ 79
Versagung der Erlaubnis

(1) Die Erlaubnis nach § 77 Absatz 1 darf nur versagt werden, wenn
1. das Statut der Verwertungsgesellschaft nicht den Vorschriften dieses Gesetzes entspricht,
2. Tatsachen die Annahme rechtfertigen, dass eine nach Gesetz oder Statut zur Vertretung der Verwertungsgesellschaft berechtigte Person die für die Ausübung ihrer Tätigkeit erforderliche Zuverlässigkeit nicht besitzt, oder
3. die wirtschaftliche Grundlage der Verwertungsgesellschaft eine wirksame Wahrnehmung der Rechte nicht erwarten lässt.

(2) Für die Erlaubnis nach § 77 Absatz 2 gilt Absatz 1 entsprechend; die Versagungsgründe nach Absatz 1 Nummer 1 und 2 sind nicht anzuwenden.

Übersicht

I. Allgemeines
 1. Bedeutung der Regelung —— 1
 2. Vorgängerregelung —— 4
 3. Unionsrechtlicher Hintergrund —— 6
 4. Entstehungsgeschichte —— 7
 5. Anwendungsbereich —— 8
II. Regelungsgehalt
 1. Mängel des Statuts (Abs. 1 Nr. 1) —— 10
 2. Persönliche Unzuverlässigkeit der vertretungsberechtigten Person (Abs. 1 Nr. 2) —— 14
 3. Fehlen einer wirtschaftlichen Grundlage (Abs. 1 Nr. 3) —— 17

 a) Keine strengeren Prüfungskriterien bei Entstehen einer Konkurrenzsituation —— 19
 b) Zukunftprognose der Aufsichtsbehörde —— 21
 4. Eingeschränkte Versagungsgründe für ausländische Verwertungsgesellschaften (Abs. 2) —— 22
 5. Rechtsfolgen bei Nichtvorliegen von Versagungsgründen —— 24
 6. Rechtsfolgen bei Vorliegen eines oder mehrerer Versagungsgründe —— 27

---

15 Wandtke/Bullinger/*Staats*, § 78 VGG Rn 7.

I. Allgemeines

1 **1. Bedeutung der Regelung.** Auf die Erteilung der Erlaubnis besteht ein **materiell-rechtlicher Anspruch**, wenn die Voraussetzungen für die **Erteilung der Erlaubnis** vorliegen.[1] Es handelt sich insoweit um eine **gebundene Entscheidung**.[2] § 79 Abs. 1 zählt **abschließend** die Gründe für eine **Versagung der Erlaubnis durch die Aufsichtsbehörde** auf.

2 Die Regelung des Abs. 1 stellt eine **subjektive Berufszulassungsregel** und somit eine zum Schutz wichtiger Gemeinschaftsgüter **zulässige Schranke des Art. 12 Abs. 1 GG** dar.[3]

3 Für Verwertungsgesellschaften mit Sitz im EU- oder EWR-Ausland sieht die **Sonderregelung** des **Abs. 2** vor, dass eine Versagung der Erlaubnis ausschließlich auf das **Fehlen einer wirtschaftlichen Grundlage** gem. Abs. 1 Nr. 3 gestützt werden darf.[4]

4 **2. Vorgängerregelung.** Die Vorschrift übernimmt weitgehend die bisherige Regelung des **§ 3 Abs. 1 UrhWG**. Zu dieser Norm ergangene Rechtsprechung und veröffentlichte Literatur kann daher auch bei § 79 herangezogen werden.

5 **Begründungs-, Zustellungs- und Bekanntmachungsanforderungen** bei Versagung der beantragten Erlaubnis sind nunmehr allerdings nicht wie zuvor in § 3 Abs. 2 UrhWG spezialgesetzlich normiert, sondern richten sich der **Verweisung des § 89** folgend nach dem VwVfG. Zudem wurde der vormals verwendete Begriff „Satzung" der neuen Terminologie[5] des VGG folgend durch den Begriff „**Statut**" ersetzt.

6 **3. Unionsrechtlicher Hintergrund.** Die Regelungen setzen **Art. 36 ff. VG-RL** i.V.m. den Erwägungsgründen 50 ff. um, wonach die Mitgliedstaaten verpflichtet sind, sicherzustellen, dass **geeignete Verfahren** vorgesehen werden, in deren Rahmen die zuständigen Behörden die Einhaltung der in Umsetzung der Vorgaben aus der VG-RL erlassenen nationalen Bestimmungen durch die jeweils in ihrem Hoheitsgebiet ansässigen Verwertungsgesellschaften und Verwertungseinrichtungen überwachen (**Sitzstaatsprinzip**).

7 **4. Entstehungsgeschichte.** Die Norm geht auf den Vorschlag im RefE des BMJV[6] zurück und wurde in weiten Teilen übernommen. Während der Vorschlag im RefE lediglich von „Erlaubnis" sprach, enthält die in Kraft getretene Version die Konkretisierung „Erlaubnis nach § 77 Abs. 1". Zudem enthielt der Vorschlag im RefE noch keinen Abs. 2, der in seiner jetzigen Fassung die entsprechende Anwendung des Abs. 1 für das Bestehen einer eingeschränkten Erlaubnispflicht nach § 77 Abs. 2 anordnet und die Versagungsgründe nach Abs. 1 Nr. 1 und 2 in solchen Fällen für unanwendbar erklärt. Diese Version wurde durch die Bundesregierung in deren Gesetzesentwurf[7] eingebracht und im weiteren Gesetzgebungsverfahren nicht mehr verändert.

---

1 VGH München, Urt. v. 16.3.1978 – 236 VI 76 – BlPMZ 1978, 261, 262; BeckOK-UrhR/*Freudenberg*, § 79 VGG Rn 3.
2 BeckOK-UrhR/*Freudenberg*, § 79 VGG Rn 3; Wandtke/Bullinger/*Staats*, § 79 VGG Rn 1.
3 Wandtke/Bullinger/*Staats*, § 79 VGG Rn 1; *Häußer* in: FS Roeber, S. 113, 124 f.
4 Vgl. Rn 17 f.
5 Vgl. § 13 Rn 13.
6 RefE des BMJV v. 9.6.2015, S. 39.
7 RegE-VGG, BT-Drucks. 18/7223, S. 35.

5. Anwendungsbereich. Die Versagungsgründe korrespondieren mit den in § 78 **8**
S. 2 Nr. 1 bis 4 genannten, dem Antrag **beizufügenden Unterlagen**, die der Aufsichtsbehörde dazu dienen, die wirtschaftliche Grundlage der Antragstellerin beurteilen zu können. Sie sind tatbestandlich weit gefasst und enthalten mehrere **unbestimmte Rechtsbegriffe**, die der Auslegung zugänglich sind.

Ab dem Zeitpunkt der Erlaubniserteilung durch das DPMA ist der **Anwendungsbe- 9 reich der §§ 85ff.** eröffnet, die die laufende behördliche Aufsicht regeln. Stellt sich nachträglich heraus, dass im Zeitpunkt der Erlaubniserteilung ein Versagungsgrund vorgelegen hat, oder tritt später ein Versagungsgrund ein, dem nicht abgeholfen wird, so kann es gem. **§ 80 Abs. 1** zum **Widerruf** der erteilten Erlaubnis kommen. Der Widerruf ist jedoch als **ultima ratio** der behördlichen Maßnahmen zu betrachten.[8]

II. Regelungsgehalt

1. Mängel des Statuts (Abs. 1 Nr. 1). Gem. § 79 Abs. 1 Nr. 1 darf die **Erlaubnis** nur **10 versagt** werden, wenn das Statut der Verwertungsgesellschaft **nicht den Vorschriften des VGG entspricht**. Die Prüfung der Rechtmäßigkeit des Statuts erfolgt ausschließlich anhand des VGG, nicht anhand anderer Vorschriften. Anders als in der Vorgängernorm des § 3 Abs. 1 UrhWG wird nicht mehr auf die „Satzung" Bezug genommen, sondern der Begriff **„Statut"** verwendet. Das Statut ist gem. der rechtsformneutralen Definition in § 13 Abs. 1 S. 1 der Oberbegriff für Gründungsbestimmungen der Verwertungsgesellschaft.[9]

Das Statut umfasst nach den Vorschriften des VGG: **11**
– die Beschreibung der erlaubnispflichtigen Tätigkeit der Verwertungsgesellschaft nach § 77,
– die Bestimmung über die Bedingungen der Mitgliedschaft nach § 13 Abs. 1 S. 2,
– die Grundsätze der Mitwirkung der Mitglieder und Berechtigten nach § 16, die Festlegung der Befugnisse der Mitgliederhauptversammlung im Allgemeinen nach § 17 Abs. 1 S. 2, sowie in Bezug auf die Organe nach § 18 Abs. 1,
– die Voraussetzungen der Teilnahme an der Mitgliederversammlung nach § 19 Abs. 3 und 4,
– die Regeln zur Mitwirkung der Berechtigten nach § 20 Abs. 2 und zur Vertretung der Verwertungsgesellschaft durch die Geschäftsführung nach § 21.

Ist einer dieser Gegenstände nicht durch das Statut abgedeckt, entspricht dieses **12** nicht den gesetzlichen Vorgaben des VGG. Das DPMA hat allerdings im Rahmen des Antragsverfahrens Hinweise auf Nachbesserungsmöglichkeiten zu geben.

Andere Vorgaben des VGG, etwa der **Wahrnehmungszwang** (§ 9) oder die Pflicht **13** zur **Tarifaufstellung** (§ 38), müssen **nicht ausdrücklich im Statut erwähnt** werden, dürfen jedoch auch **nicht im Widerspruch** dazu stehen.[10]

2. Persönliche Unzuverlässigkeit der vertretungsberechtigten Person (Abs. 1 14 Nr. 2). Gem. § 79 Abs. 1 Nr. 2 ist die Erlaubnis zu versagen, wenn eine zur Vertretung der Verwertungsgesellschaft berechtigte Person die erforderliche Zuverlässigkeit nicht besitzt. Dabei handelt es sich um einen **unbestimmten Rechtsbegriff**, wie er auch im Ge-

---

[8] Vgl. § 80 Rn 12.
[9] Vgl. § 13 Rn 13.
[10] Wandtke/Bullinger/*Gerlach*, 4. Aufl. 2014, § 3 UrhWG Rn 2.

werberecht (§§ 30 ff. GewO) und in § 33 KWG zu finden ist, der eine **Zukunftsprognose** der Aufsichtsbehörde erfordert.

15 **Unzuverlässig** ist derjenige, der nach der Gesamtschau seines Verhaltens keine Gewähr dafür bietet, die Verwertungsgesellschaft in Zukunft den Gesetzen entsprechend, insbesondere ohne persönliche Mängel, die für die angestrebte Tätigkeit relevant sind, zu führen. Dabei ist insbesondere auf die **Treuhandfunktion**[11] und die **Langfristigkeit der Tätigkeit** abzustellen.[12] So ist Unzuverlässigkeit gegeben, wenn die vertretungsberechtigte Person wegen Vermögens- oder Insolvenzdelikten vorbestraft ist.[13]

16 Ausreichend ist dem Wortlaut nach das **Vorliegen von Tatsachen**, die die **Annahme** rechtfertigen, dass die vertretungsberechtigte Person unzuverlässig ist. Einer zwingenden Kausalität bedarf es daher nicht. Wegen des Prognosecharakters der Frage steht der Aufsichtsbehörde hier ein gewisser Beurteilungsspielraum zu.[14]

17 **3. Fehlen einer wirtschaftlichen Grundlage (Abs. 1 Nr. 3).** Gem. § 79 Abs. 1 Nr. 3 ist die Erlaubnis zu versagen, wenn die wirtschaftliche Grundlage der Verwertungsgesellschaft nicht ausreicht, um eine **wirksame Wahrnehmung** der anvertrauten Rechte und Ansprüche zu gewährleisten. Da die Verwertungsgesellschaft im Zeitpunkt der Antragstellung ihre Leistungsfähigkeit nicht beweisen kann, ist für die Beurteilung der wirtschaftlichen Grundlage insbesondere eine **realistisch absehbare Kostendeckung** in Form eines soliden **Finanz- und Geschäftsplans** maßgeblich.[15] Insoweit korrespondiert die Vorschrift mit **§ 78 Nr. 4**, wonach dem Antrag auf Erlaubnis zwingend ein tragfähiger Geschäftsplan beizufügen ist.

18 **Sinn und Zweck** dieser Vorschrift ist der **Schutz des Vertrauens der Rechtsinhaber**, da diesen bei Abschluss ihrer Wahrnehmungsverträge eine Überprüfung der wirtschaftlichen Grundlage, einschließlich des Bestehens wirksamer **Kontrollsysteme** und **Gegenseitigkeitsverträge** zur Gewährleistung der **Rechte im Ausland**, effektiv nicht möglich ist.[16] Unter „wirtschaftlicher Grundlage" ist die Effektivität und Struktur der Verwertungsgesellschaft in **betriebswirtschaftlicher** Hinsicht zu verstehen; diese bemisst sich maßgeblich nach ihrer **Organisationsstruktur** und der **technischen Ausstattung des Kontroll- und Abrechnungswesens**.[17]

19 **a) Keine strengeren Prüfungskriterien bei Entstehen einer Konkurrenzsituation.** Besteht bereits eine gleichartige Verwertungsgesellschaft, so dass es auf dem Gebiet der Wahrnehmung bestimmter Rechte zu einer **Wettbewerbs- und Konkurrenzsituation** zwischen der neuen und einer bereits bestehenden Verwertungsgesellschaft kommt, begründet dies **keinen Versagungsgrund i.S.d. § 79 Abs. 1 Nr. 3**.[18]

20 **Streitig** ist hingegen, ob bzgl. der Überprüfung der wirtschaftlichen Grundlage **strengere Prüfungskriterien** an eine neue Verwertungsgesellschaft zu stellen sind. Für eine solche Ansicht wird angeführt, dass in der Konkurrenzsituation wegen der Verdoppelung des Verwaltungsapparates **zusätzliche Kosten** entstehen können, die letztlich

---

[11] Dazu vgl. § 2 Rn 19.
[12] BeckOK-UrhR/*Freudenberg*, § 79 VGG Rn 8.
[13] BeckOK-UrhR/*Freudenberg*, § 79 VGG Rn 9; Wandtke/Bullinger/*Staats*, § 79 VGG Rn 3.
[14] Wandtke/Bullinger/*Staats*, § 79 VGG Rn 3; Schricker/Loewenheim/*Reinbothe*, § 3 UrhWG Rn 9.
[15] Fromm/Nordemann/*Nordemann*, 11. Aufl. 2014, § 3 UrhWG Rn. 3; Schricker/Loewenheim/*Reinbothe* § 3 UrhWG Rn 11.
[16] RegE-UrhWG, BT-Drucks. IV/271, S. 15.
[17] BeckOK-UrhR/*Freudenberg*, § 79 VGG Rn 11.
[18] Wandtke/Bullinger/*Staats*, § 79 VGG Rn 4.

der Berechtigte zu tragen hätte. Sei zu erwarten, dass die Rechtewahrnehmung damit **unwirtschaftlich** würde, so liege ein Versagungsgrund vor.[19] Diese Auffassung hat jedoch keinerlei Grundlage im Gesetzeswortlaut. Sie entspricht auch einem überholten statischen Verständnis der Tätigkeit der Verwertungsgesellschaften. Eine Konkurrenzsituation schafft Anreiz zu **Innovationen und Fortschritt** auf dem Gebiet der Rechtevergabe an die Nutzerkreise sowie bei der Abrechnung und Administration der Rechteinhaber.[20] Die Anwendung strengerer Prüfkriterien im Fall konkurrierender Verwertungsgesellschaften hat deshalb keine Rechtsgrundlage.

b) Zukunftsprognose der Aufsichtsbehörde. Das DPMA hat zu **prognostizieren**, ob die wirtschaftliche Grundlage der Verwertungsgesellschaft ausreicht, um die Rechtewahrnehmung effektiv durchzuführen. Dabei sind zuvörderst die **Verwaltungskosten** zu berücksichtigen, die sich in einem angemessenen Rahmen zu den prognostizierten Gesamterlösen der Rechtewahrnehmung bewegen müssen.[21] Dabei ist nicht die absolute Anzahl der Personen maßgeblich, die der Verwertungsgesellschaft die Wahrnehmung ihrer Rechte übertragen haben. Dies kann lediglich ein **Indiz** für den **Umfang des Repertoires** sein. Vielmehr gilt es, die wirtschaftliche Bedeutung der übertragenen Rechte und Ansprüche zu ermitteln und einzuschätzen.[22]

4. Eingeschränkte Versagungsgründe für ausländische Verwertungsgesellschaften (Abs. 2). Bei Verwertungsgesellschaften mit Sitz im EU- oder EWR-Ausland, die gem. **§ 77 Abs. 2** nur eine **eingeschränkte Erlaubnispflicht** trifft, kann eine Versagung einzig auf **§ 79 Abs. 1 Nr. 3** (fehlende wirtschaftliche Grundlage) gestützt werden; die Versagungsgründe des § 79 Abs. 1 Nr. 1 und 2 sind nicht anwendbar. Die Nichtanwendbarkeit des Versagungsgrundes aus § 79 Abs. 1 Nr. 2 (fehlende Zuverlässigkeit der zur Vertretung berechtigten Person) auf Verwertungsgesellschaften mit Sitz im EU- bzw. EWR-Ausland wird teilweise als wenig überzeugend kritisiert, wenngleich als geltendes Recht nicht in Frage gestellt.[23]

Aus dem in der VG-RL angelegten **Sitzstaatsprinzip** folgt, dass das DPMA die Versagungsgründe aus § 79 Abs. 1 Nr. 1 (gesetzwidriges Statut) und § 79 Abs. 1 Nr. 2 (Unzuverlässigkeit der vertretungsberechtigten Person) nicht prüft, § 79 Abs. 2. Sie unterliegen der Kontrolle des Sitzstaates nach den dort geltenden Bestimmungen.[24]

5. Rechtsfolgen bei Nichtvorliegen von Versagungsgründen. Liegt keiner der in § 79 Abs. 1 abschließend aufgezählten Versagungsgründe vor und hat die Verwertungsgesellschaft ihren Antrag formell ordnungsgemäß nach § 78 gestellt, ist die Erlaubnis zu erteilen.

Die Erlaubniserteilung erfolgt durch **Verwaltungsakt** i.S.d. **§ 35 VwVfG**.[25] Es gelten die allgemeinen Vorschriften des VwVfG und der VwGO. Die Aufsichtsbehörde hat die Erlaubniserteilung gem. § 83 im **Bundesanzeiger** bekannt zu machen.[26]

---

[19] Dreier/Schulze/*Schulze*, § 79 VGG Rn 5; Wandtke/Bullinger/*Staats*, § 79 VGG Rn 4; *Vogel*, GRUR 1993, 513, 516; DPMA, ZUM 1989, 506, 509; Fromm/Nordemann/*Nordemann*, 11. Aufl. 2014, § 3 UrhWG Rn 3; Schricker/Loewenheim/*Reinbothe*, § 3 UrhWG Rn 11.
[20] BeckOK-UrhR/*Freudenberg*, § 79 VGG Rn 13.
[21] DPMA, GRUR 1989, 506, 509.
[22] BeckOK-UrhR/*Freudenberg*, § 79 VGG Rn 16.
[23] Wandtke/Bullinger/*Staats*, § 79 VGG Rn 7.
[24] RegE-VGG, BT-Drucks. 18/7223, S. 96.
[25] BeckOK-UrhR/*Freudenberg*, § 79 VGG Rn 15.
[26] Hierzu Wandtke/Bullinger/*Staats*, § 83 VGG Rn 2.

26 Ab dem Zeitpunkt der Erlaubniserteilung unterliegt die Verwertungsgesellschaft der **laufenden Aufsicht** des DPMA gem. §§ 85 ff.

27 **6. Rechtsfolgen bei Vorliegen eines oder mehrerer Versagungsgründe.** Stellt die Behörde fest, dass einer oder mehrere der in § 79 Abs. 1 genannten Versagungsgründe vorliegen, ist die Erlaubnis zu versagen.

28 Die Versagung der Erlaubnis erfolgt, ebenso wie deren Erteilung, durch **Verwaltungsakt** i.S.d. **§ 35 VwVfG**. Es gelten auch insoweit die allgemeinen Vorschriften des VwVfG (§ 89 Abs. 1) und der VwGO. Danach sind die Mängel, die zur Versagung geführt haben, im Einzelnen **schriftlich** vom DPMA zu **begründen**.[27] Zudem ist die antragstellende Verwertungsgesellschaft vom DPMA **anzuhören** (vgl. § 28 Abs. 1 VwVfG). Gegen die Versagung kann binnen Monatsfrist **Widerspruch** eingelegt werden. Das Vorverfahren ist auch dann nicht entbehrlich, wenn gem. § 81 S. 2 eine Weisung des BMJV ergangen ist; trotz der Weisung handelt es sich weiterhin um eine Entscheidung des DPMA (einer Bundesoberbehörde), sodass § 68 Abs. 1 S. 2 Nr. 1 VwGO nicht anwendbar ist.[28] Gegen den Widerspruchsbescheid ist wiederum binnen eines Monats (Anfechtungs- oder Verpflichtungs-) **Klage** zum VG München möglich, dem für den Sitz des DPMA zuständigen Gericht.

§ 80
Widerruf der Erlaubnis

(1) Die Aufsichtsbehörde kann die Erlaubnis nach § 77 Absatz 1 widerrufen, wenn
1. einer der Versagungsgründe des § 79 Absatz 1 bei Erteilung der Erlaubnis der Aufsichtsbehörde nicht bekannt war oder nachträglich eingetreten ist und dem Mangel nicht innerhalb einer von der Aufsichtsbehörde zu setzenden Frist abgeholfen wird oder
2. die Verwertungsgesellschaft einer der ihr nach diesem Gesetz obliegenden Verpflichtungen trotz Abmahnung durch die Aufsichtsbehörde wiederholt zuwiderhandelt.

(2) Die Erlaubnis nach § 77 Absatz 2 kann die Aufsichtsbehörde nicht nach Absatz 1 Nummer 2 widerrufen.

Übersicht

I. Allgemeines
   1. Bedeutung der Regelung —— 1
   2. Vorgängerregelung —— 2
   3. Unionsrechtlicher Hintergrund —— 5
   4. Entstehungsgeschichte —— 6
   5. Anwendungsbereich —— 7
II. Regelungsgehalt
   1. Widerruf einer nach § 77 Abs. 1 erteilten Erlaubnis (Abs. 1) —— 10
     a) Vorliegen eines Versagungsgrundes nach § 79 Abs. 1 (Abs. 1 Nr. 1) —— 11
     b) Wiederholte Zuwiderhandlung trotz Abmahnung (Abs. 1 Nr. 2) —— 14
   2. Widerruf einer nach § 77 Abs. 2 erteilten Erlaubnis (Abs. 2) —— 18
   3. Zu den Besonderheiten eines Widerrufs einer nach § 132 Abs. 1 fingierten Erlaubnis —— 21
     a) Kein Widerruf nach Abs. 1 Nr. 1 —— 22
     b) Widerruf nach Abs. 1 Nr. 2 —— 24
   4. Verfahren und Form —— 25
III. Rechtsfolgen —— 27

---

27 Dreier/Schulze/*Schulze*, § 79 VGG Rn 7.
28 Wandtke/Bullinger/*Staats*, § 79 VGG Rn 11 m.w.N.

I. Allgemeines

1. Bedeutung der Regelung. Die Vorschrift regelt die **nachträgliche Widerrufsmöglichkeit** einer bereits erteilten Erlaubnis für den Fall des späteren Bekanntwerdens (§ 80 Abs. 1 Nr. 1 Alt. 1) oder späteren Eintretens (§ 80 Abs. 1 Nr. 1 Alt. 2) eines oder mehrerer Versagungsgründe i.S.d. § 79 Abs. 1 Nr. 1 bis 3 oder für den Fall, dass die Verwertungsgesellschaft trotz Abmahnung durch die Aufsichtsbehörde einer der ihr nach dem VGG obliegenden Verpflichtungen zuwiderhandelt (§ 80 Abs. 1 Nr. 2). 1

2. Vorgängerregelung. Die Vorschrift entspricht weitgehend der früheren Regelung des **§ 4 Abs. 1 UrhWG**. Zu dieser Norm ergangene Rechtsprechung und veröffentlichte Literatur kann daher auch bei § 80 herangezogen werden. 2

Nicht übernommen wurde die Regelung des § 4 Abs. 2 UrhWG, die eine Verpflichtung zur **Begründung** und **Zustellung** des Widerrufs vorsah. Diesbezüglich sind nunmehr gem. § 89 Abs. 1 die allgemeinen Regelungen des **VwVfG** anzuwenden.[1] 3

Anders als in der Vorgängervorschrift, nach der die Behörde bei Vorliegen eines Widerrufsgrundes die Erlaubnis **zwingend** zu widerrufen hatte („ist zu widerrufen"), wird ihr in der neuen Vorschrift ein **Ermessensspielraum** eingeräumt („kann widerrufen"). Es obliegt daher der Aufsichtsbehörde, nach **pflichtgemäßem Ermessen** darüber zu entscheiden, ob bei Vorliegen eines Widerrufsgrundes ein milderes Mittel als der Widerruf der Erlaubnis in Betracht kommt.[2] 4

3. Unionsrechtlicher Hintergrund. Die Vorschrift schafft eine **Sanktion** bzw. **Maßnahme** i.S.d. **Art. 36 Abs. 3 UA 1** der VG-RL.[3] Diese müssen laut Art. 36 Abs. 3 UA 2 VG-RL **wirksam**, **verhältnismäßig** und **abschreckend** sein. 5

4. Entstehungsgeschichte. Die Norm geht auf den Vorschlag im RefE des BMJV zurück.[4] In dem RefE noch nicht enthalten war Abs. 2 der in Kraft getretenen Vorschrift, der festlegt, dass eine Erlaubnis i.S.d. § 77 Abs. 2 nicht nach Abs. 2 Nr. 2 widerrufen werden kann. Dieser wurde erst durch den Gesetzesentwurf der Bundesregierung eingeführt.[5] 6

5. Anwendungsbereich. § 80 ist **lex specialis** zu § 49 Abs. 2 VwVfG, der den Widerruf begünstigender Verwaltungsakte regelt. 7

Die Vorschrift korrespondiert mit **§ 76**, sowie mit **§§ 77 bis 79**, die die Voraussetzungen zur Erteilung oder Versagung der Erlaubnis normieren. Ein Widerruf ist nur möglich, wenn bereits gem. § 77 Abs. 1 eine Erlaubnis erteilt worden ist. Wurde eine Erlaubnis hingegen noch nicht erteilt, ist der Anwendungsbereich der Vorschrift nicht eröffnet. 8

Abs. 1 **Nr. 2** geht über die allgemeinen Befugnisse, die der Aufsichtsbehörde nach § 85 eingeräumt werden, hinaus. Die **Anforderungen** an die Nr. 2 sind infolgedessen **sehr hoch**.[6] 9

---

1 RegE-VGG, BT-Drucks. 18/7223, S. 96.
2 RegE-VGG, BT-Drucks. 18/7223, S. 96.
3 RegE-VGG, BT-Drucks. 18/7223, S. 96.
4 RefE des BMJV v. 9.6.2015, S. 39 f.
5 RegE-VGG, BT-Drucks. 18/7223, S. 35 f.
6 Vgl. Rn 14 f.

II. Regelungsgehalt

10 **1. Widerruf einer nach § 77 Abs. 1 erteilten Erlaubnis (Abs. 1).** Abs. 1 regelt den Widerruf einer nach § 77 Abs. 1 erteilten Erlaubnis.

11 **a) Vorliegen eines Versagungsgrundes nach § 79 Abs. 1 (Abs. 1 Nr. 1).** Die Aufsichtsbehörde **kann** die Erlaubnis nachträglich widerrufen, wenn zu einem späteren Zeitpunkt als der Erteilung **Versagungsgründe eingetreten** sind (Alt. 1) oder wenn das Vorliegen eines oder mehrerer Versagungsgründe ihr erst zu einem späteren Zeitpunkt als der Erteilung **bekannt geworden** ist (Alt. 2). Sollte der Aufsichtsbehörde ein Versagungsgrund nach § 79 Abs. 1 bereits bei Erteilung der Erlaubnis bekannt gewesen sein und damit ein Widerruf nach Abs. 1 Nr. 1 Alt. 1 nicht in Betracht kommen, so kann sie gleichwohl nach **Abs. 1 Nr. 2** widerrufen. Dies ist jedoch nur zulässig, wenn **trotz Abmahnung** durch die Aufsichtsbehörde eine **wiederholte Zuwiderhandlung** der Verwertungsgesellschaft erfolgt ist.[7]

12 Der Widerruf der bereits erteilten Erlaubnis ist **ultima ratio**. Ist der Versagungsgrund i.S.d. Vorschrift (insbesondere ein solcher nach Abs. 1 Nr. 1 und 2) durch Maßnahmen der Verwertungsgesellschaft zu beseitigen, muss die Aufsichtsbehörde der Verwertungsgesellschaft daher eine **angemessene Frist** setzen, den nachträglich eingetretenen oder bekannt gewordenen Versagungsgrund zu beseitigen.[8]

13 Die Fristsetzung ist als Verwaltungsakt **schriftlich zu begründen**, wobei der **konkrete Mangel anzugeben** ist.[9] Gegen diesen Verwaltungsakt steht der Verwertungsgesellschaft der **Verwaltungsrechtsweg** (§ 40 VwGO) offen.[10]

14 **b) Wiederholte Zuwiderhandlung trotz Abmahnung (Abs. 1 Nr. 2).** Für den Fall, dass eine Verwertungsgesellschaft trotz Abmahnung **wiederholt** ihren Verpflichtungen aus dem VGG zuwiderhandelt, wird der Aufsichtsbehörde in Abs. 1 Nr. 2 die Möglichkeit des Widerrufs eingeräumt; dieses Instrumentarium **geht über die Befugnisse aus § 85 hinaus**. Erforderlich ist dafür laut Gesetzgeber eine „**hartnäckige Missachtung des Gesetzes**".[11] Es handelt sich um **hohe Anforderungen**, sodass die Vorschrift in der Praxis nur äußerst selten zur Anwendung kommen wird. Bislang ist noch kein solcher Fall des Widerrufs einer nach dem UrhWG oder VGG erteilten Erlaubnis bekannt geworden.[12]

15 Erforderlich ist ein **wiederholter Verstoß** gegen Verpflichtungen aus dem VGG. Es muss also nach der Abmahnung mindestens **ein weiteres Mal gegen dieselbe Verpflichtung** aus dem VGG verstoßen worden sein, die bereits Gegenstand der Abmahnung war.[13] Außerhalb dieses Gesetzes liegende Rechtsverstöße sind ggf. nach anderen Vorschriften zu behandeln.[14]

16 Aus Gründen der **Verhältnismäßigkeit** kommt der **Schwere des Rechtsverstoßes** eine besondere Bedeutung im Rahmen der Ermessensausübung zu. Ein Widerruf der Erlaubnis kommt nur bei schwerwiegenden Verstößen in Betracht. Der Widerruf einer Erlaubnis wäre unverhältnismäßig, wenn zwar ein wiederholter Verstoß vorliegt, den

---

7 RegE-VGG, BT-Drucks. 18/7223, S. 96.
8 Vgl. zu § 4 UrhWG RegE-UrhWG, BT-Drucks. IV/271, S. 15.
9 BeckOK-UrhR/*Freudenberg*, § 80 VGG Rn 7; Dreier/Schulze/*Schulze*, § 80 VGG Rn 10.
10 Schricker/Loewenheim/*Reinbothe*, § 4 UrhWG Rn 4 f.; Wandtke/Bullinger/*Gerlach*, 4. Aufl. 2014, § 4 UrhWG Rn 5; Fromm/Nordemann/*W. Nordemann/Wirtz*, 11. Aufl. 2014, § 4 UrhWG Rn 4.
11 Vgl. zu § 4 UrhWG RegE-UrhWG, BT-Drucks. IV/271, S. 15 und 20.
12 BeckOK-UrhR/*Freudenberg*, § 80 VGG Rn 8.
13 RegE-VGG, BT-Drucks. 18/7223, S. 96.
14 BeckOK-UrhR/*Freudenberg*, § 80 VGG Rn 9.

einzelnen Verstößen jedoch nur ein geringes Gewicht zukommt.[15] Der Gesetzesverstoß kann nicht nur durch **aktives Tun**, sondern auch durch **Unterlassen** erfolgen, etwa, wenn die Verwertungsgesellschaft ihrer Pflicht zur Einräumung von Nutzungsrechten zu angemessenen Bedingungen gem. § 34 (Abschlusszwang) nicht nachkommt. Auch in diesem Fall wäre von der Möglichkeit des Widerrufs nur zurückhaltend Gebrauch zu machen, da die Etablierung einer neuen Verwertungsgesellschaft und die Durchsetzung im Markt Zeit brauchen kann.

Die **Abmahnung** durch die Aufsichtsbehörde muss **förmlich**, durch eigenständigen Verwaltungsakt, erfolgen, der durch Widerspruch und Klage angefochten werden kann.[16] In der **Praxis** ergeht meist zunächst ein **formloser Hinweis** an die Verwertungsgesellschaft, wenn aus Sicht der Aufsichtsbehörde ein Verstoß gegen eine Verpflichtung aus dem VGG vorliegen soll.[17] 17

2. Widerruf einer nach § 77 Abs. 2 erteilten Erlaubnis (Abs. 2). Der Widerruf der Erlaubnis zum Geschäftsbetrieb einer Verwertungsgesellschaft, die der **eingeschränkten Erlaubnispflicht nach § 77 Abs. 2** unterliegt, kann nur auf den Widerrufsgrund des Abs. 1 Nr. 1 (nachträgliches Eintreten oder Bekanntwerden eines Versagungsgrundes), nicht aber auf den Widerrufsgrund des Abs. 1 Nr. 2 (wiederholte Zuwiderhandlung trotz Abmahnung) gestützt werden. 18

Von dieser **Sonderregelung** können nur solche Verwertungsgesellschaften betroffen sein, die ihren **Sitz im EU- oder EWR- Ausland** haben, vgl. § 77 Abs. 2. Aufgrund des in der VG-RL angelegten **Sitzstaatsprinzips** kann das DPMA in Fällen, in denen eine ausländische Verwertungsgesellschaft wiederholt trotz Abmahnung den Verpflichtungen des VGG zuwiderhandelt (Abs. 1 Nr. 2), nicht die Erlaubnis widerrufen, sondern hat gem. **§ 86** lediglich die **Befugnis**, alle **einschlägigen Informationen** an die Aufsichtsbehörde im Sitzstaat der betroffenen Verwertungsgesellschaft zu **übermitteln** und diese ggf. um die **Einleitung von Maßnahmen** gegen die Verwertungsgesellschaft zu ersuchen.[18] 19

Möglich ist ein Widerruf der Erlaubnis jedoch, wenn nachträglich ein Versagungsgrund aus § 79 Abs. 1 eingetreten oder bekanntgeworden ist (Abs. 1 Nr. 1), wobei dabei gem. § 79 Abs. 2 zu beachten ist, dass **einzig der Versagungsgrund des § 79 Abs. 1 Nr. 3** herangezogen werden darf. 20

3. Zu den Besonderheiten eines Widerrufs einer nach § 132 Abs. 1 fingierten Erlaubnis. Eine nach dem UrhWG erteilte Verwertungserlaubnis gilt nach der **Übergangsvorschrift des § 132 Abs. 1** als mit Inkrafttreten des VGG erteilte Erlaubnis nach § 77. Entspricht das Statut einer bereits zugelassenen Verwertungsgesellschaft nicht den Anforderungen des VGG, stellt sich die Frage, ob die Umsetzung der Satzungsanforderungen von der Rechtsaufsicht mit der Drohung eines Widerrufs der Erlaubnis durchgesetzt werden kann.[19] 21

---

15 So auch Wandtke/Bullinger/*Gerlach*, 4. Aufl. 2014, § 4 UrhWG Rn 6; Loewenheim/*Melichar*, § 50 Rn 18; a.A. Dreier/Schulze/*Schulze*, § 80 VGG Rn 5; Schricker/Loewenheim/*Reinbothe*, § 4 UrhWG Rn 6; BeckOK-UrhR/
Freudenberg, § 80 VGG Rn 11.
16 BeckOK-UrhR/*Freudenberg*, § 80 VGG Rn 11.
17 Wandtke/Bullinger/*Gerlach*, 4. Aufl. 2014, § 4 UrhWG Rn 7; Schricker/Loewenheim/*Reinbothe*, § 4 UrhWG Rn 6.
18 RegE-VGG, BT-Drucks. 18/7223, S. 96.
19 Zu einem Widerruf der Erlaubnis ist es auch nach der Vorgängernorm § 4 UrhWG bislang nicht gekommen.

22 **a) Kein Widerruf nach Abs. 1 Nr. 1.** Ein Widerruf der Erlaubnis gem. Abs. 1 Nr. 1 Alt. 2 kommt bei Fiktion der Erlaubnis gem. § 132 Abs. 1 nicht in Betracht, weil dieser Widerrufsgrund voraussetzt, dass ein Versagungsgrund **nachträglich** eingetreten ist. Nachträglich ist der Versagungsgrund jedoch nicht eingetreten, wenn er schon bei Inkrafttreten des VGG bestand.

23 Ein Widerruf der Erlaubnis gem. Abs. 1 Nr. 1 Alt. 1 würde voraussetzen, dass der Mangel „bei Erteilung" **nicht bekannt** war. Bei Erteilung der ursprünglichen Erlaubnis nach UrhWG konnte es einen Verstoß gegen Anforderungen des VGG nicht geben, ein solcher Verstoß also auch von der Aufsichtsbehörde nicht verkannt werden. Im Zeitpunkt der gem. § 132 Abs. 1 fingierten Erteilung der Erlaubnis gem. § 77 mit Inkrafttreten des VGG war ein Verstoß gegen die Satzungsanforderungen des VGG ggf. sofort bekannt: Entweder hatte die Verwertungsgesellschaft zu diesem Zeitpunkt ihre Satzung noch nicht an das VGG angepasst; dann war der Verstoß der Aufsichtsbehörde ohne weiteres bekannt. Oder die Verwertungsgesellschaft hatte ihre Satzung bereits vor Inkrafttreten des VGG im Hinblick auf die zukünftige Rechtslage (aber nicht im Einklang mit allen Anforderungen des VGG) geändert; dann müsste die Aufsichtsbehörde von dieser Änderung vor Inkrafttreten des VGG gem. § 20 Nr. 1 UrhWG unterrichtet worden sein, weshalb sie einen Verstoß gegen das VGG bei dessen Inkrafttreten nicht verkennen konnte.

24 **b) Widerruf nach Abs. 1 Nr. 2.** Verweigern die Mitglieder einer nach dem UrhWG zugelassenen Verwertungsgesellschaft die Anpassung der Satzung zur Erfüllung der Vorgaben aus dem VGG, ist zweifelhaft, unter welchen Voraussetzungen die Erlaubnis gem. Abs. 1 Nr. 2 widerrufen werden könnte, weil „die Verwertungsgesellschaft" den gesetzlichen Verpflichtungen **„wiederholt zuwidergehandelt"** hat. Der **Beschluss der Mitgliederversammlung**, mit dem eine rechtswidrige Satzungsgestaltung verabschiedet wird, mag als „Zuwiderhandlung" der Verwertungsgesellschaft qualifiziert werden, weil die Verwertungsgesellschaft sich das Verhalten ihres Organs **zurechnen** lassen muss. Ein solcher Verstoß kann auch **wiederholt** werden, wenn die Mitglieder nach einer Abmahnung der Aufsichtsbehörde erneut eine Regelung beschließen, die den gesetzlichen Anforderungen nicht gerecht wird. Ebenso mag im Hinblick auf die gesetzliche Anforderung und die Konkretisierung der Obliegenheit durch eine Abmahnung der Aufsichtsbehörde die bloße Unterlassung der Satzungsanpassung nach dem Willen der Mehrheit der Mitglieder als „Zuwiderhandlung" der Verwertungsgesellschaft qualifiziert werden.[20]

25 **4. Verfahren und Form.** Der Widerruf der Erlaubnis stellt, ebenso wie die Versagung der Erlaubnis gem. § 79, einen **Verwaltungsakt** i.S.d. **§ 35 VwVfG** dar und ist daher zu **begründen** und **förmlich zuzustellen**. Da die Vorschrift des § 4 Abs. 2 UrhWG nicht übernommen wurde, sind nunmehr gem. § 89 die **allgemeinen Vorschriften des VwVfG** anwendbar. Das Begründungserfordernis ergibt sich aus § 39 VwVfG, das Zustellungserfordernis aus § 41 VwVfG. Mit dem Wegfall von § 4 Abs. 2 S. 2 UrhWG fehlt es nunmehr an einer Vorschrift, die bestimmt, dass der Widerruf grds. erst drei Monate nach Bestandskraft wirksam wird. In der Literatur wird deshalb teilweise von der Aufsichtsbehörde verlangt, die Ratio der weggefallenen Vorschrift weiterhin zu beachten und den **Wirksamkeitszeitpunkt** des Widerrufs in angemessener Weise zu bestimmen,

---

20 Zur Qualifizierung von pflichtwidrigem Unterlassen als „Zuwiderhandlung" bei der Missachtung von Vorgaben des UrhWG siehe schon Dreier/Schulze/*Schulze*, 5. Aufl. 2015, § 4 UrhWG Rn 5; Schricker/Loewenheim/*Reinbothe*, 5. Aufl. 2017, § 4 UrhWG Rn 6; BeckOK-UrhR/*Freudenberg*, 18. Aufl. 2017, § 4 UrhWG Rn 5.

um den Mitgliedern der Verwertungsgesellschaft ausreichend Zeit zu geben, einer neuen Verwertungsgesellschaft beizutreten.[21]

Das DPMA ist nach den allgemeinen Beweisregeln des Verwaltungsprozessrechts für das Vorliegen sämtlicher Tatbestandsmerkmale zur Rechtfertigung des Widerrufs beweispflichtig. Ein non liquet geht zu Lasten des DPMA. 26

III. Rechtsfolgen

Widerruft das DPMA die Erlaubnis nach Abs. 1 oder Abs. 2, so kann die betroffene Verwertungsgesellschaft gegen diesen belastenden Verwaltungsakt vorgehen, indem sie zunächst binnen Monatsfrist **Widerspruch** einlegt. Widerspruchsbehörde ist das DPMA selbst (§ 73 Abs. 1 Nr. 2 VwGO). Gegen den Widerspruchsbescheid kann sie wiederum binnen eines Monats **Anfechtungsklage** vor dem VG München erheben. 27

Wird der Widerruf bestandskräftig, so verfügt die betroffene Verwertungsgesellschaft nicht über die gem. § 77 Abs. 1 oder Abs. 2 erforderliche Erlaubnis und darf ihre **Wahrnehmungstätigkeit nicht fortsetzen**. 28

Der Widerruf wirkt **ex nunc**, lässt also die vorangegangene Tätigkeit der Verwertungsgesellschaft unberührt. 29

Wird die Verwertungsgesellschaft trotz des Fehlens der Erlaubnis tätig, treten die in § 84 geregelten **Rechtsfolgen** ein. Danach kann die Verwertungsgesellschaft die von ihr wahrgenommenen Urheberrechte und verwandten Schutzrechte, die sich aus dem UrhG ergeben, nicht geltend machen (§ 84 S. 1). Überdies steht ihr das Strafantragsrecht nach § 109 UrhG nicht zu (§ 84 S. 2). Außerdem kann die Aufsichtsbehörde der Verwertungsgesellschaft gem. § 85 Abs. 2 Nr. 1 die **Fortsetzung des Geschäftsbetriebs untersagen**. 30

§ 81
Zusammenarbeit bei Erlaubnis und Widerruf der Erlaubnis

Über Anträge auf Erteilung der Erlaubnis und über den Widerruf der Erlaubnis entscheidet die Aufsichtsbehörde im Einvernehmen mit dem Bundeskartellamt. Gelingt es nicht, Einvernehmen herzustellen, so legt die Aufsichtsbehörde die Sache dem Bundesministerium der Justiz und für Verbraucherschutz vor; dessen Weisungen, die im Benehmen mit dem Bundesministerium für Wirtschaft und Energie erteilt werden, ersetzen das Einvernehmen.

Übersicht

I. Allgemeines
   1. Bedeutung der Regelung —— 1
   2. Vorgängerregelung —— 4
   3. Unionsrechtlicher Hintergrund —— 5
   4. Entstehungsgeschichte —— 6
   5. Anwendungsbereich —— 7

II. Regelungsgehalt
   1. Sonstige Maßnahmen des BKartA —— 9
   2. Einvernehmen mit dem Bundeskartellamt (S. 1) —— 11
   3. Kein Einvernehmen (S. 2) —— 14

---

21 Wandtke/Bullinger/*Staats*, § 80 VGG Rn 11.

I. Allgemeines

1 **1. Bedeutung der Regelung.** Die Vorschrift regelt die **Zusammenarbeit** des **DPMA** mit dem **Bundeskartellamt** und dem **BMJV**.

2 Verwertungsgesellschaften unterliegen ferner der allgemeinen Kartellaufsicht der **Europäischen Kommission** im Hinblick auf die kartellrechtlichen Regelungen der **Art. 101, 102 AEUV**.[22]

3 § 81 bildet eine **Sondervorschrift zu § 75**, der grds. eine **Alleinzuständigkeit** des DPMA als Aufsichtsbehörde über die Verwertungsgesellschaften im Hinblick auf die Vorgaben des VGG vorsieht.

4 **2. Vorgängerregelung.** Das frühere Recht enthielt eine entsprechende, nahezu wortlautidentische Regelung in **§ 18 Abs. 3 UrhWG**. Zu dieser Norm ergangene Rechtsprechung und veröffentlichte Literatur kann daher auch bei § 81 herangezogen werden.

5 **3. Unionsrechtlicher Hintergrund.** Die Vorschrift dient der Umsetzung des **Art. 36 Abs. 1 VG-RL**.

6 **4. Entstehungsgeschichte.** Die Norm geht auf den Vorschlag im RefE des BMJV[23] zurück, wurde wortlautidentisch übernommen und im weiteren Gesetzgebungsverfahren nicht mehr geändert.

7 **5. Anwendungsbereich.** § 81 gilt, wie alle Vorschriften des Vierten Abschnitts (§§ 75 bis 91), grds. für **Verwertungsgesellschaften i.S.d. § 2**.

8 Aufgrund der Verweisung in **§ 90 Abs. 3** gilt § 81 auch für **abhängige Verwertungseinrichtungen i.S.d. § 3**, sofern diese gem. § 90 Abs. 1 einer Erlaubnis bedürfen.

II. Regelungsgehalt

9 **1. Sonstige Maßnahmen des BKartA.** § 81 hindert das BKartA nicht daran, bei Kartellrechtsverstößen selbständig gegen Verwertungsgesellschaften vorzugehen und z.B. Abstellungs- oder Untersagungsverfügungen zu erlassen. Allerdings ist § 76 Abs. 3 zu beachten.

10 Auch der privaten Kartellrechtsdurchsetzung steht § 81 nicht im Wege. Vor den Zivilgerichten kann gegen Handlungen von Verwertungsgesellschaften stets der Einwand der **Kartellrechtswidrigkeit** erhoben werden; die gesetzlich vorgesehene Aufsicht durch das DPMA versperrt den Nutzern nicht den Weg zu den ordentlichen Gerichten.[24]

11 **2. Einvernehmen mit dem Bundeskartellamt (S. 1).** § 81 bildet eine **Sonderregelung** zu der grds. nach § 75 bestehenden **Alleinzuständigkeit des DPMA** für solche Entscheidungen, die die **Erteilung (§ 78)** oder den **Widerruf (§ 80)** einer nach § 77 oder § 90 erforderlichen Erlaubnis zum Geschäftsbetrieb betreffen. Diese Entscheidungen hat die Aufsichtsbehörde **im Einvernehmen mit dem Bundeskartellamt** zu treffen, weil dabei

---

[22] Zur Bedeutung des europäischen Wettbewerbsrechts vgl. Einleitung Rn 33.
[23] RefE des BMJV v. 9.6.2015, S. 40.
[24] BGH, Urt. v. 27.3.2012 – KRZ 108/10 – GRUR 2012, 1062 – Elektronischer Programmführer; BGH, Urt. v. 30.1.1970 – KZR 3/69 – GRUR 1970, 200 – Tonbandgeräte-Importeur; Schricker/Loewenheim/*Reinbothe*, § 18 UrhWG Rn 2 a.E.; Dreier/Schulze/*Schulze*, § 76 VGG Rn 10; BeckOK-UrhR/*Freudenberg*, § 81 VGG Rn 1.

kartellrechtliche Erwägungen eine Rolle spielen können. Dabei bleiben die Kompetenzen des jeweiligen Amtes gewahrt, sodass das Bundeskartellamt lediglich die **kartellrechtlichen Aspekte** der Entscheidung beurteilt, während das DMPA alle nach dem VGG zu beurteilenden Aspekte überprüft.[25]

Verwertungsgesellschaften unterliegen nicht nur der Aufsicht durch das DPMA, sondern aufgrund gesetzlicher Bestimmungen außerhalb des VGG (z.B. §§ 22, 33 Abs. 2 BGB) auch der Aufsicht anderer Behörden.[26] § 76 Abs. 3 regelt für derartige Überschneidungen, dass das DPMA lediglich zu **informieren** und **anzuhören** ist, eine einvernehmliche Entscheidung also gerade nicht erforderlich ist. Hinsichtlich der **Kartellaufsicht** ist die Verzahnung der Zuständigkeiten jedoch enger.[27] Das Einvernehmen der beiden Behörden ist **Wirksamkeitsvoraussetzung** für die Erteilung und den Widerruf der Erlaubnis zum Geschäftsbetrieb. 12

Für eine **Versagung** der Erlaubnis nach § 79 und Maßnahmen der **laufenden Aufsicht** durch das DPMA besteht hingegen **kein Erfordernis von Einvernehmen**, da § 81 hierauf keinen Bezug nimmt.[28] 13

3. Kein Einvernehmen (S. 2). Gelingt es dem DPMA und dem Bundeskartellamt nicht, einvernehmlich über Fragen der Erteilung oder den Widerruf einer Erlaubnis i.S.d. S. 1 zu entscheiden, so hat das DPMA die Sache dem **BMJV** vorzulegen. Dieses trifft in Absprache mit dem **BMWi** Weisungen, die das Einvernehmen ersetzen. 14

Die Entscheidung über Erteilung und Widerruf der Erlaubnis bleibt eine Entscheidung des DPMA und kann als solche angefochten werden. Das fehlende Einvernehmen des BKartA kann nicht separat eingeklagt werden. 15

§ 82
Anzeige

Bedarf die Verwertungsgesellschaft keiner Erlaubnis nach § 77, so zeigt sie der Aufsichtsbehörde die Aufnahme einer Wahrnehmungstätigkeit unverzüglich schriftlich an, wenn sie
1. **ihren Sitz in einem anderen Mitgliedstaat der Europäischen Union oder anderen Vertragsstaat des Abkommens über den Europäischen Wirtschaftsraum hat und Urheberrechte oder verwandte Schutzrechte wahrnimmt, die sich aus dem Urheberrechtsgesetz ergeben, oder**
2. **ihren Sitz im Inland hat und in einem anderen Mitgliedstaat der Europäischen Union oder anderen Vertragsstaat des Abkommens über den Europäischen Wirtschaftsraum tätig ist.**

Übersicht

I. Allgemeines
 1. Bedeutung der Regelung —— 1
 2. Vorgängerregelung —— 2
 3. Unionsrechtlicher Hintergrund —— 3
 4. Entstehungsgeschichte —— 4
 5. Anwendungsbereich —— 5

---

25 BGH, Beschl. v. 3.5.1988 – KVR 4/87 – GRUR 1988, 782, 785 – GEMA-Wertungsverfahren; Schricker/Loewenheim/*Reinbothe*, § 18 UrhWG Rn 5; Dreier/Schulze/*Schulze*, § 81 VGG Rn 2.
26 Vgl. § 76 Rn 20 f.
27 Wandtke/Bullinger/*Gerlach*, 4. Aufl. 2014, § 18 UrhWG Rn 5.
28 BGH, Urt. v. 27.3.2012 – KRZ 108/10 – MMR 2012, 755 – Elektronischer Programmführer; Schricker/Loewenheim/*Reinbothe*, § 18 UrhWG Rn 5; Dreier/Schulze/*Schulze*, § 81 VGG Rn 2; Wandtke/Bullinger/*Staats*, § 81 VGG Rn 4; BeckOK-UrhR/*Freudenberg*, § 81 VGG Rn 1.

6. Übergangs- und Sondervorschriften zu § 82 —— 9
II. Regelungsgehalt
1. Anzeigepflicht für im EU-/EWR-Ausland ansässige Verwertungsgesellschaften (Nr.1) —— 11
2. Anzeigepflicht für inländische Verwertungsgesellschaften (Nr. 2) —— 13

3. Formelle Voraussetzungen der Anzeige
a) Frist —— 15
b) Form —— 16
III. Rechtsfolgen
1. Rechtsfolgen bei ordnungsgemäßer Anzeige —— 17
2. Rechtsfolgen bei Nichtvornahme der Anzeige —— 19

I. Allgemeines

1 1. **Bedeutung der Regelung.** Die Vorschrift regelt die **Anzeigepflicht** von **nichterlaubnispflichtigen Verwertungsgesellschaften**. Grds. bedarf gem. § 77 Abs. 1 jede Verwertungsgesellschaft – unabhängig von ihrem Sitz – einer Erlaubnis zum Geschäftsbetrieb, wenn sie Urheberrechte oder verwandte Schutzrechte aus dem deutschen UrhG wahrnimmt. Verwertungsgesellschaften mit Sitz im EU- oder EWR-Ausland bedürfen der Erlaubnis nur dann, wenn sie Rechte aus § 77 Abs. 2 Nr. 1 bis 3 wahrnehmen. § 82 regelt ergänzend eine Anzeigepflicht für Verwertungsgesellschaften, welche nicht erlaubnispflichtig sind, an deren Beaufsichtigung aber dennoch ein öffentliches Interesse besteht, weil sie Rechte aus dem deutschen UrhG wahrnehmen (Nr.1) oder einen Inlandssitz haben (Nr. 2). Erfüllt eine nicht erlaubnispflichtige Verwertungsgesellschaft die Voraussetzungen der Nr. 1 oder 2, muss sie die Aufnahme ihrer Wahrnehmungstätigkeit aber **unverzüglich schriftlich** bei der Aufsichtsbehörde anzeigen.

2 2. **Vorgängerregelung.** Das frühere Recht enthielt keine entsprechende Regelung.

3 3. **Unionsrechtlicher Hintergrund.** Die **VG-RL** schreibt die Einführung einer Anzeigepflicht nicht vor. Der Gesetzgeber geht hier ebenso wie bei der Einführung der Erlaubnispflicht über die unionsrechtlichen Vorgaben der VG-RL hinaus.

4 4. **Entstehungsgeschichte.** Die Norm geht auf den Vorschlag im RefE des BMJV[1] zurück, wurde wortlautidentisch übernommen und im weiteren Gesetzgebungsverfahren nicht geändert.

5 5. **Anwendungsbereich.** Die Vorschrift gilt nur für **Verwertungsgesellschaften i.S.d. § 2**. Für abhängige Verwertungseinrichtungen i.S.d. § 3, die keiner Erlaubnis bedürfen, gilt die **Sonderregelung** des **§ 90 Abs. 2**.

6 § 82 korrespondiert mit der Vorschrift des **§ 77**. Der Anwendungsbereich des § 82 ist erst eröffnet, wenn es sich um eine Verwertungsgesellschaft handelt, die nicht nach § 77 Abs. 1 oder 2 erlaubnispflichtig ist.

7 Zudem steht die Vorschrift in Zusammenhang mit **§ 84**, der die **Rechtsfolgen** für den Fall des Tätigwerdens ohne Anzeige regelt.

8 Die nach § 82 anzeigepflichtigen Verwertungsgesellschaften unterliegen trotz Nichtbestehens einer Erlaubnispflicht nach § 77 der **ständigen Aufsicht** der Aufsichtsbehörde nach **§§ 85 ff.**

---

[1] RefE des BMJV v. 9.6.2015, S. 40.

6. Übergangs- und Sondervorschriften zu § 82. Wurde eine Verwertungsgesellschaft erst mit Inkrafttreten des VGG gem. § 82 anzeigepflichtig, hatte sie nach der **Übergangsvorschrift des § 133** die Aufnahme ihrer Wahrnehmungstätigkeit der Aufsichtsbehörde spätestens am 1. Dezember 2016 anzuzeigen.

Unter den Voraussetzungen der **Sonderregelungen** in § 90 Abs. 2 und § 91 Abs. 2 müssen auch **abhängige und unabhängige Verwertungseinrichtungen** die Aufnahme einer Wahrnehmungstätigkeit unverzüglich anzeigen.

II. Regelungsgehalt

1. Anzeigepflicht für im EU-/EWR-Ausland ansässige Verwertungsgesellschaften (Nr.1). Nr. 1 regelt die Anzeigepflicht für solche Verwertungsgesellschaften, die ihren Sitz im EU- oder EWR-Ausland haben **und** Urheberrechte und verwandte Schutzrechte aus dem deutschen UrhG wahrnehmen. Es handelt sich dabei um Voraussetzungen, die **kumulativ** vorliegen müssen. Sie **ergänzt** die Regelung des **§ 76 Abs. 2**. Danach hat die Aufsichtsbehörde darauf zu achten, dass die ausländische Verwertungsgesellschaft die Vorschriften des jeweiligen ausländischen EU-Mitgliedsstaates oder EWR-Staates zur Umsetzung der VG-RL ordnungsgemäß einhält. Diesem Auftrag kann die Aufsichtsbehörde nur nachkommen, wenn sie davon Kenntnis hat, dass eine Verwertungsgesellschaft, die keiner Erlaubnis bedarf, Urheberrechte oder verwandte Schutzrechte nach dem deutschen UrhG wahrnimmt.[2] Überdies versetzt die Anzeigepflicht die Aufsichtsbehörde in die Lage, zu überprüfen, ob die Verwertungsgesellschaft gem. § 77 Abs. 2 nicht ausnahmsweise doch erlaubnispflichtig ist.[3]

Keine Anzeigepflicht besteht für Verwertungsgesellschaften mit Sitz im Ausland, die für deutsche Rechteinhaber lediglich **ausländische Urheberrechte** wahrnehmen.[4] Ebensowenig bedarf es der Anzeige, wenn sich ausländische Verwertungsgesellschaften von ihren Berechtigten auch Rechte nach dem deutschen UrhG einräumen lassen, deren Verwertung aber per Repräsentationsvereinbarung einer sich im Besitz einer deutschen Erlaubnis befindlichen Verwertungsgesellschaft übertragen.

2. Anzeigepflicht für inländische Verwertungsgesellschaften (Nr. 2). Verwertungsgesellschaften, die **im Bundesgebiet ansässig**, aber **im EU- oder EWR-Ausland tätig** sind, sind ebenfalls anzeigepflichtig. Mit dieser Vorschrift wird **§ 87 Abs. 2** ergänzt. Damit wird ermöglicht, dass die Aufsichtsbehörde auf Hinweise anderer Aufsichtsbehörden zeitnah und sachgerecht reagieren kann, wenn eine im Inland ansässige Verwertungsgesellschaft bei ihrer Tätigkeit im EU-/EWR-Ausland gegen gesetzliche Vorschriften verstößt.[5]

Nicht anzeigepflichtig sind Verwertungsgesellschaften mit Sitz im Inland, die lediglich in einem **Nicht-EU-** oder **Nicht-EWR-Staat** tätig sind.[6] Auf solche Verwertungsgesellschaften ist das VGG allgemein nicht anwendbar.[7]

---

2 RegE-VGG., BT-Drucks. 18/7223, S. 96.
3 Wandtke/Bullinger/*Staats*, § 82 VGG Rn 5.
4 Wandtke/Bullinger/*Staats*, § 82 VGG Rn 10.
5 RegE-VGG, BT-Drucks. 18/7223, S. 96.
6 Kritisch dazu Wandtke/Bullinger/*Staats*, § 82 VGG Rn 8 f.
7 Vgl. § 1 Rn 12.

3. Formelle Voraussetzungen der Anzeige

15 **a) Frist.** Die Verwertungsgesellschaft hat die Aufnahme ihrer Wahrnehmungstätigkeit **unverzüglich** anzuzeigen. Unverzüglich bedeutet gem. der Legaldefinition des § 121 Abs. 1 S. 1 BGB ohne schuldhaftes (vorsätzliches oder fahrlässiges) Zögern. Sobald also eine Verwertungsgesellschaft mit der Rechtewahrnehmung beginnt, muss dies der Aufsichtsbehörde angezeigt werden.

16 **b) Form.** Die Anzeige der Aufnahme der Wahrnehmungstätigkeit hat in **schriftlicher Form** zu erfolgen.[8]

III. Rechtsfolgen

17 **1. Rechtsfolgen bei ordnungsgemäßer Anzeige.** Hat die anzeigepflichtige Verwertungsgesellschaft die Aufnahme ihrer Wahrnehmungstätigkeit der Vorschrift des § 82 entsprechend angezeigt, so darf sie **mit der Rechtewahrnehmung fortfahren**. Sie unterliegt dabei gem. §§ 85 ff. der laufenden Aufsicht des DPMA.

18 Gem. § 83 hat die Aufsichtsbehörde die Anzeige im Bundesanzeiger zu **veröffentlichen**.

19 **2. Rechtsfolgen bei Nichtvornahme der Anzeige.** Wird eine nach § 82 anzeigepflichtige Verwertungsgesellschaft ohne Anzeige tätig, so treten die **Rechtsfolgen** des § 84 ein. Danach kann die Verwertungsgesellschaft die von ihr wahrgenommenen Urheberrechte und verwandten Schutzrechte, die sich aus dem UrhG ergeben, nicht geltend machen (§ 84 S. 1). Überdies steht ihr das Strafantragsrecht nach § 109 UrhG nicht zu (§ 84 S. 2).

§ 83
Bekanntmachung

Die Erteilung der Erlaubnis und ein unanfechtbar gewordener Widerruf der Erlaubnis sowie Anzeigen nach § 82 sind im Bundesanzeiger bekanntzumachen.

Übersicht

I. Allgemeines
  1. Bedeutung der Regelung —— 1
  2. Vorgängerregelung —— 2
  3. Unionsrechtlicher Hintergrund —— 4
  4. Entstehungsgeschichte —— 5
  5. Anwendungsbereich —— 6
II. Regelungsgehalt —— 9

I. Allgemeines

1 **1. Bedeutung der Regelung.** Die Vorschrift regelt im Interesse der Transparenz Veröffentlichungspflichten des DPMA. Vorgesehen ist in der Vorschrift eine Veröffentlichung im Bundesanzeiger. Das DPMA veröffentlicht darüber hinaus aber auch auf seiner **Internetseite** unter www.dpma.de eine Liste aller Verwertungsgesellschaften, die über eine Erlaubnis des DPMA verfügen, sowie eine Liste aller abhängigen und unabhängigen Verwertungseinrichtungen, die ihre Tätigkeit beim DPMA angezeigt haben.

---

8 Zum Schriftformerfordernis siehe § 78 Rn 12.

2. Vorgängerregelung. Das frühere Recht enthielt in **§ 5 UrhWG** eine inhaltlich 2
nahezu identische Regelung. Insoweit kann zu dieser Norm ergangene Rechtsprechung
und veröffentlichte Literatur bei § 83 herangezogen werden. Abweichend von § 5 UrhWG
ist der **Erlaubniswiderruf** nunmehr jedoch erst **ab formeller Bestandskraft bekannt
zu machen.**

Im Unterschied zum UrhWG sieht das VGG für **nichterlaubnispflichtige Verwer-** 3
tungsgesellschaften unter bestimmten Umständen eine Anzeigepflicht nach § 82 vor,
sodass auch diese im Rahmen von § 83 einer Veröffentlichungspflicht unterliegen.[1]

3. Unionsrechtlicher Hintergrund. Die **VG-RL** schreibt die öffentliche Bekannt- 4
machung der Erlaubniserteilung, des unanfechtbar gewordenen Widerrufs und der Anzeigen nicht vor. Die Regelung geht deshalb über die unionsrechtlichen Vorgaben der
VG-RL hinaus.

4. Entstehungsgeschichte. Die Norm geht auf den Vorschlag im RefE des BMJV[2] 5
zurück, wurde wortlautidentisch übernommen und im weiteren Gesetzgebungsverfahren
nicht mehr geändert.

5. Anwendungsbereich. Die Bekanntmachungsvorschrift gilt unmittelbar nur für 6
Erlaubnisse, Widerrufe und Anzeigen, die **Verwertungsgesellschaften** betreffen.

Für **abhängige Verwertungseinrichtungen** gilt § 83 wegen der allgemeinen Ver- 7
weisungsvorschrift des § 90 Abs. 3 hinsichtlich der Bekanntmachung von **Erlaubnissen**
und **Widerrufen** entsprechend. Umstritten ist, ob auch **Anzeigen** von abhängigen Verwertungseinrichtungen über die Aufnahme einer Verwertungstätigkeit bekanntgemacht
werden müssen. Zum Teil wird vertreten, dass § 90 Abs. 2 für die Anzeige von Wahrnehmungstätigkeiten durch abhängige Verwertungsgesellschaften eine abschließende Sonderregelung trifft, die einen Rückgriff auf § 83 verwehrt.[3] Für die Annahme, dass § 90
Abs. 2 in dieser Hinsicht abschließend gemeint ist, gibt es im Wortlaut jedoch keine Stütze, so dass nach der hier vertretenen Auffassung § 83 über § 90 Abs. 3 entsprechende
Anwendung findet.[4]

Für **unabhängige Verwertungseinrichtungen** hat der Gesetzgeber – anders als für 8
abhängige Verwertungseinrichtungen (§ 90 Abs. 3) – keine allgemeine Verweisungsnorm vorgesehen.[5] Eine Bekanntmachungspflicht für die hier allein in Frage kommenden Anzeigen von Wahrnehmungstätigkeiten nach § 91 Abs. 2 S. 1 besteht daher nach
dem Gesetz nicht.[6] Das DPMA veröffentlicht aber jedenfalls auf seiner Internetseite eine
Liste der unabhängigen Verwertungseinrichtungen, die ihre Tätigkeit beim DPMA angezeigt haben.[7]

II. Regelungsgehalt

Im Interesse der Schaffung von Transparenz sind die **Erteilung der Erlaubnis** 9
(§§ 77, 78) und der **unanfechtbar gewordene Widerruf der Erlaubnis (§ 80)** jeweils **ab**

---

1 BeckOK-UrhR/*Freudenberg*, § 83 VGG Rn 6.
2 RefE des BMJV v. 9.6.2015, S. 40.
3 BeckOK-UrhR/*Freudenberg*, § 83 VGG Rn 1.
4 So auch Wandtke/Bullinger/*Staats*, § 83 VGG Rn 3.
5 Wandtke/Bullinger/*Staats*, § 83 VGG Rn 3 hält hier ein gesetzgeberisches Redaktionsversehen für
möglich.
6 BeckOK-UrhR/*Freudenberg*, § 83 VGG Rn 1.
7 Vgl. Rn 1.

formeller Bestandskraft sowie die **Anzeige der Wahrnehmungstätigkeit nichterlaubnispflichtiger Verwertungsgesellschaften (§ 82)** bekannt zu machen. Schon vor formeller Bestandskraft eines Erlaubniswiderrufs kann die Aufsichtsbehörde über entsprechende Entscheidungen auf ihrer Internetseite informieren (§ 89 Abs. 5).[8]

§ 84
Wahrnehmungstätigkeit ohne Erlaubnis oder Anzeige

Wird eine Verwertungsgesellschaft ohne die erforderliche Erlaubnis oder Anzeige tätig, so kann sie die von ihr wahrgenommenen Urheberrechte und verwandten Schutzrechte, die sich aus dem Urheberrechtsgesetz ergeben, nicht geltend machen. Das Strafantragsrecht (§ 109 des Urheberrechtsgesetzes) steht ihr nicht zu.

Übersicht

I. Allgemeines
   1. Bedeutung der Regelung —— 1
   2. Vorgängerregelung —— 2
   3. Unionsrechtlicher Hintergrund —— 3
   4. Entstehungsgeschichte —— 4
   5. Anwendungsbereich —— 5
   6. Übergangsvorschriften —— 7

II. Rechtsfolgen
   1. Wirksamkeit der in Wahrnehmung der Rechte getroffenen Verfügungen trotz fehlender Erlaubnis —— 9
   2. Keine Geltendmachung zivilrechtlicher Ansprüche (S. 1) —— 10
   3. Kein Strafantragsrecht nach § 109 UrhG (S. 2) —— 11

I. Allgemeines

1 **1. Bedeutung der Regelung.** Die Vorschrift normiert die **Rechtsfolgen** für die Wahrnehmungstätigkeit von **erlaubnispflichtigen Verwertungsgesellschaften**, die **ohne Erlaubnis tätig** sind, sowie von **erlaubnisfreien Verwertungsgesellschaften**, die ihre Wahrnehmungstätigkeit **nicht gem. § 82 angezeigt** haben. Für beide Fälle schließt § 84 die betroffene Verwertungsgesellschaft von der Geltendmachung der von ihr wahrgenommenen Urheberrechte und verwandten Schutzrechte (S. 1), sowie von der Strafantragsberechtigung des § 109 UrhG (S. 2) aus.

2 **2. Vorgängerregelung.** Das frühere Recht enthielt in **§ 1 Abs. 3 UrhWG** eine im Wesentlichen inhaltsgleiche Vorschrift. Die zu dieser Vorschrift ergangene Rechtsprechung und veröffentlichte Literatur kann insoweit bei § 84 herangezogen werden. Neu hinzugekommen ist die Erstreckung der Rechtsfolgen auf **erlaubnisfreie Verwertungsgesellschaften**, die ihrer Anzeigepflicht aus § 82 nicht nachgekommen sind. Auch ohne Erlaubnispflicht unterfallen diese Verwertungsgesellschaften grds. der Aufsicht nach dem VGG, so dass die **Rechtsfolge** der unterbliebenen Anzeige des erlaubnisfreien Geschäftsbetriebs (§ 82) der Rechtsfolge einer fehlenden Erlaubnis **gleichgestellt** wird.[9]

3 **3. Unionsrechtlicher Hintergrund.** § 84 dient der Umsetzung von **Art. 36 Abs. 1 VG-RL**. Danach haben die Mitgliedstaaten sicherzustellen, dass die nach der Richtlinie erlassenen nationalen Vorschriften eingehalten werden.

---

[8] RegE-VGG, BT-Drucks. 18/7223, S. 97.
[9] BeckOK-UrhR/*Freudenberg*, § 84 VGG Rn 2; Wandtke/Bullinger/*Staats*, § 84 VVG Rn 2; Schricker/Loewenheim/*Reinbothe*, § 1 UrhWG Rn 12.

4. Entstehungsgeschichte. Die Norm geht auf den Vorschlag im RefE des BMJV[10] zurück, wurde wortlautidentisch übernommen und im weiteren Gesetzgebungsverfahren nicht weiter geändert.

5. Anwendungsbereich. Die Vorschrift gilt aufgrund der **allgemeinen Verweisung** in § 90 Abs. 3 auch für **abhängige Verwertungseinrichtungen** i.S.d. § 3, die unter den Voraussetzungen des § 90 Abs. 1 einer Erlaubnis bedürfen und unter denen des § 90 Abs. 2 anzeigepflichtig sind.

Für die Nichtbeachtung der Anzeigepflicht gem. § 91 Abs. 2 S. 1 für **unabhängige Verwertungseinrichtungen** i.S.d. § 4 erklärt **§ 91 Abs. 2 S. 2** ausdrücklich, dass **§ 84 entsprechend anwendbar** ist.

6. Übergangsvorschriften. Für Verwertungsgesellschaften, denen das DPMA auf Grundlage des ehemaligen UrhWG eine Erlaubnis erteilt hat, gilt diese gem. **§ 132 Abs. 1** als wirksam erteilt i.S.d. § 77. Dabei gelten die Anforderungen des § 132 Abs. 2.

Für erlaubnisfreie, aber anzeigepflichtige Verwertungsgesellschaften, abhängige und unabhängige Verwertungseinrichtungen (§ 82, 90, 91) gilt die Übergangsvorschrift des **§ 133**. Danach war die Aufnahme der Wahrnehmungstätigkeit bis spätestens 1.12.2016 der Aufsichtsbehörde anzuzeigen.

II. Rechtsfolgen

1. Wirksamkeit der in Wahrnehmung der Rechte getroffenen Verfügungen trotz fehlender Erlaubnis. Laut der amtlichen Begründung des Vorgängergesetzes wird aufgrund der in § 84 S. 1 vorgesehenen Rechtsfolge „eine Wahrnehmung von Rechten ohne die erforderliche Erlaubnis unmöglich gemacht".[11] Dies betrifft nach h.M. nur die Geltendmachung **zivilrechtlicher** und **strafrechtlicher Ansprüche** gegenüber etwaigen Rechtsverletzern. Die **Einräumung der Rechte an die Nutzer** hingegen bleibt **wirksam**, unabhängig davon, ob eine erforderliche Erlaubnis erteilt worden ist oder nicht.[12] Ebenso hängen nach h.M. die **in Wahrnehmung der Rechte getroffenen Verfügungen** in ihrem Bestand nicht von der Erlaubniserteilung ab. Auch eingenommene Vergütungen sind damit nicht rechtsgrundlos erbracht. Die hiergegen gewandte Mindermeinung ist abzulehnen, da sie außer Acht lässt, dass auch die um Erlaubniserteilung bemühten Verwertungsgesellschaften i.d.R. schon vor behördlicher Erlaubniserteilung Verträge mit den Rechtsinhabern abschließen und diese nach vertraglichen und urheberrechtlichen Vorgaben rechtswirksam sind. Überdies haben die Erlaubnispflicht und die Maßnahmen zur Einhaltung dieser Pflicht eine **schützende Funktion** gegenüber den **Nutzern**; sie würde ins Gegenteil verkehrt, wenn ein Verstoß gegen die Erlaubnispflicht zulasten der Nutzer ginge, welche auf die Wirksamkeit einer Verfügung vertraut haben. Gegen die Mindermeinung spricht außerdem der in § 84 S. 2 enthaltene **Verweis auf § 109 UrhG**. Dieser wäre sinnlos, da nach § 77 Abs. 1 StGB nur der Verletzte, also der Inhaber eines Nutzungsrechts strafantragsberechtigt ist. Daran würde es fehlen, wenn die Rechtsein-

---

10 RefE des BMJV v. 9.6.2015, S. 40.
11 ARegE-UrhWG, BT-Drucks. IV/271, S. 14.
12 OLG Köln, Beschl. v. 28.9.2007 – 6 W 150/07 – ZUM 2007, 927; Fromm/Nordemann/*W. Nordemann*/*Wirtz*, 11. Aufl. 2014, § 1 UrhWG Rn 7; Schricker/Loewenheim/*Reinbothe* § 1 UrhWG Rn 12; Wandtke/Bullinger/*Staats*, § 84 VVG Rn 2; a.A. Dreier/Schulze/*Schulze*, § 84 VGG Rn 2, der die Rechtseinräumung für unwirksam hält, solange die erforderliche Erlaubnis nicht erteilt ist.

räumung selbst unwirksam wäre, § 109 UrhG wäre dann schon tatbestandlich nicht erfüllt.

10 **2. Keine Geltendmachung zivilrechtlicher Ansprüche (S. 1).** Sinn und Zweck der Vorschrift ist es, die betroffenen **Rechtsinhaber** wie auch die **Öffentlichkeit** zu schützen. S. 1 der Vorschrift **unterbindet** daher die **Geltendmachung zivilrechtlicher Ansprüche** aus den Rechten oder Ansprüchen, die der Verwertungsgesellschaft zur Wahrnehmung übertragen wurden. Etwaige Zahlungsansprüche können nicht geltend gemacht werden.[13]

11 **3. Kein Strafantragsrecht nach § 109 UrhG (S. 2).** Rechtsfolge der Wahrnehmungstätigkeit ohne erforderliche Erlaubnis oder Anzeige ist nach S. 2, dass die betroffene Verwertungsgesellschaft das Recht verliert, nach **§ 109 UrhG Strafantrag** bei Urheberrechtsverletzungen zu stellen. Unautorisierte Nutzungen können daher nicht verfolgt werden.

§ 85
Befugnisse der Aufsichtsbehörde

(1) Die Aufsichtsbehörde kann alle erforderlichen Maßnahmen ergreifen, um sicherzustellen, dass die Verwertungsgesellschaft die ihr nach diesem Gesetz obliegenden Verpflichtungen ordnungsgemäß erfüllt.

(2) Die Aufsichtsbehörde kann einer Verwertungsgesellschaft die Fortsetzung des Geschäftsbetriebs untersagen, wenn die Verwertungsgesellschaft
1. ohne Erlaubnis tätig wird oder
2. einer der ihr nach diesem Gesetz obliegenden Verpflichtungen trotz Abmahnung durch die Aufsichtsbehörde wiederholt zuwiderhandelt.

(3) Die Aufsichtsbehörde kann von der Verwertungsgesellschaft jederzeit Auskunft über alle die Geschäftsführung betreffenden Angelegenheiten sowie die Vorlage der Geschäftsbücher und anderer geschäftlicher Unterlagen verlangen.

(4) ¹Die Aufsichtsbehörde ist berechtigt, durch Beauftragte an der Mitgliederhauptversammlung sowie den Sitzungen des Aufsichtsrats, des Verwaltungsrats, des Aufsichtsgremiums, der Vertretung der Delegierten (§ 20) sowie aller Ausschüsse dieser Gremien teilzunehmen. ²Die Verwertungsgesellschaft hat die Aufsichtsbehörde rechtzeitig über Termine nach Satz 1 zu informieren.

(5) ¹Rechtfertigen Tatsachen die Annahme, dass ein nach Gesetz oder Statut zur Vertretung der Verwertungsgesellschaft Berechtigter die für die Ausübung seiner Tätigkeit erforderliche Zuverlässigkeit nicht besitzt, so setzt die Aufsichtsbehörde der Verwertungsgesellschaft eine Frist zu seiner Abberufung. ²Die Aufsichtsbehörde kann ihm bis zum Ablauf dieser Frist die weitere Ausübung seiner Tätigkeit untersagen, wenn dies zur Abwendung schwerer Nachteile erforderlich ist.

(6) Liegen Anhaltspunkte dafür vor, dass eine Organisation einer Erlaubnis nach § 77 bedarf, so kann die Aufsichtsbehörde von ihr die zur Prüfung der Erlaubnispflichtigkeit erforderlichen Auskünfte und Unterlagen verlangen.

---

[13] Wandtke/Bullinger/*Staats*, § 84 VVG Rn 2.

Übersicht

I. Allgemeines
   1. Bedeutung der Regelung —— 1
   2. Vorgängerregelung —— 2
   3. Unionsrechtlicher Hintergrund —— 7
   4. Entstehungsgeschichte —— 8
   5. Anwendungsbereich —— 10

II. Regelungsgehalt
   1. Generalermächtigung (Abs. 1) —— 16
      a) Kein subjektives Recht der Nutzer auf Einschreiten der Aufsichtsbehörde —— 20
      b) Evidenzkontrolle bei der Überprüfung von Tarifen —— 22
   2. Ermächtigung zur Untersagung des Geschäftsbetriebs (Abs. 2) —— 27
      a) Tätigkeit ohne Erlaubnis (Abs. 2 Nr. 1) —— 29
      b) Wiederholte Pflichtverstöße trotz Abmahnung (Abs. 2 Nr. 2) —— 30
   3. Auskunftserteilung und Einsichtnahme in geschäftliche Unterlagen (Abs. 3)
      a) Allgemeines —— 32
      b) Verhältnis des Abs. 3 zu § 88 Abs. 2 Nr. 8 —— 35
   4. Teilnahme- und Informationsrechte (Abs. 4) —— 37
   5. Abberufung unzuverlässiger Vertretungsberechtigter (Abs. 5) —— 41
   6. Statusprüfung (Abs. 6) —— 45

III. Rechtsfolgen —— 46

I. Allgemeines

1. Bedeutung der Regelung. § 85 regelt die **konkreten Befugnisse** der Aufsichtsbehörde, die der Um- bzw. Durchsetzung der **Aufsicht** über die den Verwertungsgesellschaften obliegende **Einhaltung der Verpflichtungen aus dem VGG** (§ 76) dienen. Sie ist damit wesentlicher Bestandteil der unionsrechtlich vorgesehenen behördlichen Aufsicht über die Verwertungsgesellschaften. Die Ermächtigung der Aufsichtsbehörde zur Vornahme **geeigneter Maßnahmen und Sanktionen** soll laut **Art. 36 Abs. 3 VG-RL** der effektiven behördlichen Überwachung und Kontrolle der Verwertungsgesellschaften im Wege der **laufenden Aufsicht** dienen.

2. Vorgängerregelung. Das frühere Recht wies in **§ 19 Abs. 2 S. 2 UrhWG** eine inhaltlich identische Vorschrift zu Abs. 1 auf. Bereits in der Vorgängervorschrift war eine **Generalermächtigung** der Aufsichtsbehörde vorgesehen, sämtliche **erforderliche Maßnahmen** zu ergreifen, um die ordnungsgemäße Erfüllung der sich aus dem UrhWG ergebenden Verpflichtungen der Verwertungsgesellschaften sicherzustellen. Hinsichtlich der a.F. des früheren Rechts war lange Zeit **umstritten**, ob § 19 Abs. 1 UrhWG lediglich eine **Aufgabenbeschreibung** oder aber eine **Ermächtigungsgrundlage** für den Erlass von Verwaltungsakten darstellt. Diese Zweifel wurden beseitigt, als der Gesetzgeber mit Einführung des § 19 Abs. 2 UrhWG im früheren Recht ausdrücklich eine Befugnisnorm schuf. Abs. 1 übernimmt diesen Regelungsgedanken.

Die **Untersagung der Fortsetzung des Geschäftsbetriebs** wegen Tätigwerdens ohne erforderliche Erlaubnis (Abs. 2 Nr. 1) war inhaltsgleich in **§ 19 Abs. 2 S. 1 UrhWG** normiert. Neu hinzugekommen ist die Untersagung wegen **wiederholten Pflichtverstoßes trotz Abmahnung** (Abs. 2 Nr. 2).

Die Befugnis zur Auskunftserteilung und Einsichtnahme in geschäftliche Unterlagen (Abs. 3) wurde wortlautidentisch aus **§ 19 Abs. 3 UrhWG** übernommen.

Das in Abs. 4 normierte Teilnahme- und Informationsrecht ist an die frühere Regelung in **§ 19 Abs. 4 UrhWG** angelehnt. Anders als die Vorgängernorm beschränkt Abs. 4 das Teilnahmerecht nicht auf die Mitgliederversammlung und den Aufsichtsrat oder Verwaltungsrat, sondern **erweitert** es auf die genannten **Gremien der Verwertungsgesellschaft** und deren **Ausschüsse**.

Abs. 5, der die Abberufung unzuverlässiger Vertretungsberechtigter normiert, findet seine Vorgängernorm wortlautidentisch in **§ 19 Abs. 5 UrhWG**.

7   **3. Unionsrechtlicher Hintergrund.** Die Vorschrift setzt **Art. 36 Abs. 3 VG-RL** um. Danach haben die Mitgliedstaaten die zur Aufsicht benannten Behörden (in Deutschland das DPMA, § 75) mit Befugnissen auszustatten, damit diese auf Pflichtverstöße gegen das auf Grundlage der VG-RL national erlassene Recht (in Deutschland das VGG) mit **geeigneten Sanktionen und Maßnahmen** reagieren können. Diese Sanktionen müssen gem. Art. 36 Abs. 3 S. 2 VG-RL **wirksam, verhältnismäßig** und **abschreckend** sein.

8   **4. Entstehungsgeschichte.** Die Norm geht auf den Vorschlag im RefE des BMJV[1] zurück und wurde in weiten Teilen wortlautidentisch übernommen. Lediglich in den Abs. 4 und 6 wurden im RegE[2] einige Änderungen am RefE vorgenommen; so war im RefE in Abs. 4 S. 1 noch keine **Erweiterung des Teilnahmerechts** über die Teilnahme an Gremiensitzungen hinaus vorgesehen. In Abs. 6 wurde im Rahmen des RegE außerdem zur Klarstellung hinter das Wort „Erlaubnis" der Zusatz „nach § 77" hinzugefügt.

9   Im weiteren Gesetzgebungsverfahren hat der Bundesrat vorgeschlagen, der Vorschrift noch einen Abs. 7 hinzufügen. Dieser sollte eine **gesonderte Antragsberechtigung** der bundesweit tätigen Dachorganisationen der mit öffentlichen Mitteln geförderten Verbraucherverbände auf Tätigwerden der Aufsichtsbehörde gewähren.[3] Damit sollten neben den Interessen der Rechteinhaber und der Wirtschaft auch Verbraucherinteressen berücksichtigt werden. In der Gegenäußerung der Bundesregierung lehnte diese den Vorschlag des Bundesrats mangels Erforderlichkeit ab, da § 89 Abs. 2 RegE-VGG ein **Recht für jedermann** zur Information der Aufsichtsbehörde über etwaige Pflichtverstöße von Verwertungsgesellschaften vorsehe und weil das DPMA gem. § 75 Abs. 2 RegE-VGG seine Aufgaben und Befugnisse nur im **öffentlichen Interesse** wahrnehme, so dass Amtspflichten gegenüber einzelnen Personen oder Institutionen nicht begründet seien.[4]

10 **5. Anwendungsbereich.** Die Vorschrift findet dem in VG-RL angelegten **Sitzstaatsprinzip** folgend Anwendung auf Verwertungsgesellschaften, die im **Inland** oder aber **außerhalb der EU und des EWR ansässig** sind.

11 Für Maßnahmen gegenüber Verwertungsgesellschaften **mit Sitz im EU- oder EWR-Ausland** gilt die **spezielle Vorschrift des § 86**.[5] Jedoch finden bestimmte Befugnisse des § 85 auch auf diese Verwertungsgesellschaften Anwendung, nämlich soweit sie ihre Tätigkeit gem. § 82 Nr. 1 VGG gegenüber der Aufsichtsbehörde anzeigen müssen oder einer Erlaubnis nach § 77 Abs. 2 bedürfen; denn bei der Anzeige- und Erlaubnispflicht handelt es sich um Vorgaben, die unmittelbar aus dem VGG folgen; ausländische Behörden sind für diesbezügliche Verstöße nicht zuständig, hier muss das DPMA selbst nach § 85 vorgehen können.[6]

12 Die Norm findet nach § 90 Abs. 3 auf **abhängige Verwertungseinrichtung** vollständig Anwendung. Gegen **unabhängige Verwertungseinrichtungen** stehen der Aufsichtsbehörde hingegen nur die Befugnisse aus Abs. 1 bis 3 zu (§ 91 Abs. 1).

---

1 RefE des BMJV v. 9.6.2015, S. 41.
2 RegE-VGG, BT-Drucks. 18/7223, S. 36 f.
3 Stellungnahme des Bundesrats zum RegE-VGG, BR-Drucks. 634/15, S. 4.
4 Vgl. die Gegenäußerung der Bundesregierung, BT-Drucks. 18/7453, S. 4 f.
5 Vgl. Art. 36 Abs. 1 VG-RL.
6 *Staats* in: FS Schulze, S. 339 f.; Wandtke/Bullinger/*Staats*, § 85 VGG Rn 4, 12, 14, 17, 19, 22, 27.

§ 85 korrespondiert mit **§ 76 Abs. 1**, der den Gegenstand der Aufsicht inhaltlich auf 13 die Überprüfung der Einhaltung der sich aus dem VGG ergebenden Verpflichtungen begrenzt.

Begrenzt wird die Vorschrift des Abs. 1 durch die spezielle Regelung des **§ 88**. Auch bei 14 **§ 88 Abs. 2 Nr. 8** handelt es sich um eine **abschließende Spezialregelung** zu Abs. 3.

Die Vorschrift des **§ 80**, die den Widerruf der erteilten Erlaubnis regelt, begrenzt die 15 allgemeine Befugnisnorm des Abs. 1 ebenfalls. Ein Widerruf darf nur nach den dort normierten Voraussetzungen erfolgen und nicht auf Grundlage der Generalbefugnis des § 85. Dies ergibt sich auch aus der **Systematik** des vierten Abschnitts des VGG; während § 75 bis einschließlich § 84 den Inhalt der Aufsicht und die Voraussetzungen zur Aufnahme der Wahrnehmungstätigkeit durch die Verwertungsgesellschaften regeln, betreffen §§ 85 ff. die **laufende Aufsicht** durch das DPMA über die Wahrnehmungstätigkeit der Verwertungsgesellschaften.

II. Regelungsgehalt

1. Generalermächtigung (Abs. 1). Nach Abs. 1 kann das DPMA nach **pflichtgemä-** 16 **ßem Ermessen alle geeigneten und erforderlichen Maßnahmen** ergreifen, um sicherzustellen, dass die Verwertungsgesellschaften gem. § 76 Abs. 1 die ihnen nach dem VGG obliegenden Verpflichtungen ordnungsgemäß erfüllen.[7]

Welche Maßnahmen dies konkret sind, ist in der Generalermächtigung des Abs. 1 17 nicht festgelegt. **Grenzen** ergeben sich jedoch aus **§ 88**, der den Verwertungsgesellschaften eine **Pflicht zur unaufgeforderten Unterrichtung** über den Wechsel der vertretungsberechtigten Person (Abs.1) und zur **unaufgeforderten Übermittlung bestimmter Dokumente**, die in § 88 Abs. 2 abschließend aufgezählt sind, auferlegt. Im Umkehrschluss dürfen darüberhinausgehende Informationsrechte nicht geltend gemacht werden, auch nicht auf Grundlage der Befugnisnorm des Abs. 1. Gleiches gilt für § 88 Abs. 2 Nr. 8.

Ebenfalls begrenzende Wirkung haben die §§ 92ff. i.V.m. §§ 128 ff., die für bestimmte 18 Streitigkeiten zwischen Verwertungsgesellschaften mit Nutzern bzw. Nutzerverbänden das zwingende Verfahren vor der **Schiedsstelle** (§ 124) regeln.

Nach richtiger Auffassung hat das DPMA allerdings kein Selbsteintrittsrecht, kann 19 also nicht anstelle der Verwertungsgesellschaft z.B. Verteilungspläne beschließen oder einen Tarif festsetzen.[8] Als Folge dessen kann die Aufsicht die Verwertungsgesellschaft auch nicht dazu anhalten, einen bestimmten Verteilungsmechanismus in ihrem Verteilungsplan vorzusehen. Zulässig wäre es allenfalls, der Verwertungsgesellschaft zu untersagen, eine willkürliche Bestimmung im Verteilungsplan nicht anzuwenden oder abzuändern. Überall dort, wo die Verwertungsgesellschaften Ermessensspielräume haben (auch unternehmerische), darf die Behörde diese nicht vorwegnehmen, sondern nur mit Abstellungs- und Unterlassungsgeboten einschreiten, sofern die Verwertungsgesellschaft ihre Ermessensspielräume überschritten hat.

a) Kein subjektives Recht der Nutzer auf Einschreiten der Aufsichtsbehörde. 20 Für das Tätigwerden der Aufsichtsbehörde bedarf es keines gesonderten förmlichen Antrags. Ein **Anspruch der Nutzer auf Einschreiten** der Aufsichtsbehörde besteht nicht,

---

[7] RegE-VGG, BT-Drucks. 18/7223, S. 97; Raue/Hegemann/*Heine/Staats*, § 6 Rn 102.
[8] LG München, Urt. v. 19.7.2007 – 7 O 7870/06 – ZUM-RD 2007, 546; Dreier/Schulze/*Schulze*, § 85 VGG Rn 4; BeckOK UrhR/*Freudenberg*, § 85 VGG Rn 6; Loewenheim/*Melichar*, § 50 Rn 17.

weil diese ihre Rechte gegenüber den Verwertungsgesellschaften in den eigens dafür vorgesehenen **Schiedsverfahren** (§§ 92 ff.) und vor den **ordentlichen Gerichten** (§§ 128 ff.) geltend machen können.[9] § 75 Abs. 2 stellt nunmehr klar, dass die Aufsichtsbehörde ihre Aufgaben im **öffentlichen Interesse** und nicht im Interesse Einzelner wahrnimmt.

21 Gem. § 89 Abs. 2 kann **jedermann** die Aufsichtsbehörde über Pflichtverstöße von Verwertungsgesellschaften **in Kenntnis setzen**, eine gesonderte Antragsberechtigung der bundesweit tätigen Dachorganisationen der Verbraucherverbände, wie der Bundesrat sie im Gesetzgebungsverfahren angeregt hatte, wurde jedoch zu Recht abgelehnt.[10] Mit Beschwerden an die Aufsichtsbehörde kann deshalb nur ein Einschreiten **angeregt**, jedoch nicht durchgesetzt werden.

22 **b) Evidenzkontrolle bei der Überprüfung von Tarifen.** Ob sich Kontrolle von Nutzungsbedingungen bzw. Tarifen auf eine **grobe Unangemessenheitskontrolle beschränkt**, ist umstritten und noch nicht höchstrichterlich entschieden.[11] Nach der hier vertreten Auffassung folgt aus der Systematik der gesetzlichen Regelungen eine immanente Beschränkung der Befugnisse der Aufsicht bei der Angemessenheitsprüfung von Tarifen und Gesamtverträgen auf eine grobe Missbrauchskontrolle. Diese Fragen hat der Gesetzgeber in die Hände der spezialisierten **Schiedsstelle** (§§ 92 ff.) gelegt. Diese soll sich – vor Einschaltung der Zivilgerichte (vgl. § 128) – mit der **zivilrechtlichen Frage** der Angemessenheit von Tarifen beschäftigen. Der Aufsichtsbehörde kommt nicht die Aufgabe zu, über zivilrechtliche Fragen zu entscheiden. Andernfalls würde man der Aufsichtsbehörde eine **Fachaufsicht über Verwertungsgesellschaften** erlauben, da die Frage der Angemessenheit von Tarifen eine **Wertungsfrage** ist.[12] Eine Fachaufsicht würde den Ermessensspielraum **beseitigen**, der Verwertungsgesellschaften bei der Tarifaufstellung zukommt.

23 Bereits die **Gesetzesbegründung zum VGG aus dem Jahr 1962** betonte, dass der Umfang der Aufsicht auf eine **allgemeine Überwachungspflicht** – das Gegenteil einer umfassenden Angemessenheitsprüfung – beschränkt ist.[13] An diesem Verständnis hat der Gesetzgeber auch in der Folge festgehalten.[14] Der Gesetzesbegründung zum VGG

---

9 Dreier/Schulze/*Schulze*, § 76 VGG Rn 10; Schricker/Loewenheim/*Reinbothe*, § 18 UrhWG Rn 2; Wandtke/Bullinger/*Gerlach*, 4. Aufl. 2014, § 18 UrhWG Rn 2; Loewenheim/*Melichar*, § 50 Rn 21; BeckOK-UrhR/*Freudenberg*, § 75 VGG Rn 6.
10 Vgl. die Gegenäußerung der Bundesregierung, BT-Drucks. 18/7453, S. 8.
11 Für die hier vertretene Auffassung VG München, Urt. v. 25.10.2016 – M 16 K 15.5333 – ZUM 2017, 779 (nicht rechtskräftig); so auch *Kreile*, ZUM 2018, 13; *Flechsig*, GRUR-Prax 2018, 160; Wandtke/Bullinger/*Staats*, § 76 VGG Rn 11; Dreier/Schulze/*Schulze*, VGG § 85 Rn 3; *Schack*, Rn 1335 f.; *Reimer*, GRUR Int. 1982, 215, 217; *Strittmatter*, S. 89 f.; *Menzel*, S. 65; *Löhr*, S. 65; *Gounalakis*, Stellungnahme für die öffentliche Anhörung der Enquete-Kommission „Kultur in Deutschland" v. 15.1.2007, KommissionsDrucks. 16/243, S. 7; a.A. BayVGH, Urteil vom 25.2.2019 – 22 B 17.1219 (nicht rechtskräftig); BeckOK UrhR/*Freudenberg*, § 39 VGG Rn. 27; *Podszun*, ZUM 2017, 732.
12 Vgl. *Kreile*, ZUM 2018, 13, 14 f.
13 RegE-UrhWG, BT-Drucks. IV/271, S. 20.
14 Der Tatsache, dass die Regelung in § 19 aus dem Jahr 1962 nicht wörtlich in § 19 UrhWG – der Vorgängervorschrift des Abs. 1 – übernommen wurde, kommt keine Bedeutung zu. Zwar ermächtigte § 19 UrhWG die Aufsichtsbehörde ausdrücklich dazu, alle erforderlichen Maßnahmen zur Einhaltung der gesetzlichen Verpflichtungen zu ergreifen. Bei dieser Erweiterung handelte es sich ausweislich der Gesetzesbegründung jedoch um eine Klarstellung, die nichts an der bisherigen Rechtslage ändern sollte (Beschlussempfehlung und Bericht des Rechtsausschusses zum RegE „Erster Korb", BT-Drucks. 15/837, S. 36). Ein Recht zur Ergreifung aller erforderlichen Maßnahmen kam der Aufsichtsbehörde bereits unter der Geltung des § 19 UrhWG zu. Insbesondere die Aufzählung der Aufsichtsbefugnisse in § 19 Abs. 2 UrhWG war nicht abschließend.

kann ebenfalls nicht entnommen werden, dass der Gesetzgeber an diesem jahrzehntelangen Verständnis nicht mehr festhalten und die Aufsicht nunmehr auf eine umfassende Angemessenheitskontrolle erstrecken wollte.[15]

Sofern die Schiedsstelle zuständig ist (§ 92 Abs. 1 i.V.m. §§ 109 Abs. 1, 128 Abs. 2), darf die Aufsichtsbehörde keine inhaltliche Aufsicht über die Angemessenheit von Tarifen ausüben.[16] Der Gesetzgeber hat eine **Doppelkompetenz von Aufsichtsbehörde und Schiedsstelle** nicht gewollt. Nur die Schiedsstelle verfügt über die nötige **Expertise** über die einschlägigen Märkte und den notwendigen Erfahrungsschatz zur Beurteilung der Angemessenheit von Tarifen.[17] Aufgrund dieser besonderen Expertise vermutet die Rechtsprechung die **Angemessenheit** von Einigungsvorschlägen der Schiedsstelle.[18]

24

Würde die Aufsichtsbehörde Tarife umfassend auf ihre Angemessenheit überprüfen, bestünde die Gefahr **sich widersprechender Entscheidungen**.[19] Hierdurch könnte das gesetzlich zwingende Schiedsstellenverfahren **unterlaufen** werden. Für den Fall sich widersprechender Entscheidungen sieht das VGG **keine Lösungsmöglichkeiten** vor. Das Recht zur umfassenden Angemessenheitsprüfung durch die Aufsichtsbehörde würde zudem zu **erheblichen Verzögerungen** bei der Aufstellung von Tarifen führen und die **Tarifdurchsetzung behindern**. Bis zur rechtskräftigen Entscheidung der Aufsichtsbehörde über die Angemessenheit eines Tarifs wäre für Verwertungsgesellschaften und Nutzer **ungewiss**, ob der jeweilige Tarif Bestand haben wird.

25

Für die Beschränkung der Aufsicht über Tarife auf eine Evidenzkontrolle spricht zudem, dass die Ausgestaltung von Tarifen einen **internen Prozess der Rechtskontrolle** erfährt. Rechtsinhaber, die in den Aufsichtsgremien der Verwertungsgesellschaften sitzen, können auf diese Weise effektive Kontrolle ausüben. Die Aufsichtsbehörde ist ebenfalls Teil dieses internen Gestaltungsprozesses (vgl. Abs. 4) und kann damit an einer internen Kontrolle mitwirken.[20] Es besteht zudem **keine besondere Schutzbedürftigkeit der Nutzer**, die ein Einschreiten der Aufsichtsbehörde erfordern würde. Das VGG trägt dem Schutz der Verwerter ausreichend Rechnung: Bei Tarifstreitigkeiten steht ihnen die Schiedsstelle als sachkundiges, unabhängiges Gremium zur Verfügung, um Tarife auf ihre Angemessenheit zu kontrollieren. Zudem sind Verwerter gem. **§ 37 Nr. 2** gesetzlich nicht zur Zahlung eines Tarifes verpflichtet, den sie als unangemessen erachten (sog. **Hinterlegungsrecht**).[21] Die Verwertungsgesellschaft hat den streitigen Teil der Vergütung beim zuständigen Zivilgericht dann selbst einzuklagen.

26

2. Ermächtigung zur Untersagung des Geschäftsbetriebs (Abs. 2). Die Vorschrift ermächtigt die Aufsichtsbehörde dazu, einer Verwertungsgesellschaft, die ihre Tätigkeit ohne Erlaubnis ausübt (Nr. 1) oder trotz Abmahnung wiederholt gegen eine ihr nach dem VGG obliegenden Pflicht verstößt (Nr. 2), die **Fortführung ihres Geschäftsbetriebs zu untersagen**. Es handelt sich im Unterschied zu Abs. 1 um eine **konkrete Befugnisnorm**.

27

Abs. 2 geht damit weiter als die Vorschrift des **§ 84**, die zunächst nur klarstellt, dass eine Verwertungsgesellschaft, die ohne Erlaubnis tätig ist, weder die von ihr wahrge-

28

---

15 RegE-VGG, BT-Drucks. 18/7223, S. 97.
16 So auch *Flechsig*, GRUR Prax 2017, 160, 161.
17 Dreier/Schulze/*Schulze*, § 39 VGG Rn 28; *Kreile*, ZUM 2018, 13; insoweit zustimmend auch BeckOK UrhR/*Freudenberg*, § 39 VGG Rn. 27.
18 Zuletzt BGH, Urt. v. 25.10.2012 – I ZR 162/11 – GRUR 2013, 717 Rn 18 – Covermount; vgl. *Löhr*, S. 65.
19 Vgl. *Löhr*, S. 65.
20 *Kreile*, ZUM 2018, 13, 17.
21 Vgl. § 37 Rn 13.

nommenen Urheber- und Schutzrechte geltend machen (§ 84 S. 1), noch Strafanträge nach § 109 (§ 84 S. 2) stellen kann. Die Untersagung des Geschäftsbetriebs kann mit **Zwangsmitteln** des VwVG i.V.m. § 89 Abs. 3 durchgesetzt werden.

29 **a) Tätigkeit ohne Erlaubnis (Abs. 2 Nr. 1).** Ist eine Verwertungsgesellschaft ohne die gem. § 77 Abs. 1 erforderliche Erlaubnis tätig, weil die Erlaubnis entweder gar nicht beantragt (§ 78), noch nicht erteilt, von der Aufsichtsbehörde versagt (§ 79) oder rechtskräftig widerrufen (§ 80) worden ist, **kann** die Aufsichtsbehörde die Fortführung des Geschäftsbetriebs untersagen. Ursprünglich enthielt die Vorgängernorm im UrhWG keine solche ausdrückliche Untersagungsbefugnis. Nachdem Zweifel an der Möglichkeit einer Untersagungsverfügung durch das DPMA aufkamen,[22] wurde sie durch Einfügung des § 19 Abs. 2 S. 1 UrhWG explizit festgeschrieben.[23]

30 **b) Wiederholte Pflichtverstöße trotz Abmahnung (Abs. 2 Nr. 2).** Verstößt eine Verwertungsgesellschaft trotz Abmahnung **wiederholt** gegen ihr nach dem VGG obliegende Pflichten, so kann die Aufsichtsbehörde die **Fortführung des Geschäftsbetriebes** ebenfalls **untersagen**. Es handelt sich bei dieser Vorschrift um eine **Neuregelung**, die in der Vorgängernorm des § 19 Abs. 2 S. 1 UrhWG noch nicht enthalten war. Im Unterschied zu Abs. 2 Nr. 1 können davon auch solche Verwertungsgesellschaften betroffen sein, die gem. § 77 **nicht erlaubnispflichtig** sind.

31 Voraussetzung ist zum einen, dass eine **wiederholte Zuwiderhandlung** der Verwertungsgesellschaft **gegen dieselbe oder eine gleichartige Verpflichtung** aus dem **VGG** vorliegt; Verstöße gegen Normen außerhalb des VGG sind nicht erfasst. Zum anderen muss die Aufsichtsbehörde die Verwertungsgesellschaft **abgemahnt** haben, wobei sie auf die konkrete Pflichtverletzung und die möglicherweise drohende Untersagung im Falle einer Wiederholung hinzuweisen hat.[24]

3. Auskunftserteilung und Einsichtnahme in geschäftliche Unterlagen (Abs. 3)

32 **a) Allgemeines.** Die Vorschrift gewährt der Aufsichtsbehörde einen **gesetzlichen Anspruch** auf Auskunftserteilung über alle die Geschäftsführung betreffenden Angelegenheiten der Verwertungsgesellschaft sowie einen Anspruch auf Einsicht in die Geschäftsbücher und andere geschäftliche Unterlagen. Damit **ergänzt** sie die gesetzliche Unterrichtungspflicht aus § 88.[25] Die Vorschrift soll der Aufsichtsbehörde eine effektive Ausübung ihrer Kontrollfunktion durch entsprechende Informationsbeschaffung ermöglichen.

33 Den Auskunftsanspruch aus Abs. 3 kann die Aufsichtsbehörde **jederzeit** und **ohne Veranlassung durch Dritte** geltend machen.[26] Inhaltlich umfasst er alle geschäftlichen Angelegenheiten im **Innenverhältnis** der Verwertungsgesellschaft gegenüber ihren Mitgliedern wie auch im **Außenverhältnis** gegenüber den Nutzern, sofern es sich um Angelegenheiten handelt, die mit den **Verpflichtungen aus dem VGG** in Zusammenhang

---

22 VGH München, Beschl. v. 13.8.2002 – 22 CS 02.1347 – ZUM 2003, 78
23; Beschlussempfehlung und Bericht des Rechtsausschusses zum RegE „Erster Korb", BT-Drucks. 15/837, S. 36.
24 BeckOK-UrhR/*Freudenberg*, § 85 VGG Rn 13; Wandtke/Bullinger/*Staats*, § 85 VGG Rn 15.
25 Zum Verhältnis zwischen § 85 Abs. 3 und § 88 siehe ausführlich Rn 37 f.
26 BeckOK-UrhR/*Freudenberg*, § 85 VGG Rn 14; Schricker/Loewenheim/*Reihnbothe*, § 29 UrhWG Rn 18.

stehen. Für außerhalb des VGG liegende Verpflichtungen hat die Aufsichtsbehörde keine Kontrollfunktion.[27]

Der Anspruch auf Einsichtnahme in die Geschäftsunterlagen beinhaltet, anders als ursprünglich im Regierungsentwurf vorgesehen, **keinen Anspruch auf Betreten der Geschäftsräume**, sondern einen **Vorlageanspruch**.[28] 34

b) Verhältnis des Abs. 3 zu § 88 Abs. 2 Nr. 8. § 88 Abs. 2 Nr. 8 regelt, dass Verwertungsgesellschaften, die Urheberrechte oder verwandte Schutzrechte aus dem UrhG wahrnehmen, der Aufsichtsbehörde auf Verlangen unverzüglich abschriftlich die **Entscheidungen** der **gerichtlichen oder behördlichen Verfahren**, in denen die Verwertungsgesellschaft Partei ist, zu übermitteln hat. § 88 Abs. 2 Nr. 8 stellt eine **abschließende Spezialregelung** zu Abs. 3 dar. Ein weitergehendes Informationsrecht kann nicht auf Abs. 3 gestützt werden. Dafür spricht insbesondere das **systematische Verhältnis** der beiden Vorschriften zueinander; Abs. 3 ist als allgemeine Befugnisnorm an den Anfang des Regelungsabschnitts gestellt. Darauf folgen, nach üblicher Regelungstechnik von Gesetzen, die Spezialregelungen, darunter § 88 Abs. 2. Zudem verzichtet der Gesetzgeber in § 88 Abs. 2 auf die Verwendung des Wortes „insbesondere" und verdeutlicht damit, dass es sich bei der Aufzählung der Unterlagen in § 88 Abs. 2 nicht um einen beispielhaften Katalog von herauszugebenden Unterlagen handelt, sondern die Vorschrift **abschließend** ist. Auch die Gesetzesbegründung zum Vorgängergesetz, dessen § 19 Abs. 3 UrhWG inhaltsgleich übernommen wurde, spricht dafür, dass § 88 Abs. 2 die allgemeine Befugnisnorm des § 85 Abs. 3 konkretisiert.[29] 35

§ 88 Abs. 2 Nr. 8 hätte keinen eigenen Regelungsgehalt, gingen die dort geregelten Befugnisse in der allgemeinen Norm des Abs. 3 unter. 36

4. Teilnahme- und Informationsrechte (Abs. 4). Abs. 4 räumt der Aufsichtsbehörde das Recht ein, an der **Mitgliederhauptversammlung**, sowie an den **Sitzungen des Aufsichts- oder Verwaltungsrats**, des **Aufsichtsgremiums** (§ 22), der **Vertretung der Delegierten** (§ 20) sowie sämtlichen **Ausschüssen** dieser Gremien teilzunehmen. Anders als die Vorgängernorm des § 19 Abs. 4 UrhWG beschränkt Abs. 4 das Teilnahmerecht nicht auf die Mitgliederversammlung und den Aufsichtsrat oder Verwaltungsrat, sondern erweitert es auf die genannten Gremien der Verwertungsgesellschaft und deren Ausschüsse. 37

Die Verwertungsgesellschaften haben die Aufsichtsbehörde **rechtzeitig** über **Zeit und Ort** der Versammlungen bzw. Sitzungen zu **informieren** (Abs. 4 S. 2). Im Unterschied zu der Vorgängernorm des § 19 Abs. 4 UrhWG wird dies nunmehr ausdrücklich als **Pflicht** der Verwertungsgesellschaften bestimmt. 38

Das Teilnahmerecht kann durch Beauftragte wahrgenommen werden, die die Aufsichtsbehörde entsendet. Dies ist in der Praxis nahezu stets ein Mitarbeiter des DPMA, möglich wäre aber auch eine Vertretung durch Dritte, z.B. Rechtsanwälte.[30] Hinsichtlich der Mitgliederhauptversammlung sind die Beauftragten der Aufsichtsbehörde in gleicher Weise wie Mitglieder auch **ohne Anwesenheit vor Ort** zur Teilnahme berechtigt.[31] Einen 39

---

27 BeckOK-UrhR/*Freudenberg*, § 85 VGG Rn 15; Dreier/Schulze/*Schulze*, § 76 VGG Rn 5.
28 RegE-UrhWG, BT-Drucks. IV/271, S. 6; Wandtke/Bullinger/*Gerlach*, 4. Aufl. 2014, § 19 UrhWG Rn 10.
29 RegE-UrhWG, BT-Drucks. IV/271, S. 12: „Dieses Recht [das Auskunftsrecht] wird ergänzt durch gewisse Unterrichtungspflichten der Verwertungsgesellschaften".
30 Wandtke/Bullinger/*Staats*, § 85 VGG Rn 21; Schricker/Loewenheim/*Reinbothe*, § 19 UrhWG Rn 6; BeckOK-UrhR/*Freudenberg*, § 85 VGG Rn 19.
31 RegE-VGG, BT-Drucks. 18/7223, S. 97.

Anspruch auf eine aktive Mitwirkung (Rederecht, Abstimmungsrecht) im Rahmen der Versammlungen und Sitzungen enthält Abs. 4 nicht; es handelt sich vielmehr um ein **passives Anwesenheitsrecht**.[32] In der Praxis wirken die Vertreter des DPMA auch nicht an den Erörterungen mit.

40 Es besteht keine Pflicht des DPMA an solchen Versammlungen bzw. Sitzungen teilzunehmen. Bei der Handhabung des Teilnahmerechts hat das DPMA berechtigte Interessen der Verwertungsgesellschaften zu berücksichtigen. So kann etwa eine Teilnahme der Vertreter des DPMA an einer Besprechung zu den Chancen und Risiken eines Rechtsstreits mit dem DPMA aus Gründen der prozessualen Fairness nicht in Frage kommen.

41 **5. Abberufung unzuverlässiger Vertretungsberechtigter (Abs. 5).** Ist der **vertretungsberechtigte Vorstand** oder **Geschäftsführer** der Verwertungsgesellschaft **unzuverlässig**, kann die Aufsichtsbehörde die Abberufung dieser Person verlangen. Unzuverlässig ist derjenige, der nach der Gesamtschau seines Verhaltens keine Gewähr dafür bietet, die Verwertungsgesellschaft in Zukunft den Gesetzen entsprechend, insbesondere ohne persönliche Mängel, die für die angestrebte Tätigkeit relevant sind, zu führen.[33]

42 Bei der Abberufung der vertretungsberechtigten Person handelt es sich im Vergleich zu dem **Widerruf** der Erlaubnis nach § 80 Abs. 1 Nr. 1 i.V.m. § 79 Abs. 1 Nr. 2 um ein **milderes Mittel**. Um den drastischen Widerruf der Erlaubnis und damit die vollständige Einstellung des Geschäftsbetriebs zu vermeiden, ist weitere Voraussetzung eine **Fristsetzung** durch die Aufsichtsbehörde. Der Gesetzgeber hat die insoweit inhaltlich weitgehend identische Vorschrift dem § 36 KWG nachgebildet.[34] Dieser Regelungszweck war der Vorgängernorm ausdrücklich zu entnehmen (§ 19 Abs. 5 S. 1 UrhWG) und besteht fort.[35] Binnen dieser Frist kann die Verwertungsgesellschaft zur Vermeidung des Widerrufs Abhilfe schaffen.

43 Die **Bemessung der Frist** ist nicht geregelt. Es ist jedoch zu beachten, dass die Handlungsfähigkeit der Verwertungsgesellschaft gewahrt werden und ihr ausreichend Zeit für die Bestellung eines zuverlässigen Nachfolgers eingeräumt werden muss.[36] Grds. kann die Aufsichtsbehörde die Abberufung **nicht selbst durchführen**, sondern die Durchführung nur von der Verwertungsgesellschaft **verlangen**.[37]

44 Ist es zur **Abwendung schwerer Nachteile** erforderlich, kann die Aufsichtsbehörde nach Abs. 5 S. 2 dem unzuverlässigen Vertretungsberechtigten die **Ausübung seiner Tätigkeit** mit **sofortiger Wirkung** und bis zum Ablauf der gesetzten Frist **untersagen**.[38] Ist keine weitere Person vertretungsberechtigt, ist ein **Notvorstand** durch den Registerrichter des zuständigen AG zu bestellen (§ 29 BGB für den Verein bzw. analog § 29 BGB für die GmbH).[39]

45 **6. Statusprüfung (Abs. 6).** Abs. 6 sieht einen eigenen Anspruch der Aufsichtsbehörde auf die **Erteilung von Auskünften** und **Vorlage von Unterlagen** für den Fall vor, dass die Verwertungsgesellschaft nach § 77 erlaubnispflichtig sein könnte. Die Regelung wurde neu hinzugefügt. Sie dient zur Klärung der Frage, ob eine Verwertungsgesell-

---

32 BeckOK-UrhR/*Freudenberg*, § 85 VGG Rn 20.
33 Siehe auch § 79 Rn 14.
34 RegE-UrhWG, BT-Drucks. IV/271, S. 21.
35 BeckOK-UrhR/*Freudenberg*, § 85 VGG Rn 22.
36 BeckOK-UrhR/*Freudenberg*, § 85 VGG Rn 23.
37 Dreier/Schulze/*Schulze*, § 85 VGG Rn 9; Wandtke/Bullinger/*Staats*, § 85 VGG Rn 25.
38 Wandtke/Bullinger/*Staats*, § 85 VGG Rn 25; BeckOK-UrhR/*Freudenberg*, § 85 VGG Rn 24.
39 BayObLG, Beschl. v. 28.8.1997 – 3 Z BR 1-97 – NJW-RR 1998, 1254.

schaft überhaupt erlaubnispflichtig i.S.d. § 77 ist.[40] **Anspruchsgegner** sind somit Verwertungsgesellschaften, deren Erlaubnispflichtigkeit nach § 77 noch nicht sicher feststeht, so dass sie auch noch nicht über eine Erlaubnis zum Geschäftsbetrieb verfügen.

III. Rechtsfolgen

Sowohl die **allgemeine Befugnisnorm** des Abs. 1 als auch sämtliche in den Abs. 2 bis 6 normierten **konkreten Befugnisse** eröffnen der Aufsichtsbehörde einen **Ermessenspielraum**. Von diesem kann sie unter Wahrung des **Grundsatzes der Verhältnismäßigkeit**, insbesondere der Angemessenheit, Gebrauch machen. 46

Je nach Schwere der Pflichtverletzung im Einzelfall und Bedeutung der Verpflichtung kann das DPMA zunächst **formlose Hinweise** erlassen, **formell abmahnen** oder **Verwaltungsakte** nach §§ 35 ff. VwVfG erlassen. Der formlose Hinweis bzw. die formlose Abmahnung durch das DPMA auf Verstöße einer Verwertungsgesellschaft gegen das VGG ist der in der Praxis übliche und effektive Weg.[41] 47

Welches **Verfahrensrecht** für die Verwaltungstätigkeit der Aufsichtsbehörde anzuwenden ist, ergibt sich aus **§ 89**. Erlässt das DPMA einen Verwaltungsakt gegenüber einer Verwertungsgesellschaft, ist dieser **schriftlich zu begründen** und der Adressat ist vorher **anzuhören** (§ 28 VwVfG). Zur Durchsetzung der Verwaltungsakte kann das DPMA **Zwangsmittel**, etwa die Verhängung von Zwangsgeldern (§ 11 VwVG), einsetzen. Als Rechtsmittel gegen den Verwaltungsakt kann **Widerspruch** eingelegt und anschließend **Anfechtungsklage** erhoben werden. 48

Abs. 5 sieht vor, dass das DPMA den Abruf der unzuverlässigen vertretungsberechtigten Person von der Verwertungsgesellschaft verlangen kann. Dagegen kann das DPMA nicht selbst die betroffene Person durch Verwaltungsakt abberufen. Abs. 5 S. 2 enthält jedoch die Ermächtigungsgrundlage zum Erlass eines Verwaltungsakts gegenüber der unzuverlässigen Person zur **Untersagung der weiteren Ausübung der Tätigkeit**. 49

§ 86
Befugnisse der Aufsichtsbehörde bei Verwertungsgesellschaften mit Sitz in einem anderen Mitgliedstaat der Europäischen Union oder anderen Vertragsstaat des Abkommens über den Europäischen Wirtschaftsraum

(1) Verstößt eine Verwertungsgesellschaft, die ihren Sitz in einem anderen Mitgliedstaat der Europäischen Union oder anderen Vertragsstaat des Abkommens über den Europäischen Wirtschaftsraum hat, bei ihrer Tätigkeit im Inland gegen eine in Umsetzung der Richtlinie 2014/26/EU erlassene Vorschrift dieses anderen Mitgliedstaates oder anderen Vertragsstaates, kann die Aufsichtsbehörde alle einschlägigen Informationen an die Aufsichtsbehörde dieses Mitgliedstaates oder Vertragsstaates übermitteln. Sie kann die Aufsichtsbehörde dieses Mitgliedstaates oder Vertragsstaates ersuchen, im Rahmen ihrer Befugnisse Maßnahmen zu ergreifen.

---

40 BeckOK-UrhR/*Freudenberg*, § 85 VGG Rn 24.
41 Wandtke/Bullinger/*Staats*, § 85 VGG Rn 9; *Arnold/Rehbinder*, UFITA 118 (1992), 203, 211; *Vogel*, GRUR 1993, 513, 530.

(2) Die Aufsichtsbehörde kann sich in den Fällen des Absatzes 1 auch an die gemäß Artikel 41 der Richtlinie 2014/26/EU eingerichtete Sachverständigengruppe wenden.

Übersicht

I. Allgemeines
   1. Bedeutung der Regelung —— 1
   2. Vorgängerregelung —— 3
   3. Unionsrechtlicher Hintergrund —— 4
   4. Entstehungsgeschichte —— 5
II. Regelungsgehalt
   1. Übermittlung von Informationen (Abs. 1 S. 1) —— 6
   2. Maßnahmeersuchen (Abs. 1 S. 2) —— 9
   3. Anrufung der Sachverständigengruppe (Abs. 2) —— 12

I. Allgemeines

1 1. Bedeutung der Regelung. § 86 ist im Zusammenhang mit § 76 Abs. 2 zu lesen, der den Inhalt der Aufsicht bei Verwertungsgesellschaften mit Sitz außerhalb der EU und des EWR im Grundsatz beschreibt.[1]

2 Das DPMA kann als Aufsichtsbehörde in Deutschland zwar die Tätigkeit ausländischer Organisationen mit Sitz in einem EU-Mitgliedstaat oder einem EWR-Vertragsstaat überwachen, jedoch nicht selbst sanktionieren. Gemäß § 86 kann die Aufsichtsbehörde die zuständige Behörde im jeweiligen Mitgliedstaat aber informieren und um geeignete Maßnahmen ersuchen, wenn sie einen Verstoß gegen Vorschriften des Sitzstaates feststellt. Der umgekehrte Fall einer Aufsichtsmaßnahme betreffend eine im EU-/EWR-Ausland tätige Verwertungsgesellschaft mit Sitz in Deutschland ist in § 87 geregelt. Durch die Zusammenarbeit der nationalen Aufsichtsbehörden soll eine effektive Kontrolle der inländischen Tätigkeit von Verwertungsgesellschaften in anderen Mitgliedstaaten der EU gesichert werden.[2] Das DPMA hat eine Abteilung „Aufsicht nach dem VGG", die aus vier Referaten[3] besteht, darunter ein Referat, das u.a. für die Koordination internationaler Angelegenheiten zum Thema Verwertungsgesellschaften zuständig ist.

3 2. Vorgängerregelung. Das UrhWG enthielt keine vergleichbare Regelung.

4 3. Unionsrechtlicher Hintergrund. § 86 setzt Art. 37 Abs. 2 S. 1 und Abs. 3 VG-RL um. Art. 37 VG-RL ermöglicht die Bildung eines Netzwerks von Aufsichtsbehörden. Danach werden die im jeweiligen Mitgliedstaat zuständigen Aufsichtsbehörden zur Kooperation verpflichtet.[4]

5 4. Entstehungsgeschichte. Die Vorschriften zum Informationsaustausch unter den europäischen Aufsichtsbehörden wurden neu in das VGG aufgenommen. Ihnen liegt der wortlautidentische Vorschlag des RefE des BMJV[5] zugrunde. Die Idee der internationalen Zusammenarbeit von Aufsichtsbehörden ist dagegen nicht neu: Im Jahr 2001 wurde z.B. das International Competition Network (ICN) von Wettbewerbsbehörden aus 14 Jurisdiktionen (darunter das Bundeskartellamt) ebenfalls aufgrund europäischer Zu-

---

[1] Wandtke/Bullinger/*Staats*, § 86 VGG Rn 1.
[2] *Schaefer*, K&R 2012, 761.
[3] Referat 4.4.1 „Erlaubnis und Binnenstruktur von Verwertungsgesellschaften, urheberrechtliche Register", Referat 4.4.2 „Wahrnehmungsbedingungen und Verteilung", Referat 4.4.3 „Nutzungsbedingungen und Tarife", Referat 4.4.4 „Internationale Angelegenheiten".
[4] *Podszun/Franz*, ZGE 2015, 15, 39.
[5] RefE des BMJV v. 9.6.2015, S. 41.

ständigkeitsüberschneidungen (vgl. VO 1/2003) gegründet. Es bietet weltweit ein informelles, projektorientiertes Netzwerk zur Intensivierung der Zusammenarbeit in Fragen der Kartellrechtsanwendung.[6]

II. Regelungsgehalt

1. Übermittlung von Informationen (Abs. 1 S. 1). Gem. § 86 Abs. 1 S. 1 hat das DPMA als zuständige Aufsichtsbehörde in Deutschland zunächst die Möglichkeit, der zuständigen ausländischen Aufsichtsbehörde alle einschlägigen Informationen zu übermitteln, wenn es zu der Einschätzung gelangt ist, dass die im EU-/EWR-Ausland ansässige Verwertungsgesellschaft bei ihrer Tätigkeit in Deutschland gegen eine in Umsetzung der VG-RL erlassene nationale Vorschrift dieses anderen EU-Mitglied- oder EWR-Vertragsstaates verstößt. 6

Die zuständige ausländische Aufsichtsbehörde kann allein aufgrund der vom DPMA übermittelten Informationen prüfen, ob tatsächlich ein Verstoß der Verwertungsgesellschaft gegen eine der Umsetzung der VG-RL dienenden nationalen Vorschrift des Sitzstaates vorliegt.[7] Sie entscheidet dann, ob sie aufgrund der Informationen von Amts wegen entsprechende **aufsichtsrechtliche Maßnahmen** nach nationalem Recht ergreift. 7

Bei der Zusammenarbeit mit anderen Aufsichtsbehörden kann es zum Austausch von Informationen kommen, die als **Betriebs- oder Geschäftsgeheimnisse** von Verwertungsgesellschaften zu qualifizieren sind. Informationen, die von § 86 erfasst werden, dürfen nach dem Wortlaut der Vorschrift („alle einschlägigen Informationen") auch dann unter den Aufsichtsbehörden ausgetauscht werden, wenn sie als Betriebs- oder Geschäftsgeheimnis von Verwertungsgesellschaften zu qualifizieren sind. In der Konstellation, dass Informationen nicht von § 86 erfasst werden, dürfte der rechtliche Schutz von Betriebs- oder Geschäftsgeheimnissen uneingeschränkt gelten. 8

2. Maßnahmeersuchen (Abs. 1 S. 2). Gelangt des DPMA zu der Auffassung, dass eine ausländische, jedoch in Deutschland tätige Verwertungsgesellschaft mit Sitz in einem EU-/EWR-Staat möglicherweise gegen die aufgrund der VG-RL erlassenen nationalen Rechtsvorschriften des betreffenden EU-/EWR-Staates verstößt, kann es die jeweilige ausländische Aufsichtsbehörde gem. Abs. 1 S. 2 **ersuchen**, aufgrund der gem. Abs. 1 S. 1 übermittelten Informationen geeignete **aufsichtsrechtliche Maßnahmen** gegen die betreffende Verwertungsgesellschaft zu ergreifen. Eigene aufsichtsrechtliche Maßnahmen gegen eine im EU-/EWR-Ausland ansässige Verwertungsgesellschaft sind dem DPMA aufgrund des Sitzstaatprinzips verwehrt. 9

Gem. Art. 37 Abs. 2 VG-RL muss die ersuchte Behörde binnen einer **Frist von drei Monaten** mit einer schriftlich begründeten Antwort auf das Maßnahmeersuchen reagieren. Für das Maßnahmeersuchen ist keine Verpflichtung des DPMA zu einer über die Übermittlung der einschlägigen Information hinausgehenden Begründung vorgesehen. Im Interesse einer effektiven Zusammenarbeit ist es jedoch sinnvoll, ein solches Ersuchen mit einer angemessenen Begründung zu versehen, auf die die ausländische Aufsichtsbehörde entsprechend eingehen kann.[8] 10

Da die VG-RL in Titel II lediglich eine Mindestharmonisierung[9] vorsieht, besteht die Möglichkeit, dass Mitglied- oder Vertragsstaaten **über die VG-RL hinausgehende Vor-** 11

---

6 Vgl. http://www.internationalcompetitionnetwork.org.
7 BeckOK-UrhR/*Freudenberg*, § 86 VGG Rn 4.
8 BeckOK-UrhR/*Freudenberg*, § 86 VGG Rn 7.
9 Einleitung Rn 28.

schriften schaffen. Gem. § 76 Abs. 2 sind allein die Vorschriften des Sitzstaates Gegenstand der Aufsicht, die der Umsetzung der VG-RL dienen. Dementsprechend bezieht sich auch § 86 lediglich auf die Vorschriften des Sitzstaates, die in Umsetzung der VG-RL erlassen wurden und wäre bei einem Verstoß gegen über die VG-RL hinausgehende Vorschriften unbeachtlich.[10] Die zivilrechtliche Durchsetzbarkeit derartiger Vorschriften ist nicht ausgeschlossen.[11]

12   3. **Anrufung der Sachverständigengruppe (Abs. 2).** Gem. Abs. 2 kann sich das DPMA als zuständige nationale Aufsichtsbehörde in den Fällen des Abs. 1 auch an die gem. Art. 41 VG-RL eingerichtete **Sachverständigengruppe** wenden. Diese setzt sich aus Vertretern der zuständigen Behörden der Mitgliedstaaten zusammen und wird von einem Vertreter der Kommission geleitet. Sie tritt auf dessen Initiative oder auf Antrag der Delegation eines Mitgliedsstaates zusammen. Gem. Art. 41 S. 3 lit. a) – c) der VG-RL gehört es zu ihren Aufgaben, die Auswirkungen der Umsetzung der VG-RL zu prüfen und Schwierigkeiten aufzuzeigen, Konsultationen durchzuführen sowie den Informationsaustausch zwischen den Mitgliedstaaten zu erleichtern.[12] Bisher haben hierzu zwei Treffen der Sachverständigengruppe in Brüssel stattgefunden.

§ 87
Informationsaustausch mit Aufsichtsbehörden anderer Mitgliedstaaten der Europäischen Union oder anderer Vertragsstaaten des Abkommens über den Europäischen Wirtschaftsraum

(1) Die Aufsichtsbehörde beantwortet ein begründetes Auskunftsersuchen der Aufsichtsbehörde eines anderen Mitgliedstaates der Europäischen Union oder anderen Vertragsstaates des Abkommens über den Europäischen Wirtschaftsraum, das im Zusammenhang mit einer in Umsetzung der Richtlinie 2014/26/EU erlassenen Vorschrift dieses Gesetzes steht, unverzüglich.

(2) Die Aufsichtsbehörde reagiert auf ein Ersuchen der Aufsichtsbehörde eines anderen Mitgliedstaates der Europäischen Union oder anderen Vertragsstaates des Abkommens über den Europäischen Wirtschaftsraum, Maßnahmen gegen eine im Inland ansässige Verwertungsgesellschaft wegen ihrer Tätigkeit in diesem Mitgliedstaat oder Vertragsstaat zu ergreifen, binnen drei Monaten mit einer begründeten Antwort.

Übersicht

I. Allgemeines
  1. Bedeutung der Regelung —— 1
  2. Vorgängerreglung —— 2
  3. Unionsrechtlicher Hintergrund —— 3
  4. Entstehungsgeschichte —— 4
II. Regelungsgehalt
  1. Auskunftsersuchen (Abs. 1) —— 5
  2. Maßnahmeersuchen (Abs. 2) —— 6

---

10 Wandtke/Bullinger/*Staats*, § 86 VGG Rn 6.
11 Insoweit gilt das Schutzlandprinzip, vgl. § 1 Rn 9 f.
12 Wandtke/Bullinger/*Staats*, § 86 VGG Rn 10; Dreier/Schulze/*Schulze*, § 86 VGG Rn 5.

I. Allgemeines

1. Bedeutung der Regelung. Spiegelbildlich zu den umgekehrten Regelungen 1
nach § 86 Abs. 1 regelt § 87 den Informationsaustausch zwischen den zuständigen Aufsichtsbehörden der Mitgliedstaaten im Zusammenhang mit den in Umsetzung der VG-RL geschaffenen nationalen Vorschriften.[1] Aufgrund des Sitzstaatprinzips kontrollieren die nationalen Aufsichtsbehörden grundsätzlich jeweils nur die in ihrem eigenen Mitgliedstaat ansässigen Verwertungsgesellschaften sowie die in ihrem Land tätigen ausländischen Verwertungsgesellschaften mit Sitz außerhalb der EU und des EWR. Ausländische Verwertungsgesellschaften mit Sitz in einem EU-Mitgliedstaat oder einem EWR-Vertragsstaat werden demgegenüber grundsätzlich von den nationalen Aufsichtsbehörden in ihrem Sitzstaat kontrolliert.[2]

2. Vorgängerregelung. Das UrhWG enthielt keine vergleichbare Regelung. 2

3. Unionsrechtlicher Hintergrund. Die Vorschrift setzt die unionsrechtlichen Vor- 3
gaben aus Art. 37 Abs. 1 und Abs. 2 S. 2 VG-RL um.

4. Entstehungsgeschichte. Die Norm geht auf den wortlautidentischen Vorschlag 4
im RefE des BMJV[3] zurück und wurde im weiteren Gesetzgebungsverfahren nicht weiter diskutiert.

II. Regelungsgehalt

1. Auskunftsersuchen (Abs. 1). Gem. Abs. 1 ist das DPMA als zuständige ausländi- 5
sche Aufsichtsbehörde nach dem VGG in Deutschland zur unverzüglichen Beantwortung eines Auskunftsersuchens einer anderen zuständigen nationalen Aufsichtsbehörde mit Sitz in der EU oder dem EWR verpflichtet. Das Auskunftsersuchen muss im Zusammenhang mit einer in Umsetzung der VG-RL erlassenen Vorschrift des VGG stehen. Zudem muss es hinreichend begründet sein. Hierzu muss jedenfalls der Verstoß der Verwertungsgesellschaft konkret angegeben werden.[4]

2. Maßnahmeersuchen (Abs. 2). Gelangt die zuständige Aufsichtsbehörde eines 6
anderen EU-Mitgliedstaates oder EWR-Vertragsstaates zu der Auffassung, dass eine in Deutschland ansässige, jedoch in dem Hoheitsgebiet des betreffenden EU-/EWR-Staates tätige Verwertungsgesellschaft möglicherweise gegen die aufgrund der VG-RL erlassenen nationalen Rechtsvorschriften des VGG verstößt, kann sie das DPMA als die nach dem VGG zuständige inländische Aufsichtsbehörde informieren und im Wege des Maßnahmeersuchens gem. Abs. 2 ersuchen, aufgrund der übermittelten Informationen geeignete aufsichtsrechtliche Maßnahmen gegen die betreffende in Deutschland ansässige Verwertungsgesellschaft zu ergreifen.

Das DPMA muss auf ein solches Maßnahmeersuchen binnen einer **Frist von drei** 7
Monaten mit einer **schriftlich begründeten Antwort** reagieren. Abs. 2 sieht zwar keine Verpflichtung der ausländischen Aufsichtsbehörde vor, ihr Maßnahmeersuchen zu begründen. Sinnvollerweise sollte ein Maßnahmeersuchen jedoch mit einer angemessenen

---
1 Siehe auch § 86 Rn 2.
2 Zum Sitzstaatprinzip vgl. auch § 1 Rn 7 f.
3 RefE des BMJV v. 9.6.2015, S. 42.
4 Dreier/Schulze/*Schulze*, § 87 VGG Rn 2.

Begründung versehen sein, auf die das DPMA in der vorgesehenen begründeten Antwort entsprechend reagieren kann.[5]

§ 88
Unterrichtungspflicht der Verwertungsgesellschaft

(1) Die Verwertungsgesellschaft, die Urheberrechte oder verwandte Schutzrechte wahrnimmt, die sich aus dem Urheberrechtsgesetz ergeben, zeigt der Aufsichtsbehörde unverzüglich jeden Wechsel der nach Gesetz oder Statut zu ihrer Vertretung berechtigten Personen an.

(2) Die Verwertungsgesellschaft, die Urheberrechte oder verwandte Schutzrechte wahrnimmt, die sich aus dem Urheberrechtsgesetz ergeben, übermittelt der Aufsichtsbehörde unverzüglich abschriftlich
1. das Statut und dessen Änderung,
2. die Tarife, die Standardvergütungssätze und die Standardnutzungsverträge sowie deren Änderung,
3. die Gesamtverträge und deren Änderung,
4. die Repräsentationsvereinbarungen und deren Änderung,
5. die Beschlüsse der Mitgliederhauptversammlung, des Aufsichtsrats, des Verwaltungsrats, des Aufsichtsgremiums sowie des Gremiums, in dem die Berechtigten, die nicht Mitglied sind, gemäß § 20 Absatz 2 Nummer 4 stimmberechtigt mitwirken, und aller Ausschüsse dieser Gremien,
6. die Anlagerichtlinie und deren Änderung sowie die Bestätigung des Wirtschaftsprüfers oder der Wirtschaftsprüfervereinigung gemäß § 25 Absatz 3,
7. den Jahresabschluss, den Lagebericht, den Prüfungsbericht und den jährlichen Transparenzbericht sowie
8. die Entscheidungen in gerichtlichen oder behördlichen Verfahren, in denen die Verwertungsgesellschaft Partei ist, soweit die Aufsichtsbehörde dies verlangt.

(3) Die Absätze 1 und 2 gelten nicht für eine Verwertungsgesellschaft mit Sitz in einem anderen Mitgliedstaat der Europäischen Union oder anderen Vertragsstaat des Abkommens über den Europäischen Wirtschaftsraum.

Übersicht
I. Allgemeines
   1. Bedeutung der Regelung —— 1
   2. Vorgängerregelung —— 2
   3. Unionsrechtlicher Hintergrund —— 13
   4. Entstehungsgeschichte —— 14
   5. Anwendungsbereich —— 15
II. Regelungsgehalt
   1. Anzeigepflicht bei Wechsel der vertretungsberechtigten Person (Abs. 1) —— 17
   2. Übermittlung von Dokumenten (Abs. 2) —— 19
   3. Keine Geltung für Verwertungsgesellschaften mit Sitz im EU- oder EWR-Ausland (Abs. 3) —— 22
III. Rechtsfolgen —— 23

---

[5] BeckOK-UrhR/*Freudenberg*, § 87 VGG Rn 5; Dreier/Schulze/*Schulze*, § 87 VGG Rn 3; Wandtke/Bullinger/*Staats*, § 87 VGG Rn 4.

I. Allgemeines

1. Bedeutung der Regelung. Die Vorschrift legt den Verwertungsgesellschaften **ab-** 1
schließend aufgezählte Anzeige- und Unterrichtungspflichten gegenüber dem DPMA
auf. Diese gehen über den Auskunftsanspruch der Aufsichtsbehörde aus § 85 Abs. 3, der
gesondert geltend zu machen ist, hinaus und gehen diesem z.T. als lex specialis vor.

2. Vorgängerregelung. Die Vorschrift übernimmt die Vorgängernorm des **§ 20 S. 1** 2
und **S. 2 UrhWG** in deren wesentlichen Zügen. Das frühere Recht wurde jedoch erweitert
und vertieft:

Neu hinzugefügt wurde Abs. 3, der regelt, dass die vorstehenden **Abs. 1** und **Abs. 2** 3
der Vorschrift **nicht auf Verwertungsgesellschaften mit Sitz im EU- oder EWR-**
Ausland anwendbar sind. Darin spiegelt sich das in den Vorschriften zur Überwachung
der Einhaltung der nach der VG-RL erlassenen nationalen Bestimmungen vorgegebene
Sitzstaatsprinzip wider.[1]

Abs. 1 übernimmt mit der Regelung bzgl. der Anzeigepflicht bei Wechsel der vertre- 4
tungsberechtigten Person die inhaltsgleiche Vorgängernorm des § 20 S. 1 UrhWG.

§ 20 S. 2 UrhWG wurde in weiten Teilen in der neuen Vorschrift des Abs. 2 über- 5
nommen, der eine Auflistung von Dokumenten enthält, die die Verwertungsgesellschaft
jeweils **unverzüglich** und **abschriftlich** der Aufsichtsbehörde zu übermitteln hat.

In Abs. 2 Nr. 1 wird der neuen Terminologie des VGG folgend der Begriff „Satzung" 6
durch den rechtsformneutralen Begriff „Statut" ersetzt.[2] Abs. 2 Nr. 2 wird im Vergleich
zur Vorgängernorm des § 20 S. 2 UrhWG um **Standardvergütungssätze** i.S.d. § 54 Abs. 1
Nr. 4 ergänzt und flankiert insoweit § 60 Abs. 2.[3] Ferner hat die Verwertungsgesellschaft
der Aufsichtsbehörde nunmehr auch die **Standardnutzungsverträge** sowie deren Änderungen zu übermitteln.[4]

Nr. 3 sieht, wie zuvor in der Vorgängernorm, eine Vorlagepflicht hinsichtlich sämtli- 7
cher von der Verwertungsgesellschaft **abgeschlossener Gesamtverträge** sowie deren
Änderungen vor.

Nach Nr. 4 der Vorschrift sind **Repräsentationsvereinbarungen** und deren Ände- 8
rungen vorzulegen; damit sind, wie zuvor schon in § 20 S. 2 UrhWG, Vereinbarungen der
Verwertungsgesellschaft mit ausländischen Verwertungsgesellschaften (typischerweise
Gegenseitigkeitsverträge) sowie Inkasso-/Mandatsvereinbarungen zwischen inländischen Verwertungsgesellschaften gemeint.

Nr. 5 **erweitert** den Kreis der Gremien, deren Beschlüsse vorzulegen sind, von der 9
Mitgliederhauptversammlung (§§ 17 ff.) und dem **Aufsichtsrat** (§ 18 Abs. 1 Nr. 2) auf
den **Verwaltungsrat** (§ 18 Abs. 1 Nr. 3) und das **Aufsichtsgremium** (§ 22).[5] Beschlüsse
des Vorstands oder der Geschäftsführung muss die Verwertungsgesellschaft nicht nach
Maßgabe von Abs. 2 Nr. 5 vorlegen, die Aufsichtsbehörde **kann** jedoch die Vorlage ggf.
nach § 85 Abs. 3 **verlangen**.[6]

Neu hinzugefügt wurde Abs. 2 Nr. 6. Danach erstreckt sich die Vorzeigepflicht auch 10
auf die **Anlagerichtlinie** und deren Änderung sowie die **Bestätigung des Wirtschafts-**
prüfers oder der Wirtschaftsprüfvereinigung gem. § 25 Abs. 3.

---

1 RegE-VGG, BT-Drucks. 18/7223, S. 98; vgl. Art. 36 ff. VG-RL; zum Sitzstaatprinzip vgl. § 1 Rn 7.
2 Zu Terminologie vgl. § 13 Rn 13.
3 RegE-VGG, BT-Drucks. 18/7223, S. 98.
4 BeckOK-UrhR/*Freudenberg*, § 88 VGG Rn 8.
5 RegE-VGG, BT-Drucks. 18/7223, S. 98.
6 RegE-VGG, BT-Drucks. 18/7223, S. 98.

11 Wie in der Vorgängernorm des § 20 S. 2 UrhWG sieht Abs. 2 Nr. 7 die Übermittlung des in § 57 vorgeschriebenen **Jahresabschlusses, Lageberichts** und **Prüfungsberichts** vor. Hinzu kommt eine entsprechende Übermittlungspflicht für den neu in das VGG eingeführten **Transparenzbericht** der Verwertungsgesellschaft (§ 58).

12 Nr. 8 wurde inhaltlich unverändert von der Vorgängernorm des § 20 S. 2 Nr. 7 UrhWG übernommen. Danach ist die Verwertungsgesellschaft verpflichtet, der **Aufsichtsbehörde auf deren Verlangen** Entscheidungen in **gerichtlichen oder behördlichen Verfahren**, in denen sie Partei ist, vorzulegen. Aus der Regelung geht hervor, dass generell eine Informationspflicht gegenüber der Aufsichtsbehörde besteht, wenn die Verwertungsgesellschaft als Partei in ein gerichtliches oder behördliches Verfahren involviert ist und die Aufsichtsbehörde nicht anderweitig Kenntnis davon erlangt hat (etwa gem. § 105 Abs. 2 S. 4 durch die Pflicht zur Übermittlung eines Einigungsvorschlages der Schiedsstelle).[7]

13 **3. Unionsrechtlicher Hintergrund.** Nach Art. 36 Abs. 1 VG-RL hat jeder Mitgliedstaat sicherzustellen, dass die Einhaltung der nach dieser Richtlinie erlassenen nationalen Bestimmungen durch die in ihrem Hoheitsgebiet ansässigen Organisationen für die kollektive Rechtewahrnehmung durch die zu diesem Zweck benannten zuständigen Behörden überwacht wird. § 88 setzt diese unionsrechtliche Vorgabe richtlinienkonform um, indem er Anzeige- und Unterrichtungspflichten gegenüber dem DPMA normiert, welche diesem eine effektive Aufsicht über die Verwertungsgesellschaften ermöglichen.

14 **4. Entstehungsgeschichte.** Die Norm geht auf den Vorschlag im RefE des BMJV[8] zurück und wurde in weiten Teilen übernommen. Der Entwurf enthielt in Abs. 1 noch keine Klarstellung, dass nur Verwertungsgesellschaften erfasst sein sollen, die Urheberrechte und verwandte Schutzrechte aus dem UrhG wahrnehmen. Zudem wurde in Abs. 2 die Nr. 6 ergänzt. Die vorigen Nr. 6 und 7 aus dem RefE des BMJV sind in der bestehenden Vorschrift nunmehr Nr. 7 und 8. Abs. 3 war im Entwurf des BMJV nicht vorgesehen und wurden erst im Gesetzesentwurf der Bundesregierung hinzugefügt.[9]

15 **5. Anwendungsbereich.** Die Vorschrift gilt **nur für inländische Verwertungsgesellschaften**, sowie für Verwertungsgesellschaften, die ihren **Sitz außerhalb des EU- oder EWR- Auslandes haben, aber in Deutschland tätig sind**, indem sie Urheberrechte oder verwandte Schutzrechte wahrnehmen, die sich aus dem UrhG ergeben.[10] Auf Verwertungsgesellschaften mit Sitz im EU- oder EWR-Ausland ist die Vorschrift dagegen nicht anwendbar (Abs. 3).

16 Die Unterrichtungspflichten aus § 88 gelten auch für **abhängige Verwertungseinrichtungen** i.S.d. § 3 (§ 90 Abs. 3), nicht jedoch für **unabhängige Verwertungseinrichtungen** i.S.d. § 4 (§ 91 Abs. 1).

II. Regelungsgehalt

17 **1. Anzeigepflicht bei Wechsel der vertretungsberechtigten Person (Abs. 1).** Abs. 1 regelt die Unterrichtungspflicht der Verwertungsgesellschaft gegenüber der Auf-

---

7 Schricker/Loewenheim/*Reinbothe*, § 20 UrhWG Rn 2; Wandtke/Bullinger/*Gerlach*, 4. Aufl. 2014, § 20 UrhWG Rn 2; BeckOK-UrhR/*Freudenberg*, § 88 VGG Rn 13.
8 RefE des BMJV v. 9.6.2015, S. 42.
9 RegE-VGG, BT-Drucks. 18/7223, S. 38.
10 Zum internationalen Anwendungsbereich vgl. § 1 Rn 10 f.

sichtsbehörde, wenn sich ein **Wechsel** der nach dem **Gesetz oder Statut vertretungsberechtigten Person** ergibt. Die Anzeigepflicht dient dazu, dass die Aufsichtsbehörde überprüfen kann, ob eine Unzuverlässigkeit der neuen vertretungsberechtigten Person vorliegt, so dass ggf. eine bereits erteilte Erlaubnis gem. § 80 Abs. 1 Nr. 1 i.V.m. § 79 Abs. 1 Nr. 2 zu **widerrufen**, eine noch nicht erteilte Erlaubnis gem. § 79 Abs. 1 Nr. 2 zu **versagen** oder eine **sonstige aufsichtsrechtliche Maßnahme** gem. § 85 vorzunehmen wäre. Die Verwertungsgesellschaft hat dieser Pflicht **unaufgefordert** nachzukommen.[11]

Welche Person vertretungsberechtigt ist, richtet sich, abhängig von der **Rechtsform** 18 der Verwertungsgesellschaft, nach dem **Statut** der Verwertungsgesellschaft und nach dem **Gesetz**. So ist bei der Rechtsform der GmbH der Geschäftsführer, bei einem Verein und einer Genossenschaft jeweils der Vorstand vertretungsberechtigt (vgl. § 35 Abs. 1 S. 1 GmbHG; § 26 Abs. 1 S. 1 BGB; § 25 Abs. 1 S. 1 GenG).

2. Übermittlung von Dokumenten (Abs. 2). § 80 Abs. 2 enthält in den Nr. 1 bis 8 19 eine Auflistung von **Dokumenten**, die die Verwertungsgesellschaft der Aufsichtsbehörde **unverzüglich abschriftlich** zu übermitteln hat. Diese Dokumente betreffen teils das **Innenverhältnis** zu den Wahrnehmungsberechtigten, teils das **Außenverhältnis** zu den Nutzern.

Die in Abs. 2 Nr. 1 bis 7 aufgelisteten Dokumente sind stets **unverzüglich** und **un-** 20 **aufgefordert** an die Aufsichtsbehörde zu übermitteln.[12] Die Unterlagen zu Entscheidungen in gerichtlichen oder behördlichen Verfahren, in denen die Verwertungsgesellschaft Partei ist, sind hingegen nur **auf Verlangen der Aufsichtsbehörde** zu übermitteln. Die Nr. 1 bis 4 enthalten die ausdrückliche Klarstellung, dass auch **nachträgliche Änderungen der ursprünglich übermittelten Unterlagen** unaufgefordert zu übermitteln sind.

Abs. 2 Nr. 8 regelt, dass Verwertungsgesellschaften, die Urheberrechte oder ver- 21 wandte Schutzrechte aus dem UrhG wahrnehmen, der Aufsichtsbehörde **auf Verlangen** unverzüglich abschriftlich die **Entscheidungen** der **gerichtlichen oder behördlichen Verfahren**, in denen die Verwertungsgesellschaft Partei ist, zu übermitteln haben. Diese Vorschrift geht der allgemeinen Befugnis des **§ 85 Abs. 3** als lex specialis vor, da sie anderenfalls gegenstandslos wäre. Ein weitergehendes Informationsrecht besteht nicht.[13]

3. Keine Geltung für Verwertungsgesellschaften mit Sitz im EU- oder EWR- 22 **Ausland (Abs. 3).** Der Geltungsbereich der Abs. 1 und 2 erstreckt sich lediglich auf Verwertungsgesellschaften mit **Sitz im Bundesgebiet** und solche, die ihren **Sitz außerhalb des EU- und EWR-Auslandes** haben, aber **im Bundesgebiet tätig** sind.[14] Nicht vom Geltungsbereich erfasst sind hingegen Verwertungsgesellschaften mit Sitz im EU- und EWR-Ausland, selbst wenn diese in Deutschland tätig sind. Hinsichtlich dieser Verwertungsgesellschaften kann die Aufsichtsbehörde die entsprechenden Informationen über den Informationsaustausch mit den Aufsichtsbehörden des jeweiligen Sitzstaats (Art. 37 VG-RL) erlangen, so dass es einer Unterrichtung der Aufsichtsbehörde nach Abs. 1 oder einer Übersendung von Unterlagen nach Abs. 2 nicht bedarf.[15] Die Vorschrift des Abs. 3 trägt damit dem **Sitzstaatprinzip** Rechnung.[16]

---

11 Wandtke/Bullinger/*Staats*, § 88 VGG Rn 1; Dreier/Schulze/*Schulze*, § 88 VGG Rn 1; RegE-UrhWG, BT-Drucks. IV/271, S. 21.
12 BeckOK-UrhR/*Freudenberg*, § 88 VGG Rn 6.
13 Siehe auch § 85 Rn 37f.
14 Vgl. Rn 15.
15 BeckOK-UrhR/*Freudenberg*, § 88 VGG Rn 6.
16 RegE-VGG, BT-Drucks. 18/7223, S. 98.

III. Rechtsfolgen

23 Kommt eine Verwertungsgesellschaft einer ihr gem. § 88 obliegenden Pflicht nicht nach, so kann die Aufsichtsbehörde aufgrund der allgemeinen Befugnisnorm des **§ 85 Abs. 1** nach ihrem Ermessen **alle erforderlichen Maßnahmen** ergreifen. Je nach Schwere der Pflichtverletzung im Einzelfall und Bedeutung der Verpflichtung kann das DPMA zunächst **formlose Hinweise** erlassen, **formell abmahnen** oder **Verwaltungsakte** nach §§ 35 ff. VwVfG erlassen. Der formlose Hinweis bzw. die formlose Abmahnung durch das DPMA ist bei Verstößen einer Verwertungsgesellschaft gegen das VGG der in der Praxis übliche und effektive Weg.[17] Erst wenn die Verwertungsgesellschaft auf die Abmahnung hin den Verstoß nicht abstellt, wird das DPMA einen Verwaltungsakt erlassen.

24 Welches **Verfahrensrecht** für die Verwaltungstätigkeit der Aufsichtsbehörde anzuwenden ist, ergibt sich aus § 89. Erlässt das DPMA einen Verwaltungsakt gegenüber einer Verwertungsgesellschaft, ist dieser **schriftlich zu begründen** und der Adressat ist vorher **anzuhören** (§ 28 VwVfG). Zur Durchsetzung der Verwaltungsakte kann das DPMA **Zwangsmittel**, etwa die Verhängung von Zwangsgeldern (§ 11 VwVG), einsetzen. Als Rechtsmittel gegen den Verwaltungsakt kann **Widerspruch** eingelegt und anschließend **Anfechtungsklage** erhoben werden.

§ 89
Anzuwendendes Verfahrensrecht

(1) Für die Verwaltungstätigkeit der Aufsichtsbehörde gilt, soweit in diesem Gesetz nichts anderes bestimmt ist, das Verwaltungsverfahrensgesetz.

(2) Jedermann kann die Aufsichtsbehörde darüber informieren, dass die Verwertungsgesellschaft seiner Ansicht nach gegen eine ihr nach diesem Gesetz obliegende Verpflichtung verstößt.

(3) Auf die Vollstreckung von Verwaltungsakten, die aufgrund dieses Gesetzes erlassen werden, findet das Verwaltungs-Vollstreckungsgesetz mit der Maßgabe Anwendung, dass die Höhe des Zwangsgeldes bis zu einhunderttausend Euro betragen kann.

(4) Soweit ein berechtigtes Interesse besteht, kann die Aufsichtsbehörde einen Verstoß gegen dieses Gesetz auch feststellen, nachdem dieser beendet ist.

(5) ¹Die Aufsichtsbehörde kann Entscheidungen über Maßnahmen nach diesem Gesetz einschließlich Entscheidungen, denen gemäß im Einzelfall kein Anlass für Maßnahmen besteht, auf ihrer Internetseite veröffentlichen. ²Dies gilt auch für die Begründung dieser Maßnahmen und Entscheidungen.

Übersicht

I. Allgemeines	II. Regelungsgehalt
1. Bedeutung der Regelung —— 1	1. Anwendbarkeit des VwVfG (Abs. 1) —— 7
2. Vorgängerregelung —— 2	2. Anzeigerecht für Jedermann (Abs. 2) —— 8
3. Unionsrechtlicher Hintergrund —— 3	3. Anwendbarkeit des VwVG (Abs. 3) —— 9
4. Entstehungsgeschichte —— 4	
5. Anwendungsbereich —— 5	
6. Übergangsregelungen zu § 89 —— 6	

---

17 Wandtke/Bullinger/*Gerlach*, 4. Aufl. 2014, § 19 UrhWG Rn 6; *Vogel*, GRUR 1993, 513, 530.

4. Feststellungsrecht der Aufsichtsbehörde wegen Gesetzesverstoßes (Abs. 4) —— 10

5. Veröffentlichung von Entscheidungen der Aufsichtsbehörde im Internet (Abs. 5) —— 12

I. Allgemeines

1. Bedeutung der Regelung. Die Vorschrift regelt das anzuwendende **Verfahrens-** 1 **recht** und die allgemeinen **Verfahrensregelungen** für die **Verwaltungstätigkeit der Aufsichtsbehörde**. Die Regelungen sind überwiegend nur klarstellend, da sie sich auch aus den sonst anzuwendenden allgemeinen verwaltungsrechtlichen Bestimmungen ergeben würden.

2. Vorgängerregelung. Das außer Kraft getretene frühere Recht (UrhWG) enthielt 2 noch keine entsprechende Regelung. Lediglich Abs. 3 war bereits in § 21 UrhWG vorhanden und wurde inhaltlich unverändert übernommen. Während die ursprüngliche Fassung des Vorgängergesetzes in § 21 UrhWG bereits eine **Erhöhung der Zwangsgelder** gegenüber der allgemeineren Regelung des § 11 VwVG auf 100.000 DM vorsah, wurde durch das Gesetz zur Regelung des Urheberrechts in der Informationsgesellschaft vom 10. September 2003 (BGBl. I 1774) in Umsetzung der RL 2001/29/EG („Info-Soc") die **Obergrenze** des § 21 UrhWG auf **100.000 Euro** festgesetzt. Diese Obergrenze wurde in Abs. 3 unverändert übernommen.

3. Unionsrechtlicher Hintergrund. Die Norm setzt die unionsrechtliche Vorgabe 3 des **Art. 36 Abs. 1 VG-RL** um, wonach die Mitgliedstaaten dafür Sorge zu tragen haben, dass die Einhaltung der nach der VG-RL erlassenen nationalen Bestimmungen **behördlich überwacht** wird.[1] Abs. 2 dient der Umsetzung des **Art. 36 Abs. 2 VG-RL**, wonach Mitgliedern, Rechtsinhabern, Nutzern, anderen Verwertungsgesellschaften und sonstigen Beteiligten Verfahren zur Verfügung stehen sollen, mit denen sie die zuständigen Aufsichtsbehörden von Rechtsverstößen einer Verwertungsgesellschaft in Kenntnis setzen können. Obgleich nach Art. 36 Abs. 2 VG-RL dieses Informationsrecht den dort Aufgezählten[2] zur Verfügung gestellt werden soll, geht der deutsche Gesetzgeber über dieses Erfordernis hinaus und gewährt **jedermann** ein solches Informationsrecht.

4. Entstehungsgeschichte. Die Norm geht auf den Vorschlag im RefE des BMJV[3] 4 zurück und wurde im Wesentlichen unverändert übernommen. Lediglich Abs. 2 der in Kraft getretenen Norm wurde durch den Gesetzesentwurf der Bundesregierung eingeführt.[4] Die Norm wurde in der Fassung der Bundesregierung übernommen und im weiteren Gesetzgebungsverfahren nicht weiter geändert.

5. Anwendungsbereich. Abs. 1 bestimmt, dass für die Verwaltungstätigkeit der 5 Aufsichtsbehörde das VwVfG anwendbar ist, soweit nach diesem Gesetz nichts anderes bestimmt ist. Unter **Verwaltungstätigkeit** sind sämtliche Tätigkeiten des DPMA zu verstehen, die im Rahmen der ihr obliegenden Aufsicht über die Verwertungsgesellschaften (§ 75 Abs. 1, § 76 Abs. 1) erfolgen. Dazu gehören sowohl das Prozedere und die Folgen der

---

1 Vgl. auch Erwägungsgrund 50 der VG-RL.
2 Rechtsinhaber, Nutzer, Organisationen für die kollektive Rechtewahrnehmung und sonstige Beteiligte, vgl. Art. 36 Abs. 2 VG-RL.
3 RefE des BMJV v. 9.6.2015, S. 42.
4 RegE-VGG, BT-Drucks. 18/7223, S. 38.

Beantragung, Erteilung, Versagung und des Widerrufs der Erlaubnis und die Anzeige der Erlaubnistätigkeit, als auch sämtliche Maßnahmen im Rahmen der laufenden Aufsicht über bereits tätige Verwertungsgesellschaften (§§ 85 ff.). Dabei sind spezialgesetzliche Regelungen des VGG zu berücksichtigen, die der Anwendung des VwVfG vorgehen (zB gelten für den Widerruf der Erlaubnis die Voraussetzungen des § 80 anstelle derjenigen des § 49 VwVfG).

6. Übergangsregelungen zu § 89. Die **Übergangsregelung** des § 138 legt fest, dass die bei der Aufsichtsbehörde zum Zeitpunkt des Inkrafttretens des VGG am 1. Juni 2016[5] noch anhängigen und nicht abgeschlossenen Verfahren **ab dem Stichtag** nach **den Bestimmungen des VGG weiterzuführen** waren.[6]

II. Regelungsgehalt

1. Anwendbarkeit des VwVfG (Abs. 1). Abs. 1 ordnet, der bisherigen Verwaltungspraxis entsprechend, die Anwendung des VwVfG auf die Verfahren der Aufsichtsbehörde an, sofern nicht Sonderregelungen des VGG etwas anderes bestimmen. Die Vorschrift entspricht inhaltlich dem gleichlautenden § 30 Abs. 1 PAO. Anwendung finden damit insbesondere § 28 (Anhörung Beteiligter), § 29 (Akteneinsicht) § 36 (Nebenbestimmungen zu Verwaltungsakten, zB der Erlaubnis nach § 77), § 41 (Bekanntgabe von Verwaltungsakten) sowie §§ 43 ff. VwVfG (Wirksamkeit und Bestandskraft), soweit nicht das VGG Abweichendes bestimmt.

2. Anzeigerecht für Jedermann (Abs. 2). Das Anzeigerecht des Abs. 2 besteht für jedermann. Damit bedarf es im VGG **keiner sonstigen Regelung** einer Anzeigebefugnis für bestimmte Interessensgruppen oder Personen. Aus diesem Grund wurde auch der Vorschlag des Bundesrats zurückgewiesen, im Rahmen eines neu hinzuzufügenden Abs. 7 einen gesonderten Anspruch der bundesweit tätigen Dachorganisationen der Verbraucherschutzverbände zu normieren, der einen Anspruch auf Einschreiten der Aufsichtsbehörde begründen sollte.[7]

3. Anwendbarkeit des VwVG (Abs. 3). Zwar ist bei der **Vollstreckung von Verwaltungsakten**, die aufgrund des VGG ergehen, grds. das VwVG anwendbar. Allerdings sieht Abs. 3 als **Sonderregelung** deutlich **höhere Zwangsgelder** vor. Während nach § 11 Abs. 3 VwVG die Höhe des Zwangsgeldes die Grenze von 25.000 Euro nicht überschreiten darf, beträgt die Grenze nach Abs. 3 **100.000 Euro**.

4. Feststellungsrecht der Aufsichtsbehörde wegen Gesetzesverstoßes (Abs. 4). Abs. 4 sieht für die Aufsichtsbehörde das Recht vor, einen Verstoß einer Verwertungsgesellschaft gegen das VGG auch dann festzustellen, wenn dieser Verstoß **bereits beendet** ist. Voraussetzung ist, dass ein **berechtigtes Interesse an der Feststellung** besteht. Die Vorschrift entspricht **§ 32 Abs. 3 GWB** und dient der **Klarstellung**.[8] Die Parallele zum Kartellrecht ist sachgerecht.

---

5 Art. 7 VG-Richtlinie-UmsetzungsG v. 24.5.2016, BGBl. I 1190.
6 Siehe ausführlich § 138 Rn 8.
7 Siehe ausführlich § 85 Rn 9; vgl. die Gegenäußerung der Bundesregierung, BT-Drucks. 18/7453, S. 4 f.
8 RegE-VGG, BT-Drucks. 18/7223, S. 98.

Im Rahmen des Abs. 4 gelten alle anderen einschlägigen Vorschriften des VGG über die Entscheidungen der Aufsichtsbehörde, so etwa auch die Möglichkeit nach Abs. 5, die Feststellung des Gesetzesverstoßes und die dazugehörigen Entscheidungsgründe auf der **Internetseite** des DPMA zu **veröffentlichen**.[9] 11

5. Veröffentlichung von Entscheidungen der Aufsichtsbehörde im Internet (Abs. 5). Die Vorschrift eröffnet der Aufsichtsbehörde das Recht, Entscheidungen und Maßnahmen, die auf Grundlage des VGG ergangen sind, sowie deren Begründung **auf ihrer Internetseite zu veröffentlichen**. Dem Wortlaut des Abs. 5 („**kann** veröffentlichen") ist zu entnehmen, dass die Aufsichtsbehörde dabei **pflichtgemäßes Ermessen** anzuwenden hat. 12

Die Öffentlichkeit, insbesondere die Rechtsinhaber und Nutzer, soll über die Tätigkeit der Aufsichtsbehörde unterrichtet werden.[10] Auch Entscheidungen der Aufsichtsbehörde, die keinen Anlass zur Vornahme aufsichtsrechtlicher Maßnahmen mit sich bringen, können veröffentlicht werden. 13

Die Vorschrift begründet **keinen Anspruch auf Zugang** zu den genannten Informationen. Rechtsgrundlage für einen solchen Zugang bleibt insoweit das **IFG**. Die Berechtigung der Aufsichtsbehörde zur sonstigen Informationsarbeit nach Maßgabe der rechtlichen Vorgaben für staatliches Informationshandeln bleibt unberührt.[11] 14

§ 90
Aufsicht über abhängige Verwertungseinrichtungen

(1) ¹Eine abhängige Verwertungseinrichtung (§ 3) bedarf der Erlaubnis nur, wenn sie die in § 77 Absatz 2 genannten Rechte wahrnimmt. ²Das gilt nicht, wenn alle Verwertungsgesellschaften, die Anteile an dieser Einrichtung halten oder sie beherrschen, über eine Erlaubnis verfügen.

(2) Die abhängige Verwertungseinrichtung hat der Aufsichtsbehörde die Aufnahme einer Wahrnehmungstätigkeit unverzüglich schriftlich anzuzeigen, wenn sie keiner Erlaubnis bedarf und
1. Urheberrechte oder verwandte Schutzrechte wahrnimmt, die sich aus dem Urheberrechtsgesetz ergeben, oder
2. ihren Sitz im Inland hat und in einem anderen Mitgliedstaat der Europäischen Union oder anderen Vertragsstaat des Abkommens über den Europäischen Wirtschaftsraum tätig ist.

(3) Im Übrigen gelten für die abhängige Verwertungseinrichtung die Vorschriften dieses Teils entsprechend.

Übersicht
I. Allgemeines
   1. Bedeutung der Regelung —— 1
   2. Vorgängerregelung —— 2
   3. Unionsrechtlicher Hintergrund —— 3
   4. Entstehungsgeschichte —— 4
   5. Anwendungsbereich —— 7

   6. Übergangsregelung zu § 90 —— 10
II. Regelungsgehalt
   1. Erlaubnispflicht (Abs. 1) —— 11
   2. Anzeigepflicht (Abs. 2) —— 13
      a) Anzeigepflicht aufgrund der Wahrnehmung von Urheber-

---

9 BeckOK-UrhR/*Freudenberg*, § 89 VGG Rn 14.
10 RegE-VGG, BT-Drucks. 18/7223, S. 98.
11 RegE-VGG, BT-Drucks. 18/7223, S. 98.

rechten oder verwandten Schutzrechten (Abs. 2 Nr. 1) —— 14	3. Entsprechende Anwendung der §§ 75 bis 89 (Abs. 3) —— 18
b) Anzeigepflicht aufgrund von Tätigkeit im EU- oder EWR-Ausland (Abs. 2 Nr. 2) —— 16	III. Rechtsfolgen —— 19

I. Allgemeines

1. Bedeutung der Regelung. Die Vorschrift regelt die Aufsicht über die **abhängigen Verwertungseinrichtungen i.S.d. § 3**. Darunter sind solche Organisationen zu verstehen, deren Anteile zumindest indirekt oder teilweise von mindestens einer Verwertungsgesellschaft gehalten oder die von mindestens einer Verwertungsgesellschaft beherrscht werden.[1]

2. Vorgängerregelung. Eine der Vorschrift entsprechende Norm war in dem außer Kraft getretenen Vorgängergesetz (UrhWG) nicht enthalten. Im UrhWG gab es noch keine Differenzierung zwischen Verwertungsgesellschaften i.S.d. § 2 und abhängigen Verwertungseinrichtungen i.S.d. § 3.

3. Unionsrechtlicher Hintergrund. Der Anwendungsbereich des VGG erstreckt sich gem. § 1 auch auf abhängige Verwertungseinrichtungen i.S.d. § 3. Dies entspricht der unionsrechtlichen Vorgabe des **Art. 2 Abs. 3 VG-RL**.

4. Entstehungsgeschichte. Die Norm geht auf den Vorschlag im RefE des BMJV zurück und wurde im Entwurf der Bundesregierung deutlich erweitert. Der RefE sah lediglich zwei kurze Absätze vor.[2] In Abs. 1 sollte danach normiert werden, dass die Vorschriften des Vierten Teils des VGG mit Ausnahme der §§ 77 bis 81 entsprechend für abhängige Verwertungsgesellschaften i.S.d. § 3 anwendbar seien. Für Abs. 2 war pauschal eine Anzeigepflicht der abhängigen Verwertungsgesellschaft nach der Vorschrift des § 82 vorgesehen.

Abs. 2 des RefE wurde im RegE[3] im Wesentlichen übernommen und lediglich erweitert; in Abs. 2 Nr. 1 bis 3 sind weitere Voraussetzungen genannt, die kumulativ zum Nichtbestehen einer Erlaubnispflicht vorliegen müssen, damit die Anzeigepflicht entsteht. Der ursprünglich im RefE vorgesehene Verweis auf § 82 wurde nicht übernommen.

Abs. 3 wurde im Entwurf der Bundesregierung neu hinzugefügt, enthält aber den Grundgedanken des Abs. 1 des Vorschlags im RefE. Danach gelten im Übrigen die Vorschriften des Vierten Teils für abhängige Verwertungsgesellschaften entsprechend.

5. Anwendungsbereich. Die Vorschrift gilt nur für abhängige Verwertungseinrichtungen und steht daher in Zusammenhang mit § 3 Abs. 1, der die Legaldefinition der abhängigen Verwertungseinrichtung enthält. In **§ 3 Abs. 2 S. 3** wird auf die **Sondervorschrift des § 90** für die Aufsicht über abhängige Verwertungseinrichtungen verwiesen. Zu den bekannten abhängigen Verwertungseinrichtungen gehören zB ZPÜ, ZBT oder ZFS.[4]

Zudem korrespondiert die Vorschrift mit § 77 Abs. 2, der in Nr. 1 bis 3 abschließend Rechte aufzählt, bei deren Wahrnehmung die abhängige Verwertungseinrichtung er-

---

1 Näher § 3 Rn 6 ff.
2 RefE des BMJV v. 9.6.2015, S. 43.
3 RegE-VGG, BT-Drucks. 18/7223, S. 38.
4 Vgl. § 3 Rn 14.

laubnispflichtig wird. In diesen Bereichen ist eine effektive Rechtewahrnehmung besonders bedeutsam, so dass **sämtliche** Verwertungsgesellschaften bei Wahrnehmung dieser Rechte einer Erlaubnis bedürfen.[5]

§ 90 korrespondiert letztlich mit allen Vorschriften des Vierten Teils des VGG, mit Ausnahme jener Vorschriften, für die es eine speziellere Sonderregelung für abhängige Verwertungseinrichtungen gibt.[6] So sind sowohl die Regelungen über die **Zuständigkeit des DPMA** (§ 75) und den **Inhalt der Aufsicht** (§ 76), als auch die **Regelungen über die Erlaubnisbeantragung** (§ 78) und über **Versagung und Widerruf der Erlaubnis** (§§ 79, 80) entsprechend anwendbar. 9

6. Übergangsregelung zu § 90. Als **Übergangsregelung** legt § 133 fest, dass Verwertungseinrichtungen, die ab dem Inkrafttreten des VGG am 1. Juni 2016 erstmals anzeigepflichtig geworden sind, die Aufnahme ihrer Tätigkeit bis spätestens 1. Dezember 2016 der Aufsichtsbehörde anzuzeigen hatten. 10

II. Regelungsgehalt

1. Erlaubnispflicht (Abs. 1). Abhängige Verwertungseinrichtungen i.S.d. § 3 **sind grds. nicht erlaubnispflichtig**. Gem. § 90 Abs. 1 S. 1 entsteht eine Erlaubnispflicht aber dann, wenn die abhängige Verwertungseinrichtung **eines oder mehrere der in § 77 Abs. 2 Nr. 1 bis 3 aufgezählten Rechte wahrnimmt**. Dies betrifft Bereiche, in denen eine effektive Rechtewahrnehmung besonders bedeutsam ist. Bei der Wahrnehmung der in § 77 Abs. 2 Nr. 1 bis 3 genannten Rechte unterliegen sämtliche Verwertungsgesellschaften, auch jene mit Sitz in einem EU/EWR-Mitgliedstaat, einer Erlaubnispflicht. Dies muss in gleichem Maße auch für abhängige Verwertungseinrichtungen gelten.[7] 11

Die Erlaubnispflicht nach Abs. 1 S. 1 i.V.m. § 77 Abs. 2 **entfällt** jedoch gem. **Abs. 1 S. 2**, wenn alle Verwertungsgesellschaften, die Anteile an dieser Einrichtung halten oder sie beherrschen, über eine Erlaubnis i.S.d. § 77 Abs. 1 verfügen. Abs. 1 S. 2 berücksichtigt, dass eine **zusätzliche Kontrolle ex ante** dann **nicht geboten** ist, wenn bereits allen Verwertungsgesellschaften, von denen die Verwertungseinrichtung beherrscht wird, eine Erlaubnis erteilt ist.[8] Von dieser Vorschrift ist jedoch dann eine **Rückausnahme geboten**, wenn die Vereinbarungen über die Beteiligung oder Beherrschung an der Verwertungseinrichtung Regelungen enthalten, die eine Versagung der Erlaubnis nach § 79 rechtfertigen würden.[9] 12

2. Anzeigepflicht (Abs. 2). Abs. 2 sieht eine Anzeigepflicht für abhängige, nicht erlaubnispflichtige Verwertungseinrichtungen vor, wenn diese **Urheberrechte oder verwandte Schutzrechte aus dem UrhG wahrnehmen** (Abs. 2 Nr. 1) oder wenn sie ihren **Sitz im Inland haben, aber im EU- oder EWR-Ausland tätig** sind (Abs. 2 Nr. 2). Die betroffene Verwertungseinrichtung hat die Aufnahme ihrer Tätigkeit **unverzüglich** und **schriftlich** bei der Aufsichtsbehörde anzuzeigen.[10] 13

---

5 Vgl. RegE-VGG, BT-Drucks. 18/7223, S. 98.
6 Nicht anwendbar ist daher § 77 Abs. 1.
7 RegE-VGG, BT-Drucks. 18/7223, S. 98.
8 RegE-VGG, BT-Drucks. 18/7223, S. 98.
9 So auch BeckOK-UrhR/*Freudenberg*, § 90 VGG Rn 5.
10 Zu den Formerfordernissen vgl. § 82 Rn 16.

14 **a) Anzeigepflicht aufgrund der Wahrnehmung von Urheberrechten oder verwandten Schutzrechten (Abs. 2 Nr. 1).** Eine Anzeigepflicht entsteht nach Abs. 2 Nr. 1, wenn eine abhängige Verwertungseinrichtung Urheberrechte oder verwandte Schutzrechte wahrnimmt, die sich aus dem deutschen UrhG ergeben und nicht in § 77 Abs. 2 Nr. 1 bis 3 erwähnt sind.

15 Anders als bei der Anzeigepflicht nach § 82 Nr. 1 ist für die Anzeigepflicht nach Abs. 2 Nr. 1 **unerheblich**, wo die Verwertungseinrichtung ihren **Sitz** hat. Eine Erlaubnispflicht der abhängigen Verwertungseinrichtung entsteht **unabhängig von ihrem Sitzstaat** nur dann, wenn sie eines der in § 77 Abs. 2 Nr. 1 bis 3 genannten Rechte wahrnimmt.

16 **b) Anzeigepflicht aufgrund von Tätigkeit im EU- oder EWR- Ausland (Abs. 2 Nr. 2).** Für abhängige Verwertungseinrichtungen (§ 3), die keiner Erlaubnis bedürfen, entsteht gem. Abs. 2 Nr. 2 eine Anzeigepflicht, wenn diese ihren Sitz zwar in Deutschland haben, aber im EU- oder EWR-Ausland tätig sind. Auch in diesem Fall ist eine **unverzügliche, schriftliche** Anzeige der Aufnahme der Tätigkeit bei der Aufsichtsbehörde geboten. Die Vorschrift korrespondiert mit der Regelung des § 82 Nr. 2, die eine Anzeigepflicht für Verwertungsgesellschaften (§ 2) statuiert.

17 **Sinn und Zweck** der Anzeigepflicht nach Abs. 2 Nr. 2 bestehen darin, den in **§ 87** vorgesehenen **Informationsaustausch** zwischen dem **DPMA** und den **Aufsichtsbehörden anderer EU- oder EWR-Staaten** zu ermöglichen und zu erleichtern. Voraussetzung dafür ist, dass das DPMA Kenntnis davon erhält, welche in Deutschland ansässigen abhängigen Verwertungseinrichtungen überhaupt im EU- oder EWR- Ausland tätig sind.

18 **3. Entsprechende Anwendung der §§ 75 bis 89 (Abs. 3).** Gem. Abs. 3 sind, abgesehen von den Sonderregelungen der Abs. 1 und 2, für **abhängige Verwertungseinrichtungen** (§ 3) die allgemeinen Regelungen des Vierten Teils des VGG, also §§ 75 bis 89, **entsprechend anwendbar**. Damit gelten grds. für abhängige Verwertungseinrichtungen dieselben Vorschriften wie für Verwertungsgesellschaften (§ 2 Abs. 1). Umstritten ist, ob auch § 83 hinsichtlich der Verpflichtung der Aufsichtsbehörde zur Bekanntmachung einer Wahrnehmungstätigkeitsanzeige (Abs. 2) entsprechend anzuwenden ist. Ist eine abhängige Verwertungseinrichtung **ausnahmsweise erlaubnispflichtig** nach Abs. 1 S. 1, so prüft die Aufsichtsbehörde anhand von § 79, ob eine solche Erlaubnis zum Geschäftsbetrieb erteilt werden kann oder Versagungsgründe vorliegen.

III. Rechtsfolgen

19 Die **Rechtsfolge** der Aufnahme einer Wahrnehmungstätigkeit einer abhängigen Verwertungseinrichtung ohne (erforderliche) Erlaubnis oder Anzeige (bei Erlaubnisfreiheit) richtet sich nach **§ 84**. Die abhängige Verwertungseinrichtung kann die von ihr wahrgenommenen Urheberrechte und verwandten Schutzrechte, die sich aus dem UrhG ergeben, nicht geltend machen (§ 84 S. 1) und das Strafantragsrecht steht ihr nicht zu (§ 84 S. 2).

§ 91
Aufsicht über unabhängige Verwertungseinrichtungen

(1) Für unabhängige Verwertungseinrichtungen (§ 4) gelten die §§ 75, 76, 85 Absatz 1 bis 3 sowie die §§ 86 und 87 entsprechend.

(2) Die unabhängige Verwertungseinrichtung, die ihren Sitz im Inland hat oder die solche Urheberrechte oder verwandten Schutzrechte wahrnimmt, die sich aus dem Urheberrechtsgesetz ergeben, zeigt der Aufsichtsbehörde die Aufnahme der Wahrnehmungstätigkeit unverzüglich schriftlich an. § 84 gilt entsprechend.

Übersicht

I. Allgemeines	II. Regelungsgehalt
1. Bedeutung der Regelung —— 1	1. Abschließende Aufzählung der anwendbaren Vorschriften (Abs. 1) —— 9
2. Vorgängerregelung —— 2	2. Anzeigepflicht (Abs. 2) —— 13
3. Unionsrechtlicher Hintergrund —— 3	III. Rechtsfolgen —— 15
4. Entstehungsgeschichte —— 4	
5. Anwendungsbereich —— 5	
6. Übergangsregelung zu § 91 —— 8	

I. Allgemeines

1. Bedeutung der Regelung. Die Vorschrift regelt die Aufsicht über **unabhängige** 1
Verwertungseinrichtungen (§ 4). Darunter sind nach der Legaldefinition des § 4 Abs. 1 Organisationen zu verstehen, die über die Voraussetzungen der Verwertungsgesellschaften (§ 2) hinaus **kumulativ** noch die folgenden Merkmale erfüllen: Sie werden weder direkt noch indirekt, weder vollständig noch teilweise von ihren Berechtigten (§ 6) gehalten oder beherrscht und sind auf Gewinnerzielung ausgerichtet.[1]

2. Vorgängerregelung. Eine der Vorschrift entsprechende Norm war in dem außer 2
Kraft getretenen Vorgängergesetz (UrhWG) noch nicht enthalten. Im UrhWG gab es noch keine Differenzierung zwischen Verwertungsgesellschaften (§ 2) und unabhängigen Verwertungseinrichtungen (§ 4).

3. Unionsrechtlicher Hintergrund. Neben den Verwertungsgesellschaften (§ 2) 3
und den abhängigen Verwertungseinrichtungen (§ 3) definiert **§ 4** die dritte Fallgruppe der in der Aufzählung des § 1 genannten Organisationen im Anwendungsbereich des VGG, nämlich die **unabhängigen Verwertungseinrichtungen**. § 4 Abs. 1 setzt die Vorgaben aus **Art. 3 lit. b VG-RL** und **Art. 2 Abs. 4 VG-RL** in nationales Recht um.

4. Entstehungsgeschichte. Die Norm geht auf den wortlautidentischen Vorschlag 4
im RefE des BMJV[2] zurück.

5. Anwendungsbereich. Die Vorschrift gilt ausschließlich für unabhängige Ver- 5
wertungseinrichtungen und steht daher in Zusammenhang mit § 4, der den Begriff der unabhängigen Verwertungseinrichtung legaldefiniert.

Während §§ 75 bis 89 die Aufsicht über Verwertungsgesellschaften (§ 2) regeln, sind 6
diese Vorschriften des Vierten Teils hinsichtlich der Aufsicht über unabhängige Verwer-

---

1 Vgl. im Einzelnen § 4 Rn 6 ff.
2 RefE des BMJV v. 9.6.2015, S. 43.

tungseinrichtungen nur teilweise anwendbar. Dies ergibt sich aus **§ 4 Abs. 2 S. 2**, der auf die **Sonderregelung** über die Aufsicht in § 91, **verweist**. Abs. 1 enthält die abschließende Aufzählung jener Vorschriften des Vierten Teils, die auf unabhängige Verwertungseinrichtungen entsprechend anwendbar sind. Danach korrespondiert die Vorschrift mit §§ 75, 76, 85 Abs. 1 bis 3, 86 und 87.

7   Ist die unabhängige Verwertungseinrichtung in einem anderen EU- oder EWR-Staat ansässig, erstreckt sich der **Informationsaustausch** mit den Aufsichtsbehörden dieser Staaten (§§ 86, 87) auch auf unabhängige Verwertungseinrichtungen.

8   6. **Übergangsregelung zu § 91**. Als **Übergangsregelung** legt § 133 fest, dass Verwertungseinrichtungen, die ab dem Inkrafttreten des VGG am 1. Juni 2016 erstmals anzeigepflichtig geworden sind, die Aufnahme ihrer Tätigkeit bis spätestens 1. Dezember 2016 der Aufsichtsbehörde anzuzeigen hatten.

II. Regelungsgehalt

9   1. **Abschließende Aufzählung der anwendbaren Vorschriften (Abs. 1).** Unabhängige Verwertungseinrichtungen (§ 4) unterliegen gem. Abs. 1 der Aufsicht des **DPMA** (§ 75 Abs. 1 analog), das seine Aufgaben und Befugnisse im **öffentlichen Interesse** wahrnimmt (§ 75 Abs. 2 analog). Der **Inhalt der Aufsicht** bestimmt sich analog **§ 76 i.V.m. § 4 Abs. 2 S. 1**. Zudem wird der Aufsichtsbehörde analog Abs. 1 i.V.m. § 85 Abs. 1 bis 3 die Befugnis eröffnet, bei Verstößen gegen die der unabhängigen Verwertungseinrichtung analog § 76 i.V.m. § 4 Abs. 2 S. 1 obliegenden Verpflichtungen aus dem VGG entsprechende **Maßnahmen zu ergreifen.**

10   Soweit der Aufsichtsbehörde ein **Ermessen** zusteht, hat sie im Rahmen der Ermessensausübung auch den **eingeschränkten Pflichtenkreis** (§ 4 Abs. 2) zu berücksichtigen.[3] Das DPMA ist deshalb gehindert, einer unabhängigen Verwertungseinrichtung (§ 4) weitergehende Pflichten aus dem VGG aufzuerlegen, die nicht durch die Verweisung des § 4 Abs. 2 S. 1 auf die dort genannten entsprechend anwendbaren Vorschriften des VGG gedeckt sind.[4]

11   Bei unabhängigen Verwertungseinrichtungen, die in einem anderen EU- oder EWR-Staat ansässig sind, erstreckt sich der **Informationsaustausch** mit den Aufsichtsbehörden dieser Staaten nach §§ 86, 87 auch auf unabhängige Verwertungseinrichtungen (§ 91 Abs. 1).

12   Obwohl Abs. 1 nicht auf § 89 verweist, sind auch bei der Aufsicht über unabhängige Verwertungseinrichtungen das VwVfG und das VwVG (subsidiär) anzuwenden. Auch kann niemand daran gehindert werden, die Aufsichtsbehörde über vermeintliche Verstöße von abhängigen Verwertungseinrichtungen gegen das VGG zu informieren. Da es an einem ausdrücklichen Verweis auf § 89 Abs. 3 fehlt, kommt eine Anwendung der erhöhten Zwangsgeldobergrenze jedoch nicht in Betracht.

13   2. **Anzeigepflicht (Abs. 2).** Auch für erlaubnisfreie **unabhängige Verwertungseinrichtungen** (§ 4) besteht eine Anzeigepflicht gegenüber der Aufsichtsbehörde, sofern diese ihren **Sitz in Deutschland** haben (Abs. 2 S. 1 Alt. 1) oder **Urheberrechte oder sonstige Schutzrechte** aus dem **deutschen UrhG** wahrnehmen (Abs. 2 S. 1 Alt. 2). Dabei

---

3   RegE-VGG, BT-Drucks. 18/7223, S. 98.
4   BeckOK-UrhR/*Freudenberg*, § 91 VGG Rn 7.

reicht bereits aus, dass eine der beiden Alternativen des Abs. 2 S. 1 erfüllt ist; ein kumulatives Vorliegen ist nicht erforderlich.[5]

Beide Alternativen der Vorschrift weisen einen **Inlandsbezug** auf; während die erste 14 Alternative an den **Sitz im Bundesgebiet** anknüpft, besteht in der zweiten Alternative (unabhängig vom Sitz) der Bezug zum Inland in der Wahrnehmung von Urheberrechten auf Basis des **deutschen UrhG**. Liegt keine der beiden Voraussetzungen vor, bedarf es keiner Anzeige.

III. Rechtsfolgen

Verstößt eine unabhängige Verwertungseinrichtung gegen eine der in **Abs. 1** abschließend aufgezählten anwendbaren Vorschriften, so gelten die jeweiligen Rechtsfolgen dieser Vorschriften. So eröffnen zB § 86 Abs. 1 und 2 der Behörde jeweils Ermessen. 15

Besteht eine Anzeigepflicht nach **Abs. 2 S. 1** und kommt die betroffene unabhängige 16 Verwertungseinrichtung dieser Pflicht nicht nach, so gelten gem. **Abs. 2 S. 2** die **Rechtsfolgen des § 84** entsprechend. Die unabhängige Verwertungseinrichtung kann dann die von ihr wahrgenommenen Urheberrechte und verwandten Schutzrechte, die sich aus dem UrhG ergeben, nicht geltend machen (§ 84 S. 1 analog) und ihr steht das Strafantragsrecht nach § 109 UrhG nicht zu (§ 84 S. 2 analog).

---

5 Eine Liste der angezeigten abhängigen Verwertungseinrichtungen ist abrufbar unter: https://www.dpma.de/dpma/wir_ueber_uns/weitere_aufgaben/verwertungsges_urheberrecht/aufsicht_verwertungsges/listedererwertungseinrichtungen/index.html.

FÜNFTER TEIL
Schiedsstelle und gerichtliche Geltendmachung

ERSTER ABSCHNITT
Schiedsstelle

ERSTER UNTERABSCHNITT
Allgemeine Verfahrensvorschriften

§ 92
Zuständigkeit für Streitfälle nach dem Urheberrechtsgesetz und für Gesamtverträge

(1) Die Schiedsstelle (§ 124) kann von jedem Beteiligten bei einem Streitfall angerufen werden, an dem eine Verwertungsgesellschaft beteiligt ist und der eine der folgenden Angelegenheiten betrifft:
1. die Nutzung von Werken oder Leistungen, die nach dem Urheberrechtsgesetz geschützt sind,
2. die Vergütungspflicht für Geräte und Speichermedien nach § 54 des Urheberrechtsgesetzes oder die Betreibervergütung nach § 54c des Urheberrechtsgesetzes,
3. den Abschluss oder die Änderung eines Gesamtvertrages.

(2) Die Schiedsstelle kann von jedem Beteiligten auch bei einem Streitfall angerufen werden, an dem ein Sendeunternehmen und ein Kabelunter-nehmen beteiligt sind, wenn der Streit die Verpflichtung zum Abschluss eines Vertrages über die Kabelweitersendung betrifft (§ 87 Absatz 5 des Urheberrechtsgesetzes).

Übersicht
I. Allgemeines
  1. Bedeutung der Regelung —— 1
  2. Vorgängerregelung —— 3
  3. Unionsrechtlicher Hintergrund —— 4
  4. Entstehungsgeschichte —— 5
II. Regelungsgehalt
  1. Sachliche Zuständigkeit (Abs. 1) —— 6
    a) Nutzung geschützter Werke und Leistungen (Abs. 1 Nr. 1) —— 8
    b) Vergütungspflicht für Geräte und Speichermedien (Abs. 1 Nr. 2) —— 9
      aa) Annexkompetenz für Auskunftsansprüche —— 10
      bb) Zuständigkeit kraft Sachzusammenhangs für Rückzahlungsansprüche sowie Schadensersatzansprüche —— 11
    c) Abschluss oder Änderung eines Gesamtvertrags (Abs. 1 Nr. 3) —— 12
  2. Verträge über die Kabelweitersendung (Abs. 2). —— 13
  3. Internationale Zuständigkeit
    a) Problematik —— 14
    b) „Amazon"-Urteil des EuGH —— 17
    c) Bewertung —— 19

I. Allgemeines

1. Bedeutung der Regelung. § 92 leitet die Vorschriften über die Schiedsstelle **1** (Teil 5, Abschnitt 1) ein. Die Regelung ist im Zusammenhang mit § 128 VGG zu lesen. Danach ist die Durchführung oder mindestens einjährige Verfahrensdauer des Schiedsstellenverfahrens, ohne dass ein Einigungsvorschlag vorgelegt wurde, **Prozessvoraussetzung** für die Erhebung einer Klage vor den ordentlichen Gerichten, vorausgesetzt, dass die **Anwendbarkeit oder Angemessenheit des Tarifs** zu diesem Zeitpunkt bestritten waren. Ansonsten kann zwar auch ein Schiedsstellenverfahren eingeleitet werden, es kann aber auch direkt Klage vor den ordentlichen Gerichten erhoben werden.[1] Angesichts dieses engen Zusammenhangs zwischen Schiedsstellenverfahren als Vorschaltverfahren und ordentlichem Gerichtsverfahren ist es empfehlenswert, einen Antrag bei der Schiedsstelle nur dann einzureichen, wenn der zu entscheidende Sachverhalt auch einen relevanten Tarifbezug aufweist.

2   Die Vorschrift regelt ihrem Wortlaut zufolge nur die sachliche Zuständigkeit der Schiedsstelle. Nicht eigens geregelt ist die örtliche Zuständigkeit, die jedoch unproblematisch ist, da die Schiedsstelle die einzige auf gesetzlicher Grundlage errichtete Streitschlichtungsstelle in Deutschland ist. Weithin ungeklärt ist jedoch die internationale Zuständigkeit der Schiedsstelle.

3   **2. Vorgängerregelung.** Die Regelung in Abs. 1 entspricht inhaltlich dem bisherigen § 14 Abs. 1 Nr. 1 UrhWG, Abs. 2 dem bisherigen § 14 Abs. 1 Nr. 2 UrhWG.

4   **3. Unionsrechtlicher Hintergrund.** In dem Umfang, in dem bestimmte Streitigkeiten der Schiedsstelle zugewiesen sind, macht die Vorschrift von der in Art. 35 Abs. 1 VG-RL vorgesehenen Befugnis Gebrauch, diese Streitigkeiten vor eine unabhängige, unparteiische Streitbeilegungsstelle zu bringen. Die Schiedsstelle besitzt aufgrund ihrer langjährigen Erfahrung mit wahrnehmungsrechtlichen Streitigkeiten die dazu nach Art. 35 Abs. 1 VG-RL erforderlichen Kenntnisse auf dem Gebiet des geistigen Eigentums. Für diejenigen Streitigkeiten, die in § 92 nicht erfasst sind, bleibt es nach Art. 35 Abs. 2 VG-RL bei der Zuständigkeit der Gerichte.[2]

5   **4. Entstehungsgeschichte.** Die Norm geht auf den wortlautidentischen Vorschlag des RefE des BMJV zurück[3] und wurde im weiteren Gesetzgebungsverfahren nicht weiter diskutiert.

II. Regelungsgehalt

6   **1. Sachliche Zuständigkeit (Abs. 1).** Der Begriff des Streitfalles ist umfassend zu verstehen. Es genügt jede urheberrechtliche Streitigkeit, gleich aus welchem Rechtsgrund. Nicht ausreichend sind jedoch bloße Zweifel oder Unstimmigkeiten der Beteiligten, die keine Regelungsbedürftigkeit besitzen. Ist daher zwischen den Beteiligten ein wirksamer Vertrag geschlossen worden, ist für die Durchführung eines Schiedsstellenverfahrens kein Raum,[4] anders höchstens, wenn aus der Vertragsdurchführung selbst wiederum Streitigkeiten erwachsen.

7   Zusätzlich zum Merkmal des Streitfalles muss einer der Beteiligten eine Verwertungsgesellschaft (§ 2) oder eine abhängige Verwertungseinrichtung (§ 3) sein. Ob diese dabei Antragstellerin oder Antragsgegnerin ist, spielt keine Rolle.

8   **a) Nutzung geschützter Werke und Leistungen (Abs. 1 Nr. 1).** Der Streitfall muss die Nutzung von Werken und Leistungen betreffen. Damit sind Streitigkeiten zwischen

---

1 Zur Möglichkeit der Schiedsstelle, in diesen Fällen vom Erlass eines Einigungsvorschlages abzusehen, siehe § 109 Abs. 2.
2 RegE-VGG, BT-Drucks. 18/7223, S. 99.
3 RefE des BMJV v. 9.6.2015, S. 44.
4 BGH, Urt. v. 15.6.2000 – I ZR 231/97 – GRUR 2000, 872 – Schiedsstellenanrufung.

Urhebern oder Leistungsschutzberechtigten und Verwertungsgesellschaften nicht der Schiedsstelle zugewiesen, da diese die Wahrnehmungs- und nicht die Nutzungsbedingungen betreffen. Im Übrigen kann jedes Rechtsverhältnis betroffen sein, so dass Auskunfts-, Zahlungs- oder Unterlassungsansprüche ebenso in Betracht kommen wie Ansprüche auf Einräumung von Nutzungsrechten.

b) Vergütungspflicht für Geräte und Speichermedien (Abs. 1 Nr. 2). Die Formulierung „die Vergütungspflicht für Geräte und Speichermedien nach § 54 des Urheberrechtsgesetzes" ist in mehrerlei Hinsicht nicht eindeutig. Der Anspruch nach § 54 UrhG ist ein gesetzlicher Anspruch, der neben den Anspruch aus Vertrag, zu dessen Abschluss der Tarif dienen soll (Angebot an einen unbestimmten Personenkreis), tritt.[5] Damit ist bei wortsinngemäßer Auslegung keine Tariffrage betroffen (vgl. § 109). Zum anderen werden in Schiedsstellenverfahren seitens der ZPÜ, der VG WORT und VG Bild-Kunst regelmäßig auch Auskunfts- und Meldeansprüche nach §§ 54e Abs. 1, 54f Abs. 1 UrhG sowie Schadensersatzansprüche nach §§ 54e Abs. 2, 54f Abs. 2 UrhG sowie §§ 280, 286 BGB als weitere Zahlungsansprüche geltend gemacht. Weiterhin fordern Hersteller beziehungsweise Importeure die Rückerstattung zu viel gezahlter Vergütungen. Als Anspruchsgrundlage kommt insoweit § 812 Abs. 1 S.1 BGB[6] und nicht etwa § 54 Abs. 2 UrhG[7] in Betracht. Konsequenzen aus der Einordnung dieser Ansprüche unter § 92 Abs.1 Nr. 1 oder Nr. 2 folgen aber für den Gerichtszug, weil für Ansprüche nach § 54 UrhG das OLG München als gerichtliche Eingangsinstanz sachlich und örtlich ausschließlich zuständig (§ 129 Abs. 1) ist, für Ansprüche, die unter Nr. 1 zu subsumieren sind, dagegen die ordentlichen Gerichte, in deren Bezirk der Beklagte seinen Sitz oder Wohnsitz hat (sofern nicht besondere Gerichtsstände in Betracht kommen). 9

aa) Annexkompetenz für Auskunftsansprüche. Für Auskunfts- und Meldeansprüche ist entschieden, dass diese als Annexansprüche zum Vergütungsanspruch nach § 54 UrhG zu sehen sind.[8] Der Auskunftsanspruch dient der Vorbereitung der späteren Geltendmachung von Vergütungsansprüchen nach §§ 54, 54b UrhG. Auskunft über die zur Feststellung der Vergütungspflicht und -höhe erforderlichen Parameter und spätere Zahlung der Vergütung bilden zwei Stufen eines einheitlichen Streits.[9] Ohne die Zuständigkeitsbegründung für Auskunftsansprüche beim OLG München käme es daher zu einer mit der gebotenen Prozessökonomie unvereinbaren Zersplitterung der Zuständigkeiten, wenn die Auskunftsklage am allgemeinen Gerichtsstand, die Leistungsklage hingegen beim OLG München erhoben werden müsste.[10] Die Zuständigkeit der Schiedsstelle folgt daher in diesen Fällen aus Nr. 2. 10

bb) Zuständigkeit kraft Sachzusammenhangs für Rückzahlungsansprüche sowie Schadensersatzansprüche. Rückerstattungsansprüche können nicht als Annexansprüche zum Anspruch nach § 54 UrhG angesehen werden. Die Frage, wie diese Ansprüche zu qualifizieren sind, ist derzeit gerichtlich noch nicht entschieden. Es sollte aber analog zu der „Annexkompetenz" eine Zuständigkeit der Schiedsstelle (und eine 11

---

5 BGH, Urt. v. 16.3.2017 – I ZR 35/15 – GRUR 2017, 684, 685 Rn 26 – Externe Festplatte.
6 Angedeutet in BGH, Urt. v. 18.5.2017 – I ZR 266/15 – GRUR-RR 2017, 486, 488 Rn 22 – Urheberentgelte für USB-Sticks und Speicherkarten – USB-Stick; ausführlich Einigungsvorschlag vom 27.2.2017, Sch-Urh 61/13.
7 *Hoeren/Jakopp* in: FS Herberger, S. 459 ff.; Sch-Urh 61/13 – n.v.
8 LG Stuttgart, Urt. v. 22.3.2017 – 24 O 367/16, S. 11 – n.v.
9 LG Stuttgart, Urt. v. 22.3.2017 – 24 O 367/16, S. 11 – n.v.
10 LG Stuttgart, Urt. v. 22.3.2017 – 24 O 367/16, S. 11 – n.v.

ausschließliche Zuständigkeit des OLG München) „kraft Sachzusammenhangs" bejaht werden. Der Rückzahlungsanspruch ist das Spiegelbild des Vergütungsanspruchs nach § 54 UrhG. Es werden, vom Sonderproblem des Entreicherungseinwandes nach § 818 Abs. 3 BGB einmal abgesehen, die identischen Rechtsfragen behandelt. Dasselbe gilt auch für Schadensersatzansprüche wie den „doppelten Vergütungssatz" für unterbliebene, unvollständige oder sonst unrichtige Meldungen oder Auskünfte nach §§ 54e Abs. 2, 54f Abs. 2 UrhG.[11]

12   c) **Abschluss oder Änderung eines Gesamtvertrags (Abs. 1 Nr. 3).** Die Schiedsstelle ist ferner für Verfahren, die den Abschluss oder die Änderung von Gesamtverträgen betreffen, zuständig. § 1 Abs. 3 S. 2 UrhSchiedsV, der vorsah, dass die Schiedsstelle das Verfahren einstellen musste, wenn die Nutzervereinigung erklärte, dass sie zum Abschluss eines Vertrages nicht bereit sei, oder gar keine Erklärung abgab, ist nicht in das VGG übernommen worden. Ob sich hieraus eine Änderung ergibt, ist offen, weil Verwertungsgesellschaften keinen Anspruch auf Abschluss eines Gesamtvertrages haben.[12] Weitere Regelungen zum Verfahren bei Streitfällen über Gesamtverträge enthält § 110.

13   **2. Verträge über die Kabelweitersendung (Abs. 2).** Die Rechte, die ein Sendeunternehmen in Bezug auf seine Sendungen geltend macht, sind nicht verwertungsgesellschaftspflichtig (§ 20b Abs. 1 S. 2 UrhG). Daher ist im Hinblick auf den Kontrahierungszwang in § 87 Abs. 5 UrhG für diese Rechte eine eigene Zuständigkeitsnorm für die Schiedsstelle geschaffen worden. Das Schiedsstellenverfahren ist Prozessvoraussetzung für ein Klageverfahren vor dem OLG München (§ 128 Abs. 1). Die Schiedsstelle wird jedoch auch in den Fällen zuständig, in denen ein Gerichtsverfahren vorausgeht, in welchem das Sendeunternehmen Unterlassungsansprüche gegenüber dem beklagten Kabelunternehmen geltend macht und dieses einen Zwangslizenzeinwand erhebt. Der BGH wendet in diesen Fällen § 16 Abs. 2 S. 2 UrhWG (jetzt: § 128 Abs. 2 S. 2) analog an.[13]

3. Internationale Zuständigkeit

14   a) **Problematik.** Die einschlägigen Rechtsvorschriften über die internationale gerichtliche Zuständigkeit beziehen sich in ihrem Anwendungsbereich auf Gerichte, so dass ihre unmittelbare Anwendbarkeit auf die als Behörde zu qualifizierende Schiedsstelle fraglich ist. Soweit jedoch Tariffragen betroffen sind, ist nach deutschem Recht die vorherige Durchführung des Schiedsstellenverfahrens in Streitfällen nach § 92 Abs. 1 Nr. 1 und 2 Prozessvoraussetzung für die Erhebung der Klage vor einem deutschen Gericht (§ 128 Abs. 1, Abs. 2 S. 1). Damit gelten die Zuständigkeitsregeln und betreffen die Zuständigkeitsprobleme vor deutschen Gerichten in gleicher Weise auch die Schiedsstelle. Es sind dabei grds. zwei Fälle zu unterscheiden, je nachdem, ob die beteiligte ausländische Partei Antragsteller oder Antragsgegner im Schiedsstellenverfahren ist.

15   Die **Fallalternative 1 (Ausländische Partei ist Antragsteller)** ist unproblematisch. Hier liegt die Zuständigkeit der Schiedsstelle immer vor, weil die in Frage stehenden Verwertungsgesellschaften oder abhängigen Verwertungseinrichtungen ihren Verwaltungssitz im Inland haben. In diesem Fall verlagert sich das Problem auf die Begründetheit, wo ebenfalls zunächst nach dem IPR zu prüfen ist, welches Sachrecht (oder Einheitsrecht) zur Anwendung kommt.

---

11   So im Ergebnis LG Mannheim, Urt. v. 9.8.2017 – 7 O 206/16 – n.v., nicht rechtskräftig.
12   Schricker/Loewenheim/*Reinbothe*, § 14 UrhWG, Rn 9.
13   BGH, Urt. v. 11.4.2013 – I ZR 151/11 – ZUM-RD 2013, 314, 321 Rn 61 – Save.TV.

Die **Fallalternative 2 (Ausländische Partei ist Antragsgegner)** weist hingegen ei- 16
nige ungeklärte Fragen auf. Bedeutung hat diese Fallgruppe vor allem im Bereich der
gesetzlichen Vergütungsansprüche nach § 54 UrhG erlangt. Der Import ist unvollkommen in § 54b Abs. 2 S. 2 UrhG geregelt. Danach gilt für den Fall, dass der Importeur seinen Sitz im Ausland hat, der inländische Vertragspartner als Importeur, allerdings nur „soweit er gewerblich tätig wird". In diesen Fällen ist die Schiedsstelle kraft der in § 54b Abs. 2 S. 2 angeordneten Fiktion des als Importeur anzusehenden inländischen Vertragspartners des gebietsfremden Einführers unproblematisch örtlich (und damit auch international) zuständig. Nicht erfasst von der Vorschrift ist wegen der angeordneten Einschränkung des gewerblichen Tätigwerdens der gesamte Bereich des Online-Direkthandels an Endabnehmer, wenn der Online-Händler seinen Sitz im Ausland hat und im Wege des Versendungskaufs an inländische Verbraucher veräußert. Ob auch in diesem Fall die Zuständigkeit der Gerichte und der Schiedsstelle eröffnet ist, ist (jenseits der auch hier gegebenen Möglichkeit, einen inländischen Gerichtsstand kraft rügeloser Einlassung oder Vereinbarung zu begründen) noch nicht abschließend geklärt.

b) „Amazon"-Urteil des EuGH. Das Amazon-Urteil des EuGH[14] hat Bewegung bei der 17
Beantwortung dieser Frage gebracht und neue Schwerpunkte gesetzt, weil nach dieser Entscheidung das Handeln der Importeure als unerlaubte beziehungsweise einer unerlaubten Handlung gleichgestellte Handlung qualifiziert werden muss, so dass eine Gerichts- und damit auch Schiedsstellenzuständigkeit nach Art. 7 Nr. 2 Brüssel Ia-VO in Betracht kommt.

Dieses Urteil kommt zunächst – (nur) aus Sicht der Rechtsprechung des EuGH wenig 18
überraschend – zu dem Schluss, dass es sich bei den Ansprüchen gegen Importeure um Ansprüche aus unerlaubter Handlung handeln muss. Aus Sicht des EuGH ist das folgerichtig, da diese Ansprüche nicht auf einer freiwilligen Vereinbarung beruhen und der EuGH alle Ansprüche, die nicht auf einer freiwilligen Vereinbarung („Vertrag oder Ansprüche aus einem Vertrag") beruhen, als solche aus unerlaubter Handlung bzw. solche, die einer unerlaubten Handlung gleichgestellt sind, ansieht.[15] Schwierigkeiten verursacht dieser Ansatz allerdings bei der Beantwortung der weiteren Frage, an welche Tathandlung angeknüpft werden soll, deren Begehung den Tatbestand einer unerlaubten Handlung verwirklicht. An den Import der Waren und deren Inverkehrbringen im Inland kann jedenfalls nicht angeknüpft werden, da es sich hierbei um erlaubtes Verhalten handelt. Also hat der EuGH einen anderen Bezugspunkt gewählt, nämlich die (schuldhafte) Verletzung der sich aus der Gestattung der Privatkopie ergebenden Pflicht der Importeure zur Zahlung einer dem gerechten Ausgleich entsprechenden angemessenen Vergütung an die Verwertungsgesellschaften.

c) Bewertung. Der EuGH geht damit davon aus, dass jede Verletzung eines gesetz- 19
lichen Anspruches zugleich einen deliktischen Tatbestand verwirklicht, was bemerkenswert ist. Die vom EuGH angesprochene unerlaubte Handlung ist damit als eine Art Verletzung i.S.d. § 280 Abs.1 BGB der sich aus dem gesetzlichen Schuldverhältnis der §§ 54, 54b UrhG ergebenden Zahlungspflicht zu qualifizieren.

Ob sich hieraus allerdings ein inländischer Gerichtsstand ergibt, hat der EuGH nicht 20
entschieden, sondern diese Frage zur Prüfung den jeweils angerufenen nationalen Gerichten überlassen.[16] Es muss daher geprüft werden, ob der Verhaltens- oder der Erfolgsort der unerlaubten Handlung einen Gerichtsstand im Inland begründen kann.

---

14 EuGH, Urt. v. 21.4.2016 – C-572/14 – MMR 2016, 688, 688 ff.- Austro-Mechana/Amazon.
15 EuGH, Urt. v. 21.4.2016 – C-572/14 – MMR 2016, 688, 689 – Austro-Mechana/Amazon.
16 EuGH, Urt. v. 21.4.2016 – C-572/14 – MMR 2016, 688, 689 – Austro-Mechana/Amazon, Rz. 52.

21 Infolgedessen hat der österreichische OGH[17] nach österreichischem Recht (dessen Anwendbarkeit in dem Beschluss nicht geprüft, sondern vorausgesetzt wurde) eine Zuständigkeit der inländischen Gerichte mit der Begründung, „dass der Ort des schädigenden Verhaltens dort liege, wo die Zahlungspflicht zu erfüllen sei und aufgrund der Qualifikation von Geldschulden als Bringschulden (907a Abs.1 ABGB), somit aufgrund der Schadenshandlung am Ort der in Österreich gelegenen Niederlassung der Klägerin"[18] bejaht. Dies galt jedenfalls für die ab dem 16.3.2013 in Österreich in Verkehr gebrachten Trägermaterialien, da § 907a Abs. 1 ABGB mit dem 16.3.2013 in Kraft trat und gem. § 1503 Abs. 2 ABGB auf Rechtsverhältnisse anzuwenden ist, die ab diesem Tag begründet wurden.[19]

22 Im deutschen Recht stellen sich die Verhältnisse wie folgt dar. Was den Handlungsort betrifft, ist eine internationale Zuständigkeit der Schiedsstelle nicht gegeben. Denn da – nach deutschem Recht – die Geldzahlungsschuld als qualifizierte Schickschuld anzusehen ist (§§ 269, 270 Abs. 4 BGB), wird die letzte geschuldete Leistungshandlung des Geldzahlungsschuldners, deren schuldhafte Verletzung die Tathandlung darstellt, regelmäßig im Ausland vorgenommen.[20]

23 Wie der Erfolgsort bei einem reinen Vermögensschaden zu bestimmen ist, ist alles andere als eindeutig.[21] In der Literatur wird in diesem Zusammenhang allgemein vorgebracht, dass der Erfolgsort „nicht in naturalistischer Manier" automatisch dort fixiert werden dürfe, wo ein Schaden entstanden sei. Stattdessen seien die zentralen Prinzipien des Art. 7 Brüssel Ia-VO – Vorhersehbarkeit der Gerichtsstände für die Parteien, Rechts- und Beweisnähe des zur Entscheidung berufenen Gerichts, Ablehnung eines forum actoris – bei der Festlegung des Erfolgsorts im Einzelfall zu beachten."[22] Diese Kriterien sprechen teils für, teils aber auch gegen einen inländischen Gerichtsstand. Bei der Entscheidung sollte aber berücksichtigt werden, ob eine besondere Gefahr für die Rechtsdurchsetzung heraufbeschworen wird, wenn man die Geschädigten zwingt, den Beklagten an seinem Geschäftssitz zu verklagen. Eine besondere Schutzbedürftigkeit wird nicht immer bestehen. Die Gleichsetzung des Erfolgsortes mit dem Schadensort und des Schadensortes mit dem Sitz des Geschädigten, weil sich dort die Vermögensinteressen des Geschädigten konzentrieren,[23] läuft im Ergebnis einseitig auf eine Klagemöglichkeit am Geschäftssitz des Klägers heraus, was aber so nicht von der Brüssel Ia-VO beabsichtigt ist.[24]

---

[17] OGH, Beschl. v. 24.5.2016 – 4 Ob 112/16y – GRUR Int 2016, 1081 – austro mechana/Amazon-Gesellschaften III; OGH, Beschl. v. 21.2.2017 – 4 Ob 137/16z – GRUR Int 2017, 535 – Satellitenfernsehen.
[18] OGH, Beschl. v. 21.2.2017 – 4 Ob 137/16z – GRUR Int 2017, 535, 538 – Satellitenfernsehen.
[19] OGH, Beschl. v. 24.5.2016 – 4 Ob 112/16y – GRUR Int 2016, 1081, 1082 – austro mechana/Amazon-Gesellschaften III.
[20] *Grüneberg* (Palandt, § 270 BGB Rn 1) qualifiziert die Geldschuld nunmehr auch als Bringschuld, allerdings mit der Besonderheit, dass der Gerichtsstand der Wohnsitz des Schuldners sei.
[21] Vgl. im Folgenden Stein/Jonas/*Wagner*, Art 5 EuGVVO Rn 154 ff. und insbesondere Rn 159 f.
[22] Stein/Jonas/*Wagner*, Art 5 EuGVVO Rn 154 m.v.w.N, Rn 159.
[23] *Kiethe*, NJW 1994, 225, 225 ff.
[24] Unklar ist daher der OGH, Beschl. v. 24.5.2016 – 4 Ob 112/16y – GRUR Int 2016, 1081, 1082 – austro mechana/Amazon-Gesellschaften III, wenn dieser die vor dem 16.3.2013 entstandenen Vergütungsansprüche der Verwertungsgesellschaft gem. § 905 Abs. 2 ABGB a.F. als qualifizierte Schickschulden betrachtet, demnach eine Zuständigkeit aufgrund der Verwirklichung des Schadenserfolges in Österreich mit der Begründung bejaht, die „Beklagten (seien) nach § 905 Abs. 2 ABGB a.F. verpflichtet gewesen, den geschuldeten Betrag auf ihre Gefahr und Kosten der Klägerin zu „übermachen" (...) daher zu einem Verhalten an ihrem jeweiligen Sitz verpflichtet, das Vermögen der Klägerin hätte sich aber erst an deren eigenen Sitz vermehrt". Damit wird auf die Erfüllungswirkung abgestellt, die aber immer am Ort der Kontoführung und damit letztlich doch am Ort des Klägerwohnsitzes eintritt.

All diese Fragen müssen zumindest als offen bezeichnet werden, soweit nicht erste 24
Urteile des OLG München (für das sich diese Zuständigkeitsfragen in analoger Weise stellen) vorliegen.

Klagt die Verwertungsgesellschaft allerdings an dem am Wohnsitz des ausländi- 25
schen Beklagten zuständigen Gericht, ist die vorherige Anrufung der Schiedsstelle nicht erforderlich. Bei § 128 Abs. 1 handelt es sich um eine Prozessvoraussetzung, die ausschließlich auf den inländischen Gerichtszug zur Begründung eines Prozessrechtsverhältnisses vor dem OLG München zu beachten ist. Ausländische Gerichte wenden demgegenüber ihr eigenes Verfahrensrecht an.[25]

§ 93
Zuständigkeit für empirische Untersuchungen

Verwertungsgesellschaften können die Schiedsstelle anrufen, um eine selbständige empirische Untersuchung zur Ermittlung der nach § 54a Absatz 1 des Urheberrechtsgesetzes maßgeblichen Nutzung durchführen zu lassen.

Übersicht
I. Allgemeines
   1. Bedeutung der Regelung —— 1
   2. Vorgängerregelung —— 2
   3. Unionsrechtlicher Hintergrund —— 3
   4. Entstehungsgeschichte —— 4
II. Regelungsgehalt —— 5

I. Allgemeines

1. Bedeutung der Regelung. Die Einführung eines selbständigen Verfahrens zur 1
Durchführung einer empirischen Untersuchung stellt gemäß der Gesetzesbegründung eine der wesentlichen Neuerungen des VGG dar.[1] Damit wird Verwertungsgesellschaften die Möglichkeit eröffnet, in einem selbständigen Verfahren die empirische Untersuchung erstellen zu lassen, die sie gem. § 40 Abs. 1 S. 2 für die Aufstellung eines Tarifs über die Geräte- und Speichermedienvergütung benötigen. Die nach altem Recht (§ 13a Abs. 1 S. 3 UrhWG) bestehende Notwendigkeit, vor der Tarifaufstellung eine empirische Untersuchung im Rahmen eines zeitaufwendigen Gesamtvertragsverfahrens einzuholen, entfällt. Nach der Begründung des Gesetzes wird die Erforderlichkeit eines solchen selbständigen Beweisverfahrens vor allem mit der langen Dauer der Gesamtvertragsverfahren, in die die empirischen Untersuchungen bislang eingebettet waren, gerechtfertigt.[2] Die Vorschrift steht damit im Zusammenhang mit der durch das VGG beabsichtigten allgemeinen Beschleunigung der Verfahren vor der Schiedsstelle. Ob dieser Zweck allerdings angesichts der bisher bestehenden (Fehlen eines gesetzlich oder gerichtlich endgültig festgesetzten Vergütungsmodells als Voraussetzung für die Beauftragung und zügige Durchführung empirischer Untersuchungen) und neu hinzugetretenen Unwägbarkeiten (bislang in Gesamtvertragsverfahren zwei Verfahrensbeteiligte, nunmehr im Rahmen des § 93 (auf Verbandsseite) bis zu vier Verfahrensbeteiligte, ungeklärte Kostenproblematik[3]) erreicht werden wird, ist offen.

---

25 AA offenbar Bezirksgericht Luxemburg, Urt. v. 26.4.2019 2019TALCH02/00706: materielles Recht, h.v.

1 RegE-VGG, BT-Drucks. 18/7223, S. 99.
2 Vgl. RegE-VGG, BT-Drucks. 18/7223, S. 99.
3 Siehe § 113, Rn 4.

2   **2. Vorgängerregelung.** Im UrhWG fand sich keine vergleichbare Regelung. Das selbständige Verfahren zur Durchführung einer empirischen Untersuchung wurde mit dem VGG neu eingeführt.

3   **3. Unionsrechtlicher Hintergrund.** § 93 hat keine spezielle unionsrechtliche Grundlage.

4   **4. Entstehungsgeschichte.** Die Norm geht auf den wortlautidentischen Vorschlag des RefE des BMJV zurück[4] und wurde im weiteren Gesetzgebungsverfahren nicht weiter diskutiert.

II. Regelungsgehalt

5   Aus dem Wortlaut der Vorschrift folgt, dass **Verwertungsgesellschaften** die Schiedsstelle zu Zwecken einer solchen empirischen Untersuchung anrufen können. Praktisch bedeutsam dürfte vor allem das Anrufungsrecht der **ZPÜ** sein, die als **abhängige Verwertungseinrichtung** gleichfalls zur Anrufung berechtigt ist (§ 3 Abs. 2 S. 1).[5]

6   Da die Verpflichtung zur Aufstellung von Tarifen nur den Verwertungsgesellschaften (und abhängigen Verwertungseinrichtungen) obliegt, sollen nach dem Willen des Gesetzgebers nur diese antragsberechtigt sein.[6] Verbänden der Geräte- und Speichermedienindustrie stehen daher nur nach Maßgabe des § 112 Abs. 2 Beteiligtenrechte an einem bereits anhängigen Verfahren zu. Das heißt aber nicht, dass Verbände (oder Einzelunternehmen), die von sich aus eine Überprüfung eines bestehenden Tarifs und hierfür die Durchführung einer empirischen Untersuchung seitens der Schiedsstelle erreichen wollen, darauf angewiesen wären, zu warten, bis eine Verwertungsgesellschaft beziehungsweise die ZPÜ ein Verfahren nach § 93 einleitet. Sie selbst haben zwar kein Anrufungsrecht, können aber nach wie vor im Rahmen eines von ihnen einzuleitenden Gesamtvertragsverfahrens die Durchführung einer solchen Untersuchung beantragen.

7   § 93 ist daher nur zusätzlich zur bisherigen Regelung getreten, die Durchführung der empirischen Untersuchung in ein Verfahren nach (jetzt:) § 92 Nr. 3 (oder auch, wenngleich in der Praxis wohl nie vorkommend, Nr. 2) einzubetten, hat diese nach wie vor fortbestehenden Möglichkeiten der Einleitung empirischer Untersuchungen aber nicht verdrängt.

8   Seit der Novellierung des Gesetzes ist es noch zu keinem Antrag in diesem selbständigen Beweisverfahren gekommen.

§ 94
Zuständigkeit für Streitfälle über die gebietsübergreifende Vergabe von Online-Rechten an Musikwerken

Die Schiedsstelle kann von jedem Beteiligten angerufen werden in Streitfällen zwischen einer im Inland ansässigen Verwertungsgesellschaft, die gebietsübergreifend Online-Rechte an Musikwerken vergibt, und Anbietern von Online-Diensten, Rechtsinhabern oder anderen Verwertungsgesellschaften, soweit Rechte

---

4   RefE des BMJV v. 9.6.2015, S. 44.
5   Zur ZPÜ siehe § 3 Rn 14.
6   RegE-VGG, BT-Drucks. 18/7223, S. 99.

und Pflichten der Beteiligten nach Teil 3 oder nach § 34 Absatz 1 Satz 2, Absatz 2, § 36, § 39 oder § 43 betroffen sind.

Übersicht

I. Allgemeines
   1. Bedeutung der Norm —— 1
   2. Vorgängerregelung —— 2
   3. Unionsrechtlicher Hintergrund —— 3
   4. Entstehungsgeschichte —— 4
II. Regelungsgehalt —— 5

I. Allgemeines

1. Bedeutung der Norm. § 94 schafft in Umsetzung von Art. 34 Abs. 2 VG-RL das geforderte unabhängige, unparteiische alternative Streitbeilegungsverfahren für Streitfälle in Bezug auf Mehrgebietslizenzen für Onlinerechte an Musikwerken. Die Norm hat bislang allerdings noch keine praktische Bedeutung erlangt.   **1**

2. Vorgängerregelung. Das UrhWG enthielt keine vergleichbare Regelung.   **2**

3. Unionsrechtlicher Hintergrund. § 94 setzt Art. 34 Abs. 2 VG-RL um.   **3**

4. Entstehungsgeschichte. Die Norm geht auf den bis auf kleine redaktionelle Änderungen wortlautidentischen Vorschlag des RefE des BMJV[1] zurück und wurde im weiteren Gesetzgebungsverfahren nicht weiter diskutiert.   **4**

II. Regelungsgehalt

Nach der Gesetzesbegründung weist die Vorschrift Streitigkeiten zwischen den Beteiligten im Kontext der gebietsübergreifenden Vergabe von Online-Rechten an Musikwerken der Schiedsstelle zu und eröffnet so ein unabhängiges, unparteiisches alternatives Streitbeilegungsverfahren.[2] Mögliche Beteiligte eines Schiedsstellenverfahrens gem. § 94 sind auf der einen Seite im Inland ansässige Verwertungsgesellschaften oder abhängige Verwertungseinrichtungen, die gebietsübergreifend Online-Rechte an Musikwerken vergeben, und auf der anderen Seite Anbieter von Online-Diensten, Rechtsinhaber (§ 5) sowie (andere) Verwertungsgesellschaften. Die möglichen Streitgegenstände sind Rechte und Pflichten der Beteiligten nach folgenden Vorschriften: **5**
– Vorschriften des Teils 3 (§§ 59–74) – also die besonderen Vorschriften für die gebietsübergreifende Vergabe von Online-Rechten an Musikwerken
– angemessene, diskriminierungsfreie Bedingungen für die Einräumung von Nutzungsrechten (§ 34 Abs. 1 S. 2 und Abs. 2)
– Verhandlung nach Treu und Glauben (§ 36 Abs. 1) und Reaktion von Verwertungsgesellschaften auf Angebotsanfragen (§ 36 Abs. 2)
– Tarifgestaltung (§ 39)
– Zugang für die elektronische Kommunikation (§ 43)

---

[1] RefE des BMJV v. 9.6.2015, S. 44 f.
[2] Vgl. RegE-VGG, BT-Drucks. 18/7223, S. 99.

§ 95
Allgemeine Verfahrensregeln

(1) Soweit dieses Gesetz keine abweichenden Regelungen enthält, bestimmt die Schiedsstelle das Verfahren nach billigem Ermessen. Sie wirkt jederzeit auf eine sachgerechte Beschleunigung des Verfahrens hin.
(2) Die Beteiligten sind gleichzubehandeln. Jedem Beteiligten ist rechtliches Gehör zu gewähren.

Übersicht

I. Allgemeines
   1. Bedeutung der Regelung —— 1
   2. Vorgängerregelung —— 2
   3. Unionsrechtlicher Hintergrund —— 3
   4. Entstehungsgeschichte —— 4
II. Regelungsgehalt
   1. Verfahrensermessen der Schiedsstelle (Abs. 1 S. 1) —— 5
   2. Grundsatz der Verfahrensbeschleunigung (Abs. 1 S. 2) —— 8
   3. Gleichbehandlungsgrundsatz (Abs. 2 S. 1) und Gewährung rechtlichen Gehörs (Abs. 2 S. 2) —— 10
III. Einzelfälle
   1. Anwaltliche Vertretung —— 12
   2. Verbindung mehrerer Verfahren —— 14
   3. Verfahrenskostenhilfe —— 15
   4. Insolvenz —— 16
   5. Anwendbarkeit des IFG —— 17
   6. Akteneinsicht —— 18
   7. Übersendung von Abschriften von Einigungsvorschlägen —— 21

I. Allgemeines

1. Bedeutung der Regelung. Das Schiedsstellenverfahren ist darauf ausgelegt, eine **zeitnahe, gütliche Einigung** zwischen den Beteiligten zu erzielen. Es ist trotz der mit Inkrafttreten des VGG verbundenen Gebührenerhöhung[1] vergleichsweise kostengünstig und verzichtet auf strenge formelle Vorgaben und Fristenregelungen.

2. Vorgängerregelung. § 95 löst den früheren § 10 UrhSchiedsV (erlassen am 20.12.1985 auf Grundlage des § 15 UrhWG und am 1.1.1986 in Kraft getreten) ab. Nicht in das VGG übernommen wurde die bisherige Regelung in § 10 S. 2 UrhSchiedsV, wonach sich die Schiedsstelle bei der Ausübung ihres Ermessens an die Vorschriften der ZPO anlehnen soll. Die Formulierung hatte zu Unklarheiten geführt, da sie offenließ, welche Verfahrensregelungen der ZPO jeweils maßgeblich sein sollten.[2]

3. Unionsrechtlicher Hintergrund. Art. 35 Abs. 1 der VG-RL eröffnet den Mitgliedstaaten die Möglichkeit, für Streitigkeiten zwischen Verwertungsgesellschaften bzw. abhängigen Verwertungseinrichtungen (Art. 3 lit. a), 2 Abs. 3 VG-RL, §§ 2, 3) und Nutzern (Art. 3 lit. k) VG-RL, § 8) eine unabhängige, unparteiische Streitbelegungsstelle mit einschlägigen Kenntnissen des Rechts des geistigen Eigentums einzurichten. Hiervon hat der Gesetzgeber Gebrauch gemacht und die Schiedsstelle beim DPMA, einer Bundesoberbehörde im Geschäftsbereich des BMJV, errichtet, §§ 124 Abs. 1 S. 1, 75 Abs. 1. In dem Umfang, in dem das VGG der Schiedsstelle Streitigkeiten zuweist, besitzt diese aufgrund ihrer langjährigen Erfahrungen mit wahrnehmungsrechtlichen Streitigkeiten die nach

---
1 Vgl. § 117 Rn 5.
2 RegE-VGG, BT-Drucks. 18/7223, S. 99.

Art. 35 Abs. 1 der VG-RL notwendigen Kenntnisse.[3] § 95 trifft grundlegende, allgemeine Regelungen für das Verfahren vor der Schiedsstelle.

4. Entstehungsgeschichte. Das Verfahren vor der Schiedsstelle wurde ursprünglich den Verfahrensregelungen für die ebenfalls beim DPMA errichteten Schiedsstelle nach dem ArbnErfG nachgebildet.[4] Es stellt ebenso wie das Verfahren nach § 33 ArbnErfG[5] ein **Verfahren eigener Art** dar. Die Norm geht auf den wortlautidentischen Vorschlag des RefE des BMJV zurück[6] und wurde im weiteren Gesetzgebungsverfahren nicht weiter diskutiert. 4

II. Regelungsgehalt

1. Verfahrensermessen der Schiedsstelle (Abs. 1 S. 1). Einzelne Besonderheiten des Verfahrens werden in den §§ 96 ff. geregelt. Im Übrigen gestaltet die Schiedsstelle das Verfahren entsprechend ihrer Funktion nach **billigem Ermessen** aus. 5

Trotz des Wegfalls des früheren Verweises in § 10 S. 2 UrhSchiedsV auf die Vorschriften der ZPO ist die Schiedsstelle nicht gehindert, im Einzelfall auf die Regelungen der ZPO zurückzugreifen. Sie kann sich an den dortigen Vorschriften orientieren, soweit dies sachgerecht erscheint.[7] Zwar ist die Schiedsstelle nicht Teil der ordentlichen Gerichtsbarkeit i.S.d. Art. 95 Abs. 1 GG, § 12 GVG[8]; sie ist auch kein der ordentlichen Gerichtsbarkeit vorgelagertes Gericht oder eine Art staatliches Schiedsgericht.[9] Allerdings wird durch die Anrufung der Schiedsstelle in den Fällen des § 92 Abs. 1 Nr. 1 und Nr. 2 die **Prozessvoraussetzung** für ein späteres gerichtliches Verfahren geschaffen, vgl. § 128. Insbesondere in diesen Fällen, in denen das Schiedsstellenverfahren dem gerichtlichen Verfahren vorgeschaltet ist, besteht eine **besondere Sachnähe zu den Gerichten**. 6

Trotz der grundsätzlichen Ausrichtung auf eine Streitschlichtung kann die Schiedsstelle für die Beteiligten verbindliche Entscheidungen treffen. Aus von den Beteiligten angenommenen bzw. als angenommen geltenden Einigungsvorschlägen ist die Vollstreckung möglich, § 105 Abs. 5 S. 1.[10] Zudem sehen einige der Regelungen in den §§ 96 ff. ausdrücklich die entsprechende Anwendbarkeit von Vorschriften der ZPO vor[11]. Das Schiedsstellenverfahren ist damit **im Kern justizförmig** ausgestaltet, auch wenn es gegenüber dem gerichtlichen Verfahren deutlich **vereinfacht** und dadurch **flexibler** ist. 7

2. Grundsatz der Verfahrensbeschleunigung (Abs. 1 S. 2). Mit dem Grundsatz der Verfahrensbeschleunigung wird ein allgemeiner, grundlegender Verfahrensgrundsatz besonders hervorgehoben. Die Vorschrift ist im Zusammenhang mit der Regelung in § 105 Abs. 1 S. 1 zu sehen, wonach die Schiedsstelle innerhalb eines Jahres nach Zustellung des verfahrenseinleitenden Antrags einen Einigungsvorschlag unterbreitet. Bei der 8

---

3 RegE-VGG, BT-Drucks. 18/7223, S. 99.
4 RegE Gesetz zur Änderung von Vorschriften auf dem Gebiet des Urheberrechts, BT-Drucks. 10/837, S. 12.
5 Vgl. Busse/Keukenschrijver/*Keukenschrijver*, § 33 ArbnErfG Rn 1.
6 RefE des BMJV v. 9.6.2015, S. 45.
7 RegE-VGG, BT-Drucks. 18/7223, S. 99.
8 Vgl. auch BeckOK-UrhR/*Freudenberg*, § 95 VGG Rn 1.
9 RegE „Zweiter Korb", BT-Drucks. 16/1828, S. 35.
10 § 105 Rn 28.
11 Vgl. hierzu im Einzelnen die Aufzählung bei Wandtke/Bullinger/*Staats*, § 95 VGG Rn 2 und BeckOK-UrhR/*Freudenberg*, § 95 VGG Rn 5.

Gewährung von Fristen, die die Schiedsstelle den Beteiligten für inhaltliche Stellungnahmen setzt, orientiert sie sich an dieser Jahresfrist.

9 An die Nichteinhaltung der von der Schiedsstelle gesetzten Fristen zur Stellungnahme knüpft das Gesetz keine Rechtsfolgen; Präklusionsvorschriften existieren nicht.[12]

> **Praxistipp**
> Stellungnahmefristen in Verfahren vor der Schiedsstelle betragen in der Regel **zwei bis vier Monate**. Sie können auf Antrag verlängert werden. Der Antrag auf Fristverlängerung sollte begründet werden. Eine mehrfache Verlängerung ist möglich.

---

10 **3. Gleichbehandlungsgrundsatz (Abs. 2 S. 1) und Gewährung rechtlichen Gehörs (Abs. 2 S. 2).** Die Schiedsstelle hat alle Beteiligten gleich zu behandeln. Sie darf einzelne Beteiligte weder bevorzugen noch benachteiligen und hat dafür zu sorgen, dass alle Beteiligten die gleichen Informationen erhalten.[13]

11 Abs. 2 ist an § 1042 Abs. 1 ZPO angelehnt, der aufgrund der Verweisung des § 33 Abs. 1 S. 1 ArbnErfG im Verfahren vor der Schiedsstelle nach dem ArbnErfG gilt.

III. Einzelfälle

12 **1. Anwaltliche Vertretung.** Die Beteiligten können das Verfahren vor der Schiedsstelle selbst führen oder sich durch einen Rechtsanwalt als Bevollmächtigten vertreten lassen. In Einzelfällen ist eine Vertretung auch durch Dritte unter Berücksichtigung der Grundsätze des § 79 ZPO bzw. des Rechtsdienstleistungsgesetz (RDG) möglich.[14] Entscheidend dürfte dabei insbesondere die Befähigung zum sach- und interessengerechten Vortrag im jeweiligen Verfahren (§ 92) sein, vgl. auch die für die mündliche Verhandlung geltende Regelung in § 100 Abs. 3.

13 Wird ein Beteiligter durch einen Rechtsanwalt vertreten, ist die Vorlage der schriftlichen Vollmacht regelmäßig nicht notwendig. Die anwaltliche Versicherung ordnungsgemäßer Bevollmächtigung genügt.

14 **2. Verbindung mehrerer Verfahren.** Die Schiedsstelle kann mehrere Verfahren durch Beschluss miteinander verbinden und einen gemeinsamen Einigungsvorschlag vorlegen. Eine Verbindung mehrerer Verfahren allein zum Zweck der gemeinsamen Durchführung einer mündlichen Verhandlung ist ebenfalls möglich.

15 **3. Verfahrenskostenhilfe.** Verfahrenskostenhilfe für das Verfahren vor der Schiedsstelle kann nicht gewährt werden. Das VGG enthält weder eine gesonderte Vorschrift zur Bewilligung noch einen ausdrücklichen Verweis auf die §§ 114 ff. ZPO. Im Übrigen sind die Voraussetzungen der §§ 114 ff. ZPO, insbesondere der hinreichenden Erfolgsaussichten, auf das vor allem auf Streitschlichtung angelegte Schiedsstellenverfahren angesichts der Vorschrift des § 109, die es der Schiedsstelle unter den dort genannten Voraussetzungen ermöglicht, sich in Verfahren nach § 92 Abs. 1 Nr. 1 und Nr. 2 auf eine Stellungnahme zur Anwendbarkeit oder Angemessenheit eines Tarifs zu

---

12 So auch Bartenbach/Volz, KommArbNErfG, § 34 Rn 14 für das Verfahren vor der Schiedsstelle nach dem ArbnErfG.
13 Vgl. hierzu die einschlägigen Kommentierungen zu § 1042 Abs. 1 S. 1 ZPO.
14 Siehe § 97 Rn 5.

beschränken oder von einem Einigungsvorschlag ganz abzusehen, nur bedingt übertragbar.[15]

4. Insolvenz. Verfahren vor der Schiedsstelle werden bei Eröffnung des Insolvenzverfahrens über das Vermögen eines Beteiligten unter Berücksichtigung der in § 240 ZPO vorgesehenen Voraussetzungen unterbrochen. 16

5. Anwendbarkeit des IFG. Das IFG ist auf die Schiedsstelle nicht anwendbar, es sei denn, diese nimmt materielle Verwaltungsaufgaben und damit Aufgaben außerhalb ihrer eigentlichen Kerntätigkeit[16] wahr. Die Schiedsstelle ist aufgrund ihres Aufgabenzuschnitts[17] keine Bundesbehörde im Sinne von § 1 Abs. 1 IFG, da der Vorschrift der funktionelle Behördenbegriff[18] zugrunde liegt,[19] der Tätigkeitsbereich der Schiedsstelle im Bereich des Einigungsverfahrens aber „klassischen" Justizaufgaben entspricht.[20] Soweit die Schiedsstelle die ihr gesetzlich zugewiesenen Aufgaben ausübt, fällt sie demnach auch bei einer Einordnung als „sonstiges Bundesorgan" bzw. „sonstige Bundeseinrichtung" (§ 1 Abs. 1 S. 2 IFG) nicht unter den Anwendungsbereich des IFG. 17

6. Akteneinsicht. Nicht am Verfahren beteiligten Dritten kann in Anlehnung an die in § 299 Abs. 2 ZPO geregelten Grundsätze Einsicht in die bei der Schiedsstelle geführten Akten gewährt werden, sofern die Beteiligten in die Einsichtnahme einwilligen oder der Antragsteller ein rechtliches Interesse an der Akteneinsicht glaubhaft macht. Der Begriff des rechtlichen Interesses ist weit zu fassen.[21] Es müssen persönliche Rechte des Antragstellers durch den Akteninhalt berührt werden, wobei sich das rechtliche Interesse aus der Rechtsordnung selbst ergeben muss.[22] 18

Über den Antrag entscheidet die Schiedsstelle als Spruchkörper durch **Beschluss**. Wird dem Antrag ganz oder teilweise stattgegeben, wird die Akteneinsicht i.d.R. durch Übersendung von – ggf. geschwärzten – Kopien gewährt. Hierfür fallen Auslagen an, § 117 Abs. 5 i.V.m. Nummer 9000 des Kostenverzeichnisses zum GKG. 19

Praxistipp
Eine Übersendung der Originalakten kommt grundsätzlich nicht in Betracht.[23]

Gegen den Beschluss der Schiedsstelle ist ein **Antrag auf gerichtliche Entscheidung nach §§ 23, 24 EGGVG** statthaft. Die Schiedsstelle ist als Justizbehörde i.S.d. Vorschrift anzusehen, da ihre rechtliche Stellung mit der der durch die Landesjustizverwal- 20

---

15 Schiedsstelle VGG zum früheren § 14c UrhWG, Beschl. v. 27.2.2015 – Sch-Urh 01/14, S. 2 – n.v.
16 Zur Aufgabenabgrenzung vgl. Berger/Partsch/Roth/Scheel/*Scheel*, § 1 IFG Rn 122.
17 Siehe Rn 6, 7.
18 Vgl. § 1 Abs. 4 VwVfG.
19 RegE-VwVfG, BT-Drucks. 7/910, S. 32 f.
20 OLG München, Beschl. v. 14.2.2017 – 9 VA 24/16, S. 8 – n.v., zum Vorliegen der Voraussetzungen des § 23 EGGVG in Bezug auf einen Beschluss der Schiedsstelle betreffend ein Akteneinsichtsgesuch eines Dritten.
21 Thomas/Putzo/*Reichold*, § 299 ZPO Rn 3.
22 Schiedsstelle VGG, Beschl. v. 19.5.2016 – Sch-Urh 15/14 und 19/14, S. 7 – n.v., unter Verweis auf BGH, Beschl. v. 5.4.2006 – IV AR (VZ) 1/06 – NZG 2006, 595, 596.
23 Siehe auch Bartenbach/Volz, KommArbNErfG, § 33 Rn 21 für das Verfahren vor der Schiedsstelle nach dem ArbnErfG.

tungen eingerichteten Gütestellen verglichen werden kann[24] und der Aufgabenbereich der Schiedsstelle der einer „klassischen" Justizbehörde entspricht.[25] Entscheidungen außerhalb der Kernaufgaben der Schiedsstelle wie die Gewährung von Akteneinsicht an Dritte, die gerade keinen Bezug zur Rechtsprechung aufweisen, sind als Justizverwaltungsakte einzustufen.[26]

21 **7. Übersendung von Abschriften von Einigungsvorschlägen.** Die Schiedsstelle veröffentlicht[27] bzw. übersendet veröffentlichungswürdige Beschlüsse und Einigungsvorschläge an nicht am Verfahren beteiligte Dritte, sofern im Einzelfall keine unabweisbar höheren Interessen entgegenstehen. Sie orientiert sich dabei an den Grundsätzen des § 299 Abs. 2 ZPO. Für die Öffentlichkeit besteht oftmals ein praktisches Bedürfnis, sich über die Spruchpraxis der Schiedsstelle informieren zu können. Um den Interessen der am Verfahren Beteiligten Rechnung zu tragen, werden die Entscheidungsabschriften anonymisiert und etwaig enthaltene Geschäftsgeheimnisse unkenntlich gemacht. Die Nichtöffentlichkeit des Verfahrens vor der Schiedsstelle (vgl. für die mündliche Verhandlung § 100 Abs. 2 S. 1; eine öffentliche Verkündung von Einigungsvorschlägen ist nicht entsprechend §§ 169, 173 GVG vorgesehen) steht dem nicht entgegen. Denn aus diesem Grundsatz folgt gerade nicht, dass das Schiedsstellenverfahren per se ein besonders vertrauliches Verfahren ist. Vielmehr dient das Verfahren vor der Schiedsstelle in erster Linie dem Ziel, den Gerichten, die sich ansonsten nur mit Schwierigkeiten die für die Beurteilung der Angemessenheit erforderlichen Vergleichsmaßstäbe erarbeiten könnten, eine Hilfestellung im Hinblick auf eine einheitliche und sachkundige Beurteilung der Tarife zu geben.[28]

§ 96
Berechnung von Fristen

Auf die Berechnung der Fristen dieses Abschnitts ist § 222 Absatz 1 und 2 der Zivilprozessordnung entsprechend anzuwenden.

1 § 96 geht auf den wortlautidentischen Vorschlag des RefE des BMJV[1] zurück und regelt erstmals ausdrücklich das Fristenregime in den Verfahren vor der Schiedsstelle.
2 Zuvor war in § 10 UrhSchiedsV lediglich geregelt, dass die Schiedsstelle nach billigem Ermessen an die Vorschriften der ZPO angelehnt verfahren „soll" (aber nicht muss). Zur Berechnung der gesetzlichen Fristen sind wegen der Verweisung auf § 222 Abs. 1 ZPO nunmehr zwingend die Vorschriften des BGB (§§ 187 bis 193 BGB) heranzuziehen. Eine Änderung der bislang geübten Praxis ist mit der Neuregelung nicht verbunden.

---

24 OLG München, Beschl. v. 14.2.2017 – 9 VA 24/16, S. 7 – n.v.; vgl. für die Schiedsstelle nach dem ArbnErfG auch BGH, Urt. v. 26.11.2013 – X ZR 3/13 – GRUR 2014, 357, 359.
25 OLG München, Beschl. v. 14.2.2017 – 9 VA 24/16, S. 7 – n.v.
26 OLG München, Beschl. v. 14.2.2017 – 9 VA 24/16, S. 8 – n.v.
27 Einzusehen unter www.dpma.de/dpma/wir_ueber_uns/weitere_aufgaben/verwertungsges_urheberrecht/schiedsstelle_vgg/entscheidungen/index.html.
28 BGH, Urt. v. 15.6.2000 – I ZR 231/97 – NJW 2001, 228, 229 – Schiedsstellenanrufung I, unter Verweis auf RegE Gesetz zur Änderung von Vorschriften auf dem Gebiet des Urheberrechts, BT-Drucks. 10/837, S. 12.

1 RefE des BMJV v. 9.6.2015, S: 45.

§ 97
Verfahrenseinleitender Antrag

(1) Die Schiedsstelle wird durch schriftlichen Antrag angerufen. Er muss zumindest den Namen und die Anschrift des Antragsgegners sowie eine Darstellung des Sachverhalts enthalten. Er soll in zwei Exemplaren eingereicht werden.
(2) Die Schiedsstelle stellt dem Antragsgegner den Antrag mit der Aufforderung zu, sich innerhalb eines Monats schriftlich zu äußern.

Übersicht

I. Allgemeines —— 1	2. Zustellung an den Antragsgegner (Abs. 2) —— 10
II. Regelungsgehalt	
1. Antrag (Abs. 1) —— 2	

I. Allgemeines

In dem auf den wortlautidentischen RefE des BMJV[1] zurückgehenden § 97 werden die Vorgängerregelungen aus § 14 Abs. 5 UrhWG und § 1 Abs. 1 und 2 UrhSchiedsV zusammengeführt. 1

II. Regelungsgehalt

1. Antrag (Abs. 1). Die Vorschrift legt **Mindesterfordernisse** für den Antrag fest, durch den die Schiedsstelle angerufen werden soll. Dies sind einmal Name und Anschrift des Antragsgegners. Dabei handelt es sich um eine Selbstverständlichkeit, denn nur wenn die Beteiligten feststehen, kann ein Verfahren begründet und ein Antrag bekanntgemacht werden. 2

Die weiterhin erforderliche Darstellung des Sachverhaltes definiert den Verfahrensgegenstand. Aus ihm muss hervorgehen, welcher Tarif aus welchem Grund zur Überprüfung gestellt wird. Die Schiedsstelle ist zwar grundsätzlich auch zur Überprüfung reiner Rechtsfragen berufen, soweit ihre sachliche Zuständigkeit reicht, so dass ein entsprechender Antrag nicht unzulässig wäre. Dies ergibt sich auch aus § 109 Abs. 2, wonach die Schiedsstelle in solchen Fällen von einem Einigungsvorschlag absehen **kann**. Dennoch – und zur Vermeidung dieser Folge – sollten Rechtsfragen ohne Tarifbezug nicht vor die Schiedsstelle gebracht werden. 3

Abs. 1 bestimmt weiterhin ein Schriftformerfordernis des Antrages. In Anwendung von § 126 BGB wird darunter ein vom Antragsteller, seinem gesetzlichen oder Verfahrensvertreter im Original unterzeichnetes Schriftstück zu verstehen sein. Damit ist die Anrufung der Schiedsstelle in Textform (etwa durch E-Mail oder durch ein nicht unterschriebenes Exemplar) ausgeschlossen. 4

Obwohl S. 3 als Soll-Vorschrift ausgestaltet wurde, muss die erforderliche Zahl von (mindestens) zwei Exemplaren beigefügt sein, weil sonst die Schiedsstelle – zu Zwecken der Veranlassung der Bekanntgabe des Antrages an den Antragsgegner – ein weiteres Exemplar nachfordern muss. Beglaubigungen eingereichter Schriftsätze oder deren Kopien führt die Schiedsstelle nicht durch. 5

Vor der Schiedsstelle besteht kein Anwaltszwang, so dass sich die Beteiligten auch selbst vertreten dürfen. Allerdings sind die Restriktionen des Rechtsdienstleistungsge- 6

---
[1] RefE des BMJV v. 9.6.2015, S. 45.

setzes (RDG) zu beachten, so dass eine Vertretung fremder Personen nur bei Bestehen familiärer oder freundschaftlicher Bande in Betracht kommen wird.[2]

7 Der in S. 1 genannte Antrag meint die Einleitung des Schiedsstellenverfahrens als solches. Einen Sachantrag braucht demgegenüber das verfahrenseinleitende Schriftstück nicht zu enthalten, ist jedoch zur Förderung des Verfahrens vorteilhaft. Da § 97 Abs. 1 S. 2 Teil der allgemeinen Verfahrensvorschriften ist und in Unterabschnitt 2, der die besonderen Verfahrensvorschriften betrifft, nichts anderes geregelt ist, gilt dies ganz allgemein für alle in § 92 genannten Fälle, also auch für Gesamtvertrags- bzw. Vertragsverfahren von Sende- und Kabelweitersendeunternehmen. Dies ist ein Hinweis auf das im Schiedsstellenverfahren gelockerte Antragsprinzip.

8 Die in Abs. 2 genannte Zustellung wird in der Praxis immer als förmliche Zustellung angesehen. Dies ist auch Praktikabilitätsgründen beizubehalten, wenngleich für die verjährungshemmende Wirkung der Schiedsstellenanrufung eine förmliche Zustellung nicht (mehr) erforderlich erscheint.[3] Die Zustellungen selbst wurden in Ansehung des § 10 S. 2 UrhSchiedsV in Anlehnung an entsprechende Vorschriften der ZPO bewirkt. Daran hat sich durch das Inkrafttreten des VGG nichts geändert.

9 Nicht ausdrücklich übernommen wird die bisher in § 14 Abs. 8 UrhWG enthaltene Vorschrift zur Verjährungshemmung. Durch den Wegfall der Norm ist auch eine direkte oder entsprechende Anwendung von §§ 262, 167 ZPO ausgeschlossen. Die Gesetzesbegründung zeigt, dass sich die Hemmung der Verjährung nunmehr direkt aus § 204 Abs. 1 Nr. 4 BGB ergibt.[4] Eine sachliche Änderung soll damit allerdings nicht verbunden sein.[5] § 14 Abs. 8 UrhWG sah seinem Wortlaut nach eine Hemmung der Verjährung bereits bei Anbringung des Antrages vor, da er die Anrufung der Schiedsstelle in ihrer den Eintritt der Verjährung hemmenden Wirkung mit der Klageerhebung gleichstellte. § 14 Abs. 5 UrhWG sah wie jetzt § 97 Abs. 1 vor, dass die Schiedsstelle „durch schriftlichen Antrag" angerufen wurde. Gemäß § 253 Abs. 1 ZPO ist die Klage aber erst mit Zustellung der Klage „erhoben", so dass § 14 Abs. 8 UrhWG eigentlich wie folgt gelesen werden musste: „Durch die Anrufung der Schiedsstelle wird die Verjährung in gleicher Weise wie durch Zustellung einer Klage gehemmt". Nunmehr hemmt die Veranlassung der Bekanntgabe den Eintritt der Verjährung.[6] Dieser Zeitpunkt wird auf den Zeitpunkt des Eingangs des Antrages zurückbezogen, wenn die Bekanntgabe demnächst erfolgt. Wenngleich hieraus folgt, dass entgegen der Gesetzesbegründung kein Gleichlauf der Formulierungen mehr hinsichtlich des jeweiligen Umstandes, der die Hemmung der Verjährung auslöst, vorliegt, dürften praktische Unterschiede aus der Neufassung nicht folgen. Rechtsstaatliche Bedenken greifen ebenfalls nicht, weil mit Ausnahme der – allenfalls im Ausnahmefall genutzten – öffentlichen Zustellung dem Antragsgegner der Antrag auch tatsächlich bekannt gemacht wird.

10 **2. Zustellung an den Antragsgegner (Abs. 2).** Mit der Bekanntgabe des Antrages fordert die Schiedsstelle den Antragsgegner auf, sich innerhalb eines Monats zum Antrag zu äußern. Ob der Begriff „Zustellung" hier noch im technischen Sinne verstanden werden muss, nachdem der Gesetzesbegründung zufolge die Bekanntgabe beziehungsweise

---

2 Siehe § 95 Rn 12.
3 Palandt/*Ellenberger*, § 204 BGB Rn19.
4 RegE-VGG, BT-Drucks. 18/7223, S.100.
5 RegE-VGG, BT-Drucks. 18/7223, S.100.
6 So auch schon für die Schiedsstelle nach dem ArbnErfG: BGH, Urt. v. 26.11.2013 – X ZR 3/13 – GRUR 2014, 357 – Profilstrangpressverfahren: „Die Anrufung der durch das Gesetz über Arbeitnehmererfindungen beim Deutschen Patent- und Markenamt eingerichteten Schiedsstelle hemmt die Verjährung (...) in entsprechender Anwendung des § 204 Abs. 1 Nr.4 BGB."

die Veranlassung der Bekanntgabe des Antrages der verjährungshemmende Umstand ist, ist fraglich.[7]

Eine Verpflichtung zur Äußerung besteht für den Antragsgegner nicht. Äußert sich der Antragsgegner nicht, kann die Schiedsstelle allerdings von einem Einigungsvorschlag absehen, § 109 Abs. 2. Erfolgt eine Äußerung, ist die gesetzliche Monatsfrist angesichts der Komplexität der Sachverhalte regelmäßig nicht ausreichend. Die Praxis der Schiedsstelle geht hier dahin, eine Erstreaktion in Form eines Antrages oder einer kurzen Erwiderung ausreichen zu lassen und für eine ausführliche Entgegnung weitere Schriftsatzfristen einzuräumen. 11

§ 98
Zurücknahme des Antrags

(1) Der Antragsteller kann den Antrag zurücknehmen, ohne Einwilligung des Antragsgegners in Verfahren mit mündlicher Verhandlung jedoch nur bis zu deren Beginn.
(2) Wird der Antrag zurückgenommen, so trägt der Antragsteller die Kosten des Verfahrens und die notwendigen Auslagen des Antragsgegners.

§ 98 übernimmt inhaltlich die Bestimmung des § 2 UrhSchiedsV und ist insoweit identisch mit dem RefE des BMJV.[1] Durch die Abschaffung der Bestimmung zum obligatorischen mündlichen Verfahren hat die Regelung in Abs. 1 jedoch kaum einen Anwendungsbereich mehr. Die in Abs. 2 geregelte Kostentragungspflicht auch der notwendigen Auslagen des Antragsgegners bei Rücknahme entspricht im Übrigen auch der Billigkeit (§ 121). 1

Nicht ausdrücklich erwähnt, jedoch entsprechend zu behandeln, ist der Fall, dass ein Antrag nur teilweise zurückgenommen wird. 2

§ 99
Schriftliches Verfahren und mündliche Verhandlung

(1) Das Verfahren wird vorbehaltlich des Absatzes 2 schriftlich durchgeführt.
(2) Die Schiedsstelle beraumt eine mündliche Verhandlung an, wenn einer der Beteiligten dies beantragt und die anderen Beteiligten zustimmen, oder wenn sie dies zur Aufklärung des Sachverhalts oder zur gütlichen Beilegung des Streitfalls für zweckmäßig hält.

Übersicht
I. Allgemeines —— 1
II. Regelungsgehalt
  1. Grundsatz: Schriftliches Verfahren (Abs. 1) —— 2
  2. Ausnahme: Mündliche Verhandlung (Abs. 2) —— 3

---

[7] RegE-VGG, BT-Drucks. 18/7223, S. 100.

[1] RefE des BMJV v. 9.6.2015, S. 45.

I. Allgemeines

1 § 99, der auf den wortlautidentischen RefE des BMJV[1] zurückgeht, beseitigt einige regulatorische Widersprüche der §§ 3, 4 UrhSchiedsV und bestimmt für alle Verfahren, bei denen die sachliche Zuständigkeit der Schiedsstelle eröffnet ist, dass diese vorbehaltlich der in Abs. 2 geregelten Ausnahmefälle schriftlich durchgeführt werden. Damit wird nunmehr gegenüber der Vorgängerregelung der Grundsatz der Schriftlichkeit des Verfahrens verstärkt.

II. Regelungsgehalt

2 **1. Grundsatz: Schriftliches Verfahren (Abs. 1).** Abs. 1 übernimmt teilweise die Regelung aus § 4 S. 1 UrhSchiedsV in das VGG und stellt nunmehr für alle Verfahren nach § 92 VGG klar, dass das Verfahren grundsätzlich schriftlich geführt wird. Mit der Vorschrift werden Widersprüche und Auslassungen der UrhSchiedsV hinsichtlich der Verfahren, die den Abschluss oder die Änderung von Gesamtverträgen (§ 14 Abs. 1 Nr. 1 lit. c) UrhWG, jetzt § 92 Abs. 1 Nr. 3) oder die Verpflichtung eines Sendeunternehmens zum Abschluss eines Vertrages über die Kabelweitersendung mit einem Kabelunternehmen (§ 14 Abs. 1 Nr. 2 UrhWG, jetzt § 92 Abs. 2) betreffen, beseitigt. Denn während § 3 UrhSchiedsV bei Streitfällen, die den Abschluss oder die Änderung eines Gesamtvertrages betreffen, die Durchführung einer mündlichen Verhandlung zwingend vorsah, schloss § 4 S. 1 UrhSchiedsV bei Streitfällen nach § 14 Abs. 1 Nr. 1 UrhWG und damit ebenfalls in den Fällen des lit. c) die Durchführung einer mündlichen Verhandlung aus und ordnete stattdessen die Durchführung eines schriftlichen Verfahrens an.[2] Für Fälle, die den Abschluss eines Vertrages über die Kabelweitersendung zwischen Sende- und Kabelunternehmen betreffen, war wiederum weder die Durchführung einer mündlichen Verhandlung noch ein schriftliches Verfahren vorgesehen, weil weder § 3 noch § 4 UrhSchiedsV sich auf § 14 Abs. 1 Nr. 2 UrhWG bezogen.

3 **2. Ausnahme: Mündliche Verhandlung (Abs. 2).** Abs. 2 regelt die Anordnung einer mündlichen Verhandlung teilweise abweichend von § 4 S. 2 UrhSchiedsV. Das Erfordernis einer obligatorischen mündlichen Verhandlung bei Gesamtvertragsverfahren ist **nicht** in das VGG übernommen worden. Statt „ausnahmsweise zur Aufklärung des Sachverhalts erforderlich" heißt es nunmehr „zur Aufklärung des Sachverhaltes zweckmäßig". Neu hinzugetreten ist die Tatbestandsalternative „zur gütlichen Beilegung des Streitfalles". Ob sich anhand dieser nominellen Erweiterung der Möglichkeiten der Schiedsstelle zur Durchführung einer fakultativen mündlichen Verhandlung angesichts des weiten Verfahrensermessens eine Veränderung der Anzahl der durchgeführten Verhandlungen ergeben wird, kann noch nicht beurteilt werden.

4 In der Regel werden die sehr komplexen Sachverhalte durch den schriftlichen Vortrag besser aufbereitet, so dass sich die Durchführung einer mündlichen Verhandlung dann anbieten wird, wenn das Verfahren durch Hinweise des Vorsitzenden oder durch die Durchführung einer Beweisaufnahme gelenkt werden muss.

5 Die übereinstimmende Beantragung einer mündlichen Verhandlung durch die Beteiligten hat zur Folge, dass die Schiedsstelle die mündliche Verhandlung durchführen muss (Ausnahme: Verfahren nach §§ 106, 107). Das Verfahrensermessen (§ 95) ist hier

---

1 RefE des BMJV v. 9.6.2015, S. 45 f.
2 Genauso BeckOK-UrhR/*Freudenberg*, § 99 VGG, Rn 2.

eingeschränkt. Dieser Antrag oder die Zustimmung zu dem Antrag können jederzeit frei widerrufen werden.

§ 100
Verfahren bei mündlicher Verhandlung

(1) Zu der mündlichen Verhandlung sind die Beteiligten zu laden. Die Ladungsfrist beträgt mindestens zwei Wochen.
(2) Die mündliche Verhandlung vor der Schiedsstelle ist nicht öffentlich. Beauftragte des Bundesministeriums der Justiz und für Verbraucherschutz, der Aufsichtsbehörde und des Bundeskartellamts sind zur Teilnahme befugt.
(3) Die Schiedsstelle kann Bevollmächtigten oder Beiständen, die nicht Rechtsanwälte sind, den weiteren Vortrag untersagen, wenn sie nicht in der Lage sind, das Sach- und Streitverhältnis sachgerecht darzustellen.
(4) Über die Verhandlung ist eine Niederschrift zu fertigen, die vom Vorsitzenden und vom Schriftführer zu unterzeichnen ist.

Die Vorschrift übernimmt sprachlich überarbeitet und wortlautidentisch mit dem RefE des BMJV[1] die Regelungen des § 6 Abs. 1 bis 4 UrhSchiedsV. 1

Die Regelung in § 6 Abs. 5 UrhSchiedsV, wonach der Einigungsvorschlag den Beteiligten nicht „mündlich verkündet zu werden" brauchte, ist entfallen. Sie ist als eine ein Nichterfordernis regelnde Bestimmung entbehrlich geworden, da es keine Schiedsstellenverfahren mit obligatorischer mündlicher Verhandlung mehr gibt und das Verfahrensermessen der Schiedsstelle (§ 95) eine § 310 ZPO entsprechende Vorgehensweise entbehrlich erscheinen lässt. 2

§ 101
Nichterscheinen in der mündlichen Verhandlung

(1) Erscheint der Antragsteller nicht zur mündlichen Verhandlung, so gilt der Antrag als zurückgenommen. War der Antragsteller ohne sein Verschulden verhindert, zur mündlichen Verhandlung zu erscheinen, so ist ihm auf Antrag Wiedereinsetzung in den vorigen Stand zu gewähren. Über den Antrag entscheidet die Schiedsstelle, ihre Entscheidung ist unanfechtbar. Im Übrigen sind die Vorschriften der Zivilprozessordnung über die Wiedereinsetzung in den vorigen Stand entsprechend anzuwenden.
(2) Erscheint der Antragsgegner nicht zur mündlichen Verhandlung, so kann die Schiedsstelle einen Einigungsvorschlag nach Lage der Akten unterbreiten.
(3) Unentschuldigt nicht erschienene Beteiligte tragen die durch ihr Nichterscheinen verursachten Kosten.
(4) Die Beteiligten sind in der Ladung zur mündlichen Verhandlung auf die Folgen ihres Nichterscheinens hinzuweisen.

Übersicht
I. Allgemeines
   1. Bedeutung der Regelung —— 1
   2. Vorgängerregelung —— 2
   3. Entstehungsgeschichte —— 3

---

[1] RefE des BMJV v. 9.6.2015, S. 46.

II. Regelungsgehalt
1. Nichterscheinen des Antragstellers (Abs. 1)
   a) Eintritt der Rücknahmefiktion —— 4
   b) Voraussetzungen der Wiedereinsetzung in den vorigen Stand —— 6
   c) Zuständigkeit der Schiedsstelle —— 9
   d) Entscheidung über den Antrag auf Wiedereinsetzung —— 10
2. Nichterscheinen des Antragsgegners (Abs. 2) —— 12
3. Kostentragung (Abs. 3) —— 13
4. Hinweispflicht (Abs. 4) —— 14

I. Allgemeines

1. Bedeutung der Regelung. § 101 trifft Regelungen für den Fall, dass Antragsteller (Abs. 1) bzw. Antragsgegner (Abs. 2) nicht zu einer vor der Schiedsstelle nach § 99 Abs. 2 anberaumten mündlichen Verhandlung erscheinen. Nach Abs. 4 sind die Beteiligten schon in der Ladung zur mündlichen Verhandlung (vgl. § 100) auf die Rechtsfolgen ihres Nichterscheinens hinzuweisen.

2. Vorgängerregelung. Inhaltlich entspricht die Regelung weitestgehend dem bisherigen § 7 UrhSchiedsV.[1] § 101 gilt in allen Verfahren, die nach dem 31.5.2016 bei der Schiedsstelle anhängig gemacht wurden, § 139 Abs. 1.

3. Entstehungsgeschichte. Die Norm geht auf den wortlautidentischen Vorschlag des RefE des BMJV zurück[2] und wurde im weiteren Gesetzgebungsverfahren nicht weiter diskutiert.

II. Regelungsgehalt

1. Nichterscheinen des Antragstellers (Abs. 1)

a) Eintritt der Rücknahmefiktion. Erscheint der ordnungsgemäß geladene **Antragsteller** nicht zur mündlichen Verhandlung, gilt dessen Antrag auf Einleitung des Schiedsstellenverfahrens als zurückgenommen, Abs. 1 S. 1. Die **Rücknahmefiktion** tritt von Gesetzes wegen ein; eine Sachentscheidung ist nicht zu treffen. Dennoch empfiehlt sich an dieser Stelle ein **klarstellender Beschluss** durch die Schiedsstelle, der diese Rechtsfolge ausdrücklich feststellt und der den Beteiligten zugestellt wird.

Nicht erwähnt wird der Fall des **nicht rechtzeitigen Erscheinens** des Antragstellers. Es erscheint jedoch sachgerecht, die Regelung auch auf diesen Fall zu erstrecken, damit unzumutbare Verzögerungen im Verfahren vermieden werden.

b) Voraussetzungen der Wiedereinsetzung in den vorigen Stand. Konnte der Antragsteller unverschuldet, z.B. aufgrund einer plötzlichen Erkrankung,[3] nicht an der mündlichen Verhandlung teilnehmen, gewährt die Schiedsstelle ihm auf entsprechenden Antrag hin Wiedereinsetzung in den vorigen Stand. Der Antrag ist **schriftlich** zu stellen, § 99 Abs. 1. Im Übrigen gelten die §§ 233 ff. ZPO entsprechend, Abs. 1 S. 4.

Die **Frist** für den Antrag auf Wiedereinsetzung beträgt **zwei Wochen**; sie beginnt an dem Tag zu laufen, an dem das Hindernis behoben ist, Abs. 1 S. 4 i.V.m. § 234 Abs. 1 S. 1, Abs. 2 ZPO. Der Antrag kann jedoch nur binnen **eines Jahres** (**Ausschlussfrist**) nach

---

1 RegE-VGG, BT-Drucks. 18/7223, S. 100.
2 RefE des BMJV v. 9.6.2015, S. 46.
3 Wandtke/Bullinger/*Staats*, § 101 VGG Rn 2 m.w.N.

dem in der Ladung gem. § 100 Abs. 1 S. 1 bestimmten Termin zur mündlichen Verhandlung gestellt werden, Abs. 1 S. 4 i.V.m. § 234 Abs. 3 ZPO.

Die **Wiedereinsetzungsgründe** sind im Antrag darzulegen und im Antrag bzw. im 8
Laufe der weiteren Behandlung des Antrags glaubhaft zu machen, Abs. 1 S. 4 i.V.m. § 236 Abs. 2 S. 1 ZPO. Ob ein (zurechenbares) **Verschulden** vorliegt, beurteilt sich anhand des Maßstabs des § 276 Abs. 2 BGB.

c) **Zuständigkeit der Schiedsstelle.** Abs. 1 S. 3 bestimmt nunmehr, dass die 9
Schiedsstelle für die Entscheidung über den Antrag auf Wiedereinsetzung zuständig ist.[4] Dies war in der Vergangenheit in § 7 Abs. 1 UrhSchiedsV nicht ausdrücklich geregelt.

d) **Entscheidung über den Antrag auf Wiedereinsetzung.** Die Schiedsstelle ent- 10
scheidet über den Antrag auf Wiedereinsetzung durch **unanfechtbaren Beschluss**.[5] Dabei ist nach dem eindeutigen Wortlaut der Regelung nicht nur die stattgebende, sondern auch die ablehnende Entscheidung durch die Schiedsstelle unanfechtbar. Eine gesonderte **Begründung** des Beschlusses erscheint vor diesem Hintergrund **entbehrlich**.

Gibt die Schiedsstelle dem Antrag statt, wird das Verfahren fortgeführt und in der 11
Regel ein neuer Termin zur mündlichen Verhandlung anberaumt. Weist sie den Antrag zurück, ist das Verfahren beendet.

2. Nichterscheinen des Antragsgegners (Abs. 2). Erscheint der Antragsgegner 12
nicht zur mündlichen Verhandlung, steht es im pflichtgemäßen Ermessen der Schiedsstelle, ob sie den Beteiligten einen Einigungsvorschlag nach Lage der Akten unterbreitet oder das Verfahren – beispielsweise durch Anberaumung eines neuen Termins zur mündlichen Verhandlung – fortführt.[6] Der Wortlaut „nach Lage der Akten", der § 251a ZPO entlehnt ist, ist für das Verfahren vor der Schiedsstelle nicht weiter von Bedeutung. Der Entscheidung der Schiedsstelle geht regelmäßig kein Schluss der mündlichen Verhandlung (vgl. § 296a ZPO) voraus, da das Verfahren grundsätzlich schriftlich durchgeführt wird, § 99 Abs. 1.

3. Kostentragung (Abs. 3). Die Regelung in Abs. 3 ist im Rahmen der Kostengrund- 13
entscheidung nach § 121 Abs. 1 zu berücksichtigen. Danach hat jeder Beteiligte die durch sein Nichterscheinen verursachten Kosten zu tragen. Auf den Fall des Nichterscheinens des Antragstellers mit der Folge, dass dessen Antrag nach Abs. 1 S. 1 als zurückgenommen gilt, ist die Kostentragungspflicht des § 98 Abs. 2, der über die Regelung in Abs. 3 hinausgeht, entsprechend anzuwenden.

4. Hinweispflicht (Abs. 4). Das **Fehlen des Verschuldens** des Nichterscheinens 14
wird **vermutet**, wenn der in Abs. 4 in die Ladung aufzunehmende Hinweis auf die Folgen eines Nichterscheinens in der mündlichen Verhandlung unterblieben ist, Abs. 1 S. 4, § 233 S. 2 ZPO entsprechend.[7] Gleiches dürfte für einen unvollständigen Hinweis gelten.

---

4 RegE-VGG, BT-Drucks. 18/7223, S. 100.
5 RegE-VGG, BT-Drucks. 18/7223, S. 100.
6 Wandtke/Bullinger/*Staats*, § 101 VGG Rn 3.
7 BeckOK-UrhR/*Freudenberg*, § 101 VGG Rn 4.

§ 102
Gütliche Streitbeilegung; Vergleich

(1) Die Schiedsstelle wirkt auf eine gütliche Beilegung des Streitfalls hin.

(2) Kommt ein Vergleich zustande, so muss er in einem besonderen Schriftstück niedergelegt und unter Angabe des Tages seines Zustandekommens von dem Vorsitzenden und den Beteiligten unterschrieben werden. Aus einem vor der Schiedsstelle geschlossenen Vergleich findet die Zwangsvollstreckung statt; § 797a der Zivilprozessordnung gilt entsprechend.

(3) Der Vorsitzende kann die Beteiligten mit ihrem Einverständnis zu einem Vergleichsversuch ohne Zuziehung der Beisitzer laden. Er ist dazu verpflichtet, wenn beide Beteiligte dies beantragen.

Übersicht

I. Allgemeines
  1. Bedeutung der Regelung —— 1
  2. Vorgängerregelung —— 2
  3. Entstehungsgeschichte —— 6
II. Regelungsgehalt
  1. Gütliche Streitbeilegung (Abs. 1) —— 7
  2. Vergleichsversuch (Abs. 2) —— 10
    a) Stand des Verfahrens —— 11
    b) Formelle Anforderungen an den Vergleich —— 12
    c) Wirkung des Vergleichs —— 15
  3. Vergleichsversuch ohne Zuziehung der Beisitzer (Abs. 3) —— 16
  4. Außeramtliche Vergleichsverhandlungen —— 18
  5. Inhalt des Vergleichs —— 19
  6. Beendigung des Schiedsstellenverfahrens —— 21

I. Allgemeines

1 1. Bedeutung der Regelung. § 101 trifft Regelungen zur gütlichen Streitbeilegung (Abs. 1) sowie zum Vergleich vor der Schiedsstelle (Abs. 2 und Abs. 3).

2 2. Vorgängerregelung. Die Regelung in Abs. 1 entspricht inhaltlich dem früheren § 14 Abs. 6 S. 1 UrhWG.

3 Abs. 2 ist dem RegE zur Änderung von Vorschriften auf dem Gebiet des Urheberrechts vom 22.12.1983 entnommen.[1] Seinerzeit wurde Art. 2 Nr. 4 des RegE jedoch nicht wie ursprünglich von der Bundesregierung vorgeschlagen, sondern aufgrund der damaligen Stellungnahme des Bundesrats[2] in einer Fassung[3] verabschiedet, die – zuletzt als § 14 Abs. 6 S. 2 UrhWG – bis 31.5.2016 Gültigkeit besaß.

4 Abs. 3 ersetzt den bisherigen § 5 UrhSchiedsV, wobei die frühere Beschränkung auf Gesamtvertragsverfahren (jetzt: § 92 Abs. 1 Nr. 3) entfallen ist. Vergleichsversuche ohne Beteiligung der Beisitzer sollen nach neuem Recht auch in anderen Verfahrensarten möglich sein.[4]

---

[1] Art. 2 Nr. 4 des Gesetzesentwurfs betreffend § 14 Abs. 5 S. 2 und 3 UrhWG; RegE Gesetz zur Änderung von Vorschriften auf dem Gebiet des Urheberrechts, BT-Drucks. 10/837, S. 6.
[2] Stellungnahme des Bundesrats, abgedruckt in: RegE Gesetz zur Änderung von Vorschriften auf dem Gebiet des Urheberrechts (Anlage 2), BT-Drucks. 10/837, S. 34.
[3] Gesetz zur Änderung von Vorschriften auf dem Gebiet des Urheberrechts v. 24.6.1985, BGBl. 1985 I S. 1137.
[4] RegE-VGG, BT-Drucks. 18/7223, S. 100.

§ 102 gilt in allen Verfahren, die nach dem 31.5.2016 bei der Schiedsstelle anhängig 5 gemacht wurden, § 139 Abs. 1.[5] Die bisherige Einschränkung in § 14 Abs. 7 UrhWG für Schiedsverträge über künftige Streitfälle ist ersatzlos entfallen.

3. Entstehungsgeschichte. Die Norm geht auf den wortlautidentischen Vorschlag 6 des RefE des BMJV zurück[6] und wurde im weiteren Gesetzgebungsverfahren nicht weiter diskutiert.

II. Regelungsgehalt

1. Gütliche Streitbeilegung (Abs. 1). Nach Abs. 1 wirkt die Schiedsstelle in den bei 7 ihr geführten Verfahren auf eine gütliche Beilegung des Streitfalls hin (zu den weiteren Verfahrensgrundsätzen vgl. § 95 Abs. 1 S. 2, Abs. 2). Dieser Verfahrensgrundsatz, der in jeder Lage des Verfahrens greift, ist Ausfluss des Charakters des Schiedsstellenverfahrens als Instrument der Vertragshilfe.[7] Er regelt an sich eine Selbstverständlichkeit, denn Zweck des Schiedsstellenverfahrens ist gerade die Streitschlichtung, nicht die Streitentscheidung.[8] Wohl aus diesem Grund ist Abs. 1 im Vergleich zu dem im Zivilprozess geltenden § 278 Abs. 1 ZPO noch markanter im Sinne eines **steten aktiven Bemühens** formuliert.[9]

In zeitlicher Hinsicht geht der Güteversuch einem Einigungsvorschlag nach § 105 re- 8 gelmäßig voraus.[10] Instrumente der gütlichen Einigung sind neben dem Vergleich (siehe Abs. 2 und Abs. 3) auch das Hinwirken der Schiedsstelle auf sonstige, ggf. verfahrensbeendende Erklärungen der Beteiligten (Zurücknahme des Antrags (§ 98), Erledigungserklärung, Anerkenntnis) sowie der Hinweis auf die Wirkungen einer Hinterlegung bzw. (teilweisen) Erfüllung.

Abs. 1 dient damit – wie das Schiedsstellenverfahren generell – nicht nur der **Ver-** 9 **fahrensökonomie**, sondern auch der **Entlastung der Gerichte**. Unter diesem Aspekt korrespondiert Abs. 1 mit dem Grundsatz der Verfahrensbeschleunigung in § 95 Abs. 1 S. 2.

2. Vergleichsversuch (Abs. 2). Abs. 2 präzisiert die Anforderungen an einen zwi- 10 schen den Beteiligten vor der Schiedsstelle zu schließenden Vergleich.

a) Stand des Verfahrens. Nach Abs. 2 S. 2 1. HS ist der Vergleich „**vor der Schieds-** 11 **stelle**" zu schließen. Dabei ist davon auszugehen, dass die Vergleichsbereitschaft der Beteiligten im Zusammenhang mit einer anberaumten mündlichen Verhandlung, bei der alle Mitwirkenden gleichzeitig vor Ort anwesend sind und die Möglichkeit des direkten Austauschs besteht, höher sein wird, als bei einer rein schriftlichen Durchführung des Verfahrens.[11] Die Vertraulichkeit, eine Grundvoraussetzung für eine offene Gesprächssituation, wird durch die Nichtöffentlichkeit der mündlichen Verhandlung gewährleistet, § 100 Abs. 2 S. 1. Da es nach neuem Recht jedoch keine Schiedsstellenverfahren mit obligatorischer mündlicher Verhandlung mehr gibt (vgl. § 100), kann ein Vergleich nicht nur

---

5 Siehe § 139 Rn 1.
6 RefE des BMJV v. 9.6.2015, S. 46 f.
7 RegE Gesetz zur Änderung von Vorschriften auf dem Gebiet des Urheberrechts, BT-Drucks. 10/837, S. 12.
8 Vgl. auch Bartenbach/Volz, KommArbNErfG, § 34 Rn 11.
9 BeckOK-UrhR/*Freudenberg*, § 102 VGG Rn 2; Schricker/Loewenheim/*Reinbothe*, § 14 UrhWG Rn 12.
10 BeckOK-UrhR/*Freudenberg*, § 102 VGG Rn 3.
11 So auch Schricker/Loewenheim/*Reinbothe*, § 14 UrhWG Rn 9.

im Vorfeld, während oder nach einer mündlichen Verhandlung, sondern grundsätzlich **jederzeit auch im schriftlichen Verfahren** geschlossen werden.[12]

12 **b) Formelle Anforderungen an den Vergleich.** Um die Durchsetzung einer erreichten Einigung zu erleichtern, soll aus einem vor der Schiedsstelle geschlossenen Vergleich wie aus einem gerichtlichen Vergleich vollstreckt werden können.[13] Der Vergleich ist daher **schriftlich** abzufassen und in einem „besonderen Schriftstück", d.h. in einem **gesonderten Dokument,** niederzulegen (eine Aufnahme in die Niederschrift zur mündlichen Verhandlung, § 100 Abs. 4, ist demnach wohl nicht ausreichend), in dem der **Tag des Zustandekommens** vermerkt wird. Zudem muss er die **Unterschrift** des Vorsitzenden und aller Beteiligten tragen.

13 Eine (schriftliche) Begründung des Vergleichsvorschlags ist im Umkehrschluss aus § 105 Abs. 2 S. 1, der eine Begründung nur für Einigungsvorschläge vorsieht, nicht zwingend erforderlich.

14 Die genannten Formvorschriften sind zwingend, können aber grundsätzlich auch **nachgeholt** werden. Sie betreffen allein die Frage der Vollstreckbarkeit des Vergleichs.[14] Auf die materiell-rechtliche Wirksamkeit des Vergleichs hat die Nichtbeachtung der genannten Formerfordernisse dagegen keine Auswirkungen.[15]

15 **c) Wirkung des Vergleichs.** Erfüllt der Vergleich die genannten formellen Voraussetzungen, steht er einem Vollstreckungstitel i.S.v. § 794 Abs. 1 Nr. 1 ZPO gleich. Für die **Erteilung der Vollstreckungsklausel** ist nach Abs. 2 S. 2 Hs. 2, § 797a Abs. 1 ZPO entsprechend das **AG München** zuständig, in dessen Bezirk die Schiedsstelle ihren Sitz hat. Von der Möglichkeit des § 797a Abs. 4 S. 1 ZPO, die Befugnis der Klauselerteilung auf den Vorsitzenden der Schiedsstelle zu übertragen, wurde bislang kein Gebrauch gemacht.

16 **3. Vergleichsversuch ohne Zuziehung der Beisitzer (Abs. 3).** Abs. 3 S. 1 eröffnet die Möglichkeit eines Vergleichsversuchs **allein durch den Vorsitzenden,** sofern alle Beteiligten hiermit einverstanden sind. Beantragen die Beteiligten übereinstimmend einen solchen Vergleichsversuch, ist der Vorsitzende zu dessen Durchführung verpflichtet, Abs. 3 S. 2.

17 Die Beteiligten sind zu dem Vergleichsversuch zu laden. Eine Ladungsfrist ist nicht notwendigerweise einzuhalten; die Ladung zum Vergleichsversuch kann jedoch mit der Ladung zur mündlichen Verhandlung, die der Frist nach § 100 Abs. 1 S. 2 unterliegt, verbunden werden.

18 **4. Außeramtliche Vergleichsverhandlungen.** Befinden sich die Beteiligten in Vergleichsverhandlungen, die nicht vor der Schiedsstelle, sondern außerhalb des laufenden Verfahrens stattfinden, kann nach § 95 Abs. 1 S. 1 (unter Anwendung des in § 251 S. 1 ZPO zum Ausdruck kommenden Rechtsgedankens) auf Antrag aller Beteiligten das **Ruhen des Verfahrens** angeordnet werden, sofern die Schiedsstelle dies für zweckmäßig erachtet.

---

12 Dreier/Schulze/*Schulze,* § 102 VGG Rn 2.
13 RegE Gesetz zur Änderung von Vorschriften auf dem Gebiet des Urheberrechts, BT-Drucks. 10/837, S. 23.
14 Vgl. auch BeckOK-UrhR/*Freudenberg,* § 102 VGG Rn 4.
15 Stellungnahme des Bundesrats, abgedruckt in: RegE Gesetz zur Änderung von Vorschriften auf dem Gebiet des Urheberrechts (Anlage 2), BT-Drucks. 10/837, S. 34, wonach der damalige, alternative Formulierungsvorschlag des Bundesrats (hierzu siehe Rn 3) lediglich klarstellende Funktion haben und die Folgen eines Verstoßes gegen die Formerfordernisse verdeutlichen sollte.

5. Inhalt des Vergleichs. Nicht nur die Schiedsstelle, auch die Beteiligten können jederzeit während des laufenden Verfahrens Vergleichsvorschläge machen. Inhaltlich wird der Vergleich durch ein **gegenseitiges Nachgeben** (§ 779 BGB) der Beteiligten geprägt. 19

Durch den Vergleich sollten möglichst alle wechselseitigen Ansprüche der Beteiligten, so sie aus dem verfahrensgegenständlichen Zeitraum resultieren, abgegolten werden. Dabei steht der Schiedsstelle ein gewisser Gestaltungsspielraum zu.[16] 20

6. Beendigung des Schiedsstellenverfahrens. Haben sich die Beteiligten (vor der Schiedsstelle oder außerhalb des Verfahrens) verglichen, endet das Verfahren vor der Schiedsstelle erst durch übereinstimmende Verfahrenserklärungen der Beteiligten (**Erledigungserklärungen**) und einen entsprechenden **Beschluss** der Schiedsstelle. 21

Wird der Vergleich in der mündlichen Verhandlung vereinbart, können die Erklärungen und der Beschluss auch direkt in die Niederschrift (§ 100 Abs. 4) aufgenommen werden. Geben die Beteiligten keine gesonderten Verfahrenserklärungen ab, kann die Schiedsstelle unter Bezugnahme auf die vergleichsweise erzielte Einigung von einem Einigungsvorschlag absehen, § 109 Abs. 2. 22

Im Rahmen der Kostengrundentscheidung ist eine vergleichsweise getroffene Vereinbarung der Beteiligten bezüglich der Kostentragung zu berücksichtigen, § 121 Abs. 1. 23

§ 103
Aussetzung des Verfahrens

(1) Die Schiedsstelle kann ein Verfahren aussetzen, wenn zu erwarten ist, dass ein anderes bei ihr anhängiges Verfahren von Bedeutung für den Ausgang des Verfahrens sein wird.

(2) Während der Aussetzung ist die Frist zur Unterbreitung eines Einigungsvorschlags nach § 105 Absatz 1 gehemmt.

Übersicht

I. Allgemeines
  1. Bedeutung der Regelung —— 1
  2. Vorgängerregelung —— 2
  3. Entstehungsgeschichte —— 3
II. Regelungsgehalt
  1. Aussetzung durch die Schiedsstelle (Abs. 1)
    a) Bei der Schiedsstelle anhängige Verfahren —— 4
    b) Ermessen der Schiedsstelle —— 6
    c) Entscheidung der Schiedsstelle —— 8
    d) Rechtsmittel —— 11
  2. Hemmung des Fristenlaufs (Abs. 2) —— 12
  3. Einzelfälle
    a) Vorlage an das Bundesverfassungsgericht, Art. 100 GG —— 14
    b) Vorlage an den Europäischen Gerichtshof (EuGH), Art. 267 AEUV —— 15
    c) Anordnung einer Sicherheitsleistung nach § 107 —— 19

---
[16] Fromm/Nordemann/*W. Nordemann*/Wirtz, 11. Aufl. 2014, §§ 14–16 UrhWG Rn 8.

I. Allgemeines

1. Bedeutung der Regelung. Nach § 103 Abs. 1 kann die Schiedsstelle ein vor ihr geführtes Verfahren aussetzen, wenn gleichzeitig ein anderes Verfahren anhängig ist, über das zunächst entschieden werden soll, und zu erwarten ist, dass dessen Ausgang für das erstgenannte Verfahren relevant sein wird. Wird ein Verfahren nach Abs. 1 ausgesetzt, ist der Lauf der (verlängerbaren) Jahresfrist, innerhalb derer ein Einigungsvorschlag zu unterbreiten ist, nach Abs. 2 gehemmt.

2. Vorgängerregelung. Die Neuregelung erweitert den Anwendungsbereich der bisherigen Regelung in § 14e UrhWG, der zum 1.1.2008 in das UrhWG eingefügt wurde. § 14e UrhWG sah die Möglichkeit der Aussetzung nur für Einzelnutzerverfahren (§ 14 Abs. 1 Nr. 1 lit. a); jetzt: § 92 Abs. 1 Nr. 1) und Streitfälle über die Geräte-, Speichermedien- und Betreibervergütung (§ 14 Abs. 1 Nr. 1 lit. b); jetzt: § 92 Abs. 1 Nr. 2) unter der Voraussetzung eines zugleich anhängigen Gesamtvertragsverfahrens (jetzt: § 92 Abs. 1 Nr. 3) vor. Demgegenüber ermöglicht es § 103 der Schiedsstelle nunmehr, jedes bei ihr anhängige Verfahren im Hinblick auf den zu erwartenden Ausgang eines jeden anderen bei ihr anhängigen Verfahrens auszusetzen.[1] Die **bisherige Einschränkung auf bestimmte Verfahrensarten** wurde damit vollständig **aufgegeben**.

3. Entstehungsgeschichte. Die Norm geht auf den wortlautidentischen Vorschlag des RefE des BMJV zurück[2] und wurde im weiteren Gesetzgebungsverfahren nicht weiter diskutiert. Die in § 103 vorgenommenen Änderungen sind ausweislich der Gesetzesbegründung Folge des neu gestalteten Zuschnitts der Gesamtvertragsverfahren, den diese im Bereich der Geräte- und Speichermedienvergütung durch das VGG erfahren haben. Herzstück dieser Gesamtvertragsverfahren war die Durchführung einer empirischen Untersuchung, mit der das jeweilige Maß der Nutzung ermittelt wurde. Anhand der Ergebnisse dieser Studien wurde die angemessene Vergütung für die betroffenen Geräte und Speichermedien bestimmt. Nach den Neuregelungen des VGG werden empirische Untersuchungen künftig aber regelmäßig nicht mehr im Rahmen eines Gesamtvertragsverfahrens, sondern in dem eigens dafür neu geschaffenen selbständigen Verfahren nach § 93 durchgeführt. Der Gesetzgeber ging deshalb davon aus, dass Gesamtvertragsverfahren durch die Neuregelung der Tarifaufstellung im Bereich der Geräte- und Speichermedienvergütung zukünftig an Bedeutung verlieren würden[3] und passte § 103 vor diesem Hintergrund entsprechend an.

II. Regelungsgehalt

1. Aussetzung durch die Schiedsstelle (Abs. 1)

a) Bei der Schiedsstelle anhängige Verfahren. Ein bei der Schiedsstelle anhängiges Verfahren kann ausgesetzt werden, wenn der Ausgang eines anderen bei ihr anhängigen Verfahrens entscheidungsrelevant sein kann. Abs. 1 setzt damit seinem eindeutigen Wortlaut nach **mehrere bei der Schiedsstelle anhängige Verfahren** voraus.

Demnach sieht § 103 Abs. 1 eine Aussetzung gerade nicht vor, wenn die Schiedsstelle für ein bei ihr anhängiges Verfahren den Ausgang eines bereits bei Gericht rechtshängig

---

1 BeckOK-UrhR/*Freudenberg*, § 103 VGG Rn 1.
2 RefE des BMJV v. 9.6.2015, S. 47.
3 RegE-VGG, BT-Drucks. 18/7223, S. 101.

gewordenen, aber noch nicht rechtskräftig entschiedenen Verfahrens oder beispielsweise auch eine Entscheidung des Bundesverfassungsgerichts abwarten möchte. Hierfür besteht jedoch durchaus ein **praktisches Bedürfnis**, insbesondere auch **außerhalb des Bereichs der gesetzlichen Vergütungsansprüche** nach den §§ 54ff. UrhG. Wie sich die Spruchpraxis der Schiedsstelle hierzu entwickeln wird, bleibt abzuwarten. Möglicherweise kann die Schiedsstelle bei Bedarf auch ergänzend auf § 95 Abs. 1 zurückgreifen und ein Verfahren schon aufgrund ihres allgemeinen Verfahrensermessens aussetzen. Schließlich wollte der Gesetzgeber der Schiedsstelle durch die Neufassung des § 103 generell einen zusätzlichen Spielraum bei der zweckmäßigen Ausgestaltung der Verfahren einräumen.[4]

b) Ermessen der Schiedsstelle. Die Entscheidungsrelevanz eines Verfahrens für den Ausgang eines anderen Verfahrens ist für den jeweiligen Einzelfall festzustellen. Ob ein Verfahren ausgesetzt wird, entscheidet die Schiedsstelle nach **pflichtgemäßen Ermessen**. Die Aussetzung eines Verfahrens ist in jedem Verfahrensstadium bis zur Unterbreitung eines Einigungsvorschlags möglich. 6

Ein entsprechender Antrag der Beteiligten auf Aussetzung ist möglich, aber nicht erforderlich. 7

c) Entscheidung der Schiedsstelle. Über die Aussetzung entscheidet die Schiedsstelle durch **Beschluss**, den sie den Beteiligten aufgrund der Wirkungen des Abs. 2 zustellt. 8

Die Schiedsstelle muss die Aussetzung eines Verfahrens **aufheben**, sobald sie in dem die Aussetzung veranlassenden Verfahren einen Einigungsvorschlag gemacht hat.[5] Dies kann durch gesonderten Beschluss oder zusammen mit dem Einigungsvorschlag erfolgen. 9

Nennt die Schiedsstelle in ihrem Aussetzungsbeschluss ausdrücklich die Entscheidung, bis zu deren Vorliegen das Verfahren ausgesetzt bleiben soll, kann ein gesonderter Aufhebungsbeschluss auch entbehrlich sein. 10

d) Rechtsmittel. Ob bzw. welche Rechtsmittel gegen den Beschluss eingelegt werden können, ist gerichtlich bislang nicht geklärt. Das VGG selbst sieht keine Rechtsmittel vor. Ein Antrag auf gerichtliche Entscheidung nach § 23 EGGVG dürfte nicht statthaft sein, da es sich nicht um einen Justizverwaltungsakt i.S.d. Vorschrift handelt. Gegebenenfalls besteht die Möglichkeit der sofortigen Beschwerde. 11

2. Hemmung des Fristenlaufs (Abs. 2). Die Aussetzung hemmt den Lauf der (verlängerbaren) Jahresfrist zur Unterbreitung eines Einigungsvorschlags nach § 105 Abs. 1. Entsprechend § 209 BGB wird der Zeitraum, währenddessen das Verfahren ausgesetzt ist, nicht in die Frist nach § 105 Abs. 1 eingerechnet.[6] 12

Eine mit Antragseinreichung nach § 204 Abs. 1 Nr. 4 lit. a) BGB eingetretene Hemmung der Verjährung des geltend gemachten materiell-rechtlichen Anspruchs dürfte auch dann weiter fortbestehen, nachdem das Verfahren ausgesetzt wurde. 13

---

4 RegE-VGG, BT-Drucks. 18/7223, S. 101.
5 Dreier/Schulze/*Schulze*, § 103 VGG Rn 2.
6 Dreier/Schulze/*Schulze*, § 103 VGG Rn 2.

3. Einzelfälle

14 **a) Vorlage an das Bundesverfassungsgericht, Art. 100 GG.** Die Schiedsstelle ist – selbst wenn § 103 ein erweitertes Verständnis zugrunde gelegt wird[7] – weder verpflichtet noch berechtigt, ein Verfahren auszusetzen, um eine Entscheidung des BVerfG nach Art. 100 GG einzuholen;[8] die Schiedsstelle ist kein Gericht i.S.v. Art. 92 GG.[9]

15 **b) Vorlage an den Europäischen Gerichtshof (EuGH), Art. 267 AEUV.** Ungeklärt in diesem Zusammenhang ist, ob die Schiedsstelle nach Art. 267 AEUV zu Vorlagen an den EuGH zur Vorabentscheidung berechtigt ist. Zwar kann man an der Vorlageberechtigung der Schiedsstelle aufgrund des fehlenden Entscheidungscharakters zumindest der Einigungsvorschläge (§ 105) durchaus zweifeln; die Frage muss aber dennoch als offen angesehen werden.

16 Der EuGH stellt in ständiger Rechtsprechung bei der Frage, ob es sich bei der vorlegenden Einrichtung um ein **Gericht** i.S.d. Vorschrift handelt, auf eine **Reihe unterschiedlicher Merkmale** ab. Ausschlaggebend ist **u.a.** die gesetzliche Grundlage der Einrichtung und deren ständiger Charakter, ob die Einrichtung zwingende Zuständigkeiten hat, dauerhaft besteht und in einem streitigen Verfahren unter Anwendung des geltenden Rechts unabhängig eine **Entscheidung mit Rechtsprechungscharakter** trifft.[10] Die Vorlageberechtigung ist somit sowohl anhand struktureller als auch anhand funktioneller Kriterien zu prüfen.[11]

17 In der Entscheidung „Merck Canada Inc./Accord Healthcare Ltd u.a." bejahte der EuGH in Bezug auf ein portugiesisches „Tribunal Arbitral necessário" den Entscheidungscharakter mit dem Hinweis, dass der Schiedsspruch dieses Tribunals, wenn er nicht vor dem zuständigen Berufungsgericht angefochten wird, rechtskräftig wird und die gleichen Wirkungen wie Entscheidungen der ordentlichen Gerichte hat.[12] Dies ließe sich auf jeden Fall auch für angenommene Einigungsvorschläge bejahen. Allerdings war das Tribunal in dem damals zu entscheidenden Verfahren Teil des Rechtszugs,[13] während die Schiedsstelle stets außerhalb des für die jeweiligen Verfahren vorgesehenen Instanzenzugs tätig wird.

18 In einem weiteren Urteil[14] hat der EuGH Schweizer Schlichtungsbehörden als Gericht i.S.v. Art. 62 Lugano-II-Übereinkommen angesehen.

19 **c) Anordnung einer Sicherheitsleistung nach § 107.** Nach Auffassung des Gesetzgebers liegt im Bereich der Geräte- und Speichermedienvergütung in dem Zeitverlust, der regelmäßig bis zum Vorliegen eines akzeptierten und von der Schiedsstelle und

---

7 Siehe Rn. 5.
8 Schiedsstelle VGG, Beschl. v. 26.7.2017 – Sch-Urh 112/16, S. 22, abrufbar unter www.dpma.de/docs/dpma/schiedsstelle_vgg/sch-urh112-16.pdf.
9 Vgl. § 95 Rn 6.
10 Vgl. u.a. EuGH, Urt. v. 31.1.2013 – C-394/11, Rn. 39 – EuZW 2013, 233 – Valeri Hariev Belov/Chez Elektro Balgaria AD u.a.; EuGH, Urt. v. 13.2.2014 – C-555/13, Rn. 16 ff. – EuZW 2014, 301 – Merck Canada Inc./Accord Healthcare Ltd u.a.
11 EuGH, Urt. v. 31.1.2013 – C-394/11 – EuZW 2013, 233 – Valeri Hariev Belov/Chez Elektro Balgaria AD u.a.
12 EuGH, Urteil v. 13.2.2014 – C-555/13 – EuZW 2014, 301, 302 – Merck Canada Inc./Accord Healthcare Ltd u.a.
13 EuGH, Urteil v. 13.2.2014 – C-555/13 – EuZW 2014, 301, 302 – Merck Canada Inc./Accord Healthcare Ltd u.a.
14 EuGH, Urteil v. 20.12.2017 – C-467/16, Rn. 55 ff. – EuZW 2018, 136 – Schlömp/Landratsamt Schwäbisch Hall.

den Gerichten überprüften Tarifs entsteht, per se eine erhebliche Gefährdung der Durchsetzung des Vergütungsanspruchs nach § 54 Abs. 1 UrhG.[15] Einer Aussetzung der Entscheidung über die Anordnung einer Sicherheitsleistung nach § 107 dürfte daher die diesem Verfahren immanente, generelle Eilbedürftigkeit entgegenstehen.

§ 104
Aufklärung des Sachverhalts

(1) Die Schiedsstelle kann erforderliche Beweise in geeigneter Form erheben. Sie ist an Beweisanträge nicht gebunden.
(2) Sie kann die Ladung von Zeugen und den Beweis durch Sachverständige von der Zahlung eines hinreichenden Vorschusses zur Deckung der Auslagen abhängig machen.
(3) Den Beteiligten ist Gelegenheit zu geben, sich zu den Ermittlungs- und Beweisergebnissen zu äußern.
(4) Die §§ 1050 und 1062 Absatz 4 der Zivilprozessordnung sind entsprechend anzuwenden.

Übersicht
I. Allgemeines
  1. Bedeutung der Regelung —— 1
  2. Vorgängerregelung —— 2
  3. Entstehungsgeschichte —— 3
II. Regelungsgehalt
  1. Beweiserhebung durch die Schiedsstelle (Abs. 1)
     a) Grundsätzliches —— 4
     b) Beweisarten —— 6
     c) Beweiserhebung vor der Schiedsstelle als Spruchkörper —— 8
  2. Auslagenvorschuss (Abs. 2) —— 9
  3. Gelegenheit zur Äußerung (Abs. 3) —— 10
  4. Gerichtliche Unterstützung (Abs. 4) —— 11

I. Allgemeines

1. Bedeutung der Regelung. § 104 gibt der Schiedsstelle Regelungen zur Aufklärung des Sachverhalts und zur Beweiserhebung an die Hand. An die in der ZPO vorgesehenen Förmlichkeiten des Beweisverfahrens ist die Schiedsstelle nicht gebunden. Vielmehr soll die Neuregelung, insbesondere die Regelung in Abs. 1 S. 1, der Schiedsstelle im Vergleich zu der bisherigen Vorschrift des § 8 UrhSchiedsV zusätzliche Spielräume bei der Beweiserhebung eröffnen.[1] Damit ist die Schiedsstelle in der Ermittlung des Sachverhalts weitgehend frei. **1**

2. Vorgängerregelung. Die Regelung des § 104 lehnt sich in weiten Teilen an den bisherigen § 8 UrhSchiedsV an. Eine Pflicht zur Amtsermittlung ist – anders als in § 8 Abs. 1 S. 2 UrhSchiedsV – nicht mehr vorgesehen. **2**

3. Entstehungsgeschichte. Die Norm geht auf den wortlautidentischen Vorschlag des RefE des BMJV zurück[2] und wurde im weiteren Gesetzgebungsverfahren nicht weiter diskutiert. **3**

---
15 RegE-VGG, BT-Drucks. 18/7223, S. 101 f.
1 RegE-VGG, BT-Drucks. 18/7223, S. 101.
2 RefE des BMJV v. 9.6.2015, S. 47.

II. Regelungsgehalt

1. Beweiserhebung durch die Schiedsstelle (Abs. 1)

4   **a) Grundsätzliches.** Die Schiedsstelle entscheidet darüber, ob der von den Beteiligten vorgetragene Sachverhalt ausreicht, einen Einigungsvorschlag zu unterbreiten, oder ob noch weiter ermittelt werden muss, um das Verfahren zeitnah abschließen zu können. Hierbei wird insbesondere auch der Charakter des Schiedsstellenverfahrens als dem Gerichtsverfahren vorgeschaltetes Verfahren eine maßgebende Rolle spielen.

5   Ist der Sachverhalt aus Sicht der Schiedsstelle im Einzelfall weiter aufzuklären, kann sie entweder selbst Nachforschungen anstellen oder die aus ihrer Sicht erforderlichen Beweise erheben, ohne jedoch an etwaige Anträge der Beteiligten gebunden zu sein. Dabei muss sie den Sachverhalt wegen des damit verbundenen hohen Zeitaufwands allerdings nicht zwingend bis ins letzte Detail aufklären.[3] Eine solche Verpflichtung wäre mit dem Grundsatz der Verfahrensbeschleunigung in § 95 Abs. 1 S. 2 nicht in Einklang zu bringen und stünde zudem in gewissem Widerspruch zur Regelung des § 109.

6   **b) Beweisarten.** Welche Beweise die Schiedsstelle im Einzelnen wählt, steht in ihrem pflichtgemäßen Ermessen. Die Schiedsstelle ist gerade nicht auf den in Abs. 2 ausdrücklich erwähnten Zeugen- und Sachverständigenbeweis beschränkt. In Betracht kommen daneben unter anderem auch eine Einvernahme der Beteiligten, die Anhörung von nicht am Verfahren beteiligten Nutzervereinigungen und Verwertungsgesellschaften,[4] eine Inaugenscheinnahme bestimmter Geräte und Speichermedien sowie die Vorlage von Urkunden oder sonstigen Schriftstücken.

7   Von der Zuziehung eines Sachverständigen sieht die Schiedsstelle i.d.R. aus Kostengründen ab. Da die Schiedsstelle organisatorisch beim DPMA angesiedelt ist, wäre es jedoch vorstellbar, dass sie bei komplexen technischen Sachverhalten wie beispielsweise in Verfahren der Kabelweitersendung (§ 92 Abs. 2) auf die technische Sachkunde der dortigen Prüfungsstellen (§ 27 Abs. 1 Nr. 1 PatG) zurückgreift.

8   **c) Beweiserhebung vor der Schiedsstelle als Spruchkörper.** Die Beweiserhebung durch Vernehmung von Zeugen und Sachverständigen bzw. eine Einvernahme der Beteiligten findet vor der Schiedsstelle in deren regulärer Besetzung (§ 124 Abs. 1 S. 2) statt. Da die Schiedsstelle den Beteiligten die Gelegenheit zur Anwesenheit während der Erhebung eines Zeugen- oder Sachverständigenbeweises gibt, bietet sich die Durchführung der Beweiserhebung im Zusammenhang mit einer mündlichen Verhandlung (§ 100) an.

9   **2. Auslagenvorschuss (Abs. 2).** Zur Beweisaufnahme kann die Schiedsstelle insbesondere Zeugen und Sachverständige laden, die sie vernehmen möchte. Die Ladung kann nach Abs. 2 von der Zahlung eines hinreichenden Vorschusses zur Deckung der Auslagen abhängig gemacht werden. Ob die Schiedsstelle einen Vorschuss anfordert, steht in deren Ermessen („kann"). Dabei dürfte es sachgerecht sein, einen Vorschuss zunächst nur von einem der Beteiligten zu fordern,[5] im Regelfall von demjenigen, den nach den Grundsätzen des Zivilprozessrechts die Darlegungs- bzw. Beweislast trifft.[6]

---

3   RegE-VGG, BT-Drucks. 18/7223, S. 101; Bartenbach/Volz, KommArbNErfG, § 33 Rn 3 für das Verfahren vor der Schiedsstelle nach dem ArbnErfG.
4   Wandtke/Bullinger/*Staats*, § 104 VGG Rn 2.
5   RegE-VGG, BT-Drucks. 18/7223, S. 101.
6   BeckOK-UrhR/*Freudenberg*, § 104 VGG Rn 3.

3. Gelegenheit zur Äußerung (Abs. 3). Nach Abs. 3 ist den Beteiligten Gelegenheit 10
zu geben, sich zu den Ermittlungs- und Beweisergebnisse zu äußern. Hierfür sind die
Ermittlungs- und Beweisergebnisse den Beteiligten mitzuteilen und ihnen entsprechende Äußerungsfristen einzuräumen. Abs. 3 konkretisiert den allgemeinen Grundsatz nach
§ 95 Abs. 2 S. 2, wonach die Schiedsstelle den Beteiligten rechtliches Gehör zu gewähren
hat.

4. Gerichtliche Unterstützung (Abs. 4). Ob die Schiedsstelle berechtigt ist, eine 11
eidliche Einvernahme der Beteiligten durchzuführen, ist – soweit ersichtlich – bislang
nicht gerichtlich entschieden. Eigene Zwangsmittel stehen der Schiedsstelle wohl ebenfalls nicht zur Verfügung.[7] § 8 Abs. 3 UrhSchiedsV sah für diese Fälle die Zuständigkeit
des AG München vor. Nunmehr verweist Abs. 4 – wie § 33 Abs. 1 ArbnErfG – für die gerichtliche Unterstützung bei der Beweisaufnahme und der Vornahme sonstiger richterlicher Handlungen, zu denen die Schiedsstelle nicht befugt ist, auf die schiedsrichterliche
Vorschrift des § 1050 ZPO.

Danach kann die Schiedsstelle einzelne Unterstützungshandlungen bei dem AG be- 12
antragen, in dessen Bezirk die richterliche Handlung vorzunehmen ist (Abs. 4 i.V.m.
§ 1062 Abs. 4 ZPO entsprechend). Handelt es sich beispielsweise um die Durchführung
einer Zeugenvernehmung dürfte das AG zuständig sein, in dessen Bezirk der zu vernehmende Zeuge seinen Wohnsitz hat.[8]

Das AG nimmt die beantragte richterliche Handlung nach den für das Gericht gel- 13
tenden Verfahrensvorschriften vor.

§ 105
Einigungsvorschlag der Schiedsstelle; Widerspruch

(1) ¹Die Schiedsstelle unterbreitet den Beteiligten innerhalb eines Jahres nach
Zustellung des Antrags einen Einigungsvorschlag. ²Die Frist kann mit Zustimmung
aller Beteiligten um jeweils ein halbes Jahr verlängert werden.

(2) ¹Der Einigungsvorschlag ist zu begründen und von sämtlichen für den
Streitfall zuständigen Mitgliedern der Schiedsstelle zu unterschreiben. ²In dem
Einigungsvorschlag ist auf die Möglichkeit des Widerspruchs und auf die Folgen
bei Versäumung der Widerspruchsfrist hinzuweisen. ³Der Einigungsvorschlag ist
den Beteiligten zuzustellen. ⁴Zugleich ist der Aufsichtsbehörde eine Abschrift des
Einigungsvorschlags zu übermitteln.

(3) ¹Der Einigungsvorschlag gilt als angenommen und eine dem Inhalt des Vorschlags entsprechende Vereinbarung als zustande gekommen, wenn nicht innerhalb eines Monats nach Zustellung des Vorschlags ein schriftlicher Widerspruch
bei der Schiedsstelle eingeht. ²Betrifft der Streitfall die Einräumung oder Übertragung von Nutzungsrechten der Kabelweitersendung, so beträgt die Frist drei Monate.

(4) ¹War einer der Beteiligten ohne sein Verschulden gehindert, den Widerspruch rechtzeitig einzulegen, so ist ihm auf Antrag Wiedereinsetzung in den
vorigen Stand zu gewähren. Über den Wiedereinsetzungsantrag entscheidet die

---

[7] So für die Schiedsstelle nach dem ArbnErfG: Schiedsstelle ArbnErfG, Einigungsvorschlag v. 17.4.1967 – ArbErf 30/66 (nicht angenommen) – BlPMZ 1967, 321, 322; vgl. auch Busse/Keukenschrijver/*Keukenschrijver*, § 33 ArbnErfG Rn 12.
[8] Busse/Keukenschrijver/*Keukenschrijver*, § 33 ArbnErfG Rn 21.

Schiedsstelle. ²Gegen die ablehnende Entscheidung der Schiedsstelle ist die sofortige Beschwerde an das für den Sitz des Antragstellers zuständige Landgericht möglich. ³Die Vorschriften der Zivilprozessordnung über die Wiedereinsetzung in den vorigen Stand und die sofortige Beschwerde sind entsprechend anzuwenden.

(5) Aus dem angenommenen Einigungsvorschlag findet die Zwangsvollstreckung statt. § 797a der Zivilprozessordnung gilt entsprechend.

Übersicht

I. Allgemeines
   1. Bedeutung der Regelung —— 1
   2. Vorgängerregelung —— 3
   3. Entstehungsgeschichte —— 4
II. Regelungsgehalt
   1. Beschlussfassung über den Einigungsvorschlag —— 5
   2. Jahresfrist (Abs. 1 S. 1) —— 7
   3. Form des Einigungsvorschlags (Abs. 2 S. 1 und 2) —— 11
   4. Inhalt des Einigungsvorschlags —— 14
   5. Zustellung des Einigungsvorschlags (Abs. 3 S. 3) —— 16
   6. Übermittlung einer Abschrift an die Aufsichtsbehörde (Abs. 3 S. 4) —— 17
   7. Rechtswirkungen des Einigungsvorschlags —— 18
     a) Annahme des Einigungsvorschlags —— 19
     b) Widerspruch (Abs. 3) —— 20
     c) Wiedereinsetzung in die Widerspruchsfrist (Abs. 4) —— 26
   8. Vollstreckung aus dem Einigungsvorschlag (Abs. 5) —— 27

I. Allgemeines

1. Bedeutung der Regelung. Die Schiedsstelle entscheidet in den ihr zugewiesenen Verfahren entweder durch Einigungsvorschlag, Vergleich (§ 102 Abs. 2) oder Beschluss. § 105 regelt die Anforderungen, die an einen Einigungsvorschlag zu stellen sind. Der Einigungsvorschlag stellt die **„klassische" Entscheidungsform** der Schiedsstelle dar.[1] Ihm kommt **verfahrensbeendigende Wirkung** zu.[2] Einem etwaigen Güteversuch nach § 102 Abs. 2 folgt er zeitlich zwingend nach.[3] Ein Einigungsvorschlag hat auch dann zu ergehen, wenn sich die Vergleichsbemühungen der Schiedsstelle als vergebens herausstellen, weil sich die Beteiligten nicht einigen wollten.[4]

Ein Einigungsvorschlag gilt als angenommen, wenn dem Vorschlag nicht innerhalb eines Monats nach Zustellung an die Beteiligten schriftlich widersprochen wurde, Abs. 3. Aus einem Einigungsvorschlag, den die Beteiligten angenommen haben bzw. der als angenommen gilt, kann vollstreckt werden, Abs. 5. Dennoch ist der Einigungsvorschlag der Schiedsstelle nicht unmittelbar mit einem gerichtlichen Urteil (§§ 300 ff. ZPO) oder einem Schiedsspruch (§§ 1051 ff. ZPO) vergleichbar. Während ein Urteil zur Entscheidung über eine Klage ergeht, ist das Verfahren vor der Schiedsstelle auf Streitschlichtung und nicht auf eine Entscheidung des Streitfalls ausgerichtet.[5] Die Schiedsstelle muss den Beteiligten deshalb jedoch nicht in jedem Fall einen vermittelnden Vorschlag vorlegen; sie kann Anträgen sowohl uneingeschränkt stattgeben, diese aber auch vollständig zurückweisen.[6]

---

1 Busse/Keukenschrijver/*Keukenschrijver*, § 34 ArbnErfG Rn 5; Bartenbach/Volz, KommArbnErfG, § 34 Rn 1.
2 Busse/Keukenschrijver/*Keukenschrijver*, § 34 ArbnErfG Rn 5.
3 Vgl. BeckOK-UrhR/*Freudenberg*, § 102 VGG Rn 3.
4 Fromm/Nordemann/*W. Nordemann/Wirtz*, 11. Aufl. 2014, §§ 14-16 UrhWG Rn 10.
5 Vgl. § 95 Rn 1.
6 Kreile/Becker/Riesenhuber/*Schulze*, 14. Kapitel Rn 189; BeckOK-UrhR/*Freudenberg*, § 105 VGG Rn 9; Wandtke/Bullinger/*Staats*, § 105 VGG Rn 2.

2. Vorgängerregelung. § 105 übernimmt in weiten Teilen den bisherigen Regelungsinhalt des § 14a Abs. 2, 3 und 4 UrhWG. § 14a Abs. 1 UrhWG ist in § 126 aufgegangen. Neu in Abs. 4 aufgenommen wurde die Möglichkeit, bei unverschuldeter Versäumung der Widerspruchsfrist Wiedereinsetzung in den vorigen Stand zu beantragen.[7] **3**

3. Entstehungsgeschichte. Die Norm geht auf den Vorschlag des RefE des BMJV **4**
zurück[8] und wurde im weiteren Gesetzgebungsverfahren lediglich um die Pflicht in Abs. 2 S. 4, der Aufsichtsbehörde eine Abschrift des Einigungsvorschlags zu übermitteln, erweitert. Vorbild für § 105 war § 34 ArbnErfG.[9] Der neu in das Gesetz aufgenommene Abs. 4 gleicht inhaltlich allerdings eher den Vorschriften der §§ 233 ff. ZPO als § 34 Abs. 4 ArbnErfG, der seit längerem nicht mehr an Neuregelungen im Bereich der Vorschriften über die Wiedereinsetzung angepasst wurde.[10]

II. Regelungsgehalt

1. Beschlussfassung über den Einigungsvorschlag. Die Schiedsstelle unterbreitet **5**
einen Einigungsvorschlag dann, wenn die Sache „ausgeschrieben" ist und sie den Streitfall für **entscheidungsreif**[11] erachtet. Dies kann je nach Komplexität des jeweiligen Streitfalls in einem früheren oder späteren Verfahrensstadium der Fall sein. Eine vollständige Aufklärung des Sachverhalts vor Vorlage eines Einigungsvorschlags an die Beteiligten ist nicht in jedem Fall erforderlich.[12]

Da die Schiedsstelle als Spruchkörper entscheidet (§ 124 Abs. 1 S. 2), liegt jedem Einigungsvorschlag eine **interne Beratung** und **Beschlussfassung** zugrunde. Zur Vorbereitung der Beschlussfassung fertigt der jeweilige Berichterstatter einen Entwurf, über den im Gremium beraten wird. Nicht vorgesehen ist, einzelne Verfahren zur Entscheidung auf einen der Beisitzer zu übertragen; dies ist auch dann nicht möglich, wenn die Sache keine besonderen Schwierigkeiten rechtlicher oder tatsächlicher Art aufweist. Da im Verfahren vor der Schiedsstelle keine Präklusionsvorschriften zur Anwendung kommen,[13] ist auch das nach Beschlussfassung eingehende Vorbringen der Beteiligten auf seine inhaltliche Relevanz hin zu prüfen[14] und ggf. im Einigungsvorschlag zu berücksichtigen. Die Schiedsstelle fasst ihre Beschlüsse mit **Stimmenmehrheit** (§ 126 S. 1).[15] **6**

2. Jahresfrist (Abs. 1 S. 1). Die Schiedsstelle legt ihren Einigungsvorschlag innerhalb **eines Jahres nach Zustellung** des Antrags vor, Abs. 1 S. 1. Die frühere Regelung in § 14a Abs. 2 S. 1 UrhWG ließ den Fristlauf demgegenüber noch mit der Anrufung der Schiedsstelle beginnen. Durch diese Änderung kann die Schiedsstelle die Frist nunmehr besser als bisher dafür nutzen, sich in der Sache selbst mit dem Streitfall auseinanderzusetzen. Denn berücksichtigt man – auch vor dem Hintergrund anhaltend hoher Eingangszahlen[16] und der personellen Besetzung der Schiedsstelle –, dass die Zustellung **7**

---

7   RegE-VGG, BT-Drucks. 18/7223, S. 101.
8   RefE des BMJV v. 9.6.2015, S. 44.
9   RegE Gesetz zur Änderung von Vorschriften auf dem Gebiet des Urheberrechts, BT-Drucks. 10/837, S. 23.
10 Vgl. Busse/Keukenschrijver/*Keukenschrijver*, § 34 ArbnErfG Rn 16.
11 Vgl. Busse/Keukenschrijver/*Keukenschrijver*, § 34 ArbnErfG Rn 6.
12 Vgl. Bartenbach/Volz, KommArbnErfG, § 34 Rn 14 und § 104 Rn 4.
13 Vgl. § 95 Rn 9.
14 So auch Bartenbach/Volz, KommArbNErfG, § 34 Rn 14.
15 Näheres hierzu vgl. § 126 Rn 2 f.
16 Vgl. die Jahresstatistik der Schiedsstelle, BlPMZ 2018, 103.

des verfahrenseinleitenden Antrags nach § 118 Abs. 2 von der Zahlung eines Vorschusses abhängig gemacht werden soll, was eine entsprechende Gebührennote, den Eingang und die Zuordnung einer Zahlung voraussetzt, sowie den Umstand, dass die Zustellung in problematischen Fällen mehrere Monate dauern kann (bei Auslandszustellungen auch deutlich länger[17]), ist die Jahresfrist zum Zeitpunkt der Zustellung regelmäßig bereits zu einem nicht unerheblichen Teil verstrichen, ohne dass erste verfahrensleitende Verfügungen getroffen worden wären.

8   Es liegt nahe, die Jahresfrist als Ausprägung des in § 95 Abs. 1 S. 2 vorgesehenen Beschleunigungsgrundsatzes zu sehen,[18] jedoch hat die Regelung kaum praktische Relevanz für das Schiedsstellenverfahren selbst. Stimmen die Beteiligten einer Verlängerung der Frist nicht zu, zieht dies nicht die automatische Einstellung des Verfahrens nach sich. Vielmehr bleibt die Schiedsstelle auch weiterhin verpflichtet, den Beteiligten einen Einigungsvorschlag zu unterbreiten.[19] Lediglich das Prozesshindernis des zunächst durchzuführenden Schiedsstellenverfahrens entfällt (§ 128 Abs. 1 S. 1 Hs. 2), so dass **direkt** vor dem zuständigen **Gericht geklagt** werden kann, ohne den Abschluss des Schiedsstellenverfahrens abwarten zu müssen. Diese ausdrücklich gesetzlich vorgesehene Möglichkeit wird von den Beteiligten in der Praxis jedoch kaum genutzt.

Praxistipp
Die Möglichkeit, das Verfahren nach Ablauf der Jahresfrist vor Gericht weiter zu betreiben, steht dabei nicht nur dem Antragsteller, sondern – im Wege der negativen Feststellungsklage – auch dem Antragsgegner offen. Das Verfahren vor der Schiedsstelle kann dann entweder für erledigt erklärt bzw. der Antrag auf Einleitung des Schiedsstellenverfahrens zurückgenommen werden.[20] Für den Fall der Antragsrücknahme trägt der Antragsteller nach § 98 Abs. 2 die Kosten des Verfahrens sowie die notwendigen Auslagen des Antragsgegners.

---

9   Die Frist kann nach Abs. 1 S. 2 mit Zustimmung aller Beteiligten mehrmals um jeweils ein halbes Jahr **verlängert** werden. Die Beteiligten werden sich hierfür insbesondere dann entscheiden, wenn bloße Verzögerungen eines Beteiligten ausgeschlossen werden können und sich beide von der Verlängerung eine endgültige Einigung versprechen.[21]

10 Der Lauf der Jahresfrist wird nach § 103 Abs. 2 **gehemmt**, wenn das Verfahren im Hinblick auf den Ausgang eines anderen Verfahrens ausgesetzt wird.[22]

11 **3. Form des Einigungsvorschlags (Abs. 2 S. 1 und 2).** Die Akten vor der Schiedsstelle werden derzeit noch in Papier und nicht elektronisch geführt. Daher ist das Original des Einigungsvorschlags (Urschrift) durch alle Mitglieder des Spruchkörpers, die an der Entscheidung mitgewirkt haben, **handschriftlich** zu **unterzeichnen**. Kürzel oder Paraphe genügen nicht. Durch die Namensunterschrift wird dokumentiert, dass es sich nicht lediglich um einen Entwurf handelt. Ist ein Mitglied der Schiedsstelle verhindert zu unterschreiben, beispielsweise wegen Krankheit, aufgrund Urlaubs oder Ausscheidens aus dem Dienst, kann dessen Unterschrift durch den Vorsitzenden bzw. – bei dessen Verhinderung – auch durch den Vertreter des Vorsitzenden (§ 124 Abs. 1 S. 2) ersetzt

---

17 RegE-VGG, BT-Drucks. 18/7223, S. 101.
18 Vgl. § 95 Rn 8.
19 Dreier/Schulze/*Schulze*, § 105 VGG Rn 7.
20 Dreier/Schulze/*Schulze*, § 105 VGG Rn 7; BeckOK-UrhR/*Freudenberg*, § 105 VGG Rn 13.
21 RegE „Zweiter Korb", BT-Drucks. 16/1828 S. 35; Dreier/Schulze/*Schulze*, § 105 VGG Rn 5.
22 Vgl. § 103 Rn 12.

werden,[23] sofern der Verhinderungsgrund angegeben wird und dem Einigungsvorschlag eine ordnungsgemäße Beschlussfassung[24] zugrunde liegt. Aus dem Erfordernis der Unterschrift folgt, dass der Einigungsvorschlag insgesamt **schriftlich** abzufassen ist.[25]

Die Schiedsstelle orientiert sich für den Aufbau des Einigungsvorschlags am Aufbau eines Urteils (vgl. § 313 ZPO). Der Einigungsvorschlag umfasst **Rubrum**, **Tenor** und die **Entscheidungsgründe mit Tatbestand**. Aufgrund der Rechtswirkungen nach Abs. 5 sind die Beteiligten, deren gesetzliche Vertreter und deren Bevollmächtigte im Rubrum zu bezeichnen; ebenfalls angegeben werden die Mitglieder der Schiedsstelle, die an dem Vorschlag mitgewirkt haben, der Tag der Beschlussfassung und das Aktenzeichen. Sofern es sich um einen nach § 109 Abs. 1 beschränkten Einigungsvorschlag handelt, ist dies bereits aus dem Rubrum ersichtlich. Die Berichtigung offenbarer Unrichtigkeiten durch Beschluss ist möglich.[26] 12

Nach Abs. 2 S. 2 hat die Schiedsstelle die Beteiligten im Einigungsvorschlag auf die Möglichkeit des Widerspruchs und auf die Folgen bei Versäumung der Widerspruchsfrist hinzuweisen. Daher enthält jeder Einigungsvorschlag eine **Belehrung** mit dem Hinweis, dass der Einigungsvorschlag als angenommen und eine dem Inhalt des Vorschlags entsprechende Vereinbarung als zustande gekommen gilt, wenn kein form- und fristgerechter Widerspruch eingelegt wird.[27] Ob die Widerspruchsfrist nicht zu laufen beginnt, wenn die Belehrung unterbleibt oder fehlerhaft ist, ist – soweit ersichtlich – bislang nicht gerichtlich entschieden.[28] 13

4. Inhalt des Einigungsvorschlags. Der Einigungsvorschlag ist zu **begründen**, Abs. 2 S. 1. Die Begründung enthält die tragenden Erwägungen, auf denen der Vorschlag beruht.[29] Ein überzeugend begründeter Einigungsvorschlag hat eine gewisse **Vermutung der Angemessenheit** für sich.[30] Dies gilt nicht nur in Gesamtvertragsverfahren, sondern auch für Einzelnutzerstreitigkeiten, wenn Anwendbarkeit oder Angemessenheit eines Tarifs in Frage stehen.[31] Unter den Voraussetzungen des § 109 Abs. 1 kann sich die Schiedsstelle in Einzelnutzerverfahren (§ 92 Abs. 1 Nr. 1) und Streitigkeiten über die Geräte- und Speichermedienvergütung bzw. die Betreibervergütung (§ 92 Abs. 1 Nr. 2) in ihrem Einigungsvorschlag auf eine Stellungnahme zur Anwendbarkeit oder Angemessenheit des Tarifs beschränken. 14

In Gesamtvertragsverfahren muss der Einigungsvorschlag den Inhalt des Gesamtvertrags enthalten (§ 110 Abs. 1 S. 1). Dies gilt nach § 111 ebenso für Streitfälle über Rechte der Kabelweitersendung. Die Schiedsstelle geht in ständiger Spruchpraxis davon aus, dass ihr in diesen Fällen entsprechend § 130[32] ein **weiter Ermessens- und Gestaltungsspielraum** zusteht, der nicht lediglich Einschränkungen bzw. Streichungen, sondern 15

---

23 Ständige Praxis der Schiedsstelle.
24 Siehe Rn 6.
25 Dreier/Schulze/*Schulze*, § 105 VGG Rn 8; so auch Bartenbach/Volz, KommArbNErfG, § 34 Rn 18 für das Verfahren vor der Schiedsstelle nach dem ArbnErfG.
26 Ständige Praxis der Schiedsstelle in Anlehnung an § 319 ZPO.
27 Zu den Einzelheiten der Belehrung vgl. Schricker/Loewenheim/*Reinbothe*, § 14a UrhWG Rn. 10.
28 Im Verfahren vor der Schiedsstelle nach dem ArbnErfG beginnt die Widerspruchsfrist bei einer fehlenden bzw. fehlerhaften Belehrung nicht zu laufen, vgl. Busse/Keukenschrijver/*Keukenschrijver*, § 34 ArbnErfG Rn 15 m.w.N.
29 Vgl. Bartenbach/Volz, KommArbNErfG, § 34 Rn 20.
30 BGH, Urt. v. 5.4.2001 – I ZR 132/98 – GRUR 2001, 1139, 1142 – Gesamtvertrag privater Rundfunk; BeckOK-UrhR/*Freudenberg*, § 105 VGG Rn 14; Wandtke/Bullinger/*Staats*, § 105 VGG Rn 3.
31 BGH, Urt. v. 27.10.2011 – I ZR 175/10 – GRUR 2012, 715, 716 – Bochumer Weihnachtsmarkt.
32 Zur Vorgängernorm § 16 Abs. 4 S. 3 UrhWG vgl. Schiedsstelle VGG, Einigungsvorschlag v. 31.8.2004 – Sch-Urh 24/99 – ZUM 2005, 257, 261.

darüber hinaus **auch inhaltliche Abweichungen von den Anträgen** der Beteiligten zulässt. Denn die strenge Anwendung des Antragsgrundsatzes[33] würde der Formulierung eines Gesamtvertragsvorschlags, bei dem es nicht nur auf die Ausgewogenheit der einzelnen Regelung, sondern des Entwurfs insgesamt ankommt, nicht gerecht.[34] Allerdings sieht sich die Schiedsstelle **nicht** befugt, **Vorschläge zum Vertragsgegenstand** selbst zu unterbreiten. Besteht zwischen den Beteiligten keine Einigkeit darüber, worüber sie einen Vertrag schließen wollen, kann die Schiedsstelle das Verfahren aufgrund dieses Dissenses einstellen.[35]

16 **5. Zustellung des Einigungsvorschlags (Abs. 3 S. 3).** Den Beteiligten des Verfahrens bzw. deren Bevollmächtigten werden **beglaubigte Ausfertigungen** des Einigungsvorschlags zugestellt. Beteiligte und Bevollmächtigte erhalten je eine Ausfertigung. Die Zustellung erfolgt nach Maßgabe der §§ 166 ff. ZPO[36] regelmäßig mittels Postzustellungsurkunde bzw. gegen Empfangsbekenntnis an anwaltliche Bevollmächtigte. Die öffentliche Zustellung wird durch Aushang einer Benachrichtigung am Sitz des DPMA in München[37] vorgenommen.

17 **6. Übermittlung einer Abschrift an die Aufsichtsbehörde (Abs. 3 S. 4).** Der Aufsichtsbehörde (§ 75) ist eine **einfache Abschrift** des Einigungsvorschlags zu übermitteln, da die Kenntnis aktueller Einigungsvorschläge für deren tägliche Arbeit von Bedeutung ist.[38] Die Regelung gilt ihrem Wortlaut nach **nur für Einigungsvorschläge**, nicht dagegen für Vergleiche (§ 102 Abs. 2) oder Beschlüsse der Schiedsstelle. Zu übersenden sind alle Einigungsvorschläge der Schiedsstelle in Verfahren, die seit dem 1.6.2016 bei der Schiedsstelle anhängig gemacht wurden (§ 139 Abs. 1 Hs. 1).

18 **7. Rechtswirkungen des Einigungsvorschlags.** Der Einigungsvorschlag entfaltet als solcher **zunächst keine materiell-rechtliche Wirkung**; diese tritt erst mit seiner Annahme oder mit deren Fiktion (Abs. 3 S. 1) ein.[39] Die **Verfahrensgebühr ermäßigt** sich in diesen Fällen nach § 117 Abs. 3 S. 3 auf einen Gebührensatz von 1,0. Der Widerspruch hat allein die Funktion, die Annahme des Einigungsvorschlags zu verhindern.[40] Wird dem Einigungsvorschlag form- und fristgerecht widersprochen, bindet er die Beteiligten inhaltlich nicht. Der nicht widersprochene Einigungsvorschlag fingiert eine vertragliche Vereinbarung zwischen den Beteiligten mit dem Inhalt des Einigungsvorschlags. Dies gilt auch dann, wenn der Einigungsvorschlag ganz oder teilweise materiell rechtswidrig ist, da die Beteiligten über den Verfahrensgegenstand frei disponieren können.[41] Die Annahmefiktion nach Abs. 3 S. 1 setzt eine ordnungsgemäße Belehrung nach Abs. 2 S. 2 voraus.[42]

---

33 In diesem Sinne möglicherweise BeckOK-UrhR/*Freudenberg*, § 105 VGG Rn 7.
34 Schiedsstelle VGG, Einigungsvorschlag v. 26.9.2017 – Sch-Urh 90/12, S. 80.
35 Schiedsstelle VGG, Einigungsvorschlag v. 26.9.2017 – Sch-Urh 90/12, S. 81; zum Schiedsstellenverfahren bei Streitfällen über Gesamtverträge vgl. § 110 Rn 3 ff.
36 BeckOK-UrhR/*Freudenberg*, § 105 VGG Rn 17.
37 Vgl. § 26 Abs. 1 S. 2 PatG.
38 RegE-VGG, BT-Drucks. 18/7223, S. 101.
39 Busse/Keukenschrijver/*Keukenschrijver*, § 34 ArbnErfG Rn 9.
40 Dreier/Schulze/*Schulze*, § 105 VGG Rn 9.
41 Schricker/Loewenheim/*Reinbothe*, § 14a UrhWG Rn. 11; BeckOK-UrhR/*Freudenberg*, § 105 VGG Rn 21; Wandtke/Bullinger/*Staats*, § 105 VGG Rn 10.
42 RegE Gesetz zur Änderung von Vorschriften auf dem Gebiet des Urheberrechts, Gegenäußerung BReg zur Stellungnahme BRat, BT-Drucks. 10/837, S. 42.

a) Annahme des Einigungsvorschlags. Die Beteiligten können den Einigungsvor- 19
schlag **ausdrücklich annehmen.** Die Annahme ist nach zutreffender Auffassung dem
Gegner und nicht der Schiedsstelle gegenüber zu erklären (§ 130 Abs. 1 S. 1 BGB).[43] Der
Einigungsvorschlag ist auch dann angenommen, wenn die Beteiligten vereinbaren, keinen Widerspruch einzulegen.[44] Bindend wird der Einigungsvorschlag nur für die Beteiligten.[45]

b) Widerspruch (Abs. 3). Der Widerspruch ist innerhalb **eines Monats nach Zu-** 20
stellung des Einigungsvorschlags einzulegen; betrifft der Streitfall die Einräumung oder
Übertragung von Nutzungsrechten der Kabelweitersendung, beträgt die Widerspruchsfrist **drei Monate**[46], Abs. 3 S. 2.[47] Maßgebend ist der **Eingang bei der Schiedsstelle.** Die
Widerspruchsfrist läuft für jeden Beteiligten gesondert und ist nicht verlängerbar.[48]

Die gesetzliche Widerspruchsfrist von einem Monat hat sich in der Praxis als zu 21
knapp bemessen herausgestellt. So wird gerade in bedeutsamen Gesamtvertragsverfahren ein Widerspruch oftmals nur deshalb eingelegt, weil die notwendige Abstimmung
über den vorgelegten Einigungsvorschlag innerhalb des beteiligten Verbands, aber auch
zwischen den Beteiligten untereinander nicht innerhalb eines Monats durchgeführt und
abgeschlossen werden kann. In der Folge treffen die Beteiligten dann im Nachgang häufig Vereinbarungen, die dem Einigungsvorschlag inhaltlich weitgehend entsprechen.

Der Widerspruch muss **schriftlich**, d.h. mit **eigenhändiger Unterschrift** des Betei- 22
ligten, seines gesetzlichen Vertreters oder seines Bevollmächtigten eingelegt werden.
Unzureichend ist die lediglich vervielfältigte Unterzeichnung. Die Einlegung per **Telefax**
ist zulässig; gleiches dürfte für das **Computerfax** gelten, obwohl in diesen Fällen kein
handschriftlich unterzeichnetes Original existiert. Eine Einlegung per **E-Mail** ist nicht
möglich; wohl ebenso nicht die Übersendung des **eingescannten Widerspruchs** per E-Mail, der von der Geschäftsstelle ausgedruckt und zu den Akten genommen wird, da der
Eintritt der in Abs. 3, 5 sowie in § 204 BGB geregelten Wirkung[49] nicht von einer bestimmten Sachbehandlung durch die Schiedsstelle[50] abhängen kann. Auch ein **telefonisch**
gegenüber dem Vorsitzenden erklärter Widerspruch genügt nicht.

Im Übrigen stellt § 105 Abs. 3 keine besonderen Anforderungen an den Inhalt des 23
Widerspruchs; eine **Begründung** ist **nicht** notwendig.[51]

Als Verfahrenshandlung ist der Widerspruch grds. **bedingungsfeindlich**; Widerruf 24
und Rücknahme sind gesetzlich nicht vorgesehen.[52] Ob einem Einigungsvorschlag nicht

---

43 Busse/Keukenschrijver/*Keukenschrijver*, § 34 ArbNErfG Rn 10, unter Hinweis auf die
Gegenauffassung.
44 Busse/Keukenschrijver/*Keukenschrijver*, § 34 ArbNErfG Rn 10.
45 Busse/Keukenschrijver/*Keukenschrijver*, § 34 ArbNErfG Rn 9.
46 Die Frist von drei Monaten geht auf Art. 11 Abs. 3 der RL 93/83/EWG zurück.
47 Die Schiedsstelle hält die Frist von drei Monaten aufgrund des Wortlauts des Abs. 3 S. 2 in Verfahren
sowohl in Verfahren nach § 92 Abs. 2 VGG als auch nach § 92 Abs. 1 Nr. 1 VGG für anwendbar, siehe
Schiedsstelle VGG, Einigungsvorschlag v. 17.7.2018 – Sch-Urh 19/15, S. 13, 29; a.A. BeckOK-
UrhR/*Freudenberg*, § 105 VGG Rn 20; Wandtke/Bullinger/*Staats*, § 105 VGG Rn. 10 und
Schricker/Loewenheim/*Reinbothe*, § 14a UrhWG Rn. 11: Anwendbarkeit nur für Streitigkeiten nach § 92
Abs. 2 VGG.
48 Vgl. auch Bartenbach/Volz, KommArbNErfG, § 34 Rn 31 für das Verfahren vor der Schiedsstelle nach
dem ArbNErfG.
49 Vgl. hierzu sogleich Rn 25.
50 Vgl. zum Zivilprozess Zöller/*Greger*, § 130 ZPO Rn 18d.
51 Dreier/Schulze/*Schulze*, § 105 VGG Rn 9; BeckOK-UrhR/*Freudenberg*, § 105 VGG Rn 20;
Wandtke/Bullinger/*Staats*, § 105 VGG Rn. 10.
52 Busse/Keukenschrijver/*Keukenschrijver*, § 34 ArbNErfG Rn 13.

nur insgesamt, sondern auch hinsichtlich einzelner Teile widersprochen werden kann, ist gerichtlich bislang nicht geklärt. Nach überzeugender hM in der Literatur ist ein Teilwiderspruch nicht möglich.[53]

25 Soll das Verfahren vor Gericht weitergeführt werden, ist für die klageweise Geltendmachung der verfahrensgegenständlichen Ansprüche die **Sechs-Monats-Frist** in § 204 Abs. 2 S. 1 BGB zu beachten (Ende einer mit Antragseinreichung bei der Schiedsstelle nach § 204 Abs. 1 BGB eingetretenen Verjährungshemmung).

26 **c) Wiedereinsetzung in die Widerspruchsfrist (Abs. 4).** Abs. 4 regelt nunmehr – entsprechend § 34 Abs. 4 ArbnErfG – die Möglichkeit der Wiedereinsetzung in die Widerspruchsfrist bei unverschuldeter Fristversäumnis. Der **Antrag** ist bei der Schiedsstelle einzureichen; diese entscheidet durch **Beschluss**. Gibt die Schiedsstelle dem Antrag statt, ist die Entscheidung unanfechtbar (Abs. 4 S. 4 i.V.m. § 238 Abs. 3 ZPO). Gegen die **ablehnende** Entscheidung kann **sofortige Beschwerde** an das für den Sitz des Antragstellers (§§ 13, 17 Abs. 1 ZPO) zuständige LG eingelegt werden (Abs. 4 S. 3). Die sofortige Beschwerde ist binnen **zwei Wochen** einzulegen (§§ 567, 569 Abs. 1 S. 2 ZPO). Im Übrigen wird auf die Kommentierung zu § 101 Abs. 1 S. 2 bis 4 verwiesen.[54]

27 **8. Vollstreckung aus dem Einigungsvorschlag (Abs. 5).** Der Einigungsvorschlag ist, soweit er einen vollstreckbaren Inhalt hat, ein eigener **Titel**, der neben die in §§ 704, 794 ZPO genannten Titel tritt. Die **Vollstreckungsklausel** wird durch das **AG München** erteilt (Abs. 5 S. 2, § 797a Abs. 1 ZPO). Von der Möglichkeit des § 797a Abs. 4 S. 1 ZPO, die Befugnis der Klauselerteilung auf den Vorsitzenden der Schiedsstelle zu übertragen, wurde bislang kein Gebrauch gemacht.

ZWEITER UNTERABSCHNITT
Besondere Verfahrensvorschriften

§ 106
Einstweilige Regelungen

Auf Antrag eines Beteiligten kann die Schiedsstelle eine einstweilige Regelung vorschlagen. § 105 Absatz 2 und 3 Satz 1 ist anzuwenden. Die einstweilige Regelung gilt, wenn nichts anderes vereinbart wird, bis zum Abschluss des Verfahrens vor der Schiedsstelle.

Übersicht

I. Allgemeines	II. Regelungsgehalt
1. Bedeutung der Regelung —— 1	1. Einstweilige Regelung (S. 1) —— 4
2. Vorgängerregelung —— 2	2. Formelle Anforderungen (S. 2) —— 5
3. Entstehungsgeschichte —— 3	3. Geltungsdauer (S. 3) —— 8

---

53 Nach Busse/Keukenschrijver/*Keukenschrijver*, § 34 ArbnErfG Rn 17, ist der Teilwiderspruch als Widerspruch anzusehen; zur Unzulässigkeit eines Teilwiderspruchs vgl. auch Dreier/Schulze/*Schulze*, § 105 VGG Rn 10, mit ausführlicher Begründung und Verweis auf die Gegenansicht; vgl. auch BeckOK-UrhR/*Freudenberg*, § 105 VGG Rn 22 und Wandtke/Bullinger/*Staats*, § 105 VGG Rn. 10.
54 Vgl. § 101 Rn 5ff.

I. Allgemeines

1. Bedeutung der Regelung. Die Schiedsstelle kann den Beteiligten eines Verfahrens auf Antrag eine einstweilige Regelung vorschlagen. Während einstweilige Regelungen nur durch die Schiedsstelle, nicht aber durch die Gerichte getroffen werden können, sind für den Erlass eines Arrests oder einer einstweiligen Verfügung allein die Gerichte zuständig, §§ 128 Abs. 3 S. 1, Abs. 1. 1

2. Vorgängerregelung. Die Regelung entspricht inhaltlich § 14c Abs. 2 UrhWG, wobei die bisherige Beschränkung auf Streitfälle über Gesamtverträge (§§ 14c Abs. 1 S. 1, 14 Abs. 1 Nr. 1 lit. c) UrhWG) bzw. Rechte der Kabelweitersendung (§§ 14d, 14 Abs. 1 Nr. 2 UrhWG) entfallen ist.[1] § 106 gilt nunmehr für alle Verfahrensarten.[2] Die Regelung hat in der Vergangenheit kaum praktische Bedeutung erlangt. 2

3. Entstehungsgeschichte. Die Norm geht auf den wortlautidentischen Vorschlag des RefE des BMJV zurück[3] und wurde im weiteren Gesetzgebungsverfahren nicht weiter diskutiert. 3

II. Regelungsgehalt

1. Einstweilige Regelung (S. 1). Mit der einstweiligen Regelung macht die Schiedsstelle den Beteiligten einen vorläufigen Vorschlag zur Regelung des Streitfalls. Zwischen den Beteiligten soll eine **verbindliche Vereinbarung** für den Zeitraum seit Einleitung des Schiedsstellenverfahrens getroffen werden, um den Beteiligten eine **gewisse Sicherheit** im Hinblick auf deren Rechtsverhältnis untereinander zu gewähren. Sie sollte mindestens die zwischen den Beteiligten streitigen Punkte umfassen, kann aber gegebenenfalls auch weitere, von der Schiedsstelle als angemessen erachtete Regelungen enthalten. Im Hinblick auf etwaige Zahlungsansprüche sollten komplizierte Rückabwicklungen möglichst vermieden werden. Eine einstweilige Regelung kann nur auf **Antrag** eines Beteiligten vorgeschlagen werden. 4

2. Formelle Anforderungen (S. 2). Für die Anordnung einer einstweiligen Regelung verweist § 106 auf die Regelungen in **§ 105 Abs. 2 und Abs. 3 S. 1**, die **entsprechend** anzuwenden sind. Die Schiedsstelle entscheidet somit auch in diesen Fällen durch Einigungsvorschlag, der zu begründen und von den zuständigen Mitgliedern der Schiedsstelle zu unterschreiben ist (§ 105 Abs. 2 S. 1), mit einer Widerspruchsbelehrung zu versehen (§ 105 Abs. 2 S. 2) und den Beteiligten des Verfahrens zuzustellen ist (§ 105 Abs. 2 S. 3). Der Aufsichtsbehörde ist eine Abschrift zu übermitteln (§ 105 Abs. 2 S. 4). 5

Der einstweilige Regelungsvorschlag entfaltet nur dann eine Bindungswirkung zwischen den Beteiligten, wenn diese keinen Widerspruch einlegen. Die Widerspruchsfrist beträgt einen Monat; dies gilt auch in Fällen der Kabelweitersendung, da § 105 Abs. 3 S. 2 nicht von der Verweisung des § 106 S. 2 umfasst wird.[4] Aus dem Einigungsvorschlag, mit dem die Schiedsstelle den Beteiligten eine einstweilige Regelung unterbreitet, kann nicht vollstreckt werden.[5] 6

---

1 BeckOK-UrhR/*Freudenberg*, § 106 VGG Rn 1.
2 RegE-VGG, BT-Drucks. 18/7223, S. 101.
3 RefE des BMJV v. 9.6.2015, S. 48.
4 RegE-VGG, BT-Drucks. 18/7223, S. 101.
5 Wandtke/Bullinger/Staats, § 106 VGG Rn 4, BeckOK-UrhR/*Freudenberg*, § 106 VGG Rn 6.

7   Die Möglichkeit einer **Wiedereinsetzung** in die Widerspruchsfrist ist für die einstweilige Regelung **nicht** vorgesehen. Teilweise wird angesichts des fehlenden Verweises auf § 105 Abs. 4 und der knappen bzw. vollständig fehlenden Gesetzesbegründung von einem Redaktionsversehen des Gesetzgebers[6] ausgegangen. Dies überzeugt nicht. Ziel der einstweiligen Regelung ist es, möglichst bald nach Einleitung des Verfahrens vor der Schiedsstelle eine für die Beteiligten verbindliche Vereinbarung zu treffen. Dieser Zweck wird nicht erreicht, wenn eine von der Schiedsstelle vorgelegte Regelung über die gesetzlich vorgesehene Widerspruchsfrist von einem Monat hinaus noch bis zum Ablauf der Ausschlussfrist von einem Jahr (§ 234 Abs. 3 ZPO) von einem der Beteiligten wieder zu Fall gebracht werden kann.

8   **3. Geltungsdauer (S. 3).** Die einstweilige Regelung gilt bis zum Abschluss des Verfahrens vor der Schiedsstelle, es sei denn, die Beteiligten vereinbaren etwas anderes.

§ 107
Sicherheitsleistung

(1) ¹In Verfahren nach § 92 Absatz 1 Nummer 2 über die Vergütungspflicht für Geräte und Speichermedien kann die Schiedsstelle auf Antrag der Verwertungsgesellschaft anordnen, dass der beteiligte Hersteller, Importeur oder Händler für die Erfüllung des Anspruchs aus § 54 Absatz 1 des Urheberrechtsgesetzes Sicherheit zu leisten hat. ²Von der Anordnung nach Absatz 1 hat sie abzusehen, wenn angemessene Teilleistungen erbracht sind.
(2) ¹Der Antrag muss die Höhe der begehrten Sicherheit enthalten.
(3) Über Art und Höhe der Sicherheitsleistung entscheidet die Schiedsstelle nach billigem Ermessen. ²Bei der Höhe der Sicherheit kann sie nicht über den Antrag hinausgehen.
(4) ¹Das zuständige Oberlandesgericht (§ 129 Absatz 1) kann auf Antrag der Verwertungsgesellschaft durch Beschluss die Vollziehung einer Anordnung nach Absatz 1 zulassen, sofern nicht schon eine entsprechende Maßnahme des einstweiligen Rechtsschutzes bei einem Gericht beantragt worden ist. ²Das zuständige Oberlandesgericht kann die Anordnung abweichend fassen, wenn dies zur Vollziehung notwendig ist.
(5) Auf Antrag kann das zuständige Oberlandesgericht den Beschluss nach Absatz 4 aufheben oder ändern.

Übersicht
I. Allgemeines
   1. Bedeutung der Regelung —— 1
   2. Vorgängerregelung —— 2
   3. Entstehungsgeschichte —— 3
II. Regelungsgehalt
   1. Voraussetzungen der Anordnung einer Sicherheitsleistung
     a) Anwendbarkeit —— 8
     b) Antragserfordernis/ Beteiligte —— 10
     c) Sicherungsanspruch —— 13
     d) Sicherungsgrund —— 14
   2. Ermessen der Schiedsstelle —— 16
   3. Art und Höhe der Sicherheitsleistung (Abs. 3)
     a) Höhe der Sicherheitsleistung —— 17
     b) Art der Sicherheitsleistung —— 21
   4. Abwendungsbefugnis, Abs. 1 S. 2 —— 24

---
6 BeckOK-UrhR/*Freudenberg*, § 106 VGG Rn 5; zweifelnd Wandtke/Bullinger/*Staats*, § 106 Rn 4.

5. Entscheidung über den Antrag nach § 107 —— 25
6. Verfahren —— 26
7. Kosten des Verfahrens —— 27
8. Rechtsbehelfe und Vollziehbarerklärung (Abs. 4, Abs. 5)

a) Rechtsbehelfe und Zuständigkeit —— 28
b) Prüfungsumfang des OLG München im Verfahren nach Abs. 4 —— 32

I. Allgemeines

1. Bedeutung der Regelung. In Verfahren über die Geräte- und Speichermedien- 1 vergütung kann die Schiedsstelle auf Antrag der Verwertungsgesellschaft anordnen, dass ein Vergütungsschuldner für die Erfüllung des Anspruchs aus § 54 Abs. 1 UrhG Sicherheit zu leisten hat. § 107 soll dem Umstand Rechnung tragen, dass zwischen dem Inverkehrbringen von Geräten und Speichermedien und der Zahlung der Vergütung regelmäßig erhebliche Zeit vergeht. Hieraus ergibt sich nach Auffassung des Gesetzgebers ein besonderes Schutzbedürfnis der Gläubiger des Vergütungsanspruchs. Begründet wird dies mit dem erheblichen Zeitverlust, der regelmäßig bis zum Vorliegen eines akzeptierten und ggf. von der Schiedsstelle und den Gerichten überprüften Tarifs entsteht, was für die Gläubiger des Vergütungsanspruchs eine erhebliche Gefährdung bedeute. Diesen Nachteil wollte der Gesetzgeber durch die Möglichkeit der Anordnung einer Sicherheitsleistung auf Antrag durch die Schiedsstelle ausgleichen.[1]

2. Vorgängerregelung. Im früheren UrhWG findet die Vorschrift keine Entspre- 2 chung. § 11 Abs. 2 UrhWG, der in § 37 übernommen wurde, galt nur im Rahmen des Abschlusszwangs (jetzt: § 34 Abs. 1), der die Verwertungsgesellschaften verpflichtet, die von ihnen wahrgenommenen Rechte jedermann auf Verlangen zu angemessenen Bedingungen einzuräumen, nicht dagegen bei gesetzlichen Vergütungsansprüchen wie der Geräte- und Speichermedienvergütung nach den §§ 54 ff. UrhG.

3. Entstehungsgeschichte. Nach den Bundestagswahlen 2013 hatte die Bundesre- 3 gierung **zunächst** vereinbart, eine **Hinterlegungspflicht** der Vergütungsschuldner für gesetzliche Vergütungsansprüche einführen zu wollen. Hierdurch sollten Verhandlungen und Streitigkeiten über die Privatkopievergütung schneller, effizienter und einfacher gestaltet werden.[2]

Entsprechendes wurde in Teilen der Literatur bereits seit Einführung des „Modells 4 der Verhandlungslösung" im Bereich der Geräte- und Speichermedienvergütung durch den „Zweiten Korb" der Urheberrechtsreform[3] gefordert. Konkret wurde vorgeschlagen, eine etwaige Regelung an die Vorbehaltszahlung oder Hinterlegung nach § 11 Abs. 2 UrhWG anzulehnen.[4] Die Vorschläge basierten auf der Vorstellung, dass sich ein Nutzer nur dann auf das Privileg der Rechteeinräumung durch Gesetz berufen können solle, wenn er die angemessene Vergütung auch tatsächlich zahlt. Begründet wurde dies mit der Erwägung, dass die Vorleistung, das Werk im gesetzlich gestatteten Umfang nutzen

---

[1] RegE-VGG, BT-Drucks. 18/7223, S. 101 f.
[2] Koalitionsvertrag 2013, S. 93, abrufbar unter https://www.cdu.de/sites/default/files/media/dokumente/koalitionsvertrag.pdf.
[3] Zweites Gesetz zur Regelung des Urheberrechts in der Informationsgesellschaft v. 26.10.2007, BGBl. I S. 2513.
[4] *Schulze*, GRUR 2005, 828, 834 f.; vgl. auch die Stellungnahme der GRUR v. 13.2.2009, GRUR 2009, 1035, 1035.

zu dürfen, nicht einseitig auf die Urheber verlagert werden könne; zudem müsse das Risiko der Rechtsinhaber verringert werden, bei einer etwaigen Insolvenz des Nutzers leer auszugehen.[5]

5   Letztlich wurde der im Koalitionsvertrag festgehaltene Ansatz nicht weiterverfolgt, nachdem gegen ihn von Seiten der Vergütungsschuldner u.a. verfassungsrechtliche Bedenken geltend gemacht wurden.[6] So sah bereits der RefE[7] nur mehr eine **Sicherheitsleistung** vor, die leicht verändert als § 107 VGG-E (die noch im RefE vorgesehene Soll-Vorschrift zur Anordnung der Sicherheitsleistung im Fall der Aussetzung des Verfahrens durch die Schiedsstelle nach § 103 Abs. 1 VGG wurde gestrichen) Eingang in den RegE fand.[8] Entsprechend der Beschlussempfehlungen des Ausschusses für Recht und Verbraucherschutz wurde § 107 Abs. 1 VGG-E um einen S. 2 ergänzt, wonach die Schiedsstelle von der Anordnung einer Sicherheitsleistung abzusehen hat, wenn der Vergütungsschuldner bereits **angemessene Teilleistungen** erbracht hat (sog. Abwendungsbefugnis).[9] Dabei ging der Rechtsausschuss des Bundestags, der die Aufnahme von Abs. 1 S. 2 in die Vorschrift empfohlen hatte, davon aus, dass Vergütungsgläubiger und Vergütungsschuldner künftig darauf hinwirken, dass sie – wenn eine zeitnahe Einigung über Tarife nicht möglich erscheint – sich zumindest über Interimsvereinbarungen verständigen.

6   Eine Orientierung an der Hinterlegung nach § 11 Abs. 2 UrhWG als Vorbild für eine entsprechende Regelung für gesetzliche Vergütungsansprüche scheint nicht zwingend, da es bei der Hinterlegung primär um die Fiktion eines Vertragsschlusses zwischen Nutzern und Verwertungsgesellschaften geht, aufgrund derer der Nutzer die benötigten Rechte erhält. Die Möglichkeit der Rechtenutzung durch den Vergütungsschuldner wird im Rahmen der gesetzlichen Vergütungsansprüche jedoch bereits durch die Ausgestaltung als gesetzliche Lizenz erfüllt.[10]

7   Der durch den Gesetzgeber verabschiedete § 107 Abs. 1 verbindet eine Regelung, die in ihrer Formulierung an Vorschriften zur Sicherung von Prozesskosten aus der ZPO erinnert (S. 1), mit einer Regelung, deren Wortlaut eine Erfüllungswirkung für die Hauptforderung nahelegt (S. 2). **Beide Wirkungen sind aber nicht miteinander zu vereinbaren.** Je nachdem, ob man den Sicherungscharakter oder aber ihren Erfüllungscharakter in den Vordergrund rückt, führt die Auslegung der Norm insgesamt zu einem Ergebnis, die Norm entweder nie oder aber stets anzuwenden. Beides erscheint nicht unproblematisch.

---

5   Dreier/Schulze/*Schulze*, § 11 UrhWG, Rn 16.
6   *Steinbrecher/Scheufele*, ZUM 2016, 91, 95.
7   RefE des BMJV v. 9.6.2015, S. 121.
8   Zu den verfassungsrechtlich relevanten Aspekten sowohl des RefE als auch des RegE der Regelung vgl. das im Auftrag des BITKOM erstellte Gutachten von Prof. Dr. Christofer Lenz, abrufbar unter www.bitkom.org/Publikationen/2016/Positionspapiere/Warum-ein-Verwertungsgesellschaftengesetz-mit-dem-Inhalt-von-107-des-Gesetzentwurfs-der-Bundesregierung-verfassungswidrig-waere/Rechtsgutachten-Prof-Lenz-zu-107-VGG-RegE-08012016.pdf.
9   Beschlussempfehlung und Bericht des Ausschusses für Recht und Verbraucherschutz zum RegE-VGG, BT-Drucks. 18/8268, S. 4, 8 und 9.
10 I.d.S. auch *Conrad*, CR 2016, 157, 158f.

II. Regelungsgehalt

1. Voraussetzungen der Anordnung einer Sicherheitsleistung

a) Anwendbarkeit. § 107 enthält eine **Sonderregelung** für Verfahren nach § 92 **8** Abs. 1 Nr. 2 Var. 1 über die **Geräte- und Speichermedienvergütung** nach § 54 Abs. 1 UrhG.[11] In Verfahren betreffend die sog. Betreibervergütung nach § 54c UrhG wie auch in Gesamtvertragsverfahren i.S.d. § 92 Abs. 1 Nr. 3 ist § 107 schon seinem Wortlaut nach nicht anwendbar.[12] Darüber hinaus kann eine Sicherheitsleistung wohl ebenfalls nicht für den in der Hauptsache nach § 54f Abs. 3 geltend gemachten doppelten Vergütungssatz angeordnet werden.

Zudem dürfte § 107 gem. § 139 Abs. 1 nur für Verfahren anwendbar sein, die seit In- **9** krafttreten des VGG am 1.6.2016 bei der Schiedsstelle anhängig gemacht wurden.

b) Antragserfordernis/Beteiligte. Die Sicherheitsleistung kann nur auf **Antrag 10** angeordnet werden. Für den Antrag gilt § 97 entsprechend; insbesondere ist der Antrag **schriftlich** zu stellen, § 97 Abs. 1 S. 1. Der Antrag kann bis zur Entscheidung durch die Schiedsstelle im Verfahren nach § 107 jederzeit zurückgenommen werden.[13] Die **Höhe** der begehrten Sicherheitsleistung ist bereits im Antrag durch die Verwertungsgesellschaft zu **beziffern**, Abs. 2.

Der Wortlaut des Abs. 1 S. 1 („in Verfahren") legt nahe, dass ein Antrag auf Anord- **11** nung einer Sicherheitsleistung ein bei der Schiedsstelle **bereits anhängiges (Hauptsache-)Verfahren** voraussetzt. Er kann zusammen mit dem verfahrenseinleitenden Antrag in der Hauptsache, im Übrigen aber auch jederzeit während des laufenden Verfahrens gestellt werden.[14]

Antragsbefugt sind neben Verwertungsgesellschaften auch abhängige Verwertungs- **12** einrichtungen nach § 3 Abs. 1, Abs. 2 S. 1 wie die Zentralstelle für private Überspielungsrechte (ZPÜ).[15] Zur Leistung einer angeordneten Sicherheit verpflichtet sind die am Verfahren nach § 92 Abs. 1 Nr. 2 Var. 1 beteiligten Hersteller, Importeure und Händler, §§ 54 Abs. 1, 54b UrhG.

c) Sicherungsanspruch. Die Anordnung einer Sicherheitsleistung setzt das Beste- **13** hen eines Anspruchs auf die Geräte- bzw. Speichermedienvergütung nach § 54 Abs. 1 UrhG voraus, denn nach Abs. 1 S. 1 hat der Vergütungsschuldner „für die Erfüllung des Anspruchs aus § 54 Abs. 1 des Urheberrechtsgesetzes Sicherheit zu leisten". Das Bestehen eines **Sicherungsanspruchs** hat die Schiedsstelle zumindest **kursorisch** zu prüfen. Die Anordnung einer Sicherheitsleistung kommt nicht in Betracht, wenn der Vergütungsanspruch nach vorläufiger Einschätzung der Schiedsstelle schon dem Grunde nach nicht gegeben ist.[16]

d) Sicherungsgrund. In Teilen der Literatur wird unter Berufung auf den Ausnah- **14** mecharakter der Regelung und der mit einer Anordnung verbundenen Schwere des Eingriffs in die Rechtspositionen des Vergütungsschuldners neben dem Vorliegen eines Si-

---

11 RegE-VGG, BT-Drucks. 18/7223, S. 101.
12 So auch Wandtke/Bullinger/*Staats*, § 107 Rn 7.
13 Wandtke/Bullinger/*Staats*, § 107 Rn 8.
14 BeckOK-UrhR/*Freudenberg*, § 107 VGG Rn 6.
15 Zur ZPÜ vgl. § 3 Rn. 14.
16 OLG München, Beschl. v. 3.5.2018 – 6 Sch 10/17 WG, S. 19, n.v.; RegE-VGG, BT-Drucks. 18/7223, S. 102.

cherungsanspruchs als ungeschriebenes Tatbestandsmerkmal ein **besonderer Sicherungsbedarf im konkreten und individuellen Fall des betreffenden Vergütungsschuldners** gefordert. Die Befürworter dieser Auffassung führen insbesondere an, dass der Gesetzeswortlaut, der auf die Nennung konkreter Tatbestandsmerkmale verzichte, bei deren Vorliegen eine Sicherheitsleistung anzuordnen ist, und der die Entscheidung über die Anordnung allein in das Ermessen der Schiedsstelle stelle, eine entsprechende Einschränkung des Anspruchs erfordere.[17] Zum Teil wird auf die mit dem Arrest nach §§ 916 ff ZPO vergleichbare Interessens- und Verfahrenslage bzw. § 1041 ZPO verwiesen.[18]

15 Nach Auffassung der Schiedsstelle[19] und des OLG München[20] ergeben sich für das Erfordernis eines Sicherungsgrundes im Sinne eines besonderen Risikos für die Durchsetzung des Zahlungsanspruchs weder aus dem Gesetzeswortlaut noch aus den Gesetzesmaterialien entsprechende Hinweise. Vielmehr wird das Vorliegen eines Durchsetzungsrisikos in § 107 (widerleglich) vermutet.[21] Schon in der Dauer der Verfahren im Bereich der Geräte- und Speichermedienvergütung ist eine (abstrakte) erhebliche Gefährdung der Durchsetzung des Anspruchs zu sehen, was bereits per se eine Sicherung des Zahlungsanspruchs im Einzelfall erforderlich machen kann.[22] Eine Parallele zu § 917 Abs. 1 ZPO ist demnach nicht veranlasst.

16 **2. Ermessen der Schiedsstelle.** Nach Abs. 1 S. 1 kann die Schiedsstelle bei Vorliegen eines Sicherungsanspruchs anordnen, dass der Vergütungsschuldner Sicherheit zu leisten hat. Damit steht sowohl das „Ob" der Anordnung als auch die Art und Höhe der Sicherheitsleistung (Abs. 3 S. 1) im **billigen Ermessen** der Schiedsstelle. Dabei hat sie die **jeweiligen Umstände des Einzelfalls** zu berücksichtigen, insbesondere ob die Beteiligten **Interimsvereinbarungen** abgeschlossen haben, die regeln, was für die Zeit bis zu einer Einigung oder gerichtlichen Entscheidung gelten soll, bzw. ob der Vergütungsschuldner **Angebote auf Abschluss einer solchen Interimsvereinbarung** vorgelegt hat, des Weiteren Umstände, die auf ein **besonderes Risiko für die Durchsetzung des Zahlungsanspruchs** hindeuten oder ob das Schiedsstellenverfahren nach § 103 **ausgesetzt** wird und daraus **zusätzliche Verzögerungen** entstehen.[23]

> **Beispiel**
> Weder eine **Verjährungsverlängerungsvereinbarung**[24] noch ein **Vergleichsangebot**, dessen Höhe deutlich hinter der geforderten Vergütung zurückbleibt, unter dem Vorbehalt der Rückzahlung steht und mit dem sämtliche offenen und bereits geltend gemachten Vergütungsansprüche pauschal abgegolten werden sollen,[25] können das Sicherungsbedürfnis des Vergütungsgläubigers hinreichend befriedigen und stellen daher keine Interimsvereinbarung bzw. kein Angebot auf Abschluss einer Interimsvereinbarung in diesem Sinne dar.

---

17 BeckOK-UrhR/*Freudenberg*, VGG, § 107 Rn 12, 13.
18 *Mackert/Niemann*, CR 2016, 531, 536.
19 Schiedsstelle VGG, Beschl. v. 26.7.2017 – Sch-Urh 112/16, S. 16 f., veröffentlicht unter https://www.dpma.de/docs/dpma/schiedsstelle_vgg/sch-urh112-16.pdf.
20 OLG München, Beschl. v. 3.5.2018 – 6 Sch 10/17 WG, S. 18, n.v.; OLG München, Beschl. v. 15.6.2018 – 6 Sch 8/18 WG, S. 17, n.v.; OLG München, Beschl. v. 9.8.2018 – 6 Sch 6/18 WG, S. 16 f., n.v.
21 OLG München, Beschl. v. 3.5.2018 – 6 Sch 10/17 WG, S. 18 f., n.v.
22 Schiedsstelle VGG, Beschl. v. 26.7.2017 – Sch-Urh 112/16, S. 16, veröffentlicht unter https://www.dpma.de/docs/dpma/schiedsstelle_vgg/sch-urh112-16.pdf, unter Verweis auf RegE-VGG, BT-Drucks. 18/7223, S. 101 f.
23 RegE-VGG, BT-Drucks. 18/7223, S. 102; OLG München, Beschl. v. 3.5.2018 – 6 Sch 10/17 WG, S. 20, n.v.
24 OLG München, Beschl. v. 3.5.2018 – 6 Sch 10/17 WG, S. 21, n.v.
25 OLG München, Beschl. v. 3.5.2018 – 6 Sch 10/17 WG, S. 21, n.v.

3. Art und Höhe der Sicherheitsleistung (Abs. 3)

a) Höhe der Sicherheitsleistung. Im Rahmen ihrer Entscheidung hat die Schiedsstelle festzustellen, **wie der geltend gemachte Vergütungsanspruch nach Grund und Höhe gesichert ist.** Eine Absicherung zu 100% der seitens der Verwertungsgesellschaft behaupteten Vergütungshöhe kommt dabei nach dem OLG München nur dann in Betracht, wenn der Vergütungsanspruch dem Grunde und der Höhe nach unstreitig ist oder dessen tatbestandliche Voraussetzungen in der höchstrichterlichen Rechtsprechung geklärt sind.[26] Dieser Rechtsprechung, die sich an die Spruchpraxis der Schiedsstelle anlehnt,[27] liegt die **wertende Betrachtung** zugrunde, inwieweit ein beachtliches Interesse des Vergütungsschuldners angenommen werden kann, die von der Verwertungsgesellschaft geforderte Höhe der Vergütung überprüfen zu lassen. Je gesicherter demnach die angemessene Vergütung ist, desto höher kann auch die Sicherheitsleistung hierfür ausfallen. Aus Gründen der Verhältnismäßigkeit (Übermaßverbot) ist eine sachlich nicht gerechtfertigte Besserstellung des Vergütungsgläubigers gegenüber sonstigen Gläubigern zu vermeiden.[28]

17

Hinsichtlich der Höhe der Sicherheitsleistung kann die Schiedsstelle nicht über den nach Abs. 2 zwingend zu beziffernden Antrag hinausgehen, sie kann jedoch nach billigem Ermessen hinter dem Antrag zurückbleiben. **Ausgangspunkt** der Berechnungen der Schiedsstelle und des OLG München ist ein **maßvoll** für die verfahrensgegenständlichen Geräte bzw. Speichermedien **zu bestimmender Vergütungsansatz**,[29] der sich daran orientiert, wie gesichert der geltend gemachte Vergütungsanspruch dem Grunde und der Höhe nach ist.[30] Konkret wird die pro Gerät bzw. Speichermedium im Sicherungsverfahren angesetzte Vergütung mit der einschlägigen Stückzahl der Geräte bzw. Speichermedien multipliziert und im Einzelfall aus Gründen der Verhältnismäßigkeit ggf. um einen **Sicherheitsabschlag** vermindert.

18

Die Schiedsstelle[31], bestätigt durch das OLG München,[32] ordnet deshalb eine Sicherheitsleistung nur an, wenn zum Zeitpunkt der Entscheidung die für den verfahrensgegenständlichen Zeitraum relevanten Stückzahlen der Geräte bzw. Speichermedien aufgrund entsprechender **Auskünfte des Vergütungsschuldners** bekannt sind. Wurden dagegen noch keine Auskünfte erteilt, entscheidet die Schiedsstelle im Rahmen des ihr durch § 95 Abs. 1 S. 1 eingeräumten Ermessens vorab durch **Teil-Einigungsvorschlag** über den Anspruch nach § 54f Abs. 1 UrhG.[33] So wird vermieden, dass sich Vergütungsschuldner der Anordnung einer Sicherheitsleistung entziehen, indem sie die Erteilung von Auskünften langfristig verweigern. Dass die Rechtsinhaber bei fehlender freiwilliger Auskunftserteilung durch den Vergütungsschuldner darauf verwiesen werden, zunächst ihren Auskunftsanspruch durchzusetzen, ist aufgrund des im Rahmen des § 107 zu beachtenden Übermaßverbots hinzunehmen.[34]

19

---

26 OLG München, Beschl. v. 3.5.2018 – 6 Sch 10/17 WG, S. 20, n.v.
27 Schiedsstelle VGG, Beschl. v. 26.7.2017 – Sch-Urh 112/16, S. 25 f., veröffentlicht unter https://www.dpma.de/docs/dpma/schiedsstelle_vgg/sch-urh112-16.pdf.
28 OLG München, Beschl. v. 3.5.2018 – 6 Sch 10/17 WG, S. 20, n.v.; OLG München, Beschl. v. 9.8.2018 – 6 Sch 6/18 WG, S. 18, n.v.
29 OLG München, Beschl. v. 3.5.2018 – 6 Sch 10/17 WG, S. 25, n.v.
30 OLG München, Beschl. v. 9.8.2018 – 6 Sch 6/18 WG, S. 18, n.v.
31 Schiedsstelle VGG, Beschl. v. 8.2.2018 – Sch-Urh 151/16, S. 8, n.v.; Schiedsstelle VGG, Beschl. v. 29.3.2018 – Sch-Urh 126/16, S. 14, n.v.
32 OLG München, Beschl. v. 15.6.2018 – 6 Sch 8/18 WG, S. 20, n.v.
33 Schiedsstelle VGG, Beschl. v. 27.9.2018 – Sch-Urh 65/16, veröffentlicht unter https://www.dpma.de/docs/dpma/schiedsstelle_vgg/sch_urh_65-16_ev_27092018.pdf.
34 OLG München, Beschl. v. 15.6.2018 – 6 Sch 8/18 WG, S. 22, n.v.

20 Die Spruchpraxis der Schiedsstelle führt dazu, dass die Schiedsstelle ihr Entschließungsermessen früher oder später immer dazu betätigen wird, eine Sicherheitsleistung anzuordnen. Das erscheint nicht unproblematisch, ist aber die unausweichliche Konsequenz aus der Einordnung der Norm als „Minus" zur Hinterlegung.[35] .Ob dem verfassungsmäßigen Bestimmtheitsgebot vor diesem Hintergrund Genüge getan ist, wäre letztlich vom BVerfG zu klären. Eine Verfassungsbeschwerde gegen das Gesetz hat das BVerfG allerdings nicht zur Entscheidung angenommen, sondern darauf hingewiesen, dass die einfachrechtlichen Voraussetzungen der Norm unter Beachtung der verfassungsrechtlichen Anforderungen zunächst vom dafür zuständigen OLG zu entwickeln sind.[36]

21 **b) Art der Sicherheitsleistung. Gesetzliches Leitbild** für die Art der anzuordnenden Sicherheitsleistung ist die **Bankbürgschaft**.[37] Im Übrigen ist vieles noch ungeklärt. Gesichert scheint lediglich, dass etwaige **Rückstellungen** des Vergütungsschuldners der Anordnung einer Sicherheitsleistung nicht entgegenstehen.[38] Deren Bildung dient allein der Erfüllung handelsrechtlicher Vorgaben.

22 In ihren bisherigen Entscheidungen zog die Schiedsstelle in Erwägung, dem in Anspruch genommenen Vergütungsschuldner aufzugeben, nach seiner Wahl zu Gunsten der Verwertungsgesellschaft eine für den Vergütungsschuldner gegenüber der Bankbürgschaft kostengünstigere **Bürgschaftsversicherung** mit einem Versicherungsunternehmen (zumindest mit einer Niederlassung in Deutschland) abzuschließen[39], ordnete dies aber noch nicht an.

23 Das gesetzliche Leitbild der Bankbürgschaft wirft durchaus Fragen auf. Wie kann eine von der Schiedsstelle angeordnete Sicherheitsleistung in Form einer Bankbürgschaft gegenüber dem Vergütungsschuldner **vollstreckt** werden? Die Entscheidung der Schiedsstelle bindet nur die Beteiligten. Für den Fall, dass keine Bank bereit sein sollte, gegenüber dem Vergütungsschuldner die notwendige vertragliche Erklärung abzugeben, ist keine Möglichkeit ersichtlich, eine Bank als Dritten zur Abgabe einer solchen Erklärung zu verpflichten. Insbesondere im Falle einer drohenden Insolvenz des Vergütungsschuldners dürfte es für den Vergütungsschuldner schwierig werden, eine Bankbürgschaft beizubringen. Die aufgezeigten Schwierigkeiten sprechen im Übrigen auch gegen das Erfordernis eines besonderen Sicherungsgrundes.[40]

24 **4. Abwendungsbefugnis, Abs. 1 S. 2.** Nach Abs. 1 S. 2 hat die Schiedsstelle von der Anordnung einer Sicherheitsleistung abzusehen, wenn **angemessene Teilleistungen** bereits erbracht wurden. Die Regelung soll dem Verhältnismäßigkeitsgebot Rechnung tragen.[41] Nach Auffassung der Schiedsstelle liegt eine angemessene Teilleistung zwi-

---

35 Schiedsstelle VGG, Beschl. v. 26.7.2017 – Sch-Urh 112/16, S. 19, veröffentlicht unter https://www.dpma.de/docs/dpma/schiedsstelle_vgg/sch-urh112-16.pdf.
36 BVerfG, Beschl. v. 28.7.2016 – 1 BvR 1567/16, BeckRS 2016, 51421, Rn 11.
37 RegE-VGG, BT-Drucks. 18/7223, S. 102, wonach es meist angezeigt sein wird, eine Sicherheitsleistung durch eine schriftliche, unwiderrufliche, unbedingte und unbefristete Bürgschaft eines im Inland zum Geschäftsbetrieb befugten Kreditinstituts anzuordnen.
38 Schiedsstelle VGG, Beschl. v. 26.7.2017 – Sch-Urh 112/16, S. 32, veröffentlicht unter https://www.dpma.de/docs/dpma/schiedsstelle_vgg/sch-urh112-16.pdf; OLG München, Beschl. v. 3.5.2018 – 6 Sch 10/17 WG, S. 22, n.v.
39 Schiedsstelle VGG, Beschl. v. 26.7.2017 – Sch-Urh 112/16, S. 32, veröffentlicht unter https://www.dpma.de/docs/dpma/schiedsstelle_vgg/sch-urh112-16.pdf.
40 Siehe oben Rn 13.
41 OLG München, Beschl. v. 3.5.2018 – 6 Sch 10/17 WG, S. 26, n.v.

schen 25% und 50% der für das jeweilige Gerät bzw. Speichermedium angemessenen Vergütung.[42] Eine gerichtliche Stellungnahme hierzu steht noch aus.

5. Entscheidung über den Antrag nach § 107. Zuständig für die Anordnung einer Sicherheitsleistung ist die Schiedsstelle; sie entscheidet über den Antrag durch **Beschluss**.[43] § 105 ist nicht anwendbar, da die Schiedsstelle in Verfahren nach § 107 eine **originäre Entscheidung** (Anordnung) trifft. 25

6. Verfahren. Für das Verfahren gelten grds. die allgemeinen Regelungen der §§ 95 ff., wobei jedoch auch hier Besonderheiten zu beachten sein dürften.[44] Insbesondere erscheint die Durchführung einer mündlichen Verhandlung selbst bei einem übereinstimmenden Antrag der Beteiligten, vgl. § 99, nicht zwingend, da dies dem gesetzgeberischen Ziel einer zügigen Entscheidung über den Antrag auf Anordnung einer Sicherheitsleistung entgegenstünde. Rechtliches Gehör ist zu gewähren, § 95 Abs. 2 S. 2. 26

7. Kosten des Verfahrens. Für das Verfahren vor der Schiedsstelle nach § 107 wird keine Gebühr erhoben.[45] 27

8. Rechtsbehelfe und Vollziehbarerklärung (Abs. 4, Abs. 5)

a) Rechtsbehelfe und Zuständigkeit. Abs. 4 ermöglicht die Zulassung der Vollziehbarkeit der von der Schiedsstelle getroffenen Anordnung auf entsprechenden Antrag der Verwertungsgesellschaft, sofern nicht schon eine entsprechende Maßnahme des einstweiligen Rechtsschutzes bei einem Gericht beantragt wurde (S. 1). Die Anordnung kann auch abweichend gefasst werden, wenn dies für deren Vollziehung notwendig sein sollte (S. 2). 28

Nach Abs. 5 kann eine gerichtliche Entscheidung nach Abs. 4 auf Antrag geändert bzw. aufgehoben werden. 29

Dagegen scheidet der Rechtsbehelf der **sofortigen Beschwerde** nach § 567 Abs. 1 ZPO aus. Das OLG München ist kein der Schiedsstelle übergeordnetes (Beschwerde-)Gericht i.S.v. § 569 ZPO, 119 GVG.[46] Eine sofortige Beschwerde gem. § 23 EGGVG gegen die Anordnung der Sicherheitsleistung durch die Schiedsstelle ist ebenfalls nicht möglich, da es sich bei der Anordnung der Sicherheitsleistung nicht um einen Justizverwaltungsakt, sondern um eine originäre Entscheidung durch die Schiedsstelle[47] handelt. 30

Zuständig für die Maßnahmen nach Abs. 4 und Abs. 5 ist das OLG München, § 129 Abs. 1. Es entscheidet durch **unanfechtbaren Beschluss**, § 129 Abs. 4 S. 1. Vor der Entscheidung über den Rechtsbehelf ist der Gegner zu hören, § 129 Abs. 4 S. 2. Eine mündliche Verhandlung im Verfahren nach Abs. 4 ist nicht erforderlich.[48] 31

b) Prüfungsumfang des OLG München im Verfahren nach Abs. 4. Abs. 4 ist nach seinem eindeutigen Wortlaut auf die Zulassung der Vollziehbarkeit beschränkt. 32

---

42 Schiedsstelle VGG, Beschl. v. 26.7.2017 – Sch-Urh 112/16, S. 26, veröffentlicht unter https://www.dpma.de/docs/dpma/schiedsstelle_vgg/sch-urh112-16.pdf.
43 Schiedsstelle VGG, Beschl. v. 26.7.2017 – Sch-Urh 112/16, S. 2, veröffentlicht unter https://www.dpma.de/docs/dpma/schiedsstelle_vgg/sch-urh112-16.pdf.
44 Weitergehend BeckOK-UrhR/*Freudenberg*, § 107 VGG Rn 9, der von einer generellen Anwendbarkeit der §§ 95 ff. auszugehen scheint.
45 RegE-VGG, BT-Drucks. 18/7223, S. 104.
46 OLG München, Beschl. v. 3.5.2018 – 6 Sch 10/17 WG, S. 16, n.v.
47 OLG München, Beschl. v. 3.5.2018 – 6 Sch 10/17 WG, S. 16, n.v.
48 OLG München, Beschl. v. 9.8.2018 – 6 Sch 6/18 WG, S. 14, n.v.

Eine **umfassende gerichtliche Überprüfung der Anordnung** der Schiedsstelle durch das OLG nach Maßgabe des § 129 sieht das Gesetz nicht vor. Das OLG München nimmt jedoch unter Verweis auf die Rechtsprechung des BVerfG[49] und die Gesetzesbegründung[50] in **verfassungskonformer Auslegung des Abs. 4 im Hinblick auf Art. 19 Abs. 4 GG** eine vollumfängliche Prüfung sämtlicher Voraussetzungen für die Anordnung einer Sicherheitsleistung sowie deren Höhe vor.[51] Damit kann das OLG im Ergebnis auch eine höhere Sicherheitsleistung als die Schiedsstelle anordnen. Ungeklärt bleibt allerdings das Verhältnis dieser Rechtsprechung zu Abs. 5, wonach das OLG seine eigene Entscheidung abändern kann.

§ 108
Schadensersatz

Erweist sich die Anordnung einer Sicherheitsleistung nach § 107 Absatz 1 als von Anfang an ungerechtfertigt, so ist die Verwertungsgesellschaft, welche die Vollziehung der Anordnung erwirkt hat, verpflichtet, dem Antragsgegner den Schaden zu ersetzen, der ihm aus der Vollziehung entsteht.

Übersicht

I. Allgemeines
  1. Bedeutung der Regelung —— 1
  2. Vorgängerregelung —— 3
  3. Entstehungsgeschichte —— 4
II. Regelungsgehalt
  1. Erwirkung der Vollziehung —— 5
  2. Ungerechtfertigte Anordnung —— 6
  3. Von Anfang an —— 8
  4. Vollziehung der Anordnung —— 9
  5. Schaden —— 11
  6. Verfahren und Zuständigkeit —— 12

I. Allgemeines

1 **1. Bedeutung der Regelung.** Die Verwertungsgesellschaft, die die Vollziehung einer angeordneten Sicherheitsleistung erwirkt hat, haftet, wenn sich die Anordnung einer Sicherheitsleistung als von Anfang an ungerechtfertigt erweist. Sie trägt die Gefahr, eine möglicherweise ungerechtfertigte Anordnung vollzogen zu haben. Anspruchsberechtigt sind Hersteller, Importeure oder Händler von Geräten bzw. Speichermedien, die durch eine entsprechende Anordnung der Schiedsstelle verpflichtet wurden, Sicherheit zu leisten.

2 Systematisch handelt es sich um einen verschuldensunabhängigen, materiell-rechtlichen Schadensersatzanspruch[1] des Vergütungsschuldners gegen die Verwertungsgesellschaft.

3 **2. Vorgängerregelung.** § 108 wurde im Zusammenhang mit der Vorschrift des § 107 über die Anordnung einer Sicherheitsleistung neu geschaffen.

4 **3. Entstehungsgeschichte.** Die Regelung des § 108 orientiert sich an entsprechenden Vorschriften zum vorläufigen Rechtsschutz in den §§ 945 und 1041 Abs. 4 ZPO.[2] Sie

---

49 BVerfG, Beschl. v. 28.7.2016 – 1 BvR 1567/16, BeckRS 2016, 51421, Rn 7 ff.
50 RegE-VGG, BT-Drucks. 18/7223, S. 102.
51 OLG München, Beschl. v. 3.5.2018 – 6 Sch 10/17 WG, S. 17, n.v.

1 BeckOK-UrhR/*Freudenberg*, § 108 VGG Rn 1; Wandtke/Bullinger/*Staats*, § 108 VGG Rn 1.
2 RegE-VGG, BT-Drucks. 18/7223, S. 102.

geht auf den wortlautidentischen Vorschlag des RefE des BMJV zurück[3] und wurde im weiteren Gesetzgebungsverfahren nicht weiter diskutiert.

II. Regelungsgehalt

1. Erwirkung der Vollziehung. Die Verwertungsgesellschaft muss die **Vollziehung** der von der Schiedsstelle getroffenen Anordnung nach § 107 Abs. 4 beim zuständigen OLG **erwirkt** haben. Die Anordnung durch die Schiedsstelle als solche begründet daher noch keinen Anspruch auf Schadensersatz.

2. Ungerechtfertigte Anordnung. Die Anordnung der Schiedsstelle muss **ungerechtfertigt** gewesen sein. Als Beispiel für eine solche ungerechtfertigte Anordnung nennt die Gesetzesbegründung den Umstand, dass der zu sichernde Anspruch nicht oder nicht in der geltend gemachten Höhe bestand.[4] Maßgebend ist demnach die materielle Rechtslage hinsichtlich des zu sichernden Anspruchs. Die Verwertungsgesellschaft, die die Anordnung erwirkt hat, trägt die Feststellungslast für das Vorliegen ihrer Voraussetzungen.

Der Wortlaut der Gesetzesbegründung „nicht in der geltend gemachten Höhe" ist missverständlich. Im Rahmen des § 108 muss es auf die von der Schiedsstelle tatsächlich angeordnete Höhe, nicht dagegen auf die von der Verwertungsgesellschaft im Rahmen ihres Antrags auf Sicherheitsleistung nach § 107 Abs. 2 bezifferte Höhe ankommen. Denn eine Anordnung war nur dann ungerechtfertigt, wenn sich im Nachhinein herausstellt, dass die nach § 54 UrhG tatsächlich angemessene Vergütung geringer ist als der von der Schiedsstelle im Rahmen des Verfahrens nach § 107 angeordnete Betrag. Die nach § 54 UrhG angemessene Vergütung steht nach Abschluss des Schiedsstellenverfahrens in der Hauptsache bzw. mit dem Vorliegen eines rechtskräftigen gerichtlichen Urteils fest.

3. Von Anfang an. Von Anfang an ungerechtfertigt ist eine Anordnung dann, wenn ein Sicherungsanspruch von Anfang an nicht bestand, beispielsweise in den Fällen des § 54 Abs. 2 UrhG oder wenn ein Gerät bzw. Speichermedium seinem Typ nach schon nicht zur Vornahme von Vervielfältigungen i.S.d. § 53 UrhG benutzt wird. Denkbar ist auch, dass der in Anspruch genommene schon nicht als Vergütungsschuldner passivlegitimiert war. Maßgebend ist der **Zeitpunkt der Anordnung** der Sicherheitsleistung durch die Schiedsstelle.[5]

4. Vollziehung der Anordnung. Als weitere Voraussetzung für den Schadenersatzanspruch nach § 108 muss die Verwertungsgesellschaft die erwirkte und für vollziehbar erklärte Anordnung auch tatsächlich vollzogen haben. Hierfür sieht das Gesetz – anders als im Rahmen der Arrestvorschriften der §§ 916 ff. ZPO – **keine Frist** vor.

Da der Schadenersatzanspruch **verschuldensunabhängig** ausgestaltet ist, wird die Verwertungsgesellschaft von Fall zu Fall abzuwägen haben, ob bzw. wann sie von einer für vollziehbar erklärten Anordnung Gebrauch macht. Kommt der Vergütungsschuldner einer für vollziehbar erklärten Anordnung nicht nach, stellen sich Probleme hinsichtlich der Durchführung weiterer Maßnahmen.[6]

---

[3] RefE des BMJV v. 9.6.2015, S. 49.
[4] RegE-VGG, BT-Drucks. 18/7223, S. 102.
[5] So auch Wandtke/Bullinger/*Staats*, § 108 VGG Rn 2.
[6] Vgl. § 107 Rn 25.

11 **5. Schaden.** Zu ersetzen ist der Schaden, der dem Vergütungsschuldner aus der Vollziehung der ungerechtfertigten Anordnung entsteht, §§ 249 ff. BGB. Der Schaden muss **kausal** auf die Vollziehung zurückzuführen sein. Zu erstatten sind dabei jedenfalls diejenigen Kosten, die für die nach dem gesetzlichen Leitbild regelmäßig beizubringende Bankbürgschaft[7] angefallen sind.[8]

12 **6. Verfahren und Zuständigkeit.** Der Anspruch auf Schadenersatz ist in einem **eigenen Klageverfahren** geltend zu machen. Hierfür ist das OLG München ausschließlich zuständig, § 129 Abs. 1. Für das Verfahren gilt nach § 129 Abs. 2 S. 1 der Erste Abschnitt des Zweiten Buchs der Zivilprozessordnung (§§ 253 ff. ZPO) entsprechend. Gegen Endurteile im Verfahren nach § 108 kann Revision zum BGH eingelegt werden, § 129 Abs. 3.

§ 109
Beschränkung des Einigungsvorschlags; Absehen vom Einigungsvorschlag

(1) Sind bei Streitfällen nach § 92 Absatz 1 Nummer 1 und 2 die Anwendbarkeit oder die Angemessenheit eines Tarifs bestritten und ist der Sachverhalt auch im Übrigen streitig, so kann sich die Schiedsstelle in ihrem Einigungsvorschlag auf eine Stellungnahme zur Anwendbarkeit oder Angemessenheit des Tarifs beschränken.

(2) Sind bei Streitfällen nach § 92 Absatz 1 Nummer 1 und 2 die Anwendbarkeit und die Angemessenheit eines Tarifs nicht bestritten, so kann die Schiedsstelle von einem Einigungsvorschlag absehen.

Übersicht
I. Allgemeines —— 1
II. Regelungsgehalt —— 4

I. Allgemeines

1 Die Vorschrift geht auf den wortlautidentischen RefE des BMJV[1] zurück und baut auf der Regelung des § 14b UrhWG auf. Die Schiedsstelle soll sich möglichst auf die Tarifüberprüfung beschränken und kann daher von einer Stellungnahme zu weitergehenden Rechtsfragen absehen, da insoweit die besondere Sachkunde der Schiedsstelle nicht erforderlich ist. Die Vorgängerregelung in § 14b UrhWG war noch auf Einzelnutzerverfahren gemäß § 14 Abs. 1 Ziff. 1 lit. a (jetzt § 92 Abs. 1 Nr. 1) beschränkt. § 109 weitet die Anwendbarkeit auf Verfahren zur Bestimmung der Höhe der Geräte- und Speichermedienvergütung nach §§ 54, 54c UrhG aus und stellt damit den bis zum 31.12.2007 bestehenden Rechtszustand wieder her. Damit zielt der Gesetzgeber auf eine Beschleunigung dieser Verfahren ab.[2] Die Entschei-

---

[7] Vgl. § 107 Rn 24.
[8] So auch Wandtke/Bullinger/*Staats*, § 108 VGG Rn 3.

[1] RefE des BMJV v. 9.6.2015, S. 49.
[2] Vgl. RegE-VGG, BT-Drucks. 18/7223, S. 55, unter Verweis auf den Koalitionsvertrag 2013, wonach Streitigkeiten über die Höhe der Geräte- und Speichermedienvergütung schneller und effizienter gestaltet werden sollten.

dung hierüber ist von keinem Antrag der Beteiligten abhängig, sondern wird von Amts wegen gefällt.

Ob die Vorschrift als „Soll"-Vorschrift zu sehen ist, wie dies das Schrifttum[3] unter Berufung auf Strittmatter[4] annimmt, ist offen und im Hinblick auf die Einordnung der Tarife als Vertragsangebot durch den BGH[5] im Hinblick auf die Zuständigkeit der Schiedsstelle zu dem gesetzlichen Vergütungsanspruch nach § 54 UrhG möglicherweise zu weitgehend. 2

Ein Rechtsbehelf gegen diese Entscheidung ist zwar nicht vorgesehen; trotzdem sollte der Einigungsvorschlag die Beschränkung begründen[6] (§ 105 Abs. 2 S. 1). 3

II. Regelungsgehalt

Im Gegensatz zur früheren Rechtslage (vgl. § 14b UrhWG) umfasst § 109 Abs. 2 VGG nun auch Verfahren nach § 92 Abs. 1 Nr. 2 VGG betreffend die Vergütungspflicht für Geräte und Speichermedien nach § 54 UrhG oder die Betreibervergütung nach § 54c UrhG.[7] Damit erhält die Schiedsstelle wieder wie vor dem 1.1.2008 auch im Bereich der gesetzlichen Vergütungsansprüche die Möglichkeit, sich auf eine Stellungnahme zum Tarif zu beschränken und nicht mehr den Tatbestand des § 54 beziehungsweise § 54c UrhG sowie damit im Zusammenhang stehende Fragen (Verzug, Schadensersatz, unionsrechtliche Fragen, Anzahl der Kopiergeräte) insgesamt zu beurteilen. Das Zweite Gesetz zur Regelung des Urheberrechts in der Informationsgesellschaft („Zweiter Korb") hatte nämlich die bis dahin in § 14 Abs. 1 Nr. 1 lit.a) UrhWG geregelte Zuständigkeit der Schiedsstelle für gesetzliche Vergütungsansprüche in einem eigenen Buchstaben § 14 Abs. 1 Nr. 1 lit. b) neu gefasst, ohne dies durch eine entsprechende Neuregelung bei § 14b UrhWG zu berücksichtigen. 4

Die Neuregelung ist vor dem Hintergrund der Rechtsprechung des OLG München zu §§ 16 Abs. 2 S. 1, 14b Abs. 1 Nr. 1 lit. a) und b) UrhWG[8] und den zu der (früheren) Streitfrage vertretenen Literaturauffassungen[9] zu sehen, inwieweit § 14b UrhWG über seinen Wortlaut hinaus auch auf Verfahren über die Geräte- und Speichermedienvergütung gem. § 14b Abs. 1 Nr. 1 lit. b) anwendbar sein sollte. Nach diesem Urteil erachtete sich das OLG München in sämtlichen Streitigkeiten zur Geräte-, Speichermedien- und Betreibervergütung für erstinstanzlich zuständig; zwingend war aber zunächst in jedem Fall ein vorgeschaltetes Schiedsstellenverfahren durchzuführen, unabhängig von der Bedeutung des einzelnen Streitfalls und der Frage, ob Anwendbarkeit und Angemessenheit des Tarifs in Streit standen.[10] Nach Inkrafttreten des VGG kommt es nunmehr auch in Verfahren, die die Vergütungspflicht für Geräte und Speichermedien nach § 54 UrhG betreffen, darauf an, ob die Anwendbarkeit und Angemessenheit des Tarifs bestritten wurde. 5

---

3 Vgl Schricker/Loewenheim/*Reinbothe*, § 14b UrhWG Rn 3; Wandtke/Bullinger/*Gerlach*, § 109 Rn 4; Dreier/Schulze/*Schulze*, § 109 VGG Rn 3.
4 *Strittmatter*, S. 101 a.E.
5 BGH, Urt. v. 16.3.2017 – I ZR 35/15 – GRUR 2017, 684, 685 – Externe Festplatten; BGH, Urt. v. 18.5.2017 – I ZR 266/15 – GRUR-RR 2017, 486, 491 – USB-Stick.
6 105, Rn 14.
7 Vgl. RegE-VGG, BT-Drucks. 18/7223, S. 102.
8 Vgl. OLG München, Urt. v. 22.5.2014 – 6 Sch 20/13 WG – ZUM 2014, 810.
9 Vgl. Dreier/Schulze/*Schulze*, 5. Aufl. 2015, § 14 UrhWG Rn 9.
10 OLG München, Urt. v. 22.5.2014 – 6 Sch 20/13 WG – ZUM 2014, 810, 812; in der Folge bestätigt durch BGH, Beschl. v. 27.8.2015 – I ZR 148/14 – ZUM-RD 2015, 725 – Schiedsstellenanrufung II.

6 Die Vorschrift muss allerdings vorsichtig gelesen werden, denn Streitigkeiten nach § 92 Abs. 1 Nr. 2 betreffen ihrem Wortlaut nach gerade keine Tariffragen,[11] sondern den gesetzlichen Vergütungsanspruch nach § 54 UrhG, der neben den vertraglichen Anspruch aus dem Tarifangebot, wenn dieses angenommen wird, tritt. Wird es aber – naturgemäß, weil ansonsten in aller Regel kein Schiedsstellenverfahren erforderlich wäre – nicht angenommen, tritt der Anspruch aus § 54 UrhG als selbständige Anspruchsgrundlage in den Vordergrund, so dass an sich kein Bedürfnis mehr für die Beantwortung der Tariffragen besteht. Dies gilt an sich auch im umgekehrten Fall, in dem ein Unternehmen einem Gesamtvertrag beigetreten ist und sich damit dessen Vergütungsregime unterworfen hat, aber trotzdem keine Zahlungen leistet.

7 Aber auch in diesen Fällen wird man nach Sinn und Zweck des § 92 Abs. 1 Nr. 2, Fragen der Höhe der Geräte- und Speichermedienvergütung unabhängig von ihrem Ausgangspunkt als vertraglichem Anspruch, als Rückforderungsanspruch oder als gesetzlichem Anspruch nach § 54 der Schiedsstelle und – nachfolgend – dem OLG München zur Beurteilung zuzuweisen, davon auszugehen haben, dass auch in diesen Fällen die Tariffragen streitig bleiben.

§ 110
Streitfälle über Gesamtverträge

(1) Bei Streitfällen nach § 92 Absatz 1 Nummer 3 enthält der Einigungsvorschlag den Inhalt des Gesamtvertrags. Die Schiedsstelle kann einen Gesamtvertrag nur mit Wirkung vom 1. Januar des Jahres vorschlagen, in dem der Antrag bei der Schiedsstelle gestellt wird.

(2) Die Schiedsstelle unterrichtet das Bundeskartellamt über das Verfahren. § 90 Absatz 1 Satz 4 und Absatz 2 des Gesetzes gegen Wettbewerbsbeschränkungen ist entsprechend anzuwenden.

Übersicht

I. Allgemeines —— 1
II. Regelungsgehalt
   1. Inhalt des Gesamtvertrags (Abs. 1) —— 2
   2. Unterrichtung des Bundeskartellamts (Abs. 2) —— 7

I. Allgemeines

1 § 110, der auf den wortlautidentischen RefE des BMJV[1] zurückgeht, übernimmt die Regelung des § 14c UrhWG mit Ausnahme des Abs. 2, der eine Bestimmung über die Möglichkeit der Schiedsstelle enthielt, den Beteiligten einen Vorschlag für eine einstweilige Regelung zu machen. Diese Bestimmung findet sich nunmehr in § 106 wieder, wobei § 106 über Gesamtvertragsverfahren hinaus nun auf alle Streitfälle anwendbar ist, in denen die Schiedsstelle angerufen werden kann (§ 92).[2]

---

[11] Vgl bspw. BGH, Urt. v. 16.3.2017 – I ZR 152/15 – ZUM 2017, 839; 841 – Geräteabgabe für externe DVD-Brenner.

[1] RefE des BMJV v. 9.6.2015, S. 49.
[2] § 106 Rn 2.

II. Regelungsgehalt

1. Inhalt des Gesamtvertrags (Abs. 1). § 110 Abs. 1 S. 1 modifiziert die Bestimmung 2 in § 105 insoweit, als sie eine Vorgabe über den Inhalt des Einigungsvorschlages macht; dieser soll den „Inhalt" des Gesamtvertrages enthalten. Damit ist jedoch noch nichts über dessen Umfang gesagt.[3] Die Beteiligten sind auch in den Fällen des **§ 92 Abs. 1 Nr. 3 nicht verpflichtet**, einen **bestimmten Antrag** zu stellen, da dieses Erfordernis in § 97, der für alle Varianten des § 92, also auch für den Abschluss eines Gesamtvertrages gilt, nicht vorgesehen ist. Der Schiedsstelle kann daher der gesamte Inhalt (beispielsweise zu Lizenzfragen außerhalb des Urheberrechts) der zu regelnden Gegenstände unter Umständen nicht bekannt sein. Andererseits verweist § 109 nicht auch auf § 92 Abs. 1 Nr. 3 und Abs. 2, so dass eine Beschränkung ausschließlich auf Tariffragen nicht in Betracht kommt.

In der **Praxis** wird dieses Problem zumeist dadurch gemildert, dass die Beteiligten 3 ihren Anträgen **Gesamtvertragsentwürfe** beigeben, aus denen sich für die Schiedsstelle ergibt, was die Beteiligten selbst für regelungsbedürftig erachten. Für die Schiedsstelle ergibt sich hieraus für den Text des von ihr vorzuschlagenden Gesamtvertrages eine Orientierungshilfe, sie ist jedoch keinesfalls daran gebunden; das **Antragsprinzip gilt nur eingeschränkt**.

Eine strenge Anwendung des Antragsprinzips würde bedeuten, dass die Schiedsstel- 4 le gegenüber dem Antragsentwurf Vertragsbedingungen nur einschränken oder streichen könnte, was der Formulierung eines Gesamtvertragsvorschlags, bei dem es besonders auf die Ausgewogenheit nicht nur der einzelnen Regelung, sondern des Entwurfes im Ganzen ankommt, nicht gerecht würde. Die Schiedsstelle hat daher in ständiger Spruchpraxis entschieden, dass sie für die Festsetzung dieser Bedingungen einen Ermessens- und Gestaltungsspielraum entsprechend § 130 besitzt, der Abweichungen von den Anträgen der Beteiligten ermöglicht.[4] Die Anträge binden die Schiedsstelle nur insoweit, als sie keine Regelung vorschlagen kann, die in den Anträgen der Beteiligten keinen Anhalt findet.[5]

Dies gilt wiederum nicht für den Vertragsgegenstand. Die Beteiligten müssen sich 5 einig sein, worüber sie einen Vertrag schließen wollen, ansonsten liegt ein Dissens vor.[6] Die Regelung in S. 2 bedeutet, dass die Schiedsstelle keinen Gesamtvertrag vorschlagen kann, der weiter als der genannte Zeitpunkt zurückreicht. Sie kann jedoch sehr wohl einen jüngeren Zeitpunkt wählen. Im konkreten Fall wird sie sich an den im Antrag genannten Vertragsbeginn zu orientieren haben. Außerhalb des Schiedsstellenverfahrens können die Parteien jeden von ihnen gewünschten Zeitpunkt wählen, müssen dann jedoch – soweit sie auch in bereits bestehende Vertragsverhältnisse eingreifen – unter Umständen mit Rückzahlungsansprüchen rechnen.

Der Gesamtvertrag bindet als Rahmenvertrag nur die beteiligte Verwertungsgesell- 6 schaft und die Nutzervereinigung. Das einzelne Unternehmen muss diesem Vertrag per Einzelvereinbarung beitreten, damit ihm gegenüber unmittelbar Rechte und Pflichten begründet werden.

---

[3] A.A. § 110 VGG, Rn 2, Schricker/Loewenheim/*Reinbothe*, § 14c UrhWG Rn 3, HK-UrhR/*Zeisberg*, § 14c UrhWG Rn 1.
[4] Zum Ermessensspielraum des OLG bei der Entscheidung über Gesamtverträge § 130 Rn 7.
[5] Vgl. Schiedsstelle, Einigungsvorschlag v. 26.9.2017 – Sch-Urh 90/12 – Gesamtvertrag Festplatten, S. 91 (abrufbar unter: www.dpma.de/docs/dpma/schiedsstelle_vgg/sch-urh90-12.pdf).
[6] Jedenfalls dann, wenn der jeweilige Antragsgegner nicht dem Kontrahierungszwang unterliegt. Vgl. auch § 1 Abs. 3 UrhSchiedsV, der in formeller Hinsicht eine Verfahrenseinstellung ermöglicht hätte.

7   **2. Unterrichtung des Bundeskartellamts (Abs. 2).** Die Schiedsstelle hat das Bundeskartellamt über ein anhängiges Verfahren zu informieren, Abs. 2 S. 1, und auf Verlangen Abschriften von allen Schriftsätzen, Protokollen, Verfügungen und Entscheidungen zu übersenden, Abs. 2 S. 2 i.V.m. § 90 Abs. 1 S. 4 GWB.

§ 111
Streitfälle über Rechte der Kabelweitersendung

Bei Streitfällen nach § 92 Absatz 2 gilt § 110 entsprechend.

1   Die Schiedsstelle ist gem. § 92 Abs. 2 für Streitfälle zwischen Sende- und Kabelunternehmen über den Abschluss von Verträgen über die Kabelweitersendung (§ 87 Abs. 5 UrhG) zuständig. Bei diesen Verträgen handelt es sich meist um Pauschalverträge.[1] Deshalb ordnet § 111 – wie bereits die Vorgängerregelung in § 14d UrhWG – eine entsprechende Anwendung der Regelungen über Gesamtverträge in § 110 an. Eine entsprechende Anwendung des § 130 (Festsetzung durch das Oberlandesgericht) ist im Gesetz hingegen nicht ausdrücklich geregelt. Sie wird aber wegen der in § 111 zum Ausdruck kommenden Vergleichbarkeit der Verträge vertreten.[2]

2   Da § 111 aber auch Einzelnutzerverträge umfassen kann, kann der von der Schiedsstelle vorgeschlagene nicht widersprochene Einigungsvorschlag Rechte und Pflichten begründen, die vollstreckbar sind.

§ 112
Empirische Untersuchung zu Geräten und Speichermedien

(1) In Verfahren nach § 93 muss der Antrag, mit dem die Schiedsstelle angerufen wird, eine Auflistung der Verbände der betroffenen Hersteller, Importeure und Händler enthalten, soweit diese dem Antragsteller bekannt sind.

(2) ¹Die Schiedsstelle stellt den Antrag den darin benannten Verbänden mit der Aufforderung zu, binnen eines Monats schriftlich zu erklären, ob sie sich an dem Verfahren beteiligen wollen. ²Gleichzeitig veröffentlicht die Schiedsstelle den Antrag in geeigneter Form, verbunden mit dem Hinweis, dass sich betroffene Verbände von Herstellern, Importeuren und Händlern, denen der Antrag nicht zugestellt worden ist, binnen eines Monats ab Veröffentlichung des Antrags durch schriftliche Erklärung gegenüber der Schiedsstelle an dem Verfahren beteiligen können.

Übersicht

I. Allgemeines —— 1	1. Form des Antrags (Abs. 1) —— 3
II. Regelungsgehalt	2. Beteiligung betroffener Verbände (Abs. 2) —— 5

---

1 Vgl. RegE-4.UrhRÄndG, BT-Drucks. 13/4796, S. 17.
2 Vgl. § 130 Rn 8.

I. Allgemeines

Die Vorschrift ist durch das VGG neu eingefügt worden und geht auf den wortlautidentischen RefE des BMJV[1] zurück.

Sie soll eine Beteiligung der genannten Hersteller-, Importeur- und Händlerverbände ermöglichen, damit diese wegen der Bedeutung der daran anschließenden Tarifaufstellung ggf. Einfluss auf die Ergebnisse der empirischen Untersuchung nehmen können.[2] Seit Inkrafttreten des VGG ist es allerdings noch zu keinem einzigen Verfahren nach § 93 gekommen.

II. Regelungsgehalt

1. Form des Antrags (Abs. 1). Die Vorschrift erweitert die Formerfordernisse des § 97 dahingehend, dass die Verwertungsgesellschaft die Verbände im Antrag benennen muss, die „betroffen" sind, d.h. deren Mitgliedsunternehmen die Geräte oder Speichermedien, die den Gegenstand der beantragten empirischen Untersuchung bilden, im Inland herstellen, importieren oder mit ihnen handeln. Die Verwertungsgesellschaft hat dabei den Namen und, wegen des Zustellerfordernisses nach Abs. 2, die ladungsfähige Anschrift mitzuteilen.

Die Bedeutung des einschränkenden Halbsatzes „soweit dem Antragsteller **bekannt**" ist unklar. Zum einen handelt es sich um eine innere Tatsache, die schwerlich überprüfbar ist. Von den Verwertungsgesellschaften beziehungsweise der ZPÜ wird man die Kenntnis der relevanten Marktteilnehmer sicherlich erwarten dürfen. Zum anderen ordnet das Gesetz keine Sanktion bei trotz Kenntnis unterbliebener Mitteilung an. Das Tatbestandsmerkmal dürfte daher in der Praxis ohne Bedeutung bleiben.

2. Beteiligung betroffener Verbände (Abs. 2). Der Beitritt zu dem Verfahren erfolgt nach der mit einer Aufforderung zur Erklärung verbundenen Zustellung des Antrags durch die Schiedsstelle durch eine schriftliche Erklärung seitens des betroffenen Verbandes binnen einer Frist von einem Monat. Auch wenn im Gesetz nicht eigens geregelt, wird diese Erklärung notwendigerweise auch die Bereitschaft umfassen müssen, für die Kosten der empirischen Untersuchung anteilig einzustehen.[3]

Ein bestimmtes Verfahren für die Durchführung der empirischen Untersuchung sehen die §§ 112 ff. nicht vor. Wegen des Verweises auf § 104 sowie des Gleichbehandlungsgrundsatzes in § 95 Abs. 2 ist davon auszugehen, dass die beigetretenen Verbände die Stellung eines vollen Beteiligten erlangen.[4] Das Verfahren wird daher ähnlich kontradiktorisch abzulaufen haben wie ein Verfahren nach § 92 mit dem Unterschied, dass es mit der Vorlage des Ergebnisses der empirischen Untersuchung (und der Zustellung der Kostenentscheidung) an die Beteiligten endet.

Die Schiedsstelle veröffentlicht den Antrag ihrer Veröffentlichungspflicht aus Abs. 2 S. 2 nachkommend **im Internet**, damit auch solche Verbände, die im Antrag der Verwertungsgesellschaft nicht genannt waren, eine Möglichkeit haben, sich zu beteiligen.[5]

---

1 RefE des BMJV v. 9.6.2015, S. 49 f.
2 BeckOK-UrhR/*Freudenberg*, § 112 VGG Rn 1.
3 Siehe § 113 Rn 4.
4 Für Stellung der Verbände wie ein Nebenintervenient i.S.d. §§ 66 ff. ZPO: BeckOK-UrhR/*Freudenberg*, § 112 VGG Rn 8.
5 Die Veröffentlichung im Internet wurde im RegE angeregt, siehe BT-Drucks. 18/7223, S. 103. Die Schiedsstelle veröffentlicht die Anträge unter folgendem Link: www.dpma.de/dpma/wir_ueber_uns/weitere_aufgaben/verwertungsges_urheberrecht/schiedsstelle_vgg/index.html.

§ 113
Durchführung der empirischen Untersuchung

Für die Durchführung der empirischen Untersuchung gemäß § 93 gilt § 104 mit der Maßgabe, dass die Schiedsstelle die Durchführung der empirischen Untersuchung nicht ablehnen kann. Die Schiedsstelle soll den Auftrag zur Durchführung dieser Untersuchung erst erteilen, wenn die Verwertungsgesellschaft einen Vorschuss gezahlt hat. Sie soll darauf hinwirken, dass das Ergebnis der empirischen Untersuchung spätestens ein Jahr nach Eingang des Antrags nach § 112 Absatz 1 vorliegt.

Übersicht

I. Allgemeines —— 1	2. Vorschusspflicht (S. 2) —— 3
II. Regelungsgehalt	3. Dauer des Verfahrens (S. 3) —— 6
1. Aufklärung des Sachverhalts (S. 1) —— 2	

I. Allgemeines

1 § 113 trifft spezielle Regelungen für das Verfahren zur Durchführung einer selbständigen empirischen Untersuchung, für das die Schiedsstelle nach § 93 zuständig ist. § 113 geht auf den wortlautidentischen RefE des BMJV zurück.[1] Die empirische Untersuchung in einem selbständigen Verfahren stellt eine wesentliche Neuerung dar, insofern bestand keine vergleichbare Vorgängerregelung.[2]

II. Regelungsgehalt

2 **1. Aufklärung des Sachverhalts (S. 1).** S. 1 regelt eigentlich eine Selbstverständlichkeit. Weil das Verfahren nach § 93 außerhalb eines Verfahrens steht, das die Feststellung der Vergütungspflicht in einem konkreten Einzelfall betrifft, kann die Schiedsstelle einen Antrag auf Durchführung einer empirischen Untersuchung anders als einen Beweisantrag nicht mangels Bindungswirkung nach § 104 Abs. 1 S. 2 ablehnen, da sie die Erforderlichkeit der Beweiserhebung nicht beurteilen kann.

3 **2. Vorschusspflicht (S. 2).** S. 2 ist als Soll-Vorschrift ausgestaltet und betrifft die Zahlung eines Vorschusses durch die Verwertungsgesellschaft. **Entgegen dem Wortlaut** ist die Entrichtung eines Vorschusses eine **zwingende** Voraussetzung für die Erteilung eines Auftrags für eine empirische Untersuchung, weil dadurch entsprechende Zahlungsverpflichtungen der Bundesrepublik Deutschland begründet werden. Dass diese vorab aus Haushaltmitteln geleistet werden sollen, ist aus haushaltsrechtlichen Gründen nicht möglich, und war auch nicht Zweck der gesetzlichen Neuregelung. Dieser Vorschuss umfasst weiterhin in ständiger Amtspraxis und in Übereinstimmung mit §§ 117 Abs. 1, 118 Abs. 1 den gesamten für die Beauftragung der empirischen Untersuchung erforderlichen Betrag.

4 Die Vorschrift ist regelungstechnisch jedoch dann problematisch, wenn an dem Verfahren nach § 93 neben der Verwertungsgesellschaft noch Verbände als weitere Beteilig-

---

1 RefE des BMJV v. 9.6.2015, S. 50
2 Vgl. RegE-VGG, BT-Drucks. 18/7223, S. 103.

te teilnehmen. Denn einerseits statuiert sie eine Vorschusspflicht **nur der Verwertungsgesellschaften**. Bei dem Verfahren nach § 93 handelt es sich jedoch um ein zweiseitiges Verfahren, d.h. Hersteller-, Importeur- und Handelsverbände, die erklärt haben, sich beteiligen zu wollen (§ 112), erlangen vollen Beteiligtenstatus (§§ 95 Abs. 2, 99, 104 Abs. 3). **Andererseits** ist die endgültige Regelung der Verteilung der Kosten des Verfahrens jedoch in § 121 geregelt. Den neben den Verwertungsgesellschaften am Verfahren beteiligten Hersteller-, Importeur- und Handelsverbänden kann daher grundsätzlich auch ein Teil der Kosten des Verfahrens auferlegt werden (§ 121 Abs. 1) S. 2 betrifft allein den Vorschuss und lässt keine Rückschlüsse auf die Kostenpflicht zu, über die von der Schiedsstelle nach § 121 nach billigem Ermessen gesondert zu entscheiden ist.[3] In einem solchen Fall würde dies aber bedeuten, dass die korrespondierende Erstattung an die Verwertungsgesellschaften wiederum aus Haushaltsmitteln zu leisten wäre, was nicht möglich ist.

Daher ist die **bisher geübte Praxis**, wonach eine Beteiligung am Verfahren daran 5 geknüpft war, dass die erforderlichen Auslagen **pro rata** geleistet wurden, **beizubehalten**. Denn dies entspricht auch der bisher allgemein akzeptierten Praxis der Kostenverteilung, wonach die Kosten der empirischen Untersuchung auf alle Beteiligten in gleicher Höhe verteilt werden.

3. Dauer des Verfahrens (S. 3). S. 3 dient dem übergeordneten Ziel des Gesetzgebers, die Verfahren vor der Schiedsstelle zu beschleunigen, und setzt voraus, dass die Schiedsstelle Einfluss auf die Verfahrensdauer nehmen kann. Dies ist nur beschränkt der Fall. 6

§ 114
Ergebnis der empirischen Untersuchung

(1) ¹Die Schiedsstelle stellt fest, dass das Ergebnis der empirischen Untersuchung den Anforderungen entspricht, die im Hinblick auf die Aufstellung eines Tarifes gemäß § 40 zu stellen sind. ²Andernfalls veranlasst sie seine Ergänzung oder Änderung.

(2) Sie stellt das den Anforderungen entsprechende Ergebnis den Beteiligten zu und veröffentlicht es in geeigneter Form. § 105 ist nicht anzuwenden.

Übersicht

I. Allgemeines —— 1
II. Regelungsgehalt

1. Ergebnis der empirischen Untersuchung (Abs. 1) —— 2
2. Zustellung und Veröffentlichung (Abs. 2) —— 7

I. Allgemeines

§ 114 regelt, wie die Schiedsstelle mit dem Ergebnis der von ihr in Auftrag gegebenen 1 Untersuchung umzugehen hat. Die Regelung geht auf den wortlautidentischen RefE des BMJV[1] zurück. Die Vorschrift wurde, ebenso wie die Regelung in § 93, durch das VGG neu geschaffen; eine Vorgängerregelung im UrhWG existiert nicht. Ihr Zweck liegt ausweis-

---

3 RegE-VGG, BT-Drucks. 18/7223, S. 103.

1 RefE des BMJV v.9.6.2015, S. 50.

lich der Gesetzesbegründung darin, dass die Schiedsstelle im Hinblick auf die empirischen Untersuchungen ihre Sachkompetenz einzubringen und darauf zu achten hat, dass die Untersuchung die für die Ermittlung der Vergütungshöhe nach § 54a Abs. 1 bis 3 UrhG wesentlichen Informationen umfasst.[2]

II. Regelungsgehalt

2 **1. Ergebnis der empirischen Untersuchung (Abs. 1).** Auch vor dem Hintergrund der Gesetzesbegründung wird der Zweck von Abs. 1 nicht ganz klar. Denn die Schiedsstelle beauftragt seit Novellierung des UrhWG durch den „Zweiten Korb" im Jahre 2008 gem. § 14 Abs. 5a UrhWG in Gesamtvertragsverfahren Institute für Demoskopie mit der Durchführung von empirischen Untersuchungen. Da die Schiedsstelle (und nicht die Beteiligten) diese Untersuchungen beauftragt, muss sie auch den Untersuchungsgegenstand und – im Zusammenwirken mit dem fachkundigen Auftragnehmer – die Untersuchungsmethode definieren. Ein entsprechender gesetzlicher Auftrag zur Überprüfung dürfte sich daher von selbst erledigen.

3 Eine „Ergänzung" oder gar „Änderung" dürfte angesichts der hohen Kosten der empirischen Untersuchungen und der prinzipiellen Freiwilligkeit der von den Beteiligten getragenen Kosten (§ 119 i.V.m. § 17 GKG), derentwegen die Schiedsstelle eine empirische Untersuchung erst nach vollständiger Einzahlung der Auslagen durch die Beteiligten beauftragt,[3] nur in Ausnahmefällen möglich sein.

4 Zum anderen kann die Schiedsstelle die Umstände, nach denen das Ergebnis einer empirischen Untersuchung den Anforderungen nach § 40 entspricht, nur sehr bedingt selbst beeinflussen, da § 54a UrhG, auf den § 40 Bezug nimmt, weitgehend als offener Tatbestand formuliert wurde. Dessen Konkretisierung durch die Gerichte in Form eines Vergütungsmodells und damit auch konkreter Parameter, die zum Gegenstand einer empirischen Untersuchung gemacht werden können, steht aber noch aus. Die ZPÜ, die verschiedenen Industrieverbände und die Schiedsstelle haben hierzu je eigene Vorschläge gemacht,[4] die aber gerichtlich noch nicht abschließend bewertet worden sind.

5 Der Charakter und die Rechtsfolgen einer gem. Abs. 1 S. 1 zu treffenden Feststellung sind ebenfalls unklar. In Abs. 2 S. 2 wird lediglich der Erlass eines Einigungsvorschlages ausgeschlossen, ohne weiter zu bestimmen, in welcher Form die Feststellung getroffen werden soll. Handelt es sich um einen Verwaltungsakt oder eine schlichte Mitteilung der Schiedsstelle an die Beteiligten oder kann die Feststellung in Form eines Aktenvermerks getroffen werden?[5] Welche Rechtsfolgen treten ein, wenn die Schiedsstelle keine Feststellung treffen will, diese aber von einem Beteiligten gewünscht wird oder im umgekehrten Fall? All diese Fragen müssen derzeit noch als ungeklärt angesehen werden.

6 Unabhängig hiervon hat die Schiedsstelle auch in Verfahren nach § 93 eine Kostenentscheidung in Form eines Beschlusses zu treffen.[6]

7 **2. Zustellung und Veröffentlichung (Abs. 2).** Nach Abs. 2 S. 1 ist das Ergebnis den Beteiligten zuzustellen und zu veröffentlichen. Die Schiedsstelle kommt ihrer Veröffent-

---

2 RegE-VGG, BT-Drucks. 18/7223, S. 103.
3 Siehe dazu § 113 Rn 3.
4 Ein Überblick hierzu findet sich in Schiedsstelle, Einigungsvorschlag v. 26.9.2017 – Sch-Urh 90/12 – Gesamtvertrag Festplatten (abrufbar unter: www.dpma.de/docs/dpma/schiedsstelle_vgg/sch-urh90-12.pdf).
5 BeckOK-UrhR/*Freudenberg*, § 114 Rn 6, spricht ohne weitere Begründung von „förmlicher Feststellung".
6 RegE-VGG, BT-Drucks. 18/7223, S. 103.

lichungspflicht nach, indem sie die entsprechenden Ergebnisse im Internet zur Verfügung stellt.[7] Die Veröffentlichung kann alternativ oder kumulativ auch im Bundesanzeiger erfolgen.[8]

Abs. 2. S. 2 schließt den Erlass eines Einigungsvorschlages aus. 8

§ 115
Verwertung von Untersuchungsergebnissen

In Verfahren nach § 92 Absatz 1 Nummer 2 und 3 kann zur Sachverhaltsaufklärung (§ 104) das Ergebnis einer empirischen Untersuchung herangezogen werden, das aus einem Verfahren nach § 93 stammt.

Die Vorschrift, die insoweit wortlautidentisch mit dem RefE des BMJV[1] ist, kodifiziert das schon bisher übliche Vorgehen der Schiedsstelle, Ergebnisse empirischer Untersuchungen ggf. in Einzelnutzerverfahren und Gesamtvertragsverfahren nach § 92 Abs. 1 Nr. 2 und 3 heranzuziehen. 1

Angesichts der immensen Kosten einer empirischen Untersuchung scheidet eine Durchführung in Verfahren nach § 92 Abs. 1 Nr. 2 in aller Regel aus. In diesen Fällen entspricht es dem üblichen Vorgehen der Schiedsstelle, Studienergebnisse zu identischen oder zumindest vergleichbaren Geräten oder Speichermedien und identischen Zeiträumen heranzuziehen. 2

Nach der Gesetzesbegründung können das Alter der in Frage kommenden Studie sowie der Umstand, ob die in dem neuen Verfahren entscheidungserheblichen Fragen in dieser Studie hinreichend behandelt wurden, für die Schiedsstelle Anlass bieten, eine neuerliche Beweisaufnahme durchzuführen.[2] Sie entscheidet insoweit nach pflichtgemäßem Ermessen über Heranziehung der Ergebnisse oder Durchführung einer neuen Beweisaufnahme. 3

§ 116
Beteiligung von Verbraucherverbänden

In Verfahren nach § 92 Absatz 1 Nummer 2 und 3 und § 93 gibt die Schiedsstelle den bundesweiten Dachorganisationen der mit öffentlichen Mitteln geförderten Verbraucherverbände Gelegenheit zur schriftlichen Stellungnahme. Im Fall einer Stellungnahme ist § 114 Absatz 2 Satz 1 entsprechend anwendbar.

§ 116 geht auf die Vorgängerregelung in § 14 Abs. 5b UrhWG zurück. Nach der Gesetzesbegründung soll die Beteiligung der Verbraucherverbände vor allem in Verfahren, die die Angemessenheit der Vergütung nach § 54 UrhG betreffen, erfolgen.[1] 1

---

7 RegE-VGG, BT-Drucks. 18/7223, S. 103. Die Schiedsstelle veröffentlicht die Ergebnisse unter www.dpma.de/dpma/wir_ueber_uns/weitere_aufgaben/verwertungsges_urheberrecht/schiedsstelle_vgg/entscheidungen/index.html.
8 RegE-VGG, BT-Drucks. 18/7223, S. 113.
1 RefE des BMJV v. 9.6.2015, S. 50.
2 Vgl. RegE-VGG, BT-Drucks. 18/7223, S. 103.

1 Vgl. RegE-VGG, BT-Drucks. 18/7223, S. 103.

2   Die Neuregelung geht insoweit darüber hinaus, als sie jedes Gesamtvertragsverfahren, also auch jene, die mit der Vergütungspflicht nach § 54 UrhG nichts zu tun haben, umfasst. Das hat mit der Zielsetzung der Neuregelung nichts zu tun. Dem Interesse, dem Verbraucher „eine Stimme zu geben", dürfte darüber hinaus auch nicht dadurch gedient sein, die Verbraucherverbände in jedem Verfahren nach § 92 Abs. 1 Nr. 2 zu beteiligen, wie dies der Wortsinn nahelegt. Bereits die schiere Anzahl dieser Verfahren spricht dagegen. Die Vorschrift ist daher ihrer Zielsetzung gemäß teleologisch zu reduzieren.[2]

3   S. 2 sollte sich dem Normzweck entsprechend ausschließlich auf Stellungnahmen im Rahmen eines Verfahrens nach § 93 beziehen.

DRITTER UNTERABSCHNITT
Kosten sowie Entschädigung und Vergütung Dritter

§ 117
Kosten des Verfahrens

(1) Für das Verfahren vor der Schiedsstelle erhebt die Aufsichtsbehörde Gebühren und Auslagen (Kosten).

(2) ¹Die Gebühren richten sich nach dem Streitwert. Ihre Höhe bestimmt sich nach § 34 des Gerichtskostengesetzes. Der Streitwert wird von der Schiedsstelle festgesetzt. ²Er bemisst sich nach den Vorschriften, die für das Verfahren nach der Zivilprozessordnung vor den ordentlichen Gerichten gelten.

(3) ¹Für Verfahren nach § 92 Absatz 1 Nummer 2, 3 und Absatz 2 sowie nach § 94 wird eine Gebühr mit einem Gebührensatz von 3,0 erhoben. Wird das Verfahren anders als durch einen Einigungsvorschlag der Schiedsstelle beendet, ermäßigt sich die Gebühr auf einen Gebührensatz von 1,0. ²Dasselbe gilt, wenn die Beteiligten den Einigungsvorschlag der Schiedsstelle annehmen.

(4) Für Verfahren nach § 92 Absatz 1 Nummer 1 und § 93 wird eine Gebühr mit einem Gebührensatz von 1,0 erhoben.

(5) Auslagen werden in entsprechender Anwendung der Nummern 9000 bis 9009 und 9013 des Kostenverzeichnisses zum Gerichtskostengesetz erhoben.

Übersicht

I. Allgemeines —— 1	1. Gebührensatz —— 4
II. Regelungsgehalt	2. Streitwert —— 8

I. Allgemeines

1   § 117 regelt die Streitwertfestsetzung und die Kosten des Verfahrens vor der Schiedsstelle, trifft also Bestimmungen über die zu erhebenden Gebühren und Auslagen für eine Anrufung der Schiedsstelle.

2   Vor Inkrafttreten des VGG regelte § 13 UrhSchiedsV die Kosten des Verfahrens vor der Schiedsstelle. Die in § 13 Abs. 1 bis 5 UrhSchiedsV enthaltenen Regelungen finden sich nun – wenn auch in Details abweichend – in § 117 wieder.

---

2 Ebenso Wandtke/Bullinger/*Staats*, § 116 Rn. 3 Dreier/*Schulze*, § 116 VGG, Rn 2; a.A. wohl BeckOK-UrhR/*Freudenberg*, § 116 VGG Rn 3.

§ 117 wurde im Gesetzgebungsverfahren leicht modifiziert. Während der Vorschlag im RefE des BMJV[1] auch für Verfahren nach § 92 Abs. 1 Nr. 1 eine Gebühr von 3,0 vorsah, sieht die letztlich verabschiedete Fassung des Regierungsentwurfs[2] nur noch eine Gebühr von 1,0 vor.

II. Regelungsgehalt

1. Gebührensatz. Für das Schiedsstellenverfahren werden eine Verfahrensgebühr und die erforderlichen Auslagen erhoben. Der Gebührensatz beträgt gem. Abs. 3 S. 1 in Verfahren, die die gesetzlichen Vergütungsansprüche nach §§ 54, 54c UrhG, den Abschluss oder die Änderung eines Gesamtvertrages oder Streitfälle über die gebietsübergreifende Vergabe von Online-Rechten an Musikwerken betreffen, 3,0, gem. Abs. 4 für sonstige Streitfälle oder in Verfahren zur Durchführung einer empirischen Untersuchung 1,0.

Durch die Neuregelung in Abs. 3 S. 1 wurden die Gebühren für das Schiedsstellenverfahren verdreifacht. Begründet wird diese beträchtliche Gebührenanhebung mit dem mit dem Schiedsstellenverfahren verbundenen hohen Aufwand; andererseits soll durch die Möglichkeit der Ermäßigung der Gebühr gem. Abs. 3 S. 2 und 3 ein Anreiz gesetzt werden, sich gütlich zu einigen.[3] Ob dieser gesetzliche Zweck angesichts der fortbestehenden Unsicherheit der Vergütungsberechnung und der Höhe der Vergütungen für die einzelnen Vervielfältigungsgeräte oder Speichermedien, weiterhin angesichts der beträchtlichen Streitwerte, die es für die Beteiligten oftmals geradezu erforderlich machen, eine abschließende gerichtliche Klärung anzustreben, erreicht werden wird, erscheint zweifelhaft. Eine entsprechende Vorschrift fehlt allerdings für Verfahren nach § 92 Abs. 1 Nr. 1, so dass die Schiedsstelle in diesen Fällen die Gebühr nicht ermäßigen kann, wenn das Verfahren in der Hauptsache durch Erledigterklärung der Beteiligten endet.

Für Verfahren, die die Anordnung einer Sicherheitsleistung nach § 107 betreffen, wird keine Verfahrensgebühr erhoben.[4] Dasselbe gilt für Beschlüsse in Nebenverfahren (beispielsweise Akteneinsichtsverfahren).

Gemäß Abs. 4 verbleibt es für Verfahren nach § 92 Abs. 1 Nr. 1 bei einer Gebühr mit einem Gebührensatz von 1,0. Begründet wird dies damit, dass für diese Verfahren das Schiedsstellenverfahren gem. § 128 grundsätzlich Prozessvoraussetzung sei und darüber hinaus für diese Verfahren nicht der verkürzte Instanzenzug nach § 129 Abs. 1 gelte.[5] Auch für Verfahren nach § 93, also für die Durchführung einer selbständigen empirischen Untersuchung, wird nur ein Gebührensatz von 1,0 erhoben, was der Gesetzgeber mit dem Umstand rechtfertigt, dass das Verfahren nicht mit einem Einigungsvorschlag endet.[6]

2. Streitwert. Die Höhe der Gebühr richtet sich gem. Abs. 2 S. 2 i.V.m. § 34 GKG nach dem Streitwert, den die Schiedsstelle gem. Abs. 2 S. 3 festsetzt und der sich gem. Abs. 2 S. 4 nach §§ 3 bis 6 ZPO bemisst. Wenn sich der Wert nicht aus dem Sachverhalt, etwa einem Leistungsantrag, ergibt, orientiert sich die Schiedsstelle im Schätzwege regelmäßig an den Parteiangaben.

---

1 RefE des BMJV v. 9.6.2015, S. 51.
2 RegE-VGG, BT-Drucks. 18/7223, S. 44.
3 RegE-VGG, BT-Drucks. 18/7223, S. 103 f.
4 RegE-VGG, BT-Drucks. 18/7223, S. 103 f.
5 RegE-VGG, BT-Drucks. 18/7223, S. 104.
6 RegE-VGG, BT-Drucks. 18/7223, S. 104.

9　Im Übrigen gilt in der Praxis der Schiedsstelle:
– Für Auskunftsansprüche etwa ein Zehntel des entsprechenden Leistungsantrages.
– Für positive Feststellungsanträge das Leistungsinteresse, abzüglich eines Abschlages von etwa einem Fünftel.
– Für negative Feststellungsanträge das Leistungsinteresse.
– Bei übereinstimmenden Erledigterklärungen bis zu den Erledigterklärungen der Streitwert des zunächst geltend gemachten Feststellungs- oder Leistungsantrages, danach das Kosteninteresse.
– § 93: Für die Streitwertbemessung ist das Interesse der Verwertungs-gesellschaften an der Durchführung der empirischen Untersuchung maßgeblich. Ob dieses Verfahren zur selbständigen empirischen Untersuchung zur Ermittlung der vergütungsrelevanten Umstände mit dem selbständigen Beweisverfahren nach §§ 485ff. ZPO verglichen und die Streitwertbemessungen übernommen werden können, ist zweifelhaft. Denn anders als beim selbständigen Beweisverfahren gibt es in den Fällen des § 93 kein zugeordnetes Hauptverfahren.

§ 118
Fälligkeit und Vorschuss

(1) **Die Gebühr wird mit der Beendigung des Verfahrens, Auslagen werden sofort nach ihrer Entstehung fällig.**
(2) **Die Zustellung des verfahrenseinleitenden Antrags soll von der Zahlung eines Vorschusses durch den Antragsteller in Höhe eines Drittels der Gebühr abhängig gemacht werden.**

Übersicht
I. Allgemeines —— 1
II. Regelungsgehalt —— 4

I. Allgemeines

1　§ 118 regelt in Abs. 1 die Fälligkeit der Gebühren und Auslagen und gibt der Schiedsstelle in Abs. 2 die Möglichkeit, die Zustellung des verfahrenseinleitenden Antrags von einem Vorschuss durch den Antragsteller abhängig zu machen.

2　Vor Inkrafttreten des VGG traf § 13 UrhSchiedsV Regelungen hinsichtlich der Fälligkeit von Gebühren und Auslagen und zur Möglichkeit, einen Vorschuss zu verlangen. Die in § 13 Abs. 6 und 7 UrhSchiedsV enthaltenen Regelungen finden sich nun in § 118 wieder, wobei § 13 Abs. 7 S. 2 UrhSchiedsV nicht übernommen wurde.

3　§ 118 geht auf den wortlautidentischen Vorschlag im RefE des BMJV[1] zurück und wurde im weiteren Gesetzgebungsverfahren nicht weiter diskutiert.

II. Regelungsgehalt

4　Gemäß Abs. 1 werden die Gebühren mit der Beendigung des Verfahrens, Auslagen hingegen sofort nach ihrer Entstehung fällig. Mit den Begriffen „Gebühr" und „Auslagen" wird auf die Kostenregelungen in § 117 Bezug genommen. Für Verfahren nach § 107 wird keine Gebühr fällig.

1　RefE des BMJV v. 9.6.2015, S. 51.

Eine Zustellung erfolgt gem. nur nach Zahlung eines Drittels der Gebühr, nach der 5
Schiedsstellenpraxis bei ausdrücklicher anwaltlicher Versicherung, dass der Vorschuss
gezahlt wird, auch schon vorher.

§ 119
Entsprechende Anwendung des Gerichtskostengesetzes

§ 2 Absatz 1, 3 und 5 des Gerichtskostengesetzes, soweit diese Vorschriften für Verfahren vor den ordentlichen Gerichten anzuwenden sind, die §§ 5, 17 Absatz 1 bis 3, die §§ 20, 21, 22 Absatz 1, § 28 Absatz 1 und 2, die §§ 29, 31 Absatz 1 und 2 und § 32 des Gerichtskostengesetzes über die Kostenfreiheit, die Verjährung und die Verzinsung der Kosten, die Abhängigmachung der Tätigkeit der Schiedsstelle von der Zahlung eines Auslagenvorschusses, die Nachforderung und die Nichterhebung der Kosten sowie den Kostenschuldner sind entsprechend anzuwenden.

§ 119 geht auf den wortlauidentischen Vorschlag im RefE des BMJV[1] zurück. Die Re- 1
gelung, die die entsprechende Anwendung verschiedener Normen des GKG für die Verfahren vor der Schiedsstelle vorsieht, entspricht inhaltlich dem bisherigen § 13 Abs. 8 UrhSchiedsV, wobei einige Verweisungen präzisiert worden sind.[2]

§ 120
Entscheidungen über Einwendungen

Über Einwendungen gegen Verwaltungsakte beim Vollzug der Kostenvorschriften entscheidet das Amtsgericht, in dessen Bezirk die Aufsichtsbehörde ihren Sitz hat. Die Einwendungen sind bei der Schiedsstelle oder der Aufsichtsbehörde zu erheben. § 19 Absatz 5 und § 66 Absatz 5 Satz 1, 5 und Absatz 8 des Gerichtskostengesetzes sind entsprechend anzuwenden; über die Beschwerde entscheidet das im Rechtszug nächsthöhere Gericht. Die Erhebung von Einwendungen und die Beschwerde haben keine aufschiebende Wirkung.

§ 120 geht auf den wortlautidentischen Vorschlag im RefE des BMJV[1] zurück. Die 1
Norm entspricht im Wesentlichen § 13 Abs. 9 UrhSchiedsV und regelt die Zuständigkeit und das Verfahren für Entscheidungen über Einwendungen gegen Verwaltungsakte beim Vollzug der Kostenvorschriften in Verfahren vor der Schiedsstelle.

Nach S. 1 ist das AG München nun bei allen Einwendungen gegen Verwaltungsakte, 2
also auch in Verfahren nach § 92 Abs. 1 Nr. 3 VGG (entspricht dem § 14 Abs.1 Nr.1 lit. b) UrhWG), die den Abschluss oder die Änderung von Gesamtverträgen betreffen, zuständig. Die bisherige Sonderzuständigkeit des OLG in Gesamtvertragsverfahren (§ 13 Abs. 9 S. 1 UrhSchiedsV) ist damit aufgehoben.

Gemäß S. 2 sind die Einwendungen bei der Schiedsstelle oder der Aufsichtsbehörde 3
zu erheben.

---
1 RefE des BMJV v. 9.6.2015, S. 51.
2 RegE-VGG, BT-Drucks. 18/7223, S. 104.

1 RefE des BMJV v. 9.6.2015, S. 52.

4   S. 3 erklärt – wie schon § 13 Abs. 9 S. 3 UrhSchiedsV – § 19 Abs. 5 GKG und § 66 Abs. 5, S. 1 und 5, Abs. 8 GKG für entsprechend anwendbar.

5   Neu ist im Vergleich zur Vorgängerregelung die Regelung in S. 4, wonach die Erhebung von Einwendungen und die Beschwerde keine aufschiebende Wirkung haben.

§ 121
Entscheidung über die Kostenpflicht

(1) Die Schiedsstelle entscheidet über die Verteilung der Kosten des Verfahrens nach billigem Ermessen, soweit nichts anderes bestimmt ist. Die Schiedsstelle kann anordnen, dass die einem Beteiligten erwachsenen notwendigen Auslagen ganz oder teilweise von einem gegnerischen Beteiligten zu erstatten sind, wenn dies der Billigkeit entspricht.

(2) Die Entscheidung über die Kosten kann durch Antrag auf gerichtliche Entscheidung angefochten werden, auch wenn der Einigungsvorschlag der Schiedsstelle angenommen wird. Über den Antrag entscheidet das Amtsgericht, in dessen Bezirk die Schiedsstelle ihren Sitz hat.

Übersicht

I. Allgemeines —— 1
II. Regelungsgehalt
   1. Kostenentscheidung (Abs. 1)
      a) Grundsätzliches —— 3
      b) Einzelfälle —— 4
   2. Rechtsmittel (Abs. 2) —— 8

I. Allgemeines

1   § 121 geht auf den wortlautidentischen Vorschlag im RefE des BMJV[1] zurück. Die Regelung entspricht weitgehend der Vorgängerregelung in § 14 UrhSchiedsV und räumt der Schiedsstelle in Abs. 1 ein billiges Ermessen für die Entscheidung über die Kostenverteilung ein.

2   Abs. 2 regelt das Verfahren zur Anfechtung der Kostenentscheidung. Die Zuständigkeit für die Überprüfung der Kostengrundentscheidung wurde jedoch geändert. Während gem. § 14 Abs. 2 S. 2 UrhSchiedsV für die Fälle des § 14 Abs. 1 Nr. 1 lit. c) UrhWG (jetzt § 92 Nr. 3 VGG) das OLG München zuständig war, ist nunmehr auch für Verfahren, die den Abschluss oder die Änderung eines Gesamtvertrages betreffen, das AG München zuständig.

II. Regelungsgehalt

1. Kostenentscheidung (Abs. 1)

3   **a) Grundsätzliches.** Die Schiedsstelle ist bei der Frage der Kostenverteilung nicht daran gebunden, die Kosten nach dem jeweiligen „Obsiegen" oder „Unterliegen" aufzuerlegen, weil dies dem Charakter des Schiedsverfahrens als einem Verfahren, in dem Verhandlungsspielräume erst noch ausgelotet werden müssen, oftmals nicht gerecht würde.

4   **b) Einzelfälle.** Es hat sich folgende **Entscheidungspraxis** gebildet: In Verfahren, in denen die angemessene Lösung erst noch gefunden werden muss, in Gesamtvertrags-

---
1 RefE des BMJV v. 9.6.2015, S. 52.

verfahren sowie in Verfahren, in denen der Einigungsvorschlag auf Tariffragen beschränkt oder vom Erlass eines Einigungsvorschlages abgesehen wird, hat sich die vom AG München gebilligte Praxis gebildet, dass die außeramtlichen Kosten von jedem Beteiligten selbst zu tragen sind. Die Verfahrenskosten werden hingegen nach Obsiegen und Unterliegen verteilt.[2] Lediglich in Ausnahmefällen kann der Verfahrensausgang auch eine Kostenauferlegung der außeramtlichen Kosten rechtfertigen.

Bei Verfahren nach § 107 (Anordnung einer Sicherheitsleistung) werden die Kosten unter Einschluss der außeramtlichen Kosten nach dem Maß des Obsiegens beziehungsweise Unterliegens unter den Beteiligten verteilt. 5

Wird der Streitfall im Laufe des Verfahrens **übereinstimmend für erledigt** erklärt, ist zu **unterscheiden**: Wurde (in den Fällen des § 92 Abs. 1 Nr. 2) eine **Händlerauskunft** erteilt, hat regelmäßig der Antragsgegner die Kosten des Verfahrens zu tragen, wenn die Auskunft rechtzeitig hätte erteilt werden müssen und können und infolge der unterbliebenen Auskunft ein Schiedsstellenverfahren eingeleitet wurde. Dies gilt aus Praktikabilitätsgründen auch für die Nullauskunft. Hintergrund dieser Erledigterklärungen ist die Antragspraxis der ZPÜ, Auskunft unabhängig davon zu verlangen, ob der Antragsgegner ein Hersteller, Importeur oder Händler ist, der Feststellung der Vergütungspflicht demgegenüber in der Regel davon abhängig zu machen, ob der Antragsgegner Hersteller oder Importeur ist. Die Schiedsstelle prüft in diesen Fällen wie in einem ordentlichen Gerichtsverfahren nicht, ob eine Erledigung tatsächlich eingetreten ist. 6

Wird die Erledigterklärung (in den Fällen des § 92 Abs. 1 Nr. 1 und 2) überein-stimmend abgegeben, weil die streitgegenständliche Forderung **bezahlt wurde**, wird der voraussichtliche Verfahrensausgang berücksichtigt.[3] Die Zahlung selbst ist für die Verteilung der Kosten zunächst ohne Belang. Es kann regelmäßig nicht davon ausgegangen werden, dass diese aus anderen als prozessökonomischen Erwägungen heraus geleistet worden ist. 7

2. Rechtsmittel (Abs. 2). Abs. 2 regelt eigentlich einen **Sonderfall**, denn in der Praxis ist es noch nie vorgekommen, dass die Beteiligten einem Einigungsvorschlag der Schiedsstelle zwar angenommen, der Kostenentscheidung aber durch Antrag auf gerichtliche Entscheidung widersprochen hätten. 8

Der Wortlaut von Abs. 2 ist weiterhin insoweit **missverständlich**, als man ihm entnehmen könnte, dass bei Widerspruch in der Hauptsache über die Kostenverteilung im Schiedsverfahren auch im nachfolgenden gerichtlichen Verfahren entschieden würde. Dies ist jedoch **nicht** gemeint. Zum einen muss sich dem Schiedsstellenverfahren gar kein gerichtliches Verfahren anschließen. Zum anderen ist das Schiedsstellenverfahren nicht in den Instanzenzug eingebunden, sondern ein eigenständiges Verfahren, das mit Vorlage des Einigungsvorschlages endet. Daher ist es ggf. erforderlich, zusätzlich zum Widerspruch **gesondert auch Antrag auf gerichtliche Entscheidung** zu stellen, wenn man die Änderung der Kostengrundentscheidung erstrebt. 9

Eine bestimmte Frist für die Anbringung des Antrages auf gerichtliche Entscheidung sieht § 121 nicht vor. Es spricht jedoch viel dafür, dass diese gleichfalls **einen Monat** beträgt oder jedenfalls der Widerspruchsfrist entsprechen sollte.[4] 10

Zuständiges AG ist nach Abs. 2 S. 2 das **AG München**. 11

---

2 AA OLG München, Beschl. v. 18.3.2019 – 6 Sch 19/14 WG: Generell Kosten gegeneinander aufheben – n.v.
3 So auch AG München, Beschl. v. 30.8.2017 – 142 C 14243/17, n.v.; AG München, Beschl. v. 13.10.2017 – 142 C 13503/17 – n.v.; aA OLG München aaO.
4 I.d.S. angedeutet, jedoch im konkreten Fall offen gelassen durch AG München, Beschl. v. 12.6.2008 – 142 C 30156/07 – n.v.

§ 122
Festsetzung der Kosten

(1) Die Kosten des Verfahrens (§ 117) und die einem Beteiligten zu erstattenden notwendigen Auslagen (§ 121 Absatz 1 Satz 2) werden von der Aufsichtsbehörde festgesetzt. Die Festsetzung ist dem Kostenschuldner und, wenn nach § 121 Absatz 1 Satz 2 zu erstattende notwendige Auslagen festgesetzt worden sind, auch dem Erstattungsberechtigten zuzustellen.

(2) Jeder Beteiligte kann innerhalb einer Frist von zwei Wochen nach der Zustellung die gerichtliche Festsetzung der Kosten und der zu erstattenden notwendigen Auslagen beantragen. Zuständig ist das Amtsgericht, in dessen Bezirk die Aufsichtsbehörde ihren Sitz hat. Der Antrag ist bei der Aufsichtsbehörde einzureichen. Die Aufsichtsbehörde kann dem Antrag abhelfen.

(3) Aus dem Kostenfestsetzungsbeschluss findet die Zwangsvollstreckung in entsprechender Anwendung der Zivilprozessordnung statt.

Übersicht
I. Allgemeines —— 1
II. Regelungsgehalt —— 2

I. Allgemeines

1 § 122 geht auf den wortlautidentischen RefE des BMJV[1] zurück und regelt die Festsetzung der Kosten des Verfahrens und der zu erstattenden Auslagen durch das DPMA als Aufsichtsbehörde. § 122 entspricht weitestgehend der Vorgängerregelung in § 15 UrhSchiedsV; einzig die Zuständigkeit des OLG in Gesamtvertragsverfahren wurde gestrichen.

II. Regelungsgehalt

2 Gemäß Abs. 1 werden die Kosten des Verfahrens und eventuelle erstattungsfähige notwendige Auslagen nach Unanfechtbarkeit der Kostengrundentscheidung durch einen Kostenbeamten des DPMA als Aufsichtsbehörde gem. § 75 festgesetzt.

3 Die Festsetzung erfolgt im Beschlusswege, der gem. Abs. 2 durch gerichtliche Festsetzung auf Antrag überprüft werden kann. In Abänderung der in § 15 Abs. 2 UrhSchiedsV geregelten Zuständigkeit setzt das AG nunmehr auch in Verfahren, die den Abschluss oder die Änderung von Gesamtverträgen betreffen, die Kosten gerichtlich fest. Dem Antrag auf gerichtliche Festsetzung kann die Aufsichtsbehörde abhelfen.

4 Abs. 3 bezieht sich auf den behördlichen Kostenfestsetzungsbeschluss.[2] Anders als in § 105 Abs. 5 S. 2 fehlt eine entsprechende Regelung, wer die Vollstreckungsklausel erteilt. Die Norm sollte hier entsprechend angewendet werden.

---

[1] RefE des BMJV v. 9.6.2015, S. 52.
[2] Wandtke-Bullinger/*Staats*, § 122 VGG Rn 4: gerichtlich und behördlich; a.A. BeckOK-UrhR/*Freudenberg*, § 122 VGG Rn 11.

§ 123
Entschädigung von Zeugen und Vergütung der Sachverständigen

(1) Zeugen erhalten eine Entschädigung und Sachverständige eine Vergütung nach Maßgabe der §§ 3, 5 bis 10, 12 und 19 bis 22 des Justizvergütungs- und -entschädigungsgesetzes; die §§ 2 und 13 Absatz 1 und 2 Satz 1 bis 3 des Justizvergütungs- und -entschädigungsgesetzes sind entsprechend anzuwenden.
(2) Die Aufsichtsbehörde setzt die Entschädigung fest.
(3) ¹Zeugen und Sachverständige können die gerichtliche Festsetzung beantragen. ²Über den Antrag entscheidet das Amtsgericht, in dessen Bezirk die Schiedsstelle ihren Sitz hat. ³Der Antrag ist bei der Aufsichtsbehörde einzureichen oder zu Protokoll der Geschäftsstelle des Amtsgerichts zu erklären. ⁴Die Aufsichtsbehörde kann dem Antrag abhelfen. ⁵Kosten werden nicht erstattet.

Übersicht
I. Allgemeines —— 1
II. Regelungsgehalt
   1. Zeugenentschädigung und Sachverständigenvergütung (Abs. 1) —— 3
   2. Entschädigungsfestsetzung durch das DPMA (Abs. 2) —— 4
   3. Festsetzung durch das AG (Abs. 3) —— 5

I. Allgemeines

§ 123 geht auf den wortlautidentischen RefE des BMJV[1] zurück und regelt die entsprechende Anwendbarkeit wesentlicher Normen des JVEG für die Entschädigung von Zeugen und Vergütung von Sachverständigen in Verfahren vor der Schiedsstelle. Die Regelung entspricht weitgehend der Vorgängerregelung in § 12 UrhSchiedsV.   **1**

Zeugen werden in Schiedsstellenverfahren nur selten, Sachverständige nur im Rahmen der Durchführung empirischer Untersuchungen zu Vervielfältigungsgeräten und Speichermedien befragt beziehungsweise beauftragt. Die Norm besitzt in der Praxis, die von der Vereinbarung der Vergütung geprägt ist, eine nur geringe Bedeutung.   **2**

II. Regelungsgehalt

1. Zeugenentschädigung und Sachverständigenvergütung (Abs. 1). Gemäß § 113 soll die Schiedsstelle den Auftrag zur Durchführung einer empirischen Untersuchung erst dann erteilen, wenn die Verwertungsgesellschaft einen Vorschuss gezahlt hat. Für die empirischen Untersuchungen in Form demoskopischer Gutachten bietet der in § 9 JVEG gesteckte Honorarrahmen keine Grundlage, so dass Vergütungen vereinbart werden müssen. Die Rechtsgrundlage für diese Vereinbarungen sowie die Praxis, das gesamte Honorar als Vergütung zu fordern, findet sich in § 13 Abs. 1 JVEG.   **3**

2. Entschädigungsfestsetzung durch das DPMA (Abs. 2). Gemäß Abs. 2 setzt die Aufsichtsbehörde die Entschädigung der Zeugen fest. Es gibt aber keinen Grund, die Zuständigkeit für die Festsetzung der Vergütung der Sachverständigen (sofern eine behördliche Festsetzung überhaupt erforderlich wird) nicht ebenfalls der Aufsichtsbehörde zu übertragen.[2] Der Begriff der Entschädigung geht höchstwahrscheinlich auf § 12   **4**

---
[1] RefE des BMJV v. 9.6.2015, S. 52f.
[2] In diesem Sinne auch BeckOK-UrhR/*Freudenberg*, § 123 VGG Rn 3: „redaktionelles Versehen".

UrhSchiedsV zurück, der im Hinblick auf das 2004 außer Kraft getretene Zeugen-Sachverständigenentschädigungsgesetz unterschiedslos von einer „Entschädigung" für Zeugen und Sachverständige sprach. Für die Frage der Zuständigkeit ändert sich durch den Wechsel in der Terminologie nichts. Aufsichtsbehörde ist gem. § 75 das DPMA. Die Festsetzung erfolgt im Beschlusswege.

5 **3. Festsetzung durch das AG (Abs. 3).** Gemäß Abs. 3 kann der Festsetzungsbeschluss durch gerichtliche Festsetzung auf Antrag überprüft werden. Wie in § 11 Abs. 3, 12 Abs. 2 UrhSchiedsV setzt das AG München gerichtlich fest. Dem Antrag auf gerichtliche Festsetzung kann die Aufsichtsbehörde abhelfen.

VIERTER UNTERABSCHNITT
Organisation und Beschlussfassung der Schiedsstelle

§ 124
Aufbau und Besetzung der Schiedsstelle

(1) ¹Die Schiedsstelle wird bei der Aufsichtsbehörde (§ 75) gebildet. ²Sie besteht aus dem Vorsitzenden oder seinem Vertreter und zwei Beisitzern.

(2) ¹Die Mitglieder der Schiedsstelle müssen die Befähigung zum Richteramt nach dem Deutschen Richtergesetz besitzen. ²Sie werden vom Bundesministerium der Justiz und für Verbraucherschutz für einen bestimmten Zeitraum, der mindestens ein Jahr beträgt, berufen; Wiederberufung ist zulässig.

(3) ¹Bei der Schiedsstelle können mehrere Kammern gebildet werden. ²Die Besetzung der Kammern bestimmt sich nach Absatz 1 Satz 2 und Absatz 2.

(4) Die Geschäftsverteilung zwischen den Kammern wird durch den Präsidenten oder die Präsidentin des Deutschen Patent- und Markenamtes geregelt.

Übersicht

I.	Allgemeines —— 1		2.	Organisatorische Aspekte (Abs. 2 bis 4) —— 5
II.	Regelungsgehalt			
	1. Bildung der Schiedsstelle (Abs. 1) —— 2			

I. Allgemeines

1 § 124 geht auf den wortlautidentischen RefE des BMJV[1] zurück und regelt Aufbau und Besetzung der Schiedsstelle. Die entsprechenden Regelungen fanden sich früher in § 14 Abs. 2 und 3 UrhWG.

II. Regelungsgehalt

2 **1. Bildung der Schiedsstelle (Abs. 1).** Die Formulierung des Gesetzes in Abs. 1, wonach die Schiedsstelle „**bei**" der Aufsichtsbehörde gebildet wird, zeigt, dass die Schiedsstelle nicht mit der Aufsichtsbehörde identisch, dass sie kein organisatorischer Teil derselben, sondern eine eigenständige Institution ist.[2] Gleichwohl ist die Anbindung der Schiedsstelle an das DPMA verstärkt worden. Dessen Präsident übt die Dienstauf-

---

[1] RefE des BMJV v. 9.6.2015, S. 53.
[2] BeckOK-UrhR/*Freudenberg*, § 124 VGG Rn 1.

sicht aus (§ 125 Abs. 2), nicht aber die Rechts- oder gar Fachaufsicht.[3] Das DPMA stellt auch sämtliche Personal- und Sachmittel. Die Schiedsstelle tritt ausschließlich an ihrem Dienstsitz in München zusammen.

Dass die Vorschrift die Besetzung des Spruchkörpers, nicht jedoch der Schiedsstelle 3 als Organisationseinheit regelt, folgt aus Abs. 3 S. 2 der Vorschrift, die ausdrücklich von „Besetzung" der Kammern spricht und die daher unverständlich wäre, wenn sich Abs.1 S. 2 auf die personelle Ausstattung der Schiedsstelle insgesamt bezöge.

Die Schiedsstelle ist **kein Gericht**, sondern eine Behörde.[4] Ungeklärt ist in diesem 4 Zusammenhang, ob die Schiedsstelle trotzdem nach Art. 267 AEUV **zu Vorlagen zur Vorabentscheidung** berechtigt ist.[5] Die vorlegende Einrichtung muss nach der Rechtsprechung des EuGH eine gesetzliche Grundlage und zwingende Zuständigkeit haben, dauerhaft bestehen und in einem streitigen Verfahren unter Anwendung des geltenden Rechts unabhängig eine Entscheidung mit Rechtsprechungscharakter treffen.[6] Zwar könnte man daran auf Grund des fehlenden Entscheidungscharakters zumindest der Einigungsvorschläge der Schiedsstelle zweifeln, die Frage muss jedoch als offen angesehen werden. In der Entscheidung „Merck Canda Inc/Accord Healthcare Ltd u.a." hat der EuGH in Bezug auf ein portugiesisches „Tribunal Arbitral necessário" den Entscheidungscharakter mit dem Hinweis bejaht, dass der „Schiedsspruch eines solchen Gerichts, wenn er nicht vor dem zuständigen Berufungsgericht angefochten (werde), rechtskräftig (wird) und die gleichen Wirkungen wie Entscheidungen der ordentlichen Gerichte (hat)".[7] Dies gilt auf jeden Fall auch für angenommene Einigungsvorschläge. Andererseits wird die Schiedsstelle stets außerhalb des für die jeweiligen Verfahren vorgesehenen Instanzenzuges tätig. Daher trifft der Terminus „Berufungsgericht" streng genommen auf das Schiedsstellenverfahren nicht zu. In einem weiteren Urteil[8] hat der EuGH Schweizer Schlichtungsbehörden als Gericht im Sinne von i.S.v. Art. 62 Lugano-II-Übereinkommen angesehen.

2. Organisatorische Aspekte (Abs. 2 bis 4). Die Abs. 2 bis 4 betreffen organisatori- 5 sche Aspekte der Einrichtung der Schiedsstelle. Besonders zu erwähnen ist, dass die in Abs. 2 S. 2 genannte Frist eine Mindestfrist ist, die daher auch nach oben überschritten werden kann.[9] Die Neuregelung gegenüber dem bis zum 31.7.2007 bestehenden Rechtsstand beschränkt sich daher nur darauf, dass an die Stelle einer starren Vierjahresfrist im Interesse einer größeren Flexibilisierung der Dauer der Berufung eine variable Frist getreten ist, um auf Krankheit und plötzlichen Leistungsabfall der Schiedsstellenmitglieder in angemessen kurzer Frist reagieren zu können.[10] In der Praxis werden die Berufungen im Interesse der Kontinuität der Spruchpraxis regelmäßig verlängert.

---

3 Vgl. § 125 Rn 3.
4 Vgl. BeckOK-UrhR/*Freudenberg*, § 124 VGG Rn 1. So auch schon die Schiedsstelle nach dem UrhWG über sich selbst: Schiedsstelle, Einigungsvorschlag v. 9.7.2004 – Sch-UrhR 25/01 – ZUM-RD 2004, 559, 560: „Auch wenn ihre Entscheidungen nicht in Form von Verwaltungsakten ergehen, übt sie keine Rechtsprechung aus, sondern wird im Rahmen eines justizförmig ausgestalteten Verwaltungsverfahrens tätig."
5 Siehe dazu § 103 Rn 14 ff.
6 Vgl. u.a. EuGH, Urt. v. 31.1.2013 – C-394/11, Rn 39 – EuZW 2013, 233 – Valeri Hariev Belov/Chez Elektro Balgaria AD u.a.
7 EuGH, Urteil v. 13.2.2014 – C-555/13 – EuZW 2014, 301, 302 – Merck Canada Inc./Accord Healthcare Ltd u.a.
8 EuGH, Urteil v. 20.12.2017 – C-467/16, Rn. 55 ff. – EuZW 2018, 136 – Schlömp/Landratsamt Schwäbisch Hall.
9 Vgl. RegE „Zweiter Korb", BT-Drucks. 16/1828, S. 25.
10 *Hucko*, S. 19.

§ 125
Aufsicht

(1) Die Mitglieder der Schiedsstelle sind nicht an Weisungen gebunden.
(2) Die Dienstaufsicht über die Schiedsstelle führt der Präsident oder die Präsidentin des Deutschen Patent- und Markenamtes.

1   § 125, der auf den wortlautidentischen RefE des BMJV[1] zurückgeht, regelt die Weisungsfreiheit der Mitglieder der Schiedsstelle und die Dienstaufsicht durch den Präsidenten des DPMA.

2   Abs. 1 entspricht dem bisherigen § 14 Abs. 4 UrhWG und regelt die Weisungsfreiheit der Mitglieder der Schiedsstelle.

3   Abs. 2 enthält erstmals eine Regelung zur Dienstaufsicht über die Schiedsstelle.[2] Entgegen einer in der Literatur vertretenen Ansicht[3] ist damit keine fachliche bzw. rechtliche Kontrolle der Schiedsstelle im Rahmen der Ausübung der ihr zugewiesenen Tätigkeiten verbunden, da dies der Weisungsfreiheit der Mitglieder der Schiedsstelle widerspräche. Der Präsident stellt lediglich die ausreichende Ausstattung der Schiedsstelle mit Personal und Sachmitteln sicher und übt die Disziplinargewalt über die Mitglieder der Schiedsstelle aus.

§ 126
Beschlussfassung der Schiedsstelle

¹Die Schiedsstelle fasst ihre Beschlüsse mit Stimmenmehrheit. ² § 196 Absatz 2 des Gerichtsverfassungsgesetzes ist anzuwenden.

1   § 126 geht auf den wortlautidentischen RefE des BMJV[1] zurück. § 14a Abs. 1 UrhWG traf entsprechende Regelungen.

2   Grundlage jedes Einigungsvorschlages oder Beschlusses der Schiedsstelle ist der in einer (internen) Sitzung gefasste Beschluss. Auf diesen bezieht sich die Vorschrift. Bei einfacher gelagerten Verfahren hat sich die Praxis eingebürgert, diese in einem Umlaufverfahren und nicht in einer Sitzung zu beschließen. Auch für das Schiedsstellenverfahren gilt, dass die Abgabe eines Sondervotums einer überstimmten Mindermeinung nicht zulässig ist.

§ 127
Ausschließung und Ablehnung von Mitgliedern der Schiedsstelle

¹Über die Ausschließung und Ablehnung von Mitgliedern der Schiedsstelle entscheidet das Amtsgericht, in dessen Bezirk die Schiedsstelle ihren Sitz hat. ²Das Ablehnungsgesuch ist bei der Schiedsstelle anzubringen. ³Im Übrigen gelten die §§ 41 bis 48 der Zivilprozessordnung entsprechend.

---

1   RefE des BMJV v. 9.6.2015, S. 53.
2   RegE-VGG, BT-Drucks. 18/7223, S. 104.
3   BeckOK-UrhR/*Freudenberg*, § 125 VGG Rn 2.

1   RefE des BMJV v. 9.6.2015, S. 53.

§ 127 geht auf den wortlautidentischen RefE des BMJV[1] zurück. Er übernimmt inhaltlich unverändert die Regelungen aus § 9 UrhSchiedsV, konkretisiert allerdings den Verweis auf die entsprechend anzuwendenden Regelungen der ZPO. 1

§ 127 enthält eigentlich nur eine Zuständigkeitsregel. Der die amtliche Überschrift rechtfertigende Grundsatz findet sich in S. 3 i.V.m. §§ 41, 42 ZPO. Danach sind die Vorschriften der ZPO über den Ausschluss von der Ausübung des Amtes kraft Gesetzes und die Ablehnung wegen der Besorgnis der Befangenheit anwendbar. 2

Ein Ablehnungsgesuch kann grds. bis zum Ende des Verfahrens geltend gemacht werden, allerdings nach Antragstellung nur im Rahmen des § 44 Abs. 4 ZPO. 3

Das Gesuch ist anzubringen, sobald der Beteiligte Kenntnis von dem Ablehnungsgrund erlangt hat. Das Ablehnungsgesucht ist gem. S. 2 bei der Schiedsstelle anzubringen. Für die Entscheidung zuständig ist nach S. 1 allerdings das AG München als Amtsgericht, in dessen Bezirk die Schiedsstelle ihren Sitz hat. Das Ablehnungsrecht geht verloren, wenn sich der Beteiligte in der Verhandlung einlässt oder Anträge stellt, S. 3 i.V.m. § 43 ZPO. 4

Hinsichtlich der erforderlichen Form des Ablehnungsgesuches gilt § 44 Abs. 1 ZPO. Demnach kann ein Ablehnungsgesuch schriftlich oder mündlich angebracht oder vor der Geschäftsstelle zu Protokoll erklärt werden. 5

Die das Gesuch rechtfertigenden Tatsachen müssen glaubhaft gemacht werden. Inhalt des Ablehnungsgesuchs ist der Ablehnungsgrund, d.h. die Tatsachen, aus denen Veranlassung folgt, an der Unvoreingenommenheit des Mitgliedes zu zweifeln. Nicht erforderlich ist, dass das Mitglied tatsächlich befangen ist. Wegen möglicher bzw. nicht möglicher Ablehnungsgründe vgl. die einschlägigen Kommentierungen zur ZPO. 6

ZWEITER ABSCHNITT
Gerichtliche Geltendmachung

§ 128
Gerichtliche Geltendmachung

(1) Bei Streitfällen nach § 92 Absatz 1 und 2 ist die Erhebung der Klage erst zulässig, wenn ein Verfahren vor der Schiedsstelle vorausgegangen ist oder nicht innerhalb der Frist gemäß § 105 Absatz 1 abgeschlossen wurde.

(2) ¹Bei Streitfällen nach § 92 Absatz 1 Nummer 1 und 2 ist Absatz 1 nur anzuwenden, wenn die Anwendbarkeit oder die Angemessenheit des Tarifs bestritten ist. ²Stellt sich erst nach Eintritt der Rechtshängigkeit heraus, dass die Anwendbarkeit oder die Angemessenheit des Tarifs bestritten ist, setzt das Gericht den Rechtsstreit durch Beschluss aus, um den Parteien die Anrufung der Schiedsstelle zu ermöglichen. ³Weist die Partei, die die Anwendbarkeit oder die Angemessenheit des Tarifs bestreitet, nicht innerhalb von zwei Monaten ab Verkündung oder Zustellung des Beschlusses über die Aussetzung nach, dass ein Antrag bei der Schiedsstelle gestellt ist, so wird der Rechtsstreit fortgesetzt; in diesem Fall gelten die Anwendbarkeit und die Angemessenheit des streitigen Tarifs als zugestanden.

(3) Absatz 1 ist nicht anzuwenden auf Anträge auf Anordnung eines Arrests oder einer einstweiligen Verfügung. Nach Erlass eines Arrests oder einer einstweiligen Verfügung ist die Klage ohne die Beschränkung des Absatzes 1 zulässig,

---

[1] RefE des BMJV v. 9.6.2015, S. 54.

wenn der Partei nach den §§ 926 und 936 der Zivilprozessordnung eine Frist zur Erhebung der Klage bestimmt worden ist.

Übersicht

I. Allgemeines
   1. Bedeutung der Regelung —— 1
   2. Vorgängerregelung/ Entstehungsgeschichte —— 3
   3. Unionsrechtlicher Hintergrund —— 8

II. Regelungsgehalt
   1. Erfordernis eines Schiedsstellenverfahrens (Abs. 1) —— 9
      a) Streitfälle nach § 92 Abs. 1 und 2 —— 10
      b) Vorausgegangenes oder nicht innerhalb eines Jahres abgeschlossenes Schiedsstellenverfahren —— 12
   2. Entbehrlichkeit des Schiedsstellenverfahrens (Abs. 2 S. 1) —— 14
   3. Nachträgliches Bestreiten (Abs. 2 S. 2 und 3) —— 17
   4. Einstweiliger Rechtsschutz (Abs. 3) —— 20

I. Allgemeines

1 **1. Bedeutung der Regelung.** Die Vorschrift basiert auf zwei Grundgedanken. Zum einen soll durch die zwingende Anrufung der Schiedsstelle eine einheitliche und sachkundige Beurteilung der von den Verwertungsgesellschaften aufzustellenden Tarife ermöglicht werden. Gleichzeitig sollen damit die ordentlichen Gerichte entlastet werden, da sie sich die für die Beurteilung der Angemessenheit erforderlichen Vergleichsmaßstäbe nur mit Schwierigkeiten erarbeiten können.[1]

2 Von dem Grundsatz der zwingenden Schiedsstellenanrufung sind jedoch **zwei Ausnahmen** vorgesehen. Zum einen ist gem. Abs. 2 S. 1 bei Streitigkeiten zwischen Verwertungsgesellschaften und Endnutzern (§ 92 Abs. 1 Nr. 1) oder bei Streitigkeiten über die Vergütungspflicht von Geräten und Speichermedien (§ 92 Abs. 1 Nr. 2) **nur dann die Einschaltung der Schiedsstelle erforderlich, wenn die Anwendbarkeit oder die Angemessenheit des Tarifs bestritten ist.** Zum anderen ist die Anrufung nach Abs. 3 im Bereich des **einstweiligen Rechtsschutzes** aufgrund der dortigen Eilbedürftigkeit entbehrlich.

3 **2. Vorgängerregelung/Entstehungsgeschichte.** Bereits in der ursprünglichen Fassung aus dem Jahr 1965 sah das UrhWG die Schiedsstellenanrufung bei Gesamtvertragsstreitigkeiten sowie bei Streitigkeiten zwischen Sendeunternehmen und Verwertungsgesellschaften zwingend vor.[2] Erst im Rahmen der weitreichenden Überarbeitung des UrhWG im Jahr 1985 wurde die der jetzigen Regelung im Wesentlichen entsprechende Vorschrift des § 16 UrhWG eingeführt.[3]

4 Abs. 1 S. 1 entspricht inhaltlich der Regelung des § 16 Abs. 1 UrhWG. Der neu hinzugefügte Abs. 1 S. 2 stellt durch den Verweis auf § 103 Abs. 2 klar, dass die Frist zur Unterbreitung des Einigungsvorschlags während der Aussetzung des Schiedsstellenverfahrens nicht läuft.

5 Der neu formulierte Abs. 2 S. 1 entspricht inhaltlich der Vorgängerregelung in § 16 Abs. 2 S. 1 UrhWG mit der durch den Hinweis des BGH veranlassten Neuerung, dass ne-

---

[1] RegE Gesetz zur Änderung von Vorschriften auf dem Gebiet des Urheberrechts, BT-Drucks. 10/837, S. 12; BGH, Urt. v. 15.6.2000 – I ZR 231/97 – GRUR 2000, 872, 873 – Schiedsstellenanrufung I.
[2] Urheberrechtswahrnehmungsgesetz v. 9.9.1965 – BGBl. I 1965 S. 1294.
[3] Gesetz zur Änderung von Vorschriften auf dem Gebiet des Urheberrechts vom 24.6.1985 – BGBl. I 1985 S. 1137.

ben den Streitigkeiten zwischen Verwertungsgesellschaften und Einzelnutzern nunmehr zusätzlich die Streitigkeiten über die Vergütungspflicht für Geräte und Speichermedien einbezogen sind.[4] Nach Auffassung des Gesetzgebers ist auch in diesen Fällen denkbar, dass die Parteien sich zunächst nur über tatsächliche Fragen streiten (z.B. Anzahl der importierten Geräte oder Speichermedien) und die Anwendbarkeit oder Angemessenheit des Tarifs erst zu einem späteren Zeitpunkt streitig wird.[5] Abs. 2 S. 2 und 3 sind abgesehen von sprachlichen Konkretisierungen inhaltlich unverändert aus § 16 Abs. 2 UrhWG übernommen.

Abs. 3 enthält die inhaltlich unverändert übernommene Regelung des § 16 Abs. 3 UrhWG. **6**

§ 128 ist wortlautidentisch mit dem Vorschlag im RefE[6] des BMJV und wurde im Gesetzgebungsverfahren nicht weiter diskutiert. **7**

3. Unionsrechtlicher Hintergrund. Die VG-RL enthält in Art. 34 und Art. 35 sowie **8** in Erwägungsgrund 49 lediglich allgemein gehaltene Regelungen zu alternativen Streitbeilegungsverfahren, die nur für Online-Mehrgebietslizenzen an Musikwerken zwingend von den Mitgliedsstaaten umzusetzen sind. Die in § 128 VGG enthaltenen Regelungen können daher im Detail nicht auf die Richtlinie zurückgeführt werden.

II. Regelungsgehalt

1. Erfordernis eines Schiedsstellenverfahrens (Abs. 1)

Im Grundsatz ist die Erhebung einer Klage vor den ordentlichen Gerichten in den **9** Fällen des § 92 Abs. 1 und Abs. 2 erst zulässig, wenn ein Verfahren vor der Schiedsstelle vorausgegangen ist oder nicht innerhalb der Frist gem. § 105 Abs. 1 abgeschlossen wurde. Es handelt sich hierbei um eine **von Amts wegen zu berücksichtigende Prozessvoraussetzung** für die Zulässigkeit der gerichtlichen Geltendmachung der Ansprüche.[7] Liegt diese Voraussetzung nicht vor, so ist die Klage als unzulässig abzuweisen.[8] Die Schiedsstellenanrufung ist auch dann erforderlich, wenn die entsprechenden Ansprüche im Wege der Widerklage geltend gemacht werden.[9]

a) Streitfälle nach § 92 Abs. 1 und 2. Bei den in § 92 Abs. 1 genannten Streitfällen **10** handelt es sich um solche, an denen eine **Verwertungsgesellschaft** beteiligt ist und welche die Nutzung von Werken oder Leistungen durch **Einzelnutzer** (Nr. 1), die Vergütungspflicht für **Geräte und Speichermedien** (Nr. 2) oder den Abschluss bzw. die Änderung eines **Gesamtvertrags** (Nr. 3) betreffen.

Darüber hinaus kann die Schiedsstelle gem. Abs. 2 auch in Streitigkeiten zwischen **11** **Sendeunternehmen und Kabelunternehmen** angerufen werden, wenn der Streit die Verpflichtung zum Abschluss eines Vertrages über die **Kabelweitersendung** gem. § 87 Abs. 5 UrhG betrifft. Nach dem BGH ist ein Schiedsstellenverfahren in analoger Anwendung des Abs. 1 auch dann durchzuführen, wenn die Beklagte den Anspruch auf Ab-

---

4 RegE-VGG, BT-Drucks. 18/7223, S. 105; BGH, Beschl. v. 27.8.2015 – I ZR 148/14 – GRUR 2015, 1251 – Schiedsstellenanrufung II.
5 RegE-VGG, BT-Drucks. 18/7223, S. 105.
6 RefE des BMJV v. 9.6.2015, S. 54.
7 RegE Gesetz zur Änderung von Vorschriften auf dem Gebiet des Urheberrechts, BT-Drucks. 10/837, S. 24 re. Sp.
8 BGH, Urt. v. 15.6.2000 – I ZR 231/97 – GRUR 2000, 872, 873 – Schiedsstellenanrufung I; BGH, Urt. v. 17.9.2015 – I ZR 228/14 – GRUR 2016, 71 Rn 14 – Ramses.
9 BGH, Urt. v. 18.6.2014 – I ZR 215/12 – GRUR 2015, 61 Rn 85 – Gesamtvertrag Tanzschulkurse.

schluss eines Kabelweitersendevertrages gem. § 87 Abs. 5 UrhG als Zwangslizenzeinwand erhebt.[10]

12 **b) Vorausgegangenes oder nicht innerhalb eines Jahres abgeschlossenes Schiedsstellenverfahren.** Bei den vorgenannten Streitfällen kann eine Klage grundsätzlich erst dann erhoben werden, wenn ein Verfahren vor der Schiedsstelle vorausgegangen ist, d.h. das Verfahren vor der Schiedsstelle wurde mit einem **Einigungsvorschlag** abgeschlossen, der von mindestens einer der Parteien **im Wege des Widerspruchs nach § 105 Abs. 3 abgelehnt** wurde. Fehlt es an einem solchen Widerspruch, gilt der Einigungsvorschlag als angenommen, so dass kein Rechtsschutzbedürfnis für ein anschließendes identisches Klageverfahren mehr besteht.

13 Eine Klage ist trotz fehlenden Abschlusses eines Schiedsstellenverfahrens alternativ auch dann zulässig, wenn das Verfahren nicht innerhalb eines Jahres nach Zustellung des Antrags mit einem Einigungsvorschlag abgeschlossen wird (§ 105 Abs. 1); in diesem Fall führt die gerichtliche Geltendmachung nicht zur Beendigung des Schiedsstellenverfahrens, sondern zur Aussetzung durch die Schiedsstelle.[11] Aufgrund der Überlastung der Schiedsstelle kann ein Verfahren in der Praxis jedoch derzeit kaum innerhalb eines Jahres abgeschlossen werden, weshalb die Frist gem. § 105 Abs. 1 S. 2 mit Zustimmung der Beteiligten um jeweils ein halbes Jahr verlängert werden kann. In vielen Fällen wird jedoch bei Überschreiten der Jahresfrist keine ausdrückliche Zustimmung von den Beteiligten eingeholt, die das Schiedsstellenverfahren einfach weiterbetreiben, ohne ein gerichtliches Verfahren gem. § 128 Abs. 1 einzuleiten. Nach dem Koalitionsvertrag vom 14. März 2018 soll das Schiedsstellenverfahren perspektivisch in einen schnelleren Entscheidungsprozess überführt werden.[12]

14 **2. Entbehrlichkeit des Schiedsstellenverfahrens (Abs. 2 S. 1).** Bei Einzelnutzerstreitigkeiten gem. § 92 Abs. 1 Nr. 1 und Verfahren über die Vergütungspflicht der Hersteller und Betreiber von Geräten und Speichermedien gem. § 92 Abs. 1 Nr. 2 bedarf es eines vorausgegangenen Schiedsstellenverfahrens nicht, sofern die Anwendbarkeit und Angemessenheit des Tarifs nicht bestritten ist. Hier hat der **Gesetzgeber ein offensichtliches redaktionelles Versehen**[13] **korrigiert** und gegenüber § 16 Abs. 2 S. 2 UrhWG nunmehr auch die Streitfälle über die Vergütungspflicht für Geräte- und Speichermedien mit einbezogen. Auch in diesen Verfahren ist es denkbar, dass nur über tatsächliche Fragen oder Rechtsfragen gestritten wird, ohne dass die Anwendbarkeit oder Angemessenheit eines Tarifs bestritten wird.[14] Der BGH hatte sich zuvor in einem Verfahren gegen einen Gerätehersteller, in dem es nicht um Tariffragen ging, aufgrund des klaren Wortlauts der Vorgängerregelung gegen eine analoge Anwendung der Ausnahmeregelung ausgesprochen und auf den Gesetzgeber verwiesen.[15]

15 Die jetzige Regelung setzt nunmehr konsequent den Grundsatz um, dass die Kompetenz der Schiedsstelle nur bei tariflichen Auseinandersetzungen erforderlich ist. Darunter fallen auch solche Verfahren, in denen der Kläger gegen aus seiner Sicht überhöhte

---

10   BGH, Urt. v. 11. 4. 2013 – I ZR 152/11 – GRUR 2013, 618 Rn 47 – Internet-Videorecorder II, sowie im Nachgang hierzu OLG München, Urt. v. 6.4.2017 – 6 Sch 21/16 WG – GRUR-RR 2017, 492.
11   LG München, Urt. v. 30.6.2015 – 33 O 9639/14 – ZUM-RD 2015, 600, 601 – Allegro barbaro (Schadensersatzklage der GEMA gegen Youtube).
12   Siehe www.bundesregierung.de/Content/DE/_Anlagen/2018/03/2018-03-14-koalitionsvertrag.pdf, dort Rn 6133ff.
13   Vgl. Dreier/Schulze/*Schulze*, § 16 UrhWG Rn 5a und 27a.
14   RegE-VGG, BT-Drucks. 18/7223, S. 105.
15   BGH, Beschl. v. 27.8.2015 – I ZR 148/14 – GRUR 2015, 1251 Rn 21 – Schiedsstellenanrufung II.

Vergütungsforderungen aus Kartellrecht vorgeht, wenn damit zu rechnen ist, dass die urheberrechtliche Sachkunde der Schiedsstelle auch für die kartellrechtliche Beurteilung des Falles Bedeutung erlangen kann.[16] Dies führt zu einer Entlastung der derzeit unzureichend ausgestatteten Schiedsstelle und zu einer Beschleunigung der Verfahren. Auf der anderen Seite resultiert daraus in den Fällen unbestrittener Geräte- und Speichermedientarife eine Überlastung des hier gem. § 129 Abs. 1 unverändert erstinstanzlich zuständigen OLG München.

Beispiele für nicht tarifgestützte Verfahren: Begeht ein Nutzer eine Urheberrechtsverletzung, weil er eine notwendige Lizenz vertraglich oder gesetzlich durch Hinterlegung gem. § 37 nicht erworben hat, kann eine **Unterlassungsklage** direkt bei den ordentlichen Gerichten eingereicht werden.[17] Ebenso wenig ist ein vorausgehendes Schiedsstellenverfahren bei einer auf **Urheberrechtsverletzung gestützten Auskunfts- und Zahlungsklage** erforderlich, wenn die Klage schon mangels einer solcher Rechtsverletzung unbegründet ist; denn dann ist die Frage der Anwendbarkeit und Angemessenheit des Tarifs schon nicht entscheidungserheblich.[18] Dies gilt auch bei Ansprüchen, die auf einen **bestehenden Vertrag** gestützt werden, denn dann sind die Vertragspartner an das wirksam Vereinbarte gebunden.[19] Auch bei **Schadensersatzansprüchen** ist nach richtiger Ansicht kein Schiedsstellenverfahren erforderlich, auch wenn auf einen Tarif im Wege der Lizenzanalogie Bezug genommen wird; denn zumindest bei verkehrsdurchgesetzten Tarifen ist die Einbeziehung der sachkundigen Schiedsstelle nicht erforderlich.[20] Der BGH sieht dies allerdings wohl anders.[21] 16

3. Nachträgliches Bestreiten (Abs. 2 S. 2 und 3). Ein Schiedsstellenverfahren ist aber gem. Abs. 2 S. 2 und 3 dann durchzuführen, wenn sich ein ursprünglich gem. Abs. 2 S. 1 nicht tarifrelevantes Einzelnutzer- oder Geräteverfahren doch **zu einer Tarifstreitigkeit entwickelt**. Stellt sich nach Rechtshängigkeit heraus, dass die Anwendbarkeit oder die Angemessenheit des Tarifs doch im Streit ist, so hat das Gericht das Verfahren von Amts wegen **durch Beschluss auszusetzen**, um den Parteien die Anrufung der sachkundigen Schiedsstelle zu ermöglichen.[22] 17

Eine **Aussetzung** hat laut BGH **in analoger Anwendung von Abs. 2 S. 2** auch zu erfolgen, wenn die **Einrede des Zwangslizenzeinwands** von einem beklagten Unternehmen in einem **Streitfall über den Abschluss eines Kabelweitersendevertrages** gem. § 87 Abs. 5 UrhG erhoben wird; ansonsten liefe das Unternehmen Gefahr, zur Unterlassung verurteilt zu werden, obwohl ihm ein Anspruch auf Einräumung einer Zwangslizenz zusteht.[23] Im Ergebnis hat das OLG München im Nachgang zur Schiedsstelle in diesem Verfahren entschieden, dass ein Anspruch auf Abschluss eines Kabelweitersendevertrages mangels Vorliegens einer Kabelweitersendung nicht gegeben sei.[24] Dass 18

---

16 BGH, Urt. v. 9.10.2018 – KZR 47/15 – GRUR 2018, 1277 Rn. 29 – PC mit Festplatte III.
17 OLG Naumburg, Urt. v. 8.9.2004 – 6 U 68/04 – ZUM 2004, 847, 848; OLG Brandenburg, Urt. v. 11.9.2012 – Kart U 6/11 – GRUR-RR 2013, 89, 90.
18 BGH, Urt. v. 17.9.2015 – I ZR 228/14 – GRUR 2016, 71 Rn 17 – Ramses.
19 § 92 Rn 6; BGH, Urt. v. 15.6.2000 – I ZR 231/97 – GRUR 2000, 872, 873 – Schiedsstellenanrufung I; LG Frankfurt, Urt. v.4.5.2006 – 2-3 O 558/05 – ZUM 2006, 949.
20 Dreier/Schulze/*Dreier*, § 16 UrhWG Rn. 19; Wandtke/Bullinger/*Gerlach*, § 128 Rn. 24; BeckOK-UrhR/*Freudenberg*, § 128 VGG Rn 12.
21 BGH, Urt. v. 15.6.2000 – I ZR 231/97 – GRUR 2000, 872, 874 – Schiedsstellenanrufung I; ebenso Schricker/Loewenheim/*Reinbothe*, § 16 UrhWG Rn 3.
22 RegE Gesetz zur Änderung von Vorschriften auf dem Gebiet des Urheberrechts, BT-Drucks. 10/837, S. 25 li. Sp.
23 BGH, Urt. v. 11.4.2013 – I ZR 152/11 – GRUR 2013, 618 Rn 47 – Internet-Videorecorder II.
24 OLG München, Urt. v. 6.4.2017 – 6 Sch 21/16 WG – GRUR-RR 2017, 492.

der Anspruch hier nicht vom Kläger „im Wege der Klage", sondern von dem Beklagten im Wege der Einrede geltend gemacht wird, ist unerheblich; entscheidend ist nach Überschrift und Zweck des § 16 Abs. 1 UrhWG (jetzt § 128 Abs. 1), dass der Anspruch gerichtlich geltend gemacht wird.

19 Die Partei, die sich auf die Unanwendbarkeit oder Unangemessenheit des Tarifs beruft, hat nach Abs. 2 S. 3 **zwei Monate Zeit**, nachzuweisen, dass der Antrag bei der Schiedsstelle gestellt wurde. Erbringt sie den Nachweis nicht rechtzeitig, geht dies zu ihren Lasten und die Anwendbarkeit und die Angemessenheit des streitigen Tarifs gelten als zugestanden.[25] Im Übrigen muss nach einhelliger Meinung das **Bestreiten** der Anwendbarkeit oder der Angemessenheit **substantiiert** sein; ansonsten hätte es ein Nutzer in der Hand, durch ein einfaches Bestreiten das Verfahren und damit seine Zahlungspflicht zu verzögern.[26]

20 **4. Einstweiliger Rechtsschutz (Abs. 3).** Auch wenn die Schiedsstelle gem. § 106 einstweilige Regelungen vorschlagen kann, sind nach Abs. 3 Anträge auf Anordnung einer einstweiligen Verfügung und eines Arrestes **ohne vorangehendes Schiedsstellenverfahren möglich**. Denn zur Verhinderung von Urheberrechtsverstößen ist ein Rechteinhaber auf die alsbaldige Eilentscheidung eines Gerichts angewiesen.[27] Die Schiedsstelle kann letztlich nur im Rahmen von Einigungsvorschlägen einstweilige Regelungen vorschlagen, die erst mit ihrer Annahme durch beide Parteien gem. § 105 Abs. 5 vollstreckt werden können. Lediglich bei Verfahren über die Vergütungspflicht für Geräte und Speichermedien kann nunmehr gem. § 107 Abs. 1 vor der Schiedsstelle ein Antrag auf Sicherheitsleistung gestellt werden, wobei die dann erlassene Anordnung allerdings erst durch das OLG München gem. § 107 Abs. 4 vollzogen wird.

21 Da es in der Praxis meist um Unterlassungsverfügungen gegen Einzelnutzer geht, die ohnehin gem. Abs. 2 S. 1 als tarifunabhängige Einzelnutzerstreitigkeit keines vorausgehenden Schiedsstellenverfahrens bedürfen, ist der **Anwendungsbereich von Abs. 3 nur bei Leistungsverfügungen** denkbar. Letztere sind aber nur in besonderen Ausnahmefällen möglich, wenn schwere finanzielle Nachteile nicht durch Geltendmachung eines Erfüllungsanspruchs im Hauptsacheverfahren aufgefangen werden können.[28]

22 Um zu vermeiden, dass eine nach Erlass eines Arrests oder einer einstweiligen Verfügung **vom Gericht gem. §§ 926, 936 ZPO gesetzte Frist** zur Erhebung der Hauptsacheklage noch ein vorhergehendes Schiedsstellenverfahren erfordert, bestimmt **Abs. 3 S. 2**, dass diese Prozessvoraussetzung (zunächst) entfällt. Denn ein Schiedsstellenverfahren wäre innerhalb der zwei- bis vierwöchigen Frist faktisch nicht durchführbar.[29] Allerdings ist dann während des laufenden Hauptsacheverfahrens entsprechend Abs. 2 S. 2 doch noch ein Schiedsstellenverfahren durchzuführen, wenn es sich um eine tarifgebundene Streitigkeit handelt.

23 Wird hingegen die Hauptsacheklage ohne gerichtliche Fristsetzung erhoben, bleibt es bei dem Grundsatz, dass bei tarifgebundenen Streitigkeiten zunächst die Schiedsstelle anzurufen ist und andernfalls ein Prozesshindernis vorliegt.

---

25 So schon das Konzept von § 16 Abs. 2 S. 3 UrhWG, siehe RegE Gesetz zur Änderung von Vorschriften auf dem Gebiet des Urheberrechts, BT-Drucks. 10/837, S. 25 li. Sp.
26 Vgl. nur Dreier/Schulze/*Dreier*, § 16 UrhWG Rn 21.
27 RegE Gesetz zur Änderung von Vorschriften auf dem Gebiet des Urheberrechts, BT-Drucks. 10/837, S. 25 li. Sp.
28 OLG München, Beschl. v. 22.4.1993 – 29 U 2194/93 – GRUR 1994, 118, 120 – Beatles CD.
29 Musielak/Voit/*Huber*, § 926 ZPO Rn 11.

§ 129
Zuständigkeit des Oberlandesgerichts

(1) In Streitfällen nach § 92 Absatz 1 Nummer 2 und 3 sowie Absatz 2, nach § 94 sowie über Ansprüche nach § 108 entscheidet ausschließlich das für den Sitz der Schiedsstelle zuständige Oberlandesgericht im ersten Rechtszug.

(2) ¹Für das Verfahren gilt der Erste Abschnitt des Zweiten Buchs der Zivilprozessordnung entsprechend. ²§ 411a der Zivilprozessordnung ist mit der Maßgabe anwendbar, dass die schriftliche Begutachtung auch durch das Ergebnis einer empirischen Untersuchung aus einem Verfahren nach § 93 ersetzt werden kann.

(3) Gegen die von dem Oberlandesgericht erlassenen Endurteile findet die Revision nach Maßgabe der Zivilprozessordnung statt.

(4) ¹In den Fällen des § 107 Absatz 4 und 5 entscheidet das für den Sitz der Schiedsstelle zuständige Oberlandesgericht durch unanfechtbaren Beschluss. ²Vor der Entscheidung ist der Gegner zu hören.

Übersicht

I. Allgemeines
  1. Bedeutung der Regelung —— 1
  2. Entstehungsgeschichte/ Vorgängerregelung —— 4
  3. Unionsrechtlicher Hintergrund —— 7
II. Regelungsgehalt
  1. Erstinstanzliche Zuständigkeit des OLG München (Abs. 1) —— 8
  2. Geltung der ZPO (Abs. 2) —— 16
  3. Revision (Abs. 3) —— 17
  4. Verfahren bei Sicherheitsleistungen gem. § 107 (Abs. 4) —— 19

I. Allgemeines

1. Bedeutung der Regelung. Die neue Vorschrift gliedert die zuvor in § 16 Abs. 4 **1** UrhWG geregelte erstinstanzliche Zuständigkeit des OLG München in eine eigenständige Vorschrift aus. Hintergrund der Vorschrift ist, dass bei vorheriger Durchführung eines Schiedsstellenverfahrens **eine weitere Tatsacheninstanz entbehrlich erscheint**. Dies gilt für die Streitigkeiten gem. § 92 Abs. 1 **mit Ausnahme von Einzelnutzerverfahren** gem. § 92 Abs. 1 Nr. 1. Das OLG München ist also im ersten Rechtszug – wie bisher – zuständig bei Verfahren über die **Vergütungspflicht für Geräte und Speichermedien** (§ 92 Abs. 1 Nr. 2), **Gesamtvertragsverfahren** (§ 92 Abs. 1 Nr. 3) und bei Streitfällen über die **Verpflichtung zum Abschluss eines Vertrages über die Kabelweitersendung** (§ 92 Abs. 2).

Der Gesetzgeber hat es in **Abs. 1** bei den schon bisher dem OLG München zugewiesenen Verfahren gem. § 92 Abs. 1 Nr. 2, 3 sowie Abs. 2 belassen und damit bewusst auf **Änderungen verzichtet**. Die Herausnahme einzelner Fallgruppen würde zu neuen Problemen führen, etwa wenn sich erst im Laufe eines bei einem anderen Gericht anhängigen Rechtsstreits herausstellen würde, dass auch die Angemessenheit des Tarifs im Streit ist.[1] **Neu hinzugekommen** ist die Zuständigkeit für die erstmals im VGG geregelten Verfahren über die **gebietsübergreifende Vergabe von Online-Rechten an Musikwerken** (§ 94) sowie die Verfahren über die **Sicherheitsleistung im Zusammenhang mit der Vergütungspflicht für Geräte- und Speichermedien** (§ 107 Abs. 4 und 5 sowie § 108). **2**

Abs. 2 stellt klar, dass die **erstinstanzlichen Vorschriften der ZPO** gelten. Da das **3** OLG München bei einem vorausgegangenen Schiedsstellenverfahren die zweite Tatsacheninstanz ist, erlaubt **Abs. 3 die Revision** nach Maßgabe der ZPO. Davon abweichend

---
1 RegE-VGG, BT-Drucks. 18/7223, S. 105.

bestimmt **Abs. 4 für die Verfahren über eine Sicherheitsleistung gem. § 107**, dass das OLG München durch unanfechtbaren Beschluss entscheidet.

4   **2. Entstehungsgeschichte/Vorgängerregelung.** Schon die erste Fassung des UrhWG von 1965 sah eine Zuständigkeit des OLG am Sitz der Schiedsstelle für Streitigkeiten über den Abschluss oder die Änderung eines Gesamtvertrages sowie über Verträge zwischen Verwertungsgesellschaften und Sendeunternehmen vor (§ 15 Abs. 1 UrhWG a.F.).[2] Vorgeschaltet war auch hier ein Verfahren vor der Schiedsstelle. Für das Verfahren vor dem OLG waren allerdings nicht die Vorschriften der ZPO, sondern die der freiwilligen Gerichtsbarkeit anwendbar, da das Verfahren nach Einschätzung des Gesetzgebers den Charakter eines rechtsgestaltenden Vertragshilfeverfahrens hatte. Auch war die Revision nicht zulässig; Entscheidungen des OLG waren endgültig.[3]

5   Die Zuständigkeit des OLG am Sitz der Schiedsstelle, also beim OLG München, wurde auch in der Urheberrechtsnovelle von 1985 ausdrücklich beibehalten.[4] Man wollte gewährleisten, dass nach der besonders sachkundigen und erfahrenen Schiedsstelle ein gleichermaßen erfahrenes und sachkundiges Gericht entscheidet. Durch die Konzentration der Entscheidungspraxis bei einem Gericht sollte dort ausreichende Erfahrung in der Spezialmaterie gesammelt werden können.[5]

6   Die Norm geht auf den wortlautidentischen Vorschlag des RefE des BMJV[6] zurück und wurde im weiteren Gesetzgebungsverfahren nicht weiter diskutiert.

7   **3. Unionsrechtlicher Hintergrund.** Die VG-RL macht keine Vorgaben für eine bestimmte Zuständigkeitsregelung, insbesondere fordert sie keine Konzentration der Entscheidungskompetenz an einem Ort oder die Zuweisung der Streitfälle an ein höheres Gericht. Art. 35 Abs. 1 VG-RL verlangt jedoch, dass Streitigkeiten zwischen Verwertungsgesellschaften und Nutzern vor Gerichte oder ähnliche Stellen mit einschlägigen Kenntnissen des Rechts des geistigen Eigentums gebracht werden können.

II. Regelungsgehalt

8   **1. Erstinstanzliche Zuständigkeit des OLG München (Abs. 1).** Mit Ausnahme der Einzelnutzerstreitigkeiten gem. § 92 Abs. 1 Nr. 1, für die – je nach Streitwert – die Amts- und Landgerichte i.V.m. den Sonderregeln gem. § 105 UrhG und § 131 zuständig sind, wird die gerichtliche Zuständigkeit für alle anderen in Abs. 1 aufgezählten Verfahren im ersten Rechtszug beim OLG München kumuliert.

9   Die Zuständigkeit des OLG München im ersten Rechtszug für **Verfahren über die Vergütungspflicht der Hersteller und Betreiber von Geräten und Speichermedien** gem. § 92 Abs. 1 Nr. 2 sollte nach dem Willen des Gesetzgebers beim sog. Zweiten Korb der Verfahrensbeschleunigung dienen, da das Verfahren vor der Schiedsstelle gleichsam als erste Instanz vorausgegangen ist.[7] Zusätzlich ergibt sich auch in **einstweiligen Ver-**

---

2   Urheberrechtswahrnehmungsgesetz v. 9.9.1965 – BGBl. I 1965 S. 1294.
3   RegE-UrhWG, BT-Drucks. IV/271, S. 18.
4   Gesetz zur Änderung von Vorschriften auf dem Gebiet des Urheberrechts vom 24.6.1985 – BGBl. I 1985 S. 1137.
5   RegE Gesetz zur Änderung von Vorschriften auf dem Gebiet des Urheberrechts, BT-Drucks. 10/837, S. 35.
6   RefE des BMJV v. 9.6.2015, S. 54 f.
7   RegE „Zweiter Korb", BT-Drucks. 16/1828, S. 35 re. Sp.

fügungsverfahren eine **Annexzuständigkeit** des OLG München in Verfahren über die Aufstellung von Geräte- und Speichermedientarifen.[8]

Nachdem die Vorgängerregelung des § 16 Abs. 2 S. 1 UrhWG auch bei nicht tarifgebundenen Geräte- und Speichermedienverfahren keine Ausnahme für ein Schiedsstellenverfahren vorgesehen und der BGH dies nicht als Redaktionsversehen bewertet hatte,[9] hat der Gesetzgeber nunmehr auch in diesen Fällen gem. § 128 Abs. 2 S. 1 die direkte Anrufung des OLG München ermöglicht. 10

Dies führt freilich dazu, dass in Verfahren **unbestrittener Geräte- und Speichermedientarife** das OLG München systemwidrig als Erstinstanz mit der Aufbereitung des Sachverhalts befasst wird. Der Gesetzgeber hat sich aber bei solchen Fällen bewusst für eine ausnahmslose Zuständigkeit des OLG München entschieden, weil es zu neuen Problemen führen könnte, wenn sich erst im Laufe eines bei einem anderen Gericht anhängigen Rechtsstreits herausstellen würde, dass auch die Angemessenheit des Tarifs im Streit ist.[10] Damit ist eine Überlastung des OLG München, z.B. mit auf Vertrag gestützten Zahlungsklagen, abzusehen. Allerdings hätte man auch den Weg gehen können, dass ein als Erstinstanz befasstes AG oder LG bei sich nachträglich herausstellender Tarifbezogenheit gem. § 128 Abs. 2 S. 2 den Rechtsstreit aussetzt und das OLG erst nach erfolgloser Beendigung des Schiedsstellenverfahrens zuständig wird.[11] 11

Wie bisher gilt Abs. 1 auch **für Verfahren über Ansprüche auf Abschluss oder Änderung eines Gesamtvertrages** gem. § 35 i.V.m. § 92 Abs. 1 Nr. 3. Der Gesetzgeber hielt aufgrund der ausführlichen Aufbereitung des Streitfalls vor der Schiedsstelle eine weitere Tatsacheninstanz für entbehrlich.[12] Entsprechend sieht Abs. 1 eine Zuständigkeit des OLG München im „ersten Rechtszug" und nicht als Rechtsmittelinstanz vor. Den Gesamtverträgen werden auch sog. **unechte Gesamtverträge** gleichgestellt, bei denen zwar nicht die erforderliche Mitgliederanzahl einer Vereinigung vorliegt, aber aufgrund des hohen Marktvolumens der Mitglieder die für die Gewährung eines Gesamtvertragsnachlasses erforderliche Verwaltungsvereinfachung bei der Verwertungsgesellschaft eintritt.[13] 12

Die erstinstanzliche Zuständigkeit des OLG München gilt ebenso für **Ansprüche auf Abschluss oder Änderung eines Pauschalvertrages über die Kabelweitersendung** gem. § 92 Abs. 2. In einem Verfahren über die Verpflichtung eines Hotels, einen Lizenzvertrag über die Verbreitung des Nachrichtenprogramms CNN in der hoteleigenen Verteileranlage abzuschließen, hat das OLG München unzweifelhaft seine Zuständigkeit bejaht und darauf hingewiesen, dass die tatbestandlichen Voraussetzungen eines solchen Anspruchs erst im Rahmen der Begründetheit zu prüfen sind.[14] 13

Die Vorgaben der VG-RL zur **gebietsübergreifenden Vergabe von Online-Rechten an Musikwerken** wurden in den §§ 59 bis 74 umgesetzt und entsprechende Streitfälle der Schiedsstelle gem. **§ 94** zugewiesen, worüber im Nachgang ebenfalls erstinstanzlich das OLG München zu entscheiden hat. 14

Schließlich ist das OLG München erstinstanzlich zuständig für die **Geltendmachung von Schadensersatzansprüchen nach § 108** gegenüber einer Verwertungsge- 15

---

8 OLG München, Urt. v. 29.4.2010 – 6 WG 6/10 – GRUR-RR 2010, 278 – Gerätetarif.
9 BGH, Beschl. v. 27.8.2015 – I ZR 148/14 – GRUR 2015, 1251 Rn 21 – Schiedsstellenanrufung II; zur Annahme eines Redaktionsversehens vgl. Dreier/Schulze/*Schulze*, § 16 UrhWG Rn 5a und 27a.
10 RegE-VGG, BT-Drucks. 18/7223, S. 105.
11 So richtig BeckOK-UrhR/*Freudenberg*, § 129 VGG Rn 9.
12 RegE Gesetz zur Änderung von Vorschriften auf dem Gebiet des Urheberrechts, BT-Drucks. 10/837, S. 25.
13 Vgl. nur Dreier/Schulze/*Dreier*, § 16 UrhWG Rn 27; Wandtke/Bullinger/*Gerlach*, § 129 Rn. 6.
14 OLG München, Urt. v. 30.6.2011 – 6 Sch 14/09 WG – ZUM 2012, 54, 60.

sellschaft bei einer ungerechtfertigten Anordnung einer Sicherheitsleistung gegenüber einem Geräte- oder Speichermedienhersteller gem. § 107. Damit prüft das OLG seine zuvor selbst beschlossene Vollziehung einer gem. § 107 Abs. 1 von der Schiedsstelle getroffenen Anordnung über die Erbringung einer Sicherheitsleistung.

16   **2. Geltung der ZPO (Abs. 2).** Gemäß Abs. 2 S. 1 sind – wie bisher nach § 16 Abs. 4 S. 2 UrhWG – die Vorschriften der ZPO für das Verfahren vor den LG (§§ 253 bis 494a ZPO) anzuwenden. Neu ist jedoch die **Erweiterung des Anwendungsbereichs des § 411a ZPO** (Verwertung von Sachverständigengutachten aus anderen Verfahren) auf empirische Untersuchungen in Abs. 2 S. 2.

17   **3. Revision (Abs. 3).** Gegen die vom OLG München erlassenen Endurteile findet nach Abs. 3 – wie bisher in § 16 Abs. 4 S. 4 UrhWG – die Revision nach Maßgabe der ZPO statt. Mittlerweile hat der BGH klargestellt, dass auch in diesen Fällen eine Revision **nur zulässig ist, wenn sie vom OLG** oder **vom BGH im Wege der Nichtzulassungsbeschwerde zugelassen worden ist**.[15] Begründet wird dies damit, dass die erstinstanzliche Zuständigkeit des OLG allein auf der Erwägung beruht, dass das vorangegangene ausführliche Schiedsverfahren eine zweite gerichtliche Tatsacheninstanz entbehrlich erscheinen lässt und deswegen keine Abweichung von dem Grundsatz der Zulassungspflicht der Revision gerechtfertigt sei.[16] Zu beachten ist, dass das OLG die Revision auch beschränkt zulassen kann, z.B. wenn sich aus den Entscheidungsgründen hinreichend deutlich ergibt, dass das OLG die Möglichkeit einer Nachprüfung im Revisionsverfahren nur wegen eines abtrennbaren Teils seiner Entscheidung eröffnen wollte.[17]

18   Die Überprüfung durch den BGH beschränkt sich wie üblich auf **Rechtsfragen**, was in erster Linie unbestimmte Rechtsbegriffe wie „angemessene Bedingungen" (§ 34 Abs. 1), „geldwerte Vorteile" (§ 39 Abs. 1) und „billiges Ermessen" bei der Festsetzung von Gesamtverträgen gem. § 130 beinhaltet. Zu vom OLG München festgesetzten **Gesamtverträgen** gibt es einige Entscheidungen, in denen der BGH die Vorentscheidung – trotz der eingeschränkten Überprüfungsmöglichkeit – korrigiert oder zurückverwiesen hat. Der BGH prüft hier nur Verfahrensverstöße und ob das OLG sein (weites) Ermessen fehlerfrei ausgeübt hat. Das ist nicht der Fall, wenn das OLG den **Begriff der Billigkeit** verkannt oder die gesetzlichen Grenzen seines Ermessens überschritten oder von seinem Ermessen in einer dem Zweck der Ermächtigung nicht entsprechenden Weise Gebrauch gemacht hat oder von einem rechtlich unzutreffenden Ansatz ausgegangen ist, der ihm den Zugang zu einer fehlerfreien Ermessensausübung versperrt hat.[18] Die Begründung der festsetzenden Entscheidung muss dem BGH eine solche Überprüfung ermöglichen, andernfalls wird die Berufungsentscheidung wegen dieses Versäumnisses aufgehoben.[19]

19   **4. Verfahren bei Sicherheitsleistungen gem. § 107 (Abs. 4).** Abs. 4 S. 1 betrifft die in § 107 Abs. 4 und 5 neu geregelte Vollziehung einer von der Schiedsstelle gem. § 107

---

15   BGH, Beschl. v. 15.8.2013 – I ZR 150/12 – GRUR 2013, 1173 Rn 3 – Zulassungsrevision bei Festsetzung von Gesamtverträgen.
16   BGH, Beschl. v. 15.8.2013 – I ZR 150/12 – GRUR 2013, 1173 Rn 3 – Zulassungsrevision bei Festsetzung von Gesamtverträgen – unter Hinweis auf die Gesetzesbegründung zum UrhWG.
17   BGH, Urt. v. 18.6.2014 – I ZR 215/12 – GRUR 2015, 61 Rn 25 – Zulassungsrevision bei Festsetzung von Gesamtverträgen.
18   BGH, Urt. v. 19.11.2015 – I ZR 151/13 – GRUR 2016, 792 Rn 24 – Gesamtvertrag Unterhaltungselektronik.
19   BGH, Urt. v. 18.6.2014 – I ZR 215/12 – GRUR 2015, 61 Rn 31 ff. – Gesamtvertrag Tanzschulkurse; BGH, Urt. v. 21.7.2016 – I ZR 212/14 – GRUR 2017, 161 Rn 52 – Gesamtvertrag Speichermedien.

Abs. 1 getroffenen Anordnung einer Sicherheitsleistung. Die dort vorgesehenen Entscheidungen zur Vollziehung der Anordnung der Sicherheitsleistung hat der Gesetzgeber dem OLG München, welches gem. Abs. 4 S. 1 durch unanfechtbaren Beschluss entscheidet, aufgrund besonderer Sachnähe zugewiesen.[20] Zusätzlich überprüft das OLG München die Anordnung der Sicherheitsleistung durch die Schiedsstelle auch inhaltlich in verfassungskonformer Auslegung von § 107 Abs. 4.[21] § 107 Abs. 5 erlaubt eine Selbstkorrektur des OLG München, das seinen Beschluss nach 107 Abs. 4 auf Antrag aufheben oder ändern kann, was in Widerspruch zu Abs. 4 steht. Im Zweifel ist dieser Widerspruch durch den Vorrang der spezielleren Vorschrift zur Sicherheitsleistung in § 107 zu lösen.

Nach Abs. 4 S. 2 ist der Gegner vor der Entscheidung zu hören. Ausnahmen hiervon **20** gibt es – anders als in einstweiligen Verfügungsverfahren gem. § 937 Abs. 2 ZPO – nicht.

§ 130
Entscheidung über Gesamtverträge

[1]Das Oberlandesgericht setzt den Inhalt der Gesamtverträge, insbesondere Art und Höhe der Vergütung, nach billigem Ermessen fest. [2]Die Festsetzung ersetzt die entsprechende Vereinbarung der Beteiligten. [3]Die Festsetzung eines Vertrags ist nur mit Wirkung vom 1. Januar des Jahres an möglich, in dem der Antrag bei der Schiedsstelle gestellt wird.

Übersicht
I. Allgemeines
   1. Bedeutung der Regelung —— 1
   2. Entstehungsgeschichte/ Vorgängerregelung —— 2
   3. Unionsrechtlicher Hintergrund —— 5
II. Regelungsgehalt
   1. Entscheidungsbefugnis des Gerichts (S. 1 und 2) —— 6
   2. Entsprechende Anwendung auf Verträge gem. § 87 Abs. 5 UrhG —— 8
   3. Zeitliche Begrenzung der Rückwirkung (S. 3) —— 9

I. Allgemeines

1. Bedeutung der Regelung. Gem. S. 1 der Regelung erfolgt die Festsetzung des In- **1** halts der Gesamtverträge durch das OLG nach billigem Ermessen. Die Entscheidung des OLG ersetzt nach S. 2 die entsprechende Vereinbarung der Parteien. S. 3 stellt klar, dass die Festsetzung eines Gesamtvertrags nur mit Wirkung vom 1. Januar des Jahres möglich ist, in dem der Antrag bei der Schiedsstelle gestellt wird.

2. Entstehungsgeschichte/Vorgängerregelung. Die Regelung entspricht S. 3 bis 5 **2** des bisherigen § 16 Abs. 4 UrhWG, die nunmehr in eine eigenständige Vorschrift überführt wurden. Es wurde lediglich klargestellt, dass es sich bei dem für den Wirksamkeitsbeginn der Festsetzung maßgeblichen Antrag um den Antrag bei der Schiedsstelle handelt.[1]

In der ursprünglichen Fassung des UrhWG aus dem Jahr 1965 setzte noch die **3** Schiedsstelle den Vertragsinhalt gem. § 14 Abs. 4 UrhWG fest mit der Möglichkeit der

---

20 RegE-VGG, BT-Drucks. 18/7223, S. 105.
21 § 107 Rn 34.

1 RegE-VGG, BT-Drucks. 18/7223, S. 105.

gerichtlichen Überprüfung gemäß § 15 Abs. 5 UrhWG.² Da es sich bei dem Verfahren vor der Schiedsstelle aber nicht um eine rechtsprechende Tätigkeit, sondern um ein Schlichtungsverfahren vor einem Verwaltungsorgan handelt, wurde die Entscheidungsbefugnis der Schiedsstelle mit der Urheberrechtsnovelle aus dem Jahr 1985 eingeschränkt.³ Seitdem kann sie nur noch einen Einigungsvorschlag unterbreiten, sodass die verbindliche Festsetzung des Vertragsinhalts dem OLG vorbehalten ist.⁴

4   Die Norm geht auf den wortlautidentischen Vorschlag des RefE des BMJV⁵ zurück und wurde im Gesetzgebungsverfahren nicht weiter diskutiert.

5   **3. Unionsrechtlicher Hintergrund.** Eine entsprechende unionsrechtliche Vorgabe existiert nicht.

II. Regelungsgehalt

6   **1. Entscheidungsbefugnis des Gerichts (S. 1 und 2).** Das OLG setzt den Gesamtvertrag – insbesondere im Hinblick auf Art und Höhe der Vergütung – fest und ersetzt damit die Vereinbarung zwischen den Parteien des Gesamtvertrags durch eine rechtsgestaltende Entscheidung. Die Entscheidung des OLG ist mit der eines Gerichts vergleichbar, das im Falle des § 315 Abs. 3 S. 2 BGB die vertraglich geschuldete Leistung nach billigem Ermessen bestimmt.⁶

7   Dem OLG steht bei der Festsetzung des Gesamtvertrags ausdrücklich ein **weiter Ermessensspielraum** zu. Die Ermessensausübung des OLG kann vom BGH nur daraufhin überprüft werden, ob das OLG den Begriff der **Billigkeit** verkannt hat, ob eine Ermessensüberschreitung oder ein Ermessenmissbrauch vorliegt und ob es von einem rechtlich unzutreffenden Ansatz ausgegangen ist, der ihm den Zugang zu einer fehlerfreien Ermessensausübung versperrt.⁷ Das Ermessen des OLG ist somit unter verschiedenen Gesichtspunkten eingeschränkt. Es gilt insbesondere der Grundsatz der Bindung an die Parteianträge gem. § 308 Abs. 1 ZPO, sodass das OLG nicht mehr zusprechen darf, als die Parteien beantragt haben.⁸ Weiterhin muss die vom Gericht getroffene Regelung angemessen sein, d.h. im Hinblick auf die Vergütungshöhe z.B. den in § 39 aufgestellten Grundsatz berücksichtigen, dass i.d.R. die geldwerten Vorteile, die durch die Verwertung erzielt werden, Berechnungsgrundlage für Tarife bzw. die den Tarifen gleichgestellten Gesamtverträge sein sollen.⁹ Für die Festlegung der Vergütungs- und sonstigen Vertragsparameter hat sich das OLG an **vorbestehenden Vereinbarungen zwischen den Parteien** oder an **vergleichbaren gesamtvertraglichen Regelungen aus anderen Rechtsverhältnissen** zu orientieren.¹⁰ Soweit der Entscheidung des OLG ein Schiedsstellenverfahren vorausgegangen ist, hat das OLG insoweit auch zu berücksichtigen, dass

---

2   Urheberrechtswahrnehmungsgesetz v. 9.9.1965 – BGBl. I 1965 S. 1294, 1296.
3   Gesetz zur Änderung von Vorschriften auf dem Gebiet des Urheberrechts vom 24.6.1985 – BGBl. I 1985 S. 1137.
4   Vgl. RegE Gesetz zur Änderung von Vorschriften auf dem Gebiet des Urheberrechts, BT-Drucks. 10/837, S. 24 li Sp.
5   RefE des BMJV v. 9.6.2015, S. 55.
6   BGH, Urt. v. 5.4.2001 – I ZR 132/98 – GRUR 2001, 1139, 1142 – Gesamtvertrag privater Rundfunk.
7   BGH, Urt. v. 5.4.2001 – I ZR 132/98 – GRUR 2001, 1139, 1142 – Gesamtvertrag privater Rundfunk.
8   Zur Bedeutung des Antragsprinzips im Rahmen des vorgeschalteten Schiedsstellenverfahrens vgl. § 110 Rn 3 ff.
9   § 35 Rn 54 ff.
10 BGH, Urt. v. 18.6.2014 – I ZR 215/12 – GRUR 2015, 61 Rn 34 – Gesamtvertrag Tanzschulkurse; BGH, Urt. v. 5.4.2001 – I ZR 132/98 – GRUR 2001, 1139, 1142 – Gesamtvertrag privater Rundfunk.

einem überzeugend begründeten Einigungsvorschlag eine gewisse Vermutung der Angemessenheit zukommt.[11] Aus diesem Grund bedürfen etwaige Abweichungen von dem Einigungsvorschlag einer ausführlichen Begründung, damit der BGH als Revisionsgericht die Billigkeit der Ermessensausübung überprüfen kann.[12]

2. Entsprechende Anwendung auf Verträge gem. § 87 Abs. 5 UrhG. Nach dem 8
Wortlaut ist die Regelung auf Gesamtverträge, also auf Verträge zwischen Verwertungsgesellschaften und Nutzervereinigungen beschränkt. Angesichts der vergleichbaren Interessenlage erscheint jedoch eine entsprechende Anwendung auf Verträge zwischen Sendeunternehmen und Kabelnetzbetreibern gem. §§ 92 Abs. 2 VGG, 87 Abs. 5 UrhG angebracht.[13] Zwar spricht gegen eine solche entsprechende Anwendung, dass der Gesetzgeber diese Verträge auch im Rahmen der Neuregelung nicht ausdrücklich in den Wortlaut der Regelung einbezogen hat. Jedoch obliegt es dem OLG auch hier, eine vertragliche Regelung zwischen den Parteien des Rechtsstreits festzusetzen. Dementsprechend sieht § 111 im Rahmen des Verfahrens vor der Schiedsstelle auch ausdrücklich vor, dass die Vorgaben zu den Streitfällen über Gesamtverträge aus § 110 auf Streitfälle über Rechte der Kabelweitersendung entsprechende Anwendung finden.

3. Zeitliche Begrenzung der Rückwirkung (S. 3). S. 3 stellt klar, dass die Rück- 9
wirkung eines vom OLG festgesetzten Vertrags nur mit Wirkung vom 1. Januar des Jahres möglich ist, in dem der Antrag bei der Schiedsstelle gestellt wird. Die Auffassung, dass für die rückwirkende Festsetzung der Eingang bei der Schiedsstelle entscheidend ist, wurde zwecks Vermeidung von gesamtvertragslosen Zeiträumen auch vor Einfügung der Klarstellung schon von der ganz überwiegenden Meinung vertreten.[14] Die Regelung hindert das OLG aber nicht daran, den Beginn des Gesamtvertrags im Rahmen seines Ermessens abweichend zu regeln und bspw. den Zeitpunkt der Klageerhebung als maßgeblich zu erachten.[15]

§ 131
Ausschließlicher Gerichtsstand

(1) ¹Für Rechtsstreitigkeiten über Ansprüche einer Verwertungsgesellschaft wegen Verletzung eines von ihr wahrgenommenen Nutzungsrechts oder Einwilligungsrechts ist das Gericht ausschließlich zuständig, in dessen Bezirk die Verletzungshandlung begangen worden ist oder der Verletzer seinen allgemeinen Gerichtsstand hat. ²§ 105 des Urheberrechtsgesetzes bleibt unberührt.

(2) Sind nach Absatz 1 Satz 1 für mehrere Rechtsstreitigkeiten gegen denselben Verletzer verschiedene Gerichte zuständig, so kann die Verwertungsgesellschaft alle Ansprüche bei einem dieser Gerichte geltend machen.

---

11 BGH, Urt. v. 27.10.2011 – I ZR 175/10 – GRUR 2012, 715, Rn 22 – Bochumer Weihnachtsmarkt.
12 BGH, Urt. v. 5.4.2001 – I ZR 132/98 – GRUR 2001, 1139, 1142 – Gesamtvertrag privater Rundfunk.
13 BeckOK-UrhR/*Freudenberg*, § 130 VGG Rn 1.
14 Schricker/Loewenheim/*Reinbothe*, § 16 UrhWG Rn 8.
15 BGH, Urt. v. 18.6.2014 – I ZR 215/12 – GRUR 2015, 61 Rn 79 – Gesamtvertrag Tanzschulkurse.

Übersicht

I. Allgemeines
   1. Bedeutung der Regelung —— 1
   2. Entstehungsgeschichte/
      Vorgängerregelung —— 2
   3. Unionsrechtlicher Hintergrund —— 7
II. Regelungsgehalt

1. Ausschließlicher Gerichtsstand
   (Abs. 1 S. 1) —— 8
2. Urheberrechtliche Spezialgerichte
   (Abs. 1 S. 2) —— 11
3. „Reisende" Veranstalter
   (Abs. 2) —— 12

I. Allgemeines

1. Bedeutung der Regelung. Abs. 1 S. 1 legt für alle Rechtsstreitigkeiten über Ansprüche von Verwertungsgesellschaften, die aus einer behaupteten Verletzung eines von der Verwertungsgesellschaft wahrgenommenen Nutzungs- oder Einwilligungsrechts herrühren, einen ausschließlichen Gerichtsstand entweder am Ort der Verletzungshandlung oder am allgemeinen Gerichtsstand des Verletzers fest. Dem Wortlaut entsprechend betrifft dies nur Rechtsstreitigkeiten, in denen eine Verwertungsgesellschaft als Klägerin auftritt. Ist die Verwertungsgesellschaft Beklagte, so richtet sich der Gerichtsstand nach den allgemeinen Regeln.

2. Entstehungsgeschichte/Vorgängerregelung. Eingeführt wurde der ausschließliche Gerichtsstand für Verletzungsansprüche der Verwertungsgesellschaften schon mit der ursprünglichen Fassung des UrhWG von 1965.[1] Zweck war es, die Interessen der Veranstalter von Musikaufführungen und der (vermeintlichen) Rechtsverletzer zu schützen.[2]

Zuvor hatte sich eine st. Rspr. bei den Gerichten am Sitz der GEMA (Berlin) entwickelt, wonach diese sich grds. für Ansprüche aus verletzten Nutzungs- oder Einwilligungsrechten für zuständig erklärt hatten, auch wenn der Beklagte seinen allgemeinen Gerichtsstand an einem anderen Ort hatte. Dabei wurde der Sitz der GEMA als Ort der Rechtsverletzung i.S.d. § 32 ZPO fingiert, selbst wenn die streitgegenständliche Musikveranstaltung anderswo stattgefunden hatte.[3]

Der Gesetzgeber sah hierin eine Benachteiligung der Veranstalter, die eventuell hohe Reise- oder Vertretungskosten auf sich nehmen müssten und so von der Verteidigung ihrer Rechte abgeschreckt werden könnten. Auch war es rechtspolitisch nicht erwünscht, die Entscheidung aller Rechtsstreitigkeiten bezüglich der Verletzung von Verwertungsrechten an einem Ort zu konzentrieren.

Aus diesem Grund wurde der § 17 UrhWG eingeführt, der – auch mangels einer Regelung bezüglich des Gerichtsstandes in der VG-RL – unverändert in das VGG übernommen wurde.

Die Norm geht auf den wortlautidentischen Vorschlag des RefE des BMJV[4] zurück und wurde im Gesetzgebungsverfahren nicht weiter diskutiert.

3. Unionsrechtlicher Hintergrund. Die VG-RL enthält keine Vorgabe zum Gerichtsstand.

---

1 Urheberrechtswahrnehmungsgesetz v. 9.9.1965 – BGBl. I 1965 S. 1294.
2 RegE-UrhWG, BT-Drucks. IV/271, S. 19.
3 LG Berlin, Urt. v. 10.3.1955 – 17 O 15/55 – GRUR 1955, 552.
4 RefE des BMJV v. 9.6.2015, S. 55.

II. Regelungsgehalt

1. Ausschließlicher Gerichtsstand (Abs. 1 S. 1). Abs. 1 S. 1 bestimmt einen ausschließlichen Gerichtsstand für alle Ansprüche, die eine Verwertungsgesellschaft aus der Verletzung eines von ihr wahrgenommenen Nutzungs- oder Einwilligungsrechts geltend macht. Ausschließlich zuständig ist demnach das Gericht, in dem der Verletzer seinen allgemeinen Gerichtsstand hat (§ 12 ff. ZPO) oder das Gericht, in dem die Verletzungshandlung vorgenommen wurde (§ 32 ZPO). I.S.d. Regelungszwecks ist der **Begriff des Begehungsorts nach § 32 ZPO dabei eng auszulegen**. Anders als früher von der (Berliner) Rechtsprechung angenommen, kann es hier weder auf den Ort des Vermögensschadens ankommen (dies wäre immer der Sitz der Verwertungsgesellschaft), noch wird ein Einwilligungsrecht automatisch am Sitz des Rechteinhabers verletzt. Vielmehr muss auf den **Ort des tatsächlichen Tätigwerdens des Verletzers**, das zur Rechtsverletzung führte, abgestellt werden.[5] Ort der Begehung ist damit beispielsweise bei Veranstaltungen der Veranstaltungsort. 8

Der Gerichtsstand des Abs. 1 S. 1 gilt **nur für solche Ansprüche, die eine Verwertungsgesellschaft geltend macht**. Für Rechtsstreitigkeiten, bei denen eine Verwertungsgesellschaft Beklagte ist, gelten weiterhin die allgemeinen Vorschriften der ZPO zum Gerichtsstand. 9

Da der Gerichtsstand des Abs. 1 S. 1 ein ausschließlicher ist, sind anderslautende Gerichtsstandsvereinbarungen nicht möglich (§ 40 Abs. 2 S. 1 Nr. 2 ZPO). Auch eine Widerklage kann einen anderen Gerichtsstand nicht begründen (§ 33 Abs. 2 ZPO). 10

2. Urheberrechtliche Spezialgerichte (Abs. 1 S. 2). Abs. 1 S. 2 stellt klar, dass an dem durch Abs. 1 S. 1 festgelegten ausschließlichen Gerichtsstand weiterhin die urheberrechtlichen Spezialgerichte zuständig sind, soweit diese durch Rechtsverordnung nach § 105 UrhG eingerichtet worden sind. Dem Wunsch nach einheitlicher Rechtsprechung soll hiermit Rechnung getragen werden.[6] 11

3. „Reisende" Veranstalter (Abs. 2). Abs. 2 gibt der Verwertungsgesellschaft ein **Wahlrecht**, wenn sie Ansprüche gegen einen „umherziehenden" Veranstalter geltend macht. Behauptet sie, ein Veranstalter habe an mehreren Orten unerlaubte Musikaufführungen durchgeführt, so wird durch die vermeintlichen Verletzungshandlungen an jedem dieser Orte ein Gerichtsstand nach Abs. 1 S. 1 begründet. Um die Rechtsverfolgung zu vereinfachen, soll es der Verwertungsgesellschaft freistehen, alle Ansprüche gegen diesen Veranstalter gebündelt **an einem der begründeten Gerichtsstände** geltend zu machen. Nach dem Wortlaut der Vorschrift kommt es dabei nur darauf an, dass es sich um denselben Beklagten handelt. Die Streitgegenstände können unterschiedlich sein; es können also auch verschiedene Ansprüche aus unterschiedlichen Musikveranstaltungen gemeinsam an einem Gerichtsstand eingeklagt werden. 12

---

5 So auch BGH, Urt. v. 14.5.1969 – I ZR 24/68 – GRUR 1969, 564.
6 RegE-UrhWG, BT-Drucks. IV/271, S. 19.

SECHSTER TEIL
Übergangs- und Schlussvorschriften

§ 132
Übergangsvorschrift für Erlaubnisse

(1) Verwertungsgesellschaften, denen bei Inkrafttreten dieses Gesetzes bereits eine Erlaubnis nach dem ersten Abschnitt des Urheberrechtswahrnehmungsgesetzes in der bis zum 31. Mai 2016 geltenden Fassung erteilt ist, gilt die Erlaubnis nach § 77 als erteilt.

(2) Organisationen, die bei Inkrafttreten dieses Gesetzes bereits Urheberrechte und verwandte Schutzrechte wahrnehmen und die nach § 77 erstmalig einer Erlaubnis bedürfen, sind berechtigt, ihre Wahrnehmungstätigkeit ohne die erforderliche Erlaubnis bis zur Rechtskraft der Entscheidung über den Antrag auf Erteilung der Erlaubnis fortzusetzen, wenn sie
1. der Aufsichtsbehörde die Wahrnehmungstätigkeit unverzüglich schriftlich anzeigen und
2. bis spätestens 31. Dezember 2016 einen Antrag auf Erteilung der Erlaubnis (§ 78) stellen.

Übersicht

I.	Allgemeines		1.	Erstmalige Erlaubnispflicht nach § 77 —— 7
	1. Bedeutung der Regelung —— 1		2.	Unverzüglich schriftliche Anzeige bei Aufsichtsbehörde —— 9
	2. Vorgängerregelung —— 2		3.	Antrag bis spätestens 31. Dezember 2016 —— 10
	3. Entstehungsgeschichte —— 3		4.	Rechtsfolge —— 11
	4. Anwendungsbereich —— 4			
II.	Bestandsschutz (§ 132 Abs. 1) —— 6			
III.	Übergangsvorschrift für erstmalige Erlaubnispflicht (§ 132 Abs. 2)			

I. Allgemeines

1. Bedeutung der Regelung. Die Norm gewährleistet die reibungslose Fortsetzung 1 der Wahrnehmung von Urheber- und Leistungsschutzregelungen trotz Einführung neuer Vorschriften mit dem VGG. Sie stellt in Abs. 1 sicher, dass Verwertungsgesellschaften mit einer auf Grundlage des UrhWG erlassenen Erlaubnis keinen neuen Antrag auf Erlaubniserteilung (§§ 77, 78) stellen müssen. Abs. 2 regelt den Übergang für Organisationen, die nunmehr erstmalig einer Erlaubnis nach § 77 bedürfen.

2. Vorgängerregelung. § 23 Abs. 1 UrhWG sah eine Übergangsregelung für Ver- 2 wertungsgesellschaften von grundsätzlich einem Jahr ab Inkrafttreten des Gesetzes (1.1.1966) vor. Diese Vorschrift wurde dann für mehrere Jahrzehnte gegenstandslos.

3. Entstehungsgeschichte. Die Norm geht im Wesentlichen auf den Vorschlag im 3 RefE des BMJV zurück[1] und wurde im weiteren Gesetzgebungsverfahren nicht weiter diskutiert. Allein das noch vom RefE und RegE für § 132 Abs. 1 vorgesehene Datum wurde

---
[1] RefE des BMJV v. 9.6.2015, S. 55f.

vom Bundestagsausschuss für Recht und Verbraucherschutz an die sich aus dem Gesetzgebungsverfahren ergebende Verzögerung angepasst.[2]

4 **4. Anwendungsbereich.** Abs. 1 findet nur auf Verwertungsgesellschaften (§ 2) Anwendung. **Abhängige Verwertungseinrichtungen (§ 3)** hingegen waren dem UrhWG unbekannt und konnten am 31.5.2016 daher noch nicht über eine Erlaubnis nach §§ 1, 2 UrhWG verfügen.[3] Da diese Verwertungseinrichtungen aber mittlerweile nach § 90 Abs. 1 S. 1 grds. eine Erlaubnis einholen müssen, wenn sie bestimmte Rechte und Ansprüche wahrnehmen, kann Abs. 2 für sie Bedeutung erlangen.[4] Häufig wird dies aber entfallen, sobald alle an der Verwertungseinrichtung beteiligten Verwertungsgesellschaften über eine Erlaubnis verfügen (§ 90 Abs. 1 S. 2).

5 **Unabhängige Verwertungseinrichtungen (§ 4)** bedürfen generell keiner Erlaubnis.[5]

II. Bestandsschutz (§ 132 Abs. 1)

6 Die den bestehenden Verwertungsgesellschaften auf Grundlage von § 2 UrhWG erteilten Erlaubnisse genießen **Bestandsschutz** (Abs. 1). Der Gesetzeswortlaut („gilt [...] als erteilt") scheint eine Fiktion der nach § 77 Abs. 1 erforderlichen Erlaubnis zu begründen.[6] Ein bindend erlassener Verwaltungsakt wird jedoch nicht dadurch gegenstandslos, dass sich die bei seinem Erlass maßgebliche Rechtslage ändert, wie schon aus einem Umkehrschluss aus § 49 Abs. 2 Nr. 4 VwVfG folgt.[7] Entgegen dem missverständlichen Wortlaut wird daher keine neue Erlaubnis fingiert, sondern die **bisherige bleibt bestehen** und darf nicht ohne Weiteres, sondern nur unter den Voraussetzungen des § 80 widerrufen werden. Der Bestandsschutz ist unbefristet.[8] Die Verwertungsgesellschaften können ihre Tätigkeit seit dem 1.6.2016 also ungehindert fortsetzen, unterliegen nun aber den aufsichtsrechtlichen Regelungen des VGG.[9]

III. Übergangsvorschrift für erstmalige Erlaubnispflicht (§ 132 Abs. 2)

7 **1. Erstmalige Erlaubnispflicht nach § 77.** Sobald eine Organisation mit Sitz in Deutschland Urheberrechte oder verwandte Schutzrechte wahrnimmt, die sich **aus dem deutschen UrhG ergeben**, bedarf sie der Erlaubnis des DPMA (§ 77 Abs. 1).

8 Ausweislich der Gesetzesbegründung soll Abs. 2 Anwendung finden auf Organisationen, die unter der Geltung des UrhWG nicht als Verwertungsgesellschaft zu qualifizieren waren, nunmehr aber die Definition des § 2 erfüllen.[10] Da dieselbe Gesetzesbegründung davon ausgeht, dass die neu eingeführte Begriffsbestimmung im Wesentlichen dem bisherigen Verständnis von Verwertungsgesellschaften im deutschen Recht entspricht,[11] mag dies verwundern. Auch **Verwertungsgesellschaften aus dem EU-/EWR-**

---

2 Vgl. Beschlussempfehlung und Bericht des Ausschusses für Recht und Verbraucherschutz, BT-Drucks. 18/8268, S. 4, 13.
3 Vgl. § 3 Rn. 3.
4 Ebenso Wandtke/Bullinger/*Staats*, § 132 VGG Rn 4.
5 Siehe § 4 Rn. 1.
6 Dafür BeckOK-UrhR/*Freudenberg*, § 132 VGG Rn 3.
7 BVerwG, Urt. v. 3.2.1983 – 4 C 39/82 – NJW 1984, 1473, 1473.
8 BeckOK-UrhR/*Freudenberg*, § 132 VGG Rn 3.
9 BeckOK-UrhR/*Freudenberg*, § 132 VGG Rn 3; Wandtke/Bullinger/*Staats*, § 132 VGG Rn 3.
10 RegE-VGG, BT-Drucks. 18/7223, S. 105.
11 RegE-VGG, BT-Drucks. 18/7223, S. 72; siehe dazu auch § 2 Rn 3.

Ausland, die eine Erlaubnis nach § 77 Abs. 2 benötigen, wenn sie bestimmte Ansprüche oder Rechte auf der Grundlage des deutschen UrhG wahrnehmen, mussten bereits unter der Geltung der §§ 1, 2 UrhWG eine Erlaubnis zur Wahrnehmung von Rechten und Ansprüchen aus dem deutschen UrhG einholen.[12] Es ist daher nur schwer vorstellbar, dass eine Organisation zur Wahrnehmung von Urheberrechten oder verwandten Schutzrechten erstmalig unter der Geltung des neuen VGG einer Erlaubnis nach § 77 bedarf.[13]

2. Unverzüglich schriftliche Anzeige bei Aufsichtsbehörde. Erste Voraussetzung 9 der gesetzlichen Gestattung nach Abs. 2 ist eine unverzügliche und schriftliche Anzeige der Wahrnehmungstätigkeit beim DPMA. Insofern besteht ein **Gleichlauf mit dem Tatbestand des § 82**.[14] Als Beginn der Anzeigepflicht, nach der sich die Unverzüglichkeit (§ 121 Abs. 1 S. 1 BGB) bestimmt, ist das Inkrafttreten des VGG am 1.6.2016 zu verstehen, weil noch keine Anzeige unter der Geltung des UrhWG erwartet werden konnte.

3. Antrag bis spätestens 31. Dezember 2016. Den Organisationen wurde eine Frist 10 gewährt, bis zu der sie einen Antrag auf Erteilung der Erlaubnis stellen mussten. Diese lief am 31. Dezember 2016 ab. Der Antrag musste die Anforderungen des § 78 erfüllen. Beim DPMA ging **kein Antrag** nach Abs. 2 ein.

4. Rechtsfolge. Die Organisationen dürfen ihre Wahrnehmungstätigkeit vorerst 11 fortsetzen. Abs. 2 bewahrt sie auf diese Weise vor den **Rechtsfolgen des § 84**.[15]

Die gesetzliche Gestattung gilt bis zur **Rechtskraft der Entscheidung** über den An- 12 trag der Verwertungsgesellschaft. Die Verwendung des Begriffs „Rechtskraft" anstelle der „Bestandskraft" verdeutlicht, dass die „Entscheidung über den Antrag" das gerichtliche Verfahren einschließt. Die Rechtsfolge des Abs. 2 endet daher nicht mit einem ablehnenden Bescheid des DPMA, sondern erst nach erfolglosem Durchlaufen der Gerichtsinstanzen, sofern diese angerufen werden.

Zeigte eine Verwertungsgesellschaft entgegen Abs. 2 ihre Wahrnehmungstätigkeit 13 nicht an und stellte sie keinen Antrag auf Erlaubniserteilung bis zum 31.12.2016, wurde sie ab dem 1.1.2017 **ohne Erlaubnis** tätig. Die Verwertungsgesellschaft kann dann die von ihr wahrgenommenen Urheberrechte und verwandten Schutzrechte, die sich aus dem Urheberrechtsgesetz ergeben, nicht mehr geltend machen und keinen Strafantrag nach § 109 UrhG stellen (§ 84). Darüber hinaus stehen dem DPMA die von § 85 vorgesehenen Maßnahmen zur Verfügung.

§ 133
Anzeigefrist

Ist eine Organisation gemäß den §§ 82, 90 oder 91 verpflichtet, die Aufnahme einer Wahrnehmungstätigkeit anzuzeigen, so zeigt sie dies der Aufsichtsbehörde spätestens am 1. Dezember 2016 an.

---

12 Dreier/Schulze/*Schulze*, 5. Aufl. 2015, § 1 UrhWG Rn 26; differenzierend *Heine*, S. 247 f.
13 Dahin gehend auch Wandtke/Bullinger/*Staats*, § 132 VGG Rn 4.
14 Siehe daher § 82 Rn 15 ff.
15 RegE-VGG, BT-Drucks. 18/7223, S. 105.

§ 133 — Sechster Teil. Übergangs- und Schlussvorschriften

Übersicht

I. Allgemeines
1. Bedeutung der Regelung —— 1
2. Vorgängerregelung —— 2
3. Entstehungsgeschichte —— 3

II. Regelungsgehalt
1. Anzeigepflicht —— 4
2. Zeitliche Geltung —— 5

III. Unterlassene Anzeige —— 6

I. Allgemeines

1. Bedeutung der Regelung. § 133 setzt Organisationen zur kollektiven Rechtewahrnehmung eine Frist, innerhalb der sie ihren Anzeigeverpflichtungen aus §§ 82, 90 Abs. 2, 91 Abs. 2 nachkommen müssen. Dadurch wird gewährleistet, dass die Anzeigen nicht unnötig hinausgezögert werden und das DPMA seine Aufsichtspflichten rasch erfüllen kann.[1] Die Notwendigkeit dieser Übergangsvorschrift ergibt sich daraus, dass das frühere Recht keine entsprechenden Anzeigepflichten auferlegte. 1

2. Vorgängerregelung. Da das UrhWG anders als nun das VGG keine Pflicht zur Anzeige gegenüber dem DPMA kannte, enthielt es dazu keine Übergangsvorschrift. 2

3. Entstehungsgeschichte. Die Norm geht im Wesentlichen auf den Vorschlag im RefE des BMJV zurück[2] und wurde im weiteren Gesetzgebungsverfahren nicht weiter diskutiert. Allein das noch vom RefE und RegE für § 133 vorgesehene Datum wurde vom Bundestagsausschuss für Recht und Verbraucherschutz an die sich aus dem Gesetzgebungsverfahren ergebende Verzögerung angepasst.[3] 3

II. Regelungsgehalt

1. Anzeigepflicht. Eine Anzeigepflicht kommt immer nur dann in Betracht, wenn nicht bereits eine Erlaubnis eingeholt werden muss. Bis zum 1.12.2016 anzeigen mussten also Verwertungsgesellschaften (§ 2) aus dem **EU-/EWR-Ausland** eine Wahrnehmung von Rechten und Ansprüchen aus dem deutschen UrhG sowie Verwertungsgesellschaften mit Sitz in Deutschland eine Wahrnehmungstätigkeit im EU-/EWR-Ausland (§ 82). Einer Erlaubnispflicht unterliegen **abhängige Verwertungseinrichtungen (§ 3)** nur unter bestimmten Voraussetzungen (vgl. § 90 Abs. 1) und **unabhängige Verwertungseinrichtungen (§ 4)** nie. Diese Organisationen müssen im Übrigen (vgl. § 90 Abs. 2) bzw. stets (§ 91 Abs. 2) ihre Tätigkeit dem DPMA anzeigen. 4

2. Zeitliche Geltung. § 133 findet nur dann Anwendung, wenn die Organisation schon bei Inkrafttreten des VGG **am 1.6.2016 existierte und die Voraussetzungen für die gesetzliche Anzeigepflicht** nach §§ 82, 90 Abs. 2 oder 91 Abs. 2 erfüllte.[4] Eine andere Ansicht stellt insofern auf den 1.12.2016 ab, da dies den Fristablauf des § 133 markiert.[5] Dagegen spricht jedoch, dass dann Organisationen, die zwischen dem 1.6. und 1.12.2016 ihre Tätigkeiten aufnahmen, sich an die Frist des § 133 zu halten hätten. Unter der Geltung des VGG sind die Anzeigefristen aber ausschließlich anhand der **Unverzüglichkeit** 5

---

1 RegE-VGG, BT-Drucks. 18/7223, S. 105.
2 RefE des BMJV v. 9.6.2015, S. 56.
3 Vgl. Beschlussempfehlung und Bericht des Ausschusses für Recht und Verbraucherschutz, BT-Drucks. 18/8261, S. 4, 13.
4 Ebenso Wandtke/Bullinger/*Staats*, § 133 VGG Rn 5.
5 So BeckOK-UrhR/*Freudenberg*, § 133 VGG Rn 3.

zu bestimmen (vgl. §§ 82, 90 Abs. 2 oder 91 Abs. 2). Nahm eine Organisation ihre Wahrnehmungstätigkeit am 30.11.2016 auf, musste sie dies dem DPMA nicht bis zum nächsten Tag mitteilen. Umgekehrt konnte sich eine am 1.6.2016 startende Organisation auch nicht unter Berufung auf § 133 bis zum 1.12.2016 Zeit lassen. Diese Regelung des § 133 greift ihrem Sinn und Zweck nach nur dann ein, wenn eine Organisation ihre Wahrnehmungstätigkeit noch im Geltungsbereich des UrhWG aufnahm und sich auf eine neue Rechtslage einzustellen hatte.

III. Unterlassene Anzeige

Verstieß eine Organisation gegen ihre Anzeigepflicht bis zum 1.12.2016, kann sie die von ihr wahrgenommenen Urheberrechte und verwandten Schutzrechte, die sich aus dem Urheberrechtsgesetz ergeben, **nicht geltend machen** und keinen Strafantrag nach § 109 UrhG stellen (§ 84). Darüber hinaus stehen dem **DPMA** die von § 85 vorgesehenen Maßnahmen zur Verfügung. 6

§ 134
Übergangsvorschrift zur Anpassung des Statuts an die Vorgaben dieses Gesetzes

Die Verwertungsgesellschaft passt das Statut, die Wahrnehmungsbedingungen und den Verteilungsplan unverzüglich, spätestens am 31. Dezember 2016, an die Vorgaben dieses Gesetzes an.

Übersicht

I. Allgemeines
 1. Bedeutung der Regelung —— 1
 2. Vorgängerregelung —— 2
 3. Entstehungsgeschichte —— 3
 4. Anwendungsbereich —— 4

II. Regelungsgehalt —— 5
III. Unterlassene Anpassung —— 9
IV. Unterrichtungspflicht —— 10

I. Allgemeines

1. Bedeutung der Regelung. § 133 setzt Verwertungsgesellschaften (§ 2) eine Frist zur Anpassung ihrer Statuten (§ 13 Abs. 1 S. 1), Wahrnehmungsbedingungen (§ 9 S. 2) und Verteilungspläne (§ 27 Abs. 1). Dadurch wird gewährleistet, dass gebotene Änderungen nicht unnötig hinausgezögert werden. Die Notwendigkeit dieser Übergangsvorschrift ergibt sich aus **veränderten Vorgaben durch das VGG** seit dem 1.6.2016. 1

2. Vorgängerregelung. Das UrhWG enthielt keine entsprechende Übergangsvorschrift. 2

3. Entstehungsgeschichte. Die Norm geht im Wesentlichen auf den Vorschlag im RefE des BMJV zurück.[1] Der RegE ergänzte die Norm um eine Anpassungspflicht für Verteilungspläne und verschob den Stichtag vom 9.10. auf den 31.12.2016. Anders als bei den übrigen Übergangsvorschriften behielt der Bundestag das vom RegE vorgeschlagene Datum daraufhin bei. 3

---
[1] RefE des BMJV v. 9.6.2015, S. 56

4 4. Anwendungsbereich. Abhängige Verwertungseinrichtungen (§ 3) müssen kein Statut haben und Wahrnehmungsbedingungen und einen Verteilungsplan nur u.U. erstellen.[2] Die Vorschriften für die Tätigkeit von Verwertungsgesellschaften (§ 2) sind auf abhängige Verwertungseinrichtungen zwar anzuwenden, wenn diese Tätigkeiten einer Verwertungsgesellschaft ausüben (§ 3 Abs. 2). § 134 ist nach seinem Wortlaut aber im Gegensatz zu den offener formulierten Vorschriften wie etwa §§ 132 Abs. 2, 133 nicht auf abhängige Verwertungseinrichtungen anwendbar.[3] Auch für **unabhängige Verwertungseinrichtungen (§ 4)** erlangt § 134 keinerlei Bedeutung.

II. Regelungsgehalt

5   Als **Statut** bezeichnet das Gesetz die Satzung, den Gesellschaftsvertrag oder die sonstige Gründungsbestimmungen der Verwertungsgesellschaft (§ 13 Abs. 1 S. 1). Dieses Statut muss seit dem 1.6.2016 eine objektive, transparente und nichtdiskriminierende Regelung der Voraussetzungen einer Mitgliedschaft (§ 7) in der Verwertungsgesellschaft enthalten (§ 13 Abs. 1 S. 2).[4] Da das UrhWG dazu keine Vorgaben enthielt, wurden hier u.U. Anpassungen erforderlich. Entsprechendes gilt etwa zum angemessenen und wirksamen Verfahren der Mitwirkung von Mitgliedern und Berechtigten an den Entscheidungen der Verwertungsgesellschaft (§ 16 S. 1) und Beschlussfassungen der Mitgliederhauptversammlung (§§ 17, 18).

6   **Wahrnehmungsbedingungen** sind die Bedingungen, zu denen die Verwertungsgesellschaft die Rechte des Berechtigten wahrnimmt (§ 9 S. 2). Diese müssen nunmehr etwa Regelungen zur vollständigen oder teilweisen Beendigung des Wahrnehmungsverhältnisses durch den Berechtigten festlegen (§ 12 Abs. 1).

7   Ein **Verteilungsplan** enthält die von der Verwertungsgesellschaft aufgestellten festen Regeln, die ein willkürliches Vorgehen bei der Verteilung der Einnahmen aus den Rechten ausschließen (§ 27 Abs. 1). Dieser muss etwa Vorgaben zur Verteilungsfrist enthalten (§ 28 Abs. 1, Abs. 2).

8   Diese beispielhaft aufgezählten neuen gesetzlichen Vorschriften mussten die Verwertungsgesellschaften **unverzüglich** umsetzen. Der Begriff der Unverzüglichkeit ist an § 121 Abs. 1 S. 1 BGB zu orientieren. Ein schuldhaftes Zögern bestimmte sich ab dem Inkrafttreten des VGG, da die Vorgaben erst ab dem 1.6.2016 zu beachten waren. Nach § 134 mussten die Anpassungen spätestens bis zum 31.12.2016 erfolgen. Trotz der Pflicht zur Unverzüglichkeit konnte man den Verwertungsgesellschaften keine allzu rasche Umsetzung abverlangen. Denn sie mussten ihre Mitgliederhauptversammlung über das Statut und den Verteilungsplan beschließen lassen (§ 17 Abs. 1 Nr. 1, 6). Auch die Befugnis zur Bestimmung der Wahrnehmungsbedingungen kann nicht ohne Weiteres, sondern nur durch Beschluss der Mitgliederhauptversammlung auf das Aufsichtsgremium nach § 22 übertragen werden.

III. Unterlassene Anpassung

9   Unterließ eine Verwertungsgesellschaft die von § 134 verlangte Anpassung und entsprechen Statut, Wahrnehmungsbedingungen und/oder Verteilungsplan dadurch nicht den aktuellen gesetzlichen Vorschriften, verstieß die Verwertungsgesellschaft gegen ihr nach dem VGG obliegende Verpflichtungen. Das DPMA konnte dann Maßnahmen nach § 85 ergreifen.

---

2   Siehe auch § 3 Rn 21.
3   A.A. Wandtke/Bullinger/*Staats*, § 134 VGG Rn 2.
4   Zu diesen Vorgaben im Einzelnen § 13 Rn 18ff.

IV. Unterrichtungspflicht

Die Verwertungsgesellschaften mussten ihre Staturen nicht nur gem. § 134 anpassen, sondern die Änderungen dem DPMA auch unverzüglich abschriftlich mitteilen (§ 88 Abs. 2 Nr. 1). 10

§ 135
Informationspflichten der Verwertungsgesellschaft bei Inkrafttreten dieses Gesetzes

(1) Die Verwertungsgesellschaft informiert ihre Berechtigten spätestens am 1. Dezember 2016 über die Rechte, die ihnen nach den §§ 9 bis 12 zustehen, einschließlich der in § 11 genannten Bedingungen.

(2) Die §§ 47 und 54 sind erstmals auf Geschäftsjahre anzuwenden, die nach dem 31. Dezember 2015 beginnen.

Übersicht

I. Allgemeines
 1. Bedeutung der Regelung —— 1
 2. Vorgängerregelung —— 2
 3. Unionsrechtlicher Hintergrund —— 3
 4. Entstehungsgeschichte —— 4
 5. Anwendungsbereich —— 5
II. Regelungsgehalt
 1. Unterrichtung der Berechtigten über ihre Rechte aus §§ 9 bis 12 (Abs. 1) —— 6
 2. Unterrichtung einer beauftragenden Verwertungsgesellschaft (Abs. 2 Alt. 1) —— 8
 3. Unterrichtung der Berechtigten nach § 54 (Abs. 2 Alt. 2) —— 10
III. Unterlassene Unterrichtung —— 12

I. Allgemeines

1. Bedeutung der Regelung. § 135 setzt Verwertungsgesellschaften (§ 2) Fristen zur Erfüllung ihrer **Mitteilungspflichten**. Diese Vorschrift beruht darauf, dass die von ihr aufgezählten Informationen dem UrhWG unbekannt waren. 1

2. Vorgängerregelung. Das UrhWG enthielt keine entsprechende Übergangsvorschrift. 2

3. Unionsrechtlicher Hintergrund. Abs. 1 dient der Umsetzung von **Art. 5 Abs. 8 VG-RL**. Danach müssen die Organisationen für die kollektive Rechtewahrnehmung diejenigen Rechtsinhaber, von denen sie bereits beauftragt wurden, bis zum 10.10.2016 über die ihnen nach Art. 5 Abs. 1 bis 7 zustehenden Rechte und die an das Recht nach Art. 5 Abs. 3 geknüpften Bedingungen informieren. Der abweichende Stichtag in Abs. 1 resultiert aus der verspäteten Umsetzung der Richtlinie ins deutsche Recht. 3

4. Entstehungsgeschichte. Die Norm geht im Wesentlichen auf den Vorschlag im RefE des BMJV zurück[1] und wurde im weiteren Gesetzgebungsverfahren nicht weiter diskutiert. Allein das noch vom RefE und RegE für Abs. 1 vorgesehene Datum wurde vom 4

---
1 RefE des BMJV v. 9.6.2015, S. 56.

Bundestagsausschuss für Recht und Verbraucherschutz an die sich aus dem Gesetzgebungsverfahren ergebende Verzögerung angepasst.[2]

5 **5. Anwendungsbereich.** Im Gegensatz zu Abs. 1 ist der Anwendungsbereich des Abs. 2 nicht auf Verwertungsgesellschaften (§ 2) beschränkt. Sofern eine **abhängige Verwertungseinrichtung (§ 3)** gegenüber Berechtigten (§ 6) tätig werden sollte, hat sie die §§ 9 ff., 54 und somit § 135 zu beachten. Entsprechendes gilt für Abs. 2 im Hinblick auf die Informationspflichten gegenüber dem Kooperationspartner nach § 47, wenn eine abhängige Verwertungseinrichtung Repräsentationsvereinbarungen schließen sollte. Da **unabhängige Verwertungseinrichtungen (§ 4)** den Informationspflichten des § 54 unterliegen (§ 4 Abs. 2 S. 1),[3] mussten sie, sofern sie bereits gegründet waren, diese erstmals für das Geschäftsjahr 2016 erfüllen (Abs. 2).

II. Regelungsgehalt

6 **1. Unterrichtung der Berechtigten über ihre Rechte aus §§ 9 bis 12 (Abs. 1).** Die Verwertungsgesellschaften (§ 2) mussten ihre **Berechtigten**, also diejenigen Rechtsinhaber, die zu ihnen in einem unmittelbaren Rechtsverhältnis stehen (§ 6), bis zum 1.12.2016 über deren Rechte aus den §§ 9–12 informieren. Dies umfasst den **Wahrnehmungszwang** und die **Angemessenheit der Wahrnehmungsbedingungen (§ 9)**, den **Vorbehalt der Zustimmung** zur Wahrnehmung jedes einzelnen Rechts (§ 10), die Befugnis des Rechtsinhabers zur **Rechteeinräumung an jedermann** (§ 11) und die Möglichkeit der **Beendigung** der Rechtewahrnehmung bei ggf. fortbestehender Beteiligung des Rechtsinhabers an den Ausschüttungen (§ 12).

7 Zur Unterrichtung über § 11 genügt nicht die Mitteilung über die Befugnis zur Rechteeinräumung an Dritte zur nicht kommerziellen Nutzung, sondern ausweislich des Wortlauts des Abs. 1 müssen die Verwertungsgesellschaften ebenso über die von ihnen dafür festgelegten Bedingungen informieren.

8 **2. Unterrichtung einer beauftragenden Verwertungsgesellschaft (Abs. 2 Alt. 1).** Eine Verwertungsgesellschaft (§ 2) kann im Rahmen einer sog. **Repräsentationsvereinbarung** eine andere Verwertungsgesellschaft beauftragen, die von ihr wahrgenommenen Rechte wahrzunehmen (§ 44). Üblich ist dies vor allem zwischen Verwertungsgesellschaften verschiedener Länder (Gegenseitigkeitsverträge) oder inländischen Verwertungsgesellschaften, die unterschiedliche Rechte für einheitliche Nutzungssachverhalte aus einer Hand lizenzieren wollen.[4] Mit einer solchen Repräsentationsvereinbarung gehen Informationspflichten einher. Nach § 47 hat die beauftragte Verwertungsgesellschaft ihre Partnergesellschaft spätestens zwölf Monate nach Ablauf eines jeden Geschäftsjahres zu informieren etwa über die Einnahmen aus denjenigen Rechten, die von der Repräsentationsvereinbarung umfasst sind.

9 **Geschäftsjahr** ist insofern jeweils das vom Statut der zur Mitteilung verpflichteten Verwertungsgesellschaft bestimmte Geschäftsjahr.[5] Hier liegt die Festlegung auf das Kalenderjahr nahe, wie es der Gesetzgeber mit seinen Stichtagsfestlegungen in §§ 135 Abs. 2, 136, 137 wohl auch als Regelfall vorausgesetzt hat und wie es etwa die GEMA (§ 4

---

2 Vgl. Beschlussempfehlung und Bericht des Ausschusses für Recht und Verbraucherschutz, BT-Drucks. 18/8268, S. 4, 13.
3 Siehe § 4 Rn 13.
4 Siehe § 44 Rn 14 ff.
5 BeckOK-UrhR/*Freudenberg*, § 135 VGG Rn 3.

der Satzung), die VG Wort (§ 13 der Satzung), die VG Media (§ 1 Abs. 3 der Satzung), die VG Bild-Kunst (§ 4 der Satzung) und die GVL (§ 3 Abs. 1 des Gesellschaftsvertrages) bestimmt haben. Diese Verwertungsgesellschaften hatten § 47 also **erstmals für das Jahr 2016** zu beachten. Die Mitteilung musste bis spätestens zwölf Monate nach Ablauf des Geschäftsjahres erfolgen, also **bis Ende 2017**.

3. Unterrichtung der Berechtigten nach § 54 (Abs. 2 Alt. 2). Nach § 54 hat eine Verwertungsgesellschaft (§ 2) spätestens zwölf Monate nach Ablauf eines jeden Geschäftsjahres alle Berechtigten (§ 6), an die sie in diesem Geschäftsjahr Einnahmen aus den Rechten verteilt hat, zu informieren etwa über die Ausschüttungen an ihn in diesem Geschäftsjahr. 10

Zum **Geschäftsjahr** gilt das oben Gesagte.[6] Hat eine Verwertungsgesellschaft in ihrem Statut also das Kalenderjahr als Geschäftsjahr festgelegt, musste sie § 54 erstmals **für das Jahr 2016** beachten. Die Mitteilung musste bis spätestens zwölf Monate nach Ablauf des Geschäftsjahres, also **bis Ende 2017**, erfolgen. 11

III. Unterlassene Unterrichtung

Unterließ eine Verwertungsgesellschaft die von § 135 Abs. 1 verlangte Unterrichtung ihrer Berechtigten, verstieß sie gegen eine ihr nach dem VGG obliegende Verpflichtung. Das **DPMA** konnte dann Maßnahmen nach § 85 ergreifen. 12

§ 136
Übergangsvorschrift für Erklärungen der Geschäftsführung und des Aufsichtsgremiums

Erklärungen nach den §§ 21 und 22 sind erstmals für Geschäftsjahre abzugeben, die nach dem 31. Dezember 2015 beginnen.

Übersicht

I. Allgemeines	3. Entstehungsgeschichte — 3
1. Bedeutung der Regelung — 1	4. Anwendungsbereich — 4
2. Vorgängerregelung — 2	II. Regelungsgehalt — 5

I. Allgemeines

1. Bedeutung der Regelung. § 136 setzt der Geschäftsführung (§ 21) und dem Aufsichtsgremium (§ 22) einer Verwertungsgesellschaft (§ 2) eine Frist zur Abgabe der Erklärungen nach § 21 Abs. 3 bzw. § 22 Abs. 5 für das – regelmäßig als Kalenderjahr festgelegte – Geschäftsjahr 2016. Diese Vorschrift beruht darauf, dass die von ihr genannten Erklärungen dem UrhWG unbekannt und somit erstmals abzugeben waren. Sie war notwendig, weil das VGG am 1.6.2016 und somit mitten im Geschäftsjahr 2016 in Kraft trat. 1

2. Vorgängerregelung. Das UrhWG enthielt keine entsprechende Übergangsvorschrift. 2

---

[6] Siehe Rn 9.

3   **3. Entstehungsgeschichte.** Die Norm geht auf den wortlautidentischen Vorschlag im RefE des BMJV zurück[1] und wurde im weiteren Gesetzgebungsverfahren nicht weiter diskutiert.

4   **4. Anwendungsbereich.** Die Norm wurde nur für Verwertungsgesellschaften (§ 2) relevant, da mangels Mitgliedern (§ 7) und somit Mitgliederversammlungen (§ 17) die §§ 21 Abs. 3, 22 Abs. 5 weder von **abhängigen** noch von **unabhängigen Verwertungseinrichtungen** zu beachten sind (vgl. §§ 3, 4).

II. Regelungsgehalt

5   Die Personen, die kraft Gesetzes oder nach dem Statut zur Vertretung der Verwertungsgesellschaft berechtigt sind (sog. **Geschäftsführung**), müssen mindestens einmal jährlich gegenüber der Mitgliederhauptversammlung eine persönliche Erklärung abgeben etwa über die Höhe ihrer Vergütung und mögliche Interessenkonflikte (§ 21 Abs. 3). Entsprechendes gilt für die Mitglieder des **Aufsichtsgremiums** (§ 22 Abs. 5).

6   Der Begriff des **Geschäftsjahres** stimmt mit dem des § 135 überein.[2] Legt das Statut einer Verwertungsgesellschaft dieses wie üblich als Kalenderjahr fest, waren die Erklärungen nach §§ 21 Abs. 3, 22 Abs. 5 also erstmals für das Jahr **2016** abzugeben. Für die darauffolgenden Geschäftsjahre folgen die Erklärungspflichten bereits unmittelbar aus den §§ 21 Abs. 3, 22 Abs. 5.

7   Eine **Frist** ist in den §§ 21 Abs. 3, 22 Abs. 5 nicht vorgesehen. Die Erklärungen müssen mindestens einmal jährlich abgegeben werden. Da die §§ 136, 21 Nr. 2 und 3 die Angaben auf ein (abgelaufenes) Geschäftsjahr beziehen, sind die Erklärungen für ein solches im darauf folgenden Jahr abzugeben. Die erstmaligen Erklärungen für das Geschäftsjahr 2016 mussten also im Laufe des Jahres **2017** erfolgen.

§ 137
Übergangsvorschrift für Rechnungslegung und Transparenzbericht

(1) Die §§ 57 und 58 über die Rechnungslegung und den jährlichen Transparenzbericht sind erstmals auf Geschäftsjahre anzuwenden, die nach dem 31. Dezember 2015 beginnen.

(2) Für die Rechnungslegung und Prüfung für Geschäftsjahre, die vor dem 1. Januar 2016 enden, ist § 9 des Urheberrechtswahrnehmungsgesetzes in der bis zum 31. Mai 2016 geltenden Fassung weiterhin anzuwenden.

Übersicht
I. Allgemeines
   1. Bedeutung der Regelung —— 1
   2. Vorgängerregelung —— 2
   3. Entstehungsgeschichte —— 3
   4. Anwendungsbereich —— 4
II. Regelungsgehalt —— 5
III. Unterrichtungspflicht —— 7

---

[1] RefE des BMJV v. 9.6.2015, S. 56.
[2] Siehe dazu § 135 Rn 9.

I. Allgemeines

1. Bedeutung der Regelung. § 137 bestimmt die Anwendung der gesetzlichen Regelungen zur Rechnungslegung und zum Transparenzbericht. Diese Vorschrift beruht darauf, dass § 57 gegenüber § 9 UrhWG als Regelung zum Jahresabschluss neu gefasst wurde und § 58 erstmals die Pflicht zur Erstellung eines Transparenzberichts einführte. Die Regelung war notwendig, weil das VGG am 1.6.2016 und somit mitten im – regelmäßig als Kalenderjahr festgelegten – Geschäftsjahr 2016 in Kraft trat.

2. Vorgängerregelung. Das UrhWG enthielt keine entsprechende Übergangsvorschrift.

3. Entstehungsgeschichte. Die Norm geht im Wesentlichen auf den Vorschlag im RefE des BMJV zurück[1] und wurde im weiteren Gesetzgebungsverfahren nicht weiter diskutiert. Der RegE ergänzte in Abs. 2 zur Klarstellung die Worte „in der bis zum 9. April 2016 geltenden Fassung". Dieses vom RegE vorgesehene Datum wurde dann vom Bundestagsausschuss für Recht und Verbraucherschutz an die sich aus dem Gesetzgebungsverfahren ergebende Verzögerung angepasst.[2]

4. Anwendungsbereich. Trotz seiner offenen Formulierung findet § 137 nur auf **Verwertungsgesellschaften** (§ 2) Anwendung, da weder abhängige Verwertungseinrichtungen (§ 3)[3] noch unabhängige Verwertungseinrichtungen (§ 4)[4] einen Jahresabschluss oder einen Transparenzbericht veröffentlichen müssen.

II. Regelungsgehalt

Jede Verwertungsgesellschaft hat einen aus Bilanz, Gewinn- und Verlustrechnung, Kapitalflussrechnung und Anhang bestehenden **Jahresabschluss** und einen Lagebericht nach den für große Kapitalgesellschaften geltenden Bestimmungen des HGB aufzustellen, prüfen zu lassen und offenzulegen (§ 57 Abs. 1 S. 1). Diese Offenlegung ist spätestens zum Ablauf von acht Monaten nach dem Schluss des Geschäftsjahres zu bewirken (§ 57 Abs. 1 S. 2). Jede Verwertungsgesellschaft muss darüber hinaus spätestens acht Monate nach dem Schluss eines Geschäftsjahres einen **Transparenzbericht** dieses Geschäftsjahres mit den in der Anlage zum VGG enthaltenen Angaben erstellen (§ 58 Abs. 1, Abs. 2). Auch nach alter Rechtslage war ein Jahresabschluss nach den Vorgaben des § 9 UrhWG zu erstellen und zu prüfen.

Der Begriff des **Geschäftsjahres** stimmt mit dem des § 135 überein.[5] Legte das Statut einer Verwertungsgesellschaft dieses wie üblich als Kalenderjahr fest, waren die Vorschriften des § 9 UrhWG noch für das Geschäftsjahr **2015** und sind seit dem Geschäftsjahr **2016** die §§ 57, 58 zu beachten. Die Fristen für den Jahresabschluss und den Transparenzbericht für das Geschäftsjahr 2016 liefen daher gem. §§ 57 Abs. 1 S. 2, 58 Abs. 1 **Ende August 2017** ab.

---

[1] RefE des BMJV v. 9.6.2015, S. 56.
[2] Vgl. Beschlussempfehlung und Bericht des Ausschusses für Recht und Verbraucherschutz, BT-Drucks. 18/8268, S. 4, 13.
[3] Siehe § 3 Rn 21.
[4] Siehe § 4 Rn 13 f.
[5] Siehe dazu § 135 Rn 9.

III. Unterrichtungspflicht

7 Die Verwertungsgesellschaften mussten ihren ersten Jahresabschluss, Lagebericht, Prüfbericht und Transparenzbericht dem **DPMA** unverzüglich abschriftlich mitteilen (§ 88 Abs. 2 Nr. 7).

§ 138
Übergangsvorschrift für Verfahren der Aufsichtsbehörde

Verfahren der Aufsichtsbehörde, die bei Inkrafttreten dieses Gesetzes nicht abgeschlossen sind, sind nach den Bestimmungen dieses Gesetzes weiterzuführen.

Übersicht

I. Allgemeines	3. Entstehungsgeschichte —— 3
1. Bedeutung der Regelung —— 1	4. Anwendungsbereich —— 4
2. Vorgängerregelung —— 2	II. Regelungsgehalt —— 5

I. Allgemeines

1 **1. Bedeutung der Regelung.** § 138 regelt die Anwendbarkeit von Vorschriften über das Verwaltungsverfahren beim DPMA. Diese Norm beruht darauf, dass das VGG mit den §§ 75 ff. gegenüber den §§ 18, 19 UrhWG überwiegend **neue Vorgaben** zum Verwaltungsverfahren einführte.

2 **2. Vorgängerregelung.** Das UrhWG enthielt keine entsprechende Übergangsvorschrift.

3 **3. Entstehungsgeschichte.** Die Norm geht auf den wortlautidentischen Vorschlag im RefE des BMJV zurück[1] und wurde im weiteren Gesetzgebungsverfahren nicht weiter diskutiert.

4 **4. Anwendungsbereich.** Das DPMA kann Verfahren auch gegen **abhängige** (§ 3) und **unabhängige** (§ 4) Verwertungseinrichtungen führen (vgl. §§ 90, 91). Da diese Organisationen aber dem UrhWG unbekannt waren und somit wohl keine Verfahren vom DPMA geführt wurden, bedurfte es für diese Verwertungseinrichtungen der Übergangsvorschrift nicht.

II. Regelungsgehalt

5 Aufsichtsbehörde ist das DPMA (§ 75 Abs. 1). Dort geführte **Verfahren** betreffen entweder die Einhaltung der den Verwertungsgesellschaften nach dem VGG obliegenden Verpflichtungen (§§ 76, 85) oder die Erteilung und ggf. den Widerruf einer Erlaubnis (§§ 77 ff.). Ein Verwaltungsverfahren ist die nach außen wirkende Tätigkeit der Behörde, die auf die Prüfung der Voraussetzungen, die Vorbereitung und den Erlass eines Verwaltungsaktes oder auf den Abschluss eines öffentlich-rechtlichen Vertrags gerichtet ist (§ 9 VwVfG).

---

[1] RefE des BMJV v. 9.6.2015, S. 57.

Das Verwaltungsverfahren ist grundsätzlich erst mit der Unanfechtbarkeit des erlas- 6
senen Verwaltungsaktes beendet[2] und damit **abgeschlossen**. Darüber hinaus führt auch
ohne Sachentscheidung etwa die Rücknahme eines Antrages[3] oder die Einstellung von
Amts wegen[4] zur Verfahrensbeendigung.

Abzugrenzen ist das Verfahren der Aufsichtsbehörde zu Verfahren vor der 7
Schiedsstelle (§§ 92 ff.) und den **Gerichten** (§§ 128 ff.). Für diese Verfahren enthält § 139
eigene Übergangsvorschriften mit anderer Rechtsfolge, nämlich der Anwendung des
UrhWG. Darüber hinaus regelt § 138 lediglich das Verwaltungsverfahren, nicht jedoch
das anzuwendende **materielle Recht**.[5] Es besteht aber insofern ein Gleichauf, als grds.
ab dem 1.6.2016 die materiell-rechtlichen Vorschriften des VGG gelten. Teilweise gelten
eigene Übergangsvorschriften für das materielle Recht.

Der von § 138 vorgesehene Stichtag bestimmt sich nach dem **Inkrafttreten** des VGG 8
am 1.6.2016. Bis 31.5.2016 galten die §§ 18, 19 UrhWG. Während eines zu diesem Zeitpunkt noch laufenden Verfahrens **wechseln** also die gesetzlichen Vorgaben hin **zu den
§§ 75 ff**. Dadurch finden nun das **VwVfG** (§ 89 Abs. 1) und das **VwVG** (§ 89 Abs. 3) ausdrücklich Anwendung.

§ 139
Übergangsvorschrift für Verfahren vor der Schiedsstelle und für die gerichtliche Geltendmachung

(1) Die §§ 92 bis 127 sind auf Verfahren, die am 1. Juni 2016 bei der Schiedsstelle anhängig sind, nicht anzuwenden; für diese Verfahren sind die §§ 14 bis 15 des Urheberrechtswahrnehmungsgesetzes und die Urheberrechtsschiedsstellenverordnung, jeweils in der bis zum 31. Mai 2016 geltenden Fassung, weiter anzuwenden.

(2) ¹Abweichend von § 40 Absatz 1 Satz 2 können die Verwertungsgesellschaften Tarife auch auf Grundlage einer empirischen Untersuchung aufstellen, die bereits vor dem 1. Juni 2016 in einem Verfahren vor der Schiedsstelle durchgeführt worden ist, sofern das Untersuchungsergebnis den Anforderungen des § 114 Absatz 1 Satz 1 entspricht. ²Gleiches gilt für empirische Untersuchungen, die in einem Verfahren durchgeführt werden, das gemäß Absatz 1 noch auf Grundlage des bisherigen Rechts durchgeführt wird.

(3) Die §§ 128 bis 131 sind auf Verfahren, die am 1. Juni 2016 bei einem Gericht anhängig sind, nicht anzuwenden; für diese Verfahren sind die §§ 16, 17 und 27 Absatz 3 des Urheberrechtswahrnehmungsgesetzes in der bis zum 31. Mai 2016 geltenden Fassung weiter anzuwenden.

---

2 BVerwG, Urt. v. 16.10.2008 – 4 C 5/07 – BVerwGE 132, 123 = NVwZ 2009, 459 Rn 20; BeckOK-VwVfG/*Gerstner-Heck*, § 9 VwVfG Rn 15; *Kopp/Ramsauer*, § 9 VwVfG Rn 34. Nach a.A. ist dies bereits mit der Bekanntgabe des Verwaltungsaktes gegeben (zum Streit Mann/Sennekamp/Uechtritz/*Sennekamp*, § 9 VwVfG Rn 33 f.; Stelkens/Bonk/Sachs/*Schmitz*, § 9 VwVfG Rn 193).
3 Mann/Sennekamp/Uechtritz/*Sennekamp*, § 9 VwVfG Rn 31.
4 *Kopp/Ramsauer*, § 9 VwVfG Rn 37.
5 Wandtke/Bullinger/*Staats*, § 138 VGG Rn 2.

Übersicht

I. Allgemeines	III. Empirische Untersuchungen (Abs. 2)
1. Bedeutung der Regelung —— 1	1. Hintergrund der Regelung —— 11
2. Vorgängerregelung —— 3	2. Verwertbarkeit —— 12
3. Entstehungsgeschichte —— 4	3. Anforderungen an die Untersuchung —— 13
II. Schiedsstellenverfahren (Abs. 1)	IV. Gerichtsverfahren (Abs. 3)
1. Anrufung der Schiedsstelle —— 5	1. Klageeinreichung —— 15
2. Alte und neue Regelungen im Vergleich —— 8	2. Alte und neue Regelungen im Vergleich —— 17
3. Abgrenzung zum materiellen Recht —— 10	3. Abgrenzung zum materiellen Recht —— 18

I. Allgemeines

1 **1. Bedeutung der Regelung.** § 139 regelt in Abs. 1 und 3 die Anwendbarkeit von Vorschriften über das **Schiedsstellenverfahren** und über **Gerichtsverfahren** und soll so Unklarheiten und Abgrenzungsprobleme vermeiden.[1] Anzuknüpfen ist jeweils an die **Einreichung** von Antrag (§ 97) bzw. Klage.

2 Abs. 2 gewährleistet die Verwertbarkeit von **empirischen Untersuchungen**, die im Rahmen eines Verfahrens nach alter Rechtslage durchgeführt worden sind. Dadurch werden erhebliche Verfahrensverzögerungen vermieden.[2]

3 **2. Vorgängerregelung.** § 26a UrhWG enthielt eine Übergangsvorschrift für die Vorschriften zum Schiedsstellenverfahren zur Novelle 1985, die am 1.1.1986 in Kraft trat. Auch nach § 26a UrhWG sollten die früheren Vorschriften in damals laufenden Verfahren weiterhin Anwendung finden. § 27 Abs. 2 UrhWG bestimmte die Anwendbarkeit von § 14 UrhWG auf Verfahren, die bereits vor dem Jahr 2008 bei der Schiedsstelle anhängig waren, und § 27 Abs. 3 diejenige von § 16 Abs. 4 S. 1 UrhWG auf Verfahren, die bereits vor 2008 beim Landgericht anhängig waren.

4 **3. Entstehungsgeschichte.** Die Norm geht im Wesentlichen auf den Vorschlag im RefE des BMJV zurück[3] und wurde im weiteren Gesetzgebungsverfahren nicht weiter diskutiert. Der RegE straffte die Formulierung in Abs. 1, indem er auf die exakte Wiedergabe der Fassungen verzichtete und stattdessen von der „jeweils in der bis zum 9. April 2016 geltenden Fassung" sprach. Dieses Datum wurde dann ebenso wie die anderen in den drei Absätzen erwähnten Stichtage vom Bundestagsausschuss für Recht und Verbraucherschutz an die sich aus dem Gesetzgebungsverfahren ergebende Verzögerung angepasst.[4] Nachdem der RegE die noch vom RefE vorgeschlagene Regelung des § 38 in zwei Normen, nämlich § 38 und § 39, aufgeteilt und § 39 RefE somit in einen § 40 verschoben hatte, musste er zugleich die Nennung der Vorschrift in Abs. 2 anpassen.

---

1 RegE-VGG, BT-Drucks. 18/7223, S. 106.
2 RegE-VGG, BT-Drucks. 18/7223, S. 106.
3 RefE des BMJV v. 9.6.2015, S. 57.
4 Vgl. Beschlussempfehlung und Bericht des Ausschusses für Recht und Verbraucherschutz, BT-Drucks. 18/8268, S. 4, 13.

II. Schiedsstellenverfahren (Abs. 1)

1. Anrufung der Schiedsstelle. Nach Abs. 1 sind die neuen Vorschriften der §§ 92 **5** bis 127 auf solche Schiedsstellenverfahren anzuwenden, die am **1.6.2016**, dem Inkrafttreten des VGG, oder später angestrengt wurden. Erfolgte die **Anrufung der Schiedsstelle** demgegenüber am **31.5.2016** oder früher, werden auf das gesamte Verfahren, also auch auf Verfahrensabschnitte im Juni 2016 oder später, weiterhin das UrhWG und die UrhSchiedsV angewendet.[5] Schließt sich daran hingegen ein Gerichtsverfahren an (§ 128), gelten die dafür vorgesehenen neuen Regelungen, da es sich um ein eigenständiges Verfahren handelt.

Der Wortlaut der Vorschrift ist daher etwas **missverständlich** gefasst. Denn wurde **6** die Schiedsstelle am 1.6.2016 angerufen, ist an diesem Tag das Verfahren bereits anhängig. Anwendung findet aber das VGG.

Die Schiedsstelle entscheidet grds. innerhalb eines Jahres nach Anrufung (§ 14a **7** Abs. 2 S. 1 UrhWG) bzw. Antragszustellung (§ 105 Abs. 1 S. 1). Da diese Frist in der Praxis häufig überschritten wird und die Beteiligten zudem einer Verlängerung um jeweils ein halbes Jahr zustimmen könnten (vgl. § 14a Abs. 2 S. 2 UrhWG, § 105 Abs. 1 S. 2), sind auch heute noch Schiedsstellenverfahren denkbar, für die Abs. 1 Bedeutung erlangt.

2. Alte und neue Regelungen im Vergleich. Erfolgte die Anrufung der Schieds- **8** stelle demgegenüber am 31.5.2016 oder früher, werden auf das gesamte Verfahren weiterhin die §§ 14, 14a, 14b, 14c, 14d, 14e, 15 **UrhWG** sowie die **UrhSchiedsV** vom 20.12.1985 (BGBl. I S. 2543) in der Fassung vom 12.12.2007 (BGBl. I S. 2840) angewendet.

Wesentliche Grundsätze des Schiedsstellenverfahrens ändern sich mit der Einfüh- **9** rung des VGG jedoch ohnehin nicht. Dies gilt etwa für die **Zuständigkeit** (§ 14a Abs. 1 UrhWG, § 92), **Zusammensetzung** (§ 14a Abs. 2, Abs. 3 UrhWG, § 124) und **Weisungsfreiheit** der Schiedsstelle (§ 14a Abs. 4 UrhWG, § 125 Abs. 1) sowie für den **Amtsermittlungsgrundsatz** (§ 9 UrhWG, § 104), wenngleich letztgenannte Regelungen in Einzelheiten voneinander abweichen. Eine vom VGG eingeführte Veränderung besteht etwa in dem Vorschlag von **einstweiligen Regelungen** durch die Schiedsstelle (§ 106), die das frühere Recht nur für Gesamtverträge kannte (§ 14c Abs. 2 UrhWG).

3. Abgrenzung zum materiellen Recht. Abs. 1 regelt lediglich **Verfahrensvor-** **10** **schriften.** Die Anwendbarkeit des **materiellen Rechts** richtet sich nach dem zu beurteilenden Sachverhalt. Für Vorgänge ab dem 1.6.2016 gilt ausschließlich das VGG. Zur Festsetzung eines neuen Gesamtvertrages, also zu einem **in die Zukunft gerichteten Sachverhalt**, legte der BGH gem. Abs. 3 die Gerichtsverfahrensvorschriften des UrhWG zugrunde, bezog in seine materiell-rechtlichen Erwägungen aber auch die Normen des VGG mit ein.[6] Dieser Gedanke lässt sich auf Abs. 1 übertragen. So bezog sich der BGH in einer anderen Entscheidung auf Normen des VGG, obwohl nach Abs. 1 für das Schiedsstellenverfahren noch altes Recht anzuwenden war.[7]

---

5 Zu diesen früheren Regelungen siehe Rn 8.
6 Vgl. BGH, Urt. v. 21.7.2016 – I ZR 212/14 – GRUR 2017, 161 Rn 26 ff. – Gesamtvertrag Speichermedien; BGH, Urt. v. 16.3.2017 – I ZR 36/15 – GRUR 2017, 694 Rn 21 ff. – Gesamtvertrag PCs.
7 Vgl. BGH, Urt. v. 16.3.2017 – I ZR 106/15 – ZUM-RD 2017, 520 Rn 21 ff.

III. Empirische Untersuchungen (Abs. 2)

11 **1. Hintergrund der Regelung.** Hersteller und Importeure von Geräten und Speichermedien, die zur Vornahme von **Vervielfältigungen nach § 53 Abs. 1–3 UrhG** benutzt werden, müssen grds. eine angemessene Vergütung entrichten (§§ 54 Abs. 1, 54b Abs. 1 UrhG). Diese Ansprüche können nur durch Verwertungsgesellschaften geltend gemacht werden (§ 54h Abs. 1 UrhG). Das Maß der Nutzung als Berechnungsgrundlage der zu zahlenden Vergütungen (§ 54a Abs. 1 UrhG) wird anhand empirischer Untersuchungen ermittelt. Daran haben die Verwertungsgesellschaften ihre Tarife (§ 38) zu orientieren (§ 40 Abs. 1 S. 2). Das VGG stellt hierfür im Gegensatz zum alten Recht **in § 93 ein eigenes, selbstständiges Verfahren** vor der Schiedsstelle beim DPMA bereit. Verwertungsgesellschaften, die die gesetzliche Vergütung nach §§ 54 Abs. 1, 54b Abs. 1 UrhG geltend machen möchten, müssen hierfür also einen Tarif auf Basis einer selbstständigen empirischen Untersuchung aufstellen. Das **Verfahren** der empirischen Untersuchung richtet sich nach den §§ 112 ff.

12 **2. Verwertbarkeit.** Diese Neuerung machte die Einführung der Übergangsvorschrift des Abs. 2 erforderlich. Empirische Untersuchungen, die vor dem Inkrafttreten des VGG am 1.6.2016 durchgeführt wurden, bleiben demnach **verwertbar.** Dies gilt für Untersuchungen **aus bereits beendeten** (Abs. 2 S. 1) und **aus noch laufenden**, aber vor dem 1.6.2016 eingeleiteten (Abs. 2 S. 2) Schiedsstellenverfahren. Unanwendbar ist Abs. 2 demgegenüber auf am 1.6.2016 oder später eingeleitete Verfahren.

13 **3. Anforderungen an die Untersuchung.** Die Verwertbarkeit der Untersuchungen vermeidet unnötigen Mehraufwand – sofern diese keinerlei Aussagekraft eingebüßt haben. Abs. 2 verlangt daher folgerichtig, dass das jeweilige Untersuchungsergebnis den Anforderungen des § 114 Abs. 1 S. 1 zu genügen hat. Es muss also geeignet sein, als **Grundlage einer Tarifaufstellung** zu dienen,[8] mithin die nach § 54a Abs. 1 bis 3 UrhG wesentlichen Informationen umfassen.[9] Abs. 2 relativiert § 40 daher nur im Hinblick auf das Verfahren, setzt hingegen nicht die Qualitätsstandards der empirischen Untersuchungen zur Tarifaufstellung herab.

14 Trotz des Verweises auf § 114 Abs. 1 S. 1 bedarf es jedenfalls dann keiner gesonderten **Feststellung der Schiedsstelle** zur Geeignetheit einer Untersuchung, wenn diese bereits zuvor getroffen wurde. Im Übrigen ist § 114 auch nur dann anzuwenden, wenn das Schiedsstellenverfahren am 1.6.2016 oder später eingeleitet wurde (Abs. 1).

IV. Gerichtsverfahren (Abs. 3)

15 **1. Klageeinreichung.** Die Vorschrift zum Gerichtsverfahren (Abs. 3) ist an die Regelung zum Schiedsstellenverfahren (Abs. 1) angelehnt und daher ebenfalls etwas missverständlich.[10] Wurde am **1.6.2016** bei einem Gericht eine Klage anhängig gemacht, ist auf dieses Verfahren das VGG anzuwenden. Die Verfahrensvorschriften des UrhWG gelten nur für am 31.5.2016 und zuvor eingereichte Klagen.

16 Abzustellen ist dabei auf die **Klageeinreichung** und nicht auf Rechtsmittel, die weitere Instanzen anrufen. Schließlich endet die Rechtshängigkeit erst mit einer rechtskräf-

---

8 RegE-VGG, BT-Drucks. 18/7223, S. 106.
9 RegE-VGG, BT-Drucks. 18/7223, S. 103, zu § 114.
10 Siehe dazu Rn 6.

tigen Entscheidung,[11] so dass die Verfahrensvorschriften des UrhWG noch **in sämtlichen Instanzen** zu berücksichtigen sind.[12] Es ist also durchaus denkbar, dass Abs. 3 noch Bedeutung erlangt.

2. Alte und neue Regelungen im Vergleich. Wesentliche Grundsätze der besonderen Bestimmungen zu den Gerichtsverfahren ändern sich mit der Einführung des VGG jedoch nicht. Für bestimmte Streitigkeiten bildet die erste Instanz weiterhin das **OLG** (§ 16 Abs. 4 UrhWG, § 129). Die **Schiedsstelle** muss für eine Streitigkeit über die Anwendbarkeit oder Angemessenheit eines Tarifs zur Nutzung von Werken oder Leistungen zunächst angerufen werden (§ 14 Abs. 1, Abs. 2 S. 1 UrhWG, § 128 Abs. 1, Abs. 2 S. 1). Dies erstreckt das VGG aber nunmehr auf Rechtsstreitigkeiten zur Vergütungspflicht nach den **§§ 54 oder 54c UrhG** (vgl. § 128 Abs. 2 S. 1).[13] Unberührt bleiben demgegenüber die Regelungen zur Entscheidung über **Gesamtverträge** durch das OLG (vgl. § 16 Abs. 4 S. 3–5 UrhWG, § 130) und zum ausschließlichen Gerichtsstand bei Rechtsstreitigkeiten über Ansprüche einer Verwertungsgesellschaft wegen der **Verletzung eines von ihr wahrgenommenen Nutzungsrechts oder Einwilligungsrechts** (vgl. § 17 UrhWG, § 131). 17

3. Abgrenzung zum materiellen Recht. Abs. 3 regelt lediglich Verfahrensvorschriften. Zur Anwendbarkeit des materiellen Rechts gilt daher das zu Abs. 1 Gesagte.[14] 18

---

11 Zöller/*Greger*, § 261 ZPO Rn 7.
12 BGH, Urt. v. 21.7.2016 – I ZR 212/14 – GRUR 2017, 161 Rn 31 – Gesamtvertrag Speichermedien.
13 Vgl. § 128 Rn 5.
14 Siehe dazu Rn 10.

Stichwortverzeichnis

Die Angaben in Fettdruck beziehen sich auf die Kommentierungen des Werkes, die Ziffern dahinter verweisen auf die Randnummer innerhalb der Kommentierung.

A

Abrechnung
    Beanstandung **§ 67** 10
    Form **§ 67** 7
    Mindestinhalt **§ 67** 9
    unverzügliche ~ **§ 67** 5 f.
Abschlussprüfer **§ 57** 11
    Bestätigungsvermerk **§ 57** 18
    Transparenzbericht **§ 58** 8 ff.
Abschlusszwang **Einleitung** 15 f., **§ 1** 10 f., **§ 34** 1 f., 12, 24 f., **§ 35** 1
    Anspruchsinhaber **§ 34** 41
    Ausnahmen **§ 34** 49 ff.
    Nutzer **§ 8** 14
    Online-Rechte an Musikwerken **§ 60** 8
Abzüge
    Angemessenheit **§ 31** 13 f.
    Begriff **§ 31** 7 f., 22, **§ 32** 38
    Einnahmen aus den Rechten **§ 32** 33 ff.
    Festlegung **§ 31** 18
    Förderung, kulturelle **§ 32** 24, 39 ff.
    Förderung, soziale **§ 32** 39 ff.
    Höhe **§ 31** 26 f., 29
    Informationspflichten **§ 31** 9
    Mitgliederhauptversammlung **§ 31** 19, **§ 32** 33
    Rechtsinhaber **§ 31** 9
    Verwaltungskosten **§ 31** 21
    Vorgaben **§ 31** 10 ff.
Abzüge für kulturelle und soziale Zwecke **§ 24** 15, **§ 31** 6
    Veröffentlichungspflicht **§ 56** 20
    Verwertungsgesellschaft **§ 26** 13
Abzüge, sonstige
    Veröffentlichungspflicht **§ 56** 20
AGICOA **§ 2** 31, **§ 7** 7, **§ 32** 48
AKKA/LAA **§ 34** 91 ff.
Aktivlegitimation
    Vermutung, gesetzliche **§ 48** 21
    Verwertungsgesellschaft **§ 48** 1 f., **§ 49** 1, 6, 9, 11
    Verwertungsgesellschaften, mehrere **§ 49** 14
    Widerlegung **§ 48** 22
Amazon-Urteil **§ 92** 17 f.
Angemessenheit
    Begriff **§ 34** 37, 54, 57 f., 61, 77 f.
    Berechnung **§ 34** 90
    Tarife **§ 34** 100 ff.
Angemessenheitsklausel **§ 34** 26

Angemessenheitskontrolle **§ 9** 50 ff.
    Verwertungsgesellschaft, ausländische **§ 9** 55
Angemessenheitsprüfung **§ 34** 83
Angemessenheitsregel **§ 34** 24
Anlage, mündelsichere **§ 25** 4 f.
Anlageform **§ 25** 10 f.
    Streuung **§ 25** 12
Anlagepolitik **§ 25** 8 f.
Anlagerichtlinie **§ 25** 8 f.
    Wirtschaftsprüfung **§ 25** 13
Anzeigepflicht **§ 1** 13, **§ 90** 17
    Frist **§ 133** 1, 5
    gesetzliche ~ **§ 133** 5
    Verstoß **§ 133** 6
    Verwertungseinrichtung, abhängige **§ 90** 13 ff.
    Verwertungsgesellschaft, ausländische **§ 82** 12
    Verwertungsgesellschaft, inländische **§ 82** 13 f.
    Verwertungsgesellschaft, nichterlaubnispflichtige **§ 82** 1, 11, **§ 83** 3
    Verwertungsgesellschaft **§ 133** 4
Anzeigerecht **§ 89** 8
ARESA **§ 3** 14
ARMONIA **§ 59** 21
Auffangklausel **§ 10** 19
Aufnahmeakt **§ 7** 8
Aufsicht
    Art **§ 76** 10
    behördliche ~ **§ 76** 1
    Gegenstand **§ 76** 12
    Inhalt **§ 91** 9
    Objekt **§ 76** 13 ff.
    Sitzstaat **§ 86** 11
    Soll-Vorschriften **§ 76** 12
    Umfang **§ 76** 10 f., **§ 85** 23
    vereinsrechtliche ~ **§ 76** 19
    Verteilungsplan **§ 27** 60
    Verwertungseinrichtung, abhängige **§ 76** 13, **§ 90** 1
    Verwertungseinrichtung, unabhängige **§ 76** 13, **§ 91** 1, 9, 12
    Verwertungsgesellschaft, ausländische **§ 76** 18
    Zuständigkeit **§ 1** 8
Aufsichtsbehörde **§ 75** 1, 9
    Abberufung **§ 85** 41 ff.
    Abmahnung **§ 80** 17, **§ 85** 30 f., **§ 88** 23

Stichwortverzeichnis

Anzeige § 82 18, § 132 9 ff.
Aufsichtsgremium § 85 37
Auskunftsanspruch § 85 32 f.
Auslagen § 122 1 f.
Befugnisse § 85 1
Berichtspflicht § 57 19, § 58 12
Beschwerdeverfahren § 33 17 f.
Bundeskartellamt § 81 9 ff.
Einigungsvorschlag § 105 17
Einschreiten § 75 11, § 85 20 f.
Einsichtnahme § 85 34
Entscheidungsveröffentlichung § 89 12 ff.
Erlaubnis § 49 1
Erlaubniserteilung § 77 1, 19, § 78 1 f., 20
Erlaubniswiderruf § 80 11 f.
Ermessensausübung § 91 10
Ermessensspielraum § 85 46 ff.
Feststellungsrecht § 89 10 f.
Generalermächtigung § 85 2, 16 ff.
Geschäftsbetrieb § 85 27 ff.
Informationen § 75 12
Informationspflicht § 54 9, § 55 13 f., § 56 26 f.
Informationsübermittlung § 86 6 f.
Kabelweitersendung § 50 2
Mitgliederhauptversammlung § 85 37 f.
Sachverständigengruppe § 86 12
Sachverständigenvergütung § 123 4
Schiedsstelle § 85 24
Selbsteintrittsrecht § 85 19
Sitzstaatprinzip § 76 16 f.
Sitzstaatprinzip § 85 10
Tarife § 39 53, § 85 22, 25 f.
Teilnahmerecht § 85 39 f.
Übermittlung von Dokumenten § 88 19 f.
Übermittlung von Entscheidungen § 88 21
Verfahrenskosten § 122 1 f.
Verfahrensrecht § 89 1
Veröffentlichungspflicht § 83 1
Verwaltungstätigkeit § 89 5
Verwertungseinrichtung, abhängige § 85 12, § 90 18
Verwertungseinrichtung, unabhängige § 85 12
Verwertungsgesellschaft, ausländische § 82 11, § 87 1
Verwertungsgesellschaft § 17 22, § 19 39, § 20 38, § 22 26, § 53 8 f., § 54 9 f., § 82 8, § 85 11, § 88 12
Zeugenentschädigung § 123 4
Zukunftsprognose § 79 21
Zusammenarbeit § 81 1
Aufsichtsbehörde, ausländische § 86 7
Aufsicht § 86 1 f.
Auskunftsersuchen § 87 5
Informationsaustausch § 91 11
Maßnahmeersuchen § 86 9 f.
Übermittlung von Unterlagen § 88 22
Unterrichtung § 88 22
Aufsichtsbehörde, europäische
Informationsaustausch § 86 5, § 87 1
Maßnahmeersuchen § 87 6 f.
Aufsichtsgremium § 22 1
Aufgaben § 22 1, 15 ff.
Aufsichtsbehörde § 85 37
Aufsichtsrat § 22 7 f.
Befugnisse § 22 15 ff.
Bericht § 22 22
Erklärungsfrist § 136 1
Geschäftsführungsorgan § 22 15 f.
Interessenkonflikt § 22 24
Mitglieder § 22 9 ff.
Mitgliederhauptversammlung § 17 14, 16, § 18 15 f., § 22 6, 12, 18, 22, § 136 5
Sitzungen § 22 20 f.
Tarife § 38 15
Vertretung § 22 14
Verwertungseinrichtung, abhängige § 22 19
Aufsichtspflicht § 76 12
Aufsichtsrat
Aufsichtsgremium § 22 7 f.
Dritter § 22 13
Mitgliederhauptversammlung § 22 23
Vertretung § 21 6
Auskunftsanspruch § 41 1 ff., § 62 5
Angemessenheit § 41 11
Annexkompetenz § 92 10 f.
Anspruchsteller § 41 5 f.
Aufsichtsbehörde § 85 32 f.
Beschränkung § 62 8
Geräteabgabe § 48 18
Meldeformat § 41 16 f.
Speichermedienabgabe § 48 18
Umfang § 41 10
Verwertungsgesellschaft § 41 7, 19
Auskunftspflicht
Grenze § 55 9
Nutzer § 42 1
Auslagenvorschuss § 104 9
Ausschüttung § 23 25
Anspruch § 12 28
Berechtigte, sonstige § 27 79
Berechtigter § 25 7
Frist § 46 12
Herausgabeanspruch § 27 59
Modalitäten § 73 7
nachvertragliche ~ § 12 9
Verwertungsgesellschaft § 27 17
Verzugszinsen § 27 57 f.

Ausschüttungstermin § 28 13 f.
Außenseiter § 2 15, § 49 15
    Anspruchshöhe § 50 13
    Anspruchsverjährung § 50 14 f.
    Begriff § 50 6
    Kabelweitersendung § 50 1, 13
    Rechte und Pflichten § 51 38
    Verwertungsgesellschaft § 51 9
Außenstehender
    Satzungsgestaltung § 13 11
Auswertungspflicht § 27a 11
Autorenversorgungswerk § 32 64

B
Barcelona-Abkommen § 59 3
Barmen Live § 34 82
Bedingung
    Angemessenheit § 34 59 f.
    Begriff § 34 55
    Nichtdiskriminierung § 34 64 ff.
    Objektivität § 34 62 f.
Bedingung, angemessene
    Begriff § 34 14
Beherrschung § 2 28
Berechtigtenversammlung § 20 21
    Beschlussmängel § 20 25
Berechtigtenverzeichnis § 15 6 f.
    Angaben § 15 21
    Umfang § 15 19 f.
    Verstoß § 15 23
    Verwertungsgesellschaft § 15 5
    Zugang § 15 22
Berechtigter § 4 9
    Auskunftsanspruch § 62 5
    Ausschüttung § 25 7
    Außenseiter § 50 13
    Begriff § 6 1 ff., 6, § 48 6
    Beschwerdeverfahren § 33 1
    Delegierter § 20 1, 5, 8
    derivativer ~ § 9 25
    Eigenlizenzierung § 11 12
    Eigennutzung § 11 25, 31
    Ersatzdelegierter § 20 17
    Geschäftsführungsorgan § 21 12
    Informationen § 54 6
    Informationsübermittlung § 54 7 f.
    Kategorien § 16 13 ff.
    Kategorienbildung § 16 14 ff.
    Kündigungsrecht § 12 9
    Mitgliedschaft § 13 10
    Mitwirkung § 27 53 ff.
    Mitwirkungsbefugnisse § 16 11
    Nutzung, nicht kommerzielle § 11 2 f.
    Nutzungsrecht § 10 14 f.
    Nutzungsrechte an Dritte § 11 15

Online-Rechte § 72 1
Recht zur eigenen Vergabe § 72 8 f.
Rechteeinräumung § 10 8
Rechtsinhaber § 6 6
Rechtsübertragung § 10 17
Staatsangehörigkeit § 32 45
Teilkündigung § 12 19
Unterrichtung § 135 6 f., 10
Verfahren zur Mitwirkung § 16 1
Verteilung § 27 37
Verteilungshindernis § 29 6 ff.
Verteilungsplan § 26 9, 15
Vertretung § 20 24
Verwertungsgesellschaft § 54 1
Verzeichnis § 15 1, 19
Voraussetzungen § 6 6
Wahlrecht § 11 22, § 12 21
Wahrnehmungsverhältnis § 6 7 f., 10
Wahrnehmungszwang § 9 1, 17
Werkänderung § 64 5
Werkanmeldung, elektronische § 64 5
Berechtigungsvertrag § 5 11
Beschwerdegegenstand § 33 12
Beschwerdeverfahren
    Aufsichtsbehörde § 33 17 f.
    Beschränkung § 33 11
    Einspruch § 33 15
    Entscheidungsfrist § 33 9
    Formvorschriften § 33 10
    freiwilliges ~ § 33 13
    Verfahrensregeln § 33 7
    Verjährung § 33 16
    Veröffentlichung § 56 23
    Verwertungsgesellschaft § 33 1, 8
Beteiligungsanspruch, gesetzlicher § 5 15 f.
Betreibervergütung § 107 8
Bezugsberechtigter § 10 7
Bibliothekstantieme § 27 50, § 27a 15, 19
Bildungsleistung § 32 8
Blankettlizenz § 9 36
Blockchain **Einleitung** 43
Bruttoumsatz § 39 21
    Begriff § 39 20
Bücher, vergriffene
    Rechtseinräumung § 51 25 f.
Buchführung
    Verteilungshindernis § 28 33, § 29 12

C
Catch-up-Dienst § 74 9
CCID-Format § 67 7
CCLI § 4 11
CC-NC-Lizenz § 11 20, 30
CISAC § 3 13
CISAC-Standardvertrag § 44 16, 22

Abzüge § 45 10
Verteilungsplan § 46 8
CISAC-Verfügung § 59 10
Claim § 67 7
Common-Works-Registration-Format § 64 6
Counterclaim § 63 6, § 67 10
CRD-Format § 68 9
Creative Commons § 11 4, 20, 22

D
Darlehen
    Mitgliederhauptversammlung § 26 16
Daten, personenbezogene
    Berichtigung § 63 7
Datenschutz
    Aufsichtsbehörde § 76 21
DDEX-Format § 66 6
Delegierter § 20 10 ff.
    Amt § 20 8
    Begriff § 20 6
    Ersatz § 20 17
    Kommunikation, elektronische § 20 36
    Mandat § 20 9
    Mitgliederhauptversammlung § 20 5, 26, 34
    Mitwirkung § 20 30 f.
    Organmitglied § 20 12 f.
    Rede- und Antragsrecht § 20 26
    Statut § 20 33
    Stimmkraft § 20 34
    Stimmrecht § 20 27 f.
    Vertretung § 20 14
    Vertretungsverbot § 20 14 ff.
    Wahl § 20 5, 18 ff., 22 f.
Deutscher Musikautorenpreis § 32 51
Differenzhypothese § 37 27
Differenzierungsthese § 27 36
Digitalisierung **Einleitung** 43
    Blockchain **Einleitung** 43
    Werk, vergriffenes § 52 4
Direktverrechnung § 27 44
Direktverteilung § 27 44
Diskothekenbetreiber
    Nutzer § 8 8
Dokumentation
    fehlerhafte ~ § 63 1, 5 f.
    Funktionen § 61 10
    Standardinterpreten § 61 11
Doppellizenzierung § 11 15
DPMA § 75 9

E
E-Book
    Werk, vergriffenes § 51 16
Eigenlizenzierung § 11 7, 12, 17, 19
Eingebietslizenz

Vergabe § 72 10
Einheitsthese § 27 36
Einigungsvorschlag § 105 1 f., 5
    Absehen § 109 1 ff.
    Annahme § 105 19
    Aufsichtsbehörde § 105 17
    Beschlussfassung § 105 6
    Beschränkung § 109 1 ff.
    Form § 105 11 f.
    Frist § 105 7 ff.
    Gesamtvertrag § 110 2 f.
    Gesamtvertragsverfahren § 105 15
    Inhalt § 105 14 f., § 110 2
    Kabelweitersendung § 105 15
    Schiedsstellenverfahren § 128 12 f.
    Widerspruch § 105 13, 20 ff.
    Zustellung § 105 16
Einnahmen aus den Rechten § 23 1, § 24 6
    Abzüge § 31 5 ff., § 32 24, 31, 33 ff.
    Anlage § 25 1, 4 ff.
    Anlageerträge § 23 12 f.
    Begriff § 5 13, § 23 2, 4 f., 7 f., 11
    Buchführung § 24 5
    Kontrollkostenzuschläge § 23 10
    Mitgliederhauptversammlung § 26 1
    Neunmonatsfrist § 28 15 ff.
    nicht verteilbare ~ § 26 10 f., § 30 1, 5, 10 f., § 32 37
    Repräsentationsvereinbarung § 23 11, 18
    Schadensersatzanspruch § 23 10
    Transparenzbericht § 23 27
    Treuhandprinzip § 27 14
    Verjährung § 30 13
    Verteilung § 23 24 f., § 26 7 f., § 46 1, § 54 1
    Verteilungsfrist § 28 1 ff., § 29 6
    Verteilungsplan § 27 11
    Verwaltung § 23 23
    Verwaltungskosten § 31 21 f.
    Verwendung § 26 3
    Verwendungszweck § 26 14, 17
    Verwertungsgesellschaft § 23 16 f., 20, § 26 7, § 27 12
    Verzugszinsen § 23 14
    vorläufig nicht verteilbare ~ § 30 8
Einnahmen, unverteilbare § 30 6
Einwendung § 120 1 ff.
Einziehung § 68 5
Erlaubniserteilung § 79 25
    Antrag § 132 13
    Antragsteller § 78 10
    Antragstellung § 78 1, 12 ff.
    Aufsichtsbehörde § 77 1, § 78 1 f., 20
    Bekanntmachung § 83 4
    Statut § 78 16
    Unterlagen § 78 15 ff.

Verwertungseinrichtung, abhängige § 132 4
Verwertungsgesellschaft § 132 1
Widerruf § 79 9
Erlaubnispflicht § 1 13, § 77 1, 3
   eingeschränkte ~ § 77 14, § 79 22, § 80 18
   erstmalige ~ § 132 7 f.
   Nutzer § 84 9
   Sitzstaatsprinzip § 78 6
   Umfang § 77 13
   Verwertungseinrichtung, abhängige § 90 11 f., 15
   Verwertungsgesellschaft, ausländische § 77 16
   Verwertungsgesellschaft § 77 1, 15
Erlaubnisversagung § 79 1 ff.
   Rechtsfolge § 79 27 f.
   Statut § 79 10 ff.
   Vertretung § 79 14 ff.
   Verwertungsgesellschaft, ausländische § 79 22
   Verwertungsgesellschaft § 79 17 ff.
   Widerspruch § 79 28
Erlaubniswiderruf § 80 1 f., § 85 15
   Abmahnung § 80 14 f.
   Aufsichtsbehörde § 80 11 f.
   Bekanntmachung § 83 9
   Fiktion der Erlaubnis § 80 22
   Verfahren § 80 25
   Verwertungsgesellschaft, ausländische § 80 19
   Widerspruch § 80 27 ff.
Erlösbeteiligung § 5 20
Ersatzdelegierter § 20 17
Erstverwertung **Einleitung** 3

F
Förderung, kulturelle § 32 12 f., 18 f.
   Abzüge § 32 39 ff.
   Adressaten § 32 23
   Diskriminierung § 32 46
   Finanzierung § 32 24
   Kulturfaktoren § 32 21 f.
   Umfang § 32 47
   Verwertungsgesellschaft § 32 26
   Zugang § 32 45
Förderung, soziale § 32 12 f.
   Abzüge § 32 39 ff.
   Adressaten § 32 30
   Differenzierung § 32 31
   Diskriminierung § 32 46
   Umfang § 32 47
   Verwertungsgesellschaft § 32 28
   Zugang § 32 45
Förderungsausschüttung § 32 64
Förderungsfonds Wissenschaft § 32 64

Framing § 34 56, 60 f.
FRAND § 34 15, 96
Freistellungsanspruch § 49 15
Fremdgesellschafter § 7 9

G
Gastwirt
   Nutzer § 8 8
Gebiet
   Begriff § 9 44
Gegenseitigkeitsvertrag § 44 2, 11, 14, § 46 5
   Begriff § 44 12
   Frist § 46 13
   Funktionen § 44 15
   Musikbereich § 44 16
   Mustervertrag § 59 2
   Online-Rechte § 59 6
   Verwertungsgesellschaft § 44 15
   Weltrepertoire § 44 14, § 59 1
GEMA § 2 31, § 32 49
   Tarife § 38 11
   Urheber-Verleger-Schlichtungsstelle § 27a 13
GEMA-Sozialkasse § 32 29, 49
GEMA-Stiftung § 32 52
GEMA-Vermutung § 6 8, § 48 4, 9 f., § 49 3, 6
   Begriff § 48 10
   Inkassostelle § 48 12
   Umstände § 48 14
   Verwertungsgesellschaft § 48 12
   Verwertungsgesellschaft, ausländische § 48 16
   Widerlegung § 48 15
Geräte
   Auskunftsanspruch § 48 18
   Privatkopie § 40 14
   Sicherheitsleistung § 103 19, § 107 1
   Tarifaufstellung § 40 10
   Transparenzpflicht § 40 52
   Untersuchung, empirische § 112 1 ff.
Gesamtvertrag § 35 1 ff., § 38 22 ff., § 60 11, § 110 6
   Abschluss § 35 20 ff.
   Abschlusszwang § 35 81
   Angemessenheit § 35 44 ff., 48, 60 ff., 74, 79
   Auslegung § 35 97
   Einigungsvorschlag § 110 2 f.
   Festsetzung § 130 1 ff.
   Form § 35 24 ff.
   Grundgedanke § 35 15 ff.
   Kartellrecht § 35 100
   Kosten § 122 3
   Laufzeit § 35 90 ff.
   Mindestvergütung § 35 59
   Nutzervereinigung § 35 13, 29, 36
   Oberlandesgericht § 129 12, 18, § 130 1, 6 f., 9, 17

Stichwortverzeichnis

Rabatt § 35 28, 75, 78
Schiedsstelle § 35 93, § 92 12, § 110 5
Speichermedien § 35 9 f.
unechter ~ § 35 23
Vergütung § 35 27, 49 ff., 57, 60 ff.
Vergütungssatz § 35 65 ff., 72
Verhandlung § 36 8
Veröffentlichungspflicht § 56 7, 15 f.
Verwertungseinrichtung, abhängige § 35 32
Verwertungsgesellschaft § 35 19, 32, § 40 19
Gesamtvertragsverfahren § 40 26 f., 30, § 103 3
    Einigungsvorschlag § 105 15
    Fehlen § 40 32
    Kosten § 121 4
    Untersuchung, empirische § 93 6
    Verhandlung, mündliche § 99 3
Geschäftsführung
    Begriff § 136 5
    Erklärungsfrist § 136 1
    Mitgliederhauptversammlung § 136 5
Geschäftsführungsorgan
    Aufsichtsgremium § 22 15 f.
    Berechtigte § 21 20
    Interessenkonflikt § 21 11 ff., 21
    Mitglieder § 21 18 ff.
    Mitgliederhauptversammlung § 21 18
    Überwachung § 21 16, § 22 6
    Verwertungsgesellschaft § 21 8, 10, 14
Geschäftsjahr
    Begriff § 135 9, § 136 6, § 137 6
GÜFA § 2 31, § 32 53
GVL § 2 31, § 32 54
GWFF § 2 31, § 32 56
GWVR § 2 31, § 32 57

H

Herstellungsrecht § 27 33
Hinterlegung § 37 1 f., 7, 13
    Art § 37 18 ff.
    Hinterlegungsstelle § 37 16
    Kosten § 37 17
    Rechtsfolge § 37 21 ff.
    Schadensersatz § 37 25 ff., 32
    Schiedsstelle § 37 30, 33
    Verfahren § 37 15 f.
    Verwertungsgesellschaft § 37 17
Hinterlegungsrecht § 85 26
Hub-Modell § 69 1
Hubs § 59 14 f.
    Herausbildung § 72 1
    Lizenzierung, gebietsübergreifende § 59 19
    Passport-Modell § 61 2
    Repertoirebündelung § 69 7
Huckepack-Modell § 69 1

I

ICE § 3 14
Imperativ, kultureller § 34 36
Informationsbereitstellung § 36 20 f.
Informationspflicht § 56 8
    Allgemeinheit § 56 4, 7
    Aufsichtsbehörde § 53 8 f., § 54 9 f., § 55 13 f., § 56 26 f.
    Berechtigter § 54 1 ff.
    elektronische ~ § 55 10
    Form § 55 10
    Gesamtvertrag § 56 7
    Internetseite § 56 1 f.
    Kosten § 55 12
    Mindestanforderungen § 54 6
    Rechtsinhaber § 53 1 ff.
    Statut § 56 9
    Übermittlung § 54 7 f.
Inhaber ausschließlicher Nutzungsrechte § 5 10
Initiative Musik § 32 23
Inkassogesellschaft § 35 88
Inkassostelle
    GEMA-Vermutung § 48 12
    Verwertungsgesellschaft § 49 14
Inkassovereinbarung § 42 12
    Frist § 46 13
    Tarife § 44 23
    Zweifelsregelung § 46 9
Inkassovertrag § 44 20 f.
Innominatfall § 9 39
Interested Party Information § 61 13
International Standard Musical Work Code § 61 14
International Standard Recording Code § 61 11

J

Jahresabschluss § 57 6
    Abschlussprüfer § 57 11
    Anhang § 57 8
    Kapitalflussrechnung § 57 10
    Offenlegung § 57 16 ff., § 137 5
    Prüfung § 57 13 ff.
Jedermann
    Begriff § 34 41
Jedermann-Lizenz § 11 25 f.

K

Kabelweitersendung § 50 1
    Aufsichtsbehörde § 50 2
    Außenseiter § 50 13
    Einigungsvorschlag § 105 15
    Münchner Gruppe § 50 9
    Nutzer § 50 6
    Oberlandesgericht § 129 13, § 130 8
    Schiedsstelle § 92 13, § 111 1
    Sendeunternehmen § 50 11 f.

Vergütungsanspruch, unveräußerlicher § 50 8
Verwertungsgesellschaft § 50 7
Verwertungsgesellschaften, mehrere § 50 9
Kapitalflussrechnung § 57 10
Kappung § 40 3
Kartellrecht § 34 29 f.
   Anwendbarkeit § 34 32
Kategorienbildung § 16 14 ff.
Kommissionsvertrag § 2 19
Kommunikation, elektronische
   Delegierter § 20 36
   Informationsübermittlung § 47 6
   Mitgliederhauptversammlung § 19 11 ff., 15
   Nutzer § 14 1
   Nutzungsmeldung § 43 9
   Rechtsinhaber § 20 3
   Statut § 19 11
   Umsetzung § 43 5 ff.
   Verwertungsgesellschaft § 14 5 f., § 43 1
Kontrahierungszwang, doppelter § 9 1
Kontrollkostenzuschlag § 23 10, § 31 28
Kopienversand § 49 9
Kostenquote § 39 19
Kulturfaktoren § 32 21 f., 51, 55
Kündigung
   außerordentliche ~ § 12 17
   Berechtigter § 12 9
   Frist § 12 3, 13 ff.
   Rechtsinhaber § 12 22, 25
   Verwertungsgesellschaft § 12 24
   Wahrnehmungsverhältnis § 12 12
   Wahrnehmungsvertrag § 12 11

L
Lagebericht § 57 9
   Abschlussprüfer § 57 11
Lizenz, gesetzliche
   Online-Rechte § 60 12
Lizenzanalogie § 40 13
Lizenzgebiet
   Begriff § 9 45
Lizenzierung
   Bereichsausnahme § 74 6
   gebietsübergreifende ~ § 59 3, § 72 5 f., § 74 1
   Musik § 59 3
   paneuropäische ~ § 59 5
   selektive ~ § 11 32
   Sendeunternehmen § 74 7
   vergütungsfreie ~ § 11 2
   zweistufige ~ § 10 21
Lizenzierung, multiterritoriale § 9 12, 46
Lizenzierungsservice, automatisierter § 51 12, 17
Lizenzmarkt, europäischer **Einleitung** 23

Lizenzvergütung
   Einziehung § 68 5, § 73 7
Lizenzverhandlung
   Treu und Glauben § 36 1 ff.
Lizenzvertrag § 5 17
   Bedingung § 34 56

M
Mandatsvertrag § 44 20 f.
Matching § 27 10, § 28 27, § 46 8, § 61 8, § 70 5
   Rechnungsstellung § 61 9
Mediathek § 74 9 f.
Mehrgebietslizenz
   Online-Rechte § 59 14, § 60 4
   Streitbeilegung § 94 1
   Wahrnehmungsbedingungen, individuelle § 60 6
   Weltrepertoire § 44 18
Meldeformat § 41 17
Mengenrabatt § 39 37
MEO § 34 68
Mindestvergütung § 39 34
   Berechnung § 39 24 ff.
   Gesamtvertrag § 35 59
   Tarife § 39 16
   umsatzbasierte ~ § 39 27
Mitglied
   Aufnahmeakt § 7 8
   Begriff § 2 26, § 7 1 ff., 9, § 13 5, 7,
   Einrichtungen § 7 7
   Kategorien § 16 13 ff.
   Kategorienbildung § 16 14 ff.
   Mitwirkungsrechte § 16 9
   Rede- und Antragsrecht § 19 7
   Verfahren zur Mitwirkung § 16 1, 7
   Verleger § 7 5
   Vertretung § 19 18 ff., 35 f.
   Verwertungseinrichtungen, abhängige § 7 11
   Verwertungseinrichtungen, unabhängige § 7 10
   Verzeichnis § 15 1
   Voraussetzungen § 7 9
   Wahrnehmungsverhältnis § 7 5
Mitglieder- und Berechtigtenverzeichnis § 29 13
   Verteilungshindernis § 29 14
Mitglieder
   Beschwerdeverfahren § 33 1
Mitgliederhauptversammlung **Einleitung** 14, § 17 1
   Abschlussprüfer § 57 11
   Abzüge § 31 19, § 32 33
   Aufsichtsbehörde § 85 37, 39
   Aufsichtsgremium § 17 14, 16, § 18 15 f., § 22 6, 12, 18, 22, § 136 5
   Aufsichtsrat § 22 23

Stichwortverzeichnis

Begriff § 17 5, § 18 7
Beherrschung § 2 28
Darlehen § 26 16
Delegierter § 20 5, 26, 34
Einnahmen aus den Rechten § 26 1
Einnahmen, nicht verteilbare § 30 10
Geschäftsführung § 136 5
Geschäftsführungsentscheidungen § 17 20
Geschäftsführungsorgan § 21 18
Kommunikation, elektronische § 19 11 ff., 15
Kompetenz zur Beschlussfassung § 18 1
Kompetenzen § 17 10 ff., § 18 9 ff.
Kompetenzübertragung § 17 14 ff.
Kompetenzverlagerung § 17 16 ff., § 18 14 ff.
Mitglieder § 17 6
Nutzung, nicht kommerzielle § 11 27
Rede- und Antragsrecht § 19 7
Spezialvollmacht § 19 29
Statut § 17 8, 13, § 18 5, 8, § 19 8
Stimmverbote § 19 7
Teilnahme § 19 10
Turnus § 19 5 f.
Verlegerbeteiligung § 27a 27
Verteilungsplan § 26 7, § 27 24
Vertreterversammlung § 17 6, § 18 7
Vertretung § 19 18 ff., 29
Vertretungsausschluss § 19 24
Vertretungsbeschränkung § 19 30, 32 ff.
Vertretungsverbot § 19 23
Verwertungsgesellschaft § 18 1, § 19 1
Mitgliederversammlung
  Anlagepolitik § 25 9
  Tarife § 38 15
  Vertretung § 19 31
Mitgliederverzeichnis § 15 6 f.
  Angaben § 15 8 ff.
  Dritte § 15 13
  Verstoß § 15 23
  Verwertungsgesellschaft § 15 5, 14 ff.
  Zugang § 15 11 ff.
Mitgliedschaft
  Ablehnung § 13 28
  Aufnahmeanspruch § 13 31
  Bedingungen § 13 18 ff.
  Begriff § 13 17
  Verlust § 13 22
  Zugang § 13 8 f.
  Zugangsbeschränkung § 13 21, 23 ff., 27
Mitwirkungspflicht
  Verwertungsgesellschaft, beauftragte § 70 1
MPLC § 4 11
Multi-Gesamtvertrag § 35 14
Münchner Gruppe § 3 15, § 50 9
Musikverleger § 27a 12

Musikwerke
  Online-Rechte **Einleitung** 20
  Repräsentationszwang § 5 21
  Vergabe, gebietsübergreifende § 1 11
Must-carry-Regelung § 69 1

N

Nettoeinzelverrechnung § 27 44
Netzwerkeffekt § 34 21
Neunmonatsfrist § 28 15 ff.
  Repräsentationsvereinbarung § 28 19
Nischenrepertoire § 9 36
Notvorstand § 85 44
Nutzer § 8 5, 7 f., 13
  Abschlusszwang § 8 14
  Auskunftserteilung § 41 11
  Auskunftpflicht § 41 1, 6 f., § 42 1
  Begriff § 5 10, § 8 1 ff., 8, § 55 5
  Diskothekenbetreiber § 8 8
  Erlaubnispflicht § 84 9
  Freistellungsanspruch § 49 15, § 51 35
  Gastwirt § 8 8
  Hinterlegung § 37 12 f.
  Insolvenzrisiko § 37 6
  Juristische Personen § 8 5
  Kabelweitersendung § 50 6
  Kommunikation, elektronische § 14 1
  Meldepflicht § 42 7 f., 11
  Nichtdiskriminierung § 34 74
  Online-Bereich § 8 10
  Pflichten § 8 14
  Qualifikation § 8 11 f.
  Rechtsinhaber § 8 9
  Schadensersatzanspruch § 36 35
  Sockelbetrag § 37 8
  Tarife § 39 49
  Transparenzanspruch § 36 19
  Unionsrecht § 8 3
  Veranstalter § 8 8
  Verbraucher § 8 6
  Vergütungspflicht § 8 13
  Vergütungsschuldner § 8 13
  Verwaltungsgebühren § 24 12
  Verwertungsgesellschaft § 8 14, § 10 16
  Vorbehaltszahlung § 37 12 f.
  YouTube § 8 10
Nutzervereinigung § 8 14, § 38 22
  Begriff § 35 34 f.
  Gesamtvertrag § 35 13, 29, 36
  Mitglied § 35 39 f.
  Mitgliederzahl § 35 82 ff., § 40 19
Nutzung § 34 114
  Ausnahmen § 42 15 f.
  nachvertragliche § 12 31

Nutzung, nicht kommerzielle § 11 19 ff.
    Begriff § 11 29
    CC-NC-Lizenz § 11 30
Nutzungsart
    Begriff § 9 39 f.
    Kündigung § 10 19
    Nutzung, nicht kommerzielle § 11 23
    unbekannte ~ § 10 19, 27, § 49 7
Nutzungsaufstellung § 42 13 f.
Nutzungsmeldung § 28 26 f., § 66 1
Nutzungsmeldung, elektronische § 66 5
Nutzungsrecht
    ausschließliches ~ § 10 14
    einfaches ~ § 10 15 f., § 11 8
    Einräumung § 34 48
    Informationsberechtigte § 55 6
    Lizenzierung, zweistufige § 10 21
    Übertragung § 10 9, 17
    Vergabe § 11 16
    Verwertungsgesellschaft § 10 9
    Wahrnehmungsverhältnis § 11 28
    Wahrnehmungsvertrag § 9 23
Nutzungsvertrag
    Auskunftserteilung § 41 14

O
One-Stop-Shop § 44 15
Online-Bereich
    Mehrgebietslizenz § 44 18
    Nutzer § 8 10
    Pauschallizenz § 73 8
    Repertoirefragmentierung § 59 11 ff., 15
Online-Dienst
    Abrechnung § 67 5, 8, 10
    ergänzender ~ § 74 4
    Nutzungsmeldung, elektronische § 66 5
    Überprüfung § 65 6 f.
    Überwachung § 65 1
Online-Dienst, innovativer § 34 16, 108
    Begriff § 34 110 f.
Online-Direkthandel § 92 16
Online-Empfehlung Einleitung 23 ff.
Online-Rechte
    ARMONIA § 59 21
    Auskunft § 62 7
    Begriff § 59 27
    Bündelung, freiwillige § 74 8
    Dokumentation § 61 12
    Gegenseitigkeitsvertrag § 59 6
    Lizenz, gesetzliche § 60 12
    Mehrgebietslizenz § 59 14, § 60 4
    Musikwerk § 43 8, § 44 2, 19, § 46 10
    Musikwerke Einleitung 20
    Oberlandesgericht § 129 14
    Rechtsinhaber § 59 7

Repräsentationsvereinbarung § 71 1
Schiedsstelle § 94 5
Tarifaufstellungspflicht § 60 13
Vergabe, gebietsübergreifende § 59 26, 28, § 60 1
Vergütung § 60 10, 15
Option-3-Entität § 59 8 f.
    Rechtewahrnehmung § 59 9
OSA § 34 80

P
Padawan § 35 10, 51
Passport-Modell Einleitung 25, § 44 19, § 59 16, § 61 1 f.
Pauschalabschlag § 39 13
Pauschallizenz § 11 34
    Online-Bereich § 73 8
Pauschallizenzierung § 73 2
Pauschalvergütung § 27 49
Podcast § 8 6
Prinzipal-Agenten-Problem § 35 5
Privatkopievergütung § 27 39, 50, § 27a 16, 19, 28, § 28 10, § 32 41, § 35 49
Probetarif § 34 112 f.

Q
Quersubventionierung § 31 15

R
Radiokulturpreis § 32 51
Rechnungslegung § 137 1
Rechte
    Begriff § 23 9
    mechanische ~ § 48 10
Rechteeinräumung
    exklusive ~ § 72 7
    territorial beschränkte ~ § 59 2
Rechteinhaber
    Mindestvergütung § 34 105
Rechteverwertungsvertrag
    Begriff § 5 16 ff.
    Erlösbeteiligung § 5 20
    Prioritätsgrundsatz § 5 19
Rechtsinhaber § 2 12
    Abzüge § 31 9
    Auskunftsanspruch § 62 5
    Ausschüttungsanspruch § 12 28
    Außenseiter § 2 15, § 49 15, § 50 1
    Begriff § 5 1 ff., 6, § 9 12
    Berechtigter § 6 6
    Beschwerdeverfahren § 33 1
    derivativer ~ § 9 25, § 27 8, 64, 70 f., 75, 78
    Dokumentation § 61 7, 15
    Eigenlizenz § 11 8 ff.
    Insolvenzrisiko § 37 6

Kommunikationsmittel, elektronische § 20 3
Kündigung § 12 22, 25
  mehrere ~ § 27 71f., § 27a 1
Nutzer § 8 9
Online-Rechte § 59 7
originärer ~ § 5 10, § 27 8, 70f., 75
Rechteabzug § 12 2
Rechteeinräumung § 10 2f.
Refundierungsvereinbarung § 27 77
Selbstlizenzierung § 11 8
Teilkündigung § 12 19
Verleger § 2 12, § 5 3
Verwertungsgesellschaft § 53 1, 5, § 9 37
Wahlrecht § 9 1, 7, 33ff., 38f., 41f., 44, § 10 2, 17, 29, § 12 7
Wahlrecht, territoriales § 9 45
Wahrnehmung § 9 10
Werk, vergriffenes § 51 21, § 51 22, § 51 23, § 51 27, § 51 28, § 51 29
Zustimmung, vorherige § 42 7
Referenzvergütung § 40 14
Refundierungsvereinbarung § 27 77
Regelung, einstweilige § 106 4
  Form § 106 5
  Rechteinhaber § 128 20
  Schiedsstelle § 128 20
  Widerspruch § 106 6
Register anonymer und pseudonymer Werke § 52 7
Register vergriffener Werke § 51 20, 24, § 52 1f., 7
  Angaben § 52 8f., 11ff.
  Antragstellung § 52 26
  Auskunftsrecht § 52a 6
  Bekanntmachung § 52 22
  Daten, personenbezogene § 52a 5, 11
  Datenschutz § 52a 1, 3
  Einsicht § 52 23, § 52a 11
  Eintragung § 52 19f.
  Kosten § 52 21, 24
  Registrierungserfordernis § 52 10
  Verwertungsgesellschaft § 52 16
  Widerspruch § 52 17, § 52a 8ff.
  Zahlungsmodalitäten § 52 27
Repertoire
  Auskunft § 62 6f.
  Auskunftsanspruch § 62 5
  Informationen § 70 5
  repräsentiertes ~ § 73 1
Repertoire-Carve-out § 61 9
Repertoirefragmentierung § 59 6ff.
Repertoireinformation § 62 1
Repertoiremitnahme § 69 1f.
  Verwertungsgesellschaft § 69 13
Repertoireverlust § 72 1

Repräsentationsvereinbarung § 2 16, § 31 17, § 35 87, § 44 1, § 73 1
  Abzüge § 45 1, 5
  Abzüge, andere § 45 8f.
  Ausschüttung § 46 8
  Bedingungen § 71 6
  Begriff § 44 5, 12, § 55 8
  Diskriminierungsverbot § 44 22
  Einnahmen § 46 1
  Einnahmen aus den Rechten § 23 11, 18
  exklusive ~ § 69 15ff.
  Gegenstand § 44 13
  grenzüberschreitende ~ § 44 9
  Informationspflicht § 47 5f., § 135 8
  internationale ~ § 44 10f.
  Musikwerk § 27 18
  Neunmonatsfrist § 28 19
  Online-Rechte § 71 1
  Rechteeinräumung, territorial beschränkte § 59 2
  Typen § 44 2
  Veröffentlichung § 56 22
  Verteilung § 68 9
  Verteilungsfrist § 46 11f.
  Verteilungsplan § 26 9, § 27 16
  Verwaltungskosten § 31 32
  Verwertungseinrichtung, abhängige § 44 8
  Verwertungseinrichtung, unabhängige § 44 8
  Weiterverteilung § 28 20
Repräsentationszwang § 5 21, § 44 24, § 59 15, § 69 6f., 9ff., § 70 6
Reprobel § 27 68, § 27a 2, 6
Rückstellung § 28 32
  Verwertungsgesellschaft § 30 15

S
Sachverständigengruppe § 86 12
Sachverständigenvergütung § 123 1
  Aufsichtsbehörde § 123 4
Santiago-Abkommen § 59 3
Schadensersatz
  Schiedsstellenverfahren § 128 16
  Sicherheitsleistung § 108 1
  Verhandlungen § 36 32ff.
  Wahrnehmungszwang § 9 32
Schiedsstelle Einleitung 18, § 75 11, § 92 1
  Ablehnungsgesuch § 127 3ff.
  Anrufung § 95 6, § 139 5ff.
  Anrufung, zwingende § 128 1ff., 9
  Antrag § 97 2ff.
  Antragsrücknahme § 98 1f.
  Anwaltszwang § 97 6
  Anwendbarkeit § 139 17
  Aufbau § 124 5

Stichwortverzeichnis

Aufsicht § 125 1
Aufsichtsbehörde § 85 24
Auslagenvorschuss § 104 9
Aussetzung § 103 4 ff., 8 ff., 14
Befangenheit § 127 2
Beschlussfassung § 126 1 f.
Besetzung § 124 2 f.
Beweisarten § 104 6 f.
Beweiserhebung § 104 1, 4 f., 8
Bundeskartellamt § 110 7
Einigungsvorschlag § 105 1 f., 5 ff., 12
Einwendung § 120 1 ff.
Ermessen § 103 6, § 107 16, 19 f., § 110 4
Fristen § 95 8 f., § 96 1 f.
Gesamtvertrag § 35 93, § 92 12, § 110 5
Gesamtvertragsverfahren § 40 26 ff., 30
Hinterlegung § 37 30, 33
Kabelweitersendung § 92 13, § 111 1
Kostenentscheidung § 121 1 ff., 8 f.
Nachforschung § 104 5
Öffentlichkeit § 95 21
Online-Rechte § 94 5
Regelung, einstweilige § 106 1, 4 f., § 128 20
Sachverständiger § 123 1 f.
Sicherheitsleistung § 107 1, 5, 13, 19, 24 f.
Streitfälle § 128 10 f.
Streitwert § 117 8 f.
Tarife § 39 12, 49, 52, § 85 22
Unterstützung, gerichtliche § 104 11 ff.
Untersuchung, empirische § 40 39 ff., 54 f., § 93 5 f., § 112 1 ff., § 113 1 ff., § 114 1 ff., § 115 1 ff., § 123 2 f., § 139 2, 12, 14
Verbindung mehrerer Verfahren § 95 14
Verbraucherverband § 116 1 f.
Verfahrensermessen § 95 5, § 99 5, § 100 2
Vergleich § 102 1, 10 ff., 21 f.
Vergütung § 38 16
Verhandlung, mündliche § 101 1
Verjährungshemmung § 97 9
Vorabentscheidung § 124 4
Vorbehaltszahlung § 37 30, 33
Vorlageberechtigung § 103 15 f.
Vorschuss § 118 1 f.
Weisungsfreiheit § 125 1 ff.
Wiedereinsetzung § 101 6 ff.
Zeuge § 123 1
Zuständigkeit, internationale § 92 14 ff., 22
Zuständigkeit, sachliche § 92 2, 6 ff.
Zustellung § 97 8, 10
Schiedsstellenverfahren § 92 1, § 95 1, 4
    Akteneinsicht § 95 18 ff.
    Anwendbarkeit § 139 1, 3
    Auskunfts- und Meldeansprüche § 92 9

Auslagen § 118 1 f., 4
Aussetzung § 103 1, 4 ff., § 128 13, 17 f.
Beendigung § 102 21 ff.
Einigungsvorschlag § 128 12 f.
Entbehrlichkeit § 128 14 ff.
Gebühr § 118 1 f., 4
Gebührensatz § 117 4 f.
Gerichtskostengesetz § 119 1
Insolvenz § 95 16
Kosten § 117 1 f.
Nichterscheinen § 101 1, 4 f., 12 ff.
Oberlandesgericht § 129 1 ff., 8 ff.
schriftliches ~ § 99 2
Sondervotum § 126 2
Streitgegenstände § 94 5
Verfahrenskostenhilfe § 95 15
Verhandlung, mündliche § 99 3 ff., § 100 1 f.
Vertretung § 95 12
Schutzgegenstand § 9 43
Schutzlandprinzip § 1 9, 12
Selbstlizenzierung § 11 8
Sendeunternehmen
    Bereichsausnahme § 74 6
    Internetangebot § 74 2
    Kabelweitersendung § 50 11 f.
    Lizenzierung § 74 7
    Mediathek § 74 9 f.
    Pflichten § 42 17 ff.
    Ursprungslandprinzip § 74 4
Share Picture § 61 12
Sicherheitsleistung § 107 1, 5, 8
    Anordnung, ungerechtfertigte § 108 6 ff., 11
    Antrag § 107 10 ff.
    Art § 107 21
    Höhe § 107 17 f.
    Kosten § 121 5
    Oberlandesgericht § 129 15, 19
    Schadenersatz § 108 10
    Schadensersatzanspruch § 108 1 f., 5
    Schiedsstelle § 107 16, § 129 19
    Sicherungsgrund § 107 14 f.
    Überprüfung, gerichtliche § 107 32
    Verfahren § 107 26 f.
    Verfahrensgebühr § 117 6
Simulcasting § 59 5, 27, § 74 4, 9
Simulcasting-Agreement § 44 18
Sitzlandprinzip § 38 9
Sitzstaatprinzip § 1 7, 10, 12, § 44 9
    Aufsicht § 76 16 f.
    Aufsichtsbehörde § 85 10
    Erlaubnispflicht § 78 6
Sockelbetrag § 37 8 ff.
    Angemessenheit § 37 34
    Verwertungsgesellschaft § 37 10

Stichwortverzeichnis

SOLAR § 3 3, 14
Sozialbindung § 32 16
    horizontale ~ § 32 35
Spartenlizenzierung § 9 35
Speichermedien
    Auskunftsanspruch § 48 18
    Privatkopie § 40 14
    Sicherheitsleistung § 103 19, § 107 1
    Tarifaufstellung § 40 10
    Transparenzpflicht § 40 52
    Untersuchung, empirische § 112 1 ff.
Spezialgericht, urheberrechtliches § 131 11
Spezialvollmacht § 19 29
Split Copyright § 59 12, § 61 12, § 67 9
Standardnutzungsvertrag
    Begriff § 56 11
    Veröffentlichung § 56 11
Standardvergütungssatz § 60 14
    Aufstellungspflicht § 56 14
    Begriff § 56 12
    Veröffentlichung § 56 12 f.
Statut
    Anpassungsfrist § 134 1
    Aufnahme der Rechte § 53 7
    Aufnahme von Mitgliedern § 13 15 ff.
    Begriff § 13 13, § 78 16, § 134 5
    Beschwerdeverfahren § 33 6, 8
    Delegiertenwahl § 20 21
    Delegierter § 20 1, 5, 33
    Erlaubniserteilung § 78 16
    Erlaubnisversagung § 79 10 ff.
    Kommunikation, elektronische § 19 11
    Mitgliederhauptversammlung § 17 8, 13, § 18 5, 8, § 19 8
    Mitwirkung der Berechtigten § 16 10
    Mitwirkung der Mitglieder § 16 6 ff.
    Mitwirkungsbefugnisse § 16 5
    Stimmverbote § 19 7
    Veröffentlichung § 56 9
    Verteilungsfrist § 28 12
    Vertretung § 19 19 ff., 26 f., 30
    Verwertungsgesellschaft § 13 29, 35, § 16 6
    Widerruf der Erlaubnis § 13 36
Stiftung Kulturwerk § 32 60
Streitbeilegung, gütliche § 102 1, 7
Streitfall
    Begriff § 92 6
    Gesamtvertrag § 110 1 ff.
    Kabelweitersendung § 111 1 f.
    Schiedsstelle § 128 10 f.
Studienverfahren § 40 43
Stufenregelung § 21 23 ff.
Sukzessionsschutz § 12 23

T
Tag-on-Erfordernis § 69 1
Tarifaufstellung § 38 1, § 40 15
    Aufsicht § 38 27
    Studienergebnisse § 40 43
    Unterlassen § 40 49
    Untersuchung, empirische § 40 25 f., 33 f., 36 f., 39 ff., 45, 54 f., § 139 11, 13
    Verfahren § 40 16
    Verzicht § 40 50
    Verzögerung § 40 21 ff., 35 ff.
Tarifaufstellungspflicht § 38 19
    Gesamtvertrag § 38 22
Tarife § 38 6
    Anforderungen § 39 10 ff.
    Angemessenheit Einleitung 18, § 39 13, 36, 49, § 85 22, 25
    Anwendbarkeit § 38 13
    Aufsichtsbehörde § 39 53, § 85 22, 25 f.
    Aufsichtsgremium § 38 15
    Aufstellungspflicht § 56 14
    Begriff § 39 3 ff.
    Belange des Allgemeinwohls § 39 46 f.
    Berechnungsgrundlage Einleitung 17, § 39 15, 17
    GEMA § 38 11
    Gesamtvertrag § 38 23
    gesetzliche ~ § 38 19
    Mengenrabatt § 39 37
    Mindestvergütung § 39 16
    Mitgliederversammlung § 38 15
    Nutzer § 39 49
    Rechtscharakter § 38 10
    sachnahe ~ § 38 10
    Schiedsstelle Einleitung 18, § 39 12, 49, 52, § 85 22
    Veröffentlichung § 38 18, § 56 12
    Verwertungsgesellschaft § 38 9, 25, 14
    Vorrangverhältnis § 39 32
    Werknutzung § 39 38 ff.
Tarifparameter § 39 33
Tätigkeitsbereich
    Beschränkung § 9 25 ff., § 12 12
    Kriterien § 9 25
Tätigkeitsgebiet
    Begriff § 9 45
Teilbeherrschung § 3 7
Total-Buy-Out § 10 22
Tournier § 34 95
Transparenzbericht Einleitung 9, § 40 51, § 58 1, § 137 1
    Abschlussprüfer § 58 8 ff.
    Abzüge für soziale und kulturelle Zwecke § 24 15
    Einnahmen aus den Rechten § 23 27

Frist § 58 5
Informationspflicht § 53 6
Pflichtangaben § 58 6 f.
Übermittlungspflicht § 88 11
Veröffentlichung § 58 11
Treuhandverhältnis § 2 19
TWF § 2 31, § 32 58

U
Untersuchung, empirische § 93 1
Urheber
    Verlegerbeteiligung § 27a 17 ff.
Urheberrecht
    Entstehung § 5 8
    Rechtsnachfolger § 5 9
    Übertragung § 5 9
Urheber-Verleger-Schlichtungsstelle § 27a 13
Ursprungslandprinzip § 74 4

V
Veranstalter
    Begriff § 8 8, § 42 9
    Gerichtsstand § 131 12
    Meldepflicht § 42 11
    Nutzungsaufstellung § 42 13 f.
Verbraucherverband
    Beteiligung § 116 1 ff.
Vergleich § 102 8, 10 f.
    Form § 102 12 ff.
    Inhalt § 102 19
    Wirkung § 102 15
Vergleichsmarktkonzept § 34 90
Vergleichsversuch § 102 16
    Ladung § 102 17
Vergütung § 34 7 f., § 35 57
    Angemessenheit § 34 38, 75, § 40 46 f.
    Einigung, fehlende § 37 7
    Erhöhung § 39 50
    Gesamtvertrag § 35 27, 49 ff., 57
    Gleichbehandlung § 34 71 f., 74
    Höhe § 40 9, 11 ff.
    nutzungsbezogene ~ § 66 1
    Online-Rechte § 60 10, 15
    Reduzierung § 39 50
    Schiedsstelle § 38 16
    Untersuchung, empirische § 139 11
    Vermieten § 49 8
Vergütungsanspruch
    Annexanspruch § 92 10
    Freistellung § 49 15
    Kabelweitersendung § 50 8
Vergütungsanspruch, gesetzlicher § 27a 1
    Verleger § 27a 3 f., 9, 14, 17, 20
    Verlegerbeteiligung § 27a 28

Verhandlung
    Ablauf § 36 23 ff.
    Aufsichtsbehörde § 36 36
    Einzelnutzer § 36 8
    Gesamtvertrag § 36 8
    Informationen § 36 15 ff.
    Informationsbereitstellung § 36 20 f.
    Schadensersatz § 36 32 ff.
    Treu und Glauben § 36 11 ff.
    Verstoß § 36 29 ff.
    Verwertungsgesellschaft § 36 26
Verhandlungsführung § 36 7, 11
Verhandlungspflicht § 36 14
Verleger § 2 12
    Begriff § 27a 11 f.
    Mitglied § 7 5
    Rechtsinhaber § 5 3
    Vergütungsanspruch, gesetzlicher § 27a 9, 14, 17, 20
    Verwertungsgesellschaft § 27a 1
Verlegeranteil § 27a 26 f.
Verlegerbeteiligung § 27a 4, 6, 9, 15
    Urheber § 27a 17 ff.
    Verwertungsgesellschaft § 27a 12
    Zustimmung § 27a 21, 25
Vermietung
    Verbotsrecht § 49 8
Vermögensverwaltung, wirtschaftliche
    Begriff § 25 11
Vermutung, gesetzliche § 6 8, § 48 21, § 49 4
    Kabelweitersendung § 50 8
    Vergütungsanspruch § 49 9 f.
    Verwertungsgesellschaften, mehrere § 48 23
    Wahrnehmungsbefugnis § 49 7
    Werk, vergriffenes § 51 7, 13
    Widerlegung § 48 22, § 49 12 f.
Vermutungsregel § 48 6
Verteilung § 27 10
    Abrechnung § 68 7
    Bagatellgrenzen § 27 50
    Berechtigter § 27 37
    Förderung, soziale und kulturelle § 27 38
    Hauptarten § 27 43
    Leistungsprinzip § 27 37, 39 f.
    Nutzungsmeldung § 28 26
    Prioritätsprinzip § 27 65
    Repräsentationsvereinbarung § 68 9
    Verhältnismäßigkeit § 27 40, 50
    Verwaltungseffizienz § 27 40
    Verwertungsgesellschaft § 28 31 f.
Verteilung, analoge § 27 46, 52
Verteilung, anteilige § 27 2
Verteilung, kollektive § 27 45, 52

Verteilungsfrist § 28 1 ff., 31
    Ausnahmen § 28 22 ff.
    Ausschüttungstermin § 28 13 f.
    Einnahmen aus den Rechten § 29 6
    Statut § 28 12
    Verteilungsplan § 28 12
    Verwertungsgesellschaft § 28 10 ff.
    Wahrnehmungsbedingung § 28 12
Verteilungshindernis § 28 7, 25, 28, § 30 14
    Berechtigter § 29 6 ff.
    Beseitigung § 28 31, § 29 18 ff.
    Buchführung § 28 33, § 29 12
    Mitglieder- und Berechtigtenverzeichnis § 29 14
    Verwertungsgesellschaft § 29 9
Verteilungsplan § 12 26, § 27 1, § 46 8
    Anpassungsfrist § 134 1, 3
    Aufsicht § 27 60
    Aufteilung, anteilsmäßige § 27 34
    Ausgestaltung § 27 29 f.
    Außenseiter § 50 13
    Begriff § 27 9 f., 13, § 134 7
    Berechtigter § 26 9, § 27 15
    Beschwerdeverfahren § 33 6
    Bestimmungen § 27 20
    Beträge, unverteilbare § 26 11
    Differenzierung § 27 32, 34 f.
    Einnahmen aus den Rechten § 27 11
    Fassung § 27 25
    Förderung, kulturelle § 32 20
    Haftung § 27 58
    Klage § 27 56
    Mängel § 27 62
    Mitgliederhauptversammlung § 26 7, § 27 24
    Nutzerverhalten § 27 51
    Repräsentationsvereinbarung § 26 9, § 27 16
    Transparenzgebot § 27 21 f.
    Verlegerbeteiligung § 27a 27
    Veröffentlichung § 56 18
    Veröffentlichungspflicht § 27 27
    Verteilungsfrist § 28 12
    Verteilungsregeln § 27 76
    Verwertungsgesellschaft § 23 24, § 26 9
Verteilungspläne **Einleitung** 12
Verteilungstermin § 68 5
Vertreterversammlung § 17 6, § 18 7
Vertretung
    Aufsichtsgremium § 22 14
    Aufsichtsrat § 21 6
    Ausschluss § 19 24
    Berechtigter § 20 24
    Beschränkung § 19 30, 32 ff.
    Delegierter § 20 14
    Erlaubnisversagung § 79 14 ff.
    Mitglied § 19 18 ff., 35 f.

Mitgliederhauptversammlung § 19 18 f.
Spezialvollmacht § 19 29
Statut § 19 19 ff., 26 f., 30
Verbot § 19 23, § 20 14 ff.
Verwertungsgesellschaft § 21 6
Wechsel § 88 17
Vervielfältigungsrecht § 27 33
    Repertoire, US-amerikanisches § 59 8
Verwaltungskosten § 26 12, § 31 1, § 45 7
    Abzüge § 31 21
    Begriff § 24 10 f., § 26 17, § 31 24 f.
    Erstattung § 73 10
    Gesamtanteil § 31 30
    Nutzer § 24 12
    Repräsentationsvereinbarung § 31 32
    Veröffentlichung § 56 19
    Verwertungsgesellschaft § 24 11 ff.
Verwaltungstätigkeit
    Begriff § 89 5
Verwaltungsverfahren
    Anwendbarkeit § 138 1
    Beendigung § 138 6
    Begriff § 138 5
Verwertungseinrichtung, abhängige **Einleitung** 7, § 3 1, 3, § 84 5, § 90 7
    Abschlusszwang § 3 17
    Anzeigepflicht § 90 13 ff.
    Aufsicht § 3 23, § 76 13, § 90 1
    Aufsichtsbehörde § 85 12, § 90 18
    Aufsichtsgremium § 22 19
    Begriff § 3 6
    Bekanntmachung § 83 7
    Erlaubnis § 3 23
    Erlaubniserteilung § 132 4
    Erlaubnispflicht § 77 10, § 90 11 f., 15, § 133 4
    Gesamtvertrag § 3 17, § 35 32
    Informationspflicht § 56 3, § 135 5
    Liste der ~ § 3 14
    Mitglied § 7 11
    Mitteilungspflichten § 3 17
    Neunmonatsfrist § 28 21
    Online-Rechte an Musikwerken § 3 20
    Organisation § 3 21
    Repräsentationsvereinbarung § 44 8
    Schiedsstelle § 3 17
    Statut § 134 4
    Tarife § 3 17
    Tätigkeiten § 3 9
    Transparenzbericht § 3 21
    Unterrichtungspflicht § 88 16
    Vergütungsansprüche, gesetzliche § 3 19
    Verteilungsfrist § 28 10
    Wahrnehmungstätigkeit § 3 8, § 90 19
    Wahrnehmungszwang § 5 21

Verwertungseinrichtung, unabhängige **Einleitung** 7, § 2 24, § 4 1
  Anzeigepflicht § 4 1, 17, § 91 13, 16
  Aufsicht § 4 17, § 76 13, § 91 1, 9, 12
  Aufsichtsbehörde § 4 17, § 85 12
  Begriff § 4 5 f.
  Bekanntmachung § 83 8
  Berechtigter § 4 9
  Informationsaustausch § 91 7
  Informationspflicht § 4 13, § 135 5
  Liste der ~ § 4 11
  Mitglied § 7 10
  Rechtsform § 4 7
  Repräsentationsvereinbarung § 44 8
  Schiedsstelle § 4 15
  Sitzlandprinzip § 4 17
  Unterrichtungspflicht § 88 16
  Verhandlung § 36 10
  Veröffentlichungspflicht § 56 3
  Wahrnehmungszwang § 4 16
Verwertungsgesellschaft
  Ablehnungsrecht § 66 7
  Abrechnungspflicht, unverzügliche § 67 5 f.
  Abschlusszwang **Einleitung** 15, § 1 10 f., § 34 1
  Abzüge für kulturelle und soziale Zwecke § 26 13
  Aktivlegitimation § 12 23, § 48 1 f., § 49 1, 6, 9, 11
  Anlageformen § 25 10
  Anlagerichtlinie § 25 8
  Anpassung, unterlassene § 134 9
  Anzeigepflicht § 1 13, § 82 1, 11, § 88 1, 13, § 133 4
  Aufgaben **Einleitung** 3
  Aufnahmeakt § 7 8
  Aufsichtsbehörde § 17 22, § 19 39, § 20 38, § 22 26, § 85 11, § 88 12
  Aufsichtsgremium § 22 1
  Aufwand § 34 85 f.
  Auskunftsanspruch § 41 1, 7, § 48 19
  Auslagerung von Tätigkeiten § 3 10
  ausländische ~ § 77 12, § 87 1
  Ausschüttung § 25 7, § 27 17, § 46 5
  Außenseiter § 51 9
  Bedeutung **Einleitung** 1
  Begriff § 2 1 ff., 6 f.
  Berichtspflicht § 57 5
  Beschwerdeverfahren § 33 1, 8
  Bestandsschutz § 132 6
  Bilanzierungspflicht § 57 7
  Buchführung § 24 1, 5
  Dachverbände, internationale **Einleitung** 5
  Definition § 2 18

Delegierter § 20 1
Dienstleister § 3 12
Digitalisierung **Einleitung** 43
Einnahmen aus den Rechten § 23 16 f., 20, § 26 7, § 27 12
Einnahmen, nicht verteilbare § 30 11
Einwilligung § 42 12
Erlaubniserteilung § 132 1
Erlaubnispflicht § 1 13, § 77 1
Ermessensspielraum **Einleitung** 8
Förderung, kulturelle § 32 1 f., 6 f., 13 ff., 26
Förderung, soziale § 32 1 f., 6 f., 13 ff., 28
Fremdgesellschafter § 7 9
Funktionen **Einleitung** 4
Gegenseitigkeitsvertrag § 44 15
GEMA-Vermutung § 48 12
Genehmigungspflicht **Einleitung** 6
Gerichtsstand, ausschließlicher § 131 1 f., 8 ff.
Gesamtvertrag § 35 32, 81, § 38 25, § 40 19
Geschäftsführungsorgan § 21 8, 10, 14
Geschichte **Einleitung** 2
Gewinnerzielung § 2 30
Hinterlegung § 37 17
Informationspflicht § 23 27, § 45 11, § 47 1, 5, § 53 6, 8, § 54 1, 6, § 55 1 f., 7, § 56 1, § 71 1
Interessenausgleich § 27 63
Interessenkonflikt § 21 15 f.
Internetseite § 56 2, 25
Jahresabschluss § 24 1, § 57 6, 8, § 137 4
Jedermann-Lizenz § 11 26
Kabelweitersendung § 50 1, 7
Kartellrecht **Einleitung** 31 ff.
Kommunikation, elektronische § 14 5 f., § 43 1
Kontoführung § 24 7
Kontrahierungszwang, doppelter § 9 1
Kündigung § 12 24
Lagebericht § 57 9
Liste der ~ § 2 31
Lizenzerteilung § 11 14
Lizenzierung, gebietsübergreifende § 72 5 f.
Lizenzierung, multiterritoriale § 9 46
Mitglied § 2 26, 29
Mitglieder- und Berechtigtenverzeichnis § 15 5, 14 ff.
Mitgliederhauptversammlung § 18 1, § 19 1
Mitgliedschaft § 7 5 f., § 13 1, 5 f., 10, 25
Mitteilungsfrist § 135 1 ff.
Mitteilungspflicht § 29 19 ff., 25
Mitwirkungsbefugnisse § 16 5
Monopolstellung § 34 18 ff.

Nutzer § 8 14, § 10 16
Nutzung, nicht kommerzielle § 11 3, 18
ohne Erlaubnis § 132 13
Organisations- und Kontrollsystem § 78 19
Pflichtablauf § 12 5
Präventivkontrolle **Einleitung** 8
Rechnungslegung § 57 1
Rechteentzug § 12 20
Rechtewahrnehmung **Einleitung** 3
Rechtsform § 2 8, § 13 5, 34
Rechtsinhaber **Einleitung** 11, § 9 37
Regulierung **Einleitung** 7 f.
Repertoiremitnahme § 69 13
Repräsentationsvereinbarung § 2 16, § 45 5, § 135 8
Rückstellung § 28 32, § 30 15
Schadensersatz § 9 32
Schadensersatzansprüche § 1 5
Sicherheitsleistung § 108 1
Sitz § 1 7
Solidarprinzip **Einleitung** 13
Spartenlizenzierung § 9 35
Statut § 13 13, 15, 29, 35, § 16 5 f.
Stufenregelung § 21 23 f.
Tarifaufstellungspflicht § 38 19
Tarife § 38 6, 9, 25, § 39 14
Tarifgestaltung § 8 14
Tarifhoheit § 39 5, § 40 42
Tätigkeiten § 3 9
Tätigkeitsbereich § 9 19 ff., 24 f., 27
Tätigkeitsgebiet § 9 45 f.
Teilbeherrschung § 3 7
Transparenzbericht § 3 21, § 58 5, § 137 4 f.
Transparenzpflicht **Einleitung** 9
Treuhänder § 25 1
Treuhandstellung § 26 1
Treuhandverhältnis § 2 19
Übermittlung von Dokumenten § 88 19 f.
Übermittlung von Entscheidungen § 88 21
Überwachungspflicht § 65 1, 5
Unterrichtung § 135 6, 10
Unterrichtung, unterlassene § 135 12
Unterrichtungspflicht § 21 27, § 88 1, 13, 17, § 134 10, § 137 7
Untersuchung, empirische § 93 1, 5 f.
Verhandlung § 36 3, 26
Verleger § 27a 1
Verlegerbeteiligung § 27a 12
Verteilung § 28 31 f.
Verteilungsfrist § 28 10 ff.
Verteilungshindernis § 29 9
Verteilungsplan § 12 26, § 23 24, § 27 1, 21
Verteilungspläne **Einleitung** 12

Vertretung § 21 6
Verwaltungskosten § 24 11, 13, § 26 12
Verwertungsgesellschaft § 45 5
Vorschusspflicht § 113 4
Wahrnehmung § 2 13
Wahrnehmungsrecht **Einleitung** 22
Wahrnehmungsverhältnis § 5 14
Wahrnehmungsvertrag § 6 9, § 11 11
Wahrnehmungszwang **Einleitung** 10, § 5 21
Wechsel § 12 8, 14
Zweck § 2 20
Verwertungsgesellschaft, beauftragende
 Informationen § 70 5 f.
 Informationspflicht § 71 1, 5
 Pflichten § 70 5
Verwertungsgesellschaft, beauftragte
 Ablehnungsrecht § 70 6
 Ersatzvornahme § 70 6
 Mitwirkungspflicht § 70 1
 Repertoire, repräsentiertes § 73 6, 8
Verwertungsrecht
 Katalog § 9 39
VFF § 2 31, § 32 59
VG Bild-Kunst § 2 31, § 32 60
VG Media § 2 31
VG Musikedition § 2 31, § 32 62
VG Wort § 2 31, § 32 64
VGF § 2 31, § 32 63
Vorausabtretung § 10 22 f.
Vorbehaltszahlung § 37 1, 13
 Rechtsfolge § 37 21 ff.
 Schadensersatz § 37 25 ff., 32
 Schiedsstelle § 37 30, 33
 Verfahren § 37 14
Vorsorge- und Unterstützungseinrichtung § 32 29
 Leistungen § 32 31
Vorteil, geldwerter § 39 17
 Verwertung § 39 19 f.

W
Wahlrecht
 Berechtigter § 11 22, § 12 21
 Lizenzierung § 9 46
 multiterritoriales ~ § 9 44
 Rechtsinhaber § 9 1, 7, 33 ff., 38 f., 41 f., 44 f., § 10 2, 17, 29, § 12 7
 territoriales ~ § 9 44 f.
Wahrnehmung
 Begriff § 2 13
 fehlende ~ § 12 24
 Rechtsinhaber § 9 10
 Vorausabtretung § 10 22 f.
 Werkanteile § 9 11

Wahrnehmungsbedingung §10 7
Angemessenheit §9 50
Anpassungsfrist §134 1
Begriff §134 6
Beschwerdeverfahren §33 6
Veröffentlichungspflicht §56 10
Verteilungsfrist §28 12
Wahrnehmungsvertrag §10 10
Wahrnehmungsfiktion §50 2
Wahrnehmungsrecht **Einleitung** 22
Wahrnehmungstätigkeit
    Anzeige §132 9ff., 13
    Aufnahme §84 8
    Dienstleister §3 12
    ohne Erlaubnis §84 1ff.
    Verwertungseinrichtung, abhängige §3 8, §90 19
Wahrnehmungsverhältnis §5 14
    Aktivlegitimation §12 23
    Beendigung §12 1, 16, 29
    Beschwerde §12 27
    gesetzliches ~ §6 8
    Kündigung §12 12
    Kündigungsfrist §12 3
    Mitglied §7 5
    Nutzungsrecht, ausschließliches §11 9, 28
    unmittelbares ~ §6 7, 10
    Vermutungsregel §48 6
    Wahrnehmungsvertrag §10 7
    Wahrnehmungszwang §9 13
Wahrnehmungsvertrag §2 16, §6 9, §10 8
    Abschluss §9 33
    AGB-Kontrolle **Einleitung** 35f.
    Änderung §10 24, 26
    Angemessenheitsgebot §10 12
    Auffangklausel §10 19
    Auslegung §10 8
    Beendigung §12 22f.
    Dokumentation §10 28f.
    Doppelnatur §10 10
    Einbeziehungsklausel §10 24
    Einbeziehungsklauseln, dynamische §27 26
    Ergänzung §10 24
    Grenze §10 20
    Kündigung §12 11f.
    Kündigung, außerordentliche §12 17
    Kündigungsfrist §12 13ff.
    Nutzungsarten, unbekannte §10 19
    Nutzungsrechte §9 23
    Rechteeinräumung §10 17, 27
    Rechteeinräumung, exklusive §72 7
    Rechtsübertragung §10 18f.
    Teilkündigung §12 19
    Verwertungsgesellschaft §11 11

Vorausabtretung §10 22f.
Wahrnehmungsbedingung §10 10
Wahrnehmungsverhältnis §10 7
Werkentstellung §10 20
Wahrnehmungszwang §9 1, §72 10
    Angemessenheit §9 48f.
    Ausnahmen §9 25
    Berechtigter §9 1
    eingeschränkter ~ §60 6f.
    gemeinschaftlicher ~ §9 11
    Grenze §9 27ff.
    Rechtswidrigkeit der Inhalte §9 30
    Regelungszweck §9 1
    Schadensersatz §9 32
    Staatsangehörigkeit §9 17f.
    Subsidiaritätsklausel §9 15
    Tätigkeitsbereich §9 19
    Territorien, passive §9 45
    Verstoß §9 32
    Wahrnehmungsverhältnis §9 13
    Wirkung §9 14
    Wohnsitz §9 17f.
Webcasting §59 5, 27, §74 7
Weltrepertoire §61 15
    Blankettlizenz §9 36
    Gegenseitigkeitsvertrag §44 14, §59 1
    GEMA §48 10
    Mehrgebietslizenz §44 18
Werk
    ausländisches ~ §51 15
    Außenseiter §51 7
    Digitalisierung §51 19
    Dokumentation §61 7, 10f.
    E-Book §51 16
    eingebettetes §51 22
    mixed use §11 33
    Schutzgegenstand §9 43
    unverlegtes ~ §27 72
    Verarbeitung, automatisierte §64 1
    vergriffenes ~ §51 1f., 5, 11ff., 17, 34
    verwaistes ~ §51 2, 19
    Zweck, nicht kommerzieller §11 1f.
Werkänderung §63 6, §64 5
Werkanmeldung, elektronische §64 1, 5
Werkart
    Begriff §9 41
Werkentstellung §10 20
Werknutzer §38 22
Wertungsverfahren §32 50
Wiedergabe, öffentliche
    Begriff §42 9

Y

YouTube §34 16
    Haftung §8 10

Z

ZBT §3 14
Zessionar §9 25
Zeugenentschädigung §123 1
    Aufsichtsbehörde §123 4
Z-Gesellschaften §3 6, 14

ZPÜ §3 14
Zuschlagstarif §38 11
Zwangslizenz §34 45
Zweitverwertung **Einleitung** 3
ZWF §3 14